U0633766

中国社会科学年鉴

中国新闻传播学

CHINA JOURNALISM AND COMMUNICATION YEARBOOK

中国社会科学院新闻与传播研究所 编

中国社会科学出版社

图书在版编目(CIP)数据

中国新闻传播学年鉴.2015/中国社会科学院新闻与传播研究所编.—北京:
中国社会科学出版社,2015.12
ISBN 978-7-5161-7460-9

Ⅰ.①中… Ⅱ.①中… Ⅲ.①新闻学-传播学-中国-2015-年鉴
Ⅳ.①G219.2-54

中国版本图书馆CIP数据核字(2015)第309574号

出 版 人 赵剑英
责任编辑 彭莎莉 张靖晗
责任校对 林福国
责任印制 张雪娇

出 版 中国社会科学出版社
社 址 北京鼓楼西大街甲158号
邮 编 100720
网 址 http://www.csspw.cn
发 行 部 010-84083685
门 市 部 010-84029450
经 销 新华书店及其他书店

印刷装订 三河市东方印刷有限公司
版 次 2015年12月第1版
印 次 2015年12月第1次印刷

开 本 787×1092 1/16
印 张 56.5
插 页 24
字 数 1403千字
定 价 285.00元

凡购买中国社会科学出版社图书,如有质量问题请与本社营销中心联系调换
电话:010-84083683

《中国新闻传播学年鉴·2015》编委会

主　编　唐绪军

副主编　钱莲生

编辑部

张　放　四川大学文学与新闻学院
张　瑾　重庆大学新闻学院
张梅兰　华中科技大学新闻与信息传播学院
张梦晗　苏州大学凤凰传媒学院
张淑华　郑州大学新闻与传播学院
赵　祎　上海社会科学院新闻研究所
赵云泽　中国人民大学新闻学院
郑宇丹　华南理工大学新闻与传播学院
郑中原　武汉大学新闻与传播学院
周　逵　中国传媒大学
周如南　中山大学传播与设计学院
朱春阳　复旦大学新闻学院

《中国新闻传播学年鉴》编辑部

地址：北京市朝阳区光华路15号院泰达时代中心1号楼10层

邮编：100026

电话：（010）65980611　（010）65980612

E-mail：zgxcnj@163.com

贺《中国新闻传播学年鉴》创刊

《中国新闻传播学年鉴》筹划多时，即将付梓。此诚学界一大盛事！岁聿其莫，得悉佳音，欣然致贺。

中国社会科学院新闻与传播研究所自1978年成立以来，先后创办了一系列高质量的学术刊物，为中国新闻传播学的发展与承继贡献良多。举其大者，如该所初创时期创办的《新闻研究资料》，以抢救发掘新闻史料为宗旨，搜集保存了大量中国近现代新闻史实与掌故；1982年创办并延续至今的《中国新闻年鉴》，始终为中国新闻事业的发展、壮大和繁荣作好历史的纪录和存证；创刊于1994年的《新闻与传播研究》，汇聚研究精华、引领学界潮流，一直是本学科学术期刊的领头羊。近年来，该所与时俱进，又先后推出了《中国新媒体发展报告》《新闻学传播学文摘》《治学例话——全国新闻传播学优秀论文品鉴》等创新力作，为学界提供了更为丰富的成果载体与交流平台。今次，《中国新闻传播学年鉴》的创刊，更是志存高远、泽惠学界之壮举，彰显了该所职思其居、开拓进取的优良传统。

新闻传播学作为一个学术研究的专业门类，在我国的历史并不太久。如果以1997年新闻传播学被正式确定为一级学科为标志，不过20年；如果以1978年成规模的传播学研究与教学为标志，不到40年；如果以1918年北京大学新闻学研究会成立为标志，也将将百年。年不过百的学科，自然不能称之为强大。但是，有赖于学界同仁的辛勤耕耘和前赴后继，如今这个学科也不能说是弱小。尤其是随着互联网的广泛应用和新媒体的迅速崛起，近年来这一学科颇有成为显学的潜质。翻检论著，举凡人文社会科学的研究几乎没有不因应媒介之变局、旁涉传播之机理的，大有不谈传播无以论学之势。因之，《中国新闻传播学年鉴》以编年史的方式记录中国新闻传播学研究的进展，可谓明其时而助其势，殊可嘉许。从另一方面来看，这部新创的年鉴与该所既有的《中国新闻年鉴》恰成双璧，一个承载学界的成果，一个记录业界的成长，两相映照，当能更为全面地反映中国新闻传播事业所取得的成就。

屈指算来，我本人与该所的几个学刊已有将近40年的文事往来，也因此与老少多位学刊编辑以文结谊，过从甚密。我相信，新一代的编辑们一定能把《中国新闻传播学年鉴》做得更好。诗曰："靡不有初，鲜克有终。"创业惟艰，坚持尤贵。期待《中国新闻传播学年鉴》能够像其姊妹《中国新闻年鉴》那样，一年又一年持续编撰下去，为中国新闻传播学存兴业之良鉴、积治学之文范。

是为贺！

2015年10月21日

图说2014

新闻教育·部校共建

2014年5月28日，在北京大学新闻与传播学院恢复建院13周年之际，北京大学与新华社签署了《新华社与北京大学共建新闻与传播学院协议》。

2014年9月25日，人民日报社与清华大学共建新闻与传播学院签约仪式在清华大学举行。

2014年6月26日，湖北省委宣传部与武汉大学共建新闻学院院务委员会第二次会议暨新闻宣传与舆论引导座谈会在武汉大学召开。

2014年6月29日，湖南省委宣传部与湖南师范大学举行部校共建启动仪式。

2014年12月27日，河南省委宣传部与郑州大学共建新闻与传播学院签约仪式在郑州大学举行。

新闻教育·仪式活动

2014年1月7日，复旦大学举行仪式，任命解放日报报业集团原党委书记、社长尹明华为该校新闻学院院长。

2014年6月24日，“新华通讯社-郑州大学穆青研究中心”在郑州大学揭牌。

2014年9月20日，中国传媒大学举行建校六十周年晚会。

2014年12月14日，第二届范敬宜新闻教育奖颁奖仪式在清华大学举行。

中国人民大学新闻学院部分教师合影。

学术会议

2014年5月8日，首届民国新闻史研究高层论坛在南京师范大学举行。

2014年5月10日，舆情表达与协商民主研究论坛在天津社会科学院舆情研究所举行。

2014年6月25日，《中国新媒体发展报告》（2014）发布会暨新媒体发展研讨会在北京举行。

2014年7月7日，以“中国媒体的政治坐标”为主题的批判传播学年会在复旦大学新闻学院举行。

2014年7月12—13日，第五届中国报刊与社会历史研究学术研讨会在安徽大学召开。

2014年8月20日，由北京大学现代出版研究所、河北大学新闻传播学院和世新大学新闻传播学院等联合主办的第十届海峡两岸华文出版与传播典范学术研讨会在台北举行。

2014年8月21日，广告国际论坛暨中国广告教育研究会第13届年会在湖北恩施举行。

2014年9月22—23日，以“性别与传播：信息传播技术的使用、再现、发声与赋权”为主题的中国社会科学论坛/第五届中国-北欧妇女与性别研讨会在北京举行。

2014年10月23—24日，南京大学新闻传播学院与复旦大学新闻学院联合主办的2014中欧传媒高峰论坛在南京大学新闻传播学院举行。

2014年10月27日，第十二届中国传播学大会在北京举行。

2014年11月2日，中国新闻史学会2014年年会暨中国新闻传播专题史研究学术研讨会在暨南大学召开。

2014年11月15日，数字时代出版产业发展暨2014年全国编辑出版高教学会年会在河南大学召开。

2014年11月22日，媒体融合与新闻传播学科发展研讨会在北京大学新闻与传播学院召开。

2014年11月22日，第十四届中国新闻传播学科研究生学术年会在复旦大学举行。

2014年12月13日，2014年新闻传播学科实验教学国际论坛在华南理工大学召开。

2014年7月19日，《新闻与传播研究》创刊20周年暨《中国新闻传播学年鉴》创刊启动学术研讨会在北京香山饭店召开。

专题：图说中国新闻传播史

一、近代报纸的移植和发展（1815—1911）

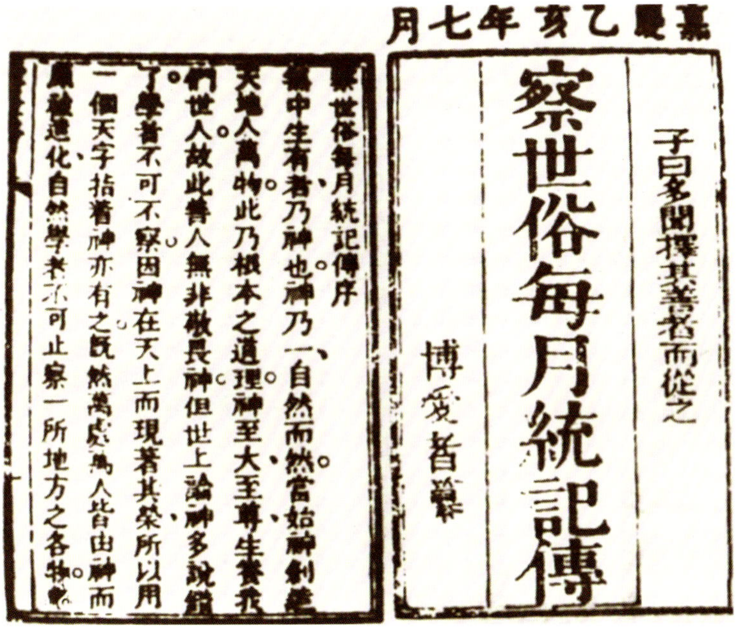

嘉慶乙亥年七月

察世俗每月統記傳

子曰多聞擇其善者而從之

博愛者纂

察世俗每月統記傳序

蓋中生有者乃神也神乃一自然而然當始神創造天地人萬物此乃根本之道理神至大至尊生養萬物世人故此善人無非敬畏神但世上論神多說錯了學者不可不察因神在天上而現著其榮所以用一個天字指著神亦有之既然萬處萬人皆由神而原被造化自然學者不可止察一所地方之各物

图1 《察世俗每月统记传》，1815年8月5日创刊，是世界上第一份以华人为对象的中文近代报刊。新闻史上也普遍视之为以中文出版的第一种现代报刊（月刊）。

A ABELHA DA CHINA.

N.º LIV. SABBADO, 27 de Setembro. 1823.

MACAO.

图2 《蜜蜂华报》，1822年9月12日创刊，中国境内出版的第一份近代报纸，外国人在中国创办的第一家报纸，澳门有史以来第一家报纸。

道光癸巳年六月

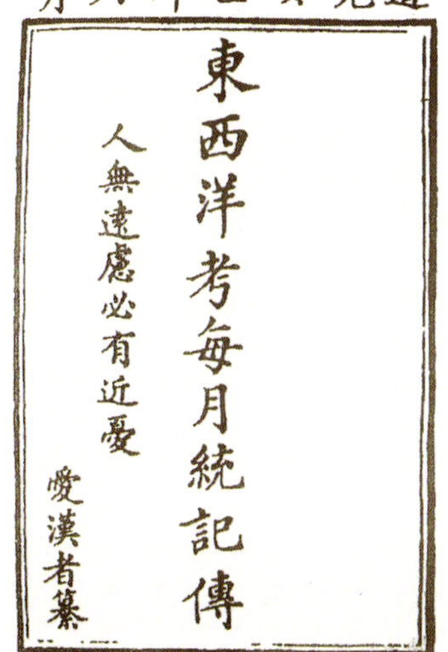

東西洋考每月統記傳

人無遠慮必有近憂

愛漢者纂

图3 《东西洋考每月统记传》，1833年8月1日创刊，中国境内第一份近代化中文报刊。

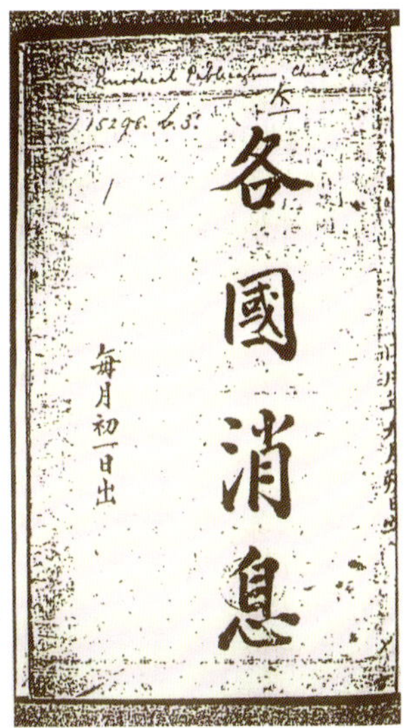

各國消息

每月初一日出

图4 《各国消息》，1838年10月创刊，最早使用石印技术的中文出版物。

CHINA MAIL

ESTABLISHED FOR OVER ONE HUNDRED YEARS

FOO KEE BANK

WING LUNG BANK

Road Commandment No. 6

IRAN PROTESTS

Soviets Move South-West

Premier Refuses To Comment

NO RICE PRIORITY FOR INDIA

U.S. In Ascendancy

Indonesia Talks Open In Batavia

Plans To Demolish Jap. Memorial

German Underground

More Japanese Caught

World Government "Unworkable"

Byrnes Reports To President

Mr. Bevin Wants An Answer

Japanese Criminals Executed

Attlee Won't Commit Himself

图5 《德臣报》，1845年2月20日创刊，香港的第二份报纸，是香港发行时间最长、影响力最大的英文报纸。

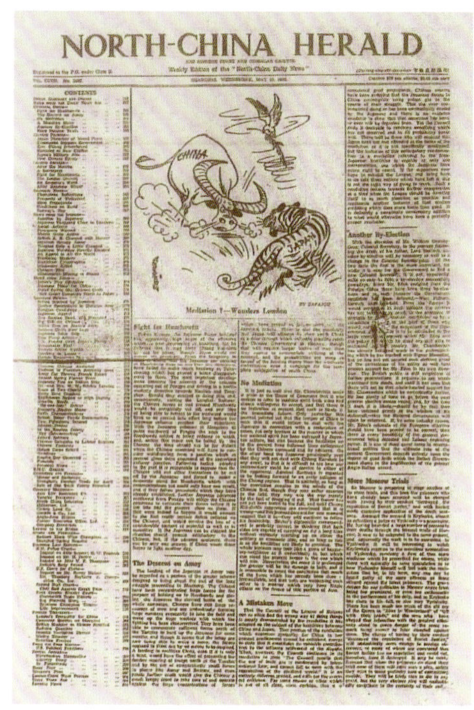
NORTH-CHINA HERALD

CONTENTS

Another By-Election

No Mediation

A Mistaken Move

More Moscow Trials

图6 《北华捷报》，1850年8月3日创刊，上海开埠后出现的第一份近代报刊。

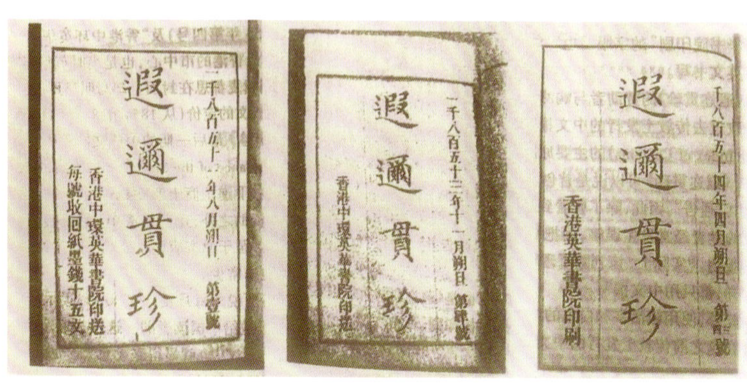
遐邇貫珍

香港中環英華書院印送

每號收回紙墨錢十五文

遐邇貫珍

香港中環英華書院印送

遐邇貫珍

香港英華書院印刷

图7 《遐迩贯珍》，1853年8月1日创刊，鸦片战争后在中国境内出现的第一份中文期刊。

The Hong Kong Daily Press

图8 《孖刺报》，1857年10月1日创刊，香港最早的英文日报，外国人在华创办的第一张日报。

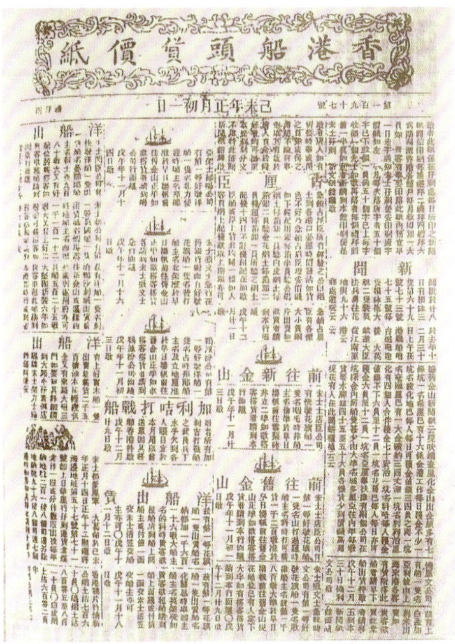
香港船頭貨價紙

图9 《香港船头货价纸》，1857年创刊，我国历史上第一份中文商业报纸、最早的经济类报纸和最早的以单页报纸形式两面印刷的中文报纸。

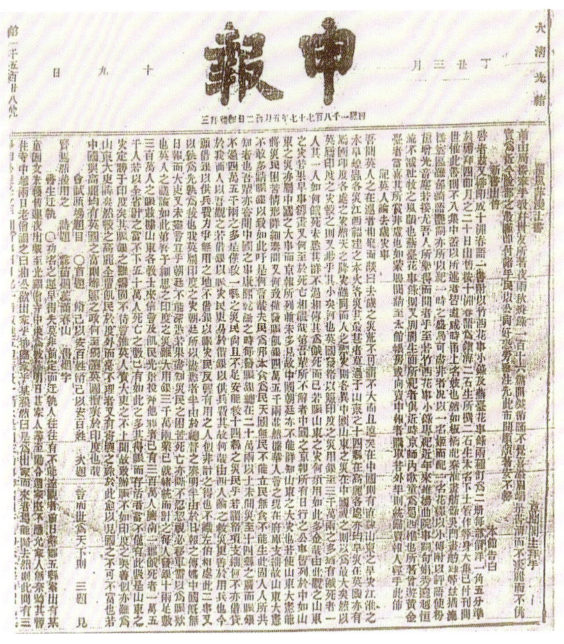
申報

图10 《申报》，1872年4月30日创刊，与《新闻报》双翼齐飞，是纵驰旧中国的两大民营报之一。

图11 史量才（1880—1934），1912年任《申报》总经理，1934年11月13日，被国民党特务暗杀。

循環日報

图12 《循环日报》，1874年2月4日创刊，第一份由中国人自己独立创办的报纸。

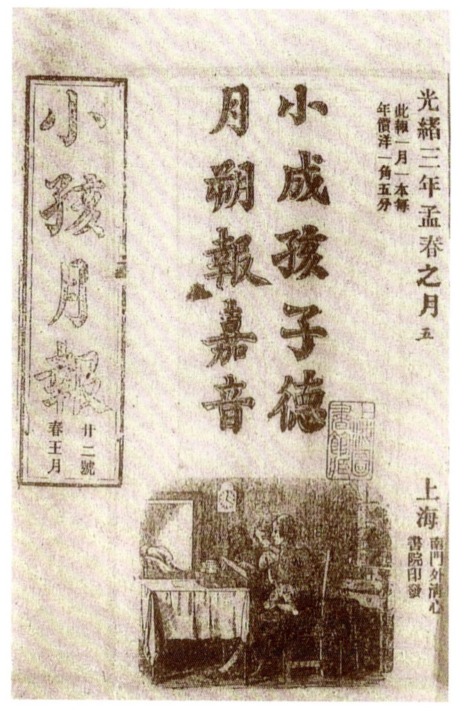

图13 《小孩月报》，1875年4月创刊，是外国传教士范约翰主办的中国最早的儿童画报。

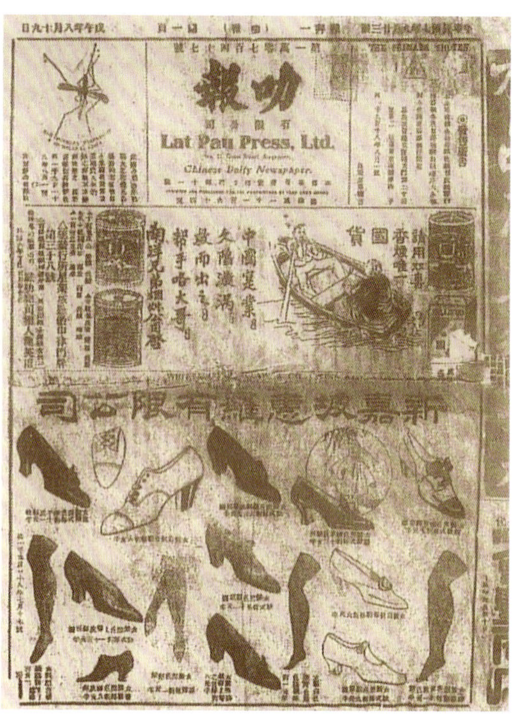

图14 《叻报》，1881年12月创刊，南洋地区（新加坡）最早的和出版时间最长的华侨报纸。

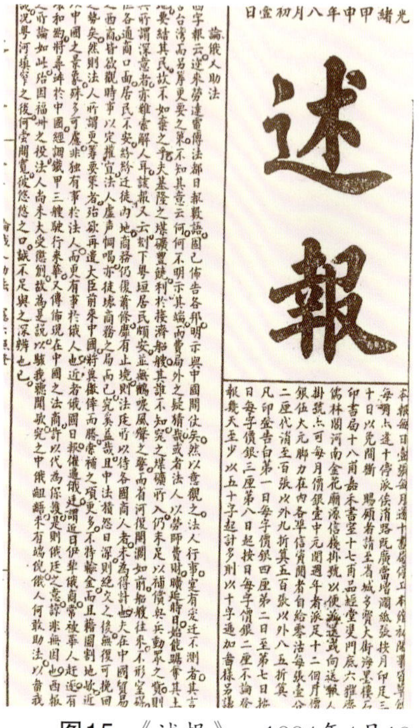

光緒甲申年八月初壹日

述報

图15 《述报》，1884年4月18日创刊，我国最早的石印报纸，也是中国人在广州创办的第一家日报。

图16 《点石斋画报》，1884年5月8日创刊，我国第一份石印的著名时事画报。

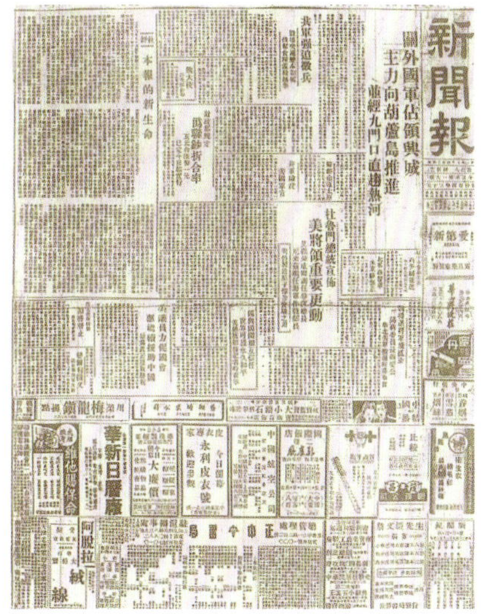
新聞報

图17 《新闻报》，1893年2月17日创刊，与《申报》双翼齐飞，是纵驰旧中国的两大报之一。

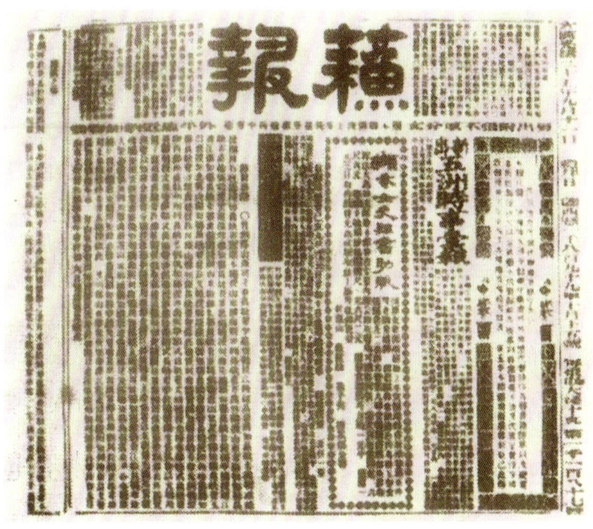
蘇報

图18 《苏报》，1896年6月26日创刊，中国清代末年的著名日报。因后期宣传革命于1903年被查封，史称“苏报案”。

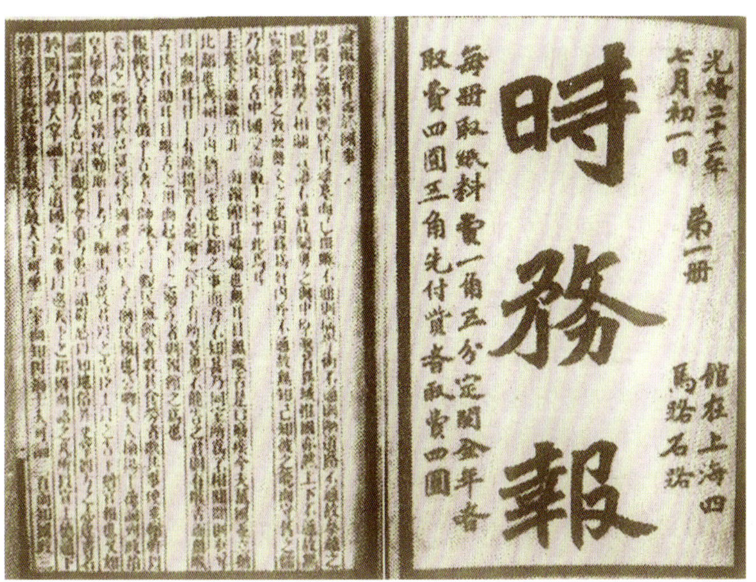
光緒二十二年七月初一日 第一册

時務報

館在上海四馬路石路

每册取紙料費一角五分定閲全年者取費四圓五角先付費者取費四圓

图19 《时务报》，1896年8月9日创刊，维新运动时期著名的维新派报纸，当时维新派最重要、影响最大的机关报。

湘學新報

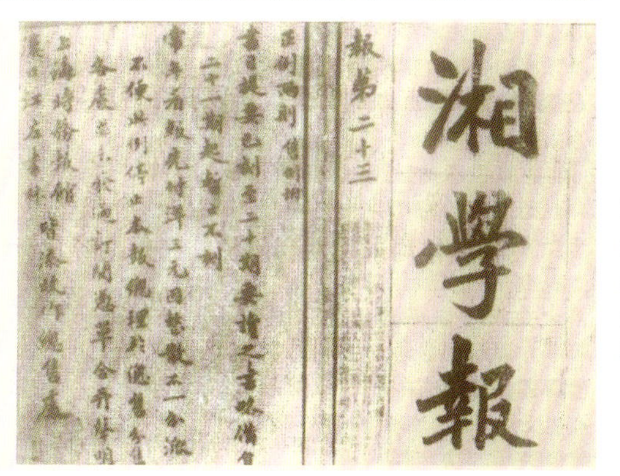
湘學報

報第二十三

图20《湘学新报》，1897年4月22日创刊，湖南的第一份维新派报纸，也是湖南的第一份近代刊物，出版半年后改名为《湘学报》。

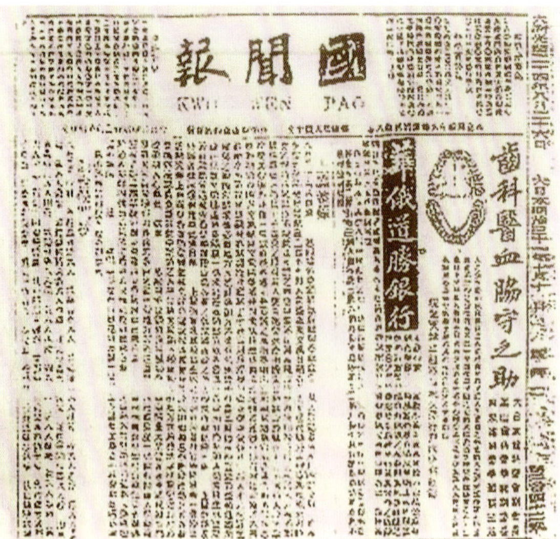
國聞報
KWO WEN PAO

图21 《国闻报》，1897年10月26日严复创办，维新运动后期中国北方唯一的一家舆论机关报。

图22 《消闲报》，1897年11月24日创刊，是中国最早的副刊，为《字林沪报》附属的报纸。

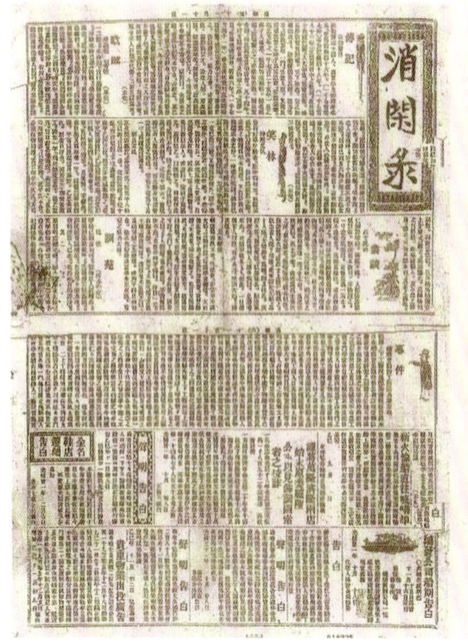
消閑录

字林滬報館附送
消閑報
大清光緒二十三年十一月初二日
西歷一千八百九十七年十一月二十五號

THE CHILDRENS' EDUCATOR
大清光緒二十三年十一月十五日 第三期
蒙學報
本館設在三馬路望平街口朝宗坊

图23 《蒙学报》，1897年11月24日创刊，上海蒙学公会的机关刊物，是目前国内所能见到的最早的儿童启蒙读物。

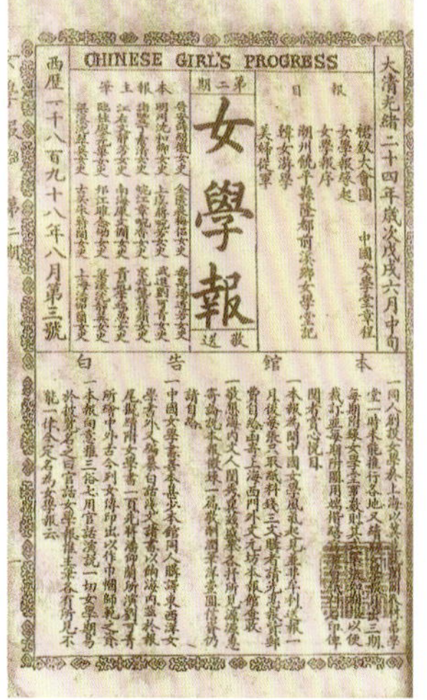
CHINESE GIRL'S PROGRESS
女學報

图24 《女学报》，1898年7月24日创刊，我国历史上第一份妇女报纸，开创妇女报纸的先河。

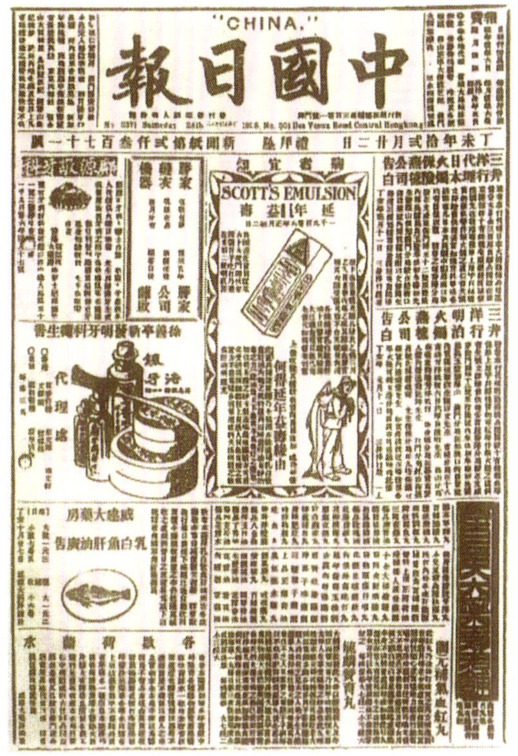
"CHINA."

中國日報

SCOTT'S EMULSION

图25 《中国日报》，1900年1月5日创刊，是兴中会创办的第一份机关报，也是中国最早宣传资产阶级革命的报纸。

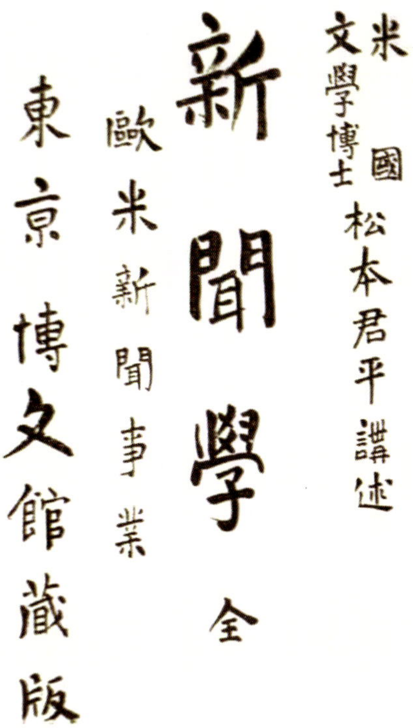

米國
文學博士 松本君平講述

新聞學 全

歐米新聞事業

東京 博文館藏版

图27 1903年10月，商务印书馆出版日本学者松本君平的《新闻学》，内容包括新闻理论、新闻业务和欧美各国新闻史，是我国最早翻译成中文的外国新闻学专著。

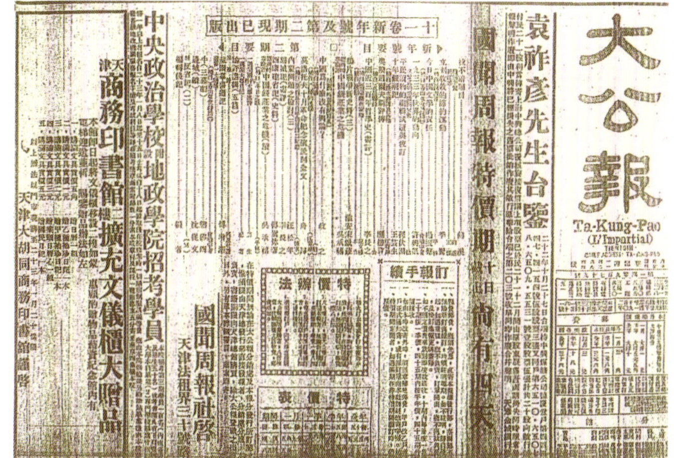
大公報

Ta-Kung-Pao

(L'Impartial)

袁祚彥先生台鑒

國聞周報特價期十日尚有四天

十一卷新年號及第二期現已出版

中央政治學校附設地政學院招考學員

國聞周報社啓

天津商務印書館擴充文儀櫃大贈品

图26 《大公报》，1902年6月17日创刊，中国近代报林的翘楚，中国发行时间最长的中文报纸之一。

二十世紀大舞臺

甲辰小陽月

第二期

時慧寶題簽

图28 《二十世纪大舞台》，1904年10月创刊，中国最早的戏剧杂志。

民報

第壹號

發刊詞

孫文

近時雜誌之作者亦夥矣。姱詞以為美，嚚辭而無所終極，囂聒衆難，不獲則反覆其詞而自惑。求其斟時弊以立言，如古人所謂對症發藥者，已不可見，而況夫孤懷宏識，遠矚將來者乎？夫繕群之道，與群俱進，而擇別取舍，惟其最宜。此群之歷史既與彼群殊，則所以掖而進之之階級，不無後先進止之別。由之不貳，此所以為輿論之母也。余維歐美之進化，凡以三大主義：曰民族，曰民權，曰民生。羅馬之亡，民族主義興，而歐洲各國以獨立。洎自帝其國，威行專制，在下者不堪其苦，則民權主義起。十八世紀之末，十九世紀之初，專制仆而立憲政體殖焉。世界開化，人智益蒸，物質發舒，百年銳於千載，經濟問題繼政治問題之後，則民生主義躍躍然動，二十世紀不得不為民生主義之擅場時代也。是三大主義皆基本於民，遞嬗變易，而歐美之人種胥冶化焉。其他旋維於小己大群之間而成為故說者，皆此三者之充滿發揮而旁及者耳。今者中國以千年專制之毒而不解，異種殘之，外邦逼之，民族主義、民權主義殆不可以須臾緩。而民生主義，歐美所慮積重難返者，中國獨受病未深，而去之易。是故或於人為既往之陳跡，或於我為方來之大患，要為繕吾群所有事，則不可不並時而弛張之。嗟夫！所陟卑者其所視不逮，遊五都之市，見美服而求之，忘其身之未稱也，又但以當前者為至美。近時志士舌敝唇枯，惟企強中國以比歐美。然而歐美強矣，其民實困，觀大同盟罷工與無政府黨、社會黨之日熾，社會革命其將不遠。吾國縱能媲跡於歐美，猶不能免於第二次之革命，而況追逐於人已然之末軌者之終無成耶！夫歐美社會之禍，伏之數十年，及今而後發見之，又不能使之遽去。吾國治民生主義者，發達最先，睹其禍害於未萌，誠可舉政治革命、社會革命畢其功於一役。還視歐美，彼且瞠乎後也。翳我祖國，以最大之民族，聰明強力，超絕等倫，而沈夢不起，萬事墮壞；幸為風潮所激，醒其渴睡，旦夕之間，奮發振強，勵精不已，則半事倍功，良非誇嫚。惟夫一群之中，有少數最良之心理能策其群而進之，使最宜之治法適應於吾群，吾群之進步適應於世界，此先知先覺之天職，而吾民報所為作也。抑非常革新之學說，其理想輸灌於人心而化為常識，則其去實行也近。吾於民報之出世觀之。

图29 《民报》，1905年11月26日创刊，中国同盟会的机关报。

图30 《月月小说》，1906年11月1日创刊，清晚期著名的文艺杂志，近代中国刊行时间最长、影响最大的文学期刊之一。

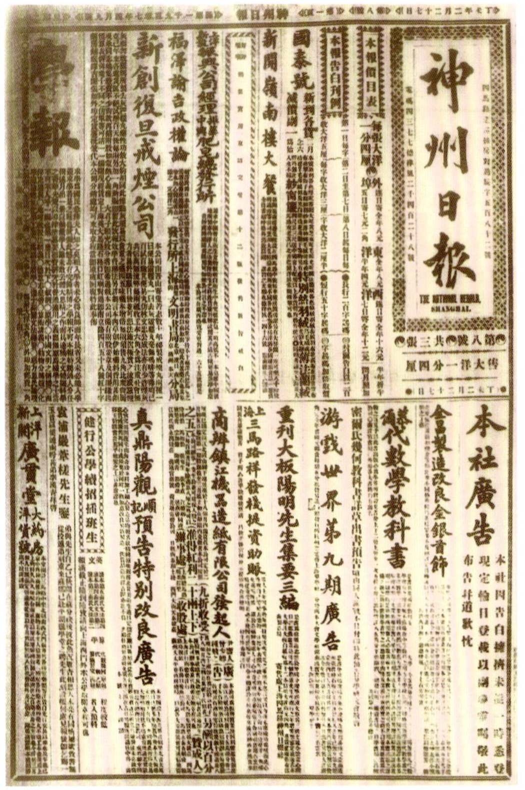

图31 《神州日报》，1907年4月2日创刊，革命派在国内创办的第一家大型日报，它吸取《苏报》经验，言辞委婉，却不掩其革命倾向。

二、民国初年的新闻事业（1912—1926）

图32 黄远生（1885—1915），被称为“中国第一个真正现代意义上的记者”，其“远生通讯”更是被视为中国新闻通讯的滥觞。

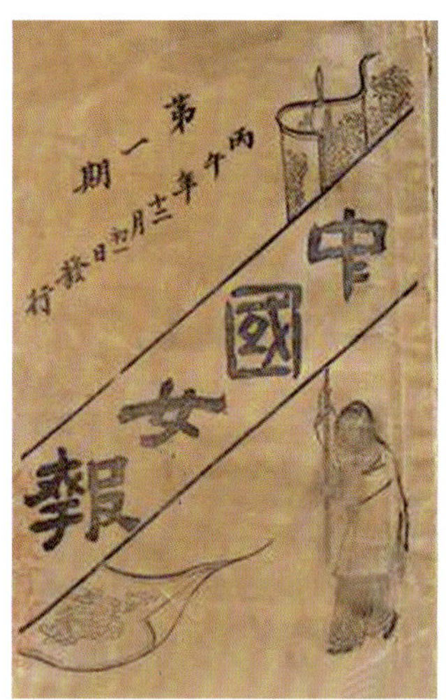

图33 《中国女报》创刊号，1907年1月14日创刊，中国近代第一份宣传民主革命的妇女刊物。

图34 《天义报》，1907年6月创刊于日本东京，中国最早专门宣传无政府主义学说的杂志。

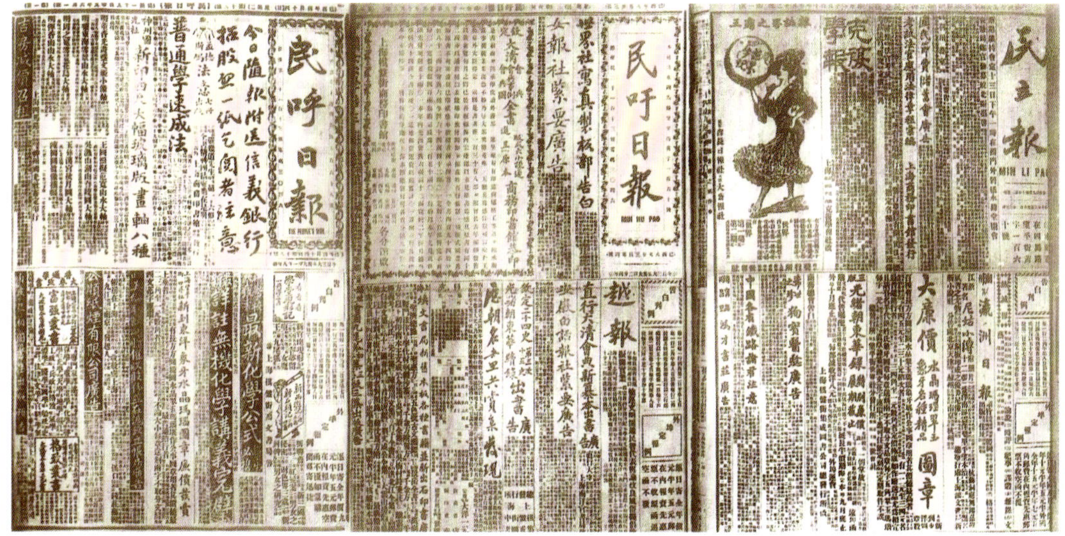

图35 《民呼日报》（1909年5月15日创刊）、《民吁日报》（1909年10月3日）、《民立报》（1910年10月11日），于右任创办的这三家报纸时间相互衔接，精神一脉相承，都以“民”字打头，人称“竖三民报”。

图36 民国初有了阅报栏，观者为数不少。

图37 1912年商务印书馆在上海创办的发行所。

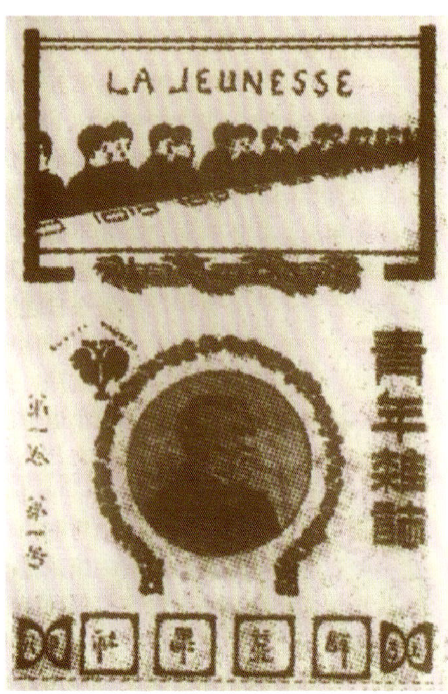

图38 《青年杂志》，1915年9月陈独秀创办，新文化运动之嚆矢，率先响起了“新文化运动”的春雷。

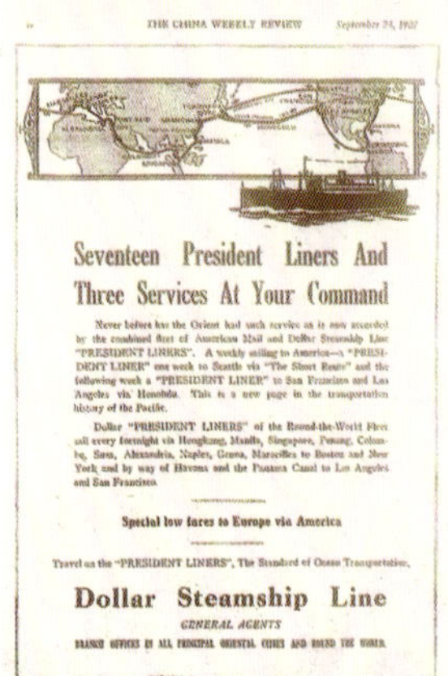

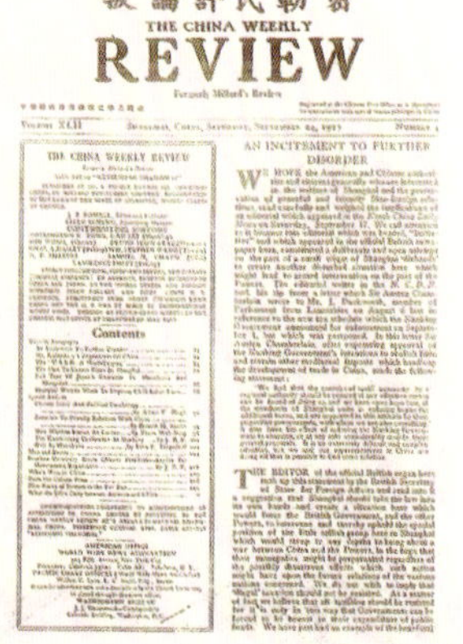

密勒氏評論報
THE CHINA WEEKLY
REVIEW

Contents

AN INCITEMENT TO FURTHER DISORDER

图39 《密勒氏评论报》，1917年6月9日创刊，民族抗日救亡运动中最有影响的英文周刊之一。

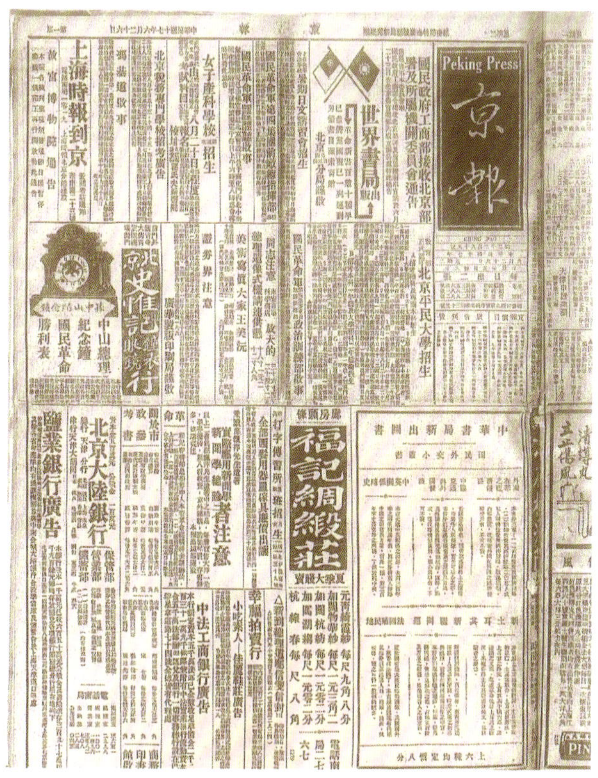
Peking Press

京報

世界書局

上海時報到京

北京大陸銀行

福記綢緞莊

图40 《京报》，1918年10月5日创刊，由报人邵飘萍与潘公弼于北京创办，北洋政府时期的进步报刊。

图41 邵飘萍（1886—1926），民国时期著名报人、《京报》创办者、新闻摄影家，中国传播马列主义、介绍俄国十月革命的先驱者之一，杰出的无产阶级新闻战士，是中国新闻理论的开拓者、奠基人。

實際應用新聞學

邵振青著

黄炎培題

图42 《实际应用新闻学》，1923年出版，邵飘萍著，我国最早的新闻采访学专著之一。

图43 北京大学新闻学研究会，1918年10月14日成立，是中国第一个新闻学研究团体。

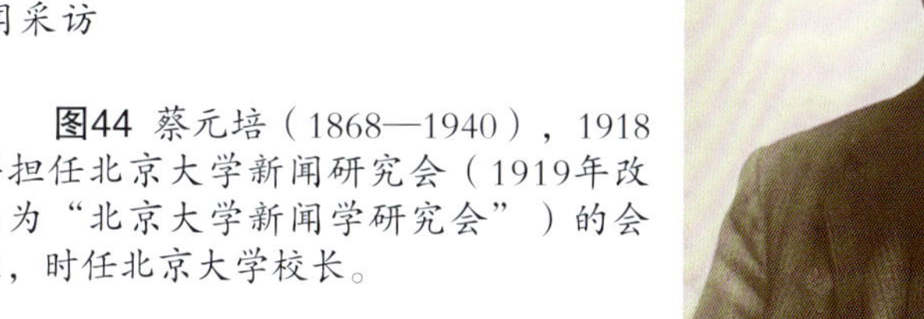

图44 蔡元培（1868—1940），1918年担任北京大学新闻研究会（1919年改名为“北京大学新闻学研究会”）的会长，时任北京大学校长。

每週評論

The Weekly Review

21

山東問題

图45 《每周评论》，1918年12月22日创刊，对五四运动期间的宣传一直推波助澜，是“评论报”的楷模。

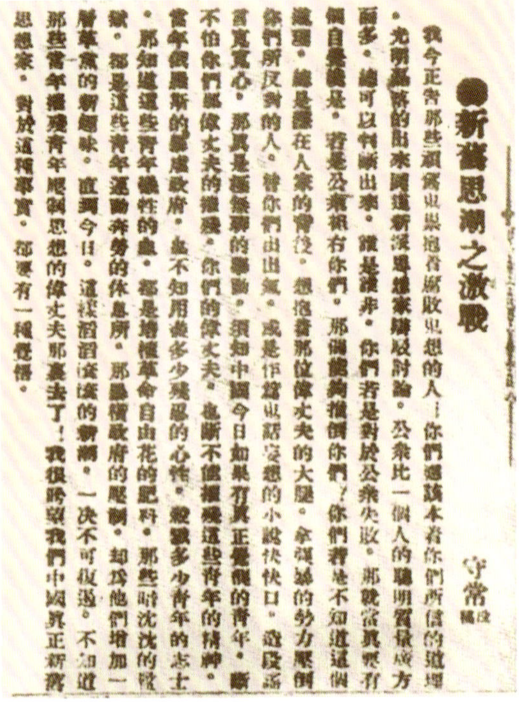

新舊思潮之激戰

守常

我今正告那些頑舊鬼祟抱著腐敗思想的人！你們應該本著你們所信的道理。光明磊落的出來同這新派思想家辯駁討論。公衆比一個人的聰明質量廣而多。總可以判斷出來。誰是誰非。你們若是對於公衆失敗。那就當眞要有個自覺纔是。若是公衆袒右你們。那個能夠推倒你們？你們若是不知道這個道理。總是隱在人家的背後。想抱著那位偉丈夫的大腿。拿強暴的勢力壓倒你們所反對的人。替你們出出氣。或是作篇鬼話妄想的小說快快口。造段謠言寬寬心。那眞是極無聊的舉動。須知中國今日如果有眞正覺醒的青年。斷不怕你們那偉丈夫的摧殘。你們的偉丈夫。也斷不能摧殘這些青年的精神。當年俄羅斯的暴虐政府。也不知用盡多少殘忍的心性。殺戮多少青年的志士。那知道這些青年犧牲的血。都是培植革命自由花的肥料。那些暗沈沈的監獄。都是這些青年運動奔勞的休息所。那暴橫政府的壓制。卻爲他們增加一層革命的新趣味。直到今日。這樣滔滔滾滾的新潮。一決不可復遏。不知道那些當年摧殘青年壓制思想的偉丈夫那裏去了！我很盼望我們中國眞正新青年的思想家。對於這種事實。都要有一種覺悟。

图48 1919年3月9日《晨报》发表李大钊的《新旧思潮之激战》，揭开马克思主义在中国传播的新一页。

图46 《新闻学》，1919年12月由北京大学新闻学研究会出版，徐宝璜著，中国第一本新闻学专著。

图47 徐宝璜（1894—1930），新闻学者、新闻教育家，中国第一个在大学讲授新闻学课程的人，中国的大学中第一个新闻系主任，中国“新闻教育第一位大师”。

图49 李大钊（1889—1927），中国共产党主要创始人之一，中国早期马克思主义宣传家。五四时期，他是《新青年》《每周评论》等的特约撰稿人。

图50 《湘江评论》，1919年7月14日创刊，五四时期进步期刊中思想性、进步性最突出的刊物之一。

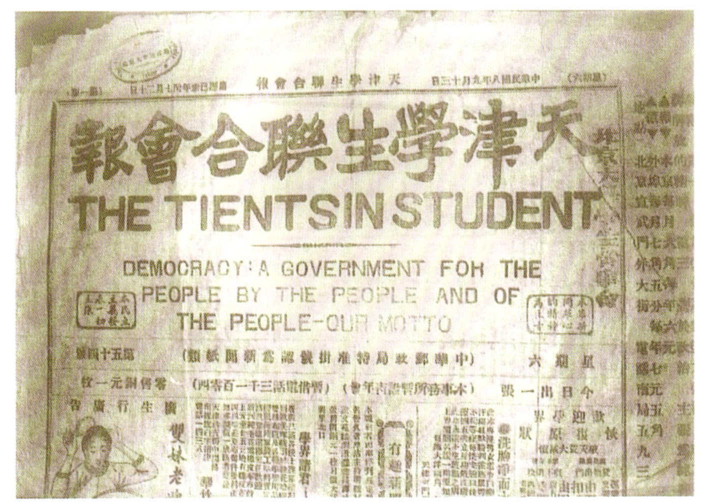
天津學生聯合會報
THE TIENTSIN STUDENT
DEMOCRACY: A GOVERNMENT FOR THE PEOPLE BY THE PEOPLE AND OF THE PEOPLE-OUR MOTTO

图51 《天津学生联合会报》，1919年7月创刊，天津学生联合会机关刊物。

图52 《新青年》，1915年9月15日创刊，初名《青年杂志》，1916年9月1日出版的第二卷第一号，改名为《新青年》。1920年9月第八卷第一号起改为上海共产主义小组机关刊物，标志着中国无产阶级报刊的诞生。

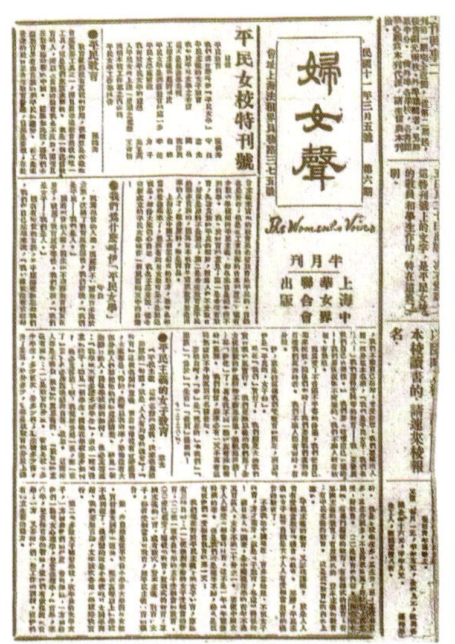
婦女聲
平民女校特刊號
The Women's Voice
半月刊
上海中華女界聯合會出版

图53 《妇女声》，1921年12月创刊，中共领导创办的第一份妇女刊物。

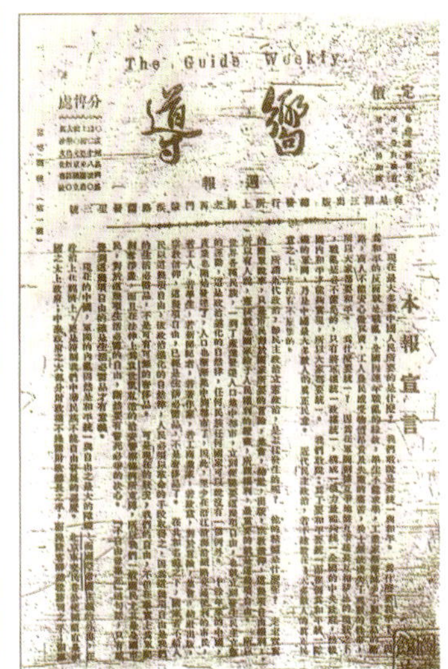
The Guide Weekly
嚮導
週報
本報宣言

图54 《向导》，1922年9月13日创刊，中共中央第一份机关报。

图55 《中国报学史》，戈公振著，1925年夏至1926年6月完稿于上海。1927年11月上海商务印书馆出版。我国最早一部系统论述中国报纸历史的专著，中国新闻史的奠基之作。

图56 戈公振（1890—1933），中国现代著名的新闻记者、新闻学者和早期新闻教育工作者，他首次确立报刊史的研究是一门学问。

三、土地革命战争时期的新闻事业（1927—1937）

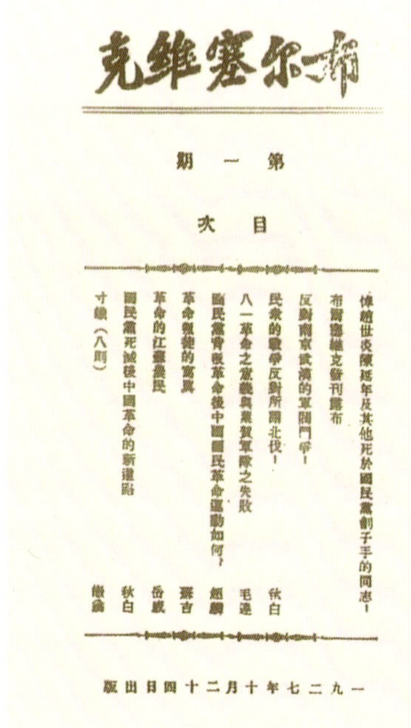

布爾塞維克

第一期

目次

悼趙世炎陳延年及其他死於國民黨劊子手的同志！

布爾塞維克發刊露布

反對南京武漢的軍閥鬥爭！

民衆的戰爭反對所謂北伐！ 秋白

八一革命之意義與葉賀軍隊之失敗 毛逸

國民黨背叛革命後中國國民革命運動如何？ [illegible]

革命叛徒的寫眞 [illegible]

革命的江蘇農民 岳威

國民黨死滅後中國革命的新道路 秋白

寸鐵（八則） [illegible]

一九二七年十月二十四日出版

图57 《布尔塞维克》，1927年10月24日创刊，中国共产党中央委员会的理论性机关刊物。

图58 《中央日报》，1927年创刊，国民党机关报，是迄今为止中国连续出版时间最长的政党报纸。

紅旗

第一期

一九二八年十一月二十日出版

中國共產黨告全國民衆書

擁護戰爭革命暴動的反動統治

國民黨的國防

國民黨對付工人的政策

國民黨與鴉片煙

帝國主義大戰的危機

公共毛厕

图59 《红旗》，1928年11月20日创刊，中共中央秘密出版的机关报，是一面地下红旗。

一九三〇年八月十五日 紅旗日報

紅旗日報

一九三〇年八月十五日

星期五

第一號

中國共產黨中央委員會機關報

提要

中國共產黨中央發表對目前時局宣言（第一版）

赤色職工國際第五次大會今天在莫斯科開幕（第二版）

上海絲廠同盟罷工擴大（第三版） 武漢孤城旦夕可下（第一版）

中國共產黨對目前時局宣言

图60 《红旗日报》，1930年8月15日创刊，土地革命战争时期中国共产党中央委员会的半公开机关报。

青年實話

九九期

每一個紅軍家屬要做擁護蘇維埃的模範公民

图61 《青年实话》，1931年7月1日创刊，中国共产主义青年团苏区中央局机关报。

紅星報

紅星

第二期

中國工農紅軍總政治部出版

擁護國際反帝非戰大會

社論 提高我們的軍事技術

图62 《红星报》，1931年12月11日创刊，中国工农红军军事委员会机关报。

红色中华

发刊词

纪念广州暴动！

图63 《红色中华》，1932年12月11日创刊，共产党在根据地创办的第一份历史较长的中央级报纸，也是中央苏区影响最大的报纸。

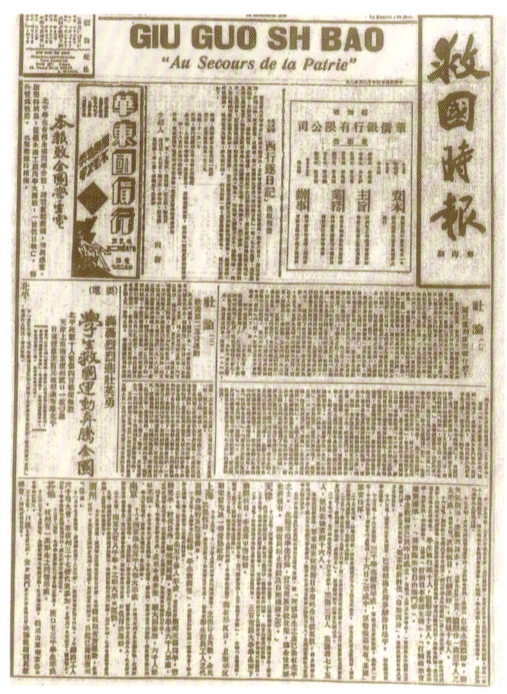

GIU GUO SH BAO

"Au Secours de la Patrie"

救國時報

图64 《救国时报》，1935年12月9日在法国巴黎创刊，中共的海外机关报。

图66 埃德加·斯诺（1905—1972），美国著名记者，1928年9月来到中国，受聘于《密勒氏评论报》，一生中最出色的新闻活动是1936年6月至10月的陕北苏区之行。

图65 《红星照耀中国》，1937年斯诺的部分报道被译成中文在北平以《外国记者西北印象记》为书名出版，后改名为《西行漫记》。

图67 艾格尼斯·史沫特莱（1890—1950），她写的《中国红军在前进》一书最早把中国工农红军的真实情况向全世界做了介绍。

图68 邹韬奋（1895—1944），1926年接任《生活》周刊主编，中国现代著名新闻记者、报刊活动家、政论家及出版家。

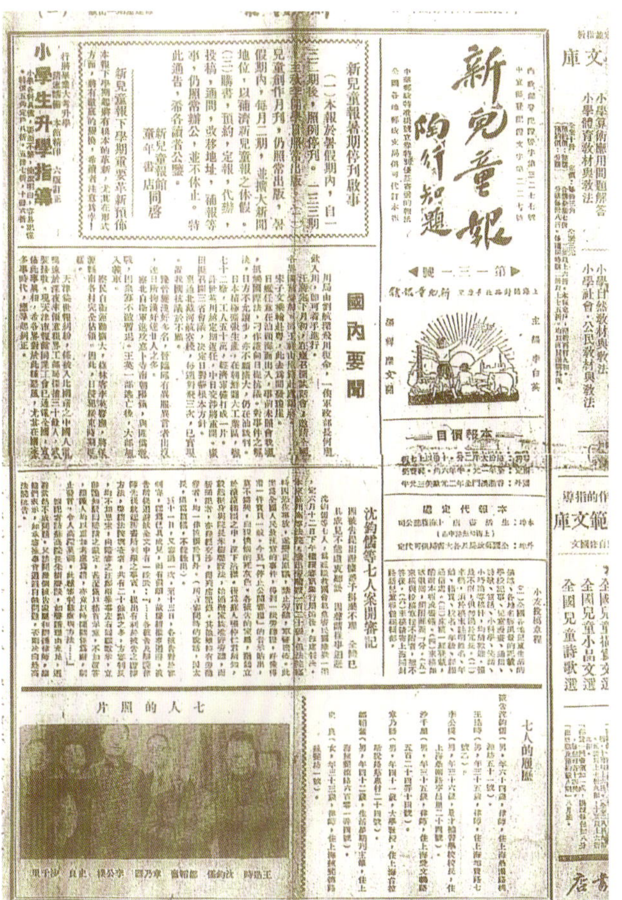

新兒童報

陶行知題

第一三一號

主編 李白英

編輯 盧文圖

本報價目

本報代定處

新兒童報暑期停刊啟事

（一）本報於暑假期內，自一三三期後，照例停刊。

兒童創作月刊，仍照常出版，暑假期內，每月二期，並擴大新聞地位，以補濟新兒童報之休假。（三）購書，預約，定報，代辦投稿，通問，改移地址，補報等事，仍照常辦公，並不休止。特此通告，希各讀者公鑒。

新兒童報館
童年書店 同啓

新兒童報下學期重要革新預佈

本報下學期起將有根本的革新，尤其在形式方面，將有嚴重的變換，希讀者注意為幸！

小學生升學指導

國內要聞

沈鈞儒等七人案開審記

七人的照片

七人的履歷

小學算術應用問題解答

小學體育教材與教法

小學自然教材與教法

小學社會·公民教材與教法

全國兒童小品文選

全國兒童詩歌選

图69 《新儿童报》，旧中国30年代全国儿童报纸发行量较多的一份。

四、抗日战争与解放战争时期的新闻事业（1937—1949）

图70 1937年，中国青年新闻记者学会第一次会议，郭沫若在会上发言。中国青年新闻记者学会简称“青记”，是抗日战争时期和解放战争初期著名的全国性新闻记者组织，主要发起人是范长江、陈同生。

图71 范长江（1909—1970），中国杰出的新闻记者，社会活动家。1935年5月，范长江以《大公报》旅行记者的名义开始了他著名的西北之行。

图72 在台儿庄战役中，范长江（右一）、陆诒（右四）与关麟征军长（右二）的合影。

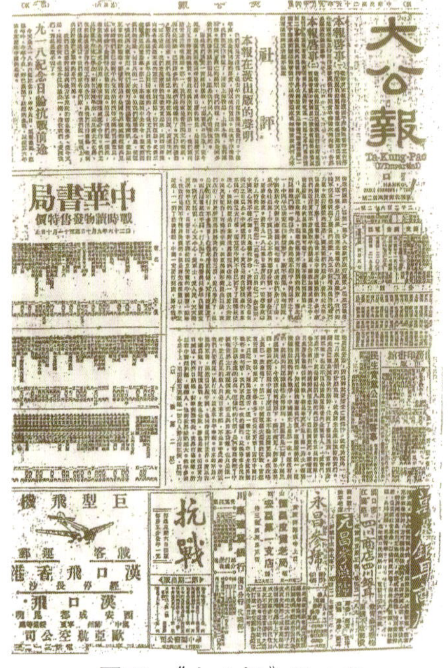

大公報

中華書局

抗戰

巨型飛機

图73 《大公报》汉口版

大公報
Ta-Kung-Pao
(L'Impartial)
重慶
CHUNGKING
本報特別啟事

图74 《大公报》重庆版。

图75 重庆《大公报》馆。

（正面）

图76 《大公报》获美国密苏里大学新闻学院授予的1940年度外国报纸最佳新闻服务荣誉奖章。这是中国报界第一次获国际新闻大奖。

（背面）

图77 中央通讯社卢祺新代《大公报》领奖。

图78 新华社办公的延安窑洞。新华社的前身是红色中华通讯社，1931年11月7日在江西瑞金成立，是中国共产党领导下成立最早的新闻机构。1937年1月在延安更名为新华通讯社。

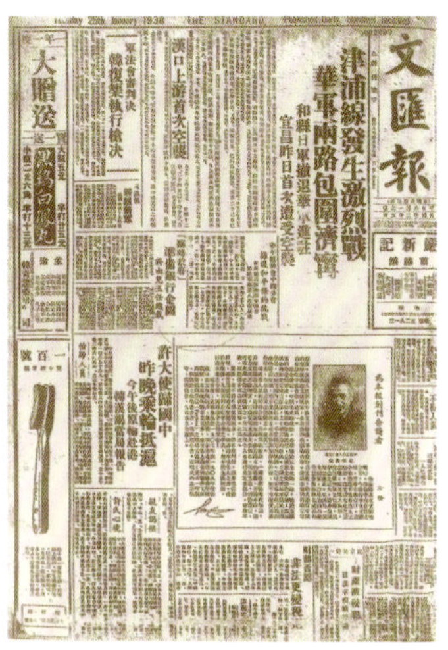
文匯報

津浦線發生激烈戰

華軍兩路包圍濟寧

图79 《文汇报》1938年1月25日创刊，见证并记录了中国半个多世纪的历史进程，是在海内外享有盛誉的大报。

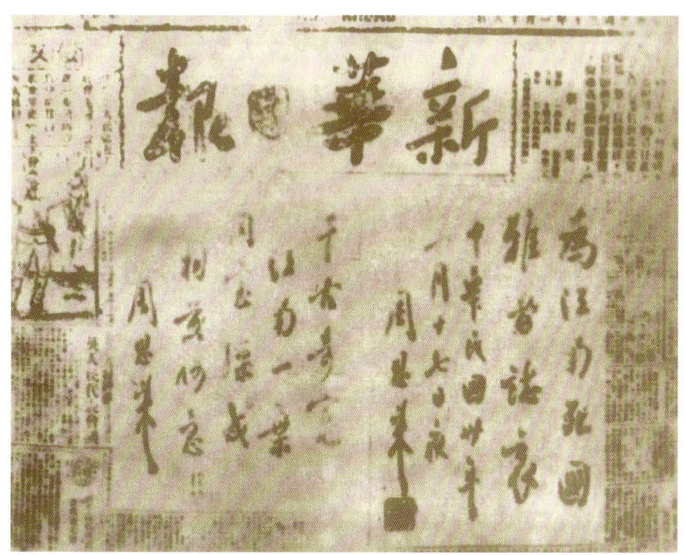
新華日報

為江南死國難者誌哀

中華民國卅年一月十七日夜 周恩來

千古奇冤 江南一葉 同室操戈 相煎何急 周恩來

图80 《新华日报》1940年报道皖南事变。该报是抗日战争时期中国共产党在国民党统治区公开出版的报纸。

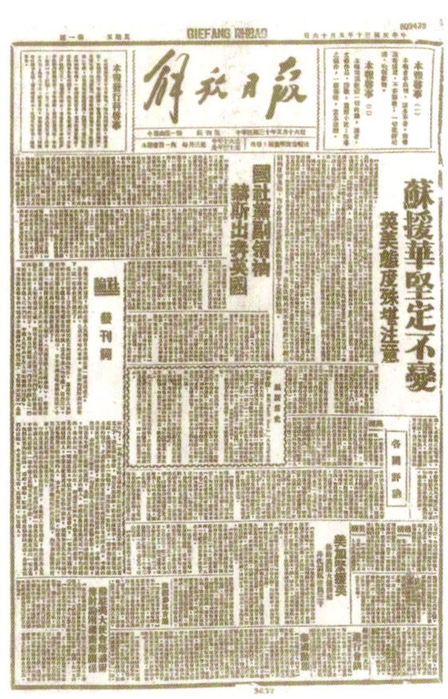
解放日報

图81 《解放日报》，1941年5月创办，边区第一份大型的、每日出版的中共中央机关报。

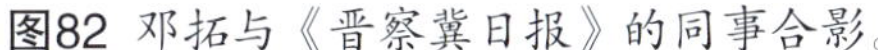

图82 邓拓与《晋察冀日报》的同事合影。

图83 邓拓（1912—1966），新中国成立后，任《人民日报》总编辑、社长。1961年3月，开始以“马南邨”为笔名在北京晚报副刊《五色土》开设《燕山夜话》专栏，共发稿153篇，颇受欢迎。

图84 1940年，中国青年新闻记者学会晋察冀边区分会成立。

图85 1944年，中外记者参观团访问延安。毛泽东、朱德、周恩来等中共中央领导人同参观团成员合影。

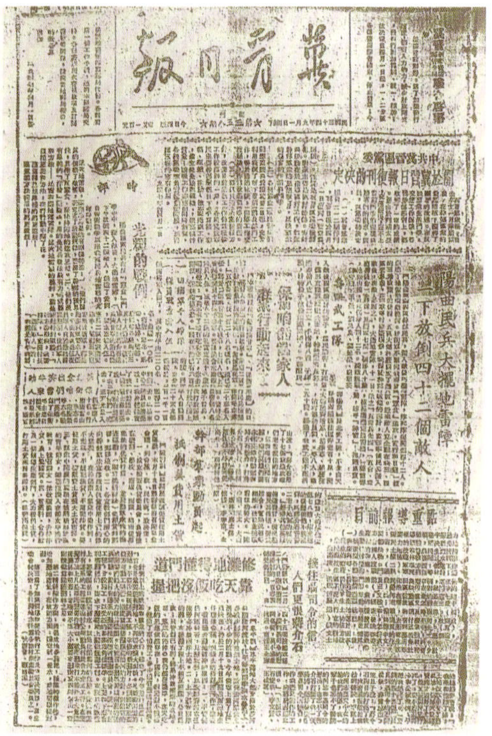
冀晋日報

陽曲民兵大擺地雷陣 一下放倒四十二個敵人

图86 张家口出版的《冀晋日报》1945年9月12日创刊，是最早的一份解放区城市报纸。

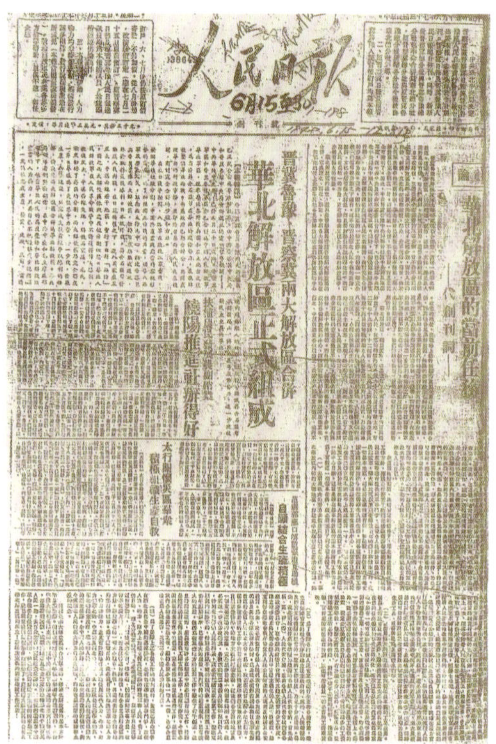
人民日報

晉察冀、晉冀魯豫兩大解放區合併

華北解放區正式組成

图87 《人民日报》创刊号，1946年5月15日创刊。

图88 胡乔木（1912—1992），1948年任新华通讯社社长。新中国成立后，曾任新华社社长（1949年10月1日至10月19日）、新闻总署署长、中共中央宣传部副部长、政务院文化教育委员会秘书长、中共中央副秘书长等职。参与起草了第一部《中华人民共和国宪法》（1954年）。

五、新中国成立后的新闻事业（1949年至今）

图89 1949年10月19日，新闻总署成立，是新中国领导和管理全国各类新闻媒体和新闻工作的行政机构。

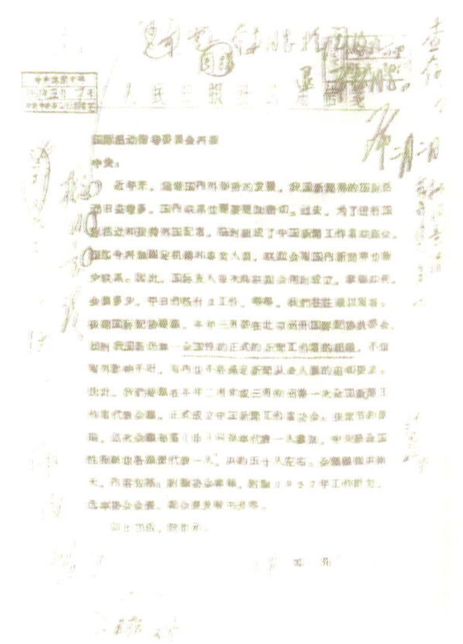

图90 1957年，给中央关于成立中华全国新闻工作者协会的报告。

图91 1958年9月2日，中央电视台（当时称北京电视台）首次播映。

图92 20世纪50年代中央电视台（当时称北京电视台）在演播室现场直播节目。

图93 1958年中央电视台记者在北京木材厂拍摄第1条电视新闻。

图94 1961年毛泽东会见出席世界记者大会的代表。

光明日报

华主席给金主席的感谢电

满载朝鲜人民对中国人民的深情厚谊

华主席离平壤回国金主席到车站热烈欢送

金主席向华主席赠送礼品

实践是检验真理的唯一标准

图95 1978年5月11日，《光明日报》在头版显著位置发表了特约评论员文章《实践是检验真理的唯一标准》，全国报纸纷纷转载。

图96 1979年1月4日《天津日报》出现天津牙膏厂的“产品介绍”广告。这是改革开放后在中国内地发布的第一个商品广告。

羊城晚报
YANGCHENG WANBAO

1980年2月
15
星期五

叶剑英副主席为《羊城晚报》复刊题字

今天，八十年代第一个春节的前夕，在十年浩劫
、“四人帮”摧残的《羊城晚报》，重新同广大读
敬爱的叶剑英副主席欣然命笔，为劫后复苏的《羊
了报名。
城晚报》从一九五七年十月一日创刊的第一天起，始
广东省委和陶铸同志的亲切关怀和指导。复刊后的

羊城晚报

图97 1980年2月15日《羊城晚报》复刊。

图98 1982年5月3日，传播学奠基人之一、美国夏威夷东西方研究中心传播研究所主任威尔伯·施拉姆（Wilbur Schramm）应邀到中国社会科学院新闻研究所（今新闻与传播研究所）访问，并与该所部分研究人员座谈。参加座谈的除了该所领导戴邦、钱辛波和部分研究人员外，还有来自中国人民大学、北京广播学院（现中国传媒大学）的部分教师。

图99 1982年由中国社会科学院新闻所创办的《中国新闻年鉴》，是中国第一部大型新闻资料类书。

图100 1983年，中华全国新闻工作者协会第三届全国理事会在北京召开。

南方周末

图101 1984年2月11日《南方周末》创刊号。

图102 1985年邓小平在北京会见美国新闻界老朋友。

图103 1984年11月，中国新闻教育学会成立，全体会员与中央领导合影。

图104 1986年，中国代表团在亚洲—太平洋广播联盟第23届全会上。

图105 1988年，首届中国报刊博览会在北京举行。

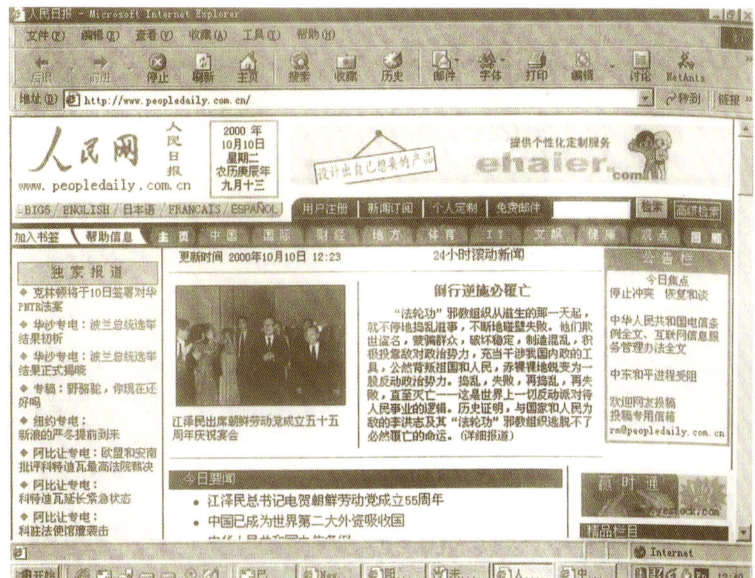

图106 1997年1月1日，人民日报网站正式开通。人民网成为目前国内信息量最大、更新最快的新闻媒体网站。

图107 2008年4月15日，北京大学新闻学研究会正式恢复成立。北京大学时任校长、北京大学新闻学研究会会长许智宏与时任北京大学新闻与传播学院院长、北京大学新闻学研究会学术总顾问邵华泽一同为研究会揭牌。

图108 2013年3月22日，由原新闻出版总署、原广电总局整合而成的国家新闻出版广电总局挂牌。

图109 2014年6月12日，全新的人民日报客户端正式上线。这是人民日报社适应媒体变革形势，加快推进传统媒体与新兴媒体融合发展迈出的重要一步。

【参考文献】

方汉奇、史媛媛：《中国新闻事业图书》，福建人民出版社2006年版。
丁淦林、黄瑚等：《中国新闻图史》，南方日报出版社2002年版。
《中国大百科全书·新闻出版》，中国大百科全书出版社1990年版。
陈刚：《当代中国广告史》（1979—1991），北京大学出版社2010年版。

本栏编辑：孙美玲
审稿人：方汉奇

目　录

第一篇　本刊特载

第二篇　研究综述

学科综述

专题综述

第三篇　论文选粹

论文选摘

第四篇 论文辑览

第五篇 国际交流

第六篇 论著撷英

第七篇 教育事业概况

第十一篇　科研项目

第十二篇　学人自述

第十三篇 学术动态

第十四篇 研究生学苑

第十五篇 港澳台专辑

香港地区专辑

第一篇
本刊特载

20世纪以来中国新闻学发展历程回顾

20世纪以来中国传播学发展历程回顾

中国传播学问卷调查研究的现状与发展

20世纪以来中国新闻学发展历程回顾

一、混沌中的启蒙：中国新闻学史前史

“新闻”在中国成为问题与西方近代报刊的涌入密不可分。

1815年英国传教士马礼逊、米怜在马六甲创办了第一份中文报刊《察世俗每月统记传》，这标志着近代真正意义上的新闻活动在中国的诞生。在外报的带动下，国人也开始办报，并在维新变法和辛亥革命前掀起两次办报高潮。此间，陆续有文章关注报业，但直到1918年北大新闻（学）研究会成立之前，中国没有一部系统的新闻学著作，没有明确提出新闻学的概念，从学术史角度考察，新闻学尚处于混沌状态，有人称之为“前范式阶段”①。

关于中国最早的新闻学专文，目前有两种说法：一是1834年在《东西洋考每月统记传》上发表的《新闻纸略论》，三百余字叙述了西方报纸的起源、现状与出版自由的观念等，是一篇介绍性质的文章。另一种说法是1874年王韬发表的《论日报渐行于中土》，论述了报纸的起源、英美报刊的发行情况、中文报纸的创办现状，并提及新闻记者（秉笔之人）的才干、素养与新闻的真实性问题。较之前者，后者在新闻学理、新闻业务方面均有涉及。②

在国人办报实践中，报人对报刊进行了自我思考，并尝试用本土化的理路去分析报纸、报馆的作用，其言论文章初步具备了新闻学术思想的特征。如梁启超在《论报馆有益于国事》（1896）中提出报纸的“去塞求通”“耳目喉舌”之用：“去塞求通，厥道非一，而报馆其导端也……其有助耳目、喉舌之用，而起天下之废疾者，则报馆之为也。”其在《敬告我同业诸君》（1902）中更提出报馆的两大天职：监督政府、导向国民。③郑观应在《盛世危言·日报编》（1893）中对报业之于国家变法自强之益，特别是对新闻自由与报人言责做了阐述：“盖秉笔者有主持清议之权，据事直书，实事求是，而曲直自分，是非自见，必无妄言谰语、子虚乌有之谈以参错其间。然后民信不疑。”“不准地方官恃势恫喝，闭塞言路，偶摘细故，无端封禁。如主笔借此勒索，无故诋毁，伤人名节者，不论大小官绅，当控诸地方官审办，并准两造公举中外陪员听讯。如果属实，则照西律分别轻重，治以禁锢之罪。”④

---

① 谢鼎新：《中国当代新闻学研究的演变——学术环境与思路的考察》，中国传媒大学出版社2007年版，第21页。

② 张岱年主编：《弢园文录外编》，辽宁人民出版社1994年版，第299页。

③ 梁启超在《敬告我同业诸君》中的原话为：“某以为报馆有两大天职：一曰，对于政府而为其监督者；二曰，对于国民而为其向导者是也。”援引《新民丛报》1902年第10期。

④ （清）郑观应著、辛俊玲评注，《盛世危言》，华夏出版社2002年版，第144页。

这一时期，比较有代表性的新闻思想阐述者还有洪仁玕、谭嗣同、严复、章太炎、孙中山等。这些中国近代史上的风云人物以报纸为武器宣传改良（革命）思想，为政治活动做舆论动员，他们所论述的新闻思想也多为“报纸有益于国事”之言。

从晚清到民国，中国社会经历了从传统向现代的嬗变，就学术来说，受西方冲击，开始从“格物致知”的穷理经世之传统学问向西方分科之学的现代科学转变。面对新兴的现代报刊，国人思考最多的是其功能和作用的发挥，而这些思考，无论对整个思想界还是新闻学的发展，都有启蒙意义。

综观此间的新闻学术，有以下两方面特点：

（一）强调报纸的动员功能，具有浓厚的思想启蒙意味。国人办报在民族危机、变法自强的大背景中滥觞，报人具有鲜明的政治抱负与政治理想。他们的首要身份是社会革新者，以报纸为手段介绍西方文明、宣传社会变革主张，而早期对新闻思想予以论述的正是这些时代先行者。这一特点决定了他们不可能以“新闻本位”为基点审视新闻活动，他们的新闻思想阐述并未超离传统学问的论述方式，托古之言谈经世之理随处可见，虽然有些“不伦不类”，但这是那时进步人士将西方文明引介到中国的便利之道。

（二）新闻思想零星呈现，“文章合为时而著”。这段时间关于新闻学术的专文多为发刊词、演说词、启事等，往往是针对时事所发表的议论，或是报人经验总结性质的感想文章，与作为学科性质的新闻学相差较远，缺乏现代科学必需的概念抽象、逻辑判断、理性推理等基本素质。

二、“格致之学”“科学之学”“战时新闻学”：民国时期的新闻学

（一）北大新闻（学）研究会的创建

在 1607 年徐光启翻译《几何原本》前六卷之后的约 300 年里，中国人一直用“格致”指代“科学”。① 20 世纪初，整个中国处在大转型阶段，学术也处在古今之变中，将“science”由“格致”翻译成“科学”不仅有意义之别，更有其所指的内涵之异，这意味着知识系统的专门化、学术研究的专业化及其在文化中的非道德化的定位。

作为一门现代学科，新闻学起源于 17 世纪末德国的一些大学。1903 年，商务印书馆翻译出版了日本学者松本君平的《新闻学》，新闻学自此传入我国。

1918 年成立的北京大学新闻（学）研究会是中国第一个新闻学研究团体②，标志着相较以往新闻的“经验之谈”，此时的新闻研究走进了“学”的境地，具备了现代学科所必需的学术规范、学术价值、学理内涵和知识体系。蔡元培校长在新闻学研究会第一次期满仪式上发表演讲时谈道：“今日本会之发给证书，故亦非经验已经完备，不过谓之经验之始而已。新闻事业既全恃经验，后此从事于新闻事业之人，能以其一身经验，研究

---

① 金观涛、刘青峰：《观念史研究》，法律出版社 2009 年版，第 325—326 页。

② 北大新闻学研究会初定名称为“北京大学新闻研究会”，1918 年 7 月 4 日《北京大学日刊》刊布研究会成立的消息。1919 年 2 月 10 日，《北京大学日刊》刊出《新闻研究会改组纪事》，称新闻研究会主任徐宝璜因担任之事过多，精力不及，恐于会务之发展有碍，特向会员提出改组意见。经多数赞成并推举徐宝璜、谭鸣谦、陈公博、曹杰、黄欣五人为起草员，修改会章以备开大会时通过。1919 年 2 月 19 日研究会召开改组大会，名称改定为“北京大学新闻学研究会”。

学理，而引进于学校中，乃吾所望者也。”[①] 从“术”入“学”成为当时新闻学研究的主要特征。

（二）作为“范式”的《新闻学》

《新闻学》是国人撰写的第一部新闻学专著，蔡元培赞誉其为“在我国新闻界实为‘破天荒’之作”[②]。徐宝璜作为留学美国密苏里大学并系统学习过新闻学的早期新闻学教育者，其所著的《新闻学》在我国具有奠基性的“范式”意义。书中提出了新闻学的研究对象，基本范畴，新闻的性质、功能，从学科建设的角度对新闻原理做了阐发，基本勾勒了新闻学理论的大致轮廓。如关于新闻学的定义：“尝考各学科之历史，其成立无不在其对象特别发展以后。有数千年之种植事业，然后由农学林学……此学名新闻学，亦名新闻纸学。既在发育时期，本难以下定义，姑曰，新闻学者，研究新闻纸之各问题而求得一正当解决之学也。”[③] 关于新闻的定义：“为多数阅者所注意之最近事实。”[④] 关于新闻价值：“注意人数多寡与注意程度深浅之问题也。”[⑤] 这些概念的界定，一方面标志着以新闻为客体的新闻学研究取向的形成，另一方面划定了属于新闻学科的“知识版图”。

就该书的具体内容而言，徐宝璜将新闻学术划分为编辑、组织、营业三方面，从内容排列来看，中国的第一部新闻学著作采用了“学”与“术”相结合的写作体例，操作性明显大于学理性，而其写作目的是“能导其（吾国之报纸）正当之方向而行，为新闻界开一新生面”[⑥]，这具有鲜明的实用性特征。自徐之后，在早期中国新闻学研究中[⑦]，将新闻学约化为“新闻纸学”“舆论之学”，强调新闻学的“技艺之学”方面成为一个普遍趋势，这无疑窄化了新闻学的视野和范围，隐含着将新闻学技术化的取向。[⑧] 从根源上来看，这与徐宝璜所奠定的新闻学术的框架、思路具有学科范式的影响作用是分不开的，故有学者论：“在近代中国，没有一本纯粹的理论新闻学著作，新闻学著作基本都是将基本理论的阐述与新闻业务的介绍融为一体，这一传统的开创者就是徐宝璜。”[⑨]

（三）新闻教育的勃兴

自北大新闻（学）研究会之始，中国新闻教育应和新闻实践蓬勃发展，而新闻教育的发展则极大地促进了新闻学的普及和发展。1921 年，中国第一个新闻院系上海圣约翰大学报学系创办[⑩]，由《密勒氏评论报》主笔、密苏里新闻学院校友毕德生主持；1923

---

① 《新闻学研究会发给证书纪事》，《北京大学日刊》，1919 年 10 月 21 日。

② 徐宝璜：《新闻学》，时代文艺出版社 2009 年版，前言页《蔡序》。

③ 同上书，第 2 页。

④ 同上书，第 12 页。

⑤ 同上书，第 22 页。

⑥ 同上书，前言页《自序》。

⑦ 李秀云在《中国新闻学术史》中谈及此问题时举例说：20 年代任白涛的《应用新闻学》、邵飘萍的《实际应用新闻学》是如此，30 年代黄天鹏的《新闻学概论》与《新闻学入门》、曹用先的《新闻学》、李公凡的《基础新闻学》也是如此，40 年代出版的萨空了的《科学的新闻学概论》、恽逸群的《新闻学讲话》、储玉坤的《现代新闻学》还是如此。

⑧ 姜红：《现代中国新闻学科建构与学术思想中的科学主义》，复旦大学博士学位论文，2006 年，第 77 页。

⑨ 李秀云：《中国新闻学术史》，新华出版社 2004 年版，第 347 页。

⑩ 邓绍根：《中国第一个新闻专业创办时间考论》，《新闻记者》2010 年第 6 期。

年，平民大学报学系创办，徐宝璜任主任，《京报》社长邵飘萍、北京新闻通信社社长吴天生任教授；1924 年，燕京大学新闻系创办，由白瑞华（Roswell S. Brittan）任系主任，纳什（Vernon Nash）等任教授，燕大新闻系与密苏里新闻学院展开合作，引进师资，在教材、课程编制和设备上效仿美式新闻教育。1927 年，上海复旦大学新闻学系创办，系主任谢六逸先生留日多年，创办之初有日本式新闻教育的印记；陈望道先生主持复旦新闻系后，延聘多位英美留学生。1925 年，上海南方大学报学系成立，由《申报》协理、刚取得密苏里新闻学院硕士学位的汪英宾任主任，后因学潮停办，大部分师生转入上海国民大学，该校增设报学系，戈公振任主任。①

与此同时，一批西方新闻学者和著名新闻记者来华讲学，包括英国《泰晤士报》社长北岩勋爵，美国新闻纸出版界协会会长格拉士，美国密苏里新闻学院创始人威廉，美国《纽约时报》著名记者麦高森，美联社社长诺伊斯，英国路透社总经理琼斯等。

在学术著作方面，继松本君平《新闻学》（1903）、休曼《实用新闻学》（1903）之后，又有一批新闻译著出版，有开乐凯著、戈公振译的《新闻学撮要》（1925），有安杰尔著、张友松译的《新闻事业与社会组织》（1927）。国人的新闻论著在此时也进入盛产期，新闻理论方面具代表性的有：邵飘萍的《新闻学总论》（1924）、伍超的《新闻学大纲》（1925）；新闻业务方面有：任白涛的《应用新闻学》（1922）、邵飘萍的《实际应用新闻学》（1923）、蒋裕泉的《新闻广告学》（1926）；中国新闻史研究方面有：《上海报纸小史》（1917）、戈公振的《中国报学史》（1927）、蒋国珍的《中国新闻发达史》（1927）。

新闻业在民国初期迎来了“短暂的春天”，实践领域的发展促进了新闻教育的发展，而新闻教育的勃兴则推动了新闻学术研究的深入。这一时期的新闻学一方面处于借鉴吸收英美和日本新闻学阶段，另一方面受当时国内环境和新闻实践的影响，中国新闻学也开始呈现“中国特色”。

1. 学科范式初步形成，“新闻本位”的研究取向有所彰显。与先前对“新闻”有感而发、为事而论的议论文章不同，此时的新闻学开始显现现代学术的基本特征。属于新闻学科的学术范畴、操作概念、研究方法、理性逻辑、框架结构等学科“素质”在一本本新闻学理论著作和新闻教育实践中被固化下来，确立了新闻学的话语体系。目前学界公认的，此时期徐宝璜的《新闻学》、邵飘萍的《实际应用新闻学》、戈公振的《中国报学史》分别从新闻理论、新闻业务、新闻史的角度奠定了中国新闻学的雏形。

2. 学术研究团体出现，西方色彩浓厚。民国新闻业进入职业化发展期，对新闻教育提出更高要求，新闻院校的兴办，大量延聘西方尤其是英美学者，“密苏里新闻帮”这一时期在新闻教育和新闻学术中占据重要地位。处在新闻学术发轫期的民国新闻学术自身不够成熟，亟须借鉴西方新闻学术成果，“拿来主义”的现象在此时十分普遍。同时，许多新闻学术社团在此时期成立，比较有代表性的有上海报学社（1925）、北京新闻学会（1927）、中国新闻学研究会（1931）、平津新闻学会（1936）。

3. “学”“术”“道”并立，以“术”为主。中国近代新闻事业诞生于半殖民地半封建社会中，从诞生之日起就起到启迪民智、社会动员的作用。新文化运动中，科学和民

① 参见方汉奇主编《中国新闻事业通史》第二卷，中国人民大学出版社 1992 年版，第 255—257 页。

主成为救亡图存的主题，报刊虽有职业化发展之趋向，但经世济民之用并没有削减，强调新闻记者的社会担当，强调记者的道义责任在诸多新闻学著作中都能看到。这些是中国语境中新闻实践的孕育，与西方流行的“自由主义报刊理论”和垄断报业时期的办报理念有很大不同。再者，此时期的新闻学术极为注重其应用学科性质，从我国的第一本新闻学理论著作开始，新闻学著作基本都是将理论与业务融为一体，以理论指导实践，“导新闻事业于正途”[①] 成为新闻学术的重要使命。

（四）新闻学术在战时的分化

1937 年，全面抗战爆发。在空前的民族危机面前，新闻业从事抗战报道宣传成为时代的担当。在国内局势变化下，相较于民国初年在较为宽松的学术氛围中应运而生的“新闻本位”的学术思想，以战争宣传动员为主要研究目标的“战时新闻学”成为新闻学术的主流。强调“新闻是民族解放斗争的武器”、新闻工作与战争需要的“一致性”，“统一全国新闻团体组织，要求步调一致”[②] 成为战时新闻学的主要观点。

中国青年记者学会汇编的《战时新闻工作入门》（1939）可以说是战时新闻学的代表作，同时对这一理论加以阐发完善的新闻著作和文章有任毕明的《战时新闻学》（1938）、赵占元的《国防新闻事业之统制》（1937）、郭沫若的《战时宣传工作》（1939）、赵超构的《战时各国宣传方策》（1939）、彭乐善的《广播战》（1943）、吴成的《非常时期之报纸》（1937）、梁士纯的《战时的舆论及其统制》（1937）、王新常的《抗战与新闻事业》（1937）、任白涛的《抗战期间的新闻宣传》（1938）等。[③]

随着战争的进程，尤其是全世界范围内反法西斯战争的胜利，特殊时期的“战时新闻学”本应“善始善终”，但随着国内局势的变化，关于中国未来的“路线之争”“主义之争”愈演愈烈，新闻业和新闻学术不得不加入这场“大决战”中，新闻从服务于战争需要转变为服从于国内政治需要。作为“革命型政党”的国共两党，对于报纸的管控都严格纳入意识形态宣传范畴，体制化的党报理论均被两党高度认同。第二次国内革命时期，国内知识分子和普通民众对自由民主的诉求高涨，对于政府的新闻管制由战争初期的自觉服从“统制”转变为积极进行反统制的斗争[④]，在国统区中形成并发展了中国资产阶级新闻学。而在解放区，中国共产党无产阶级党报理论逐渐完善，并形成了理论总结。

这一时期新闻学术表达中常见“阶级”“革命”“战斗”“党性”“唯物”“唯心”等高度意识形态化的词汇，新闻本位的科学学理思考被意识形态宣传所取代，在“主义”大旗之下，新闻学术问题演变成政治问题，新闻话语演变为政治话语。自民国而来作为分科之学的新闻学，在政治裹挟之下丧失了学术的独立性与自主性，使新闻学以另一种路径在中国语境下发展。

---

① 徐宝璜：《新闻学》，时代文艺出版社 2009 年版，前言自序。原文为：此书发刊之意，希望能导其正当之方向而行，为新闻界开一新生面。

② 张育仁：《论战时新闻学与战时新闻政策的特殊关系》，《重庆师范大学学报》（哲学社会科学版）2009 年第 5 期。

③ 参见方汉奇主编《中国新闻事业通史》第二卷，中国人民大学出版社 1992 年版，第 730 页。

④ 张育仁：《论战时新闻学与战时新闻政策的特殊关系》，《重庆师范大学学报》（哲学社会科学版）2009 年第 5 期。

三、在革命中孕育：中国共产党新闻理论的产生发展

从十月革命到中华人民共和国成立，中国共产党在实践中摸索出适应革命需要的党报理论。这段时期可划分为两个阶段：一是从“五四”运动到土地革命，是中国共产党新闻理论萌芽时期；二是抗日战争和解放战争，是党报理论真正产生并逐渐成熟时期。

最早在国内引介马克思主义新闻观的中共先驱是李大钊，他在《在北大新闻记者同志会成立会上的讲话》中提到，“新闻是现在新的，活的，社会状况的写真……现在的新闻纸，就是将来的历史。历史不应是专给一姓一家作起居注，或专记一方面的事情，应当是注重社会上多方面的记载，新闻纸更应当如此”[①]。李的言论指出了新闻的基本特征，并以“历史非一姓一家之历史”类比新闻，可以算是中共新闻工作强调人民性的最早表述。

1921 年 7 月中国共产党成立，一大决议中关于宣传部分规定：一切书籍、日报、标语和传单的出版工作，均应受党中央执行委员会或临时中央执行委员会的监督；一切出版物，其出版工作均应受党员的领导；任何出版物不得刊登违背党的原则、政策和决议的文章。[②] 从中共早期的宣传文件和政治纲领可以看出这些规定受到了列宁党报理论和共产国际新闻政策的影响。

中央苏区时期，列宁的办报学说直接融入了当时的办报实践中。1931 年 1 月 27 日通过的《中共中央政治局关于党报的决议》，决定“成立中央党报委员会，负责中央党报一切领导”，并指出：“党报必须成为党的工作及群众工作的领导者，成为扩大党在群众中影响的有力的工具，成为群众的组织者。党报不仅要解说中国革命的理论问题、策略问题，解说党目前的中心的口号，同时要极可能的多收集关于实际工作的文章，特别是关于党的组织任务的文章。”[③]

1930 年 8 月 15 日，《红旗日报》发刊词《我们的任务》写道：“在现在阶级社会里，报纸是一种阶级斗争的工具。”[④] 这是第一次明确党报性质的论述。此后博古发表《愿〈红色中华〉成为集体的宣传者和集体的组织者》（1933），对《红色中华》的群众工作和自我批评工作提出要求；张闻天发表《关于我们的报纸》（1933），对党报的自我批评工作和反对官僚主义提出要求：“关于工作的布尔什维克的自我批评，因工作计划的流产或工作中发生严重现象而敲起警钟来引起全党与整个苏维埃政府的注意，来采取紧急办法，在我们的报纸上还是没有。”他在文章中要求党报“要把不好的现象揭发出来，同时赞扬在军事、政治、经济、劳动各个战线上的英雄”。[⑤] 张友渔的《新闻之理论与现象》是第一本以马克思主义新闻学观点研究新闻学的著作，书中反复强调了“新闻是阶级斗争的工具”这一观点。

中央苏区时期的新闻工作和新闻思想，完成了对中共党报理论的“蓝图”设计。体

---

① 李大钊：《在北大新闻记者同志会成立会上的讲话》，《晨报》1922 年 2 月 14 日。

② 中共一大决议文《关于当前实际工作的决议》，原载《中国档案报》2011 年 5 月 6 日，总第 2150 期，第 3 版。

③ 1913 年 1 月 27 日《中共中央政治局关于党报的决议》，《党的文献》2011 年第 5 期。

④ 方汉奇主编：《中国新闻事业通史》第二卷，中国人民大学出版社 1992 年版，第 337 页。

⑤ 文章初刊于中央苏区中央局机关报《斗争》第 38 期，署名“洛浦”。

现在：（一）强调党报是党的“宣传员”“鼓动员”“组织者”的身份，对党报的工作性质和作用有清晰认定；（二）党管新闻事业，党报成为革命斗争中重要的战斗堡垒；（三）初步形成全党办报、群众办报的工作路线，强调党报对革命的动员作用；（四）对加强和改进党报工作提出了具体要求。这一系列党报思想的来源一方面是中国革命经验和教训的总结，另一方面是对苏联党报理论的借鉴吸收。如果说土地革命时期是中共新闻理论的发展期，那么中共新闻思想学说化、体系化则成形于延安时期。

1942 年延安整风中以《解放日报》改版为标志拉开了中共新闻史上第一次新闻改革的序幕，在中共中央宣传部《为改造党报的通知》（1942 年 4 月）、《致读者》社论（1942 年 4 月）及其之后的《党与党报》社论（1942 年 9 月）、《本报创刊一千期》社论（1944 年 2 月）、《提高一步——纪念本报创刊四周年》社论（1945 年 5 月）等文章中较为系统化、理论化阐述了党报的性质、党报的品质[①]、党报的特征、党报的文风、“全党办报”的工作路线。至此，以中共为代表的中国无产阶级新闻学说的理论框架基本形成。

解放战争时期，《晋绥日报》检查了新闻报道中的右倾倾向和新闻失实问题，在报纸上开展公开批评与自我批评，发动群众参与揭露假报道，发起了维护新闻真实性原则、反对“客里空”运动。这场运动得到中央肯定，并迅速在解放区推广。

1948 年 4 月，毛泽东在接见《晋绥日报》编辑部人员时发表了《对晋绥日报编辑人员的谈话》，阐述了党报的几个重要问题。关于党报的作用和方针，毛泽东指出：“报纸的作用和力量，就在它能使党的纲领路线，方针政策，工作任务和工作方法，最迅速最广泛地同群众见面”，“我们要教育人民认识真理，要动员人民起来为解放自己而斗争，就需要这种战斗的风格。”关于办报的路线问题，毛泽东指出：“我们的报纸也要靠大家来办，靠全体人民群众来办，靠全党来办，而不能只靠少数人关起门来办。”关于党报的文风和作风，毛泽东要求党报保持应有的战斗风格：“应当保持你们报纸的过去的优点，要尖锐、泼辣、鲜明，要认真地办”，“我们党所进行的一切宣传工作，都应当是生动的，鲜明的，尖锐的，毫不吞吞吐吐。”[②]

1948 年 10 月，刘少奇《对华北记者团的谈话》援引《联共党史》和列宁建党思想，结合当时革命新形势，强调了党报工作与人民群众的联系，从“要有正确的态度”“必须独立地做相当艰苦的工作”“要有马列主义理论修养”和“要熟悉党的路线和政策”[③] 四个方面给新闻工作者提出要求。同时他的这篇谈话，从唯物史观的角度强调了新闻真实性的极端重要性。

在中国马克思主义新闻理论思想的形成和发展中，瞿秋白、李立三、张闻天、博古、陆定一、胡乔木、萨空了、恽逸群等人也作出了许多重要的贡献，具有代表性的理论著作有《新闻学讲话》（恽逸群，1946）、《科学的新闻学概论》（萨空了，1946）。

中共在革命时期关于新闻工作与新闻思想的理论文章对党报的性质和作用、党报的工作路线和工作原则、党报的文风以及无产阶级新闻思想与资产阶级新闻思想的区别等作了比较系统的阐发，中国特色的党报理论在革命年代完成了理论定型。这一时期共产

---

① 《解放日报》致读者社论中提出党报的品质：第一，要贯彻坚强的党性；第二，要密切与群众联系；第三，要洋溢战斗性；第四，要增强组织性。

② 《毛泽东选集》第 4 卷，人民出版社 1991 年版，第 1318 页。

③ 《刘少奇选集》上卷，人民出版社 1991 年版，第 403 页。

党的新闻学理论在革命中孕育、检验和发展，成为指导中国革命成功的重要思想理论来源，构建了以马克思主义为指导的关于新闻理论的框架体系，其中的一些观点至今仍在指导我国新闻工作实践。

但将新闻完全纳入政治意识形态系统导致了“新闻本位”研究的缺失。虽然这一时期关于新闻本体论、新闻认识论的探讨有一定成果，如陆定一《我们对于新闻学的基本观点》从唯物主义立场回答了新闻的定义①、新闻的本源、新闻的要素等新闻核心问题；恽逸群在《新闻学讲话中》指出新闻是“和大众有利害关系的为大众所关心的或足以引起大众关心（或注意）的事物”，并把“和大众利害关系的密切程度”作为衡量新闻价值的第一条标准。但这些还是立足在以无产阶级的基本立场对资产阶级新闻学观点的批判，进而指出中国革命的路线之争，实质还是为政治服务。受列宁建党思想影响，经过中国革命实践的淬炼，新闻事业是党的事业的“一颗螺丝钉”的论断在革命中不断予以确认，高度自觉的政治意识在新闻实践和新闻学术中起到提领作用。人们在新闻工作上看到的大多是阶级立场、思想路线、方针政策②，而新闻学自身的学术话语被搁置一边。学术的政治化给新闻学的健康发展埋下了隐患。

四、“党报理论”的异化：中国新闻学的凋零期

（一）党报理论在新中国成立后的继承与发展

新中国成立后，我国的新闻事业也步入新阶段。解放区内逐渐形成的党报体系和城市中的一些资产阶级私营报纸并存，但并存的时间不长，伴随着国家政治经济体制的变化，报纸公私合营和改造的步伐加快，很快几乎所有报纸都被纳入党报体系。③ 新的新闻体制建立起来，在党管新闻、“全国一盘棋”的大背景下，新闻学术研究完全被纳入政治范畴，政治视域成为新闻学研究的主导视域。这一时期新闻工作和新闻理论资源的来源主要有三方面：一是革命时期形成的党报传统；二是学习苏联的经验；三是面对新情况新问题的自我探索。总体上看，自1949年到1956年，中共对战争年代形成的党报理论，在继承中有所发展，并取得一些成绩，但很快被政治运动中断。

1. 中共新闻工作中优良传统的继承

新中国成立后不久，鉴于新闻媒介在巩固国家政权和促进生产建设中的重要作用，1950年3月29日至4月16日，中央人民政府新闻总署组织召开了第一次全国新闻工作会议，后形成《关于建立广播收音网的决定》《关于改进报纸工作的决定》和《关于统一新华社组织和工作的决定》④ 三份重要文件。这次会议标志着新中国的新闻工作进入规范化

---

① 1942年陆定一撰写长篇文章《我们对于新闻学的基本观点》，这是一篇重要的新闻学理论文章，他在文中提出：“新闻的本源乃是物质的东西，乃是事实，是在人类在与自然斗争和在社会斗争中所发生的事实。因此，新闻的定义，就是新近发生的事实的报道。”这一定义成为现在新闻学教材上引用最多、最为接受的定义。

② 谢鼎新：《中国当代新闻学研究的演变——学术环境与思路的考察》，中国传媒大学出版社2007年版，第45页。

③ 1953年后，由私营变为公私合营继而转为民间面目的或民主党派的报纸，全国只剩下5家，即：《文汇报》《新闻日报》《新民报晚刊》《大公报》《光明日报》，它们都是共产党领导下的人民报纸。据方汉奇主编《中国新闻事业通史》第三卷，中国人民大学出版社1992年版，第38页。

④ 三份决定颁布的时间分别为1950年4月22日、1950年4月23日、1950年4月25日。

阶段，奠定了新中国社会主义新闻事业的制度基础。《关于改进报纸工作的决定》着重指出了报刊在新时期应发扬革命年代形成的联系实际、联系群众、开展批评与自我批评的优良传统，面对新形势要从四个方面[①]改进报纸工作。

1950 年 4 月，中共中央还作出了《关于在报纸刊物上展开批评与自我批评的决定》，“党的各级领导机关和干部必须对于反映群众意见的批评采取热烈欢迎和坚决保护的革命态度，而反对对群众批评置之不理、限制发表和对批评者实行打击、报复和嘲笑的官僚主义态度”。无疑，这是对革命时期党报批评与自我批评和联系群众优良作风的继承。后鉴于国际国内形势，党对新闻批评政策进行了修正，1954 年中央政治局通过的《中共中央关于改进报纸工作的决议》要求批评工作必须在党委领导下进行，并明确了“同级党报不得批评同级党委”的纪律。1956 年之后，国内政治气氛变化，报刊的批评与自我批评受到影响，批评逐渐受到限制和打压，至“文化大革命”时期，这种正常的报刊批评几乎消失。

2. 苏联经验的学习和模仿

新中国成立后，由于我国缺乏建设社会主义的经验，鉴于外交政策的“一边倒”，新闻事业和新闻理论的苏联经验成为新闻界学习和模仿的对象。共和国成立之初，人民日报社、新华社派记者去真理社和塔斯社学习，掀起学习苏联新闻经验浪潮。

1950 年 1 月 4 日，《人民日报》开辟的《新闻工作》专刊，是介绍和学习苏联新闻工作经验的重要园地，并在创刊号《编者的话》宣告，在创建中国人民新闻事业中，有一个便利的条件，这就是可以“大量地利用”苏联的“丰富经验”。“本刊愿在介绍苏联新闻工作经验方面，作有系统的努力”。这时期，大量列宁、斯大林论报刊的言论被译介，出版了《怎样领导党报》《报纸编辑部的群众工作》《真理报文选》《联共（布）中央直属高级党校新闻班讲义汇编》《布尔什维克报刊文集》等小册子和译著。[②]

“苏联经验”在此后相当长一段时间内对我国的新闻工作和新闻学研究产生了深远影响，如党报理论制度架构层面的“党媒国媒一体化”，效仿苏联，要求新闻媒体“不向党闹一个字的独立性”，这加快了民营媒体退场，提前形成了清一色的媒体格局。强调媒介舆论的一致性，一定程度上破坏了当时在报纸上开展的批评与自我批评工作。对学术研究的宗旨来说，“讲政治、讲党性”成为学术研究的前提，这不仅体现在新闻学界，在整个社会科学界都是如此。长期来看，苏联新闻理论范式对后来的中国新闻学发展具有一定的规约性。

3. 《人民日报》改革

1956 年，社会主义改造基本完成，党和国家工作重点转移到“改变我国在经济上和科学文化上的落后状况”上，进入社会主义建设的探索期。在“百花齐放，百家争鸣”方针的鼓舞下，新闻界也开始探索具有中国风格、符合中国要求的新闻规律。

当时新闻界暴露出许多问题，如在学习苏联经验时脱离实际，生搬硬套；党报带有明显的根据地工作的印记，习惯于代党政机关发言；报道面狭窄，地方性、群众性新闻

---

① “四方面”是：一要适应工作重心的调整，满足人民群众需要；二是要加强报纸在国家建设中的作用，改进报纸报道工作；三是建立和领导通讯员网和读报组；四是对政府机关和工作中的问题开展批评工作。根据《关于改进报纸工作的决定》整理。

② 方汉奇主编：《中国新闻事业通史》第三卷，中国人民大学出版社 1992 年版，第 165 页。

不强；教条主义和党八股严重；不同意见讨论太少等。在这一背景下，《人民日报》发表《致读者》社论，率先宣布改版。在这之前，中央批准了由《人民日报》总编辑邓拓、副总编辑胡绩伟等拟写的报告，报告中提出《人民日报》要在四个方面改进工作：（1）克服教条主义和党八股习气，改进评论工作，改进文风；（2）增加工作问题和思想学术问题的讨论，使各方面的不同意见能在《人民日报》上发表；（3）增加新闻与通讯，扩大报道范围；（4）改进编辑部工作。

这次改革所取得的成果不仅体现在实际的新闻工作中，也体现在改革中所形成的诸多新闻学术思想上。之前借由三次大规模的学术讨论而导致的整个学术思想界紧张的氛围[①]，在1956年的新闻改革中得到调整，在调整过程中出现了一些以新闻为本位的理论观点，如王中先生提出的“报纸的两重性”“报纸职能说”“读者需要论”“社会需要论”等，可惜在随后的“反右”斗争中，这些新颖的、具有远瞻性质的学术观点却受到批判。

这一时期新闻学理论著作主要是一些新闻工作者的工作文集，具有代表性的有《韬奋文集》《中国近代出版史料》和《中国现代出版史料》（张静庐辑注，初编1953年出版）、《新闻杂谈》（陈笑雨，1951）。

（二）政治运动中新闻学的异化

“反右”斗争以后，国家生活走向政治化，在以阶级斗争为纲、政治统治一切的时代，本来作为党报理论指导思想和社会科学重要研究视域的马克思主义，在经历“反动学术批判”“大跃进”“人民公社”以及后来的“文化大革命”等一系列政治运动后，科学的世界观、方法论逐渐沦为教条化的认识、政治打击的工具和万能的语录，新闻学术因涉及意识形态斗争，很容易在尖锐的政治斗争中上纲上线，被政治化。在极“左”时代，新闻学同其他人文社会科学一样遭到严重破坏，学术研究失去应有的社会氛围，学者也失去了起码的尊严，这段时期少有新闻学研究可言。新闻理论成果多为马克思、恩格斯、列宁、斯大林、毛泽东等人关于新闻工作的论述汇编，而这些汇编也是完全根据政治需要来选择的；还有就是一些高校新闻院系编辑的内部资料。

新中国成立至改革开放前这30年，新闻学在政治裹挟下曲折发展，在高度体制化的环境里，新闻学表现出“不连贯、不独立、不正常”[②]的特点。新闻学的自主性研究被领导人讲话、谈话、报告、会议文件和各种社论所取代，成为官方意识形态的“解释学”，传播媒介逐步沦为政治斗争的工具，新闻工作完全附属于政治宣传。但就在这种不正常的时代背景下，以刘少奇、邓拓、王中、赵超构和范长江等人为代表的社会主义新闻学家，仍旧为这一时期中国新闻事业和新闻学术的发展作出了独特的贡献。他们所提出的一些理论观点和在探索过程中所得到的经验与教训是新闻学在新时期走向繁荣的基石。

① 1951年到1953年间，新闻界先后宣传报道了对电影《武训传》的批判、对《红楼梦》研究和胡适派“资产阶级维新论思想”的批判和对胡风文艺观点的批判，借由学术观点的争鸣，上纲上线，上升到政治路线、政治立场的批判，使得整个学术思想界的空气都变得紧张。

② 赵凯、丁法章、黄芝晓主编：《二十世纪中国社会科学·新闻学卷》，上海人民出版社2005年版，第54、55页。

五、自主性的觉醒：中国新闻学恢复发展期

（一）拨乱反正，新闻学迎来“春天”

伴随着全社会的拨乱反正，新闻事业和新闻学研究也得到恢复和发展。十一届三中全会前，以《光明日报》《人民日报》《解放军报》等为代表的新闻界在“实践是检验真理的唯一标准”的大讨论中积极参与，思想上的拨乱反正，为新时期新闻学的发展扫清了障碍。

1979 年 3 月，中共中央宣传部召开全国新闻工作座谈会，对新闻工作重点转移作出部署。这一时期，一批学会、学刊、研究机构成立或恢复，为新闻学研究共同体形成创造了条件。具有代表性的有：

1978 年 8 月，中国社会科学院新闻研究所成立，这是新中国第一个全国性的新闻学术研究机构，标志着新闻学研究正式成为国家的整个科学研究事业的组成部分。

1980 年 5 月，由《陕西日报》《宁夏日报》《甘肃日报》《青海日报》和《新疆日报》联合筹备的新闻学术讨论会在兰州召开，这是“文化大革命”之后首次召开的大型新闻学术研讨会。会议主要内容有：报纸的性质和任务；无产阶级报纸的党性和人民性；报纸的指导性和真实性；关于在报纸上开展批评与自我批评的问题；党委与党报的关系以及新闻自由等。①

1980 年 2 月，北京新闻学会成立，后改名首都新闻学会（1984）。

1980 年 8 月，在“文化大革命”中被迫停止活动的中华全国记者协会恢复活动。

1978 年 12 月，人民日报社主办的《新闻战线》复刊；1979 年 5 月，中国社会科学院新闻研究所创刊《新闻研究资料》；1979 年 8 月，中国人民大学主办的《国际新闻界》复刊；1979 年 9 月北京广播学院创刊《北京广播学院学报》；1981 年复旦大学新闻系创刊《新闻大学》等。②

（二）“新闻有学”，理论指导改革

学术指导思想的变化，社会氛围的宽松，重新恢复报纸的本来面目，探求新闻的基本规律，成为学术界的首要命题。

1. 摒弃了“报纸是阶级斗争工具”说，重新恢复对于新闻的本体性认识。“文化大革命”中，报刊完全沦为政治斗争的工具和意识形态宣教的机器，报刊媒介传递事实、沟通情况的基本功能被抹灭，澄清新闻定义、新闻本质、新闻价值、新闻特点等问题成为新闻学术拨乱反正的第一项任务。

2. 纠正历史错案，肯定“读者需要论”“社会需要论”等合理的命题。在对思想理论的正本清源中，马列主义的原理方法论还是当时最重要的思想武器，新闻界重新确立了马列主义正确的认识路线，重新肯定了“文化大革命”中被打倒的一批人的新闻思想（如刘少奇新闻思想、王中新闻思想）。

---

① 参见张振亭《中国新时期新闻传播学术发展史》，华中科技大学博士学位论文，2008 年，第 23 页。

② 参见方汉奇主编《中国新闻事业通史》第三卷，中国人民大学出版社 1992 年版，第 499 页。

3. 厘清了几组重大关系。

（1）新闻与宣传的关系

新闻与政治的关系是新闻学绕不开的话题。我国新闻界历来把媒介当作宣传工具，认为新闻隶属于政治意识形态系统。随着社会的改革开放，西方传播学被引介到我国，尤其是传播学中信息概念的引进，给新闻界带来的观念冲击最为猛烈，引发了全国性的争论。经过争论，达成了这样的共识：新闻的本质是关于事实的信息，宣传的本质是传播观念，虽然两者有同一性，可以相互渗透，但归根结底新闻和宣传是独立的社会现象。这个概念的厘清，为媒介性质的重新认识、媒介功能的发挥、媒介结构的调整提供了思想依据。

（2）党性与人民性的关系

关于这两种关系的讨论源于改革开放之初社会上对新中国成立之后各种“左”倾错误，尤其是“文化大革命”错误的反思。政治运动中新闻界的歪曲报道，给国家和人民带来严重危害，如何避免新闻界在政治路线上的错误，有人提出：党的领导人是可能犯错误的，甚至党中央也可能犯错误。因此报纸编辑部在发现错误时，不能盲目执行，而应以人民利益为最高利益，按人民的意志办报。由此，报纸不仅应有党性，也应有人民性。①

思考党性和人民性的问题，在1980年代宽松的社会氛围下被允许，但观点论辩中有人把党性与人民性二分，甚至认为人民性凌驾于党性之上，这容易导致新闻改革乃至社会改革政治方向的错误。1985年2月8日，胡耀邦在中央书记处会议上作了《关于党的新闻工作》的发言，发言中指出：“我们党的新闻事业是党和政府的喉舌，而我们党和国家是为人民服务的，所以党的新闻事业完全能够代表和反映最广大人民的呼声。作为党的代言人和反映人民群众的呼声，在根本上是完全一致的。”②“三位一体”的表述，澄清了党性、人民性，党、政府、人民的关系问题，既具有政治智慧，又有深刻的学理性，后为各方所接受。

1980年代，通过新闻学者和新闻业界的共同努力，新闻界的面貌为之一新，新时期新闻学的基本概念、理论框架在这个时期形成并逐步完善。具有代表性的新闻理论专著（教材）有《新闻理论基础》（甘惜分，1982）③、《中国近代报刊史》（方汉奇，1981）、《新闻学基础》（余家宏、宁树藩、叶春华，1985）、《新闻学理论简明教程》（成美、童兵，1986）、《当代新闻学》（郑旷主编，全国20余所新闻院校教师合写，1987）等。这些成果一方面有力回应了社会上对“新闻无学”的质疑，另一方面以新的思想认识和理论成果为正在进行的新闻改革指明了道路。

六、光荣与梦想：新时期中国新闻学术的发展

中国进入1990年代，无论是人的思想认识还是社会的政治经济体制都发生了根本性

① 童兵、陈杰：《围绕“五论”的六十年争论——新中国成立以来新闻学理论研究管窥》，《中国地质大学学报》（社会科学版）2009年第6期，第48页。

② 胡耀邦：《关于党的新闻工作》，1985年2月8日，转自新华网新华资料。

③ 全书包括：新闻、舆论、新闻事业、新闻事业的作用、新闻事业和现实生活、新闻事业和群众、新闻事业和党。这是改革开放后我国第一部新闻学理论专著，是1980年代最重要的新闻学教材，对一个时期新闻学研究和教育带来广泛影响。

变化。邓小平“南方谈话”和中共十四大之后，政治转型、经济转制、社会转轨，极大释放了社会活力，新闻事业和新闻学进入空前的繁荣期。

在建立社会主义市场经济体制目标引领下，新闻事业明确了“双重属性”性质，逐步确立了“事业性质、企业管理”的运行方式，新闻媒体进入深化改革期，从刚开始的扩版、扩容、扩台到制播分离、编营分离，再到1990年代末的集约化、集团化方向发展，在做大做强中国传媒之路上，中国新闻事业高歌猛进。1996年1月广州日报报业集团成立，成为中国第一家报业集团，之后以行政干预组建传媒集团的做法在各省市相继出现，从单纯报业集团、广电集团到跨媒体、跨行业、跨区域组建媒体集团，中国传媒开始迎接WTO的挑战。

新闻事业的发展必然带动新闻教育的蓬勃，高校开设新闻院系从1980年代开始，到1990年代如雨后春笋。1997年6月，国务院学位委员会和国家教委联合颁布《授予博士、硕士学位和培养研究生的学科、专业目录》中，新闻传播学成为直接归属于文学门类下的一级学科，下设新闻学与传播学两个二级学科。新闻传播学的学科地位在整个人文社会科学体系中的地位得到提升，对促进整个学科的发展具有里程碑式的意义。

新闻实践、新闻教育的繁荣与新闻学术的前行相互因应。1990年代的新闻学学术研究呈现如下特点：

（一）研究本位化与多元化并显

新中国成立之后到改革开放之初，中国新闻理论的写作体例遵循“党报”本位。1990年代的新闻著作多将党报理论作为新闻学的重要理论，而非唯一理论。我们可以将其看成中国新闻学合法性的必要“叙事”。在传统党报理论之外，探求新闻活动的一般规律、新闻事业与社会的关系、新闻自由与社会控制的关系、媒介传播效果等以新闻为本位或者以新闻事业为本位的学理研究占据了主要地位。

（二）学科融合趋势明显

1980年代传播学引进给新闻学带来极大冲击，1990年代的新闻理论中将大众传播学与新闻学融合在诸多著作中显见。如黄旦著《新闻传播学》以“新闻传播”作为研究的逻辑起点，以传播学范式改造新闻学，是对传统新闻学教材体例的创新尝试；童兵的《新闻传播学原理》借鉴了传播学研究的控制分析、媒介研究、内容分析、受众研究、效果研究的学科理路。除此之外，新闻学理论中大量引用社会学、经济学、法学、政治学的研究成果，在研究方法上吸收西方社会科学中实证研究与批判研究方法。

（三）实践与理论贴近得愈加紧密

市场经济对新闻事业的影响如同“双刃剑”，在带来竞争的同时，也出现了诸多问题：有偿新闻、新闻侵权、记者权力寻租、新闻格调低下等。研究新闻工作的职业操守、行业伦理规范、新闻法律法规成为新时期新闻学研究的题中之义。同时媒介技术的发展、新闻实践的丰富、媒介结构的变化带来的新情况，亟待理论解释，“学”“术”互补互鉴的深度、层次均超越以往任何时候。

新闻学在新世纪来临之前已经成为一门显学。在学术成果丰硕的背后，学科的危机也引起一些学者的思索。20世纪末，“新闻专业主义”作为舶来品引入我国，围绕“新闻专业主义”的思考一时多了起来，对这一问题的探讨，凸显的是学科的焦虑：未完全建立起真正意义上基于新闻学理论逻辑起点的新闻理论大厦；未完整表述出新闻学理的统摄性范围，尤其是面对新媒体对新闻实践冲击时，新闻理论所做的“添章加节”的修补所带来的尴尬；新闻学之于整个人文社会科学领域知识贡献上所处的“入超”[①] 地位等。有学者试图用“本义新闻学”[②] 来重新思考新闻学术话语系统；有学者试图用“新闻理论范式的超越”[③] 来重构新闻学研究体例；当然还要包括1990年代学者所做的用大众传播学建构新闻学的努力。带着这些问题，新闻学进入21世纪，学科进入另一个百年的发展历程。

结语

百年中国新闻学的发展与中国社会的变迁紧密相关。笔者曾试图打破政治历史分期的方法，换一种路径梳理新闻学发展历程，但这样的思考往往又陷入困境，因为新闻学自身演进的脉络呈现出断裂式的接续，很难以一以贯之的线索提领研究。造成这种现象的原因是在不同时空环境中，新闻学所处“场域”的变化。新闻学术受外力影响过于明显，可能这本身就是新闻学的特点。

总体上看，中国新闻学发展沿着两条路线展开，一条是新闻思想的发展路线，一条是新闻学理的发展路线，两条路线相互交织，互相影响。在不同的社会环境中，以思想观念的前行带动新闻实践的变革，以实践的变革促进新闻学理的发展；以新闻思想统摄新闻学理，又以新闻学理革新新闻思想。

20世纪中国的主题是“现代性”，中国新闻学术的主题也是“现代性”，在探索新闻学“现代性”的道路上，学术前辈所做的积极努力是新世纪中国新闻学术的历史积淀。继往开来，如何做到历史与逻辑的统一，从中国自身问题出发，打造具有中国特色、中国风格、中国气象的学术精品，是摆在中国新闻学界和新闻业界面前需要共同思考的问题。

撰稿：芮必峰（安徽大学新闻传播学院教授）
周　彤（安徽大学2014级博士研究生）

① 丁柏铨：《论新闻学的学科影响力》，《现代传播》2011年第6期。
② 宁树藩、芮必峰、陆晔：《关于新闻学理论研究历史与现状的对话》，《新闻大学》1997年第4期。
③ 陈作平：《新闻理论新思路》，中国传媒大学出版社2006年版，第32页。

20 世纪以来中国传播学发展历程回顾

传播研究从五四时期进入中国，迄今约有一个世纪了。回顾中国传播学百年历史，可以说大致经历了一个西学东渐，自觉自立的过程。同其他社会科学学科一样，其间也交织着中国与世界、传统与现代、专业与社会等多重繁复关系。[①]

严格说来，“传播学”是在理论旅行过程中，中国学者基于对欧美传播研究的理解，制造出来的一个概念。在西方，一般称为传播研究（communication research）或媒介研究（media studies）。前者流行于美国，后者通用于英国。传播研究成为一门学科，是 1940 年代以威尔伯·施拉姆为首的美国学者在美国政府、军方、基金会等大力资助下逐步建立起来的。[②] 从施拉姆及其弟子罗杰斯建构的学术史来看[③]，这一学科化、体制化的传播研究基本上侧重于美国 1930 年代兴起的量化效果研究，对于批判学派、建构主义等欧洲传统付之阙如，就连美国 20 世纪初期芝加哥学派的传播研究也被有意无意边缘化，为此一直受到学界质疑。[④] 中国在 1978 年之后第二次引进并确立的“传播学”，主要也是施拉姆一脉的学术传统。如果突破这种定于一尊的学科化传播学概念，那么中国传播学的历史及其内容就不限于此了。这里需要说明一点，本文所谓“传播研究”或“传播学”，一般指传播理论，偶尔兼及应用性领域。另外，“中国”若非明确说明，均指内地或大陆，港澳台地区仅仅作为参照对象，限于篇幅不做详细展开。[⑤]

按照上述传播学理解，本文将中国 20 世纪以来的传播学发展历程归结为“两次引进”以及“三次突进”，最后再对其中浮现的若干重要议题进行专门讨论。

一、两次引进：从“交通”到“传播”

中国人对传播现象的思考源远流长，从先秦诸子到历朝历代思想家的著述可谓代为

---

① 刘海龙提出“灰色地带”概念，突破了传播学术思想史的标签化认识方式与刻板归类，有助于用更开放视角看待传播研究及其演化。参见刘海龙《重访灰色地带：传播研究史的书写与记忆》，北京大学出版社 2015 年版。

② Timothy Glander, *Origins of Mass Communication Research during the American Cold War: Educational Effects and Contemporary Implications*, Mahwah, NJ: Lawrence Erlbaum, 2000. Christopher Simpson, *Science of Coercion: Communication Research and Psychological Warfare, 1945 – 1960*, New York: Oxford University Press, 1994.

③ Wilbur Schramm, Steven Chaffee, Everett Rogers, ed., *The beginnings of communication study in America: a personal memoir*, Thousand Oaks: Sage Publications, 1997. ［美］罗杰斯：《传播学史：一种传记式的方法》，殷晓蓉译，上海译文出版社 2005 年版。

④ James Carey, The Chicago School and the History of Mass Communication Research, In Eve Munson and Catherine Warren, ed., *James Carey: A Critical Reader*, Minneapolis: University of Minnesota Press, 1997, p. 14. 胡翼青：《传播学科的奠定：1922—1949》，中国大百科全书出版社 2012 年版。

⑤ 关于台湾传播研究历史的详细描述，参见林丽云《台湾传播研究史：学院内的传播学知识生产》，台北：巨流图书公司，2004 年。关于香港传播研究历史的总结性文献不多且比较早，参见 Joseph Man Chan, Communication research in Hong Kong: problematics, discoveries and directions, *Asian Journal of Communication*, 1992, 2(2), pp. 134 – 167。

不绝，尤其是修辞、礼乐、仪式等方面的传播理念更是影响深远。基于“口戗口”（武王《机铭》）、“溺于渊，犹可援也；溺于人，不可救也”（武王《盥盘铭》）、“陷水可脱，陷文不活”（武王《笔书》）等文献，钱锺书提出“文网语阱深密乃尔”的观点，在赵一凡看来堪比西人汗牛充栋的话语理论。[①] 当然，现代社会科学意义上的传播研究，中国则是引自 19 世纪以来的西方，主要是美国。

如果说西学影响是外因的话，那么社会政治环境则是制约中国传播研究的内因。20 世纪上半叶，中国内忧外患，国难深重，实现国家独立、民族解放、人民幸福，建设统一强大的现代国家，恢复和提升近代以来日趋衰败不堪的国家能力，用延安时期中共七大的话说，“将中国建设成为一个独立、自由、民主、统一和富强的新国家”[②]，始终是首当其冲的历史主题或时代主题。1949 年新中国成立以后，前 30 年致力于解决“挨打”问题，近 30 年进一步解决“挨饿”问题，未来 30 年又得解决“挨骂”问题，包括意识形态、核心价值、文化领导权等[③]，亦即鲁迅先生说的“一要生存，二要温饱，三要发展”[④]，同样契合着这一历史主题或时代主题。为此，汇入这一主题的学术研究及其思想理论，自然获得广阔空间，否则便难免大浪淘沙。传播学两次引进中国的历史，也体现了现代学术及其命运与现代中国及其国运的这一内在有机关联，正如列奥·施特劳斯对现代政治与学术的概括：“政治的哲学化，哲学的政治化。”[⑤]

（一）第一次引进：20 世纪初

中国传播学的第一次引进是在 20 世纪初，主要是芝加哥学派的传播研究范式并涉及美国的宣传研究、民意测验、公共关系以及早期的说服效果研究，杜威访华（1919—1921）、罗伯特·帕克在燕京大学任教（1932 年 9 月到 12 月）均为代表性事件。[⑥] 杜威从宏观政治哲学层面介绍了传播的社会功能，帕克则从社会学视角介绍了新闻对群体意识的影响、群众与公众的区别、公众意见的形成原理等政治传播的内容。[⑦] 在此背景下，早期美国的传播研究第一次引进中国。

第一次引进的学界主体，是社会学、政治学、心理学以及一些新闻学的研究者。当时把 communication 译为“交通”，既含有信息交流的意思，也含有物质流通的意思。这同美国芝加哥学派对于 communication 的理解一致。今天的“传播”，当年主要指从中心向四周的扩散，而无今天所谓平等双向的交流之意。[⑧] 1950 年代郑北渭将 mass communication 译成“群众思想交通”，还保留这一习惯性理解。至于用“传播”翻译 communication，则是 1978

① 赵一凡：《西方文论讲稿续编：从卢卡奇到萨义德》，生活·读书·新知三联书店 2009 年版，第 689 页。

② 毛泽东：《论联合政府》，1945 年 4 月 12 日，载《毛泽东选集》第 3 卷，人民出版社 1991 年版，第 1030 页。

③ 参见黄平、玛雅《当代中国需要伟大的思想》，《天涯》2008 年第 4 期。

④ 鲁迅：《鲁迅自编文集·华盖集》，译林出版社 2013 年版，第 44 页。

⑤ 参见甘阳《政治哲人施特劳斯：古典保守主义政治哲学的复兴》，载［美］列奥·施特劳斯《自然权利与历史》，彭刚译，生活·读书·新知三联书店 2003 年版，第 60 页。

⑥ 实际上帕克曾两次来中国访问和任教。第一次是 1929 年 9 月。帕克曾在上海大学讲授了一个短期的社会科学课程，原计划去燕京大学和南京大学做演讲，但因为生病而取消。参见 Winifred Raushenbush, *Robert E. Park: Biography of a Sociologist*, Durham, N. C.: Duke University Press, 1979, p. 128。

⑦ 刘海龙：《中国传播研究的史前史》，《新闻与传播研究》2014 年第 1 期。

⑧ 参见孙本文《社会学名词汉译商榷》（原载《社会学刊》1930 年第 1 卷第 3 期），载《孙本文文集》第八卷，社会科学文献出版社 2012 年版。

年后第二次引进时的通用译语。从"交通"到"传播"，communication的两个中文名称及其内涵，代表了中国对传播概念和传播研究的两种不同理解。

传播研究第一次进入中国期间，中国社会学奠基人之一孙本文于纽约大学完成的博士论文《美国媒体中的中国：媒体揭示出的美国对华公众意见的基础及趋势》(1925)①，通过内容分析和文本解读的方法，描述了美国报刊涉华报道的内容分布及评论表现的政治倾向，当属最早的海外中国国家形象方面的研究。② 中国心理学史的奠基人高觉敷1941年编写的《宣传心理学》，从心理学研究传播问题，引进和总结了许多美国的研究成果。社会心理学家也是中国最早严格进行民意调查（测验）的群体。③ 到20世纪三四十年代，民意调查在中国已经比较普及。④ 新闻学主要引进舆论研究、公共关系、广告学等内容，其间成果有燕京大学新闻学系主任梁士纯开设的"实用宣传学"课程（1934）及其《实用宣传学》(1936) 一书。他的"宣传"概念，来自美国公共关系先驱爱德华·伯内斯的《宣传》⑤。

总的说来，20世纪前半叶中国的传播研究缺乏整体性和学科意识，显得零敲碎打，当然美国传播研究也在各行其是的初创时期。如果以今日学科化、体制化的"传播学"眼光回顾自由自在的"交通研究"，固然觉得毫无章法，但更深层次原因还在于积贫积弱的国运和山河破碎的现实，归根结底无暇顾及也不足以支撑此类研究，而此类小打小闹的社会科学以及只问小问题、不谈大道理的实证研究，同风起云涌的时代主题即使不说格格不入，至少也是不甚相干的。这就像美国学者格里德（Jerome Grieder）概括的胡适等文人，"对于他的人民的'社会愿望'或他们生活的'实际条件'几乎完全没有什么真正的认识"。⑥ 所以，中国传播学这段"史前史"被人遗忘，匆匆消逝在大江东去的历史浪潮中，也就在情理之中了。当然，其中一些原创性的学术生气与思想活力，及其被后来体制化传播研究所忽略的某些传统则是值得珍视的。

（二）第二次引进：1978年后

1949年中华人民共和国成立后，由于社会主义现代化建设的需要，包括确立新的意识形态与文化领导权，中央人民政府开始改造旧中国遗留的一整套高等教育和科研系统，近代以来源自西方的社会科学被取消，与传播研究密切相关的社会学、政治学等专业被解散，直到1980年代后才逐渐恢复。与此同时，美国的传播学从1950—1980年代经历了巨变，由于适应冷战以及发达资本主义的商品化、消费主义、大众文化等趋势，传播学从一个自然形成的跨学科地带，迅速发展成一门体制化的学科，日渐得到大学和

---

① Pen Wen Baldwin Sun, *China in American Press, A Study of the Basis and Trend of American Public Opinion toward China as Revealed in the Press*, Unpublished Ph. D. dissertation, New York University, 1925.

② 刘海龙、李晓荣：《孙本文与20世纪初的中国传播研究：一篇被忽略的传播学论文》，《国际新闻界》2013年第12期。

③ 张耀翔：《民意测验》，《心理》1923年第2卷第1期；罗志儒：《"民意测验"的研究》，《心理》1923年第2卷第2期。

④ 范红芝：《民国时期民意研究综述——基于民国期刊文献（1914—1949）的分析》，《新闻春秋》2013年第2期。

⑤ Edward Bernays, *Propaganda*, New York: Horace Liveright, 1928.

⑥ ［美］格里德：《胡适与中国文艺的复兴：中国革命中的自由主义（1917—1937）》，鲁奇译，江苏人民出版社2005年版，第290页。

科研部门的青睐，并受到政府、大公司、军工集团等大力扶植，研究范式也从20世纪初芝加哥学派所遵循的基于城市社群的质化研究，转变为哥伦比亚学派所倡导的基于短期效果的量化研究。需要强调的是，虽然传播学总体上从1978年开始第二次大规模引进，但之前新中国与传播学并非完全隔膜，至少有两个突出例证足以说明，一是《报刊的四种理论》（1956）一出版，中国人民大学新闻系就在第一时间翻译出来，供内部批判使用；二是1970年代初，传播政治经济学奠基人斯迈思（Dallas Smythe，1907—1992）来华的一段曾被遗忘的学术访问，此次传播学的破冰之旅比施拉姆的中国之行提前十年多。[①]

1978年以来，中国社会进入全面改革开放的新时期，形成与前30年既有联系，更有区别的一系列政治、经济、社会、文化的新格局与大转型。[②] 关于新时期，清华大学景跃进概括了一个正反合三部曲："用辩证法的语言来说，改革前后数十年中，中国社会经历了一个从高度政治化，到解/去政治化（全能国家的消退，非意识形态化，以商品为核心的消费生活的兴起等），再到重新政治化的过程。"[③] 而这也构成传播学第二次引进及其三次突进的社会历史背景。1980年代初，随着高等教育和科研体系面向西方全面开放，以及亚非拉国家、社会主义阵营从政治和文化视野中淡出，加之1982年5月施拉姆访问"北上广"的主要高校与科研机构，1982年11月中国社会科学院召开第一次全国传播学座谈会，美国传播学第二次进入中国。

第二次引进与第一次明显不同。首先，传播学有了教材和学科史叙事（如施拉姆在中国人民大学的演讲内容就是传播学的"四大奠基人"[④]），主要内容为量化效果研究。其次，引进主体不再是社会科学研究者，而是新闻学者，另有个别社会学、社会心理学或国际关系等学者，如中国人民大学社会学系沙莲香及其主编的《传播学：以人为主体的图象世界之谜》（1990）。研究主体的改变也受到以下因素影响：一是社会学、社会心理学、政治学等学科一度中断，1980年代刚刚恢复，而新闻学则保持了连续性；二是新闻属于大众传播的重要方面，许多传播理论既源于新闻传播，又可用来解释新闻和大众媒体的现象；三是传统新闻学的"表达性现实"与"客观性现实"[⑤] 不仅渐行渐远，而且研究风险较大，而传播学则提供了貌似科学中立的话语体系。于是，施拉姆以"科学""学理"等面目示人的传播学经验学派或行政管理学派，自然吸引了许多中青年新闻研究者。

传播学的第二次引进迄今将近40年。关于1978年之后传播学的学科演进历程，已有不少描述与总结[⑥]，特别是王怡红、胡翼青主编的《中国传播学30年》（2010），包含了

---

① 赵月枝：《传播与社会：政治经济与文化分析》，中国传媒大学出版社2011年版，第244页。

② 参见李彬《新时期：社会变迁与新闻变革札记》，《山西大学学报》2015年第5期。

③ 浙江人民出版社"政治与社会译丛"第一辑总序。

④ ［美］威尔伯·施拉姆：《美国"大众传播学"的四个奠基人》，王泰玄记录，《国际新闻界》1982年第2期。

⑤ 这是黄宗智在分析中国革命中的农村阶级斗争时所做的二重区分。参见黄宗智《经验与理论：中国社会、经济与法律的实践历史研究》，中国人民大学出版社2007年版，第90—117页。

⑥ 王怡红、胡翼青主编：《中国传播学30年》，中国大百科全书出版社2010年版；李彬：《流水前波让后波——对我国大陆传播学研究的回顾和瞩望》，载李彬主编《大众传播学》，中央广播电视大学出版社2000年版，"代前言"；张国良：《中国传播学的兴起、发展与趋势》，《理论月刊》2005年第11期；袁军、韩运荣：《传播学在中国内地》，载段鹏、韩运荣编《传播学在世界》，中国传媒大学出版社2005年版，第321—327页；戴元光：《20世纪中国新闻学与传播学·传播学卷》，复旦大学出版社2001年版；龙耘：《传播学在中国20年》，《现代传播》2000年第3期；廖圣清：《中国20年来传播研究的回顾》，《新闻大学》1998年第4期。

翔实丰富的一手资料。作为一个“舶来学科”，传播学在中国必然遭遇跨文化理论旅行中的主客互动，这里就从外来知识的接受与学术自觉的角度，将1978年以来中国传播学的演进历程划分为三个阶段，即所谓“三次突进”。

二、1978年以来的三次突进

第一次突进发生于1980年代，主题是通过西方传播学的引进，对传统新闻以及宣传理念进行改造。第二次突进主要在1990年代，延续至21世纪初，主题是强调社会科学研究方法，以规范传播学的学科体系与学术研究。第三次突进始于2008年关于传播研究第二次引入中国30周年的集中反思，主题是学术自觉问题，如本土化或中国化。

（一）第一次突进

第一次突进发生在1980年代，大量传播学术语和理论的引入，既解构了高度政治化的传统新闻学，从而一度为新闻传播的理论与实践开辟了新的、富有活力的局面，又因自觉不自觉地疏离新中国的文化政治、淡化社会主义文化领导权，从而埋下后来愈演愈烈的一系列隐患。换言之，第一次突进含有正反两方面的经验和教训。当时许多新闻学者或是直接转向传播理论，或是将传播理论引入新闻理论，借助新的理论术语和研究思路重构新闻学体系，取得了新理论、新思想、新观念的一次解放与释放，如出现一批以西方未有过的“新闻传播学”命名的书籍。至于信息、传播、对话、受众、效果等观念的引入，在新闻传播领域开始显现集体无意识下的“去政治化”或“去政治化政治”之际，更是明显改变了新闻与宣传的关系，也深刻影响了中国主流政治及其话语体系：

> 话语体系的改变，意味着思维和观念的变革，这种变革自然会对社会现实进程产生巨大影响。有人曾经问我，传播学作为一种舶来品，对中国传播学、对中国新闻业乃至社会的发展起到了什么作用？我的回答是：传播学对中国社会的进步功莫大焉——它改变了中国社会的话语体系，并成为主流政治话语体系的一部分。远的不说，你可以做一些量化研究：党的十七大、十八大报告以及党和政府的重要文件文字中，有多少属于、源于传播学的术语。这个作用还不大吗？①

这一时期的主要成果，是传播学基础知识的普及。在1982年第一次全国传播学座谈会上，提出“系统了解、分析研究、批判吸收、自主创造”的十六字方针②，“系统了解”成为这一时期的首要工作。1978年起，复旦的郑北渭、陈韵昭，中国人民大学的张隆栋、林珊等纷纷发文介绍传播学。除此之外，原北京广播学院新闻研究所所长苑子熙、新华社新闻研究所副所长李启、中国社会科学院新闻研究所世界新闻研究室主任张黎等，

---

① 刘逸帆：《传播学深刻影响了中国的话语体系——专访中国人民大学新闻学院执行院长、博士研究生导师郭庆光教授》，《中国广播》2015年第4期。

② 据王怡红考证，“16字方针”由时任中国社会科学院新闻研究所副所长的戴邦和钱辛波在听取会议组织者张黎和徐耀魁汇报时，确定了其具体内容。戴邦在主持座谈会的发言时，使之公开化和明确化，后又经过会议认可，最终由徐耀魁写入会议综述。见王怡红《从历史到现实：“16字方针”的意义阐释》，《新闻与传播研究》2007年第4期。

也在传播学再次引进中地位突出。如张黎等翻译的《美国新闻史》(1982)，突破了“新闻史”观念，提供了媒介与社会的新思路；李启等翻译的施拉姆等《传播学概论》(1984)，作为第一部传播学译著，在人们对传播学知识求知若渴之际几被奉为“圣经”。[①] 另外，李普曼的《舆论学》(1984)[②]、赛弗林与坦卡德的《传播学的起源、研究与应用》(1985)[③]、麦奎尔与温德尔的《大众传播模式论》(1987)[④]、德弗勒的《大众传播通论》(1989)、阿特休尔的《权力的媒介》(1989) 等，也是第一次全国传播学座谈会后相继问世的颇有影响的译著。其间，中国社会科学院新闻所的一批研究人员与研究生作为学术群体，在推介传播学方面作用显著，如徐耀魁、明安香、袁路阳等。

这一时期也出现了国人的传播学著述：中国社会科学院新闻所的《传播学（简介）》(1983)、居延安的《信息·沟通·传播》(1986)、戴元光、邵培仁和龚炜的《传播学原理与应用》(1988)、段连城的《对外传播学初探》(1988)、吴予敏的《无形的网络：从传播学的角度看中国传统文化》(1988)、陈崇山等的《中国传播效果透视》(1989) 等。特别值得注意的是，中国新闻学者还兼顾了传播批判学派。在传播学早期引介中，批判学派不仅没有缺席，甚至对赫伯特·席勒思想的介绍非但时间早，而且篇幅也超过施拉姆。诸多批判理论的译介，也与国外基本保持同步，如甘斯的《什么在决定新闻》出版同年就摘译到中国。1986 年第二次全国传播学研讨会上，中国人民大学新闻系研究生王志兴提交的论文《欧洲批判学派与美国传统学派的分析》。翌年，郭庆光又在《新闻学论集》上比较深入地论及批判学派及其理论。[⑤] 但由于当时过于依赖施拉姆对传播学的阐释，加之缺乏相关的西学背景，对功能主义的传播学及其“保守的”意识形态又缺乏反思，这一时期并没有充分重视传播学批判学派及其传播理论。[⑥] 另外，在 1980 年代初就出访美国的中国社会科学院新闻所所长安岗等推动下，公共关系、广告传播、舆论研究等传播学分支学科也开始起步。

尽管传播学的引入对于新闻学界而言，总体上是一次思想解放，功不可没，然而由于对欧美学术的长期隔绝，缺乏相应的知识结构，特别是有意无意疏远马克思主义的世界观和方法论，加之“历史虚无主义”思潮前呼后拥，导致这一时期对西方传播学的理解往往雾里看花，比较粗糙，并表现为两种类型的误读。一是一厢情愿地将西方传播理论当成放之四海皆准的普遍定理，而忽略其特定的社会政治与文化历史语境，包括冷战社会科学的背景（施拉姆的一系列研究都具有鲜明的冷战色彩，如《报刊的四种理论》[⑦]）。

---

① 此书之前的余也鲁译本《媒介、信息与人》，1979 年在香港海天书楼出版后就已经在大陆流传，1985 年大陆展望出版社影印此书，以《传学概论：传媒、信息与人》的题目在大陆正式出版。

② 此书为中国人民大学林珊翻译，系内部交流资料，1989 年由华夏出版社正式出版。

③ 此书 2000 年、2006 年经郭镇之翻译，又以《传播理论：起源、方法与应用》在华夏出版社、中国传媒大学出版社出版了原书的第四版和第五版。

④ 此书第一版由祝建华和武伟翻译，2008 年祝建华又翻译了本书的第二版。

⑤ 郭庆光：《大众传播学研究的一支新军——欧洲批判学派评介》，载《新闻学论集》第 11 辑，中国人民大学出版社 1987 年版。

⑥ 刘海龙：《“传播学”引进中的“失踪者”：从 1978—1989 年批判学派的引介看中国早期的传播观念》，《新闻与传播研究》2007 年第 4 期；胡翼青：《双重学术标准的形成：对批判学派“夭折”的反思》，《国际新闻界》2008 年第 7 期；李彬：《批判学派与中国》，《青年记者》2013 年第 1 期。

⑦ 这一缺陷，美国的学者也做了深刻反思与批判，见［美］约翰·C. 尼罗等《最后的权利：重议〈报刊的四种理论〉》，周翔译，汕头大学出版社 2008 年版。

二是以“我注六经”的方式对西方传播理论任意解读，忽略理论背后的学术规范与方法。为此，1990 年代后中国传播学界出现了第二次突进。

（二）第二次突进

1980 年代末到 1990 年代初，受“六四风波”的影响以及对此负有并非无稽之谈的责任，传播学一度陷入低潮与沉寂，直到 1992 年邓小平南方谈话后，才再次活跃起来。如果说 1986 年的第二次全国传播学研讨会（黄山）是第一次突进的标志，那么 1993 年的第三次全国传播学研讨会（厦门）就是第二次突进的里程碑。单从学科与专业建设的角度看，此次突进针对的是前一次存在的两个突出问题，一是将传播理论放回西方社会科学的语境细读，二是规范传播研究及其方法。

第一次突进虽然翻译了一些西方传播学著作，但绝大部分有影响的作品都是教材，内容较为滞后，加之教材缺乏问题意识、省略理论的论证过程等缺陷，从而阻碍中国传播学界深入理解传播学。1990 年代后期的翻译高潮，即针对这一缺陷。1997 年在杭州第五次全国传播学研讨会期间，黄旦、潘忠党等商议系统引进传播学经典名著，全面展示学科的畛域与视野，由此形成华夏出版社的《传播·文化·社会译丛》。大约同时，中国社会科学出版社的《传播与文化译丛》、商务印书馆的《文化与传播译丛》、南京大学出版社的《当代学术棱镜译丛》等，也包括一系列传播学名家名作与前沿成果。新华出版社在国内外学者推荐下，2004 年开始出版的《西方新闻传播学经典文库》和此后中国人民大学出版社推出的《新闻与传播学译丛·国外经典教材系列》《新闻与传播学译丛·大师经典系列》，以及清华大学出版社、中国传媒大学出版社、复旦大学出版社、北京大学出版社等相继付梓的传播学译丛，均使传播学界一举摆脱早年觅书难得的尴尬，而进入望书兴叹的局面。其间，何道宽在译介传播学经典理论方面用力甚勤，译著颇丰。

这一时期中国学界对西方传播学的认知也日益深化、细化，具备将其放在更大的社会科学语境下把握的能力，其中有代表性和影响力的专著包括：尹韵公《中国明代新闻传播史》（1990）、张隆栋等《大众传播学总论》（1993）、陈力丹《精神交往论：马克思恩格斯的传播观》（1993）、李彬《传播学引论》（1993）、龚文庠《说服学——攻心的学问》（1994）、张国良《传播学原理》（1995）、关世杰《跨文化交流学》（1995）、胡正荣《传播学总论》（1996）、段京肃《基础传播学》（1996）、孙旭培主编《华夏传播论——中国传统文化中的传播》（1997）、郭庆光《传播学教程》（1999）、吴文虎《传播学概论》（2000）、刘建明《舆论传播》（2001）、崔保国《信息社会的理论与模式》（2001）、张咏华《媒介分析：传播技术神话的解读》（2002）、卜卫《大众媒介对儿童的影响》（2002）、王怡红《人与人的相遇：人际传播论》（2003）、李彬《符号透视：传播内容的本体诠释》（2003）、陈卫星《传播的观念》（2004）、黄旦《传者图像：新闻专业主义的建构与消解》（2005）等。此外，潘忠党对新闻专业主义①、陈卫星对欧洲传播研究②的推介也颇受关注。

---

① 陆晔、潘忠党：《成名的想象——中国社会转型过程中新闻从业者的专业主义》，《新闻学研究》（台湾）2002 年第 4 期。

② 陈卫星：《西方当代传播学学术思想的回顾和展望》（上、下），《国外社会科学》1998 年第 1、2 期。

以往传统的新闻学研究主要采用人文诠释方法，虽然不乏真知灼见，但往往难以检验其有效性和适用范围，对成果的质量评估也缺乏统一标准。社会科学研究方法试图通过规范研究和写作程序，以克服上述问题。虽然“科学的”社会研究方法也面临争议，且有适用条件，但无疑有助于弥补传统理论研究的一些空疏之风。在传播学引进初期，由于新闻学者大多具有人文学科背景，传播学背后的社会科学方法并未引起普遍重视。即使少数研究者突破时代局限，涉足其中，也常常由于缺乏系统训练而未能掌握要领。其中值得一提的有 1982 年中国社会科学院新闻研究所陈崇山，使用调查法研究了北京地区的读者、听众和观众①，1983 年祝建华对上海郊区农村的传播网络进行了抽样调查②，1986 年中国人民大学甘惜分创建舆论研究所，使用问卷调查的方法进行的一些有影响的民意测验。③ 不过，这些研究大多属于描述性受众研究和调查，未在理论上展开深入探索。在 1990 年代媒介市场化过程中，这种描述性、甚至功利化的受众调查得到进一步强化。另外，1980 年代，关于方法的讨论也开始出现，如祝建华在 1985 至 1986 年《新闻大学》上发表系列文章介绍传播研究方法④，王志兴和郭健针对传播学的方法意义和局限展开争论⑤。但总的看来，关于研究方法以及规范的认识与实践当时还不够系统深入，方法与理论之间的关系还显得比较割裂，有关论述也大多限于经验主义的量化传统。

1990 年代以来，随着研究的深入、国际交往的增多，研究方法的不足与研究不规范问题日益引起重视。卜卫在《国际新闻界》上撰写定量研究方法的系列论文⑥，就是一例。另外，1980 年代出国深造的学者开始反哺国内传播研究，将海外研究经验传授给国内学者。2004 年暑期浙江大学开办“国际前沿传播理论与研究方法”高级研修班，2005 年复旦大学开设“中外新闻传播理论研究与方法暑期学校”，其他高校也纷纷开设类似暑期班。在这些暑期班上，祝建华、潘忠党、李金铨、赵月枝等海外学者传授传播研究的规范与方法，影响了一批传播学者。复旦大学张国良带领博士研究生做的验证议程设置、知沟、培养理论、第三人效果等系列研究，中国社会科学院卜卫及其博士研究生做的有关农民工文化生活等研究，则是将传播理论与研究方法、西方经验与中国问题相结合的典型。

第二次突进一方面推进了传播研究的学科化、规范化、体制化，1997 年国务院学位办将传播学提升为一级学科就是突出标志。另一方面，种种隐含的去政治化姿态，包括 1990 年代关于学统与学院派的讨论，延伸到新世纪的所谓“学术共同体”意识等，也无形中淡化了对社会政治的入世关怀，在内卷化的学术追求中不免使传播学整体上失去 1980 年代那种理论与实践的“话语权”，以及同其他社会科学的对话能力，在一些平庸化、泡沫化的研究中，甚至沦为自娱自乐的学术游戏或走火入魔的“学术黑话”。另外，

---

① 陈崇山主编：《北京读者听众观众调查》，工人出版社 1985 年版。

② 祝建华：《上海郊区农村传播网络的调查分析》，《复旦学报》（社会科学版）1984 年第 6 期。

③ 王怡红、胡翼青主编：《中国传播学 30 年》，中国大百科全书出版社 2010 年版，第 63 页。

④ 祝建华：《实地调查——传播学研究方法之一》，《新闻大学》1985 年第 9 期；《内容分析——传播学研究方法之二》，《新闻大学》1985 年第 10 期；《控制实验——传播学研究方法之三》，《新闻大学》1986 年第 12 期。

⑤ 王怡红、胡翼青主编：《中国传播学 30 年》，中国大百科全书出版社 2010 年版，第 52、65 页。

⑥ 参见王怡红、胡翼青主编《中国传播学 30 年》，中国大百科全书出版社 2010 年版，第 113—114 页注释 6、注释 7。

由于资本、市场、产业、技术等强力作用，传播学在落入西方中心主义窠臼时，也显现城市中心主义、媒介中心主义等趋势。这也是第二次突进的突出问题。

（三）第三次突进

严格说来，第三次突进所涉及的学术自觉从 1980 年代就已萌发，而且不绝如缕①，当然与 2008 年纪念中国传播学 30 周年之后的局面和境界不可同日而语。

如果说在国人尚不知传播学时提出“系统了解、分析研究、批判吸收、自主创造”还是一种理想愿景，那么经过 30 年的引进、吸收和消化，中国传播研究已经具备“批判吸收，自主创新”的充足条件。首先，经过前两次突进，中国对于西方 20 世纪以来的传播理论与研究已有深入了解，译介工作进入边际效益递减状态，新生代学者基本可以阅读原著，像 20 世纪八九十年代新译本甫一问世洛阳纸贵的情况不复存在，那种如饥似渴的学习阶段告一段落（西方学界同样感叹杰出的传播理论不复再现）。接下来摆在中国研究者面前的主要任务，是如何针对鲜活的社会历史与传播经验，有机吸纳和结合外来理论的科学因素，进而创造性地开创中国理论与流派。其次，随着国内外人员频繁交流，中国学者对于西方传播理论的神秘感已经逐渐消失，开始注意到其中固有缺陷以及同中国经验的一些天然隔阂。最后，后现代主义、后殖民主义等思潮的兴起，特别是中国的和平发展与综合国力大幅提升，也增加了人们对西方理论“普世性”的质疑。在这一文化自觉与学术自觉的潮流中，赵月枝的《为什么今天我们对西方新闻客观性失望？——谨以此文纪念“改革开放”30 周年》（2008）、李金铨的《传播研究的典范与认同》（2014）、李彬的《重思中国传播学》（2015）等，都提出类似的反思与自省。最后，随着国力增强，打破西方霸权，争取话语权，提高国际影响力等政治诉求，也影响到与社会政治息息相关的新闻传播学科，不过“走自己的路”这一目标与盲目追求国际期刊（实即欧美期刊，甚至主要是美国期刊）发表的量化管理措施，又在中国高校与科研机构中悖论似地共存。

目前，第三次突进还在进行中，自立自觉的目标任重道远，学术理想也有待实践检验。不过从一些迹象中，可以看到这一潮流的日渐涌动。其一，是对西方传播理论的系统反思。前两个阶段，中国学者大多将西方的传播理论当成学习和诠释的偶像，而这一阶段，随着对西方学术的深入了解，人们更倾向于将其当成史料，从知识社会学角度研究西方理论与政经权力、社会思潮、意识形态、技术迷思等相互作用。这种研究进路有助于打破对西方理论的迷信，以现实主义态度对待中国研究中的种种障碍和困难，并通过这种更加全面深入的解读，将传播学真正转换成自己的思想，代表性成果有：周葆华的《效果研究：人类传受观念与行为的变迁》（2008）、陈嬿如的《心传：传播学理论的新探索》（2010）、芮必峰的《描述乎？规范乎？——新闻专业主义之于我国新闻传播实践》（2010）、赵月枝的《传播与社会：政治经济与文化分析》（2011）、王维佳的《作为劳动的传播：中国新闻记者劳动状况研究》（2011）、曹书乐的《批判与重构：英国媒体与传播研究的马克思主义学术传统》（2012）、胡翼青的《传播学科的奠定：1922—1949》（2012）、邱林川的《信息时代的世界工厂：新工人阶级的网络社会》（2013）、刘海龙的

① 参见王怡红、胡翼青主编的《中国传播学 30 年》一书的学术编年史部分，几乎每年都可以看到关于学术本土化的争论。

《宣传：观念、话语及其正当化》（2013）和《重访灰色地带：传播研究史的书写与记忆》（2015）等。

其二，学术自觉的潮流推进本土化研究。在香港中文大学、复旦大学组织的两次专题研讨会基础上形成的论文集，即《华人传播想象》（2012）和《理论与经验——中国传播研究的问题及路径》（2013），使西方理论与中国研究的讨论达到新高度。赵月枝在2015年的学术访谈《重构中国传播学》中，又对“乡土中国”以及“乡土传播”在中国传播学中的核心地位给予阐发[①]。这方面引人注目的还有大量针对实际问题以及分门别类的探讨，如媒介批评、政治传播、国际传播、广告传播、公关传播、网络传播、危机传播、跨文化传播、健康传播……在市场经济和传播科技的热潮推涌下，媒介经济和新媒体更成为两大“热点”。上述领域固然时见泛泛之论或一些“应景之作”，但也不乏高水平学术成果：如王君超的博士论文《媒介批评——起源·标准·方法》（2001）、方晓红的《大众传媒与农村》（2002）、张昆的博士论文《大众媒介的政治社会化功能》（2003）、郭建斌的博士论文《独乡电视：现代传媒与少数民族乡村日常生活》（2005）、唐海江的博士论文《清末政论报刊与民众动员：一种政治文化的视角》（2007）、吴飞的《火塘·教堂·电视：一个少数民族社区的社会传播网络研究》（2008）、吕宇翔的博士论文《互联网信息传播制度建构》（2012）、曾繁旭的《表达的力量：当中国公益组织遇上媒体》（2012）、史安斌的《危机传播和新闻发布：理论·机制·实务》（2014）等。

上述新的学术动向，不仅使传播研究再上层楼，而且更体现一种明确的政治意识与社会关怀。虽然其间价值取向不尽相同，但再政治化已是不争事实。就此而言，斯迈思的中国行进入历史叙事，就成为一个标志性事件。传播学引入中国大陆这段历史，斯迈思的足迹通常为人忽视。事实上，最早到访中国的著名西方传播学者，不是施拉姆而是批判学派的先驱斯迈思。他从1971年12月到1972年1月，前来中国研究意识形态、科技发展以及中国道路，“以批判性视角对当时的国际传播政策进行了反思，特别是认识到发展中国家有必要建立起‘文化屏障’来过滤西方资本主义的文化流入”。[②] 此次北京之行，他还应邀在北京大学做了一场传播研究的学术报告《大众传播与文化革命：中国的经验》（*Mass Communication and Cultural Revolution*：*Experiences in China*）。斯迈思将报告手稿赠予校方负责人周培源，周培源认为讲稿的学术价值较高，转给北京大学图书馆收藏。[③] 回国后，斯迈思就所见所思写了一份报告《自行车之后是什么?》。[④] 他指出，所谓技术的“中立”“自主”等修辞，不过是“资本主义思想的文化遗产和陈词滥调”，实际上技术的研发、应用无不承载着政治和意识形态因素。他以电视为例说明：在研究试验阶段，电视原本可以设计成一个双向系统，每个接收器都能发送信号给广播站，并被保存和转发；但资本主义只需要一个单向系统，以兜售电影和其他商品。当时中国，电视还是罕见的奢侈品，有关部门正在筹划采用西方技术，建设一个遍及全国的电视系统。

---

① 参见沙垚《重构中国传播学——传播政治经济学者赵月枝教授专访》，《新闻记者》2015年第1期。

② 赵月枝：《传播与社会：政治经济与文化分析》，中国传媒大学出版社2011年版，第244页。

③ 现任中国传媒大学新闻学院院长的留法博士刘昶教授，1983年作为即将进入北京广播学院攻读新闻传播学研究生的一位北大学子，在图书馆详查馆藏传播学资料时发现了这份手稿。他对此事至今印象深刻。

④ 赵月枝：《传播与社会：政治经济与文化分析》，中国传媒大学出版社2011年版，第244页。

斯迈思建议，中国应依据自己的意识形态目标，设想一种更民主的双向电视系统，就像“电子大字报”，而不是全盘照搬资本主义的电视技术。总而言之，中国的愿景不应该是“赶超”西方，而是发展社会主义的技术和文化，探索出一条新的技术发展道路，为人类贡献一个迥异于西方现代性的替代性方案。①

三十年河东，三十年河西。值得我们今天认真反思的是，从传播学的引入与接受的历史看，奉行中国特色社会主义的传播研究却将美国冷战学者施拉姆奉为正宗，而遗忘了马克思主义传统的斯迈思及其社会主义传播遗产，正如中国改革的一些社会政治与文化方略大多尊奉新自由主义即市场原教旨主义的哈耶克及其《通往奴役之路》，而忽略了更具永续发展视野以及社会主义道统的波兰尼及其《大转型》。如今看来，西式现代化道路、消费资本主义模式带来的政治、经济、社会、文化和生态的全面危机已经严重影响到多数人的身家性命。在这一历史时刻，重温斯迈思给中国人民的友善提示，重访他所指认的社会主义遗产，无疑具有紧迫的现实意义。只有以历史和政治的视野理解现代技术与现代传播，探索超越资本主义的技术创新和发展模式，中国才能真正走出一条可持续的、科学发展的生态社会主义之路——这就是斯迈思留给我们今天与明天的思想启迪。②

无论如何，经过上述一波三折的三次突进，如今传播学在中国俨然成为一门显学，学科进入一种常态化局面，其间主要标志有三：其一，1997 年传播学纳入学科目录，作为一级学科与新闻学并列，以此为契机，新世纪以来博士点、博士研究生导师以及博士学位论文迅猛增长。其二，学会如“中国新闻教育学会传播学研究分会”（2002）、“中国新闻文化促进会传播学分会”（2002）、“中国新闻史学会新闻传播思想史研究会”（2013），学刊如《现代传播》《当代传播》《新闻与传播研究》《国际新闻界》《新闻大学》《新闻记者》，以及《新闻与传播评论》《全球传媒评论》《北大新闻与传播评论》《中国新闻传播评论》《中国传媒报告》《传播与社会学刊》等辑刊，均为传播学科与研究提供了学术平台。其三，学术研究鼎足而三，日趋完善：一为基础研究，如郭庆光的《传播学教程》（第二版）（2011）、李彬的《传播学引论》（第三版）（2013）；二为应用研究，如丁俊杰的《现代广告通论》（第三版）（2013）、胡百精的《中国公共关系史》（2014）；三为分支研究或专题研究，如段鹏的《政治传播：历史、发展与外延》（2011）、丁未的《流动的家园：“攸县的哥村”社区传播与身份共同体研究》（2014）。

三、20世纪中国传播学发展中的焦点问题

审视 20 世纪以来中国传播研究的风雨历程，可以发现若干时隐时现的焦点问题与现代中国的国运民瘼一路相伴，值得特别关注与专门讨论。

---

① 关于斯迈思访华，参见其文章 *After Bicycles, What?*，以及由其弟子撰写的“编者按”和赵月枝的一系列相关论述，另见 Dallas Smythe, *Counterclockwise: Perspectives on Communication*, edited by Thomas Guback, Oxford: Westview Press, 1994, pp. 227 - 244。中译文参阅［加］达拉斯·斯迈思《自行车之后是什么？——技术的政治与意识形态属性》，王洪喆译，《开放时代》2014 年第 4 期。

② 在斯迈思《自行车之后是什么？》中译版正文之前，王洪喆、赵月枝和邱林川撰写了长篇“代编者按”，以宽阔的历史视野分析了斯迈思访华的意义，参见《开放时代》2014 年第 4 期。

（一）主客方变动中的理论旅行

萨义德提出的“理论旅行”[①] 概念，为理解20世纪以来传播学的西学东渐提供了一个视角。但萨义德理论中的前提条件比较简单：理论旅行的主客双方均保持稳定，理论本身也没有什么变化，只有“旅行”这个变量因素产生的效应。事实上，传播学在中国的理论旅行也为传播学有关理论提供了一个颇有价值的现实范本，诸如话语权力、文化资本、文化霸权等。也就是说，传播学的引入更是一个文化政治问题，而非纯粹的学科发展与单向度的学术积累问题。从这个意义上讲，学者群体（人生史）、教学科研体制、社会文化思潮，甚至中国与世界的政治经济变革背景等，都应成为解读中国传播学发展变革的核心参考理据。

反观20世纪中国传播学的两次引进，理论旅行确实复杂得多。首先，在前后两次引进传播学的过程中，美国的传播研究发生了范式革命：由芝加哥学派转向哥伦比亚学派；由自发形成的十字路口变成道路俨然、各行其道的立交桥。其次，理论接受方也经历了旧中国向新中国的巨变，第一次引进中孕育传播研究的社会学、政治学、心理学等领域在第二次引进时退居边缘，新闻学后来居上。而由于新闻学与社会政治与文化政治的关系密不可分，理论旅行中的美国传播学通过教育、研究与实践也就自然介入中国当代政治以及社会变革。2004年中共中央推动的“马克思主义理论研究与建设工程”所列九大学科包括新闻学，2015年中共中央办公厅与国务院办公厅联合下发的《关于进一步加强和改进新形势下高校宣传思想工作的意见》提及九大学科包括新闻学，也无不体现了这一点。最后，研究主体的知识结构、研究目的，为此也都发生根本变化，新闻学与传播学的关系之争就反映了这一演变状况。其实，除了传播学影响新闻学，新闻学对传播学的影响也显而易见。一方面，“传播学”这个概念也是为同“新闻学”对应而发明的。一方面，由于中国的传播研究主要在新闻院系下引进和进行，因此大众传播理论一直成为重点，而其他领域要么缺乏关注如人际传播，要么交给其他学科耕耘，如跨文化研究以外语专业为主。今天，这种认知框架又遇到新媒体的挑战，固守新闻的大众传播传统，缺乏对其他传播领域以及相关学科的关注，那么传播研究不仅势必受到制约，而且有可能被其他学科分割蚕食。

（二）传播研究的本土化问题

传播研究的本土化问题或者说中国化问题[②]，从20世纪70年代末开始就一直是中国传播学界（包括中国港澳台地区学界）的热门话题。几乎所有主要学者都参与过讨论。在何为本土化、如何本土化的问题上，迄今为止大致形成三类提问方式。

其一，首先承认这一问题的正当性，可以称之为肯定派。这一派认为，传播研究的本土化理所当然，关键在于如何做。建构中国化的传播理论，不是制造一个与西方对立

---

① ［美］爱德华·萨义德：《世界·文本·批评家》，李自修译，生活·读书·新知三联书店2009年版，第401页。

② “本土化”一词本身隐含着西方普适而中国特殊之意，而任何传播理论归根结底都是本土的，即使经典的传播研究及其理论，也无不孕育于特定的本土语境与传播实践，当然好的本土理论也是好的普适理论，反之亦然。换言之，本土普适是有机统一的，就像费孝通解释其《江村经济》研究，作为个案而不失为中国农村共有“类型”或“模式”。所谓普适与本土的人为区隔，无非体现着一种权力关系或霸权关系。故而，我们更倾向于“中国化”一词。

的东西，而是在遵守西方理论建构标准的前提下，从中国的历史文化与社会政治语境出发，“入乎霸权，出乎霸权”，凡是具有主体性的“好的”研究都是本土化的研究。① 至于如何实现这一目标，肯定派内部又形成不同方案。

方案一，是从中国传统文化提炼理论“胚胎”，用现代的社会科学方法建构和检验，东西融合，提出普遍性理论。② 方案二与之相反，认为本土化的任务在于解释中国的特殊现象，而不是用中国的理论资源建构普遍理论。因此，应从本土实情出发，广泛搜索国际学术的知识库，从中严格选择相关且具有操作性的概念、命题或框架，建构起能解释中国的整合性理论。③ 方案三，是采用现象学方法，参照中国具体的实践场域，提出有意义的问题，再按照社会科学的研究规则逐步抽象化、理论化，提出与西方对话的本土理论，弥补单一的美国传播研究及其视角。④ 方案四，不承认西方理论的普遍性，认为所有知识都是地方性的。因此，本土化的要旨是从地方性的经验和语境出发，通过诠释学的方法，建构和解释属于本土的独特的研究问题和理论，并将本土作为世界的一部分呈现出来，参与同其他地方性理论的对话。⑤

其二，认为传播研究本土化是一个伪问题或无意义的问题，可以称之为取消派。其基本观点是，本土化的提法本身带有划清界限或排外的民族主义情绪。其中包括两种看法，一种看法认为传播学是科学，没有必要区分哪个地区，在全球化背景下，本土的就是世界的，很难区分何为本土，何为外来。⑥ 另一种看法认为，本土化将西方理论与中国经验对立起来，对二者均作了教条主义的解读。⑦

其三，将本土化视为一种社会现象，更关注背后的发生机制以及不同本土化话语的正当性，可以称之为知识社会学视角。在这一派看来，传播学本土化是一个自然发生而非人为规划的过程，由此探究外来观念与接受者的互动与协商。在这一提问方式中，本土化成为多个标准与研究范式相互竞争的结果。

无论如何看待本土化，都无法回避一个“怎么办”的问题。因为同国外传播研究相比，甚至同国内其他学科相比，中国传播学均难摆脱相形见绌之感。即使将本土化或中国化问题当作伪问题而取消，还是无法回避实际行动中的路径选择。虽然存在分歧，如今各方的基本共识是不再认同“西方理论，中国经验”的路径，而要求研究者具有主体意识、自觉意识、创新意识。如果沿用理论旅行的主客互动视角观察本土化问题，将它作为一个“实然”而非“应然”的东西，那么会发现中国的传播研究从一开始就不是西方理论的被动接收者，而是积极从自己的需求出发，自觉不自觉地改造西方理论的过程。由此看来，真正的问题不在于是否本土化，而在于何种本土化。

---

① 李金铨：《视点与沟通：中国传媒研究与西方主流学术的对话》，《新闻学研究》（台湾）2003 年总第 77 期。

② 汪琪、沈清松、罗文辉：《华人传播理论：从头打造或逐步融合?》，《新闻学研究》（台湾）2001 年总第 69 期。

③ 祝建华：《中文传播研究之理论化与本土化：以受众及媒介效果的整合理论为例》，《新闻学研究》（台湾）2001 年总第 68 期。

④ 李金铨：《视点与沟通：中国传媒研究与西方主流学术的对话》，《新闻学研究》（台湾）2003 年总第 77 期。

⑤ 黄旦：《问题的“中国”与中国的“问题”——对于中国大陆传播研究“本土化”讨论的思考》，载黄旦、沈国麟编《理论与经验——中国传播研究的问题及路径》，复旦大学出版社 2013 年版。

⑥ 陈力丹：《关于传播学研究的几点意见》，《国际新闻界》2002 年第 2 期；陈力丹：《新闻传播学：学科的分化、整合与研究方法的创新》，《现代传播》2011 年第 4 期。

⑦ 胡翼青：《传播研究本土化的迷失——对“西方理论，中国经验”二元框架的历史反思》，《现代传播》2011 年第 4 期。

（三）去政治化与再政治化

在20世纪七八十年代的中国，传播学两大流派——以施拉姆为代表的、貌似去政治化的“心理动力模式”（经验学派）和以斯迈思为代表的旗帜鲜明讲政治的“社会文化模式”（批判学派），不仅同时在场，而且同样突出。但在前两次突进中，中国传播学界对传播研究的目标与方向却一步步形成一边倒之势，而这一趋势也是以马克思主义道统的批判学派一步步被抑制、被弱化为前提的。随着中国改革的深入，社会矛盾的加剧，多元而驳杂的政治思潮此起彼伏，加之西方批判性学术思想的影响，新世纪以来再政治化成为传播研究日趋明确的学术取向。

考察历史，我们发现传播学界1970年代末便已大批量引入西方马克思主义的思想资源，以《国际新闻界》为首，翻译了一系列欧美传播政治经济学和文化研究的论文，包括赫伯特·席勒的《思想管理者》（全书连载）、巴格迪肯的《媒体垄断》（多章摘译）、赫伯特·甘斯的《什么在决定新闻》（部分章节）等。即使在介绍性文章中，批判学派也同样占据突出位置。如伦敦传播与文化中心主任罗伯特·怀特的《大众传播与文化：向一个新模式过渡》一文，对当时方兴未艾的“文化研究”做了清晰梳理，介绍了雷蒙德·威廉斯、斯图亚特·霍尔和詹姆斯·凯瑞等人的主要理论。[①] 1985年5月12日至21日，英国莱斯特大学传播研究中心主任，时任国际传播协会主席的詹姆斯·哈洛伦访问了中国人民大学新闻系，通过三次学术报告系统介绍了批判学派，批判了美国的行政管理研究。只是这个时期对于新马克思主义以及批判学派的认识还比较浅显，也比较功利，更无学者将西方马克思主义及其传播思想用于分析中国传播实践。1990年代后，随着媒体的市场化改革与资本化运营，引发一系列传媒宏观结构、管理方式、理念和内容上的巨变。与此同时，诞生于硅谷和华尔街的新媒体，更进一步加强了国际资本对媒体的垄断控制。于是，围绕着国家和市场的角色以及其他相关政治问题，中国传播学界1980年代形成的共识逐渐被打破，以科学主义逃避政治的手段不再奏效，政治又重新回到传播研究之中。

新一拨传播批判研究，也受到人文社会学科潮流的推动。1990年代随着大众文化勃兴，法兰克福学派与英国文化研究的影响日益显著，文艺理论界纷纷涉足文化与传播问题的研究，由此拓展了传播研究的版图，如刘康的《文化·传媒·全球化》（2006）、赵勇的《大众媒介与文化变迁——中国当代媒介文化的散点透视》（2011）等。西方马克思主义对哲学、社会学、政治学等同样产生重大影响，进而广泛波及当代传播研究，曹卫东翻译的哈贝马斯《公共领域的结构转型》（1999）与《交往行为理论》（2004），北京大学社会学系赵斌的《依旧怀念一九六八》（1999）与《社会分析与符号解读：如何看待晚期资本主义社会中的大众文化》（2001），中国社会科学院程巍的博士论文《中产阶级的孩子们：60年代与文化领导权》（2006），北京大学中文系韩毓海的《“漫长的革命”——毛泽东与文化领导权问题》（2008），北京大学法学院强世功的《中国香港：政治与文化的视野》（2010），新加坡国立大学郑永年的《技术赋权：中国的互联网、国家与社会》（2014）等，均属别开生面的传播著述，影响广泛。此外，四川大学文学与新闻

---

① 刘海龙：《“传播学”引进中的“失踪者”：从1978年—1989年批判学派的引介看中国早期的传播学观念》，《新闻与传播研究》2007年第4期。

学院以赵毅衡为首的符号学研究团队，在国内外学术界独树一帜，研究成果往往涉及符号与传播、文本与解读、话语与权力等。在传播研究领域，比较突出的是传播政治经济学。从《传播政治经济学》（2000）开始，文森特·莫斯可、丹·席勒、詹姆斯·卡伦等西方政治经济学者的一批著作被译介到中国，尤其是丹·席勒《传播理论史：回归劳动》（2012）、罗伯特·哈克特与赵月枝《维系民主？西方政治与新闻客观性》（修订版）（2010）等著述，把西方传播研究本身和新闻专业主义置于具体社会历史语境下重新政治化，更是广为人知。另外，李金铨、赵月枝、郭镇之、吕新雨等为代表的传播学者，通过政治经济学视角研究中国的媒体市场化问题，尽管对政治经济学的理解不无差异，但均摆脱经验学派的"媒介中心主义"，从更具社会历史与文化政治意味的国家、资本、权力及公共性等角度剖析媒体与社会转型，在相当程度上扭转了去政治化的学术走向。新一代传播学者如王维佳、邱林川等，又引入北美政治经济学中兴起的"劳动"观念，进一步拓展了中国传播学的理论视野。

结语：新百年的反思与超越

追寻一个世纪中国传播学的求索历程，总结中国传播研究的利弊得失，未来的中国传播研究面临两个关乎全局的战略性命题。

其一，突破学科壁垒与知识藩篱，以学术自觉和问题意识为导向，探究中国社会与传播的演化状况，以揭示信息系统及其运行机制的自身规律，从而逐步确立并完善立足中国、面向世界的传播理论。借用韩少功的话说："知识只属于实践者，只能在纷繁复杂的人民实践中不断汲取新的内涵——这是唯一有效和可靠的内涵，包括真情实感在概念中的暗流涨涌。从这个意义上来说，文献索引是必要的，却是远远不够的。正如科技知识需要大量第一手的实验作为依据，人文知识也许更需要作者的切身经验，确保言说的原生性和有效信息含量，确保这本书是作者对这个世界真实的体会，而不是来自其他人的大脑，来自其他人大脑中其他人的大脑。"①

不待多言，在黄河落天走东海、万里写入胸怀间的五千年文明历程中，包括费正清所言"伟大的中国革命"中，中国的传播实践形成了别开生面的格局，社会的信息系统呈现了独领风骚的状貌，从而留下了一整套异常丰富而纷繁复杂的思想、体制、传统，如民本意识与天下归心、政党政治与党性原则、人民主体与群众办报、舆论导向与市场取向。中国的传播研究是否具有想象力、创造力、生命力，归根结底还在于能否以高度的文化自觉和文化自信对此作出自己的思想建树，将如此丰厚的专业遗产化解为历史与逻辑有机统一的学理与学统，并在世界学界确立自己的地位与影响，为人类学术共同体贡献自己的聪明才智，而不是局限于、满足于国际接轨与理论旅行。余英时的如下批评，对传播学也不啻为"醒世恒言"："中国知识界似乎还没有完全摆脱殖民地的心态，一切以西方的观念为最后依据。特别是这十几年来，只要西方思想家稍有风吹草动（主要还是从美国转贩的），便有一批中国知识分子兴风作浪一番……这不是中西会通，而是随着外国调子起舞，像被人牵着线的傀儡一样，青年朋友如果不幸而入此魔道，则从此便断

① 韩少功：《暗示》（修订版），"附录二：索引"，人民文学出版社2008年版，第381页。

送了自己的学问前途。”①

其二，在重视研究方法包括计量统计方法之际，突破研究方法拜物教的思想桎梏。一方面进一步解放思想，破解“兵马未动，方法先行”“悠悠万世，科学唯大”“何以研究，唯有量化”等教条主义束缚。另一方面打通社会科学的各路方法，如哲学、史学、文学、经济学、法学、政治学、社会学、人类学、心理学等，针对不同问题，选取不同方法。作为工具，研究方法本应结合研究对象因地制宜，旨在探究问题，揭示规律，创造新知。而一种流行说辞不仅将方法抽离于研究对象并置身于社会历史之上，而且把所谓“科学方法”视为包治百病的灵丹妙药，乃至于求学问道只有统计、问卷、量表才叫“科学”，否则就不科学，至少是前科学、浅科学等。相对于当年对计量统计等方法的隔膜，这也是一种形而上学，同样制约或窒息传播研究的想象力、批判力、创造力。事实上，问题千变万化，多种多样，解决问题的方法也应该随机应变，各自不同。西谚说得好，如果你唯一的工具是锤子，就会把一切问题看作钉子。《孙子兵法》异曲同工：“水因地而制流，兵因敌而制胜。故兵无常势，水无常形；能因敌变化而取胜者，谓之神。”

回顾历史，展望未来，面向又一个新百年，中国传播研究的学术追求或可归结为：更具有文化自觉与学术自觉；更凸显历史意识与批判意识；更兼顾新闻与传播、理论与实践、中国与世界的会通。随着民族复兴中国梦的不断实现，中国传播学也当以“独立之精神、自由之思想”（陈寅恪），自立于世界学术之林。

（感谢赵月枝、王怡红、李金铨、陈韬文、王维佳、黄卫星、李海波的批评性意见以及实际贡献，至于一应缺憾均由第一作者负责。）

撰稿：李　彬（清华大学新闻传播学院教授）
刘海龙（中国人民大学新闻学院教授）

① 余英时：《中国文化的重建》，中信出版社 2011 年版，第 237—238 页。

中国传播学问卷调查研究的现状与发展*

一、导言及文献分析

西方传播学的系统的实证方法,[①] 随着传播学的传入也一起进入了中国新闻传播学界，到现在已有30多年的历史。对这种方法的膜拜、批判、运用、学习、质疑一直存在。

（一）实证研究方法在中国传播学界最初的介绍和尝试

据胡正强的研究,[②] 20世纪20年代，社会调查与统计知识已介绍到中国，20年代初，已开始产生量化研究成果,[③] 到20世纪前半段，有一批量化方法论文发表，包括内容分析、问卷调查等质化、量化方法。不过根据胡正强的分析，这些研究并未形成规模效应，因此对学科的后续发展并未形成系统性的影响。

使得中国传播学开始出现并一直持续发展到现在的起点，是1970年代末期到1980年代初期国外传播学引入中国大陆,[④] 传播学所携带的系统性的实证研究方法，对中国传播学界来说，也是全新的事物。

新的程度表现在，一是对实证研究方法的一些基本技术问题，需要以论文的形式在学术刊物上介绍；二是一些学者在他们的研究中，开始尝试采用这种方法。以下是一些例子。

祝建华在硕士毕业论文中，讨论了如何设计问卷、如何随机抽样、如何统计分析等问题,[⑤] 并在1985—1986年间，发表多篇介绍实证研究方法的文章。[⑥]

---

* 孙五三为本研究提供了诸多系统性的重要意见和建议，审读了初稿，并提出了非常重要的修改意见；卜卫和柯惠新老师为本研究提供了相关专业的指导意见，杨绚和张祺参与了本研究部分设计和样本收集工作，作者在此表示衷心感谢。

① 本文中的“实证研究”实际是指经验研究或“实征研究”（empirical research），在社会科学中，两者都是通过收集一手资料由实地经验来验证或检验理论。但依据的科学哲学基础不同，实征研究是对实证研究（positive research）方法的修正，它所得到的通则并不一定是真理，可能被否证。参考：http：//www. xxc. idv. tw/oddmuse/wiki. pl/Empirical_research。为避免过多解释，本文仍使用“实证研究”这一词组。

② 胡正强：《论中国现代新闻传播学中的量化研究传统》，《国际新闻界》2010年第3期。

③ 如胡正强在上文中提到能查到的最早量化研究的论文有：1924年6月，清华大学大一学生王恩蕃、杨兆焘对北京、天津、上海的五家报纸所做的内容分析（王恩蕃、杨兆焘：《报纸的新闻分析》，《清华学报》1924年第1卷第1期）；1925年，余湘林、黄元熙针对前面提到的五种报纸中的广告所做的内容分析（余湘林、黄元熙：《五种报纸的广告分析》，《清华学报》1925年第2卷第2期）。

④ 王怡红、杨瑞明：《历程与趋势：改革开放以来的中国传播学》，中国社会科学院《社会政法学部集刊》第2卷《改革开放　繁荣发展》，社会科学文献出版社2009年版。来源：http：//www. ilf. cn/Theo/81186. html，2015年12月5日。

⑤ 祝建华：《精确化、理论化、本土化：20年受众研究心得谈》，“全国第三届受众研究学术研讨会”论文，中国社会科学院新闻与传播研究所与河北大学新闻学院主办，河北保定，2001年9月。

⑥ 这些文章包括：祝建华：《实地调查：传播研究方法论之一》，《新闻大学》1985年第9期；祝建华：《内容分析：传播研究方法论之二》，《新闻大学》1985年第10期；祝建华：《控制实验：传播研究方法论之三》，《新闻大学》1986年第12期。

中国社会科学院新闻研究所1990年代初的刊物《新闻研究资料》（第59辑、第60辑），有“研究方法论”栏目，专门讨论方法问题，从这个栏目下的几篇文章内容来看，讨论的是具体研究方法的基础知识性质的问题，或是基础知识介绍。

例如，闻天发表在《新闻研究资料》1992年第4期（第59辑）上的文章《论问卷的适切性》，① 举反面实例讨论问卷设计的基础或常识性问题；柯惠新，及柯惠新、徐振江、肖明，在《新闻研究资料》1992年第4期（第59辑）和1993年第1期（第60辑）中，分别发表了题为《抽样误差不超过3%就够精确了吗?》和《受众调查研究中常见问题之二：样本量越大调查就越有价值吗？城市和农村的样本可以合并吗?》的文章，讨论了抽样技术的基础知识问题。②

卜卫在1994—1997年间，发表了约10篇介绍研究方法的系列文章，其中有关于方法论的讨论，③ 也包括了对社会研究基本方法的介绍。④

孙旭培在《新闻学呼唤规范与方法》一文中，⑤ 用较大篇幅介绍了研究方法，包括思辨、观察、内容分析、社会调查、实验、个案研究方法、比较研究等。

此外，较早期中国学者还通过翻译或编译国外的问卷调查报告，将这种方法介绍给中国学术界，例如《国际新闻界》1990年第2期、1996年第3期、1999年第3期和第5期，各有一篇这样的文章。⑥

在介绍方法的同时，一些学者开始尝试采用经验研究方法，例如1982年北京新闻学会开展的首次受众调查；复旦大学新闻系1977级5个学生对“四人帮”审判结果这一重大新闻扩散的研究；⑦ 1986年中国人民大学毕业的硕士研究生孙五三、白桦、刘志明等人，就在他们的毕业论文中采用了实证研究方法。郭镇之、孙五三对《渴望》观众来信的内容分析⑧；范东升与钟秉林、祝建华等合作完成的《我国报业发展的定量分析研究》，

---

① 闻天：《论问卷的适切性》，《新闻研究资料》（第59辑），1992年第4期。

② 柯惠新：《抽样误差不超过3%就够精确了吗?》，《新闻研究资料》（第59辑），1992年第4期。柯惠新、徐振江、肖明：《受众调查研究中常见问题之二：样本量越大调查就越有价值吗？城市和农村的样本可以合并吗?》，《新闻研究资料》（第60辑），1993年第1期。

③ 例如，卜卫：《传播学实证研究的方法问题》，《新闻与传播研究》1994年第2期；卜卫：《论传播学调查报告的分析与评价》，《北京广播学院学报》1994年第3期；卜卫：《传播学方法论引论》，《国际新闻界》1996年第4期；卜卫：《传播学思辨研究论》，《国际新闻界》1996年第5期；卜卫：《论传播学定性研究方法》，《国际新闻界》1996年第6期；卜卫：《方法论的选择：定量还是定性》，《国际新闻界》1997年第5期。

④ 例如，卜卫：《论心理实验在传播研究中的应用》，《新闻与传播研究》1995年第1期；卜卫：《论社会调查方法的逻辑与价值》，《国际新闻界》1997年第1期；卜卫：《控制实验——一种常用的传播学研究方法》，《国际新闻界》1997年第2期；卜卫：《试论内容分析方法》，《国际新闻界》1997年第4期。

⑤ 孙旭培：《新闻学呼唤规范与方法》，2001年9月6日。中国新闻传播学评论，网址 http://www.zjol.com.cn/node2/node26108/node27331/node30269/userobject7ai19883.html（传媒学术网）。

⑥ ［美］威廉·F. 小格里斯沃和罗里·L. 莫尔：《从新闻与广告的阅读看影响小型日报读者的因素》，刘燚译，《国际新闻界》1990年第2期；杨咏编译：《影响报纸阅读的因素》，《国际新闻界》1996年第3期；［美］大卫·普里特乍得：《报纸意见调查员对新闻工作者态度的影响》，宋小卫摘译，《国际新闻界》1999年第3期；［美］托马斯·J. 约翰逊和芭芭拉·K. 凯：《互联网与传统媒介信息可信度的比较》，谭辛鹏编译，《国际新闻界》1999年第5期。

⑦ 尹德刚、高冠钢、王德敏、武伟、毛用雄：《重大新闻传播过程的调查》，《新闻大学》1981年第2期，转引自刘海龙《“传播学”引进中的“失踪者”：从1978年—1989年批判学派的引介看中国早期的传播学观念》，《新闻与传播研究》2007年第4期。

⑧ 孙五三：《观众来信与媒介崇拜——〈渴望〉剧观众来信的内容分析》，《新闻研究资料》（第59辑），1992年第4期。

是“我国新闻学界首次采用社会统计学方法进行的宏观研究课题”[①]；杨瑞明对北京地区少年儿童电视节目的内容分析[②]；周立方对47家新闻媒体科技报道的统计分析等[③]。

采用问卷调查方法的受众调查开始得更早，在陈崇山撰写的《中国大陆传媒受众调研的发展历程》中有详尽的介绍。[④] 最早开展的具有标志性的受众调查，是1982年陈崇山任组长的北京新闻学会受众调查组，在北京地区作的我国首次大规模受众抽样调查；更早的还有郑北渭、陈韵昭组织的受众调查，1981年《天津日报》在天津组织的受众调查等。又如1983年浙江、江苏两省开展的全省受众抽样调查，祝建华在1983年作的《上海郊区农村传播网络的调查分析》，1985年采用问卷调查与一周日记法相结合作的《上海市区新闻传播受众调查》，1986年人民日报委托中国社会科学院新闻研究所开展的全国读者抽样调查等。

（二）对实证研究方法在中国传播学界应用现状的相关评价

经过30多年的发展，如今实证研究在中国传播研究中已占有一定的比例，[⑤] 如陈韬文所说，“实证研究逐步普及，对资料及研究逻辑较为重视”，“实证意识比任何时候都要强”。[⑥]

对于实证研究的普及情况，有两种不同的看法。一种认为，实证研究非常流行，具有主流地位。例如，“实证研究技术成为了一种流通于社会的货币”，[⑦] “不管有没有必要，几乎所有的课题论证都要写上那么一点实证研究方法的设计”，[⑧] “实证的研究范式一开始就占据了传播研究的学术正统，在传播学被引入中国后，实证研究方法也一直更受推崇”。[⑨] “以实证主义为主导的理论和方法体系”[⑩] 曾在中国传播学界“一枝独秀”。[⑪]

但也有完全相反的观点，例如，蔡骐在《传播研究范式与中国传播学的发展》一文中，对三种范式研究在中国传播学界的状况进行了分析，认为虽然最近一些年，国内学者在实证研究方面取得了一些进展（并举张国良的研究为例），“不过，从总体而言，目前绝大多数学者采用的依然是批判研究范式”，“至少在研究成果的数量上表现如此”[⑫]。

但是，无论对普及程度怎么看，对实证研究的质量，一般持比较负面的评价。大致有这样几种看法：缺乏理论意识；技术精致但缺乏理论意识；缺乏研究规范、技术不精致。

1. 缺乏理论意识

在一篇名为《关于实证研究方法社会性、主观性的对话》的文章中，潘忠党等认为，

---

① 百度百科，“范东升”条目，http：//baike. baidu. com/view/665391. htm，2015年10月3日。

② 杨瑞明：《北京地区少年儿童电视节目内容分析研究》，《新闻研究资料》（第60辑），1993年第1期。

③ 周立方：《对47家新闻媒体科技报道的统计分析》，《新闻研究资料》（第60辑），1993年第1期。

④ 陈崇山：《中国大陆传媒受众调研的发展历程》，载王怡红、胡翼青主编《中国传播学30年》，中国大百科全书出版社2010年版，第273—291页。

⑤ 具体数据可参考苏钥机《中华传播研究的现况：谁做甚么和引用谁》，《传播与社会学刊》2013年第23期。

⑥ 陈韬文：《中国传播研究的发展困局：为什么与怎么办》，《新闻大学》2008年第1期。

⑦ 胡翼青：《传播实证研究：从中层理论到货币哲学》，《新闻与传播研究》2010年第3期。

⑧ 同上。

⑨ 何志武：《批判研究方法的科学性问题》，《新闻与传播研究》2009年第5期。

⑩ 王怡红、胡翼青主编：《中国传播学30年》，中国大百科全书出版社2010年版，第10页。

⑪ 同上书，第465页。

⑫ 蔡骐：《传播研究范式与中国传播学的发展》，《国际新闻界》2005年第4期。

“从我个人所接触的来看，大致有两种类型，一种是传统的做学问的方法，多宏观思辨和价值判断，成果往往是学术论文和评论员文章的混合体。另一种是实证性的研究，目前大多处于现象的描述上，少有通过实证研究抽象的理论……”①

刘海龙以受众研究为例，认为国内对西方传播学的做法是只接受了工具、不关心理论，把西方传播学（的方法）整合进了中国的传统思路，是中体西用的；在现实中立刻能派上用场的传播学工具能被中国学者迅速接收，理论受到轻视；形成轻理论、重应用，轻批判、重管理的特征。②

胡翼青认为，“在当下传播研究领域，多数实证研究成果不但缺乏学术品位和理论创新，而且实际上对于实践和问题也没有什么太大的指导作用”，“逐渐沦为一种具体的研究技术。这种研究技术由于自身的多种缺陷而出现了反理论和反科学的常识化取向”。③

2. 技术精致但缺乏理论意识

李金铨的评价比较典型，“现在篇篇文章在技术上精致得无懈可击，却缺乏知识上的兴奋，有时我称之为‘毫无用处的精致研究’（elaborate study of nothing）”。④ 需要说明的是，李金铨评价的对象是中国传播学，因此包含但并不特指作为本研究对象的四种刊物（《新闻与传播研究》《国际新闻界》《新闻大学》《现代传播》）。

刘枫也有类似的看法。他认为，过去数年，批评传播研究的文献，已有多起。其中，所有批评都关切的主题是传播研究忽视了理论，导引传播研究的概念架构发展不足。这种批评关注了传播研究的许多方向，比如，有些评论人注意到，一些研究者使用的研究方法，与其研究目标脱节。他们只知再三精炼方法，却茫然于目标，于是经验技术愈来愈复杂，统计建构愈来愈精细，但研究或研究成果的理论意义为何，这些人却束之高阁，不加闻问。如，传播学者罗敦斯图恩（Nordenstreng）曾严厉批评美国的大众传播研究，认为“这个领域的研究，斤斤计较于技术与方法的正确，代价却是概念层次失之松垮”。在他看来，此种着魔于研究方法的现象，病灶在于理论空虚，故须设计精巧且能眩人耳目的经验技术，以掩饰思想上的贫乏，缺乏理论关怀。⑤

3. 缺乏研究规范、技术不精致

也有一些学者认为方法不够严谨，研究不够规范。例如陈韬文在《中国传播研究的发展困局：为什么与怎么办》一文中提到，“中国传播研究近年较大的改进是对资料的重视，实证意识比任何时候都要强。可惜的是，不少论文仍然停留在资料陈述的层次，方法不够严谨，更缺乏理论的探讨”。“中国新闻传播研究缺乏规范差不多是国内外学者的共识。格式的规范和方法的规范近年虽然已有好转，但是离理想的境地仍有显着的差距”。⑥

刘海龙对中国早期传播学研究的评价是，“很难说实证的传统真正在内地扎根”，“大多只是用思辨的方法诠释美国经验研究的一些结论而缺乏真正意义上的实证研究”。⑦

---

① 潘忠党、何海明：《关于实证研究方法社会性、主观性的对话》，《现代传播（北京广播学院学报）》1995 年第 5 期。

② 刘海龙：《从受众研究看“传播学本土化”话语》，《国际新闻界》2008 年第 7 期。

③ 胡翼青：《传播实证研究：从中层理论到货币哲学》，《新闻与传播研究》2010 年第 3 期。

④ 李金铨：《传播研究的典范与认同》，《书城》2014 年第 2 期。

⑤ 刘枫：《传播研究中的“中心理论贫乏现象”分析》，《新闻界》2010 年第 2 期。

⑥ 陈韬文：《中国传播研究的发展困局：为什么与怎么办》，《新闻大学》2008 年第 1 期。

⑦ 刘海龙：《“传播学”引进中的“失踪者”：从 1978 年—1989 年批判学派的引介看中国早期的传播学观念》，《新闻与传播研究》2007 年第 4 期。

陈怀林和张丹采用内容分析方法，比较了内地和海外传播学论文学术规范的差异，具体分析了体现在论文各个部分中的学术规范的主要问题。例如，导言过于空泛和抽象，将导言写成论文摘要；文献回顾中罗列大量研究，但架构不清、与研究的课题脱节，“油水”分离、未能涵盖最新和最相关的研究；在研究方法方面，未能明确具体的规范的研究方法，遗漏重要的项目，未交代某些项目的重要细节；在报告结果时忽视数据搜集方法的局限，不当推论结果；结果与讨论部分重复研究结果报告的内容，未能以较宏观的视野审视研究的得失等。[①]

以上列举了对中国传播学实证研究状况的几种主要观点，这些观点，主要来自评价者个人对这个领域的直接观察或其他评价者的个人观察，尚缺乏实证的观察和分析。对中国大陆及港台传播学刊物的内容分析已有一些，如苏钥机等对2006—2011年大陆四种刊物与海外五种刊物的研究，[②] 李彪对1995—2007年的《新闻与传播研究》《国际新闻界》《现代传播》《新闻大学》的研究等。[③] 这些分析，一般是针对所有类型的论文，而不是专门针对实证研究的论文；涉及方法的部分一般只统计各种具体方法的比例，不再做进一步分析。前述的陈怀林和张丹的研究，[④] 对论文的导言、文献、方法、结果、结论与讨论、参考文献等部分的质量做了进一步分析，本研究将在规范性指标设计上参考这项研究。

（三）研究问题及价值

本研究以中国大陆传播学研究中的采用问卷调查方法的论文作为研究对象，有以下几个理由：首先，同为实证研究，量化方法比质化方法程序化程度高，无论问卷调查、实验或内容分析，都各自有一整套规范化的做法，因此比较容易为技术的“精致”情况设置操作化指标。第二，问卷调查中的一些关键做法，在实验和内容分析中也都是必须有的，例如结论要有证据的支持，要有明确的研究问题和/或正确地提出假设的方法，关键概念要操作化，正确地使用抽样技术等。因此对问卷调查方法论文观察的结果，可能对实验和内容分析方法的论文也有一定的代表性。实际上，上面那些要点，只要是实证研究，无论量化质化，都应该是必需的特征，只是表现形式不同。第三，在传播学实证研究论文中，问卷调查方法采用比例较高。[⑤] 第四，一提到实证一些人就想到量化研究，一提到量化研究一些人就想到问卷调查，或以为实证研究就是问卷调

---

① 陈怀林、张丹：《试析内地和海外传播学论文学术规范的差异及其成因（1995—2006）》，“大众传播、文化与科学发展观”学术研讨会论文，苏州大学，2007年11月16—17日。

② 根据苏钥机《中华传播研究的现况：谁做甚么和引用谁》，《传播与社会学刊》2013年第23期，第31—80页。中国大陆四种刊物指《新闻与传播研究》《国际新闻界》《现代传播》《新闻大学》。海外五种刊物指香港的《传播与社会学刊》（2006—2011）；*Chinese Journal of Communication*（2008—2011）；台湾《新闻学研究》和《中华传播学刊》（2006—2011）；新加坡的 *Asian Journal of Communication*（2006—2010）。

③ 李彪：《新闻传播学研究方法的构造——对1995—2007年我国四种主要学术期刊的考察》，《国际新闻界》2008年第1期。

④ 陈怀林、张丹：《试析内地和海外传播学论文学术规范的差异及其成因（1995—2006）》，“大众传播、文化与科学发展观”学术研讨会论文，苏州大学，2007年11月16—17日。

⑤ 根据苏钥机等对2006—2011年大陆四种刊物（与本研究的刊物相同）研究方法的统计表7提供的数据计算，在1025篇样本论文中，实证论文比例43%，实证论文中含有量化研究的比例36%，含有量化研究的论文中问卷调查的比例是37.5%，是各种量化方法中比例最高的；在实证论文中问卷调查的比例是13%。

查。“因为国内有些学者想到海外，就想到量化研究、问卷调查等”。[①] 第五，问卷调查方法是最“古老”的收集数据的方法，如李金铨所说，拉扎斯菲尔德的《人们的选择》是“开传播研究量化实证研究的先河”，[②] 因此应该是一个成熟的技术，所谓技术精与不精，问卷调查应该是最有说服力的。第六，在线调查巨大的成本优势和操作上的便利，使得在线调查变得非常流行。由于在线调查难以做到随机抽样，以致一些机构拒绝非概率抽样的在线调查方法的报告，[③] 通过本次研究，可以观察学术领域是如何处理这个问题的。

本文具体研究以下几个问题：

1. 问卷调查论文的基本信息现状及30年来的变化；
2. 技术的精致程度的现状及30年来的变化；
3. 理论关怀的现状及30年来的变化；
4. 研究的规范程度的现状及30年来的变化；
5. 理论关怀和知识关怀与技术精致程度的关系。

本研究的价值在于，通过回答上述问题，实证地描述问卷调查方法的研究（在一定程度上代表中国传播学实证研究）的现状和发展历程，给评价提供实证的依据；更重要的是，因为权威学术期刊代表了某地（范围）的学术水平，代表了被认可的学术规范，引领学术发展的方向，为后起者群体提供了样板，和对作者学术水准的认定，[④] 本研究对四种本领域主要学术期刊的问卷调查方法论文的实证分析应该有利于推动学科发展，同时也为编辑和读者提供一个评价问卷调查方法论文的指标体系的参考。

二、研究设计

采用内容分析方法回答上面五个研究问题。

（一）问卷调查论文的基本信息

包括论文发表年份、作者地区、研究问题的类别、数据收集方法、抽样方法和统计的复杂程度等。

1. 关于作者地区

包括中国大陆作者、港台地区作者、海外中文名作者、英文人名作者四个选项。

本研究将作者地区作为观察对象的目的，是考察不同的教育背景是否与论文的质量和规范性有关，如果有关，在问卷调查这种特定的方法上如何体现。

朱立曾专门讨论了港、台和大陆学者教育背景、所受到的外来影响及与课程和研究

---

① 陈韬文语，来源：苏钥机编：《“学术出版与传播研究”圆桌会议讨论》，《传播与社会学刊》2013年第23期。

② 李金铨：《传播研究的典范与认同》，《书城》2014年第2期。

③ “The New York Times Polling Standards”, Published: September 10, 2008, http://www.nytimes.com/ref/us/politics/10_polling_standards.html, 2012年12月22日。“polling standards”, http://www.nytimes.com/packages/pdf/politics/pollingstandards.pdf, 2010年11月7日。刘晓红、孙五三：《在线调查方法综述》，载刘志明主编《网络时代的民意与调研》，今日出版社2010年版，第178—255页。

④ 陈怀林、张丹：《试析内地和海外传播学论文学术规范的差异及其成因（1995—2006）》，“大众传播、文化与科学发展观”学术研讨会论文，苏州大学，2007年11月16—17日。

主题的关系，发现前两者与后者确有明显不同。[①] 陈怀林和张丹用内容分析方法分析了四种传播学刊物的规范性问题（中国大陆两种，中国台湾地区和新加坡各一种），发现在论文的导言、文献回顾、研究方法、报告结果、结果与讨论等各个部分的规范性方法，四种刊物存在差异。作者发现这种差异与三个因素有关：论文作者的学历、最高学历获得地区和就职地区，特征是：学历越高越倾向于采用国际学术规范，在中国以外地区获得最高学历者更倾向于采用国际学术规范，在中国以外地区就职者更倾向于采用国际学术规范。[②] 这一结论提示了教育背景对研究的重要影响。

2. 关于问题的类别——研究类别

纽曼在《社会研究方法》一书中，根据不同的研究目的，将研究分为基础研究和应用研究两类，前者的研究目的是增进普遍的知识，后者是解决某些特定问题，虽然这两种目的并不能截然分开。根据对本研究对象的观察，笔者认为这个划分逻辑适用于本研究，依据此逻辑，将研究分为四类：基础研究、应用研究（原纽曼的应用研究）、类应用研究和民意调查。[③]

"类应用研究"是"政策建议""政策诠释""为业界营运管理问题出谋献策"[④] 等研究的统称，这些研究的目的也是要解决某些特定的应用问题，因此它们实际上是应用研究，但与纽曼定义的应用研究相比，没有委托方，即有具体应用问题需要研究解决的一方；或虽然有委托方但没有具体明确的服务对象，研究问题比较宏观使研究结果难以在操作层面检验，服务对象难以将研究结果直接应用于决策。因此与应用研究相比，这些研究可以称为"类应用研究"。

这里所说的"委托"不同于赞助或项目来源，例如社科基金是一种赞助，但并不是真正的委托方。需要特别说明的是，判定论文是否有委托/赞助，只能看论文对这个信息是否有披露，而披露委托者、赞助者和/或项目来源，是问卷调查类研究的规范性要求中的一项，[⑤] 因此是否披露与事实上的有无并不等同，特别是在早期遵守规范不严格的情况下。

纽曼《社会研究方法》表 2－2 从七个方面描述了基础研究和应用研究的特征[⑥]——表1 中的第 2、3 列。本研究用这七个指标，描述类应用研究和民意调查这两类的特征。纽曼的表 2－2 指的是应然，下表（表 1）则包括了应然和针对本研究对象的实际情况。

---

① 朱立：《传播研究"中国化"的方向》，载藏国仁主编《中文传播研究论述》（一九九三中文传播研究暨教学研讨会论文集之二），"国立"政治大学传播学院研究中心，1995 年，第 21—37 页。

② 陈怀林、张丹：《试析内地和海外传播学论文学术规范的差异及其成因（1995—2006）》，"大众传播、文化与科学发展观"学术研讨会论文，苏州大学，2007 年 11 月 16—17 日。

③ 分别参考了英文第 6 版和中译本第 5 版：W.，Lawrence Neuman：*Social Research Methods – Qualitative and Quantitative Approaches*（6th Ed.），Pearson Educaiton，Inc.，2006.［美］劳伦斯·纽曼：《社会研究方法——定性和定量的取向》（第 5 版），郝大海译，中国人民大学出版社 2007 年版。

④ 陈韬文：《中国传播研究的发展困局：为什么与怎么办》，《新闻大学》2008 年第 1 期。

⑤ Disclosure Standards, Section III. of the AAPOR Code of Professional Ethics & Practice (May 2010) specifies: Standards for Minimal Disclosure, http://www.aapor.org/Disclosure_Standards1/4231.htm, 2012 年 12 月 23 日。

⑥ 第 5 和第 6 版均为 7 个指标，第 5 版是将 1 和 2 合并到一起的。W. Lawrence Neuman, *Social Research Methods – Qualitative and Quantitative Approaches* (6th Ed.), Pearson Educaiton, Inc., 2006, p. 26.

表 1　研究分类

指标	A 基础	B 应用	C 类应用	D 民调
1. 主要读者/受益人	应/实均为:科学家社群(其他研究者)	应为:从业者、参与者、监督管理者(非研究人员) 实为:同 A	应为:研究的假想针对者,同 B; 实为:同 A	应为:学术界和/或假想的公众 实为:同 A
2. 评价者	应/实均为:研究者同行	应为:从业者、监督管理者 实为:同 A	应为:研究的假想针对者 实为:同 A	应为:学术界,假想的公众 实为:同 A
3. 研究的自主性	应为:高	应为:低—中。研究问题被"严格限制"在老板或赞助者的需要之内	应为:介于 A 和 B 之间	应为:较高
4. 学术标准在研究上的遵循程度	应为:非常高的学术标准	应为:因用户需要而变,中等。	应为:同 B	应为:同 A
5. 研究的最高优先追求	应为:验证的事实	应为:应用	应为:同 B	应为:同 A
6. 研究的目标/动机	应为:新知识、新理论	应为:解决实际问题	应为:解决作者假想的用户所关心的问题	应为:了解社会现状
7. 研究获得成功的评价依据	应为/实为:研究结果发表在学术刊物上,并对科学共同体的知识及其他研究者产生影响	应为:直接用于解决特定的问题 实为:同 A;是否实现"应为"需要通过其他渠道了解	应为:同 B 实为:同 B	应为:结果被公众及学术界获知 实为:同 B

3. 关于"研究的自主性"的说明

根据李红涛的研究，中国传播期刊的知识生产受到场域内外多种因素的制约，外部包括通过期刊编审过程中的理论宣传与自我审查实践反映到内容的政治意识形态的影响，以及经济方面的考虑；内部包括机构利益及社会关系的影响。[①] 本研究无法实然地确定这些因素对我们的研究对象的影响，因此只列出了四种类别之间在应然层面的相互比较。根据李红涛文中转引的布尔迪厄关于自主性的观点[②]：具体到科学场域，其自主性端赖于它与主导的政治及经济权力结构以及各类社会需求（social demands）的分离，而自主性的高低则体现在自治（self-regulation）的程度，即能否发展出自己的必然性（necessity）、自己的逻辑、自己的法则（nomos），应用类可以不谈自主性问题，类应用类是以解决政

---

① 李红涛：《中国传播期刊知识生产的依附性：意识形态、机构利益与社会关系的制约》，《传播与社会学刊》2013 年第 23 期。

② Bourdieu, P. The field of cultural production: Essays on art and literature. New York: Columbia University Press, 2013. 转引自李红涛《中国传播期刊知识生产的依附性：意识形态、机构利益与社会关系的制约》，《传播与社会学刊》2013 年第 23 期。

府、企业管理问题为目标，因而与“政治及经济权力结构以及各类社会需求（social demands）的分离”程度应低于基础类和民调类。

4. 关于“学术标准在研究上的遵循程度”的说明

纽曼还讨论了基础研究和应用研究在研究方法论方面的不同立场，前者采用严格的科学标准，后者则会在科学严谨性和快速获得可用结果上做折中，但应对标准妥协后的可能结果有清楚的认识，并努力取得两者的平衡。

5. 四种研究类别的操作性定义

基础类：以增进普遍知识为研究目的，普遍知识可以是理论，也可以是现象。

应用类：以解决某些特定应用问题为研究目的，研究有委托方，或虽然没有委托方但有具体明确的服务对象，研究问题比较具体，从而使研究结果可以在操作层面检验，服务对象可直接将研究结果用于决策。

类应用类：以解决应用问题为研究目的，没有委托方，或虽然有委托方但没有具体明确的服务对象，研究问题比较宏观，从而使研究结果难以在操作层面检验，服务对象难以将研究结果直接应用于决策。

民意调查类：了解现状，既不增进普遍知识，也不解决特定问题，没有具体特定的服务对象，可能是决策的最基础信息，但可能不针对任何一个具体的决策问题。

6. 关于数据收集方法

数据收集，是问卷调查方法的核心环节，与抽样方法相关联，共同影响研究质量。

数据收集方法有多种，三十多年来数据收集也增加了新的技术手段，根据作者前期观察，拟记录以下四种最常用到的方式：面访、电话访、在线访和邮寄。

7. 关于抽样方法

抽样方法首先观察是采用概率、非概率或普查方式。

对非概率抽样，需要根据是否在线收集数据分别记录具体方法。非在线非概率需要记录：方便、目的、雪球和配额；在线非概率需要记录：河流、非概率样本库、其他。概率抽样不记录具体做法。

论文中会出现抽样方法名实不符的情况，例如实际是目的抽样，被写成分层抽样；实际是方便抽样，被写成配额抽样等。由于这种情况数量较少，采用个别手工记录的方式。

8. 关于样本量

直接记录论文中提供的数字，如果有多种研究对象并且不作为一个总体推论，例如，学生和学生家长，则以其中较小的样本量作为该论文的样本量变量取值。

9. 关于统计的复杂程度

分为基本统计（频数、交互、相关等）和多元统计（多元线性回归、因子分析、聚类分析、判别分析、路径分析等）。

前面的文献分析中提到，很多人认为实证研究中使用的技术越来越复杂精细，这个变量，可以用来观察是否存在这样的趋势。

另外，个别论文存在对统计术语理解错误问题，例如将置信度误认为显著性水平，对这种情况作了手工记录。

10. 关于回归分析中效果量的计算

在前期研究中作者观察到，回归分析是常用的多元统计方法之一。

赵心树和张小佳在《传播学定量研究的新议题》一文中,[①] 专题讨论了传媒效果量（effect size，ES）问题，指出媒介效果研究普遍轻视甚至忽略效果量，仅满足于“统计显著”，使得成本数十/百倍于定性研究的定量研究，仅回答了定性问题。两位学者还分析了出现这种情况的原因并提供了详尽的解决办法。另据卢谢峰、唐源鸿、曾凡梅的论文,[②] 美国心理学会（American Psychology Association，APA）的统计推断专责小组曾呼吁研究者“无一例外地将 ES 估计值作为主要的结果呈现”,[③] 第5 版和第 6 版 APA 写作手册也写道：“为了使读者意识到研究结果的重要性，有必要在结果部分对 ES 进行测量。”[④] 因为显著性检验（null hypothesis significance testing，NHST）仅能回答抽样所得均值差异“是否”由偶然误差引起，或结果“是否”具备统计显著性之类的方向性信息。总体均值间的差异量、变量间的关联强度、自变量能在多大程度上解释因变量等问题。

为实证地观察这种情况，本研究考察了以下问题：如果是多元统计，是否包括多元回归；如果包括，是否计算了效果量。

（二）社科实证研究的原则和规范

本研究考察的具体对象是问卷调查方法做的研究论文。规则和规范体现在三个层面：一是社会科学实证研究基本原则层面，二是社会科学实证研究规范层面，三是问卷调查方法层面。

1. 社会科学实证研究基本原则

实证研究的最基本的规则是逻辑和证据，即研究的结论必须具有“直观逻辑合理性”和“直观充分的经验事实”的支持。[⑤]

对逻辑合理性设置操作性定义比较困难，本研究仅设置了两个变量观察论文提出的观点或结论是否有证据的支持。

根据经验，论文的结论部分、讨论部分和政策建议部分，特别容易出现所提出的结论和政策建议超出原来的研究问题的层面和范围及相应研究结果的情况，尤其是对所发现结果的原因的解释，常超出研究所能提供的证据。

针对有政策建议内容的论文，设置了两个备选项：“以研究结果为依据的政策建议”和“超出原来的研究问题的层面和范围及相应研究结果的政策建议”；针对结论是否根据该问卷调查结果得出，设置了三个备选项：“调查了”“调查了，但在结论中扩大了指标的外延”和“没有调查”。

2. 社会科学实证研究规范

陈怀林和张丹在《试析内地和海外传播学论文学术规范的差异及其成因（1995—

---

① 赵心树、张小佳：《传播学定量研究的新议题》，洪浚浩主编《传播学新趋势》，清华大学出版社 2014 年版，第 953—978 页。

② 卢谢峰、唐源鸿、曾凡梅：《效应量：估计、报告和解释》，《心理学探新》2011 年第 31 卷第 3 期。

③ Wilkinson L. , APA task force on statistical inference, “Statistical methods in psychology journals: Guidelines and explanations”, *American Psychologist*, 54(8), 1999, pp. 594 - 604.

④ American Psychological Association: Publication manual of the American Psychological Association, 6nd ed. Washington: Author, 2010.

⑤ 卜卫、周海宏、刘晓红：《社科成果价值评估》，社会科学文献出版社 1999 年版，第 73 页。

2006)》一文中指出,[①] 规范的论文不一定是高质量的，但不规范的论文几乎总是低质量的。论文规范的作用包括淘汰大量低质量的论文、提高论文写作的效率、避免或减少常见的错失、方便同行间的交流切磋和在国际平台展开交流。

参考陈韬文[②]、陈怀林和张丹的研究[③]，本研究将实证研究规范确定为六个基本要素：导言（问题的提出）、文献综述/回顾、研究设计、方法说明、报告结果、结论与讨论。陈怀林、张丹分析了论文在上述各要素方面符合规范的标准及常出现的误区或错误。[④] 鉴于研究目的和篇幅，本研究只判断这几个要素在论文中是否出现，不判断质量。是否出现是根据有无相关内容判断，而不一定是用标题标出的一节。

除上述六项内容外，还观察了文中引用的观点、事实、数据等是否注明来源，以及参考文献的数量（重复引用同一文献只计一条）。

经验表明，在传播学引进早期，学界尚未形成引注的规范，后期逐渐形成这种规范。因此本研究通过观察一篇论文是大部分引用的内容有引注还是基本没有引注或有个别引注，确定该论文是否遵循引注规范，而不精确观察是否所引用的每一内容均有引注。

参考文献的数量，在一定程度上反映了论文质量。例如苏新宁和邹志仁指出，引用的文献数量能反映出研究的深度，学科整体学术规范程度和学术作风。[⑤] 苏钥机等将2013年研究中计算的引文数量与段京肃（2008）对2005至2006年CSSCI收录的新闻学与传播学论文引文数量比较，发现后者远低于前者，得出“近年大陆的研究，越来越重视学术作风的培养和研究方法的科学化”的结论。[⑥]

不过本研究的前期研究中也发现，一些论文的引文含有一定比例的非学术文献，但限于人力，暂不根据引文的性质分类计算，这可能会在一定程度上影响引文数量作为论文质量评价指标的效度。

3. *问卷调查方法层面——问卷设计*

问卷调查方法有一些在实践中证明有效的保证质量的规则，包括是否有从研究问题中的核心或关键概念到问卷题目的操作化过程；问卷中的问题是否经过论证；如果采用外国问卷，是否有本地适用性分析和修改；如果必要，在问卷设计前是否有质化研究；如果必要，在正式调查前是否有试测等五个方面。

4. *问卷调查方法层面——信息披露*

一项用问卷调查方法完成的研究，披露与方法有关的某些信息是帮助确定这项调查的价值的底线依据。

美国舆论研究协会（AAPOR[⑦]）2010年5月更新的AAPOR职业道德和操作规范

---

① 陈怀林、张丹:《试析内地和海外传播学论文学术规范的差异及其成因（1995—2006)》,“大众传播、文化与科学发展观”学术研讨会论文，苏州大学，2007年11月16—17日。

② 陈韬文:《中国传播研究的发展困局：为什么与怎么办》,《新闻大学》2008年第1期。

③ 陈怀林、张丹:《试析内地和海外传播学论文学术规范的差异及其成因（1995—2006)》,“大众传播、文化与科学发展观”学术研讨会论文，苏州大学，2007年11月16—17日。

④ 同上。

⑤ 苏新宁、邹志仁:《从CSSCI看我国人文社会科学研究》,《江苏社会科学》2008年第2期。转引自苏钥机等《中华传播研究的现况：谁做甚么和引用谁》,《传播与社会学刊》2013年第23期。

⑥ 段京肃:《中国新闻学与传播学研究概况分析——基于CSSCI分析》,《重庆大学学报》（社会科学版）2008年第14（5）期。转引自苏钥机等《中华传播研究的现况：谁做甚么和引用谁》,《传播与社会学刊》2013年第23期。

⑦ American Association for Public Opinion Research的简称。

(the AAPOR Code of Professional Ethics & Practice, May 2010) 第三部分[1]，规定了采用问卷调查方法的报告应最低限度披露的信息的标准。包括应与报告一同披露的7项内容，报告发布30天内应披露的8项内容及其他三项规定。并根据这些规定，制作了一个含有12项内容的检查清单[2]，本研究综合这些内容作为问卷调查论文/报告的信息披露指标，包括：赞助者或项目来源、调查的执行机构、调查问题的准确用词和表达、总体的定义、对代表此总体的抽样框的描述、对如何选择应答者的解释、样本量、数据收集方法或模式、数据收集的时间、数据收集的地点、(如果适当的话) 估算抽样误差、是否有具体抽样方案说明。[3]

(三) 理论关怀和知识关怀

如前所述，学术界对实证研究的评价之一是缺乏理论关怀和知识兴奋。如何操作性地测量出一篇论文的理论关怀和知识兴奋，具有相当的挑战性。本研究在参考其他学者研究的基础上，设计了两个指标来操作化地判断知识关怀（兴奋），三个指标来操作化地判断理论关怀。对这两个概念的操作化基本思路，是找到最低限度标准和有可能相对客观操作的指标。最低限度标准的意思是，在这些指标上达到某个标准，只是具备了理论关怀和知识兴奋的最低限度条件。

1. 知识关怀

知识兴奋指的是作者对于了解、发现新知识的动机水平较高，但动机是无法直接从文中观察到的；本文作者也不可能直接判断一项研究是否为某一学术领域提供了新知识，这需要由同行专家判断。本研究的做法是，通过作者提出问题的过程，来判断这项研究的做法能否发现新知识。如果作者对同一主题、领域的文献做了充分地讨论分析，有明确的研究问题和正确的提出假设的方法，所提出的研究问题与文献分析结果有明确的逻辑联系，就编码为这篇论文有"发现新知识的可能性"；如果没有对以往研究的回顾，或没有研究问题只有研究领域，或有研究问题但是错误的提出假设的方法，则编码为"没有发现新知识的可能性"。这样做的缺陷是，中国早期传播学研究是从零开始的，没有什么国内的文献可供分析，因此可能没有文献分析部分，但由于一些参与本研究的人，对早期的情况比较了解，可以在一定程度上判断是实际没有可分析的文献还是有文献没有分析。

2. 理论关怀

陈韬文对理论的解说是："从科学的观点视之，自然事物的变化，莫不受到因果规律的约制，而理论就是这些因果关系的说明。简单地说，社会理论是对两个变量或者两个

---

① Disclosure Standards, Section III. of the AAPOR Code of Professional Ethics & Practice (May 2010) specifies: Standards for Minimal Disclosure, http://www.aapor.org/Disclosure_Standards1/4231.htm, 2012年12月23日。

② Survey Disclosure Checklist, Approved for posting by AAPOR Council, May 13, 2009, http://www.aapor.org/Survey_Disclosure_Checklist1.htm#.U9BlSeOSyuI.

③ 详细解释可参考：Transparency Initiative of AAPOR – Goals, Standards and Practices, A Work in Progress version May 9, 2011, 网址：http://www.aapor.org/AM/Template.cfm?Section=Additional_Background&Template=/CM/ContentDisplay.cfm&ContentID=5361, 2014年7月22日。

以上变量的关系的界定，是对社会现象的解说”[1]。在问卷调查方法的论文中，很多研究题目是考察一个/组现象对另一个/组现象的影响的，从形式来看，这就是一种探索理论的做法。但仅凭研究问题中包含两个变量的关系，不足以确定这是一种理论关怀。

本研究以研究是否在理论导向下进行、是否有明确的研究问题或/和正确的假设方法，和对核心概念是否有操作化过程这三个变量来操作化理论关怀。

（1）理论导向

即研究是否在某一理论指引下进行。本研究设置了理论导向变量及四个备选项：

①完全理论导向：研究/问卷设计是在某一理论指引下进行，假设是根据某一理论或创造的理论提出。事后根据数据结果对假设有讨论和回应。产生新理论或与已有理论的对话。

②部分理论导向（没有做到①那么到位）。

③没有理论导向：从零开始讨论变量关系，没有任何理论准备；或事后根据数据随意“发明”理论。

④纯描述，不涉及理论。

理论导向变量取值为1或2，是理论关怀的必要条件。

（2）研究问题和假设

陈怀林对框架研究论文做了内容分析，类目之一是理论化的程度，有三个指标，其中第一个指标是研究假设的使用，即使用研究假设比仅有研究问题的理论化程度高。[2] 本研究参考了这个思路，因为一般而言，假设是有待证实的理论。本研究为研究问题和假设这个变量设置了四个选项：

①没有研究问题，只有研究领域，或需要从字里行间去推测研究问题；

②有研究问题无假设；

③有研究问题和错误地提出假设方法；

④有研究问题和正确的假设方法。

根据经验观察，“错误地提出假设方法”有以下几种情况：第一，假设并不是提出了新的（有待证实的）理论，而是把别人已有的结论稍加变动（或没有变动）就变成了自己的假设；第二，由于对概念的操作化程度不够或没有进行操作化而无法用研究证实/伪的假设；第三，所提出的假设没有任何论证过程。

有研究问题或/和正确的假设方法，是理论关怀的必要条件。

（3）在问卷设计时，考量研究问题中的核心或关键概念是否有从研究问题到问卷题目的操作化过程。

概念的操作化，是理论可以被证伪的基本保证。在问卷调查中，只有将概念操作化为具体的问卷题目，才可能提出可检验的假设。

因此有核心概念的操作化过程，是理论关怀的必要条件。

综合以上分析，理论关怀的操作性定义是：研究的理论导向情况，有无研究问题或/

---

① 陈韬文：《论华人社会传播研究中全球化与本土化的张力处理》，香港《中国传媒报告》（China Media Reports）2002年第2期。

② 陈怀林：《媒体框架分析法的变化趋向》，载洪浚浩主编《传播学新趋势》，清华大学出版社2014年版，第940页。

和有无假设及提出的方法，对核心概念有无操作化过程。根据这三个条件满足的情况，判定研究的理论关怀程度，分为四种情况：完全理论关怀、部分理论关怀、没有理论关怀和理论关怀无关。表2列出了理论关怀各值与上述三个变量的关系。

表2 理论关怀各值与关键概念操作化、问题和假设、理论关怀的关系

理论关怀	条件	关键概念操作化	研究问题和假设	理论导向
1 完全理论关怀	1	“有”或“有一部分”	“有研究问题无假设”或“有研究问题和正确的假设方法”	完全理论导向
2 部分理论关怀	1	“有”或“有一部分”	“有研究问题无假设”或“有研究问题和正确的假设方法”	部分理论导向
	2	“没有”或“无关”或“无法判断”	“有研究问题无假设”或“有研究问题和正确的假设方法”	完全或部分理论导向
3 没有理论关怀	1			没有理论导向
	2		“有研究问题和错误的提出假设方法”	
	3		“没有研究问题，只有研究领域”	完全、部分或没有理论导向
4 理论关怀无关	1			理论导向无关

注：每一条件中，三个指标间是“与”的关系；每一理论关怀取值中，各条件是“或”的关系。

3. 理论的内容

共设置了六个选项，即本土化－水平3、本土化－水平2、本土化－水平1、过时的外国理论、本地理论、传统华人理论。

其中本土化水平三个选项直接使用了陈韬文在《论华人社会传播研究中全球化与本土化的张力处理》一文中提出的对传播学理论本土化三个水平的划分①，他在文中将传播理论本土化分为三种情况，即“一是简单的移植，把外来的理论直接应用在本土社会。……这是传播理论本土化必经的一步，是学术本土化的初级阶段。……另一种意义是指因为本土社会的特殊性而对外来理论作出补充、修订或否定。因为透过修订，理论变得更全面，使我们对社会现象的理解更透彻。……第三种意义是基于本土社会的原创理论。这种新理论的出现有两个可能性：一是在地社会有其独特性，因而引发新的理论建构。二是有关的社会现象并非独特，其实同样存在于其他国家”。他指出：“第一种移植式的本土化在学术界的地位很低，因为当中缺乏创新，那只是重复应用。第二种修订式或是补充式的理论本土化其实很重要，因为它带有创新的意义，同时发生的可能性也比较大。第三种创新式本土化是学者梦寐以求的理想，它不但是理论的开拓，也会为本土研究社群带来最大的认同。”②

在本研究中，将“本土化－水平3”对应于陈文中的第三种，即建基于本土社会的原

① 陈韬文：《论华人社会传播研究中全球化与本土化的张力处理》，香港《中国传媒报告》（China Media Reports）2002年第2期。

② 同上。

创理论；将“本土化-水平2”对应于陈文中的第二种，即因本土社会的特殊性而对外来理论作出补充、修订或否定；将“本土化-水平1”对应于陈文中的第一种，即简单的移植，把外来的理论直接应用在本土社会。

“过时的外国理论”指不加任何分析评判，直接使用学术界已有共识的过时的外国理论作为研究的理论导向，比较典型的例子是早期的现代化理论。

“本地理论”参考了刘海龙《从受众研究看“传播学本土化”话语》一文，①刘海龙在文中提出了受众研究的三种取向：党报的群众路线、社会主义民主政治、媒体市场化服务。本研究以这个思路为例将这种理论设定为本地理论。

“传统华人理论”参考了翁秀琪在《台湾传播领域学术研究素描：以1984—2009年国科会专题研究计划为例》研究中提出的划分理论内容的标准，②翁秀琪以“老子学说、人情关系与面子理论”等作为传统华人理论的例子，本研究将这类理论作为一个选项。

理论的内容不是理论关怀的必要条件，但应该是这种关怀是否可能促进理论发展的一个观察点。

（四）技术精致程度

技术的狭义外延，在问卷调查方法中，最低限度应该包括统计/抽样方法的使用，扩大一点应该是问卷调查方法相关规范，广义外延应该包括实证/经验研究相关的规范。

学者们提到的“精致”“精练”“精细”的程度，难以在论文中直接操作性判断，但技术使用的底线应该是正确地理解和使用，这通过观察论文可以明确确定。

抽样方法是问卷调查中必然要用到的方法，本研究将是否正确使用了抽样技术作为技术精致的一个操作性指标。

统计也是问卷调查中必然要用到的方法，一般而言，使用的统计手段越复杂，技术也显得越精致，因此本研究将统计复杂度作为技术精致程度的另一个操作性指标。

1. 关于抽样方法的使用的正确性

本研究根据多年经验，观察到在问卷调查方法的抽样中存在着几个比较典型的问题，包括用非概率样本做推论统计、在细分后样本量非常小的情况下不考虑误差的增大、推论的范围和/人口特征超出样本取自的总体。本研究针对这三个问题分别设置了三个变量来测量，另外还观察了作者如果不恰当地使用了抽样方法，是否对这种做法有分析讨论。除这四个变量外，还手工记录了基本统计知识错误的情况，如抽样方法名实不符的情况。

样本细分问题和超过总体范围的推论适用于概率和非概率抽样，用是否出现来测量。

对样本不当使用的讨论设置了3个选项：即到位的说明，一般性的不到位的说明和没有说明。

非概率样本的推论统计是比较复杂的问题，共设置了6个选项：

①方便抽样或未提及针对总体特征的配额抽样，做了推论统计。

---

① 刘海龙：《从受众研究看“传播学本土化”话语》，《国际新闻界》2008年第7期。

② 翁秀琪：《台湾传播领域学术研究素描：以1984—2009年国科会专题研究计划为例》，《中华传播学刊》2011年第20期。转引自翁秀琪《学术期刊与学术生产、学术表现的关联初探：以台湾传播学门学术期刊为例》，《传播与社会学刊》2013年第23期。

②配额抽样，或方便抽样与总体人口特征数据做了比较，或通过加权作了事后配额处理，做了推论统计。

③设计良好的配额抽样或对非概率抽样有反省有分析，做了推论统计。

④普查但做了统计检验。

⑤未做统计检验直接推论。

⑥非概率样本未推论。

上述6个选项中，只有第6个选项是符合统计理论的情况；第1、2、4、5个选项都是错误做法，下面重点讨论第3种情况。

在线调查流行以来，非概率抽样的情况大量出现，如何正确使用非概率样本成为一个问题。针对这个问题，舆论和市场研究行业协会、市场调查和研究机构、学术刊物等均进行了/发表了大量相关研究。概括来说有以下几点：一是概率样本推论总体的理论基础是概率论，非概率样本不具有这样的理论基础；二是非概率样本经过良好设计在代表总体时可以近似达到概率样本的效果。[①]

根据 AAPOR 2013 年发布的关于非概率抽样的报告，在提高非概率样本库推论精度和效能上主要采用的方法是样本匹配方法（sample matching），[②] 即通过将一个样本与另一个具有一个或多个特征的控制组匹配，以减少在估计某一变量值时，样本组与控制组间差别的偏差。[③] 传统的配额抽样中那些未被控制的变量会增加偏差，样本匹配方法就主要致力于克服这个问题。该方法用于非概率样本库时，[④] 首先要确认目标总体，目标总体的特征可以从一些已确认的高质量来源获得或估算（如美国社区调查［American Community Survey，ACS］、当前人口调查［Current Population Survey，CPS］、综合社会调查［General Social Survey，GSS］、美国全国选举研究［American National Election Survey，ANES］等），或专门用于样本匹配的基于概率抽样的调查。确认总体目标后，有多种做法完成与总体目标的匹配，包括一对一匹配（one-to-one matching）、频率匹配（frequency matching）、基于单元的动态配额样本匹配（dynamic quota cell-based sample matching 频率匹配的一种），入选概率选择法（propensity score select）和大均值法（the grand mean）。这些方法的具体做法详见 AAPOR 的报告。[⑤]

在本研究中，实现上述设计的抽样命名为“设计良好的配额抽样”[⑥]，可以近似等于

---

① 详细内容请参考：刘晓红、孙五三：《在线调查方法综述》，载刘志明主编《网络时代的民意与调研》，今日出版社 2010 年版，第 178—255 页。

② Reg Baker, J. Michael Brick, Nancy A. Bates, Mike Battaglia, Mick P. Couper, Jill A. Dever, Krista J. Gile, Roger Tourangeau,(2013),Report of the AAPOR Task Force on Non-probability Sampling,June 2013,下载日期：2013 年 9 月 1 日。来源：http://www. aapor. org/AM/Template. cfm? Section = Reports1&Template = /CM/ContentDisplay. cfm& ContentID = 6055。

③ 相当于实验研究中的实验组和控制组，区别在于，观察比较研究中没有研究者控制的实验处理，或者也可以说，是一种针对自然实验结果的评估研究。——笔者注

④ Reg Baker,J. Michael Brick,Nancy A. Bates,Mike Battaglia,Mick P. Couper,Jill A. Dever,Krista J. Gile,Roger Tourangeau,(2013),Report of the AAPOR Task Force on Non-probability Sampling,June 2013,下载日期:2013 年 9 月 1 日。来源:http://www. aapor. org/AM/Template. cfm? Section = Reports1&Template = /CM/ContentDisplay. cfm&ContentID = 6055。

下面关于样本匹配的介绍，均来自该文件。

⑤ 同上。

⑥ 直接采用柯惠新老师 2014 年 10 月 20 日给笔者的邮件中的提法命名。

概率抽样中的分层抽样[①]；另外，采用传统配额抽样或方便抽样后的加权处理并做了以下两项工作之一的，也属于“设计良好的配额抽样”。包括：第一，做了人口特征配额处理，同时分析了可能的影响因素，了解这些因素的影响靠人口特征配额无法解决；第二，针对可能的影响因素作了配额，而不只是对人口特征配额。第二种情况一般只有在委托专业在线调查公司并提出了相应要求时才可能出现。

2. 抽样方法使用的正确性变量及取值

将上述四个变量和抽样方法变量合并成一个变量，称为抽样方法使用的正确性，有七个取值：概率正常、非概率正常、未提及抽样方法、普查正常、概率错用、非概率错用和普查错用。其中前四项都不需要解释，后面的三项取值的标准是：

概率错用：指“样本细分后样本量非常小，但仍作更大范围推论”或“超过总体的推论（包括范围和人群）”或“样本量没披露”或“无抽样框，同时无如何选择应答者的解释，同时无抽样方案说明”。

非概率错用：指“方便抽样或未提及针对总体特征的配额抽样做推论统计”或“配额抽样或方便抽样事后与总体比较或通过加权配额的样本做推论统计”或“未做统计检验直接推论”或“样本细分后样本量非常小，但仍作更大范围推论”或“超过总体的推论（包括范围和人群）”或“样本量没披露”或“无抽样框，同时无如何选择应答者的解释，同时无抽样方案说明”。

普查错用：普查但做了统计检验。

3. 技术精致程度变量及取值

拟将前面的抽样方法使用的正确性变量的七个取值合并为两个值，即正确使用（概率正常、非概率正常、普查正常）和错误使用（未提及抽样方法、概率错用、非概率错用和普查错用）。与统计的复杂程度的两个值（基本统计和多元统计）组合为四个取值：

①采用基本统计同时正确使用抽样方法

②采用基本统计同时错误使用抽样方法

③采用多元统计同时正确使用抽样方法

④采用多元统计同时错误使用抽样方法

（五）理论关怀、知识关怀与规范性和技术的关系

1. 理论关怀和知识关怀与实证研究规范

一般而言，规范性是高质量研究的一个必要条件，但具备了那几个部分仅从外观来看是规范的，实际的质量可能有很大差别。以文献分析部分为例，根据陈怀林和张丹的分析，既可能是“总结、评析过往的相关研究，导引出本研究关注的研究问题和研究假设”，也可能是“罗列大量研究，但架构不清；与本研究的课题脱节，‘油水’分离；未能涵盖最新和最相关的研究”。[②] 本研究仅观察了形式上是否存在这些部分，没有分析质量；但可以通过这些部分的存在与否与理论关怀和知识关怀的关系，来观察两者是否基本同步发展，以及是否有正相关关系，至少可以从底线上观察是否存在外观规范但缺乏

---

① 同前邮件内容：柯惠新老师2014年10月20日给笔者的邮件中的内容。

② 陈怀林、张丹：《试析内地和海外传播学论文学术规范的差异及其成因（1995—2006）》，“大众传播、文化与科学发展观”学术研讨会论文，苏州大学，2007年11月16—17日。

理论关怀和知识关怀的情况。

2. 理论关怀和知识关怀与技术精致程度

如导言中提到的，技术精致程度与理论关怀和知识兴奋的关系，是学者们评判实证研究的一个焦点。从逻辑上看，两者不应存在必然的联系，因此逻辑合理的情况是，存在着理论关怀和知识关怀强弱与技术精致程度高低的各种可能组合。但也存在下面的可能性，即随时间推移，理论关怀和知识关怀水平和技术精致水平可能都会提高，因此形成一种正相关关系。

我们将通过技术精致与理论关怀、技术精致与知识关怀的交互分析和对应分析，观察这几个变量间关系的实际情况。

三、研究方法

总体 本研究的总体为中国传播学期刊中的实证研究中的量化部分。

如前面所分析的，对问卷调查论文的某些研究结论可以在一定程度上反映实证研究的情况，包括量化和质化研究；但问卷调查的研究结论，不能完全覆盖实验和内容分析各个方面，因此最保险的总体定义是中国传播学期刊中的问卷调查研究论文。

样本 首先确定样本期刊为《新闻与传播研究》《国际新闻界》《新闻大学》和《现代传播》，这四种刊物是中国大陆比较公认的较高水平的传播学期刊。创刊时间分别为1979年、1961年、1981年和1979年，而传播学进入中国一般从1978年算起，① 本研究选择的起始年是1979年，四个刊物中三个已创刊。四种刊物刊期变化过程如表3。

表3 四种刊物刊期变化过程②

<table>
<tr><td>刊期</td><td colspan="36">年份</td></tr>
<tr><td>刊名</td><td>79</td><td>80</td><td>81</td><td>82</td><td>83</td><td>84</td><td>85</td><td>86</td><td>87</td><td>88</td><td>89</td><td>90</td><td>91</td><td>92</td><td>93</td><td>94</td><td>95</td><td>96</td><td>97</td><td>98</td><td>99</td><td>00</td><td>01</td><td>02</td><td>03</td><td>04</td><td>05</td><td>06</td><td>07</td><td>08</td><td>09</td><td>10</td><td>11</td><td>12</td><td>13</td><td>14</td></tr>
<tr><td>现代传播</td><td colspan="13">季刊</td><td colspan="18">双月</td><td colspan="5">月刊</td></tr>
<tr><td>新闻大学</td><td colspan="2">无</td><td colspan="6">共出版14期</td><td colspan="25">季刊</td><td colspan="3">双月刊</td></tr>
<tr><td>国际新闻界</td><td colspan="12">季刊</td><td colspan="16">双月刊</td><td colspan="8">月刊</td></tr>
<tr><td>新闻与传播研究</td><td colspan="15">《新闻研究资料》共61辑 不定期出版</td><td colspan="15">季刊</td><td colspan="4">双月刊</td><td colspan="2">月刊</td></tr>
</table>

本研究对四个刊物1979—2013年采用问卷调查方法的全部论文做普查。③

论文的操作性定义 由于要计算问卷调查论文在所有论文中的比例，需要对论文作操作性定义。论文指正式的研究文章，更正、会议简讯、教授活动、出版、考卷、非研究性的名人轶事、领导致辞等都不属论文。

问卷调查论文的操作性定义 以问卷调查方法为唯一或主要方法完成的研究论文。

① 王怡红、胡翼青主编：《中国传播学30年》，中国大百科全书出版社2010年版，“前言”第1页。

② 参考：丁俊杰、初广志、李杉：《新闻传播期刊中广告学术研究成果再研究》，《现代传播（中国传媒大学学报）》2009年第6期。

③ 《新闻大学》1987、1988年第2、3期，1990、1991年在以下资源中均没有：中国国家图书馆（纸版和电子版）、中国社会科学院图书馆（纸版和电子版）、读秀（1987年读秀有题目但无法下载论文）、中国知网、国家哲学社会科学学术期刊数据库（http：//www. nssd. org/）。

包括作者本人设计完成和委托其他机构完成，也包括采用他人完成的数据所做的研究。不包括：介绍其他人做的问卷调查结果、在文中引用某问卷调查数据、只作为简单测量工具例如实验中的前后测以及翻译的论文。

问卷调查论文收集过程　本研究两作者分别对1979—2013年的四个刊物，通过知网或纸质版，全部浏览一遍，首先记录符合操作性定义的论文数量，而不依赖浏览器给出的计数；同时挑出符合操作性定义的问卷调查论文作为分析对象，而不采用关键词检索的方法。

内容分析　大部分变量用封闭式量表测量，个别变量如研究主题，录入论文的标题及含有信息的关键词，但本研究暂不对这个变量做进一步处理。

编码员一致性检验，两位作者共同对40篇论文编码，每刊物10篇，按各年度篇数的比例选择样本。仅针对其中主观性最强的并且是形成本研究关键概念的五个变量编码，同意率和信度系数计算结果见表4。

表4　编码员间同意率和信度系数

变　量	同意率	信度系数①
问题的类别	0.85	0.901
知识关怀	0.85	0.880
理论导向	0.68	0.753
研究问题和假设	0.78	0.837
关键概念到问卷题目是否有操作化过程	0.90	0.931

四、研究发现

（一）问卷调查论文的基本信息

1. 问卷调查论文篇数

问卷调查论文的篇数见表5。

表5　四个刊物问卷调查论文的篇数及最早出现年份

	新闻与传播研究	国际新闻界	现代传播	新闻大学	合计
2013	5	9	22	5	41
1982—2013	59	50	124	62	295
第一次出现的年份	1990	1993	1982	1983	

1979—1981年、1984—1986年、1988—1989年，没有出现问卷调查方法的论文；从1982年开始出现，到2013年共295篇。图1和图2分别为篇数及比例随时间变化情况。

① 采用Perrault, W. D. & Leigh, L. E. (1989)文中的信度系数Ir，当 $Pa \geq 1/k$ 时，$Ir = \{(Pa - 1/k)(k/(k-1))\}^{1/2}$，当 $Pa < 1/k$ 时，$Ir = 0$。Perrault, W. D. & Leigh, L. E., "Reliability of nominal data based on qualitative judgments", *Journal of Marketing Research*, 26(2), 1989, pp. 135 - 148.

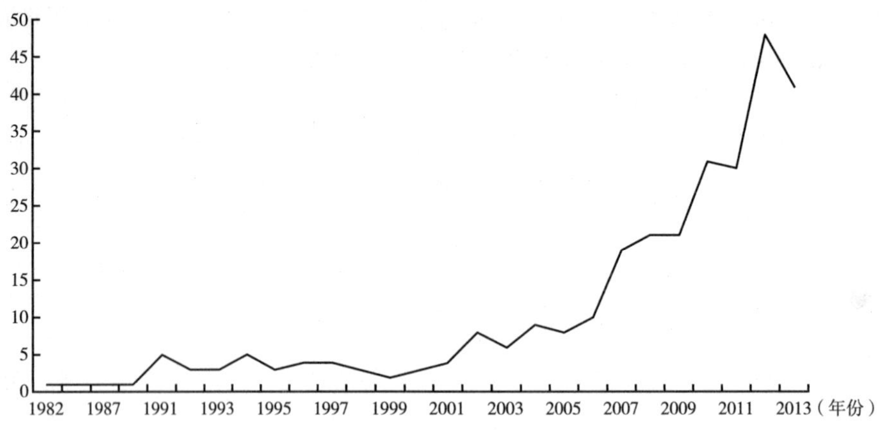

图 1 问卷调查论文篇数随时间变化情况

2. 问卷调查论文比例

图 2 显示了四个刊物问卷调查论文占各自全部论文比例随时间变化情况。大致是从少到多，2013 年向一个比例靠拢的趋势。

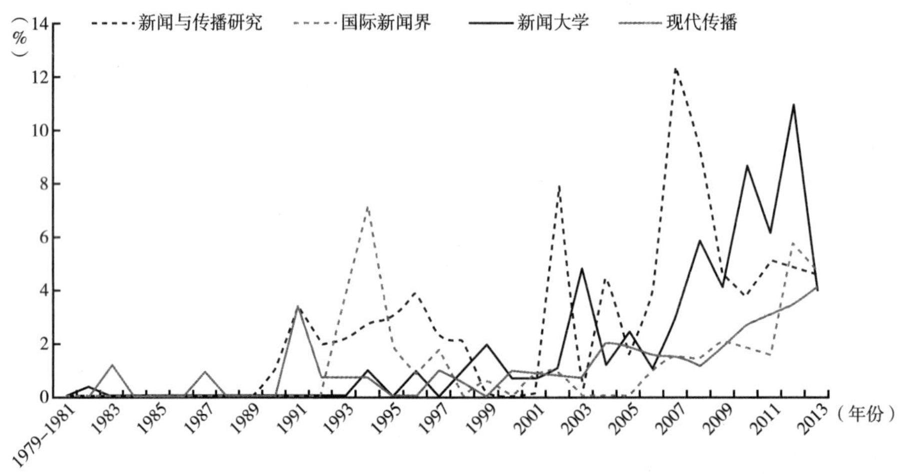

图 2 问卷调查论文所占比例随时间变化情况

3. 作者地区

在 295 篇论文中，单一作者的比例为 43%（127 篇），两位及以上作者比例为 57%（168 篇）。第一作者中，大陆作者 278 位（占 94.2%），港台 4 位，海外中文名称作者 10 位，英文名称作者 3 位。

在 168 篇两位及以上作者中，两人均为大陆作者占 88.7%（149 篇），其余 19 篇的情况为：大陆/港台 8 篇、大陆/海外中文名 7 篇、海外中文名/英文人名 2 篇，均为港台和均为海外中文名各 1 篇。

鉴于大陆以外作者的比例非常低，我们不再对前面提到的教育背景与论文的质量和规范性关系作进一步分析。

4. 研究的类别

各类别统计结果见表6。从表中可见，基础类的比例最大，第二位是类应用。2013年和1982—2013年的情况相似。

表6　问卷调查论文中研究问题的类别

		基础	应用	民调	类应用	合计
2013	篇数	27	2	0	12	41
	百分比	65.9%	4.9%	0.0%	29.3%	100.0%
1982—2013	篇数	191	6	33	65	295
	百分比	64.7%	2.0%	11.2%	22.0%	100.0%

图3为合并应用和类应用后各种类别研究比例随时间变化情况。

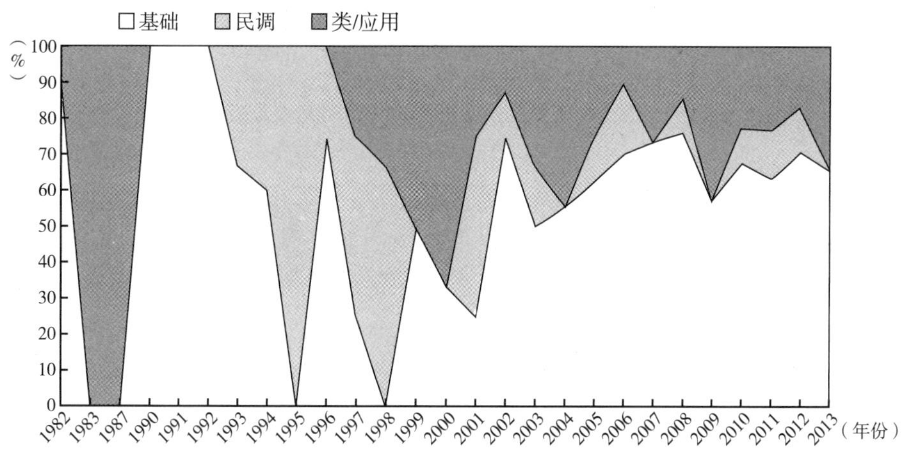

图3　1982—2013年研究类别比例随时间变化

注：不包含四个刊物都没出现问卷调查论文的年份，后面的所有统计同。

5. 数据收集方法

数据收集方法见表7。比例最大的是面访，在线调查的比例明显增加。

表7　数据收集方法

		面访	电话	在线	无法确定	邮寄	合计
2013	篇数	19	5	12	5	0	41
	百分比	46.3%	12.2%	29.3%	12.2%	0.0%	100.0%
1982—2013	篇数	177	26	36	53	3	295
	百分比	60.0%	8.8%	12.2%	18.0%	1.0%	100.0%

在线调查最早出现在2001年，[①] 之后从2003年到2006年四年间没有出现在线调查的论文，从2007年到2013年每年出现；电话调查2008—2013年每年出现，之前在1999年、2003年和2006年各出现过1次；面访则是从1982年以来持续出现。各种方法所占比例随时间变化情况见图4。

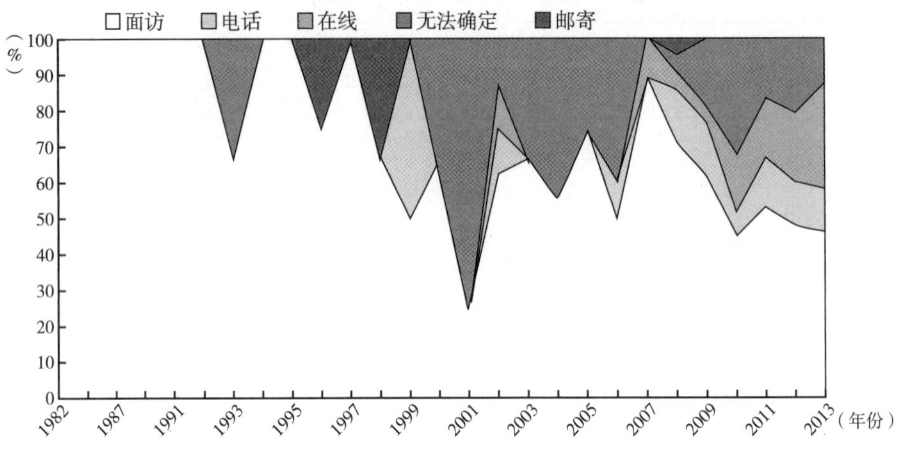

图4 各种数据收集方法所占比例随时间变化情况

6. 抽样方法

详见表8。一个明显的特征是，2013年非概率抽样比例最大，且超过一半。从图5可见，非概率抽样的比例近几年有不断增加的趋势。

表8 抽样方法

		概率	非概率	未提及	普查	合计
2013	篇数	12	23	6	0	41
	百分比	29.3%	56.1%	14.6%	0.0%	100.0%
1982—2013	篇数	133	111	43	8	295
	百分比	45.1%	37.6%	14.6%	2.7%	100.0%

在2013年的23篇非概率抽样中，非在线11篇，分别为方便抽样6篇、目的抽样4篇和配额抽样1篇；在线非概率12篇，分别为河流样本4篇、非概率样本库2篇，其他在线方式6篇。

各种抽样方法随时间变化比例见图5。

不同的数据收集方法，出于成本、方便程度等原因，对应的抽样方法不同。表9显示了2013年41篇问卷调查论文中，抽样方法与数据收集方法的关系。从表中可以看出，5篇电话调查方法均为概率抽样，12篇在线调查方法均为非概率抽样，19篇面访中既有概率也有非概率抽样方法。1982—2013年的总体情况也有类似的规律，详见表10。

① 郭可于2001年9月21日到2002年2月6日在CCTV－9英语频道的网站上做的问卷调查。参见郭可《中国英语媒体传播效果研究》，《国际新闻界》2002年第4期。

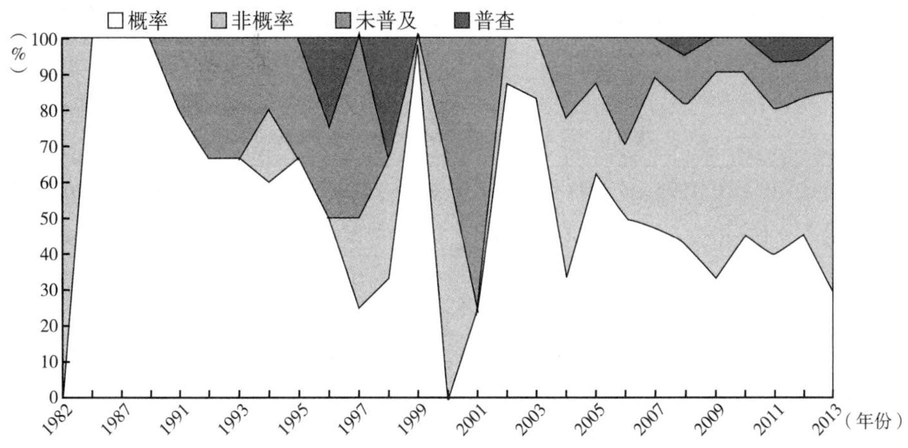

图 5　各种抽样方法随时间变化比例

表 9　抽样方法与数据收集方法的关系（2013）

	面访	电话	在线	无法确定	合计
概率	7	5	0	0	12
非概率	11	0	12	0	23
未提及	1	0	0	5	6
合计	19	5	12	5	41

表 10　抽样方法与数据收集方法的关系（1982—2013）

		面访	电话	在线	无法确定	邮寄	合计
概率	篇数	92	21	2	18	0	133
	百分比	52.0%	80.8%	5.6%	34.0%	0.0%	45.1%
非概率	篇数	67	4	31	7	2	111
	百分比	37.9%	15.4%	86.1%	13.2%	66.7%	37.6%
未提及	篇数	16	1	0	26	0	43
	百分比	9.0%	3.8%	0.0%	49.1%	0.0%	14.6%
普查	篇数	2	0	3	2	1	8
	百分比	1.1%	0.0%	8.3%	3.8%	33.3%	2.7%
合计	篇数	177	26	36	53	3	295
	百分比	100.0%	100.0%	100.0%	100.0%	100.0%	100.0%

7. 样本量

(1) 样本量未提及的情况统计

样本量未提及是指文中或注释中没有专门位置提到样本量，从统计结果中也无法判断（例如仅出现百分比）。或者被访者上一级抽样单元有，被访者这级没有。在引用已做调查的数据时这种情况比较常见。从表 11 可见，这种情况并没有因时间推进而消失。

表 11 各年份未提及样本量论文的篇数

1993	1994	1995	1996	1997	2001	2006	2007	2009	2010	2012	2013
1	1	1	1	1	1	1	1	2	3	2	1

（2）样本量

2013 年的 41 篇论文中，1 篇未说明样本量，其余 40 篇中，最小值、平均值、最大值分别为：48、829、4169。

图 6 显示了样本量随时间变化情况。从图中的趋势线看，样本量有一定的增加。

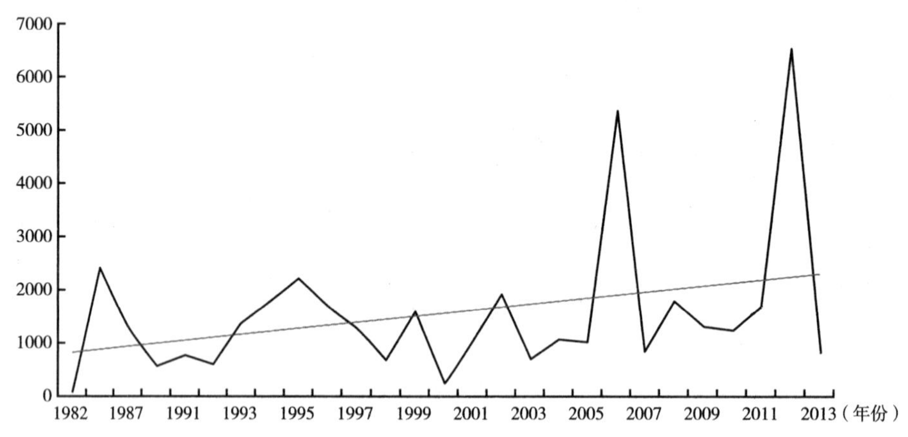

图 6 样本量年均值随时间变化情况

（3）各种调查方法的样本量

相比面访和电话调查，在线调查的成本和难度相对较低，但样本量并未因此更大，小于面访和电话调查。2013 年和 1982—2013 年各种调查方法的样本量见表 12 和表 13。

表 12 2013 年各种调查方法的样本量

	篇数	最小值	最大值	均值	中位数
面访	19	48	3010	910	469
电话	5	250	4169	1444	840
在线	12	83	1162	415	353
无法确定	4	301	1548	917	909
合计	40	48	4169	829	465

表 13　1982—2013 年各种调查方法的样本量

	篇数	最小值	最大值	均值	中位数
面访	171	48	37279	2749	759
电话	26	249	19454	2077	845
在线	35	83	10774	912	404
无法确定	44	34	28880	1568	780
邮寄	3	31	813	356	224
合计	279	31	37279	2244	692

8. 统计的复杂程度

表 14 显示了所采用统计方法的复杂程度，以基本统计为主。

表 14　统计方法的复杂程度

		1982—2013	2013
基本统计	篇数	183	22
	百分比	62%	54%
多元统计	篇数	112	19
	百分比	38%	46%
合计	篇数	295	41
	百分比	100%	100%

图 7 显示了多元统计比例随时间变化的情况，从图中可见，从 2001 年开始，多元统计比例呈现比较稳定的增加趋势。

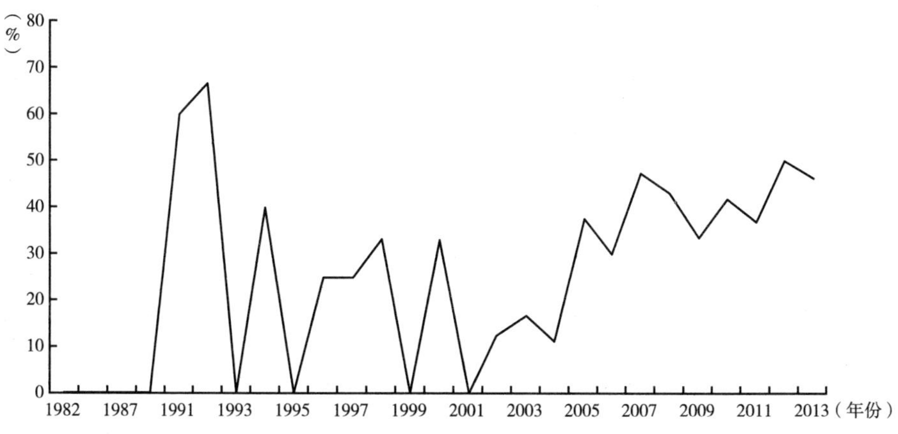

图 7　多元统计比例随时间变化的情况

9. 关于回归分析中效果量的计算

在下面的表15中，列出了在采用了多元统计方法的论文中使用了多元回归的篇数及比例，以及在使用了多元回归的论文中，计算了效果量的篇数和比例。

表15 多元回归方法使用情况及计算效果量情况

	多元统计篇数(在总篇数中的比例)	采用了多元回归方法的篇数(在多元统计篇数中的比例)	计算了效果量的篇数(在采用了多元回归方法的篇数中的比例)	总篇数
2013	19(46.3%)	15(78.9%)	0	41
1982—2013	112(38%)	94(83.9%)	9(9.6%)	295

从表中可以看出，在采用多元统计的论文中，绝大部分使用了多元回归方法，在使用了多元回归方法的论文中，很少做了效果量的计算。在阅读论文的过程中可以观察到，作者通常通过回归方程中各自变量回归系数的显著性来确定影响的有无；通过比较各自变量的标准回归系数的大小，确定对因变量影响程度的顺序；通过观察 R 及 R^2，确定回归模型的解释力。

本研究只观察了赵心树和张小佳文中提到的回归分析中的效果量，实际上在所有推论统计中，无论基本统计和多元统计，都存在判断效果量的问题，仅靠假设检验是否显著无法确定自变量作用的大小，需要进行效果量的计算。①

（二）社科实证研究的原则和规范

如前所述，规则和规范体现在四个层面，即社会科学实证研究层面、社会科学实证研究规范层面、问卷调查方法层面和信息披露层面。

1. 社会科学实证研究基本原则

本研究用两个变量测量了论文中的观点或结论是否有证据的支持。

（1）政策建议是否超出所研究问题的层面和范围及相应研究结果

表16列出了论文中涉及政策建议的情况，在有政策建议的论文中，超出所研究问题的层面和范围及相应研究结果的政策建议的论文所占比例，2013年为32%，1982—2013年为43%。

表16 论文中出现政策建议的情况

		以研究结果为依据的政策建议	超出所研究问题的层面和范围及相应研究结果的政策建议	没有政策建议
2013	篇数	13	6	22
	百分比	31.7%	14.6%	53.7%
1982—2013	篇数	66	50	179
	百分比	22.4%	16.9%	60.7%

① 卢谢峰、唐源鸿、曾凡梅：《效应量：估计、报告和解释》，《心理学探新》2011年第31卷第3期；权朝鲁：《效果量的意义及测定方法》，《心理学探新》2003年第2期。

图 8 为有政策建议的两种情况的统计结果，可以看出，2001 年以后超出所研究问题的层面和范围及相应研究结果的政策建议的情况持续出现。

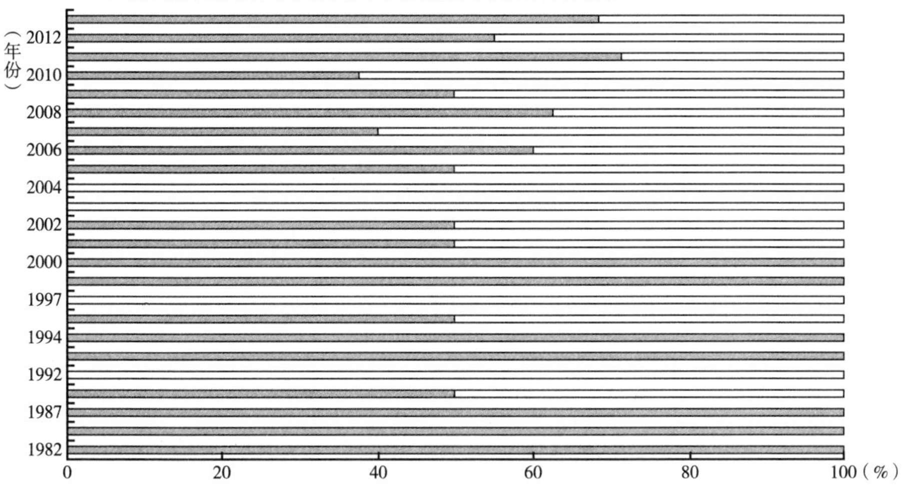

图 8　有政策建议的两种情况随时间变化特征

（2）结论是否根据该问卷调查结果得出

表 17 显示了论文中的结论是否根据研究结果得出的情况，可以看出，无论 2013 年或 1982—2013 年，约 20% 的论文不是完全依据调查结果得出结论。

表 17　论文结论是否根据研究结果得出

		调查了	调查了，但在结论中扩大了指标的外延	没有调查	无法判断	合计
2013	篇数	31	4	5	1	41
	百分比	75.6%	9.8%	12.2%	2.4%	100.0%
1982—2013	篇数	239	33	17	6	295
	百分比	81.0%	11.2%	5.8%	2.0%	100.0%

图 9 显示了结论完全根据问卷调查结果得出（调查了）的比例随时间变化情况。从图 9 可见，2007 年以来这一比例基本稳定在 80% 左右。

2. 社会科学实证研究规范

在这一层面，本研究用八个指标来考察。

（1）实证论文中的六个核心组成部分

表 18 显示了论文中实证研究六个核心组成部分的统计结果。

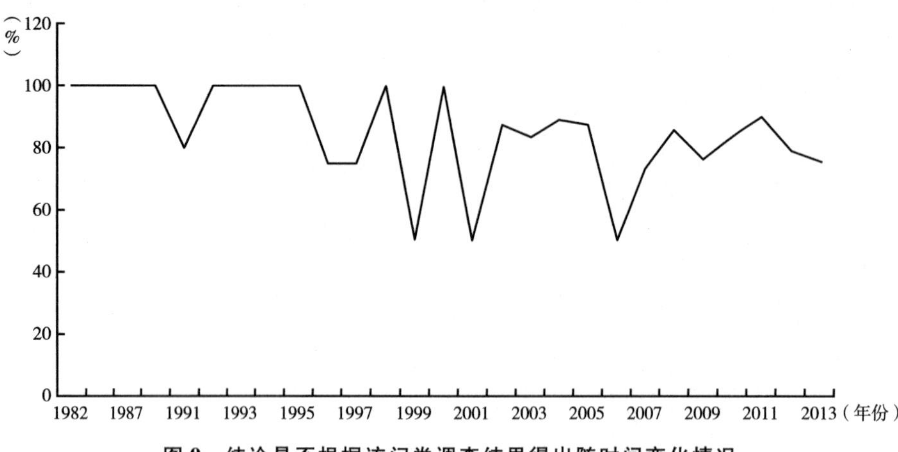

图 9 结论是否根据该问卷调查结果得出随时间变化情况

表 18 实证研究核心组成部分出现比例

	导言	文献综述	研究设计	方法说明	报告结果	结论与讨论
2013(n=41)	100%	78%	76%	85%	98%	100%
1982—2013(n=295)	97%	56%	70%	82%	98%	94%

为便于观察，将六个部分合成为一个分数，某一部分如果出现了分数为1，没出现分数为0，六个部分分数合成最高6分最低1分。表19是合成后的统计结果。

表 19 六个部分分数合成结果

	项数	1	2	3	4	5	6	平均
2013	篇数	0	0	4	4	6	27	5.4 项
	百分比			9.8%	9.8%	14.6%	65.9%	
1982—2013	篇数	2	7	36	41	74	135	5.0 项
	百分比	0.7%	2.4%	12.2%	13.9%	25.1%	45.8%	

平均项目数随时间变化情况见图10，从图可见，项目数呈上升趋势，2010年以来保持在平均5项以上。只有一项的论文1994年后没有了，只有两项的论文2009年后没有了，六项都有的比例在逐步增加。

不同的研究类别，论文中出现的项目数也不同，1982—2013各类别项目数从多到少依次为：基础5.3、类应用4.6、民调4.1和应用3.3。

需要说明的是，对论文各组成部分，本研究只观察了有无，但没有像陈怀林和张丹那样观察质量，在我们的编码过程中可以发现，实际上差别非常大。例如提出问题的导言部分，有的论文只是对社会大形势描述了一下，就提出了问题；也有的论文是在深入讨论了诸多因素及关系后提出的研究问题。

(2) 参考文献的数量

详见表20。

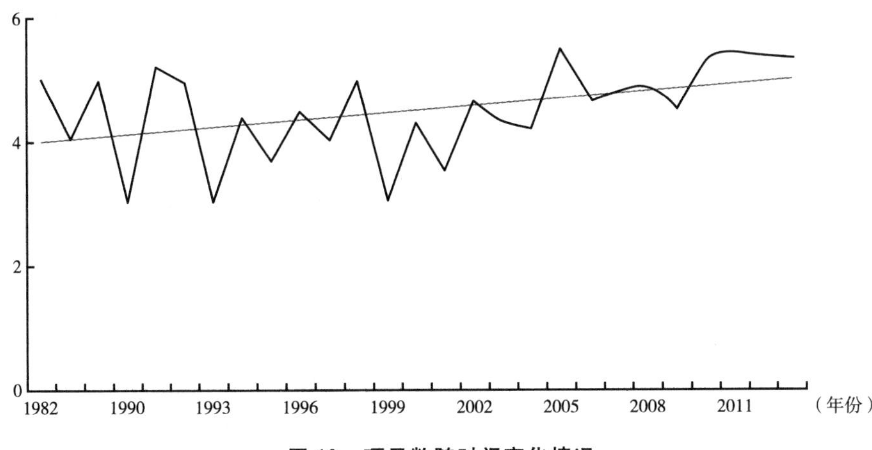

图 10　项目数随时间变化情况

表 20　参考文献的数量

	N	参考文献数不为零的最小值	参考文献数最大值	参考文献数平均值	参考文献数标准差	参考文献数为零的篇数	参考文献数为零的篇数比例
2013	41	1	60	14.05	11.489	2	4.9%
1982—2013	295	1	61	11.7	12.8	57	19.3%

不同的研究类别，参考文献数量不同，但本研究无法区分出其中合理与不合理的成分。表 21 显示了不同研究类别的论文参考文献数量的相关统计结果，应用、民调和类应用类的参考文献，明显少于基础类的论文。

表 21　不同研究类别的论文参考文献数量

参考文献篇数	基础	应用	民调	类应用	总体
均值	15.2	1.7	5.9	5.3	11.7
标准差	14.1	2.7	6.3	6.6	12.8
不为零的最小值	1	4	1	1	1
最大值	61	6	27	25	61
为零的篇数	20	4	11	22	57
为零的比例	11%	67%	33%	34%	19%
论文篇数	191	6	33	65	295

参考文献数（包括为 0 的文章）平均值随时间变化情况详见图 11，图中可见，参考文献数随时间增加。

（3）引用数据是否有引注

依据前面的设计，一篇论文如果大部分引用的内容有引注则取值为有引注，基本没有引注或有个别引注取值为没有引注。

2013 年有 2 篇论文、1982—2013 年共有 22 篇论文没有引用其他资料，这部分论文不

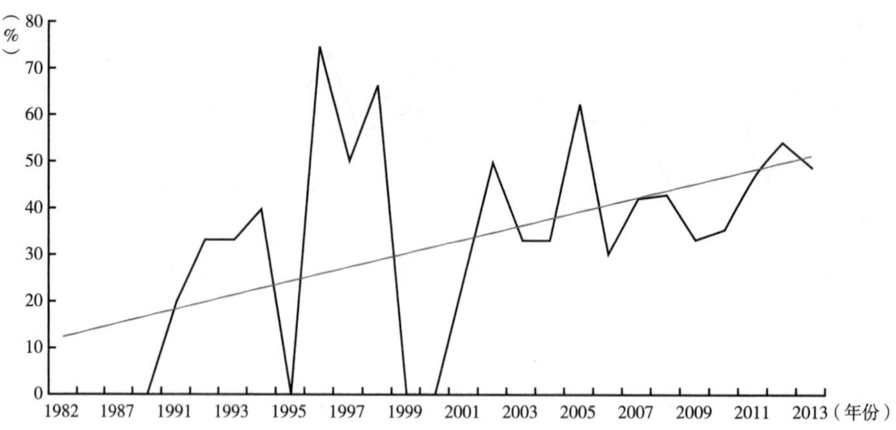

图 11　参考文献数平均值随时间变化情况

存在引注问题。在有引用资料的论文中，2013 年有引注比例为 87.2%，1982—2013 年有引注比例为 81.3%。

图 12 显示了有引注的比例随时间变化情况，从图中可见，从 2005 年开始，有引注比例保持在 80% 以上。

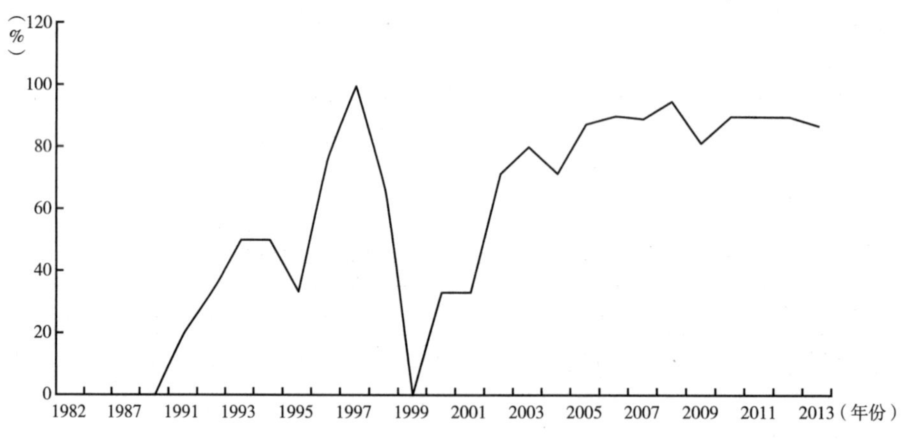

图 12　有引注的比例随时间变化情况

不同研究类别的论文在这个变量上也有差别，基础类有引注比例最高，其次是民调和类应用类，详见表 22。

表 22　不同研究类别的引注情况（N = 295）

	基础	应用	民调	类应用	合计
有引注	83.2%	33.3%	66.7%	60.0%	75.3%
没有引注	10.5%	50.0%	15.2%	35.4%	17.2%
没有引用数据	6.3%	16.7%	18.1%	4.6%	7.5%
合计	100.0%	100.0%	100.0%	100.0%	100.0%

3. 问卷调查方法层面——问卷设计

包括五个方面：如果采用外国问卷，是否有本地适用性分析和修改；研究问题中的核心或关键概念是否有到问卷题目的操作化过程；问卷中的问题是否经过论证；如果必要，在问卷设计前是否有质化研究；如果必要，在正式调查前是否有试测。其中“是否有研究问题中的核心或关键概念到问卷题目的操作化过程”也是用于建构理论关怀的一个变量。

统计表明，2013 年，还有不到一成的问卷直接使用外国问卷而未做实质性的本地适用性分析和修改；关键概念有操作化过程的比例不到四成，低于没有的比例，但有的比例随时间有上升趋势；仍有一半以上的问卷对问卷中要提出哪些问题没有论证，有论证的比例随时间变化趋势是上升的；有七成问卷设计没有进行必要的质化探索，有质化探索的比例是上升的。有一成多的问卷做了试测，试测的比例随时间有所上升。

以下是具体统计结果。

（1）采用外国问卷是否有本地适用性分析和修改

从表 23 中可见，使用“外国问卷无实质性的本地适用性分析和修改”的研究还有一定比例。出现的年份和篇数详见表 24。

表 23　问卷生成的形式

		外国问卷有实质性的本地适用性分析和修改	外国问卷无实质性的本地适用性分析和修改	自己设计的问卷	未提及	他人已经内地检验的问卷	二手数据	合计
2013	篇数	3	3	29	2	0	4	41
	百分比	7.3%	7.3%	70.7%	4.9%	0.0%	9.8%	100.0%
合计	篇数	12	12	217	39	5	10	295
	百分比	4.1%	4.1%	73.6%	13.1%	1.7%	3.4%	100.0%

表 24　“外国问卷无实质性的本地适用性分析和修改”出现的年份和篇数

年	1998	2003	2005	2007	2009	2010	2011	2012	2013	合计
篇数	1	1	1	2	1	1	1	1	3	12

（2）研究问题中的核心或关键概念是否有到问卷题目的操作化过程

从表 25 中可见，无论 2013 年或 1982—2013 年，“没有”的比例超过“有”和“有一部分”比例的合计。

表 25　核心概念操作化情况

		有	有一部分	没有	不适用	无法判断	合计
2013	篇数	13	2	17	6	3	41
	百分比	31.7%	4.9%	41.5%	14.6%	7.3%	100.0%
1982—2013	篇数	67	22	126	71	9	295
	百分比	22.7%	7.5%	42.7%	24.1%	3.0%	100.0%

图 13 显示了“有”和“有一部分”比例的合计随时间变化情况。从 2004 年开始，没有再出现比例为零的情况。

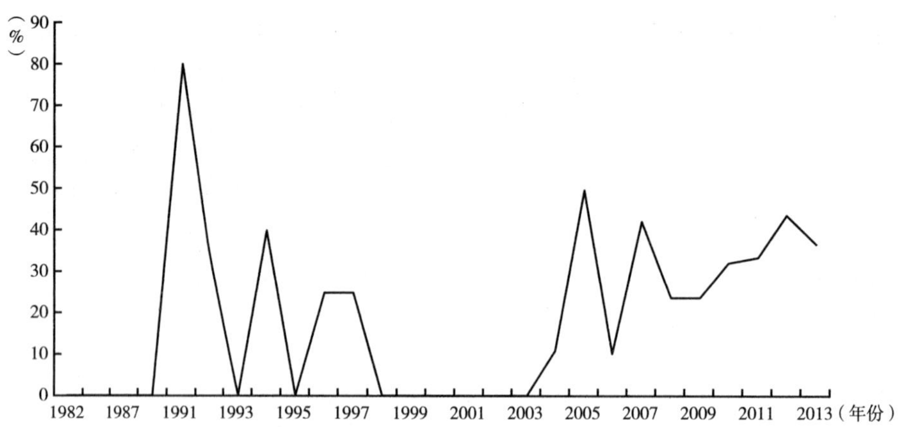

图 13　核心概念有或有一部分操作化的比例随时间变化情况

表 26 显示了不同类别的研究在这个变量上的情况。基础类有和有一部分的比例明显高于其它各类。

表 26　不同研究类别在关键概念操作化方面的情况

		基础	应用	民调	类应用	合计
有 + 有一部分	篇数	84		2	3	89
	百分比	44.0%		6.1%	4.6%	30.2%
没有	篇数	78	2	7	39	126
	百分比	40.8%	33.3%	21.2%	60.0%	42.7%
不适用 + 无法判断	篇数	29	4	24	23	80
	百分比	15.2%	66.7%	72.7%	35.4%	27.1%
1982—2013	篇数	191	6	33	65	295
	百分比	100.0%	100.0%	100.0%	100.0%	100.0%

（3）问卷中的问题是否经过论证

问卷中的问题的论证情况见表 27。

表 27　问卷中的问题是否经过论证

		有	无	无法判断	合计
2013	篇数	13	24	4	41
	百分比	31.7%	58.5%	9.8%	100.0%
1982—2013	篇数	99	186	10	295
	百分比	33.6%	63.0%	3.4%	100.0%

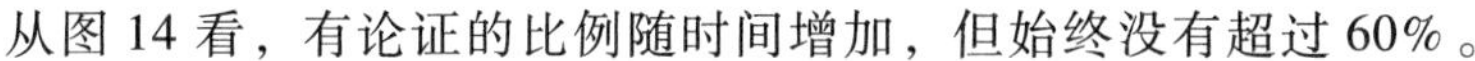

从图 14 看，有论证的比例随时间增加，但始终没有超过 60%。

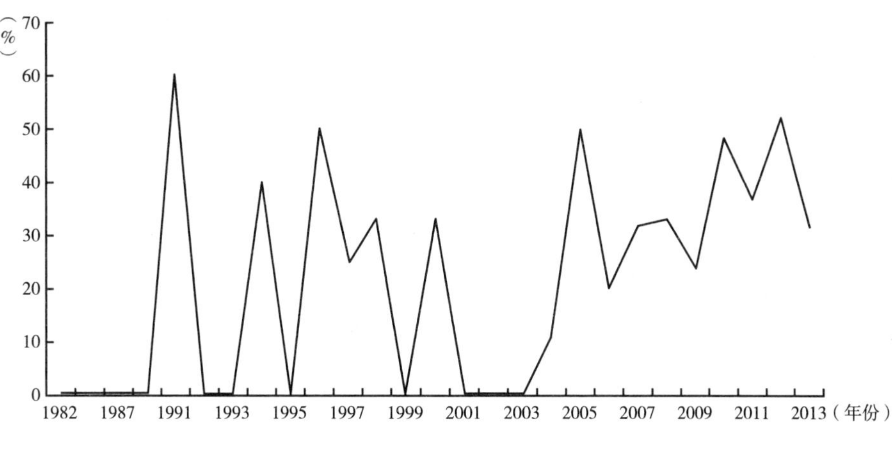

图 14　问卷问题有论证的比例随时间变化情况

（4）如果必要，在问卷设计前是否有质化研究

如有必要，问卷设计前有质化研究的比例见表 28。

表 28　问卷设计前是否有质化探索情况

		是	否	不适用	无法判断	合计
2013	篇数	5	30	2	4	41
	百分比	12.2%	73.1%	4.9%	9.8%	100.0%
1983—2013	篇数	25	239	21	10	295
	百分比	8.5%	81.0%	7.1%	3.4%	100.0%

去掉不适用和无法判断的部分，有质化探索的比例随时间变化的趋势是上升的，但近四年没有超过 15%。详见图 15。

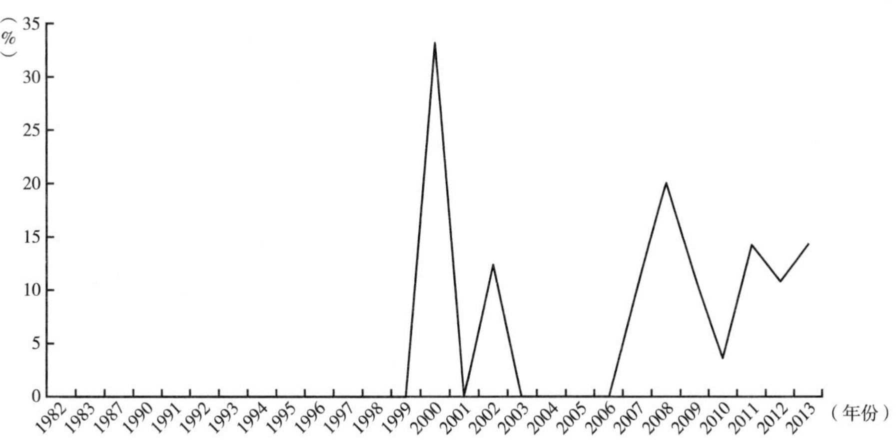

图 15　问卷设计前是否有质化探索情况

(5) 如果必要，在正式调查前是否有试测

除去无法判断的部分（2013 年为 4 篇、1982—2013 年共 10 篇），2013 年有试测的论文为 5 篇，比例 13.5%（5/37），1983—2013 年为 24 篇，比例为 8.4%（24/285）。

应试测中有试测的比例随时间变化有上升的趋势，但 2000 年以来没有超过 15%。详见图 16。

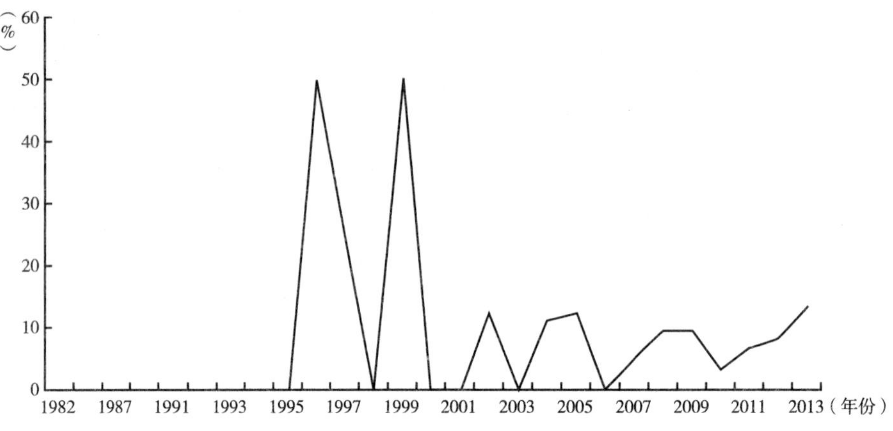

图 16 应试测中有试测的比例随时间变化情况（n＝285）

4. 问卷调查方法层面——信息披露

表 29 显示了 2013 年和 1982—2013 年 12 项应披露的信息中，披露的篇数和比例。

图 17 显示了 12 项应披露的信息合计年均值随时间变化情况。从图中可见，披露信息数随时间呈下降趋势。

表 30 比较了不同研究类别的披露信息数平均值，基础类、民调类较高。

表 29 12 项应披露的信息中披露的篇数和比例

（以 2013 年披露百分比从高到低排序）

	2013（n＝41）		1982—2013（n＝295）	
	篇数	**百分比**	**篇数**	**百分比**
样本量	39	95%	275	93%
数据方法或模式	36	88%	242	82%
数据收集的地点	30	73%	228	77%
赞助者	27	66%	150	51%
数据收集的时间	25	61%	198	67%
调查的执行机构	22	54%	196	66%
总体的定义	16	39%	140	47%
问题的准确用词和表达	15	37%	112	38%
抽样框	13	32%	86	29%
是否有抽样方案说明	13	32%	143	48%
对如何选择应答者的解释	12	29%	113	38%
如果适当的话，估算抽样误差	1	2%	18	6%

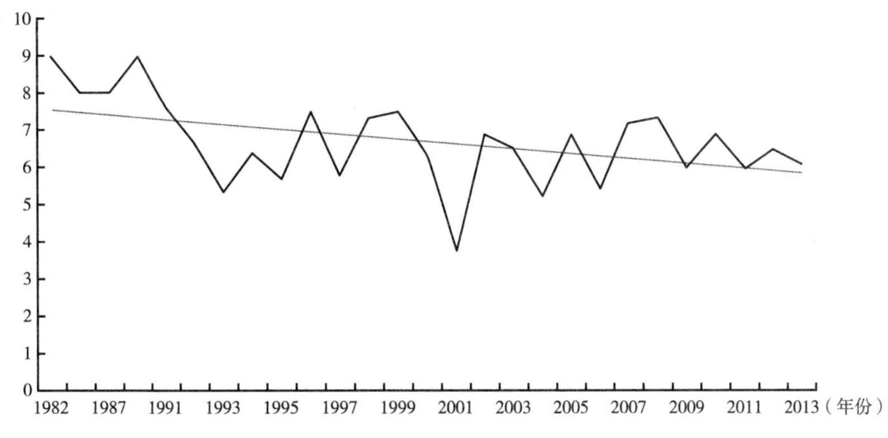

图 17　12 项合计随时间变化情况

表 30　不同研究类别披露信息项目数平均值（n=295）

问题的类别:理论/现象/应用	基础	应用	民调	类应用	总体平均
平均披露信息项数	6.8	3.8	6.6	5.5	6.4

5. 抽样方法与信息披露

在写出了抽样方法名称的论文中，有一部分没有说明具体做法，以致无法判断作者实际所做的是否名称所指的。表 31 显示了 2013 年和 1982—2013 年的情况。从表中可见，无论名称为概率或非概率抽样，都有一半或以上的论文没有给出如何选择应答者的说明，有接近四成或以上的论文，没有给出具体的抽样方案。

表 31　抽样方法与两项信息披露的情况

披露的篇数和百分比		1982—2013（n=295）				2013（n=41）			
		概率	非概率	未提及	普查	概率	非概率	未提及	普查
对如何选择应答者的解释	篇数	58	48	1	6	6	6	0	12
	百分比	43.6%	43.2%	2.3%	75.0%	50.0%	26.1%	0.0%	29.3%
是否有抽样方案说明	篇数	80	56	1	6	7	6	0	13
	百分比	60.2%	50.5%	2.3%	75.0%	58.3%	26.1%	0.0%	31.7%

（三）知识关怀和理论关怀

1. 知识关怀

2013 年的 41 篇中，其中 20 篇“有发现新知识的可能性”，占 48.8%。

图 18 显示了有发现新知识的可能性论文的比例随时间呈上升趋势。

表 32 显示了不同研究类别知识关怀的情况，基础类知识关怀的比例明显高于其他各类。

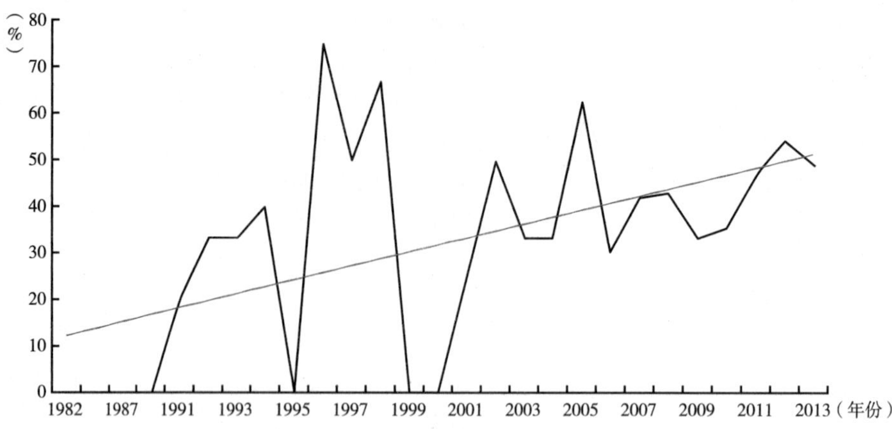

图 18 有发现新知识的可能性论文的比例随时间变化

表 32 知识关怀与研究类别的关系（n = 295）

研究类别 知识关怀	基础	应用	民调	类应用	合计
发现新知识的可能性	55.0%	.0%	24.2%	18.5%	42.4%
不能发现新知识	45.0%	83.3%	69.7%	80.0%	56.3%
不涉及新知识	.0%	16.7%	6.1%	1.5%	1.4%
篇数合计	191	6	33	65	295

2. 理论关怀

如前所述，本研究以研究是否在理论导向下进行、是否有明确的研究问题或/和正确的假设方法，和对核心概念是否有操作化过程这三个变量来操作化理论关怀。其中核心概念是否有操作化过程的统计结果已在前面“问卷调查方法层面——问卷设计”部分显示。

（1）理论导向

统计显示，2013 年的 41 篇论文中，理论导向和部分理论导向的论文为 22 篇，比例为 53.6%；从时间变化看，这一比例在持续增加中（不包含纯描述研究不涉及理论导向的 76 篇论文），详见图 19。

理论导向与研究类别有关，从表 33 可见不同研究类别的论文其理论导向的比例明显不同。各研究类别在理论导向上的特征为：基础类完全和部分理论导向比例为 68.6%；类应用类 10.8%；民调类和应用类理论导向比例为零。

表 33 1982—2013 年不同研究类别与理论导向的关系

研究类别 理论导向		基础	应用	民调	类应用	合计
完全理论导向	篇数	98			2	100
	百分比	51.3%			3.1%	33.9%

续表

理论导向 \ 研究类别		基础	应用	民调	类应用	合计
部分理论导向	篇数	33			5	38
	百分比	17.3%			7.7%	12.9%
没有理论导向	篇数	51	1	6	23	81
	百分比	26.7%	16.7%	18.2%	35.4%	27.5%
纯描述不涉及理论	篇数	9	5	27	35	76
	百分比	4.7%	83.3%	81.8%	53.8%	25.8%
1982—2013	篇数	191	6	33	65	295
	百分比	100.0%	100.0%	100.0%	100.0%	100.0%

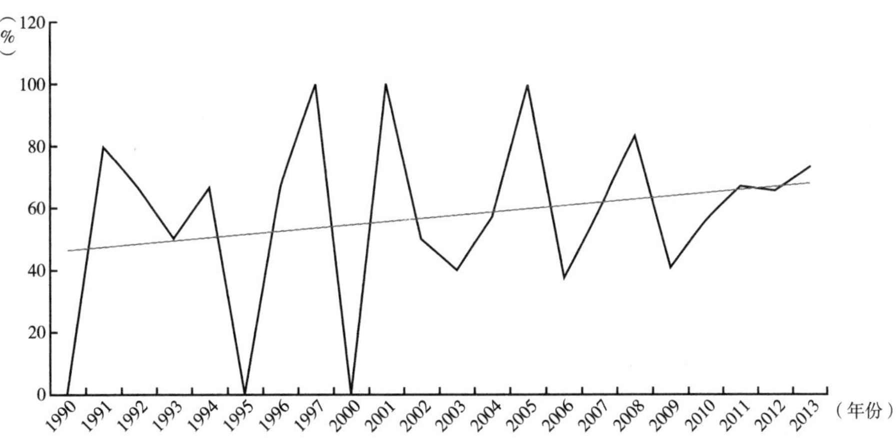

图 19　理论导向和部分理论导向的论文比例随时间变化情况（n = 219）

（2）研究问题和假设

表 34 显示了论文中研究问题和假设出现的方式。从表 34 中可见，无论 2013 年还是 1982—2013 年的合计，正确做法（有研究问题无假设 + 有研究问题和正确的假设方法）的比例超过错误的做法（没有研究问题，只有研究领域 + 有研究问题和错误的假设方法）。

表 34　研究问题和假设出现的方式

		没有研究问题，只有研究领域	有研究问题无假设	有研究问题和错误的假设方法	有研究问题和正确的假设方法	合计
2013	篇数	11	14	6	10	41
	百分比	26.8%	34.0%	14.6%	24.4%	100.0%
1982—2013	篇数	72	137	28	58	295
	百分比	24.4%	46.4%	9.5%	19.7%	100.0%

与理论导向类似，研究假设的有无也与研究类别有关。在“有研究问题和正确的假设方法”的论文中，基础类是唯一类别；在“没有研究问题，只有研究领域”的论文中，基础类的比例最低。详见表35。

表35 1982—2013年不同研究类别下的研究问题与假设

		基础	应用	民调	类应用	合计
没有研究问题，只有研究领域	篇数	35	4	10	23	72
	百分比	18.3%	66.7%	30.3%	35.4%	24.4%
有研究问题无假设	篇数	76	2	23	36	137
	百分比	39.8%	33.3%	69.7%	55.4%	46.4%
有研究问题和错误的假设方法	篇数	22			6	28
	百分比	11.5%			9.2%	9.5%
有研究问题和正确的假设方法	篇数	58				58
	百分比	30.4%				19.7%
合计	篇数	191	6	33	65	295
	百分比	100.0%	100.0%	100.0%	100.0%	100.0%

在关于研究问题和假设的四个选项中，“没有研究问题，只有研究领域”和“有研究问题和错误的假设方法”，无论什么研究类别的研究，都是不应该出现的情况。图20显示了这两个选项随时间变化情况。从图中看，近五年间，第一种情况出现的比例在20%—30%左右，第二种在7%—17%左右。

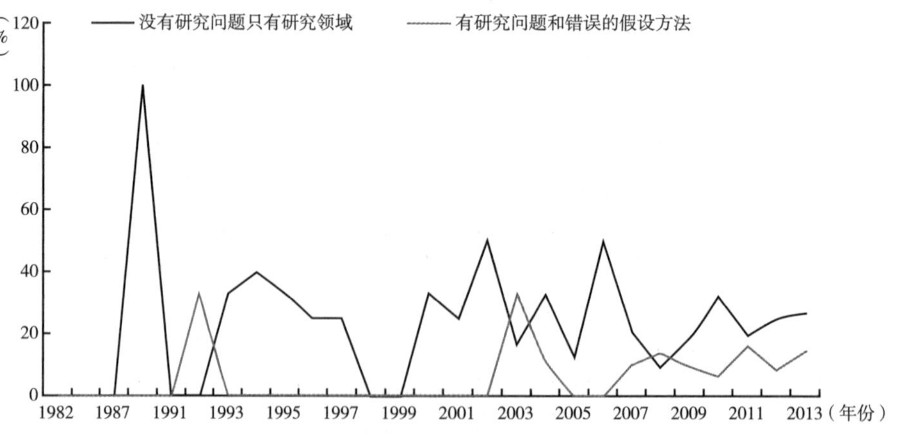

图20 “没有研究问题，只有研究领域”和“有研究问题和错误的假设方法”出现比例随时间变化情况

(3) 理论关怀

根据前面表2的定义，理论关怀的统计结果见表36。

表 36　理论关怀

		完全理论关怀	部分理论关怀	没有理论关怀	理论关怀无关	合计
2013	篇数	9	8	13	11	41
	百分比	22.0%	19.5%	31.7%	26.8%	100.0%
1982—2013	篇数	56	55	108	76	295
	百分比	19.0%	18.6%	36.6%	25.8%	100.0%

完全理论关怀和部分理论关怀比例合计随时间变化情况见图 21。从图 21 可见，有理论关怀论文的比例增加了，并从 2009 年以来持续增加。

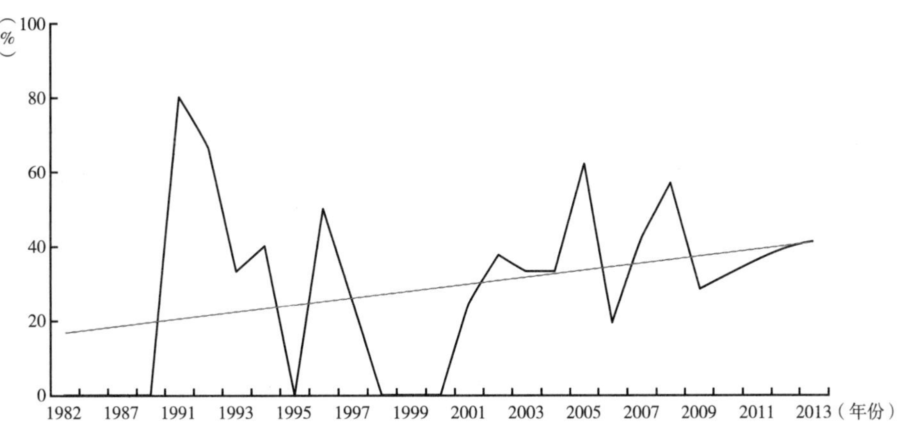

图 21　有理论关怀论文比例随时间变化情况

表 37 显示了不同研究类别的理论关怀情况，可以看出，基础类理论关怀比例超过 50%，类应用类的理论关怀比例不到 10%，应用类和民调类没有理论关怀的论文。

表 37　研究类别与理论关怀

理论关怀	基础	应用	民调	类应用
完全和部分理论关怀	56.0%			6.2%
没有理论关怀	39.3%	16.7%	18.2%	40.0%
理论关怀无关	4.7%	83.3%	81.8%	53.8%
合计(篇数)	191	6	33	65

2. 理论的内容

从理论的内容看，在六个可选项中，“本地理论”和“传统华人理论”都没有出现。

在其余的四个选项中，无论2013年还是1982—2013年的总和，本土化水平1（即简单的移植，把外来理论直接应用在本土社会）的比例都是最高的。① 详见表38。

表38 2013年及1982—2013年理论内容的分布

		没有理论导向或不涉及理论	本土化-水平3	本土化-水平2	本土化-水平1	过时的外国理论	合计
2013	篇数	18	1	4	17	1	41
	百分比	43.9%	2.4%	9.8%	41.5%	2.4%	100.0%
1982—2013	篇数	148	12	38	91	6	295
	百分比	50.2%	4.1%	12.9%	30.8%	2.0%	100.0%

（四）技术的精致程度

1. 抽样方法使用的正确性

表39给出了抽样方法使用的正确性变量7个取值及合并为2个取值的统计结果。从表39可见，无论2013年或1982—2013年，不正确使用的比例都超过正确使用比例，在不正确使用的四种情况中，非概率错用的比例最高。

表39 抽样方法使用的正确性

		1 概率正常	2 非概率正常	3 未提及抽样方法	4 普查正常	5 概率错用	6 非概率错用	7 普查错用	正确使用(1、2、4合计)	不正确使用(3、5、6、7合计)	合计
2013	篇数	8	1	6	0	4	22		9	32	41
	百分比	19.5%	2.4%	14.6%	0.0%	9.8%	53.7%		21.9%	78.1%	100%
1982—2013	篇数	90	14	43	5	43	97	3	109	186	295
	百分比	30.5%	4.7%	14.6%	1.7%	14.6%	32.9%	1.0%	36.9%	63.1%	100%

图22显示了除普查外的其他五种抽样使用情况随时间的变化。从图中可见，非概率错用的比例随时间增加，是不正确使用4种情况中贡献最大的类别。

表40显示了不同研究类别的抽样方法使用的正确性；图23显示了正确使用三项合计随时间变化情况。从表40可见，四种类别存在差异，正确使用比例从高到低排序为：民调、基础、应用、类应用。

① 陈韬文：《论华人社会传播研究中全球化与本土化的张力处理》，香港《中国传媒报告》（China Media Reports）2002年第2期。

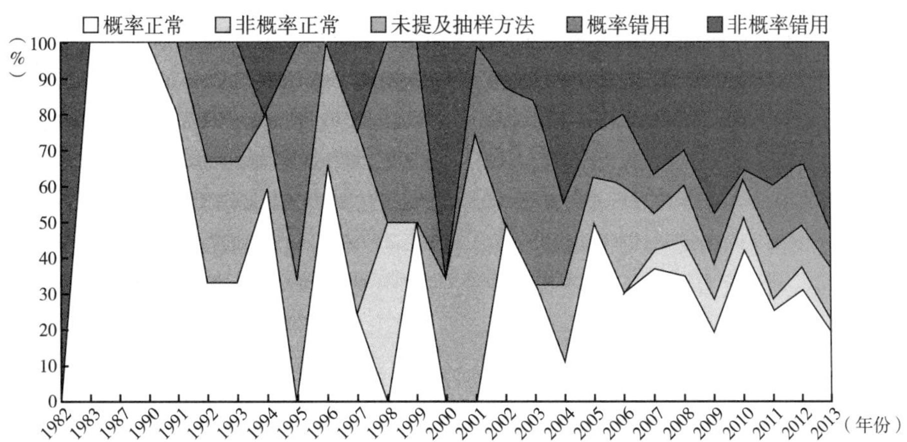

图 22　抽样方法使用的正确性中的五种情况随时间变化情况

表 40　抽样方法使用的正确性与研究类别

抽样方法使用的正确性	基础	应用	民调	类应用
正确使用(概率正常＋非概率正常＋普查正常)	40.3%	33.3%	45.5%	23.1%
不正确使用(未提及抽样方法＋概率错用＋非概率错用＋普查错用)	59.7%	66.7%	54.5%	76.9%
合计(篇数)	191	6	33	65

从图 23 可见，正确使用比例随时间呈下降趋势。

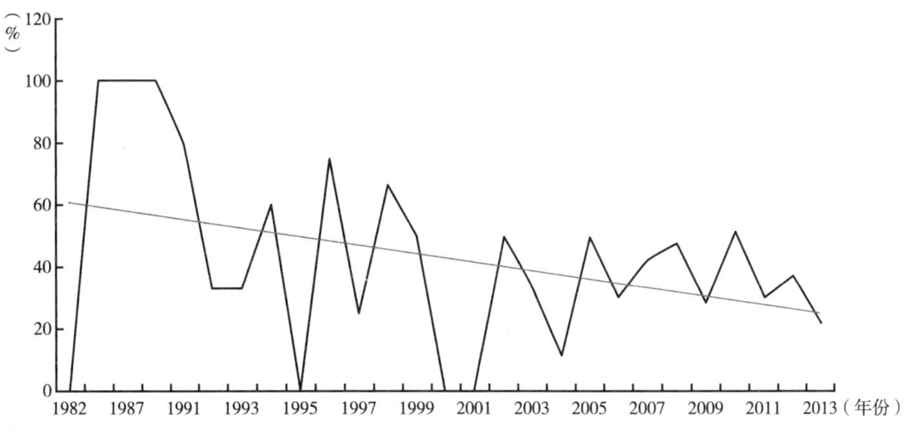

图 23　抽样方法正确使用论文比例随时间变化情况

下面是有关抽样方法的各具体指标的统计结果。

(1) 非概率样本或普查做推论统计的情况

数据详见表 41。表中所列 6 个选项，1 和 4 是正确做法，2、3、5、6 是不正确做法。2013 年的情况，正确做法比例占约 2 成；1982—2013 年的情况，正确做法比例占约 4 成。

表 41 非概率样本或普查做推论统计的情况（2013 年和 1982—2013 年）

		1. 非概率样本或普查未推论	2. 方便抽样或未提及针对总体特征的配额抽样	3. 配额抽样或方便抽样与总体人口特征数据做了比较，或通过加权作了事后配额处理	4. 设计良好的配额抽样或对非概率抽样有反省有分析	5. 普查但做了统计检验	6. 未做统计检验直接推论	合计
2013	篇数	5	15	1	0	0	3	24
	百分比	20.8%	62.5%	4.2%	0.0%	0.0%	12.5%	100.0%
1982—2013	篇数	47	53	9	1	3	15	128
	百分比	36.7%	41.4%	7.0%	0.8%	2.3%	11.7%	100.0%

（2）样本细分后样本量非常小，但仍作更大范围推论的情况

2013 年的 41 篇中，6 篇不适用，其余 35 篇中有 4 篇出现这种情况，比例为 11.4%。1982—2013 年共出现 10 篇，集中分布在 2007—2013 年之间。详见表 42。

表 42 1982—2013 用细分后的小样本做推论的篇数

2007	2008	2011	2012	2013
2	1	1	2	4

（3）推论范围超过总体的情况

见表 43。值得注意的是，2013 年有 10 篇，在总共 47 篇中占了约二成。

表 43 推论范围超过总体的篇数分布（1982—2013）

1982	1994	1997	2000	2003	2005	2006	2007	2008	2009	2010	2011	2012	2013	合计
1	1	1	1	2	3	1	3	3	3	5	6	7	10	47

（4）如果采用了非概率抽样，是否讨论或说明了可能的问题

详见表 44。

表 44 关于非概率抽样缺陷的讨论或说明

		到位的说明	不到位的说明	没有说明	合计（非概率抽样篇数）
2013	篇数	2	4	17	23
	百分比	8.7%	17.4%	73.9%	100.0%
1982—2013	篇数	13	18	81	112
	百分比	11.6%	16.1%	72.3%	100.0%

（5）基本统计知识错误

除以上量化统计结果，手工记录了以下现象，包括：非概率抽样计算抽样误差、混

淆置信度和显著性水平、抽样方法的名称与实际做法不匹配等。

2. 技术精致指标

表 45 显示了技术精致变量的统计结果，无论 2013 年还是 1982—2013 年，技术精致变量值为 2 的数量是最多的，占四成以上。

表 45　技术精致

		1. 基本统计 + 正确使用抽样方法	2. 基本统计 + 错误使用抽样方法	3. 多元统计 + 正确使用抽样方法	4. 多元统计 + 错误使用抽样方法
1982—2013	篇数	56	127	53	59
	百分比	19.0%	43.1%	18.0%	20.0%
2013	篇数	2	20	7	12
	百分比	4.9%	48.8%	17.1%	29.3%

表 46 显示了多元统计和基本统计在抽样方法使用的正确性上的比较。从数据看，多元统计正确使用抽样方法的比例要高于基本统计。

表 46　统计的复杂度与抽样方法使用的正确性

		基本统计	多元统计
正确使用	篇数	56	53
	百分比	30.6%	47.3%
错误使用	篇数	127	59
	百分比	69.4%	52.7%
合计	篇数	183	112
	百分比	100.0%	100.0%

如果把是否计算效果量也作为正确使用技术的标准，而不仅是抽样方法的使用，则多元统计中正确使用技术的比例会大幅降低。前面计算了多元统计中使用多元回归方法的论文中计算了效果量的只有 9 篇，在这 9 篇中有 7 篇是正确使用抽样方法的。

（五）理论关怀、知识关怀与规范性和技术精致程度的关系

1. 理论关怀、知识关怀与实证研究规范

在反映实证研究规范性的六个组成部分中，由于文献分析的有无，是构成理论关怀构念和知识关怀变量的几个变量之一，因此在这部分统计中，研究规范仅包含其他五个指标（导言、研究设计、方法说明、报告结果和结论与讨论），不包含文献分析。

表 47 和表 48 分别显示了规范性五项指标合计在理论关怀和知识关怀各取值上的比例。从数据可见，理论关怀和知识关怀程度高的论文，其规范性也较强。

表 47　规范性五项指标合计在理论关怀各取值上的比例

完全理论关怀	部分理论关怀	没有理论关怀	理论关怀无关
4.96	4.75	4.24	4.01

表 48　知识关怀各取值上的规范性五项指标合计值

发现新知识的可能性	不能发现新知识	不涉及新知识
4.81	4.14	3.25

图 24 和图 25 分别显示了理论关怀、知识关怀与规范性随时间变化情况。

图 24 中理论关怀的百分比为“完全理论关怀”＋“部分理论关怀”的合计，不包括“理论关怀无关”的样本。图 25 不包括“知识关怀无关”的样本。为便于与规范性对比观察，图 24 和图 25 中的规范性 5 项及理论关怀和知识关怀取值均为标准分。

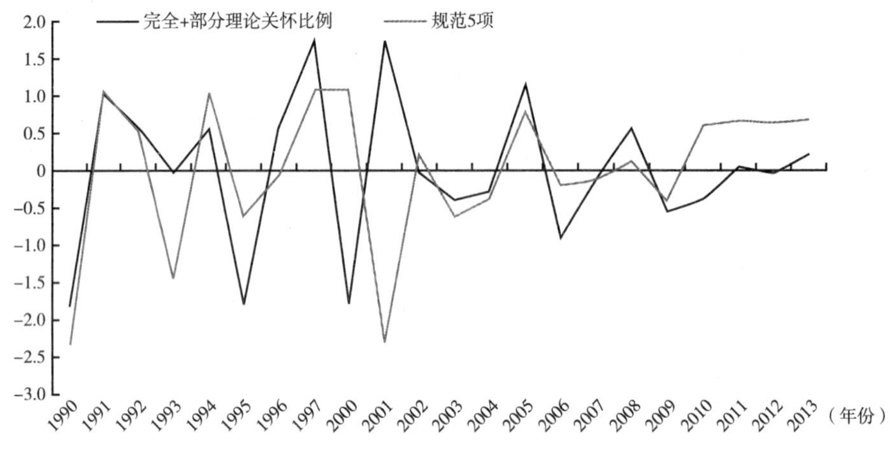

图 24　理论关怀与规范性随时间变化情况（n＝219）

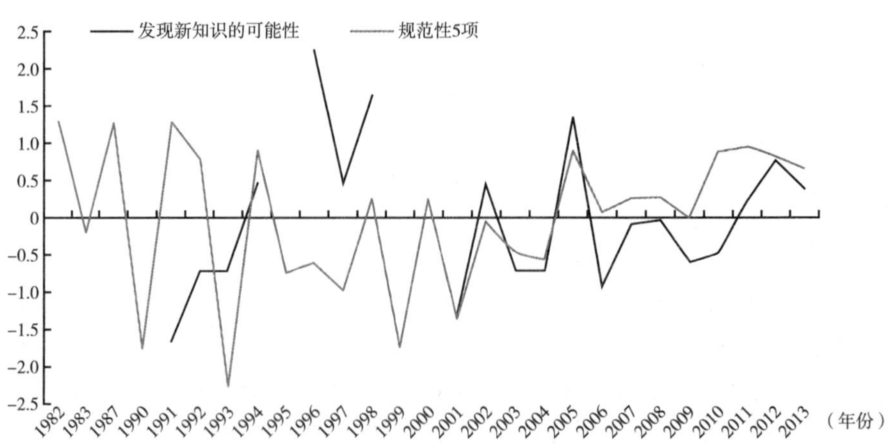

图 25　知识关怀与规范性随时间变化情况（n＝291）

从图 24 可见，理论关怀和规范性从 2002 年以后随时间变化趋势基本一致；图 25 显示知识关怀和规范性随时间变化趋势在 2001 年以后基本一致。

这个结果提示了早期无论理论关怀或知识关怀与规范性没有明显规律性的关系，但近十几年来，两者变化基本同步，表明两者之间存在正向相关关系。

2. 技术精致与理论关怀

（1）统计的复杂度、抽样方法使用的正确性与理论关怀

表 49 显示了统计的复杂度、抽样方法使用的正确性与理论关怀的关系。从数据可见，多元统计中理论关怀的比例高于基本统计，正确使用抽样方法中理论关怀的比例要高于错误使用。

表 49　统计的复杂度、抽样方法使用的正确性与理论关怀

理论关怀		统计的复杂程度		抽样方法使用对错		合计
		基本统计	多元统计	正确使用	错误使用	
完全理论关怀	篇数	7	49	35	21	56
	百分比	3.8%	43.8%	32.1%	11.3%	19.0%
部分理论关怀	篇数	24	31	20	35	55
	百分比	13.1%	27.7%	18.3%	18.8%	18.6%
没有理论关怀	篇数	84	24	28	80	108
	百分比	45.9%	21.4%	25.7%	43.0%	36.6%
理论关怀无关	篇数	68	8	26	50	76
	百分比	37.2%	7.1%	23.9%	26.9%	25.8%
合计	篇数	183	112	109	186	295
	百分比	100.0%	100.0%	100.0%	100.0%	100.0%

图 26 显示了统计的复杂度和理论关怀的八种组合的总百分比，无论 2013 年或 1982—2013 年，数量最多的都是没有理论关怀并且采用基本统计方法的论文。2013 年与 1982—2013 年相比，其余七种情况比例大小的顺序基本没变，但没有理论关怀并且采用基本统计方法，和理论关怀无关并且采用基本统计方法的论文比例都降低了，完全理论关怀并且采用多元统计方法论文的比例增加了。

图 27 显示了抽样使用的正确性和理论关怀的八种组合的总百分比，无论 2013 年或 1982—2013 年，数量最多的都是没有理论关怀并且错误使用抽样方法论文。2013 年与 1982—2013 年相比，八种情况中比例最大的前三种组合的顺序没有变，但没有理论关怀并且错误使用抽样方法、理论关怀无关并且错误使用抽样方法论文的比例增加了，同时，部分理论关怀并且正确使用抽样方法，和没有理论关怀并且正确使用抽样方法论文的比例降低了。

（2）技术精致与理论关怀

表 50 显示了理论关怀与技术精致的关系。首先可见存在各种情况，即在技术精致变

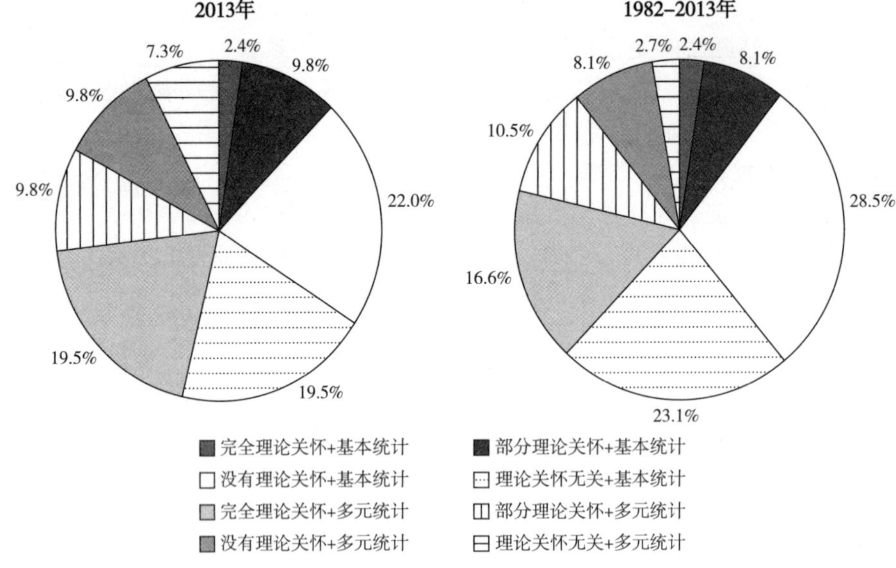

图 26　统计的复杂度和理论关怀的八种组合

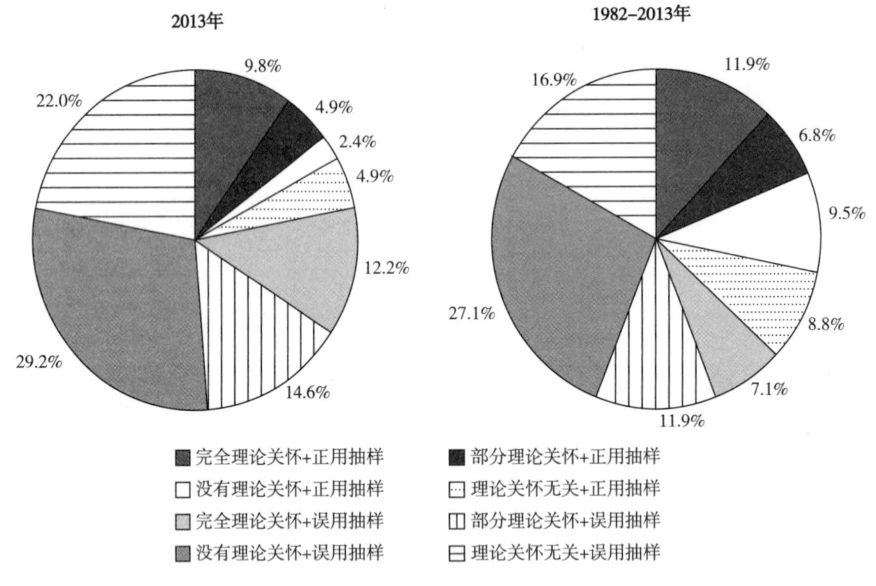

图 27　抽样使用的正确性和理论关怀的八种组合

量取值的四种情况下，理论关怀变量的四种情况都发生了——两个变量 16 种取值组合都不为空。但同时也可以直观地看到，在技术精致变量为 3（“多元统计 + 正确使用抽样方法”）的情况下，完全理论关怀的比例明显高于其他三种情况，排在第二位的是技术精致变量为 4 时的情况（“多元统计 + 错误使用抽样方法”）。

表 50　技术精致与理论关怀

理论关怀 \ 技术精致		1. 基本统计 + 正确使用抽样方法	2. 基本统计 + 错误使用抽样方法	3. 多元统计 + 正确使用抽样方法	4. 多元统计 + 错误使用抽样方法	合计
完全理论关怀	篇数	3	4	32	17	56
	百分比	5.4%	3.1%	60.4%	28.8%	19.0%
部分理论关怀	篇数	8	16	12	19	55
	百分比	14.3%	12.6%	22.6%	32.2%	18.6%
没有理论关怀	篇数	24	60	4	20	108
	百分比	42.9%	47.2%	7.5%	33.9%	36.6%
理论关怀无关	篇数	21	47	5	3	76
	百分比	37.4%	37.1%	9.5%	5.1%	25.8%
合计	篇数	56	127	53	59	295
	百分比	100.0%	100.0%	100.0%	100.0%	100.0%

用对应分析，可更直观地观察理论关怀与技术精致的关系。

对应分析①是一种用于两个或多个定类或定序变量间关系及变量的各取值关系的直观图解分析方法。两个或多个定类/定序变量构成的交互表各单元格中的期望值与实际值的差值，反映了两/多个变量在特定取值上的对应关系，这种关系在图中表现为散点，如果差值为较大正值，则该单元格两个变量相应取值的对应关系较强，在图中定位两个变量取值的点的距离就越近。对应分析采用类似主成分分析或因子分析这类降维的方法，经计算产生的新的维度用于解释参与计算的变量交互表中的变异。维度个数为变量中最少分类数减 1。

为节省篇幅，文中只保留了统计图和相关统计表的部分内容。下面是对应分析结果。

从统计结果看，第一维度能说明变异的 91.2%，第二维度 8.6%，合计 99.8%，说明两个维度可以解释绝大部分的变异。见表 51。

表 51　对应分析摘要表（局部）

Dimension	Proportion of Inertia	
	Accounted for	Cumulative
1	0.912	0.912
2	0.086	0.998
3	0.002	1
Total	1	1

图 28 为理论关怀和技术精致的对应分析图。

在图 28 两个维度构成的直角坐标系中，沿坐标零点添加两条辅助线。从图中可见，

① 具体分析方法主要参考：1. 沈浩：《对应分析方法与对应图解读方法——七种分析角度》，上传日期：2009 年 10 年 11 日 11:29，网址：http://shenhaolaoshi.blog.sohu.com/133694659.html，2015 年 4 月 11 日浏览；2. 郭正刚主编：《社会统计分析方法——SPSS 软件应用》（第二版）第十五章对应分析，中国人民大学出版社 2015 年版。

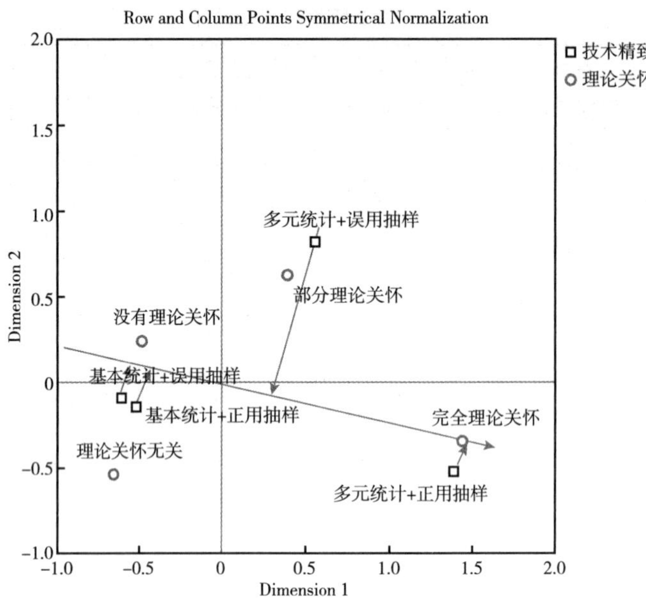

图 28 理论关怀和技术精致的对应分析

完全理论关怀和部分理论关怀在右侧（表 52 Overview Column Points 维度 1 中值为正），没有理论关怀和理论关怀无关在左侧（表 52 Overview Column Points 维度 1 中值为负），说明在技术精致变量上，这两类存在差异；技术精致变量为 3 和 4（多元统计 + 正用和误用抽样）在右侧（表 52 Overview Row Points 维度 1 中值为正），技术精致变量为 1 和 2（基本统计 + 正用和误用抽样）在左侧（表 52 Overview Row Points 维度 1 中值为负），说明在理论关怀方面，多元统计和基本统计存在差异。

表 52 理论关怀和技术精致在两个维度上的值

Overview Row Points			Overview Column Points		
技术精致	Score in Dimension		理论关怀	Score in Dimension	
	1	2		1	2
1. 基本统计 + 正用抽样	-0.518	-0.149	完全理论关怀	1.44	-0.344
2. 基本统计 + 误用抽样	-0.609	-0.095	部分理论关怀	0.392	0.623
3. 多元统计 + 正用抽样	1.389	-0.522	没有理论关怀	-0.484	0.24
4. 多元统计 + 误用抽样	0.555	0.816	理论关怀无关	-0.657	-0.538

在图 28 中通过中心点向完全理论关怀的点做一向量，然后将每一技术精致取值所在点向这个向量及延长线做垂线，比较所有垂点与向量正向靠近的程度，可以看出：距离最近的是多元统计 + 正用抽样，其次是多元统计 + 误用抽样，然后是基本统计 + 正用抽样和基本统计 + 误用抽样。

从以上分析可以看出，理论关怀与否与技术精致程度存在着某种逻辑联系：多元统计比基本统计与理论关怀的联系更紧密，正确使用抽样方法比错误使用抽样方法与理论关怀的联系更紧密，与理论关怀联系最强的是采用多元统计并且正确使用抽样方法的情况。

3. 技术精致与知识关怀

（1）统计的复杂度、抽样方法使用的正确性与知识关怀

表 53 显示了统计的复杂度、抽样方法使用的正确性与知识关怀的关系。从数据可见，多元统计中知识关怀的比例高于基本统计，正确使用抽样方法中知识关怀的比例要高于错误使用。

表 53　统计的复杂度、抽样方法使用的正确性与知识关怀

知识关怀		统计的复杂程度		抽样方法使用对错		合计
		基本统计	多元统计	正确使用	错误使用	
发现新知识的可能性	篇数	43	82	58	67	125
	百分比	23.5%	73.2%	53.2%	36.0%	42.4%
不能发现新知识	篇数	137	29	49	117	166
	百分比	74.9%	25.9%	45.0%	62.9%	56.3%
不涉及新知识	篇数	3	1	2	2	4
	百分比	1.6%	0.9%	1.8%	1.1%	1.4%
合计	篇数	183	112	109	186	295
	百分比	100.0%	100.0%	100.0%	100.0%	100.0%

图 29 显示了统计的复杂度和知识关怀的四种组合的总百分比，无论 2013 年或 1982—2013 年，数量最多的都是不能发现新知识并且采用了基本统计的论文。2013 年与 1982—2013 年相比，四种情况比例大小的顺序没有改变，但不能发现新知识并且采用了基本统计的论文比例降低，有发现新知识的可能性并且采用了多元统计的论文比例增加。

图 30 显示了抽样使用的正确性和知识关怀的四种组合的总百分比，无论 2013 年或 1982—2013 年，数量最多的都是不能发现新知识并且错误使用抽样方法的论文。2013 年与 1982—2013 年相比，不能发现新知识并且错误使用抽样方法的论文比例更高了，有发现新知识的可能性并且错误使用抽样方法的论文比例增加，有发现新知识的可能性并且正确使用抽样方法论文的比例降低，不能发现新知识并且正确使用抽样的论文比例降低。

（2）技术精致与知识关怀

表 54 显示了知识关怀与技术精致的关系。首先，不涉及新知识的篇数很少，可以不参加比较。知识关怀的两个取值与技术精致的四种取值组合成的八种情况均不为空，即在技术精致的四种情况下，都存在可以或不能发现新知识的可能性。但也可以直观地看到，在多元统计 + 正确使用抽样方法的情况下，知识关怀的比例明显高于其他三种情况，排在第二位的是多元统计 + 错误使用抽样方法。这些结果与理论关怀与技术精致的关系非常相似。

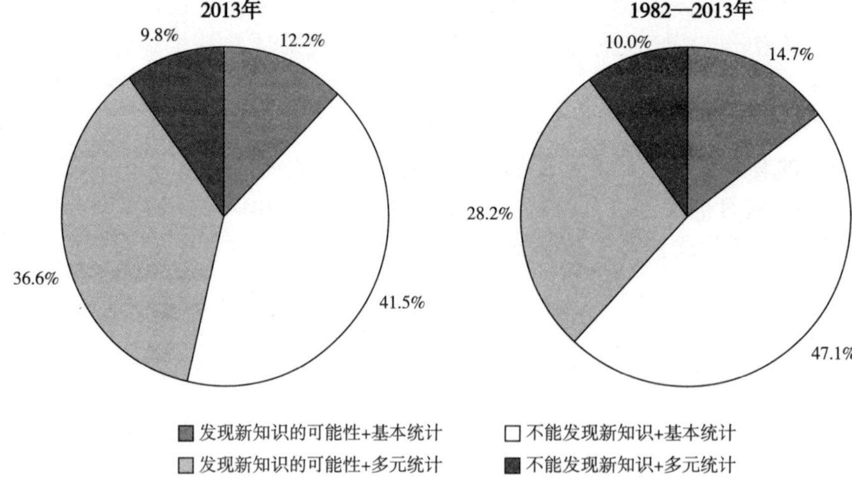

图 29 统计的复杂度和知识关怀的四种组合

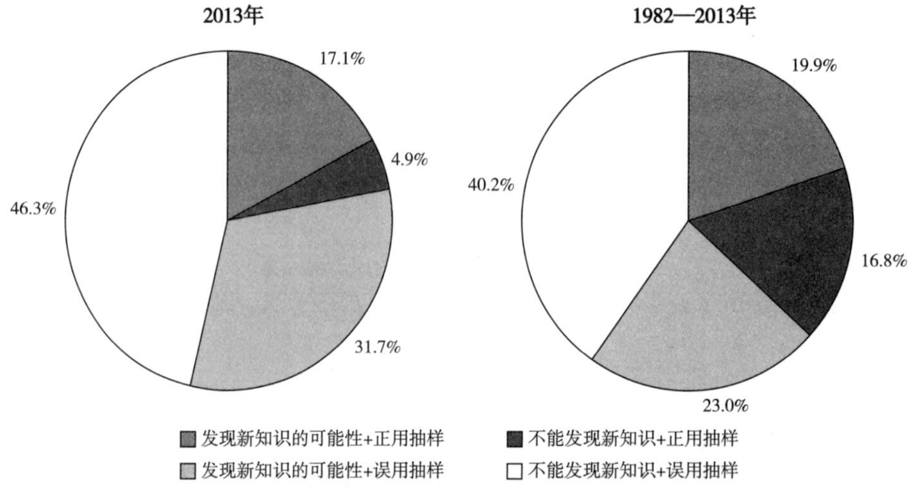

图 30 抽样使用的正确性和知识关怀的四种组合

表 54 技术精致与知识关怀

知识关怀＼技术精致		1. 基本统计 + 正确使用抽样方法	2. 基本统计 + 错误使用抽样方法	3. 多元统计 + 正确使用抽样方法	4. 多元统计 + 错误使用抽样方法	合计
发现新知识的可能性	篇数	15	28	43	39	125
	百分比	26.8%	22.0%	81.1%	66.1%	42.4%
不能发现新知识	篇数	40	97	9	20	166
	百分比	71.4%	76.4%	17.0%	33.9%	56.3%
不涉及新知识	篇数	1	2	1	0	4
	百分比	1.8%	1.6%	1.9%	0.0%	1.3%
合计	篇数	56	127	53	59	295
	百分比	100.0%	100.0%	100.0%	100.0%	100.0%

4. 理论关怀与知识关怀

观察理论关怀和知识关怀的关系发现两者有明显的相关，在完全和部分理论关怀的分布中，有知识关怀的占 86.5%；在有知识关怀的分布中，完全和部分理论关怀占 76.8%；在没有理论关怀的分布中，没有知识关怀占 89.8%；在没有知识关怀的分布中，没有理论关怀的占 58.4%，详见表 55。但需要说明的是，知识关怀和理论关怀的构成有一个共同的变量，即研究问题和假设，取值也是类似的，因此两者间存在一定的自相关性。

表 55　理论关怀与知识关怀关系

理论关怀＼知识关怀		有	无	无关	合计
完全和部分理论关怀	篇数	96	15		111
	行百分比	86.5%	13.5%		100.0%
	列百分比	76.8%	9.0%		37.6%
没有理论关怀	篇数	11	97		108
	行百分比	10.2%	89.8%		100.0%
	列百分比	8.8%	58.4%		36.6%
理论关怀无关	篇数	18	54	4	76
	行百分比	23.7%	71.1%	5.2%	100.0%
	列百分比	14.4%	32.5%	100.0%	25.8%

五、结论和讨论

本研究对 1978 年传播学进入中国新闻传播学界以来，在《新闻与传播研究》《国际新闻界》《现代传播》和《新闻大学》这四种刊物中采用问卷调查方法完成的全部论文做了内容分析，前面列出了统计结果，下面是本研究得到的比较重要的结论及相关讨论。

- **问卷论文数量和比例增加**

从 30 多年的发展趋势看，无论篇数和比例都有显著增加，2013 年四刊问卷调查论文篇数在 5—22 之间，占全部论文比例在 4.0%—4.7%之间。

但无论篇数的绝对数或占全部论文的比例，都不能简单直接地说明实证研究在传播学领域的地位，数量的多少及变化并不在学术自主性的前提假设下解释。

根据李红涛的研究，[①] 中国传播期刊的知识生产受到学术场域内外多种力量的制约，体现出依附性知识生产特征。场域外部包括在政治意识形态的控制下期刊所做的理论宣

① 李红涛：《中国传播期刊知识生产的依附性：意识形态、机构利益与社会关系的制约》，《传播与社会学刊》2013 年第 23 期。

传与自我审查，以及在经济因素的影响下，通过寻租活动建立补偿网络；场域内部，受到学术期刊单位制、刊号、自上而下的量化评价体制等因素的影响。

问卷调查方法论文的刊出与不刊出，就是在这样的背景下完成的。至于这类论文的刊出如何受到场域内外因素的影响，需要另外做专门研究。但其实这或许不是一个值得研究的问题，当然，应该明确的是，不宜简单地用主义或范式来解释。

• 形式规范增强，实证精神欠缺

所谓形式规范，即论文外观明显可见的情况，包括六个基本部件：导言（问题的提出）、文献综述/回顾、研究设计、方法说明、报告结果、结论与讨论以及文中引用的观点、事实、数据等是否注明来源，参考文献的数量等方面。从这几个方面看，规范性的程度均随时间有所增加。

但从社会科学实证研究的基本原则看，2013 年还有约三成的论文存在主要观察结论不依据研究结果得出的情况，包括结论脱离调查结果或随意引申调查结果，而且这种情况没有随时间推进而明显好转。

以上情况表明，实证方法的“形”基本有了，但实证精神这种思维方式的“魂”尚未扎根。传播学不是中国学术传统中既有的学科，中国传播学界，缺乏实证研究的传统（潘忠党，2006；黄成炬，2007；李金铨，2014；李金铨、黄煜，2004），实证研究的核心原则是“用事实说话”，也就是实证精神。如果传入中国的传播学对中国学术传统构成某种挑战的话，采用实证研究思路去做传播研究可能是一项严重挑战，因为这不是学习新知识的问题，而是要改变观念。从本研究的结果看，改变观念的任务还远没有完成。

• 理论关怀和知识关怀比例增加，理论创新欠缺

理论关怀和知识兴奋，是学者们评论的焦点之一，如前所述，本研究采用了最低限度指标的测量方法，即满足最低限度指标要求，只是具备了理论创新和知识创新的条件，而不是做出了创新本身。如前面统计结果所展示的，具有理论关怀和知识关怀论文的比例均随时间有上升，但理论的内容则主要集中在本土化水平 1，表明创新程度较低。

• 技术精致，水平没有提高

本研究以两个指标作为技术精致的操作性定义，一是抽样方法使用的正确性，二是所采用统计方法的复杂度。从统计结果来看，可以得到两方面的结论。

一、如一些学者所感觉的，所使用的统计技术比以往复杂了，表现在多元统计比例的增加。

二、不能得出一些学者认为的技术已经达到精致程度的结论，一是表现在占多元统计论文绝大部分的多元回归方法，都是仅依赖显著性得出结论，只有不到 10 篇论文做了效果量的计算；二是表现在问卷调查中重要的技术——抽样方法的使用上，错误做法的比例超过了正确做法的比例，并且错误做法的比例还随时间增加了。

为什么用于问卷调查的抽样方法在传播学领域使用 30 余年了，错误使用的比例还超过正确使用的比例，而且错误的比例还在随时间增加？本研究认为，这种情况表明，在这个领域对抽样理论和具体方法的使用前提还缺乏了解和普遍共识，原因是对抽样方法本身仅使用不探讨，而统计软件的普及使得针对任何一组数据都可以方便地得出看起来很像样的统计结果而不需要对概率理论及方法的使用前提有任何了解。[①] 又由于在新的调查方式（如电话、手机、在线）出现时缺乏即时跟进的研究讨论，使得对抽样方法的错误使用自然延续到了新的调查方式中。

对比美国的情况可以得到某些启示。美国民意测验最早记载是 1824 年，早期的民调被称为“游戏”和“趣味性阶段”，到 1930 年代开始进入“科学化阶段”。[②] 60 多年来，绝大部分民调研究者依靠概率抽样作为民调的科学方法[③]，直到在线调查开始广泛使用[④]，研究者又开始重新面对非概率抽样问题，一个表现是，在 CNN 的 QUICK VOTE 这类的调查结果中都有一个类似这样的说明：“这不是一个科学的民意调查”。

由于利用非概率在线样本库做问卷调查情况的大量出现，2008 年，AAPOR 执行委员会成立了在线非概率样本库专项研究组，实证地评估了在线非概率样本库用于数据收集的情况，并为 AAPOR 成员提供了相应的建议。[⑤] 2011 年，AAPOR 执行委员会又成立了非概率抽样专项研究组，探讨在什么条件下非概率样本可能具有科学价值。[⑥] 这些研究首先再次确立了使用样本推论总体建立在概率理论基础上，在没有坚实的理论基础前提下收集数据做统计推论是不合适的。同时分析了在实践中广泛存在于各行各业的各种非概率抽样方法的优势和问题，并提供了如何使非概率样本可用的解决方案。其实不只是 AAPOR，还有一些组织也进行了类似研究。[⑦] 欧洲民意与市场调查协会（European Society for Opinion and Marketing Research，简称 ESOMAR）于 2005 年发布的了名为“帮助用户了解在线样本特征的 25 个问题”（25 QUESTIONS TO HELP BUYERS OF ONLINE SAMPLES）的文件，这 25 个问题是代表用户对在线样本提供者提出的。一方面，用户通过这些问题，了解某公司所提供的在线样本是否符合用户的要求，另一方面，这些问题实际上为这个

① 虽然不用统计软件也同样可以在不了解概率理论和使用前提的条件下进行统计计算，但方便的程度与使用软件不可比。

② 喻国明：《解构民意——一个舆论学者的实证研究》，华夏出版社 2001 年版，第 11 页。

③ Reg Baker, J. Michael Brick, Nancy A. Bates, Mike Battaglia, Mick P. Couper, Jill A. Dever, Krista J. Gile, Roger Tourangeau, (2013), Report of the AAPOR Task Force on Non-probability Sampling, June 2013, 下载日期: 2013 年 9 月 1 日, 来源: http://www. aapor. org/AM/Template. cfm? Section = Reports1&Template = /CM/Content Display. cfm&ContentID = 6055。

④ 据 Inside Research 的一项报告估计，2009 年美国约 85% 的传统方法（面访或电话访）被在线调查替代。（注："Inside Research" 试译为“业内研究”，http: //www. insideresearch. com/whatitis. htm，是一个提供市场研究报告的网站，报告的主要内容是，针对行业研究最关心的议题，以及这些议题对买方和卖方的意义，把大量可靠的已出版的资料做成简洁的摘要。这些摘要提供了行业内人士对最新市场研究趋势和新闻的看法。）

⑤ 报告全文见："AAPOR Report on Online Panels" Prepared for the AAPOR Executive Council by a Task Force operating under the auspices of the AAPOR Standards Committee, with members including: Reg Baker, (Task Force Chair), Stephen Blumberg, J. Michael Brick, Westat Mick P. Couper, Melanie Courtright, Mike Dennis, Don Dillman, Martin R. Frankel, Philip Garland, Robert M. Groves, Courtney Kennedy, Jon Krosnick, Sunghee Lee, Paul J. Lavrakas, Michael Link, Linda Piekarski, Kumar Rao, Douglas Rivers, Randall K. Thomas, Dan Zahs. MARCH, 2010.

⑥ 报告全文见：Reg Baker, J. Michael Brick, Nancy A. Bates, Mike Battaglia, Mick P. Couper, Jill A. Dever, Krista J. Gile, Roger Tourangeau, (2013), Report of the AAPOR Task Force on Non-probability Sampling, June 2013, 下载日期：2013 年 9 月 1 日，来源：http://www. aapor. org/AM/Template. cfm? Section = Reports1&Template = /CM/ContentDisplay. cfm&ContentID = 6055。

⑦ 例如：美国调查研究机构理事会（Council of American Survey Research Organizations，简称 CASRO）、欧洲民意与市场调查协会（European Society for Opinion and Marketing Research，简称 ESOMAR）；市场调查和研究机构，例如 Knowledge Networks（KN）、Survey Sampling International（SSI）；以及学术刊物如 *Social Science Computer Review*；新闻传播学术研究领域也有少量相关研究，如 *Communication Research*、台湾《新闻学研究》等。

行业制定了一套统一的专业术语，作为了解在线样本特征的系统性的指标，便于使用者在不同的样本提供者之间作出比较。① 随着在线调查实践的发展，该文件在 2008 年和 2012 年做了修订，分别更新为 26 和 28 个问题。

由于这种始终保持与实践同步的研究，使得无论学术研究或市场、项目评估等研究领域，一方面没有由于在线调查方法的极强优势而使非概率抽样方法出现无序使用，另一方面也科学有效地利用了各种新出现的调查技术，推动了学术和社会发展。

以上主要介绍了这些机构针对由新出现的在线调查导致的非概率抽样调查的相关研究。但如我们的统计结果表明的，对抽样方法的错用，在在线调查出现前就一直存在，而且概率抽样也存在一定比例的错用（32%），包括：样本细分后样本量非常小，但仍作更大范围推论；超过样本所取自的总体的推论；没有披露样本量；没有披露抽样框，也没有抽样方案说明和如何选择应答者的说明等。

针对本研究发现的问题及原因分析，本研究提出如下建议：

一、在统计教学中应把概率理论及各种具体统计方法的应用前提条件作为必要内容，应在教学中即时反映这一领域的最新研究状况，以减少无论概率、非概率抽样和普查的错误使用，科学有效地利用更便捷的抽样调查方法。

二、在概率抽样难度大，甚至几乎不可操作（例如绝大部分在线调查）的情况下，如果用非概率样本估计总体，至少应通过事前配额或/和事后加权，使得样本特征尽可能与它所取自的总体的人口特征以及其他重要相关特征一致；如果能做到，则可以把这个非概率样本当作分层抽样的概率样本使用②；如果不能做到，应该只做描述统计，不做推论统计。

目前的情况——我们的研究发现是，用方便样本事后与总体对照后推论总体的论文有 8 篇，用配额样本推论总体的有 6 篇。前者的主要问题是：1. 与总体的多个特征分别目测比较，看起来相近就认定对总体的代表性没问题了；2. 用 1 个指标加权；3. 假设某一指标不应有差异，检测无差异就认定对总体的代表性没问题了。

而在 10 篇配额抽样中，有 6 篇推论总体，主要问题是：1. 用于配额的指标只有一、两个；2. 提到"人口特征"但未指出哪些人口特征，或模糊地描述了总体特征，因此无法判断配额效果。

除做好配额外，还可以参考 AAPOR 对于如何提高非概率样本库推论精度和效能的方法，例如样本匹配方法（sample matching）③。

• 较强理论关怀、知识关怀的论文，其形式规范也较强

形式规范即前述的论文的六个基本组成部分，统计发现，理论关怀、知识关怀较强的论文，所含的组成部分也更多。两者随时间的变化特征近十几年来基本同步。虽然本文没有分析这些组成部分的质量如何，但它们在数量上与理论关怀和知识关怀的相关，在一定程度上为陈怀林和张丹的说法"规范的论文不一定是高质量的，但不规范的论文

---

① www. esomar. org，浏览日期：2012 年 12 月 10 日。

② 根据柯惠新老师 2014 年 10 月 20 日给本论文作者的邮件。

③ 同上。

几乎总是低质量的”提供了证据。[①]

理论/知识关怀与技术精致的结论一：理论/知识关怀与技术精致的各种组合均存在

理论关怀的四个取值/知识关怀的两个取值与技术精致的四个取值组分别组合成的16种/8种条件下，频数均不为零，即在各种不同技术精致水平的情况下，存在各种不同水平的理论关怀和知识关怀。这个结果正如我们在设计部分分析的，两者本来并不存在逻辑上的必然联系。

理论/知识关怀与技术精致的结论二：理论/知识关怀与技术精致存在正相关

采用多元统计比采用基本统计的理论关怀/知识关怀比例高；正确使用抽样方法比错误使用的理论关怀/知识关怀比例高；理论关怀和知识关怀的最高比例均出现在多元统计和正确使用抽样方法的组合条件下。从这个角度看，理论关怀/知识关怀和技术精致存在着正相关关系。但也正如我们前面提到的，这种关系可能是两者同步进步的反映。

理论/知识关怀与技术精致的结论三：既不技术精致也无理论/知识关怀的论文比例最大

从所有论文的总比例来看，无论2013年或1982—2013年：

- 在统计的复杂度和理论关怀的八种组合中，数量最多的是没有理论关怀并且采用基本统计方法的论文；
- 在统计的复杂度和知识关怀的四种组合中，数量最多的是不能发现新知识并且采用基本统计方法的论文；
- 在抽样使用的正确性和理论关怀的八种组合中，数量最多的是没有理论关怀并且采用误用抽样方法的论文；
- 在抽样使用的正确性和知识关怀的四种组合中，数量最多的是不能发现新知识并且错误使用抽样方法的论文。

即既不技术精致也无理论/知识关怀的论文比例最大。

虽然在统计的复杂度与理论关怀和知识关怀的关系中，“不良组合”（没有理论关怀/理论关怀无关/不能发现新知识并且采用了基本统计方法）的比例2013年比1982—2013年降低了，但抽样方法使用的正确性与理论关怀和知识关怀的关系中，“不良组合”（没有理论关怀/理论关怀无关/不能发现新知识并且错误使用抽样方法）的比例2013年比1982—2013年增加了。这种情况再次说明，抽样方法的错误使用，是技术上存在的主要问题。

- **问卷调查论文类别可有效划分为四种**

如前所述，本研究根据研究目的将研究类别分为四类，即在纽曼基础类和应用类两类上增加了类应用类和民意调查。

这四个不同类别的论文在多个变量上的统计结果明显不同，实证地支持了这四个类别的划分。

表56汇集了统计结果中分类别统计表中四个类别的论文的正向表现的比例。从表56可见，四个类别的论文在各指标上的正向表现比例存在明显的和系统性的差异。表56倒数第二行，给出了各值转换为标准分后的合计。从标准分合计值可以看出，基础类最高，以下分别是民调类、类应用和应用。

---

① 陈怀林、张丹：《试析内地和海外传播学论文学术规范的差异及其成因（1995—2006）》，“大众传播、文化与科学发展观”学术研讨会论文，苏州大学，2007年11月16—17日。

表 56 四种研究类别在各指标上的情况（1982—2013）

		基础	应用	民调	类应用
社会科学实证研究规范	实证论文中六个组成部分(项数)	5.3	3.3	4.1	4.6
	参考文献的数量(篇数)	15	2	6	5
	引用数据是否有引注(有的比例)	83%	33%	67%	60%
	披露信息项目数	6.8	3.8	6.6	5.5
知识关怀	发现新知识的可能性(比例)	55%	0	24%	19%
理论关怀	完全和部分理论关怀(比例)	56%	0	0	6%
正确使用抽样方法	概率正常 + 非概率正常 + 普查正常	40%	33%	45%	23%
标准分合计		7.799	-6.686	0.957	-2.070
N		191	6	33	65

针对以上结果，可能得出两方面结论，一是按照这套统一的标准，不同类别的研究质量存在系统性差异；二是不同类别的实证研究或许需要各自的判断标准。

陈韬文在《中国传播研究的困局》一文中曾提到，“政策诠释，因形势和需要而转向，忽而盛极一时，忽而无人问津”，“为业界营运管理问题出谋献策类，在西方是咨询公司为客户所做，不列入学术范畴”。但中国大陆的社会科学研究，同时具有“智囊团”和“思想库”角色，除了按陈韬文在同一文中给出的建议，即从政策研究或业务咨询报告提炼理论外，还可以考虑：应用类研究，可以尽量选择刊登在侧重发表应用类研究的刊物上，以保持学术类刊物中论文的统一质量标准；或在学术类刊物中，开辟专门的应用研究栏目，以供同行以相应的标准评判相应栏目的研究。

撰稿：刘晓红（中国社会科学院新闻与传播研究所副研究员）
朱巧燕（中国社会科学院研究生院新闻学与传播学系博士研究生）

第二篇
研究综述

学科综述

中国新闻学研究2014年综述
中国传播学研究2014年综述
中国广播影视研究2014年综述
　中国广播研究综述
　中国电视研究综述
　中国电影研究综述
中国网络新媒体研究2014年综述
中国传媒经济学研究2014年综述
中国广告学研究2014年综述

专题综述

舆情研究2014年综述
新闻报道策划研究2014年综述
科学传播研究2014年综述

·学科综述·

中国新闻学研究2014年综述

一、新闻学的学科建设和方法论研究

学科建设和方法论的进步，是新闻学各个研究领域的共享议题，也是促进新闻学发育、成长最具根基性的“长线智力投资”。

2014年度发表的数项研究成果，采用文献计量的方法对国内新闻学研究的概貌、特点和缺欠进行了考察和描述。吴锋在对1988—2011年间中国大陆产出的516篇新闻学博士论文统计分析后发现：大陆新闻学博士论文以基础研究和本土议题为主，重思辨而少有量化研究，但比较注意与管理学、历史学等学科的交叉。同时，新闻理论、新闻史、新闻业务及新闻事业经营管理等细分学科的发展已较为成熟，且在中国新闻史、大陆新闻改革、中美新闻事业比较等专题上有较为丰硕的成果。另一方面，新闻学博士论文的成果产出也还存在诸多问题，主要表现为：学术成果增长过快，缺乏质量保障体系；学术研究方法滞后，难与国际学术界有效交流；学术研究较多选题雷同，缺乏统一的信息共享平台。[①]

石磊、谢婉若等人考察了2009—2013年国家社科基金新闻学与传播学立项的530个项目，其研究表明：国家社科基金新闻学与传播学立项项目的研究热点具有稳定性和前沿性相结合的特点，也具有理论研究与应用研究相结合、多种主题交融创新的特点，其中有关新媒体及其影响的研究顺应了时代发展的需要，占全部资助项目比例最大，成为研究的头号热点。国际传播研究愈来愈受到关注，受众与媒体舆论引导问题一直是研究重点，媒介经营与管理研究则随着媒体管理改制及媒介形态多元化而出现不少新意。[②]

这一方向的成果还有白云、许建平的《基于CSSCI（2000—2011）的我国新闻学与传播学学科知识图谱研究》，冉华、王凤仙的《基于文献计量分析的我国传媒经济学研究现状》，周金元、张莎莎的《国内微博舆情研究的文献计量分析》，陈雪丽的《论我国新闻传播法制研究年度综述中引文的时空与作者分布（2003—2012年）》等。[③]

关于新闻学科建设及新闻学研究方法的学理探讨，很多是附随在新闻教育的论题下展开的，或者通过新闻教育获得其知

---

① 吴锋：《中国大陆新闻学研究进展、问题与反思（1988—2011）——基于对516篇新闻学博士论文的评估研究》，《国际新闻界》2014年第12期。

② 石磊、谢婉若、庞弘、田大菊：《我国当前新闻学与传播学研究热点解析——基于国家社科基金立项项目（2009—2013）的视阈》，《现代传播》2014年第8期。

③ 白云、许建平：《基于CSSCI（2000—2011）的我国新闻学与传播学学科知识图谱研究》，《图书与情报》2014年第3期；冉华、王凤仙：《基于文献计量分析的我国传媒经济学研究现状》，《新闻大学》2014年第6期；周金元、张莎莎：《国内微博舆情研究的文献计量分析》，《图书情报研究》2014年第2期；陈雪丽：《论我国新闻传播法制研究年度综述中引文的时空与作者分布（2003—2012）》，《新疆广播电视大学学报》2014年第2期。

行合一的组织载体与制度出口。新媒体时代的新闻传播教育如何因应传播环境的变化和挑战，是近年来国内外都在努力探索求解的前沿课题。黄旦在其本年度发表的一篇论文中提出：构成新闻传播学科的新闻学和传播学，由于出自不同的社会历史脉络，导致其性质分殊相异：新闻学以职业规范导向为己任，传播学则是经验性学科，着重于传播对社会的影响。在当前新传播技术革命的背景下，新闻传播学科的建设不能在其原有框架中修修补补，而需要整体转型，即“研究方式向经验性研究转向；在教学上改变原有以媒介种类划分专业的做法，转向以传播内容为类别，并与新媒体实验室互相勾连；在思维方式上，要引入网络化关系，以重新理解和思考传播、媒介及其与人和社会的关系”。①

董天策在其所撰《新闻传播教育中的“价值理性”养成》一文中提出，我国改革开放以来的新闻传播教育，尽管不同阶段的着力点有所不同，但本质上都是追求新闻传播教育的“工具理性”。理想的新闻传播教育，应是“工具理性”与“价值理性”的协调统一。新媒体时代的新闻传播教育需要强化“价值理性”的养成，着眼于全面塑造优秀人性，注重加强人文、新闻传播史、媒介伦理、媒介批评方面的教育。②

《新闻记者》发表的一篇论文，批评了当下我国新闻传播研究中存在的“鲜有对实践重大问题的有力回应”“理论自主性缺席”“理论范式缺失”等问题，将其命名为“新闻传播理论的结构性贫困”。作者认为，当下中国面临的千年未有之大变局，其变化是全方位的，而这一时期又正好遇到以互联网、移动通信为代表的新传播革命，双重变革叠加在一起，对当下中国社会构成了革命性的影响。传播系统作为连接社会系统各个器官的传感系统，其功能不是局限于局部，而在全局，其系统的内涵、结构、功能都发生了深刻的变化，这就要求新闻传播理论研究能够跟进新闻传播实践的深刻变革，有力回应来自实践一线的挑战。但是，我国的新闻传播理论研究在这方面恰恰与发生剧烈变革的实践存在极大的落差。现有的理论存量难以承载超重的实践问题。一些核心概念、理论框架、分析逻辑远远透支，不能系统、有力地解释实践中所发生的一系列重大问题，而只能在理论上“打补丁”，在原有理论“孤岛”上守望，未能建构一个相对自足、完整的理论“岛链”，以回应来自实践的空前挑战。作者提出，应该从“建立清醒的理论自觉”“直面实践挑战”“打造学科硬度”等方面着力，化解中国新闻传播理论的结构性贫困问题。③

中国人民大学新闻学院新闻传播教育课题小组发表的《媒介融合时代的中国新闻传播教育：基于18所国内新闻传播院系的调研报告》归纳了未来新闻传播教育改革的五个重要关注点，即：1. 加强马克思主义新闻观教育；2. 在媒介融合背景下培养复合型人才；3. 继续深化实践教学，整合各界力量共同致力于新闻传播教育；4. 新闻传播教育的国际化战略；5. 改善师资结构，加强师资的引进和培养。④

2014年度发表的有关新闻教育问题的文论，还见之于柳斌杰的《以改革的精神推动新闻教育的现代化》，胡正荣的《全

① 黄旦：《整体转型：关于当前中国新闻传播学科建设的一点想法》，《新闻大学》2014年第6期。

② 董天策：《新媒体时代新闻传播教育中的“价值理性”养成》，《新闻与写作》2014年第9期。

③ 张涛甫：《新闻传播理论的结构性贫困》，《新闻记者》2014年第9期。

④ 中国人民大学新闻学院新闻传播教育课题小组：《媒介融合时代的中国新闻传播教育：基于18所国内新闻传播院系的调研报告》，《国际新闻界》2014年第4期。

媒体时代的复合教育》，蔡雯的《新闻教育的十年探索——对中国人民大学新闻学院本科教育改革的总结与思考》，黄瑚的《媒介融合趋势下复合型新闻传播人才的培养》，陈昌凤、张小琴的《融合时代的新闻传播教育》，雷跃捷、高昊的《从职场培养到学院专业教育——早稻田大学濑川至朗教授谈日本新闻传播教育转型》等。①

二、马克思主义新闻史论研究

2014年度，马克思主义新闻学研究的文论成果较为平淡，具有理论创新、用功深厚且论证精当的力作产出不足。《新闻与传播研究》在第4期“马克思主义新闻学”栏目中刊载的两篇论文，分别阐释了马克思主义经典作家对新闻传播制度的初始设计思想和马克思主义新闻观视角下的新闻专业主义取用之道。

前者指出：当代社会主义国家新闻传播制度的建立，与马克思主义经典作家对于这套制度的初始设计思想不无关联。马恩批判继承了资产阶级启蒙思想家关于言论出版自由的理念，初步确立了社会主义新闻传播制度的基本原则，列宁在此基础上不断加以完善，并在苏联的现实条件下开展制度创新，对这种充分体现广大人民群众言论出版自由的新制度进行了有益探索。其可贵之处在于，这种制度构建不像资产阶级启蒙思想家那样仅在形式上允诺广大劳动者个人具有言论出版自由，而是考虑从实质上也就是创造各种物质条件来真正保障这种自由的实现，从而使劳动者免受资本的困扰侵袭而真正享有言论出版自由。今天看来，无论对于当前社会主义国家正在进行的新闻出版事业改革，还是对于为垄断资本所困扰、深陷“窃听门”丑闻的西方资本主义传媒真正摆脱危机，这些初始设计思想都具有深刻的启示和重要的现实意义。②

后者对新闻专业主义概念进行了源头梳理和结构解剖，提出了中外共通的新闻专业性操作要领与中外差异的新闻公共性实现途径的区分问题。作者认为，从马克思主义新闻观的立场看，新闻专业主义并非西方国家的专利；在价值理念方面，马克思主义新闻观与以美国式新闻专业主义为代表的西方新闻观之间，既有巨大的差异或精神区隔，同时也存在明显的共同点，并各有其优点和不足，马克思主义新闻观并不贬低、排斥西方新闻观，但是拒绝仰视西方新闻观，拒绝照猫画虎。合适的才是最好的。与时俱进的马克思主义新闻观既是对西方新闻观的扬弃，也应对“苏联集权主义”模式深刻反思；在具体业务层面，我们的正面新闻报道与负面新闻报道同样依赖于专业主义的操作，但是负面报道更应考虑社会有机体的耐受性阈值；在当下的中国语境中，导向主义的操作和专业主义的操作都不可或缺。③

有学者在其阐释“习近平的宣传观和新闻观”的文章中指出：习近平主持中共中央政治局会议通过了关于改进工作作风、

① 柳斌杰：《以改革的精神推动新闻教育的现代化》，《新闻与写作》2014年第1期，卷首语；胡正荣：《全媒体时代的复合教育》，《新闻大学》2014年第1期；蔡雯：《新闻传播教育的十年探索——对中国人民大学新闻学院本科教育改革的总结与思考》，《国际新闻界》2014年第4期；黄瑚：《媒介融合趋势下复合型新闻传播人才的培养》，《国际新闻界》2014年第4期；陈昌凤、张小琴：《融合时代的新闻传播教育》，《中国高等教育》2014年Z2期（第13—14合期）；雷跃捷、高昊：《从职场培养到学院专业教育——早稻田大学濑川至朗教授谈日本新闻传播教育转型》，《新闻记者》2014年第10期。

② 杜大力：《马克思主义经典作家对新闻传播制度的初始设计思想》，《新闻与传播研究》2014年第4期。

③ 支庭荣：《实践新闻专业性　实现新闻公共性——基于马克思主义新闻观的视角》，《新闻与传播研究》2014年第4期。

密切联系群众的八条规定，其中第六项要求为："要改进新闻报道，中央政治局同志出席会议和活动应根据工作需要、新闻价值、社会效果决定是否报道，进一步压缩报道的数量、字数、时长。"这里提出的报道领导人活动的取舍标准，将党报的政治性质和党报的新闻纸属性两者结合了起来，再次强调了反对新闻领域的形式主义。语言是思想的载体，语言与表达的变化，不是简单的技术问题，而往往是社会变革的前奏。欧洲的宗教改革、文艺复兴、启蒙运动，都是从语言表达的改革开始的。中国的五四新文化运动，最重要的内容就是白话文运动，更直白些就是说老百姓的话。空话套话成灾，说明思想僵化，进而也是体制僵化的表现。当官话都变得僵硬了，在党内会议与官方媒体上不断重复，反过来会制约实际工作和社会的改革。一个执政党话语体系僵化了，这个党也将失去与时俱进的能力。①

值得注意的是，目前国内专注于马克思主义新闻学方向的中青年研究人才较为匮缺，在这一治学方向有稳定、持续性成果产出的，仅有为数寥寥的几位年近或年逾退休的资深学者。例如，近几年来，国内仅一位学者能够在一年内发表四篇以上的马克思主义新闻学理论文章②，该学者已年逾六旬，其指导的博士、硕士研究生在学期间有些人发表过马克思主义新闻学方向的论文或者以马克思主义新闻学的议题作为学位论文的选题，但多数人毕业后便不再以马克思主义新闻学作为自己的专业主攻方向。当然，也许我们应当以更加开阔的视域标示"马克思主义新闻学"的知识边界，凡是以马克思主义的政治立场和思想方法为指导的新闻理论研究，都属于广义的马克思主义新闻学的范畴。正如胡锦涛在中国共产党第十七次全国代表大会上的报告（2007 年）中所指出的："在当代中国，坚持中国特色社会主义理论体系，就是真正坚持马克思主义。"③ 由此也可以说，在当代中国，不断推进和完善中国特色社会主义新闻传播理论体系的建设，也就是真正坚持马克思主义新闻学的思想和理念，如果从这一角度考量，则国内马

① 陈力丹：《习近平的宣传观和新闻观》，《新闻记者》2014 年第 10 期。

② 该学者系中国人民大学新闻学院的二级教授陈力丹，自 20 世纪 70 年代末开始马克思主义新闻学的研究，是国内仅有的几位持续从事马克思主义新闻学研究的资深学者。以 2014 年度为例，他在国内新闻传播学期刊上发表了多篇马克思主义新闻学方向的文章，例如：陈力丹、王娟：《马克思论"新闻敲诈"》，《新闻前哨》2014 年第 4 期；陈力丹、徐颢哲：《马克思恩格斯与〈人民国家报〉》，《新闻界》2014 年第 1 期；陈力丹：《马克思论自由报刊的历史个性和人民性》，《新闻前哨》2014 年第 7 期；陈力丹：《第一家马克思主义的日报〈新莱茵报〉》，《新闻界》2014 年第 11 期；陈力丹：《马克思参与工作的英国工人报纸〈人民报〉》，《新闻界》2014 年第 13 期；陈力丹：《马克思和恩格斯使用的"交往"概念》，《新闻前哨》2014 年第 11 期；陈力丹：《新莱茵报·政治经济评论》，《新闻前哨》2014 年第 9 期；陈力丹、徐颢哲：《德国〈社会民主党人报〉》，《新闻前哨》2014 年第 2 期；陈力丹：《列宁的生平及党报党刊活动》，《东南传播》2014 年第 1 期；陈力丹：《列宁论苏维埃新闻传播事业》，《东南传播》2014 年第 4 期；陈力丹：《列宁论出版物的党性》，《东南传播》2014 年第 2 期；陈力丹：《列宁论党内思想交流》，《东南传播》2014 年第 3 期；陈力丹：《列宁论社会主义新闻出版自由》，《东南传播》2014 年第 5 期；陈力丹、许若溪：《列宁论社会主义新闻出版自由》，《东南传播》2014 年第 5 期；陈力丹：《第二国际的党报体制》，《新闻前哨》2014 年第 3 期；陈力丹：《毛泽东的新闻观》，《东南传播》2014 年第 8 期；陈力丹：《毛泽东论舆论》，《东南传播》2014 年第 10 期；陈力丹：《夺取政权后毛泽东党报理论的发展和失误》，《东南传播》2014 年第 7 期；陈力丹：《夺取政权前毛泽东的党报理论》，《东南传播》2014 年第 6 期；陈力丹：《张闻天对中国共产党宣传理论的贡献》，《新闻前哨》2014 年第 11 期；陈力丹、高翔：《"党八股"——中国共产党宣传工作的反面概念》，《新闻界》2014 年第 5 期；陈力丹：《习近平的宣传观和新闻观》，《新闻记者》2014 年第 10 期。

③ 《胡锦涛在党的十七大上的报告》，2007 年 10 月 24 日。新华网，网址：http://news.xinhuanet.com/newscenter/2007-10/24/content_6938568_1.htm。

克思主义新闻史论研究领域的边界，还是非常宽泛的。

三、新闻体制研究

新闻学科最核心的关切，在于科学理性地认识、阐释和评判新闻传播领域中不同主体之间权利、权力、义务、责任的相互关系，而这些关系的深层根脉无不连通着国家政治、法律的制度安排和体制特征，从这一角度理解，新闻活动的空间往往是政治空间的延伸，新闻学所关注的深层问题，归根结底是政治问题。2013 年 11 月 12 日，中国共产党第十八届中央委员会第三次全体会议通过了《关于全面深化改革若干重大问题的决定》；2014 年 2 月 17 日，中共中央总书记习近平在省部级主要领导干部学习贯彻十八届三中全会精神全面深化改革专题研讨班开班式上发表了《推进国家治理体系和治理能力现代化》的重要讲话；2014 年 10 月 23 日，为贯彻落实党的十八大作出的战略部署，加快建设社会主义法治国家，十八届中央委员会第四次全体会议研究了全面推进依法治国若干重大问题，作出了《关于全面推进依法治国若干重大问题的决定》。这些关涉全局的高层政治文件昭示的即将或已经启动的政治、法治、文化、社会和经济制度，体制变革，与我国新闻传播制度和体制的发展密切相关。但是，到 2014 年底，国内新闻学研究对于上述重大改革设计的学理应答还在预热状态，有理论深度，有前瞻力度而又贴近本土现代化实际的解读、论证和研判尚待展开。

有学者在其“中国传媒改革进路”的问题研讨中提出：“人民性”是执政党在革命时期动员、宣传、鼓舞群众，取得一次次胜利的成功法宝，已经积淀、提炼出较为成熟的话语模式。社会舆论对于“人民性”话语的确认程度，即是对执政党在社会政治生活中合法地位的确认程度。在新的形势和环境中，对“人民性”及相关话语的调用，必然会加强媒介话语对主导性权力运作结构的支撑作用。然而，在全球化时代，中国特有的话语模式需要与国际接轨，方能获得普遍的认可，成为确立中国国际地位、改善中国国家形象的有效途径。而“公共性”就是这样的国际话语方式。“公共性”是国际社会公认的对传媒功能根本性的话语表达，指的是实现信息民主、消除商业主义的国家制度设计。“人民性”和“公共性”有很多共同的指向：关怀“弱势群体”和“少数族群”，反映普通劳动者的日常生活，致力于社会共识的建构，增强民族凝聚力，推动民族文化的复兴，从事民间文化遗产的保护，处理文化提高与知识普及之间的矛盾关系，侧重公众表达权利和公共利益取向，提升公共文化的水准，等等。如果将世界范围内已经成为成功经验的“公共性”价值系统同我国媒介话语占主导地位的“人民性”价值系统进行脉络贯通，将有利于中国与世界进一步的思想交流和文化互动。藉此，中国传媒及其“人民性”思想资源将突破重围，走向世界，获得广泛的认同。中共十八届三中全会通过的《中共中央关于全面深化改革若干重大问题的决定》中明确提出的“加强各类公共服务”“构建现代公共文化服务体系”等，均有公共性的意涵，它既充分表明“人民性”与“公共性”相通，也为当下的传媒改革提供了最新的理论支撑。①

一项关于我国参政报刊与协商民主制度的研究指出：20 世纪 80 年代以来，全国有 20 来家各级政协主办的公开发行的报刊，鉴于它们与中国共产党各级委员会主

① 郭镇之、冯若谷：《中国传媒改革进路：重构 · 驱动 · 突围》，《中国广播》2014 年第 1 期。

办的机关报及其它类报纸在定位及内容上的不同，可以将之定义为参政报刊。党的十八届三中全会提出："协商民主是我国社会主义民主政治的特有形式和独特优势，是党的群众路线在政治领域的重要体现。在党的领导下，以经济社会发展重大问题和涉及群众切身利益的实际问题为内容，在全社会开展广泛协商，坚持协商于决策之前和决策实施之中……发挥人民政协作为协商民主重要渠道作用。重点推进政治协商，民主监督，参政议政制度化、规范化、程序化。"正确认识并发挥好参政报刊的作用，就是落实上述十八届三中全会精神，推动我国政治体制改革和民主政治建设的一个不可忽视的实际行动。然而，现在各级政协报刊的工作人员相当多数只是把这张报纸作为政协机关的"机关报"来办，而不是当作政协的"机关报"来办。这两者的根本区别在于，报纸工作是围着机关事务性、程序性活动转，还是以政协的根本任务作为自己的服务原则。各级政协主办的报刊应当以政协机关为信息通道，通过这一通道广泛联系各参政党、各界委员，再通过各参政党、各界委员联系更多的群众，充分发挥自己"既不是权力部门，也不是行政部门"的"客观公正、相对超脱"的优势，发挥广大委员与本界别群众利益相近、联系紧密、认同感强的优势，在构建社会主义和谐社会过程中当好社会"预警器"和调控社会矛盾的"安全阀"，及时通报各种信息，反映社情民意，释放和疏导社会不稳定能量，为构建社会主义和谐社会创造良好的群众基础。①

《中国社会科学》2014 年第 2 期刊载了一篇讨论中国政治传播研究状况的论文。该篇论文认为，可以把中国政治传播划分为"政治宣传、政治传播、政治营销"三个阶段，目前中国的政治传播处于从政治宣传到政治传播的转型状态，或许未来要走向政治营销。从"宣传"到"传播"，从一个层面和角度折射出当代中国政治的变迁和时代进步，它既有内在的本质性变化，也有外在的表现特征。譬如，相比较而言，宣传关注主体，传播关注受众；宣传偏重单向，传播强调双向；宣传侧重直接，传播侧重间接；宣传强调覆盖，传播强调渗透；宣传具有刚性，传播兼有柔性；宣传重视信息筛选，传播重视信息公开等等。这种话语转换的研究，一定程度上反映并勾勒出中国从政治宣传到政治传播的战略转型脉络。该论文针对 2006—2012 年国家社科基金重大项目、重点项目和一般项目以及教育部社科研究重大项目中与"政治传播"相关的科研项目进行考察分析，发现我国政治传播的研究重点特别集中在"意识形态控制""舆情""危机传播""新媒体影响""文化软实力""对外传播能力"等方面。其中，传播学对国际政治传播的研究，几乎锁定在"国家形象"上。这些研究展现了理论关注对重大现实问题的敏感性，及时提供了解决实际问题的参考策略。但是必须看到，当前政治传播的研究比较侧重于应用研究。比如，对"中国国家形象"的研究，更多的是对"中国国家形象"被"妖魔化"这一具体现实的应激反应，很少诉诸政治合法性等政治文明角度加以认识和阐述，缺少必要的深层次价值思考和系统的理论反思。论文作者主张：针对政治传播的研究，首先需要在"基础"即中国政治的研究上下足工夫，应从"着力点"的传播反推到作为"基础"的政治本身，对什么样的"政治"需要更为广泛的、真实的、有力的传播，什么样的"政治"更能实现广泛的、真实的、有力的传播等政治传播研究中更为根

① 黄铮：《参政报刊与协商民主》，《新闻大学》2014 年第 2 期。

本的议题有所开掘，更新思路，创新理论。①

2014年度第6期《国际新闻界》刊载的论文《制造职业荣誉的象征：中国官方新闻奖的制度实践（1980—2013）》，采取一种整合性的视角，将官方新闻奖视为一项同时关乎社会控制、文化祝圣和社会承认的项目加以系统地考察。作者运用丰富的田野调查深度访谈资料和统计数据，深入解析和回答了我国新闻评奖制度的演进过程、规则系统和评委社会来源及其把关实践等研究问题。该论文指出，官方新闻奖始终按照一种国家支配模式在运行，即由扮演党和国家的代理者角色的专业组织具体组织实施新闻奖的生产，而双重赞助制度、推荐单位制度和挂钩制度则一起构成了基本的评奖规则系统，它们各有其社会控制功能；官方新闻奖一直有着稳定的评委来源，评委们的荣誉把关实践微妙而复杂。②

四、新闻法治研究

有关新闻法制的研究，是本世纪以来新闻学科中专业成熟度不断进阶的一个学科领域，但2014年度这一专业方向的成果产出较为沉寂。虽然十八届中共中央委员会第四次全体会议出台了《中共中央关于全面推进依法治国若干重大问题的决定》，其全局性的影响，必然会传导至我国新闻传播领域的法治建构，但因该决定出台于10月，到2014年底这段时间内新闻理论界的因应还在启动阶段，尚无大量的研究成果公开发表。

该年度新闻传播法制方向的较有学理拓展性的研究，主要见之于有关“传播虚假信息的法律究责”“新闻人网络传播作品的版权归属”等问题的讨论。赵秉志等人所撰的长篇论文《论我国编造、传播虚假信息的刑法规制》指出：编造、传播虚假信息犯罪中“虚假信息”范围的界定、“编造”与“传播”行为的关系以及此类犯罪与敲诈勒索罪的关系等问题，皆属司法适用中的疑难问题，需从法理上进一步研讨和阐明。我国刑法典第291条规定：编造、故意传播虚假恐怖信息罪的犯罪主体为一般主体，即年满16周岁、具有刑事责任能力的自然人。但现实中单位也可能实施编造、故意传播虚假恐怖信息的行为，例如，网站、报社等媒体为吸引大众眼球，提高营业收入，也可能在其网站或报纸上散布虚假恐怖信息，严重扰乱社会正常秩序。若不追究单位的刑事责任，显然不利于遏制该类行为的发生。因此，可考虑将本罪的主体范围扩大至单位。③ 于志刚在其发表的《全媒体时代编造、传播虚假信息的制裁思路》一文中认为：我国目前建构的制裁编造、传播虚假信息的罪名体系，借助于司法解释而呈现出“寻衅滋事罪”和“编造、传播虚假恐怖信息罪”的二元互补状态。但是司法解释和司法实践对于“自媒体”涉法的过度偏好和对传统媒体适法的基本忽视，也是一个必须解决的问题。④

卢海君在《著作权法中不受保护的“时事新闻”》一文中提出：通常情况下，照片报道、图片报道和音像报道等可视的表达方式不属于著作权法中不受保护的“时事新闻”。“时事新闻”作为一类表达方式，只有其“时事”本身才具有时效

① 荆学民、苏颖：《中国政治传播研究的学术路径与现实维度》，《中国社会科学》2014年第2期。

② 黄顺铭：《制造职业荣誉的象征：中国官方新闻奖的制度实践（1980—2013）》，《国际新闻界》2014年第6期。

③ 赵秉志、徐文文：《论我国编造、传播虚假信息的刑法规制》，《当代法学》2014年第5期。

④ 于志刚：《全媒体时代编造、传播虚假信息的制裁思路》，《法学论坛》2014年第2期。

性，而“表达”则不具有“时效性”，故此“时事新闻”的时效性是个伪命题，据此所做的司法判决当然也缺乏合理性。[①]关于传统媒体的记者在微博上发布新闻信息的妥当性问题，胡睿发表的《记者微博发布新闻的法律规范及其中国语境思考——基于〈著作权法〉的分析》中的观点为：记者通过微博发布新闻的行为，实际是网站微博媒体以与记者所在媒体同样的方式采用新闻作品、从事新闻传播的活动，根据《著作权法》的规定，记者所在媒体具有该类作品的优先采用权。但在中国现行的新闻强控制状态下，某些时候公共利益也可成为记者“破例”行为的免责事由。[②]

自媒体的普及改变了传统的表达和交流方式，也带来了诸多问题。公共人物制造或传播网络谣言问题即是其中之一。该问题涉及公共人物、表达自由及其规制等相关理论与实践，具有高度的复杂性。郭春镇所撰《公共人物理论视角下网络谣言的规制》一文的研究认为，传统的公共人物理论有效地平衡了公众、媒体和公共人物之间的权利，但自媒体的发展使得这一平衡被打破，应对公共人物理论进行拓展与深化：公共人物的主体范围应当扩展至法人及其他社会组织；在定性侵权行为时，应区分实质恶意与一般恶意。对公共人物网络谣言进行有效规制，要理性认识这些谣言的积极与消极作用。直接的规制方式包括可追索的匿名制度、通过制度设计达到适度的“警示效应”，间接的规制方式包括构建理性的网络文化以及培育公平竞争的“思想市场”等。[③]《学术月刊》发表的《新媒体涉私内容传播与隐私权理念审视》一文，则探讨了既有的隐私法因不适应新媒体环境而被某种程度地搁置，同时社会对于强化隐私保护的期待又与日俱增的现实问题及解困之道。作者提出，新媒体技术逻辑强化了传播内容的涉私性，导致隐私侵权的可救济性弱化，要均衡鼓励新媒体技术的应用与隐私人格利益保护之间的关系，隐私权保护规则就应确立如下原则，即以人格尊严与伦理价值作为要件庇讳隐私，以主体不同身份角色与所处境遇确立隐私外延差异，以社会对涉私的违德行为可容忍度为依据判别隐私正当性。[④]

魏永征发表于《新闻与传播研究》的一篇论文，通过回顾“新闻侵权”“媒介侵权”概念的提出和演变，系统阐明了这些概念在中国传播法研究中的地位，论证了它们不能成为法律概念但可以作为学术概念的理由，并对当前进一步开展媒介侵权研究等问题阐述了意见和看法。[⑤]也有学者对国内新闻界常用的另一个概念“媒体审判”作了深入的考辨和解析，在其发表的《“媒体审判”真伪辨》一文中，该学者指出：作为舶来品的“媒体审判”概念，原本是指新闻媒体报道正在审理中的案件时，超越法律规定，影响审判独立和公正。这种现象多数发生在刑事案件报道中，主要表现为在案件审理前或判决前就在新闻报道中抢先对案件进行确定式报道，对涉案人员做出定性、定罪、量刑等结论。新闻媒体的这种行为，因其滥用新闻自由而应当受到职业道德层面的批评，甚至受到法律的规训。在当代中国，一方面新闻

---

① 卢海君：《著作权法中不受保护的“时事新闻”》，《政法论坛》2014 年第 6 期。

② 胡睿：《记者微博发布新闻的法律规范及其中国语境思考——基于〈著作权法〉的分析》，《新闻界》2014 年第 3 期。

③ 郭春镇：《公共人物理论视角下网络谣言的规制》，《法学研究》2014 年第 4 期。

④ 陈堂发：《新媒体涉私内容传播与隐私权理念审视》，《学术月刊》2014 年第 12 期。

⑤ 魏永征：《从“新闻侵权”到“媒介侵权”》，《新闻与传播研究》2014 年第 2 期。

媒体对舆论的影响日益增强，所以应当避免新闻报道和评论对司法的干扰；另一方面中国各级法院“依法独立行使审判权”的目标尚未实现，法院在审理大案要案之前和审理过程中可能受到公权力的干预。这就可能形成背离“媒体审判”原意的伪“媒体审判”。文中介绍了美国哥伦比亚大学法学院中国法律研究中心主任李本（Benjamin Liebman）在《哥伦比亚法学评论》上发表的一篇论文中的观点：在中国内地，媒体的报道和评论往往首先影响不直接行使司法权的权力机关，再由权力机关对行使司法权的主体（法院）施压，从而间接影响审判的公正。因此，与人们一般理解的“媒体审判”不同，中国媒体影响司法的基本模式是“媒体影响领导，领导影响法院”。[①]

五、新闻伦理研究

2014 年度新闻伦理研究领域产出活跃，呈现出良好的成长性。《新闻记者》刊发的《2013 年十大传媒伦理问题研究报告》，结合热点典型案例对 2013 年度国内呈现的主要新闻传媒伦理问题做了梳理，通过对这些问题的分析和点评，揭示了新闻人职业活动中伦理选择的复杂性、多向性。[②] 另一项关于上海新闻工作者新闻道德认知与实践的调查报告显示：上海新闻工作者认为，当前存在的新闻道德问题，第一是“有偿新闻”，第二是“低俗新闻”，第三是“虚假新闻”，第四是“恶意炒作”，第五是“新闻失实”，第六是“剽窃抄袭”，第七是“缺乏敬业精神”，第八是“把广告处理成新闻”。多数（占比 72.8%）上海新闻工作者表示没有采写或编发过“有偿新闻”，但是，认为自己身边的记者、编辑采写或编发过有偿新闻的占比 36.3%。[③]

杨秀发表的一项研究成果发现，在对新闻媒体及记者的权利提供保障方面，我国的新闻法律、伦理准则等规范性文本还存在诸多缺陷，包括授权性规范覆盖范围有限，义务性规范操作性不强以及权利缺乏司法程序的保障等问题。该项研究认为，2013 年开始在全国各地陆续设立的新闻道德委员会是促进新闻业所需规范的发展完善以及提升现有新闻监管水平的一个重要契机，其在推进媒体、记者权利保障制度化建设方面的作为空间体现在：一是推动制订各种不同层次的新闻工作规范，特别是在完善授权性规范以及加强义务性规范的精细化方面可以大有作为；二是推动沟通性、协商性纠纷解决机制的形成，积极探索未来建立专门处理新闻事务司法程序的可能性。[④]

在公民参与新闻传播的热情空前高涨，同时新闻舆论场域也不乏伦理缺失、新闻失范乱象频仍的现实背景下，来自西方的新闻专业主义及其媒介伦理能否在当下中国发挥纠偏除弊的积极作用？其意义和价值又该如何引进？郭镇之在其论文《公民参与时代的新闻专业主义与媒介伦理：中国的问题》中提出：新闻专业主义和媒介伦理可能促进中国新闻传播事业和政府—媒介关系的发展。在法治和伦理的框架中，全球社会怀有共同的目标：限制媒介权力。

---

① 李兵、展江：《“媒体审判”真伪辨》，《中国地质大学学报（社会科学版）》2014 年第 5 期。

② 上海市新闻道德委员会“2013 年十大传媒伦理问题研究”课题组：《2013 年十大传媒伦理问题研究报告》，《新闻记者》2014 年第 3 期。

③ 上海市新闻道德委员会“媒体及从业人员新闻道德状况调研”课题组：《上海新闻工作者的新闻道德认知与实践——2013 年上海新闻道德状况调查报告》，《新闻记者》2014 年第 3 期。

④ 杨秀：《新闻媒体、记者权利保障视阈下新闻业监管规范的现状及问题反思——兼论设立新闻道德委员会的意义》，《国际新闻界》2014 年第 6 期。

中国和西方大众传媒都有很大的权力，虽然来源不同：在西方社会，是新闻自由赋予的专业权力；在中国社会，是政治特权带来的“监控”权力。此外，它们共有传媒技术特具的信息知晓和影响放大的权力。巨大的权力意味着高度的责任，伦理的最高准则是自律。无论是媒介的自治地位、新闻的客观性原则还是传播的道德审视与伦理约束，在中国都是迫切而实际的目标。相对西方新闻界而言，中国新闻改革的目标是双重的，我们的任务更艰巨，道路可能更曲折。① 还有的研究考察了“公民记者”或“自媒体”所具有的朴素伦理标准进入新闻传播流程时，对传统新闻伦理可能带来的影响。该项研究追溯了新近发生的若干热点事件产生、演化的传播链条，分析了“公民记者”、传统主流媒体、市场化媒体以及资本化网站在其中的角色及相互作用，其研究发现是：传统主流媒体对社会热点问题的回避和忽视、都市类媒体和网站的片面市场化取向，都使新闻伦理面临解体的窘境，“公民记者”的加入，事实上加剧了这种解体的趋向，并使之变得更加破碎和混乱。“公民记者”与网络媒体、都市报之间的相互作用共同构成了人们感知社会热点事件所依据的“拟态环境”；“公民记者”所具有的某种“道德义愤”事实上参与了热点事件的生成和传播，并往往在此过程中进一步扭曲了事实。②

自20世纪70年代末我国新闻体制改革上路以来，国内新闻从业者在学术性期刊和互联网平台上发表的对媒体同业的批评文章或批评意见并不少见，对报道失实等新闻失范现象，也有媒体会在自身平台上进行批评。但是，很少有媒体在自家的内容平台上对与自己经济利益直接相关的新闻寻租现象进行批评监督，在为数不多的同业批评案例中，也存在种种争议。刘颂杰发表的《媒体同业批评的争议与困境》分析了同业批评陷入争议和困境的原因，将其归纳为：1. 全行业处于“灰色生存”状态，多数媒体不具备同业批评的底气；2. 政治管制、商业侵蚀使媒体腹背受敌，同业批评容易变成“双刃剑”；3. 新闻业在职业伦理上缺乏基本共识，同业批评缺乏统一的标准；4. 监管者处理“新闻寻租”时进退失据，导致同业批评的积极性被抑制。③

关于国外新闻伦理研究的新进展，有两篇论文的治学描述值得关注：《山西大学学报》（哲学社会科学版）刊载了一篇多位德国学者合作撰写的“欧洲国家的媒体责任与透明度”项目研究报告，该项研究采用调查分析法，从比较新闻学的角度探索关于媒体的义务和责任，通过考察欧洲和阿拉伯14个国家不同的媒体责任结构现状，评估互联网和社交网站媒体自律的影响因素，力求理解新闻记者对媒体自律和责任的态度和经验，进而为欧盟相关机构制定和改进媒体问责措施提供依据；④《新闻大学》刊载的《论国际传播中的全球新闻伦理的建构：思路与挑战》一文，描述了全球新闻伦理能否成立以及如何建构的各种争论，通过说明伦理的概念、分类以及现今占主导地位的西方新闻伦理的发展过程，对新闻伦理进行了较为全面的介绍，进而分别对全球新闻伦理的不同观

① 郭镇之：《公民参与时代的新闻专业主义与媒介伦理：中国的问题》，《国际新闻界》2014年第6期。

② 张垒：《破碎与疏离：从热点事件传播看“公民记者”对新闻伦理的影响》，《现代传播》2014年第4期。

③ 刘颂杰：《媒体同业批评的争议与困境》，《现代传播》2014年第5期。

④ ［德］苏姗娜·芬格勒、托比亚斯·埃伯温、朱迪斯·派斯：《新闻从业者、新闻伦理和媒体问责——基于欧洲和阿拉伯14个国家的比较研究报告》，庞慧敏译，《山西大学学报（哲学社会科学版）》2014年第4期。

点进行了讨论，指出如果建构全球新闻伦理是必要的，那么其建构必是既寻求共同道德又尊重多样性不断发展的过程。①

六、应用新闻学研究

2014年度，应用新闻学领域最受关切、智力投入最多的议题，大都聚焦于新媒体技术带给新闻传播实务领域的各种挑战和机遇。传统媒体官方微博凭借即时性和交互性的优势，在2014年多起突发性灾难事件中迅速发声，起到了不可替代的作用。但在马航飞机失联事件中，人民日报新浪官方微博被指报道内容煽情，其情绪化的传播方式不符合权威主流媒体的定位和新闻专业主义理念。方毅华、赵斌艺撰写的《人民日报官方微博马航失联报道研究》，分析了马航事件发生五天内人民日报官微的内容，指出其在突发性灾难报道中的问题及原因，并提出若干改进建议，包括：1. 保证微博信息准确性，新闻表达避免情绪化；2. 坚持新闻图片客观性，遵循适度转发的原则；3. 提高官微团队专业素养，建立灾难报道应急机制。② 郎劲松、杨海发表的《数据新闻：大数据时代新闻可视化传播的创新路径》梳理了数据新闻的理论阐释脉络和实践经验的积累，进而对大数据时代新闻可视化传播的创新路径有所探讨。③

有多篇论文各从不同角度分析、论述了《环球时报》的媒体风格和业务特色。闻迪生所撰《〈环球时报〉社评：主流话题与民间表达》认为，在当今众多的报纸评论中，《环球时报》社评独具特色。这不仅是因为它数量多，基本保持每天两篇；选题广泛，涉及的话题几乎无所不包。更因为它常常引发强烈反应，其社评既被主流媒体引用，也被商业网站转载，还会在微博圈中激起层层波浪。《环球时报》社评的表达方式自由、直白、形象，并带有反讽、戏谑的韵味，形成民间话语风格；同时，它又善于将具有规训性质的议题放置在民间语境中进行讨论，对敏感话题也不回避，立场非常明确，制造出独特的语言狂欢。这些都在客观上提升了其评论的影响力。④ 辛尔露发表的《追踪评论、跟踪报道得失分析——以“斯诺登事件”为例看〈环球时报〉“打井式”系列社评报道》一文指出：《环球时报》社评创办以来，以国内外重大新闻事实、重大时政事件作为评论对象，保持出报即有社评、大事即有社评的强时效性，获得了很高的舆论关注度，产生了广泛而激烈的舆论影响。但《环球时报》社评还有值得关注的一点，就是其对某一重大事件展开的“打井式”追踪评论、跟踪报道。这类报道是应对竞争激烈的媒体环境的一种明智选择，是对公众深度新闻信息需求的一种回应，同时也体现了其强烈的社会责任感，值得其他媒体借鉴，有着很好的发展前景。⑤ 这一方向的论文还有《论〈环球时报〉的民族主义倾向——以钓鱼岛报道为例》《事实框架与情感话语：〈环球时报〉社评和胡锡进微博的新闻框架与话语分析》《公共议题的媒介分裂图景——以〈人民日报〉〈南方周末〉与〈环球时报〉的住

① 纪莉：《论国际传播中的全球新闻伦理的建构：思路与挑战》，《新闻大学》2014年第5期。

② 方毅华、赵斌艺：《人民日报官方微博马航失联报道研究》，《现代传播》2014年第6期。

③ 郎劲松、杨海：《数据新闻：大数据时代新闻可视化传播的创新路径》，《现代传播》2014年第3期。

④ 闻迪生：《〈环球时报〉社评：主流话题与民间表达》，《现代传播》2014年第6期。

⑤ 辛尔露：《追踪评论、跟踪报道得失分析——以“斯诺登事件”为例看〈环球时报〉“打井式”系列社评报道》，《东南传播》2014年第1期。

宅新闻（2008—2013）为例》等。①

随着博客、微博、微信等的崛起，社交媒体已经成为中国新闻从业者工作和个人生活中的重要工具。新闻从业者怎样运用社交媒体？哪些因素影响其使用？2014年度发表的一项研究成果，将新闻从业者的社交媒体使用概念化为“工作运用”“常规表达”和“后台披露”三个维度，分别从个人属性、组织影响、新闻范式、心理变量等四个维度考察了新闻从业者的社交媒体运用及其影响因素。该研究基于对上海青年新闻从业者的实证调查数据分析，其研究发现是：新闻从业者的社交媒体使用以工作运用为主，其次是常规表达，而后台披露最少；对互联网工作功效的认知、对社交媒体表达的正向态度以及机构的鼓励，是影响他们社交媒体运用的重要影响因素；而不同的新闻范式（体现为不同的新闻范例评价）对表达性的社交媒体运用亦有显著影响。研究者认为，新闻从业者对社交媒体的使用，不仅是单纯的技术扩散过程，而是特定社会场景中个人、组织、职业理念与社会生态的互动结果。②

“参与式新闻”（Participatory Journalism）原指传统意义上的新闻受众“在新闻与信息的采集、报道、分析与传播等领域扮演积极主动角色”的一种新闻生产模式。互联网技术的崛起被普遍认为是催生参与式新闻的主要社会因素，博客、播客乃至现在的微博、微信及分享类视频网站，均可被视为参与式新闻实践的平台。《中国记者》刊载的一篇论文，以我国新华社的“我报道”和美国 CNN 的 iReport 为例，对这两家中美主流媒体的参与式新闻理念与实践进行了比较分析，作者指出，CNN iReport 平台主要包括三个显著特征：1. 打通网站与传统播出渠道的界限，实现对参与式新闻与传统新闻的同等对待；2. 通过线上教程对非专业记者进行培训，提升其新闻制作的专业程度；3. 建立严格而完备的审核与奖励机制，将参与式新闻纳入传统评价体系。新华社的“我报道”是 2013 年 6 月推出的一项参与式新闻移动终端服务，旨在鼓励非专业记者从新闻现场报料，这一平台也具有三个方面的特征：1. 与其说它是参与式新闻平台，不如说它是一种十分强调新闻用户需求和体验的新型新闻客户端，用户可以提出需求、提供素材，但真正意义上的“自制”新闻十分罕见；2. 从新闻产品形态上看，“我报道”更多是通过受众“报料”而实现了素材的丰富性与多媒体化，受众是传统新闻生产中的“素材与话题供应者”，其观点在相关报道中得到体现，也是出于报道对平衡性、“草根性”的追求；3. 尽管被界定为“移动交互平台”，但从“我报道”目前发挥的功能来看，并未对传统的移动新闻客户端有明显的超越，互动性仍较弱。作者提出，作为国家通讯社的新华社高调创制“我报道”平台，在中国传统新闻业转型的脉络中，具有高度的象征意义——它代表着主流媒体对于参与式新闻这一全球性趋势的回应。应进一步结合中国社会结构与社会变迁的特征，在理念上更多接受“参与式新闻”诉求的合理内涵，并在平台设计上更多强调“引导”而非“使用”，

① 张涛甫：《论〈环球时报〉的民族主义倾向——以钓鱼岛报道为例》，《新闻大学》2014 年第 3 期；罗昶、丁文慧、赵威：《事实框架与情感话语：〈环球时报〉社评和胡锡进微博的新闻框架与话语分析》，《国际新闻界》2014 年第 8 期；张梅：《公共议题的媒介分裂图景——以〈人民日报〉〈南方周末〉与〈环球时报〉的住宅新闻（2008—2013）为例》，《现代传播》2014 年第 9 期。

② 周葆华：《中国新闻从业者的社交媒体运用及其影响因素：一项针对上海青年新闻从业者的调查研究》，《新闻与传播研究》2014 年第 12 期。

如此才能取得更多更大的社会效果。①

国内传统媒体关于以什么“为王”的探讨和争论由来已久，甚至可追溯到新媒体诞生之前相当长的岁月。那时报人们热衷于“内容为王”，后来有人倡导“发行为王”，再后来演变为“广告为王”“品牌为王”，新媒体出现后是“产品为王”“渠道为王”“技术为王”“平台为王”，2014年7月8日，郭全中在其新浪网站的专栏中发表了《旗帜鲜明地反对“内容为王”》一文，又提出了以“信息服务为王”的主张。对此，辜晓进在《新闻记者》上发表了商榷文章，指出：现在中国报纸的内容生产出现一种悖论：一方面，媒体的多元化和竞争的激烈化，正需要专事内容生产的传统媒体进一步提高内容质量以增强竞争力；另一方面，在报纸内容长期被网络媒体无偿占有和经济不断滑坡的情况下，很多报业工作者失去生产优质内容的动力和兴趣，优秀的员工也在不断流失。从任何一个角度讲，目前中国大多数报纸的实质内容比10年前非但缺少进步，反而明显倒退。在这个时候强调放弃“内容”的“王位”，很像20世纪80年代中后期的情况：内容尚未做强，已经转移方向。在媒体数字转型方面，以美英为首的发达国家远远走在中国前面，其中又以《华尔街日报》《纽约时报》《金融时报》《卫报》等报纸为探路先锋，稍稍关注它们的改革历程就会发现，这些报纸在积极拥抱新媒体、不遗余力地推动数字化转型的同时，始终把优质内容的生产放在第一位。数字转型、媒介融合、受众互动、个性服务等都很重要，都要花大力气去探索和实施，但不应干扰内容的至上地位。传统媒体毕竟是内容的生产商，如果传统媒体辛辛苦苦建立起华丽的数字平台和便捷的服务渠道而内容却输给竞争对手，那么一切努力便可能成为镜中花水中月。②

七、新闻史学研究

2014年度的新闻史学研究成果颇丰，不少论文用功足、出新见、有意趣，特别是中青年的治史学者日趋活跃，渐成气候。

李滨所撰《“附会”与中国近代报刊思想的早期建构》一文，颇有力度地解析了清末来华传教士们援用“附会”的办法，将西学西报知识与中国近代的政治和文化需要等结合起来，使之成为解决中国现实问题的思想观念形态。所谓“附会”，又称“格义”，最早生发于汉魏时代的佛典翻译，是指用中国固有的名词概念来对译佛教的名词概念。该文认为，传教士主要通过援用中国古代“讽谏”“清议”和“教化”等相关思想资源，将报刊比附为中国古已有之的政情沟通方式和自上而下的社会教化工具，以适应中国的语境。这种对报刊的附会式言说策略虽然拉开了与西方对应文化因子的距离，但其所激发、延伸的对报刊的论述，自然地融入了传统传播文化的生机和活力。中国近代报刊实践的两个重要特质，办报议政论政以及强调报刊的启蒙、宣传和教育作用，都可以从传教士处找到思想发生的萌芽。③

与上述研究意旨相投、考辨深彻的另一项研究，见于朱至刚发表的《“西国”映像：近代中国报刊理念的一项生成因素》一文，该篇论文依据史料的解读，阐

---

① 常江：《“参与式新闻”的理念与中外实践——以CNN iReport和新华社“我报道”为例》，《中国记者》2014年第7期。

② 辜晓进：《内容的至上地位永难撼动——兼与〈旗帜鲜明地反对“内容为王”〉商榷》，《新闻记者》2014年第9期。

③ 李滨：《“附会”与中国近代报刊思想的早期建构》，《新闻与传播研究》2014年第3期。

释了“近代中国报刊理念的流变受到国人对‘西国’整体想象的结构性影响”这一史论观点。作者认为：甲午以前，国人对根本制度仍存自信，包括报业在内的西国种种，不过是异域的嘉物，对之虽有赞许，却未全然效仿。甲午之后，趋新崇西迅速成为社会风气，“西国”及其报业也就被设定为尽善尽美，俨然成为中国报人认可的典范。然在“一战”以后，随着对“西国”的反思与重构，中国报人又逐渐认定西国报业存在根本缺陷，这促使他们去探索自认为更理想的报业模式。此番演化的图景，也表征了近代中国如何从接触“世界”而至进入“世界”，继而更积极地建构“世界”。①

研究中国近现代新闻自由思想史，总要考察这一概念最早输入国内的情况。通常认为，中文“新闻自由”一说最早出现于1944年的下半年，1945年之后逐渐流行开来。周光明在其《中文“新闻自由”概念考略》中介绍，黄天鹏1930年编辑的《新闻学名论集》所收录的《国际报界专家会议时之报告书》中，就已使用了“新闻自由”的说法，而该报告书与1927年在瑞士日内瓦召开的国际新闻专家会议有关。作者认为，该报告当是中文“新闻自由”的首见书证，以此判断：“新闻自由”在中文世界中的出现应不晚于1930年。周光明的论文从学科术语生成而非一般思想史的角度，对“新闻自由”这一舶来的新闻理论关键词进入中文语境的早期路径作了考察和梳理。作者认为：“新闻自由”概念的出现是近代新观念不断输入的结果反应，其流行开来也说明本土存在着支持这一概念生成的若干因素。但长期以来，中国大陆新闻传播学术界的相关研究存在着若干误区，一些学者常常把概念和观念混为一谈，不同程度地存在着对原始文献的过度诠释，或可称之为“回溯性追认”，此外，人们对近代自由概念的理解偏差恐怕也是一个重要的原因。②

现代意义的报刊大约200年前由西方传入中国。有关西报东渐之时，是否刊报未分、何时起刊报两分等问题，长期未引起足够的关注。李玲发表的《从刊报未分到刊报两分——以晚清报刊名词考辨为中心》，从晚清报刊关键词的考辨入手，通过细致梳理晚清的报刊名词“新闻纸”“新报”“报纸”和“杂志”的渊源本末，为刊报未分到刊报两分的变迁过程提供了一种解释依据：“新闻纸”和“新报”是传教士创制的新词，“报纸”是本土新语词，维新运动之前，这三词对一义，笼统涵盖现代意义的报纸和期刊，表明时人把报纸杂志当成一元的概念来理解。维新运动期间日文译词“杂志”输入中土，它作为期刊的专属名词在民国时期定型下来，从而厘定了现代报刊的术语，使多名同指一物造成的刊报未分的问题得到解决，形成了报纸杂志的二元概念。③

近年来，新闻学之外的其他人文学科和社会科学的研究，也越来越多地将新闻、媒介与传播的历史变迁作为一种影响因素和促生变量予以考察和论证，新闻传播史学的研究边界由此扩展至各种跨学科的治学产出。2014年度这一方向的力作之一，是丁晓原发表于《中国社会科学》的论文《媒体生态与中国散文的现代转型》，该文指出：为报刊写作，是晚清至五四时期散文最显著而重要的特点。以报刊为媒介载体的散文，其写作方式和传播方式外在地影响了散文的体式、语言和风格。同时，

① 朱至刚：《“西国”映像：近代中国报刊理念的一项生成因素》，《新闻与传播研究》2014年第9期。
② 周光明：《中文“新闻自由”概念考略》，《国际新闻界》2014年第10期。
③ 李玲：《从刊报未分到刊报两分——以晚清报刊名词考辨为中心》，《近代史研究》2014年第3期。

媒体的价值取向又规定或部分规定了散文的主题设置。以报刊建构民族国家想象的共同体，是晚清至“五四”的主流媒体为中国现代性建设所作出的特殊贡献，而“媒体散文”则是联结报人志怀、报刊功能和民族国家建构的关键词。五四时期的许多散文作家，既是现代散文理论的建构主体，又是现代散文的创作主体。理论与创作的有机互动，实现了中国散文的现代转型。[①] 刘开军所撰《近代报刊在晚清史学批评演进中的地位与价值》，考察了晚清报刊上史学批评文献的三种主要类型，包括商榷型专文、史书广告和新书评介。商榷型专文多出自史学精英之手，它塑造了晚清史学批评史的主要脉络；史书广告在商业宣传之下仍透露出较强的史学批评信息，是史学常识与史学思想在一般知识阶层中的延伸与扩张；新书评介的第一属性是学术批判，晚清报刊设置这一栏目，使得新书评介跻身于和经济、学术、教育、军事诸栏目平等的序列，为史学批评创造了一个相对独立、自由的舆论空间。作为一种新兴媒介，晚清报刊起到了凝聚重大理论问题，提供学术争鸣平台的作用。报刊的阅读面广泛，影响力较大，这使得公开的、大规模的商榷成为可能。日报、周刊、旬刊、半月刊、月刊等报刊的时效性很强，能够以较快的速度将最新的史学批评动向传递给史学界。批评者的挑战与被批评者的回应，几乎可以在报刊上展开共时性的交锋，加快了史学批评的传播速度，缩短了批评者相互回应的周期，这种情况在既往古代史学批评史上是难以想象的。[②]

主持、撰稿：宋小卫（中国社会科学院新闻与传播研究所研究员）

中国传播学研究2014年综述

本研究以北京大学图书馆的《中文核心期刊要目总览》2012版为依据，选取了学科类目G20/G21（信息与传播，新闻学、新闻事业）和G22（广播、电视事业）所收录的17本期刊[③]，确保所选取的期刊样本具有权威性和代表性。研究者通过对期刊的通读，带着问题意识，梳理出2014年传播学领域的年度发展脉络特点。为更好地呈现传播学研究的年度现状与趋势，研究者亦研读了代表新闻实践领域的核心期刊，以及大学学报、学刊有关新闻传播的研究。需要说明的是，本研究之“中国”特指大陆传播研究。

2014年是中国传播研究逐步走向大发展大繁荣的一个见证。其总体气质集中体现在如下七个方面：（一）传播学本土化研究全面展开；（二）传播技术和业务领

① 丁晓原：《媒体生态与中国散文的现代转型》，《中国社会科学》2014年第4期。

② 刘开军：《近代报刊在晚清史学批评演进中的地位与价值》，《江海学刊》2014年第3期。

③ 17本期刊包括《新闻与传播研究》《国际新闻界》《现代传播》《新闻记者》《新闻大学》《当代传播》《中国记者》《新闻界》《新闻战线》《传媒》《传媒观察》《中国报业》《新闻与写作》《新闻爱好者》《新闻知识》《中国广播电视学刊》《电视研究》。

域的前沿思考有喜有忧；（三）依托舆情智库建设的“策论”研究成为传播研究新地标；（四）传播学研究呈现浓厚的学科建设自觉；（五）传播学领域的社会使命自觉上升；（六）传播学领域的政治使命自觉集中体现在政治话语建设；（七）传播学领域呈现出一种学术智慧下的历史使命自觉。

一、传播学本土化研究全面展开

中国的知识分子，处于后殖民时代的西方文化滩涂上，深一脚浅一脚地探索，究竟是一心向海，还是艰难登陆，亦或填海造地？历史尚无定论。2012 年，有学者曾提出“当代中国社会思潮异常活跃，呈现空前的多样性……存在着自由主义、新左派、文化保守主义三种不同社会思潮的意见趋势”①。但无论是自由主义与新权威主义、新左派还是文化保守主义，都在很大程度上借鉴了西方的思想与理论，对中国的现实问题进行解剖和诠释。传播学领域，学术“西化”的特征尤为明显。但也有学者力求突破这一桎梏，尝试传播学本土化的学术创新。喧嚣已降，窗内的辩论略显苍白和尴尬，有些人已破窗而出。

30 年来，经历了“引进、消化、吸收”的中西方传播学对话，我们是否逐步了解了“全球化”和“本土化”的意义？是否在上述传播研究重大历史机遇来临之际，思考践行汪琪提出的“迈向第二代本土研究”，推进传播研究走出去，融入世界和中国发展的大时代，为中华民族伟大复兴的建设历程做出属于本领域的贡献？这些是每个传播学者思考的根本问题，更是中华民族伟大复兴历程中对传播学的角色期待。②

传播学引入中国，从 20 世纪 80 年代以来到 2008 年以前，基本是以学科和理论为导向的。具体来说，新闻传播学科从 1997 年提升为一级学科，这 30 年，理论研究基本围绕着学科建设进行，且基本是以美国的实证主义为导向的。但是，2008 年以来，中国的传播学研究明显地呈现以传播技术为驱动，以现实问题为导向，以理论研究本土化深化为根基的趋势，学科化开始打破边界和以重组为特征的转变，推动传播的本土化研究全面展开，体现在如下一些方面。

（一）传播学的“展开研究”呈现新特点

基于新兴技术和社会、国际语境以及本土问题，将研究对象细化，将研究范式落地，将以往理论向前走一步，将结论再考量，我们将这种现象称为传播学的“展开研究”，这样的趋势已经比较明显。比如针对创新扩散理论将用户进行“采纳—拒绝”两个维度的考察，有学者提出，“采纳后的中断使用和拒绝后的采纳，这些现象在扩散研究文献中一向少有记载，可作为今后研究的重点之一”。③ 在此基础上，有学者展开研究，接近 90% 的美国成人是互联网用户，近 70% 的美国成年网民是脸谱用户。照此标准，绝大多数人已成为这些传播新技术的采纳者。因此，有必要对采纳者作进一步分类，展开研究，揭示其内部可能存在的差异。④ 基于动态化的创新采纳决策视角，该文探讨了创新扩散过程中一种重要的采纳后行为——间歇

① 陆晔：《媒介使用、媒介评价、社会交往与中国社会思潮的三种意见趋势》，《新闻大学》2012 年第 6 期。

② 汪琪：《迈向第二代本土研究：社会科学本土化的转机与危机》，台湾商务出版社 2014 年版。

③ 祝建华、何舟：《互联网在中国的扩散现状与前景：2000 年京、穗、港比较研究》，《新闻大学》2012 年第 2 期。

④ 张明新、叶银娇：《传播新技术采纳的“间歇性中辍”现象研究：来自东西方社会的经验证据》，《新闻与传播研究》2014 年第 6 期。

性中辍。分析2012—2013 年中美两国调查数据发现：在美国成年网民中，脸谱的间歇性中辍者占四成，而持续性采纳者不足三成；我国城市网民对 BBS、博客、微博、微信、电子书和平板电脑的采纳，间歇性中辍者占二到四成，持续性采纳者从三成到六成不等。可见在传播新技术的扩散中，间歇性中辍是一种普遍现象。另外，针对谣言的深入研究，有学者用“信息拼图”这样一个抽象度适中的术语来描述谣言的动态景观，在某种程度上超越了简单的“真—假”刻板认知框架，而将其置放到一个动态拼接过程之中，同时把谣言的阻断演绎成“确定性信息”与“不确定性信息”的博弈和“信息稀释”，是比较客观、审慎和有启发性的思考。①

（二）融通学科资源视角下传播研究新兴分支领域的涌现和深入

“传媒艺术如今正极大地改变着人类的日常生活，甚至成为体现国家民族文化软实力的重要载体和组成部分，也是国家民族国际竞争力的重要内容”，艺术传播“是艺术信息在时间与空间维度的发出、传递、接收、反馈等一系列传播行为和状态。相对而言，艺术传播的中心更多聚焦传播的方式、过程和效果”。②综合了媒介生态学、传播政治经济学、文化研究和都市社会学的观念，着眼于都市的媒介化程度——人们对于数字化媒介的依存程度及数字鸿沟问题；着眼于都市的信息沟通、人际交流和社会文化认同状态以及如何解决日益严峻的社会鸿沟问题。

有学者提出“可沟通的城市”这一概念，它是指“在媒介信息网络快速发展并构成了新型城市的基础以后，如何在社会制度、社会结构和社会观念上进行全面的、深度的变革，以真正形成可沟通的城市社会，使这样的城市成为有共享的文化认同的社会共同体”③。

与城市传播有密切关系的环境问题和环境传播研究，成为传播研究领域的“新贵”——包括其话题的广泛性、重大性以及研究范式的多元勾连和深刻思想。“环境传播”作为传播学的一个分支在当代中国得到越来越多的关注，“其背后是日渐严重的环境问题以及频繁发生的环境事故与环境灾害”，“旨在改变社会传播结构与话语系统的任何一种有关环境议题表达的传播实践与方式”。④比如有关兰州自来水污染事件的研究，从符号学的视角来看，底层话语修辞运动在语境的意义赋值体系伴随下发挥着“极为重要的符号召唤与意义再造功能”，进而在“环境正义”话语框架下，就超越一般意义上的修辞运动而进入了社会动员。如此，就为环境公共事件研究提供了一种科学传播、环境传播和文化符号传播的“分析框架、路径和方法”。⑤

公共关系研究的发展。国际关系研究领域所提及的“认知共同体”（epistemic community）被定义为“由公认的具有权威知识的专业人士组成的网络，在这个网络中，所有专业人士共享特定的知识、规范

① 雷霞：《“信息拼图”在谣言传播中的作用研究》，《新闻与传播研究》2014 年第 7 期。

② 胡智锋、刘俊：《何谓传媒艺术》，《现代传播》2014 年第 1 期。

③ 吴予敏：《从“媒介化都市生存”到“可沟通的城市”：关于城市传播研究及其公共性问题的思考》，《新闻与传播研究》2014 年第 3 期。

④ 黄河、刘琳琳：《环境议题的传播现状与优化路径：基于传统媒体和新媒体的比较分析》，《国际新闻界》2014 年第 1 期。

⑤ 刘涛：《环境公共事件的符号再造与修辞实践：基于兰州自来水污染事件的符号学分析》，《新闻大学》2013 年第 11 期。

和信念，以形成对决策的影响”。首先，比较公共关系领域大陆和台湾从业人员的职业认知发现，“至少在认知层面，中国公关业的职业共同体正在形成”①。其次，公关学术研究与高等教育的迅速发展，“迄今在我国新闻传播学、管理学、公共管理学等学科，已拥有了一批专门从事公关研究的学者，形成了一定的学术和社会影响。高等教育方面，大陆已有近20所高校开设了公共关系全日制本科专业，每年毕业学生1000余人……形成了从本科到硕士、博士的完整培养链”。② “作为新闻传播主体之一的记者并不是记录事实的机器，新闻传播的客体也不是社会现实的镜像，新闻传播的受众更不是被动的标靶，行为个体或群体的心理因素及其反馈与互动，自始至终影响着新闻传播实践的全过程”，这就引出了“新闻传播心理学研究及发展的学术空间”。③

（三）跨文化传播（含国际传播）与政治传播作为传播研究引擎的动力不减

1. 政治传播研究持续升温

2011年，国家社科基金对“中国特色政治传播理论与策略体系研究”重大课题首次立项；2013年11月，《求是》与国家外文局合作的政治话语传播学术研讨会召开；2014年9月，中国青年政治学院政治传播研究中心成立并召开研讨会。政治传播领域的重大成果在2014年有所突破，中国传媒大学荆学民和苏颖在《中国社会科学》发表长文《中国政治传播研究的学术路径与现实维度》。该文点明了中国政治传播研究的五个方面问题，并就如何建构中国特色政治传播理论，深化中国政治传播研究提出了建议，有力地推动了中国政治传播和传播学研究。

2. 跨文化传播（含国际传播）研究成果丰硕

教育部和社科基金重大课题逐年立项：2009年浙江大学获得教育部重大招标课题“国际传播理论历史与发展趋势”（吴飞主持）；2011年两个国家社科基金重大项目立项，一个是华中科技大学的“跨文化传播中的中国国家形象建构研究”（张昆主持），另一个是复旦大学的“国家形象建构与跨文化传播战略研究”（孟建主持）；2012年中国传媒大学获得国家社科基金重大招标项目“国际传播发展新趋势与加快构建现代传播体系研究”（胡正荣主持），复旦大学立项“我国文化走出去工程的政策体系优化研究——以电影、电视剧、动画和出版为样本的比较分析”（刘海贵主持）；2014年，中国传媒大学立项国家社科基金重大项目“中国影视文化软实力提升的战略与策略研究”（胡智锋主持），清华大学立项“中华文化的海外传播创新研究”（郭镇之主持），北京大学立项“增强中国对外传播文化软实力深度研究”（关世杰主持）。随后，有关国际传播和跨文化传播平台建设加快速度：2013年中国传媒大学联合相关高校、媒体、企业和研究机构，共同组建“国家传播战略协同创新中心”，同年，中国社会科学院新闻与传播研究所联合首都师范大学成立“跨文化传播研究与实践基地”；2014年，由中国传媒大学主编的首部《国际传播蓝皮书》出版，国际传播规划稳步推进，呈现出热火朝天的局面。

配合国家边疆和少数民族政策，跨文化传播研究领域中的Intra-cultural层面的研究呈现繁荣和深入的特征。（1）体现出一种社会主流文化思潮和传播主流范式互

① 张明新、陈先红、赖正能、陈霓：《正在形成的“认知共同体”：内地与台湾公共关系从业者职业认知比较研究》，《新闻与传播研究》2014年第2期。

② 张明新、陈先红：《中国公众公共关系认知现状的调查与分析》，《国际新闻界》2014年第2期。

③ 刘昶、陈文沁：《欧洲新闻传播心理学批评：学术渊源与研究路径》，《现代传播》2014年第11期。

动、互构或者重构。有研究通过统计分析人民网与新华网近五年的民族宗教报道，发现存在三个方面的话语偏向："话语秩序的主导化、话语主体的替代化和话语能指的模糊化"，因此，有学者提出基于"文化间性"的跨文化传播路径："第一，实施文化分层传播，加大非政治文化层面的呈现力度；第二，转变新闻话语方式，重点呈现民族宗教文化的自在状态；第三，搭建文化对接平台，开拓被报道主体的话语空间。"① 比如研究者们对于云南少数民族、藏族村庄的社会权力机构变迁的关注，围绕"促进社会改变"的目标，从领域描述、研究特征、方法论建构，发展到行动策略的铺排。但是，媒介和社会现实的挑战足够大，空间却无限小。因为权力流动的空间有限，赋权可以理解为"权力在社会身份构织的社会结构间的流动，或权力形态的变化过程"②。有研究对中央电视台《远方的家——边疆行》系列节目进行文化分析发现，在呈现边疆地区文化的话语架构中，基本还是"以'家'为核心，建构不同族群的'家国认同'"，从而"构建符合主导意识形态的'边疆形象'"，而对于边疆的跨文化建构依然停留在"异域情调"等刻板印象，亟须增加对于边疆"地方风俗、历史文化、日常生活以及少数民族个人的精神世界的完整呈现"。③（2）新媒体、传播、少数族裔、文化认同的综合研究。有学者通过对藏族僧侣和村民的手机交往行为的研究发现，手机这种现代媒介引发了他们现代的"震惊体验"（culture shock）。比如"手机的日常交往打破并重构宗教和世俗的界限，满足了随时随地的宗教诉求（甚至随着手机铃声一起歌唱），拓展了宗教传播的范围和内容；产生新的身份的象征体验……凸显了民族情感和民族认同"。④ 从影视人类学的视角出发，有学者提出，"少数民族题材纪录片的中国叙事是人们发现中国的一个窗口，它不断地形构和置换着国内外公众脑海中的中国图景"⑤。（3）多点民族志的研究范式、研究视角和方法论。所谓"多点民族志"，是"对处于某个'体系'中的不同点上的社会实践的民族志研究，其目的不在于找寻某个（或某些）点上与众不同的方面，而在于探究共处于一个'体系'中的不同点之间的关系或是勾连"⑥。根据跨文化传播两类（均质文化、异质文化）四种（Intra，Cross，Inter，Trans-cultural）的分野⑦，对于云南、四川和西藏电影放映员（"镶嵌在一个更为庞大的国家体系当中"）的多点民族志研究似可归入均质文化背景下的跨文化传播研究——Intra-cultural communication。如作者所说，这样的研究"目的不在于找寻某个（或某些）点上与众不同的方面"（实际上是 cross-cultural 比较层面的研究），而是"在于探究共处于一个'体系'中的不同点之间的关系或是勾连"——则已经是充分的 intercultural communication 研究。关系找寻

① 白贵、甄巍然：《话语偏向与"文化间性"：民族宗教报道的问题与路径——基于人民网与新华网的抽样文本分析》，《现代传播》2014 年第 8 期。

② 陈静静、曹云雯、张云霄：《赋权，还是去权？——一个藏族村庄中的传播、权力与社会身份》，《新闻与传播研究》2014 年第 8 期。

③ 曾一果、汪梦竹：《再现与遮蔽：〈远方的家——边疆行〉的"边疆景观"》，《现代传播》2014 年第 9 期。

④ 陆双梅：《震惊的体验：迪庆藏族民众手机交往中的社会文化心理探析》，《新闻大学》2014 年第 2 期。

⑤ 王华：《在摄影机与少数民族之间发现中国：中国少数民族题材纪录片生产与传播研究（1979 至今）》，《新闻大学》2014 年第 5 期。

⑥ 郭建斌：《"电影大篷车"：关于"多点民族志"的实践与反思》，《新闻大学》2014 年第 3 期。

⑦ 姜飞、黄廓：《对跨文化传播理论两类、四种理论分野的廓清尝试》，《新闻与传播研究》2009 年第 6 期。

和勾连建构的过程，已经摸索着朝向跨文化传播哲学层面——Trans-cultural 的研究。

随着中国官方主导的政府间对话和国际学术对话的发展，跨文化传播的 Trans-cultural 层面的研究呈现出新特点。比如，对于全球化语境中全球新闻伦理的构造，“虽然在具体的原则和伦理规范上暂时还未能达成一致的意见”，但是，有几个方面的进步体现如下：“大部分的学者都认识到了尊重文化差异的重要性”，“强调不同历史、文化、宗教、社会条件下会产生不同伦理规范的相对主义者，也开始尝试寻找各种伦理价值中相对统一的共同点”，“全球新闻伦理”不能被视为几个刻板的原则与规范，“而是一个大概的框架、一个不断变化与发展的过程、一个共同伦理规范根基、树干和分支的整体”，进而思考推动全球新闻伦理的观念由“乌托邦式”的幻想变成新闻从业者之间“不言而喻的共识”。[①] 针对特定跨文化传播主体的研究中，对作为“文化中间人”的新闻助理的研究发现，“他们的基本工作便是对中国现实进行一定的选择和阐释后传递给外国记者。可以说，他们从事的是中国现实的呈现与再呈现工作”，其文化特色在跨文化视角下凸显的是对这个群体的文化身份的双重性——语言和文化的转移 VS. 新闻采集。其群体的特征被概括为“讲一口流利的外语，喜欢上 Facebook 和 Twitter……受过高等教育，不少人在观念和生活方式上比较西化。深受自由主义影响，向往欧美”。[②] 从跨文化传播视角来看，他们是霍米·巴巴曾经概括出的文化的“译转者”[③]，作为职业群体和跨文化传播主体，兼具职业的封闭性和社会的开放性双重特色，他们在某种程度上决定了外国记者对中方信息接触的广度、深度甚至节奏。如同美剧“字幕组”，新闻助理也是一个值得深入研究的跨文化主体。

此外，跨文化/国际传播领域的学术智慧值得深入品味。有文章通过回溯历史以烛照当下。利用媒体进行国家形象提升，最早可以追溯到 20 世纪初。袁世凯政府时期，美国驻丰田总督司戴德助手乔治·马文曾被政府聘为宣传员，撰写的稿件发往美联社。甚至 1908 年，中国政府欲购买纽约一家大型日报，以便在西方新闻宣传中恰当地呈现中国，争取美国支持。伍廷芳在《在华外国人不受欢迎的原因》一文中论及驻华外国报纸认为，外媒的总基调是整个中华民族反对外国人和外国事物；在中国出版的外国报纸也总是谴责中国政府，并谴责一切中国人视为珍贵、神圣的事物。外媒的既定政策似乎是对中国所做的一切都吹毛求疵，吝惜给中国哪怕一丁点儿的公正评价。正是在伍廷芳的支持下，美国人米勒在辛亥革命前夕创办了《大陆报》。[④] 有学者对此进行了研究，一方面厘清了该报创办的真实历史故事，另一方面，在历史文献的梳理中，立体地呈现了美国崛起时在中国推广其文化和政策的心态，也处处折射着当下的中国，体现出作者的良苦用心。在加强国际传播能力建设过程中，（中央人民广播电台的）民族语言广播既不能被西方根深蒂固的偏颇价值观所左右，盲目融入西方的规则秩序；也不能无视中西方文化差异，生搬硬套古板的宣传说教文风；只能用实事求是和踏实严谨

① 纪莉、黄豫：《论国际传播中的全球新闻伦理的建构：思路与挑战》，《新闻大学》2014 年第 5 期。

② 钱进：《驻华新闻机构中新闻助理的日常实践及其意义——一项基于文化中间人概念的考察》，《新闻大学》2014 年第 1 期。

③ Bhabha, H. K., *The Location of Culture*, London and New York: Routledge, 1994.

④ 沈荟：《历史记录中的想象与真实：第一份驻华美式报纸〈大陆报〉缘起探究》，《新闻与传播研究》2014 年第 2 期。

的工作态度去做好内功，真正提升自身实力并进而扩大影响力，达到提高国际传播能力的目标。[①] “媒体国际传播力即传播新闻信息和引导国际舆论的能力，主要表现为媒体议程设置能力的高低”，“媒体议程设置功能主要是通过控制信息源（“报道什么”）和解释权（“如何报道”）这两个方面来实现的”。[②] 而这样的自身实力的提升，还需要考虑对于“实力”的界定，硬实力还是软实力。实际上在如何正确理解和使用“软实力”概念，提升中国国际传播影响力方面存在诸多问题，尤其需要意识上的文化自觉和实践层面的谨慎推进。[③] “在全球化语境中，如何提升中国影视文化软实力，成为学界和业界共同关注的热点议题。”[④] 有学者提出，为提升中国影视剧的国际传播能力，可以“通过运用有针对性的语言策略来加强传播效果。例如，我们可以采用汉语原声加英语或当地语言字母的方式进行传播，这一方面可以渲染节目效果，避免翻译配音影响和破坏节目原有的气氛，另一方面也不失为一种令观众产生亲切感的传播中国语言文化的有效方法”[⑤]。这样的判断实际上和语言教育领域的“语言规划”不谋而合。在国际传播战略制定中，语言规划和战略传播同等重要。

二、传播技术和业务领域的前沿思考有喜有忧

新媒体对于传媒观念、从业者、受众、业界的立体冲击。新媒体时代（移动互联时代）带来传媒领域的全面变迁。“以微博微信等 SNS 为代表的 Web2.0 时代的来临和新媒体的出现，对传统媒体造成了巨大的现实冲击，使传媒领域处于快速变化模式之中”，甚至由此产生“对时空关系的重塑，深刻地改变人类的观念”。[⑥] 这种改变的直接效果体现在记者群体。有研究发现，“在当下中国，记者的地位正伴随着传统媒体的式微而急剧下降。经济收入的下滑、工作难度的加大、工作环境的恶化等诸多方面又放大着这一效应……重要原因是记者‘自我认同’的贬斥与‘社会认同’的错位”[⑦]。更深入的体现在传媒业界。有学者概括说，“换一个角度看传媒业的变化，‘全媒体’的倾向已经十分明显”，具体表现为“渠道平台化（单个媒体的界限已经模糊）、内容集成化（文字、音视频、数据等多样的内容表现手段）、机制流程化（以媒体形态分部门的媒体集团已经完全落伍，亟须流程再造）、消费与生产结合（受众概念已经转换为产销合一的 prosumer）”[⑧]。新媒体带来受众群体的分化或者碎片化已经获得部分共识，但是，有研究也提出进一步的思考，认为这样的一种加速分流“另一方面又为碎片化的时间、受众和场景提供了高度聚合的可能。事实上，全媒体环境正在从两个相反的方向建构着受众：一个是受众的细分以及专业化受众的出现；另一个是作为媒介

---

① 王非：《浅析民族语言广播如何提升国际传播力》，《中国广播》2014 年第 7 期。

② 钱晓文：《媒体对外传播议程设置效果简析》，《青年记者》2013 年第 11 期（下）。

③ 姜飞：《“软—软实力”：理解和践行“软实力”的中国视角》，《山西大学学报》（哲学社会科学版）2014 年第 9 期。

④ 张国涛：《中国影视文化软实力提升：理念与路径——中国高校影视学会第十五届年会暨第八届中国影视高层论坛综述》，《现代传播》2014 年第 12 期。

⑤ 段鹏：《提升我国广播电视国际传播能力的微观策略》，《现代传播》2014 年第 12 期。

⑥ 何镇飚、王润：《新媒体时空观与社会变化：时空思想史的视角》，《国际新闻界》2014 年第 5 期。

⑦ 赵云泽、滕沐颖、杨启鹏、解雯迦：《记者职业地位的陨落：“自我认同”的贬斥与“社会认同”的错位》，《国际新闻界》2014 年第 12 期。

⑧ 胡正荣：《全媒体时代的复合教育》，《新闻大学》2014 年第 1 期。

集中之产物的更大规模受众群的生长。这种动态的聚合与分化成为制定传播策略时不容忽视的重要因素”。[①] 受众是传播学的基础概念，与经济学的消费者的细分决定市场以及产品投放类似，受众的细分决定着媒介市场以及产品。“实证传播学研究大多以人口统计学特征和媒介使用频率作为受众分类的基础，进而探究媒介的传播效果。”研究发现中国受众可以分为六类：“电视主导型”——每天看电视，但几乎不接触其他媒体，约占我国人口60%左右；“媒体低耗型”——每周平均两天电视，两天上网，其他媒体不接触，占12.6%；“电视—杂志型”——高频率接触电视和杂志，中频率使用报纸和互联网，其他媒体不接触，占2.4%；“电视—报纸型”——高频率接触电视和报纸，每周使用互联网三天左右，其他媒体不接触，占7.8%左右；“电视—网络型”——每周六天以上使用电视和互联网，其他不用，占10%左右；“电视—广播型”——每周使用电视和广播六天以上，其他媒体不接触，占7.7%左右。由此比例看到，虽然互联网和手机发展迅猛，但我国绝大部分受众信息来源还是比较单一，72%以上还是以电视为绝对主导。[②]

作为新闻业界的媒体融合问题引发传播领域的多元互动。这种多元互动体现如下：有学者提出，“媒体融合消解了垄断的基础，并带来了传播权力的去中心化”，那么，如何重组传播权力格局？“打造新型主流媒体、重塑传统媒体话语权……不仅需要新传播技术的运用和内容生产的革新，更应强化议程设置权力配置的传播‘竞争—合作’机制，推动传统媒体融入新的信息流动格局和传播权力体系”。[③] 对于新媒体推动下的媒体融合，媒体人看得比较清楚，“这并非一个阵营与另一个阵营的较量，而是两大体系的深度融合”，出路是内容、渠道、平台、经营、管理五大方面的融合，坚持“内容为王”和“用户至上”理念，积极探索“报、刊、台、网、微”全方位融合的全媒体新闻生产方式。[④] 有学者将影响网络群体事件的四种力量（国家、市场、社会和全球化），“落脚到中国媒介生态中政府主导的宣传媒体、政府管制的商业媒体、社会化媒体以及全球化媒体”，通过分析不同类型媒体背后的结构性力量以及互动，避免了对单一媒体效果的过分强调和夸大[⑤]。广播领域如何生存的思考比较密集，“关于广播的概念也会有颠覆性的变革：大众传播会变成分众传播，区域传播会变成世界传播，约定收听会变成点播收听，听众会变成客户，听广播会变成用广播、玩广播、做广播，只要在媒体融合中抓住机遇，新广播时代就一定能够赢取未来”，解决思路一般体现在广播的“微信公众平台”和“手机客户端”。[⑥] 但是传播专家的看法并非如此乐观，在一次专家访谈[⑦]中，上海大学吴信训教授提出：“新媒体环境下，传统报业受到极大压力，转型提升的挑战与传统报业集团综合经营的诸多难题交织一起，复杂矛盾的汇集，更易使传统报业集团体制

① 聂磊：《新媒体环境下大数据驱动的受众分析与传播策略》，《新闻大学》2014年第2期。

② 沈菲、陆晔、王天娇、张志安：《新媒介环境下的中国受众分类：基于2010全国受众调查的实证研究》，《新闻大学》2014年第3期。

③ 朱春阳、刘心怡、杨海：《如何塑造媒体融合时代的新型主流媒体与现代传播体系?》，《新闻大学》2014年第6期。

④ 张军：《在破局与建构中迎接融媒时代——广电媒体与新兴媒体融合之道初探》，《中国广播》2014年第12期。

⑤ 苗伟山：《中国网络群体性事件：基于媒体多元互动的分析路径》，《新闻与传播研究》2014年第7期。

⑥ 张新刚：《移动互联时代广播的发展方向——兼议山东广播电视台经济广播的实践》，《中国广播》2014年第1期。

⑦ 2014年，《国际新闻界》“名家聚集”栏目邀请吴信训、喻国明、胡泳会谈中国传媒转型，韩晓宁主持。

下必须同时兼顾报纸经营和集团运营的体制结构难于应对。”喻国明提出：“当前传媒转型成功与否的关键是认识与驾驭互联网逻辑。互联网对于今天中国的传媒领域而言，不仅仅是它巨大崛起和摧枯拉朽的市场发展态势，更重要的是，它已然从传播领域的底层设计上改变着传媒运营和传播影响力实现的基本法则。”胡泳大胆判断：“从终极意义上讲，传媒国有决定了国家对传媒话语的最终控制权，但是，随着传媒定义的改写，新的技术应用的不断涌现，受众消费习惯的迁移以及自主意识的增强，可以预计，舆论场的这种割裂还会长期持续下去，并且有可能向零和游戏的方向演进。”① 这个“零和游戏”的判断可谓一记警钟。比较客观的判断是，信息消费行为发生变化，并在这个过程中重构人们的认识框架和路演信息民主思维。“随着新媒体逐渐进入人们的生活，越来越多的受众在微博、微信等社会网络平台上探讨与科学相关的话题。新媒体环境的特性使得受众在讨论中更加重视‘参与’与‘分享’，并产生‘浏览’‘评论’‘赞’以及‘转发’等多种信息消费行为，形成了社会网络中科学信息的消费方式。”②

数据新闻成为新热点也有冷思考。美国圣地亚哥新闻与媒介研究学院 Amy 教授在 2013 年对新闻业的预测中说：“2014 年，数据驱动的新闻报道和新闻故事将在新闻业扮演更加重要的角色。”有研究进而提出，“数据新闻已经不仅仅是新闻业里的热门话题，而且已经成为一个核心关键词……创造了全新的新闻传播形式、改变了大众媒体……数据新闻正是新闻媒体对大数据时代做出的一种回应。”③ 有学者指出：“随着数据挖掘与数据分析技术的发展，从互联网庞大的非结构化数据中揭示有意义的新关系、趋势和模式的数据新闻应运而生。从某种意义上说，从精确新闻到数据新闻的历史演变，是传统新闻业面临新媒体冲击而做出的转型努力。”④ 但是也有学者提出，从计算机辅助报道的起源、发展、演变以及在中国的发展历程来看，虽然“热闹非凡”，但是，“数据新闻在当下中国仍遭遇着与其他国家所不一样的诸多文化及政治障碍，我们不能因为传统媒体急于转型、新闻界寻找业务增长点就夸大数据新闻的功能及作用，更不能无视数据新闻所需的社会土壤”。因此，“为数据建立一套共通标准不仅仅是统计学界、社会学界的目标，也应该是新闻传播学界通向数据新闻的道路上必须解决的重要命题。”⑤ 在国际传播领域，对于数据的使用也有诸多存疑。⑥ 此外，从宏观视角来看，数据新闻在多大程度上是新闻生产的一种方式，或者记者群体的一种新玩法、新玩具？“社会化媒体提供对大数据的挖掘、筛选和处理；传统媒体完成可视化呈现并进行深度分析和解读；接下来，社会化媒体对传统媒体的数据新闻报道进行受众反馈，并对新形成的大数据进行新一轮的深入挖掘、筛选和处理，传统媒体据此发现新的报道视角和题材，从而进行深入分析和解读。如此不断循环反复，形成一个闭

① 韩晓宁：《从上海报业新动向看中国传媒业转型与政媒关系》，《国际新闻界》2014 年第 2 期。

② 陆诗雨、金兼斌：《社会网络中科学信息消费机制初探——对 TPB 模型验证与修正的实证研究》，《新闻与传播研究》2014 年第 10 期。

③ 沈浩、谈和、文蕾：《“数据新闻”发展与“数据新闻”教育》，《现代传播》2014 年第 11 期。

④ 张朴宽：《数据新闻——大数据时代电视发展的新机遇》，《电视研究》2014 年第 6 期。

⑤ 苏宏元、陈娟：《从计算到数据新闻：计算机辅助报道的起源、发展、现状》，《新闻与传播研究》2014 年第 10 期。

⑥ 姜飞：《如何理解大数据时代对国际传播的意义》，《对外传播》2014 年第 2 期。

环的数据新闻生产加工流程。”① 闭环本身是不合适的术语，但是，这个过程却现实性地存在着，问题会出在哪里？有必要持续关注。

回看这几年新兴媒体带来的政策和业务领域的变革，从学术的角度有一种隐忧，即新媒体领域呈现出“行动的巨人，理论研究上的矮子”的状况。中央网络安全和信息化领导小组办公室于2014年2月成立、阿里巴巴在美国上市、电商领域的密集重组、3G乃至4G的探戈，电子可穿戴设备对于传播业态和理念的冲击②等纷至沓来，晃花了新媒体研究者的眼睛。2014年乌镇的互联网论坛已发出“走向国际的电流”，但国内的研究者无论是研究论文还是论坛，都还是思想和实践“短路”状态下的火花碰撞。由中国社会科学院新闻与传播研究所唐绪军主编的《新媒体蓝皮书》获得皮书类一等奖或可视为对这样一种尴尬状态的反拨，也有理由让研究者对此领域的理论发展充满期待。

三、依托舆情智库建设的“策论”研究成为传播研究新地标

有学者在概括2013年前中国新闻传播学科研究气质的时候曾提出，从1997年新闻传播学升级为一级学科以来，传播研究整体上呈现由“术”转“学”的气质。③但是，从2014年开始，这样的气质开始分化，出现由“学”养“策”的局面，“策论”这个中国文人历史传统，在当前以智库建设的新名词“转世”。

如学者所言，网络舆论新特点之一——“群体极化现象”假设，是美国法学院教授凯斯·桑斯坦（Cass R. Sunstein）提出的，指的是“团体成员一开始即有某些偏向，在商议后人们朝偏向的方向继续移动，最终形成极端的观点”。这样一种现象在中国网络舆论场中发酵，出现“网民狂欢、微力量聚变、网络暴力”，以至于“导致原先的知识阶层、可能知悉事情真相的群体变成沉默的少数”，出现了“沉默螺旋”倒置的情形——社会压倒优势人群不再沉默，而是“多数意见”形成舆论一律。④

政策层面对于智库建设的重视。2014年，习近平总书记强调哲学社会科学核心价值观建设和智库建设。教育部推出“哲学社会科学繁荣计划”，建设高校哲学社会科学创新体系，包括了两个体系建设：学术理论体系和学术话语体系，由此出现了“经世治国”和“理论体系”双向驱动的局面。2014年2月教育部印发中国特色新型高校智库建设方案，从战略研究、建言献策、引导理论、公共外交和人才培养五个大的方面，推动紧扣现实、团队合作、国际合作的前瞻研究，高度重视理论和思想的二次转化和传播。教育部社科司司长张东刚在第七届高等学校科学研究优秀成果奖（人文社会科学）评审专家会上也强调，要打造一批专业化高端智库，推动重点研究基地从学科导向向智库导向转型，将学科视为一套知识体系的结果，而非单纯的起点，就学科而谈学科、画地为牢、跑马圈地、自我封闭的方式不可取。

传播学领域“策论”研究闪现出一些资深学者的身影。2008年喻国明教授所领

① 张朴宽：《数据新闻——大数据时代电视发展的新机遇》，《电视研究》2014年第6期。

② 姜飞、黄先超：《2014年中国智能可穿戴设备发展研究报告》，载唐绪军主编《新媒体蓝皮书》，社会科学文献出版社2015年版。

③ 廖圣清：《中国大陆新闻传播学研究十五年：1998—2012》，《新闻大学》2013年第12期。

④ 龙小农：《I-crowd时代“沉默的螺旋”倒置的成因及影响：以“PX项目事件”的舆论引导为例》，《新闻与传播研究》2014年第2期。

导的中国人民大学舆论研究所与北大方正智思研究院合作，共同开发基于网络内容的价值挖掘分析软件，提升网络舆情分析挖掘方面的技术水平，从 2009 年 1 月起，该研究所推出中国舆情监测的月度报告和专项报告，并从 2010 年起每年度以舆情蓝皮书的形式推出系列年度报告，产生重大反响。2011 年底，人大舆论研究所与百度公司合作成立“人大—百度”中国社会舆情研究中心，推出《中国社会舆情年度报告》(社会舆情蓝皮书)。2013 年，四川大学蒋晓丽教授主持的国家社科基金重大招标课题“新形势下提升舆论引导力对策研究”的成果《舆擎中国：新形势下舆论引导力提升方略研究》，由中国社会科学出版社付梓出版。团队发布的一系列成果要报获得重要批示，显示出高校研究从学科导向向智库建设的转型。2013 年，由中国社会科学院新闻与传播研究所唐绪军所长任理事长、刘志明任创新项目首席专家的“中国舆情调查与研究联盟”暨“舆情调研专业委员会”在京成立，将整合各战略合作伙伴的优势资源，打造全方位的调查网络，为政府、企业、学术研究机构等提供了解复杂多变的舆情的“晴雨表”及综合解决方案。

智库研究通过“国家形象”研究多点、多视角展开。有研究通过对涉华国际舆情的规模和来源、关注度、建构者、框架和态度等指标分析了西方三家报纸的涉华报道发现：“西方三报的涉华国际舆情尽管还保留其固有的成见，但也在不断变化之中，而且这种变化不仅与中国社会本身的发展有关联，而且与这些国家自身的社会发展也有关联。”[①] 有研究以《海峡时报》和《雅加达邮报》为例，考察两份东盟英文报纸在南海争端过程中的报道发现，优化中国的区域形象可从三方面入手：“一是加强中国—东盟的政治互信，消除东盟国家疑虑；二是克制民族主义情绪，避免造成局势紧张的误导性言行；三是主动突破机制困境，积极参与争端解决的对话协商。”[②] 对《每日电讯报》的分析发现，“中国世界崛起大国的多元形象”，“政治让位于经济是西方主流媒体的总体趋势”。[③] 中国新一届国家领导人走“平民路线”“底层路线”，以开放的姿态展现亲切而富有魅力的大国领导人形象，与之对应的形象已在国内外舆论出现成效。[④] 国家形象的塑造是涉及不同信息来源的一个复杂传播过程，香港媒体对于内地形象的呈现与建构有着自己的视角和特点。有研究通过对三份香港地区商业报纸——《明报》《星岛日报》和《苹果日报》在 2005 年、2008 年和 2010 年关于内地的报道进行内容分析发现，“在社会大系统的影响下，香港媒体在报道中运用了强调、弱化、非政治意识形态的话语置换及策略性仪式等话语策略，来应对权力场的转换并与权力中心进行互动，从而影响到中国报道的主体取舍、立场选择以及情感倾向，也使得由香港媒体所建构的内地形象多元而复杂”。[⑤] 独特的地域特征勾勒了新疆主流媒体国际传播的重要角色和作用。有研究提出：“作为中国多民族聚居的边疆地区，新疆成为我国对外开放特别是对中亚及其

① 郭可：《西方三报涉华国际舆情研究（1992—2010）（下）》，《新闻大学》2014 年第 1 期。

② 张坤、陈雅莉：《东盟英文报章在地缘政治报道中的中国形象建构：以〈海峡时报〉和〈雅加达邮报〉报道南海争端为例》，《新闻大学》2014 年第 2 期。

③ 赵泓：《〈每日电讯报〉中的中国形象研究：基于 2003—2013 年对华报道的内容分析》，《新闻大学》2014 年第 4 期。

④ 郑雯、辛艳艳、郭文丰：《国家领导人形象传播在多元社会群体中的效果研究》，《新闻大学》2014 年第 4 期。

⑤ 陈薇：《媒体话语中的权力场：香港报纸对中国大陆形象的建构与话语策略》，《国际新闻界》2014 年第 7 期。

辐射地区的重要门户，是中国国际传播的西部助理。多向度特征使其影响力不仅仅关乎新疆形象，更与中国形象直接相连……将落地国受众进行分类，并锁定目标受众……根据不同时期、不用传播策略进行细分……制定具有针对性的传播内容和策略，达到较好的传播效果。"① 综合上述研究我们看到，"国家形象的建构是一个相对复杂的问题……中外对于中国形象存在严重的认知差距"②，这个判断还是对关于中国国家形象研究的一个基础判断。

四、传播学研究呈现浓厚的学科建设自觉

新闻传播学科名词的审定

这是中国新闻传播学领域的一件大事，也集中汇集、呈现中国新闻传播学界的学科建设自觉。如唐绪军所说："名词审定是一项基础性的工作，也是一项浩大的国家系统工程……是我国科学技术、经济建设和文化传播繁荣发展的一个明显标志。其重要意义在于，它能推动科学名词的规范化使用，保障语言健康……促进学科发展和社会进步。"③ 王怡红将名词工作性质界定为五个方面，第一，恰当使用学科名称；第二，给现有的知识分类；第三，给分支学科冠名；第四，限定不同研究领域的边界；第五，避免学科使用上的随意性、学科概念的不科学性和学科泛滥与扩张等。王怡红对于学科名词审定的思考还不止于此，综合辨析了"研究领域"还是"学科"的诸多观点后提出，她力透纸背地点明了这样争论的语境——不管是"领域论者"还是"学科论者"，中国传播学已经走过了一个"学科化的实践"，此时，如果我们继续"死抱住学科名称问题不放"已"不适合"，进而她非常智慧地提出了一种超验的思维和方法："带着对学科化的质疑"，迅速转向思考在"学科之后"的学科名词框架建构的标准问题。④ 这就为名词课题组的成员定了基调，放下争论，低头做事，为这个课题的顺利进行铺就了路径哲学。学科基础词库工作是一项扎实但繁琐的工作，既需要细心，更需要学科积累和学术素养。在这个过程中，我们似乎也看到了传播学领域中不同专业方向的发展特点，比如："分支学科词条数量严重贫富不均……不同分支领域囊括的名词数量差距极大，多则上千个，少则屈屈（应为'区区'）几个。"⑤ 当然，其中将"跨文化传播"（58 个）与"国际传播"（58 个）分开收词界定，本身即存在着学术争议。因为早在 1987 和 1989 年的两篇文献中，跨文化传播理论研究学者古迪坤斯特已经在辨析"跨文化传播"这个领域时，视"国际传播（internal communication）"为"跨文化传播（intercultural communication）"的四个分支的一个，⑥ 此为后话。

当然，学科建设是一个过程，是"基于经验方法和诉诸客观性的。称一个研究范围为一门'学科'，即是说它不是依赖教条而立，其权威性并非源自一人或一派，而是基于普遍接受的方法和真理"。因此，"学科如何划分呈何种面目，不是自然长出来而是人为划分和归类，其背后暗含着关于世界及其历史的认识，尽管表面看上去不过

① 焦若薇：《新疆主流媒体国际传播及中亚目标受众研究》，《现代传播》2014 年第 8 期。

② 吴飞、刘晶：《"像"与"镜"：中国形象认知差异研究》，《新闻大学》2014 年第 2 期。

③ 唐绪军：《为学科大厦脱坯烧砖》，《新闻与传播研究》2014 年第 7 期。

④ 王怡红：《名词工作的"学科"含义及其使用》，《新闻与传播研究》2014 年第 7 期。

⑤ 季芳芳、贾金玺：《雪泥鸿爪自留痕——新闻学与传播学名词"参考词库"的构建与思考》，《新闻与传播研究》2014 年第 10 期。

⑥ 姜飞、黄廓：《对跨文化传播理论两类、四种理论分野的廓清尝试》，《新闻与传播研究》2009 年第 6 期。

是一种建制和知识场域的分门别类”。①

新闻传播教育的辩论与思考

“全媒体”时代的传播教育是一个极富挑战的命题。包括“媒介形态、媒介消费形态、媒介生产流程”都发生了巨大的变化，“对传播学教育、特别是本科教育有很大的冲击……（需要）复合教育”。② 有学者提出我们要在“知识结构上来一个革命性的调整，不仅要与社会科学范畴其他学科的知识做‘乘法’，还急需与相关技术学科的基础知识做‘乘法’，将现代科学技术以及这些技术在社会科学方面应用的成果渗入新闻传播学科的教学与研究，在新媒体上体现学科知识的一体化，而不只是累加几门课”，如果我们切实做到这样的“复合”，就能在新闻传播视野新时代“不仅踩上点，还能借助现代科学技术之力，在一个全新的起点上实现跨越式发展”。③ 有学者回溯了美国的新闻教育发展历程发现：“早在互联网发现之前，美国的新闻教育便存在思维训练和技能训练之争。一种观点认为，高等教育（包括新闻教育）应将重心放在学生思维能力的训练方面。具体来说，包括批评性思维（critical thinking）和创造行思维（creative thinking）两个方面。”尽管至今不少教育家持续强调思维训练的重要性，但是，“进入 21 世纪以来，要求提升学生技能的呼声越来越高。尤其是新闻传播业界，越来越倾向于招聘那些动手能力较强的毕业生”。当然，本质来看，思维和技能从来不是对立的，“因为再伟大深刻的思想，如果不知道怎样加以传播，也终将发挥不了什么作用”。“新闻业的本质是讲故事。新闻从业人才应具有讲故事的高超技巧，将较为深刻的思想通过一种民众容易接受的形式表达出来。这需要新闻系的学生具有娴熟的传播实践技巧，懂得利用各种传播技术来传播自己的思想，尤其是新技术的发展正在根本上改变传统的媒体操作方式，新闻系的学生必须拥抱新技术的变化，但技术只是一个手段，它不应取代新闻教育的根本——即引导和服务公众。”④

有学者提出：“在当前新传播技术革命的背景下，新闻传播学科的建设再不能是在原有框架中的修修补补，而是需要整体转型。”包括三个方面内容：“研究方式向经验性研究转向；在教学上要改变原有以媒介种类划分专业的做法，转向以传播内容为类别，并与新媒体实验室互相勾连；在思维方式上，要引入网络化关系，以重新理解和思考传播媒介及其与人和社会的关系。”基于此，“整体转型是一个大方向，在这样基础上，突出各自的特色，以特色为中心带动学科的转型”。⑤

五、传播学领域的社会使命自觉上升

传播学者不再满足于异域理论与思潮的引介和修修补补，本土化过程中积累的理论疑惑、本土问题与异域方案之间的落差、传播技术日新月异在传媒领域引发的躁动在学界的连动、国际政治经济形势在传媒和传播领域的投射和隐喻，都激动着传媒和传播行动主义的萌发以及相关思潮的涌现。

传播学领域推动社会变迁的智慧力量和诉求一直存续。《策略性框架与框架化机制：乌坎事件中抗争性话语的构建与传播》对于乌坎事件进行了深入研究，单纯将其视为一篇文章和学术已不足以体现其

① 黄旦：《整体转型：关于当前中国新闻传播学科建设的一点想法》，《新闻大学》2014 年第 6 期。
② 胡正荣：《全媒体时代的复合教育》，《新闻大学》2014 年第 1 期。
③ 黄芝晓：《头脑清醒踩上点》，《新闻大学》（卷首语）2014 年第 1 期。
④ 邵国松：《训练思维还是训练技能？美国新媒体教育的理论和实践》，《新闻大学》2014 年第 6 期。
⑤ 黄旦：《整体转型：关于当前中国新闻传播学科建设的一点想法》，《新闻大学》2014 年第 6 期。

分量和关怀，作者将问题意识和批判意识深蕴于学术话语，认为乌坎村民的抗争在“独特的传播生态场”中呈现出策略性递进：根据抗争形式和任务的不同阶段，不断调适抗争性话语的形式与内容，进而成功地完成内部动员以及吸引媒体密集报道，甚至据其经验提炼出的策略性框架不仅“在一定程度上建构了媒体的报道框架”，还积累了在海外媒体框架前的自信和策略——每次面对海外媒体采访，他们第一句话就是“我们来自中国乌坎”。因此，全文的最后一句话饱含了丰富的意涵：“行动者和媒体之间，究竟谁是背景、谁是主角，乌坎村民的回答显得相当自信。”① 因为这个自信背后，就是历经中外媒体博弈逐渐成熟起来的抗争群体，他们与政府的关系究竟继续是一种“鱼水情深”的关系，还是演变成一种“油水分离”的假设？值得深思。

此外，自2000年以来，相关学者在对发展传播学反思和批判基础上，萌生了一种“以关注社会公正、注重理论与行动相结合为特征的传播行动主义”②，他们持续关注劳工、农民，少数民族。“对于一个乡村人口占大多数的国家，知识分子与乡村传播形态之间的互动，与整个国家的文化身份、文化自觉有着密切的关系。”研究者发出深沉的思考：“一个以工农联盟为基础，有着社会主义传统的国家，如何看待乡村传播实践？农民有没有文化，甚至关系到中国国家道路的选择等重大问题。”③ “尽管互联网被认为具有很强的民主性……为男性和女性都提供了新的机会”，但是，“它并不会自动产生一个无视性别的环境……似乎不能够改变社会的性别陈见，也未能在两性之间、在一个基本的层面上重新分配权力”，朝向使互联网真正成为一个“均衡、中立的环境”④，理想主义者还有很长的路要走。

六、传播学领域的政治使命自觉集中体现在政治话语建设

新兴传播技术带来的社会事件、冲突事件发生和媒体报道构成的外压型议题如何进入政治时间的考察⑤，代表了这样一种政治使命的自觉。我们曾经用“传播的灰色地带”来概括中国政治传播的独特现象：物理边远地区和文化边远地区信息传播的虚空状态⑥。有研究基于实证数据的研究以“政府与乡村的传播距离”（探寻“灰色地带”的路径之一）为假设，通过研究基层政府和农村社区的传播基础架构对乡村居民的政治信任、政治参与的影响，发现“发动年轻群体、完善基层组织、建构高参与度的农村社区信息传播体系”可以提升基层政府政务绩效的认同和满意度⑦。

除了现实性的资政努力，政治使命的自觉还体现在理论思维的创新，比如政治

① 周裕琼、齐发鹏：《策略性框架与框架化机制：乌坎事件中抗争性话语的建构与传播》，《新闻与传播研究》2014年第8期。

② 卜卫：《“认识世界”与“改造世界”——探讨行动传播研究的概念、方法路与研究策略》，《新闻与传播研究》2014年第12期。

③ 沙垚：《乡村传播与知识分子——以关中地区皮影的历史实践（1949—2013）为案例》，《新闻大学》2014年第4期。

④ 胡泳：《互联网并不是性别中立的——谈网络公共空间中的性别问题》，《新闻与传播研究》2014年第12期。

⑤ 张宁：《政治时间与冲突现场：外压型议题如何进入政策视野》，《新闻与传播研究》2014年第10期。

⑥ 姜飞、黄廓：《“传播灰色地带”与传播研究人文思考路径的探寻》，《南京社会科学》2014年第4期。

⑦ 刘小燕、李慧娟、王敏、赵雨思：《乡村传播基础结构、政治信任与政治参与的实证研究：“政府与乡村居民间的距离”研究报告之二》，《国际新闻界》2014年第7期。

话语建设需要考虑能指和所指之间的张力，或者符号间性空间。“能指的丰富性促进着（中国）社会文化的多样与繁荣，有利于社会情绪的表达与宣泄，使得信息更具亲和力、吸引力、传播力、培养力。然而，在媒介技术日新月异、能指愈发丰富、获取信息更加便捷的今天，我们在享受着各种能指创造的五彩斑斓世界的同时，也应注意到媒介化与能指化相伴随而引发的意蕴消失、所指被拒斥的弊端。当能指彻底解放，走向能指的狂欢、能指的游戏时，它所存在的场域、历史语境便消失了。”① 所以，政治话语的传播，在创造出翻飞的能指的过程中（三个代表、科学发展观、中国梦、和谐社会等），亟须关注这样的能指与所指对不同主体的意义以及在不同语境中的博弈——这需要解析几何的思维来进行辨析，避免能指的狂欢和所指的游移带来主体的困惑和怀疑乃至“出走”②。

霍尔的三种解码立场——“主导—霸权式、协商式、抗争式”③ 有助于考虑中国政治话语的主体博弈。政治话语中的主体间性，也就是上述权力话语主体间的博弈是一个有效视角；政治话语的生态就通过主体间性和符号间性呈现出来，也栖息其中。一般来说，政治的功能是涂抹，是建构；学术的角色是辨析，是解构。学术的生产是通过对于问题点的清晰把握，对于问题语境的清晰辨析，对于问题产生渊源的清晰追溯，进而提出解决方案。在这个过程中，将主体归位，将修辞显形。政治话语，或者恰切的政治话语的建构即建基于这样的学术手术过程即主体以及主体性的识别和辨析，修辞过程的解构、修辞头的寻找和修辞再造，进行新的修辞运动的过程。

七、传播学领域呈现出一种学术智慧下的历史使命自觉

新闻历史研究，要么在史料中有新发掘或者新表述，要么有新的观点、新的视角。对历史问题现实意义的挖掘，可从如下两篇文献中看出作者的忧虑和学术眼光。在多大程度上我们当下的国际范围内的传播体制类似于战争前的宣传?④ 在多大程度上我们审视所谓“战略传播”的时候能够将其视同国际宣传的回归，甚至战争的宣传？尤其是当下发生在中东的空战——不管是美国及其盟国还是俄罗斯对叙利亚极端武装的空袭，同时活跃的国际军事报道在多大程度上是另外一条战争战线的开辟，值得我们警醒和思考。另外，历史事件代际处理中不同视角的相遇：针对南京大屠杀的研究，有研究者提出，对于一起几十年前的“历史事件”，没有受害者叙事作为内核的创伤叙事恐怕很难焕发出强大的符号力量，难以将情感和身份认同扩展到更广阔的受众。当下的创伤需要日本政府的道歉和反思来抚平，而历史的创伤则要通过“民族复兴”来“一雪前耻”。然而，无论是哪一个解决之道都无法跳脱外交政治和意识形态的藩篱，因此无法针对南京大屠杀发展出特定的叙事，也未能为替代性的叙事方式（例如，“人性之恶”或“救赎”）留下空间。⑤

无论把传播与人的发展研究置放到网

---

① 隋岩、姜楠：《能指的丰富性助力意识形态传播》，《新闻与传播研究》2014 年第 8 期。

② 姜飞：《试析跨文化传播的几个基本问题——兼与童兵先生商榷》，《新闻大学》2006 年第 1 期。

③ 陈力丹、林羽丰：《继承与创新：研读斯图亚特·霍尔代表作〈编码/解码〉》，《新闻与传播研究》2014 年第 8 期。

④ 阚延华、付津：《甲午战争中的舆论较量及影响》，《新闻与传播研究》2014 年第 10 期。

⑤ 李红涛、黄顺铭：《“耻化”叙事与文化创伤的建构：〈人民日报〉南京大屠杀纪念文章的内容分析》，《新闻与传播研究》2014 年第 1 期。

联时代的人际关系交往视角[1]予以观照，或是将历史性现实问题[2]引入传播视角予以文化观照，还是将现实性问题引入传播视角进行文化化、历史化和政治化分析，[3] 都呈现出一种学术智慧，有助于我们接近一个更大的风险认知世界、一个更大的符号修辞世界、一个更大的权力话语，进而洞悉世界的实质。

综述的写作是一个“遗憾+”的工作——囿于作者的浅陋和时间，工作很辛苦但却必然是一件挂一漏万的事，还请读者理解并能够在互动和对话中拓展、弥补。笔者通过对传播学研究群体的年度素描，就教于领域同仁。

主持：姜　飞（中国社会科学院新闻与传播研究所研究员）
撰稿：姜　飞（中国社会科学院新闻与传播研究所研究员）
黄　廓（中国国际广播电台英语中心副研究员）

中国广播影视研究2014年综述

中国广播研究综述

持续变革的媒介和社会是近年来中国广播发展的大背景，与技术和社会密切相关的广播研究呈现出蓬勃生机。广播研究者在深化基础理论研究的同时积极回应外部环境的变化，不仅出现了对一些传统概念的新认识，而且推出了一些新概念；更有对广播未来的新思考。总的来说，2014年广播研究领域有所突破和拓展，跨学科的研究特性进一步增强，媒介融合背景下广播转型的议题深度显著提升。

（一）视角多元，关注新媒体语境下广播本体的传播实践

近年来，新媒体形态不断涌现，内容生产和消费渠道急剧扩张，节目创新成为广播研究关注的焦点。新媒体的冲击使得广播节目的生产、收听方式、播出渠道等呈现出种种新变化。2014年广播研究延续了对业界的敏锐关注，在保持与广播实践紧密关联的同时，强化学理性和前沿性，注重对传播形态与社会影响的多视域关照。

2014年，新媒体传播效率和议题设置能力继续冲击广播传播的地位，新媒体互动传播和社交网络模式对广播传播提出了更多挑战。对于新媒体环境下广播新闻的发展，有研究者基于宏观理论视角，旗帜鲜明地提出，网络时代，广播新闻只有适应现代社会

---

① 王怡红：《“网联时代的人际关系交往”》，中国社会科学网，www.cssn.cn/xwcbx/201404/t20140418_1072227.shtml，2014年4月16日。

② 李红涛、黄顺铭：《“耻化”叙事与文化创伤的建构：〈人民日报〉南京大屠杀纪念文章的内容分析》，《新闻与传播研究》2014年第1期。

③ 何晶：《媒介与阶层——一个传播学研究的经典进路》，《新闻与传播研究》2014年第1期；姜飞、黄廓：《“传播灰色地带”与传播研究人文思考路径的探寻》，《南京社会科学》2014年第4期；涂光晋、陈曦：《社会价值观重构中的媒介影响刍议》，《新闻与传播研究》2014年第7期；吴世文、石义彬：《我国受众的媒介接触与其中国文化认同：以武汉市为例的经验研究》，《新闻与传播研究》2014年第1期；张志安、甘晨：《作为社会史与新闻史双重叙事者的阐释社群——中国新闻界对孙志刚事件的集体记忆研究》，《新闻与传播研究》2014年第1期。

听众的需求和期望，拿出最新鲜的资讯、最权威的报道、最精彩的评论、最活跃的互动，方能吸引听众，给广播新闻带来蓬勃的生机和活力。[①] 也有研究者着眼于微观层面的节目编排，认为综合性广播新闻节目应强调本地新闻的挖掘、规避同质新闻扎堆编排、加强新闻的解读深度。[②]

对于融合时代的广播新闻采制变革，诸多文章围绕制度建设的议题展开。有学者指出，大多数新闻广播都实行轮盘式播出模式，内容吞吐量非常大。为保证节目质量的优质稳定和对采编人员的考核有据可依，需要制定严格的量化标准。[③] 也有学者建议，新闻广播要以内部创新为基础，以外部资源整合为手段，从机制、流程、产品、技术等方面谋求整体转型，能力建设是转型的基础，流程再造是转型的关键，以此实现从传统新闻生产部门向互联网新闻产品提供商的转变。[④]

新闻媒体被认为是“站在船头的瞭望者”和“麦田的守望者”，如何增强舆论引导能力是广播新闻研究的关注点。不少学者注意到新媒体环境下舆论引导的变化，从个案研究提炼出的观点颇富启发性。有学者以河北电台的《992 大家帮》、北京电台的“中国梦”专题报道和吉林电台的《晓声长谈》为例，说明节目在理念、形式和传播方式上的不断创新有助于广播媒体唱响主旋律。[⑤] 也有学者阐述了新闻广播“微博化”的现实路径。[⑥] 对社会主义核心价值观宣传、两会报道等的研究也是广播新闻研究的重要内容。

在残酷激烈的媒体竞争中，传统广播在探寻可持续发展之路。其中的一个探索路径就是娱乐节目。研究者指出，2004 年中国广播电视协会广播文艺委员会创办第一届广播娱乐节目评析研讨活动，至今十年来“产生了 93 档一等节目、165 档二等节目、273 档三等节目，总计 531 档”；涌现出了许多难得的娱乐人才，并在不断探索娱乐广播创作理念的过程中，拓展了娱乐节目创新的路子。[⑦] 对此，有学者指出，尽管娱乐节目近年来整体水平有了提高，但广播人对娱乐节目的属性认识不清，功能定位不准。广播娱乐节目的类型发展很不均衡，大多数娱乐节目集中在语言类、综艺类，综艺秀、竞技秀和真人秀节目较少，且全部都是低成本生产和运营。这些都制约了广播娱乐节目在更大规模、更高层次上的发展。[⑧]

面对社会化媒体的冲击以及新闻直播的常态化，广播节目到底需要什么样的主持人？新的传播环境下节目主持人的播报方式及传播语态受到了广播学界的关注。有学者从广播的媒介特性和受众心理的角度对杭州“疯子”现象进行剖析，指出在把握好“度”的前提下，广播情绪化传播有一定的合理性和价值。[⑨] 也有研究者认为，随着新媒体时代媒介融合的深入发展，广播传播的模式和形态发生了根本改变，

---

① 谢金华：《网络时代，广播新闻拿什么去吸引听众》，《中国广播》2014 年第 9 期。

② 杨迪：《综合性广播新闻节目的编排创新——以北京新闻广播〈新闻 2013〉为例》，《新闻与写作》2014 年第 1 期。

③ 詹雯、杨杰：《浅析新闻广播的标准化生产》，《中国广播》2014 年第 7 期。

④ 孙向彤：《从能力建设到流程再造——新闻广播媒体转型突围之路》，《中国广播》2014 年第 7 期。

⑤ 赵荣水、舒咏平：《广播媒体唱响主旋律的创新路径》，《传媒》2014 年第 16 期。

⑥ 韩萌：《新闻广播“微博化”的现实路径》，《新闻与写作》2014 年第 2 期。

⑦ 胡妙德：《十年感言——广播娱乐节目十年纪》，《中国广播》2014 年第 1 期。

⑧ 关玲、刘沐晗、陈若川：《中国广播娱乐节目现状分析》，《中国广播》2014 年第 1 期。

⑨ 陈响园：《广播情绪化传播的合理性和价值——杭州“疯子”广播现象探析》，《新闻与传播研究》2014 年第 5 期。

主持人除了具备传统广播运作所需要的语言传播能力，还需要拓展信息管理能力和互动传播能力，这两种能力的拓展有赖于主持人明确定位、更新观念和知识。[①] 还有研究者尝试厘清新闻主播与新闻播音员两种角色，并对新闻主播如何做好广播连线报道提出建议。[②]

（二）聚焦融合与转型，凸显前沿化、细分化特征

近年来，融合和转型是广播发展的关键词，亦是广播研究的主要议题。广播业虽然保持了相对稳健的发展态势，但也面临着前所未有的挑战。继2013年的大数据之后，2014年又新增了一个牵引力：移动互联网。基于移动互联网的新媒体正全面改变传播生态，传统广播所面临的生存环境变得尤为严峻。如何在传播生态环境发生巨大变化的背景下，突破广播发展的现有瓶颈，开创快速发展的新局面，是摆在当代广播人面前的时代命题。

2014年，广播领域对大数据的研究主要集中在“大数据背景下，广播面临的机遇、挑战以及如何应对”这一重要议题。[③] 就目前的研究成果看，对于大数据与广播的研究还处于初步探索的阶段，很多问题的研究还停留在技术层面和“是什么”的问题上，对于“为什么”和“如何做”的研究大多是泛泛之谈，大数据对于广播的深度影响有待继续观察和深入思考。

对广播来说，最重要的是明确移动互联网的发展所带来的冲击以及相关应对策略。有研究者认为，移动互联网给传统广播带来的冲击突出表现在两个方面：一是受众被进一步瓜分；二是广告增长率开始大幅下降。[④] 也有学者从传播学的角度充分肯定了移动互联网的作用，认为广播具有伴随性、移动性、地域性的特征，而移动互联网具有社交化、低龄化、移动化、商业运营模式清晰、易操作等特征，这为广播融合发展提供了非常好的机遇。[⑤] 相似的观点认为，广播超群的即时性与伴随性特征与移动互联网信息传递简便迅速、强调互动的理念定位具有天然的契合性，传统广播从业人员应充分利用移动互联网所提供的战略机遇。[⑥] 有学者提出广播应重视研究媒介和用户的特点，善于从理念、渠道和平台等方面向新媒体公司学习，学会揣摩用户的心理及需求，量身定制用户体验良好的新终端音频产品。针对移动互联网用户的信息需求，力求在内容个性化、平台主流化、机制市场化、业务多元化方面取得突破。[⑦] 对于移动互联时代广播的创新策略，有研究者提出借助技术变革和移动革命实现弯道超车，让广播移动起来，提升广播的领悟能力、创意能力和执行能力，从广播的机制改革、广播与新媒体融合、广播产品的高端布局以及优势文化产业链等方面探索广播这一传统媒体实现转型的方法与策略。[⑧]

有学者另辟蹊径，尝试引入媒介环境学的理论来探究新媒介生态下广播媒体的生存逻辑，认为在当前媒介形态多样化、传播方式多元化、媒介竞争白热化的崭新格局下，广播应具备用户逻辑、服务逻辑、

① 於亚女：《新媒体背景下广播主持人传播能力的拓展》，《中国广播》2014年第4期。

② 于浩、谢先进：《新闻主播如何做好广播连线报道》，《新闻与写作》2014年第3期。

③ 陈响园、张权伟：《大数据背景下中国交通广播的“危”与“机”》，《现代传播》2014年第3期。

④ 王求：《移动互联网时代广播发展的机遇与挑战》，《中国广播电视学刊》2014年第2期。

⑤ 陈力丹：《新媒体对广播业及社会结构的影响》，《中国广播》2014年第2期。

⑥ 赵亦红：《移动互联网，广播发展的新机遇》，《中国广播》2014年第3期。

⑦ 丁钊：《移动互联网时代广播媒体面临的机遇与挑战》，《中国广播》2014年第3期。

⑧ 李静：《移动互联网时代广播媒体的创新策略》，《中国广播》2014年第3期。

"绿色传播"逻辑和社交逻辑。[①] 在探讨广播媒体应对新媒体的策略时，少数学者将目光从传统广播如何应用新媒体技术来革新节目内容转移到关注广播体制改革及生产流程方面的问题。有研究者指出，面对互联网媒体等后起之秀，广电媒体亟须转型。在深化文化体制改革的背景下，广电集团需要整合资源、再造业界生态、拓宽融资平台、实现整体上市、对集团内部纷乱无序的组织流程剪枝清理，进行扁平化机制架构的革新。[②]

综合来看，对于移动互联背景下的广播转型路径，业界和学界聚讼纷纭，尚未形成一致意见，存在着"技术过度崇拜"和"激进式变革"两种观点的鲜明博弈。这反映了广播界对外部形势变化的集体焦虑。但不论学界还是业界，所有人都在试图适应变化的媒介环境。目前，我国广播业发展面临的风险与机遇并存，一切处于矛盾之中，这是广播界对形势的基本共识。

2014 年 8 月，《关于推动传统媒体和新兴媒体融合发展的指导意见》的出台，给广播研究带来了重大影响，"媒体融合"作为显性话题备受关注。《中国广播电视学刊》第 5 期开辟专题讨论媒体融合时代的广播发展议题。研究层次立体丰富，既有关注指导思想的，也有关注具体操作层面的；既有关注宏观制度变革的，也有关注个案成败的。

与此同时，有研究者结合羊城交通广播在新媒体方面的实践，指出广播要抓住机遇，充分利用成熟的交通信息及本地生活资讯采编播体系，融入新媒体手段，让技术为内容服务，绝不让融合削弱广播的媒体特性，而是获得更宽阔的传输平台，为广播拓展出更大的发展空间。[③] 有研究者以中央电台"音乐之声"为例，探究"互联网思维"下广播的市场化运作。[④] 也有研究者盘点江苏电台逾 10 年媒体融合的曲折历程，认为面对互联网、移动互联网等新技术的迅猛发展，广播媒体应抢抓机遇进行不懈的探索。[⑤] 需要注意的是，此类研究为个案研究，其结论能否向外推广，需更多的实证检验。

对于广播的融合实践，学界的审慎与业界的热情形成鲜明对照。有学者冷静分析了广播媒介融合可能遇到的问题，对国内多家电台所采用的"网为台服务、台为网铺路"的"台网一体"模式提出质疑，认为网络广播的服务对象应是广大的网络用户，而不应该是传统的广播听众，"台为网铺路"的目的是让网络广播在经营和运作过程中能够自己走路并且走好自己的路，而不是躺在路上走不了路。对于网络广播今后应该如何发展，作者认为：网络广播经营要按照网络新媒体的规定和要求进行独立运作、科学规划、合理布局，在充分了解和把握用户接受心理和使用习惯的基础上打造新颖别致的广播内容，最大限度地满足网络广播用户的消费需求。[⑥]

以微博、微信和移动客户端为代表的社交媒体对广播业的影响显而易见。广播对社交媒体的实践也延伸到学术领域的知

① 宫承波：《新媒介生态下广播媒体的生存逻辑探析》，《中国广播》2014 年第 8 期。

② 朱剑飞、胡玮：《广电改革基因再造》，《视听界》2014 年第 4 期。

③ 张军：《寻求媒体形态的相互渗透与融合之路——以羊城交通广播新媒体广播创新实践为例》，《中国广播》2014 年第 4 期。

④ 吴迪：《互联网思维下的广播媒体市场化运行——以中央人民广播电台音乐之声为例》，《中国广播》2014 年第 8 期。

⑤ 王扬波：《媒介融合下的广播发展之路——江苏电台与新媒体融合的探索与实践》，《中国广播》2014 年第 3 期。

⑥ 申启武：《关于广播"台网一体"发展战略的思考》，《中国广播》2014 年第 3 期。

识生产。2014年，虽然不少学者研究社交媒体给广播带来的机遇与挑战，但是社交媒体在广播中的应用，特别是社交媒体在节目生产、传播过程中的发展现状及前景依然是研究的重点。

运用终端收听广播并进行多维互动正成为发展新态势，社交媒体应用也在不断开发中。一些研究正是基于个案研究，对这方面的问题进行深入探讨。有研究者尝试以中央电台中国之声的微信平台报道实践为主要样本，探究广播如何借助微信创新发展。[①] 也有研究者通过对温州交通广播的微博、微信和APP在移动广播中的应用实践进行分析，认为移动广播在其发展过程中，除了进一步优化移动网络覆盖和网络服务质量、增加移动广播主体覆盖面之外，进一步丰富传播的内容和形式、开发其商业价值，也是移动广播微媒体实践的发展方向。[②] 少数研究将视野投向"他山之石"，试图为广播发展移动终端提供镜鉴。有研究者从美国国家公共电台（NPR）的新媒体应用入手，详细分析了NPR对播客、网页程序、移动客户端设备和应用编程接口等新媒体技术的应用。[③] 不过，有学者列举了传统广播使用客户端所面临的主要困境，即内容生产复制为主、同质化现象突出、没有固定的盈利模式等。[④] 这种批评得到了业内人士的回应。有研究者以山东经济广播手机客户端为例，指出作为新生事物的广播手机客户端存在着三大困扰和难题：一是网络环境的制约；二是技术条件的限制；三是盈利模式的困扰。[⑤] 由此可见，社交媒体能否成为传统广播的"救市"之举，还需拭目以待。

（三）注重受众行为的特征分析，强调调查方式的真实有效

互联网技术的迅猛发展所带来的媒体传播格局的巨变，令传统广播有些措手不及，移动互联时代的到来使日益激烈的媒体竞争达到白热化状态。对于广播而言，传播效果显得尤为重要。广播的一切传播都是为了实现预期的社会效果，并在竞争中实现更好发展。而检测传播效果的最有效手段之一便是受众调查。2014年有多项指向广播受众行为特征的相关实证调查，既包括全国性的调查，也有区域性、行业性的研究报告。值得一提的是，这些以广播受众行为为特征的量化研究逐步全面化和系统化。

在全国性的调查方面，有研究报告称，根据2013年中国市场与媒体研究（秋季）的数据，广播受众在价值观和消费习惯方面呈现出的整体特征为：十分重视各类安全问题并愿意为之买单；文化消费已成为一种生活方式，受众在文化消费上的投入增加；追捧新的科技产品并乐意做尝鲜者。另外，银发族、单身族、90后、单身父母等人群特征鲜明，值得广播媒体加以重视。[⑥] 有研究者以视听率为基础，分析了广播听众与电视观众的差异。[⑦]

① 薛琦：《化"微"为机 创新广播新闻报道模式——以中央人民广播电台中国之声开设微信平台的实践为例》，《中国广播》2014年第4期。

② 陈永松：《微媒体在移动广播中的应用路径探析》，《中国广播电视学刊》2014年第7期。

③ 钟鸣：《新媒体为广播注入新活力——美国国家公共电台新媒体应用研究》，《中国广播电视学刊》2014年第5期。

④ 陈昌凤、王宇琦：《传统媒体的移动化：新闻客户端的现状与问题》，《中国广播》2014年第12期。

⑤ 张新刚：《尝"鲜"手机客户端——山东经济广播的探索与思考》，《青年记者》2014年第9期。

⑥ 杨蔚：《透视广播受众新需求和重点关注人群——基于2013年受众价值观和消费习惯特点的分析》，《中国广播》2014年第8期。

⑦ 刘燕南、牟文婷：《从收听率看我国听众特征与行为规律——一个与收视率比较的视角》，《中国广播》2014年第8期。

在区域性、行业性的调查方面，有研究者基于对福州市区688份有效样本的问卷调查分析指出，广播更多的是作为一种私人性、闲暇性、随意性的媒介而存在，听众收听的方式越来越多元化。节目内容是广播吸引听众的最重要因素。广播除了要注意节目形式，还需着重强调内容产品的质量，并根据听众的反馈进行调整。[①]有的调查显示出，移动广播受众在结构上具有"知识化、年轻化、高收入"等特点；尽管他们对于移动广播的接触行为呈碎片化和多元化，但他们的收听行为还是较为稳定的。[②]这在一定程度上印证了另一项研究结果，这项基于1050个广播受众样本的实证研究分析结果表明，包括智能手机、平板电脑等在内的移动互联终端上的广播受众呈现明显的年轻化、收听时段随意化、收听时长碎片化、收听内容个性化、娱乐化等特征。[③]

多位学者深入探讨了广播受众调查的现状、互联网环境下受众调查的新问题与新趋势以及大数据对受众调查的意义与价值等议题。有研究者分析了传统广播受众测量的基本现状，认为广播日益多元化的传播方式将推动受众测量从粗放走向精细，从单一走向多元，从浅表走向深层。传统抽样数据将借助更加精准的测量仪焕发活力，而大数据将深刻改变未来的广播受众测量。在多元传播环境下，广播受众测量手段和技术将进一步丰富，跨平台、多终端测量与数据整合将是发展趋势。[④]也有研究者指出无论广播电台将自身的节目平移至移动互联网平台，还是第三方集成的广播音频节目超市，本质上都是在改写广播传统的线性收听方式，实现无边界收听、选择性收听、互动性收听等。而传统的日记卡调查方法以及现有的测量仪技术难以完整地呈现当前变化并适应未来发展。如何真实、有效、及时地记录听众的收听行为，完整展现当下及未来新型广播的全价值的数据采集技术，成为现实及未来的要求。[⑤]

（四）史料开掘与方法反思并重

由于广播史研究对广播实践的现实指导作用不如其他领域的广播研究明显，再加上满足功能需求的实用主义对广播学术研究取向的扭曲，广播史研究往往得不到应有的重视。令人欣慰的是，这一情况在2014年有所改观。不少个案分析突破传统研究思路，提出新的见解，在新史料的开掘上亦有一些中观和微观的成果，个别研究者还对以往的广播史研究方法进行了反省，在指出原有研究方法存在局限的同时，提出了新的研究方法。

广播史学方面还有一些有价值的梳理，多位学者对一些广播史片段进行了重新解读。近几年，知识界掀起一股"民国热"，广播史领域似乎也受到影响，2014年不少学者的广播史研究聚焦于民国时期。例如，有研究者基于历史视角，梳理了《中国人民政治协商会议共同纲领》对"发展人民广播事业"的明确规定和《农业发展纲要》对"建设农村有线广播"的具体规划，从广播的"共识"制造和有线广播的"人民主体性"两个层面分析了新中国成立初期广播事业的"公共"话语实践，认为广播电视"公共"话语并非发端于市场经济时期，而是早在20世纪五六十年代就

---

① 刘毅：《广播听众收听情况的实证研究——基于福州听众的调查》，《现代传播》2014年第4期。

② 李蕾、华葱：《汽车社会背景下的移动广播受众调查与思考——基于西安市的调查数据》，《东南传播》2014年第1期。

③ 周宇博：《移动互联终端广播受众实证研判》，《中国广播》2014年第4期。

④ 曹毅：《多元传播下的广播受众测量》，《中国广播》2014年第8期。

⑤ 梁帆：《收听率调查方法的现状、发展与挑战》，《中国广播》2014年第8期。

以“为人民服务”的方式呈现和实践，在某种程度上，广播“公共”话语的逻辑一直深嵌于中国广播发展的历史脉络中。[①]台湾广播事业起源于日本殖民统治时期，这一阶段广播业的发展是台湾广播史上不可回避的重要过程。以往广播史学界对日本殖民统治时期的广播业状况近乎全盘否定，但从文化角度看，则有新的发现。有学者细致梳理了日据时期台湾广播事业的史料，认为日本殖民统治时期的台湾广播作为日本人在台的现代化建设之一，在文化上具有一定的积极意义。[②]

2014 年 4 月 18 日是新中国广播活动家温济泽诞辰 100 周年纪念日。为了纪念这位广播先驱，相关理论研究围绕思想梳理和价值评估两个方面展开。有学者回顾并总结了温济泽的广播生涯及其建树，认为温济泽在中国人民广播及对外广播中做了大量开拓性工作，认为他开创了人民广播史的研究，也为推动中国广播教育事业的发展作出了奠基性贡献。[③] 有学者探讨了温济泽的新闻广播思想，将其归结为七个方面：重视广播管理制度的制定与管理；强调党的路线、方针与政策的宣传；强调广播要看对象，注重广播的针对性；高度重视播音工作，注重队伍建设；高度重视广播技术和管理工作；注重依据广播特性办广播；对外广播节目要生动活泼，有特色。[④]

在广播史研究方法上，有学者对沿袭至今的以报刊史为范式的广播史研究进行反思，指出这一范式忽视了广播不同于报刊的技术依赖性、制度规定性和功能多元性的特征，认为在新媒体的技术条件下应该将广播史回归传播史的研究范式，探讨在技术变迁的历史背景下，广播传者（广播与国家的关系）、广播内容乃至广播受众的发展史，还可借鉴美国深具传统的广播文化史的研究范式。[⑤] 这种新的理论框架和研究方法，有助于人们重新审视广播历史。这表明广播学界已不满足于用中规中矩的研究范式推进广播学本身的知识生产，开始发出广播学界自己的声音。有学者从知识社会学的角度重读哥伦比亚学派早期成员赫佐格（Hem Herzog）的广播受众研究，指出其在研究议题、方法和范式等方面对广播受众研究的贡献。[⑥]

另外，2014 年，研究者们还关注了中国广播的对外传播，并反思了中国广播对外传播所面临的问题，进而为提升广播国际传播能力提供具体策略。也有研究者关注美欧、日本、韩国、东南亚和我国港台地区的广播发展问题。其他学者则对新媒体环境下广播公信力与政治透明性、社会公正性、舆论表达和舆论监督的关系进行了探讨。同时，研究者持续关注广播产业发展问题。

总体而言，2014 年中国广播研究整体研究成果数量可观，研究层次有所提升，理论与实践的结合更为深化，对现实的指导性和针对性更强，许多旧的话题或通过学术概念的引入，或通过新的研究思路、方法的运用，或通过新材料的发掘，获得新的阐释或得到深化。不过，部分研究存

---

① 黄艾：《“人民本位”：建国初期广播事业的“公共话语”实践》，《现代传播》2014 年第 12 期。

② 张晓锋：《扶持与统制：日本殖民统治时期台湾地区广播事业的历史考察》，《新闻与传播研究》2014 年第 12 期。

③ 谢骏、温飙：《温济泽的新闻广播生涯及其建树》，《中国广播电视学刊》2014 年第 4 期。

④ 桂清萍：《试论温济泽的新闻广播思想》，《中国广播电视学刊》2014 年第 4 期。

⑤ 李煜：《广播史研究的范式转移》，《现代传播》2014 年第 9 期。

⑥ 黄雅兰：《被遗忘的奠基人：赫佐格的学术贡献及其在传播学史上的“失踪”》，《国际新闻界》2014 年第 6 期。

在议题同质化、研究方法不够科学严谨、基础理论研究薄弱、批判性研究较少、学理性和前瞻性有所欠缺等不足。究其原因，既有整体学科建设大环境的因素，也有广播学科发展阶段性的因素。这些问题的解决还需逐年认真推进。尤其是当前全球政治、经济、文化、媒介环境加速变革，广播发展正处于转型期，机遇与挑战并存，广播研究必须增强对新技术和新现象的敏锐度，强化理论深度，提升问题意识，扩大学科视野，增强科学逻辑，才能把握、应对和引导实践与应用的潮流。

中国电视研究综述

2014 年堪称是媒体融合走向深化的关键节点，各级媒体顺应融合发展大势，在推进传统媒体与新兴媒体融合发展方面做出了诸多探索，8 月中央全面深化改革领导小组第四次会议通过的《关于推动传统媒体和新兴媒体融合发展的指导意见》，加速了媒体融合的全面发展。广电行业的转型也从量变走向质变。中国电视领域的分化加剧，央视和一线卫视以大制作为契机构建竞争力，从而进一步拉开了与二三线卫视的距离，制播分离、市场化运作、新媒体战略等成为广播电视行业的重要议题和实践。融合的关键节点同样也体现在电视研究和学科建设中，从知网的历年学术搜索结果比较来看，2014 年度以“广播电视”和“电视”两个关键词的搜索结果均显示学术文章总量较之往年有微幅下降，这也是历年来之首见，与之相应，与媒介融合、新媒体视音频相关的关键词搜索结果则呈现大幅上扬之势，关键词使用量的变化在一定程度上折射出广播电视实践发展和学科建设处于融合与转型关键阶段。

本部分着重从五个方面考察梳理 2014 年度中国电视研究的热点问题及重要论著观点。

（一）新媒介环境下的电视研究

新媒体的发展对我国电视的影响以及在新媒体时代如何促进电视传播与新媒体的融合依然是 2014 年电视研究的聚焦点。

电视新形态及影响研究

李岭涛在《中国广播电视学刊》《现代传播》《电视研究》等学术期刊上发表多篇文章，对新媒体环境中的电视节目和产业发展进行了理论层面和实践层面的探索，提出并分析了电视的颠覆式创新路径，认为按照传播新规律、受众行为心理新特点，着力打造基于电视传播的一条场内传播线，分别基于新渠道、新技术、新方式和一般性活动的两条场外传播线三线互补互促、立体互动的传播格局，将是电视媒体发展的有效路径。[①] 还有一些文章或从新媒体时代电视发展及其传播模式的创新与转型，或从媒介融合趋势中分析电视舆论引导的困境、策略转型和突破方式等[②]，或对新媒体语境下广播电视新媒介中公共空间的构建进行探讨[③]。有文章从媒体传播的基本要素——受众、信息（内容）、信道（平台）、接受（收视）行为等入手，认为“互联网米姆”成为内容营销的核心。采用“合理碎片化”的传播策略是电视节目，尤其是淹没在互联网之中的海量视频和娱乐化大潮中的新闻节目进行传播和推广的有效手段。现在的收视行为已经

① 李岭涛：《三线立体互动传播：电视媒体的必由之路》，《中国广播电视学刊》2014 年第 3 期；《用颠覆式创新推进电视台转型》，《电视研究》2014 年第 5 期。

② 乔保平、邹细林、冼致远：《媒介融合：广播电视舆论引导的转型与突破》，《郑州大学学报》（哲学社会科学版）2014 年第 3 期。

③ 王强：《流动的藏私：新媒体语境下广播电视新媒介中公共空间的构建》，《编辑之友》2014 年第 11 期。

由“不评论，无收视（率）”转变为“不参与，无收视（率）”。如何将收视行为关系化，进而促进受众参与不同程度的内容生产，成为评判电视节目社会化营销水平的标准。[①] 有学者从宏观层面提出，媒体融合并非新词，但经由习近平总书记在中央全面深化改革领导小组会议上强调后，这一业界和学界使用的专业名词迅速提升了其内在意涵和社会影响力。在经济全球化、一体化的背景下，媒体融合对社会发展已经产生并将继续产生深刻的影响，我们有必要从社会发展的角度，认识媒体融合的广泛作用。[②] 有多位学者联手针对新媒体环境下的受众进行了实证研究[③]，使用的数据源于复旦大学“211 工程”三期重点学科建设项目“当代中国社会变迁和大众传媒”的子课题——“新传播形态下的中国受众”数据库。调查侧重于在融合媒体的环境下考察新型受众的行为特征、心理机制、情感认同和复杂的影响因素，较为全面深入地勾画出新媒体环境下中国受众的图景。最后文章基于媒介使用行为组合提出了六种受众形态，在一定程度上勾勒出我国受众媒介使用的宏观图谱，为后续研究奠定了一定基础。

数据新闻和突发新闻研究

大数据发展给传统的新闻生产带来了巨大的挑战，引发学界关注的热潮。对大数据的应用，国内很大程度上处于探索时期，有的学者结合两个典型的案例来分析数据新闻的“利基模式”和“类比模式”两种基本模式，同时结合国内外数据新闻的发展进程预言数据新闻将在中国有广阔的发展前景；[④] 有的学者结合大数据时代的特征对传统新闻编辑生产行业从编辑到生产流程的重构进行了分析，就如何收集、处理以及呈现信息进行了详细论述，同时介绍了一些常见的数据收集渠道以及数据新闻制作中应当注意的问题。[⑤]

2014 年也是突发事件频发的一年，突发事件刺激着民众的神经也考验着媒体的应变能力，“马航事件”也引发了学界从各层面讨论的热潮。有学者对面对突发事件时国内媒体“绕开难啃的不确定性，奔向容易获得的外部信息，已经成为现实中的新闻逻辑”以及过度的新闻“内生产”“衍生生产”“转引式生产”这些做法进行严厉批判，同时对自媒体时代“传播者数量增加，但是传播者的主体性、独立性和自主性没有增加”的情况表达了忧虑。[⑥] 另有学者从受众心理的层面，对面对突发事件时受众的反应进行了六个阶段的分期，对新形势下新闻的制作提出了人员、操作、采写等方面的建议；[⑦] 有学者认为“马航事件本身就是一个事实空白，而新闻媒体的职责就是填补这个空白，在紧要的时刻，我国的传媒不是在挖掘事实性信息方面下功夫，而是习惯于关注怎样煽情”，同时也强调了面对突发事件无论是新闻媒体还是民众都应该具有的新闻素养，从而使新闻媒体更有效地履行职责，民众能从海量

① 史安斌、刘滢：《“我推故我看”：电视节目全媒体传播和社会化营销新趋势》，《电视研究》2014 年第 3 期。

② 时统宇：《媒体融合对社会发展的推动作用》，《电视研究》2014 年第 7 期。

③ 沈菲、陆晔、王天娇、张志安：《新媒介环境下的中国受众分类：基于 2010 全国受众调查的实证研究》，《新闻大学》2014 年第 3 期。

④ 史安斌、廖鲽尔：《“数据新闻学”的发展路径与前景》，《新闻与写作》2014 年第 2 期。

⑤ 张炯：《数据新闻学与新闻编辑能力重构》，《编辑之友》2014 年第 3 期。

⑥ 王辰瑶、汪子钰、苑明：《内爆：不确定时代新闻生产的逻辑——从马航客机失联报道谈起》，《新闻记者》2014 年第 5 期。

⑦ 袁甜阳子、沈阳、谭启慧：《“马航失联”事件中受众的“六态”心理转换》，《新闻与写作》2014 年第 4 期。

信息中甄别自己需要的、可信的信息。[①]

（二）电视国际传播研究

国际传播研究是2014年电视研究的突出主题之一。习近平总书记将《北京青年》《老有所依》和《失恋三十三天》等中国影视作品作为国礼赠与其他国家，加之中国一些影视剧的海外热播，使得中国影视剧的国际传播成为热门话题。有的学者认为，中国电视剧的海外热播是由于东方文化的乐观积极的价值观、故事情节的丰富感人、演员优秀的表演以及语言的风趣等诸多因素共同作用下的结果，加之国家近年来对影视剧产业的大力扶持，中国一些电视剧在海外的热播给我国电视剧的发展带来了希望以及一些有益的启迪。[②] 2014年度的社科基金项目中，亦有不少涉及国际传播领域，如“中国独立纪录片与国家文化安全研究”“纪录片塑造国家形象的理论、历史与实践研究”等。

（三）电视模式与节目研究

尽管国家出台了多项规定，但在激烈竞争中的电视依然走在娱乐至上的生存之道上，户外真人秀、喜剧秀等加入竞争日益激烈的各种真人秀节目之中；现实题材、都市情感题材、青春题材电视剧在2014年度引人瞩目，家庭伦理题材、战争题材等依然是电视剧所青睐的对象，而自制剧、独播剧、周播剧成为一些电视台面对日益激烈的电视剧竞争的应变之道，对此，节目研究也保持了数量增长和话语多元的特征，电视模式研究伴随着各类现象级节目的热播和口碑效应继续升温。

电视模式和娱乐节目研究

2014年对模式节目的研究仍然是热门话题，中国知网2014年以“模式节目”“综艺节目”为主题的文章达到2500余篇[③]。对模式节目的分析随着模式节目在我国的深入发展而趋于多元。有学者提出，近年来全球电视模式的生产、交易规模及覆盖范围等均加速增长，价值链急剧扩张，模式节目的社会话题性和文化效应也随之发酵。以中国为例来看，接续出现的相亲、选秀以及亲子节目潮和相关热议等堪为佐证。该学者认为模式产业正成为当前创意产业发展的重要一环。模式输出不仅带来巨大经济效益，也正成为国家软实力的重要构成之一。该学者在对2000年以来，尤其是2009年至2013年欧美及日韩电视模式的文本、产业及受众等层面持续关注的基础上，对电视模式产业的全球发展态势进行深入考察，同时观照中国电视模式发展状况并从四个层面提出创新对策建议。[④] 有学者从近年来引起中国电视产业巨大变化的国外电视模式节目出发，研究了电视模式节目在中国的发展。[⑤] 此外，有的学者根据模式节目在我国发展的过程，结合模式节目在我国的发展现状将模式节目分为三个阶段，总结当前模式节目在我国“常态化、大片化、接地气”的三个特点，并对模式节目当前依旧存在着“同质化、急功近利、缺乏创新”的问题提出了批评。[⑥] 也有学者以本土优秀节目为案例，提出“用有效的电视手段传递文化才是持

① 陈力丹、李志敏：《复杂信息传播中的公众心理与传媒的职责——以“马航失联事件”为例》，《新闻爱好者》2014年第4期。

② 付少武、蔡清辉：《电视剧〈媳妇的美好时代〉在非洲热播的启示——兼论中国电视剧走向海外的策略与路径》，《当代电视》2014年第2期。

③ 见中国知网 http：//www. cnki. net/，2014年10月31日。

④ 殷乐：《电视模式产业发展的全球态势及中国对策》，《现代传播（中国传媒大学学报）》2014年第7期。

⑤ 路俊卫、吕海文：《从引进改造到创造：电视节目模式的创新发展路径》，《中国广播电视学刊》2014年第6期。

⑥ 刘建新：《引进与重塑：电视模式节目的中国式成长》，《现代传播（中国传媒大学学报）》2014年第2期。

续吸引观众注意力的必由之路”。①

电视剧研究

除了新媒体技术变革带来的挑战，2014年中国电视剧的发展亦受到国外电视剧的冲击，累计点播13亿次的《来自星星的你》和《纸牌屋》的热播也引发了学界的关注，有学者有针对性地分析了热播韩剧的受众群体，受众心理以及背后所带动的文化产业的社会影响。② 有学者对美剧在我国的受众群体，以及美剧在我国传播的路径和美剧制作播出模式进行分析，并与国内电视剧进行了比较，提出了有建设性的意见。③ 有论者提出，大数据时代的到来深刻影响到广播电视的方方面面，制作公司可以利用大数据分析巨量用户的需求，精确到用户行为，而中国的电视剧制作公司由于存在着资金以及技术水平等方面的不足，同时缺乏成熟的商业模式，导致运用大数据的能力存在比较大的欠缺。但是大数据时代的到来会不会因为一味迎合受众口味导致对剧作者创新能力的抑制，以及引发盈利模式单一化趋向，这些问题需要进行更加深入的探讨。④ 针对国内电视剧，学者们的研究更多着眼于分析某些热播电视剧的美学价值⑤、题材选取⑥，以及专业制作。网络自制剧的兴起在2014年也成为学界争论的热点，有学者认为网络自制剧从依赖单一的广告收入到售卖收益的转变，标志着中国自制剧已经开始向更高处奋进，同时新锐剧的观众大多以“80后”为主，基本上都是标榜个性与特立独行的青年，很容易培养起这些特定年龄段观众的忠诚度，从而使新锐剧拥有长久的活力。⑦ 亦有学者认为网络自制剧与传统电视剧相比，缺少申报立项和审片两个环节，监管有空白，存在着“色、狠、野”的弊病，如果网络自制剧不改变自己，不管它怎么强势发展，也只能是一些人用来消闲的娱乐，而且是不很健康的娱乐。⑧

纪录片研究

近年国家对纪录片的扶持政策也加速了纪录片研究的蓬勃发展，加之《舌尖上的中国Ⅱ》的推出再度引发“舌尖效应”，纪录片研究在2014年在总量和关注领域上都有大幅增长。有学者从产业化发展的角度，认为中国纪录片市场存在着比较严重的“结构性堵塞”，其原因在于我国现今的纪录片市场产业要素不完善，投资方不易找到合适的制播实体；社会制作机构很难改变旧的制播循环；播出平台又存在大量的播出缺口。深层次看，是产业前端不畅、盈利模式尚未完善与资本逐利本性的矛盾，其主张运作项目时从市场出发，避免过于创作本体化，结合市场和资方采用多种营销手段，改善非理性的经营思路。同时，重视利用新媒体，创造纪录片营销的新路径。⑨ 也有学者从媒介环境学的角度出发，对纪录片“素材”“认知”孰轻孰重的问题进行探讨。他们认为，纪录片的人文性对“技术回归人文”有着重要意义。在今天，纪录片更是呈现出“技术”推动发展的趋势。但是如果过度的人为操

① 晁晓峰：《论电视节目中的参与式悬念——以汉字书写节目为例》，《电视研究》2014年第2期。

② 黄启哲、邵岭：《一部韩剧，凭什么触发10亿次点播》，《文汇报》2014年3月8日。

③ 朱文博：《网络时代美剧在中国跨文化流行探究》，《今传媒》2014年第3期。

④ 蔡爽：《大数据搭起的〈纸牌屋〉》，《中国新时代》2014年第2期。

⑤ 杜莹杰、林玉恒：《从〈咱们结婚吧〉看“话题剧”的审美文化价值》，《中国电视》2014年第3期,。

⑥ 宗俊伟：《婚恋题材电视剧的精彩收获——兼谈电视剧〈咱们结婚吧〉的成功元素》，《中国电视》2014年第5期。

⑦ 杨一：《国内媒体自制剧现状研究》，《当代电视》2014年第4期。

⑧ 曾庆瑞：《网络自制剧面面观》，《当代电视》2014年第1期。

⑨ 何苏六：《中国纪录片发展的机遇期》，《中国广播电视学刊》2014年第2期。

控，只会令受众产生视觉疲劳。① 在纪录片国际传播的路径上，有学者认为真正意义上的纪录片国际化应该包括市场目标的国际化、内容资源的国际化和人才资源的国际化这三者的同步发展。而要有效实现中国纪录片的国际传播，需要有效提升中国品牌影响力，提高内容产品的市场占有力以及作品的传播影响力，开展多形式、多层级的国际合作。②

（四）电视文化、史论研究

广播电视文化研究依然是2014年本学科成果最为丰富的领域之一。胡智锋和刘俊对新媒介环境下的传媒艺术做出了深入思考和讨论，认为作为当前最能融科技与人文于一体的艺术形式与品类，传媒艺术深刻地建构和影响了人类艺术的格局和走向，成为当前人类最重要的审美对象和审美经验来源。他们在对传媒艺术与传统艺术、现代艺术、视觉艺术、艺术传播、传播艺术等概念的关系辨析中，来探求认知传媒艺术的本性与特质③。还有研究者从身份认同、性别、民族、空间文化、意识形态等角度切入到影视文化和艺术研究之中，提出了主流影视文化有效传播的策略、影视公共文化平等化建设的问题以及性别、民族、农民等在影视文化和艺术表现中的不足及其历史等。女性文化方面，有论文从历史和文本等多个角度讨论了影视中的女性形象建构及其背后的社会性别文化的历史变迁。④ 意识形态和公共领域研究方面，赵月枝等人的文章研究了影视作为公共文化在公共领域、公民文化、公共空间建构等方面的价值和存在的问题，分析了在市场和国家双重关系中中国影视公共领域建构所存在的困境⑤。农村研究方面，有论文分析了在全媒介时代农村传播更加边缘化的背景中，农村电视节目的创新策略以及坚守农村传播的重要性。⑥ 在广播电视历史和理论研究方面，不少学者从美学、国际关系、文艺政治、文化身份等多个角度研究了我国影视历史⑦，为影视历史研究注入了新的视角和新的阐释⑧。而各种广播电视艺术、产业等方面的发展报告则为2014年影视艺术和产业发展留下了丰富的历史资料和比较全面的描述分析。亦有文章结合中国影视发展历史与现状⑨，提出了影视理论建设的文化、政治等方法⑩。

（五）版权及相关研究

2014年电视研究一个颇为突出的现象就是对影视规制、版权研究的关注。各卫视间的版权纷争在2014年有增无减，学界对此的研究和关注亦持续升温，有学者通过分析国外相关案例以及对我国现行法律适用对象进行比较，并对如何保护模式节

① 黄桂萍、山彤彤：《从“有机论”视角看〈舌尖上的中国2〉》，《中国电视（纪录）》2014年第7期。

② 赵曦、赵丹旸：《中国纪录片国际传播的现实路径——以央视纪录频道国际化策略为例》，《现代传播（中国传媒大学学报）》2014年第1期。

③ 胡智锋、刘俊：《何谓传媒艺术》，《现代传播》2014年第1期。

④ 李佩菊：《女性符码与性别叙事——20世纪90年代以来中国电视剧女性形象文本研究之一》，《文艺争鸣》2014年第10期。

⑤ 赵月枝：《大众娱乐中的国家：市场与阶级——中国电视剧的政治经济分析》，《清华大学学报》（哲学社会科学版）2014年第1期；何志武：《电视公共论坛的“乌托邦”式构建——基于媒介批判理论》，《新闻界》2014年第3期；郭晓歌：《试论公共媒体对公民社会的培育作用——以台湾公广集团为例》，《现代传播》2014年第5期。

⑥ 刘贤政：《全媒体时代对农电视节目的创新与坚守》，《中国广播电视学刊》2014年第11期。

⑦ 仲呈祥：《中国电视文艺发展史》，中国电影出版社2014年版。

⑧ 张永峰：《中国电视剧审查制度的形成》，《新闻大学》2014年第1期。

⑨ 欧阳宏生：《媒介批评与广播电视宣传管理》，《中国广播电视学刊》2014年第7期。

⑩ 张君昌：《中国特色广播电视理论的系统创新》，《电视研究》2014年第5期。

目版权提出了建设性建议。① 也有学者分析了电视媒体所面临的电视、新媒体双渠道和定价权的主导问题，提出了包括捆绑策略、试看策略和折扣策略在内的新型版权定价策略，同时提出了大数据对观众进行细分从而确定版权定价策略的支持办法。② 还有不少文章从内容资产产业化对版权管理的启示③、《著作权法》中的转播④、版权经济⑤、广播电视机构对版权法律顾问服务的需求和现状⑥等方面研究了我国广播电视版权的现状⑦和版权产业发展模式⑧。另外，媒介环境的快速变迁不可避免地引发了新闻传播教育的调整与变革。国外对此反映较为迅捷，如哥伦比亚大学新闻学院设置数据新闻学位教育，不少高校也开设了社交媒体课程和相应学位，在传统广播电视课程设置上也有调整。有研究者关注媒体变革背景下的海外新闻传播教育现状与发展趋势⑨，有学者对美国十所顶尖新闻传播类学院进行调查统计，以此考察美国新闻传播教育的最新进展与改革趋向⑩。国内来看，应对新媒体、大数据对新闻专业的冲击，国内高校也纷纷采取相应措施对新闻专业教育进行改革，2014 年 6 月中国科学院大学开设“大数据技术与应用”专业，面向科研发展及产业实践，培养复合型大数据人才。《国际新闻界》在 2014 年 4 月即推出了 6 篇文章，集中讨论媒介融合时代的新闻传播教育。

总体来看，本年度电视学科建设和理论研究保持了对中央精神和政策动向的敏锐把握、对全球媒介发展趋势的热切关注和与广电实践的紧密联系，整体呈现出研究视野开阔，研究领域拓展，应用研究、对策研究趋于深化的特征，同时也存在着基础理论和前瞻性研究有待深化、跨学科研究深度欠缺等的不足。

中国电影研究综述

电影市场以及制作技术的变化带来了电影的传播生态的改变。2014 年，中国电影学术研究延续了其批判学术传统，围绕电影史、电影研究方法、电影女性研究、电影少数民族研究等重要议题展开深入而广泛的研究。

（一）电影史研究：研究对象多元，方法独特

2014 年电影史研究不仅延续着此前的繁荣，而且在电影史的研究对象、研究范围、历史意识、研究方法等方面都有一定的创新与突破。在研究对象方面，电影史研究对象的范畴进一步扩大，涵盖了电影政策史、电影运动史、电影批评史、电影艺术史、电影关系史、地域电影史、民族电影史、电影文化史、电影技术史、电影传播史、电影经济史等诸多方面。

---

① 陈笑春：《外国案例形成的电视节目模式版权认定原则及其运用》，《电视研究》2014 年第 8 期。

② 王梦珏、严威：《大数据时代的媒体版权定价》，《电视研究》2014 年第 8 期。

③ 倪晓娜：《广播电视内容资产产业化对版权管理的启示》，《中国广播电视学刊》2014 年第 1 期。

④ 王迁：《论我国〈著作权法〉中的“转播”——兼评近期案例和〈著作权法修改草案〉》，《法学家》2014 年第 5 期。

⑤ 杨庆国：《广播影视版权相关产业发展模式研究》，《青年记者》2014 年第 6 期。

⑥ 朱晓宇：《广播电视机构对版权法律顾问服务的需求和现状》，《电视研究》2014 年第 8 期。

⑦ 毛武群：《西部广播电视媒资版权状况及工作思路》，《中国广播电视学刊》2014 年第 6 期。

⑧ 邹阳阳：《广电版权核心竞争力如何“突围”》，《中国广播电视学刊》2014 年第 6 期。

⑨ 张迪：《媒体变革背景下的海外新闻传播教育现状与发展趋势》，《国际新闻界》2014 年第 4 期。

⑩ 吴锋、陈雯琪、章于炎：《美国新闻传播教育的最新进展与改革趋向——基于美国十所顶尖新闻传播学院的调查统计研究》，《现代传播（中国传媒大学学报）》2014 年第 3 期。

在电影研究中，冷战时期电影、左翼电影、“十七年”电影、新时期电影、新世纪电影等电影史研究概念日渐丰富，颇受学术界关注。有学者通过对《光辉的乐土》和《黎明的华北》细读，揭示“满映”电影复杂的帝国和殖民交织的影像想象。[①] 该学者还概述了中国电影研究以冷战作为背景所取得的成果，尤其是有关冷战电影内容与类型的相关研究成果，构建了中外相对完整的电影冷战研究谱系，并主张将其作为中国电影史研究的一个新方法。[②] 2014年，“左翼”电影史研究者从美学、国际关系、文艺政治、文化身份等多个角度切入进行研究，不仅呼应了近年来重新兴起的进步或者“左翼”文艺研究现象，而且再次将进步或者“左翼”电影历史作为重要的电影史现象带入到电影研究之中，对此前电影史研究有意边缘化进步电影史做出了某种程度的纠正，而且也在一定程度与当下电影的消费化、去政治化构成了对话关系。[③]

（二）新媒体技术与电影：大数据思维

新媒体技术的发展与变革不仅重塑了传播生态，也重新谱写了新媒体与电影之间的关系。学界敏锐觉察到这种变化，并展开深入研究。

有学者讨论“网生代”电影对电影行业整体所产生的影响，强调“网生代”电影同其他各代电影之间的不同在于该代电影导演产生的方式，主创、文本与消费者互动的方式，电影文本的碎片化，电影经济从存量向增量转化，电影与互联网关系中互联网因素不断强化，用户可以参与到电影创作之中，电影的娱乐特性被强化等。[④] 有学者提出了大数据就是用户数据，其带来的变化是电影制作从用户类型出发，通过大数据的整理和分析来支持整个电影的制作、传播、商业开发系统，导致电影的分众与定制。[⑤] 有学者认为大数据思维的电影内容生产机制，是七大用户数据（用户基本特征数据、用户社交生成数据、用户线上互动数据、用户消费记录数据、用户 Web 公共数据、用户线下行为数据、用户地理位置数据）与六大电影内容元素（故事、影像、导演、表演、声音和剪辑）之间的相关关系的发现与预测过程。[⑥] 有学者提出社交媒体时代消费者可以创造话题、重新创造自我与网络群体的关系，成为社会化消费者，而社交媒体用户的表达和群落则要求电影营销要采取新方式、并实现精准营销。[⑦] 另有一些学者分析了新技术、新媒体对电影制作、表演、创意、内容、营销等方面产生的影响。[⑧]

（三）电影女性研究

女性研究方面，有学者从历史和文本

① 李道新：《帝国的乡村凝视与殖民的都会显影——以1937年“满映”制作的“文化映画”〈光辉的乐土〉和〈黎明的华北〉为例》，《上海大学学报》（哲学社会科学版）2014年第6期。

② 李道新：《冷战史研究与中国电影的历史叙述》，《文艺研究》2014年第3期。

③ 苏涛：《香港左派独立制片公司研究（1948—1951）——以大光明影业公司为中心》，《电影艺术》2014年第2期；罗卡：《战后上海和香港的黑色电影及与进步电影的相互关系》，《当代电影》2014年第11期；吴海勇：《“电影小组”与左翼电影运动》，上海人民出版社2014年版。

④ 王旭东、尹鸿：《“网生代”：电影与互联网》，《当代电影》2014年第11期。

⑤ 陈肃、詹庆生：《电影大数据：分众和定制时代的思维方式》，《当代电影》2014年第6期。

⑥ 刘涛：《大数据思维与电影内容生产的数据化启示》，《当代电影》2014年第6期。

⑦ 司若：《大数据与“微”营销——社交媒体大数据对电影营销的若干新拓展》，《当代电影》2014年第6期。

⑧ 安晓芬、尹鸿：《互联网时代的电影生产与传播》《当代电影》2014年第5期；蒲剑、赵梦然：《电影产业中的互联网思维》，《当代电影》2014年第5期；刘军：《互联网时代中国电影产业结构的调整》，《电影艺术》2014年第5期；任晟姝：《功能转型与价值重塑——互联网时代的电影放映业》，《当代电影》2014年第1期；曹书乐：《新媒体环境中的“现象电影”》，《当代电影》2014年第5期。

等多个角度讨论了影视中的女性形象建构及其背后的社会性别文化的历史变迁。[①]有学者分析了女性电影形象从被言说、被观看的第二性向主动言说、主动建构自我形象的第一性转变。[②]有学者在性别方面的基本叙事采取了好莱坞二元关系的性别叙事和国家叙事结合的方式，将性别收编到国家叙事之中。[③]

（四）电影少数民族研究

有学者指出“十七年”少数民族电影将家国艺术形态、类型电影结合起来，补充了汉族电影类型不够丰富的问题，并具备了电影类型国际传播的潜力。[④]有学者通过分析20世纪90年代以来的有关少数民族新主流电影的批评文本，发现了官方话语、学术话语、民间话语三者宣教色彩过于浓厚的电影与大众化、市场化靠拢的影片中的不同关系，指出批评话语的关系也促使影片创作者重视并吸收大众文化、市民文化中的价值观与审美趣味，力图在意识形态和商业价值上寻求平衡点。[⑤]

有学者运用“融他性”分析方法，分析指出蒙古族电影发展60多年的时间里，“融他性”的三个重要面向：一是从新中国建立直到20世纪80年代，在蒙古族电影中表现出双方主动态的表述以及由此所建立起来的意识形态缝合；20世纪90年代之后所展现出来的恋物癖倾向以及“融他性”中的“融现代性”之难；指向自我以及由此所重新描述和建立的伊甸园景象，其“融他性”则体现在融天地、融仇恨、融仇敌、融背叛、融自我的种种自我指涉之中。[⑥]另有一些研究则从少数民族电影发展历史、发展趋势、存在问题、解决方法以及在新媒体时代的传播策略等方面，分析了少数民族电影。[⑦]

（五）其他研究

在关于青年、城市、地域、国家等电影文化研究方面，有学者研究了电影作为公共文化在公共领域、公民文化、公共空间，以及建构以及市场和国家双重关系中的价值和问题。[⑧]

有学者从主体和风格、导演和明星以及市场、媒体和观众三个方面厘清了“新都市电影”的源流、特点、概念等，认为“新都市电影”适应了全球化和都市化的中国历史并创造了积极乐观的文化，有可能成为开拓中国新电影文化史的电影。[⑨]

有学者分析了全球本土化的历史过程中台湾电影的文化认同，指出台湾电影21世纪以来认同边界的模糊和消解、身份认同的危机、重建本土身份的可能性，分析

---

① 苏涛：《女性身体、现代生活方式与都市空间——论“电懋”电影的都市想象与现代性》，《当代电影》2014年第6期。

② 吴全燕：《女性“现代梦”的觉醒和实现——中国当代电影中女性形象的呈现与变迁》，《当代电影》2014年第7期。

③ 郝延斌：《“亚洲电影”的国族叙事与性别修辞》，《当代电影》2014年第10期。

④ 陈旭光：《“十七年”少数民族题材电影：意识形态构建与类型性的隐性承续及开拓》，《上海大学学报》（社会科学版）2014年第4期。

⑤ 顾广欣、李亦中：《新时期中国少数民族电影批评初探》，《民族艺术研究》2014年第5期。

⑥ 万传法：《蒙古的他者与他者的蒙古：族裔性、本土性与融他性——蒙古族电影浅述》，《北京电影学院学报》2014年第5期。

⑦ 刘帆：《“十七年”少数民族题材电影的娱乐效果与意识形态策略》，《西南大学学报》（社会科学版）2014年第6期；张丽娟：《新世纪以来新疆本土电影的发展及文化特质分析》，《北京电影学院学报》2014年第5期；张智华：《新世纪以来中国少数民族题材电影的表现方法与产业发展》，《民族艺术研究》2014年第3期。

⑧ 仇玲：《城市电影与公共领域的互动研究（1992—2013）》，《当代电影》2014年第11期。

⑨ 陈犀禾：《“新都市电影”的崛起》，《电影新作》2014年第1期。

这一阶段台湾电影的两大主题：探讨台湾民众的身份认同危机和对青春、自然与地方感的强调以建构新的台湾形象。[①] 有学者分析了引进片的市场化经验、全球化本土主义以及新技术主义、新艺术和文化对中国电影的影响，认为全球化对于中国电影来说既是好莱坞在中国显示其市场主导的影响和成功，也是中国电影走向世界的机遇。[②] 有学者在分析国家电影形象作为历史与现实、虚构与真实、个体主义与国家主义的关系中思考国家作为正义国家的特点，以及影像构建正义国家的必要性和具体要求，强调正义国家的形象建构并不是单一的电影创意命题，而是一个要与电影的商业平台、娱乐机制、文化取向相互关联的综合性表达。[③]

总之，2014 年中国电影研究在总体上延续了近年来电影研究的批判学术传统和重大议题，并对电影史研究、新技术与电影之关系、电影女性研究、电影少数民族研究等研究主题保持了高度关注。理论层面，电影史研究进一步丰富了其研究对象，扩展了其研究范畴，其研究方法日趋多元而独特；在实践层面，电影研究基于大数据理念，重视新媒体技术与电影发展的互构关系；在跨文化传播的语境下，以发展华语电影为重要契机，突破中国电影海外传播的困境，积极构建中国电影国际传播的现实路径，使中国电影研究在理论创新与实践发展方面有较大突破。

主持：殷　乐（中国社会科学院新闻与传播研究所研究员）
撰稿：中国广播研究综述：
申启武（暨南大学新闻与传播学院广播电视系教授）
熊科伟（暨南大学新闻与传播学院博士研究生）
中国电视研究综述：
殷　乐（中国社会科学院新闻与传播研究所研究员）
张建珍（中国社会科学院新闻与传播研究所副研究员）
徐　畅（中国社会科学院研究生院硕士研究生）
中国电影研究综述：
张建珍（中国社会科学院新闻与传播研究所副研究员）

---

① 孙慰川：《身份认同危机与台湾形象重塑——论 21 世纪初期的台湾电影》，《当代电影》2014 年第 6 期。

② 丁亚平：《引进片与全球化时代中国电影的历史位移》，《当代电影》2014 年第 2 期。

③ 贾磊磊：《正义国家的影像建构》，《当代电影》2014 年第 10 期。

中国网络新媒体研究2014年综述

进入互联网发展的第二个十年，国内新媒体研究发展稳健。这两年，中国期刊网收录新媒体研究相关文献比起以往又有明显增加，每年保持在3000篇以上的篇目数量。文献在发表期刊和学科基础上虽有较大差异——社会、文化、经济等人文社会科学类均有涉及，但新闻传播学领域占据压倒性比例，形成成果数量稳定、现实关注紧密且具有延续性的诸多话题和研究趋势。

本文以中国知网（CNKI）文献作为统计分析基础，以新媒体传播为主题展开一级检索，得到2014年文献3602篇，通过比较可见，10年之内，这一主题文献数量呈现数十倍增长，规模十分可观（如图1）。

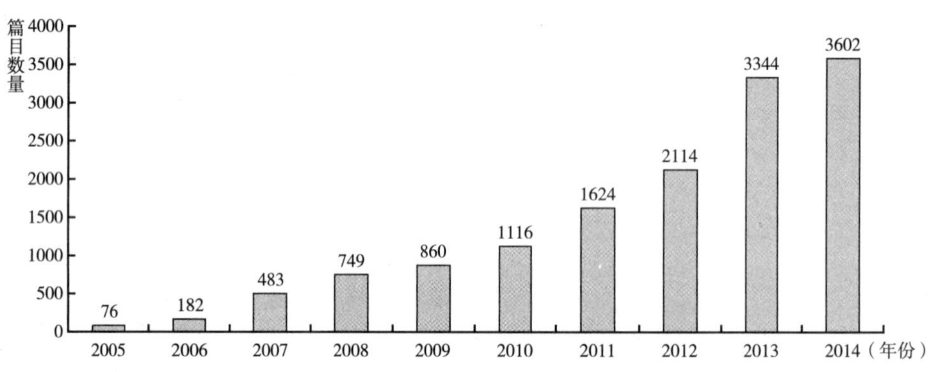

图1　2005—2014年新媒体传播主题文献篇目数量

对比2012、2013年度的学科研究进展①，本研究在电子平台上进一步对所得综合篇目展开二级检索归纳，分别键入融合、社交、舆论、微传播、伦理道德、技术、治理、理论等涉及新媒体理论、技术、形态、内容、方法研究等层面的28种关键词，通过摘要判断文献主体相关性，再依据重点期刊、下载引用率等关注度标识，排除偏离本学科话语、重复发表等无关论文，纳入分析样本文献共计21类373篇，对其内容主题加以细化量化（如图2），着重于研究类别、主题内容的新进展，得出新媒体研究的年度热点话题和趋势结论。

① 参见孟威《2013年中国新媒体研究热点评析》，《中国新闻年鉴》2014年版。孟威：《新媒体研究热点：主题、视角与评析》，《新闻知识》2012年第2期。

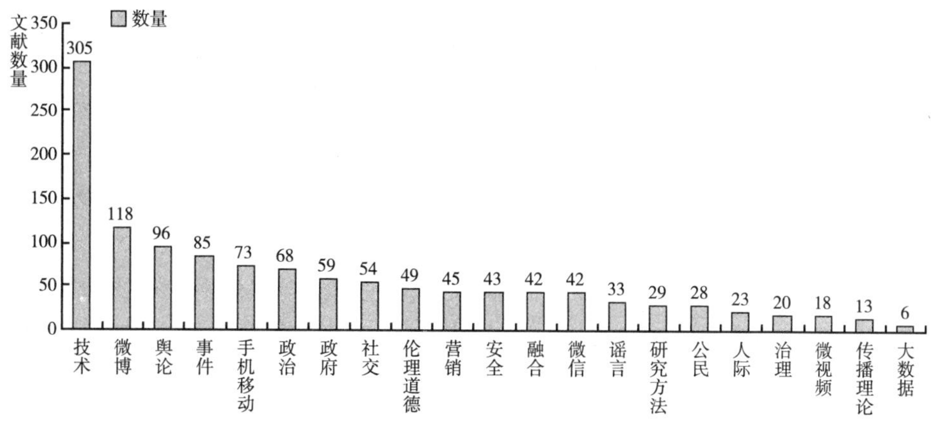

图 2　2014 年网络新媒体研究文献类目及数量

一、理念、逻辑、深度、生态："媒体融合"研究核心词

自 20 世纪 90 年代中期起，我国开始形成媒体集群化发展趋势，最近十年，中央推行了新一轮文化体制改革，希望通过转企改制、兼并重组等方式增强做大新闻媒体。2014 年 8 月，中央全面深化改革领导小组审议通过了《关于推动传统媒体和新兴媒体融合发展的指导意见》，进一步拓展了国内学界业界对于媒介融合内涵的理解。学界开始突破限于终端（devices）融合、网络（networks）融合和内容（content）融合的认识局限，视野伸向理念、产业、服务、文化等更深广的领域。

如何在理念层面深化对"融合"的认识？在围绕这一议题进行的探讨中，"互联网思维"成为研究重点。有学者提出，顺应传播科技潮流、尊重媒体客观规律办事，要运用互联网思维来理解融合。互联网思维重在理念创新，这是媒体转型的根本，包含三个关键层面：一是深化内容与服务"用户核心"理念；二是围绕创新理念占据技术高点，跟进新业态拓展渠道；三是以开放理念更新机制，提升管理意识，调整媒体组织构架，在开放中博弈，发挥舆论软实力。该学者指出，形式"联接"不等于融合，"并行"亦不等于融合。真正的融合应具有一定深度，是深度和广度的融合，体现内容、渠道、平台、经营、管理等方面的"一体化"。① 有学者将这种深度融合、一体化发展政策认定为"文化传媒新政"，强调只有将传统媒体和新兴媒体基因互补、资源共享，才能最终开创媒体融合的新局面。②

从传播的不同层面缕析媒体发展逻辑也为融合研究开辟蹊径。有学者提出，在新媒介环境下，要重构新闻和出版逻辑理论，遵循技术、组织、制度、文化四种逻辑，方能达到内容共享与渠道统一、储存传输及多媒体共用、细密分工整体协调、书写和视听相整合的效果。有研究进一步认为，虽然当前媒体从技术、内容、产业形态上明晰了媒介融合之路，但仍面临融合的"空心化"、缺乏创新性、缺少科学谋划等问题。要实行采编权和经营管理权的分离，建立真正的市场化融合机制，才

① 孟威：《媒体融合：传媒变革的关键议题》，《中国社会科学报》2014 年 9 月 17 日。

② 童兵：《基因互补 资源共享 避害趋利 融合齐进——对"文化传媒新政"的一点感悟与思考》，《新闻与写作》2014 年第 10 期。

能壮大融合体核心竞争力。①

不同信息形态的媒介应用是实践关注的重点所在。人们提出，要重视传统媒体的多媒体形态应用，特别是关注移动即时信息传播策略，加强基于现场的移动发布和基于多种媒介平台的“多管齐下”战略，多层次覆盖、多视角报道，同时加强基于媒介应用研究和传播实践的创新，以强化多种形态传播关系黏度。② 有研究对国内外媒体融合发展路径加以归纳，得出三种具有代表性的融合方式——同业融合、多媒体融合、终端融合。研究认为针对目前国内融合发展的现实瓶颈，要着力解决平等、权威、参与度等几方面问题，改变传播生态，重构媒体格局。③ 有学者认为：要超越基础数字化和多媒体技术所带来的新闻行业改变，超越媒体所存在的个体组织，将其放到技术社会变迁和传播观念的逻辑、序列中考量，才能更好地对媒体行业内出现的新现象进行深层次探究。④ 总体上，理念、逻辑、深度、生态四个关键词，标注了接续延展媒介融合研究的核心观念。

二、手机传播：移动在线“四点”着力

2014 年，中国移动网民数量呈趋高涨势，移动互联网使用者占据上网人群主流，据中国互联网络信息中心（CNNIC）统计，截至 2014 年 6 月，中国网民规模达 6.32 亿，互联网普及率达 46.9%。我国手机网民数量为 5.27 亿，在整体网民中占比达 83.4%。我国智能手机市场趋于饱和，手机网民规模增长放缓，但移动互联网应用丰富程度加大，对社会生活服务渗透增加，成为手机网民常态的生活方式和各行业的重要发展模式。⑤ 伴随渐入“全民在线”的移动互联环境，手机移动新媒体研究应时而进，形成较有新意的四个领域：

移动涉入现实生活广度和深度的讨论

主要关注点在于：智能手机、平板电脑如何从通讯、娱乐工具演变成为生活、生产工具；移动互联网个性化服务需求和满足的多样化；移动客户端所导致的传播系统“生态”重制；移动发展营销模式 O2O 的特点及其对经济社会的影响等。但学界讨论最多的议题莫过于手机使用成瘾与社会关系疏离、自我控制缺陷、人格发展障碍的关联，这方面的研究突破是针对大学生手机成瘾现状所进行的量化分析和社会心理研究，出现了大量引入人口统计学变量，以及从人格、自尊、孤独、控制感等方面展开分析的文章。有研究聚焦手机成瘾人群的情绪以及人格特质表现、社会关系亲疏，分析手机成瘾的多元影响因素⑥，也有研究以国外青少年群体作为参照⑦，指出聊天服务、社交网站（SNS）、音乐、网页版动漫（webtoon）和游戏等新媒体形态已成为新媒体上瘾源头，并提出建议，探讨救治手机成瘾技术病症的可能机制和途径。

移动媒体舆论环境与导向功能

研究新意表现在，更加注重移动互联网舆论主体、舆论客体、舆论本体、舆论生成和传播扩散机制等议题，关乎舆论发

① 曾珍：《报业参与媒介融合路径选择》，《新闻界》2014 年第 6 期。

② 侯锷：《移动微传播：路径与应用策略》，《新闻与写作》2014 年第 9 期。

③ 熊小黠、孙琨、周楠：《传媒格局重构下的媒体融合思考》，《新闻世界》2014 年第 10 期。

④ 杨兼：《媒介融合：研究与实践》，《新闻前哨》2014 年第 2 期。

⑤ 中国互联网络信息中心：《第 34 次中国互联网络发展状况统计报告》，2014 年 7 月；《2013—2014 年中国移动互联网调查研究报告》，2014 年 8 月。

⑥ 参见邱致燕、吴琦、张斌：《大学生手机成瘾者应对方式、情绪及人格特质的分析》，《南京大学学报》（社会科学版）2014 年第 6 期；胡珊珊、李林英：《手机成瘾影响因素述评》，《社会心理科学》2014 年第 5 期。

⑦ 李昌镐：《韩国青少年智能手机使用情况的调查》，《中国青年研究》2014 年第 2 期。

生、影响与效果因素的新特点。有研究认为，移动互联环境使舆论主体复杂化、客体多样化、焦点化。舆论本体情绪化。[①]舆论生成强化了舆论领袖的作用，以及“蝴蝶效应”“广场效应”“群体极化”等现象。研究提出，要把移动传播舆论引导纳入推进国家治理体系和治理能力的现代化的整体战略中，加强传统媒体的主体作用，探索多媒体、全媒体融合互动引导机制，增强舆论引导实效性。[②]同时要建立健全网络舆情监测、研判、处置、公关机制，提高新媒体传播能力，增强国家文化软实力。

APP客户端传播使用模式及效果

智能手机成为移动通信的主流，安装在智能手机上的APP客户端也成为众多智能手机用户浏览新闻资讯的首选。新兴的新闻客户端传播效果如何，客户端以怎样的用户体验博得青睐、满足需求，以及客户端对主流媒体的影响等问题引起了较高的研究兴趣。最热烈的讨论在于重点媒体网站的手机客户端传播模式对比与同质化研究。代表性观点认为，传统媒体领跑了手机新闻，但从战略定位、内容生产、界面设计、交互体验等方面看，尚缺乏个性化、灵活化，较难满足公众需求；网易、搜狐、新浪等商业网站客户端虽在内容主题、标识定位上形成了一些差异性，但手机客户端的同质化缺陷同样突出。[③]目前客户端内容栏目大同小异、产品模式趋同，个性化服务并未形成，难以保证用户使用忠诚度。因此对客户端来讲，创新依然是“永恒的话题”。[④]

移动传播赋权和受众行为研究

这一话题的相关研究篇目不多且零散，但也不乏新意。主要涉及青少年手机传播行为、阅读习惯、心理健康等层面。有研究观察到手机“低头族”的存在，通过低头族的行为心理来分析该现象产生的原因，指出这种行为不仅会损害使用者自身的身心健康，更会影响社会人际交往，并试图提出些解决措施来帮助“低头族”“抬起头来”。[⑤]有研究针对微信公众平台的消息推送以及实时交流展开针对受众关注和使用行为的讨论，认为：微信公众平台已逐渐成为微信用户获取外界信息的主要渠道，但信息到达率并不等同于信息接受率，订户的参与度也不意味着满意度；而关注度、使用率才是促进媒体发展的主要动力，“满足用户实际需求是微信公众平台未来发展的根本所在”[⑥]。有研究针对农民工等特定社会群体如何使用新媒体获取信息等问题进行探讨[⑦]，其中有研究发现，以互联网和手机为代表的新媒体，扩大和延伸了社会关系网络，使受众通过信息赋权获得、扩展了发表意见和传播信息的自主权，

① 高永亮：《新媒体时代的舆论特征及其引导》，《中国广播电视学刊》2014年第11期。

② 参见夏德元《新媒体时代舆论引导与舆论表达的良性互动》，《当代传播》2014年第1期；梁东红：《新媒体时代手机媒体的舆论传播》，《传媒》2014年第2期；范叶妮：《移动互联网视阈下群体性事件的网络舆情变化研究》，《新闻界》2014年第10期；邓涛、徐晓：《传播核心价值观的“微”路径》，《思想政治工作研究》2014年第11期等。

③ 参见李锐《商业门户网站的手机新闻客户端同质化研究——以〈搜狐新闻〉〈腾讯新闻〉〈网易新闻〉为例》，山东大学硕士学位论文，2014年；龙慧蕊、于倩倩：《浅析移动纸媒的新闻编辑特点和风格一致性——以新京报Android手机新闻客户端为例》，《新闻世界》2014年第6期。

④ 参见黄杰《媒介生态学视阈下的手机新闻客户端发展研究》，《视听》2014年第11期；狄萌：《传统纸媒的手机新闻客户端如何深入人心》，《学理论》2014年第7期等。

⑤ 胡玲娜：《新媒体环境下“低头族”的受众行为与心理分析》，《科技传播》2014年第7期。

⑥ 程澄：《微信公众平台的受众“使用与满足”行为探究》，《传媒》2014年第5期。

⑦ 郑欣、王悦：《新媒体赋权：新生代农民工就业信息获取研究》，《当代传播》2014年第2期；张潇：《受众自我赋权扩张与手机传播自律》，《中国报业》2014年第10期等。

也使传播生态发生改变；但同时自律和伦理价值取向问题，也成为手机传播发展中的社会障碍，公众价值观引导和传媒素养能力建设亟待提高。①

三、“微”传播：“可持续”与“传播权”引发强关注

以微博、微信、微视频为代表的微传播，以其精准性、互动性、强关系等特点征服了用户，其全时空在线、路径少“噪音”、效率高、快速简便的特性一直为研究者所重视。2014 年度，对于新媒体如何确保优势实现可持续发展的议题，学界给予了深切关注。

有研究针对目前传统媒体的微信实践指出，在经历了大张旗鼓的初涉阶段后，众多传统媒体的关注度不升反降、遭遇尴尬。这一事实表明，单纯的技术红利已无法从根本上逆转困局；在构建微传播环境的过程中，解决好内部机制整合、同业内容竞合，成就新兴媒体和传统媒体的真正契合已成为当务之急。进而从加速机制转型中的“流程再造”、首发制胜“传”“信”联动、破解规则借力发力等方面，将传统媒体的权威、深度、细致、品牌等优势，与微信快捷、多样、灵活的特点结合起来，探索渐入融合佳境之道。②

新媒体时代，媒体作为文化产业的重要分支，其营销方式、盈利模式变得愈加多样，这不仅关系到媒体影响力和后续发展的经济实力，也影响用户的接触体验和使用偏好。随着微信公众号使用的日渐增加，新媒体栏目如何利用微信提升品牌营销效果，维系和建立起与新媒体用户的强关系成为重要话题。有研究以微信公号个案为例，从差异化、接触点、关联流动性、深度等方面，讨论微信为用户提供精准推送、去中心化平台、精编内容的方式手段及其商业价值，提出微信模式中新媒体品牌维护个性、价值以及黏度的营销传播策略。③ 有研究认为：以手机为代表的移动媒体营销，正在“深刻地影响文化产业的营销策略”，其营销功能向短信、彩信、手机报、手机视频、手机电视、手机微博、APP 应用、二维码应用、手机网络、微信等渗透，已形成了一股“指尖上营销”的潮流，④ 使新媒体语境成为衡量文化与经济关系无法逃离的现实境遇。有研究基于不同媒体终端受众特性与媒体信息传播模式分析新媒体的多元形态，提出“强信息源社会化媒体营销模式”，结合营销 3.0 观念，阐述全媒体整合实践中应遵循的原则，并对传统媒体如何保持自身优势，发挥更大效益提出对策意见。⑤ 有研究结合《失恋 33 天》《来自星星的你》等热播影片、剧目，探讨整合营销的价值趋势、话语影响、创新之道，以拓展传统媒介品牌的生存渠道。

基于 CMS（数据上传后台）、ADMS（广告发布管理后台）、DBMS（数据统计分析后台）三大后台搭建的立体化应用平台，其作用为研究者所关注。围绕微信新闻、手机客户端热点应用案例，学界也展开了关涉传播权边界的讨论，“今日头条”“澎湃新闻”“腾讯新闻”等话题显得热闹纷呈。如对以“不做新闻生产者，只做新闻搬运工”自居的移动 APP 应用“今日头条”，2014 年有 1/3 以上的研究篇目立足于分析其侵权纠纷。这源自于多家媒体谴责“今日头条”

---

① 张潇：《受众自我赋权扩张与手机传播自律》，《中国报业》2014 年第 10 期。
② 孟威：《传统媒体期待走出微信传播困局》，《中国报业》2014 年第 9 期。
③ 李薇：《基于微信的新媒体品牌传播——以“她生活”为例》，《新闻知识》2014 年第 6 期。
④ 张波：《新媒体时代文化产业的媒介营销趋势与策略》，《科学中国人》2014 年第 3 期。
⑤ 邢镔：《基于营销 3.0 理念导向的新媒体信息传播与营销》，《中国报业》2014 年第 7 期。

有侵权行为，并声称发起诉讼的现实。一些研究指责“今日头条”的做法侵犯其新闻内容网络传播权，认为只要构成了著作权法意义上的“作品”，新闻类作品都要受到著作权保护。但也有不同的声音指出，时事类新闻写作目的在于传达事实、报道新闻，这类作品应不在著作权法保护范围之内；认为就“今日头条”的服务方式看，是从各媒体的网站上搜索相关的新闻，且在其自己的网页上显示新闻标题，当用户点击某一新闻标题时，将被引导到该新闻所在的网页。这说明该网站并没有“复制”“使用”其他媒体的内容，而仅仅是提供了“选择”“链接”，不必为此承担侵权责任。对弈思考将新媒体传播权限边界的讨论引向深入。① 此外，推送机制、内容专业化、传播技术设计等问题的研究虽未形成气候，但已露出端倪。

四、“大数据”：接入“安全”“治理”现实

网络新媒体研究中，针对大数据的研究，虽篇目有限，但密切接入社会现实。怎样运用新闻传播中的大数据、建立大数据分析下的新闻报道模式、大数据和新闻生产之间的促进与矛盾、数据源开放等问题成为探讨的主要焦点。有学者认为，日常生活中一些重大的新闻如果能够运用大数据来报道，其深度会大大强化，也能够给人以更强的动感和说服力，并且帮助人们比较准确地把握未来。② 有研究认为，数据新闻利用数据拓展新闻的时空范围，深化对新闻事实的认知，发现常规新闻中不能体现的逻辑，丰富了单篇新闻报道的内涵，新闻样态也从封闭式告知话语转换为开放式工具，用户可以使用这些工具获取多元的信息。尽管此类新闻有诸多优点并颇具潜质，但是，也要看到大数据思维在新闻中的应用局限性。有研究认为，首先，大数据掌握在少数权威机构、信息服务商的手里；其次，如果没有集团式的操作团队，也难以充分分析、呈现大数据；最后，大数据思维本身的特质，在精确性、个性化等方面与新闻的特质是相悖的。③ 一些研究从营销角度来看待大数据技术发展对传统媒体角色特征的影响。有人认为按照大数据的要求，现阶段传统媒体在技术构架、传播模式、运营模式等诸多方面都存在许多限制和问题，这使实现营销创新的任务十分严峻。可从 Interesting（趣味原则）、Interests（利益原则）、Interaction（互动原则）、Individuality（个性原则）四个方面，以“4I”原则作为研究的视角，对大数据时代的营销创新做出分析，以带动媒体的勃兴。④

面临大数据机遇和挑战，有学者提出，网络技术的迅猛发展使世界受益，也引发了黑客入侵、网络犯罪、网络战等全球性安全问题。渗透于一国政治、军事、经济、文化、社会诸领域，在国家安全战略中地位凸显，成为影响当今世界国际关系走向和国际治理的重要议题。⑤ 特别是大数据之“忧”，凸显了网络安全的“脆弱性”，引发了新一轮国家安全战略博弈。大数据所暗藏的巨大潜力，使其成为新一轮利益

① 参见魏永征、王晋：《从〈今日头条〉事件看新闻媒体维权》，《新闻记者》2014 年第 7 期；展江：《保卫新闻版权可借鉴香港经验》，《新闻记者》2014 年第 7 期；王迁、乔新生：《“今日头条”引发的网络传播权思考》，《青年记者》2014 年第 22 期；唐广良：《关于网络搜索侵权的三个问题》，《青年记者》2014 年第 22 期；《“今日头条”著作权侵权问题研究》，《中国版权》2014 年第 4 期。

② 杨雅编：《大数据分析与可视化技术：新闻传播的新范式》，《国际新闻界》2014 年第 3 期。

③ 陈昌凤、乌日吉木斯：《数据新闻与大数据思维的应用》，《新闻与写作》2014 年第 4 期。

④ 刘峰：《大数据时代的电视媒体营销研究——基于网络整合营销 4I 原则的视角》，华东师范大学博士学位论文，2014 年。

⑤ 孟威：《网络安全：国家战略与国际治理》，《当代世界》2014 年第 2 期。

角逐的战略高点。进而，业界和学界应在分析美、德等国家围绕大数据建设出台的网络安全政策的基础上，提出中国应对大数据挑战的对策建议。①

五、新媒体“舆论场”：话语聚焦热度持续

新媒体舆论如何发生、发酵与消弭，舆论沿着何种路径和方向行进、特点为何？自2003年以来这些问题一直是研究关注的重点。2014年度这一话题研究的新颖度在舆论模式、移动舆情、话语建构方式等方面有所呈现。②有研究者将新媒体舆论的议题划分为“出现、存活、整合、消散”四个阶段，并试图建立新媒体舆论的生命周期理论模型。③有研究进一步针对线上线下的对比，讨论网络舆论异化所引发的冲击力，探索表达与引导的良性互动；④ 有研究聚焦手机媒体、移动互联网特征，讨论终端差异下网络舆情变化的新特征，以明晰移动舆论引导方案的优化路径；⑤ 有研究关注叙事方式和语言建构，从网络热点实践出发，认为微博叙事表现出草根性、即时性、互文性三大特征。在微博视觉语言的建构下，图片解释的多元性不仅使得受众掌握了话语权，也满足了受众对危机事件传播目击效应的诉求。⑥ 研究试图探求图片、动漫等叙事方式的阐释力以及其超越文字语言的舆论效果，认为这种舆论监督或将更有冲击力，甚而构建了新媒体时代信息社会的新秩序。

突发事件的舆论引导研究热度不减，2014年度这类讨论呈现出很强的群体指向，研究话语聚焦、分类应对。比如，针对三大类型的探讨占据60%以上的研究篇目：一是高校突发事件中的新媒体舆论引导；⑦ 二是网络信息安全与政府舆情应对；⑧ 三是新媒体公共空间的舆情动态、案例分析及治理对策。⑨ 上述研究特点密切呼应了当前中国新媒体发展的现实特征——以20—29岁的青少年网民为应用主体、反腐力度加大的社会现实，以及政府执政服务治国理念的提升。

---

① 孟威：《大数据下的国家网络安全战略博弈》，《当代世界》2014年第8期。

② 参见陈力丹《网站假新闻的追踪与追问》，《新闻界》2014年第14期；夏德元：《新媒体时代舆论引导与舆论表达的良性互动》，《当代传播》2014年第1期；杨毅：《微博叙事与舆论引导》，《当代传播》2014年第5期；梁东红：《新媒体时代手机媒体的舆论传播》，《传媒》2014年第2期；范叶妮：《移动互联网视阈下群体性事件的网络舆情变化研究》，《新闻界》2014年第10期；李俊婷：《传播学视阈下媒介审判背后的舆论形成过程》，《西部广播电视》2014年第1期。

③ 匡文波：《论新媒体舆论的生命周期理论模型》，《杭州师范大学学报》（社会科学版）2014年第3期。

④ 陶鹏：《新媒体语境下的网络舆论：异化、冲击与引导》，《重庆邮电大学学报》（社会科学版）2014年第3期。

⑤ 张晓月：《新媒体环境下主流媒体舆论引导责任及其路径优化》，《重庆邮电大学学报》（社会科学版）2014年第3期。

⑥ 张玉臂：《新媒体时代的视觉语言建构方式及影响》，《新闻世界》2014年第1期。

⑦ 陈萍、于晴、吴超：《新媒体环境下高校突发公共事件舆论应对研究》，《浙江理工大学学报》2014年第6期；黄勇平、林炜双、黄山、李春荣：《新媒体环境中青年学生意见表达的话语策略及舆论引导》，《东南传播》2014年第2期；赵战花：《新媒体时代高校辅导员媒介素养的提升路径探析——基于高校舆论安全的视角》，《广西师范学院学报》（哲学社会科学版）2014年第1期；王娟娟、毕研强：《高校突发事件网络舆论风险形成的机制及对策研究》，《科学中国人》2014年第5期等。

⑧ 此类研究篇目数量以高校论文为集中反映，如薛一静《中国政府提升网络舆情应对能力的对策研究》，首都师范大学硕士学位论文，2014年；龚弘：《网络舆情的政府治理研究》，内蒙古大学硕士学位论文，2014年；任士伟：《政府应对网络舆情的路径研究》，苏州大学硕士学位论文，2014年；易臣何：《突发事件网络舆情的演化规律与政府监控》，湘潭大学硕士学位论文，2014年；乌云娜：《复杂网络中基于非理性博弈的舆情传播模型的研究》，吉林大学硕士学位论文，2014年等。

⑨ 参见彭辉、姚颉靖《我国政府应对网络舆情的现状及对策研究——基于33件网络舆情典型案例分析》，《北京交通大学学报》（社会科学版）2014年第7期；王洪华、李锦兰：《地方政府应对网络舆情危机的成功案例分析》，《现代情报》2014年第9期；黄军菲：《社会治理视角下网络群体性事件研究》，安徽大学硕士学位论文，2014年等。

结论：学术特色、接续与展望

总体而言，2014 年网络新媒体研究结合国家政策和技术创新两大线索，推进学理深化，具体表现出如下特点：

第一，兼顾网络新媒体现实取向与理论诉求，现实反映面更趋广泛，理论呈现跨学科融合定势，但研究厚度尚显不足。回应社交媒体的发展和移动技术的推广等社会现实，站在理论前沿关注热点推动研究发展，2014 年度学术研究在宏观、中观、微观三个层面均获得较大拓展。研究内容既反映了新兴、传统媒体融合，以及国家治理、新媒体传播生态构建等宏大战略，又包含客户端效果、微信公众号使用、全媒体突围等业界变革，也未尝忽略“马航失联事件”“澎湃新闻”“网络沉溺”等重点话题；试图借助社会学、心理学、政治学等跨学科理论对行为心理、传播结构、形态模式作出合理化分析，融合研究思路已成定势。但同时，也有大量的研究流于介绍性、总结性阐释，主体重复、内容同质化的现象并不鲜见。有些类目（如社交媒体等研究）虽然数量占比较重，但其中大量研究似应景之作，缺乏深刻思辨；有些基础理论论证难以呈现体系特征，“现炒现卖”的痕迹较为明显。而针对重大理论问题和现实问题的精品力作更少；全局性、前瞻性、战略性、富有价值的成果数量尚处不足，亟待涌现。

第二，研究立足于本土并结合国际新媒体现状展开比较，视野更开阔，但所关注国别、对象、层面较为狭窄，难以映现新媒体整体趋势，更无法清晰揭示本土发展中某一领域的国际坐标。从国别上看，话题集中在美、日、韩几个技术发达国家，其他国家相关研究则很少或没有。即使这三个国家的研究也有明显偏向，如对美国的研究数量最多，但主要仍为舆论形态、消亡融合和综合规制三大类；日韩研究则集中在动画创作、产业科技、广告营收上，多议论“无”与“有”的动态问题，而缺乏机制、理念、运作规则的深刻解析。再如，新媒体公共空间的研究主要聚焦于哈贝马斯的“公共领域”观点，而对其理论发生与生长的深入研究几近于无。

第三，注重研究方法的运用，但研究中依然存在方法论困扰。表现为：其一，实证研究规范性不足。一些研究抽样总体界定不严密或样本的规模过小，使结果难以作出合理化推论；统计分析达不到应有的精准度，多元统计分析方法更较少使用。其二，一些研究中片面崇尚数据测量和量化分析，基础理论和深入思索严重不足，影响结论的可信度。其三，存在纯主观判断夹带研究方法来解决问题的弊病。有的研究绕圈子说大话或做无价值论证，产生肤浅空泛或文不对题的现象。

以学术研究的理论和现实价值评价，2014 年度网络新媒体研究在融合、移动、安全、微传播、舆论领域均有较新推进，但仍与时代发展、社会进步的需求存有距离，有较大学术空间需要填补。进入 2015 年，在十八届四中全会精神的指导下，国家关于信息安全和新兴媒体治理、公民隐私保护等系列法规条例被提上日程；媒体融合成为我国媒体实践最紧迫的任务；移动传播进一步在农村、欠发达地区、非网民群体中推开，形成强劲增长点；政务智能服务展现新势头。结合种种技术、社会现实关注把脉研究趋势，在未来的接续研究中，“融”媒体突破、网络空间法治化、大数据安全、社会群体的移动赋权、舆论、政务与治理或将成为持续关注热点，并展开新的思索。如何直面社会、把握时代脉搏，深入理论研究，进而形成科学化、体系化、特色化的本土风格，网络新媒体学术研究任重道远。

主持、撰稿：孟　威（中国社会科学院新闻与传播研究所研究员）

中国传媒经济学研究 2014 年综述

传媒经济学作为一门新兴学科，近 30 年来可谓飞速成长，它不仅成为当前新闻与传播学研究领域中令人瞩目的前沿交叉学科，更是直接服务于传媒产业的发展，成为推动和引领传媒产业创新发展的力量。

传媒经济学在中国也逐渐走向成熟，不仅拥有了清晰的学科定位、明确的研究范畴和具体的研究议题，更涌现出一批专业化的研究团队并产生了丰硕的研究成果。作为首部《中国新闻传播学年鉴》的综述文章，本文一方面对传媒经济学近年来的发展做一个历史脉络的梳理，另一方面也对 2014 年国内传媒经济学领域的研究现状与主要成果进行全方位介绍，为中国传媒经济学未来的发展立下路标、指明方向。抛砖引玉，谨供同行和专家参考。

一、学科定位：兼容并包、交叉融合

目前，中国传媒经济学是一个处于新闻传播学一级学科之下的二级学科，其主要涉及的是传播学与经济学的交叉领域，但该学科研究领域的广泛性又使其与管理学、广告学、营销学等学科有着紧密的联系。

在经济学视野下，传媒经济学可以被视为应用经济学的一个分支，产业经济学、制度经济学的研究理论在传媒经济学中多有运用。世界传媒经济学大会主席罗伯特·皮卡德认为："传媒经济学是致力于研究经济和金融力量如何影响传媒体系和传媒组织的学问。"而以笔者的观点来看，传媒经济学是用经济学的方法研究传媒经营与信息消费领域的经济活动和经济规律的学问。它的研究领域可以涵盖：传媒产业经济学、传媒企业管理学、广告经营学、整合营销传播学、传媒市场研究、传媒法规与政策研究等。同时，传媒经济学的核心研究对象是以媒介、媒体、传媒、传媒企业、传媒产业为代表的不同层面、不同纬度的"传媒"。学者们所探索的也是"传媒"领域发展变化中所涉及的经济规律。

在新闻传播学视野下，传媒经济学可以被置于媒介研究的范畴，新闻学与传播学的基本理论在传媒经济学领域中同样适用。而市场经济规律也直接作用于全球绝大多数媒介企业、传媒产业，甚至直接决定着它们的生存方式、组织形态和运作机制等。事实上，人们对于信息的消费、传媒企业提供的信息产品以及传媒产业信息生产机制都属于传媒经济行为的范畴；而不同于一般经济行为的是，影响信息消费和传媒运行的要素是多元的，主要的有市场因素、制度因素、文化因素、国际局势等。无论是在资本主义国家还是在社会主义国家，传媒经济都是在适应其社会制度与经济体制的前提下发展的。因此，传媒经济学作为新闻传播学研究中的经济学视角是不可或缺的，也是举足轻重的一部分。传媒经济学虽是新兴学科，但从传媒产业发展的大趋势来看，其应被置于学术前沿且中流砥柱的位置。

二、学科的发展沿革与创新

传媒经济学诞生于 20 世纪 50 年代的美国，早期研究主要集中于报业经营和广播电视产业运营与管制等议题，其后开始不断向其他领域拓展。随着以广播电视为代表的电子媒介的高速发展，传媒经济学在20世纪80年代进入内容发展的“黄金期”，其标志是以《传媒经济学刊》为代表的一批有质量的传媒经济学刊的创办，以及世界传媒经济大会的创立。罗伯特·皮卡特教授作为传媒经济学创始人之一成为此次大会的主席，藉此，一个遍布全球的传媒经济学学术共同体得以形成。近年来，传媒经济学研究已经与媒介实践、经济学研究、传播学研究形成了相互滋养、相互促进的良性关系，并且紧跟信息消费、互联网和新媒体的发展步伐，向更广阔的社会领域渗透。

中国传媒经济学研究起步相对较晚。20世纪80年代中期，传媒业界学界相继提出报业的“事业单位企业化管理”“报业经济”等探索性概念。伴随改革开放的进一步深入，90年代中期传媒经济领域研究开始兴起。[①] 跨入21世纪后，传媒经济研究已经在国内新闻传播学科中形成了一股热潮，研究逐渐深入、社会影响也更为广泛。其中具有代表性的成果有：《从注意力经济的角度看媒体品牌》（2000）[②]、《影响力经济——对于传媒产业本质的一种诠释》（2003）[③]、《舆论经济：传媒经济的本质解析》（2005）[④] 等。与此同时，国内学术界也开始积极与国际展开对话。2006年中国学者第一次组团参加了在加拿大蒙特利尔召开的第6届世界传媒经济学大会，并在这次大会上成功申请到2008年在北京举办第7届世界传媒经济学大会的主办权。在郑保卫、周鸿铎、崔保国、麦莉娟、陈中原、杭敏等学者的共同努力下，由中国人民大学新闻与社会发展研究中心、清华大学传媒经济与管理中心、中国传媒大学传媒经济研究所、北京师范大学珠海分校传播学院、中国教育报刊社新闻研究中心联合主办的“第七届世界传媒经济学术会议”在北京成功举办。2005年4月，由清华大学传媒经济与管理研究中心牵头主编的《传媒蓝皮书》开始发布，同时举办了“传媒发展论坛”，并且此后逐年发布和举办，至今已有12年历史。2009年，世界传媒经济大会主席罗伯特·皮卡德在“传媒发展论坛”上为几位中国学者颁发了“中国传媒经济与管理教育杰出贡献奖”的奖牌。2012年，在上海大学影视学院、中国广播电视学会上海学术基地、上海大学传媒经济研究中心等主办的“传媒新经济：中国与世界的对话”国际研讨会上，学者们围绕“各国传媒体制政策新考量”“新媒体经营管理新理念”等主题展开讨论。如今，中国传媒业在与世界接轨过程中产生的新问题和新视角，正吸引大批国际知名的传媒经济学者来到中国，与国内学者共襄盛会。

三、学科队伍：依托高校、拓展业界

中国传媒经济学研究首先在各大高校形成了一批有实力的研究与教学团队，并率先形成了几个最具影响力的研究机构，且相继开设了硕士研究生、博士研究生层次的专业教育。其中，2003年，中国人民大学在全国率先自主设立传媒经济学二级学科，并于同年11月设立传媒经济学硕士、博士点；中国社会科学院新闻与传播研究所于2002年开始建立传媒经济研究中心，设立了传媒经济学硕士、博士点；中国传媒大学经济与管理学院也设立了传媒经济学硕士、博士点；清华大学从2002年起建立了传媒经济与管理研究中心，开始传媒经济与管理方向的硕士研究生培养，

① 参见吴信训、金冠军主编《中国传媒经济研究1949—2004》，复旦大学出版社2004年版。

② 喻国明：《从注意力经济的角度看媒体品牌》，《现代广告》2000年第5期。

③ 喻国明：《影响力经济——对于传媒产业本质的一种诠释》，《新闻战线》2003年第6期。

④ 吴信训等主编：《现代传媒经济学》，复旦大学出版社2005年版。

2008年开始博士研究生培养，并于2005年设立了国际合作研究机构“清华—日经传媒研究所”；上海大学自2002年开始了传媒经济研究方向的硕士研究生培养，2007年开始博士研究生培养；武汉大学于2005年开始媒介经济与管理方向博士研究生及硕士研究生培养；暨南大学从2006年起，招收传媒经营管理方向的博士研究生；还有华中科技大学、华东师范大学、暨南大学等也较早开始媒介经营管理方向硕士及博士研究生的培养。

作为中国传媒经济学科崛起的标志，2008年10月24日，中国新闻教育学会下属分会——传媒经济与管理学会第一届常务理事会在上海大学召开。会议讨论、审议并通过了中国传媒经济学会章程；选举了会长、常务副会长、副会长、秘书长、副秘书长等领导人选，建立了国际学术部、国内学术部、博士硕士学术部，确定了学术顾问委员会等常设机构。自该学会正式成立，中国传媒经济学科有了与新闻学科、传播学科并列的学会组织。在教育部最新一轮的学科目录调整中，传媒经济学被列为二级学科。2012年，学会还隆重举办了“首届中国传媒经济与管理学会优秀成果奖”颁奖典礼。有5种期刊/辑刊荣获“杰出期刊/辑刊奖”；有19种专著及19篇论文分别获得优秀科研专著及论文的一、二、三等奖。这次会议是我国传媒经济学科优秀科研成果的一次生动展示。①

近年来，中国传媒经济研究已经不仅仅局限于高校，业界的研究力量也异军突起。比如央视市场研究所（CTR）、央视—索福瑞媒介研究公司（CSM）、AC尼尔森公司、艾瑞网络研究公司、易观国际传媒研究公司、人民网研究院、浙报集团传媒梦工场研究院、广州日报报业集团的博士后科研工作站、深圳报业集团的博士后工作站、大众报业集团博士后科研工作站、南方报业传媒集团的南方传媒学院，等等。相较高校的研究机构，业界的研究机构更专注于传媒市场、受众研究、媒介转型以及产品研发等与产业实践直接相关的领域。

除此之外，还有一批更新锐、更国际化的研究团队和研究机构也在快速崛起，如谷歌（Google）研究院、微软研究院（Microsoft Research）、创新工场、IBM商业价值研究院（IBM Research）、阿里研究院、百度统计流量研究院、腾讯研究院，等等。这些研究机构依托新兴互联网企业建立，不仅拥有资金上的雄厚实力，且掌握大数据的便利资源和互联网技术上的优势，其关注领域主要集中在传媒投资、传媒市场数据和传媒新产品研发方面。

四、传媒经济学的主要研究议题

传媒经济学（Media Economics）到底研究什么？怎么研究？这些问题长期影响着传媒经济学科发展。从传媒经济学研究历程来看，学科在美国经历了六十多年的发展，在中国也已有二十余年的积累。学科研究的主要议题也经历了从早期对于报业市场和广播电视行业政府规制的研究到对跨地区、跨领域各种媒介集团和传媒产业交叉研究的转向，近年来开始重点考察媒体在经济和社会发展中的作用。

从中国传媒经济学研究脉络来看，传媒市场化的出现成为学科研究的原动力。其后，随着媒介产业的快速发展，实践领域中层出不穷的新问题、新挑战则又成为中国传媒经济学关注的焦点。进而，如何在国外传媒经济学的研究经验中把握对该领域的定义和体系成为关键所在。目前，中国传媒经济学的主要研究议题大体上可分为如下几大领域：

① 获奖作品名单参见《新闻与传播》（人大复印报刊资料）2013年第2期。

1. 媒介形态与媒体业态的议题：包括传媒技术创新、市场状态、媒介形态、媒体业态、传媒生态、全球势态，以及传媒相关行业的研究，如报业研究、影视业研究，等等。

2. 传播市场与绩效的议题：关注传播行为、信息市场、媒体企业、传媒行业、传媒与社会、全球传媒格局，等等。

3. 传媒产业经济学的议题：研究传媒产业内部各企业之间相互作用关系的规律、产业本身的发展规律、产业与产业之间互动规律以及产业在地理空间区域中的分布规律等。主要议题包括：传媒产业结构、产业组织、产业发展、产业布局和产业政策等。也包括文化产业、信息产业等相关交叉领域的研究。

4. 媒体企业管理的议题：围绕传媒企业经营管理活动的研究，如传媒企业管理、科技创新、财务管理、人力资源管理、战略管理、传媒投融资、资本运营、知识产权、版权国际贸易，等等。

5. 公共管理与制度经济学的议题：包括制度经济学重视对非市场因素的分析，诸如制度因素、法律因素、历史因素、社会和文化因素等，强调这些非市场因素是影响社会经济生活的主要因素。科斯（R. H. Coase）在制度分析中引入边际分析方法，建立起边际交易成本概念，为制度经济学的研究发展开辟了新领域。

6. 广告学、营销学范式的议题：涉及广告、公共关系、营销、整合营销、互动营销，以及信息与媒体技术相交叉的技术经济学研究，等等。

过去十年中，围绕上述议题出版的传媒经济学相关著作和刊物与日俱增，产生了较大的社会影响力。如清华大学崔保国团队出版学术专著、教材20余部。其中尤有代表性的成果是每年出版一部的《传媒蓝皮书》，已经出版了12辑，并从2012年起被收入CSSCI集刊索引；武汉大学团队出版学术专著、教材20余部。代表性成果如《中国大陆报纸转型》《中国报业：市场与互联网视域下的转型》《传媒市场研究：理论与实践》《大众传媒的竞争与合作研究》等；中国人民大学喻国明团队的《媒介革命》《植入式广告——操作路线图》《微博：一种新传播形态的考察》《中国人的媒介接触：时间维度与空间界面》《新闻传播的大数据时代》《传媒经济学：理论、历史与实务》《电视广告视觉注意研究》《传媒经济行为：策略与博弈》《中国传媒发展指数报告》《中国社会舆情年度报告》等；中国传媒大学周鸿铎团队出版的《广播电视经济学》《中国广播电视经济管理概论》《电视节目经营策略》《传媒产业经营实务》《网络经济》《传媒经济丛书》（8卷）、《媒介经营与管理丛书》（12卷）等；上海大学吴信训团队自2003年以来，出版《中国东西部传媒经济研究》《中国传媒经济研究（1949—2004）》《现代传媒经济学》《新媒介与传媒经济》《美国新媒体产业》《日本新媒体产业》《印度新媒体产业》《发达国家与新兴国家的数字电视产业》等10余部著作，自2008年开始，主编出版辑刊《世界传媒产业评论》（中国国际广播出版社），迄今已出版11辑，自2011年开始，与中国社会科学院新闻与传播研究所联合编辑出版《中国新媒体发展报告》（新媒体蓝皮书），迄今已出版5辑；武汉大学新闻传播学院自2002年主办的辑刊《中国传媒发展研究报告》也一度成为CSSCI学术集刊；暨南大学团队则出版了《媒介管理》《中国报业的产业化运作》《新闻事业经营管理》《西方媒介产业化历史研究》《媒介经济学》《娱乐产业经济学》等系列教材与论著；浙江大学团队则成功创办了富有特色的中英文两种版本的《中国传媒报告》和*China Media Research*两本学术期刊。

2015年7月，中国人民大学新闻学院

广告与传媒经济系以及中国人民大学新闻与社会发展研究中心发布《中外传媒经济学科十年发展研究报告》，用科学知识图谱的方法对近十年来的传媒经济学研究领域的论文进行了统计分析，在一定程度上反映了传媒经济学研究论文发表的情况和研究议题分布状况。这是一部规范且扎实的传媒经济学基础研究成果，对于研究者审视此学科的发展，规划其未来方向都有十分重要的意义。当然，传媒经济学科的成果并不局限于代表性论文，还包括已出版的专著、辑刊、论文集以及不在CSSCI收录范围内但在行业内有影响的刊物。

五、2014年传媒经济学研究成果

2014年是传媒经济学蓬勃发展的一年，专著、论文、研究报告、教材、译著等成果如雨后春笋般涌现。在书籍方面，据不完全统计，中国传媒经济领域相关书籍出版40余部，其中著作8部、产业研究报告4部、新出及改版教材4部、译著5部、实务类畅销书也有近20部①。其中比较有代表性的著作有：《从英国媒体看国家软实力的兴衰》《文化创意产业投融资创新经济》《社会化媒体与公益营销传播》《传媒产业资本运营》《新视阈下传媒组织经营管理问题研究》等。传媒产业研究方面的研究著作有清华大学教授崔保国主编的《中国传媒产业发展报告》（2014），中国传媒大学张海潮主编的《大视频时代：中国视频媒体生态考察报告（2014—2015）》，武汉大学李小曼、张金海编著的《中国十五大传媒集团产业发展报告（1996—2010）》，以及央视市场研究公司牵头完成的《中国消费与传媒市场趋势（2014—2015）》等。在传媒经济学教材建设方面，2014年掀起了一波教材出版和改版的小高潮，全年共有10部教材出版或改版，包括：赵曙光的《媒介经济学》（第二版）、卜彦芳的《创意经济概论》、谭云明的《传媒经营管理新论》（第二版）、李怀亮的《国际文化市场概论》、汤莉萍的《媒介品牌经营》（第三版）、钱晓文的《当代传媒经营管理》（第二版），以及《数字新媒体版权管理》《传媒经营管理案例教程》《传媒管理学》《传媒策划实务》（第二版）。

在论文方面，2014年传媒经济研究领域论文发表400余篇，其中中国人民大学新闻与社会发展研究中心及传媒经济研究所、清华大学新闻与传播学院传媒经济与管理研究中心、中国传媒大学传媒经济与管理学院及传媒经济研究所、上海大学中国艺术产业研究院、浙江大学传媒与文化产业研究中心、武汉大学媒体发展研究中心、暨南大学传媒产业研究中心成果尤为丰硕。

从数量上看，2014年人民大学新闻与社会发展研究中心以及新闻学院广告与传媒经济系的成果共有29篇论文。其中包括喻国明的《互联网逻辑已成传媒业的“操作系统”——关于2014传媒业发展问题单的思考》《大数据时代传媒业的转型进路——试析定制内容、众包生产与跨界融合的实践模式》《集成经济：未来传媒产业的主流经济形态——试论传媒产业关联整合的价值构建》《重压之下中国传媒经济研究的主题：2013年传媒经济研究文献综述》等17篇文章，倪宁的《基于产品、消费者和竞争对手三种分析范畴下的广告价值诉求策略探析》《新媒体环境下中国广告产业结构的变革》《把读者变成网民，把网民变成读者》等5篇文章，张辉锋的《论搭建我国影视产业保险体系的策略——以好莱坞影视保险体系为蓝本》《我国文化产业管理的问题及完善策略分

① 2014年传媒经济领域出版的著作参见本书“论著撷英”栏目相关文章和书目。

析》等5篇文章，丁汉青的《中美报业数字化转型现状之比较——基于〈中国经营报〉与〈华尔街日报〉的分析》《理解传统媒体的现实境遇》等。

中国传媒大学传媒经济研究所在2014年共有10篇论文成果，较有代表性的是，周鸿铎的《单体文化及其资本量化分析》（上、下）、《"认知传播"研究的切入点分析》《"知识就是力量"与知识资本研究》，卜彦芳的《美国地方电视台应对多屏世界的策略》《电视媒体的"第二屏"策略》《电视互联网化背景下电视台的经营思路与策略》，薛华的《中国时尚类期刊的全媒体融合——以时尚集团为例》等。

清华大学传媒经济与管理研究中心2014年论文成果共13篇，其中包括崔保国的《2014年中国传媒产业发展报告》，杭敏的《数据媒体刍议》《国外文化产业学学科建设模式研究》，赵曙光的《从"广播网络化"到"网络化广播"：广播媒体的数字化转型》《突破广告：高转化率的媒体盈利模式》《传统媒体的"三位一体"转型——互联网发展20年对传统媒体的影响》《社交媒体广告的转化率研究：情境因素的驱动力》《互联网环境下的广播节目接触行为与广告态度评价》，王君超的《报业转型："互联网思维"还是"融合思维"》《"网络原生报"开创蓝海新区》等。

上海大学中国艺术产业研究院在2014年论文成果有9篇，包括吴信训等的《微电影：公共外交与中国形象的国际传播》《从上海报业新动向看中国传媒业转型与政媒关系》，吴信训、高红波合写的《"互联网化转基因"的发展及启示》，西沐的《文化金融：文化产业新的发展架构与视野》等。

中国社会科学院新闻与传播研究所在传媒经济与管理研究领域的论文成果共8篇，包括唐绪军的《2013年中国报业关键词》《反思传统开创未来——纽约时报创新报告读后感》《移动化新媒体：微传播改变中国》《微传播：正在兴起的主流传播——微传播的现状、特征及意义》等，黄楚新的《媒体融合时代下的传统媒体转型》《我国网络行业管理存在的问题及对策》等。

北京大学新闻与传播学院围绕传媒业发展在2014年共有6篇论文成果。有陈刚等的《上市、私有化与并购》《户外广告的变化与发展》，陆地的《广播的变革指向：产业化、网络化》《中国影视企业上市现状分析》《融合时代广播媒体发展的新路径》《消失的入口价值：从注意力竞争到产业链竞争》。

浙江大学传媒与国际文化学院以传媒经济与管理为研究方向，在2014年共有学术论文成果5篇，其中包括邵培仁的《华莱坞电影研究的新视界——〈华莱坞电影研究丛书〉总序》《新世纪华莱坞高票房电影的叙事规律研究》，吴飞的《全球化的文化后果》，吴赟的《中国现行图书价格制度弊端与改革路径分析》《产业重构时代的出版与阅读——大数据背景下出版业应深度思考的五个关键命题》。

武汉大学媒体发展研究中心在2014年的论文成果有5篇，包括冉华、王凤仙的《基于文献计量分析的我国传媒经济学研究现状》；吕尚彬、孙志刚、兰霞的《重组中重生：报媒的转型生存逻辑》；陈博威、石义彬的《论新闻工作者的角色认同——对湖北新闻界"我是建设者"大讨论的思考》；曾琼、张金海共发表2篇文章，分别是《广告认知演进的逻辑轨迹与广告学知识体系的系统建构（纲要）》和《西方传媒经济学研究的历史进路、研究框架与研究范式——兼论中国传媒经济研究的困境》。

暨南大学新闻与传播学院有12篇关于传媒经济与管理的文章，如范以锦的《传统媒体需要重视的五大问题》《转型之路需要新思考》《转型需要新思路——〈传媒业大转型〉》《转型艰难，但势在必行——传统媒体融合新媒体转型之我见》《对“报业转型新战略”思考的思考》《适应传媒格局变化的与时俱进——浅谈新闻网站记者证发放》，谭天的《信息在关系转换中升值——媒介平台“关系转换—实现价值”机制解构》《竞合、聚合、整合——2013 媒介融合盘点》《移动化 数据化 平台化——2013 年中国传媒转型的三个维度》等。

在学术刊物方面，2014 年浙江大学邵培仁主编的《中国传媒报告》、上海大学吴信训主编的《世界传媒产业评论》、上海交通大学国家文化产业创新与发展研究基地主办的《中国文化产业评论》等权威学术刊物不仅依然在发挥重要影响力，而且在不断提升学术共同体的研究水平，不断扩大学界视野。

在学术活动和学术会议方面，值得一提的是 2014 年由清华大学新闻与传播学院主办的“2014 年传媒发展论坛”和武汉大学新闻与传播学院举办的“2014 年发展广告学与传媒经济”博士研究生学术论坛，它们受到了多方瞩目，成为本领域专家学者交流探讨的重要平台。

主持、撰稿：崔保国（清华大学新闻传播学院教授）

中国广告学研究 2014 年综述

一

广告学的相关文献，目前的主体是由广告行业内部的媒体、公司和专家编撰的，在中国知网上以“广告”为关键词检索获得 2014 年文献 16 944 篇。但这些文献多为媒体或者广告公司的公关稿、行业发展的研究报告以及行业专家零散的观点，难以称之为学术性的研究。本文将广告学研究界定为中国广告学者进行的研究。

2014 年，中国广告业的发展经历了有史以来最迅速和残酷的变革。互联网是广告业变革最核心的话题。传统媒体和新媒体之间的迭代更加白热化，媒介融合成为一个时代性的话题，大数据、程序化购买、移动互联网等新的广告技术革命已经发生，资本在广告市场上的影响力越来越强，O2O 闭环模式成为越来越多企业价值链的追求，企业的数字化转型在加速，传统媒体开始呈现出衰落态势，而广告公司的业务模式也在遭受挑战。这些问题直接涉及广告产业如何发展、媒体如何应对互联网的变化、广告公司如何进行数字化转型、业务模式如何变化、数字营销传播的新技术、新模式与影响等议题。另一方面，传统广告业市场虽然呈现萎缩态势，但仍然有发展的空间，如何把传统的价值阶段性地放大，也是必须应对的问题。比如，对电视媒体广告现有模式的持续研究，就是其中典型命题之一。

本文旨在对 2014 年中国广告学研究进行整体的回顾和梳理，文献和资料收集主要有以下来源：第一，CSSCI 期刊中收录的广告类论文，主要来自《新闻与传播研究》《现代传播（中国传媒大学学报）》《新闻界》《当代传播》《国际新闻界》

《新闻大学》《中国广播电视学刊》《新闻记者》《中国出版》《电视研究》《编辑之友》等新闻传播类的核心期刊；第二，专业期刊，主要包括以《广告研究》（即《广告大观（理论版）》）为核心的广告领域重要期刊所刊发的论文；第三，权威学者的研究成果，即对黄升民、丁俊杰、陈刚、张金海、倪宁、金定海、陈培爱、姚曦、许正林、舒咏平等学者进行全名搜索获得的文献；第四，CNKI 全文数据库当中以“广告”为主题检索到的期刊论文。按照下载量和引用频次两项指标对 2014 年的研究论文进行排序，另外选取采用以上三种方法未获得的文章作为补充；第五，除期刊论文以外，检索篇名中包含“广告”的博士论文共有 11 篇；第六，以广告为关键词在北京大学图书馆数据库中检索到学术专著共 22 本（编著教材类、译著不在统计之列）。

广告学是一个特殊的学科。首先，它是介乎于新闻传播学和营销管理学之间的分支学科，但同时又是深受文化研究、社会学、心理学、语言学、历史学、经济学等学科影响的交叉学科。其次，广告学研究还要兼顾学术和实务两个部分，既要与行业发展紧密相关，又要与其保持距离；这种研究需要准确敏锐的判断力，既要有冷静客观的思考，严谨扎实的方法，也需要具备推陈出新的精神。因此，真正的广告学研究，是具有很大挑战性的。

必须强调的是，经过长期的发展，中国的广告研究已经逐渐形成了较为成熟的问题域，具有一定的体系性，所以，许多新近成果是在过去广告研究基础（比如广告史研究、广告操作研究、广告类型研究、文化研究、品牌研究等）上的延续和深化。

二

结合文献研究，总体来看，2014 年的广告学研究，具有以下特点：

第一，互联网领域相关研究成为热点。

广告研究必须针对行业的重大变化进行回应。向互联网冲刺是 2014 年广告研究最大的特点。根据笔者对 CSSCI、CNKI、《广告研究》三个数据库数据的检索，与互联网相关的广告研究文献量占广告研究总量的 33%①。由于互联网技术对广告行业的发展产生了巨大的冲击，相关研究必然成为广告学研究的核心议题。目前广告学中较为活跃的著名学者都或多或少地在关注互联网对广告的影响，从事互联网领域或者基于数字传播时代的转型研究。尤其是广告学领域内新崛起的年青学者，对互联网领域研究更加敏感。

总体来看，这些研究多为追随行业变化所进行的描述式和介绍性的研究。比如，大数据、移动互联网、程序化购买成为新的热点话题，微信、微博等社会化营销的研究也还在继续进行。但是 2014 年明显的变化是，关于互联网的研究不再主要集中在数字营销传播领域，而是扩散到广告研究几乎所有的领域，从广告教育、文化研究、广告管理、产业发展到广告史研究。比如 2014 年出版的《中国网络广告十七年（1997—2014）》②，就集中体现了这一特点。这些变化表明，广告研究领域已形成的共识，即互联网研究不再是一个单独的方向或分支，而是广告学科共同面对的

① 数据来源：笔者根据三个数据估算，第一个数据是 CSSCI 数据库当中 2014 年成果中以“广告”为关键词检索总量有 148 篇，互联网相关研究数量为 36 篇，占比 24%；第二个数据是 CNKI 数据库当中 2014 年以“广告”为主题检索总量为 16 944 篇，以“广告 + 互联网”“广告 + 网络”“广告 + 数字”“广告 + 新媒体”“广告 + 互动”为主题检索出论文 5752 篇，占比 34%；第三个数据是《广告研究》杂志 2014 年成果总量为 80 篇，互联网相关研究有 32 篇，占比 40%。

② 黄河、江凡、王芳菲：《中国网络广告十七年（1997—2014）》，中国传媒大学出版社 2014 年版。

时代趋势。

在互联网的相关研究中，应该关注的是广告公司业务流程变化以及产业变化的有关研究。而一些学者开始从互联网对广告主的影响的角度探讨品牌传播、广告公司模式以及广告教育等问题。互联网对广告业的改变是整体性而非局部性的，对这个方面的认识在广告研究领域有了更深刻的理解。

但是，进行这些研究，如果缺乏较为成熟、系统的方法论，就会停留在泛泛而谈、就事论事的层面；而且，移动互联网、大数据仅为互联网技术的阶段性变化，以这些阶段性的现象为基础探讨问题是具有风险性的。

第二，广告学研究的拓展与升级。

2014 年，广告研究的领域在不断扩展。比如，在资本的相关研究中，广告业已经开始成为关注的问题。而且，数字营销传播的革命，突破了传统广告的界定，所以很多论文的题目不一定会直接出现“广告”这一词汇，但讨论的是广告的问题。实际上，现在的广告学研究成果已经不能单单以“广告”“品牌”等关键词来检索了，广告学研究的内涵与外延在不断扩大。定义广告成为一件困难的事。所以，在本次研究中，通过对重点学者的研究文献的关注，希望能够弥补直接用“广告”检索带来的不足，使得研究能够更充分地体现 2014 年中国广告研究的丰富性。

除了研究主题和内容更加多样化之外，经过多年的积累，广告学学术研究越来越成为一股独立的力量。笔者在 CNKI 数据库当中以“广告”为主题进行检索，发现文章数量呈现出稳定增长的趋势，如图 1 所示。

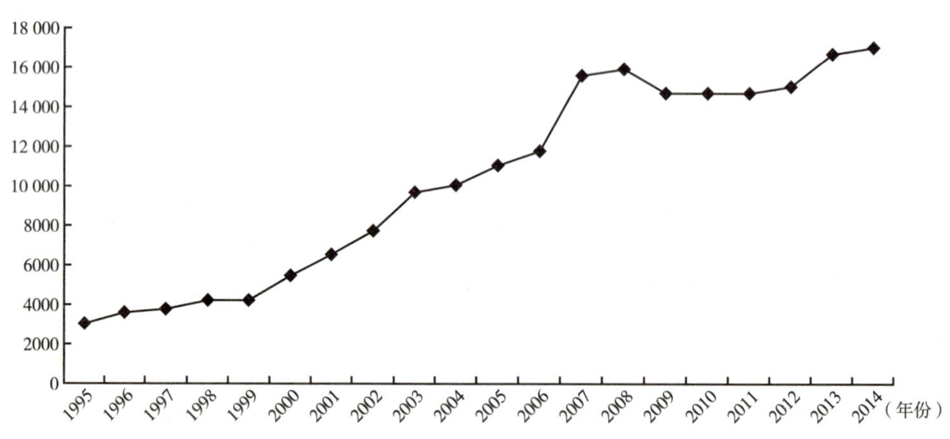

图 1 CNKI 期刊“广告”主题论文数量变化趋势（1995—2014）

另外根据许正林的统计，2014 年①与 2013 年②相比，我国的广告学著作数量增加了 51 部，广告学专业相关会议的数量增加了 2 场。总体来看广告学学术研究已经进入了平稳发展时期。专业研究成果的稳定增长为广告学研究产生新的成果和广告学教育内容的更新提供了基础，为进入下一个学术成果高峰创造了机会。

虽然研究成果分布的平台依然十分分散，但是一个比较明显的现象是《广告研

① 许正林、闫秀：《2014 年中国广告学术研究综述》，《中国广告》2015 年第 4 期。

② 许正林、赵艺：《2013 年中国广告学术研究综述》，《中国广告》2014 年第 5 期。

究》（《广告大观（理论版）》）逐渐成为广告学研究领域内的主要交流平台。《广告研究》创办于2005年，经过近十年的建设，产生了广泛的影响力。当前的许多研究在引用专业论文数据库的时候会侧重引用《广告大观（理论版）》论文数据库进行分析，如《2014年中国广告学术研究综述》[①]不仅将《广告研究》作为重要的检索来源，而且是其中唯一的广告学学术期刊。

长期以来，在国家级的课题评审中，与广告相关的课题很难入围。2014年，有两项课题成为国家社科基金的重点项目，分别是《广告产业中国模式的理论建构研究》（北京大学，陈刚）与《中国国家形象建构中自主品牌传播困境与对策研究》（华中科技大学，舒咏平）。此外还有《大数据背景下广告业转型研究》（重庆工商大学，马二伟）、《全球争议广告研究》（厦门大学，王晶）、《中国当代广告舆论传播与话语变迁研究（1979—2009）》（华东师范大学，杨海军）等一般项目，这表明广告研究的价值已得到学术界更多的认可和重视。

2014年，第43届世界广告大会在中国举办，标志着中国广告业的地位在全球不断提升。近些年来，除了广告行业的活动和会议外，我国广告研究重要的学术会议每年至少有十几场。其中中国广告教育学术年会、发展广告学论坛、中国广告趋势论坛、中国广告学术年会（中国广告协会）等每年举办，给广告学专业学者创造了良好的沟通交流的平台，为形成学术共同体提供了空间。为了推动年轻学者的交流，继2013年在北京大学举办首届发展广告学与媒介经济学博士论坛后，2014年此论坛继续在武汉大学举办。

第三，广告学一般性研究的深化和完善。

中国的广告研究，经过多年积累，已经形成了相对体系化的问题域。这些研究，虽然与互联网的变化相关，但有自身的独立性和延续性，而且有其他研究无法替代的价值。关于广告产业、媒体投放、交易制度、创意表现、营销策划、品牌传播、广告类型、广告史、广告教育、文化研究等的研究，在2014年广告研究中占有较大数量。

关于广告操作层面的研究，如媒体投放、交易制度、创意表现、营销策划等，虽然有一些研究成果，但价值较高的不多。而在广告产业、品牌传播、广告类型、广告教育、文化研究等领域，代表性的成果谨慎地对既有的研究进行审视，并不断地发展和完善，推动着研究的深化。广告产业研究中，有益的探索是一些研究者所进行的量化研究，以及区域性产业发展研究的深入；品牌研究方面，舒咏平探讨了基于品牌传播的企业内部改造（《从案例看企业“品牌传播”》[②]）。广告史方面，亮点数量较少且不明显，但是《广告策划源流考——基于20世纪前页中美广告学文献的研究》[③]是一篇有新意的论文，提出的问题颇有价值，且考据的方法可靠。在研究方法方面，赵曙光所著《幻影注意力：基于眼动实验的植入式广告效果研究》[④]是定量研究方面的一项进展。公益广告的研究一直数量较多，本年度的很多研究者围绕中央电视台播出的系列公益广告进行个案分析，但具有理论性的文献并不多见。

在广告理论研究中，针对广告主的研究一直较为薄弱。根据文献检索，可以发现非新闻传播院系的管理或营销学科的学

① 许正林、闫秀：《2014年中国广告学术研究综述》，《中国广告》2015年第4期。

② 舒咏平、杨敏丽：《从案例看企业“品牌传播”》，《企业研究》2014年第19期。

③ 王晓乐：《广告策划源流考——基于20世纪前叶中美广告学文献的研究》，《新闻与传播研究》2014年第11期。

④ 赵曙光：《幻影注意力：基于眼动实验的植入式广告效果研究》，复旦大学出版社2014年版。

者，对广告主进行了多方面的研究。比如《广告宣传、股票流动性与公司治理》[①]《广告支出与研发支出的价值相关性研究》[②]《企业广告决策：理性计算、经验主义，还是文化导向?》[③] 等，都是较典型的代表，相比之下，新闻传播领域的广告学者反而对这些研究领域关注较少。

广告作为经济与社会领域内的重要研究对象，以符号学、文化研究、社会理论、哲学、美学等领域为代表的外围研究也仍然在继续发展。其中，其他专业的学者以广告学内容为切入点进行的研究，如《文化交往视角下中文商业广告英译研究》[④]《多模态视角下的俄语公益广告话语分析》[⑤] 等，对广告学本体研究是一种有益的补充。

第四，理论建构的探索和推进。

检视2014年有关广告研究中的理论探索和建构，主要涉及发展广告学和创意传播管理两个方面。

发展广告学是一个全新的理论概念，真正进入学者们的讨论视野始于2010年“广告前沿发展论坛”。在发展广告学的相关研究成果逐渐成型的过程中，其学术共同体也随之成型，成为广告研究群体中一股中坚力量。进入2014年之后，针对技术要素的第四届中国发展广告学论坛和针对公众性因素的第五届发展广告学论坛分别举办。相关文章随后发表在《广告研究》上，比如王成文的《从信息化到企业化：企业与互联网的协同演进研究》[⑥]、邬盛根等的《我国广告产业发展中的公众因素价值》[⑦] 等。此外，在探讨制度性因素与广告产业发展的研究中，北京大学孙美玲的博士论文《1978年—1995年中国广告产业的制度安排与制度变迁研究》[⑧] 是2014年中一项较为系统全面的成果。

2014关于创意传播管理理论的探索也在不断深入之中。2012年，陈刚的《创意传播管理》一书出版，之后相应的补足和跟进研究不断出现，主要表现为服务化理论的研究。服务化是对企业互联网化转型的概括，这一变化会直接影响到广告产业的整体变革。针对这一议题，《2014：服务化在加速》[⑨]《数字时代的企业服务化转型初探》[⑩]《试论企业服务化转型的内容》[⑪]《再论企业服务化转型内容：组织结构变革》[⑫] 4篇文章对服务化理论进行了阐述。

第五，年轻学者成为广告学研究的主要力量。

随着时间的推移和媒体的变迁，学术研究队伍也在更新换代，年轻学者的力量正在不断凸显出来。从2000年第一个广告专业博士学位设立至今，我国广告学专业博士研究生的培养已经有15年的历史。这些青年学者的专业培养较为规范，对研究方法的掌握更加熟练，对于新兴的主题更加敏感。因此，2014年的广告学研究当

① 曹廷求、刘海明、程子奇：《广告宣传、股票流动性与公司治理》，《上海财经大学学报》2014年第6期。

② 赵子乐、申明浩：《企业广告决策：理性计算、经验主义还是文化导向？——基于族群视角的计量分析》，《外国经济与管理》2014年第6期。

③ 任海云：《广告支出与研发支出的价值相关性研究》，《科研管理》2014年第8期。

④ 李雅波：《文化交往视角下中文商业广告英译研究》，上海外国语大学博士学位论文，2014年。

⑤ 周娜：《多模态视角下的俄语公益广告话语分析》，北京外国语大学博士学位论文，2014年。

⑥ 王成文：《从信息化到企业化：企业与互联网的协同演进研究》，《广告大观（理论版）》2014年第4期。

⑦ 邬盛根、何花、王岳桥：《我国广告产业发展中的公众因素价值》，《广告大观（理论版）》2014年第6期。

⑧ 孙美玲：《1978年—1995年中国广告产业的制度安排与制度变迁研究》，北京大学博士学位论文，2014年。

⑨ 陈刚：《2014：服务化在加速》，《广告大观（理论版）》2014年第6期。

⑩ 潘洪亮：《数字时代的企业服务化转型初探》，《广告大观（理论版）》2014年第3期。

⑪ 潘洪亮：《试论企业服务化转型的内容》，《广告大观（理论版）》2014年第4期。

⑫ 潘洪亮：《再论企业服务化转型内容：组织结构变革》，《广告大观（理论版）》2014年第5期。

中，在广告产业与管理、广告教育、数字营销传播、创意传播管理、发展广告学、广告史等领域，青年学者的成果非常丰富，成为这些领域的主要研究主体（主要研究群体/研究主体）。近年来博士论坛、博士培训项目越来越多，形成一种良性循环。图2是《广告研究》杂志2014年所有文章作者年龄的分布图，其中青年学者占比53%，超过了总人数的一半。80后学者逐渐成为广告学研究的重要力量。

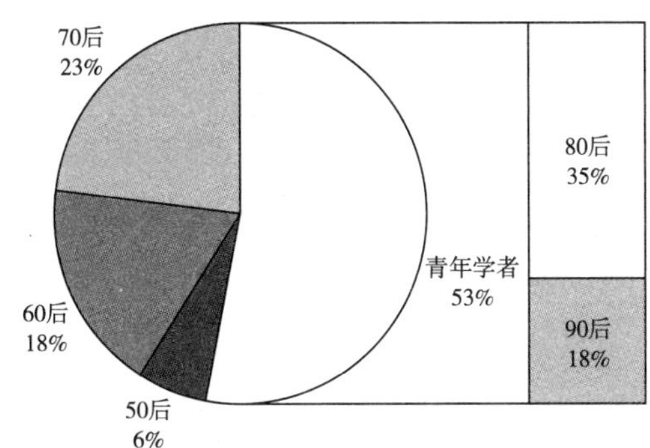

图2 《广告研究》文章作者年龄分布（2014）

而其中互联网类研究有61%是青年学者，呈现出更加明显的年轻化趋势（见图3）。

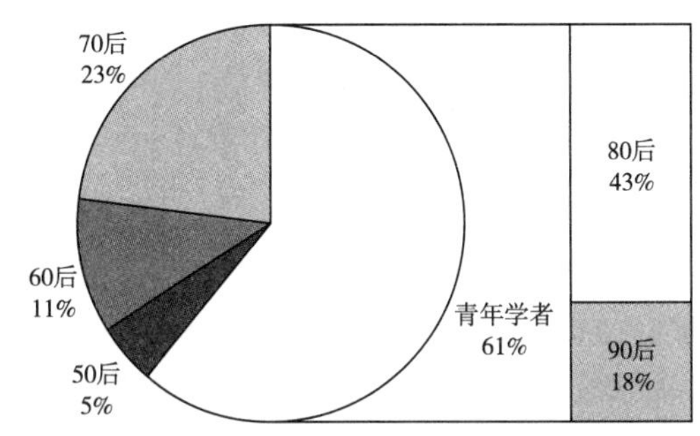

图3 《广告研究》互联网类研究作者年龄分布（2014）

虽然青年学者们研究成果丰富，但是鉴于研究经验和对行业的观察不足，基本上还缺乏鲜明的观点，尚未形成特别有影响力的新成果，大部分成果是对既有观点的补充性研究和细节性研究。

三

从2014年广告研究的成果来看，未来的研究还需注意以下几个问题：

第一，广告学研究要加强问题意识。

无论是基础理论研究还是应用学科研究，真正的学术研究首先是要判断和发现真正的学术问题。回顾去年的文献，有相当一部分研究是缺乏问题意识的。许多文章都没有讲清楚这个研究到底为了解决什么问题而做。例如：部分关于"媒介融合"的研究，没有说明研究的问题，甚至没有明确的结论。还有一些规范的、定量的研究因为没有认真思考研究问题，只得出了众所周知的结论。

在确定研究问题的时候，学者需要根据自身的知识体系、研究方法、技术条件等因素对问题加以选择。在互联网兴盛的环境之下，许多研究“换汤不换药”，将研究传统问题的模式套用到互联网研究上，实际研究方法和结论与以往的传统媒体研究并无二致。好的开端就是成功的一半，找到有价值的问题就是一个研究的好开端。

第二，广告学研究要加强研究方法的探索与规范。

学科成熟的标志之一就是对本学科研究中使用的研究方法的自觉，从借鉴、学习其他学科的研究方法到批判、反思、重构本学科的研究方法，这是一个学科成长的题中之义。中国广告学研究至今没有形成自己的研究规范，这应该成为广告学研究领域的下一个重要目标。2014 年的研究方法还是以阐释性、描述性研究为主。学术界围绕研究方法的论争从来没有停止，但是在广告学领域里面尚未形成对研究方法的讨论高峰，而与此同时，研究方法的基础教育也仍需加强。

还应注意的是，研究方法一定要适合这个产业的特征，不能照搬其他学科，而且，在行业和学科转型的阶段，更要鼓励百花齐放、多元创新。大数据研究是个有益的探索，但对于其他新事物及其新的研究方法也要开拓和深入，不应该浅尝辄止。而思辨型、趋势型研究，必须建立在深厚的研究经验基础上。

第三，广告学研究要了解行业。

对于广告学的各项研究均要建立在对行业有一定认知的基础上。广告学处在营销传播管理的最前沿位置，内容变化异常迅速，这样的特点为广告学研究带来了很大的挑战。只有少数学者既能够长期对广告行业进行参与式观察，又与行业发展保持一定的距离，以引领行业为目标进行研究。另外有一批有从业经验的学者，掌握了很多一手资料。这些一手资料的搜集、整理和分享本身是非常有价值的。如果这类人才能够接受规范的学术训练，就有机会创造出更有价值的研究成果。

而目前的一些研究，对行业缺乏整体的了解，更不了解第一线的操作，只能停留在纸上谈兵、泛泛而谈的层面，对问题缺乏判断、把握和分析，甚至出现谬误。

广告学研究既要密切联系行业的变化、加强针对性，同时又要同行业保持适当的距离，进行反思和批判，这样的研究成果才能引领行业的变革和学术研究的发展。但是，由于难度较大，这种研究成果少之又少。

第四，广告学研究要适应跨界。

研究对象的边际日渐模糊，对研究者提出了更高的要求。学术研究的专业分工依附工业社会的专业分工而来，同时受到学术研究工作自身特点的影响。在新技术革命的影响下，工业社会的分工体系开始遭到巨大的挑战，但也给学术研究提供了更多的技术工具，跨学科研究的需求越来越明显。学术专业分工的机制是否也会因此逐渐解构，不得而知。但是，从当前广告学边界的蔓延来看，学术研究领域必须正视这个趋势。

主持：陈　刚（北京大学新闻与传播学院教授）
撰稿：陈　刚（北京大学新闻与传播学院教授）
石晨旭（北京大学新闻与传播学院博士研究生）

舆情研究 2014 年综述

舆情是公众对中介性事件（突发公共事件、国家政策措施等）的认知、态度、倾向、行为的汇集，被喻为社会的皮肤、社会的温度计，舆情研究就是诊断社会的症状、病灶，为政府部门统筹决策提供参考依据。2014 年舆情研究中出现了一些新话题，在网络舆情和线下舆情等领域呈现出研究视角多元化的特点。本研究以“舆情”为主题，以 2014 年中国知网（CNKI）和社会科学引文索引（CSSCI）为主要样本数据库进行搜索，综合考虑新媒体研究领域的重要机构、报告、集刊等，归纳近 4000 篇论文中较为集中讨论的话题，以期对 2014 年舆情研究有一个较为全面的观照。

一、2014 年舆情研究视角多元

2014 年舆情研究在网络舆情和线下社会舆情等方面呈现出多元视角，研究成果以网络舆情居多。在网络舆情研究中，舆情事件关键节点、舆情事件社会心理与情绪研究、网络反腐舆情成为研究热点。微博作为网络舆论生成、舆情传播的重要渠道和平台，受到研究者的广泛关注，研究内容涉及微博舆情传播模式研究、微博舆情内容采集、微博舆情文本聚合分析、微博舆情监测预警研究以及微博与新闻网站、微信等平台的比较等，研究方法包括利用大数据挖掘、Web 文本分析、关键词抽取技术、语义分析技术、信息可视化技术等。

随着手机超越传统 PC 成为我国网民第一大上网终端设备，依托于可信社会关系网的手机舆情研究引起学界的关注。在社会舆情研究中，舆情主体的认知与行为受到调查研究者的重视。网络舆情的发展助推网络空间力量的增长，对政府的公共治理形成了巨大挑战。加强网络空间生态治理，利用互联网把握社会情况和民众意愿，推进国家治理体系和治理能力的现代化，是现阶段政府公共治理、舆情应对的关键。

二、2014 年舆情研究范式创新

大数据时代，社会舆情研究进入深水期，现实和网络舆情的纷繁复杂对舆情研究方法与范式提出了挑战。不少学者将大数据挖掘技术运用到网络舆情分析研究中，采用 Web 信息挖掘技术对数据库中的海量信息进行梳理、分类和整合，大数据挖掘彰显了网络舆情的价值和潜能。网络舆情虽然被视为社会的晴雨表，但它与现实民意之间并不能简单地画上等号。如何在复杂多变的环境中科学有效地监测社会舆情全貌，成为舆情研究、预警的关键。

上海交通大学舆情研究实验室创新舆情研究范式，将大数据挖掘和社会调查结合起来，构建“综合舆情研究框架”，一方面利用大数据挖掘找寻舆情事件中各个因素之间的关联，预测舆情事件的发展走向，另一方面通过社会调查探究个体对社会热点问题的认知与评价，使舆情研究从单一化、片面化、静态化转向全景化、立体化、动态化。[①]

① 谢耘耕：《中国民生调查报告（2014）》，社会科学文献出版社 2014 年版。

三、2014年舆情研究热点议题

1. 舆情与关键节点

在舆情传播过程中，社会网络和互联网络中存在具有强传播影响力的关键节点。它们对舆情的演变产生巨大影响，左右着舆情的传播走势。及时识别、介入、干预这些关键节点，有利于舆情监测预警、引导管控工作的开展。此方面研究主要集中于对舆情传播过程中关键节点的识别与分类，也为舆情治理和舆论引导研究提供对策。

有学者基于粉丝数、被转发数、被评论数、平均被转发数和平均被评论数五种评价指标，对不同类型微博个体信息传播影响力进行评价，发现同一评价指标的有效性具有一定适用范围，并受微博个体类型的影响，使用平均被转发数、平均被评论数评价微博个体信息传播影响力更为合理。[①] 还有学者利用数据挖掘方法发现，“网络名人型”和“事件关注型”等不同的关键节点具有不同的影响力，政府在治理网络论坛时可吸纳具有名人效应的关键节点，与之建立持久合作关系；对新生的舆论领袖即“事件关注型”关键节点，应密切关注其活动动向，及时引导其舆论导向。[②] 微博人际网络传播的特点使其舆情主体多元化、社会涉及面广，增加了政府网络舆情研判和监管工作的复杂性。有学者从微博舆情传播的社会网络节点出发构造利益相关者格局，对不同的利益相关者进行“分类治理”，为后期的舆情研判与监管提供切实有效的决策依据。[③]

2. 舆情和社会情绪

舆情是“社会脉动和公众情绪的自然而然的流露的表现”[④]。对舆情事件中的民众情绪表达、情感诉求进行分析和研究，有利于促进政府部门在社会情绪监测、情绪化解、舆论引导等方面工作的开展，舆情事件的情绪研究成为舆情研究中的热点。

有学者发现网民的情绪表达呈现出结构化特征，这种情绪结构在网络舆论的触发与演化中起重要作用：当事件元素触动网络积淀的“情绪结构”，释放大规模负面情绪时，网络舆论会被瞬间引爆，或再次迅速形成高潮；在舆论形成过程中，媒体微博在事实信息的传播中作用显著，而意见领袖的观点信息与网民情绪共振时能够强化民众的议题框架；对立议题出现后，任何激怒或引发网民戏谑的因素都可能成为舆情再次高涨的助燃剂。[⑤] 微博用户的评论转发行为对微博内容的传播、微博情绪的感染与扩散起到至关重要的作用，是微博公共事件情绪共振的核心机制之一。有研究对于公共事件中微博用户的情绪表达和行为之间的关系进行实证分析，微博负面情绪所针对的主体主要是当事方；微博负面情绪越强烈，其被评论转发的数量越多，而微博正面情绪强烈程度与其被转发、评论的数量无相关性；微博情绪强度对该微博被评论、转发次数的影响超越了该微博用户粉丝数的影响。[⑥] 在网络舆情内容情感挖掘上，基于当前的情感分析不能满足舆情情感深度挖掘需求，有学者提

① 林琛：《微博个体信息传播影响力评价指标分析》，《图书情报工作》2014年第1期。

② 曹学艳、段飞飞、方宽等：《网络论坛视角下突发事件舆情的关键节点识别及分类研究》，《图书情报工作》2014年第4期。

③ 方洁、龚立群、魏疆：《基于利益相关者理论的微博舆情中的用户分类研究》，《情报科学》2014年第1期。

④ 丁柏铨：《略论舆情——兼及它与舆论、新闻的关系》，《新闻记者》2007年第6期。

⑤ 李黎丹、王培志：《突发公共事件网络舆论演化因素探析——以“校长开房”事件的微博传播为例》，《当代传播》2014年第3期。

⑥ 上海交通大学舆情研究实验室：《微博情绪对微博评论转发行为的影响》，载谢耘耕主编《中国社会舆情与危机管理报告（2014）》，社会科学文献出版社2014年版，第274—284页。

出基于概率潜在语义分析（PLSA）的网络舆情话题情感分析方法，利用 PLSA 模型对不同时间段上的网络舆情话题进行子话题提取和情感词表构建，以识别影响整个话题情感变化的子话题，描述整个话题的情感倾向变化规律。[①]

3. 网络社群舆情研究

互联网促进了人与人之间的连接，技术和社会的变迁重构了网民圈层，网络社群成为网络舆情的主体。网络社群不仅是一个关于社会现实的实体概念，也是网络舆情研究的核心概念，其折射出的不仅是简单的人际关系，更是一种复杂的社会阶层和社会群体关系。[②]

有学者提出，网络社群所包含的认同、结群、交往、表达、动员、抗争、冲突等维度构成了网络舆情研究的分析框架。[③] 还有研究发现，网络社群内的信息在网民间共享，网民从众心理导致其接受网络社群中大多数人的观点，网民意见逐渐出现单极化；网络社群间的信息交互为网络舆情大规模传播提供了平台，网络社群间的交联节点扮演重要角色，成为舆情信息快速传播的关键节点。[④] 建立科学的、系统的指标体系是进行微博网络社群突发舆情预警的关键。有研究建立包括话题强度（扩散程度和影响程度）、参与度、舆情状态（信息完整度、地域网民关注度）等指标在内的微博网络舆情危机预警指标体系，基于 BP 神经网络构建微博网络社群突发舆情的预警监控模型。[⑤] 网络社群概念的引入和重构，丰富了当前舆情研究的维度。

4. 手机舆情研究

手机媒体凭借其庞大的用户群体、强大的信息传播能力以及广泛的信息覆盖面，成为舆情传播的重要媒介，依托于可信社会关系网的手机舆情研究成为学界关注的焦点。

关于手机舆情传播特征，有研究认为，手机通信具有实名制、可追溯、个性化、易监管和覆盖广的特征。手机舆情传播呈现出强监管、跨媒介、依托现实社会关系和覆盖广等特点。[⑥] 有学者指出，手机舆情传播是多对多的网状传播，在实现传受双方即时、有效互动的同时，往往会造成舆情的几何级扩散；由于手机传播基于一定的人际关系网络，受众较为明确，议题选择有针对性，容易形成更大的舆论场。[⑦]

对手机舆情影响因素的研究中，有学者发现，运营商监管强度与手机舆情爆发频率和舆情传播速度呈负相关，应用媒介数量、用户数量与手机舆情传播速度和传播范围呈正相关，但不会直接影响手机用户态度。[⑧] 基于此，研究者提出，政府部门可以通过设置谣言举报、舆情公告平台，控制舆情传播速率及影响范围；通过官方渠道及时回应舆情能够保障广大信息弱势群体的知情权，有效引导公众观点。此外，舆情信息通过手机的传播方式在信息弱势群体中传播速度较慢，但影响范围更广、时间更长，需要设置有针对性的媒介来疏导信息弱势群体中的舆情传播。[⑨] 也有部分学者关注手机舆情预警机制的构建，有研究基于信号分析理论，针对手机舆情的

① 黄卫东、陈凌云、吴美蓉：《网络舆情话题情感演化研究》，《情报杂志》2014 年第 1 期。

② 张华：《网络社群：网络舆情研究的核心概念和分析框架》，《新闻界》2014 年第 15 期。

③ 同上。

④ 刘继：《网络社群的舆情演化机制分析》，《情报探究》2014 年第 5 期。

⑤ 潘芳、张霞、仲伟俊：《基于 BP 神经网络的微博网络社群突发舆情的预警监控》，《情报杂志》2014 年第 5 期。

⑥ 沈超、朱庆华、朱恒民：《基于计算实验的手机舆情传播演化研究》，《情报杂志》2014 年第 2 期。

⑦ 尹达：《基于信号分析视角的手机舆情预警机制研究》，《图书馆理论与实践》2014 年第 10 期。

⑧ 沈超、朱庆华、朱恒民：《基于计算实验的手机舆情传播演化研究》，《情报杂志》2014 年第 2 期。

⑨ 同上。

构成要素搜集、辨识、处理舆情发生的征兆信号，建立手机舆情预警机制。①

5. *网络舆情与政府公共治理*

网络舆情与社情民意紧密相关，网络空间不仅是民情民意表达的场所，还是政府与民众沟通的重要渠道。如何加强网络空间生态治理，利用互联网把握社会情况和民众意愿，建立良好的网络舆论氛围，是现阶段政府治理所面临的关键问题。

当前网络舆情对政府职能转型形成“倒逼机制”。有学者认为，政府应转变管理模式，在规范网络生态秩序、加强网络治理时，树立“公民本位”的理念，变“倒逼”为“自觉”，重塑政府信任，构建一个真正意义的阳光政府、回应型政府，实现网络风险的生态治理和政府信任重塑双重目标。② 还有研究发现，中国互联网20年来的发展态势同我国改革开放与现代化建设步调一致，运用互联网思维进行国家治理应遵循制度化、法治化、安全性、效率化原则，将互联网的沟通协调、舆论监督作用纳入国家体制，依法治网，以网治国，建立动态平衡的网络环境，提高国家治理效率。重构互联网时代的“国家—社会”关系，是未来中国互联网与国家治理的关键任务与核心要点。③

随着国家反腐力度的加大以及媒介化进程的加速，网络舆论监督受到国家层面的重视与认可，网络反腐舆情引起专家学者及政府部门的密切关注。有研究提出建立健全网络反腐舆情应对机制。可建立黄色、橙色、红色三级预警机制，建立由数据挖掘系统、研判分析系统、联控处置系统组成的网络反腐舆情研判机制，建立包含引导主体机制、引导内容机制、媒介机制、引导客体机制、反馈机制、障碍机制、情境机制在内的网络反腐舆情引导机制。④ 另外，完善的激励机制和责任追究机制有助于推进网络反腐舆情应对的制度化、规范化、科学化。⑤ 其三，积极发挥政府官方微博网络舆情引导作用。政府部门应充分发挥官方微博的主观能动性，提高其在社会热点话题讨论中的比重，突出政府官方微博在整体反腐舆情传播中的重要性。⑥ 利用政务微博接收、搜索、发布反腐信息，通过与微博用户及时、真诚互动交流实现微博反腐的全民协作，构建以政务微博为核心的微博反腐机制。⑦

作为互联网治理的第一主体，政府对互联网的监管是整个互联网治理体系中最重要的一环。有学者认为，能否实现政府对互联网监管的现代化直接关涉到我国互联网治理体系的现代化，应健全和完善互联网法律体系，优化互联网行政监管体系，加强行业自律和公众监督，促进互联网体制改革。⑧ 还有学者提出，应从治理主体、治理机制、治理能力三个维度构建移动互联网时代新媒体治理体系，形成一核多元良性互动合作管理的治理模式，既要建立整体性回应机制，又要在更多亚社群中形成对话机制，提高政府信息管控、舆论调控、新媒体治理能力。⑨

---

① 尹达：《基于信号分析视角的手机舆情预警机制研究》，《图书馆理论与实践》2014 年第 10 期。

② 张勤：《网络舆情的生态治理与政府信任重塑》，《中国行政管理》2014 年第 4 期。

③ 李良荣、方师师：《互联网与国家治理：对中国互联网 20 年发展的再思考》，《新闻记者》2014 年第 4 期。

④ 温新荣：《新媒体时代网络涉腐舆情特点及应对探析》，《新闻战线》2014 年第 10 期。

⑤ 郭兴全、韩伟：《新形势下反腐倡廉网络舆情：现状、趋势与对策》，《探索》2014 年第 2 期。

⑥ 潘芳、鲍雨亭：《基于超网络的微博反腐舆情研究》，《情报杂志》2014 年第 8 期。

⑦ 邓秀军、刘静：《生产性受众主导下的微博反腐：路径、模式与互动关系》，《现代传播》2014 年第 4 期。

⑧ 朱伟峰：《中国互联网监管的变迁、挑战与现代化》，《新闻与传播研究》2014 年第 7 期。

⑨ 刘先根、彭培成：《移动互联网时代新媒体治理体系的构建》，《新闻战线》2014 年第 11 期。

四、中国舆情研究存在的问题

既有的研究丰富了舆情研究方法和理论体系，但同时也存在着诸多问题：

第一，放大网络舆情的影响，未能有效结合网络舆论和现实民意。中国网民虽然数量庞大，但网络民意不等同于社会民意，网络舆情也不等同于社会舆情。因为网络舆情中的发声者往往是小部分活跃网民，因此，仅仅依据网络上的部分声音来判断社会舆情，存有一定的偏颇。

第二，研究解析社会舆情深层原因有待于完善。现有的社会舆情研究大多局限于某些舆情事件或舆情话题，常常滞留于某一时间段的微博、论坛等网络平台的舆情信息数量统计分析上，缺少历时性数据库的支撑，难以反映舆情发生、演变的规律特征，更谈不上科学系统地对舆情进行预测、预警。

第三，有待于进一步打通社会舆情数据与相关外部数据。深入解析社会舆情不仅需要海量的舆情信息做基础，有效抓取、动态监测海量舆情数据，更需要打通政府业务数据、物理数据以及其他相关的政治、经济、文化数据，将舆情数据和多种数据进行整合，实现实时共享，在此基础上建立数据库进行统一分析，才能科学、有效地预警、预测。

第四，学科视角偏单一，未能进行动态化、立体化、全局化的综合探讨。舆情研究是一个综合性的社会问题，涉及政治学、公共管理学、社会学、经济学、传播学、心理学、计算机科学与技术等多个学科，需要突破传统数据时代的思维，进行动态化、立体化、全局化的综合探讨，才能研发出于舆情分析、政府决策以及舆论学学科建设等真正有用的科研成果。受限于目前的学科壁垒以及学科整合体制、机制及能力等，现有的舆情研究仍存在着学科之间各自为政、研究视角有限，研究结果静态化、单一化、片面化的问题。

五、舆情研究发展趋势分析

随着新媒体的出现以及大数据技术的应用，今后的舆情研究呈现出以下一些趋势：

1. 注重舆情研究中的社会关系网研究。舆情研究不仅要考虑舆情事件本身，还要注重舆情主体构成的多维度的虚拟社会网络和现实社会网络，通过对舆情传播体系结构的分析以及舆情个体和群体间关系的形成和相互影响，更好地把握社会舆情的演化环境基础，预测舆情发展态势。[①]

2. 关注舆情事件背后的社会心理机制。目前关于舆情事件的研究多集中于舆论生成机制、舆情传播路径以及传播效果等层面，对背后的社会心理机制关注偏少。舆情是社情民意的反映，由社会事实和社会心态所构成，加强舆情的社会心理研究，分析民众的社会心理诉求对舆论引导和舆情应对具有重要的理论和实践意义。

3. 舆情预警成为大数据时代舆情研究的重点。大数据技术的运用颠覆了传统舆情研究的方法和思维，进一步彰显了网络舆情的价值和潜能，大数据技术为预测社会舆情发展走向带来了机遇。如何克服技术障碍，弥补大数据挖掘缺憾，提高舆情监测、预警和研判的精确度成为大数据时代舆情研究的重点。

撰稿：谢耘耕（上海交通大学媒体与设计学院教授）
秦　静（华东师范大学传播学院博士研究生）
刘　怡（上海交通大学人文艺术研究院助理研究员）

① 刘继：《网络社群的舆情演化机制分析》，《情报探究》2014 年第 5 期。

新闻报道策划研究 2014 年综述

新闻报道策划是新闻传播主体运用各种信息传播手段，为广大受众提供最佳新闻信息的一种创造性活动。面对日益激烈的市场竞争，新闻报道策划早已成为各媒体增加新闻产品竞争力、满足受众多样化需求、获得理想的社会效益与经济效益的一种基本且必要的行业实践。当下，新媒体蓬勃发展推动传媒生态格局发生巨大改变，如何在新时期继续发挥新闻报道策划的作用，新闻报道策划本身又有怎样的新发展和新特点，这是业界与学术界共同关注的话题。

一、新闻报道策划的定义与积极作用

（一）概念梳理

“新闻报道策划”概念的提出，源于 20 世纪 90 年代新闻业界与学界对“新闻策划”的广泛争论。1994 年 5 月，中国地市报研究会召开首届全国地市报“报纸策划”研讨会。1996 年 8 月下旬，中国人民大学新闻学院组织了“96 新闻业务编辑策划高级研讨班”，并邀请部分中央级新闻单位老总和专家学者介绍经验、阐释理论。1996 年和 1997 年，上海《新闻记者》和四川《新闻界》几乎同时对“新闻策划”这一课题展开探讨，由此引发众多学界与业界人士投入这场激烈的讨论。深圳大学教授丁未认为，“新闻报道应当事实在先，新闻（报道）在后”，新闻报道活动可以策划，但新闻事实不能策划。而“由媒介参与、组织发起的社会性活动，不论有无商业背景，都应视为媒介的公关行为”[①]。艾风认为，新闻策划“是编采人员对新闻业务活动进行有创意的谋划与设计，目的是更好地配置与运用新闻资源，办出特色，取得最佳社会效益”，并在此基础上对“新闻策划”与“公关策划”做了区分。[②]

2001 年 6 月，华中科技大学新闻学院举办了“新世纪首届新闻策划学术研讨会”。2008 年 9 月，“第二届全国新闻策划学术研讨会”在江西南昌召开。研讨会上，大部分代表认为“新闻策划”是个多义词，应摒弃此概念并将新闻策划定位于新闻报道策划。[③] 华中科技大学教授赵振宇在其著作《新闻报道策划》中将“新闻报道策划”定义为“新闻报道策划是新闻报道的主体遵循实务发展和新闻报道的基本规律，围绕一定的目标，对已占有的信息进行科学的分析和研究，着眼现实，发掘已知，预测未来，制定和实施相应的政策和策略，以求最佳效果的创造性的策划活动”。该书是教育部开列的“普通高等学校‘十一五’国家级教材”，表明国家教育部门对这门新课程的认可。

---

① 丁未：《“新闻策划”现象析》，《新闻界》1996 年第 6 期。

② 艾风：《新闻策划是新闻改革的产物》，《新闻界》1997 年第 2 期。

③ 赵振宇、胡沈明：《新闻策划：在规范中前行——“第二届全国新闻策划学术研讨会”综述》，《新闻前哨》2008 年第 11 期；赵振宇：《新闻报道策划系列谈（一）新闻报道策划：差异化竞争的取胜法宝》，《新闻与写作》2010 年第 7 期。

（二）新闻报道策划的积极作用

有利于挖掘新闻资源。新闻编辑的选题策划、报道方案的设计、报道过程中持续进行的报道策划，这些环节皆是为了充分挖掘新闻资源、实现其潜在价值，并最终满足受众需求，达到其最佳传播效果，进而有利于形成具有强大影响力的媒介品牌。

有利于获得最大效益。投入和产出是经济学的概念，以最小的投入获得最大的产出就叫高效益，新闻报道策划也是如此。新闻报道策划的一个直接目的就是要多出精品、多出佳作，这已经成为新闻界的共识。

有利于开发人力资源。新闻传播工作者既要具备传统媒体人应有的素质（广泛的生活阅历、深厚的理论功底、渊博的文史知识、熟练的社交能力等），又要掌握并灵活运用各种新兴传播技术，而新闻报道策划活动，则是对上述素质与能力的综合运用。可以说，一次成功的报道策划，就是一次人才培养和训练的过程。多次成功的策划实践，对于一个新闻单位来说就形成了可持续发展的人才梯队的培养基地。

有利于提高管理水平。全球化时代的新闻报道策划，是面向不同国家和地区、不同文化群体的受众的新闻报道策划，它要求我们熟悉和掌握国际规则，按照国际惯例来思考和处理问题，同时，它要求我们按照市场经济运行的规律办事。一些大的报道策划还要求整个单位的诸多方面相互配合，形成合力，甚至还要同新闻单位以外的诸多部门协调并争取他们的支持，等等。从实践中学习、在策划中锻炼，上述这些都将有效提高新闻媒体管理者的管理水平。①

二、2014年我国新闻报道策划研究论著分析

目前，因学界与业界部分人士仍使用“新闻策划”“报道策划”的提法，故本研究以“新闻报道策划”“新闻策划”“报道策划”为关键词，三者间以“或者”作逻辑连接词，以“2014年1月1日至2014年12月31日”为时间节点，对中国知网（CNKI）和社会科学引文索引（CSSCI）样本数据库进行搜索。在搜索结果中，对包含上述关键词但在所给出的关键词排名中位列第四及以后的文章，则逐一检查其行文结构，主体部分非新闻报道策划内容者均被剔除。下文所列统计数据均为筛选后所得数据。

（一）新闻报道策划研究态势分析

为了对近年来新闻报道策划研究的整体态势有一个全面把握，本文进一步搜索了最近五年该领域的相关论文。在中国知网（CNKI）样本数据库中，按上述关键词设定并以“2010年1月1日至2014年12月31日”为时间节点展开搜索，获得相关研究文献467篇。如图1所示，近五年，我国学界有关新闻报道策划的研究成果数量比较平稳，整体上只有小幅波动。2010年发表论文数为五年中最高，总计108篇。2011年略有下降，总计83篇。随后各年论文总数小幅上升，2014年发表论文总数为99篇。

在社会科学引文索引（CSSCI）样本数据库中，以相同关键词和相同时间节点进行高级搜索发现（见图2），2010—2014年累计发表新闻报道策划研究主题论文仅13篇，其中2010年最高，但也仅有6篇论文被收录。上述数据表明，近年来学术界在该领域产出的优质成果较少。

进一步分析发现，13篇论文中有8篇偏向纯理论探讨，在内容上，既有从宏观视角探讨新闻报道策划问题的，也有从较为细化的某一类新闻作为切口对其报道策划展开研究的。前者如黄晓军的《报媒新闻报道策划与规范》、张军华的《当代新

① 赵振宇：《新闻报道策划》，武汉大学出版社2008年版，第14—16页。

闻传播策划协同运作方式及其负面影响》、袁蔓琼的《新闻策划的框架定势分析》等；后者有倪琦珺的《策划先行——成就优秀现场报道》、张兢的《公共外交理念下突发性新闻电视报道策划刍议》、李道荣的《论经济新闻报道的策划与组织》。除此之外，剩下5篇论文皆为个案分析与研究。

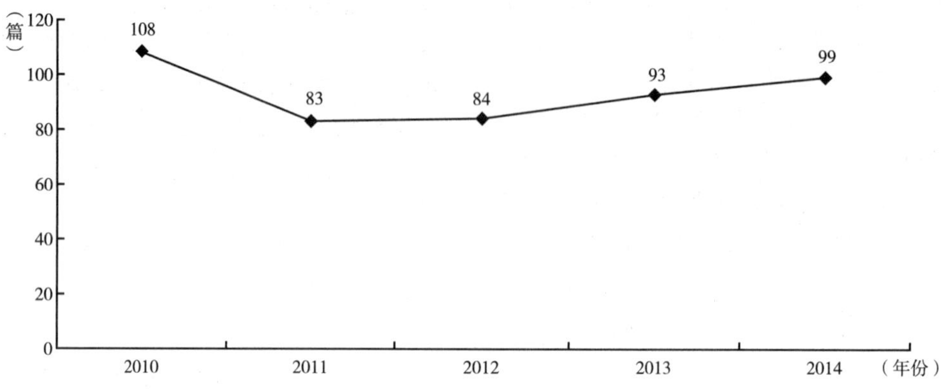

图1　CNKI样本数据库中新闻报道策划近五年研究趋势

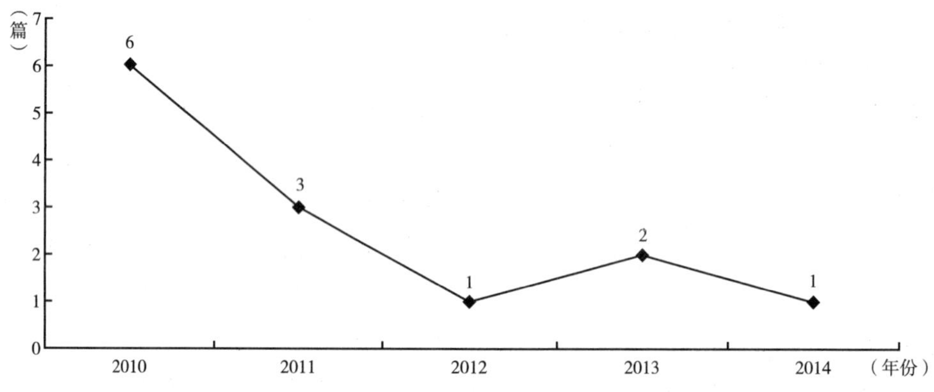

图2　CSSCI数据库中新闻报道策划近五年研究趋势

（二）2014年新闻报道策划研究论文描述性分析

本文将2014年发表的99篇论文共分为6大类：基本问题与理论探讨类（指主要从宏观上研究新闻报道策划的定义、作用、重要性、原则、类别等基本理论问题）、报纸类、广播类、电视类、新媒体（包括网络媒体、移动媒体、大数据新闻、数字电视等）与全媒体融合视角类、其他类（包括对某一类新闻的报道策划研究，例如突发事件的报道策划、经济新闻的报道策划、民生新闻的报道策划等）。该分类主要以媒介类型为划分标准，各类文章篇数与所占比例如图3所示。

1. 报纸大类

在99篇文章中，“报纸”类新闻报道策划的文章最多，共34篇，占比35%。不难看出，作为新闻报道策划最早受关注的研究方向之一，报纸的报道策划依然是学界研究的重心。2000年后，因互联网等新媒体的持续冲击，不断有人提出所谓“报业寒冬论”，因而在业务上，报媒均把新闻报道策划作为度过寒冬的“薪柴”。然而，不时出现的新闻报道的策划不及、

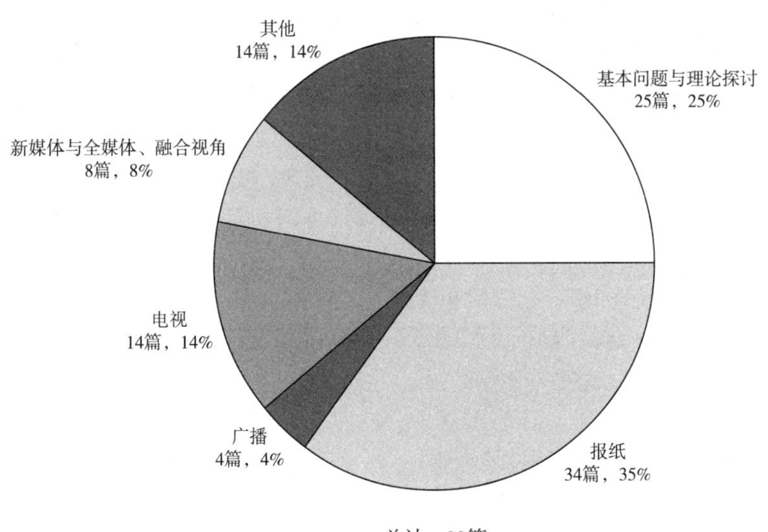

图 3　2014 年新闻报道策划论文类别分布

恶意与过度等现象表明，部分媒体并未学会如何对其恰当使用以“取暖过冬”，反而“引火烧身”。黄晓军在《报媒新闻报道策划与规范》中指出：“不论传媒发展大势如何，报媒始终应有自身的新闻专业主义坚守，做自己，才能在传媒竞争中有自己稳固的地位。作为报媒新闻竞争的利器，新闻报道策划应当在新闻专业主义方面做好自己。”文章还总结了当下新闻报道策划中三条不规范现象与三条应遵守的规范：“反应不够，缺乏策划”“无中生有，恶意策划”“故意炒作，过度策划”；新闻策划应当做到“尊重事实和新闻价值规律，规避不良策划”“主动策划，设置议题，进行舆论引导”“科学策划，理性报道，强化社会责任感”。①

总体来看，“报纸”类研究文章主要包含两种研究取向，其一是针对个别新闻事件报道策划的个案研究，如李瑾的《典型人物系列报道策划研究——以中国新闻奖获奖作品“寻找最美乡村教师”为例》、詹文的《媒体融合进程中新闻策划的时、度、效——以〈海峡导报〉鼓浪屿系列报道为例》等；其二是针对某一类型新闻或报纸的报道策划研究，例如王利焕的《都市报的重大新闻报道策划探析》、谢波飞的《报纸体育新闻报道策划探讨》、林晓洁的《行业报深度报道策划应把握“三个点”》等。进一步分析发现，在 34 篇文献中，以党报报道策划为研究对象的文章最多，共 6 篇，成为该年度报纸新闻报道策划的研究热点。研究切入点的细化与分散表明了报纸新闻报道策划研究的进一步发展和深入，这一趋势在电视新闻的报道策划研究中也得到了体现。

2. 基本问题与理论探讨大类

“基本问题与理论探讨”类文章共 25 篇，占样本总量的 25%，仅次于“报纸”大类。经分析发现，目前学界在核心概念的定义与使用上并未统一，“新闻策划”“新闻报道策划”仍处于相互混用的状态。赵振祥、金晓春在《媒体动员与动员媒

① 黄晓军：《报媒新闻报道策划与规范》，《中国出版》2014 年第 10 期。

体——浅论媒介传播策划》中认为“新闻策划是个必须放弃的概念”，它与新闻真实性之间存在着解不开的死结。策划不应是对新闻事实的策划，事实是本源，新闻报道应客观真实地反映而不应干预，因此更提倡“新闻报道策划”的概念。然而，在日常新闻实践中，“新闻报道过程与新闻事实本体之间的相互枕藉”使新闻策划与新闻报道策划的界限变得模糊。文中举例指出，体验式报道既可说是一种新闻报道策划，亦是一种新闻策划，记者在其中同时扮演了“作画人”与“画中人”的角色。对于这种情况，文章认为应以“新闻价值”的客观存在为依据加以判断。若记者是因某一群体本身具有新闻价值而去“体验”，则此处的新闻价值作为一种客观存在是不以记者的个人意志为转移的，记者的体验行为只是为了更好地展示这一价值，这仍属于对报道过程和手法的策划；若记者的体验行为从根本上改变了事件的原有内涵和主题，记者的介入行为则具有了新闻策划的性质。将新闻价值引入对策划性质的判断是文章的创新之处，从更深层的角度分析，新闻价值包含五要素，某一事件的新闻价值通常包括五要素中的几种或全部，其价值大小存在差异。记者的报道策划应与事件包含的各价值要素及其比重相适应，即策划所强调的应是事件本身具有较高新闻价值要素的方面，这也是新闻传播规律的必然要求。①

总体来看，大部分文章皆无意于基本概念或定义之争，而只在文中给出自己的定义，之后便进入各自的研究主题。分析发现，“真实性”与“新闻炒作”是该类别的研究热点，二者相互关联。新闻策划一旦沦为新闻炒作便意味着新闻报道的真实性缺失，此类研究如尹洪禹的《新闻炒作和新闻策划的异同分析》、李斌的《浅议新闻策划与新闻炒作》、王一帆的《把握新闻策划的“度” 莫把新闻变炒作》。

3. 电视类与广播类

两类研究分别有文章14篇、4篇，各占样本总量的14%、4%。与对报纸的策划研究相比，当前学界对广播电视的新闻报道策划研究关注较少。电视类研究中，地方电视台成为研究热点，研究层次包括个案研究、对某类电视新闻节目的研究或对电视新闻报道策划的总括式探讨。分析发现，这些研究均以地方电视台为切入点，对中央级或省级电视台的报道策划研究几乎为空白。广播类研究中，4篇文章均从广播新闻编辑的角度切入，强调应提高策划意识和策划水平，创新广播内容与编排形式。同时应注意凸显“把关人”角色，做好舆论引导工作。

4. 新媒体与全媒体、融合视角类

经统计，该类研究文章共8篇，占比8%。“新媒体”作为一个相对的概念，在进一步探讨前需要加以界定。本文采纳《2014中国新媒体社会责任研究报告》中的定义，将“新媒体”界定为：基于数字技术，具有互动性、多元性、开放性等诸多创新特点的媒体形态。“全媒体”一词是在“新媒体”“媒介融合”等概念与行业实践的基础上逐步衍生出来的，目前未有统一的定义。在诸多定义中，本文采纳中国人民大学彭兰的观点，认为“全媒体是指一种新闻业务运作的整体模式与策略，即运用所有媒体手段和平台来构建大的报道体系”②。分析发现，8篇文章中仅有2篇文章探讨新媒体报道策划。梁晓妮和雷俊《浅议新闻策划在浙江天气网新闻采编

① 赵振祥、金晓春：《媒体动员与动员媒体——浅论媒介传播策划》，《内蒙古大学学报》（哲学社会科学版），2014年第4期。

② 彭兰：《媒介融合方向下的四个关键变革》，《青年记者》2009年2月下。

中的运用》将报道策划理论与气象新闻实践相结合，以浙江天气网为例探讨了气象新闻的选题策划、内容策划、表现形式策划三方面的内容[①]。李广华《新闻创优，媒体竞争的助推剂》从宁波网自创立迄今的一系列新闻实践得出"以策划为先导，做深做透、出新出奇，捕捉时代发展脉搏，注重开掘、打造精品"的新闻创优理念。[②]第一篇文章较注重理论层面的探讨，但其论述理论的新媒体特性并不突出，基本是将传统媒体的报道策划理论移植过来，尤其是"表现形式的策划"部分没有体现出网络媒体的独特优势。第二篇文章偏重个案的描述与分析，缺少一般性的理论支撑，也没有得出行之有效的新媒体报道策划的原则与方法。

"新媒体与全媒体、融合视角类"文章的另一趋势是以融合视角或全媒体视角研究新闻报道策划，如张龙平的《新语境下的传媒影响与新闻策划》、蒋燕兴的《融媒体环境下的突发事件报道》等。此类文章虽以"全媒体""融合视角"为题，但实质多以传统媒体为出发点，探究如何更好地利用与发挥"全媒体"与"媒介融合"的优势，以期在日益激烈的媒介竞争中生存发展。巩盼东较为系统地探究了"全媒体新闻报道策划"的内涵，并分别论述了全媒体报道的选题策划、采访策划和文本策划，以及全媒体新闻策划的素养问题。文章关于策划理论的论述较多体现出新媒体特征，富有一定创新性。[③]

5. 其他类

本文以媒介类型为主要划分依据，少部分不属于上述分类的文章均被归入"其他"大类。图4给出了该类文章的具体构成情况。如图所示，在总共14篇文章中，有12篇是关于某一类新闻的报道策划研究。其中，研究突发类新闻事件的报道策

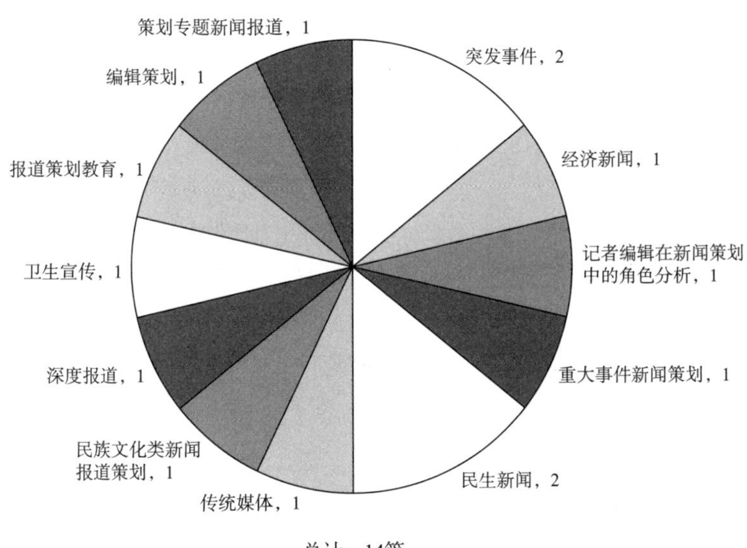

图4　"其他"类论文具体分布情况

① 梁晓妮、雷俊：《浅议新闻策划在浙江天气网新闻采编中的运用》，《浙江气象》2014年第3期。

② 李广华：《新闻创优，媒体竞争的助推剂》，《传媒评论》2014年第6期。

③ 巩盼东：《全媒体视域下的新闻策划研究》，广西师范学院硕士学位论文，2014年。

划文章2篇，民生类新闻报道策划2篇，经济类、民族文化类等新闻的报道策划研究各1篇。此外，研究新闻编辑的策划职责与报道策划教育的文章各一篇。笔者将此类文章与上述各类别加以对比发现，目前，学界对新闻报道策划的研究切入点呈现出多元化特征，研究层次较为丰富。从得到的样本数据来看，既有宏观层面对新闻报道策划的总体探讨，也有中观与微观层面对某一类新闻或个案的报道策划的研究。研究者对所研究的新闻策划类别的划分呈现出相互交叉的分布状况，这一特征也与前述新闻报道策划研究的细化与深入相一致。

（三）2014年关于新闻报道策划重要报纸文章分析

笔者以"新闻报道策划""新闻策划""报道策划"为主题词，以"或者"作为逻辑连接词，以"2014年1月1日至2014年12月31日"为时间节点，在中国重要报纸全文数据库中进行搜索，得到有效样本共6篇。

其中，孟庆普、苏小鸣的《全国卫生计生重大报道策划对接会召开》一文反映出新闻报道策划在卫生计生宣传报道方面所具有的重要意义。会上，各地方媒体与卫生计生行业主流媒体就2014年中所做的重大题材策划及报道选题展开交流并达成共识，认为：各地方的报道策划与宣传既要结合本地实际，又要与主流媒体的报道宣传保持内在一致性，集中优势，形成大联合、大宣传的格局，为卫生计生工作的开展营造有利的舆论环境。

另外5篇文章均密切结合自身行业实践探讨新闻报道策划中存在的问题与可取经验，如韩为卿的《〈大河报〉：近距离触摸华夏文明》、杜磊的《浅析都市报副刊的新闻策划》、薛蓉的《做好新闻策划 打造媒体品牌》、张惠敏的《灾难性报道中的版面创新》以及李文健、常杰、黄志武的《浅析新媒体时代创新西藏纸媒新闻策划》。其中，薛蓉的《做好新闻策划 打造媒体品牌》一文较为系统地探讨了重大新闻策划的意义、运作实践。文章认为，做好重大新闻策划，有利于宣传党的主张，通达社情民意；有利于打造媒体品牌，提升媒体竞争力；有利于锻炼队伍，培养人才。文章的最后一部分，作者对自己关于重大新闻策划的理性思考进行了总结，提出了新闻策划的三个原则以及策划时应避免的"四大症结"，将做好新闻策划作为打造媒体品牌赢得市场竞争的"制胜法宝"，反映出业界对新闻策划的高度重视。[①] 但另一方面，从笔者搜索到的数据来看，在传统媒体纷纷涌入"媒介融合"大潮并相继开办所谓"新媒体部门"的同时，对自身经营的新媒体新闻报道策划的关注与探讨却相对缺乏。这部分是因传统媒体的主营业务及主要进项仍来自其传统媒体平台，因而对新媒体的投入相对较少，此外，同一媒体单位的传统媒体与新媒体部门间资源分配与共享受利益分配制约而较难达到最优配置。部分单位的实践困境也在一定程度上反映出其对媒介融合以及全媒体概念的理解仍较为粗浅，一些新媒体部门的开办也是出于"形势所迫"或"不想掉队"的心理。

三、新闻报道策划中存在的主要问题

（一）记者专业素养不足，在新闻报道策划过程中马虎、粗率，精细化与准确度不尽如人意

2014年5月14日，某国家级新闻网站重磅推出《地沟油去哪儿了？起底京畿地沟油黑色产业链》的系列报道。报

① 薛蓉：《做好新闻策划 打造媒体品牌》，《山西经济日报》2014年12月23日。

道称，记者历时一个多月的暗访，发现在京畿地区，一条地沟油生产链在隐秘而高效地运作着。记者跟踪调查发现，运有疑似地沟油的油罐车最后进入了嘉里粮油（天津）有限公司的厂区，其所属的益海嘉里旗下拥有“金龙鱼”等食用油品牌。

而事实上，该名调查记者误将“嘉里油脂化学（天津）工业有限公司”误认为是隔壁的“嘉里粮油（天津）有限公司”，处理废弃油脂本是前者的正常业务，从而闹出一个大大的新闻策划闹剧。

整件新闻策划，就因为暗访记者没有搞清楚相邻的两家企业的名称与经营范围，而使得新闻策划不仅失败，而且成为一个笑柄。客观上对两家企业均造成伤害，而更大的伤害，显然还在于新闻公信力的丧失。

（二）新闻策划浮躁气息浓厚，为了达到预定的新闻目的而不惜夸大渲染，距离“策划新闻”往往只有一步之遥

据媒体 2014 年 12 月 17 日报道，12 月 7 日，就是国际艾滋病日后的第 6 天，四川省西充县某村，200 余位村民用写“联名信”的方式，决定要将村里一位携带艾滋病病毒的 8 岁男童坤坤驱离出村。

19 日，联合国驻华系统就此事发表声明，表示十分关注坤坤遭到村民歧视的情况，称羞辱和歧视是阻碍艾滋病防治进展和终结艾滋病的最大障碍。随后，事件又被很多外媒报道炒作，引起极坏的国际影响。

而事实上，这是一起严重失当的新闻策划事件。据坤坤爷爷罗生（化名）称，村民写联名信“驱离”坤坤一事是媒体让这样做的，“联名信的内容都是他们写好的”。

无论相关媒体与记者的主观意图是什么，如此不顾事实与新闻策划伦理，为了达到预定目的而不惜深文周纳的策划行为，已经远离了新闻策划的初衷，其恶劣后果也昭示了违背新闻策划伦理的行为，必定行之不远，受到社会谴责。

（三）营销策划行为盛行，新闻策划商业化或者被商业利用的道德风险加大

2014 年 10 月 23 日，某报用一个整版刊载了一条新闻：《95 后女子“用身体换全国游”　每到一地征临时男友》。报道称，一名自称“95 后萌妹”的女网友，在网络上发布《用身体旅行：95 后萌妹向全国征集各地临时男友陪游啦!》一帖，公开宣布了自己“0 元游中国”的计划：面向网友展开“临时男友”的征集。

然而，这一新闻的营销性质很快被戳穿。10 月 23 日，自媒体微博账号“传媒大观察”发布微博：“已经初步证实这依然为某社交软件涉嫌色情营销假新闻炒作，我们正在搜集更多证据向公安机关及互联网管理部门举报。奉劝各大‘权威’媒体自重。”

自媒体时代，很多新闻事件都发端于新媒体，传统媒体若不经过审慎遴选和深入辨识而轻易将新媒体事件搬上传统媒体平台，其间往往隐含巨大风险。在营销策划无处不在的今天，新闻策划倘若不能与营销策划行为拉开距离，很可能被后者利用，从而令新闻策划陷入尴尬。

四、小结

新闻报道策划作为新闻学研究中实践性较强的一个课题，其学术研究是紧紧围绕新闻界的行业实践展开的。总体来看，当前的研究重心已从对新闻报道策划的基本概念探讨转向对某一类新闻的报道策划的经验总结与理论梳理。研究层次的丰富与研究课题的多样化反映出该领域学术研究的深入与成熟。然而，笔者经上述分析发现，目前该领域优秀研究成果较少，研究方向多集中于传统媒体的报道策划，部分采用“新媒体”“全媒体”“融合视角”

作为切入口的报道策划研究其实质仍以传统媒体为核心，此外，现有的报道策划理论较少体现出新媒体特性。今后的研究应在夯实其基本概念构建的基础上，充分运用传播学者在新媒体领域的研究成果，更加注重对新媒体报道策划以及新媒介生态下的新闻报道策划的研究，增加其理论深度与前瞻性，而不仅仅局限于个案探讨，使学术研究对新闻业的实践具有更多指导意义。

撰稿：赵振宇（华中科技大学新闻与信息传播学院教授）
孟　祥（深圳晚报评论员）
张　强（华中科技大学新闻与信息传播学院硕士研究生）

科学传播研究2014年综述*

随着科技的迅猛发展，人类生活受其影响日渐加深。近年来围绕着科技发展的争议——诸如转基因、核电、气候变化、垃圾焚烧、PX（对二甲苯）建厂争端以及注射疫苗导致孤僻症的说法等也层出不穷。正因为如此，科学传播日益得到决策者、科学家以及传播学者的重视。①

一般意义上，狭义的科学传播主要是指传播与普及科学知识与方法的实践和理论，而广义的科学传播②则重点在于探讨科学与社会的互动。③ 科学传播不论是作为传播学的一个子学科，还是作为一个社会行为研究领域，都得到迅速发展。④ 近年来，中国的科学传播与国际科学传播的主流发展方向趋于一致，学术研究与业务实践均取得了长足进步。中国学者在科学、健康与风险传播等领域发表国际论文也不断增多。⑤

2014年的国际科学传播学界深刻的变革主要体现在学者对近年来科学传播最重要的模型“公众参与科学”（public engagement with science）所进行的集体反思，以及由美国科学院牵头推动的“科学传播的科学”探讨。对于前者，科学传播学界顶级学术刊物《公众理解科学》于2014年初

* 本文是华中科技大学自主创新基金项目研究成果。

① 贾鹤鹏、苗伟山：《公众参与科学模型与解决科技争议的原则》，《中国软科学》2015年第5期。

② 对科学传播学科的界定也有狭义和广义之分。狭义的科学传播研究重点关注科学本身与社会的互动，而广义的科学传播研究则涵盖了风险传播、健康传播与环境传播，或至少是其中涉及科技的部分。本文从广义上对科学传播学科进行界定。

③ 田松：《科学传播——一个新兴的学术领域》，《新闻与传播研究》2007年第2期。

④ Bucchi, M, and Trench, B, "Science Communication Research: Themes and Challenges", in Bucchi, M and Trench, B (eds.), *Handbook of Public Communication of Science and Technology (second edition)*, London and New York: Routledge, 2014, pp. 1–14.

⑤ 贾鹤鹏、张志安：《新闻传播研究的国际发表与中国问题——基于SSCI数据库的研究》，《新闻大学》2015年第3期。另参见张志安、贾鹤鹏为本年鉴所撰写的中国新闻传播学国际发表的相关章节。

出版了“公众参与科学”的专刊①；对于后者，科学界的顶级刊物《美国科学院院刊》（*Proceedings of the National Academy of Sciences*，*PNAS*）于2013年底和2014年底分别出版了两期《科学传播的科学》专刊②。

一、国际科学传播的重要理论发展

（一）科学传播：从单向普及到公众参与科学

一般来说，科学传播的发展过程被分为科学普及、公众理解科学和“社会中的科学（science in society）”这三个阶段。③ 在科学普及阶段，科学传播被广泛理解为社会公众缺乏科学知识、需要通过增进其知识水平来改善公众的科学态度。④ 实际上，尽管这种认为公众科学知识不足，需要被普及的缺失模型（deficit model）已经在理论界被摒弃，但在包括中国在内的许多发展中国家，仍然是科学传播的主要模式。⑤

始于20世纪80年代的公众理解科学，以1985年英国皇家学会出版《公众理解科学》报告⑥以及同年英国科学促进会成立公众理解科学委员会为标志。这一模式开始动员科学界从事科学传播，并以此来缓解公众对核电、克隆技术等争议性科学的质疑，促进公众对科学事业的支持。⑦ 它试图放弃单纯普及科学知识模式，转而寻求由公众来理解科学的内容、方法和精神。但与此同时，科学传播学者对以科学家（界）为中心的科学传播提出了强烈质疑。他们指出，公众理解科学被解释为公众要理解科学的好处；⑧ 科学界支持科学传播本意是鼓励科学家积极与公众沟通，改变他们不被公众信任的状况，但公众理解科学的提法却变成了要求公众去理解来自科学家的信息而不是相反方向。⑨

这些反思及相关实践推动了贯彻民主精神的公众参与科学模型的诞生和发展。不论是将公众参与科学模型作为科学传播的独立发展阶段，还是将其作为“社会中的科学”的主要组成部分，其核心实质都是强调在科学发展问题上，公众与科学家具有同等资历参与决策，科学发展需要通

---

① Stilgoe, J, Lock, J and Wilsdon, J (eds.), “Special Issue on Public Engagement with Science”, *Public Understanding of Science*, Vol. 23, No. 1, 2014, pp. 4 – 76.

② Fischhoff, B and Scheufele, D. A (eds.), “The Science of Science Communication I”, *Proceedings of the National Academy of Sciences*, Vol. 111, Supplement 3, 2013, pp. 14031 – 14109.

Fischhoff, B and Scheufele, D. A (eds.), “The Science of Science Communication II”, *Proceedings of the National Academy of Sciences*, Vol. 112, Supplement 4, 2014, pp. 13583 – 13671.

③ Bauer, M. W, “The Evolution of Public Understanding of Science – Discourse and Comparative Evidence”, *Science, Technology and Society*, Vol. 14, No. 2, 2009, pp. 221 – 240.

④ Bucchi, M, “Of Deficits, Deviations and Dialogues: Theories of Public Communication of Science”, In Bucchi, M and Trench, B (eds.), *Handbook of Public Communication of Science and Technology*, London and New York: Routledge, 2008, pp. 57 – 76.

⑤ Jia, H and Liu, L, “Unbalanced Progress: the Hard Road from Science Popularisation to Public Engagement with Science in China”, *Public Understanding of Science*, Vol. 23, No. 1, 2014, pp. 32 – 37.

⑥ Royal Society, *The Public Understanding of Science*. London: Royal Society, 1985. 英国皇家学会：《公众理解科学》，唐英英译，北京理工大学出版社2004年版。

⑦ 贾鹤鹏：《谁是公众，如何参与，何为共识？——反思公众参与科学模型及其面临的挑战》，《自然辩证法研究》2014年第11期。

⑧ Lewenstein, B. V, “The Meaning of ‘Public Understanding of Science’ in the United States after World War II”, *Public Understanding of Science*, Vol. 1, No. 1, 1992, pp. 45 – 68.

⑨ Wynne, B, “Further Disorientation in the Hall of Mirrors”, *Public Understanding of Science*, Vol. 23, No. 1, 2014, pp. 60 – 70.

过与公民的对话取得公众支持。① 在民主社会，科学并不比其他知识具有更高的发言权，因为科学总是关乎社会的。② 值得一提的是，公民参与科学活动也伴随着一般意义上的公众参与民主治理模式得以发展。在北欧和西欧国家，科学议题成为各种鼓励公众参与公共治理活动的重要主题之一。③

（二）公众参与科学模型：尴尬与探索

然而，公众参与科学近年来也面临着诸多理论与实践的挑战。2014 年《公众理解科学》出版的“公众参与科学”专刊，就体现了科学传播学界对这种模式的全面反思。公众参与科学遭遇的标志性挑战，是丹麦政府于 2012 年停止了对丹麦技术委员会（Danish Board of Technology）的资助。以首倡和成功举办众多科学对话而闻名世界科学传播界的该机构，其组织的科学对话在国内关注度和参与度并不高。④ 这种状况，代表了公众参与科学活动的一个主要挑战，即倡议组织者积极推动，但公众并不积极参加。

针对这一议题，批判性的科学传播研究者指出，科学界是基于公众与科学对立这种假象在组织对话，这就使得公众参与科学变成了一种通过互动让公众接受科学的技巧，这并非是公众参与科学倡议的初衷。⑤ 真正的公众参与科学，应该抛弃科学的这种主导地位，让其与各种有意义的知识平等对话。⑥ 然而，支持科学一方的科学传播学者认为，科学家当然应该与公众对话，但对话应该基于现有的科学证据；⑦ 让各种观点居于平等地位来博弈并不能替代科学在科学议题上应该发挥的核心作用。⑧

公众参与科学虽然已经成为科学传播领域最时髦的提法⑨和最热点的研究领域⑩，但仍然在活动机构的效率与适宜性、话题选择、缺乏评估手段等方面存在一系列问题。在互联网时代，如何通过网络实现有效的公民科学参与，也是一个亟待研究和探索的问题。⑪

通过学者的广泛讨论，尤其是在《公众理解科学》专刊中的集中反思和探讨，我们看到至少到目前为止，公众参与科学模型由于其自身的欠缺，尚无法像其承诺的一样，实现公民对科学发展的民主参与。

① House of Lords Select Committee on Science and Technology, Third Report: "*Science and Society*, Chapter 5: Engaging the Public", http://www. publications. parliament. uk/pa/ld199900/ldselect/ldsctech/38/3801. htm.

② Wynne, B, "Misunderstood Misunderstanding: Social Identities and Public Uptake of Science", *Public Understanding of Science*, Vol. 1, No. 3, 1992, pp. 281 – 304.

③ Nielsen, A. P, Lassen, J and Sandøe, P, "Public Participation: Democratic Ideal or Pragmatic Tool? the Cases of GM Foods and Functional Foods", *Public Understanding of Science*, Vol. 18, No. 2, 2009, pp. 163 – 178.

④ Horst, M, "On the Weakness of Strong Ties", *Public Understanding of Science*, Vol. 23, No. 1, 2014, pp. 43 – 47.

⑤ Jasanoff, S, "A Mirror for Science", *Public Understanding of Science*, Vol. 23, No. 1, 2014, pp. 21 – 26.

⑥ Wynne, B, "Public Engagement as Means of Restoring Trust in Science? Hitting the Notes, but Missing the Music", *Community Genetics*, Vol. 10, No. 5, 2006, pp. 211 – 220.

⑦ Dickson, D, "Public 'Isolated from Science' in Rich and Poor Nations", http://www. scidev. net/global/communication/news/public-isolated-from-science-in-rich-and-poor-na. html? stay = full.

⑧ Nature Editorial, "Murky Manoeuvres", *Nature*, Vol. 491, No. 7422, 2012, p. 7.

⑨ Vincent, B. B, "The Politics of Buzzwords at the Interface of Technoscience, Market and Society: the Case of 'Public Engagement in Science'", *Public Understanding of Science*, Vol. 23, No. 3, 2014, pp. 238 – 253.

⑩ Suerdem, A, Bauer, M. W, Howard, S and Ruby, L, "PUS in Turbulent Times II — A Shifting Vocabulary That Brokers Inter-disciplinary Knowledge", *Public Understanding of Science*, Vol. 22, No. 1, 2013, pp. 2 – 15.

⑪ Stilgoe, J, Lock, J and Wilsdon, J (eds.), "Why Should We Promote Public Engagement with Science?", *Public Understanding of Science*, Vol. 23, No. 1, 2014, pp. 4 – 15.

这也反映出民主政治在法理上的公民平等参与权与科学知识必然具有的精英垄断之间的冲突。科学传播学者也在继续探讨公众参与科学模型的实践和理论发展的过程中，尝试着给这些问题提供答案。

（三）科学认知模式：认知局限与价值取向

在科学传播学者探讨公众参与科学的同时，2013—2014年间，美国主流传播学界也在集中探讨利用认知科学和行为科学的方法，为科学传播中产生的问题提供解决方案。"科学传播的科学"这一提法及其《美国科学院院刊》以"科学传播的科学"为名出版的两期专刊，正是这种努力的体现。①

如果说，针对"知识越多（态度）越科学"这种缺失模型的主要诉求，传统的科学传播学者主要从批判科学界主导了科学传播的权力这一角度进行反思的话，美国主流传播学者则指出了人类的心理认知机制不能支持人们主动关注和学习科学。任何人处理信息的认知能力都是有限的。只有当人们有动机时，他们才会注意到科技信息。② 然而，遗憾的是，人们有较少的动机了解科学主题。③

在日常生活中，人们因为各种偶然机遇，形成了各种初始信念，这形成他们的认知框架来判断接收到的信息。科学知识在人们对科学问题形成态度方面，主要在于促使人们形成初始信念。④ 但初始信念一旦形成，则人们就不会理性地充分评估科学知识。基于有限认知能力这一基本的心理学假说，在涉及对科技的认知机制上，传播学者还发展了其他理论在科学传播中的应用，例如，学者们应用安逸效应理论（easiness effect），指出当人们对科学争议感到无所适从的时候，总是更愿意相信容易理解的一方。⑤ 此外，主流传播学者也指出，传统的科学传播研究也忽视了在人际交往过程中考察科学传播，已有研究集中在大众传播领域，特别是媒体对科学议题的报道。⑥

主流传播学者介入科学传播研究，也与科学在欧美社会不断被政治化有关。这反映了现代社会中，科学的边界不断扩张。公共政策越来越依赖科学标准作为合法性的基础。⑦ 各个领域由此形成了大量专家群体，他们彼此对立的观点打破了科学无错误的表象。这一过程反而使科学更容易变成争议对象。⑧

科学被政治化最为明显的领域，莫过于气候变化。美国的保守力量长期以来拒

---

① Fischhoff, B and Scheufele, D. A, "The Science of Science Communication", *Proceedings of the National Academy of Sciences*, Vol. 111, supplement 3, 2013, p. 13696.

② Lupia, A, "Communicating Science in Politicized Environments", *Proceedings of the National Academy of Sciences*, Vol. 111, supplement 3, 2013, pp. 14048 – 14054.

③ Crookes, G and Schmidt, R. W, "Motivation: Opening the Research Agenda", *Language Learning*, Vol. 41, No. 4, 2013, pp. 469 – 512.

④ De Bruin, W. B and Bostrom, A, "Assessing What to Address in Science Communication", *Proceedings of the National Academy of Sciences*, Vol. 111, supplement 3, 2013, pp. 14062 – 14068.

⑤ Scharrer, L, Britt, M. A and Stadtler, M, et al, "Easy to Understand but Difficult to Decide: Information Comprehensibility and Controversiality Affect Laypeople's Science-based Decisions", *Discourse Processes*, Vol. 50, No. 6, 2013, pp. 361 – 387.

⑥ Eveland, W. P and Cooper, K. G, "An Integrated Model of Communication Influence on Beliefs," *Proceedings of the National Academy of Sciences*, Vol. 111, supplement 3, 2013, pp. 14088 – 14095.

⑦ Nelkin, D, "Controversies and the Authority of Science", Engelhardt, T. Jr and Caplan, A. L (eds.), *Scientific Controversies: Case Studies in the Resolution and Closure of Disputes in Science and Technology*, Cambridge: Cambridge University Press, 1987, pp. 283 – 294.

⑧ Nelkin, D, "The Political Impact of Technical Expertise", *Social Studies of Science*, Vol. 5, No. 1, 1975, pp. 35 – 54.

绝接受全球变暖的科学结论。这种现象也受到了主流传播学者的关注。他们的研究表明，在高度政治化的科学议题上，传统科学传播研究所忽视的心理认知机制会发挥更大的作用。例如，就气候变化而言，大多数普通人没有主动寻求信息来了解科学真相的需求。他们不过是偶尔听到气候变化这个名词，然后将其纳入认知系统，利用所处环境的提示和既往印象进行快速处理。研究表明，如果受众觉得科学家在气候变化问题上观点一致，他们就愿意承认全球变暖存在。受众越是觉得科学家之间分歧大，他们也就越不容易接受有关全球变暖的结论。[①] 主流传播学者指出，在气候变化被高度政治化的环境下，反对全球变暖的团体充分利用了人们的各种心理认知机制来降低公众对其的认可。他们试图营造出科学家远未就气候变化达成一致意见，仍然存在很大争议的现象。[②]

沿着认知科学的范式，主流传播学者们也指出，传统的科学传播实践与研究忽视了对信任与价值的探讨。[③] 与传统的科学传播学者不同的是，"科学传播的科学"提倡者们从一开始就把信任与价值因素当成了科学认知过程的心理变量，认为它们可以构成人们是否愿意获取或接受科学信息的标准。[④] 人们对陌生的科技名词一无所知时，是否相信对这一名词的解释首先依赖的不是他们是否理解了其中的知识，而是他们是否愿意相信做出解释或提供信息的科学家。

与信任一样，价值因素在认知机制中也发挥了重要作用，根据一些学者的研究，人们的判断是基于他们认可的价值，并非完全决定于事实。以被很多公众抵制的转基因为例，人们抵制这一有争议的技术并非因为有研究证明了转基因的弊端，而是因为人们对转基因科学家的价值认同在一开始就被转基因稻种外流、转基因科学家谋求私利等媒体报道所破坏，由此他们直接拒绝接受现有转基因无害的主流科学观点。[⑤]

另一方面，研究发现，在总体上而言，更支持转基因的美国，对科学权威的尊重在居民支持转基因方面发挥了核心性作用。[⑥] 美国居民长期以来养成的对科学权威的尊重，让他们形成了凡理解技术问题，就要去寻求科学解释的心理认知的"快捷方式"。

与公众参与科学模型重在探讨科学传播过程中的权力不同，"科学传播的科学"提倡者强调，通过参与科学，公众可以更好地接受科学家的价值立场。这样可以促进他们形成更多吸纳科学知识的认知框架，科学家也能更好地理解公众有别于科学理性的价值诉求。[⑦]

---

① Ding, D, Maibach, E, Zhao, X and Roser-Renouf, C, et al, "Support for Climate Policy and Societal Action are Linked to Perceptions about Scientific Agreement", *Nature Climate Change*, Vol. 1, No. 9, 2011, pp. 462 – 466.

② McCright, A. M and Dunlap, R. E, "Cool Dudes: the Denial of Climate Change among Conservative White Males in the United States", *Global Environmental Change*, Vol. 21, No. 4, 2011, pp. 1163 – 1172.

③ Scheufele, D. A. "Communicating Science in Social Settings", *Proceedings of the National Academy of Sciences*, Vol. 111, Supplement 3, 2013, pp. 14040 – 14047.

④ Dietz, T, "Bringing Values and Deliberation to Science Communication", *Proceedings of the National Academy of Sciences*, Vol. 111, Supplement 3, 2013, pp. 14081 – 14087.

⑤ 贾鹤鹏、范敬群、闫隽：《风险传播中知识、信任与价值的互动——以转基因争议为例》，《当代传播》2015年第3期。

⑥ Brossard, D and Nisbet, M. C, "Deference to Scientific Authority among a Low Information Public: Understanding US Opinion on Agricultural Biotechnology", *International Journal of Public Opinion Research*, Vol. 19, No. 1, 2007, pp. 24 – 52.

⑦ 贾鹤鹏、刘立、王大鹏、任安波：《科学传播的科学——科学传播研究的新阶段》，《科学学研究》2015年第3期。

二、国际科学传播 2014 年研究重点综述

（一）气候变化议题主导科学传播研究

伴随着对公众参与科学以及科学传播研究“科学化”的热烈讨论，2014 年的国际科学传播学界继续对热点议题进行深入探讨，内容包括气候变化、科学与媒体的关系、科学家参与科学传播、公民科学，以及其他各种进入公众视野的科学争议。学者们在媒体信任及使用、科学知识的作用、情感和价值以及科学政治化等维度的深入探究与上述议题交织在一起，为我们提供了深入理解科学传播过程及机制的理论反思和经验证据。

从研究数量上来看，气候变化是最炙手可热的科学议题。在科学传播研究的历史上，20 世纪 80—90 年代的核电以及 90 年代末至 21 世纪前 10 年的转基因与克隆技术都曾经得到这样的关注。

与转基因类似，气候变化同样面临着科学界压倒性的主流意见无法被相当数量的公众接受这一窘境。在美国，这一点尤其明显。2014 年的皮尤民意调查显示，35% 的美国人不认可气候变化的科学结论，而大多数认同全球变暖结论的公众也把这一议题置于很低优先序。大部分民主党人相信气候变化的科学结论，而大多数共和党人不接受这一结论。①

学者们指出，尽管看起来媒体报道对全球变暖的质疑可能是导致人们不接受这一科学结论的原因，但对美、法、德、英媒体的长期研究表明，气候变化支持者在媒体上的显著性，要远远大于怀疑者。②但这并非意味着媒体的报道无可挑剔。例如，美国在线媒体报道气候变化时，往往割裂全球变暖的原因和应对措施，导致读者无法产生全面印象。③ 而加拿大媒体在报道减少温室气体对气候影响的主要技术——碳封存（CCS）——时，其负面报道往往与对全球变暖的质疑相关。④

媒体报道的效果往往要与其他因素相结合才能对人们的态度产生影响，“科学传播的科学”的提倡者反复强调的认知机制也在气候变化传播研究中得到体现。研究表明，如果美国公众主要关注的是质疑气候变化结论的保守媒体（如《华尔街日报》），那么他们对科学家的信任度就比主要关注自由媒体（如《纽约时报》）的人要低。⑤ 不光气候变化领域如此，一项对澳大利亚转基因舆论的研究也表明，在转基因成为媒体报道热点时，公众在该议题上对科学家的信任度就会显著降低。因为媒体大量报道这一争议议题时，各种声音和专家都“粉墨登场”，降低了科学家在媒体报道中的显著性。⑥

科学传播学者除了研究在气候变化议题上人们的媒体使用和信任对其接受科学结论的影响之外，也探索了包括情感在内

---

① Motel, S, “Polls Show Most Americans Believe in Climate Change, but Give It Low Priority”, Pew Research Center, http://www.pewresearch.org/fact-tank/2014/09/23/most-americans-believe-in-climate-change-but-give-it-low-priority.

② Grundmann, R and Scott, M, “Disputed Climate Science in the Media: Do Countries Matter?”, *Public Understanding of Science*, Vol. 23, No. 2, 2014, pp. 220 – 235.

③ Hart, P. S and Feldman, L, “Threat without Efficacy? Climate Change on U. S. Network News,” *Science Communication*, Vol. 36, No. 3, 2014, pp. 325 – 351.

④ Boyd, A. D and Paveglio, T. B, “Front Page or ‘Buried’ Beneath the Fold? Media Coverage of Carbon Capture and Storage”, *Public Understanding of Science*, vol. 23, no. 4, 2014, pp. 411 – 427.

⑤ Hmielowski, J. D, Lauren, F and Myers, T. A, et al, “An Attack on Science? Media Use, Trust in Scientists, and Perceptions of Global Warming”, *Public Understanding of Science*, Vol. 23, No. 7, 2014, pp. 866 – 883.

⑥ Marques, M. D, Critchley, C. R and Walshe, J, “Attitudes to Genetically Modified Food Over Time: How Trust in Organizations and the Media Cycle Predict Support”, *Public Understanding of Science*, Vol. 24, No. 5, 2015, pp. 601 – 618.

的一系列心理机制与环境因素的互动。大众对科学的信任并不决定于他们从科学报道中获得的知识多寡。相反，这种信任更多地是由其情感投入决定的。[①] 心理趋势甚至决定了人们对科学内容的表述。例如，“气候变化”和“全球变暖”这两个经常被混用的词汇分别出现在其他内容完全相同的一段科学表述中时，共和党人和保守主义者更加容易认为全球变暖不是真的，而民主党人则对两个词所代表的现象没有不同看法。[②] 在联想实验中，环境保守主义者更容易将“全球变暖”与气温升高联系在一起，而在环保意识高的人中，对“气候变化”和“全球变暖”的联想则没有统计上的显著差异。[③] 不仅如此，如果给保守主义者展示异常严寒的景象，他们会降低对“全球变暖”而不是对“气候变化”的接受度。[④] 这一系列研究的机理在于，保守主义者本能地愿意用“全球变暖”这一有方向性的术语来代替“气候变化”来表述相关现象，这样每当气温反常降低时，他们的质疑就得到一次佐证。

（二）大数据研究渐成气候

对这种选择性用词行为的研究得到了大数据分析的支持。实际上，利用大数据的方法研究社交媒体也成为2014年科学传播研究的一个趋势。研究表明，在提及全球气候变化现象时，美国共和党势力占优的各州在推特上的留言主要使用“全球变暖”一词，而在民主党占优的地区，对“全球变暖”和“气候变化”两个词的使用就没有显著区别。[⑤]

大数据研究也被应用于其他科学传播议题。研究表明，在加州于2012年就是否标识转基因食品进行全民公投之前，这一议题也成为社交媒体上的热点话题。但正反双方在推特上往往自说自话，很少进行辩论。[⑥] 这一现象与中国网民在湖南转基因黄金大米违规实验被曝光后在微博上对此的反应一样。[⑦] 这说明，社交媒体并非现成的公众参与科学的工具。[⑧]

但社交媒体也并不一定能加深公众对科学的质疑。在争议较少的领域，如纳米科技，推特发言就以正面为主[⑨]，但同样

---

① Engdahl, E and Lidskog, R, “Risk, Communication and Trust: Towards an Emotional Understanding of Trust”, *Public Understanding of Science*, Vol. 23, No. 6, 2014, pp. 703 – 717.

② Schuldt, J. P, Konrath, S. H and Schwarz, N, “‘Global Warming’ or ‘Climate Change’?: Whether the Planet is Warming Depends on Question Wording”, *Public Opinion Quarterly*, Vol. 75, No. 1, 2011, pp. 115 – 124.

③ Schuldt, J and Roh, S, “Media Frames and Cognitive Accessibility: What Do ‘Global Warming’ and ‘Climate Change’ Evoke in Partisan Minds?”, *Environmental Communication*, Vol. 8, No. 4, 2014, pp. 529 – 548.

④ Schuldt, J and Roh, S, “Of Accessibility and Applicability: How Heat-related Cues Affect Belief in ‘Global Warming’ Versus ‘Climate Change’”, *Social Cognition*, Vol. 32, No. 3, 2014, pp. 219 – 240.

⑤ Jang, S. M and Hart, P. S, “Polarized Frames on ‘Global Warming’ and ‘Climate Change’ across Countries and States: Evidence from Twitter Big Data”, *Global Environmental Change*, Vol. 32, No. 1, 2015, pp. 11 – 17.

⑥ Smith, L, M, Zhu, L, Lerman, K and Kozareva, Z, “The Role of Social Media in the Discussion of Controversial Topics”, Proceedings of 2013 International Conference on Social Computing, pp. 236 – 243, 8 – 14, Sept. 2013, Alexandria, VA, http://ieeexplore. ieee. org/xpls/abs_all. jsp? arnumber = 6693338&tag = 1.

⑦ 范敬群、贾鹤鹏、张峰、彭光芒：《争议科学话题在社交媒体的传播形态——以“黄金大米事件”的新浪微博为例》，《新闻与传播研究》2013年第11期。

⑧ 贾鹤鹏、范敬群、彭光芒：《从公众参与科学视角看微博对科学传播的挑战》，《科普研究》2014年第2期。

⑨ Runge, K. K, Yeo, S. K and Cacciatore, K, et al, “Tweeting Nano: How Public Discourses about Nanotechnology Develop in Social Media Environments”, *Journal of Nanoparticle Research*, Vol. 15, No. 1, 2013, pp. 1 – 11.

缺乏辩论，普通网民往往只是跟随一种声音。[①] 然而，在实验中，如果网络留言中充满脏话，人们对纳米科学的接受度就会低于用语文明的情形。[②] 可以想象，在转基因等更加有争议的领域，网络谩骂也会影响人们对科学的态度。这种微妙的心理影响也存在于那些人们并不熟知的领域。实验发现，接受调查的公众如果看到“证明双酚 A（BPA）对婴儿有害的证据不足”，就会减少对禁止在婴儿用品中添加这一化学成分的政策的支持。如果被问者有大学以上学历，则上述陈述就不会产生影响。但接触到“有充分证据表明 BPA 对婴儿有害”陈述的公众，其对禁令的支持度并不会增加。[③]

（三）科学传播机制研究与科学媒体化

探索公众科学态度的心理机制的研究方兴未艾。与此同时，对科学传播领域的传统议题——包括科学家参与传播及科学与媒体的关系——的研究也在不断深入，这些研究压倒性的方法是社会学范式，也就是探讨社会结构对传播过程的影响。例如，研究发现，调动德国科学家参与传播的主要因素，在于这些科学家是否认同增进其所在机构公共可见度这一目标以及是否得到其所在机构公关部门的支持。[④]

对各国主要科研机构科学传播活动的文本分析表明，大部分机构的传播工作仍符合普及知识为目的的“缺失型”模式，但向参与和协商型传播活动发展的趋势越来越明显。[⑤] 越来越多的科研机构开始参与到科学节等活动中，而研究表明，公众参与科学节的首要驱动因素是有机会与科学家交流，以及有机会发展自己的兴趣爱好。[⑥]

就驱动科研机构从事科学传播的动因而言，提高公共显示度以获得公众和决策者支持无疑是最重要的考量。但随着越来越多的机构开始热衷于被媒体报道，学者们也担心科研机构和科学家追逐媒体热点会损害了科研本身的求真标准和对研究议程的安排。他们把这种现象称之为科学媒体化，这也是近年来对科学传播体制研究的一个新的突破。[⑦]

研究显示，科学媒体化确实在影响科研机构的决策和资助项目的选择。[⑧] 但尚无证据显示这种媒体化损害了在认识论意义上科学的真理性。访谈研究表明，科研宣传单位在发布新闻稿时，仍然将科学共

---

① Veltri, G. A, “Microblogging and Nanotweets: Nanotechnology on Twitter”, *Public Understanding of Science*, Vol. 22, No. 7, 2013, pp. 832 – 849.

② Anderson, A, Brossard, D and Scheufele, D, et al, “The ‘Nasty Effect’: Online Incivility and Risk Perceptions of Emerging Technologies”, *Journal of Computer-Mediated Communication*, Vol. 19, No. 3, 2014, pp. 373 – 387.

③ Brewer, P. R and Ley, B. L, “Contested Evidence: Exposure to Competing Scientific Claims and Public Support for Banning Bisphenol A”, *Public Understanding of Science*, Vol. 23, No. 4, 2014, pp. 395 – 410.

④ Marcinkowski, F, Kohring, M, Furst, S and Friedrichsmeier, A, “Organizational Influence on Scientists' Efforts to Go Public: An Empirical Investigation”, *Science Communication*, Vol. 36, No. 1, 2014, pp. 56 – 80.

⑤ Palmer, S. E and Schibeci, R. A, “What Conceptions of Science Communication Are Espoused by Science Research Funding Bodies?”, *Public Understanding of Science*, Vol. 23, No. 5, 2014, pp. 511 – 527.

⑥ Jensen, E and Buckley, N, “Why People Attend Science Festivals: Interests, Motivations and Self-reported Benefits of Public Engagement with Research”, *Public Understanding of Science*, Vol. 23, No. 5, 2014, pp. 557 – 573.

⑦ 贾鹤鹏、王大鹏、闫隽：《媒体报道能否改变科学进程？——对科学媒体化的反思》，《现代传播》2015 年第 2 期。

⑧ Scheu, A. M, Volpers, A, Summ, A and Blöbaum, B, “Medialization of Research Policy: Anticipation of and Adaptation to Journalistic Logic”, *Science Communication*, Vol. 36, No. 6, 2014, pp. 706 – 734.

同体内部的关切置于媒体记者的关切之上,[①] 而科学家普遍认为，与媒体沟通固然重要，但如果这种沟通损害了同行认可，大部分人会毫不犹豫地选择后者。[②]

科学传播体制研究的另一个传统热点是“公民科学”（citizen science）或“公众参与研究”（public participation in scientific research），它指的是没有接受过专业科学训练的普通公众参与包括搜集标本、观测样本以及数据运算等科学活动，从而丰富科学研究的行为。[③] 2014 年发表的研究表明，这类项目已经在同行评议的科学期刊上发表了数百篇论文，获得了广泛引用，公民在参与科学研究的过程中也学习和掌握了科学方法。但这类项目仍面临着资金、规范、公民参与者素质不一和参与意愿不一致等多方面挑战。[④] 另一项访谈研究表明，科学家仍然普遍担心“公民科学”存在方法论上的欠缺和伦理上的陷阱。[⑤]

除了研究公众科学态度和传播机制外，科学传播研究也不乏对各种有趣议题进行探讨。例如，一项研究发现，人们对科学方法的了解与其对算命的信赖呈负相关，但对科学事实的了解程度却与参与算命活动具有微弱的正相关性。[⑥] 这再一次说明“知识越多（态度）越科学”的信条存在问题。

三、中国科学传播研究进展评述

2014 年，中国的科学传播研究也呈现出重要进展。主要表现为研究领域不断拓宽；科学传播中的新媒体角色引人瞩目；科学争议事件热度不减；主流传播学者开始涉猎科学传播议题；国际发表的成果显著并成为中国新闻传播学国际发表的主要组成部分，其所占比例远远大于科学传播题材在国内传播学刊物的发表量（参见本年鉴的中国学者国际发表章节）。值得一提的是，学者开始广泛关注经典的科学、风险与健康传播理论在社交媒体上的运用。例如，研究者注意到，在雾霾传播过程中，网络新媒体和大众媒体一起构成了风险的社会放大框架（Social amplification of risks）这一经典理论中的风险放大器（risk amplification station）[⑦]，而在“毒胶囊事件”的微博互动中，政府部门和官员、媒体、精英及普通公众都作为行动者提出了自己的“框架”范围，这些框架结

---

① Lynch, J, Bennett, D, Luntz, A, Toy, C, and Van Benschoten, E, “Bridging Science and Journalism: Identifying the Role of Public Relations in the Construction and Circulation of Stem Cell Research among Lay People”, *Science Communication*, Vol. 36, No. 4, 2014, pp. 479 - 501.

② Jung, A, “Medialization and Credibility: Paradoxical Effector (re)-stabilization of Boundaries? Epidemiology and Stem Cell Research in the Press”, Rödder, S, et al (eds.), *The Sciences' Media Connection — Public Communication and its Repercussions*, *Sociology of the Sciences Yearbook*28, Dordrecht: Springer, 2012, pp. 107 - 130.

③ Bonney, R, Ballard, H and Jordan, R, et al, *Participation in Scientific Research: Defining the Field and Assessing Its Potential for Informal Science Education*, Washington, DC: Center for Advancement of Informal Science Education, 2009, http://informalscience.org/research/ic - 000 - 000 - 001 - 937/Public-Participation-in-Scientific-Research.

④ Bonney, R, Shirk, J and Phillips, T, et al, “Next Steps for Citizen Science”, Science, Vol. 343, No. 6178, 2014, pp. 1436 - 1437.

⑤ Riesch, H, and Potter, C, “Citizen Science as Seen by Scientists: Methodological, Epistemological and Ethical Dimensions”, *Public Understanding of Science*, Vol. 23, No. 1, 2014, pp. 107 - 120.

⑥ Shein, P. P, Li, Y and Huang, T, “Relationship between Scientific Knowledge and Fortune-telling”, *Public Understanding of Science*, Vol. 23, No. 7, 2014, pp. 780 - 796.

⑦ 邓滢、汪明：《网络新媒体时代的舆情风险特征——以雾霾天气的社会涟漪效应为例》，《中国软科学》2014 年第 8 期。

构对风险的社会性解释迥然不同。[①]

新媒体，特别是社交媒体的广泛使用使信息传递和突发性事件的影响模式发生了巨大的变化。孙静、汤书昆利用“谣盐”风波、温甬线动车事故、什邡公众抗议钼铜项目等为例，总结了新媒体促成科学热点事件传播具有开放性、复杂性、涌现性（emergence）和海量性的特点。[②] 因此，科学传播方案应该从单一传播走向融合，从大众走向分众，从单维度的塔式传播走向多维度的点式传播。[③] 当然，新媒体特别是社交媒体带来的这种多中心特性并非意味着“公众参与科学”就会更容易实现。研究发现，在健康传播领域，新媒体的使用降低了对医生的信任，一定程度上增加了民众获取健康信息的难度，但并没有促进健康行为的发生。[④]

近年来，成功应用互动式网站、微信、微博进行科普的科学松鼠会及由其衍生出的果壳网得到广泛关注。学者们也在这方面开展了研究。王玉华和汤书昆比较了官方微博“上海科普”与科学松鼠会微博，发现两者在选题、用词、深度和互动上都有不同。[⑤] 学者也发现，科学松鼠会的单条微博平均转发数，从2009年的2次上升到2013年的699次。但由于缺乏“大V”介入，这些微博的二次传播深度有限。[⑥] 另一项研究则表明，科学松鼠会的传播内容偏向与受众关注偏向基本一致，均偏向于生物、健康、医学等与公众生活更紧密相关的主题，数学、航天等个别主题偏向程度很低。[⑦]

尽管科学松鼠会这一创新性科普网站和组织得到了研究者的普遍关注，但现有研究往往关注于总结现象，缺少对传播的效果进行考察。值得庆幸的是，在探究新媒体科学传播现象时，中国学者也开始发展有关传播效果的理论。例如，卢诗雨和金兼斌运用计划行为理论模型（Theory of planned behavior），分析了人们在社交网络中科学信息消费的机制，发现该模型的三个维度——行为态度、主观规范和行为控制感知——在总体上可以解释人们获取网络科学信息，但网络虚拟好友带来的主观规范，比传统理论中所依据的现实好友对科学信息消费更有影响。[⑧] 这一研究推进了我们对互联网获取科技信息行为的认识。但研究并没有区分具体的科技信息，而实际上人们对于不同科技信息的取舍可能有很大差异。如对于转基因等争议性话题和对健康养生类话题的消费动机是否一致，仍然值得进一步探讨。

其他一些研究尽管没有提出发展理论的目标，但也调查了新媒体对用户态度的影响。如余慧与刘合潇发现，中国媒体特定时间段的转基因报道多呈负面态度，同期微博舆论中负面态度也呈压倒性多数。调查表明，对转基因食品问题有明确态度

① 郝永华、声何秋：《风险事件的框架竞争和意义建构——基于“毒胶囊事件”新浪微博数据的研究》，《新闻与传播研究》2014年第3期。

② 孙静、汤书昆：《公共危机视域下的新媒体传播——基于复杂性理论视角》，《科普研究》2014年第1期。

③ 秦枫：《新媒体环境下科学传播分析》，《科普研究》2014年第1期。

④ 郑满宁：《缺位与重构：新媒体在健康传播中的作用机制研究——以北京、合肥两地的居民健康素养调查为例》，《新闻记者》2014年第9期。

⑤ 王玉华、汤书昆：《政府与民间科普组织微博科学传播的比较研究——以“@上海科普”与“@科学松鼠会”为例》，《科普研究》2014年第1期。

⑥ 柴玥、冷泉、高慧艳：《科学松鼠会微博科普的可视化分析》，《科普研究》2014年第12期。

⑦ 陈梅婷、陈路遥、种璐：《科学松鼠会的传播内容偏向和受众关注偏向的调查研究》，《科普研究》2014年第1期。

⑧ 卢诗雨、金兼斌：《社会网络中科学信息消费机制初探——对TPB模型验证与修正的实证研究》，《新闻与传播研究》2014年第10期。

的人中，信任媒体且持“反对”态度的有89.8%，与之对应，不信任媒体持“反对”态度的有75.0%。这说明，网络舆论对转基因的态度明显受到大众媒体影响。[①]当然，由于这一研究中对媒体与微博的信息评估和对公众舆论的调查来源不同，这使得研究的结论具有推测性质。

与探究受众态度变化相比，中国传播学者更注重分析网络和媒体的科技信息传播过程。如张扬应用框架理论，发现京、沪、穗三地晚报对雾霾的报道，往往采用斗争框架，这可能导致读者无所适从。[②]研究也发现，媒体对空气污染的主要构成成分PM2.5指标发布的报道，体现了在议程建构上的斗争，[③]而官方媒体（人民网）在对雾霾进行归因时，则体现出淡化舆论对雾霾深层原因的追究和分歧、模糊雾霾风险的行为主体责任的倾向。[④]

学者的研究也涉及公众对核电的态度这一科学传播的传统领域。方芗研究了中国内地居民对附近可能建设的核电站的态度，发现民众们尽管核电知识程度不高，但可以利用各种渠道，对建设核电站的利弊做出理性权衡。[⑤]而邱鸿峰则发现，核电站附近的居民，高学历者更倾向于拒绝核电，但学历对影响人们是否采取“散步”等方式进行集体性抗议则没有显著相关性。[⑥]这两项研究都延续了近年来科学传播界对“知识越多（态度）越科学”模式的反思。实际上，认为“知识越多公众风险感越低”更多是来自专家的认知，而后者与公众的风险认知差异，绝不仅仅是由知识程度造成的；社会角色、系统性偏见也是造成这些差异的因素。[⑦]

2014年，科学与风险健康传播的研究也在中国学者发表的国际新闻传播学论文中占据了显著比例。例如，中美学者合作比较了中美受众在获取风险信息时的意向。相比之下，中国受众获取风险信息的意愿，较少受到其环境态度、风险意识、负面情感、信息不充分性和行为信念的影响。中美两国受众都较多受到主观规范的影响。[⑧]另一项研究分析了英文的《中国日报》在报道2013年的空气污染事件中的表现，发现这些报道的态度从最初对空气污染的中立态度，转换到谴责外国使馆进行空气质量检测的负面态度；从对事实的判断，转换到更多价值立场。[⑨]

除了上述研究外，中国科学传播学者在2014年对本领域的传统议题继续进行了

---

① 余慧、刘合潇：《媒体信任是否影响我们对转基因食品问题的态度——基于中国网络社会心态调查（2014）的数据》，《新闻大学》2014年第6期。

② 张扬：《京沪穗三地雾霾报道的框架分析——以〈北京晚报〉〈新民晚报〉〈羊城晚报〉为例》，《新闻记者》2014年第1期。

③ 高卫华、周乾宪：《中国环境议题建构及议程互动关系分析——以“PM2.5”议题为例》，《现代传播》2014年第1期。

④ 王庆：《媒体归因归责策略与被“雾化”的雾霾风险——基于对人民网雾霾报道的内容分析》，《现代传播》2014年第12期。

⑤ Fang, X, “Local People's Understanding of Risk from Civil Nuclear Power in the Chinese Context”, *Public Understanding of Science*, Vol. 23, No. 3, 2014, pp. 283 – 298.

⑥ 邱鸿峰：《新阶级、核风险与环境传播：宁德核电站环境关注的社会基础及政府应对》，《现代传播》2014年第10期。

⑦ 王娟、胡志强：《专家与公众的风险感知差异》，《自然辩证法研究》2014年第1期。

⑧ Yang, Z. J, Kahlor, L and Li, H. A, “United States-China Comparison of Risk Information—Seeking Intentions”, *Communication Research*, Vol. 41, No. 7, 2014, pp. 935 – 960.

⑨ Chen, Y, “Exploring the Attitudinal Variations in the Chinese English-language Press on the 2013 Air Pollution Incident 2014”, *Discourse & Communication*, Vol. 8(4), pp. 331 – 349.

深入挖掘。这包括衡量中国学生对科学家的刻板印象[①]，探讨公民科学素养的测评[②]，研究科普工作的社会化评价指标[③]，探究公民对环境污染[④]和大气污染[⑤]科普的需求，总结和发展具有中国特色的技能性科学传播的实践与理念[⑥]等各方面议题。

本节的综述表明，中国的科学传播研究在广度和深度上都取得了进展，这在很大程度上要得益于主流传播学者对科学传播议题的介入。这些研究数量虽然不多，但极大地扩展了科学传播研究的视野。美中不足的是，科学传播的研究仍然存在学科分割现象。例如，传统的科学传播研究大多发表在《科普研究》和其他科技哲学、科学与社会类刊物上，鲜有涉足主流新闻传播学期刊。这些研究更关注始于科学的传播过程，如科普策略或科普机构的表现。这些研究者较少关注社会的热点议题，特别是争议性议题，或者即便涉猎这些议题，也较少关注其争议的社会性，如PM2.5污染指数发布所体现的议程建构争端等。另一方面，主流传播学界对与科学相关的争议性事件，如化工厂建设等保持了相当关注，但这些研究更多聚焦在相关争议的公民抗争[⑦]，对其中与科学传播相关的探讨，如知识不确定性与可靠性衡量、民众与专家的分歧、公众的风险感知等则较少提及。传统的科学传播研究者与主流传播学者需要更多交融。

四、结论及对科学传播研究的展望

通过系统分析近年来科学传播领域的国内外研究，笔者发现，这一学科在快速发展的同时，正在经历着深刻的变化。这包括公众参与科学模型面临严峻挑战与深刻反思，科学传播研究向以心理和认知科学为基础的学科转型，以及传统的科学传播体制研究正在孕育着包括科学媒体化等在内的新理论或新模型。在中国国内，这一学科也在社交媒体的兴起、频繁的科学争议以及主流传播学者介入等因素的影响下快速扩张边界。尽管如此，学科的分野仍然清晰可见。

结合国内外学科发展和外部条件的变化，我们认为，科学传播领域正在为中国学者提供理论创新与深入探索的前所未有的机会。中国学者在未来几年尤其可以在以下几个方面"发力"，取得学术突破。

首先，在科学传播由科普模式走向公众参与科学，后者又遭受严重挑战时，更加有必要结合中国的情况对科学传播的模式进行系统研究与反思。这包括对不同社会条件下迥异的科学传播模式的比较和探索。事实上，在公众参与科学的对话模式遭遇困难时，已经有学者转而研究传统的科学普及模式与公众参与的融合，[⑧] 而中国科学传播体制仍然以传统科普为主体、同时频繁的科技争议又在不断推动各种科

---

① 张楠、詹琰：《北京地区中小学生心目中的科学家形象比较研究》，《科普研究》2014年第6期；詹琰、胡宇齐、郝君婷：《科学家形象研究现状及发展动态分析》，《自然辩证法研究》2014年第5期。

② 楼伟：《公民的基本科学素质及其测评》，《科普研究》2014年第4期。

③ 何丹、谭超、刘深：《北京市科普工作社会化评价指标体系研究》，《科普研究》2014年第4期。

④ 张瑶瑶、徐志伟：《关于天津市公众对重金属污染防治科普需求的调研报告》，《科普研究》2014年第4期。

⑤ 汤书昆、朱安达、肖毅、李昂：《我国东中西部典型城市居民PM2.5科普现状及需求探析——以北京、合肥、西安为例的研究》，《科普研究》2014年第3期。

⑥ 牛桂芹：《中国技能性科学传播理念传统的形成与发展》，《科普研究》2014年第3期；黄湘林、祝秀丽：《肥西县农村苗木技术推广的影响因素研究——应用Logistic模型的实证分析》，《科普研究》2014年第3期。

⑦ 白红义：《环境抗争报道的新闻范式研究——以三起邻避冲突事件为例》，《现代传播》2014年第1期。

⑧ Davies, S, McCallie, E and Simonsson, E, et al, "Discussing Dialogue: Perspectives on the Value of Science Dialogue Events That Do Not Inform Policy", *Public Understanding of Science*, Vol. 18, No. 3, 2009, pp. 338 – 353.

学对话的状况，这将有助于对科学传播模式更加透彻的了解，无疑将极大丰富我们对不同传播模式和传播机制的认识。同时，也有必要研究适合中国国情的公众参与科学方式。此外，在中国的特定情境下考察诸如科学媒体化、科学家对传播过程的参与、科学争议的缘起和封闭等议题，也很有意义。

其次，中国主流传播学界对科学传播的研究虽然刚刚起步，但已经为这一领域提供了新的视角和研究范式。传统科学传播与主流传播学的融合刻不容缓。例如，主流传播学者应用框架理论对科学议题传播的考察，可以与知识的不确定性和可靠性的研究相结合。传统的科学传播学者也可以从主流传播学对传播的社会属性的考察中汲取营养，毕竟，科学传播总是发生在特定的社会土壤中。

第三，对科学传播模式和其他传统议题的探讨也要走向主流传播学的核心——传播效果的研究。① 这也符合国际科学传播学界向“科学传播的科学”的转向。在中国，由于主流传播学的传播效果研究刚刚起步，中国的科学传播研究有可能在这方面与主流传播学实现同步发展。结合了心理学、认知科学的科学传播效果研究也要走向实践，为设计和评估科学传播方案服务。需要指出的是，现有的科学健康传播项目并不缺乏评估，但对传播效果的深入研究，则可以让我们预测具体措施的传播效果，因地制宜地制定相应的传播方案。

最后，不论是主流传播学界，还是传统的科学传播研究者，都对以社交媒体、移动传播等为代表的新一代网络传播给予了极大关注。但这方面的研究，有必要从对现象的观察与总结，逐步过渡到对传播机制和传播效果的深入考察。例如，互联网流言传播机制一直是网络传播研究的主流之一，而同时，大量流言就内容而言往往与科学内容相关，如转基因、疫苗接种等。研究这些流言的产生、传播过程及其效果，包括对网民相关科学态度的影响，无疑是极有价值的研究领域。科学传播研究的跨学科属性和它对科技问题研究的长期积累，有望为深化这些研究提供重要的资源。

撰稿：贾鹤鹏（美国康奈尔大学博士研究生）
闫　娟（华中科技大学新闻与信息传播学院副教授）

① Lang, A and Ewoldsen, D, "Beyond Effects: Conceptualizing Communication as Dynamic, Complex, Nonlinear, and Fundamental", In S. Allan (Ed.), *Rethinking Communication: Keywords in Communication Research*, Cresskill, NJ: Hampton Press, 2014, pp. 111 – 122.

第三篇
论文选粹

论文选摘

"耻化"叙事与文化创伤的建构：

《人民日报》南京大屠杀纪念文章（1949—2012）的内容分析

新媒介环境下的中国受众分类：基于2010全国受众调查的实证研究

"玩转我的iPhone，搞掂我的世界！"

——探讨新传媒技术应用中的"中介化"和"驯化"

公共人物理论视角下网络谣言的规制

作为反思性实践的新闻专业主义

——以邓玉娇事件报道为例

策略性框架与框架化机制：乌坎事件中抗争性话语的建构与传播

《京报》英译活动中的跨文化传播策略与技巧

——以《中国丛报》文本为例

中国新闻从业者的社交媒体运用及其影响因素：

一项针对上海青年新闻从业者的调查研究

"认识世界"与"改造世界"

——探讨行动传播研究的概念、方法论与研究策略

观点摘编（43条）

·论文选摘·

"耻化"叙事与文化创伤的建构：《人民日报》南京大屠杀纪念文章（1949—2012）的内容分析

在1997年出版的《南京大屠杀》（The Rape of Nanking）一书中，张纯如称这场发生于60年前的大屠杀是第二次世界大战中"被遗忘的大浩劫"（forgotten Holocaust），一针见血地道出了南京大屠杀所遭遇的集体记忆困境。的确，无论是就大屠杀的史料发掘和公共讨论而言，还是从大屠杀集体记忆的建构和传播来讲，南京大屠杀都没法跟犹太人大屠杀相提并论。

1937年12月至1938年初，在南京大屠杀发生之际，国内媒体就进行了报道，这些报道多强调"英勇抵抗"和"鼓舞士气"；而国际人士的目击报告和国际媒体的报道则进一步令大屠杀的真相为世界所知。然而，在此后很长一段时间里，南京大屠杀却几乎从报纸、影视以及抗战记述等公共话语之中销声匿迹了。直到20世纪80年代初，由于日本文部省篡改教科书等现实社会政治议题和中日关系的波动，南京大屠杀才终于重返公共视野。20世纪80年代中期，随着侵华日军南京大屠杀遇难同胞纪念馆的建成开放，纪念意识才慢慢变得自觉而明晰起来。

本文从文化创伤理论出发，探讨新闻传媒在建构文化创伤和形塑集体记忆的过程中所起的作用。笔者以《人民日报》为研究对象，希望通过对该报上的南京大屠杀纪念话语的系统分析，来展现大屠杀集体记忆在我国主流话语空间中的基本面貌，并追踪它的变迁轨迹。本文着重回答以下几个问题：（1）南京大屠杀是否以及如何被建构为文化创伤？（2）新闻媒体借助于哪些行动主体来建立其创伤叙事？加害者、受害者和见证人如何扮演集体记忆的承携者角色？（3）纪念文章中所浮现出的主导叙事是什么？它们是否以及如何随着时间而变化？

一、文化创伤与集体记忆

南京大屠杀在战后相关各国的不同时期呈现出了不同的"记忆"景象。吉田隆（Takashi Yoshida）全面回顾了南京大屠杀在日本、中国和美国所引发的历史和记忆问题。他从区域政治和国际关系的视角出发，将大屠杀以来的历史划分为1937—1945、1945—1971、1971—1989以及1989至今四个阶段。在前两个阶段，大屠杀被中国官方当作众多战争暴行之一，其重要性局限于地方层面，对它的纪念和集体记忆的保存也尚未提上日程。在第三阶段，对大屠杀的记忆经历了一个国家化的过程，大屠杀的独特性被不断地强调，并成为了象征日本战争暴行最重要的符号。在1990年代，随着爱国主义教育运动的全面开展，对于大屠杀的纪念和再现被融入了近代史的宏大叙事；而日本右翼修正主义者对于大屠杀的否认言行则从反面"刺激"各种大众媒介生产出了大量的纪念文本。

在徐晓宏和琳恩·斯皮尔曼（Lyn Spillman）看来，南京大屠杀集体记忆的沉浮轨迹或许是文化创伤理论所面对的一个最重要的“反面案例”。大屠杀的基本事实从一开始就广为人知；受害者和加害者的身份也不存在实质性的争议。然而，至少在1937—1979年这段时期，大屠杀却根本没有被当作一个重要的文化创伤。大屠杀之所以从中国的集体记忆之中消失，与当时盛行的进步主义叙事和强调“人民之间友谊”的普遍化观念亦不无关系。只有在进步主义叙事式微之后，我们才能全面地体认他者之痛，而大屠杀也才能在集体记忆中得以重新浮现。

作为“反面案例”的南京大屠杀实际上恰恰契合了文化创伤理论的基本观点。亚历山大认为，文化创伤是一个社会文化过程。当可怕事件发生之后，某些“承携者群体”（carrier group）将事件向一般大众进行解释并提出某些诉求，从而让后者感到自身的意义结构受到了挑战和威胁。承携者群体提出这些诉求的目的在于，把创伤建构为一个新的大叙事（master narrative）。新闻传媒是建构文化创伤的重要制度场域。当文化创伤过程登上大众传媒舞台，这既为它带来了话语扩展的机会，它反过来也必然会受制于各种新闻生产常规（例如，叙事的简略、道德中立、对官方信源的倚重，以及不同视角的平衡处理）。

文化创伤理论为我们审视南京大屠杀的集体记忆提供了一个新的视角。它所关注的既非“本体论”，也非“道德论”。它强调创伤再现过程中的“认识论”问题，即“谁在何种情势下提出何种诉求，如何提出，有何后果”。本研究希望从文化创伤理论出发，追踪南京大屠杀集体记忆在新闻媒体这一制度场域之中的基本面貌和演变轨迹。如果说南京大屠杀在20世纪六七十年代的湮没无闻是文化创伤的一个反面案例，那么它在80年代之后又是如何被“重新发掘”并“呈现”出来的呢？

二、研究方法

本研究采用的是内容分析方法。我们以“南京大屠杀”作为关键词，利用“《人民日报》图文数据全文检索系统”先后对文章的标题和正文进行检索，并按照两个标准对所得文献进行了筛选。标准一，文章必须主要是关于南京大屠杀的；标准二，纳入分析的必须是新闻报道或言论文章。最终得到了一个由341篇文章所组成的样本，即新中国成立以来（1949—2012）《人民日报》“南京大屠杀纪念文章”的样本。

本研究的分析单位和观测单位均为“文章”。为了系统地揭示大屠杀纪念文章的基本面貌，我们在深入阅读这些文章的基础上，建构了一系列变量，主要包括：文章体裁、文章主题；是否提及爱国主义（1/0），是否提及纪念语境（1/0），是否出现纪念地点（1/0），是否提及否认、歪曲或篡改等行为（1/0），是否提及大屠杀的加害者（1/0），抵抗者（1/0），受害者（1/0），见证人（1/0），是否出现“右翼”标签（1/0）等。在这些变量中，大多数都是二分变量。

在正式进行编码之前，本文两位作者对于所有变量的操作化进行了充分的讨论。然后，我们从样本中以系统抽样法选取了40篇文章，各自独立编码，进行信度检验。结果发现，文章体裁、文章主题和是否出现加害者、是否出现受害者，以及是否出现见证人等几个变量的信度系数偏低（<0.85）。于是，我们对这几个变量的操作化再次详加讨论。正式的编码工作也是由研究者完成。

三、研究发现

（一）“重新发现”南京大屠杀

《人民日报》大屠杀纪念文章的年份分布极不均衡。我们不妨将1949—2012年这63年划分为三个时期：新中国成立后的17年、“文化大革命”时期，以及改革开放时期。在第一个时期，以南京大屠杀为主题的文章凤毛麟角（3篇），其中，1951年1篇，1960年2篇。尽管它们都将“南京大屠杀”作为话语资源，然而却并非缘于有意识的纪念目的，其目标指向甚至也不是日本，而是以“历史控诉”作为工具，批判美帝国主义武装日本和与日本签订安保条约。在第二个时期，《人民日报》上没有出现一篇以南京大屠杀为主题的纪念文章。甚至在抽样的检索环节，这一时期也未发现任何符合条件的文章。可见，这是大屠杀纪念话语在《人民日报》上彻底湮没无闻的十年。

1982年是南京大屠杀报道的转折点。这一年，以日本文部省修订历史教科书事件为契机，《人民日报》将“南京大屠杀”重新发掘出来，共发表了9篇文章。在1982—2012年期间，年均发表文章10.9篇。发文0篇的年份仅有3年（1983年、1992年和1993年）；发文10篇以上的年份有13年（41.9%）；发文20篇以上的有5年（16.1%）。1995年是中国人民抗日战争暨世界反法西斯战争胜利50周年，《人民日报》上的大屠杀纪念文章迎来了第一个高峰（17篇）。1990年代后半期，大屠杀纪念文章的数量稳定地维持在一个较高的水平上。2000年，发文量达到顶峰（51篇）。在接下来的3年里，发文量又急剧跌落到了平均水平以下。在将新时期以来的文章数量按照年代进行分段之后发现，1980年代不足一成（8.9%），1990年代和2000年代分别占36.1%和47.1%，2010年代前3年不到一成（8.0%）。

集体记忆不是一种抽象的存在，它往往发生于特定的社会框架之下，与特定的记忆场所联系在一起。纪念语境和记忆场所分别指向集体记忆的时间和空间维度。统计结果显示，35.5%（121篇）的文章明确地提及了纪念语境，个别文章甚至提及了不止一个纪念语境。在被提及的全部129个纪念语境中，有一半（51.9%）都是南京大屠杀周年纪念日。与抗日战争有关的周年纪念日（包括抗战胜利周年、世界反法西斯战争胜利周年、卢沟桥事变周年和“九一八”事变周年）也占了较大的比重（37.2%）。这清楚地表明，对于南京大屠杀的纪念是在“抗战”这一大叙事之中展开的。其实，在“抗战”大叙事的笼罩之下，“九一八”事变、卢沟桥事件、南京大屠杀等发生在不同时空的事件就可以自然而然地彼此勾连在一起，从而一个事件的纪念语境也就能轻而易举地“溢出”到其他事件。

再来看记忆场所。在长达半个世纪的时间里，南京大屠杀都没有一个制度化的、有形的记忆场所，这恐怕也是造成它后来所面临的集体记忆困境的一个重要原因。1985年，侵华日军南京大屠杀遇难同胞纪念馆落成，同时修建/发掘的还有一系列分散于南京市各处的纪念场所，诸如燕子矶江滩遇难同胞纪念碑、中山码头遇难同胞纪念碑、东郊丛葬地纪念碑等。南京大屠杀自此终于有了一批制度化的记忆场所，它们也理所当然地变成了承载各种纪念活动的新闻现场。结果发现，四成文章（39.9%）明确地提及了记忆场所。在被提及的全部155处场所中，南京大屠杀纪念馆占据绝对优势（72.9%），南京市其他纪念场所则高度边缘化（9.0%）。与纪念语境的情形相似，其他抗战记忆场所对于南京大屠杀也表现出了某种溢出效应。统计结果显示，中国人民抗日战争纪念馆（北京）、中国国家博物馆（北京）、中国革命博物馆（北京），以及“九一八”事变陈列馆（沈阳）等记忆场所加在一起也占了一成多（12.9%）。这种溢出效应不仅再次清楚地表明了南京大屠杀纪念与“抗战”大叙事之间的紧密联系，而且它更是将南京大屠杀纪念糅入了“近代史”（中国革命博物馆）乃至“华夏文明史”（中国国家博物馆）的叙事框架之中。在这个意义上，记忆场所焕发的溢出效应比纪念语境更加强大。

（二）纪念主题与内涵

《人民日报》对于南京大屠杀的呈现贯穿着两条叙事线索：一条关注过去，通过对纪念事件的报道和对历史事件的再挖掘来将之重构为文化创伤；另外一条则关注当下，焦点是“如何对待历史”——是否定篡改还是反思忏悔。我们把全部341篇文章归入4个主题之下，结果发现，落入“纪念事件”主题下的文章最多（43.1%），其次是“否定言行及其回应”（27.0%），而“日本各界反思和忏悔”及“南京大屠杀证据”分别占17.6%和12.3%。

虽然“纪念事件”主题比重最大，但是此类文章往往都是常规化和仪式化的，特别是在大屠杀纪念日前后刊发的例行报道，通常篇幅短小、文本单薄。与之形成对照的是，以“否定言行及其回应”为主题的文章则具有更强的新闻性和戏剧性，经常是连续报道，文本也往往更富张力。例如：

> 新年伊始，日本右翼势力又在为军国主义招魂：一伙右翼分子23日在“大阪国际和平中心”上演了一场否认南京大屠杀惨案的反华闹剧。他们打着“彻底验证南京大屠杀”的旗号，公然把南京大屠杀说成是“20世纪最大的谎言”，极大地伤害了中国人民的感情，全体中国人民不能不对此表示极大的愤慨！……墨写的谎言掩盖不住血写的事实。(《是谁在制造谎言》，2000年1月24日第4版)

文中言及的大阪国际和平中心右翼集会是当年的中日摩擦事件之一。这一事件引发了广泛的关注，《人民日报》共刊发相关报道23篇，本报评论员文章2篇，几乎占到当年发文量（51篇）的一半。这些文章生动地展现了《人民日报》如何将大屠杀记忆的当代困境——日本右翼的否定言行——建构为第二个层次的文化创伤，或用张纯如的话来讲，这是“第二次大屠杀”。加害者是“日本右翼势力”，受害者并不限于南京大屠杀幸存者和遇难者家属，而是直接扩展到“全体中国人民”，还涵盖了“遭受战争惨祸”的“亚洲各国和人民”，甚至也“包括广大日本人民在内的一切爱好和平的人民”。

第三个主题“日本各界的反思和忏悔”部分由日本右翼势力的否定篡改言行所触发。反思和忏悔的主体既包括具体的个体（如东史郎等侵华日军老兵），也包括社会团体（如“绿色赎罪”植树访华团），甚至还包括了泛化的“日本人民”，他们对于右翼的言行作出一种批判性的表态。最后一个主题是“南京大屠杀证据”，占到一成多（12.3%）。其实，多达六成的文章都或多或少提及了大屠杀证据的问题（60.1%，205篇）。之所以“为历史作证”成为紧迫的要求，正是因为在现实的社会政治中有人试图“否定历史”。因此，这一主题在很大程度上也是因应大屠杀记忆的当代困境而生。那么，究竟是哪些行动主体在“为历史作证”呢？统计结果显示，在以“南京大屠杀证据”为主题的文章中，出现比例最高的行动主体是“见证人”（57.1%），其次是加害者（45.2%），而受害者则很少出现（14.3%）。

对于1980、1990、2000和2010年代的文章主题的卡方分析显示，不同年代的主题分布存在显著差异（$p=0.024$）。第一，大屠杀纪念文章越来越呈现出“纪念化”的主题趋势。“纪念事件”主题的比重从1980年代的33.3%稳步上升到了2000年代的47.8%，到2010年代更是高达63.0%。换言之，针对南京大屠杀的有意识的、仪式化的纪念报道越来越多。第二，与“纪念事件”刚好相反，“否定言行及其回应”主题则一路走低，从1980年代的36.7%降至2000年代的25.2%，再跌至2010年代的14.8%。第三，“日本各界的反思和忏悔”是4个主题中最为稳定的，波动幅度始终没有超过5个百分点。第四，“南京大屠杀证据”主题在1990年代所占比重最大（20.5%），在其他3个时期，其比重在4个主题中均处于垫底的位置，到了2010年代，它几近消失（3.7%）。

在对南京大屠杀纪念事件的常规报道中，我们不时读到这样的陈述：

> 今天，我们在这里重温历史，悼念遇难同胞，就是为了警策世人，以史为鉴，永远不让历史的悲剧重演，就是为了揭露和批判日本一小撮右翼分子否定侵略、妄图翻案、重走军国主义老路的图谋，就是为了教育广大人民群众特别是青少年不忘国耻，深刻铭记“落后就要挨打”的历史教训。（《南京举行国际和平日集会》，2004年12月14日第8版）

这是一篇于南京大屠杀纪念日（12月13日）次日刊登的典型的常规纪念报道。而这几句仪式化甚至口号化的表述隐含着“为何纪念”和“纪念成什么”两个问题的答案。南京大屠杀首先被描绘为不能重演的“历史悲剧”，继而是被“一小撮右翼分子”妄图翻案的“侵略（史实）”，最后落脚到不能忘记的“国耻”和“历史教训”。此外，13.2%的样本文章提及了爱国/爱国主义及其相关表述，在1990年代中期以后，将大屠杀建构为“国耻”，并纳入爱国主义叙事之中，成为了一条重要的叙事线索。如果抛开抽样时的第一条筛选标准，我们会发现更多此类的符号化运作。例如：

> “华人与狗不得入内”的招牌和灭绝人性的南京大屠杀，是将中国人踩在脚下、踩入地下的铁证。在三座大山的重压下，满身疮痍的中国人是无力站起，无权站直的。只有在中国共产党的领导下，推翻了三座大山，中华民族才重新昂起头来，获得了新生。（《站起来的感觉》，1999年9月13日第4版）

这篇文章的主旨与南京大屠杀无关，甚至与抗战也无关。通过与“华人与狗不得入内”这一代表屈辱的标语并置，南京大屠杀被建构为近代史上的“国耻”之一。不过，这种并置却也严重地削弱了大屠杀的独特性和暴行的严重程度。而由这一国耻所引发的“历史教训”是一个更为经典的表述，即“落后就要挨打”。“落后就要挨打”并不是专门针对南京大屠杀发展出来的论述。经由它，南京大屠杀与整个以“屈辱—复兴”为核心的官方近代史叙事勾连和对接起来，变成了后者的一个有机组成部分。

（三）承携者群体

根据文化创伤理论，承携者群体在一个事件转换为文化创伤的过程中至关重要。他们不但充当着一起可怖事件的解释者，而且也是诉求的伸张者。作为创伤建构的制度化场域，新闻媒体必须倚仗特定的言语行动者（国家、群体、个人）来建立文化创伤的诉求。为了更好地展现南京大屠杀承携者群体的基本面貌，我们着力关注四类行动者——“加害者”“受害者”“抵抗者”和“见证人”，在新闻媒体建构创伤叙事和勾勒集体记忆轮廓中所扮演的角色。

在纪念文章中，抵抗者几乎处于一种缺席状态，仅有5篇（1.5%）文章明确提到了三名抵抗者。分别有25.2%和17.3%的文章明确提及了加害者和受害者。有趣的是，加害者和受害者宛如两股道上的车，极少同时出现在一篇文章中（3.8%）。此外，1/5（20.2%）的文章提及了见证人。把这三类行动者分别与文章主题进行交互分析发现：第一，加害者出现在以“南京大屠杀证据”为主题的文章中的比例最高（45.2%），而出现在“纪念事件”主题下的比例最低（8.2%）。第二，受害者在四个主题下的出现比例都很低（<20%），且彼此之间差距也很小。第三，见证人出现在以“南京大屠杀证据”为主题的文章中的比例最高（57.1%），而出现在“日本各界的反思和忏悔”主题下的比例最低（3.3%）。卡方检验显示，受害者在四个主题下的分布无显著差异（$p=0.841$），而加害者（$p=0.000$）和见证人（$p=0.000$）在各主题下的分布均有显著差异。

由于多数见证人已经作古，因此他们在纪念报道中并非充当承携者，而是更多地扮演“为历史作证”的角色。相较之下，加害者最为复杂，它并非一个统一的诠释社群，而是高度分裂的。作为南京大屠杀的作恶者，少数日本老兵在时过境迁之后开始反思和忏悔自己的战争罪行，大多数人缄默不语，而另一些人则不但极力否认罪行，还诋毁和打压那些忏悔者。其中，东史郎是出现频率最高的由加害者转变而来的承携者群体的集中代表。《人民日报》对于他的出书、活动和诉讼等都进行了大量报道，并将其建构为与右翼不懈斗争的“反战人士”（《二战老兵东史郎逝世》，2006年1月4日第3版）和“和平战士”（《东史郎的愿与忧》，2000年3月4日第2版）。有时候（例如在东史郎败诉时），来自中国的承携者群体也会通过谴责日本司法当局或右翼势力等言语行动，来与东史郎形成一种道义上的联合或者结盟。在日本国内，站在承携者群体对立面的不但有极力否认的老兵，更有与其合谋并不时挑起事端的右翼权力精英。因此，加害者往往卷入到强烈的言语行动之中。最模式化的言语行动模板是，×××“愤怒谴责”“强烈抗议”“严词批驳”或“坚决支持”等。

需要说明的是，本研究将南京大屠杀的“遇难者”和“受害者”作了严格的区分，受害者和幸存者含义相同。在《人民日报》大屠杀纪念文章中，受害者是一个基本的承携者群体，他们偶尔会利用亲身经历来提出个体化的诉求；不过，在绝大多数时候，他们却是以“中国人”这一集体身份来伸张诉求的。我们注意到，纪念文章显然未能充分运用受害者这一承携者群体。就量而言，记者们仅仅把极少数受害者作为了消息来源，尤其是习惯性地依靠夏淑琴和李秀英等人来伸张诉求。就质而言，在很多时候，幸存者的出场和发声不过是“仪式化的”乃至“工具化的”。例如，幸存者代表出现在纪念仪式现场；与到访的日本领导人座谈或展示“身体上的伤疤”，作为控诉者/声讨者抨击日本右翼的言行；让他们对某些新近的社会政治事件表态。

四、结论

自1982年南京大屠杀被“重新发掘”以来，纪念报道的重心就被放在了当下。这表现在三个方面：第一，纪念报道的文章数量更多的是随着中日之间摩擦事件的数量而起伏，一桩右翼集会可能引发连篇累牍的报道。第二，在主题分布上，尽管“纪念事件”比例最大，然而“右翼的否定及其回应”提供了更为丰富的文本，由此《人民日报》得以将右翼篡改历史的行径建构为当代的文化创伤。在建构创伤诉求的时候，国家尤为重要，而受害者和加害者，特别是东史郎等与右翼作斗争的老兵，也有可能充当承携者。此外，“日本各界的反思和忏悔”和“南京大屠杀证据”这两个主题在很大程度上也与大屠杀记忆的当代困境相呼应。第三，在标签的运用上，指向过去的“军国主义”也更多用来批判当下的“右翼”行径，显示出“当下之恶”的话语优先性。

随着岁月的流逝，《人民日报》对于南京大屠杀的呈现显示出一种“纪念化”的趋势，这在某种程度上意味着叙事重心在未来或许会发生转移。但问题是这套大屠杀叙事可能仍然欠缺最为核心的部分，即对受害者的呈现，尤其是受害者的自主言说。在聚焦当下的诉求目标之下，受害者的叙事及其主体性都遭到了压抑和削弱。对于一起几十年前的“历史事件”，没有受害者叙事作为内核的创伤叙事恐怕很难焕发出强大的符号力量，难以将情感和身份认同扩展到更广阔的受众。

在文化创伤的建构过程中，南京大屠杀更多地与抗战乃至更广阔的近代史叙事勾连在一起。首先，抗战框架构筑了《人民日报》纪念南京大屠杀的时间和空间维度。更重要的是，近代史及其相关的叙事框架还深深地影响着南京大屠杀的纪念内涵。作为历史惨剧和过去的创伤，南京大屠杀被建构为“国耻”，并与其他或近（如“七七事变”）或远（如“华人与狗不得入内”）的“国耻”并置在一起，落实在“落后就要挨打”这一高度功利性和意识形态化的历史教训上。这种建构思路，一方面借重了近代史主导叙事的话语资源，但另一方面则弱化了大屠杀的独特性，局限了历史创伤的意义空间。

作者：李红涛（浙江大学传媒与国际文化学院副教授）
黄顺铭（四川大学文学与新闻学院副研究员）
摘自：《新闻与传播研究》2014 年第 1 期（原文约 17 000 字）

新媒介环境下的中国受众分类：基于2010全国受众调查的实证研究

受众是媒介研究的核心议题。拉斯韦尔曾将“受众研究”列为传播学的五大基础领域之一。从媒介效果到媒介产品，无不以受众的细分为起点。市场细分概念最早由 Smith 于 1956 年提出。如今，基于市场细分理念的受众分类被公认为是传播行为起效的必备要素。研究表明，有效的细分确实可以帮助广告主选择媒体平台、传播渠道，和接触目标受众。实证传播学研究大多以人口统计学特征和媒介使用频率作为受众分类的基础，进而探究媒介的传播效果。传媒业界为吸引广告主，也十分重视受众分类。从尼尔森到益普索和央视－索福瑞，各大市场调研公司和媒介调研机构都拥有自己的受众分类体系，并以目标人群的商业价值来佐证分类体系的合理性。面对新传播形态，我们需要从实证研究入手来了解受众。

业界的受众分类研究：隐匿的标准与商业价值倾向

众多媒介市场调研公司都拥有自己的

受众分类方法。比如，益普索（Ipsos）以价值观和生活方式为依据分类受众体系。在其对中国消费者的大规模年度调查Ipsos MAC中，通过研发的市场细分模型，按价值观、生活形态和需求动机将消费者细分为不同层级的多个类别。AC尼尔森则整合了人口结构分析和零售数据库分析，为客户提供受众市场的细分方案。在AC尼尔森2011季度的美国报告中沿用了传统的人口统计学分类指标，按年龄、性别、收入等对受众进行了分类，并比较了不同类别受众的媒介使用习惯和消费行为特征。而一些专为网络广告商服务的市场调查公司，则通过追踪受众电脑中存储的小型文本文件信息，挖掘受众的兴趣爱好和行为特征，将受众分类并贴以各种标签，如“吃货”“科技怪咖”“网购热衷者”等。

商业报告中的受众分类研究固然有其应用价值，但存在两个局限。第一，商业报告中的受众分类研究，分类依据大多不对外公开。这使得研究者难于评判分类体系的科学性。比如央视—新媒介环境下的中国受众分类：基于2010全国受众调查的实证研究，基于生活形态的受众分类，在一份报告中以“融合适应型”“自我抑制性”“个人奋斗型”“精神实现型”出现；在另一份报告中却以“融合适应型”“现实消费型”“时尚体验型”“现代开放型”四大类别来解释受众差异。报告中看不到清晰的、可量化的划分依据，而不同报告的受众分类命名又存在差异，读者很难判断同一标签背后对应的受众群体究竟如何。第二，商业报告中的受众分类研究过于以消费行为为导向。虽然有商业价值，但对于把握和理解中国特殊语境下的受众群体却帮助不大。受众的分类研究首先要了解受众的媒介接触行为，而不是商业消费行为和生活形态。

学界的受众分类研究：宏观思辨与微观实证的传统

学界一直有受众分类研究的传统，此类研究大致可以分为两类。

第一类是思辨式的宏观分类。阿伯克罗比和朗赫斯特将受众细分为：简单受众、大众受众和扩散受众。这三种类型尽管概念上彼此之间有较好的区分度，但却缺乏切实可行的量化指标。

第二类是有实证数据支持的微观行为主义研究，将受众分为电视节目的重度、中度和轻度受众，利用单一媒介的使用频率作为分类的依据，可用来预测媒介对不同受众的长期影响。此后，传播学界关于媒介效果的研究层出不穷，大多以性别、年龄、教育程度、收入等人口统计学指标结合媒介使用频率、使用媒介时的卷入程度等指标对受众进行细分。用单一媒介的使用特征将受众进行分类的研究大量存在。然而，新媒介环境对这种单一的、固化的研究思路提出了挑战。

近年来，国内学者开始重视受众市场的细分——在提出新标准的同时，也力求用实证数据来证明其方法的合理性。如吴红雨、徐敏利用大型抽样调查数据中的空白项将受众分为五类：参与型、需要型、选择型、意见型、隔离型。调查设计了四组开放题型，要求被访者写出认为最好和最差的电视台（频道）电视节目、广播电台和广播节目。每项最多可以填写三个内容，每组题目最多可以填写六个内容。从文中给出的操作化测量指标来看，这五个类别做到了互斥，同时也将受众对节目的参与度、卷入度考虑进来。这一分类虽然打破了唯收视率的受众分类传统，但在方法论上仍有其局限性。受众的意见反馈受多种因素的影响，如问卷长度、题项顺序都有可能影响填答。因此，不能简单地把受众对问卷的反应等同于受众对媒介内容的反馈。

新媒介环境与受众分类标准

Grunig 早在 1989 年就曾提出细分必须满足的七大标准——“可定义的、互斥的、可测量的、可直接到达的、与广告主的组织目标相吻合的、通过负担得起的传播途径就能接触到的、规模足够大以至于有利可图的”。尽管研究受众不仅仅为了满足广告主的目标，但这种标准仍有参考价值。根据 Gruning 的标准，结合媒介受众分类的特殊性，我们认为应该从媒介使用组合的角度对受众进行分类。随着技术的发展，媒介环境日益复杂，可用来接触受众的平台越来越多。媒介形式的多元使以媒介使用组合为依据的受众分类研究变得愈发重要。AC 尼尔森 2012 年针对上海跨屏研究样本的调查显示，半数被调查的消费者会同时使用多个媒体。美国 Pew 研究中心提出，在年轻人的社会化媒体使用研究中，应将至少拥有/使用四种上网设备的青少年作为一个新的受众类型加以研究。研究表明，基于媒介拥有和使用的受众分类与其他基于人口统计学特征的受众类型相比，在网络参与、社交媒体使用等方面，具有更好的预测价值。

此外，越来越多的研究指出，不同媒介的使用对受众会产生交互影响。在一项关于不同媒介形式间的交互作用的研究中，在媒介使用对获取政治知识产生的影响方面，当媒介内容和信息的呈现形式大体相同时，不同的媒介使用组合会产生不同的效果。比如，同时收看有线电视新闻和电视网新闻的受众，会出现回报递减效应。而如果同时使用纸媒和广电媒体，则会出现附加效应。多种媒介对受众的交互影响已经成为了媒介效果研究无法绕开的话题。要回答这个问题，就要首先按照不同的媒介使用组合特征重新分析受众的群集特征，即找出每种媒介使用行为组合的受众之典型人群，并探索不同人群在认知、态度、行为上的差异。

随着媒介形式日趋多元，以媒介使用组合为依据的受众分类研究，将是对受众进行深度剖析的第一步。本研究尝试在这一方向作初步探索。

研究方法

Grunig 在详细阐述市场细分思想的时候曾经指出，分类的基本理念就是“将人口、市场或者受众分到不同的组别，使得与组外成员相比，组内成员之间的相似度更高”。这一思想与统计方法中的聚类分析不谋而合。聚类分析是数据挖掘领域的常用技术之一。通过对未知数据进行聚类，可以使得分组后的组间差异最大化、组内差异最小化。聚类分析本身是探索性的，不用事先给出分类标准，而是“让数据说话”，最终找到数据内部隐藏的结构特征。聚类分析有多种操作方法，包括快速聚类、层次聚类和两步聚类，需要根据研究目的和数据特征选择适当的聚类方法。

本文使用的数据来源于复旦大学《当代中国社会变迁和大众传媒》项目的子课题——《新传播形态下的中国受众》数据库。该调查侧重在融合媒体的环境下考察新型受众的行为特征、心理机制、情感认同和复杂的影响因素，试图比较全面、深入地呈现新媒体环境下中国受众的图景。全国调查的抽样、访员培训、访问、数据录入等工作，由第三方调查公司央视 - 索福瑞媒介研究有限公司（CSM 媒介研究）于 2010 年 7 月 15 日到 10 月 23 日执行。

该调查的样本目标总体为全国 31 个省、直辖市、自治区的所有城镇、农村家庭户中的 18 岁以上的常住人口，调查采取分省多级分层随机抽样的方法，以每个省完成 1110 份问卷为目标。抽样覆盖 31 个省、直辖市、自治区，目标样本总量为 34 410份。按照这个抽样设计，CSM 媒介研究结合其历年执行的经验，在抽样操作中对各地样本量作了上调，因此，实际完成问卷总量为37 279份。本次调查采用了访员入户面访的形式，完成一份问卷平均耗时约61分钟。这个计算排除了那些耗时记录低于20分钟或高于150分钟的样本（n=125，占总样本的0.3%）。该调研项目采用世界民意研究协会推荐的访问成功率的计算方式，计算得出成功率为：省会城市为62%，非省会城市为69%。

由于《新传播形态下的中国受众》调查的样本量巨大且类别数量未知，我们采用两步聚类分析，对我国受众按媒介使用习惯进行分类。问卷题项共有五个——“每星期收看电视天数”“每星期阅读报纸天数”“每月阅读杂志天数”“每星期收听广播天数”以及“每星期使用互联网天数”。

六类受众两步聚类分析结果显示，若以五个媒体使用频率变量（参与型、需要型、选择型、意见型、隔离型）为划分依据，可将受众划分为六类（电视主导型、媒体低耗型、电视—杂志型、电视—报纸型、电视—网络型、电视—广播型）；同时，轮廓系数表明聚类结果效度良好。最大类别占样本人数的59.6%，最小类别占2.4%。

就电视而言，除第二类，所有受众的电视接触频率都很高，就报纸来看，第四类受众报纸接触频率很高，第三类中等，其他类别很少或几乎不读报纸；然后是杂志，第三类受众杂志接触频率很高，其他类别几乎不读杂志；再看广播，第六类受众广播接触频率高，其他类别几乎不听广播；最后是互联网，第五类受众互联网接触频率很高，第三、第四类中等，其他类别少量接触互联网。

横向来看，六类受众各有特点。理论上讲，五种媒体形态以低、中、高赋值，可以有243（35）种受众类型组合，但经验数据值表明，我国受众大致有六种类型。这主要由两个因素所决定。第一是时间限制，第二是兴趣偏好。各类媒体都大量使用的受众数量极少。

六种类型受众的人口比例分布并不平衡。第一类受众，每天看电视，但其他形式的媒体几乎不接触，媒体使用结构极其简单，我们将这类受众称为“电视主导型”。电视主导型是比例最大的受众群体，占我国人口的60%左右。

第二类受众，每周平均看两天电视，每周上网两天不到，其他媒体形式也很少接触，媒体使用度极低，我们将这类受众称为“媒体低耗型”，大约占12.6%的人口。

第三类受众，高频率接触电视和杂志，同时中频率使用报纸和互联网，但不接触广播。我们将这类受众称为“电视—杂志型”，他们仅占据总人口的2.4%。

第四类受众，高频率接触电视和报纸，同时每周使用互联网三天左右，但不看杂志和听广播。我们将这类受众称为“电视—报纸型”，占人口的7.8%左右。

第五类受众，每周使用电视和互联网六天以上，但不读报纸杂志，不听广播，我们将他们称为“电视—网络型”，占人口的10%左右。

第六类受众，他们每周使用电视和广播六天以上，其他媒体接触不多，我们将这类受众称为“电视—广播型”，占人口的7.7%。由以上分析，我们可以得出一个重要的结论：从人口比例上来说，电视主导型、媒体低耗型的受众占我国人口72%以上。也就是说，虽然新媒体技术经历了近十年的发展，但我国绝大部分受众的信息来源还是比较单一——以电视为绝对主导。频繁使用报纸、杂志、广播和互联网的受众群体属于“小众”，全部加在一起的人口比例也没超过30%。

进一步看各种受众类型的人口特征，我们发现：电视主导型的受众男女比例大致平衡，年龄较大，平均教育水平低，收入低，约84%都居住在农村；媒体低耗型受众男女参半，年龄较大，平均教育水平和收入低，约73%居住在农村；电视—杂志型受众男女比例大致平衡，年龄相对较小，平均教育水平高，收入高，城镇和农村各占五成左右；电视—报纸型受众男性较多，平均年龄较大，教育程度和收入高，约有70%居住在城市；电视—网络型受众男性较多，平均年龄小，教育程度和收入较高，城镇和农村各占五成左右；电视—广播型受众男女各半，年龄较大，教育程度一般，但收入高，城镇农村各占五成左右。纵向来看，区分各种受众类型的主要因素依然是教育、收入和城乡。

根据这些人口特征可进一步推测：典型的电视主导型受众很可能是一个居住在农村地区的低收入、低教育的务农者，由于农村娱乐活动的匮乏和其他媒体资源的有限，电视成了唯一的低成本娱乐活动。典型的媒体低耗型受众有可能是一个初中教育水平的低收入务农者，繁忙的劳作和经济的拮据令他们无暇或很少有时间接触媒体；典型的电视—杂志型受众很可能是一个年轻的、高教育和收入水平的城市白领，杂志能够为他们提供针对细分市场的专业信息；典型的电视—报纸型受众很可能是一个高收入、中等教育水平的中年男性城市居民，每日阅读报纸是他们的生活习惯之一；典型的电视—网络型受众很可能是一个中等教育、中等收入的年轻网民，平时的工作和学习都需要每天用到互联网；典型的电视—广播型受众很可能是一个低教育的中老年受众，广播通过音频传递信息的特点使他们能够在做家务的同时接受信息和享受娱乐。

六类受众与信源可信度

好的受众分类应该能在媒介之外的现实维度上将受众区隔开来。为初步印证基于媒介使用行为的分类标准的实用价值，我们选取了媒介可信度的问题做了初步探索。

对可信度的研究可以追溯到霍夫兰关于信源可信度的实验。我国具有现代意义、使用调查问卷收集数据的可信度研究可以追溯到20世纪80年代的读者调查、听众调查和观众调查。90年代中后期，媒介产业化、集团化浪潮席卷而来，市场竞争日益激烈。2000年以后，随着诸多社会危机事件的爆发，信息的发布渠道、发布机制日益成为人们关注的焦点。

各种新型媒介的出现，不同传播渠道的可信度也成为了学界、业界共同关心的话题。在此，我们从《新传播形态下的中国受众》数据中抽取了六种最常见的人际传播渠道和媒介信源的可信度评分，通过初步的描述性统计分析，对比了六种类型的受众在六种可信度上是否存在群组差异。

研究表明，六类受众对六种渠道和信源的可信度的整体评价呈现出大致相同的模式。六类受众对于三种常见的非大众的传播渠道的信任度都较低，而对官员、学者和记者主持人的信任度均处在较高水平。在三种信源可信度方面，六类受众对于专家学者的信任度都最高。在渠道可信度方面，六类受众也表现出了较高的一致性，即最信任群发的电子邮件，最不信任口头传播的小道消息，而对手机短信的信任度居中。

然而，六类受众在每一种可信度的评价上存在群组差异。电视主导型和电视—广播型受众在信源可信度方面表现出了较高的一致性——他们对党政官员、专家学者、记者编辑主持人的信任度都比较高。这与我们勾画出的这两种类型的典型人群特征一致，即教育程度不高的中老年受众和教育程度较低、收入不高的农村受众。电视主导型受众和媒体低耗型受众对口头传播的小道消息的信任度明显高于其他组别。对此有两点解释。首先，以单一媒介使用为主的受众，由于在信息接收时只接受了一种媒介解释，因此，当他们接触到其他反面或不同说法时，更容易动摇，更容易听信。这一结果与“两面说服”效果相一致。而媒体低耗型受众，则可能因为长期的资讯匮乏而对信息缺乏辨别力。

由于媒介经验不足，这两种类型的受众在媒介素养方面也相对其它组别要低。电视—杂志型和电视—网络型受众对于群发的电子邮件的信任度远高于其他组别的受众。电视—网络型受众对于群发邮件的信任感可能来自于对电子邮件的长期使用习惯；电视—杂志型受众一方面可能经常收到来自订阅杂志网络群发的内容提要邮件，另一方面也可能是该人群学历较高、工作较好，经常利用群发电子邮件进行商务联络所致。电视—报纸型受众独树一帜。此类受众对于六种渠道和信源的评价看似毫无特点，但在传播渠道和媒介信源的每一类目上的信任度评分都居于该组的中等水平，这一特征也使得此类受众与其他类型的受众有效区别开来。

结语

新媒介技术拓展了传媒环境，改变了人们使用媒介的行为和受众集合体内部的构成方式。如何分类受众、细分市场成为学界、业界共同关心的议题。本研究的价值在于第一次使用大规模全国调研数据，根据传统媒介和互联网使用频率，对我国受众分类，并发现六种主要的受众类型。其中，电视主导型占全国受众比率最高，达60%左右，而电视—杂志型占比最低，约2%左右。六种受众类型区分度很高，人口特征差异明显。相对于传统受众和效果研究中将不同类型的媒介使用分别作为自变量加以检视的研究方式，按照媒介使用组合对受众进行分类更加符合受众使用媒介的日常状态，也可能揭示媒介组合造成的“复合影响”。

本研究通过聚类分析形成的受众分类一方面体现了电视仍然在目前受众媒介使用的图谱中居于核心地位；另一方面也显示出电视与其他媒介之间的组合关系及其受众特征差异，并进而导致可能不同的媒介效果。以我们的分类为基础，后续实证研究至少可以从以下两个方面做进一步的探索。

第一，深入研究分类以及关注受众分类的变化：各类型受众在地域分布上是否有明显特征？比例大的电视主导型受众内部是否存在差异？六类受众的比例分布如何随着新媒体的普及而变化？

第二，对受众类型的关注有可能帮助验证和发展现存的媒介效果理论。各类型受众在接触媒体信息后的反应是否一致，对媒体的评价和对社会问题的看法是否有差异？媒介效果是否在不同类型受众的身上得到不同的体现？媒介效果的差异到底是受众人群差异、媒介内容差异，还是两者的交互影响？分类只不过是研究的手段，分类的目的是了解描述性的现状及挖掘潜在的规律。本文基于媒介使用行为组合的受众分类一定程度上勾勒出了我国受众媒介使用的宏观图谱，为将来受众和媒介效果研究做一个铺垫。

作者：沈　菲（香港城市大学媒体与传播系助理教授）
陆　晔（复旦大学信息与传播研究中心副主任、复旦大学新闻学院教授）
王天娇（香港城市大学媒体与传播系博士研究生）
张志安（中山大学传播与设计学院副教授）
摘自：《新闻大学》2014 年第 3 期（原文约 12000 字）

“玩转我的iPhone，搞掂我的世界！”

——探讨新传媒技术应用中的“中介化”和“驯化”

本文用虚构引语，试图激活我们熟悉的感性知识，用之考虑新传媒技术使然的交往特征，如媒体个人化、使用流动化、视角内趋化等。在这样的时代，共同体、公共性、公共领域等词汇所赖以生发并代表的宏大叙事正面临着前所未有的挑战。

沿此路径的推论，会蕴含技术决定论，导致我们忽略以上概括的特征和过程中最重要的元素，即新传媒技术的使用者，他们在打造自己的生活世界这个过程和场景中使用传媒技术。也就是说，我们可能很容易忽略“我们成就技术”这个叙事。

“媒介化社会”的说法就体现了这种思维取向。如今“媒介化社会”往往被当作既成事实，成为众多研究议题跻身的场景。但学术界对“媒介化”及“媒介化社会”的界定，通常止步于引用量化指标。这种以媒体技术和平台以及与之相应的交往行为来想象社会结构和过程的路径，是“媒介理论”取向在新的媒体条件下的延展，它会随着出现新的特别引人关注的媒介特征而生发新的理论概括。譬如，网络化整合与使用凸显之后，“媒介化社会”的说法时常被“网络社会”所替代，于是我们处于“网络社会”同样也被当作一个既成事实。

这些公共和学术话语中的词语演变，一方面反映了学术研究本身的社会性，另一方面也反映了学术发展的逻辑，即媒介技术的发展和应用是人类进入现代社会以来最为活跃的生活领域：不仅媒介技术形态、种类和功能日新月异，同时还渗入生活各个方面并形成后果。因此，探索媒介技术的演变如何构成特定形态的人类生活成为牵涉众多学科的一个基本命题。

但在多大程度上“媒介化”可以作为一个理论分析的框架，帮助我们理解新媒体时代人们的交往和意义建构的过程，至今依然在争议中。本文通过引介一些理论文献，考察我们在日常生活中如何使用新传媒技术创造性地改造生活世界，实现不同的社会角色，形成一种自认为有价值的思路。本文聚焦西尔弗斯通的研究，试图一方面能较系统地阐述他所倡导的“中介化”和“驯化”的概念，另一方面也可借机简略地提及由这些概念所构成的研究思路。

“媒介化”及其涵盖

“媒介化”的概念在传播学界流传已久。欧美学者分别在20世纪70年代后期涉及了这个概念，并以之论述“媒介逻辑”在社会和文化活动中的渗透。英国社会学家汤普森在《媒介与现代性》一书中，以批判的文化研究视角，用“文化的泛媒介化”来概括资本主义生产方式下以媒介为机构和载体的文化生产与流通，以及它们在现代社会中的意识形态作用。认为“泛媒介化”是现代性的一个重要维度。在这些论述的基础上，雅瓦德总结道：

"社会的媒介化"主要发生在20世纪末高度工业化的现代西方社会，它"特指这样一个历史的情境，即媒介在成为自立的社会机构的同时，也深刻地渗入到其它社会机构的运作当中"，并由此，"媒介的逻辑对其它社会机构产生特别突出的影响"。

此前，克洛茨遵循类似的路径，认为全球化的时代由一些漫长的宏观演变过程所构成，它们各自体现在经济、社会和文化等不同方面的多个层次，因此可被称为"元过程"。作为与全球化、个人化和商业化等并举的元过程之一，"媒介化"是一个历史的演变，即新传媒技术以及与之相伴的不同形态的"中介式交往"的兴起。这个概念体现了英尼斯、麦克卢汉、梅洛维茨等人所代表的"媒介理论"的分析路径，即历史地分析传播媒介如何构成了文化环境和文化实践形态。

库德瑞和贺普指出，"媒介化"的概念，汇聚了国际传播学界自世纪之交以来涌现的一些研究议题和路径，它是用来"批判地分析媒介与传播的变迁和文化与社会的变迁之间的相互关系的概念"。作为历史变迁的过程，"媒介化"具有可量化的维度，指的是"中介式的传播"所扩展的深度和广度。但更重要的是它质化的维度，即与特定媒介相关联的社会与文化变迁，也就是人类历史发展中的"媒介化"这一维度。与克洛茨和雅瓦德的观点一致，这个理论框架显然吸收了"媒介理论"和"传播的生态学"的核心观点，包括前者对媒体的物质性特征及其型塑传播形态和过程的强调，后者关于"媒介逻辑""格式化"传播行为和过程的论述。关注媒介技术的演变与其它一些宏观的社会变革相伴并非传播学者的独创。

但通过"媒介化"这个概念，传播学者将媒介技术的演变，以及与之相对应的体制和组织演变，放在了社会和文化变迁的主因位置。不同的学者对"媒介化"有不同的具体界定，但他们都认同这种宏观的、采用历史长焦的因果架构，构想出了一个从"前媒体时代"起线性的历史演变过程。这也许是身处传播学界自然形成的"媒介中心"的视角在起作用，也许是某种焦虑在作祟。譬如索尼娅·利文斯通就曾责问：其它学科都在关注"媒体中介"了，传播学科的独特价值何在？不管怎么说，这样的因果架构显然排除了人及其所构成的行动集体发挥其主体性和创造性的理论空间。

Media，指代的是"中间层"或"中部"。因此 mediated communication 一方面包括使用媒体而展开的人类传播或交往过程，另一方面，也可被看作是经由媒体中介的人类交往。"媒介化"的概念显然强调作为手段、工具和平台的媒体，强调它们的物质或技术特性。但即便在这层意义上，"媒介化"也很难逃脱"中介"的含义。换言之，中介化过程的形态和特征在新的媒体环境或条件之下演变的总体，构成了所谓的"媒介化"。结果是，"媒介化"的概念把媒介在不同场域和场合中产生的多重、多样的中介过程归结为"单一的基于媒体的逻辑"。

"中介化"作为社会交往的基本过程

"中介化"与"媒介化"形影相随。西尔弗斯通的论著《论中介与交往的社会学》体现了两者密不可分的关系。他指出：对社会学来说，大众传媒的兴起与大众社会相伴随，它扭曲了人与人的交往这个基本社会过程曾有或应有的形态。这是对"中介化"和"媒介化"相通的一个基础认识。

利文斯通指出，"中介化"与"媒介化"是既有区别又有关联的概念。媒介化是指"日常实践和社会关系日益由中介技术和媒介组织所型塑的元过程"，中介化指的是两个相区分的元素、成分或过程之间的连接。在其原本的辞意中，“中介化”指的是第三方运用协商的手段调解两方的争议并使得他们形成相互理解的过程，它与媒介同词根，于是在传播研究中，它就发展出了经由传媒中介社会生活这层含义。这个概念，如同西尔弗斯通所阐述的，指的是特定形态的人与人之间的互动及体验，它与现代大众传媒的兴起相应而生，形成对照的是理论上设想的以人际间交往为基础形态的社会生活。在“中介化”的过程中，一方面，传播技术使然或协助了人与人之间中介形态的互动和体验，使得时空的距离化或者说时空的延展或跨越成为可能；另一方面，由于技术的介入，人们的互动和体验至少部分地被介入的物件和过程所型塑或转换。也就是说作为中介的物和力量具有相对的独立性，包括其运作的逻辑和所发挥的作用，也因此被连接的双方对中介也产生相应的依赖。语言就是“中介的典型范例”。

对人类的交往和意义建构起到中介作用的，不仅是作为技术和物件的传媒及其特征。任何传媒都是技术在社会和文化场景中的使用，因此，“中介化”“既是技术的，也是社会的”。在西尔弗斯通的论述中，“中介化”是我们考察媒介社会的日常生活和文化动态的一个理论视角。在此视角下，不仅人类的传播或交往经由了传媒技术及其相关机制的中介，而且，人们的日常生活也通过如此中介了的传播或交往而得以型塑。

我们可以更具体地阐述“中介化”的技术性、社会性和空间性维度。第一，传媒技术的发展使得个体的日常生活体验不再局限于直接感知的物理空间；第二，媒介的逻辑日益被人们用作观察世界、建构其存在、展开其行动和互动的格式与策略；第三，通过传媒及其再现而中介了的社会交往，使得人们对于共同体的归属和文化身份的认同超越了直接感知的时空，意识形态霸权有可能通过文化生产和消费文化产品而渗透到我们生活与意识的各个方面；第四，互联网技术的发展产生了不同形态的社会空间和社会交往。一方面使得处于不同节点的人们相互分离，同时又使得他们通过网上交往而连接在一起；一方面使得中介的交往可以以多形态等方式展开，另一方面又使得人们更加容易作茧自缚于自我中心的网络，造成碎片化的公众和社会交往的私人化。

考察传受间的中介的特征和过程是传播学研究长久以来一直关注的议题。这些不同取向和领域的研究揭示了三个不同性质和形态的中介过程：其一，文化研究在符号学意义上的再现。其二，在政治经济批判取向的分析当中，社会生活的中介机制或渠道是媒介产业和体制中的政治经济逻辑。其三，遵循媒介理论取向的学者则揭示了媒介的技术特征，以及由此决定的信息组合与传递的形式和格式的中介作用。也就是说，媒体及其特性渗透到社会生活，它们所特有的呈现格式成为社会机构和普通人设计其行为的指南、评价并选择优胜行为形态的规范标准、呈现现实并解读其所采用的句法结构。

综观这些论述，我们不由地赞同库德瑞的观察：如果说“媒介化”的概念构想了一个以媒体技术特性为基础的单一的、线性的历史演变机制的话，那么，“中介化”的概念则更加开放，令我们想象媒体介入社会生活的多种形态。更重要的是，“媒介化”的概念突出媒体而淡化机制，相比之下，“中介化”则更突出机制，即突出通过连接和协调形成一种现象或过程，并产生改造或型塑的后果。而且，从前面对不同理论取向的概括我们可以看到，这个机制是多层次和多形态的，因为它传递着来自不同源泉的力量。

因此，与“媒介化”的概念相比，“中介化”的概念包含了对媒介力量的不同想象。西尔弗斯通认为，“中介化”包含了一种辩证的关系，即一方面技术以及与之相应的机构驱动着特定形态的传播；另一方面，这种驱动同时也受制于历史社会场景。简单地说，启动因果链条的不是中介物，而是社会生活的人或他们所设立的社会机构。但中介物以及它发挥作用所在的机构是社会生活中不可或缺的一部分，它们以特定的方式，影响社会生活的特定领域或过程。

换个角度看，“媒介化”和“中介化”也蕴含着不同的时空想象。“媒介化”包含明确的时间维度，强调历史变迁，但没有明确的空间意念。而“中介化”则包含较明确的空间想象，“中介”就是空间意义上的连接，既包括纵向地连接宏观和微观的层次；也包括横向地连接理论上予以区分的不同社会生活场域，如公域和私域；还包括文化型塑的不同层面。但“中介化”也是一个理论视角，不仅所有人类交往和互动都是中介了的过程，而且所有的社会生活也都有中介的机制。观察并分析采用不同手段、以不同形态的呈现而发挥作用的中介机制，是我们理解社会生活如何发生的重要手段。

“驯化”：中介机制中的主体的策略性实践

以上对“中介化”的讨论，用抽象的语言，表达了本文题目的意思：人们通过使用媒体而展开他们的社会交往，并且经此连接生活的不同范畴，打造自己的生活世界。这其中的中介，是多种元素和力量在全球化场景下的综合。但以上关于“中介化”的理论阐述缺失了本文题目中作为行动主体的“我”，或多或少地将参与或实践社会互动的个体看作“被中介”的对象，而忽略了他们在中介的社会生活中设计自身所处的“中介化”场景、选用发挥中介作用的手段或格式的过程，以及这当中他们所体现的能动意识和创造力。

不过，与用来建构宏大历史叙事的“媒介化”不同，“中介化”比较开放，坐落于人们的日常生活，具有比较清晰的空间想象，而且具体、微观。也因此，它为我们提供了一个理论的空间，以在其中提出并回答“人们如何运用中介的手段和机制展开他们的生活”这样的研究问题。

西尔弗斯通的论作清晰地体现了这一点。他看到了新传媒技术作为商品，经过消费过程，进入私人空间——家居，并且在那里得到使用，实现其媒体的功能。也就是说，新传媒技术通过人们在日常生活中的使用，以及这种使用对日常生活的型塑，而实现其社会和文化意义。传媒技术因此必须进入家居，成为家居这个日常生活场景之有机组成部分。这个过程，就是“家居化”。

“家居化”的译法，至少就西尔弗斯通等人早期对电视（及其它传媒技术）的家庭使用和消费的考察来说是适用的。通过电视在家庭内的使用，人们以家庭/家居作为具体的生活场景，中介或调控了这个新传媒技术对家居或私人空间边界的僭越。但在那个层面，domestication 这个概念译为“驯化”更为合适。他在《电视与日常生活》中指出：我在类似“驯化野生动物”这个意义上使用“家居化”的概念：这是一个使得动物习惯于在人类的住所附近得到人类照料的过程，“自然地”成为家庭之一员的过程。技术，在电视和电视节目这双重意义上而言，如果要在“家居”这个空间获得一席之地，就必须被“驯化”。这个过程始于生产（“满足受众需求”是对此常见的概括），在营销过程中继续，并完成于消费过程。

可见，传媒的“驯化”牵涉到体现消费主义意识形态，贯穿作为商品的技术和文化产品的生产、流通和消费的全过程，但它落实在消费的阶段。在这个阶段，我们作为消费者，通过购买和拥有，调用传媒技术；通过传媒技术的置放和在家居空间中的展示，客体化我们所持有并通过家居所表达的意识形态，包括我们的社会阶层归属；通过使用，我们将传媒技术纳入日常生活并使之可能在其中发生影响；通过这三个步骤，我们将传媒技术转换为家居和日常生活中创造意义及技能的基础设备或手段之一，并重新界定家庭与外部社会之间的界线；通过这个过程，我们将自己的痕迹烙在这些我们拥有的物件上，并用它们来表达我们的身份。

这个理论概念所得以建立的现实基础是，20 世纪以来传媒技术的主要发展是家用技术，通过消费市场而进入家居这样的私人领地。由于它们（尤其是电视）的进入，家居空间格局发生了相当大的变化（不仅区隔了起居室，还对它的功能做出新界定），而且也引起我们重新规整家庭日常生活的流程，突出围绕媒体使用或因媒体使用而改变的家庭成员之间的互动。

传媒技术的最新发展趋势是个人化和移动化，使家居空间在纳入这些新技术的同时再次发生变化。尽管有这些传媒形态、功能和相应的使用方式或形态的演变，贯穿其中的都是这样一个基本的社会和文化意义，即传媒技术不仅是物件，也是能指。一旦经过我们在消费市场上的选择、购买而进入日常生活的空间，它们不仅占据其间的某一位置，而且成为我们自己设计、摆放而构成的生活场所的一个有机部分。不仅如此，传媒技术自身还会作为能指，而且传载着流通于社会公共空间的文本和意义。在全球化的时代，传媒技术在家居和日常生活空间的使用跨越或者勾连家居与异域、私人与公共、工作与休闲、本地与全球、消费与生产等一系列的二元区划。

通过分析电视进入家居和日常生活这个社会文化现象，西尔弗斯通用“双重勾连”来概括前面所描述的过程。这是借用自语言学的一个概念。语言学家 André Martinet 认为，自然语言近乎无限的表意潜力来自音素和形态两个维度各自之内的微观元素之间以及两个维度之间的勾连，这两个层次或走向的勾连对表意都是必要的。延伸这个逻辑，物件，或更具体地说，传播技术所生产并体现这一技术的媒体，必须经过实践和话语这两个层面，与生产、营销和使用相勾连。这是发生在日常生活场景中的消费活动。通过这些活动，人们将同时作为物件和媒介的传媒技术整合进日常生活的时空。因此，西尔弗斯通将“驯化”这个在分析电视进入家居时采用的概念推广到所有传媒技术，认为通过这样的双重勾连，新传媒技术才能获得或实现其社会和文化的意义。

他强调，这样的消费活动是消费者主动地参与活动，它们反映了社会主体的生活追求，其中包括他们的社会阶层归属、美学价值、意识形态的取向。在消费过程中，我们作为行动主体，通过挪用商品而构成自我的表达、“趋家性”的表达。这也是一个社会参与的过程，因为通过挪用商品，我们将自我选择和个性化的表达与公共意义体系相连接。据此，援引德萨图的论述，将“驯化”看作是人们在日常生活中的策略性实践。通过传媒技术所形成的中介层和中介机制，显然如“媒介化”理论所强调的，是宏观力量渗透日常生活、人们的自我意识及其表达的传输带。通观这方面的论述，我们可以看到至少三类宏观力量对这个中介层的结构和运作特性起着规制作用，并通过它进入微观的生活世界：（1）立足市场的生产方式，以及由此而界定的社会关系；（2）国家通过政策法规而界定的公共与私人空间之间的关系，以及它们在传媒技术特性中的体现（譬如注册步骤、软件版权等）；（3）社会归属和区隔的文化表达及其规范（譬如所谓主流价值观）。从这个意义上说，“驯化”传媒技术其实就是将日常生活通过技术的使用归顺到这些宏观力量之中。

但西尔弗斯通认为，我们同时应当看到这个辩证关系的另一面，即德萨图所强调的构成日常生活的消费性实践当中所体现的对这些宏观力量的创造性抵抗，这些消费的实践其实也是生产，是意义的生产，是实践的艺术，是使用体现这些宏观力量的物化品的艺术，其中蕴含了对体系，包括体现它的结构和宏观力量的收编、利用、僭越、偷袭等。

换句话说，跟“家居化”同源，起于学者们考察以收音机和电视机为代表的传媒技术进入家居空间和日常生活的“驯化”这个概念，给“中介化”带来了对传媒技术使用者在消费过程中重新创造的强调，对他们将新传媒技术策略性地纳入其日常生活空间和节奏，使之服务于“搞掂”自己的世界的强调。我们也因此可以进一步丰富前一节所阐述的“中介化”：它显然不是一个中立的“协调”场所或机制，用德萨图的隐喻，它是个“战场”，是“理性”设计的、显性运作的权力这个“战略”与机会主义的、灵活隐性的“策略”相碰撞的界面。在这里，维系并巩固宏观结构的各种二元区划遭遇日常生活，后者虽然琐碎、单调、零散，却具有原初性以及“不朽”的特征，蕴含着抵抗结构和体系的取之不竭的源泉和力量。

结语：如何从此起步？

本文题目的虚构引语，代表了新传媒技术所激发的某种乌托邦情怀。但采用德萨图和斯科特的分析视角，我们也可以将之解读为人们对“科技解放我们”的欢庆。但“解放”的社会和文化现实性，只会存在于人们对传媒技术的使用，并通过人们的创造性活动而得到验证。

我们应当从对新传媒技术的驯化这个视角出发，探讨“人们如何运用中介的手段和机制展开他们的生活”这样的研究问题。如此提问，以及它所导致的论述路径，需要少用宏大叙事中的具有规范价值判断的概念（如公共性、公共领域、公民参与等），以预设的方式来评判和筛选日常生活的实践，而是多关注那些不大能进入宏大叙事“法眼”的平凡日常生活现象，从中看到人们如何在创造性地运用新传媒技术，尤其是个性化的、移动的、可无限删改且集体创作文本的、可以跨越时空等各种界限地组合成“群”的技术，重构他们与社会、公众、民族、国家等宏观类别之间的关系，并同时重构这些宏观类别本身。

我们可以描述几个具体的案例，包括已经展开的研究或可能展开的研究，来呈现这个研究取向。

第一，新传媒技术可以迅速激活信息传递的网络，动员蕴藏其中的创造力，迅速形成“社会现象”。就此，有学者探讨了网络的这些运作特征如何形成新的传播形态，培育并使然新的集体行动的话语和实践，或它们如何造就了舆论形成过程的特征。这样的研究倾向于从关注宏观的体制后果——国家与社会之间的互动形态——入手，很有价值。但我们也可以补充另一些研究，关注人们运用网络和电子媒体展开的比较“另类”或个性化表达的创造性实践，譬如“恶搞”。这其中利用电子媒体重新组合音像制品的再创造实践，有强烈的文化颠覆意义甚至意图，但也有创作和自我表达的愉悦，还有对审美品位、自我身份认同的探索。也就是说，这其中有创造“我的世界”的过程。那么，人们的表达欲望、自我探索的追求、对主流文化的批判和认同等，如何与这样的再创造相互关联？这样的“恶搞”文本如何作为社会和文化批判的文本或者作为纯粹自娱自乐甚至自恋的文本流传，并在流传中得到再创造？生产这种传媒再现的“灵感”

与制作者们日常生活中的社交网络和媒体使用如何相关？也许，这样的表达和文化实践形态的创新，具有基于日常生活、自我感受的反思或发泄，因此牵涉到深层的政治，给人们提供了更基础意义上的自我的解放？

第二，随着传媒技术的个人化和移动化，人们与便携式媒体时刻相伴，重塑自己所处的时空。智能手机就是一个典型的例子。在公交车上、餐馆等公共场合，人们使用手机进行的各种活动，无声地从公共空间中切割出一隅，作为自己的私人领域，同时也重新界定在场与不在场的他者。也许，人们以此塑造一个“心理的蚕茧”，一个移动的“封闭式社区”；打造一方可以置放自己家人的移动的私人空间（如手机中储存的家人的照片）。如果说“社区”或“共同体”牵涉到人们对所归属群体以及这种归属的意义的叙说，那么，人们如何通过移动媒体，通过重塑空间、交往和人际关系，通过移动媒体的图像记录和储存，来建构自己的群体归属？这些实践又如何帮助人们在多种群体及多重身份之间游走？人们又如何讲述自己通过这些传媒技术使用的实践而建构的群体归属以及身份认同？也许，这些元素的相互交织，正在重构我们民族、文化和政治共同体的认同的社会蛋白质？

第三，同样地，智能手机等移动媒体不仅成为我们联系远近的工具，而且在这个“流动”和“去地域化”的全球文化中，给我们提供了位置感，一种悬浮在网络中但又在其中移动的位置感。这些媒体在起到中介和连接功能的同时，很可能也增加了资本与权力对个体的监控。“天网恢恢”不再仅是一个说法，一个建立在道德或信仰基础上的心理恐惧。但在这样的宏观条件下，也许，我们体验到的是游走的自由：我们运用这样的移动媒体，更加自由地跨越私人和公共、国内与国际、个人与社会等的种种边界。譬如，有人在工作之余打造体现自己个性的网上商店，不仅跨越职业范畴和工作内容的边界，也跨越工作与休闲的边界，还可能跨越嵌入社会体制的不同渠道类型（国营单位 VS 私人开店）之间的区隔。再如，游玩、美食和购物，验证网络点评的意见，并在网上发表自己的点评、上传照片等，通过这样的实践方式，人们不仅在连接实体和虚拟空间，而且在挖掘个人体验中的社会成分。人们只有通过移动媒体，才能实现这种物理、社会和想象空间之间的移动，并因此丰富自己的体验以及社会的关联。

第四，如前所述，家居以及家用媒体是“驯化”这个概念生发的研究场景。在家中使用媒体意味着，首先，我们选择符合我们对“家居生活”想象的媒体形态；其次，我们将所选择媒体置于和其它家居的陈设相互关联之中，构成适合在家中使用这些媒体的家居内的空间格局；再次，我们选择在符合家居生活节奏的时间使用媒体，或消费特定的媒体内容，使得媒体的消费成为家居生活的有机构成部分。这些选择都意味着，很大部分的“媒体使用”是在特定家居时空和家庭社会关系场景下的社会实践。那么，家庭媒体的选择和陈设，如何反映人们对理想的家的想象和追求？在家中使用这些媒体又如何表现家居的日常状态、演绎家庭关系以及其中包含的代际和性别之间的角色定义与区隔？而且，在家居的具体时空点使用媒体（如晚饭后家庭成员在起居室的沙发上“集体”看电视），如何使得家居空间成为中介的场所，与消费的媒体内容形成某种交织，并影响到人们对意义的重新建构？还有，人们如何通过在家中将 iPad、网络和电视相整合，不仅消费不同媒体的内容，而且展开网络上的交往，从而进一步消解家居和外部世界的边界？也就是说，如何运用新传媒技术来重塑公共与私人生活领域之间的区分?

我们可以想象，针对新传媒技术的创造性使用的研究可以有很多具体课题，远远超出此处的列举。但这几个案例已经足以呈现本文通过阐述“中介化”和“驯化”而提出的研究路径：着眼点在新传媒技术的使用者及其实践；考察的场景是他们的日常生活；解读的路径是他们如何通过使用新传媒技术，展开意义或再现形式的创造，并以之参与社会和文化的建构；经验的手段是某种形式的田野考察，包括浸入考察对象的日常生活，并在其中观察他们，跟他们交谈，以获取他们意义建构的实践和讲述的记录。

理论上说，如果采取这个研究路径，那么生活在“媒介化”的社会并不意味着我们成为传媒技术的“臣民”，而是意味着传媒技术成为我们的随从和伴侣，在被界定的场景，用它们作为表演的道具；媒介化并不意味着我们只能顺从媒介的力量或者掌控媒介者的权力，而是意味着我们可能以传媒技术为资源，改造时刻笼罩、制约着我们的结构和意识形态体系，或至少改造我们与它们之间结构性关联的形态；并不意味着媒介及其技术成为推动历史发展的主角，而是意味着我们可以运用传媒技术建构、创造和再现更加丰富多彩的历史篇章。

作者：潘忠党（美国威斯康星大学－麦迪逊分校传播艺术系教授、浙江大学传媒与国际文化学院求是特聘讲座教授、长江学者、博士研究生导师）

摘自：《苏州大学学报》（哲学社会科学版）2014 年第 4 期（原文约 15 000 字）

公共人物理论视角下网络谣言的规制

互联网的繁荣发展已引领我们进入了自媒体时代。自媒体与崭新的数字科技密不可分，其特点是传播者的私人化、平民化、自主化与普泛化，以及传播方式的互动化、网络化和迅捷化。通过互联网论坛、博客、微博和微信等自媒体，一般公众能够与全球信息系统相通，随时提供和分享与他们自身相关的事实与观点。

自媒体改变了人类传统的交流方式，也带来了诸多问题，公共人物制造或传播网络谣言即是其中之一。该问题涉及公共人物、表达自由及其规制等相关理论与实践，具有高度的复杂性。自媒体时代的不期而至使得公共人物理论陷入了理论化不足、对现实问题无法有力回应的尴尬境地。如何定义与解读公共人物，如何协调、权衡公共人物相互之间的隐私权、名誉权与表达自由的关系，如何规制公共人物的网络谣言等问题，都是非常复杂且紧迫的现实问题。

一、平衡：公共人物的理论来源

公共人物理论是美国平衡宪法裁判的产物，这一理论试图平衡两个群体之间所享有的权利。第一类权利是掌握政治、经济、社会资源尤其是媒体资源的主体所享有的名誉权、隐私权。第二类权利是新闻媒体根据美国联邦宪法修正案第一条所享有的言论自由、报道自由，以及公众的知情权。享有诸多资源的主体必须容忍部分权利与自由被限制，以保证后类主体的表达自由等权利得到充分实现。公共人物理论发轫于这样一种纯朴的价值预设：特定群体的自由与公共利益必须进行适当的平衡，公共利益在某种程度上必须享有适当优先地位。之所以有这样的预设，是因为传统自由主义政治哲学认为，开放的政治言论能够促进个人自治、民主发展和对真相与真理的发现，这些价值比公共人物自身的权利和自由更为重要。基于这种政治哲学，美国联邦最高法院采用一案一决、逐步扩张的司法策略，构建起相对成熟的公共人物理论。

（一）形成：公共官员

“公共人物”概念源自“《纽约时报》诉沙利文案”。该案的基本案情是负责管理警察局事务的官员沙利文起诉《纽约时报》，声称该报对他的影射性报道与事实不符，对他的批评简直就是一种污蔑。沙利文的主张得到了初审法院和阿拉巴马州高级法院的支持，但美国联邦最高法院提出了两个密切相关的著名概念——“实质恶意”和“公共官员”。“实质恶意”是一个原则，即在美国联邦宪法第一修正案之下，公共官员受到与履行公职行为相关的诽谤时，除非能够证明对方出于实质恶意，否则无权请求获得赔偿。“实质恶意”的含义是，行为人明知其将做出虚假言论或者对于信息的真假辨认存在严重的过错。“公共官员”是指“掌握或被授予公共职权的人或通过选举、任命来执行部分政府主权的人”，范围包括行政官员、法官和州雇员。

（二）扩张：公共人物

随着时代的发展和新问题的产生，“公共官员”概念开始转向一般意义的“公共人物”。其转向的契机是“格茨诉韦尔奇案”。美国联邦最高法院将以下两类人视为公共人物：第一类是在所有背景下和从各个方面看，都具有普遍的声誉和知名度的人；第二类也就是更常见的公共人物，是指“自愿地把自己置于特定的公共争议中，并因此在特定范围内成为公共人物”。

（三）成熟：三种公共人物

美国法学界通常把公共人物分为三种，即普适性公共人物、自愿的有限公共人物和非自愿公共人物。普适性公共人物，是指绝大部分时间都出现在公共视野中，在各种情况下都可被视为公共人物的人，其中最具有代表性的就是公共官员。

自愿的有限公共人物也被称为“漩涡公共人物”。按照美国联邦最高法院的解释，这类人“将自己置于公共问题的漩涡中，从事意在通过吸引公众注意力来影响结果的行为”。界定这种公共人物的标准有三个：自愿置身其中、公共争议和影响结果。法院认为，“如果一个人试图或现实地被预期对解决具体的公共纷争施加重要影响，那么他就成为一个有限公共人物”。在认定这种公共人物时，还需要注意以下标准：(1) 当事人是否具有经常和持续接触媒体的能力，如果没有，就不应被视为公共人物；(2) 当事人变得“知名”的背景是什么；(3) 如果一个人的出名是源于启动司法系统来解决生活中的日常问题，那么他也不能成为公共人物。

三种公共人物的最大区别，在于进入角色的时间和场景的不同。就普适性公共人物而言，他是“全天候”的。因此，他需要向言论自由和媒体自由妥协的幅度更大，牺牲的隐私权也更多，能够维系的隐私空间就更小。而自愿的有限公共人物，在更多时候可能只是普通人，享有广泛的隐私权利。当他们自愿、主动地投身于公共视野中，吸引公众目光的同时，也就牺牲了自己的隐私权。非自愿公共人物，跟普通人并无二致，只是因“一不小心”被卷入公共争议或公共事件时，才猝不及防地被牺牲了自己的隐私权。

二、失衡：当公共人物遭遇自媒体

自媒体时代既是原有时代的延续，又

与原有时代并存。它的特殊之处在于信息产生和传播主体的变化与传播方式的改变。前者表现为个人取代群体成为主要的传播主体，后者表现为传播的多元性、开放性和迅捷性。在此种背景下，人们要对传播内容加以有效控制几乎是不可能的。如果说传统媒体时代公共人物的隐私权、名誉权与公众知情权和表达自由等不同价值之间存在大致的平衡，那么在自媒体时代这些平衡则在很多领域被打破而失衡。

（一）“被谣言”的公共人物：现实困境

传统模式中作为强者的公共人物和作为弱者的个体在自媒体时代强弱互易，身份发生逆转，这类特定时空下的例子并不少见。相比传统媒体时代，自媒体时代的公共人物在“被谣言”之后，其救济自己名誉权或隐私权的能力和途径大大受限，甚至陷入有口难辩的境地。

公共人物拥有的社会资源和接近媒体的能力大小，未必就与纠正性言论的可接受度成正比，适得其反也不是没有可能。传统媒体中的公共人物作为社会的强者，掌控着社会资源和媒体权力，他们有能力澄清谣言、还原真相，对受到侵犯的权利进行救济。但是在自媒体时代，曾经作为强者的公共人物在面对网络谣言的时候，更像武侠世界里中了“蒙汗药”的武林高手，即使有力也发不出来，最终还是需要解药的帮助和拯救。

首先，公共人物即便是比一般的普适性公共人物掌握有更多更强的资源，但对于一般人发布的网络谣言仍然无法有效应对。那些在自媒体时代因为种种原因而意外成为非自愿公共人物的人士，由于掌握的资源比一般普适性公共人物还要少很多，更加难以维护自己的权利。其次，当遭遇网络谣言的时候，公共人物与媒体和公众之间的平衡关系难以维系。强势的普适性公共人物对网络谣言已经颇感无力应对，当弱势的非自愿公共人物遭遇来自公共人物的网络谣言时，则几乎毫无抵抗之力，失衡就此变为显著失衡，甚至是完全的不公平。

（二）被打破的均衡：理论不足

在自媒体时代，原有的公共人物理论所营造的均衡已经被打破，这一失衡体现在以下几个方面。

首先，自媒体的发展使得非自愿公共人物数量激增，原本是传统媒体时代的普通人摇身一变成为公共人物，其名誉权和隐私权均受到威胁。

其次，自媒体的发展使得公共人物的个人权利与公共利益之间的利益分配比例失衡。在传统媒体时代，时间流逝和公众注意力的转移，使得公共人物的名誉权、隐私权等受到的影响逐渐淡化乃至湮没。但在自媒体时代，一个人的过错或者隐私成为无法抹除的烙印，它一方面给公共人物增加了更为沉重的成本支出，另一方面作为收益的公共利益却没有明显增加。

第三，自媒体信息构造的碎片化和非程式化，使得公共人物理论难以在该时代语境下自圆其说。“信息的碎片化”是指自媒体信息量大且难以系统化，以信息碎片的方式散落于网络之中。“非程式化”意味着海量信息并不再像纸质媒体时代那样经由相对审慎的方式产生和传播，而是任何人随时随地都可以通过自媒体发布信息，使得信息更容易发生扭曲。自媒体不仅提供了包括垃圾信息在内的海量信息，还让信息碎片化的特点更为突出，导致理性决策较之以往更加困难。信息的非程式化使其更容易被歪曲和夸大，使得公共人物的名誉权和隐私权更容易受到严重侵犯。自媒体时代还意味着只要有网络并且会使用电脑，人们就可以成为信息的生产者与传播者。在信息流动过程中，由于难以计数的信息生产者和传播者会出于不同目的对信息进行“再加工”，信息的扭曲无可避免。这种扭曲的信息片段迅速广泛地传播的现象，被马尔科姆称为“社会传染病”。

最后，制约和平衡媒体话语权变得越来越困难。传媒业的发展、表达自由理论与实践的丰富，使得人们将影响力和转制力与日俱增的媒体视为与立法、行政、司法四足鼎立的“第四种权力”。自媒体作为“第四种权力”的亚种之一，很有可能是当前社会中最具控制力的媒介。这种缺乏制约与引导的权力在某种意义上比前三种具有更强的攻击性。因此，网络空间的博主或论坛版主有时也带有类似“社区警察”的身份，不过他们是一种执法权缺乏规制的“警察”。可见，自媒体导致的“第四种权力”亟须制约。

三、规制：辩证对待网络谣言的调整

在自媒体的背景下，既然原有的公共人物理论力图营造的权利平衡已经不再持续，就需要采取措施应对这种失衡以求达到新的平衡。不过，在讨论采取何种方式来减弱乃至消除网络谣言负面影响之前，有必要辩证地对待网络谣言，承认它有部分积极功能，并在思考应对措施时力求理解、认识和利用这些功能。

（一）自媒体时代谣言的内容与功能

在汉语词典中，谣言是指那些没有事实根据的消息。有学者将其界定为：某些人或团体、组织、国家，根据特定的动机和意愿，散布的一种内容没有得到确认的、缺乏事实根据的、通过自然发生的、在非组织性传播通路中所流传的信息。

关于谣言的产生和传播，美国心理学家奥尔波特曾总结了一个公式：

谣言 =（事件的）重要性 ×（事件的）模糊性。

从学理上认识、分析谣言，可以发现谣言在某种意义上是社会心理的暗示。它表达了谣言制造者、传播者和相信谣言者的类似于抗议的情绪，可以为社会制度的改进与完善提供方向指引。此外，谣言在制造混乱的同时，也具有缓解冲突和释放压力的功能。通过这种缓解与释放，可以避免社会冲突达到不可控制的阀值。执政者或研究者从积极方面来审视谣言，并采取适当方式加以引导，可以避免一些社会和法律问题发展到不可控的程度。

（二）作为“第三条道路”的规制

面对网络谣言，大体而言有三种应对方式。

第一种是彻底的市场化，即像自由至上主义者所主张的经济上自由放任政策那样：最大的市场，最小的干预。让各种思想在市场中竞争拼杀，让那些最能为人们所接受和青睐的思想留存下来，让市场自动完成淘汰的过程。

第二种是集权主义的路径。它类似于经济学中的计划经济或中国传统法律思想流派法家的严刑峻法，主张对信息的传播进行严厉的控制，对违反规则的行为进行严厉的制裁。依照这种思路，要对言论进行事先的审查，通过控制言论的流转来避免侵权可能性。

第三种是中间路线，即在完全的自由与严厉的管制之间寻找一个“中道”。也就是说，立足于言论的表达者和受众之间的权利诉求和公共利益，在表达自由、信息的自由流转与个人名誉与隐私权之间寻找一个平衡点。这一“中道”，可以称为规制，它是在承认、保护和保障的前提下进行的调整。在限制与保障这些相互冲突的权利与自由时，它势必会做出取舍。其具体含义是：首先，要在宪法层面宣示表达自由与个人名誉和隐私的规范性基础，通过不同层级的法律规范确认这些权利的内容、范围，明确规定这些权利受到侵犯时如何救济，同时强调在限制宪法基本权利时必须遵循法律保留原则和比例原则。其次，就公共人物与谣言规制的问题而言，要将公共人物的分类与层级在理论上进行清晰化、概念化，对公共人物的范围加以限定，对言论所指向的公共人物的名誉权、隐私权和表达自由之间的关系加以梳理，并对这些言论与公共利益之间的关系进行详细定位。最后，对于公共人物之间的名誉权、隐私权和表达自由之间的关系，需要结合其身份、影响力、与之接近的媒体、受众情形等具体进行分析。

四、路径：对公共人物网络谣言的规制方式

在自媒体时代，由于信息发布和流转的极大便利，各类公共人物和普通人过网络发布言论或纠正错误陈述都易如反掌。如果说表达自由是营造思想市场的前提，那么这个市场上的各种不同言论在交锋之后并不会自动地提升个人自由和自治、推进政治民主及发现真相与真理。因此，有必要通过规制失范现象，维持一个有秩序的思想市场。

（一）事先预防：可追索的匿名

一般而言，自媒体时代的公共人物，不管发布信息时是否使用真实姓名，在既有的规范体系内，大多可以确认该公共人物的真实身份。我国采用的网络实名制是“后台实名制”，即在网络上发表言论时既可以用真实姓名也可以用虚拟名称。但在之前注册时，个人的真实信息都已经存入网络服务商的数据库中。如果想追索言论发表者的身份，通过查找技术可以做到。当然，有学者认为这样的规定违反了“对称原则”，因为在真实世界中人们可以匿名发表言论。

网络世界的特有属性使得可追索的匿名更为必要。网络的最大特点是信息传递达到光速的程度，可以使谣言传播极为迅速和极具弥散性。必须指出，对网络与自媒体进行规制的原因并不是因为它们的高效率，而是因为这种信息传递的高效率所造成的损害可能更为严重。因此，实行可追索的匿名对于惩治侵权行为、救济受损权利势在必行。

（二）事后追惩：适度的警示效应

1. 适度警示效应的必要性

在保障表达自由和规制谣言传播的时候，需要考虑“警示效应”。它指的是人们由于担心事后遭受严厉的惩罚，而不敢任意发表言论。在一个正常国家里，为了保护和保障人权、维护人的尊严，宪法规范中必须有表达自由的条款。对表达自由的过分限制会僵化国民的思想活力，必须审慎对待。然而，为了维护一个健康有序的思想市场，某些情况下的警示效应是必要的选择。当社会影响和偏颇吸收使得谣言被传播并保存下来时，思想市场的自动调控就失灵了。一个毫无顾忌发表言论而不受处罚或不担心受到处罚的社会，是没有警示效应的，但这样的社会也是“不堪入目”的。我们需要的不是处罚缺席，而是需要通过法律和其他规范将警示效应维持在一个适当程度。当然，有时候事前的预防制度也有可能导致“警示效应”，但这种效应归根结底还是由于担心事后惩罚的严厉性而产生的。

2. 确定公共人物之间侵权的方式

按照既有的公共人物理论，不管是掌握政府权力的高官，还是一不小心“被公共化”的打网游的大学生，只要成为公共人物，都只能在证明侵权方具有“实质恶意”的情况下才能追究其责任。同时，不管这些言论是客观上服务于公共探讨，有利于个人自治、政治民主或发现真理与真相，还是仅仅为了寻求商业利益甚至满足某些“八卦”之心或恶俗趣味，只要公共人物想维护个人权利，都要求证明侵权一方达到“实质恶意”的程度。此时，公共人物理论变成了一个“筐”，只要被贴上公共人物的标签，就可以放到里面，完全忽视不同人物、不同言论的性质与特点。考虑到不同人物的影响力与博弈能力，不同性质的言论对于民主、自治和真理的意义不同，需要区别对待、细化处理。

首先，要看当事人所借助的媒体。其次，要看双方当事人的身份与影响力。如果双方实力均衡或相差无几，可以考虑不构成侵权。如果涉嫌侵权的一方实力远远高于被侵权一方，此时运用实质恶意标准会造成严重的不均衡。此外，要看信息接受者。涉嫌侵权的一方将虚假或诽谤性信息制造或传播出来之后，如果被侵权一方能够将澄清的信息传播给受众群体，就意味着他能够通过自己的能力澄清事实，因此涉嫌侵权的一方就不构成法律意义上的侵权。如果他无法做到这一点，可以考虑通过法律规定让涉嫌侵权方承担责任。

此外，自媒体时代还出现了另一种特殊的公共人物——虚拟的公共人物。当虚拟的公共人物之间或与真实的公共人物之间发生侵权纠纷时，如何适用公共人物理论？虚拟公共人物之间，由于不发生当事人真实世界中名誉权或隐私权的损害，因此无须通过实证法的路径来解决。如果一方通过曝光另一方真实世界中的隐私或以侮辱诽谤的方式侵犯其名誉，则形成了虚拟人物与真实人物之间的冲突。在这种情况下，如果真实人物想通过法律救济自己的权利，依照诉讼法的相关规定，应获取涉嫌侵权人的真实身份信息。对于实在无法获取真实身份信息的，可以通过要求发布信息的网站或博客屏蔽侵权言论而得到解决。

（三）全程贯彻：理性网络文化与公平竞争的思想市场

1. 理性网络文化的培育

公共人物发布或传播谣言之后，想要消除谣言的影响，非常不易。因为信息的不对称和人的有限理性往往会造成人们对认定事实与理解规则产生偏差，这种偏差造成信息在流转过程中被歪曲，而谣言在这样的歪曲和循环往复过程中得以强化并更加符合传播人的心理预期。在此种意义上，谣言比真相更符合受众群体的期待。谣言在很大程度上反映了谣言接受者的心理状态，因而更容易被信任、吸收和进行下一轮的传播。可见，谣言有其能够迅速传播的社会心理土壤。同时，人类天生具有好奇心，不同于常态的生活、“赚眼球”的事件往往会引发强烈关注。即便是对谣言进行纠正，纠正后的信息也未必会为公众所关注和接受，因为它既不新奇又不符合某种“真实”的社会心理和公众预期。出现这种现象主要有两个原因：第一，信息流瀑。一旦一定数量的人开始相信谣言，其他人也会跟风。从众的人数越多，谣言也就越被相信与接受，这就是所谓的信息流瀑。当然，信息流瀑也有助于传播真相。当多数人相信某一信息的真实性时，会有更多的人选择相信。由此可见，真相或真理与谣言有着同样的传播方式，关键在于如何营造适合真相或真理传播的环境。第二，培育人们理性、审慎地对待网络信息的教化任务尚未完成。桑斯坦认为，相对于信息公开，培育一种审慎地对待网络信息的理性文化氛围似乎更为有效。这样可以让人们明白大量的互联网信息未必可靠，应对谣言保持警觉。但这是一个系统工程，从政府公信力到社会信任的培育，都是一项长期的、富有挑战性的工作。

2. 公平竞争思想市场的营建

网络公共人物拥有巨大的信息传播能力和社会影响力，从其拥有成千上万甚至上千万的粉丝数量就可窥见一斑。这使得其发布的信息可以高速和高效地传递。同时，众多的粉丝数量极易形成“群体极化”现象，即一群具有相同倾向的成员在商议之后可能使整个群体的观点向着已有的倾向进一步滑动，最终形成极端的观点。因此，当网络公共人物散布或传播谣言的时候，更有可能形成一种极端的观点，造成对他人权利乃至社会秩序的威胁和损害。群体极化常常是在群体成员“抱团取暖”或“互壮声势”的情况下产生的，粉丝的数量往往会对此产生影响。在大量粉丝存在的情况下，核心粉丝或活跃粉丝更容易通过自我认同形成极化的观点。但是，网络上存在大量购买粉丝的现象，花费少量的金钱就可以购买数以千计的“僵尸粉”，让自己的粉丝群体数量庞大，同时吸引更多的粉丝。粉丝作为一种商品，交易市场已经颇具规模。随着人们意识到“僵尸粉”的存在，现在又有了“活粉丝”买卖这种“升级版”，即由兼职网友“养”着的粉丝，这些粉丝会定期更新博文、发评论，看上去跟真的粉丝一样。虽然“僵尸粉”不能直接传播信息，但是可以造成博主人气很高进而可信度很高的效果，吸引真正的粉丝加入，从而在真正意义上扩大博主的话语权，而“活粉”则更能帮助博主提高人气，从而让博主言论的影响力大幅增强。就像一般的市场需要在基本的秩序之下才能正常运行一样，思想市场要想运作良好，也需要基本的市场秩序，而购买粉丝的行为恰恰是对这种秩序的破坏，是对其他公共人物或普通人言论的一种间接压制，也为侵犯他人名誉权、隐私权和公共秩序的潜在可能性提供了放大器。因此，应通过行业自律、法律规范和其他社会规范等方式，限制购买粉丝的行为。社会的发展使得某些领域中的平衡状态被打破，亟须通过理论完善和制度进步来构建新的平衡。

社会就是在平衡—失衡—再平衡的过程中不断进步，人的权利也在这一过程中得到更为充分的实现和保障。公共人物理论在创立之初，是为了通过确立对表达自由和知情权的优先保护来限制握有政府权力资源的公共官员，后来则逐渐扩展至那些握有经济、社会资源的群体。自媒体的发展，使得“公共人物”的队伍进一步扩大，甚至每个人都有可能在一定程度上、在特定的场景下成为“公共人物”，进而对他人的权利产生威胁，使得经由公共人物理论而恢复的基本平衡又发生倾斜。因此，有必要通过发展公共人物理论、规制网络谣言来实现再平衡。这种再平衡需要把法人和其他组织纳入公共人物概念之中，同时调整公共人物与媒体之间、公共人物之间的相互关系。应综合考虑当事人双方的身份及影响力、借助的媒体、受众群体对于该言论的接受程度等因素，具体问题具体分析。这种再平衡也需要通过各种路径规制公共人物传播谣言行为。应在结合法治原则、自媒体特点和社会心理学知识基础上，借助法律规范和其他社会规范，设立事前可追索的匿名制度、事后进行制裁并能达到适度“警示效应”的规则，同时将培育理性网络文化环境、营造公平竞争思想市场的理念贯穿其中，以求在言论自由、名誉权、隐私权与社会公共利益之间形成一种新的动态平衡。

作者：郭春镇（厦门大学法学院教授）

摘自：《法学研究》2014 年第 4 期（原文约 17 000 字）

作为反思性实践的新闻专业主义

——以邓玉娇事件报道为例

“新闻专业主义”是个包含多重含义的术语。在大部分时候，它被视为一套以客观中立为核心，论述新闻业之社会功能、职业角色和专业操守等的观念。这套观念往往强调新闻实践的自治（autonomy）逻辑，用以区别于政治权力的逻辑和自由市场的逻辑，并强调一种服务公众的自觉态度。

对于中国而言，专业主义（professionalism）会否生成和建立并发挥其职业社区的整合能力，成为研究者关心的重要问题。本文力图对当今中国变迁中的新闻专业主义提供观察，将尝试引入一个概念——"反思性实践（reflexive practice）"来探究新闻专业主义在中国的生成。

本文将选择以部分新闻记者对一个热点事件——"邓玉娇事件"报道之后发表的反思性言论和文章作为考察对象，来对反思性实践的理论概念作出经验注脚。本文的目的有二：一方面，为变迁中的中国新闻职业群体如何形成其职业观念提供观察：即在此次反思性实践中，中国新闻记者是否以及如何阐述了专业主义的工作原则、角色和公共性？生成了什么样的关于"客观性"和"公共性"等专业主义核心原则的认识？与过去相比，增加了哪些新维度？另一方面，通过探究为什么在本案例中新闻人能够具有反思性实践，希望为专业主义作为一种反思性实践生成的条件做出初步的探讨。

一、作为反思性实践的新闻专业主义

在心理学中，"自我反思"被认为是人类认知的一个基本过程，是人类的一种元认知能力。这一过程是个体从自己的经验中抽取知识的理性分析过程，是个体将注意力和对于自身之思想、情感和行为等的评价性考虑有目的地投向的过程。

自1960年代以来，"反思性实践"也被引入教育学当中，成为理解学习过程的一个重要概念。在学习理论看来，所谓反思，即是调整自己的认识立场，批判性地看待过去的认识，反思因而被认为是学习的本质过程。这一概念尤其被应用在以实践为基础的专业性的学习（professional learning）场景中。在专业性的学习过程中，反思更被视为一种重要的工具，它指的是个体从其自身的专业经验中获得学习，而不是从正规的教育或知识的传达中获得。由于在反思性实践中，个体不仅有意识地回望自己过去的情感、经验、行动和事件，还将这些添加到既有的知识基础之上，来获得新的知识、意义以及更高水准的理解，反思性实践也被视为个人的专业发展和提升的最重要来源。

本文即希望从这一理论脉络出发，将反思这一概念引入，借以理解新闻专业主义在中国记者群体中的生成。在本文看来，所谓新闻专业主义，作为一套论述新闻的社会功能、自治逻辑、专业角色和守则等的观念体系，它不应被理解为一套固定的既成的抽象原则和方法，或是一个成熟的话语系统，也并非一个可以得到量化测量的认知系统，而是应该将其还原到新闻记者工作和思考的场景当中，从中观察新闻记者如何认识和理解上述原则，并将其贯彻于职业实践当中。进而对于新闻的职业角色为何、如何实现其角色、新闻报道的基本原则和操作方法，以及职业伦理等系列相关问题展开批判性思考，获得对"新闻专业主义"更新和更深入的理解。

二、个案和方法说明

2009年5月10日，湖北省恩施州巴东县野三关镇的一个名为邓玉娇的娱乐城女服务员意外刺死该镇招商办公室的工作人员邓贵大。由于包含众多吸引眼球的要素，如"情色""官员""民女"等，该事件经最初的一家地方媒体的简要报道之后，迅速在互联网上传播开来，并激发了网络舆论的热烈反应，构成了一个"新媒体事件"。全国多家媒体都关注和介入对这一事件的报道之中。其中报道最为活跃、在媒介圈内受到较高关注的主要是几家市场化媒体，如广州的《南方都市报》《广州日报》和《南方周末》等。

围绕此事件的互联网舆论非常热烈和强大，且具有“偏执”的特征。例如，该事件发生之后在互联网论坛上广泛传播的短短时间内，就已经建构起了关于这一事件的“烈女反抗恶官”的二元基本叙事，且在之后的很长时间一直成为绝对主流并充满强烈情绪化的叙事方式。这使得介入该事件报道的记者大多进入了一种舆论与记者职业行为之间角力的场景，经历和体验到了舆论对报道可能产生的影响，并产生了有关何为新闻专业主义、客观性的新闻专业主义如何在互联网语境下得到实践等的反思。

新闻记者作为个体的反思实践原本难以研究，因为反思往往是一个个体的心理认知过程，无从进行外在观察。但此次事件之后，《南方传媒研究》组织了一个专题，分别邀请在此次事件中发表了较有影响力的报道的 4 名记者和对此次事件有密切关注的 2 名编辑，撰写对此次事件报道的经验总结和“反思性”文章，这为我们研究和观察这一围绕新闻专业主义展开的反思性实践提供了良好的平台。因此，本文的研究主要以该杂志相关文章为主要资料来源。作为补充，笔者还对在该刊物上发表反思文章的作者当中的 5 名进行了访谈。除此之外，笔者还收集了这些记者或编辑以及参与了该事件报道的其他几位记者，在各自博客或相关论坛上围绕该主题发表的相关文章或帖子。另外，对其他一些相关记者、编辑进行的外围采访也为本文提供一定的资料补充。

本文的目的即希望以这些讨论作为研究对象，通过考察中国新闻人在关键性的公共事件之后究竟是如何讨论自己的工作、评价工作的功过等，检视新闻记者在此次事件中形成的反思的具体内容，来理解当前中国新闻人对新闻专业主义的阐释。

三、新闻专业主义的反思之一：“事实原则”的重申及实现路径

总体来说，本案例中新闻记者们在事件之后所发表的文章和言说，体现了“反思”的一定特性。这主要表现在，他们对自己和他人的报道表现给予了批判性“回望”，并以此为基础，延伸了自己对新闻的自治逻辑、职业角色、原则和操守等的认识。

在本案例中，新闻记者们批判性思考的起点是新闻报道的“事实原则”。所谓“事实原则”，指的是新闻记者在新闻报道中要尽可能准确、全面而深入地报道事实，绝不能有虚假和错误的信息。由于本次事件作为一个突发案件，记者们都未能经历发生现场，因此，通过各种采访，尤其是对核心当事人的采访，以尽可能对案发现场之事实进行还原，对“消息源模式”的探讨是此次反思的核心。

例如，《南方都市报》的龙志不仅在早期采访了邓玉娇身边的朋友、邓玉娇的母亲、邓贵大的家人，而且在后期采访到了邓玉娇本人，以及对案件具有权威说法的巴东县公安局长。与之相反，记者们都认为，那些仅仅是对外围消息源进行采访，或者未对这些消息源进行多方核实，在不确切信息的基础上进行的议论和发挥会导致错误的报道。《南都周刊》编辑沈亚川认为，记者不应与维权记者形成捆绑式的关系，不应担当行动者，不应与维权记者共同参与行动策划，因为这将破坏记者对事实的客观把握，伤害到事实原则。这一观点得到其他记者的认可。

四、新闻专业主义的反思之二：不迎合“民意”——“事实原则”的新阐释

本案例中最引人注意的在于对网络

"民意"的反思。《南方传媒研究》所发表的6篇文章中，每一篇都谈及了媒体与"民意"关系的问题。黄秀丽、杜安娜和傅剑锋的文章都选择以媒体与民意的关系作主题和标题：如黄秀丽的文章标题是《警惕媒体与民意的断裂》，杜安娜的文章标题为《从邓玉娇事件看媒体对民意的表达》，傅剑锋的文章标题则为《平衡报道不能屈于网络民意》。媒体究竟是应该"坚持（客观报道的）立场，还是顺应民意"？

改革开放以来，中国新闻界尤其是市场化媒体所催生的"新闻圈"，对于"民意"的态度一直是持正面和拥抱姿态的，新闻业被认为应该充分表达民意，"民意"因而也一直被看作是一种正面力量。在当代中国的语境中，尽管关于什么才是真正的民意并无认真讨论，但作为来自大众意见的"民意"话语，在这一话语演进的过程中获得了"政治正确性"。

对比而言，在本次事件中，在这些主要来自市场化媒体的新闻记者们的讨论中，"民意"不再被看作是一个正面的和积极的因素，而是可能表现出种种负面特点。记者们主要采取了批判性的角度来审视此次事件中表现出的"民意"。认为偏执的民意可能会以正义的名义扭曲法律。同时"警惕网络舆论"几乎成为参与讨论的记者们的共识。记者们通过检视此次报道的过程，认识到互联网舆论所形成的对事件的刻板印象，确实可能对新闻人的独立判断构成威胁和挑战。在这种共识的基础上，"不迎合"原则几乎呼之欲出。媒体需要独立判断，需要有超越于网络舆论、网络议程设置之外的关注视野，不要被网络民意所挟持。

本案例说明，在新的社会历史条件下，追求事实真相不仅仅是要突破政治的管制，而且也是不受大众意见的裹挟而形成独立的判断，来向公众讲述事实。记者们在此次事件后的批判性反思增加了他们对于新闻职业之自治逻辑的新面向的认识，即新闻报道不仅要追求免于政府干预的自治逻辑，同时要追求免于"民意"干预的自治逻辑。

五、新闻专业主义的反思之三：关于新闻之职业角色的争议

本次事件重新激活了近年来在市场化媒体的"新闻圈"中经常被谈论的问题——新闻记者究竟首先应该监督和对抗权力，还是对事实的客观记录？新闻记者的角色首先应该是"参与者"还是"观察者"，是倡导者还是中立性的职业角色？这些争论往往牵涉到职业新闻范式（professional journalistic paradigm）的问题。

在本案例中，围绕法学者萧翰提出的"校正性正义观"，这一辩论被重新提起。他认为记者的角色首先应该是匡扶正义，在操作层面上，新闻人应该超越技术性的平衡报道，始终对代表"控方"的公权力抱有警惕，媒体应该天然地站在弱势群体一边，去追问权力拥有的一方。

可以说，萧翰的观点体现了对新闻业的"社会公器"职能在转型中国语境下的阐述。不过，这一观点显然没有得到大多数记者的认同。就笔者的观察来看，大部分记者表达了对这种观点的不认同，他们更愿意将自己的职业角色归于"报道和记录事实"，并表达对此的坚持。

不过，上述争论似乎并未真正交锋，更深层的"沟通行动"尚未展开。记者们追求的是对客观平衡原则的坚持，却并没有回应萧翰提出的关于传媒如何服务于公众利益的问题。例如，追求客观平衡的报道是否真正有助于实现转型期中国的公众利益？不过，尽管并没有清晰和富有逻辑的阐述，在这些反思性的论述中，我们仍然可以解读到一些意涵：记者们并非否定新闻职业的社会公器角色，相反，他们认

可新闻职业之维护公共利益的角色，只不过，在他们看来，这一角色将主要通过新闻职业的特定角色——客观记录事实而非捍卫正义的态度来实现。在他们看来，如果抱着校正性正义的立场，不以事实报道为主要诉求，转而追求在具体的事件中挑战和对抗公权力的话，将可能导致对事实的偏颇，这不仅不可能导致真正的社会正义，而且可能会使中国社会的整体舆论更加粗糙，向非理性的方向发展。

六、反思性实践何以生成?

那么，上述的反思究竟何以生成?在本案例中，究竟哪些因素构成了此反思性实践得以发生的条件呢?

（一）“令人震惊”的经验

学习理论对于反思的看法，认为反思主要是基于对过去经验的批判性审查。本案例中记者们的反思同样主要来自他们在报道邓玉娇事件中的亲身经验或对同行经验的观察。

首先，记者们大都在报道过程中体会到了网络舆论的“偏执”和“非理性”，进而产生对其批判性审视。几乎被采访的所有记者都承认，自己在到事件发生现场进行采访之前，脑海中都形成了一个关于这个事件的大体“轮廓”，认为这是一个“女孩抗暴”的典型题材，这个轮廓主要来自互联网。但是，邓玉娇的好友向他描述的邓玉娇是一个性格怪癖、刚刚失恋，患有忧郁症的女子，而邓贵大的家庭则那样贫穷，与互联网上建构的“权势官员”形象也大有不同。这种反差如此之大，构成了此次反思性实践的起点。

其次，在继续发表动态报道的过程中，记者们则遭遇了新的经验。当自己的报道与主流网络意见对事件的建构出现差距时，他们不得不面对来自网络舆论的巨大压力。从本案例来看，这种超常的压力亦即上述以一种夸张化的方式所表达出的经验，构成了令主体产生反思的原因。

（二）作为理性的专业自觉

在西方哲学看来，反思源于主体的理性。在经验主义的认知心理学的观察中，具备理性特质的个体比不具备理性的个体更可能发生反思。

继承认知心理学的这一框架，本文希望提出“专业自觉”这个概念，作为理解个体在本次案例中进行反思性实践的动力基础，它构成了理性的一部分。所谓“专业自觉”，指的是个体对于新闻专业的社会功能、服务公众的目标、自治逻辑提及报道原则等的有意识的思考。尽管专业自觉也可能是反思的结果，但它同样是反思达成的前提。

从本案例来看，反思往往发生于那些已经具有一定专业自觉意识的记者之中。本案例中的记者们大都属于此类，他们主要是来自市场化的专业主义文化较强的媒体。由于受到专业主义文化的熏陶，这些媒体的记者往往已经具备和形成了自觉的专业意识，这构成了他们进行专业主义反思的基础。

从现有的材料看，尚难比较本次参与反思实践的个体记者之间是否在反思的深度上存在差异。不过，访谈帮助我们理解，记者个体的专业自觉可能会决定性地影响其反思的内容和方向。

（三）互动性反思实践的空间分析

关于专业学习过程中反思性实践的研究表明，反思并非仅仅是在个体层面发生，它同时也发生于集体层面，是互动性的（interactional reflective practice），个体之间的对话和讨论等往往有助于个体反思的发生。

在本案例中，我们发现，承载此类反思性实践的互动空间主要有三类，分别是：依托媒体机构的组织内空间，跨组织的（职业社区的）公共话语空间，以及新闻人的非正式交往空间。正是在这三类社会空间之中，新闻人得以就邓玉娇事件以及对其的报道等发生讨论和交流。

所谓媒体机构的组织内空间，主要指的是新闻编辑室。因为具有专业意识的记者和编辑正是在这里进行以理性为特征的“沟通行动”，并发生反思。本案例中的几位记者都表示，他们不仅在报道过程中一直处在与自己的编辑部的沟通过程之中，也就采访经验和缺失等问题与同事和编辑进行了讨论。部门“领导”的肯定，也坚定了记者批判性地看待网络舆论的信心。

如果说新闻编辑室内部“交流”尚属纵向沟通的话，有些媒体还设立有一些促进专业交流的横向机制。比如，《南方都市报》和《南方周末》都设立有评报会机制。在此类评报会中，记者和编辑能够相对平等地从专业角度对各家报纸的报道进行评论。

第二类空间是跨机构的职业共同体空间，体现为行业刊物、研讨会、非营利培训等。在本案例中，表现最突出的是由南方报业集团创办的《南方传媒研究》。如果引用哈贝马斯的“公共领域”概念，此类空间可称为“职业公共领域”，是整个职业社区进行交流的场所。

第三类是由新闻人的日常交往构成的非正规网络空间。由于专业视角偏向于研究正式的新闻组织内部或跨机构的正式专业协会等，近年来不少学者指出，新闻人之间的非正式交往值得重视，它可能是诠释社区的一部分，也可能是发展另类职业认同的空间，或是职业协作的网络，这些交流促进了他们的反思。

七、结论与讨论

本文将新闻专业主义在中国的生成、理解为作为职业行动者的个体，持续不断地将抽象原则置于具体语境中的反思性实践的过程。通过分析 2005 年以来伴随中国互联网社会的活跃和发达，互联网意见逐渐对新闻报道产生压力和介入性影响的背景之下，新闻人在邓玉娇事件的报道之后发表的相关言说和讨论，本文提供了关于中国新闻专业主义生成的新观察，并对这一理论视角给予了经验的阐释。

围绕此次公共事件，来自市场化媒体的、具有专业自觉意识的中国新闻人，重申和确认了“事实、客观、平衡”的新闻工作的普适性原则及其实现路径，并在此基础上发展出了阐释新闻专业主义的新维度。如果说 1990 年代以来中国新闻界所孕育的新闻专业主义主要体现为对“独立于政治权力”的事实真相的追求的话，以邓玉娇事件为代表的 2005 年以来频繁出现的互联网事件所引发的反思性话语实践则催生了关于“独立于舆论”的“不迎合”原则的新阐释。

不过，依据转型期中国的独特处境，中国新闻人也正在尝试发展出一些具有本土特色的专业主义阐释。关于新闻人究竟应该以报道事实为最高原则，还是在转型期社会极为不公正的权力关系下以实现和捍卫正义为最高原则，关于记者在转型期中国究竟应该扮演观察者角色还是参与者角色，仍然存在争议。因此，中国新闻人对西方专业主义的学习过程并不能简化为线性的渐进的学习过程，它可能更是一个渐进学习与本土案例之反思相交织和融合碰撞的过程。

新闻人的此次话语实践具有反思性特征，其生成主要与三个因素有关：首先，它来自记者个体在本次报道中的亲身经历和经验，尤其是一些与其既定认识构成反差的令其震惊的经验，是促成其批判性思考的起点；其次，个体的专业自觉也决定和影响其反思发生的内容和方向；最后，作为一种集体层面的反思，此次反思实践发生于特定的互动性的空间之中。

按照这一分析，未来中国专业主义

的反思性实践将可能在很大程度上取决于上述三个条件。当受到专业启蒙并具备一定专业自觉意识的新闻记者们更多地体验到“外在力量”对新闻之自主逻辑以及对新闻之基本原则的压力和侵蚀，并且出现了较为丰富的“沟通行动”得以发生的互动平台时，反思性实践将更可能发生。

有关新闻业的自治逻辑的阐述是新闻专业主义的核心要素。中国新闻记者有没有可能发展出关于新闻职业免于市场侵蚀的专业自治逻辑的反思？哪些新生的因素可能构成阻碍反思性实践发生的条件？以及哪些媒体机构或记者更可能发展出对这一专业自治逻辑的反思性实践？这些问题值得学者们在未来重点观察。

作者：李艳红（中山大学传播与设计学院教授）
龚彦方（中山大学传播与设计学院副教授）
摘自：《新闻记者》2014 年第 7 期（原文约 12 000 字）

策略性框架与框架化机制：乌坎事件中抗争性话语的建构与传播

一、引言

乌坎事件，不仅对于政治学和社会学研究者来说是难得的案例，更是为传播学者考察社会抗争与媒介之间的关系提供了丰富生动的素材。耐人寻味的是，时隔两年多，不但乌坎村民的土地诉求仍然悬而未决，而且学术界对乌坎事件的研究也相当零散，与当初媒体对事件的热烈报道及讨论形成了鲜明对比。作为一次抛砖引玉的尝试，本文围绕着抗争性话语这一核心概念，以田野调查、深入访谈、内容分析和文本分析的数据为基础，展开三方面的考察：其一，在乌坎独特的传播生态中，出现了哪些形式的抗争性话语？其二，乌坎村民如何通过“策略性框架”来实现集体行动的社会动员？其三，海内外媒体如何通过“框架化机制”来报道和诠释乌坎事件？

二、抗争性话语

在社会运动研究中，“话语”不是作为一种“工具”，而是作为研究的主体对象。任何形式的抗争性政治都伴随着一定的抗争性话语，具体而言，抗争性话语是集体行动和社会运动参与者利用各种人际、群体以及大众的渠道建构与传播的符号集合。

1. 抗争性话语形式库（repertoire of contentious discourse）

任何一种抗争的行为形式，都必定伴随着一种或多种抗争的话语形式，即“抗争性话语形式库”，包括但不仅限于谩骂、呼告、演讲、标语、口号、横幅、谣言、意见书、公开信、帖子、博客、微博、歌曲、纪录片、视频等文字、声音和图像形式。在不同的时空和文化背景下，集体行动和社会运动所能调动的抗争性话语形式也有所不同。

在中国近年来的社会抗争行动中，出现了一些基于中国特定政治文化背景的集体行动形式。城市中产阶级、工人、农民等各种抗争主体所熟稔的集体行动形式不尽相同。即便采取相同的行动，所涉及的抗争性话语形式也大不相同。以环境抗争为例，在广州番禺，城市中产阶层业主在进行上访、“散步”、行为艺术时，多配合以理性而书面化的抗争性话语形式，比如他们将环保口号制作成车贴、文化衫，将环保诉求改编进诗词歌赋，并先后起草了十余份公开信、倡议书、意见书、起诉书来反映意见、表达抗议、提出建议。在浙东海村，村民却选择了拦路、打砸、跪拜等原始抵抗形式，所使用的抗争性话语形式也多为即兴随意的谩骂和呼告，难以被复制传播。我们把抗争性话语的不同形式按照诉求集中/分散和表达正式/随意两个维度进行分类：谩骂和呼告等形式，诉求最为分散且表达也最为随意；而起诉书、意见书等书面文件，诉求最为集中且表达也最为正式；介乎它们之间的是演讲、口号、博客等形式的抗争性话语。

2. 策略性框架（strategic framing）

利用不同形式的抗争性话语，行动者们试图建构社会运动的话语框架，实现自我定义和社会动员。20 世纪 80 年代框架视角引入社会运动研究，认为行动者们需要通过框架化过程建构社会运动的意义。集体行动框架可以根据其功能分成三类：（1）诊断框架（diagnostic flame），帮助行动者定义问题和发现原因；（2）预后框架（prognostic frame），提出解决问题的办法或方案；（3）鼓动框架（motivational flame），鼓舞动员更多的人参与到行动中来。这三类框架对于集体行动的共识动员（consensus mobilization）和行动动员（action mobilization）来说至关重要。

具体而言，通过讨论（discursive processes）、策略（strategic processes）和竞争（contested processes）这三种互相交织的流程，集体行动的框架得以提出、确定和完善。其中，贯穿始终起统领作用的就是策略性框架过程，即有意识、有目标、策略性地达成共识的框架整合过程。具体实现途径有五：（1）框架搭桥，把两种或更多框架关联起来；（2）框架扩大，美化现有的社会价值和信念；（3）框架延伸，将利益范围扩张到其他潜在的支持者；（4）框架转变，改造旧框架甚至用新框架来替换它；（5）框架借用，特指缺乏理论武器的弱势群体借用一个与他们的怨恨感或被剥夺感不相符甚至是截然相反的意识形态或话语来做框架。总而言之，集体行动的全过程，就是通过上述途径，不断地建构、选择、包装、整合抗争性话语，实现策略性框架，达到社会动员的过程。

3. 框架化机制（framing mechanism）

集体行动者和媒体之间存在互相利用的关系，前者向后者提供素材，后者向前者提供版面，在两者互动交易的过程中，前者试图建构后者的新闻框架，而后者受制于宏观（意识形态）、中观（机构、组织）和微观（记者的个人特征、新闻价值观等）因素，遵循“框架化机制”对集体行动进行选择性传播，甚至介入社会运动的再造中去。如果说，行动者是通过“策略性框架”来建构内部共识、实现社会动员的话，那么媒体则是通过“框架化机制”在更广义的社会情景下解读集体行动所反映的社会问题，寻找背后的原因，做出道义的评估，给出对策建议。

在媒介霸权和新闻专业主义的作用下，行动者对媒体的框架构建效果日益式微；反之，媒体对社会运动的介入不断凸显。由于绝大多数集体行动都是“无组织、有纪律”，在政府的严密监控下，行动者几乎不可能实现大规模的社会动员。此时，熟谙官方底线、擅长打擦边球的新闻媒体在很大程度上就起到了运动的组织、动员作用。

三、数据采集

中国新闻传播学者多从媒体对集体行动的报道来考察抗争性话语，很少追溯到行动的源头，从行动者的角度来解读抗争性话语。为了避免这一局限，我们使用质化与量化方法，分别采集了行动者、行动场域和媒体的数据：

首先，关于行动者。我们在2012年2月至2013年2月期间，以面访和QQ聊天的方式对数十位村民进行了深入访谈。此外，从2011年12月开始，我们追踪观察了乌坎贴吧、村民微博、博客和QQ群。与此同时，我们还收集了海内外媒体访谈乌坎村民的文字和视频，作为文本分析的材料。

其次，关于行动场域——乌坎村。我们先后在2012年2月17日至3月4日、5月26日至30日、2013年2月23日至25日三次走访乌坎村，进行田野调查，尤其侧重观察村内传播生态以及村民对新旧媒体的使用情况。

最后，关于媒体，我们以慧科新闻为数据库，检索2009至2011年期间所有内容含“乌坎”的新闻报道，剔除与乌坎事件无关的内容，共计得到789篇中文媒体报道，其中，大陆媒体304篇、香港媒体319篇、澳门媒体27篇、台湾媒体59篇，新加坡、马来西亚等外国媒体报道80篇。围绕着恩特曼所提出的四类框架（问题定义、因果解释、道义评判、对策建议），我们对媒体报道进行了内容分析和文本分析。

四、乌坎村的传播生态

乌坎事件爆发后，海内外媒体蜂拥而至，但期间很少媒体注意到乌坎事件背后的传播生态，即那些由众多传统/现代、人际/群体、官方/民间传播渠道交织形成的公共领域。

公告（栏）：共计11处，主要分布在环村的主干道上，用来张贴大字报、标语、通知、告示、讣告、宣传单、捐款财务清单等。

网吧：共计7家，其中1家现暂停营业。网吧用户大多是学生，躲着父母上网玩游戏。但在事件中，他们却成了乌坎的代言人，从互联网上突围，把村内的抗争情况传播出去。按照16岁少年吴吉金（网络绰号“鸡精”）的说法，“乌坎的网吧就是我的战场”。

庙宇戏台：共计17座，其中，位于东南角的仙翁戏台（对面是华光庙）是乌坎村最重要的地标，同时也是乌坎事件中静坐、示威、游行、竞选演讲、理事会选举等抗争性行为和话语的主要发生地。

乌坎广场：乌坎村旧电影院前的一个小广场，是村内静坐示威、召集游行的主要场所，也是各种街谈巷议的集散中心，相当于一个开放的民间“议事厅”，众多意见领袖在此发表演讲。

林祖銮家：乌坎事件的领导者、后当选为村支书和村委会主任的林祖銮家庭所在地，三层楼民居。在乌坎事件中，一楼成为临时代表理事会开会、接受采访、发表声明的场所；二楼成为“临时指挥部”，有四台电脑，用于监控林家周围的9个摄像头，并通过三个对讲频道分别与林祖銮、理事会和热血青年团保持密切联系，同时也是“乌坎电视台”（WKTV，民间性质）的制作基地。

新闻中心：紧邻林祖銮家的一栋三层楼民居，因家人外出打工，在乌坎事件中被暂时租用为新闻中心，住宅内可免费使用无线网络，便于写稿发稿，人数多时有超过30名海内外记者暂居于此，日均人流量上千。村民捐赠炊具和食物，并有6名妇女志愿为记者们做饭。

上述六种传播场域，几乎都是非官方的，它们或衍生于传统文化（庙宇戏台），或滥觞于市场经济（网吧），或俗成于日常村务（公告栏、广场），或是村民根据抗争形势自发组建（临时指挥部、乌坎电视台、新闻中心）。在乌坎事件中，派出所和村委会遭遇多次冲击，人员全部撤出，乌坎陷入“无政府”状态，但全村仍然秩序井然，信息的内部流通与外部传播都有章法，主要仰赖的就是这些非官方传播场域。

五、乌坎事件中的抗争性话语形式库

我们选取2009年6月第一次上访至2011年底广东省工作组进驻宣布重选村委会这段时间为研究对象。根据不同时期抗争行为和话语的形式与特点，我们将这两年半的时间分成三个阶段：2009年6月21日至2011年9月20日是乌坎事件的前期，针对以薛昌为首的村支部和村委会变卖土地问题，村民先后上访十余次未果，开始酝酿更大规模的集体行动；2011年9月21日至12月10日是乌坎事件的中期，声势浩大的集体上访（游行）演变成持续的警民冲突，诉求未能得到陆丰市政府的有效回应，村民努力争取媒体的同情；2011年12月11日至12月31日是乌坎事件的后期，薛锦波之死激化了抗争形势，村民呼吁更高级权力机关的介入，省工作组与村民代表谈判，诉求得到回应，抗争和平结束。在抗争的不同时期，村民先后采取串联、上访、请神、游行、静坐、募捐、选举、打砸、集会、罢市、罢渔、追悼（类似于葬礼抗议）、拦路等抗争性行为，组成了一个具有中国农村特色的集体行动形式库。而与之相对应的，则是一个丰富多彩的抗争性话语形式库。

在乌坎事件的不同阶段，任务有所不同：前期侧重于在村民中达成共识，形成共同规范；中期侧重于鼓动尽可能多的村民参与到抗争中来，壮大声势；后期则侧重于“依势博弈”，在官民谈判中争取最大的利益。作为社会抗争的两大重要表现形式——行动和话语，在不同阶段也各有侧重。

在乌坎事件前期，QQ群聊是最值得关注的抗争性话语形式。2009年2月，匿名“爱国者1号”建立了“乌坎热血青年团”（后改名“乌坎爱国青年团”）QQ群，该群在很短的时间内发展到数百人，随后两年，扩张成一个主群两个副群，成员上千。因村民无法在线下公开聚集讨论村务，QQ群聊直接促成了共同规范的形成，发挥了重要的“共识动员”功能。

为了实现行动动员，乌坎事件中期，在乌坎的广场和庙宇戏台等公共领域，上演了丰富的社会运动“剧目”。与之相应，各种原始的（锣鼓、占卜）、常见的（标语、横幅、口号）以及新奇的（歌曲、纪录片）话语形式交相辉映，使得乌坎事件呈现出与大多数农村群体性事件不同的精神气质。如从神庙请出“真修仙翁”的令旗，引导4000人队伍的行动进退；村民自行选出民意代表，并成立了13人的“临时代表理事会”，集体行动有了统一的领导，口号、标语、条幅的内容根据抗争的形式不断进行策略性调整；借助多媒体，不同版本的《情系乌坎》歌曲在乌坎流传，自己采访、自己拍摄、自己编辑完成的独立纪录片《乌坎！乌坎！誓保祖地》和《乌坎！乌坎!》，鼓舞村民展开更大规模的反抗。此外，纪录片还免费发放给前来采访的记者，并通过YouTube在海外扩散。

在乌坎事件后期，薛锦波死讯传来，已经没有退路的乌坎村民转而寻求更高权力机关（省政府与中央政府）的关注与同情。这时候信息突围显得尤为重要。随着乌坎形势的恶化，中国香港以及美国、英国、日本等众多海外媒体记者蜂拥而至，为乌坎赢得了国际关注，但也容易被指“勾结海外势力”。作为回应，乌坎村民在新闻中心旁边张贴了多份中英文《告媒体朋友书（To the media friends）》：“乌坎村很高兴可以见到这么多的媒体人员，对于我村事件，还请正面报道，避开‘起义’‘起事’等字眼，我们不是起义，我们拥护共产党，我们爱国家。”

在乌坎青年人眼中，或许自己为自己代言最可靠。通过在微博、博客等各种“自媒体”上发布乌坎事件的最新消息。从被动等媒体，到主动找媒体，再到自己做媒体，原本在话语权竞争中属于“弱势群体”的村民经由新媒介实现自我“赋权”，在与政府的博弈中掌握了更多的筹码。乌坎青年对游行的全过程进行了“网络直播”，使得陆丰市政府试图将游行形容为“少数人的不满”的做法徒劳无功。

最后，还有必要讨论谣言这种“替代性新闻”（alternative news）在乌坎事件中的表现。谣言，并非一定是“谎言”，而是未经证实却广为传播的人们对现实世界的假想，或人们在议论过程中产生的即兴新闻（improvised news），它填补了官方及媒体公信力沦丧所造成的空白。在乌坎，村委会的权威早已荡然无存，更高一级的陆丰市委也很快让村民失望。村民开始自觉或不自觉地使用谣言这种“弱者的武器”来造势、借势、用势，对抗官媒的失实报道。谣言加强了村民内部的团结，也通过“以讹传讹”的方式争取到外部的舆论同情。谣言经由海外媒体转发出去，建构了“围观”民众对事件的“社会想象”。但谣言的负面影响也不容忽视，如乌坎9月22日的警民冲突中，写在白布上的“警察打死2个小孩”谣言令村民情绪失控，围攻派出所、掀翻警车，理性抗争演变为暴动骚乱。

六、乌坎事件中的策略性框架

在任何集体行动中，组织者的首要任务都是要将抗争的原因、目标与意义尽可能地向群众说明。即便对于职业社会运动家来说，这也不是一件容易的事。乌坎事件中，老（以“40后”林祖銮为代表）、中（以“60后”杨色茂等为代表）、青（以“80后”庄烈宏等为代表）三个年龄层的行动领导者，是如何通过策略性框架来完成这项艰巨的工作的？

乌坎事件前期，“乌坎热血青年团”主导了抗争性话语的建构，在QQ群中，他们讨论的重点是“乌坎怎么了”和“为什么会这样”，这恰恰对应了诊断框架的两个核心问题。青年人尽管没有丰富的阅历，但是却拥有足够的热情支撑着他们去搜集各种证据、研读法律条文。建构起最初的抗争性话语，并通过框架搭桥，将土地问题与腐败问题关联起来，成为乌坎抗争的主导性“诊断框架”。

2011年6月，先后10余次上访未果的青年人找到了曾经在深圳等地做工厂干部、最近回乡发展的中年人杨色茂。杨色茂认为要进行“民主选举”，并短信群发了自己的竞选大纲，而当务之急还是要发动群众。所以，在抗争的中期，杨色茂、薛锦波等中年人和“乌坎热血青年团”共同配合，旨在建构有说服力的鼓动框架。这就必须向村民说清楚以下几个问题：（1）问题有多严重；（2）形势有多紧迫；（3）行动能否有效；（4）行动是否正当。

与此同时，乌坎抗争的组织者还通过框架延伸策略，将传统上以男性为主导的抗争延伸到女性，向村内妇女说明参与抗争的有效性和正当性。在全村的妇女大会上，台上的“妇女代表联合会”与台下众多村民一问一答，建构了“妇女能顶半边天”“男女平等”的鼓动框架。

框架延伸策略不仅将利益范围扩张到

不同人群，同样将利益范围涵盖到不同诉求。比如，为了强调抗争的正当性，把“维权”框架从物权（土地、财产）延伸到人权（选举、民主）。

在乌坎事件后期，村民亟须一个德高望重的民意代表，而政府也亟须一个理性务实的谈判对象，年近古稀的老共产党员林祖銮成了乌坎事件的灵魂人物。在新一轮的抗争中，预后框架旨在争取更高级权力机关（甚至党中央）的关注与介入。在薛锦波的追悼会上，村民喊出“请求党中央救救我们”“拥护党中央”等口号。林祖銮表示，作为一个老党员，与腐败作斗争“无需谦让，这是人民的责任”。12月21日上午，林祖銮来到陆丰市信访办与省委副书记朱明国和郑雁雄会谈，朱明国做出了“五点承诺”，林祖銮满意而归。12月21日下午，乌坎村民取消了原定的游行，拆除了路障、撤除了村内的标语和横幅，并且挂上了新的横幅和彩旗“拥护共产党，拥护党中央！”和“热烈欢迎省工作组为乌坎村人民排忧解难！”晚上，村民夹道欢迎省工作组进村。至此，乌坎村民扬弃了“贪官逼民造反”的对抗性话语，转而建构“好官为民做主”的合作性话语，为后续工作创造条件。此后，被拘押村民获释，省工作组调查确认村官违纪，村民土地诉求合理，并宣布重选村委会，乌坎抗争基本取得胜利。

七、媒体对乌坎事件的框架化

媒体在乌坎事件中发挥的作用毋庸置疑。林祖銮将媒体的作用与村民并列，认为两者合作是乌坎事件顺利解决的因素。但是在汕尾市委书记郑雁雄12月19日的讲话中，对海外媒体的看法却相当负面，“境外的媒体信得过，母猪都会上树”。在事件平息两年后，再回过头来客观检讨海内外媒体在乌坎事件中所扮演的角色的确很有必要。在以下的讨论中，我们将侧重于比较分析不同意识形态背景下媒体对乌坎事件所采用的不同报道方式、新闻源和框架。

基于慧科新闻的检索显示，海外媒体不但最早介入乌坎事件，而且报道量也远远大于大陆媒体。乌坎事件前期，因村民上访规模很小，没有引起媒体关注。2011年9月22日第一则关于乌坎事件的报道出现在《汉文新闻》（台湾）上，一天之后，汕尾市政府通告同时出现在大陆国家级（中新社等）、省级（《南方日报》等）和地区级（《汕头都市报》等）16家媒体上。在事件中期，共有115篇相关报道，其中海外媒体的报道量（77篇）是大陆媒体（38篇）的两倍多。报道高峰期出现在乌坎村民的两次游行（9月21日和11月21日）之后一两天。在事件后期，共有674篇报道，海外媒体的报道量（408篇）仍然远远多于大陆媒体（266篇），尤其值得关注的是，12月17日至20日，乌坎事件处于胶着状态时，大陆媒体“鸦雀无声”，而海外媒体则特别活跃。朱明国进村后，大陆媒体才跟进，在12月23日一天就有57篇报道。

大陆媒体的304篇报道中，自家原创仅有55篇（占18.1%），而转载中央媒体为164篇（占53.9%），官方通报85篇（占28.0%）。海外媒体485篇报道中，原创率高达九成（占89.9%），记者各显神通四处采访，多角度展示了乌坎抗争的方方面面。大陆媒体最为重视官方（占65.3%）的声音，仅有一成以村民为首要新闻源，而海外媒体对官方（占32.2%）和村民（占31%）的声音同样重视。大陆媒体更多地利用“框架化”机制来对乌坎事件进行报道。仅有两成（占21.1%）大陆媒体报道没有明确定义问题，而海外媒体则有一半多（占51.5%）没有明确定义问题；在寻找原因和做出评价方面，大陆媒体的框架化也多于海外媒体；最显著的差异来自于对策建议，超过九成（占91.5%）的大陆媒体报道都对事件的解决给出了一定的建议，而超过七成（占71.3%）的海外媒体没有提出对策建议的有关框架。相对而言，海外媒体更侧重于对事件动态的报道（评论除外），不急于定性，并且作为“局外人”，“围观”的立场也决定了他们不可能就事件的解决给出太多明确的建议。

配合抗争形势，乌坎村民还试图通过媒体向外传播四点重要信息——我们不是起义、只是土地问题、乌坎人民冤枉、请党中央救救乌坎，它们正好对应了问题定义、因果解释、道义评判、对策建议四个框架。大陆媒体对乌坎事件的定性正好是两极分化的，在事件中期，陆丰市政府通稿将之界定为“非正常上访引起打砸”，而事件后期省政府介入后，则将之界定为“人民内部矛盾，村民诉求合理”。海外媒体并没有照搬官方的政治辞令，而是将“非正常上访”框架改装为“骚乱/暴动”框架，将“人民内部矛盾”框架改装成“和平抗议/合法维权”框架。在一些评论中，海外媒体更是将乌坎事件放大为农民“揭竿起义”，引发“新农民运动”浪潮，这样的“高帽子”尽管能抓人眼球，却违背了村民本意，不利于村民与官方的博弈。

关于事件发生的原因，尽管海内外媒体都认同“土地”诉求是首要的，但大陆媒体大多以笼统的“纠纷”来形容，不如海外媒体直指“官商勾结”。《人民日报》评论等后期报道，指责“基层政府的失误”（“堵”和“压”）是导致乌坎矛盾激化的直接原因，海外媒体则更具体地指出村民的怒火是因“村代表被拘以及薛锦波猝死”引发的。大陆媒体对朱明国的讲话报道不但使用了“官员当反思”这一道义评判框架，而且借朱明国之口提出了“由民做主”这一对策建议框架。大陆媒体的道义评判集中于危机化解之后，以《人民日报》评论为代表，众多媒体将乌坎事件的和平解决视作官员转变社会管理思路的“改革样本”，并引用村民原话（“对政府依法依规处理好乌坎的问题充满信心”）建构出“信心希望”的正面框架。海外媒体更喜欢从“人情/人权/人道”角度为乌坎村民申冤，将林祖銮和杨色茂加冕为“民主领袖”，并对“维权英雄”薛锦波进行人情味浓厚的特写。

再来看对策建议框架，乌坎村民要求党中央介入的标语、横幅、口号，在大陆媒体的报道中几乎没有出现，媒体把更多的关注投向省政府和汕尾市政府所做的调查，建构出“政府主导调查”解决乌坎危机的框架，并辅助以“重选村委会/由民做主”框架。在评论和专家访谈中，《人民日报》《环球时报》和《经济观察报》将乌坎经验推而广之，强调解决群众利益冲突应引入“协商博弈”机制。海外媒体在对策建议方面的思路相差无几，但框架却更为直接具体，比如他们引用了乌坎村民对党中央的求告，指出“高层介入”是解决乌坎事件的关键，并且认为“一人一票”“全国公平选举”这种制度性的改革才是杜绝腐败的终极手段。

对比村民期望媒体传播的框架和媒体实际传播的框架，以及大陆媒体框架和海外媒体框架，我们可以看到，尽管集体行动组织者对媒体框架发挥了一定的建构效果（frame-building effect），媒体背后的意识形态、媒体的工作惯例、媒体的角色扮演才是决定媒体框架的关键性因素。在与媒体打交道时，乌坎村民既失望于大陆媒体不敢说话，又吃惊于海外媒体太敢说话，不得不在具体实践中不断调整策略。对于大陆媒体，他们从最初的寄予厚望，但很快大失所望，但事件解决之后，面对新华社、中新社等国家级媒体的采访，他们却相当配合，说了一些有利于官民谈判的“场面话”。对于海外媒体，他们深怀感激之余，又不得不划清界限，尤其是在乌坎事件后期。

八、结语

综合前面的分析，我们可以看到乌坎村民在独特的传播生态场中，根据事件不同阶段的形势与任务，不断调整抗争性话语的形式与内容，建构出有力的策略性框架，成功地完成了内部动员，吸引了媒体（尤其是海外媒体）的密集报道，并在一定程度上建构了媒体的报道框架。而媒体对乌坎抗争性话语的选择、再造与包装也是毋庸置疑的。海外媒体的“框架化”似乎更多地为了突出乌坎事件的新闻价值，因此更倾向于从“冲突”和“人情”角度建构框架。而大陆媒体的“框架化”则是等事件尘埃落定之后发掘其宣传价值，更侧重于事件的“定性”与“启示”。

村民的“依势博弈”以及借助信息传播技术进行赋权实践为他们争取到了更多的自主权。在海外媒体“如潮水般涌入”的时候，乌坎村民非常清醒地在每一次采访前面强调“我们来自中国乌坎”。起初，他们制作了各种文字、图片、视频资料提供给媒体，追问“你们还要什么，我们全都给你”，但是到了后来，他们更相信自媒体平台（乌坎村民自己的博客、微博），“对于乌坎事件，外面的版本太多太太多了，大家还得从正确的渠道去了解”。村民张建兴和蔡义丰在印制自己的名片时，以100多张记者的名片叠放作为背景，这的确意味深长。行动者与媒体之间，究竟谁是背景、谁是主角，乌坎村民的回答显得相当自信。

作者：周裕琼（深圳大学传播学院教授）
齐发鹏（深圳大学传播学院硕士研究生）
摘自：《新闻与传播研究》2014年第8期（全文约20300字）

《京报》英译活动中的跨文化传播策略与技巧

——以《中国丛报》文本为例

19世纪上半叶，来华传教士和外国商人、外交官、旅行者等逐渐在港澳等口岸城市定居。活跃于当时的中外贸易和外事活动中的“买办”和“通事”群体是清廷对外通商制度和对外关系体制下的产物，而在华外国人在与清廷及买办和通事的交流中无法获得关于中国社会的真实有效的信息。为了满足在华外国人更好地了解中国社会，以在华传教士为代表的译者群体在广泛阅读《京报》的基础上将部分文本摘译或者节译为英文并融入自己的评论，从此形成了在华外国人阅读和摘译《京报》以了解中国社会并展开外交活动和文化交流的惯常做法。西方人最初仅将其作为“中国情报源”，第二次鸦片战争期间，开始将其引为“一种外交手段”。

19世纪上半叶，来华基督新教传教士作为《京报》外译活动的主体，是来华外国人的“先锋”和在华外国人利益的代表。当他们带着之前外国作者强加于“中国人民及其文明古怪的、模糊不清的可笑印象”来到中国时，中西社会和文化的差异迫使他们做出调整以适应在华的生活，同时对于清廷和国人固守传统、拒绝接受西方文化的做法感到困惑。由于闭关锁国政策的惯性及其影响，19 世纪上半叶的中国人依然沉浸在以往的成就中，拒绝外来的文化和西方文明。在华外国人的亲身经历加深了他们对中国社会落后状况的认识，认为中国人夜郎自大、愚昧保守。如何在中西文化差异和冲突中真正适应中国社会，宣扬西方社会制度及其文化的优越性，实现传教本土化并说服国人和朝廷接受以基督教为基础的西方文化，是在华传教士及其所代表国家、利益集团的主要目标之一。

目前，中国内地有关《京报》外译的研究尚属新话题，而关于 19 世纪上半叶《京报》外译的系统研究更少。本文拟从《中国丛报》摘译的《京报》英译本为案例，对 19 世纪上半叶在华外国人阅读和翻译、评论过程中所形成的编译策略和技巧进行梳理，旨在透视当时中西贸易往来与文化交流中的冲突和融合，归纳以在华传教士为主的译者群体对《京报》及其所体现中西文化差异的误读，剖析外国译者有意宣扬西方文化和社会制度而一味否定并抨击中国社会制度与陈规陋习的做法，旨在表现西方文化优越感的心态。

一、《京报》外译的历史渊源

由于当时外国人接触和了解中国社会状况的渠道受限制，在华西方人经常通过阅读和翻译《京报》来了解中国国情和文化，并借助所出版的中外文报刊和书籍来介绍《京报》和中国文化。《京报》外译活动某种意义上担当着中西文化交流和外事活动之媒介的角色。

早在 18 世纪，耶稣会教士和外国人就注意到阅读《京报》对于了解中国国情的重要价值并进行选择性节译。1727 年，法国来华耶稣会教士龚当信写道，“《京报》几乎包括了这个辽阔帝国的所有公共事务，它刊登给皇上的奏折及皇上的批覆、指令及其施予臣民们的恩惠”。龚当信等外国观察家认为，中国实际的新闻信比实际的新闻纸有更多的优点。

1807 年，伦敦会传教士马礼逊来华，提出“恒河外方传教计划”，带动西方人在中国周边和广州陆续出版数种中外文报刊，同时在华传教士率先阅读、翻译和介绍《京报》，将其译文发表在《印支搜闻》等英文报刊上，由此开创了中国近代史上西方人翻译和分析《京报》文本以了解中国国情和译介中国文化的惯常做法。

在华传教士翻译的《京报》文本往往被结集出版，如马礼逊的《中国风》，英国伦敦会传教士麦都思的《京报节译》等，成为外国人研究当时中国问题的珍贵材料。

西方人出于不同的实用目的而阅读、翻译和研究《京报》。马礼逊等人分析《京报》内容，旨在掌握中国国情和相关信息并试图揭开中国封建帝国的神秘面纱。马礼逊的次子马儒翰继承了父亲从中国上层政治文化圈里采集所需情报和信息的做法，即通过阅读和翻译《京报》而获悉大量有关清廷和战争的消息。法国遣使会牧师秦噶哔通过研究《京报》来了解林则徐查禁鸦片的情况。英格利斯和威妥玛则根据京报刊登的朝廷信息来研究中国政情。卫三畏在 1883 年重新修订版《中国总论》中做了详尽论述。在他看来，《京报》所报道的信息虽然只是官方行为、官员提升、政令和宣判的记录，但对于了解政府的政策有很大的价值。18 世纪以来，传教士与外国人的《京报》译介活动一直未停止。有关《京报》报道及其分析的翻译文本集中反映在《北华捷报》等英文报刊及其“摘译”栏目上，《京报》译本亦大量散见于在华外国人和中外人士出版的有关书刊中。

19 世纪在华外国人对《京报》的翻译

文本流传至欧洲本土，成为欧洲国家获得中国信息的重要渠道。根据《英国国会议事录》所载，两次鸦片战争期间，英国政客曾在议会辩论中援引《京报》，用以讨论对华问题。

二、《中国丛报》之《京报》英译的跨文化传播策略与技巧

19 世纪上半叶在华外国人创办的各类报刊中，旨在向西方读者介绍中国社会状况的英文刊物《中国丛报》汇集了当时在华传教士的杰出代表及其作品，它以定期栏目刊登译介《京报》的英译文本，为我们考察京报外译活动提供了系统的语料。外国人在阅读中国本土的《京报》时自然会产生跨文化反应。他们在译介活动中存在跨文化传播的困惑，甚至误读，但这并不妨碍他们在此基础上形成了一套行之有效的跨文化翻译策略与技巧。

（一）《中国丛报》之《京报》英译文本特征与外国译者的误读

美国公理会遣华传教士裨治文在广州创办《中国丛报》，详细记录了第一次鸦片战争前后中国政治、经济、文化、宗教和社会生活等内容。撰稿人是当时在华传教士、商人、旅行家、外交官和军官及皈依基督的个别中国本土译者，把耳闻目睹的事实记录下来，旨在提供“有关中国及其邻邦最可靠、最有价值的情报”。《中国丛报》包括书评、出版物节选、杂记、宗教消息、文艺通告、时事报道等基本栏目，“时事报道”相当于新闻报道，其主要信息源就是《京报》。其译本构成《中国丛报》向西方人介绍中国国情和信息的主要内容之一。

《中国丛报》“时事报道”栏目和其他独立发表的《京报》英译文本分为两大类：介绍和评论《京报》的英译文章与《京报》英译文本及其分析，通常情况下，每段《京报》摘译文本包括若干报道。

总体而言，《京报》英译作者只关心他们认为本国人可能感兴趣的话题：清廷法律和司法中与国际法、西方国家普通法迥异的条款和执法、反映中国社会风土人情的“猎奇”故事、清廷及其官员腐败无能、社会暴乱等。《京报》记载的皇帝圣旨和诏书、大臣呈交皇帝的备忘录、朝廷公告及其官员升迁或贬谪的信息等内容，不仅被外国译者忽略，甚至还引发他们对《京报》及其报道理念的嘲讽和批判。

1. 以摘译或节译为主，辅以整篇文本翻译

《中国丛报》所载《京报》译文一般为摘译或节译，且大多夹译夹叙。“《京报》摘译构成了《中国丛报》十分有趣的部分。但假如这些摘译信息有机会传入皇帝的耳朵，将使他惊奇原来自己发布过这样的命令。”整篇翻译《京报》内容的情况并不常见。对此，译者解释：“我们必须阅读《京报》的大量无聊记录，从中寻找有点趣味性的记录……其效果胜过那些拖沓冗长的文章。”

2. 关于中国法律和政府概况的译介为主要内容

19 世纪上半叶，《京报》译者谙熟中西文化差异与中国当时的闭关锁国政策导致国人对西方人的排斥和抵制，而向在华外国人和国内人士译介中国社会的政治、法律、司法制度和本土文化，为在华外国人的经商、军事、文化活动及其传教士的传教活动提供更加有利的信息，消减他们对中国人和中国社会的误解，并探寻中国人“排外”的原因。

《京报》英译文本集中在关于中国法律和政府概况的译介上。对反映当时中国的社会制度与现状有着不可替代的作用，作为外国人理解中国政治制度的重要参考，《京报》中有关政治与法律的文本必然受到译者的“青睐”。《京报》译介文本中有关中国刑法的内容大部分是现实案例及其

判案结果，通常每件案例译文之后都要加上译者对该案例的看法和观点。译者在一则关于误判导致当事人受刑罚致死而其兄上诉要求赔偿之消息的译文后批注：“关于该案件的结果，《京报》没有给出后续报道。”译者没有直接给出批评，而从对案件描述的字里行间可以看到，译者对刑罚使无辜者致死而死者家属伸冤困难、上诉渠道不通，以及《京报》作为官方报纸却不做全面报道等问题的困惑。

3. 对《京报》主要报道及其社会功能的误读

在外国译者看来，《京报》中西方读者真正感兴趣的内容不多，译者称《京报》为“新闻纸”，出版初衷似乎是给朝廷所有官员阅读的，面向大众发行是“违法行为”，需要征得政府的默许，就像英国刊登议会演讲的出版物一样。而有关官员迁升之推荐信、官员任免之通告等信息填满了主要版面，这些话题对于忽视党派之争的外国人而言却没有多大的趣味。以致译者常感叹：“上个月收到的《京报》没有什么重要内容。”而在 1834 年 5 月第三卷第一期《中国丛报》摘译《京报》有关“召回李总督”的报道中，译者却明确指出此类消息是他们在《京报》中看到的最有趣的新闻。

其实，如时任中国海关总督罗伯特哈特所言，京报是一个外来的空泛叫法，指代个体投资商所有的独立报纸，并非官报。京报报道朝廷备忘录和公告复制本，很少包含真正重要的公告。公告或者布告必须由皇帝作出决定或者发出指令来颁布，通常由宫廷吏部进行记录，即公告必须取得皇帝的授权并加以记录，无须刊登在《京报》上。

然而，从中国古代知识分子的新闻价值取向来看，《京报》是具有头等价值的报纸。中国知识分子沉浸于对成熟文化的历史思考，普遍希望将来得到某一官职，因此朝廷法令和皇位变迁构成其感兴趣的新闻。《京报》中生动有趣的新闻是有关退休、被罢免官员和等待朝廷任命的状元、举人和秀才等考生的消息，过去、现在、将来和待职官员的分类消息构成中国上层读者的主要内容。贵族阶层中总是有对《京报》感兴趣的忠实读者。严肃的《京报》往往成为民众的喜剧性读物，他们能够通过阅读京报来感受皇子和政客阴谋诡计中的幽默感，并享受整个朝野的争斗。

中国本土的邸报和《京报》虽然没有逐步演绎为现代意义的报纸，但符合自给自足读者的信息需求，其上情下达的传播模式有利于维护封建帝国的统治，从诞生到灭亡都是政府控制的“喉舌”。在清朝，《京报》虽然不具备欧洲新闻纸传播信息的功能，却代表着官方的权威性。由于《京报》内容是从宫廷援引而来，并非出自大臣和吏部官员之手，所以《京报》比欧洲国家的新闻纸具有较高的声誉。

4. 跨文化视角的评论

在《京报》的英译文本中，译者都做了跨文化视角的评论。译者在《京报》原文基础上进行翻译改写在他们看来西方读者感兴趣，或者由于文化差异可能误读的译文。例如，在“李总督最终被判发配伊犁”的摘译文章中，译者点评：“中国的一条规矩是，年迈之人可以支付罚金而得到救赎。”此类旨在帮助外国读者想象并理解报道内容的跨文化视角点评在《京报》外译中是常见的。

但外国译者对《京报》所承担的舆论批评之功能并没有真正弄明白，他们在翻译文本中的点评反映了中西报纸评论及其舆论的差异。清朝统治阶层控制着报业，但 19 世纪清朝的报业管制政策相对是宽松的，唯一的限定是，报纸不允许刊登大众的即兴批评。《京报》报道的字里行间总是渗透超越纯粹事实记录的观点或意见，这部分内容充当着其他国家报纸评论的作用或者“舆论领袖”的角色。古伯察指出：“中国的京报实际上是监督者，通过刊登朝廷奖惩、官员贬谪对腐败官员进行警示并对其善行加以鼓励。”

（二）《京报》英译文本的跨文化传播策略与技巧

由于在华传教士和外国人创办的中文报刊之目标读者为中国人，目的在于在中国人中间宣扬基督教义和西方社会制度或者用作商业利益，而《京报》英译本旨在向西方人译介中国的社会现状，所以《京报》译介过程中译者采纳了一套独特的跨文化传播策略与技巧。

1. 基于西方新闻观对《京报》报道的客观评价和批判

以在华基督新教传教士为主的《京报》译者在其摘译或节译文本中明确指出“粉饰太平”的记录，其译文及附加评论的字里行间渗透着对中国社会制度及陈规陋习的困惑和嘲弄。如“我们没有听到过中国大地上发生的饥荒、旱涝灾害或者暴动等消息，整个帝国似乎从混乱走向了太平盛世”。译者在此点评后摘译了有关绑架、平定骚乱等信息。从这段摘译和评论文章中，不难看出译者对《京报》报道的批判态度：“我们从面前的《京报》中可以获悉京城所发生的公共事件，而整个中华帝国像年初一样安宁。中华大地上没有出现过任何吸引公众关注的骚乱，但是实际上很多省份都发生了动乱，足以表明这个国家的政治制度已经出现严重的危机。”表达对其内容真实性的怀疑和讽刺。

由于中西报刊行业的历史沿革与文化差异，《京报》与正值现代报业奠定基础时期的同期英美国家的报纸比较而言，其新闻价值判断标准、报道理念、报刊之社会功能和报业规范等均存在很大不同。《京报》并非西方人所谓的现代意义上的报纸，只是记录朝廷事务的半官方报纸，由于中国封建体制下官员的行政职责十分宽泛，结果很大范围的行政事务都写进了《京报》。所以，《京报》的外国译者会对其报道内容和理念等产生误读。

2. 批判中国社会的陈规陋习

在译介和评论有关中国社会制度和风俗习惯的过程中，译者往往对其中涉及的某些陈规陋习或者极端邪说进行无情地批判，其中也流露出译者对本国社会制度的认同感和本民族文化的优越感。国家和民族的社会制度构建和风俗习惯养成都根植于其文化土壤中。19 世纪上半叶，在华外国人首先感知到中西文化不同带来的中西社会制度、风俗习惯之差异，他们必须面对文化差异及其引发的困惑和不适应，因此很关注此类话题。各民族和国家在历史长河中沉淀而成的历史背景和民族文化不同。

3. 重视东西文化比较，彰显西方优越感

《京报》译者在跨文化译介活动中，特别重视中西文化之比较，彰显西方文化的优越。在处理不同的崇尚、禁忌等具有浓厚民族文化差异的信息时，译者基于西方文化价值标准对所涉及的文化现象和事物进行中西文化内涵的比较，运用在译本中插入点评的方法传递其特有的文化信息。

4. 饱含文化差异的专有名词直译

《京报》译者在处理饱含中西文化差异的专有名词时，往往采取直译的技巧。比如“道光皇帝”被译为“reason's glory”，而“皇贵妃”被译为 august honorable lady。虽把“皇贵妃”的威严感与体面性翻译出来，可外国读者并不能真正理解什么是所谓的“威严的、正直的女人”。直译必然会降低源语所蕴涵的历史文化信息度。相比之下，尽管拼音加直译的方法可能产生翻译缺失或“误读”，但不失为一种应对中西文化差异之困惑的技巧之一。

5. 译者基于西方文化观对《京报》英译本的操纵、改写

任何翻译活动都涉及源语和译语所根植于的两种不同文化，所以译者在语言转换的过程中都会出现在译语的主流意识形态和主流诗学控制下对原文本的操纵、改写现象。英译活动中，译者通常根据目标读者的阅读兴趣和需求而有选择地摘译或节译，同时融入自己的评论。但在大多数情况下，译者都在译本的编者按或者后记中明确说明了该《京报》英译本是从《京报》原文本改写而来的。

当然，在华外国人作为《京报》英译活动的译者主体，他们并不明白《京报》并非他们所认为的“政府公报”，也不是现代意义上的真正报纸，由于它符合中国士绅阶层之阅读需求和统治者的利益而延续了千余年。因此，在华外国人在阅读、摘译和评价《京报》的过程中必然会对这份政府公报产生误读。译者们一方面满怀期望地大量阅读和摘译《京报》，另一方面抱怨《京报》缺乏真实而有效的消息，同时对于其报道进行批判性评价。

三、结语：《京报》英译活动的跨文化传播意义

以《京报》英译为代表的外译活动，其译者群体的初衷是了解中国社会状况并向西方人介绍中国，其跨文化传播策略与技巧为后期的《京报》外译奠定了所效仿的模式，而由此形成的外译的惯常做法贯穿整个中国近代史。外译活动推动了在华外国人的报刊创建和译介、出版活动，并逐步与其在华的外交、文化和商业活动融合起来，甚至成为在华外国人的外交手段和文化交流之媒介。

从表象上看，《京报》英译活动说明了当时中国《京报》依然延续着其古老的维系封建社会国家机器的“上情下达”之功能，而西方报刊文化正值资本主义自由发展时期廉价报纸形成和发展阶段，基本具备了现代新闻业的特征及认知。从实质来看，《京报》外译活动反映了基督教文化与儒家文化差异的冲突，以在华基督教传教士为代表的译者群体在翻译活动中宣扬基于基督文化的西方文明和科技进步以及中国愚昧落后的观念。他们在文本的选择、文本翻译及其附加评论、与翻译活动相关的外事活动等环节上，都通过符合褒扬西方社会制度和文明而否定或批判中国社会制度和陈规陋习的标准来呈现中国落后和抵制外来文化的社会图景，其目的是表现西方的文化优越感，以便说服更多的本国人用基督文化和西方文明征服中国。

(一) 正确认识《京报》外译中的误读与中西文化冲突

《京报》外译活动绝非在华外国人向本国人和在华外国人简单地介绍中国社会状况的翻译活动，它更大程度上充当着19世纪上半叶中西文化交流和冲突、中外军事和外交沟通的媒介，而译者群体在译介过程中对中西文化差异及其认知基础上滋生的“西方文化优越感”，对中国社会制度之弊端、陈规陋习的批判，都需要我们以历史的、科学的态度加以对待。

(二) 推动《京报》外译活动及其在华外报与译介事业

《京报》英译活动作为西方了解和评价中国社会的必要途径，推动了其后在华外国人的《京报》外译活动。19世纪下半叶，《北华捷报》等在华外文报刊纷纷效仿业已停刊的《中国丛报》的《京报》英译模式，选取《京报》的有关内容加以编译并附加评论予以发表，有些报馆专门在报刊中设立“京报摘译（要）”栏目。

19世纪上半叶，在华基督新教教士的主要人物都参与了《中国丛报》及其《京报》的外译活动。在这项跨文化传播实践中，他们创新了很多翻译策略与技巧，不但为在华外国人的办报和译介事业

奠定了基础，而且推动了在华外报和译介事业的深入展开。慕维廉、艾约瑟等在上海创办墨海书馆，其目标之一就是培养“通晓中西文化”的译员。基于此，《京报》外译活动必然对第一次鸦片战争前后在华外报及其译介与出版事业产生推动作用。

（三）《京报》英译活动的学术价值

19 世纪上半叶，外国人渴望通过《京报》英译本来了解中国社会的真实状况，以便于其在华的商贸、外交和传教事务。《京报》不仅成为在华外国人了解和评价中国社会的主渠道，而且是西方人围绕《京报》外译展开外事活动的必要媒介。外译活动不仅为当时的外国人提供了研究中国社会状况的素材，而且为后世的中外学者研究 1832—1851 年期间的中外文化交流和中国翻译史提供了丰富的材料，其对跨文化翻译策略与技巧之探讨为翻译学研究拓宽了思路。

基于《京报》译者主体及其跨文化背景，外国译者要实现自己的译介目标，必须突破中文水平不足，信息途径不畅等制约因素。在这种情况下，外国译者更多地根据个人趣味、文化理念、意识形态来翻译改写。因此，研究者可以结合目的论、操纵派、多元系统理论等当代翻译学理论来研究《京报》英译翻译策略与技巧，指导《京报》翻译实践的研究，并检验翻译理论在中国晚清语境中的适用性。

同时，从翻译主体及其社会关系研究的新视角出发，研究者可以观察外国译者、外国读者、《京报》作者与中外政府等翻译活动所涉及主体之间相互制衡与角力的格局，通过研究外国译者的文本选择、译者地位与赋权、政治对翻译的操控、译者与赞助人的关系等问题，检验相关翻译学理论，对《京报》英译活动和在华传教士翻译史进行总体评价，对译者的翻译策略和技巧、翻译思想及其性质定位加以重新认识，为当今的中外关系和文化交流提供参考。

作者：王　海（广东外语外贸大学新闻与传播学院教授）
王　乐（广东外语外贸大学商务英语学院本科生）
摘自：《国际新闻界》2014 年第 10 期（原文约 15 000 字）

中国新闻从业者的社交媒体运用及其影响因素：一项针对上海青年新闻从业者的调查研究

社交媒体（social media）正在重塑新闻业。作为社会中使用社交媒体的活跃群体，新闻从业者运用社交媒体已经成为全球性的现象，激发大量关于重构新闻、修补范式（paradigm repair）、挑战专业理念及引发伦理困境的讨论。本研究将运用一个在上海市进行的青年新闻从业者抽样调查数据，实证地检视其社交媒体运用与影响因素。我们希望本研究达到三个目的：第一，以系统的随机抽样调查样本，反映新闻从业者社交媒体使用的一般特征；第二，从概念上区分并经验地展现该群体社交媒体使用的不同形态；第三，综合运用个人属性、组织背景、新闻范式和心理变量，对新闻从业者的社交媒体使用做出比较系统的解释。

一、新闻从业者社交媒体运用的三个维度

新闻从业者对社交媒体的运用，首先在于工作性的运用——即运用社交媒体服务自己的新闻工作，特别是新闻生产过程。由于社交媒体独特的技术、内容与互动优势，新闻从业者吸纳社交媒体，拓宽自己的线上社会资本，用以采集新闻线索、追踪采访对象、关注新闻人物或意见领袖、感知受众需求、与同行交流信息，已经成为新闻生产的新常规。

社交媒体也是新闻从业者表达自我的平台。作为一个以“用户创造内容”（UGC）为基本特征的公共表达空间，社交媒体为每个用户、包括新闻从业者群体提供了发声的渠道。新闻从业者可以针对日常生活、专业话题，乃至社会议题发表自己的意见与观点。虽然客观中立、冷静超然的新闻专业主义法则使得新闻从业者能否通过社交媒体表达自己对公共问题、特别是某些争议性公共议题的意见存在争议，但它在事实上已经成为新闻从业者日常实践的一部分。

随着新媒体的发展，新闻业向公众开放与说明新闻生产的过程已经成为新闻业的新规范，包括以链接方式交代新闻来源和背景资料、实时更新与修补新闻、引入更多的受众互动等具体策略。在这一过程中，新闻从业者也有更多的机会将原本隐于幕后的新闻业“后台”推至公众可见的“前台”，使得新闻业“可视化”。“可视化”的具体表现，涵盖从新闻生产、从业者、新闻文本、新闻话语到新闻机构的不同层面，包括新闻从业者利用社交媒体披露新闻现场的所见所闻、表达新闻采编过程中的感想、在正式报道发表前预告新闻或披露新闻生产过程中的“初稿”，以及向公众透露新闻机构或新闻行业的“内幕”等。

上述三类新闻从业者社交媒体运用的具体模式，不仅在当下新闻从业者的日常实践中均有迹可循，而且在理论逻辑上需要作出区分。第一，这三个维度社交媒体的使用可能出于不同的动机与目的——“工作运用”主要源于新闻从业者的工作需求；“常规表达”主要满足个人表达的需要；而“后台披露”的动机最为复杂——可能源于新闻从业者传播事实、表达意见、扩大影响、追求公义等多种不同的目的。就中国场景而言，很多情况下新闻从业者选择公开新闻生产的“后台”，是为了披露真相、揭露黑暗、化解风险、唤起关注。第二，这三个维度所需付出的心智劳动不同。“工作运用”是新闻工作的内在要求，有些仅需“潜水”观察或搜索即能完成，所需付出的心智劳动相对较少；“常规表达”和“后台披露”则需在工作之外，投入额外的时间与精力，并斟酌传播环境、预期效果等遣词造句加以完成，所需付出的心智劳动相对更多。第三，它们对新闻常规和专业伦理所造成的冲击强度不同，因此面临的争议与获得的空间也就参差不齐。“工作运用”是现有新闻常规的有益补充，因此很容易得到鼓励并被“常规化”；“常规表达”则面临一定的伦理争议与规范制约；“后台披露”则更明显地冲击新闻从业者的个体身份与职业身份、个人利益与机构利益之间的界限，因此不仅受到组织规范的限制，而且在更大层面上面临行业的管制。

本文将不仅通过实证研究检视新闻从业者使用社交媒体三个维度的分布状况，而且可以依据其发生动力、心智付出与面临风险提出如下研究假设：

H1：在新闻从业者三个维度的社交媒体运用中，以“工作运用”最多，其次是“常规表达”，而“后台披露”最少。

二、新闻从业者社交媒体运用的影响因素

本文认为，新闻从业者对社交媒体的采纳和使用，不仅是基于技术先进性和个人差异性的扩散过程，而且是社会场景、组织因素、新闻生态等情境因素与技术交互作用的结果。因此，我们从个人属性、组织因素、新闻范式和心理变量等四个层面分析新闻从业者社交媒体运用的影响因素。

（一）个人属性

根据“创新扩散”和“使用满足”理论，性别、年龄、教育和收入等这些基本的人口统计学变量，代表着资源多寡和动机强弱，因此是影响新媒体采纳与使用的重要因素。现有少量关于新闻从业者社交媒体使用的经验研究也表明：基本的人口统计学变量虽能在分组分析的情况下显示其显著影响，但当以回归分析的方式检视其独立影响时，仅发现年龄（年轻）是鼓励新闻从业者运用社交媒体的因素。

在这些基本的人口统计学之外，值得探讨的个人属性变量还包括新闻从业者在行业或组织内的位置——包括其岗位、职位和职称等。纳入这些变量的理论考虑有二：第一，岗位变量与工作需求有关，例如相比于后台编辑等其他人员，在一线从事新闻采写的记者有更多的需求和动力运用社交媒体服务新闻生产过程；第二，社交媒体之于新闻业，构成对原有新闻范式和生产常规的冲击，因此处于组织和行业结构内不同位置上的新闻从业者（以职位和职称衡量）可能对冲击产生不同的回应。由于缺乏足够的理论指引和经验基础，本文提出如下研究问题：

RQ1：新闻从业者的个人背景——包括基本的人口统计学变量（性别、年龄、教育、收入）及其在组织和行业内的位置（岗位、职位、职称）对其社交媒体不同维度的使用分别具有怎样的影响？

（二）组织因素

新闻从业者身处的组织（新闻机构）是影响其社交媒体使用的重要因素。与一般的新媒介技术使用不同，新闻从业者的社交媒体运用直接牵涉个人与组织利益之间的张力。对新闻机构而言，其组织中的个体从业者对社交媒体的运用是一把“双刃剑”——一方面，微博等社交媒体对促进新闻工作、推动媒体转型、培养明星记者、扩大组织声誉等具有重要意义；另一方面，又担心新闻从业者的社交媒体运用会引发不必要的争议，有损组织声誉，甚至陷组织于危机之中。因此，媒体组织对新闻从业者的社交媒体使用持有矛盾与不同的态度，或趋向鼓励或趋向限制。

从这个角度出发，本文主要考察两个因素。第一个因素是媒体组织的类型。Lasorsa 等人关于记者推文的内容分析发现，美国不同类型媒体的新闻从业者通过推特表达个人意见和日常生活的程度不同，非精英媒体（non-elite media，指地方报纸或电视台）的记者相比精英媒体（elite media，指《纽约时报》、CNN 等全国性的大媒体）的记者更乐于在社交媒体上进行表达。中国媒体可以分为四类——党报党刊、都市报刊、广电媒体与新闻网站，它们具有不同的受众基础（如都市类报刊或广电媒体总体上拥有更多受众）、不同的转型压力（如在新媒体冲击下，报纸面临的市场竞争比广电行业更为激烈）。我们在此提出研究问题：

RQ2：不同类型媒体机构（党报党刊、都市报刊、广电媒体、新闻网站）的新闻从业者，在社交媒体运用的三个维度上是否，以及具有怎样不同的表现？

第二个因素是从业者所感知到的所在组织对其使用社交媒体的态度。无论是从经典“创新扩散”理论所强调的“感知流行”（perceived popularity）角度，还是从社交媒体运用、特别是表达性的运用，所

存在的与组织利益之间的潜在冲突考量，组织对从业者使用新媒体和社交媒体的激励，都是其使用社交媒体的正面推动力量。为此我们提出如下研究假设：

H2：新闻从业者所感知到的单位鼓励，与其社交媒体使用之间存在正向关系。

（三）新闻范式

新闻从业者对社交媒体的运用，固然可被视为这一职业群体对社交媒体的采纳与使用，但同时也可被理解为其在社交媒体空间内的传播与表达。从这个视角出发，新闻从业者对社交媒体的运用应当被置于中国社会的“双重话语空间”内加以审视，其在社交媒体的表达因此与解决面临“双重话语空间”的“认知不和谐”有关，也因此受到不同新闻范式之影响。

何舟针对市场经济转型以来中国社会与传媒生态的变迁指出，当代中国存在两个明显对立但有交错的“双重话语空间”（dualistic discourse universes）：一个是官方的（official）话语空间，主要以官方大众媒体、文件和会议为载体；另一个是非官方（non-official），即民间话语空间，主要载体是各种人际传播渠道，以及互联网、手机等新媒体。中国社会公众都同时面对这两个不同的话语空间，但新闻从业者的处境更为微妙。随着社会转型与传播形态的变化，原有僵化保守的意识形态控制力下降，部分新闻从业者已经不再服膺传统的意识形态与宣传话语，但另一方面就公开的报道空间而言，他们又不得不遵从官方意识形态的表达。运用社会心理学家费斯廷格的概念，这就带来了新闻从业者的“认知不和谐”（cognitive dissonance）。何舟认为，中国新闻从业者有五种策略来降低“认知不和谐”：一是经过规训，逐步改变另类观点，认同官方话语；二是基于现实利益考量，在公开的新闻工作中完全遵守官方话语；三是公开空间表达官方话语，但在私人空间表达另类话语；四是尽力拓宽官方话语的边界；五是利用公开渠道（如海外媒体）表达民间话语。

本文认同“双重话语空间”和“认知不和谐”对改革年代中国新闻从业者社会心理的洞察，但有两点补充。其一，在何舟强调的私下人际讨论与手机短信之外，社交媒体已成为当前“另类话语空间”新的重要代表。它不仅拓宽了私下表达的方式，并且经由卡斯特所说“大众自我传播”（mass self-communication）的路径，拓展出公共空间的能力。其二，这一“认知不和谐”及其采取的相应策略并非均衡分布，而是因新闻从业者所持的新闻范式而异——不同的新闻范式，意味着对官方话语空间的不同态度，也就影响“认知不和谐”的存在程度，从而对其利用“另类空间”（社交媒体）的表达具有不同影响。

“新闻范式”（journalistic paradigm）是表示在一个时代或社会对什么是新闻，以及如何制作新闻的共享理解，这种理解通常被固化在规范新闻实践的专业理念、组织常规或政策以及现存社会秩序之中。在西方社会，核心的新闻范式是被学者概括为“新闻专业主义”（journalistic professionalism）的一整套有关新闻实践的话语、意识形态和控制模式。在中国，1949年后占主导地位的是强调新闻传媒宣传喉舌功能的“党的新闻事业”范式。但自改革开放以来，强调传媒具有的商业属性，认同传媒应以更实用的信息和娱乐服务受众，以最大化传媒的商业利益的“市场化”范式也开始成为部分传媒及新闻从业者的选择；以传媒功能主要是服务公共利益、新闻从业者的核心使命是报道事实和呈现真相、新闻行业的控制模式来自专业社区自身等为基本特征的新闻专业主义范式亦得以浮现，并有局部与碎片的呈现。

这三种不同的新闻范式反映到新闻从业者的个体认知层面，可以经由媒体范例

（exemplar）评价来表征。虽然在中国，所有媒体都在党的管理之下，但有些媒体主要承载宣传功能，无论从话语特征与象征符号意义上，都更多代表“党的新闻事业”范式，例如《人民日报》、新华社等；而改革过程中获得市场成功的代表性晚报与都市报，是“市场化”范式的代表；《纽约时报》、BBC等西方媒体，以及“本土化”个案——例如设在香港的凤凰卫视、以舆论监督为特色的《南方周末》和《财经》杂志，则是“新闻专业主义”范式的代表。新闻从业者对这些媒体范例的褒扬或贬抑，是其所持不同新闻范式的具体化，因此也意味着对官方话语空间的认同或抗拒。那些认同“党的新闻事业”范式的新闻从业者，由于其在职业工作中已经具有充分的实践机会和表达空间，并不会产生明显的“认知不和谐”，也就降低了其利用社交媒体表达的动机；而那些更加认同“市场化”与“专业主义”范式的新闻从业者，会产生较为明显的“认知不和谐”，从而强化其运用社交媒体的表达意愿。我们提出如下研究假设：

H3：新闻从业者对“市场化”和“专业主义”媒体范例的正面评价，与其表达性的社交媒体使用（包括“常规表达”和“后台披露”）存在正向关系。

（四）心理变量

从“理性行动”理论（Theory of Reasoned Action）与“使用与满足”角度，新闻从业者使用互联网或社交媒体的过程，都可以被解释为其对社交媒体被用于工作和表达正向态度作用的效果。以往研究也强调，新闻从业者之所以在工作中运用互联网，是源于其对互联网功能的正向认知、基于互联网对新闻工作有用的感知有效性（perceived practical benefits）——即认为互联网可以辅助其工作。因此，我们提出如下研究假设：

H4：新闻从业者对互联网工作功效的正面认知，与其对社交媒体的工作运用存在正向关系。

另一方面，对社交媒体使用的“常规表达”和“后台披露”两个维度而言，由于相对于工作运用，存在更大的伦理争议，是新闻业有待“范式修补”（paradigm repair）的边界地带，因此除了前面讨论的所在组织是否支持与鼓励的因素外，个体层面上对这些争议问题的心理认知也会对此施加显著的影响。新闻从业者认为是否能在社交媒体上表达个人意见，特别是对有争议的公共议题的意见，以及是否能够发表新闻生产过程中的“流动文本”等，都应当会影响其在社交媒体上的表达和后台披露行为。因此，我们提出如下研究假设：

H5：新闻从业者对社交媒体表达的正面态度，与其在社交媒体上的“常规表达”及“后台披露”存在正向关系。

三、研究方法

（一）抽样与执行

本研究数据来自一项针对上海青年新闻从业者的问卷调查。调查于2013年7—8月进行，采取多级抽样方式——首先，根据上海新闻工作者协会提供的基本资料，在报业集团、广电集团、新闻网站三层间分配样本；其次，在各层内部，按照所拥有的各子单位青年新闻从业者数量比例分配样本；最后，在具体的新闻机构内按照工作台位置采用等距间隔发放的方式抽取样本。问卷由被访者匿名填答，并由研究者派往被访者所在单位的执行人员收回。调查共发放700份问卷，最终共成功访问到535位青年新闻从业者，访问成功率为76.4%。

（二）测量

本研究的因变量为新闻从业者的社交媒体运用。具体的测量一共包括了16个条目，所有条目均采用从0到5的李克特量表测量（0 = 从不，1 = 很少，5 = 经常）。经主成分斜交旋转因子分析显示形成三个负荷清晰的因子，分别代表社交媒体运用的三个维度。其中，“工作运用”由下列六个条目加总取均值组成（信度系数 $\alpha = .898$）：“关注新闻人物的博客/微博以了解其背景”“关注新闻人物或意见领袖的博客/微博以获取其观点”“关注、浏览新闻界同行的博客/微博”“利用博客/微博等讨论新闻业务和专业问题”“利用博客/微博等了解受众的想法”，以及“利用博客/微博等与受众直接互动”。“常规表达”由五个条目组成而成（$\alpha = .826$）：“表达个人日常生活”“转发工作单位官方博客/微博的内容”“转发单位同事/媒体同行的博客/微博”“对公共议题或社会问题发表评论”，以及“发表对新闻界或新闻工作的观点或看法”。“后台披露”则由如下五个条目组成（$\alpha = .866$）：“第一时间披露新闻现场或采编过程中所见所闻”“表达新闻采编过程中的感想”“新闻报道正式发表前的部分披露或预告”“张贴个人或同行‘被枪毙’稿件或‘未删节版’”，以及“记录单位内部的一些活动、规章或讨论”。

主要的自变量及控制变量包括：

个人属性：包括基本的人口统计学变量——性别（男性比例为 49.53%），年龄（均值 $M = 29.08$），教育程度（从“初中或以下”到“博士”，以 1—6 升序排列，中位数为 4，即“大学本科学历”），收入（以个人平均月收入测量，从“2000 元以下”到“20001 元以上”，以 1—11 升序排列，中位数为 3，即“4001—6000 元”），以及个人在组织和行业内的位置——岗位（记者 vs. 非记者），是否有职位，以及职称（分为三类：无职称、初级、中级及以上）。

组织因素：包括两方面的变量——首先是媒体类型，根据被访者所回答的新闻单位信息进行再编码，《解放日报》《文汇报》等主要承载宣传功能的本地党报被编码为“党报党刊”（比例为 26.1%），《新闻晨报》《新民晚报》等主要以信息和服务追求市场效益的报刊被编码为“都市报刊”（36.3%），从属上海文化广播影视集团（SMG）的电视频道和广播频率被归为“广电媒体”（24.3%），新民网、大申网等则属于“新闻网站”（13.3%）；其次是“单位鼓励”，由两个采用五级量表测量（1 = 非常不同意，5 = 非常同意）的条目组成（$\alpha = .774$）——“我所在的单位鼓励大家在工作中使用新媒体”和“我所在的单位鼓励大家开设博客/微博”，均值 $M = 3.89$（标准差 $SD = .88$）。

新闻范式（媒体范例评价）：调查采用五级量表，要求被访者衡量 15 家不同的新闻媒体距离他们理想中的新闻媒体有多远（1 = 很远，5 = 很近）。经主成分斜交旋转因子分析显示形成三个负荷清晰的因子。其中，“党的新闻事业”范式由关于 6 家媒体的评价加总取均值组成（信度系数 $\alpha = .913$），皆为官方确认的党委“机关报”或“国家媒体”——《人民日报》、新华社、中央电视台、《环球时报》《解放日报》和《文汇报》；“市场化”范式包括对 3 家本地最有影响力的都市类报纸的评价（$\alpha = .778$）——《新闻晨报》《新民晚报》和《东方早报》；“专业主义”范式的代表则包括 3 家境外媒体（美国《纽约时报》、英国 BBC、美国 CNN）和 3 家被广泛视为具有专业主义倾向的本土媒体（凤凰卫视、《南方周末》、《财经》杂志）（$\alpha = .888$）。

互联网工作功效：由一组表征互联网对新闻工作功效的陈述句构成（均用五级量表测量，1 = 非常不同意，5 = 非常同意），包括：“互联网扩大了新闻来源”“互联网方便了与采访对象的联系”“互联网加深了对受众的了解”“总的来说互联网对新闻工作助益很大”，信度系数 $\alpha = .874$，均值 $M = 4.33$（标准差 $SD = .72$）。

对社交媒体表达的态度：由三个采用五级量表测量（1 = 非常不同意，5 = 非常同意）的条目组成（$\alpha = .570$）：“记者可以在正式报道发表前在博客/微博发布部分新闻内容”“记者可以在博客/微博上表达自己对争议性公共议题的态度”，以及“如果新闻作品不能发表，记者可以将它发表在博客/微博上”，均值 $M = 2.84$（标准差 $SD = .87$）。

四、研究发现

（一）新闻从业者的社交媒体运用

调查发现（表格略，下同）：上海青年新闻从业者对社交媒体的工作运用最为普遍，几乎全部被访者（99.8%）都曾在新闻工作过程中通过至少一种方式运用社交媒体，频率均值 $M = 3.46$（$SD = 1.03$），并且每种具体形式的运用比例都在95%以上，使用频率均值超过3。其中运用最为普遍的是“关注、浏览新闻界同行的博客/微博”（比例 = 99.2%），运用程度最高的是“关注新闻人物的博客/微博以了解其背景”（$M = 3.46$）。与此同时，高达95.8%的上海新闻从业者运用社交媒体进行常规性表达，其中最为普遍和程度最高的是关于“个人日常生活”的表达（比例 = 91.9%，$M = 2.72$），不过与工作中对社交媒体的运用相比，表达性运用的程度较低，总体均值 $M = 2.42$（$SD = 1.17$）。尽管存在伦理争议，新闻从业者运用博客、微博等社交媒体披露新闻生产和新闻业“后台”的情形也不罕见，曾经有过此类行为的比例达到87.6%，其中最常出现的行为是“第一时间披露新闻现场或采编过程中所见所闻”（比例 = 83.2%），但其程度普遍较低，总体均值 $M = 1.50$（$SD = 1.11$）。

经过配对样本t检验后发现，青年新闻从业者“工作运用”社交媒体的程度显著高于“常规表达”（$\Delta = 1.04$，$t = 17.81$，$p < .001$）和“后台披露”（$\Delta = 1.96$，$t = 33.85$，$p < .001$），“常规表达”的频率显著高于“后台披露”（$\Delta = .94$，$t = 20.97$，$p < .001$），H1因此得到证实。

（二）新闻从业者社交媒体运用的影响因素

首先，就人口统计学因素而言，如同之前研究所发现，当变量之间相互控制后，对新闻从业者不同维度的社交媒体使用所产生的独立影响相当有限，仅有年龄（年长）与常规表达之间具有显著的负向关系（$\beta = -.131$，$p < .05$），即越年轻的记者，越倾向于运用社交媒体表达自我；与此同时，从业者在新闻机构或行业内所处的位置对其社交媒体运用也有一定影响，但主要体现在工作运用维度——如同理论阐释所预测的，工作在采写一线的记者相比其他岗位的新闻从业者会更多地在新闻工作中运用社交媒体（$\beta = .099$，$p < .05$），而有职位的从业者相较普通记者也更倾向于对社交媒体的工作性运用（$\beta = .166$，$p < .01$）。

其次，新闻从业者所在的单位类型被证明对社交媒体运用有一定的影响——广电媒体的从业者会比其他类型媒体的记者更多在社交媒体上呈现新闻“后台”（对RQ2的回答）；与这一客观组织属性相比影响力更大的是从业者所感知的组织支持程度，该变量对社交媒体使用的三个维度均具有显著的正向影响，回归系数在.147（对“后台披露”）~.253（对“工作运用”）之间，均在.001的水平上显著，H2因此得到证实。

第三，如同H3预测的，新闻范式（媒体范例评价）对新闻从业者工作层面的社交媒体运用缺乏显著的独立影响，却可以显著影响表达层面的社交媒体运用，不过这一影响仅体现在“常规表达”维度，并不适用于“后台披露”，因此H3为部分证明。调查显示：对“专业主义”媒体范例（$\beta=.114$，$p<.05$）、以及对“市场化”媒体范例（$\beta=.235$，$p<.001$）的赞赏，与社交媒体的常规表达之间，均存在显著的正向关系；而对喉舌媒体的称许，则与社交媒体的个人表达之间存在显著的负向关系（$\beta=-.220$，$p<.01$）。

最后，心理变量方面，无论是对互联网工作功效的认知，还是对社交媒体表达的态度，均对新闻从业者相关维度的社交媒体运用具有显著的影响。具体地，对互联网工作功效的认知，与社交媒体的工作运用之间存在显著的正向关系（$\beta=.277$，$p<.001$），而对社交媒体表达的态度，则对“常规表达”和“后台披露”两个维度均具有显著的正向影响（回归系数 β 分别为.156和.279，均在.001的水平上显著）。H4和H5因此得到证实。

五、结论与讨论

本研究运用上海市进行的有关青年新闻从业者群体的实证调查数据发现，经验地呈现了新闻从业者社交媒体运用的基本状况，并分析了其影响因素。研究发现：新闻从业者的社交媒体运用以服务工作为主，其次是常规表达，而后台披露最少；在个人属性中，年龄是影响新闻从业者在社交媒体进行表达的重要变量，一线记者与有职位的新闻从业者会更多在新闻工作中运用社交媒体；对组织因素而言，广电媒体从业者相对其他媒体从业者更多在社交媒体披露“后台”，而新闻单位对运用新媒体和社交媒体的鼓励与支持，是影响新闻从业者个体社交媒体运用的重要力量；新闻从业者所持的不同新闻范式（体现为不同的新闻范例评价）对其在社交媒体上的常规表达具有显著影响；对互联网工作功效的认知、对社交媒体表达的正向态度，均能显著影响不同维度的社交媒体运用。总的来看，本文提出的理论模型分别解释了新闻从业者社交媒体运用不同维度方差的13%～22%，具有较好的解释效果。

本文重要的探索，是在概念上区分新闻从业者社交媒体运用的三个维度——工作运用、常规表达及后台披露。我们的研究不仅从概念上阐释了其内涵与差异，而且经验地检视其分布状况及其与其他变量之间的关联。研究发现，三者之间的确在新闻从业者的日常实践中存在显著的差异性分布，并且更重要的是，它们与不同维度的影响因素之间的实证关联迥然有异。例如，从不同模块解释的方差来看，工作性的社交媒体运用更多受到组织因素的影响，常规表达更多受到新闻范式的影响，而后台披露则主要受心理变量的影响。因此无论从理论还是经验层面，对新闻从业者的社交媒体运用，都应当做出概念上的区分，它们源自不完全一致的社会与心理动因，也完全可能具有不同的社会影响。

本文对新闻从业者社交媒体使用影响因素的分析揭示，相对于常规的个人属性变量，新闻从业者的社交媒体运用，更多受到组织层面以及心理层面因素的影响——无论是机构鼓励，还是对互联网工作功效和社交媒体表达的正向认知，都被证明对从业者的社交媒体使用具有显著而强大的影响。这既可能与“第二层”的新媒体采纳与使用过程因其突破技术门槛的特征而与人口变量分离有关，更可能与社交媒体之于新闻业的特殊性有关。由于社交媒体的运用，特别是其针对公共议题的个人表达，以及对新闻生产和新闻业的后台披露，冲击着个体身份与职业身份、个人利益与机构利益的边界，因此当相关的新范式与新常规尚在形成之中时，组织对使用新媒体和社交媒体的倡导或限制以及新闻从业者个体对这些争议问题的主观认知和态度，就在相当程度上成为支持或抑制其社交媒体使用的重要变量。

本研究引入了新闻范式这一重要变量

来解释新闻从业者的社交媒体运用。新闻从业者的社交媒体运用，不应被视为简单的“创新扩散”与“技术采纳”过程，而是新闻业的独特场景与技术、社会的交互产物。尤其是对转型期的中国新闻业而言，本身存在多种新闻话语的交织，不同的新闻范式及新闻范例评价，对新闻从业者具有区分作用，而社交媒体在中国社会所具有的“另类媒介”意义，使得它成为中国新闻从业者在面临“双重话语空间”的“认知不和谐”的心理状态时重要的应对策略。研究的确证明，新闻从业者对体现不同新闻范式的媒体范例的称许和赞扬，对其在社交媒体的个人表达具有显著影响。

概言之，本文除了具有运用抽样调查数据实证地呈现当前中国新闻从业者社交媒体运用的经验贡献外，理论上的重要意义在于：第一，首次系统地对新闻从业者社交媒体使用的不同维度做出概念阐释与理论区分，并经验地加以验证；第二，本文超越简单的“创新扩散”与“技术采纳”思路，立足转型期的中国社会场景和新闻业生态，综合运用个体属性、组织背景、新闻范式与心理变量等四个不同维度，对新闻从业者的社交媒体运用加以系统的分析和检视，发现了组织因素、心理机制、特别是新闻范式对从业者社交媒体使用的重要影响。

作者：周葆华（复旦大学新闻学院教授、院长助理、新媒体硕士项目主任）
摘自：《新闻与传播研究》2014 年第 12 期（约 18 000 字）

“认识世界”与“改造世界”

——探讨行动传播研究的概念、方法论与研究策略

“认识世界”与“改造世界”的命题来自马克思的《关于费尔巴哈的提纲》（1845）中第 11 条，“哲学家们只是用不同的方式解释世界，而问题在于改变世界”。传播学大多数研究以研究本身为核心任务。在多年的田野工作和试验研究的基础上，我们则尝试发展了研究与行动并举的或以行动为核心的研究，简称为行动传播学研究。

我们认为，传播学研究，特别是传播新技术容易以国际流行的“新技术”或“新媒体”等概念及其学术讨论为中心，使我们只看到有关新媒体普及的乐观数据，但却遮蔽了或偏离了中国社会转型中的本土的核心问题，忽略了研究不同群体如何使用媒体及其赋权的重要议题，对公众、特别是边缘群体对媒体的认知及使用过程与推动社会变革的关系缺少实证的和系统的分析。在反思过程中，我们尝试与工人 NGO 合作或与当地政府机构合作，发展了诸多地方传播行动，力图通过对地方传播行动的研究，发展关于行动的知识和理论，使研究结果能够有效地应用在社会实践中，在推动社会变革中发挥作用，即“改造世界”。

本文讨论了行动传播研究的定义和性质，探讨行动传播研究的方法论和能够促进社会改变的研究策略，以阐明行动传播研究的合理性和可能性，以及面临的挑战。

一、探讨行动传播研究的概念

在这里，本文首先解释三个相互联系的概念："行动主义""传播行动主义"和"传播行动主义研究"。

在笔者看来，其一，行动主义是一种行动，无论是社会行动还是个人行动，均会以各种各样的行动或运动形式呈现出来；其二，行动主义所涉及的社会变化包括具有广泛争议的议题，如是否应该支持或反对研制核武器等；其三，行动主义的目标是要带来社会发展方面的某种变化，这种变化被行动主义者认为是正当的、公平的、积极的和值得争取或必须争取的变化；其四，行动主义者相信行动本身的意义和价值。

传播行动主义（communication activism）即采用各种传播手段，如大众媒介、新媒介、传统媒介，如墙报、民谣、街头剧，以及其它文化形式来推动社会变化的行动主义。

根据 Kevin M. Carragee 的研究，传播行动主义研究（communication activism research）是一种以社会正义（social justice）为主题的，试图回应社会、政治、经济和文化等重大问题的学术领域（scholarship）。其学术来源于应用传播学（applied communication scholarship）、批判性修辞研究（critical rhetorical studies）、文化研究（cultural studies）、批判理论（critical theory）和参与式行动研究（participatory action research）等。这一学术领域直接针对当前社会存在的不平等和不公正现象进行研究，与边缘群体一起工作，以通过研究和行动推动社会变化。

在传播行动主义研究领域，Carragee 和 Frey 提出的重要观点是，有关第一者视角研究（first-person-perspective studies）和第三者视角研究（third-person-perspective studies）的区分。第三者视角研究指研究者以文化研究或批判性修辞等分析框架去研究个人或组织的行动。相反，在第一者视角研究中，研究者不是站在第三者的立场上研究行动，而是与活动家一起工作并参与行动以取得改革目标。

根据 Kevin M. Carragee 的观点，传播行动主义研究至少具有如下特征：

1. 研究主题关注"社会正义"（social justice）。

2. 理论与实践（行动）相结合。

3. 与社会中边缘群体建立伙伴关系以共同从事行动。

与传播行动主义研究一样，行动传播研究是一种学术领域，我们定义为"探讨利用传播手段发展行动以推动社会公正的学术领域"。与传播行动主义研究不同的地方在于，行动传播研究的领域是更为宽泛的以行动为核心的学术领域，它不仅包括（1）第一者视角的研究——研究者参与行动的研究，即以行动推动改变社会并从行动中发展改变社会的知识的研究，也包括（2）第三者视角的研究——即研究者对已有和正在进行的边缘群体传播行动的研究，还包括（3）研究者为促进社会中的某种不公正得到解决而进行的应用传播学研究，以及为倡导行动而做的研究。第三类研究首先使用第三者视角做研究，之后将其研究结果作为行动建议直接应用于边缘群体的传播实践，或作为政策建议，通过推动对政策法律的审查、修改或重新制定以促进社会改变。

与传播行动主义研究相同，行动传播研究的主要特征也包括：（1）关注"社会公正"、（2）理论与实践（行动）相结合，以及（3）与边缘群体发展合作伙伴关系。其不同点在于，行动传播研究还强调（4）"研究赋权"，即行动传播研究者将研究看作是一种"赋权"（empowerment）的过程或工具，致力于在研究过程中增加研究参与者对传播以及传播权利的认知和增强进行传播的能力，并以此作为研究的重要成果之一。

总之，上述具有四个特征的研究，我们称之为行动传播研究。

这篇论文将结合课题研究实践，试图回答如下问题：第一，从理论层面，行动传播研究是客观的吗？如果研究者参与了行动或“研究对象”也参与了研究，如何理解和保持研究的客观性？第二，从实践层面，发展怎样的研究策略以达到促进社会变化的研究目标？我们对此有何总结和分析？在此基础上，讨论行动传播研究面临的挑战以及我们的回应。

二、关于行动传播研究的方法论

这一部分将从三个方面来回应行动传播研究是否客观的问题。(1) 如何理解研究的客观性？(2) 如何理解行动传播研究的客观性？以及 (3) 在行动传播研究过程中，我们如何追求客观性。

（一）关于研究的客观性

关于研究的客观性，笔者认同“批判现实主义”的主张。传播学界对西方新闻客观性的分析中，罗伯特·哈克特和赵月枝曾阐述了批判现实主义的来源和体系，其核心观点我们概括如下：

1. 与诠释主义不同，批判现实主义强调社会真实是存在着的，独立于观察者及其范畴和概念之外；社会真实是可接近的、可理解的，能够被有意义地描述和解释。

2. 与实证主义不同，批判现实主义承认对真实世界的描述只能通过社会建构的概念来进行，承认知识构成的社会性。这意味着批判现实主义坚持知识是主观和客观、概念和现实相互作用的结果。

简言之，批判现实主义承认存在着独立于观察者之外的客观事实。观察者所描述和分析的客观事实则是通过研究者建构完成的，影响建构的因素包括价值观、观察视角和知识背景等。

那么，什么是社会真实或客观事实？如果客观事实都是研究者建构的，那么在研究领域还有没有一个研究客观性的标准或是真理？在这点上，我们同意半根基主义的观点（neorealism or quasifoundationalism）。知识论上的非根基主义指不存在理论或价值中立的观察和知识；半根基主义则在本体论假设上相信存在独立于人们声称之外的实体。

“菲力浦斯（Phillis）认为，虽然没有理论自由的观察，但从不同理论框架出发的观察有重叠的地方，即有些结果是所有观察都会得出的。这种情况往往发生在低层观察（low-level observation）中。比如，两个女孩子牵着手在街上走。在所谓的高层观察（high-level observation）中，来自某些西方社会的人可能作出她们是同性恋者的解释，而在其他一些地方，她们可能会被认为是好姐妹。但不管理论框架如何不同，在低层观察中，我们可以确认两个女孩子牵着手在街上走这样一个事实。因此，我们可以在低层观察中达成共识，并且这种共识的基础是独立于声称的事实。”在这里，半根基主义区分了两种事实，即低层观察的事实和高层观察的事实。

（二）关于行动传播研究的客观性

应该说，行动传播研究实际上对研究的客观性提出了更严峻的挑战。一旦研究显示出偏差，其行动或实践便立刻能反映出来。行动传播研究的客观性指研究要追求以下结果：了解研究对象实际的真实的生活状况，确定符合项目目标和可有效实行的行动方案并实际实行。要达到这个目的，研究者必须要深入研究对象的实际生活中，在实地通过科学方法探求有关行动的条件和结果。仅仅依靠在办公室查找资料或套用国外经验，就不能了解真实情况，也就不能做到客观。但同时，研究者要持续不断地反省自己的价值观或观察视角对研究结果的影响，以做出符合实际的判断，并在此基础上调整行动方案，以使行动有效。

在行动传播研究中，研究者不可避免地与社区 NGOs/公众成为长期合作伙伴。这种伙伴关系的最大益处是促使研究者尽可能地接近和理解局内人的社会实际生活。这一点对行动传播研究特别重要，因为它直接影响了行动的结果和是否能达到促进改变的目标。研究者的接近和理解局内人的社会生活，是为了发现事实，但所有事实的陈述都是建构的结果，即局内人会从自己的需求、利益和框架出发来强调某种事实的重要性以及提出改变的意图，研究者理解局内人生活的目的不是要将局内人的框架变成自己的框架，而是要在理解其分析框架的基础上，利用自己的相关知识和分析框架，与局内人一起讨论发展或建构在地行动的知识和策略。

（三）追求客观性的原则和方法

我们在研究中努力遵循以下原则：

第一，批判性地阅读基层调查数据。在事实层面，要检验（1）事实数据是否确凿？（2）个人经验、视角、主观动机、价值观以及调查环境对建构事实有何影响？（3）事实的代表性如何？在意见和解释层面，要检验（1）被访者表达的意见/解释与其生活环境（包括团体环境）的关系是什么？以及（2）意见/解释的代表性如何？

第二，检验对立的解释。其目的是要寻找和分析支持对立解释的资料，并做出评述。

第三，寻找反面案例或类别。这些案例和类别可能是个例外，但更有可能会促使我们质疑、反省自己的分类和结论，考虑研究者与研究参与者的关系对研究结果的影响，并主动对已被建构的事实尝试采用三角测定等。

第四，与研究参与者（NGOs 或社会公众）及相关利益群体不断分享和讨论相关知识、行动经验/教训、研究阶段性结果、利益相关者的行动逻辑及理由等，以保持对知识生产的不断反省。

三、行动传播研究的基本策略

为达到改造世界的目的，我们在研究实践中发展了三种行动传播研究的基本策略：发掘具有重大现实意义的研究问题；在研究设计（过程）中包含赋权；采用参与式行动研究方法等。

（一）采用批判的视角发掘具有重大现实意义的研究问题

行动传播研究的目的是改造社会。但为了改造社会首先要认识社会，而认识社会要从改造社会的需求中提出研究问题。这就需要行动传播研究者去发现社会发展中存在的需要改变的“不公正”，就这些“不公正”发掘其背后的社会背景（结构或机制的原因），以从中提出自己的研究问题。

在制订研究计划初期和实施研究计划时，我们持续地讨论：中国社会转型中涌现出哪些有价值的与传播相关的研究问题？主要途径是在实地与劳工社会组织的成员一起讨论我们以往执行的传播与发展项目，这些项目的主题涉及农村妇女和青少年抗击艾滋病、在流动人口中预防人口拐卖、反对针对妇女和儿童的暴力、促进性别平等、健康传播、劳工文化，等等。我们观察到，第一，从进城劳工的角度看，他们为摆脱贫困进入了陌生的城市，遇到了与他们生活环境有巨大差距的城市环境，经历了“文化冲击”；第二，处于政治、经济和社会边缘的流动劳工因为进入一个陌生的环境以后遇到身份认同的困惑，难以找到文化认同，更加被边缘化；第三，应该看到，主流政策“融入城市”几乎是一个单方面的过程，即移民劳工需要学习认同城市文化或是一个被同化的过程，而不是一个双方相互认同的过程，这个过程不一定是增权的过程；第四，更重要的是，劳工社会组织开始建设自己的文化和传播系统。我们通过大约 20 多个课题和行动研究来探讨如下基本研究问题：

在中国社会转型期，在建构流动议题时，传播扮演了何种角色？在推动社会公正和变革中，传播如何能发挥更大的作用？流动劳工如何使用媒介发展劳工文化？这种文化的内容、性质和作用是什么？其发展的原因、过程、动力和社会影响因素是什么？劳工文化如何能挑战边缘化劳工文化的主流文化？劳工文化如何能帮助建立起工人阶级的文化主体性，最终推动社会公正和社会变革？我们认为这是传播学研究在面临中国社会转型时的重大议题之一。

在传播学界，媒介中心或技术中心的研究已经形成了主流。但行动传播研究要采用批判的视角发展以人为中心的研究。因此，研究的焦点不是媒体发展以及媒体对受众或边缘群体的影响，而是边缘群体如何使用媒介技术以及这种使用对生活的影响或是对社会改变的影响。比如，女性杂志如何帮助打工妹获得预防艾滋病的知识、信息传播技术如何帮助贫困女性减贫等。在此课题中，我们不是要研究新技术或新媒体对流动工人的影响，而是根据他们的传播实践研究流动工人如何使用媒介改善自己的状况，进而影响媒体和社会。我们聚焦的问题是：什么是工人的适宜媒介技术、什么是当地的传播传统、什么是工人的技术创新以及这些适宜技术和创新带来了何种影响等。

在互联网早期普及中，数字鸿沟（Digital Divide）很快成为一个重要的研究主题，但是，很早以来就存在的印刷媒介鸿沟则很少有人关注。如 Benjamin 指出的，数字鸿沟与其他媒介鸿沟的联系被研究者忽略了，“今天的数字鸿沟其实就是昨天的学校计算机鸿沟，上一世纪 50 年代的电视鸿沟，30 年代的收音机鸿沟，以及半个世纪以来的阅读鸿沟”。对行动传播研究者来说，处于社会不公正情境中的脆弱群体所遇到的问题及其解决问题的需求，就可能发展成为行动传播研究的研究问题，以促进社会改变。

（二）包含赋权的研究过程

行动传播研究本身被看作是一种促进改变的社会实践和增长边缘群体主体性的过程。因此，在研究过程中，赋权自然会被纳入其中。

实际上，“赋权”的概念与边缘或脆弱的社会群体有密切联系。我们认为，赋权即“边缘群体重新获得（收回）自己应有的权力和主体性，并发展有效地行使权力的能力的过程”。

根据 Perkins 和 Zimmerman 的研究，赋权理论一定包括过程和结果，且无论过程或结果如何，其赋权都会表现在不同层面上。这些层面包括：个人层面、组织层面、社区层面和政治层面。

在赋权的框架中，行动传播研究的研究设计包括四个相互联系的部分：“图绘”研究（mapping）、行动研究、能力建设（capacity building）以及传播交流。分述如下。

“图绘”研究的目的是为了了解和分析流动工人的媒介使用、信息交流和文化实践，以及影响他们媒介实践的相关政治、经济和社会影响因素。“图绘”的重要内容与“赋权”紧密相连：（1）“图绘”大众媒介如何建构有关流动的议题及意识形态，其目的是要揭示这种建构对流动人群是增权还是减权，抑或使边缘群体更加边缘化；（2）“图绘”不同流动人口群体（性别、族群、宗教等）的媒介使用及其文化实践，其目的是发掘他们久已存在的使用模型和内在的传播系统/传统，通过在社区重构传播传统，帮助建立和发展其主体性，这是赋权的基础也是赋权的过程；（3）“图绘”劳工社会组织如何进行参与式传播倡导，总结经验教训，以发展基于在地实践和有利于社会改变的理论，使其成为社会公共知识的一个重要组成部分；

(4) 进行文化与传播政策研究，以发现“减权”的部分，通过增强边缘群体对话政策的能力，提出新的文化与传播政策，以实现增权。

行动研究通过参与或发起传播行动，来探讨发展劳工文化的条件、动力以及有效传播渠道，探讨建立工人阶级文化主体性的行动方法以及相应的理论。

与其他研究不同，行动传播研究会包括“能力建设”。“能力建设”在这里被定义为“促进边缘群体文化传播的行动能力”和“参与社会能力”的过程。其活动的基本形式是举办传播倡导工作坊。“能力建设”的重要性不仅在于提供一个平台交流经验和提高传播能力，更在于这同时也是一个集体建构知识和生产知识的过程。

此外，行动传播研究还要包含关于研究成果的“传播交流”过程。经验表明，至少有四种途径可用来交流和推广研究理论与行动模式。

针对学术界，通过参加国际和国内研讨会并出版论著或论文增加传播与社会发展领域的知识，并促进其议题在学术界“可见”和讨论，以改变现有的传播学知识结构。

针对研究参与者，我们采用“论文工作坊”的形式，即将我们的研究结果以通俗易懂的形式向研究参与者进行宣读汇报并展开讨论。一方面可以重新检验研究理论和行动模式以及激发新的研究想法；另一方面，促进这些经过检验的理论和行动模式成为一种可接受的赋权方式，在推动社会变革中发挥作用。

针对政策制定者或大众媒介，我们在政策研究和促进双方对话的基础上，采用倡导或游说的方式，发展支持工人文化和媒介的政策与行动指南。

针对社会公众，我们通过大众媒介、工人团体的另类媒介以及其他渠道，传播其研究成果，以促进公共领域的文化讨论和建立工人文化的主体性。

以上四种途径中，第二种“论文工作坊”、第三种“政策倡导”和第四种“社会传播”，被我们看作是改造社会的重要组成部分。通过这三种途径，我们与工人群体或组织、与相关政府部门和社会公众建立了联系，以便能够就劳工与传播议题进行对话和发展新的行动。

总的看来，促进个人层面的赋权大都靠“能力建设”，“图绘”研究、行动研究和公共的传播交流则更有益于社区层面和政治层面的赋权。

（三）采用互动参与的行动研究方法

行动研究起源于社会心理学等学科。心理学家 Kurt Lewin 在 1944 年提出了行动研究的概念，他将行动研究看作是一种比较研究，即比较各种形式的社会行动的条件与结果，其目的是更好地促进社会改变。行动研究在社会科学界被看作是一种“理性的社会管理”或“技术理性”，是一种以社会实验来回应主要社会问题的过程，并在其过程中通过反思不断产生新的知识和有效的行动方法。行动研究过程通常被概括为一种循环过程：(1) 问题陈述与界定（需求评估或需求研究）；(2) 寻求和发展合作伙伴关系；(3) 拟定计划和可能的行动策略；(4) 采取行动；(5) 对行动进行评估；(6) 根据评估改善计划和行动策略；(7) 继续采取行动……与非行动研究相比，行动研究最显著的特征是它的应用性。行动研究将集中力量通过解决实际问题以促进社会改变，并在此基础上发展有关行动的知识和理论。

参与研究则起源于不发达国家的社区发展实践，它与一般研究的区别在于：所有研究参与者共享研究计划的所有权；对社会问题进行基于社区的分析和具有社区行动的倾向，其背景是对资源和权力分配不平等现象的关注。在一般的研究中，被边缘化的群体通常作为研究对象。但在参与研究中，他们是研究的主体。他们试图通过参与式研究，重审自己的知识和生活经验，并获得新知识、信息和技术，增进对现状的深入理解并确认自己所拥有知识的价值，建立自信和发展主体性，以有效地控制自己的生活和改变生活现状。在参与研究过程中，边缘群体为改变自身的处境提出研究问题，就研究问题实施社区调查，根据调查结果发展行动，对行动效果进行评估……其研究结果会直接导致社区问题的解决，即“通过建构和利用他们自己的知识使处于底层的人们获得权利。可以看出，这类研究虽然被冠名为“参与”，其实不是指边缘群体来参与他人主导的研究，而是直接作为行动研究者来进行研究。

参与式行动研究可看作是参与式研究与行动研究的集合。但笔者认为，这种集合不是也不可能是参与研究与行动研究的简单相加。“参与式行动研究的优势在于不仅会产生对人们直接有用的知识和行动，还可通过建构边缘群体的知识和行动经验而使之赋权”。研究实践表明，非参与式研究，即并非由边缘群体直接做研究，也可达到用于行动的知识生产和赋权的目的。并且，还有可能结合学者的经验和理论，增加边缘群体关于行动的知识，扩展边缘群体行动的视野。实际上，在课题实施时，我们遇到了“参与研究”与“行动研究”不同的“集合”。如果研究是为了改变社会，“参与式研究”的要义则在于：（1）研究问题是否是当地人提出和界定的，即当地人是否需要这个研究？（2）在研究中，当地人的视角、观点、经验和地方知识是否受到重视和考虑？（3）在研究过程中，当地人是否能有效地介入并作为研究伙伴或咨询角色参与讨论？（4）研究结果是否能服务于当地人或社区改变？是否能够发现改变的途径和行动方法？因此，参与式行动研究的关键不在于谁来做研究，而在于是否能通过研究产生有效的行动和赋权边缘群体。经验表明，比较理想的方式是一种互动参与研究——研究者和工人NGO/工人的相互参与，使学者与边缘群体能够分享不同背景的知识和行动经验：边缘群体或NGO可提供在社区行动中已拥有的大量的地方知识和经验，学者则可带来超越地方知识的理论和行动经验，双方可一起分析行动的可能性，提出并实施和评估新的行动。

四、结语

基于长期的田野工作和试验研究，本文尝试建构一种新的学术领域——行动传播学研究。在理论方面，行动传播研究的诸多重要问题仍需澄清，如行动传播学研究的理论资源、核心概念和中心问题，等等。在实践方面，行动传播学研究也面临着诸多挑战，比如，研究者如何学习与边缘群体一起工作。我们认为，通过研究达到改造社会的目的非常不易，研究人员为此要做出特别的努力。这些努力至少包括：

第一，要在研究实践中不断学习平衡“行动者”与“学者”的角色。行动者角色要求研究人员扎根社区，深入实际生活，学习从当地人的视角观察问题和理解行动的意义，参与行动并在行动中发挥重要作用；“学者”的角色则要求研究人员超越当前的社区经验，尝试与其宏观和微观的历史发展、与外部世界的理论/知识资源、与外部世界类似或相反的经验建立起联系，以专业水准做出自己的分析，并将这种联系及其洞见提供给行动者。

第二，研究人员要有真诚奉献的精神，能与当地人合作，且有一定的行动能力和传播技能。在研究实践中，研究人员应与利益相关者形成团队，以促进集体知识生产。

第三，对研究有一定的反省能力，包括对方法论和研究方法有比较深入的认识，在研究实践中能灵活有效地使用特定的研究方法来解决研究问题。研究情境是流动的，而参与式行动研究会增加情境的不确定性。如果没有一定的反省能力，就无法选择适合的研究方法和行动方法达到研究的目的，致使参与式行动研究在一些情况下变成单纯的“行动”，而缺少研究的“行动”可能是盲目的和匮乏效果的行动。在行动传播研究中，对参与的深度和广度、行动的理论和方法的适切性、研究的严谨与客观、对研究者与研究参与者的权力关系等都需要不断保持着反省状态。

第四，要敏锐地处理有关研究伦理的议题。行动传播研究通常触及社会不公问题，可能有更多机会与边缘群体发生关系。研究要确保尊重和不伤害研究参与者，同时让研究参与者受惠其中。研究需要评估研究参与者的风险，并在保障研究参与者的安全前提下，讨论进行科学研究的可能性和局限性。

作者：卜　卫（中国社会科学院新闻与传播研究所研究员、博士研究生导师）
摘自：《新闻与传播研究》2014 年第 12 期（原文约 16 500 字）

·观点摘编·

“黄帝”与“孔子”

——晚清报刊“想象中国”的两种符号框架

姜红在《新闻与传播研究》2014 年第 1 期撰文认为，20 世纪初的中国，伴随着现代意义上民族国家观念的形成，民族主义开始勃兴。在中国报刊史上的第二次办报高潮中，报刊纷纷利用各种既定资源展开多方位的国族叙事。作为民族主义观念建构的重要“思想资源”或“象征资本”，黄帝符号与孔子符号被重新发现、包装，频繁在报刊中登场，成为晚清报刊“想象中国”的两种路径。

作为中华民族历史上两个重要的“象征资本”，黄帝符号和孔子符号都存在着被多重诠释，呈现不同意义和面向的可能性。在晚清中国，章太炎们成功将黄帝符号由帝王之起源想象为民族之始祖，康有为等则将孔子从天下之师塑造成中华教主。这两个符号的阐释和争夺，都是在晚清中国特定的社会历史条件下，为不同的社会权力、社会秩序和意识形态竞逐服务的。而这两个符号也只是晚清“保种”和“保教”两个巨大的社会叙事框架中的耀眼元素而已。在黄帝代表的族群民族主义叙事家族中，还有着血系、种姓、着装等身份叙事，“扬州十日”“嘉定三屠”“剪辫留头”等身体创伤叙事，岳飞、文天祥等英雄主义叙事。孔子符号的背后，也有着重视礼仪、道德、教育、文化、国粹，抹去满汉之争的文化民族主义叙事系统。

作为现代的传播形式，报刊在晚清的国族想象中扮演了不可替代的角色。报刊不仅在新的“文化心理”构图上重新建构黄帝和孔子的故事，而且提供一个故事与故事之间相互竞争的场域。于是，晚清报刊上的黄帝和孔子符号不断被修补、解释，又不断被质疑、褒贬。从某种意义上来说，正是由于报刊展现的这幅想象的画卷，“保种”和“保教”两大阵营才能如此清晰地划分各自的共同体边界，确立自己的民族认同。那些能够利用报刊讲述有分量的故事，并且能直面当下、直指人心的符号叙事框架，更容易在竞争中获胜。

从幸福感到幸福观

姚锦云在《浙江传媒学院学报》2014 年第 1 期撰文认为，目前大部分的媒介与幸福研究都围绕幸福感展开，而影响幸福感的重要变量幸福观却被忽视。幸福感的影响因素非常复杂，媒介使用对幸福感的贡献率，相对于社会变迁、生活环境等因素来说是微不足道的。而且作为一种效果研究取向，很容易忽视人的主体性。将幸福观引入媒介与幸福研究具有积极的意义：幸福观的研究是勾连历史、文化、社会、媒介与个人精神世界的桥梁，是我们得以窥探文化与个人互动的极好窗口，并认真思考人的主体性。幸福观研究可从三个领域展开，一是对幸福的呈现与投射：媒介内容与个人观念的互动；二是对幸福的记忆与感知：文化传统与社会变迁的媒介交汇；三是对幸福的取向与体验：有形与无形的主体性转化。

全媒体与广播转型的机会

胡正荣在《中国广播》2014 年第 2 期撰文指出，在全媒体与整个传播业的关系里面，最被看好的是广播，其成本最低、和新媒体亲近度更高，而且是共享的。关于全媒体与广播转型，作者有三个观点：第一，用户优先；第二，广播内容要转型，平台要转型，因为市场也在转型；第三，流程再造与机构重构。从发展角度，作者提出，首先，传统平台的播出形态要适应新媒体的需要。其次，在新闻信息生产方式上需要与时俱进、加强探索。比如要着手建立大数据采集、分析的平台。最后，迫切需要培养一支适应新媒体需要的广播新闻从业人员队伍，在观念上要有互联网传播的思维。作者认为，评价一个节目的好坏，主要应从以下几方面考察：第一，要看未来其硬件和平台是不是便携；第二，要看其提供的内容，在大众性内容之外，有没有个性化；第三，要看其提供的服务方式，是不是让大家看完、听完后愿意去沟通、分享和推荐。总之，传统媒体向新媒体或者全媒体转型时，其实是这样一个格局：所有业务链是打通的，形成一个集成业务云平台，向收音机、手机、电视机、互联网分发。

中外对“中国形象”存在较为严重的认知差异

吴飞、刘晶在《新闻大学》2014 年第 2 期撰文《“像”与“镜”：中国形象认知差异研究》。文章指出，国外大量研究数据表明，中外对于“中国形象”存在较为严重的认知差异。《中国形象》的作者乔舒亚·库伯·雷默认为，在过去近 30 年中，中国发生了巨大的变化，但“中国形象”却没有跟上诸多变迁的步伐。其他国家对中国的看法还停留在以前那些陈腐的观念中，存在着固执的偏见和一味的恐惧。文章从形象认知的角度，解读国内外民众对于中国形象认知的差异，并提出如下六点原因：第一，西方主流传媒的负面报道模式；第二，社会体制差异；第三，种族优越感、基督教信仰和政治价值观；第四，对中国军事、经济、食品安全等领域的担忧；第五，对中国的民族主义情绪不安；第六，难以消除的刻板成见。我们还需要评估“他者”的解码过程存在什么样的干扰因素，不良刻板印象如何消解，等等。总之，国家形象的建构是一个相对复杂的问题。

“互联网化转基因”的发展及启示

吴信训、高红波在《新闻与写作》2014年第3期撰文指出，互联网在中国发展的20年，中国媒介生态发生了前所未有的剧变。其突出的标志，就是报纸、期刊、广播、电视等传统媒体纷纷采纳“互联网化转基因”。互联网基因日渐融入传统媒体的血液，使传统媒体的体貌特征、生长发育规律，以及智力、智能、呈现，都发生了深刻的变化。互联网基因实质上是一种开放、交互、共享、拓新的互联网平台特性，正是这些适合传媒业发展的互联网基本精神特性，造就了今天全媒体竞相互联网化的局面。如果把媒介发展看成一个生物进化的过程，那么或人工或自然的“互联网化转基因”潮流，已成为当今世界传媒业发展的主旋律。人们越来越难以想象一个封闭的、单向传播的、拒绝采纳新兴科技的传媒业态会蓬勃发展，相反，植入互联网基因特性的传媒业态日渐受到阅听人群的喜爱，并将深刻启示、导引传媒业的发展未来。

从“媒介化都市生存”到“可沟通的城市”

吴予敏在《新闻与传播研究》2014年第3期撰文认为，从传播学意义上，城市传播研究有两个重要研究取向：一方面城市意味着信息枢纽的虚拟空间的聚合，即“媒介化城市”；另一方面城市如何通过理性化的沟通过程重建社会共同体意识的问题，即“可沟通城市”。其中内含着两个有所差异的议题维度：一个是现代化议题维度，着眼于都市的媒介化程度，人们对于数字化媒介的依存程度及“数字鸿沟”问题；另一个则是公共性议题维度，着眼于都市的信息沟通、人际交流和社会文化认同状态，及如何解决日益严峻的“社会鸿沟”问题。对于后者，有六个主要研究视角：第一，推进人际良性沟通，增加城市归属感；第二，向人们提供有效的交流工具和渠道，开掘“弱关系”的潜在价值，使之转化为社会协同的纽带，以填平过度依存“强关系”所造成的社会资本落差；第三，在精英阶层、领袖团体和弱势群体之间建构理性沟通的渠道；第四，保存和孵化社会多元文化，引导社会成员超越不同文化背景达成社会共同体目标；第五，调动一切资源维系优秀传统，并将新移民和青年一代整合到社会传统中，使之得以延续和更新；第六，成为新经济和创意产业的支柱。在此基础上，要从“媒介化都市生存”走向“可沟通的城市”，在数字化信息网络建构新型城市的基础上，推进社会变革，弥合“社会鸿沟”，真正形成可沟通的城市社会，使这样的城市成为基于文化认同的社会共同体。

空间、城市空间与人际交往

殷晓蓉在《当代传播》2014年第3期撰文指出，从传播学角度研究城市空间与人际交往等相关问题，对于当代中国具有重要意义。网络社会、流动空间和巨型城市的出现，标示着传播机制的各种向度和不断演化，对应着根基深厚而又持续变动的社会和人际关系。围绕着现代城市生活空间的各种问题，人际传播学研究已经形成不同的方向。经验的实证研究方法，就各种变量如何相互作用的问题，探讨工作场所、社交场所、家庭、学校等空间的人际交往。解释的研究方法，注重本土或特定社区的意义，阐述特定意义如何通过个体、党派、家庭等元素的日常交往实践而被创造出来。批判学派则注重分析人际交往与社会整体的关系，注重权力关系、意识形态等深层问题在人际传播和人际冲突中的表现，城市特定团体如女性、老人、小型家庭的子女、非主流人士等的利益诉求为其主要研究对象。互联网新媒介的普及，带来空间与人际交往方式的变化。作为信息传播技术革命的首发地，城市空间成为这场革命最直接的承受者。在城市、城市带和城市过渡区，实体空间与虚拟空间变化无穷，而信息流动模式或是超越物质场地，或是纠缠于物质场地，对人们的交往性质产生着重要影响。这些都已成为人际传播学研究空间、城市空间与人际交往的新课题。

互联网建构新的传播结构、规则和逻辑

喻国明在《南方电视学刊》2014 年第 3 期撰文《互联网逻辑与传媒产业发展关键》指出，一直以来，传统媒体人往往只是把互联网及互联网所创造的种种传播形态视为传统媒体价值链条上的一种延伸和补充，这其实是传统媒体的自信傲慢所导致的战略操作上的一个严重误区。互联网实际上改造了整个传播的构造、传播的规则和传播的逻辑。传统媒体要在这种规则和逻辑下存活，必须理解和把握互联网逻辑的两个关键词：链接和开放。同时实行转型发展和升级换代，必须进行三个方面的创新：1. 以人为本的传播规则的创新；2. 跨界整合的产业形态的创新；3. 系统协同下盈利模式的创新。在转型升级中能有所作为的是扮演好两个方面的角色：其一，成为个性化传播和分众传播中标准内容产品的供应者；其二，实现分享经济，构建众包生产的运营方式。

当下中国语境中，导向主义和专业主义都不可或缺

支庭荣在《新闻与传播研究》2014 年第 4 期撰文《实践新闻专业性　实现新闻公共性——基于马克思主义新闻观的视角》。文章对新闻专业主义概念进行了源头梳理和结构解剖，提出了中外共通的新闻专业性操作要领与中外差异的新闻公共性实现途径的区分问题。文章认为，从马克思主义新闻观的立场看，新闻专业主义并非西方国家的专利；正面报道与负面报道同样依赖于专业主义的操作，但是负面报道更应考虑社会有机体的耐受性阈值；在当下的中国语境中，导向主义的操作和专业主义的操作都不可或缺。

战时新闻管理体制的形成及其影响

程曼丽在《北京大学学报》（哲学社会科学版）2014 年第 5 期撰文指出，战时新闻管理体制的形成，是由战争的特殊条件决定的。而战时新闻管理体制是否在战后年代得以延续，则主要取决于三个条件：第一，战争的阶段性特征；第二，战后各国的具体情况；第三，战后全球环境的变化。对俄、美等主要国家的案例分析表明，随着国际环境的日益复杂化和各国安全需求的逐步提高，战时体制并未止于战时，而是以它攻防结合、效率强大的特点一直延伸到和平年代，成为常态性新闻管理的一部分。进入互联网时代以后，来自各方

面的威胁日益突破时间与空间的阻隔，成为一种零距离的存在和现实的感知。在此情境下，各个国家必然进一步增强安全防范意识，从而使国家管理（包括新闻管理）带有更多的防御性质和战时色彩。这似乎成为一种不可逆转的趋势。

官方与民间话语出现交叠、融合与平衡的趋势

戴佳、曾繁旭、王宇琦在《国际新闻界》2014 年第 5 期撰文《官方与民间话语的交叠：党报核电议题报道的多媒体融合》。文章通过对《人民日报》、人民网及其微博对核电议题报道的分析，发现基于三个平台不同的媒介属性和受众需求出现了迥异的话语策略。《人民日报》作为权威党报，依然以宣扬核电进步为主；人民网由于考虑到受众对于核电威胁的担忧，将报道重点放在宣扬核电安全上；而人民日报微博则充分考虑微博受众多元需求及平台互动特性，使用“公共责任”框架对核电企业进行舆论监督，并使用他国“核能失控”框架来响应民众的质疑与恐慌心理。

同时，在显著的差异之外，三个平台的多重话语之间又体现出微妙平衡与融合的趋势。尽管人民网的“威胁”框架和微博上使用的“公共责任”框架都为反核框架，但是这些都把报道重点放在国外的核能事故和核能企业不履行社会责任上，并没有与《人民日报》宣传的我国核能发展战略相悖，三个平台没有体现出尖锐的冲突与反差。此外，人民网与微博平台之间，通过“核电安全”框架和“核能失控”框架，体现出两个媒体平台上内容的呼应与互补。

本文发现，我们需要重新审视党报作为国家“意识形态工具”的功能。随着新媒体的发展、媒介市场化的冲击，在传统意义上作为意识形态工具并代表官方话语的党报，开始调整功能定位，通过媒介融合策略寻求与民间话语的沟通。当然，官方话语空间内部的这种分化，仍以不破坏主流意识形态和官方政策为前提，建立在极为有限的范围之内。但是网民作为民间话语建构者，已经成为中国“最大的政治压力集团”，在一定程度上可以撬动主流意识形态的霸权，发展民众对公权力的监督。而多元媒体平台开始呈现民间话语这一事实，也为公众舆论进入公共决策过程提供了空间。

“媒体审判”真伪辨

李兵、展江在《中国地质大学学报》（社会科学版）2014 年第 5 期撰文指出，作为舶来品的“媒体审判”概念，原本是指新闻媒体报道正在审理中的案件时超越法律规定，影响审判独立和公正、侵犯人权的现象。这种现象多数发生在刑事案件报道中，主要表现为在案件审理前或判决前就在新闻报道中抢先对案件进行确定式报道，对涉案人员做出定性、定罪、量刑等结论。凡是有这种行为的新闻媒体，因其滥用新闻自由而应当受到职业道德层面的批评，甚至受到法律的规训。但是经过一段“跨文化旅行”、不远万里来到中国之后，“媒体审判”却有可能变成一个似是而非的现象。其主要症结在于：新闻媒体被指责有“媒体审判”行为，这种行为的主体必须是独立自主的。而在中国，一方面新闻媒体对舆论的影响日益增强，所以应当避免新闻报道和评论对司法的干扰；另一方面中国各级法院“依法独立行使审判权”的目标尚未实现，法院在审理大案要案之前和审理过程中可能受到公权力的干预。这就可能形成背离“媒体审判”原意的伪“媒体审判”。

当代西方新闻理论的完型

刘建明在《当代传播》2014年第5期撰文探讨了西方新闻理论发展脉络、当代西方新闻理论的主要成果以及新世纪西方新闻理论的创新。西方传播学增补了研究新闻的章节和案例，认为传播学既要把研究新闻和新闻媒体作为重要内容，也应向政治、经济、文艺、教育、医疗、体育诸领域扩散；政治传播学、经济传播学、文化传播学、教育传播学、医疗传播学、文艺传播学等的诞生，证明传播学已然成为一门交叉学科。而新闻学始终固守新闻媒介及新闻传播，主导着人类对社会与自然界的最新认识。认为新闻学已经衰落或消失在传播学中的断言，正是对传播学泛化和大量吸纳新闻学研究内容的一种错觉。作者总结了西方20世纪70年代后的理论成果，论述了新闻与社会的关系需要媒体建立依赖社会环境的理想标准，以便对各种媒体的性能进行评估。当代西方新闻理论的形成同当代政治、经济、科技和社会改革具有相互依存的关系，应当从新的社会矛盾和环境出发来认识媒体，开拓新理论。

21世纪的媒介环境下，信息产业成为重要的经济领域，社会民主从参与民主走向协商民主和自治民主，新闻媒介的商业化、新闻事业与新闻报道的品质，成为新世纪新闻学关注的焦点。作者认为，“新闻学主要的贡献不是提供信息或理解，而是规范什么话题值得关注、交谈和进一步的质询”的观点将新闻学导向新的入口：强化新闻注意力的知识和规则体系，进行深入探索和演绎，将是今后新闻理论研究的更大创新。

传播是交换的社会过程

石义彬、林颖、吴鼎铭在《新闻界》2014年第5期撰文《媒介技术史视角下的西方新媒体传播思想图谱》指出，近几年，学界内不断强调传播学本土化研究的重要性，但任何理论创新都必须立基于传统之上的反思与继承。通过媒体技术史的研究视角，我们发现，从媒介环境学派的技术嵌入考察，到技术的双重性认识，再到微观的新媒体信息符号传播层面，西方新媒体技术的发展摆脱了原有的过度乐观与盲目悲观的极端阐释，逐步走向更为理性、综合、微观的社会学范式研究。这种范式不同于技术决定论与社会决定论，而是将传播当作一种交换的社会过程，探究“传播是如何在社会中建构的”与“传播实践如何建构社会”等核心议题。从工业社会到网络社会的转型，带动的是整个社会发展逻辑的转变，甚至是生存逻辑的全面更换。因此，新媒体传播技术的最大意义在于它将存在于现实社会中不断变化的人类传播行为以及内在的互动关系以符码形式呈现在互联网平台之上，而传播研究的目的就是在此基础上回答“如何透过（媒介）这一景观和表象为中心，重新安排构成社会结构的其他元素”。这对于当下中国的传播研究具有重要的理论指导意义。

政治戏剧化与政治传播的艺术

张昆、熊少翀在《新闻界》2014年第5期撰文认为，在注意力经济时代，政治与政治活动由于其全局性的影响日益受到民众广泛、密切的围观，从而在无形中将政治人物推到了聚光灯下。公众不仅能够围观、议论，更可以直接参与政治。政治戏剧化是当下媒介化社会出现的新现象，政治人物适应政治戏剧化的趋势，利用大众的观赏心理，主动地型塑并经营自己的政治形象，以获得广泛的公众认同与支持。第一，政治社会的民主与多元，强调公众政治参与、合理表达自身利益诉求的权利；第二，信息传播的革新与开放，描述的是信息传播媒介强大的政治功能，公众关注政治、议论政治的能力，及其利用媒介的便利条件，从而强化了大众在信息传播过程中的地位；第三，新闻传播中的消费文化，突出的是以受众为导向、以利益追逐为目的的政治传播现象。正是公众（或受众）的地位得到了确立甚至前所未有的重视，“政治”才不再“高高在上”，而被拉下“神坛”，融入了寻常百姓家。归根到底，政治戏剧化出现的根本原因就是公众在政治生活中主体地位的确立。

大数据时代需要一个新型的隐私保护模式

陈昌凤、虞鑫在《新闻与写作》2014年第6期撰文《大数据时代的个人隐私保护问题》指出，大数据正在开启一次重大的时代转型，也挑战了个人隐私、信息安全问题。互联网打破了传统时代的隐私规则，出现了“公开的隐私”。文章分析了大数据威胁个人隐私的原因，认为网民的隐私观念淡薄以及所在的社会网络的连接性，运营商的商业利益及其对社会责任的忽视，公共权力的滥用，威胁了网民的个人隐私和信息安全。大数据时代，隐私问题的重心转移到了数据使用者身上。数据使用者在获取了数据后，法律上没规定必须删除个人信息，而被允许较长时间保存数据。这样有助于开发数据的潜在价值，同时可能带来过度披露和二次使用数据带来的关于隐私问题的风险，因此要有相关的原则来规范，包括目的确定原则、质量保证原则、个人参与原则。大数据时代需要一个新型的隐私保护模式，即如舍恩伯格等所言，这个模式应当将责任从民众、用户转移到数据使用者，应当更着重于数据使用者为其行为承担责任，而不是将重心放在收集数据之初取得个人同意上。隐私保护也需要创新途径，其中一个做法就是将数据模糊处理，从而不能精确显示个人的隐私信息。

互联网规制的争论：最终立足点是道德

戴元光、周鸿雁在《当代传播》2014年第6期撰文《美国关于新媒体规制的争论》认为，尽管美国关于互联网规制的争论自1996年开始已经过去17个年头了，但争论各方仍然各执一词，远未达成共识，争论还在继续发酵。围绕这些问题，网络自由主义者、网络联邦主义者和网络现实主义者的观点激烈交锋，从中反映出人们对互联网的认识从早期的乌托邦到后来逐渐回归成熟、理性的过程。这些争议可以帮助我们理解网络空间的性质以及和现实空间的关系，认识到网络空间的问题不过是现实问题在网络中的投射，因此必须要同时遵守现实空间和网络空间的法律规范；制定网络法仅仅是互联网治理的一个部分，为更有效地管理网络世界，政府需要不拘泥于法律的直接管制，而同时辅之以其他手段和方式进行间接管理，以实现既定目标。此外，除了各国政府的努力之外，也需要加强国际合作，很多国际组织在确定互联网技术规范、分配域名和地址、协商各国的网络法政策等方面都起到了不可替代的作用。但关于互联网规制的争论，最终的立足点还是归于道德。网络空间的终极管理者是道德价值而不是工程师的代码。

公民参与时代的新闻专业主义与媒介伦理：中国的问题

郭镇之在《国际新闻界》2014年第6

期撰文指出，当代中国公民参与新闻传播的热情空前高涨。同时，在新闻舆论场域也出现了一些伦理缺失、新闻失范的乱象，并导致一系列的国家法规动作。第一，在分析西方新闻专业主义和媒介伦理与当代中国的关系时，作者认为新闻专业主义的最高标准是追求社会的真相，而媒介伦理的理想目标是对个人的“不伤害”。第二，关于中国式舆论监督与西方新闻专业主义的引进的问题，作者认为在政治控制与商业收买的双重挤压之下，中国新闻传播在新闻专业主义追求事实与真相的最高目标和媒介伦理保护公众权利的理想标准两者之间进退维谷、举步维艰。第三，在讨论公民参与时代的问题与博弈的问题时，作者认为新技术和社会媒介采用的不一样的方式——公众直接参与，正在使真正的“舆论”监督从希望变为现实，面对新技术的潜力和公众参与的热情，有关机构似乎更加相信，也更习惯于采用传统的管制方法。当前网络舆论的种种“乱象”导致2013年密集的法规干预。第四，新闻专业主义是理想的目标和实践中的表率，它可以促进中国新闻传播事业和政府媒介关系的健康发展，就中国的现状而言，我们需要学习的不仅仅是一些细枝末节的操作规范，更重要的是，我们需要争取使这种专业主义伦理及其行为规范得以实施的外界环境和先决条件。

新闻传播学科建设需要整体转型

黄旦在《新闻大学》2014年第6期撰文《整体转型：关于当前中国新闻传播学科建设的一点想法》指出，构成新闻传播学科的新闻学和传播学，由于出自不同的社会历史脉络，从而导致其性质相异：新闻学以职业规范导向为已任，传播学则是经验性学科，着重于传播对社会的影响。在当前新传播技术革命的背景下，新闻传播学科的建设再不能是在原有框架中的修修补补，而是需要整体转型。这包括三方面内容：研究方式向经验性研究转向；在教学上要改变原有以媒介种类划分专业的做法，转向以传播内容为类别，并与新媒体实验室互相勾连；在思维方式上，要引入网络化关系，以重新理解和思考传播、媒介及其与人和社会的关系。整体转型是一个大方向，在这样基础上，突出各自的特色，以特色为中心带动学科的转型。

制造职业荣誉的象征：中国官方新闻奖的制度实践（1980—2013）

黄顺铭在《国际新闻界》2014年第6期撰文检视中国官方新闻奖的制度实践。官方新闻奖虽然可分成两个时代：新闻学会时代和记协时代，但它却始终按照一种国家支配模式在运行，即由专业组织充当党和国家的代理者来具体组织职业荣誉的生产。双重赞助制度、推荐单位制度和挂钩制度一起构成了基本的规则系统，每一种规则都发挥着某些社会控制功能，有的规则也具有某些负功能。其中，双重赞助制度虽然纾解了主办方的经济压力，但也带来了“照顾承办方”的伴生性后果。推荐单位制度反映了评奖机构在参评作品的来源方面从开放到封闭的一种态度转变。挂钩制度既为新闻从业者创造了一种“延迟性的”激励结构，也令获奖者在荣誉游戏中的“累积优势”得以正当化和制度化。官方新闻奖评委会具有稳定的社会来源，评委来自于专业组织的官员、党政机关的官员、媒体组织的领导，以及新闻院系的学者。不同评委在评选会上扮演着不同的角色。他们必须进行社会化，以便培养起一种“游戏感”；评奖委员会上的常客们往往处于一种过度社会化的状态。评委们很清楚该如何不露痕迹地去照顾承办方。他们或积极或消极地玩着“关系”游戏。大多数受访者都对评奖结果的公正性表示怀疑，有些人甚至对评选过程污名化为“分猪肉”。官方新闻奖的荣誉机会结构在很大程度上秉承的是特殊主义的原则。

变与不变：媒介裂变环境下的新闻业、新闻人才及新闻教育

蒋晓丽、谢太平在《湘潭大学学报》2014 年第 6 期撰文指出，随着新兴媒体技术系统的迅猛发展，我们进入了一个媒介裂变的时代。厘清“新闻业”的概念是分析和研究媒介裂变环境下新闻业的前提。“新闻业”包括三个内涵或层面，即新闻行业、新闻职业和新闻专业，前者偏重业务，中者为社会学范畴，后者为思想观念和理想期待。媒介裂变对新闻行业的冲击最大，对新闻职业的影响只是局部的、暂时的，对新闻专业影响不大。在此基础上，文章探讨了媒介裂变聚合环境下新闻人才的需求以及新闻教育改革的问题。

媒介裂变既带来了媒介资源的广泛分散，又形成了新的聚合。它是对现有媒介资源从形式到内容的重新洗牌，对新闻行业的影响最大，最直接且无法避免；对新闻职业的影响是局部的，间接且有限，不会产生全局和本质的影响；对新闻专业的影响几乎是不存在的，或者说两者属于两个不同的范畴，一个属于技术，一个属于观念。

媒介裂变聚合环境下对人才需求的变化直接影响到了新闻教育的变革，而新闻教育的改革应该是全方位的。新媒介将改变新闻与大众传播的教学和科研，新闻教育者的工作方式、讲授的内容以及新闻院系和其他高等教育机构的结构。要改变新闻教育者及其公众关系，需要从办学方式、招生方式、课程设置、师资建设等各个层面上着手。

自媒体时代舆论表达和舆论引导的新特点

丁柏铨在《新闻与写作》2014 年第 7 期撰文认为，自媒体时代，人人都可以利用各自手中掌握的自媒体方便发声，这一现实让社会话语权的再分配和舆论格局出现了较大变动。文章通过分析民间舆论场中社会公众舆论表达所呈现出的特点，提出了自媒体时代对社会公众舆论进行引导的理念及方法。文章在总结自媒体时代话语表达特点的基础上，提出了非理性表达的三个基本类型以及网络舆论环境在理性氛围、自净功能不足等方面的缺陷，探讨自媒体时代的舆论引导方略。作者认为，对社会公众舆论进行引导，可分成日常的舆论引导和突发事件后舆论引导两种类别，需要有相应的理论和方法。首先，理念上，政府应当信任人民群众，及时公开消息，遵循新闻的客观规律；方法上，则分为以下四个方面，第一，由深入了解舆情切入，使舆论引导更具有针对性；第二，及时公开重要政务信息和公共信息，掌握舆论引导主动权；第三，维护政府和新闻传媒的公信力，使舆论引导更有底气；第四，从构建良好现实形象着手，使所作舆论引导能进入公众心智引导主体不可就舆论引导谈舆论引导，而宜从构建良好的现实形象入手，从根本上确立在人民群众心目中的牢固地位。

发展传播学转向参与式传播为中心的多元范式

韩鸿在《国际新闻界》2014 年第 7 期撰文《发展传播学近三十余年的学术流变

与理论转型》。文章认为，20世纪70年代中期，现象学和社会批判理论的引入促使了发展传播学向以参与式传播为中心的多元范式转型。随着资助主体及其关注重心的改变，发展传播学的研究焦点逐渐从个体变革转向社会变革，从信息扩散转向公民参与，从国家、国际转到社区，权力问题突显并日益中心化，发展传播的理论和实践呈现出多元策略聚合的态势。在此背景下，行动研究应成为当下中国发展传播学的研究和实践取向。

数字鸿沟：从网络传播的阶层分化到自媒体时代的文化壁垒

严励、邱理在《新闻爱好者》2014年第7期撰文认为，数字鸿沟作为信息技术革新的必然产物，同时也是知识沟效应在网络时代的表现。伴随网络媒介环境的变化和互联网技术的革新，数字鸿沟的影响呈现出从网络传播初期的受众阶层分化到自媒体时代的文化壁垒两个阶段的发展形态。在数字鸿沟两个发展阶段的背后，是受众数字素养发展与媒介技术发展间的不平衡。随着自媒体平台的深化发展和普及，数字鸿沟及其文化阻滞作用也会呈现出新的发展方向。

被劫持的“新闻自由”与文化领导权

赵月枝在《经济导刊》2014年第7期撰文指出，广告资助媒体这一制度设计是一种政治选择，即“经过算计的自由化”。广告支撑的媒体市场不是按“一人一票”的民主逻辑运作，而是按“一元一票”的“钱主”逻辑运作的。传媒资本与广告商不会向那些反资本、迎合低消费能力的劳工阶级和农民阶级的媒体注资和投入广告费用。西方资产阶级正是通过媒体的商业化和市场自由化来巩固其话语权，实现意识形态领导权的。纵观西方新闻史，从党派媒体到市场开放下“自由”媒体的转型过程，并不是一个简单的经济问题，而是一个重大的政治问题和意识形态斗争的过程。如果中国还希望建立社会主义话语体系，如果共产党领导的新闻事业希望坚持党性与人民性一致性的言说，共产党在媒体治理体制和机制问题上，就不得不认清和面对这一现实：如果让媒体走商业化、市场化和资本化之路，必然会导致资本主义话语体系和资产阶级话语霸权的建立。

在对信息化资本主义深陷的政治经济文化危机进行反思的时候，如何实质性地把民众的表达自由原则贯彻于一个新旧媒体相互融合的传播体系中，是美国维系和深化民主所面临的一个挑战。这也是划时代的体制和机制创新，走出一条真正的社会主义道路，从而促进世界传播民主化进程的应有之义。

民族宗教报道的话语偏向与“文化间性”

白贵、甄巍然在《现代传播》2014年第8期撰文《话语偏向与“文化间性”：民族宗教报道的问题与路径——基于人民网与新华网的抽样文本分析》。文章指出，由于网络空间的舆情引导日益成为传媒业界和学术研究界关注的焦点，党报系统作为主流媒体也纷纷构建自身的网络话语影响力。长期以来，在我国传统主流媒体上呈现的少数民族与宗教大多被看作为主流文化的“他者”形象，具有异文化的身份特征。

通过统计分析人民网与新华网近五年的民族宗教报道，发现民族宗教报道存在三个方面的话语偏向：话语秩序的主导化、话语主体的替代化和话语能指的模糊化。对此，可采取基于“文化间性”的跨文化传播路径：第一，实施文化分层传播，加大非政治文化层面的呈现力度；第二，转变新闻话语方式，重点呈现民族宗教文化的自在状态；第三，搭建文化对接平台，开拓被报道主体的话语空间。

跨文化传播的可能性

单波在《广东外语外贸大学学报》2014 年第 8 期撰文指出，文化传播涵盖四个方面的基本问题，即：我能够交流吗？“我、我们与他们”的关系如何走向自由、平衡？文化的多样性统一如何可能？如何面对媒介作为“桥”与“沟”的双重文化角色？文章论述了这四个基本问题，认为跨文化传播的可能性在于，把“我与他”的主客体思维转换为“我与你”的主体间性（inter-subjectivity）思维，并进一步把主体间性转换成文化间性，形成文化的互惠结构；“从他者出发”把自己的偏好悬置起来，从而看见他者、听见他者进而理解他者，建构文化的多维视野；从自由的文化多元主义层面建构跨文化传播的政治问题，即保护文化的多样性和文化选择权，反对把文化多样性作为文化隔离和封闭的借口；把跨文化传播当作是一种实践理性，寻找文化间的伦理融合，既尊重文化伦理的差异性、历史性，又积极建构文化伦理的多样性互动关系；提供对他者文化的语境式理解以及文化间的可能联系，揭示文化间的可能的冲突，在文化的构连中建立动态的互动机制。

网络治理的技术与限度

姜方炳在《浙江社会科学》2014 年第 8 期撰文《制度嵌入与技术规训：实名制作为网络治理术及其限度》，指出：实名制作为网络治理是一个备受争议的问题。目前学界对此问题的探讨，大都是基于对网络实名制概念的模糊认识而展开的利弊分析，遮蔽了其在不同网络层面和领域的实践适用性这一重要问题。通过“国家—市场—社会”三元互动结构的分析视角，我们可以发现，法律意义上的网络实名制，遵循着制度嵌入和技术规训的单向运行逻辑，有利于实现国家治理权力的网络渗透。但这种以国家为中心的治理模式，只适用于特定的网络层面和领域，如将其加以全面推行，则潜藏着诸多技术性和制度性风险，从而容易陷入内卷化的治理困境。由于它以国家为中心的治理格局，往往变成了传统新闻媒体管治模式的翻版，难以适应网络空间信息传播的开放性、平等性、即时性、交互性等特点，潜藏着诸多技术性和制度性风险，从而减损了其网络治理效能。急剧增加诸多网络服务商的运营成本，非但没有创造出网络产业发展的自由空间，反而形成了网络社会风险的制度化生产机制。这也是当前人们对网络实名制泛化的主要忧虑所在。如果实名制难以被有效执行，反而戕害国家的法治权威；而一旦民意抒发渠道发生制度性梗阻，将积聚更大的社会风险。对网络实名制治理效能的考察，可以从三个维度进行，即价值层面的正当性、技术层面的可操作性以及制度层面的可执行性。增强网络实名制治理效能的关键，在于能否转变治理策略，在国家、市场和社会多中心的均衡治理格局之下推行。具体而言，这一治理新格局应至少包括以下两大方面的内容：一方面，必须明确国家在网络空间中的角色定位，并以“弱化管控，强化维权”的理念凝聚网络话语共识。另一方面，应该根据不同的网络领域和治理需求，有序推行分领域、分层级、分形式的“有限网络实名制”。

移动互联时代传媒变革的新趋势

陆小华在《传媒》2014 年第 8 期撰文认为，移动互联网在进一步改变社会关系、社会结构、人的行为方式，也在改变人的心理和需求。移动需求的基本特征是超细分与超便利。移动产品的规律性特征是提供便利替代性服务，这成为移动互联网创业的主流模式。文章认为，传媒变革正呈现以下五个趋势：第一，生产方式重构。专业内容生产社会化呈现三个基本特征，即内容生产活动的高参与度；内容生产组织的高社交化；内容生产过程的高生活化。第二，再专业化。新一轮的新媒体形态冲击着以深度体现地位的专业媒体，迫使传统媒体进一步再专业化，需要生产者重新感受什么是移动需求，重新感受人对自由和社群关系的新要求，重新理解人性中那些曾经被隐藏的部分。第三，再组织化。以组织变革的方式，应对新媒体的冲击。第四，再服务化。传媒不仅优化内容提供方式与便利水平，从而实现与人们需求行为和需求心理的高匹配度，而且会提供服务性产品，以新的方式获取收益。第五，高匹配度。移动互联时代，适应移动互联网的新满足逻辑，至少包括一个关键、两个核心要素。匹配是互联网的关键词。两个核心要素，就是便利性匹配和超细分匹配。便利性匹配，意味着服务提供方式必须与人们在移动状态下的心理和行为方式相匹配，甚至质量过剩也会影响人们的使用耐心；超细分匹配，意味着必须更进一步明确人们的类型需求与方式需求，从另外一端促进传媒内容生产的再专业化，这样的匹配才不是愿望与概念上的匹配。

网络趣缘群体中传播效果的价值转向

罗自文在《现代传播》2014 年第 8 期撰文指出，聚众传播是指人们在其社会化过程中，基于自媒介体系建立的、融合多种传播类型和传播方式、以建立社会文化认同为目的的一种群体传播形态。聚众传播是网络趣缘群体中的信息传播方式，其中“聚”不仅表示媒介、信息、传播方式的聚合，更表示趣缘的聚合。在网络趣缘群体中的聚众传播模式下，说服性传播效果不再成为必要元素，网络趣缘群体中聚众传播效果的价值已然出现了转向。从人际传播、大众传播发展到网络趣缘群体中的聚众传播，传播的中心发生了转移，传播过程得以延伸和循环，信息发送和接收双方日益呈现出对称与平衡的态势，传播过程的地位和作用愈发凸显。这表明，传播形态的变化导致传播效果的价值转向，网络趣缘群体中聚众传播的传播效果已从追求信息的使用价值、交换价值转移到追求信息的文化价值，网络趣缘群体聚众传播的过程本身也由此成为群体成员的信息生活方式。

网络虚拟社区中的趣缘文化传播

蔡骐在《新闻与传播研究》2014 年第 9 期撰文指出，近年来，趣缘群体在网络虚拟社区中大规模兴起。网络虚拟社区中的趣缘群体有别于现实中的社会群体，他们在现代化进程中寻求身份的认同和共同体的重建，以新媒介技术为依托构建起“小世界网络”，形成了兼具传统社群凝聚力与现代社群自由度的趣缘共同体。从本质上看，趣缘群体是一种以身份认同为基础的亚文化体系，它构建了以兴趣和情感为核心的趣缘“圈子”，并形成了“圈子化”的文化传播机制：圈子内部的信息扩散同时遵循相对封闭的圈子化路径和相对开放的交错式社会网络路径，人际间的传播互动则表现为扁平化与层阶化并存的结构；不同圈子之间存在着或对抗或联盟的关系，而同时，其在社会支配性原则的影响下也呈现出权力等级化的链式结构。

内容的至上地位永难撼动

辜晓进在《新闻记者》2014 年第 9 期撰文认为，中国传统媒体关于以什么“为王”的探讨和争论由来已久，甚至可追溯到新媒体诞生之前相当长的岁月。那时报人们热衷于“内容为王”，后来有人倡导“发行为王”，再后来演变为“广告为王”“品牌为王”，新媒体出现后是“产品为王”“渠道为王”“技术为王”“平台为王” “信息服务为王”……但是，忽视“内容”的数字化转型乃镜花水月，稍稍关注它们的改革历程就会发现，这些报纸在积极拥抱新媒体、不遗余力地推动数字化转型的同时，始终把优质内容的生产放在第一位。新的社会分工令“内容”生产成传统媒体首要使命。

历史记叙与新闻真实性观念

王蔚在《社会科学》2014 年第 9 期撰文《历史记叙与新闻真实性观念的发生》，指出：中国的新闻记叙历史悠久，不断受到历史记叙或直接或间接、或正向或反向的影响。从最早的官报看，新闻记叙的作者、内容和功能等都深受影响。新闻真实性观念发端于官报与小报共存的宋代，同时萌发了官方注重“政治为先”的新闻真实性观念，和民间注重“闻录性”的新闻真实性观念。在历史记叙精神传统的影响下，至清末民初新闻业专业化、社会化长足发展时期，新闻人又主动以历史记叙的精神规范新闻实践，确立了以“实录”为核心的实用理性主义的新闻真实性观念。虽然中国现代意义的新闻业自西方舶来，但新闻业一旦在本土扎根，就以一种不可逆的方式被裹挟进民族文化传统之中，逐渐成为民族文化传统的一部分。这一点提醒我们需要注意两个问题：一是对于包括新闻真实性观念在内的新闻思想的认识，不能放弃历史发展维度的考量，不能忽视其精神、价值中的传统文化基底。唯有这样的认识，才能够勾勒新闻真实性观念发展的历史坐标与价值坐标，真正地面向历史，面向未来。

媒介与集体记忆研究的检讨与反思

周海燕在《新闻与传播研究》2014 年第 9 期撰文指出，集体记忆的建构在维护权力的合法性与统治秩序中扮演了重要角色，是塑造社会认同的重要力量，也是代际传承的重要中介。在当代社会，媒介在集体记忆的保存、传播中居于中心地位，尤其是在互联网使集体记忆的传播手段、途径和影响力都产生了巨大变化的社会语境下，从传播学路径讨论人们如何在互联网中分享和传播、重构集体记忆的必要性日渐凸显。但是传播学目前的研究难以和历史学、社会学、人类学相抗衡，是因为现有的媒介与集体记忆研究的理论框架和研究方法都存在一定局限，文本个案和单独历史事件的解读缺乏对更为宏观的历史观、社会观观照，导致其始终处于主流社会学和历史学理论之外。中国传播学者对这一领域的研究应该改变以往个案研究来诠释或验证既有理论为主的状态，而力求扎根于大众传播研究领域，形成新的理论框架和研究方法，同时需要处理好本土化与全球化的关系。

网络舆论监督失范行为的几种表现方式

顾理平在《新闻与写作》2014年第10期撰文指出，随着网络时代的到来，网络舆论监督快速发展并产生了许多有影响力的监督案例，对社会的发展产生积极作用。但是，网络的传播特点决定了网络舆论监督自由度较大、管控较少，呈现出较强的非理性色彩，因此也较易产生失范行为。文章全面阐释了网络舆论监督失范行为主要的表现形式，即舆论暴力、舆论绑架、极端舆论和失真舆论。舆论暴力对象往往是现实生活中的不公行为、腐败行为等，所以人们对此表达愤怒在一定程度上也是可以理解的。而网络舆论监督的根本目的是消除社会不正当现象的存在，情绪化具体的表现方式却严重地伤害了这种监督的严肃性。在网络舆论监督中，“标题党”又以另外的极端形式出现，往往表现为舆论一致或另类观点，有利于受众通过从不同的视角判断、分析问题，但往往有碍于真实性的表达。失真舆论来自于传播方式的变化。在舆论形成的过程中，最初的事实信息会对舆论的形成产生关键性的影响。“核实和过滤环节的放松、导致新闻信源更容易随心所欲地妄下断言”，而直播新闻方式则导致了“断言式新闻”的泛滥，在网络传播中，“断言式新闻”就表现得更为明显。网络舆论监督对于社会的健康发展意义重大，对其非理性言论带来的消极影响，必须予以足够重视。

转型时代传统媒体的角色转型：从信息提供者到问题求解者

童兵、樊亚平在《新闻记者》2014年第11期撰文指出，转型已成为当前传统媒体领域的热门议题。对传统媒体来说最重要的转型是角色转型，具体而言就是从信息提供者角色向问题求解者角色的转型。这种转型既是因应当前媒体环境变化和我国社会转型中社会问题大量出现之现实的需要，也是媒体对社会进步与发展发挥积极推动作用的要求。对问题的求解是一个由发现问题、传达问题到启发思考、引发讨论再到集纳众议、形成合意的符合媒体新闻传播特性与规律的过程。问题求解者角色与新闻客观性原则并不矛盾。

众筹新闻：变革新闻生产的权力结构

曾庆香、王超慧在《国际新闻界》2014年第11期撰文认为，众筹新闻是一种依靠普通民众筹集报道资金的新闻生产新形式。文章从新闻生产权力结构视角出发，结合众筹新闻生产过程、成功案例，探讨其对政治权力、经济权力、受众控制以及新闻生产组织内权力的变革，进而揭示其新闻生产社会学的本质。在如今这样一个“透明化”的互联网时代，公众不再是促使新闻报道媚俗、媚权、媚钱的因素之一，反而是挽救新闻报道纯粹性的行之有效的策略之一。因为这种基于公众的众筹模式的新闻削弱了不必要的政治审查，打破了商业广告的钳制，弱化了受众喜好的掌控，消解了场域内权力的宰制，从而完成了对现有新闻生产权力结构的变革、规避以及一定程度、一定范围内的颠覆。不可否认，众筹新闻作为一种新兴的新闻生产形式，它的发展远未壮大。在中国大陆的众筹新闻实践中，虽有新闻记者和自媒体人开始了积极尝试，但对新闻生产权力结构变革的突破尚处于探索阶段。

新媒体传播与隐私权

陈堂发在《学术月刊》2014 年第 12 期撰文《新媒体涉私内容传播与隐私权理念审视》指出，基于数字技术的新媒体对私生活的全方位介入所引发的忧虑，已成为社会公共话题。不同介质的信息转换与兼容、无处不在的客户终端与社会化辐射、用户主体性的自媒体技术结构、追踪记录个人信息的目的性系统隐性植入，使得隐私权的法律适用与权利救济面临新的困境，移动互联网技术与适时记录行为增加了判别“隐私自决”意志表现的复杂性。“被遗忘权”，“使不可辨识”策略等议题，都面临着“足够的信源、充分的信息”的媒介环境下的考验。新媒体传播因其对涉私事项记录的便捷性、随意性，公开扩散渠道的用户自控性，“窥探”行为的尺度标准更为含糊，隐私存在的空间私密性或隐私获取场合的属性更加人为地充满了争议性。从我国主导性的司法理念与实践看，对隐私采取严格保护倾向。如果依旧遵从宽泛范畴的隐私理解，能够定性为隐私侵害行为将大量存在，权利救济势必遭遇双重困境：司法资源的紧缺与新技术运用的阻遏。新媒体内容生产与传播机制在涉私内容处置方面比传统媒体有更大的法律纠纷风险，更迫切需要对既有的隐私人格价值保护理念作理性审视。减少现实生活中隐私呵护“过敏症”，除了所有在场主体的道德自我约束，调适规则，缩减“当然保护”的隐私范围，重新确立“能够、不得已且值得保护”的个人隐私范围，才能在鼓励新技术应用与隐私利益保护之间找到均衡点。

文化工业理论再认知：本雅明与阿多诺的大众文化之争

胡翼青在《南京社会科学》2014 年第 12 期撰文指出，文化研究的学者率先建构了本雅明和阿多诺在大众文化上二元对立的观点。他们认为二者在三个方面有较大分歧：其一，本雅明看到了大众文化中所蕴含的公众反抗的积极潜能，但阿多诺则完全无视这一点。其二，本雅明看到了媒介技术积极的向面而阿多诺则不承认这一点，后者是典型的技术决定论者和悲观论者。其三，本雅明的政治立场更接近布莱希特而非阿多诺，前者倡导艺术的政治化来反对法西斯的政治美学化，而后者则认为必须为艺术而艺术，否则艺术将无法摆脱政治宣传的下场。然而，回到历史的语境，文章认为，这三个论点都站不住脚。相反，多个证据表明，本雅明是文化工业理论的开创者，阿多诺等学者只是在不断地顺着本雅明的思路拓展这一理论。阿多诺文化工业理论的阴暗基调，只是因为对纳粹和反犹的过度敏感，导致其夸大了进步主义时代之后美国的大众社会与文化的极权特征。

当前电视新闻主播队伍建设的问题、经验与思考

胡智锋、周云在《现代传播》2014 年第 12 期撰文指出，新闻主播群体是整个社会构建传播理性、建立信任网络的重要端口，也是整个社会持守伦理底线的媒介窗口。建设高水平的新闻主播队伍，既是社会之需，也是行业之求。我国的电视新闻主播在职业品类归属、职业平台建设以及专业人才管理等方面尚处于困惑较多的探索初期，面临品类尚未独立、人才较为短缺、平台建设滞后、管理相对薄弱等问题。境外电视新闻主播队伍建设的经验值得借鉴，应从美国资深记者到新闻主播的成长机制、以主播为核心的团队创作机制、欧美的签约制和中国港台的经理人制中得到

启发，推进我国电视新闻主播队伍建设。第一，在职业品类归属方面，广播电视岗位体系和专业评价体系中应给予新闻主播以独立的位置；第二，在新闻主播人才的发现与培养方面，媒体和专业院系可在各自的专业培育系统中有针对性地设计新闻主播的成长路径；第三，在新闻主播人才管理方面，媒体需完善机制，在团队合作中协调新闻主播的职业权责；第四，在新闻主播的品牌发展与传播方面，媒体应重视在自身的社会信誉链条中锻造主播成为重要的信源支点。

媒介恐怖主义的蜕变与线上正义的伸张

邵培仁、王昀在《探索与争鸣》2014年第12期撰文认为，媒介恐怖主义在线语境产生了新的蜕变。通过运用以社会化媒体为代表的新技术手段，恐怖主义组织提升了其对抗传统审查、扩大组织行动以及实现恐怖传播的能力。在恐怖主义与线上空间联系日益紧密的趋势下，有必要考量恐怖主义在新媒介环境的传播特质。文章讨论恐怖主义行为如何随社会传播结构变化而调整，并探讨新媒介在未来恐怖主义防治中所可能的作为。文章认为，考量线上语境呈现的媒介恐怖想象从新媒介技术带来的恐怖主义变化，讨论如何实践线上正义，可以基于下述三个方面：第一，通过“多种真实”将恐怖主义信息纳入公共审议轨道，缓解恐怖信息带来的负面影响。第二，通过“多边合作”团结国际社会中的不同地域主体，降低恐怖主义问题上的霸权宰制。第三，通过“多元公众”动员数字民主力量限制恐怖主义，解决恐怖主义裁制的审查困境。在社会化媒体语境下回应恐怖主义问题，还需超越泛泛而谈的“网络恐怖主义”，回归恐怖主义在新技术空间中不断变化的具体实践，重新审视“当下”的恐怖主义，进而追问如何通过连接政治生活与公共生活的共同利益，伸张线上正义，提升新时期反恐工作的进展与成效。

网络舆情不等于网络民意

郑雯、桂勇在《新闻记者》2014年第12期撰文指出，不但“网络民意”不能简单等同于“民意”，目前流行的网络舆情报告也未能准确体现网络民意特点。现有的网络舆情调查和网络问卷/投票调查均可被归纳为“事件/议题”路径的测量方法，其聚焦短期效应，易掺杂进“被污染”的虚假民意，群体极化现象高发；相比而言，“中国网络社会心态调查（2014）”尝试了一种“人”的路径的测量方法，覆盖多元社会群体，从长期的、相对稳定的视角探讨网络用户的深层心态与实际意愿，其展现出的“网络民意”与基于事件/议题的“网络舆情”存在较大差别。研究发现，网络社会中的“温和中间派”和“理性大多数”比例最高，也是我们争取网络民意的关键群体。

新闻传播理论的旅行不能脱离本土实践经验

陈卫星在《青年记者》2014年第16期撰文《新闻传播理论创新的媒介学思考》。文章认为，对理论的认知和了解是一种知识的逻辑，而对理论的把握和应用更多是一种关系的逻辑，诸如力量关系、利害关系等。把这两者的关系在现实语境中统一起来，或许可找到理论创新的路径。我们要讨论的核心问题是：所谓的“西方”新闻传播理论，是“真的西方”还是“我们眼中的西方”？要认识“西方”的新闻传播理论，需要先考察其新闻传播实践活动的历史脉络和历史逻辑，由此产生我们评估理论品质的两点判断：第一，理论应该是其实践活动、经验活动或经验考察的产物；第二，从实践出发，任何理论的生命力本身都在于本土实践的经验，而理论的输出或者说理论旅行能够成立，一定需要接纳这种理论环境本身对这种理论进行再生产，即话语的修正或再造。因此，文章指出：第一，人类的新闻实践是历史的产物；第二，传播是一种意识形态的内在诉求；第三，新闻传播的叙事同时包含人和技术。

第四篇

论文辑览

2014 年国内主要文摘类期刊* 转载新闻传播学论文篇目

《新华文摘》

2014 年第 1 期

使文化产业成为经济社会转型的主导力量（谢名家） 中国发展观察 2013－10

创新驱动　融合发展　加快推进广播影视信息化（聂辰席） 广播与电视技术 2013－10

重塑中国主旋律电影形象（廖祥忠、邓逸钰） 当代电影 2013－09

2014 年第 2 期

出版的革命（耿相新） 现代出版 2013－05

移动互联时代的阅读变迁（蔡骐） 新闻记者 2013－09

中国视听新媒体发展趋势分析（杨明品） 传媒 2013－11

2014 年第 3 期

论网络信息安全合作的国际规则制定（张新宝） 中州学刊 2013－10

未来新闻的知识形态（王辰瑶） 南京社会科学 2013－10

对中国人文社科学术期刊国际合作模式的思考（徐枫） 河南大学学报 2013－06

2014 年第 4 期

"共"时代的开创——试论新闻传播主体"三元"类型结构形成的新闻学意义（杨保军） 新闻记者 2013－12

互联网时代的网络依赖症及人格缺失（H. B. 科蕾特妮科娃、张广翔） 社会科学战线 2013－12

2014 年第 5 期

中华民族形象对外传播中的问题与改进策略（陶喜红、李婷婷） 当代传播 2013－05

2014 年第 6 期

社会化媒体时代的舆论研究：概念、议题与创新（周葆华） 南京社会科学 2014－01

数据新闻：大数据时代新闻生产的核心竞争力（徐锐、万宏蕾） 编辑之友 2013－12

2014 年第 7 期

增强主流媒体在社会舆论中的主导力（韩利红） 人文杂志 2013－12

"号脉"科技期刊（游苏宁） 光明日报 2014－01－16

---

* 这里选取的国内主要文摘类期刊包括：人民出版社主办的《新华文摘》、中国社会科学杂志社主办的《中国社会科学文摘》、上海师范大学主办的《高等学校文科学术文摘》，以及中国人民大学复印报刊资料《新闻与传播》。

中国传媒改革进路：重构·驱动·突围（郭镇之、冯若谷） 中国广播 2014－01

2014 年第 8 期

舆论焦点掩盖下的中国阶层流动现实（郑杭生、邵占鹏） 人民论坛 2014－01

传播研究的典范与认同（李金铨） 书城 2014－02

2014 年第 9 期

传播学何以成为热门学科？——兼谈当前社会观察与治理逻辑的创新视角（喻国明） 解放日报 2014－02－13

2014 年第 10 期

大时代与轻电影——2013 年中国电影创作备忘（尹鸿、何映霏） 当代电影 2014－03

教诲将伴笔耕老——我与老师范敬宜的点滴往事（王慧敏） 光明日报 2014－02－21

2013 年中国新闻传播学研究的十个新鲜话题（陈力丹、廖金英） 当代传播 2013－01

2014 年第 11 期

学术期刊的媒介定位与发展方式（周国清） 中国社会科学报 2014－03－05

2014 年第 12 期

在新起点上推动数字出版产业健康有序繁荣发展（孙寿山） 中国新闻出版报 2014－04－17

传统广播影视转型的理论透视和战略选择（庞井君） 现代传播 2014－03

2014 年第 13 期

中国互联网 20 年：三次浪潮和三大创新（方兴东、潘可武、李志敏、张静） 新闻记者 2014－04

从网络媒体到网络社会——中国互联网 20 年的渐进与扩张（彭兰） 新闻记者 2014－04

2014 年第 14 期

关注未来媒介发展变化的大趋势（邵培仁） 当代传播 2014－02

大数据应用于文化发展趋势——《大数据大文化》研究报告述评（［加］林青） 江西社会科学 2014－03

2014 年第 15 期

我国网络文化发展的三种态势（秦汉） 学习时报 2014－06－02

“马航失联事件”媒体报道的反思（匡文波、张蕊） 新闻爱好者 2014－04

2014 年第 16 期

传媒产业链变革：再组织化、再专业化及再服务化（陆小华）

原题为《传媒产业链变革：再专业化与再组织化》 南方电视学刊 2014－02

学术出版与中国国际话语体系的建构（谢寿光） 出版发行研究 2014－05

未成年人的媒体消费与健康成长：文献综述及未来研究（［美］肖经建） 中国青年研究 2014－02

社交媒体影响青少年同伴关系：友谊、孤独感和归属感（［美］巴巴拉·M. 纽曼） 中国青年研究 2014－02

数字化机遇——电子书为出版业呈现的新选择（［美］汉娜·贝内特） 出版科学 2014－03

2014 年第 17 期

国家文化安全战略下的中国文化走出去战略（苏毅） 暨南学报 2014－05

中国广播影视产业：现状与发展（胡智锋） 中国广播 2014－06

加快推进我国出版文化产品质量评价体系的建构（齐峰）

原题为《中国广播影视产业未来发展的五个重要问题》 编辑之友 2014－06

2014 年第 18 期

当前新闻出版业投融资现状、问题及对策（何奎） 中国出版 2014－11

2014 年第 19 期

论互联网与协商民主的契合（伍俊斌） 理论与改革 2014－04

新媒体时代的科普困境（韩天琪）
中国科学报 2014－08－01
加快媒体融合发展 壮大主流舆论阵地（徐东平） 安徽日报 2014－07－02
中国出版传承发扬中华文明（宋明昌）
中国出版 2014－13

2014 年第 20 期

关注国际科技知识与信息传播趋势 积极推进我国科技文献传播体系建设（邬书林）
出版发行研究 2014－07

2014 年第 21 期

媒体融合要有化学反应（杨世桥）
人民日报 2014－08－28
莫让公共信息成“摆设”（谢京辉）
解放日报 2014－09－05
互联网逻辑下传媒产业转型升级的关键与发展进路（喻国明） 新闻与写作 2014－07

2014 年第 22 期

中国互联网监管的变迁、挑战与现代化（朱伟峰） 新闻与传播研究 2014－07
互联网时代：谁是记者？——对记者职业身份的思考（郑一卉）
现代传播 2014－07

2014 年第 23 期

积极推进传统出版与新兴媒体融合发展 实现中国出版业繁荣发展的新未来（吴尚之） 中国出版 2014－17

2014 年第 24 期

微传播的现状、特征及意义（唐绪军、黄楚新、刘瑞生） 新闻与写作 2014－09
当代西方新闻理论的完型（刘建明）
当代传播 2014－05

《中国社会科学文摘》

2014 年第 1 期

社会交互式传播技术与青少年同辈关系网（张明新、刘于思）
国际新闻界 2013－07
技术史视角下虚拟现实的媒介建构（周逵） 现代传播 2013－08

2014 年第 3 期

中国新闻理论话语的历时考察（林溪声）
南京社会科学 2013－10
人际传播对风险感知的影响（崔波、马志浩） 新闻与传播研究 2013－09
网络信息安全合作的国际规则制定（张新宝） 中州学刊 2013－10

2014 年第 4 期

网络文学对传统文学审美体系的解构（王晓英）
武汉大学学报·人文科学版 2013－06

2014 年第 5 期

新时期中国新闻系统的结构变迁（杨保军、涂凌波） 兰州大学学报 2014－01
新闻传播心理学的理论建设（柯泽）
社会科学战线 2013－11

2014 年第 7 期

媒介互动格局中的文学期刊（黄发有）
当代作家评论 2014－01
突发事件微博舆论的变化趋势（夏雨禾）
新闻与传播研究 2014－03
自媒体传播中的艺术生长（张福平）
郑州轻工业学院学报 2014－01

2014 年第 9 期

当前互联网六种社会思潮批判（郭明飞、郭冬梅） 江汉论坛 2014－03
网络人际关系与现实人际关系一体论（刘珂、左斌） 云南师范大学学报 2014－02
内容依赖：受众对微信的使用与满足（韩晓宇、王军、张晗）
国际新闻界 2014－04
国家形象的三重内涵（刘丹凌）
南京社会科学 2014－05

2014 年第 11 期

大数据方法与新闻传播创新（喻国明） 江淮论坛 2014－04

“转基因论争”传播与媒介的知识再生产（陈刚） 新闻与传播研究 2014－07

社交媒体时代的知识生产沟（韦路、赵璐） 兰州大学学报 2014－04

2014 年第 12 期

公共人物理论、自媒体与网络谣言规制（郭春镇） 法学研究 2014－04

中国学术期刊空间格局及其生态环境（乔家君、刘晨光） 河南大学学报 2014－05

进步思想传播与新疆民族知识分子的觉醒（李建军） 新疆师范大学学报 2014－05

《高等学校文科学术文摘》

2014 年第 1 期

赛博空间与虚拟生存的两重性（张屹） 淮阴师范学院学报 2013－05

新媒体时代期刊数字化建设创新（陈蕊、宋悦） 编辑之友 2013－12

网络文化自觉维度下的网络行为规范建构（陶鹏） 湖南城市学院学报 2013－04

汉语国际传播中的几个问题（陆俭明） 华文教学与研究 2013－03

外宣翻译对跨文化传播的影响（果笑非） 学术交流 2013－09

2014 年第 2 期

中国视野下软实力理论的重构——基于对软实力理论西方话语权的反思（刘佳） 河南大学学报 2014－01

中国国家形象的跨文化建构与传播（梁晓波） 武汉大学学报·哲学社会科学版 2014－01

“彭水诗案”中舆论监督与公权力之间的博弈分析（马长山）原题为《公共议题下的权力“抵抗”逻辑——“彭水诗案”中舆论监督与公权力之间的博弈分析》 法律科学 2014－01

2014 年第 3 期

图像文化的转向与历史叙事（李明哲、陈百龄） 南开学报 2014－02

2014 年第 5 期

当代中国电子媒介中的神话主义（杨利慧） 云南师范大学学报·哲学社会科学版 2014－04

“神话段子”：互联网中的传统重构（祝鹏程） 云南师范大学学报·哲学社会科学版 2014－04

转基因争议中媒体报道因素的影响评析——对 SSCI 数据库 21 年相关研究文献的系统分析（范敬群、贾鹤鹏等） 西南大学学报·社会科学版 2014－04

2014 年第 6 期

文化产业与文化软实力的复杂关系（单世联） 澳门理工学报·人文社会科学版 2014－03

人大复印报刊资料《新闻与传播》

2014 年第 1 期

构建国际传播的基本理念（喻国明） 新闻与写作 2013－10

媒介文本跨文化传播中的文化差异现象解析（张力） 广西大学学报·哲学社会科学版 2013－05

微博实名制：“错装在政府身上的手”（顾理平、徐尚青） 新闻与传播研究 2013－09

社区参与和多元卷入（王斌、高诗劼） 编辑之友 2013－09

与他人共在：超越“我们”/“你们”的二元思维（吴飞）
新闻与传播研究 2013－10
民间影像与中国公民社会建构（吴鼎铭、石义彬）
汕头大学学报·人文社会科学版 2013－05
传统媒体跨界经营刍议（予心言）
新闻爱好者 2013－09
社交媒体：电视产业的“蓝海”？（周笑）
视听界 2013－05
新媒体与信息网络专业人才培养的策略创新（燕道成）
湖南师范大学社会科学学报 2013－05
传统新闻业“礼崩乐坏”（哥伦比亚大学新闻学院 TOW 数字新闻中心）
中国传媒科技 2013－10
当互联网爱上电视（刘牧）
中国广播影视 2013－10
创新与新闻业的未来（［美］约翰·帕夫利克） 新闻记者 2013－11
社交媒介言论表达的规制模式（郭栋）
网络传播 2013－10
“挣工分”的政治：绩效制度下的产品、劳动与新闻人（夏倩芳）
现代传播 2013－09

2014 年第 2 期

何谓新媒体？（罗超） 文化纵横 2013－12
开明、威权与自由之光（展江、黄晶晶）
杭州师范大学学报·社会科学版 2013－05
新媒体还将如何演变？（陆小华）
中国广播影视 2013－11
国家形象塑造与中国的软实力追求（赵月枝）
文化纵横 2013－12
美国传播学研究中的社会心理学（柯泽）
国外社会科学 2013－06
报业的数字化困境、应对及启示（王亚红）
中国传媒科技 2013－07
日常生活的仪式与共同体的价值建构（张兵娟） 新闻爱好者 2013－10
农村传播研究的“寂静”与“繁荣”（骆正林） 新闻爱好者 2013－09
经典大众传播理论仍有巨大的潜在影响（张皓、郑讴） 中国社会科学 2013－10
城镇化进程中农村受众新媒体消费研究（路璐） 视听界 2013－05
美国政治信息传播的特点及启示（赖海榕、王新颖） 对外传播 2013－12
报纸的未来（胡泳） 读书 2013－12
思想统制与思想自由（冯峰）
延安大学学报·社会科学版 2013－05
论我国媒体业“法人治理结构”的改革（宋建武） 文化产业导刊 2013－11
论民国新闻界对国际新闻自由运动的响应及其影响和结局（邓绍根）
新闻与传播研究 2013－09

2014 年第 3 期

素质问题还是职业危机：新闻伦理困境的再思考（张垒） 新闻爱好者 2013－11
“中国梦”的话语阐释与民间想象（孟建、孙祥飞） 新闻与传播研究 2013－11
大数据时代国内传媒产业的挑战与机遇（张彦华） 现代传播 2013－11
自媒体时代我国政府如何应对“塔西佗陷阱”（赵冬晶、骆正林）
阅江学刊 2013－05
微信自媒体是个半成品（朱晓鸣）
中国传媒科技 2013－10
场域理论视角下的微信“威胁论”解读（谢娟、王晓冉） 编辑之友 2013－12
微信公众平台自媒体的发展及其对传统出版的影响（文艳霞）
出版发行研究 2013－11
新媒体时代电视节目评估体系的构建和应用（陆地、陈思） 新闻爱好者 2013－11
从上海报业合并看传媒的合纵连横（崔保国） 新闻与写作 2013－12
美国传媒政策中的公共利益标准：概念的表征及演进（陈映）
国际新闻界 2013－10
略论麦克切斯尼对美国媒体制度的思考

（黄东英） 云南行政学院学报 2013－06
“密苏里模式”与中国报业近代化（林牧茵） 复旦学报·社会科学版 2013－05
中国报业企业上市困境及对策（杜民） 中国出版 2013－24
智能电视时代新传播范式引发的产业变革之思考（方兴东、李志敏、严峰） 电视研究 2013－12
国外广播公司在数字平台上的营利模式分析（张晓菲） 中国广播 2013－11

2014 年第 4 期

试析新闻传播中的数据意识（韩利红） 学术研究 2013－12
微信使用对人际传播的影响研究（詹恂、严星） 现代传播 2013－12
大数据时代电视媒体转型路径探析（黄耀华） 南方电视学刊 2013－06
草根情结的异化：底层社会传播生态的另一种解读（李春雷、易小军） 江西师范大学学报·哲学社会科学版 2013－06
2014 年传媒改革发展的十大问题（郭全中） 青年记者 2014－01
社会化媒体时代的舆论研究：概念、议题与创新（周葆华） 南京社会科学 2014－01
“国家”的分化、控制网络与冲突性议题传播的机会结构（夏倩芳、袁光锋） 开放时代 2014－01
媒介情境、社会传统与社交媒体集合行为（王贵斌、斯蒂芬·麦克道威尔） 现代传播 2013－12
社交媒体在社会事件中的“动议”释放（刘小燕） 山西大学学报·哲学社会科学版 2013－06
2013 年：网络旧秩序的消解与重构（谢湖伟、吴世文、迟讯） 传媒 2014－01 上
传播研究的典范与认同（李金铨） 书城 2014－02
2013 年报业发展盘点：寒冬中的突围（张晋升、张维） 传媒 2014－01
价值哲学：国际一流电视媒体的灵魂（王朋进） 视听界 2013－06

2014 年第 5 期

再论新媒体基因（彭兰） 新闻与写作 2014－02
从“读者”到“用户”（雷永青） 新闻与写作 2014－02
网络抗争中谣言的情感动员：策略与剧目（郭小安） 国际新闻界 2013－12
网络立法模式探析（林凌） 编辑之友 2014－01
我国传播学研究“想象力”的缺失与重构（何秋红） 新闻记者 2014－02
社会控制论视野下的虚拟社会治理机制（张悦） 思想战线 2014－01
中国传播研究的史前史（刘海龙） 新闻与传播研究 2014－01
互联网电视时代传统电视媒体的应对策略（傅琼） 现代传播 2014－01
社交媒体与传统电视的内在关联与外在作用（李宇） 视听界 2014－01
媒介融合引致的四类规制问题（肖赞军） 当代传播 2014－01
互联网与中层民主的兴起（孙立明） 中央社会主义学院学报 2014－01
“社会资本”视角对传媒经济研究的三个跨越（孙俨斌） 新闻记者 2014－02
欧美各国信息传播中的内容规制政策研究（周庆山、李彦篁） 出版发行研究 2014－01
网络电视收视的新维度：技术和情境的取向（景诗佳） 当代文坛 2014－02
棱镜门事件与全球网络空间安全战略研究（方兴东、张笑容、胡怀亮） 现代传播 2014－01

2014 年第 6 期

“众筹新闻”：新闻生产的新模式（栾轶玫） 新闻与写作 2014－02

中国众筹新闻的萌芽之路（沈阳、周琳达）
编辑之友 2014－03

美国新闻传播教育的最新进展与改革趋向（吴锋、陈雯琪、章于炎）
现代传播 2014－03

战地记者·职业报人·政府顾问：“美国在华新闻业之父”密勒研究（郑保国）
现代传播 2013－11

中国互联网 20 年：三次浪潮和三大创新（方兴东、潘可武、李志敏、张静）
新闻记者 2014－03

新媒体转型变局（唐逸如）
社会观察 2014－03

文化多样性与全媒体背景下的电视创新模式（高红岩） 南方电视学刊 2014－01

从边缘媒体到主流媒体（闵大洪）
新闻与写作 2014－03

从网络媒体到网络社会（彭兰）
新闻记者 2014－04

“民意中国”的破题（童兵）
南京社会科学 2014－03

打造国际话语体系的困境与路径（王义桅）
对外传播 2014－02

分化与整合：传统媒体数字化转型中的创业组织模式（朱松林）
国际新闻界 2014－01

利益定向、资本转化与符号合法化建构（刘海贵、郭栋）
兰州大学学报·社会科学版 2013－06

互联网时代公共信息传播的理念转型（高钢）
当代传播 2014－02

电视节目创新的内在基础与外在条件（王朋进） 视听界 2014－02

自主品牌：华夏文明的致效媒介（舒咏平、杨敏丽） 现代传播 2014－01

我国视听新媒体市场的并购与联盟策略（唐建英） 中国广播电视学刊 2014－02

2014 年第 7 期

对新闻学与传播学参与国家智库建设若干问题的探讨（丁柏铨）
新闻爱好者 2014－02

“解严”后政党角力下台湾新闻自由的进步与迷思（谢清果、曹艳辉）
台湾研究集刊 2014－01

新闻业：正在消失的边界（杨晓凌）
新闻记者 2014－05

互联网文明与中国制度转型（朱嘉明）
文化纵横 2014－02

论我国媒介公信力的理论阙失（叶阳）
中国出版 2014－08

社交媒体上的公信力维护（李光庆）
编辑学刊 2014－02

电视媒体进军新媒体的策略探讨（李弋）
电视研究 2014－02

重组中重生：报媒的转型生存逻辑（吕尚彬、孙志刚、兰霞）
中国报业 2014－04 上

美国网络媒体批评的发展和特点（迟慧广）
中国广播电视学刊 2014－03

设置议题：中日舆论较量的重要形式（王拓）
对外传播 2014－04

移动互联终端广播受众实证研判（周宇博）
中国广播 2014－04

兑现专业承诺与重建传媒公信力（刘行芳、刘修兵） 新闻爱好者 2014－03

“社会的一切成员权利平等”：爱德华·伯恩施坦的言论自由观评析（卢家银）
国际新闻界 2014－02

抗战时期民族主义视阈下的国民党党营报纸大众化（何村）
新闻大学 2014－02

欧盟视听新媒体的内容规制（张文锋）
电视研究 2014－02

从过度竞争到战略联合（任义忠）
现代传播 2014－04

2014 年第 8 期

国内微信的本体功能及其应用研究综述（王勇、李怀苍）
昆明理工大学学报·社会科学版 2014－02

微信舆论特点及其带来的监管挑战（赵云泽）
红旗文稿 2014－09
韩国综艺节目在我国的跨文化传播（李礼）
理论界 2014－05
看不见的宣传（陈力丹、潘彩霞）
新闻爱好者 2014－05
中国新闻传播学博士后培养的缘起、流变与目标（李建新） 新闻春秋 2014－01
媒介景观的共建：中国内地选秀十年嬗变（闻娱） 现代传播 2014－05
群氓的智慧还是群体性迷失（彭兰）
当代传播 2014－02
媒介融合环境下广播发展现状、趋势及对策（李正国、王跃进）
中国广播电视学刊 2014－05
试论传媒转型的陷阱（李向阳）
南方电视学刊 2014－02
搜索引擎侵犯媒体版权的行为与法律责任（刘学义） 国际新闻界 2014－03
集体抗争与数字化转型：纸媒版权保护路径（朱鸿军、丁斌） 中国报业 2014－09
美国城市公共屏幕研究（汤筠冰）
浙江传媒学院学报 2014－02
十年成败——国际电视节目本土化历史与趋势研究（冷凇、张丽平）
新闻与传播研究 2014－05
2013 年度中国电视满意度解码（慕玲）
南方电视学刊 2014－02

2014 年第 9 期

国外新媒体文化发展的现状及启示（侯巧红）
中州学刊 2014－06
走进众声喧哗时代：中国互联网 20 年（胡泳） 新闻战线 2014－06
娱乐的异化：当代中国电视娱乐节目发展的价值困惑（徐振祥）
云梦学刊 2014－03
纸媒依然有生存的价值和空间（范以锦、王潇其） 新闻与写作 2014－05
如何理解“媒介事件”和“传播的仪式观”（郭建斌） 国际新闻界 2014－04
中国互联网 20 年与新闻发布变迁（张志安、罗雪圆） 新闻与写作 2014－06
近二十年中国媒体关于“东干人”的报道（白贵） 中国传媒海外报告 2014
新媒体环境下技术与规则的博弈（邵成圆）
当代传播 2014－03
论融媒时代的电视与电视台（孔令顺、魏婷婷） 编辑之友 2014－04
欧盟视听新媒体产业创新对中国的启示（彭锦） 中国广播 2014－05
库利的传播学研究及其思想价值（柯泽）
新闻爱好者 2014－05
大众传媒时代的娱乐修辞及理论逻辑（晏青）
文艺研究 2014－06
大屋顶思维：中国新闻教育思想的起源路径（李军林、阳海洪）
当代传播 2014－03
项目制公司：电视节目制播分离的可行性模式探讨（喻国明、姚飞）
现代传播 2014－03
如何赢得调查性报道的正面效果最大化（高燕燕） 法治新闻传播 2014－03
深度数字化进程已经开启（方师师）
新闻记者 2014－05
生态文明语境下中国传媒体制改革的基本逻辑与基本问题研究（刘艳娥）
出版科学 2014－03

2014 年第 10 期

“双微”环境下移动网络公共领域的失范与对策（董广安、刘思扬）
郑州大学学报·哲学社会科学版 2014－04
大数据时代的网络搜索与个人信息保护（刘小霞、陈秋月）
现代传播 2014－05
全媒体时代的网络舆情应对（王明浩）
新闻战线 2014－07
推动中国网络媒体变革的七大博弈（彭兰）
编辑之友 2014－05

互联网逻辑与传媒产业发展关键（喻国明） 南方电视学刊 2014－03

广电改革基因再造（朱剑飞、胡玮） 视听界 2014－04

正确研判舆情是协商民主成功的基础（童兵、傅海） 当代传播 2014－04

全国新闻从业人员现状分析（陈颂清、夏俊、柳成荫） 新闻大学 2014－04

大数据与西方主流媒体涉华报道议程设置（高金萍） 湖南大学学报·社会科学版 2014－02

舆情监测促进国家治理能力现代化（祝华新） 中国记者 2014－07

超越二元对立：多元竞合的中国传播研究（刘海龙） 青年记者 2014－06

美国电视业内容与渠道之争对我国电视业的启示（李宇） 南方电视学刊 2014－03

微视频产业的内容运营与三级盈利模式探析（李弋） 西南民族大学学报·人文社会科学版 2014－08

视听作品评估的新思路（陆地） 新闻与写作 2014－07

广播：看似贫穷实乃富足的媒介（李宏） 中国广播 2014－07

2013 年中国网络视频满意度博雅榜全解读（靳戈、陈思、胡馨木） 新闻爱好者 2014－06

2014 年第 11 期

BBC 的全球化与本土化传播策略及启示（常江、文家宝） 对外传播 2014－08

数据新闻学在新闻发布中的运用与挑战（周庆安、魏阳） 新闻与写作 2014－09

全媒体时代大众传播中的框架效应与舆论引导（张允、张粉） 现代传播 2014－07

《纽约时报》输给互联网的启示（肖频频） 网络传播 2014－08

数据新闻：价值与局限（丁柏铨） 编辑之友 2014－07

网络新闻的“新新闻文体”（曾伯秋） 湖南科技学院学报 2014－07

网络趣缘群体中传播效果的价值转向：传播过程刍论（罗自文） 现代传播 2014－08

美国新闻业发展现状（戴丽娜） 社会科学报 2014－08

澎湃新闻：时政类报纸新媒体融合的上海模式（朱春阳、张亮宇） 中国报业 2014－15

“自留地”还是“公共绿地”？（薛国林、甘韵矶） 新闻爱好者 2014－06

社会价值观重构中的媒介影响刍议（涂光晋、陈曦） 新闻与传播研究 2014－07

数据新闻的中间人（吕妍） 青年记者 2014－07

现代传媒产业的链式发展探析（范春艳、范颖） 新闻与写作 2014－08

集成经济：未来传媒产业的主流经济形态（喻国明、樊拥军） 编辑之友 2014－04

网络策划新闻乱象及治理对策（黄金、张娜） 传媒 2014－06

数字化时代美联社使用社交媒体的规范研究（冯莉萍） 新闻传播 2014－07

原创类媒体如何维权？（王重浪、谭子夜） 网络传播 2014－08

精品意识下的深挖与深耕（郑全来、陈朝华） 传媒 2014－05

浅析全球电视收视方式的现状与趋势（李宇） 传媒 2014－06

全媒体时代“云”编辑助广电编辑系统转型（朱婕、王希华） 今传媒 2014－08

融媒时代电视内容生产与分发体系的建构（连少英） 当代传播 2014－04

版权纠纷与传统媒体的焦虑（张洪海） 青年记者 2014－08

政治家意识与企业家思维相结合（李岭涛） 中国广播电视学刊 2014－07

2014 年第 12 期

微信：传播机制变革与网络治理模式（陈

雪晔） 网络传播 2014－09

习近平的宣传观和新闻观（陈力丹） 新闻记者 2014－10

新媒体环境下政府危机传播的治理体系初探（卢川） 河南社会科学 2014－09

机器新闻写作：一场正在发生的革命（金兼斌） 新闻与写作 2014－09

媒体转型中的七大理论问题探讨（郭全中） 新闻与写作 2014－08

新媒体语境下政策传播的风险及其应对（张淑华） 当代传播 2014－05

从“媒体平台”到“关系网络”（黄朝钦、钟瑛） 现代传播 2014－07

视频网站和电视台网站的未来发展路径探析（申玲玲、张慧） 中国广播电视学刊 2014－09

网络政治参与的特征与治道变革（张盛） 现代传播 2014－09

网络时代市场价值关系的重构（李钢） 网络传播 2014－09

新媒介生态下广播媒体的生存逻辑探析（宫承波、田园） 中国广播 2014－08

城市电视的生存困境与发展路径（朱剑飞、李赫斐） 南方电视学刊 2014－04

“媒介融合”与我国传媒的“特殊管理股制度”改革（王立亚、张春朗） 中国广播影视 2014－10 上

维护版权：传统媒体生存的最后一道盾牌（倪琦珺） 传媒评论 2014－06

对互联网治理热潮的观察与思考（李艳） 中国信息安全 2014－09

信息共产主义化的特征和影响（陆地） 新闻爱好者 2014－08

战时新闻管理体制的形成及其影响探析（程曼丽） 北京大学学报·哲学社会科学版 2014－05

建设行业媒体如何做好城镇化报道（刘勇） 传媒 2014－09

附：《新华文摘》* 历年转载新闻传播学论文篇目（1979—2013）

1979 年第 5 期

陈独秀与《新青年》（宁树藩） 复旦学报·社会科学版 1979－03

1979 年第 9 期

重新评价王中新闻学理论（朱光明） 复旦学报·社会科学版 1974－04

1980 年第 3 期

谈谈新闻学的科学研究（王中） 新闻战线 1980－01

1980 年第 10 期

电影中的人性和人情（陈剑雨） 电影艺术 1980－05

1981 年第 6 期

应该重视电视这一传播工具（夏衍） 人民日报 1981－04－15

1982 年第 4 期

电影的歧路与坦途——1981 年国产故事片印象谈（刘梦溪） 电影艺术 1982－02

潘梓年与《新华日报》（石西民、徐迈进） 人民日报 1982－02－25

1982 年第 6 期

肩担道义　笔蓄惊雷——纪念杰出的一代报人邵飘萍（方汉奇） 光明日报 1982－04－21

---

* 《新华文摘》是人民出版社主办的一个大型的综合性、学术性、资料性的文摘半月刊。1979 年《新华月报·文摘版》创刊，1981 年更名为《新华文摘》，2004 年改版为半月刊。

1983 年第 1 期

现代派和电影（邵牧君）

光明日报 1982－11－11

从邸报到现代新闻事业（温济泽）

学习与思考 1982－05

1983 年第 3 期

传播学的形成与发展（李启）

新闻业务 1983－01

1983 年第 10 期

王芸生在解放前夕（王鹏） 新闻研究资料

1983 年第 12 期

中国学报的产生、发展与现状（谢振中）

陕西情报工作 1983－02

1984 年第 1 期

左翼电影运动的若干历史经验（杨翰笙）

电影艺术 1983－11

传播学和情报学（黄纯元）

情报学刊 1983－04

1984 年第 3 期

信息和信息化社会

文汇报 1984－01－30

1984 年第 4 期

信息化对社会的影响（郭平欣）

现代化 1984－02

重视信息传递的作用（文敏生）

现代化 1984－02

1984 年第 5 期

中国电影的民族化问题（夏衍）

文艺研究 1984－01

1984 年第 10 期

马克思对信息时代的预见（素绍智、丁学良） 人民日报 1984－08－24

1984 年第 12 期

我国新闻学研究的沿革与趋向（徐培汀）

复旦学报 1984－05

1985 年第 3 期

电影创新为什么步履艰难（夏衍）

人民日报 1984－12－24

电影观念正在向当代生活开放（金国）摘自《让探索的镜头更伸向生活的深层》

文艺报 1985－01

1985 年第 5 期

电影过程论——对电影及一般美学研究方向和方法的一个探索（朱大可）

当代文艺探索 1985－02

1985 年第 6 期

关于党的新闻工作（胡耀邦）

红旗 1985－08

1985 年第 7 期

现代电影观念包括什么内容（姚晓濛），摘自《电影观念的现代化》

当代电影 1985－03

信息与新闻（武岚） 新闻战线 1985－05

关于提高电视译制片质量问题的讨论（黄永涛） 光明日报 1985－04－11

1985 年第 11 期

为“新闻漫画”喝彩（沈同衡）

要重视电影的价值分析（梁天明）

文艺报 1985－09－28

关于摄影艺术的情节化、非情节和超情节的思索（凌飞） 文艺研究 1985－05

1985 年第 12 期

研究人类信息交流的学问——传播学（胡玉明） 光明日报 1985－09－25

1986 年第 1 期

改革需要宽松的舆论环境（欧春良）

工人日报 1985－11－12

1986 年第 3 期

“影戏”——中国电影美学核心概念（陈犀禾）摘自《中国电影美学的再认识》

当代电影 1986－01

1986 年第 4 期

关于电影娱乐性笔谈（共四篇）：

只能诱导 不能命令（魏丕一），原题为《关于文艺娱乐性或消遣性的思考》

山西大学学报 1986－01

在娱乐中获得审美享受（邵牧君）

文艺报 1986－02－01

电影娱乐性三题（刘宾雁）
大众电影 1986－01

也是一种人生的需要（李宽定）
大众电影 1986－01

1986 年第 5 期

试论新闻学系统的开放性（刘亮）
郑州大学学报 1986－01

1986 年第 8 期

对外开放中的文化引进和交流（杨西光）
光明日报 1986－06－07

跨文化研究与对外开放（聂莉莉）
文汇报 1986－05－23

关于文化传播学的几个问题（居延安）
复旦学报 1986－03

1986 年第 9 期

传播学的方法论意义及局限性（王志兴）
红旗 1986－13

1986 年第 11 期

谢晋电影十思（钟惦棐）
文汇报 1986－09－13

关于谢晋电影的讨论（宁丹）
人民日报 1986－09－01

1986 年第 12 期

论电视文化（田本相、崔文华）
南开学报 1986－05

1987 年第 2 期

中国电影创新之路（邵牧君） 原载《电影艺术》1986 年第 9 期
人民日报 1986－11－07

电影民族化的新实际——本民族的现代电影（张卫） 电影艺术 1986－10

从影戏到影像——新时期电影美学走向（陈犀禾） 中国电影时报 1986－11－29

1987 年第 3 期

论黄远生的新闻思想及其办报方针（冯国和） 吉林大学社会科学学报 1986－06

1987 年第 6 期

音响设备进入数字化时代（张国宝编译）
知识就是力量 1987－02

1987 年第 12 期

略论舆论监督（胡绩伟）
人民日报·海外版 1987－10－20

1988 年第 4 期

中国电影如何走向世界（谢晋）
文汇报 1988－02－10

1988 年第 6 期

新闻法是新闻自由的保护法（段存章）
人民日报 1988－04－13

1988 年第 7 期

史论新闻和政治权力的关系（杨继绳）
新闻记者 1988－03

1988 年第 9 期

“新闻巨子”羊枣之死（吴德才）
春秋 1988－03

1988 年第 12 期

对《河殇》及其讨论之我见（戚方）
求是 1988－08

1989 年第 1 期

中国新闻改革的轨迹与思考（王晨）
中华儿女 1988－02

1989 年第 2 期

谈谈关于新闻立法原则的若干分歧（胡绩伟、常大林） 法学 1988－11

1989 年第 3 期

中国报刊界：严峻的 1989 年——全国报刊收订“大滑坡”透视（吴海民）
新观察 1989－02

1989 年第 5 期

改革的困境与记者的困境（凌志军）
新闻战线 1989－03

1989 年第 7、8 期（合刊）

《河殇》宣扬了什么（易家言）
人民日报 1989－07－17

新闻舆论界的作用令人深思（吴冷西）
人民日报 1989－07－18

漫谈西方新闻自由与新闻法规（成一）
中国教育报 1989－05－18

1989 年第 10 期

当前宣传思想工作的紧迫任务（李瑞环）
思想政治工作研究 1989－09

坚持新闻舆论的正确政治方向（余自牧）
人民日报 1989－09－03

1989 年第 11 期

近年理论宣传倾斜的问题（肖尘）
北京日报 1989－09－18

1990 年第 1 期

王朔电影的文化构型及其负面值（黄式宪）
光明日报 1989－11－02

倾斜与补偿：王朔电影的都市二重奏（陈晓明）　光明日报 1989－11－09

1990 年第 3 期

关于《三国演义》改编电影问题——夏衍同志给徐桑楚同志的信（夏衍）
中国电影周报 1989－11－30

1990 年第 4 期

关于党的新闻工作的几个问题（江泽民）
求是 1990－05

坚持正面宣传为主的方针（李瑞环）
求是 1990－05

编辑工作的重要意义（戴文葆）
编辑之友 1990－01

1990 年第 5 期

选择：编辑的历史使命与社会职责（张如法）
编辑学刊 1990－01

1990 年第 6 期

评胡绩伟“党报的党性和人民性的问题”（林枫）　新闻战线 1990－04

新闻传播中的抽象与具象问题初探（季燕京）
中国社会科学院研究生院学报 1990－02

1990 年第 7 期

关于儿童片的产量、题材和正名（奚姗姗）
中国电影周报 1990－05－17

关于出版自由的是非问题（袁亮）
人民日报 1990－05－07

《孙子兵法》在世界上的传播与影响（翟志海）　世界知识 1990－10

1990 年第 8 期

评“娱乐片主体”论（高鸿鹄）
光明日报 1990－06－11

对电视文化的思考（洪民生）
文艺报 1990－06－16

1990 年第 10 期

电视与中学生（王军、牛岩平）
中国广播电视学刊 1990－03

编辑出版业计算机化趋势浅析（刘辉、汪培基）　编辑学刊 1990－03

1990 年第 12 期

新闻报道可信性问题探析（田金祥）
中国广播电视学刊 1990－05

1991 年第 4 期

论世界电子信息产业发展的新特点与我国的发展战略问题（江泽民）
中国科技论坛 1991－01

1991 年第 5 期

美国西部片浮沉录（戴行钺）
大众电影 1991－03

新闻真实性的认识论内涵及其辩证本性（季燕京）
中国社会科学院研究生院学报 1991－02

1991 年第 8 期

中国电影“走向世界”的喜和忧（思忖）
大众电影 1991－05

1991 年第 10 期

马克思主义文艺思想在中国的传播（张大明）
新文学史料 1991－02

1991 年第 11 期

意识形态与出版（陈子伶）
中国出版 1991－09

1991 年第 12 期

论中外影视剧艺术两大美学新潮（王建高）
文艺研究 1991－05

1992 年第 2 期

夏衍对当前电影的看法（李文斌）
中国电影周报 1991－41

社会实践是检验新闻真实性的根本标准（季燕京）　中国人民大学学报 1991－05

1992 年第 11 期

有线电视（陈沛）　科学画报 1992－08

重视编辑出版专业人才的培养（卢玉忆）
求是 1992－17

1992 年第 12 期

电影表演是感觉的艺术（张京）
电影艺术 1992－05

大红灯笼为谁而挂——浅析张艺谋的导演倾向（王干） 文汇报 1992－10－14

1993 年第 2 期

摄影——风行世界的“第七艺术”（隆熹祖）
中国摄影家 1992－04

1993 年第 3 期

编辑手段现代化构想（宋焕起）
中国出版 1992－12

1993 年第 5 期

夏青的政论文播音（姚喜双）
北京广播学院学报 1992－05、1992－06

1993 年第 9 期

华表——古老的舆论监督工具（陈一生）
中国记者 1993－06

1993 年第 10 期

论张胜友影视政论作品的气势美（苏浩峰）
中外电视月刊 1993－08

1994 年第 1 期

论电视纪录美学（胡智锋）
北京广播学院学报 1993－01、1993－02

1994 年第 2 期

毛泽东新闻思想简论（梁柱）
光明日报 1993－12－22

1994 年第 3 期

从直播到电话参与：中国新闻改革的传播学道路（朱光烈）
北京广播学院学报 1993－03

1994 年第 4 期

坚持“两手抓”的理论，进一步繁荣新闻出版事业（于友先）
人民日报 1994－02－03

1994 年第 5 期

94 新挑战——影视文学和文艺机制转换座谈纪要（史中兴、汪道涵等）
文汇报 1994－02－06

1994 年第 6 期

编辑工作在社会中的地位与作用（薛德震）
出版发行研究 1994－01、1994－02

1994 年第 8 期

1993 年中国电视剧创作及理论（仲呈祥）
中国电视报 1994－04－18

1994 年第 9 期

建设我国高速信息网络的战略思考（周爱斌） 科技日报 1994－07－11

1994 年第 12 期

我们将化为“泡沫”——信息高速公路将给传播业带来什么（朱光烈）
北京广播学院学报 1994－02

“信息高速公路”浪潮及我们的对策（张仲文） 世界科学 1994－09

从莫尔斯电报到信息高速公路（吴鹤龄）
现代化 1994－08

1995 年第 2 期

新闻文化的定义、框架结构及特征（方延明）
南京大学学报 1994－04

多媒体与未来出版业（李伟）
科技与出版 1994－06

1995 年第 3 期

实事求是报道信息高速公路实属必须（钱李仁） 人民日报 1995－01－18

信息高速公路热应该降温（何祚庥）
中国科学报 1995－01－02

电子信箱业务现状、未来及我国发展策略（张荣） 通信机世界 1994－10－14

1995 年第 4 期

先进电视的数字化发展途径（张志健、吴志元） 电子科技导报 1995－01

1995 年第 6 期

信息高速公路并非离我国国情太远（冯昭奎）
人民日报 1995－03－29

关于信息高速公路的我见（张铨）
人民日报 1995－03－29

1995 年第 9 期

高清晰度电视——面向 21 世纪的战略技术（万青） 中国科技信息 1995－06

1995年第10期

中国电视剧给我们带来了什么（张宏森）

百家文艺 1995－03

面向全球信息化浪潮的再思考（游光荣、王湘宁）　中国科技信息 1995－08

1996年第3期

注意正面宣传中的负面效应（徐光春）

新闻战线 1995－12

1996年第4期

新闻出版工作者一定要讲政治（于友先）

新闻出版报 1996－01－29

1996年第6期

今年知青题材图书、影视作品的思想局限（王江）　中国青年研究 1996－02

1996年第7期

跨越喧哗：1995年中国电影回顾（张同道）

电影艺术 1996－03

史论雕版印刷术起源问题（章宏伟）

中国印刷 1996－02

1996年第8期

文学与电影的百年匹配与折磨（孙立峰）

学习与探索 1996－03

台湾电视说略（二篇）

电视的变革与发展（曾连荣）

文讯（台北）1996－02

电视文化及其社会功能的反思（苏蘅）

文讯（台北）1996－02

1996年第11期

市场经济条件下电影的前景（钟河）

上海大学学报 1996－04

1996年第12期

江泽民同志视察人民日报社时的讲话

人民日报 1996－10－21

1997年第3期

国际化语境中的当前中国电影（尹鸿）

当代电影 1996－06

1997年第8期

阅读香港电影（远婴）

当代电影 1997－03

1997年第12期

传播文化的发展观检讨——兼论我国传播文化的发展战略问题（方延明）

中国软科学 1997－06

1998年第1期

有中国特色社会主义文化与电视文化（仲呈祥）　人民日报 1997－11－13

大众传播过程的异化现象（李岩）

中国广播电视学刊 1997－10

1998年第3期

摄影对文化的贡献（潘嘉来）

中国摄影 1997－12

1998年第4期

编辑出版工作现代化提出的新课题（张积玉）

中国人民大学学报 1998－01

1998年第5期

转型期电影走势（胡克）

当代电影 1998－01

1998年第6期

90年代的中国影视文化（尹鸿）

天津社会科学 1998－01

1998年第7期

大众传媒：问题与对策（杜耀峰、段文斌、章建华、张志欣、张建星）

中国党政干部论坛 1998－04

1998年第9期

传媒如何监督司法（贺卫方）

中国改革报 1998－02－20

西方当代传播学学术思想的回顾和展望（陈卫星）

国外社会科学 1998－01、1998－02

电视文化：一个有待研究的新课题（刘卫民）

长白论丛 1998－03

1998年第10期

美国的科技新闻报道可供借鉴（吴汝康）

世界科技研究与发展 1998－07

新闻监督浮出海面（张来民）

中国改革报 1998－07－21

1998年第11期

新闻舆论工作的“要”和“不要”（徐光春）

新闻出版报 1998－09－14

1998 年第 12 期

论科技传播（翟杰全）

光明日报 1998－09－04

1999 年第 2 期

第四媒体冲击波（姜岩）

中国教育报 1998－11－29

1999 年第 3 期

1999：政府上网（杜永生）

北京青年报 1998－12－23

1999 年第 5 期

因特网上的跨文化传播（李展）

厦门大学学报 1999－01

从“汽车轮子上”的时代迈入“赛博空间”时代（曾国屏等）

中国文化报 1999－01－26

1999 年第 6 期

论新闻传播效益最优化（孙月沐）

中国新闻出版报 1999－03－12、1999－03－24、1999－04－01

报刊的转型与市场化三人谈（阿正、梁刚建、李频） 摘自《中国报刊现状与走向》

出版广角 1999－04

论知识经济与编辑出版业的互动发展（司有和） 编辑学报 1999－01

1999 年第 10 期

信息技术·文化·知识（韩小谦）

自然辩证法研究 1999－07

网络对出版业与著作权的影响（张昭华）

中国出版 1999－06

编辑学者化的辨析（朱栋梁、刘芳）

湖南商学院学报 1999－04

1999 年第 12 期

赛伯空间文化：知识经济时代的文化教育新景观（叶平） 教育理论与实践 1999－07

2000 年第 2 期

“转型期”中国影视文化建设的四个浪潮（胡智锋） 电影文学 1999－10

2000 年第 3 期

我们需要什么样的网络文化（翁寒松）

工人日报 1999－12－22

日益实用的电视：从 1998 年对电视及中学生的调查谈起（［日］白石信子）

国外社会科学 1999－06，原载《广播文化与研究》［日］1999－09

史学视野中的印刷媒介史研究综述（项翔） 原题为《多元学科视野中的印刷媒介史研究》 华东师范大学学报 1999－06

2000 年第 4 期

关于舆论监督的几点思考（徐光春）

光明日报 2000－01－04

河北省新闻舆论监督状况调查报告（舆论监督调查组） 河北大学学报 1999－04

中国电视在网络传播时代所面临的挑战（刘舜发、陈熙）

中国广播电视学刊 1999－12

99 网案解析（马秀蓉）

经济参考报 2000－01－26

2000 年第 6 期

与因特网有关的版权问题研究（阎桂贞）

出版发行研究 2000－03

2000 年第 8 期

多元共生的纪录时空——90 年代中国纪录片的文化形态与美学特征（张同道）

电影艺术 2000－03

计算机网络战——到底怎样认识你？（许金裕等） 解放军报 2000－06－21

90 年代的娱乐文化研究（刘士林）

东方 2000－02

不宣而战：欧洲视听业的现状及其对美策略（［英］D. 普特南）

现代传播 2000－02

2000 年第 9 期

互联网革命的五大意义（冯昭奎）

世界知识 2000－13

生活在网络与人文之间（刘东、铎公、王兴东）

中华读书报 2000－06－21

Internet 网上“合理使用”探析（吴建创）

中国知识产权报 2000－07－14

网络伦理问题研究综述（王路军）
理论前沿 2000 - 14

2000 年第 10 期

关于传播学在中国发展的若干思考（陈卫星、韩运荣）　国际新闻界 2000 - 02

90 年代中国电影“第五代”导演（杨远婴）　当代电影 2000 - 04

电影研究与社会科学（三篇）

视听媒体与历史研究：发展一种新的探索领域（［丹］卡斯滕·弗莱德琉斯）
东南学术 2000 - 03

电影即现实（［英］阿瑟·马威克）
东南学术 2000 - 03

史学的电影与美学的电影：相互交叉的眼光还是互不相容的视点（［法］皮埃尔·索尔兰）　东南学术 2000 - 03

2001 年第 3 期

质疑“传媒文艺评论”（肖云儒）
文学报 2000 - 12 - 07

文化研究的兴起与发展（张平功）
东南学术 2000 - 06

2001 年第 4 期

论电影文化的当代特性（田川流）
齐鲁艺苑 2000 - 04

2001 年第 5 期

跨文化交流中的华语电影（彭吉象）
电影艺术 2001 - 01

全球信息网络化透视（熊澄宇）
文汇报 2001 - 02 - 03

2001 年第 7 期

影视历史剧离历史有多远（单三娅、陈墨、秦晖、陈玉通）　光明日报 2001 - 04 - 25

欧洲肥皂剧：多元化类型及意义解析（［以］利博斯、［英］利维斯通）
新闻与传播研究 2001 - 01

2001 年第 8 期

“编辑学者化”讨论述评（朱栋梁）
编辑学刊 2001 - 02

2001 年第 9 期

关于互联网的政治学分析（两篇）

互联网对国家的冲击与国家的回应（周光辉、周笑梅）　政治学研究 2001 - 02

论政府的网上责任（金太军、施从美）
政治学研究 2001 - 02

2001 年第 10 期

中国电影的四度辉煌（于敏）
电影艺术 2001 - 04

90 年代非洲电影（［南非］姆比亚·查姆）
电影艺术 2001 - 04

关于信息网络化对国际政治影响问题研究述评（邹衍）　理论前沿 2001 - 14

2001 年第 11 期

重新认识明星现象（［英］保·麦克唐纳）
世界电影 2001 - 04

2002 年第 1 期

电视化的电影和电影化的电视（尹鸿）
电影艺术 2001 - 07

2002 年第 3 期

“电视剧与电视传媒”探讨（两篇）

中国电视剧的历史与现状（贾磊磊）
文艺研究 2001 - 06

大众文化时代的电视征候——2000 年电视传媒时潮现状分析三题（周星）
北京师范大学学报 2001 - 06

2002 年第 5 期

90 年代好莱坞的全球化（［美］迪诺·贝里奥）　世界电影 2001 - 06

2002 年第 6 期

网络语言：虚拟世界的信息符号（陈榴）
辽宁师范大学学报 2002 - 01

论媒介监督（［美］V. 怀特豪斯博士）
现代传播 2002 - 01

西方国家的新闻管制（王永亮、王永前）
中国记者 2002 - 01

2002 年第 12 期

技术主义时代的中国电影路线（尹鸿）
电影艺术 2002 - 05

2003 年第 1 期

整合两大传统：兼谈我们理解的科学传播（刘华杰）　科学新闻 2002 - 18

2003 年第 2 期

奇迹与幻象：当代印度电影（［印度］达雅·琪珊·图苏　库诺·科里帕兰尼）
电影艺术 2002－05

2003 年第 3 期

开阔文化事业　拓展电影题材（倪震）
文汇报 2003－04－27

手机短信：一种文化观（丁妍、沈汝发）
中国青年研究 2003－04

2003 年第 9 期

信息技术的发展趋势及其对社会的影响（周光召）　大众科技报 2003－06－29

电视全球化与文化认同问题探讨（两篇）

电视的崇拜、电视文化和全球化（［法］弗朗索瓦·若斯特）东南学术 2003－03

家庭身份危机与法国电视（［英］露西·马兹唐）　东南学术 2003－03

2003 年第 10 期

对影视批评现状的批评（曲春景）
社会科学报 2003－06－19

2003 年第 11 期

文化全球化与民族文化的发展和保护（两篇）

好莱坞与世界（［美］托比·米勒）
世界电影 2003－03

俄罗斯：关于应否对外国影视作品实行限额制的大讨论（［俄］瓦列里·库兹涅佐夫）　中国文化报 2003－08－08

2003 年第 12 期

中国武侠电影的叙事策略：消解暴力（贾磊磊）　当代电影 2003－05

西方大众传播中的语言歧视（［美］珍·加迪·威尔逊）　粤海风 2003－04

2004 年第 1 期

第六代电影人：亟需摆脱青春自恋情结（梁振华）　原题为《迷失了"青春"的羔羊——第六代电影主题一瞥》
中国妇女报 2003－10－28

传播学十大经典解读（熊澄宇）
清华大学学报·哲社版 2003－05

数字时代的内容生产（胡泳）　原题为《我们时代的知识生产》
读书 2003－10

2004 年第 2 期

传媒产业的功能和价值（［美］罗伯特·默多克）　学习时报 2003－10－20

2004 年第 3 期

现代媒体的社会职能与公共责任（柳斌杰）　中国新闻出版报 2003－11－07

"喉舌"追考（尹韵公）
新闻与传播研究 2003－03

科学传播与大众传媒（两篇）

科学传播与科学文化再思考（吴国盛）
中华读书报 2003－10－29

大众传媒对科学传播的影响（刘士俊、刘琴）
中国图书评论 2003－10

2004 年第 5 期

传媒的被控制与传媒的控制（王亚南）
读书 2003－12

新闻出版业规制的理论依据（姚德权、胡建国）　原题为《新闻出版业规制及规制变革思路》
财经理论与实践 2003－06

2004 年第 9 期

报业经济的战略思考（汪家驷）
当代传播 2004－01

博客与新媒体（方兴东、胡泳）　原题为《媒体变革的经济学与社会学》
现代传播 2003－06

2004 年第 11 期

努力建设有利于我国的国际舆论环境（赵启正）　外交学院学报 2004－01

新闻宣传要把好关把好度（吉炳轩）
新闻战线 2004－03

《焦点访谈》鲜为人知的舆论监督内幕（刘畅）　中国青年报 2004－03－29

2004 年第 13 期

当前中国传媒业发展客观趋势（喻国明）
现代传播 2004－02

2004 年第 17 期

中国传媒迅速崛起的实证分析（胡鞍钢、

张晓群） 战略与管理 2004－03

2004 年第 19 期

神话背后：西方国际电影节与中国电影（张英进） 解放日报 2004－08－01

邓小平新闻思想的理论要点及其评价（童兵） 新闻记者 2004－08

2004 年第 21 期

牢固树立马克思主义新闻出版观 始终坚持正确的出版导向（石宗源）
求是 2004－18

2004 年第 23 期

关于中国报业改革的讨论（两篇）

报业改革面临的问题（陈力丹）
当代传媒 2004－05

从报刊治理整顿到组建报业集团（汪家驷、成文胜） 当代传播 2004－05

2005 年第 1 期

关于提高我国期刊竞争力的思考（艾立民） 中国图书商报 2004－10－28

网络传播研究（中国社科院新闻所网络与数字传媒研究室）
中国社会科学院院报 2004－11－11

2005 年第 2 期

论大众传媒与先进文化（陈力丹）
学习时报 2004－11－29

2005 年第 3 期

与时俱进地发展马克思主义新闻观（雷跃捷） 新闻战线 2004－11

冲突与融合：全球化语境下跨文化传播的主旋律（车英、欧阳云玲）
武汉大学学报 2004－04

从《新华文萃》到《新华文摘》（范用）
光明日报 2004－11－27

2005 年第 4 期

电子传媒与大众视听文艺（管宁）
东南学术 2004－06

2005 年第 5 期

发展中的中国传媒业（廖一）
社会科学战线 2004－06

2005 年第 6 期

新闻作品著作权的保护原则（宋素红、罗斌） 中国出版 2004－11

中国广播影视发展的战略思考（朱虹）
光明日报 2005－01－04

2005 年第 7 期

2004：中国电影备忘录（饶曙光）
文艺报 2005－01－22

2005 年第 8 期

大众媒介公信力理论初探（喻国明）
新闻与写作 2005－01、2005－02

2005 年第 10 期

对高校学生传媒素养现状的调查研究：以河北省四所高校为例（陈燕）
河北大学学报 2005－03

2005 年第 11 期

西方新闻自由的本质与我国新闻事业的使命（凌言） 人民日报 2005－04－06

新闻典范在咫尺：《李庄文集》序（范敬宜）
人民日报 2005－04－08

2005 年第 12 期

石峰专访：2005 年报业改革的主要思路与问题（杨驰原） 传媒 2005－03

加入世贸组织三年中国传媒格局的嬗变与问题（童兵） 复旦学报 2005－01

2005 年第 13 期

论中国传媒与社会民主化进程（廖圣清、张国良、李晓静） 现代传播 2005－01

2005 年第 14 期

新闻媒体在建构和谐社会中的功能（龙小农） 今传媒 2005－04

2005 年第 15 期

传播的两极效果论（林之达）
社会科学研究 2005－02

2005 年第 16 期

2005 年中国传媒产业发展趋势分析（崔保国、卢金珠、王叙虹）
中华读书报 2005－06－22

2005 年第 17 期

流媒体的传播学解读（熊澄宇、陈思宇）
传媒观察 2005－03

2005 年第 18 期

中国 2004 年舆情研究综述（王来华、刘毅） 天津大学学报 2005－04

2005 年第 19 期

权力·责任·道德·法律：兼论新闻媒体的属性、职能及行为规范（郑保卫） 国际新闻界 2005－04

2005 年第 21 期

西方传媒可信度研究概述（林频） 新闻记者 2005－08

2005 年第 22 期

制度转型与政策冲突：当前国际传媒发展的基本点（金冠军、郑涵、孙绍谊） 现代传播 2005－04

2005 年第 23 期

当前中国传媒市场投资分析（闵阳） 当代传播 2005－05

2005 年第 24 期

“报刊与现代文学”研究（两篇）

海派文学与现代媒体：先锋杂志、通俗画刊及小报（吴福辉） 东方论坛 2005－03

文体对话与思想草稿：《新青年》研究（陈平原） 中国现代文学研究丛刊 2002－03、2003－01

关于编辑和编辑学的研究（三篇）

编辑身份地位的历史沿革（党朝晖、杨美玲） 今传媒 2005－09

社科学报编辑应确立新的学术理念（潘胡锁） 山西师大学报 2005－04

现代编辑的角色意识（邓本章） 中华读书报 2005－10－19

国有传媒控股集团公司的模式选择与风险管理（陈共德） 新闻与传播 2005－10

2006 年第 1 期

媒体社会责任与做好舆论监督（徐兆荣） 新闻与写作 2005－11

2006 年第 2 期

从新词流行看全球媒体的新变化（林晖） 新闻记者 2005－11

2006 年第 3 期

网络与青少年成长（两篇）

治理网络游戏成瘾是青少年成长发展辅导的系统工程（陆士桢） 中国青年政治学院学报 2005－06

青少年运用互联网现状及对策研究——来自浙江省的调查报告（“青少年运用互联网现状调查及相关政策法规研究”课题组） 中国青年政治学院学报 2005－06

2006 年第 4 期

开创中国电影的新纪元（赵实） 中国电影报 2005－12－29

媒体变局与报业未来走势（吴海民） 中国报业 2005－11

2006 年第 5 期

论舆论战的几个基本问题（孔燕子、盛沛林） 南京政治学院学报 2005－06

2006 年第 6 期

传播研究的多维视角——马克思、哈贝马斯、麦克卢汉的传播观比较（李庆林） 新闻与传播研究 2005－04

2006 年第 7 期

优质电视剧的生产与传播（张子扬） 现代传播 2005－05

新华社与抗战四十年（田聪明） 新华每日电讯 2005－09－10

斯诺：伟大的中国革命与建设的忠实记录者（尹韵公） 陕西师范大学学报 2005－06

2006 年第 8 期

全面落实科学发展观 大力推动我国新闻出版业繁荣发展（于永湛） 中国出版 2006－01

论典型报道（汪家驷） 新闻战线 2005－12

2006 年第 9 期

新闻史学的过去、现在与未来（宋素红） 当代传播 2006－01

2006 年第 10 期

中国电视内容生产的潮流与趋势（胡智

锋、顾亚奇）
中国广播电视学刊 2006－01
解放和发展文化生产力——兼谈深化新闻出版改革的几个问题（柳斌杰）
中国出版 2006－03
媒介对女性的误读与重建（胡连利、刘伟娜）
河北大学学报 2006－01
对广告的理性思考（禹建强）
国际新闻界 2005－06
2005 年我国新闻传播学研究的十二个新鲜话题（陈力丹）　新闻界 2006－01

2006 年第 11 期

积极稳妥推进新闻出版体制改革（龙新民）
人民日报 2006－04－06
中国互联网十年思考（田溯宁）
科技日报 2006－02－16
传媒竞争十大法则（张立伟）
新闻记者 2006－03

2006 年第 12 期

从“沈阳总领馆”和“大阪总领馆”两大事件看中日媒体的不同报道与效果（陈志红）　光明日报 2006－04－16
如何发挥广告在促进先进文化建设中的作用（刘凡）　人民论坛 2006－03

2006 年第 13 期

学术期刊编辑中几个规范性问题探析（胡政平）　甘肃社会科学 2006－02
中国新闻人才发展综述（王灿发、王佳、侯欣洁）　现代传播 2006－02

2006 年第 15 期

网络到底给了我们什么（王德峰）
解放日报 2006－05－28

2006 年第 16 期

关于网络媒体的几个问题（林衢）
徐州师范大学学报 2006－03

2006 年第 17 期

编辑实践需要编辑理论（刘杲）
河南大学学报 2006－03
网络文化的道德规约（张晓校）
现代远距离教育 2006－03

2006 年第 18 期

论新闻源主体（杨保军）
国际新闻界 2006－06
新地方主义、参与及网络化社区治理（［英］格里·斯托克）
国家行政学院学报 2006－03

2006 年第 19 期

编辑生态系统论（任火）
中国编辑 2006－04
组织传播符号的伦理意蕴（胡河宁）
社会科学战线 2006－04

2006 年第 20 期

新闻博客对传统媒体的正向作用（陈燕）
当代传播 2006－04
传媒产业的全球化与多样性——第七届世界传媒经济学术会议焦点议题综述（刘婧一）　新闻记者 2006－06

2006 年第 21 期

大众传媒业为新农村建设服务研究（两篇）
论传媒在“新农村”建设中的作用（陈力丹、陈俊妮）　当代传播 2006－03
大众传媒与中国农村发展（蔡骐、党美锦）
新闻传播 2006－07

2006 年 22 期

开创报刊管理工作新局面（龙新民）
传媒 2006－09
直面数字化：媒介市场新趋势研究（喻国明）
国际新闻界 2006－06

2006 年第 23 期

中国人文纪录片与人文关怀（两篇）
今天“人文”纪录片意欲何为（吕新雨）
读书 2006－10
三种宇宙观（小贝）
三联生活周刊 2006－37
对“非典”时期新闻传播的科学反思（尹韵公）　上海师范大学学报 2006－04

2006 年第 24 期

媒体应在建设创新型国家中发挥更重要的作用（张耀铭）

时代影像的历史地平线（贾磊磊）
当代电影 2006－05
编辑的“八荣八耻”（于友先）
中国编辑 2006－05
论新闻文风（汪家驷） 新闻战线 2006－10
媒介资本运营与中国的现实进路（王国平、王方晖） 求索 2006－08

2007 年第 2 期

西方新闻专业主义的历史衍变及其现实悖论（吴果中）
湖南师范大学学报 2006－06
论全球传播能力模式（［美］陈国明）
浙江社会科学 2006－04

2007 年第 3 期

互联的网络能否容下实名制（易家言）
科学时报 2006－11－30
胡愈之、邹韬奋合力创“世知”（戴文葆）
世界知识 2006－18
“媒体等同”——从效果研究到理论建构（梅琼林、张晓）
社会科学研究 2006－05
保持同人民群众的血肉联系——《政府新闻学》序（南振中）
人民日报 2006－11－26

2007 年第 4 期

中国报业发展进入新阶段——对报业发展格局的重新思考（文锋）
北京日报 2006－12－12
中国跨文化传播研究十年回顾与反思（关世杰） 对外大传播 2006－12
计算机伦理学研究（两篇）
计算机伦理学中的理性、相对性与责任（［美］詹姆斯·摩尔）
上海师范大学学报 2006－05
全球网络的文化与交流：文化多元性、道德相对主义、以及一种全球伦理的希望（［美］查尔斯·艾斯）
上海师范大学学报 2006－05

2007 年第 5 期

出版产业数字化研究（两篇）
我国数字出版产业发展规模（中国出版科学研究所课题组）
出版发行研究 2006－12
出版产业数字化生存路径与竞争策略（杨树弘） 中国出版 2006－12
新闻价值三论——中国新闻奖部分获奖作品阅读札记（丁柏铨）
新闻记者 2006－12

2007 年第 6 期

2006：报纸的顿悟与追寻（吴海民）
新闻战线 2007－01

2007 年第 7 期

以创新精神迎接传媒业的美好未来（李东东） 传媒 2007－02

2007 年第 9 期

一个记者的责任与成功（梁衡）
当代传播 2007－01
中国古代舆情的历史考察——从林语堂《中国新闻舆论史》说起（王海、何洪亮）
湖北社会科学 2007－02

2007 年第 10 期

2006：中国电视忧思录（梁晓涛、靳智伟、胡智锋） 现代传播 2007－01
百位传媒名家阐发新原理（王永亮）
中国报业 2007－02

2007 年第 11 期

舆论监督的反腐败功能（展江）
中国青年政治学院学报 2007－02
数字媒介与文学转型（两篇）
数字媒介与中国文学的转型（欧阳友权）
中国社会科学报 2007－01
拥抱电脑：文艺学的转型冲动（黄鸣奋）
河北学刊 2007－02
论媒介生态与传媒业科学发展观的构建（杨琳） 兰州大学学报 2007－01

2007 年第 12 期

新媒体现状与趋势（柳斌杰）
青年记者 2007－03、2007－04
组织传播研究的方法与视角（胡河宁）
新闻与传播研究 2007－01

2007 年第 13 期

规制变革：媒介融合发展的必要前提——对世界多国媒介管理现状的比较与思考（蔡雯、黄金）　国际新闻界 2007－03

2007 年第 14 期

新闻学：走出传播学还是走出自己（王君超）
清华大学学报 2007－03

2007 年第 15 期

关于网络研究（两篇）

论网络文化（尹韵公）
新闻与写作 2007－05

做大做强新闻网站（汪家驷、许海龙）
中国记者 2007－05

2007 年第 16 期

今天我们应培养造就什么样的新闻人才（方延明）
中华新闻报 2007－05－16

2007 年第 17 期

中国传媒业外资准入规制创新（姚德全、曹海毅）　吉林大学学报 2007－02

2007 年第 18 期

媒体的浮躁在于缺少文化（范敬宜）
解放日报 2007－07－20

新时期的传媒现实期待——新闻精品建构论（孔祥军）　复旦学报 2007－03

2007 年第 19 期

中国政府新闻发布制度的理论探析（孟建、李晓虎）　现代传播 2007－03

2007 年第 21 期

媒介竞争的哲学思考（蔡骐）
当代传播 2007－03

2007 年第 22 期

中国新闻出版业的六大转变——党的十六大以来的新闻出版工作回顾（柳斌杰）
人民日报 2007－09－13

国外网络媒体与虚假新闻的博弈（李钢、李啸英）　网络传播 2007－08

2007 年第 23 期

我国新闻理论与实践迈出新步伐（尹韵公）
北京行政学院学报 2007－04

2007 年第 24 期

传媒女性成功"七宗最"（王永亮）
今传媒 2007－10

传媒产业集团化模式的塑就与发展解析（王国平、舒婷）　求索 2007－09

2008 年第 1 期

努力提高舆论引导能力——谈谈十六大以来人民日报的新闻宣传工作（王晨）
新闻战线 2007－10

传媒市场价值挖掘：从市场占有率到个人占有率（喻国明）　新闻与写作 2007－08

2008 年第 4 期

理论新闻学学科体系论纲（方延明）
现代传播 2007－05

让世界听到不同的声音（伊扎特·沙哈尔、冷凇）　中国电视 2007－12

电影制作和发行过程中的安全漏洞分析（［美］西蒙·拜耳斯、罗利·克兰纳、戴维·科曼、派克·麦克丹尼尔、艾克·克罗尼）　上海大学学报 2007－06

2008 年第 5 期

走向大众化的主流电影（胡克）
当代电影 2008－01

2008 年第 6 期

数字出版的机遇和挑战（两篇）

数字出版：出版革命的第三次浪潮（崔元和）
中国图书商报 2008－01－04

从美国数字出版现状看出版新趋势（陈昕）
文汇报 2008－01－20

2008 年第 8 期

谁的声音——全球传媒的话语权之争（丁刚）
新闻记者 2007－12

2008 年第 9 期

论当前政府和媒体关系的变化（叶皓）
南京大学学报 2008－01

科学与大众传媒（张开逊）
科学新闻 2008－04

2008 年第 10 期

"负面报道"：一个模糊了的概念（范以锦）
新闻与写作 2008－03

2008 年第 13 期

新闻的本质究竟是什么（文锋）
北京日报 2008－04－14

2008 年第 17 期

从大众戏谑到大众感奋——《集结号》与冯小刚和中国大陆电影的转型（王一川）
文艺争鸣 2008－03

2008 年第 18 期

全面理解新闻的“公开性”（杨保军）
理论视野 2008－06

2008 年第 19 期

坚持对外开放方针　做好舆论引导工作（王晨）　新闻战线 2008－07

2008 年第 20 期

从虚拟走向现实——互联网影响力调查（谢新洲）　光明日报 2008－07－10

2008 年第 21 期

中国当代电影的工业和美学：1978－2008（陈犀禾、万传法）　电影艺术 2008－05

中国文化海外传播的历史规律（武斌）
光明日报 2008－08－21

论新形势下党报的深度报道（汪家驷）
中国记者 2008－06

2008 年第 22 期

中国电视 50 年节目创新的三个发展阶段（胡智锋、周建新）　现代传播 2008－04

2008 年第 24 期

中国传媒业三十年：发展逻辑与现实走势（喻国明）　北方论丛 2008－04

2007－2008 年中国数字出版产业年度报告（课题组）
中国新闻出版报 2008－10－20

2009 年第 1 期

从流行语看流行文化——以超女选秀为例（仓理新）　首都师范大学学报 2008－05

2009 年第 2 期

国际传媒业资本的现代生机对中国的影响（王国平、郭燕）　求索 2008－10

2009 年第 3 期

从“手机”看不同华语社区同义词群的竞争与选择（邵敬敏、刘杰）
语文研究 2008－04

近年来视觉文化研究中存在的几个问题（曾军）　文艺研究 2008－06

省级党报广告的创新策略（庄传伟）
传媒观察 2008－11

2009 年第 4 期

中国媒体走向成熟——盘点 2008 年重大新闻事件中的媒体表现（尹韵公）
对外传播 2008－12

大文化·大媒体·大编辑与科学发展观（张增顺）
中国编辑 2008－04、2008－05、2008－06

2009 年第 5 期

春晚破土——1983 年春节联欢晚会诞生始末（刘可）　北京日报 2008－12－15

2009 年第 6 期

从美学革命到制度创新——中国电影改革开放 30 年回顾（石川）
文汇报 2008－12－21

改革开放 30 年新闻学与传播学研究的理论思考与展望（童兵、陈杰）
国际新闻界 2008－12

网络时代澳大利亚版权法中的新型传播权（［澳］安德鲁·克雷斯帝）
暨南学报 2008－05

2009 年第 7 期

媒介化社会的来临与媒介素养教育的三个维度（蔡骐）　现代传播 2008－06

2009 年第 8 期

建国后十七年红色小说畅销模式的传播学解读（陈伟军）
社会科学战线 2009－02

2009 年第 9 期

编辑要有国际视野（杨牧之）
编辑之友 2009－02

大众叙事中的农民心灵史书写——略论改革开放以来农村题材电视剧的发展（倪学礼）　中国电视 2009－10

网络政治空间与公民政治参与（唐亚林）
文汇报 2009－03－19

2009 年第 12 期

金融危机与我国传媒业的发展（谢新洲、汪良） 光明日报 2009－04－23

美国的人际传播研究及代表性理论（刘蒙之）
国际新闻界 2009－03

2009 年第 13 期

当代中国女性大众媒介的价值追求——以女性报纸为例（傅宁）
东岳论丛 2009－04

2009 年第 14 期

传播学解放之路的起点应是传播的基元（林之达） 社会科学研究 2009－02

传播学研究的自主性反思（吴飞）
浙江大学学报 2009－02

2009 年第 15 期

传播正面、真实国家形象的高端平台——2003－2009 年总理记者招待会解读（张涛甫、朴范吉）
新闻记者 2009－04

2009 年第 16 期

准确把握理论热点　不断增强主流媒体舆论引导力（李君如）
中国党政干部论坛 2009－06

记新发现的明代邸报（方汉奇）
新闻与传播研究 2009－02

日记里的“笔会”编辑——20 世纪中期报人生活片段（郑重）
文汇报 2009－04－14

2009 年第 18 期

理念的转变：从“征服自然”到“亲近自然”——兼谈纪录片中的生态美学（田义贵） 现代传播 2009－03

2009 年第 19 期

记者的责任重如泰山（万武义）
第十八届中国新闻奖获奖作品研讨集，内蒙古人民出版社 2009－03

从观念的角度谈数字出版（朱建纲）
出版参考 2009－07

2009 年第 20 期

我为开国大典忙直播（杨兆麟）
中国人大 2009－07

解读新闻学的方法（诸葛蔚东）
中华读书报 2009－04－01

2009 年第 21 期

从宣传到传播：新时期宣传工作创新趋势（叶皓） 现代传播 2009－04

政治与传播的视界融合：政治传播研究几个基本理论问题（荆学民、施惠玲）
现代传播 2009－04

数字出版赢利模式研究报告（陈洁）
求索 2009－07

2009 年第 22 期

关于报刊业下一步改革方向的思考（李建臣）
中国出版 2009－07

2009 年第 24 期

全力打造国际一流的出版传媒企业（聂震宁）
求是 2009－20

编辑学体系的重构——以拉卡托斯理论为方法论（朱春玉）
河南社会科学 2009－05

联合重组：推动新闻出版业科学发展的有效途径——《云南信息报》成功转型的实践与启示（龙雪飞）
人民日报 2009－06－26

2010 年第 1 期

新闻报道应避免“泛娱乐化”（庄电一）
人民日报 2009－10－22

60 年中国报业与新中国一起成长（李东东） 中国报业 2009－10

2010 年第 3 期

打造国际一流的传媒集团迫在眉睫（朱伟峰）
中国出版 2009－09－下、2009－10－下合刊

关于“小报”的认识和思考（范军）
中国新闻出版报 2009－11－17

2010 年第 5 期

论新中国六十年广播电视的发展道路（黄勇）
现代传播 2009－06

2010 年第 6 期

中国媒体需要世界性眼光（时统宇）
新闻与写作 2010－01

我国媒介传播中的悖论问题（方延明）
南京社会科学 2009－10

2010 年第 7 期

数字化和网络化时代文化产业发展的策略问题（高书生）
文化产业导刊 2010－01

2010 年第 10 期

谍影重重——间谍片的文化初析（戴锦华）
电影艺术 2010－01

加快新闻出版业发展方式转变是当务之急（柳斌杰）中国新闻出版报 2010－03－19

2010 年第 11 期

在舆论监督的常态下提高执政能力（叶皓）
现代传播 2010－02

深入探索新闻出版发展规律　努力实现新闻出版强国目标（刘晓凯）
中国编辑 2010－02

中国新媒体与传媒改革：1978－2008（熊澄宇、吕宇翔、张铮）
清华大学学报 2010－01

世界上到处都在说着“中国故事”（潘启雯）
学习时报 2010－03－22

2010 年第 14 期

新闻道德观念生成的历史逻辑与内在机制（杨保军） 中国地质大学学报 2010－02

2010 年第 15 期

论网络政治动员：一种非对称态势（娄成武、刘力锐） 政治学研究 2010－02

中国传媒全媒体发展研究报告（新华社新闻研究所课题组）
科学新闻·学术专刊 2010－02

建立大文化、大媒体、大编辑理念　在国际文化交流中发挥更大作用（桂晓风）
中国新闻出版报 2010－06－02

2010 年第 16 期

谈突发公共事件的报道（汪家驷）
新闻战线 2010－04

建设新闻出版强国的战略思考和措施（何耀敏） 中国新闻出版报 2010－05－11

2010 年第 17 期

中国语境下的媒介融合（蔡骐、肖芃）
湖南师范大学社会科学学报 2010－03

2010 年第 18 期

从版面扩张到界面拓展：传统媒介未来发展的关键转型（喻国明、张佰明）
现代传播 2010－06

2010 年第 19 期

新闻法治的基本理念与法治新闻的客观报道（张晶晶） 重庆社会科学 2010－07

关于数字出版产业发展的思考（王续文）
中国新闻出版报 2010－05－24

数字媒介的断代之虞——关于信息时代文化存储媒介面临断识危险的思考（王维胜）
传媒 2010－06

2010 年第 20 期

支持新闻出版企业全球布局（冯文礼）
中国新闻出版报 2010－08－31

新媒体十论（朱虹）
人民日报 2010－07－30

影响公民新闻活动的三种机制（彭兰）
上海师范大学学报 2010－04

2010 年第 21 期

中国影视文化创意产业的三大问题（胡智锋、李继东） 现代传播 2010－06

“超人记者”是怎样炼成的（朱侠）
中国新闻出版报 2010－07－30

试论建构新型广电传媒集团（陈共德）
南方电视学刊 2010－01

2010 年第 22 期

2009 年我国新闻出版产业发展状况（新闻出版总署出版产业发展司）
现代出版 2010－09

网络媒体与市场融合（王晓辉）
传媒 2010－07

2010 年第 23 期

手机媒体的现状与未来（郭全中）
新闻与写作 2010－08

2010年第24期

《甲寅》与《新青年》渊源新论（孟庆澍） 中国现代文学研究丛刊 2010－05

新闻策划及其误区（庞晓红）

兰州大学学报 2010－05

2011年第1期

从创意文化的角度看中国电影产业的现状与问题（汪献平）

上海师范大学学报 2010－05

中国当代网络民意与新闻舆论监督（于德山）

电视研究 2010－10

2011年第2期

网络时代呼唤新闻摄影的新跨越（于宁）

新闻战线 2010－11

中国记者招待会的起源与早期形态（赵建国）

暨南学报 2010－05

2011年第3期

信息社会的网络文化安全（徐龙福、邓永发） 原题为《社会信息化发展的网络文化安全》 江淮论坛 2010－11

开创新闻出版业改革发展的新局面（柳斌杰）

求是 2010－23

党委新闻发言人的职责与问责（曹劲松）

南京社会科学 2010－11

我国广播电视制播分离研究（哈艳秋、苏亚萍） 现代传播 2010－10

2011年第4期

网上虚拟的社会建设：必要与设想（谢俊贵） 社会科学研究 2010－06

论全球化语境下“中国形象”的塑造与传播（吴秀明、方爱武）

浙江大学学报 2010－06

关于当前期刊业几个热点问题的思考（石峰）

编辑之友 2010－12

网络传播价值体系论（邓晓旭）

陕西师范大学学报 2010－06

2011年第5期

新闻客观性：语境、进路与未来（陈映、董天策）

暨南学报 2010－06

2011年第6期

导向是根本 真实是生命 特色是活力所在——与新闻同行和新闻院校师生谈“两奖”（翟惠生）

中国记者 2010－12

网络时代传统出版业的生存困境与发展出路（刘捷） 河南大学学报 2010－06

2011年第7期

新传播技术条件下我国新闻传播学的视野（陈力丹） 新闻战线 2011－01

新媒体时代世界报业市场的发展变局（王积龙） 中国报业 2011－01

2011年第8期

论社会转型与媒体责任（郑保卫）

东岳论丛 2011－01

微博如何改变着新闻业（陈昌凤、曾福泉）

新闻与写作 2011－01

2011年第9期

微博时代网络事件传播规律与处置探讨（卿立新） 求索 2010－12

2011年第10期

中国国际新闻报道的趋势与转型（周庆安）

新闻与写作 2011－03

2011年第11期

数字时代的媒介互动与传播媒体的象征意义（夏德元） 学术月刊 2011－03

2011年第12期

中国电影的国际传播路程与路径（李义中） 现代传播 2011－03

2011年第13期

文学变身：文化背景与媒介动因——当下文学生存环境的文化与媒介考察（管宁）

江西社会科学 2011－02

中国报业的比较发展优势（吕尚彬）

中国报业 2011－04

2011年第14期

微博的历史、现状与发展趋势（谢耘耕、徐颖） 现代传播 2011－04

让中国对着世界说（何平）

出版参考 2011－05上旬刊

大众传媒的角色定位及其社会管理功能研究——基于国家与社会的视角（费爱华） 南京社会科学 2011－05

2011 年第 15 期

中国传媒上市公司投融资行为研究（孙建军、王浩、朱鸿军） 江海学刊 2011－03

“群众办报”：民众参与的历史（田中初） 中国社会科学报 2011－05－26

电子书简史——媒介演进与内容创新（翁昌寿） 国际新闻界 2011－02

2011 年第 16 期

中国特色传媒体制：历史沿革与发展完善（葛玮） 中国行政管理 2011－06

报业转型：从“全媒体”到“全媒体营销”（黄升民、马涛） 中国报业 2011－05

2011 年第 17 期

中国共产党新闻实践与新闻思想的与时俱进不断发展——纪念中国共产党成立 90 周年（徐光春） 光明日报 2011－06－28

就毛泽东在新民主主义革命时期的新闻实践看如何善用媒体（朱伟峰） 学习时报 2011－06－20

2011 年第 18 期

中国广播影视业改革发展的基本思路（朱虹） 声屏世界 2011－07

2011 年第 19 期

关于开创对外宣传工作新局面的几点思考（王晨） 原题为《以改革创新精神 开创党的对外宣传工作新局面》 求是 2011－13

产业时代的电影批评（三篇）

中国电影批评的困境与突围（张柏青） 当代电影 2011－02

中国电影批评的变异与革新（史可扬） 人文杂志 2011－02

网络时代的影评：话语暴力、独立精神与公共空间（唐宏峰） 当代电影 2011－02

中国电视节目创新问题研究（胡智锋、杨乘虎） 原题为《中国电视节目创新问题之观察与思考》 现代传播 2011－06

网络文化的构成及其与现实社会的互动（彭兰） 社会科学战线 2011－07

论新闻学的学科影响力（丁柏铨） 现代传播 2011－06

2011 年第 20 期

中国广播：现状与前瞻（周小普、吴盼盼） 传媒 2011－06

2011 年第 21 期

新媒体传播与受众参与式文化的发展（蔡骐、黄瑶瑛） 新闻记者 2011－08

2011 年第 22 期

网络社群的组织特征及其社会影响（张文宏） 江苏行政学院学报 2011－04

中国新闻传播学科的学术责任（高钢） 新闻战线 2011－07

2011 年第 24 期

学术期刊数字化的本质及其相关问题（胡政平） 甘肃社会科学 2011－05

媒介融合视阈下出版业的变革与发展（代玉梅） 编辑之友 2011－09

传播研究中的公共性概念辨析（邓力） 国际新闻界 2011－09

2012 年第 1 期

传播研究本土化：问题、标准及行动路径（刘海龙） 原题为《传播学研究本土化的两个维度》 现代传播 2011－09

2012 年第 2 期

以高水平的新闻报刊工作推动先进文化建设（李东东） 求是 2011－20

传媒产业簇群创新网络发展模式研究（王国平） 求索 2011－10

2012 年第 3 期

媒介变迁与中国国家形象的嬗变（张爱凤） 南京社会科学 2011－11

新闻出版体制改革的政治学分析（杜大力） 原题为《中国新闻出版体制改革的政治学分析》 新闻与传播研究 2011－04

2012 年第 4 期

我国新媒体产业发展的现状、制约因素及

对策（鞠立新、张建华） 原题为《新媒体产业发展的制约因素与发展战略》
新闻与写作 2011－12

2012 年第 5 期

微博：舆论引导与社会管理（两篇）

政府机构微博与官民交流创新（曹劲松）
现代传播 2011－05

政府如何引导微博舆论（谢耘耕、荣婷）
现代传播 2011－05

互联网与史学观念变革（三篇）

“网络史学”的神话与实际（李剑鸣）
史学理论研究 2011－04

互联网的普及与历史观念的变化（王晴佳）
史学理论研究 2011－04

“自媒体时代”的历史研究和史学表达（马勇） 史学理论研究 2011－04

国际传播战略与模式研究（两篇）

重点突破：中国媒体国际传播的战略选择（唐润华、刘滢） 南京社会科学 2011－12

国际传播中的文化困境与传播模式转换（刘肖、蒋晓丽）
思想战线 2011－06

2012 年第 6 期

电视的观看之道（汪安民）
文艺研究 2011－12

传承的乏力与断裂的狂欢——当前国内影视剧“翻拍潮”透析（周思明）
文学报 2011－12－15

网络广告的形态演进与未来发展（黎明）
湖北大学学报 2011－06

2012 年第 7 期

新媒体时代对领导干部提出的新要求（吕品）
党建研究 2011－11

2012 年第 8 期

再现：历史与记忆——电影中的历史书写与呈现（戴锦华、王炎、吴子桐）
中华读书报 2012－02－08、2012－02－22

新闻出版体制改革的实践与探索（范卫平）
中国出版 2012－01

2012 年第 9 期

官员如何用好网络（蔡奇）
学习时报 2012－04－09

出版传媒企业上市录（范军）
中国新闻出版报 2012－02－14

2012 年第 10 期

数字出版：手机为王？——手机出版的特征及其在中国的发展（徐升国）
中华读书报 2012－02－29

新媒体与网络空间的文化表达（范玉刚）
探索与争鸣 2012－03

2012 年第 11 期

新媒体时代：舆论引导的机遇和挑战（北京大学新闻与传播学院课题组）
光明日报 2012－03－27

中国媒介批评的原始雏形与历史渊源（郝雨）
当代传播 2012－02

2012 年第 12 期

中国传媒业态的困境及格局变化（官建文）
新闻战线 2012－02

2012 年第 13 期

马克思主义新闻观在当代中国的鲜活实践：关于“走转改”活动的洗礼与思考（鲁炜）
求是 2012－07

成长中的亚洲成长电影（潘天强）
浙江传媒学院学报 2012－01

网络公共领域与民主舆情的建构和发展（李建秋、李晓红）
南通大学学报 2012－02

2012 年第 14 期

传媒转型中的互联网新特征与治理之道（刘瑞生、王有涛）
新闻与写作 2012－05

2012 年第 15 期

对新形势下编辑定位的再思考（于殿利）
中国编辑 2012－03

中国电视新闻的范式转换与语态变迁（崔林） 原题为《从“讲话”、“说话”到“对话”——中国电视新闻的范式转换与语态变迁》 现代传播 2012－03

数字媒介特征与变革趋势探析（李益、马跃、夏光富）
重庆邮电大学学报 2012－03

2012 年第 16 期

网络谣言的形成机理、传导机制与舆情引导 原题为《网络谣言的形成、传导与舆情引导机制》（姜胜洪）
重庆社会科学 2012－06

2012 年第 17 期

舆情信息工作的实践困境及现实建构（王小兰）
福建行政学院学报 2012－02

2012 年第 18 期

公共外交与国际传播（叶皓）
现代传播 2012－06

论制网权：互联网作用于国际政治的新型国家权力（余丽）
郑州大学学报 2012－04

传统媒体的新媒体转型：误区、问题与可能的路径（郭全中） 新闻记者 2012－07

微博“粉丝”现象研究（靖鸣、王容） 原题为《微博“粉丝”现象及其存在问题》 新闻与写作 2012－06

2012 年第 19 期

“走出”新闻学与“走入”新闻学——提升当前新闻学研究水平的两种必须路径（杨保军、涂凌波）
国际新闻界 2012－05

2012 年第 20 期

中国出版业的数字化转型之路（柳斌杰）
中国新闻出版报 2012－08－30

论中国广播影视发展的转型升级（杨明品）
视听界 2012－04

中国理论第一刊《红旗》的创办始末（苗作斌） 解放日报 2012－08－10

媒介生态学与麦克卢汉的遗嘱（［美］兰斯·斯特拉特） 江西社会科学 2012－06

2012 年第 21 期

中国政务微博运作现状、问题与对策（刘锐、谢耘耕） 编辑之友 2012－07

党的十六大以来新闻出版工作的历史性变化（刘晓凯、卫朝峰）
出版发行研究 2012－07

2012 年第 22 期

中国互联网社会管理创新的政策选择（施雪华） 原题为《互联网与中国社会管理创新》 学术研究 2012－06

十年来我国广播影视公共服务体系建设（蔡赴朝） 原题为《让文化惠泽民生——十年来我国广播影视公共服务体系建设》 求是 2012－17

中西方学术期刊审稿制度研究（尹玉吉） 原题为《中西方学术期刊审稿制度比较研究》 浙江大学学报 2012－04

2012 年第 23 期

是媚俗还是坚守——对中国音乐类电视栏目的思考（冯亚）
青年记者 2012－07－中

中国广播电视“走出去”的机遇与对策（王庚年） 国际广播影视 2012－08

2012 年第 24 期

中国网络游戏产业概况、问题及发展建议（卢斌、张玮） 原题为《增长快 创新少 人才乏——2011 年中国网络游戏产业发展综述》
中华读书报 2012－09－26

2013 年第 1 期

我国 3D 电视发展现状、困境及对策探析（王甫、李其芳） 现代传播 2012－09

我们需要什么样的网络意见领袖？（胡泳）
新闻记者 2012－09

2013 年第 2 期

中国电影大变局与内生性增长（饶曙光）
解放军艺术学院学报 2012－04

数字出版产业的新业绩、新挑战、新举措（孙寿山） 现代出版 2012－05

新媒体时代加强党的执政能力建设的几点思考（慎海雄） 中国记者 2012－10

2013 年第 3 期

关于网络政治学的探讨（两篇）

互联网在国际政治中的“非中性”作用（郑志龙、余丽）
政治学研究 2012－04

网络治理范式的探讨与展望（王金水）
政治学研究 2012－04

社会思潮与媒介嬗变——清末社会改革运动中的大众传播媒介（程丽红）
吉林大学社会科学学报 2012－05

广告创设中民俗元素的深度介入（韩雷）
民俗研究 2012－06

媒介融合背景下的视听转型（庞井君）
东岳论丛 2012－10

坚持中国特色的媒体管理制度（钟辛原）
中国新闻出版报 2012－10－17

2013 年第 4 期

从“大众门户”到“个人门户”——网络传播模式的关键变革（彭兰）
国际新闻界 2012－10

2013 年第 5 期

中国国际传播的挑战与能力建设（王石泉）
新闻记者 2012－10

2013 年第 6 期

努力提高网络社会条件下的执政能力（陈里）　学习时报 2013－01－21

安全阀还是压力锅？——关于网络话语权的调查与思考（谢新洲、田丽、刘青）
光明日报 2013－01－15

我国影院数字化十年：发展历史、现状及未来挑战（刘藩）　当代电影 2012－12

2013 年第 7 期

论群体传播时代个人情绪的社会化传播（隋岩、李燕）　现代传播 2012－12

2013 年第 8 期

汉语国际传播研究（两篇）

汉语国际传播提升文化软实力的策略与路径（孙强）　南京社会科学 2012－12

沟通与和谐，汉语全球传播的渠道与策略研究（张国良、陈青文、姚君喜）
现代传播 2013－01

英国报业考察见闻与思考（马国仓），原题为《从同行思路管窥报业发展出路——在英国报业考察学习的见闻与思考》
中国新闻出版报 2012－12－03

2013 年第 9 期

关于当前新闻传播几个理论问题的思考（童兵）　新闻与传播研究 2013－01

新闻出版业转型发展的三个问题（范卫平）
中国出版 2013－01

当前网络发展的新特点（尹韵公）
新闻与写作 2013－01

2013 年第 10 期

关于中国特色新闻传播学术话语体系自主建构的几点思考（蔡惠福、顾黎）
新闻大学 2013－01

2013 年第 11 期

创新传播方式　促进文化传承（肖芃）
中国社会科学报 2013－02－06

网络族群：自我认同、身份区隔与亚文化传播（蒋建国）
南京社会科学 2013－02

中共中央机关报刊历史沿革考述（姜中卫）
党的文献 2013－01

2013 年第 12 期

重大突发公共事件中新媒体传播效用、模式及对策研究（毕宏音）　原题为《重大突发公共事件中的新媒体传播》
重庆社会科学 2013－04

2013 年第 13 期

新媒体环境下我国电视新闻的嬗变与发展（孟建、董军）　国际新闻界 2013－02

微博舆情：生产、研判与处置研究（焦德武、常松）安徽师范大学学报 2013－01

2013 年第 14 期

微电影：新的电影形态、新的产业业态（饶曙光）　当代电影 2013－05

2013 年第 15 期

游戏化，重塑人类积极的未来？（范昕）
文汇报 2013－05－04

党报发行体制改革研究（肖赞军）
当代传播 2013－02

2013 年第 16 期

近几年来网络围观议政现象研究的回顾与思考（陆斗细、杨小云）
湖南师范大学学报 2013－03

当前新闻文风存在问题及改进对策（新华社新闻研究所课题组） 中国记者 2013－06

中国传媒文化“走出去”研究（王国平、袁也） 原题为《推进中国传媒文化“走出去”研究》 求索 2013－05

2013 年第 17 期

新闻出版走出去的七个“什么”（张福海）
中国新闻出版报 2013－06－20

微信传播机制与治理问题研究（方兴东、石现升、张晓容、张静） 现代传播 2013－06

2013 年第 18 期

中国电影海外传播现状与国际化转型（丁亚平、储双月、董茜） 原题为《论 2012 年中国电影的国际传播与海外市场竞争策略》 上海大学学报 2013－04

2013 年第 20 期

当前中国国家形象建构的误区与问题（张昆） 中州学刊 2013－07

网络实名制的本质、演进与自由表达权（陈曦、李钢） 原题为《网络实名制的身份确认与制度演化》
重庆社会科学 2013－07

大数据时代编辑理念的更新（苗卉）
新闻爱好者 2013－07

2013 年第 21 期

建立完善的公共危机传播管理体系（李静）
国际广播影视 2013－07

中国广告产业制度的回顾、反思与优化路径（廖秉宜） 国际新闻界 2013－07

2013 年第 23 期

全球化时代中国文化传播策略的当代转型（贾磊磊） 东岳论丛 2013－09

牢牢掌握舆论工作主动权（李从军）
人民日报 2013－09－04

对我国跨文化传播的思考与展望（童兵）
中国地质大学学报 2013－04

2013 年第 24 期

互联网时代维护国家安全的战略思考（张显龙） 中国信息安全 2013－07

前行中的省思：论国产大片十年发展（李掖平） 理论学刊 2013－09

中国共产党新闻工作群众路线的理论来源及实践传统（郑保卫）
现代传播 2013－09

中国电视国际传播能力建设的发展转型（唐世鼎） 原题为《国际传播能力建设的发展转型》
中国广播电视学刊 2013－10

整理：沙　垚（本刊编辑部）

第五篇
国际交流

2014年中国新闻传播研究的国际期刊发表与国际合作

——以SSCI传播学期刊数据库为例

2014年，中国新闻传播学研究的国际期刊论文发表及国际学术合作延续了近年来迅猛发展的势头①，继续取得了大幅进步，这表明了中国新闻传播学科的国际化程度总体上越来越高②。不过，中国新闻传播研究在国际发表中也存在一些问题，主要是新闻传播研究的本土议题与国际发表论文主题之间的差距③。为了更好地把握学科发展的进展和趋势，促进新闻传播学科的国际交流与合作，本文在既往研究的基础上，利用文献计量学结合内容分析的手段对2014年中国新闻传播研究的国际发表及其国际合作进行研究。

作为一种得到广泛认可的研究手段，文献计量学旨在通过对学术论文的发表、引用及学术网络进行考察，来了解一个学科的总体发展情况。这一手段已经得到了世界学术界和学术资助机构、政府科技政策部门等的广泛认可。就人文社会科学而言，国际上最权威的文献计量数据库是汤森路透公司的社会科学索引（SSCI）以及艺术与人文索引（Arts & Humanities Citation Index，A&HCI）。实际上，由于其严格的入选标准及对引证指标的精确衡量，SSCI和A&HCI已经不仅仅是文献计量工具，而是被广泛视为国际优秀期刊的汇总。

2014年，SSCI数据库共收录了76份新闻传播学期刊。SSCI数据库在评价学术发表和学术影响方面的权威性和代表性，使我们可以基于这76份新闻传播学期刊考察中国新闻传播学者的国际发表与国际合作。虽然国际传播学界对于单纯使用新闻传播类SSCI数据库进行分析有一定争议，认为利用SSCI数据库评估新闻传播学研究忽视了传播学的跨学科属性④，但如果不依赖特定学科的期刊进行研究，我们将无法评估中国新闻传播学者可能发表在SSCI收录的所有2000多份社科期刊中的全部成果。而且，由于SSCI数据库的作者单位只能检索到所在学校或机构，而无法检索到作者所在的具体院系，所以如果超越了特定学科进行总体分析，将无法具体评估中国新闻传播学者的国际期刊论文发表和国际学术交流情况。

其实，对于SSCI数据库期刊收录方面

---

① 张志安、贾鹤鹏：《中国新闻传播学研究的国际发表现状与格局——基于SSCI数据库的研究》，《新闻与传播研究》2015年第5期。

② 金兼斌：《本土传播学者的研究国际化》，《新闻与传播研究》2008年第4期。

③ 贾鹤鹏、张志安：《新闻传播研究的国际发表与中国问题——基于SSCI数据库的研究》，《新闻大学》2015年第3期。

④ Rice, R. E. & Putman, L., "Communication journals," Newsletter of the International Communication Association, 35 (3), 2007, Retrieved November 21, 2013 from http://www.icahdq.org/publications/publicnewsletter/2007/4/2007APRILPF_PRESAPR07.asp.

存在不足的问题，我们可以通过排除一些相关性低的期刊来解决。例如，SSCI传播学期刊收录了一些我们认为并不属于传播学研究的刊物，如《电信政策》（*Telecommunication Policy*）等，我们在选刊时就可以有意识地加以排除。实际上，选择特定学科的期刊对学科发展进行评估，也是国际文献计量学者进行传播学发展概况研究的常用手段。①

基于上述原因，本文主要依靠筛选的SSCI收录的新闻传播学期刊中发表的来自中国大陆学者的论文进行分析。本文由以下四部分组成：第一部分是数据描述及中国学者和国内机构在国际新闻传播学期刊的一般发文情况；第二部分，重点考察中国学者和机构国际学术合作及中国学者的国际学术贡献等计量分析指标；第三部分，重点介绍和分析中国学者所发表研究的内容和领域、其国际期刊发表与中国国内新闻传播学热点题材的差异，并进而分析中国新闻传播学者国际化面临的挑战和可能的解决方式；第四部分，总结这项研究的主要发现，并对中国新闻传播学科在新一年里的国际学术合作做出预测。

一、中国学者2014年在国际新闻传播学期刊的发表概况

如上所述，本文依靠汤森路透公司的Web of Science检索工具对其SSCI数据库进行文献计量学的研究。2012年，SSCI数据库一共收录了72份传播学期刊。2014年，这一数字增加到76份，新增的刊物主要来自移动通讯传播和传播学的批判研究等领域。

SSCI数据库收录的新闻传播学期刊是各相关学科高度折中的产物，除上述的《电信政策》外，还包括了两大类不同传统的新闻传播刊物，一类是修辞学、语义学、语言学等文学传统的语言传播类刊物，另一类是作为近代社会科学产物的传播学刊物。对于中国学者而言，前者主要是内地高校英语系或国际教育机构教师的发表阵地，后者则更多是新闻传播学教育机构学者的投稿平台。在之前的研究中，我们排除了语言传播类刊物以专门考察新闻传播学院学者的学术生产。为了更多地了解以国际标准定义的整个新闻传播学科发展的全貌，本文没有排除这类刊物，但仍然对这两类刊物的发表进行了区分和讨论。

经过检索，我们发现所属国为中国的学者2014年在SSCI新闻传播类刊物上发表了155篇论文或书评。由于大量论文可能由中国香港、澳门学者生产，而我们的目的主要是考察中国内地学者在新闻传播学刊物上的产出，所以我们利用Web of Science的分析功能，生成所有作者单位，共142个，其中，香港中文大学、香港城市大学、香港浸会大学和香港大学牢牢占据了第一名和三四五名，而浙江大学则位居第二位，这可以说是内地学者的一个突破。在142个作者单位中，我们进一步选择了中国内地的所有单位，共53家，总计发表了97篇论文和书评。这97篇文章中，每一篇至少包括1名中国内地作者。在阅读《电信政策》所发表的8篇中国内地作者的论文摘要并确定其全部为电信及电子科技领域的管理学研究后，我们排除了该刊及所发论文。剩余的89篇论文是本研究最基础的样本数据。这些文章发表在29份期刊上（见表1）。

① Leydesdorff, L. & Probst, C., "The Delineation of an Interdisciplinary Specialty in Terms of a Journal set: The Case of Communication Studies", *Journal of the American Society For Information Science and Technology*, Vol. 60, No. 8, 2009, pp. 1709 – 1718.

表 1 2014 年中国内地学者发文（含书评）的 29 份 SSCI 新闻传播学期刊

期刊英文(原)名	期刊中文译名	发表量
Discourse Studies	《话语研究》	23
Chinese Journal of Communication	《中华传播学刊》	10
Discourse & Society	《话语与社会》	10
International Journal of Mobile Communications	《国际移动通信学刊》	5
Discourse & Communication	《话语传播》	4
Asian Journal of Communication	《亚洲传播学刊》	3
International Journal of Communication	《国际传播学刊》	3
Media Culture & Society	《媒体文化与社会》	3
Public Understanding of Science	《公众理解科学》	3
Information Communication & Society	《信息传播与社会》	2
Journalism Mass Communication Quarterly	《新闻与大众传播季刊》	2
New Media & Society	《新媒体与社会》	2
Public Relations Review	《公共关系评论》	2
Visual Communication	《视觉传播》	2
Communication Research	《传播学研究》	1
Critical Discourse Studies	《批判话语研究》	1
Health Communication	《健康传播》	1
International Journal of Advertising	《国际广告学刊》	1
International Journal of Conflict Management	《国际冲突管理学刊》	1
Journal of African Media Studies	《非洲媒介研究学刊》	1
Journal of Broadcasting Electronic Media	《广播与电子媒介学刊》	1
Journal of Communication	《传播学刊》	1
Journal of Computer Mediated Communication	《计算机媒介传播学刊》	1
Journal of Health Communication	《健康传播学刊》	1
Journal of Social And Personal Relationships	《社会与人际传播学刊》	1
Management Communication(Quarterly)	《传播管理季刊》	1
Media International Australia	《澳大利亚国际媒体研究》	1
Social Semiotics	《社交语义学》	1
Television & New Media	《电视与新媒体》	1

资料来源：Web of Science。

运用同样方法，我们发现中国内地学者2013年在不含《电信政策》的SSCI新闻传播学期刊上共发表了74篇论文和书评。可见，单纯就新闻传播研究的国际期刊发表数量而言，2014年中国学者又取得了明显进步。

通过Web of Science提供的分析和过滤功能，我们进一步区分了这些文章中的论文与书评。分析发现，2013年中国内地学者在SSCI新闻传播学期刊上共发表了42篇论文、1篇会议论文和32篇书评，2014年相关类型的文章则为58篇论文和39篇书评。可见，不论是研究论文还是书评，中国学者的产出均有提高。通过分析作者单位，我们发现，2013年到2014年90%以上的书评文章为内地高校英语系或语言学系教师发表。这样一来，如何区分中国语境下的新闻传播学学者与语言学学者的难题，便有了一定的可操作性。剩余的论文，大多数为内地新闻传播院系学者参与的学术生产。

在区分研究论文与书评后，我们的统计分析主要集中于论文。尽管书评也是研究环节的重要组成部分，而且在很多高校的英语院系，书评也可以作为学术成绩，但由于我们更加着眼于独立、完整的学术产出，所以本文暂不对书评进行统计分析。

二、2014年中国学者在新闻传播期刊上国际发表的计量结果

中国内地学者在国际新闻传播学期刊上发文的总体进展与分布情况如何？从表2可见，《中华传播学刊》和《亚洲传播学刊》仍然是中国内地学者海外发表的主要阵地，同时，新收录进SSCI数据库的《国际移动通讯学刊》也是国内学者发文的主要刊物。

表2 中国内地作者在国际新闻传播学期刊发文前10位的刊物

	论文发表期刊	2014年论文发表量	占全部160篇论文的比例(%)
1	《中华传播学刊》	9	15.52
2	《国际移动通讯学刊》	5	8.62
3	《亚洲传播学刊》	3	5.17
4	《国际传播学刊》	3	5.17
5	《公众理解科学》	3	5.17
6	《话语传播》	2	3.45
7	《话语研究》	2	3.45
8	《信息传播与社会》	2	3.45
9	《媒体文化与社会》	2	3.45
10	《新媒体与社会》	2	3.45

资料来源：Web of Science。

不过，总体而言，中国新闻传播学的国际期刊发文数量仍然比较有限。一方面，发表论文数量最集中的前10位刊物中，大多数每年发表内地作者参与生产的论文约2—3篇；另一方面，即便是发文最多的《中华传播学刊》，内地学者参与发表的9篇论文，也只占该刊同期所发表的23篇论文的39%，尚不足四成。

表 3　中国内地学者 2014 年发表 2 篇以上国际新闻传播学论文的机构

机构名称	所发表论文篇数	机构名称	所发表论文篇数
中国人民大学	3	华中科技大学	2
中国传媒大学	3	北京大学	2
复旦大学	3	华南师范大学	2
暨南大学	3	西南财经大学	2
浙江大学	3	西南交通大学	2
中山大学	3	清华大学	2
北京师范大学	3	中国科技大学	2
北京外国语大学	2		

资料来源：Web of Science。

那么，国内都是哪些机构的学者在国际新闻传播学刊物上发文呢？表 3 显示，发表排名数量靠前的均为国内学术实力雄厚的高校，其中中国人民大学、中国传媒大学、复旦大学、暨南大学、浙江大学、中山大学和北京师范大学都发表了 3 篇论文。参照教育部学位中心公布的 2012 年新闻传播学学科评估结果①，武汉大学和四川大学两所学科评估结果靠前的院校发表情况并不显著，北京师范大学和中山大学则都有突出表现。

我们继续考察中国内地学者在国际新闻传播学期刊上发文的国内外合作情况。由于选定的 51 篇研究论文中，每篇论文至少有 1 名中国内地机构的作者，加上国内新闻传播研究者同时受聘于国外学术机构的数量非常少，因而可以认为，利用 Web of Science 对这些论文进行作者机构检索发现的中国内地以外机构，绝大多数都为生产这些论文的合作机构，极少部分为双聘学者的海外机构。后者由于数量很少，且本身也代表着国际合作，故不专门考虑。

表 4　与中国内地学者合著国际新闻传播学论文前 10 位的机构

内地以外合作机构	合作国际论文数量	内地以外合作机构	合作国际论文数量
美国宾州大学	4	美国宾州州立大学	2
香港中文大学	2	美国纽约州立大学布法罗分校	2
香港城市大学	2	美国纽约州立大学	2
美国佛罗里达州立大学	2	美国雪城大学	2
美国佐治亚州立大学	2	美国天普大学	2

资料来源：据 Web of Science 推算。

① 教育部学位中心：学科评估高校排名：0503 新闻传播学（2012 年），新浪教育，2013 年 1 月 29 日。http://edu.sina.com.cn/kaoyan/2013-01-29/1125370390.shtml，2014 年 1 月 8 日。

由表4可见，中国内地作者发表的51篇国际新闻传播学论文中，有大量非中国内地作者与机构的参与。其中美国作者最多，这既是由美国在整个新闻传播学研究的世界领先地位造成的，也由于大量中国赴美留学生毕业后留美执教或从事新闻传播研究工作，并与国内作者合作进行论文生产。由于欧美国家及中国香港地区作者较为熟悉国际新闻传播学期刊的规则和学术话语，所以与他们合作，也有利于论文在国际期刊的发表。

既往研究显示（见表5），中国内地与国际合作生产的新闻传播学论文大部分由境外作者担任最体现学术贡献的第一作者。但是，2014年中国内地学者发表的上述51篇国际新闻传播学论文中，有38篇由内地作者担任第一作者（含中国传媒大学外籍兼职教授）。毫无疑问，过去一年，内地学者在国际期刊发表过程中的主导性和贡献率有所提升。

表5 截至2013年中国内地学者累计在国际新闻传播学期刊发文前10位机构合作情况

发文量排序	内地发表国际论文机构	至2013年底累计发文量	与内地以外机构合作篇数	与内地以外机构合作篇数占国际论文的比例（%）	本机构作者担任合作论文第一作者篇数	本机构作者为第一作者所占合作论文比例（%）	与其他内地机构合作篇数
1	复旦大学	21	16	76.19	4	25.00	1
2	清华大学	15	6	40.00	1	16.67	0
3	中国人民大学	14	6	42.86	4	66.67	1
4	北京大学	11	7	63.64	2	28.57	2
5	浙江大学	10	4	40.00	2	50.00	0
6	中国传媒大学	10	5	50.00	5	100.00	0
7	上海交通大学	7	4	57.14	2	50.00	1
8	中山大学	6	2	33.33	0	0.00	2
9	华中科技大学	4	3	75.00	1	33.33	1
10	南京大学	4	3	75.00	2	66.67	0

资料来源：根据Web of Science整理，复制自张志安、贾鹤鹏的研究。

值得一提的是，在与海外机构合作发表论文的同时，由内地作者独立完成的国际期刊新闻传播学论文数量也在攀升。通过Web of Science提供的机构检索功能，我们排除了包括港澳台在内的所有海外作者，获得了20篇完全由内地学者在国际期刊独立发表的新闻传播学论文。从表6我们可以看到，在这20篇论文中，中山大学以3篇数量居首，暨南大学和中国人民大学以2篇位居次席。

研究发现，浙江大学和中国传媒大学的发表量较高。但前者主要为从事英语、语言学研究的教师发表在SSCI新闻传播刊物中语言传播类期刊上的书评文章。后者2014年发表的3篇国际论文，均由该校海外双聘或兼职教授完成，所以在排除了书评和所有海外作者单位后，浙江大学新闻传播学者的发表量锐减，而中国传媒大学本土学者的国际产出则减为零。

当然，正如本文一再强调，新闻传播

学者完全可以在其他类期刊上发表论文，SSCI 数据库收录的新闻传播期刊并不能代表一个学科的全貌，特别是对于高度跨学科的传播学而言。但就新闻传播期刊来说，SSCI 数据库已经代表了本学科最权威的期刊[①]，而且从研究的可行性上考量，也不可能考察所有社科期刊。所以，利用 SSCI 收录的新闻传播期刊进行学科考察仍是最现实可行的办法，也能一定程度上比较集中地反映新闻传播学研究的国家发表状况。

表 6　2014 年中国内地作者独立在国际新闻传播学期刊发文的机构

中国内地学术机构	2014 年发表 SSCI 新闻传播学论文数	中国内地学术机构	2014 年发表 SSCI 新闻传播学论文数
中山大学	3	汕头大学	1
暨南大学	2	深圳大学	1
中国人民大学	2	清华大学	1
上海财经大学	1	北京科技大学	1
华中科技大学	1	中国科技大学	1
上海社科院	1	辽宁科技大学	1
上海图书馆	1	浙江广厦建设职业技术学院	1
上海大学	1	浙江大学	1

资料来源：根据 Web of Science 整理。

尽管内地机构学者以第一作者领衔发表和独立发表国际新闻传播学论文的能力有大幅度提升，但内地机构学者之间的合作仍然很少。如果内地机构之间不能合作，则学术的进一步发展也会受到影响。段京肃[②]以及任亚肃、段京肃[③]在对国内 CSSCI 数据库的研究中也都发现了这一点。

三、中国学者国际新闻传播学研究的选题及内容分析

通过阅读中国学者 2014 年独立或与境外机构合作的论文，我们发现，中国学者的研究题材呈现出高度多样化的趋势，涵盖了文本与话语分析、互联网研究、移动通讯传播研究、消费者信息获取行为研究以及企业传播与公共关系等领域。同时，涉及微博、科技与健康报道及受众风险分析、媒体融合、恋爱中的信息传播、影视生产中的权力关系、外媒对华报道、企业新闻与信息发布、儿童网站评估、民族主义情绪与媒介使用等诸多议题。比如，一项研究分析了中国传播学期刊的关系网络，这篇由浙江大学 Hongtao Li（李红涛）和香港城市大学 Chin-Chuan Lee（李金铨）合作发表的研究指出，期刊编辑与作者之间的关系会影响到信息的传播、文章的录用以及发表时长，作者担心这种关系网络

① 与 SSCI 数据库相对照的是爱思唯尔公司开发的 Scopus 引文系统，其 2015 年传播学数据库收录了 250 多份期刊（参见：http：//www. scimagojr. com/journalrank. php？ category = 3315），但其权威性一直难以得到业界认可。

② 段京肃：《新闻学与传播学研究领域作者和机构的学术影响分析——基于 CSSCI（2005—2006 年）数据》，《西南民族大学学报》（人文社科版）2009 年第 6 期。

③ 任亚肃、段京肃：《新闻传播学术研究中存在的问题——CSSCI 分析》，《新闻界》2007 年第 6 期。

特征会阻碍学术进步①。

在多样化的研究题材中，包括互联网、微博、移动通讯等在内的新媒体研究占主要比例，微博和移动通讯更成为新媒体研究的主流。例如，美国纽约州立大学布法罗分校的 Weiai Xu 与南京大学 Feng Miao 的研究发现，公民会通过推特与新闻记者在分享信息、社交谈话、自我推广观点等方面进行对话，对话越积极的民众，其政治参与度越强②。北京大学深圳研究生院的 WeiMing Ye（叶韦明）等运用话语分析方法分析了互联网论坛上对婚姻与家庭的10万多条讨论，研究发现，在线上辩论中儒家价值观正在与新兴的个人主义价值观发生冲突，而城乡分割、腐败和婚外恋等社会因素都在影响这种冲突③。值得指出的是，国内学界在保持偏重于传播现象研究的同时，发表在国际新闻传播学期刊上的中国论文更加侧重于用户在新媒体上的行为研究，并积极借鉴和利用该领域的国际传播学与行为认知理论。

虽然中国学者 2014 年在国际传播学期刊上发表的论文研究题材广泛，但与国内学界的研究相比，这些论文中较少对近年来国内热点事件的关注，绝大部分研究更加侧重于探讨传播现象的规律性议题。当然，这也与就国内的热点事件进行案例研究，其结论较难以“普遍化”有关。所以，即便涉及热点议题，内地作者的国际新闻传播学论文也更注重探讨趋势和规律，较少分析个案。

例如，复旦大学 Shaojing Sun（孙少晶）与国外同行研究发现，在中日纠纷这一议题上，中国网民的民族主义情感与互联网信息获取和社交动机有正相关性。这一研究表明，利用互联网讨论中日纠纷的动机越强烈，网民也越愿意参与到进一步的行动中④。在另一项研究中，复旦大学社会学系的 Ronggui Huang（黄荣贵）与香港学者合作探讨了微博在群体行动中的作用和结构性特点。研究表明，微博确实为网上公众舆论提供了廉价、方便且能打破地域限制的一个平台，它有可能实现跨省的动员——尽管就目前而言，地域相近仍然在微博对公共议题的讨论中发挥着作用⑤。

总体而言，2014 年国际新闻传播期刊上来自中国学者的研究对政治性议题的关注度，相比此前多年中国学者的国际发表有所减弱，但这些新的研究更加重视利用量化或其他经验研究手段，探讨相关议题所体现的规律和范式。例如，人民大学的 Di Zhang（张迪）应用文本分析的方法，发现在涉外新闻发布会上，外国记者报道中国政府的态度，与官方的开放程度呈明显的相关性。中国官员的态度越开放，国

① Li, H. & Lee, C., Guanxi Networks and the Gatekeeping Practices of Communication journals in China, *Chinese Journal of Communication*, Vol. 7, No. 4, 2014, pp. 355 - 372.

② Xu, W. & Feng, M., Talking to the Broadcasters on Twitter: Networked Gatekeeping in Twitter Conversations with Journalists, *Journal of Broadcasting & Electronic Media*, Vol. 58, No. 3, 2014, pp. 420 - 437.

③ Ye, W., Sarrica, M. & Fortunati, L. A Studyon Chinese Bulletin Board System Forums: How Internet Users Contribute to Set up the Contemporary Notions of Family and Marriage, Information, *Communication & Society*, Vol. 17, No. 7, 2014, pp. 889 - 905.

④ Hyuna, K. D., Kimb, J., & Sun, S., News Use, Nationalism, and Internet Use Motivations as Predictors of Anti-Japanese Political Actions in China, *Asian Journal of Communication*, Vol. 4, No. 6, 2014, pp. 589 - 604.

⑤ Huang, R. & Sun, X., Weibo Network, Information Diffusion and Implications for Collective Action in China, *Information, Communication & Society*, Vol. 17, No. 1, 2014, pp. 86 - 104.

外媒体的相关报道对中国政府的评价越积极①。

2014 年，中国学者发表的国际新闻传播论文另一个特点是有关科学与健康传播的研究占据了不小的比例。这不光体现在科学传播刊物《公众理解科学》发表的中国学者论文达到 3 篇，也表现在科学与健康传播的研究正在与互联网等其他研究相结合，这有利于我们了解中国公众的科学态度及其在健康信息获取和传播方面的行为特征。

在这方面，北京师范大学的 Haichun Li 与纽约州立大学布法罗分校的学者合作，比较了中美受众在获取风险信息时的意向。相比之下，中国样本获取风险信息的意愿，较少受到其环境态度、风险意识、负面情感、信息不充分性和行为信念的影响。中美两国受众都较多受到主观规范（subjective norm，即人们认识到的对自己很重要的人的态度）的影响②。中山大学的 Xiang Fang 则研究了中国内地居民对附近可能建设的核电站的态度，发现公众尽管核电知识程度不高，但可以利用各种渠道对建设核电站的利弊做出理性的权衡③。澳门科技大学的 Yi Mou（目前已经在上海交通大学执教）则应用大数据分析了人们利用微博传播食品安全信息的行为。研究指出，人们利用微博最主要是表达对食品安全事件与管理的态度，而不是进行信息传播④。中国人民大学的 Baijing Hu（胡百精）和 Di Zhang（张迪）研究了 2009 年北京爆发 H1N1 甲流传染时，人们的信息渠道选择对甲流知识获取的效果。这一研究表明，手机和人际传播与人们的风险感具有相关性，但后者并不能促进人们获取知识，而电视用户则是掌握甲流知识最高的群体⑤。中山大学的 Yumin Chen 则分析了英文版《中国日报》在报道 2013 年空气污染事件中的表现。研究发现，这些报道的态度从最初对空气污染的中立态度，转换到谴责外国使馆进行空气质量检测的负面态度；从对事实的判断，转换到更多价值立场。但总体上，该报仍然在追求与国际社区相一致的态度⑥。

在分析研究主题和题材的同时，我们也注意到中国学者新闻传播研究的国际期刊发表中，相当一部分更加重视理论阐释或建构。国际传播学研究是最为重视理论的社会科学学科之一，因为只有更加重视理论阐释，学者才能在纷繁复杂的传播行为中更好地对人们的行为做出预测，并提出有实践价值的建议⑦。以往的中国国际新闻传播论文，更加注重对中国特定的传

① Zhang, D. & Shoemaker, P. J., Foreign Reporters' Aggressiveness and Chinese Officials' Openness at News Conferences: Influences on Foreign Media Coverage of the Chinese Government, *Chinese Journal of Communication*, Vol. 7, No. 1, 2014, pp. 106 – 125.

② Yang, Z. J., Kahlor, L., & Li, H. A United States-China Comparison of Risk Information-Seeking Intentions, *Communication Research*, Vol. 41, No. 7, 2014, pp. 935 – 960.

③ Fang, X., Local People's Understanding of Risk From Civil Nuclear Power in the Chinese Context, *Public Understanding of Science*, Vol. 23, No. 3, 2014, pp. 283 – 298.

④ Mou, Y., What Can Microblog Exchanges Tell Us about Food Safety Crises in China?, *Chinese Journal of Communication*, 7(3 专刊), 2014, pp. 319 – 334.

⑤ Hu, B. & Zhang, D., Channel Selection and Knowledge Acquisition During the 2009 Beijing H1N1 Flu Crisis: a Media System Dependency Theory Perspective, *Chinese Journal of Communication*, 7(3 专刊), 2014, pp. 299 – 318.

⑥ Chen, Y., Exploring the Attitudinal Variations in the Chinese English-language Press on the 2013 Air Pollution Incident 2014, *Discourse & Communication*, Vol. 8, No. 4, pp. 331 – 349.

⑦ Berger, C. R., From Explanation to Application, *Journal of Applied Communication Research*, Vol. 39, No. 2, 2011, pp. 214 – 222.

播现象及其背后的社会政治因素的阐释①。但随着中国学者越来越熟悉国际传播学科的现状与发展，越来越多的学者也自觉地依据中国样本和中国事件，对传播学理论在中国的应用性进行探讨，并根据中国的经验研究开始尝试发展理论。例如，前述的北京师范大学的 Haichun Li 等人的研究②，就根据中美两国受众对风险信息的获取，发展了风险信息的获取与处理模型（Risk Information Seeking and Processing，RISP）的跨文化应用。北京师范大学的 Hongzhong Zhang（张洪忠）则在其关于中国受众的媒体可信度研究中发现，在大多数情况下，中国受众普遍认为电视更加可信③。这一发现与中国国情有关，与西方研究结论则存在很大差距，从而提供了发展理论的基础。

与往年相比，中国学者的国际期刊发表在 2014 年继续在公关、广告和消费者传播与信息获取等领域保持较高数量。既往研究表明，此类研究是中国新闻传播学者的海外发表中，被引用次数和再引用次数较高的一类④。相对而言，这类研究与国际同领域的主流研究相比，具有更多共性，制度性差距较少；专注于这类研究的学者，更加关注公关广告制作者或消费者的行为特点，以及商业信息的传播效果，较少关注中国的社会性议题。但相比既往研究，2014 年新发表的此类研究仍有新特点，那就是与互联网、移动通讯、社交媒体的高度融合。例如，北京第二外国语学院的 Hui Liu 与美国同行合作研究发现，中国大学生社交媒体用户在在线信息披露方面既往的不愉快经历，会导致其对社交媒体风险感知度的上升，并倾向于支持政府严格管理社交媒体的广告⑤。同济大学 Yunxia Bai 等人则探讨了市场机制是否促进了上市公司通过互联网和移动网络进行信息披露，研究发现，业绩越不好的 A 股上市公司，越是回避信息发布，由此表明有关部门需要加强信息披露方面的监管⑥。

四、总结与讨论

本文总结了中国学者 2014 年在国际新闻传播学期刊的发表状况。研究发现，中国内地新闻传播学者在国际期刊发表方面继续取得了进步，这主要体现在发表数量以及国内学者担任第一作者的论文数量和比例都比上一年有了显著提高，也有越来越多的内地高校成为国际论文的生产机构。在保持国际合作的基础上，中山大学、暨南大学等一些高校在独立生产国际新闻传播学研究论文方面也都取得了可喜进步。

就内容而言，内地学者的国际新闻传播学论文呈现高度多样化态势，新媒体传播与科学、健康、风险传播的研究成果尤其明显，其中，结合社交媒体这一载体与

① 贾鹤鹏、张志安：《新闻传播研究的国际发表与中国问题——基于 SSCI 数据库的研究》，《新闻大学》2015 年第 3 期。

② Yang, Z. J., Kahlor, L., & Li, H. A United States-China Comparison of Risk Information-Seeking Intentions, *Communication Research*, Vol. 41, No. 7, 2014, pp. 935 – 960.

③ Zhang, H., Zhou, S., & Shen, B. Public Trust: a Comprehensive Investigation on Perceived Media Credibility in China, *Asian Journal of Communication*, Vol. 24, No. 2, 2014, pp. 158 – 172.

④ 贾鹤鹏、张志安：《新闻传播研究的国际发表与中国问题——基于 SSCI 数据库的研究》，《新闻大学》2015 年第 3 期。

⑤ Yang, H., & Liu, H., Prior Negative Experience of Online Disclosure, Privacy Concerns, and Regulatory Support in Chinese Social Media, *Chinese Journal of Communication*, Vol. 7, No. 1, 2014, pp. 40 – 59.

⑥ Bai, Y., Yan, M., Yu, F., & Yang, J., Does Market Mechanism Promote Online/mobile Information Disclosure? Evidence from A-share Companies on Shenzhen Exchange Market, *International Journal of Mobile Communications*, Vol. 12, No. 4, 2014, pp. 380 – 396.

科学传播、健康传播的议题的研究进展尤其值得一提。我们认为，开展科学和健康议题的新媒体传播研究可以成为中国内地学者国际期刊发表方面的一个突破口，一方面，因为随着中国快速进入工业化社会和中等收入国家，科学对生活的影响日益增加，人们也对自身的健康问题给予了极大关注，健康与科学议题的传播会得到更多的重视；另一方面，健康与科学议题相对具有更多国际共性，相关领域的研究可以跨越制度障碍。而在欧美，科学传播研究也正在受到主流传播学的影响，发生着深刻变革①。在新的学科规范还没有普遍建立起来的情况下，中国学者更容易在这方面取得重要突破。

就研究取向而言，中国内地学者更加重视追踪传播学的理论发展和传播现象的范式研究。越来越多的内地学者开始应用中国样本及数据验证和发展传播学理论，并应用这些理论考察中国问题，虽然这些研究中的大部分仍然是通过与国际同行的合作而开展的。毫无疑问，加强对传播学理论发展的重视具有重要意义，因为大部分传播学理论并非空中楼阁，而是立足于总结人类传播行为的各种规律，并对这些行为做出预测。中国改革开放以来丰富而深刻的社会变革，以及东方文化赋予公众行为的特定偏好，都可以为补充、修正、发展甚至创新传播理论提供重要素材。

同时，如果能将中国经验发展成国际认可的传播理论，也能让我们更加深刻地了解自己的国情，并对预测本国公众的行为提供参照。不过，发展传播学理论的过程，并不是简单地拿来理论，用中国样本验证该理论所涉及的各种变量。相反，一方面，把握和研究中国现状可以为现有理论甄别更多变量和变量关系；另一方面，以理论为基础的对中国现实主义的关怀，则可以为理解现实和预测行为等提供更多证据。

当然，我们在为中国学者的国际新闻传播学发表取得的进步感到欣慰的同时，也必须承认，不论就学术产出的数量、论文的国际影响力、学者独立研究的能力还是发展理论的视野，中国新闻传播学研究仍然与国际主流学术水平存在一定差距。缩短这种差距并发展具有中国特色、国际影响的新闻传播研究，仍然是本土新闻传播学者面临的共同任务。

最后，我们要再次说明，SSCI 数据库收录的新闻传播期刊并不能代表一个学科的全貌，新闻传播学者完全可以在其他类期刊上发表论文，其他学科学者也可以在新闻传播学刊物上发文。虽然从研究的可行性上而言，利用 SSCI 收录的新闻传播期刊仍然是考察中国新闻传播学者国际发表状况的最现实可行的办法，但读者在把握本文研究结论时，对研究的局限性需要保持必要认知。

撰稿：张志安（中山大学传播与设计学院教授）
贾鹤鹏（美国康奈尔大学博士研究生）

① 贾鹤鹏、刘立、王大鹏、任安波：《科学传播的科学——科学传播研究的新阶段》，《科学学研究》2015 年第 3 期。

2014年中国学者国际期刊新闻传播学发文篇目概览

1. 论文题目: Representing Chairman Mao: a social-semiotic analysis of two statues on a Red Tour

发表期刊: VISUAL COMMUNICATION, Vol. 13, No. 1, 2014, pp. 3 – 30

作者: Bowcher, Wendy L. (Sun YatSen Univ, Sch Foreign Languages); Liang, Jennifer Yameng

内容提要: This article presents an analysis of two entirely different statues of Chairman Mao: the first, a full figure statue completed in 1993, and the other, an immense bust completed in 2009. Both statues were sites included on a Red Tour' in which one of the authors participated in March 2011. It is assumed that the tour organizers consider both of the statues worthy of visiting, and of fulfilling the aims of a Red Tour. These aims, according to the accompanying tour book, are broadly: to educate people about the history of the communist party, to remind citizens of the foundations of the current China, to instil national pride, and to provide a spiritual and enlightening experience. The analysis in this article primarily utilizes O'Toole's framework in The Language of Displayed Art (1994, 2011) for analyzing sculpture, and provides insights into how each statue represents Chairman Mao by first analyzing its features, and then interpreting these features against the socio-political context of the Red Tour, and in doing so, enhancing our understanding of the social semiotic nature of public memorials. In the interpretation of the features of the statues, comparisons and contrasts are made between the meanings construed by each representation.

2. 论文题目: TV Formatting of the Chinese Ugly Betty: An Ethnographic Observation of the Production Community

发表期刊: TELEVISION & NEW MEDIA, Vol. 15, No. 6, 2014, pp. 507 – 522

作者: Zhang, Xiaoxiao (Jinan Univ, Sch Journalism & Commun); Fung, Anthony

内容提要: Using ethnographic observation, this study explores the television (TV) formatting of Ugly Wudi, the Chinese version of Ugly Betty. The article explicates how Chinese producers followed the "bible" of format production, differentiated ideological points of contestation, and modified narratives contradictory to Chinese ideology in the localization process. Ugly Betty's localization reflects the political, cultural, and commercial imperatives in China. The producers recreated a televised drama with its own unique Chinese modernity, which invited a large spectatorship within the boundary of the current politico-social landscape. It also initiated an innovative marketing model that could maximize profits through format localization. As a new industry development strategy, TV formatting brings western values into China and is changing the landscape of Chinese TV.

3. **论文题目**: Similar challenges but different responses: Media coverage of measles vaccination in the UK and China

发表期刊: PUBLIC UNDERSTANDING OF SCIENCE, Vol. 23, No. 4, 2014, pp. 366 – 375

作者: Ren, Jie (Univ Sci & Technol China); Peters, Hans Peter; Allgaier, Joachim et al.

内容提要: For several decades scholars have studied media reporting on scientific issues that involve controversy. Most studies so far have focused on the western world. This article tries to broaden the perspective by considering China and comparing it to a western country. A content analysis of newspaper coverage of vaccination issues in the UK and China shows, first, that the government-supported 'mainstream position' dominates the Chinese coverage while the British media frequently refer to criticism and controversy. Second, scientific expertise in the British coverage is represented by experts from the health and science sector but by experts from health agencies in the Chinese coverage. These results are discussed with respect to implications for risk communication and scientists' involvement in public communication.

4. **论文题目**: Unbalanced progress: The hard road from science popularisation to public engagement with science in China

发表期刊: PUBLIC UNDERSTANDING OF SCIENCE, Vol. 23, No. 1, 2014, pp. 32 – 37

作者: Jia, Hepeng (Ohio State Univ, John Glenn Sch Publ Affairs); Liu, Li (Tsinghua Univ, Inst Sci Technol & Soc)

内容提要: This article critically traces the development of science communication in China in the past 30 years. While confirming the tremendous progress Chinese science communicators have achieved in popularising science, it argues that the deficit model-based popularisation effort cannot meet the diversifying demands on science in Chinese society. Citing both recent science and technology controversies and active public participation in science pilot initiatives in China, this article concludes that science communication efforts in the country must be focused on constructive dialogues and public engagement with science.

5. **论文题目**: Local people's understanding of risk from civil nuclear power in the Chinese context

发表期刊: PUBLIC UNDERSTANDING OF SCIENCE, Vol. 23, No. 3, 2014, pp. 283 – 298

作者: Fang, Xiang (Sun Yat Sen Univ, Sch Sociol & Anthropol, Dept Sociol & Social Work)

内容提要: This paper analyses how people understand civil nuclear risk in the local context in China. The findings of the paper are based on six months of fieldwork research on a potential inland nuclear power project in Dapu townland in 2007 and 2008. Understanding varies greatly depending on local context, with economic, geographic and social factors influencing the way people view risks and benefits. I argue that when local people do not have enough 'scientific knowledge' to understand risk from nuclear power, they can still use their experience of everyday life to reflect rationally on the risks and benefits that they face. I conclude that when local people trust in nuclear technology and 'the government', and are unaware of nuclear risk it is partly because of their over-dependence on institutions and experts. However, despite their lack of agency, local people rationally calculate risk and benefit in accordance with their social identity and geographical location.

6. 论文题目: The effect of product-harm crisis situations on firms' spokesperson strategies: Evidence from China's emerging market economy

发表期刊: PUBLIC RELATIONS REVIEW, Vol. 40, No. 1, 2014, pp. 110 – 112

作者: Wang, Xiaoyu (Shanghai Univ Finance & Econ, Mkt Res Ctr); Wang, Zhiliang

内容提要: The purpose of this paper is to examine the influence product-harm crisis situations have on, a firm's spokesperson strategies in China's emerging market economy. Through the content analysis of 127 product-harm crises, crisis type is found to be a predictor of spokesperson strategies. Compare with Chinese brands, foreign brands are less likely to employ top-executive spokesperson strategies, during product-harm crises. Crisis severity was found to have no impact on the adoption of spokesperson strategies.

7. 论文题目: Corporate statement serving as information subsidies in the product-harm crisis

发表期刊: PUBLIC RELATIONS REVIEW, Vol. 40, No. 5, 2014, pp. 841 – 843

作者: Zhu, Yunhao (Univ Sci & Technol China, Sch Management); Wei, Jiuchang; Wang, Feng et al.

内容提要: This study explores the attributes of a crisis statement which influence its utility as an information subsidy in the process of product-harm crises in China. Through investigating and analyzing 92 statements released in times of product-harm crises, the results show that the form in which the statement is released, and the length of the statement have significant effects on whether the statement will be quoted fully or partially by the news media.

8. 论文题目: What's the cultural difference between the West and the East? The consumption of popular 'cute' games in the Taiwanese market

发表期刊: NEW MEDIA & SOCIETY, Vol. 16, No. 6, 2014, pp. 1018 – 1033

作者: Chen, Lai Chi (Shantou Univ, Sch Commun & Journalism)

内容提要: Based on a model that includes three sub-circuits, i. e. technology, culture, and market, this paper shows that the Asian online gaming market has its peculiarities, which are reflected in the case study of popular cute games in the Taiwanese market. Asian-oriented cute games are based on the themes of Japanese video game culture and Manga, thus creating an Asian-style amusement, which establishes friendly gameplay and an easy-to-use environment. Two types of cute games: girls' games and children's games, are well accepted by young females in their twenties and by children in the 10 to 15 age group, who are resident in Taiwan's urban areas. Asian cute games present a form of cultural hybridity, a combination of American digital entertainment and Asian urbanized culture. They have become a form of cultural flow in the regional market, established on the basis of Asian modernity and consumerism.

9. 论文题目：Predicting mobile news use among college students: The role of press freedom in four Asian cities

发表期刊：NEW MEDIA & SOCIETY, Vol. 16, No. 4, 2014, pp. 637 – 654

作者：Wei, Ran (Univ S Carolina, Sch Journalism & Mass Commun/Shanghai Jiao Tong Univ); Lo, Ven-hwei; Xu, Xiaoge et al.

内容提要：This study explores how mobile phone-savvy Asian college students use mobile news, especially news posted on mobile-accessible Twitter-like microblogs, to stay informed about current events. Our survey of more than 3500 college students in Shanghai, Hong Kong, Singapore and Taiwan asks why young people turn to mobile phones for news and how the news-getting behavior is related to the level of press freedom in their respective societies. The results show that using mobile phones to read news and follow news posts on mobile-accessible microblogs are rapidly on the rise and significant differences among respondents in the four cities exist.

10. 论文题目：The race between the dragon and the elephant: Comparing China and India's national broadband plans

发表期刊：MEDIA INTERNATIONAL AUSTRALIA, Vol. 151, 2014, pp. 180 – 190

作者：Ayakar, Krishna; Liu, Chun (Southwest Jiaotong Univ)

内容提要：Some 134 national broadband plans are now in place around the world. Opinions are divided regarding the role of government in broadband markets: should the government act as an 'enabler' or as the 'rule-maker'? In this context, this article analyses the ambitious national broadband plans recently announced by China and India, two rising economic powerhouses. Traditionally, China's telecommunications development has been driven by investments from government-allied entities and a strong industrial policy, while India's approach has relied on government policy to create the framework for private investment with a limited range of subsidies on the supply side. We trace the antecedents of the different policy approaches adopted by the two countries towards their respective broadband sectors, compare and contrast the motivations that have driven them to draft the national broadband plans and evaluate the effectiveness of government policies and regulations.

11. 论文题目：A gesture of compliance: media convergence in China

发表期刊：MEDIA CULTURE & SOCIETY, Vol. 36, No. 5, 2014, pp. 561 – 577

作者：Yin, Liangen (Shenzhen Univ); Liu, Xiaoyan

内容提要：Media convergence is thriving in terms of either practical experience or scholastic debates around the world. This study aims to examine journalistic convergence in China. Using qualitative data drawn from the case study of Shenzhen Press Group in Guangdong, South China, we argue that the media's response to the Chinese government's push for media convergence is simply a gesture of compliance. While media management do not consider convergence as a prime concern, rank-and-file editors and journalists respond to media convergence with non-cooperation or non-acceptance. The study concludes, on the basis of the specific contexts in which China's media convergence operates, that social context and, in particular, the relationship between media and state should be fully taken into consideration in studies of media convergence.

12. 论文题目: Acquiring, positioning and connecting: the materiality of television and the politics of mobility in a Chinese rural migrant community

发表期刊: MEDIA CULTURE & SOCIETY, Vol. 36, No. 3, 2014, pp. 336 – 350

作者:Yuan, Yan (Huazhong Univ Sci & Technol)

内容提要: There has long been a dichotomy in television studies: research into the social meanings and practices of television as an object and infrastructure is confined to sedentarism, while the significance of television in migrancy is almost exclusively approached through migrants' consumption of texts and programmes. As an attempt to break this material/immaterial division, this article uses an ethnographic study in a Chinese rural migrant community to explore the politics of mobility performed through the materiality of television. It reconceptualizes the conjunction between electronic mediation and the migratory subject as a body/material hybrid rather than a mind/text hybrid, examining Chinese rural migrants' daily practices with television in their urban settlement from three perspectives: TV set acquisition, positioning and cable connection. Rural migrants' resourceful engagements with the materiality of television were captured in the second-handedness of their TV acquisition, the diversified positioning of television sets at home, and the self-help cable infrastructure system in the neighbourhood. This materialist approach reveals the juxtaposition between mobility and immobility and their dialectical interconnections in the television consumption in migration. It illuminates a new arena of the politics of mobility, where in the materiality of television represents a special resource, which affords the migrant user more competences and choices for both movement and settlement under the governance of migration.

13. 论文题目: Chinese Employees Negotiating Differing Conflict Management Expectations in a US-Based Multinational Corporation Subsidiary in Southwest China

发表期刊: MANAGEMENT COMMUNICATION QUARTERLY, Vol. 28, No. 4, 2014, pp. 609 – 624

作者: Deng, Yiheng (Southwestern Univ Finance & Econ, Sch Foreign Languages Trade & Econ); Xu, Kaibin

内容提要: This article explores Chinese employees' views of conflict management norms and their coping strategies in a U. S. -based multinational corporation (MNC) subsidiary in inland China. Twenty-seven interviews were conducted with employees of a renowned large-scale American Information Technology (IT) company in Chengdu, the capital city of Sichuan province in Southwest China. The findings showed that the company's norm of conflict management is constructive confrontation, and the Chinese employees have contradictory attitudes when they are required to adopt it in everyday conflict management. During the process, the local employees bear burdens to conform to the MNC norms and culture, and have developed coping strategies such as switching mode, seeking hard facts, resorting to off-line talk, and turning to a third party of higher authority for intervention.

14. 论文题目: Young adult romantic

relationships in Mainland China: Perceptions of family of origin functioning are directly and indirectly associated with relationship success

发表期刊: JOURNAL OF SOCIAL AND PERSONAL RELATIONSHIPS, Vol. 31, No. 7, 2014, pp. 871 – 887

作者: Anderson, Jared R. (Kansas State Univ, Sch Family Studies & Human Serv); Johnson, Matthew D.; Liu, Wenli (Beijing Normal Univ) et al.

内容提要: Guided by the Development of Early Adult Romantic Relationships (DEARR) model (Bryant & Conger, 2002). The current study explores the direct and indirect associations between family of origin functioning and relationship success among Mainland Chinese young adults in romantic relationships (N = 224). Results from the structural equation model analysis indicated that family dysfunction is negatively related to romantic relationship success directly, and the bootstrap test of indirect effects revealed two significant indirect pathways: (1) family dysfunction to problem solving to relationship success and (2) family dysfunction to depression symptoms to problem solving to relationship success. This model proved a better fit to the data than two plausible alternative models and highlights the potential cross-cultural applicability of the DEARR model. Implications for theory development, intervention, and future research are discussed.

15. 论文题目: Relationships of Health Literacy, Health Behavior, and Health Status Regarding Infectious Respiratory Diseases: Application of a Skill-Based Measure

发表期刊: JOURNAL OF HEALTH COMMUNICATION Vol. 19, 2014, pp. 173 – 189

作者: Sun, Xinying (Peking Univ, Sch Publ Hlth, Dept Social Med & Hlth Educ); Yang, Shuaishuai; Fisher, Edwin B. et al.

内容提要: This study aimed to explain the relationships among health literacy, health behavior, and health status, using a newly developed skills-based measure of health literacy regarding respiratory infectious diseases. This instrument was designed to measure individuals' reading, understanding, and calculating ability, as well as their oral communication and Internet-based information-seeking abilities. A pilot survey was conducted with 489 residents in Beijing, China, to test the reliability and validity of the new measure. Next, a larger study with 3,222 residents in three cities with multistage stratified cluster sampling was implemented to validate a latent variable model (goodness of fit index = 0.918, root mean square residual = 0.076). In this model higher educational attainment (b = 0.356) and more health knowledge (b = 0.306) were positively and directly associated with greater health literacy skill, while age was negatively associated with it (b = 0.341). Age (b = 0.201) and health knowledge (b = 0.246) had positive and direct relationship with health behavior, which was, in turn, positively associated with health status (b = 0.209). The results illustrate the complex relationships among these constructs and should be considered when developing respiratory intervention strategies to promote health behavior and health status.

16. 论文题目: Investigating Modern-Day Talaria: Mobile Phones and the Mobility-Impaired in Singapore

发表期刊: JOURNAL OF COMPUTER-MEDIATED COMMUNICATION, Vol. 19,

No. 3,2014,pp. 695 – 711

作者: Chib, Arul (Nanyang Technol Univ, Wee Kim Wee Sch Commun & Informat); Jiang, Qiaolei (Dalian Univ Technol, Dept Journalism & Commun)

内容提要: Revisiting the medical and social models of disability, this study adopted the integrated biopsychosocial approach to examine experiences of 25 mobility-impaired respondents in Singapore with using mobile phones. We found that mobile phones provided respondents a greater degree of mobility, a sense of control, and opportunities to escape the stigma of disability, thus challenging the boundaries between the able-bodied and the disabled. Mobile phone appropriation allowed the management of personal identities and social networks, leading to a sense of empowerment. However, mobile phone usage might act as a double-edged sword for disabled people, creating mobile dependencies and a spatial narrowing of social connections. Theoretical and practical implications are discussed.

17. 论文题目: Reclaiming the High Ground in the Age of Onlinement

发表期刊: JOURNAL OF COMMUNICATION, Vol. 64, No. 6, 2014, pp. 999 – 1014

作者: Heinderyckx, Francois (Univ Libre Bruxelles, Belgium/Commun Univ China)

内容提要: This article discusses the nature of key aspects of the digital transition, which it characterizes as an age of onlinement generating various narratives. It invokes a metaphor of digital enchantment to account for the climate in which information and communication technologies (ICTs) are growing in importance. It establishes the reactivity and social relevance of communication research on ICT-related topics. It recommends that communication scholars reclaim the high ground by joining the conversation and providing fact-based, theory-grounded counternarratives.

18. 论文题目: Talking to the Broadcasters on Twitter: Networked Gatekeeping in Twitter Conversations with Journalists

发表期刊: JOURNAL OF BROADCASTING & ELECTRONIC MEDIA, Vol. 58, No. 3, 2014, pp. 420 – 437

作者: Xu, Weiai (Wayne SUNY Buffalo); Feng, Miao (Nanjing Univ, Sch Journalism & Commun)

内容提要: Drawing upon the theory of networked gatekeeping, this study describes how citizens engage in Twitter conversations with journalists and illustrates the power dynamic between traditional gatekeepers (journalists) and the gated (news audience). The power dynamic is discussed along four attributes of the gated political power, information production ability, relationship with gatekeepers, and information alternatives. Results show that citizens interacted with gatekeepers by sharing information/opinion, social chats, and self-serving promotion of individual opinions and agendas. Politically active citizens interacted more often with journalists who share similar ideology. The citizens have varying degrees of political power, reflected by their different levels of involvement and influence in political discourse online. The implications for gatekeeping are also addressed.

19. 论文题目: Whose event? Official versus journalistic framing of the fifth Forum on China Africa Cooperation (FOCAC V)

发表期刊: JOURNAL OF AFRICAN MEDIA STUDIES, Vol. 6, No. 1, 2014, pp. 57 - 70

作者: Wekesa, Bob (Commun Univ China, Univ Witwatersrand, South Africa)

内容提要: The article contributes to the fledgling literature in the China-Africa communications field by approaching the topic from the perspective of an event - the fifth conference of the Forum on China Africa Cooperation (FOCAC V). It proposes that by analysing FOCAC V specifically, and the FOCAC phenomenon generally, new and interesting insights might be gained into the interests of the various players namely, Chinese officials, African officials and the African media. It also contributes new perspectives in leveraging the framing of a communication theory as a means of drilling down to the motivations, tensions, confluences and divergences inherent in the China-Africa relations - a transnational engagement that continues to draw animated discussions and debate in and out of academia.

20. 论文题目: Strategy to motivate and facilitate compromise in Chinese mediation: A discourse analysis of contemporary Chinese mediation sessions

发表期刊: INTERNATIONAL JOURNAL OF CONFLICT MANAGEMENT, Vol. 25, No. 1, 2014, pp. 4 - 20

作者: Deng, Yiheng (Southwestern Univ Finance & Econ, Sch Foreign Languages Trade & Econ, Chengdu); Xu, Kaibin

内容提要: This paper aims to explore language strategies and techniques in Chinese mediation that are adopted by mediators to motivate and facilitate compromise among disputants. Ten cases were audio-recorded on the spot, transcribed for analysis in their Chinese form, and then translated into English for English readers. The translation of excerpts used in this paper to demonstrate points was double checked to ensure accuracy. Discourse analysis was adopted to explore the meanings and functions of the utterances in these excerpts. It is found that power is embedded in the mediator's position and in his/her role in the mediation. Furthermore, neutrality is less of a concern as compared to justice in the mediator's terms. Finally, socio-cultural indications of the language strategies and techniques were drawn about contemporary Chinese society. When dealing with Chinese people in conflict, one may emphasize common goals and bring in external reasons such as seniority, face, and status to motivate and facilitate compromise. Studying transcripts of cases that were recorded in real time and recently is rare in studies of Chinese mediation. Studying what people actually say provides us data in reality, in contrast to the ideals as well as what they say they do in mediation.

21. 论文题目: The Case for a Dutch Propaganda Model

发表期刊: INTERNATIONAL JOURNAL OF COMMUNICATION, Vol. 8, 2014, pp. 2705 - 2724

作者: Bergman, Tabe (Renmin Univ China)

内容提要: Media scholars in the Netherlands have largely ignored Edward Herman and Noam Chomskys propaganda model. Nonetheless, this article concludes that the model is germane to Dutch journalism and its current crisis because of the striking similarities between the Dutch and U. S. news systems and content. By focusing on the systems similarities instead of their differences, this article highlights the influence of the market on journalism on both sides of the Atlantic and offers insight into the PMs international applicability. The article outlines the PM, discusses its increased relevance, and highlights the prominence of the models five filters in the Dutch media landscape.

22. 论文题目：Inside-Out and Outside-In: The Making of a Transnational Discursive Alliance in the Struggle for the Future of China

发表期刊：INTERNATIONAL JOURNAL OF COMMUNICATION, Vol. 8, 2014, pp. 445 – 465

作者：Wu Changchang (Shanghai Acad Social Sci)

内容提要： This article explores the making of a transnational discursive alliance championing the language of freedom and aiming at bringing their particular notion of democracy to China. The analysis is based on the following four case studies: Google's withdrawal from China in 2011, the Chinese Jasmine Revolution from 2011 up until now, the Bo Xilai Event in 2012, and the anti-censorship activism centering on the liberal Chinese newspaper, the Nanfang Weekend in early 2013. I first describe how this transnational discursive alliance came into being through these four cases, and then analyze the impact it has had on China's public sphere and domestic politics. I conclude with a discussion of the class orientation of this alliance's universalistic claims to democracy and constitutionalism.

23. 论文题目：Communication, Crisis, and Global Power Shifts: An Introduction

发表期刊：INTERNATIONAL JOURNAL OF COMMUNICATION, Vol. 8, 2014, pp. 275 – 300

作者：Zhao, Yuezhi (Simon Fraser Univ/Commun Univ China)

内容提要：This paper brings contemporary theoretical discussions on the nature of the evolving global order into dialogue with a set of transnationally, regionally, and nationally oriented studies addressing communication, crisis, and global power shifts. First, it brings in a class-centric perspective to complicate mainstream nation-state-centric narratives about U. S. hegemonic decline and global power shifts from the West to the East, especially China. Second, it draws upon anti-racist and anti-imperialist critiques of the racial construction of sovereignty and the concomitant Western-originated capitalist nation-state logic to supplement the class-centric analysis. The resulting social revolutionary perspective on communication and historical change encompasses the analytical lenses of class, nation, state, race, empire, gender, and knowledge/power paradigms, and it also emphasizes the analysis of various social forces and their interrelations both among and within nations.

24. 论文题目： Chinese advertising practitioners' conceptualisation of gender representation

发表期刊：INTERNATIONAL JOURNAL OF ADVERTISING, Vol. 33, No. 2, 2014, pp. 329 – 350

作者： Shao, Yun (Beijing Int Studies Univ, Publ Div); Desmarais, Fabrice; Weaver, C. Kay

内容提要： This paper identifies how Chinese advertising practitioners' cultural perceptions of gender influence their creation of advertising representations. The research is based on interviews with creative directors, copywriters, art directors and strategic planners working in China's advertising industry. The findings shed light on the decision-making processes and cultural, professional and social imperatives, as well as perceptions of audiences that support particular approaches to the encoding of gender in Chinese advertising. The study also provides insight into how advertising practitioners' representation of gender is guided by global (western) and local (Chinese) influences that inform their stereotypical conceptualization of gender differences in terms of shopping behaviours, purchasing power and use of products.

25. 论文题目: A study on Chinese bulletin board system forums: how Internet users contribute to set up the contemporary notions of family and marriage

发表期刊: INFORMATION COMMUNICATION & SOCIETY, Vol. 17, No. 7, 2014, pp. 889 - 905

作者: Ye, WeiMing (Peking Univ, Shenzhen Grad Sch, Sch Humanities & Social Sci); Sarrica, Mauro; Fortunati, Leopoldina

内容提要: The family has always functioned as mediator between the individual and society in China, but in the last three decades, marriage and the family have taken on diverse trends in China's rural and urban regions. This paper aims to map out how online bulletin board system forums, with their open access, interaction, and anonymous nature, are contributing to a change in the concepts concerning family and marriage in contemporary China. From a large database, we selected 46 threads (with 100, 932 messages posted by 14, 097 accounts) that discuss family and marriage, adopting a lexicometric approach to map online contents. Results indicate that in online debates traditional Confucian values are conflicting with new individualistic trends, with traditional ideals complicated by social factors, including the policy-induced urban-rural divide, corruption, and extra-marital affairs.

26. 论文题目: Weibo network, information diffusion and implications for collective action in China

发表期刊: INFORMATION COMMUNICATION & SOCIETY, Vol. 17, No. 1, 2014, pp. 86 - 104

作者: Huang, Ronggui (Fudan Univ, Dept at Social Development and Pwblic Policy); Sun, Xiaoyi

内容提要: This study examines information diffusion and the follower network among a group of Sina Weibo users interested in homeowner associations. Using social network analysis techniques, this paper explores the network structure, the formation of follower relations and information diffusion. It reveals that micro-blogging is an important online platform because it can conveniently and inexpensively foster public online issue-networks beyond geographical boundaries. Specifically, Weibo has the potential to enable cross-province networking and communication, although geographical proximity is still at work

27. 论文题目: Self-Other Differences in H1N1 Flu Risk Perception in a Global Context: A Comparative Study Between the

United States and China

发表期刊： HEALTH COMMUNICATION, Vol. 29, No. 2, 2014, pp. 109 – 123

作者： Han, Gang (Kevin) (Iowa State Univ, Greenlee Sch Journalism & Commun); Zhang, Jueman (Mandy); Chu, Kejun (Rebecca) (Fudan Univ, Sch Journalism); et al.

内容提要： Extending research on self-other differences in perception to a global health risk, this study compares U. S. and Chinese college students' perceived H1N1 flu risk at four levels: personal, group, societal, and global. It also examines how personal experience, interpersonal communication, traditional and Internet-based media, and self-efficacy affect perception at four levels, as well as the self-other differences between the personal level and each of the other three levels. An online survey in both countries reveals an ascending pattern, showing higher perceived risk for others than for selves. Chinese respondents perceive higher risk than U. S. respondents at all levels. Interpersonal communication predicts risk perception at four levels in the United States and at the group and societal levels in China. New media exposure exerts influence on all but the group level in China, while Social Networking Sites (SNS) exposure predicts group- and societal-level risk perception in the United States. The overall attention paid to H1N1 information in the media affects all levels in both countries. Interaction between media exposure and attention is influential at all levels in the United States. Self-efficacy is negatively associated with risk perception in China except at the global level. Attention to media in the United States, and SNS exposure in China, explain the self-other differences in three comparisons, along with self-efficacy, which decreases the self-other gap in the United States while increasing the gap in China.

28. 论文题目： Strategies of writing summaries for hard news texts: A text analysis approach

发表期刊： DISCOURSE STUDIES, Vol. 16, No. 1, 2014, pp. 89 – 105

作者： Ke, Li Yuan (S China Normal Univ, Sch Foreign Studies, Guangzhou); Hoey, Michael

内容提要： This article analyses which propositions of the original hard news texts are replicated in their summaries written by competent readers, with a view to observe the strategies they use to write summaries for this text type and analysing the linguistic devices involved when they implement the strategies. Three strategies, namely deletion, selection and abstraction, are used by summary writers to boil down the original texts to their main points. Implementing these strategies requires readers to make of the relationships holding between the propositions (or larger parts) of text. Teaching linguistic devices such as subordinators, conjuncts, lexical signals, lexical repetitions and parallelism is crucial because they assist students to analyse the relationships between the propositions.

29. 论文题目： Towards a pragmatic analysis of metadiscourse in academic lectures: From relevance to adaptation

发表期刊： DISCOURSE STUDIES, Vol. 16, No. 4, 2014, pp. 449 – 472

作者： Bu, Jiemin (Zhejiang Guangsha

Coll Appl Construct, Foreign Languages Sch)

内容提要: This study pragmatically makes a descriptive analysis of metadiscourse in academic lectures from the perspective of the relevance-adaptation theory. Based on the relevance theory and the adaptation theory, the relevance-adaptation model is constructed to explore the occurrence, the pragmatic description and the role of metadiscourse in academic lectures. The data is collected from George Lakoff's 10 academic lectures on cognitive linguistics at Beijing University of Aeronautics and Astronautics in 2004 and some academic lectures audio-taped in classrooms. The results of the study show that the occurrence of metadiscourse in academic lectures is pervasive.

30. 论文题目: A critical discourse analysis of the Asian Women's Fund website

发表期刊: DISCOURSE & SOCIETY, Vol. 25, No. 6, 2014, pp. 725 – 740

作者: Gu, Xin-yuan (Shanghai Lib, Xuhui)

内容提要: The so-called 'comfort women' were women (including teenagers) taken by force and treated as sex slaves by the Imperial Japanese Army before and during the Second World War. The Asian Women's Fund, as an extension of the Japanese government, is an institutional device for political apology regarding the 'comfort women' issue. As an initial step to consider postwar history cognition in Japan, this article examines some of the web pages on the Asian Women's Fund website, analyzing the lexical items, the rhetoric, and the defining/summarizing/quoting strategies with corpora evidence. By examining related details, the article uncovers how 'facts' and 'history' were presented in the discourse, and thus uncovers the infelicity of the apology.

31. 论文题目: The marketization of public discourse: The Chinese universities

发表期刊: DISCOURSE & COMMUNICATION, Vol. 8, No. 1, 2014, pp. 85 – 103

作者: Han, Zhengrui (Jinan Univ, Coll Foreign Studies, Guangzhou)

内容提要: Contemporary universities are characteristics of an evident proliferation of corporate discourse. A sole concentration on the production of new knowledge and the education of students does not ensure the prosperity or even survival of universities any longer, and equally important are the admission of elite students, the outcome-based evaluation of academic performance, the establishment of alumni network and also fundraising. This article examines how and to what extent this trend of marketization has invaded the order of the discourse of Chinese universities. The research methodology combines the paradigms of Critical Discourse Analysis (CDA) and the tenets of critical genre analysis with particular attention paid to the notion of genre, interdiscursivity and conversationalization. The texts examined include ceremonial speeches, regulatory documents, insiders' accounts and field notes. Analytical results show that the trend of marketization, in spite of a potential threat for academic integrity, does facilitate the institutional restructuring and transformation of universities in the context of Mainland China.

32. 论文题目: Exploring the attitudinal variations in the Chinese English-language press on the 2013 air pollution incident

发表期刊：DISCOURSE & COMMUNICATION, Vol. 8, No. 4, 2014, pp. 331 – 349

作者：Chen, Yumin (Sun Yat Sen Univ, Sch Foreign Languages)

内容提要：This study uses appraisal theory to investigate the media attitudinal variations in the context of the 2013 air pollution incident in China. Drawing upon the appraisal systems of attitude and engagement, this article examines how the reportage has changed over time in terms of the type and source of attitude. Through a comparative analysis of the news reports and editorials in the latest and back issues of the official English-language newspaper China Daily, this article identifies the major attitudinal shift: from an absence of inscribed attitude representing air quality as something natural to negative judgement of social sanction judging foreign embassies' monitoring.

33. 论文题目：A United States-China Comparison of Risk Information-Seeking Intentions

发表期刊：COMMUNICATION RESEARCH, Vol. 41, No. 7, 2014, pp. 935 – 960

作者：Yang, Z. Janet (SUNY Buffalo, Dept Commun); Kahlor, LeeAnn; Li, Haichun (Beijing Normal Univ)

内容提要：We applied structural equation modeling to examine how the Risk Information Seeking and Processing (RISP) model predicts information-seeking intentions in the United States and China. The context for this comparison was climate change. Results indicated that in the Chinese sample, seeking intentions were less influenced by environmental attitudes, risk perceptions, negative affect, information insufficiency, and behavioral beliefs. Across the two samples, subjective norms had similar impacts on seeking intentions. Overall, the model has cross-cultural validity and applicability in accounting for risk communication behaviors in these two nations. Based on prior support for this model outside of the context of climate change, the model is well poised to serve as a framework for a variety of cross-cultural risk information-seeking contexts.

34. 论文题目：Sources, contents, and students' social learning about persons with a disability

发表期刊：CHINESE JOURNAL OF COMMUNICATION, Vol. 7, No. 4, 2014, pp. 429 – 445

作者：Chen, Ling (Jinan Univ, Sch Journalism & Commun); Feng, Guangchao Charles; Leung, Vivienne

内容提要：A secondary analysis of survey data of Hong Kong school students (N = 2865) examines social learning about people with (physical) disabilities (PWDs). Path models, connecting recalled information in communication about PWDs of different sources (media, significant others, and contact) and content (assistance, pity, and fear) with perceptions, general attitude, and behavior inclination toward PWDs, showed content as better predictor than either media channels or interpersonal sources. Interpersonal sources were better predictors than media channels were. The effects were also mediated by perception of PWDs' capabilities, perception of PWDs' inner state, and general attitude toward PWDs. The findings are interpreted and discussed.

35. 论文题目：Prior negative experience

of online disclosure, privacy concerns, and regulatory support in Chinese social media

发表期刊： CHINESE JOURNAL OF COMMUNICATION, Vol. 7, No. 1, 2014, pp. 40 – 59

作者： Yang, Hongwei (Chris) (Appalachian State Univ, Dept Commun); Liu, Hui (Beijing Int Studies Univ, Sch Int Commun)

内容提要： A written survey of 489 Chinese college students was conducted in the spring of 2012 to test a conceptual model of consumers' regulatory support for social media advertising. It showed that the prior negative experience of consumers in online disclosure directly increased their privacy concerns and perceived risks in disclosing on social networking websites. Online privacy concerns, trust, and risk strengthened their support for the government regulation of social media advertising, while trust and social media use enhanced support for industry self-regulation. Surprisingly, the prior negative experiences of young Chinese consumers did not reduce their social media use and had little direct effect on their support for regulations. The implications of the findings for digital interactive marketers and governmental and self-regulatory agencies are discussed.

36. 论文题目： Bounded rationality and consumer choice: an evaluation of consumer choice of mobile bundles

发表期刊： CHINESE JOURNAL OF COMMUNICATION, Vol. 7, No. 2, 2014, pp. 191 – 211

作者： Miao, Miao (Southwest Jiaotong Univ, Sch Econ & Management); Jayakar, Krishna

内容提要： Although numerous prior studies have examined consumer valuations in bundling transactions from a theoretical perspective, relatively few have focused on large datasets. In addition, little prior research has targeted developing telecommunication markets. To address these gaps in the literature, we examine the rationality of consumers' bundling choices in the mobile telecommunication industry, using operational data from China Telecom. We compare the current prices paid by consumers to the optimal prices of alternative bundling plans, based on the consumers' actual usage. We determine whether bundling choice is affected by risk aversion, the complexity of the bundle, and learning effects. The findings suggested that many users chose sub-optimal bundles that were more expensive than others were. The results showed that consumers were risk averse, and they were more likely to make non-optimal bundle selections with more complex usage patterns. No significant differences were found according to gender, age, or usage level.

37. 论文题目： Guanxi networks and the gatekeeping practices of communication journals in China

发表期刊： CHINESE JOURNAL OF COMMUNICATION, Vol. 7, No. 4, 2014, pp. 355 – 372

作者： Li, Hongtao (Zhejiang Univ, Dept Journalism & Commun) Lee, Chin-Chuan

内容提要： In China, scholarly journals are affiliated with the particular governing organizations that house them. This process of what can be characterized as danweization has given the editors of these journals almost unchallenged power, prompting the contributors to seek their favor through guanxi networks. Drawing on fieldwork and in-depth interviews with key journal editors in media studies, this paper aims to explore the configuration of guanxi networks, the dynamics of guanxi practice in the gatekeeping process, and the implications of this practice for communication scholarship. We found that guanxi functions as a multi-layered particularism to facilitate the flow of information, to advance the priority of given papers, and to increase the rate at which such papers are published. In consequence, these journals publish a disproportionate number of articles by colleagues from the same sponsoring danwei. The operation of guanxi networks is so entrenched that it raises questions about the integrity of knowledge production and academic autonomy in China.

38. 论文题目: What can microblog exchanges tell us about food safety crises in China?

发表期刊: CHINESE JOURNAL OF COMMUNICATION, Vol. 7, No. 3, 2014, pp. 319 – 334

作者: Mou, Yi (Univ Sci & Technol, Fac Humanities & Arts, Hefei, Macau)

内容提要: The affordance of microblogging services has made them an ideal tool for communicating risk and crisis. However, research on social media and risk communication is still in its infancy. This study, following the uses and gratifications framework, attempts to give some insight into the way micro-bloggers communicate about risk by investigating food safety communications on the microblogging service in China. A content analysis was conducted on 6186 microblog posts relating to 12 recent food safety incidents in China. A series of bivariate chi-square tests was conducted to test the association between micro-bloggers and gratifications. The results indicate that different types of micro-bloggers gratify different needs. Compared to other types of micro-bloggers, the general public tends to use microblogging to express opinions on food safety incidents, regulation and/or policy, rather than simply disseminating information.

39. 论文题目: Health and commercialism: a content analysis of popular Chinese children's websites

发表期刊: CHINESE JOURNAL OF COMMUNICATION, Vol. 7, No. 3, 2014, pp. 335 – 347

作者: Cai, Xiaomei (George Mason Univ); Hu, Yue (Xiamen Univ); Zhao, Xiaoquan

内容提要: This paper analyzed 113 popular children's websites and the children's sections of general websites in China. It also examined 511 ads that appeared on the homepages of these websites. Commercialism and health concerns were the primary focus of the analysis. The results showed that these websites did not adequately protect children's health and privacy online. Less than 20% of the websites surveyed contained any type of health warning. Nearly half of the websites collected personal information from children, but only some of them asked for parental permission. Each website hosted more than four ads on its homepage, most of which were graphical and unlabeled. The implications of this negligence for mitigation actions are discussed.

40. 论文题目: Foreign reporters'

aggressiveness and Chinese officials' openness at news conferences: influences on foreign media coverage of the Chinese government

发表期刊: CHINESE JOURNAL OF COMMUNICATION, Vol. 7, No. 1, 2014, pp. 106 – 125

作者: Zhang, Di (Renmin Univ China, Sch Journalism & Commun); Shoemaker, Pamela J.

内容提要: This study used content analysis to examine the relationships among Chinese officials' openness strategies at news conferences, foreign reporters' aggressiveness, and the valence of foreign media coverage of the Chinese government. Controlling for the time period and political sensitivity of the topics of news conferences, this study found that the foreign reporters' personal evaluations of Chinese officials were negatively associated with the media coverage valence and that Chinese officials' openness strategies were positively correlated with the media coverage valence and moderated the negative association between reporters' evaluations of officials and media coverage valence. Methodological implications are also discussed.

41. 论文题目: Channel selection and knowledge acquisition during the 2009 Beijing H1N1 flu crisis: a media system dependency theory perspective

发表期刊: CHINESE JOURNAL OF COMMUNICATION, Vol. 7, No. 3, 2014, pp. 299 – 318

作者: Hu, Baijing (Renmin Univ China); Zhang, Di

内容提要: This study uses secondary data from a four-wave repeated cross-sectional survey to examine communication channel usage patterns and their effects on health knowledge acquisition during the different phases of the 2009 H1N1 crisis in Beijing, China. The results suggest that channel choice, particularly for mobile phone and interpersonal communication, varies as a function of different levels of threat during a crisis. Moreover, social groups like students, retirees, and professionals differ in their channel selection. The study concludes that television users have more H1N1 knowledge than non-users and that in most cases, interpersonal communication does not contribute to knowledge gains. The theoretical implications are discussed at the end.

42. 论文题目: Internet governance in China: a content analysis

发表期刊: CHINESE JOURNAL OF COMMUNICATION, Vol. 7, No. 4, 2014, pp. 446 – 465

作者: Yang, Feng (Sichuan Univ, Sch Publ Adm); Mueller, Milton L.

内容提要: Using content analysis, this paper explores the policy-making trends for Internet governance in China. It examines the manner by which policy changes over time, the different policy-making agencies in the country, and the various application scopes and topical focuses of policy. This paper aims to determine the distribution of key policy decisions over different policy-making agencies and which policy issues receive the most attention from China's government in its efforts to regulate the Internet.

43. 论文题目: News use, nationalism, and Internet use motivations as predictors of anti-Japanese political actions in China

发表期刊: ASIAN JOURNAL OF

COMMUNICATION, Vol. 24, No. 6, 2014, pp. 589 – 604

作者:Hyun, Ki Deuk(Grand Valley State Univ, Sch Commun, Allendale, MI); Kim, Jinhee; Sun, Shaojing (Fudan Univ, Sch Journalism)

内容提要: Although the rise of nationalistic activism in the Chinese online sphere has drawn much scholarly attention, few studies have examined how nationalism, usages, and motivations of the Internet affect nationalistic actions among general Internet users in China. Using Sino-Japanese diplomatic disputes as a testing ground, this study investigates the effects of news use from traditional and new media, nationalistic attitudes, and motivations for Internet use on anti-Japanese political behaviors such as boycotting and protest participation. Analyses of online survey data revealed that nationalism is positively correlated with information-seeking and social-interaction motivations for Internet use regarding Sino-Japanese disputes. Results also showed that the stronger the motivation for using the Internet to discuss topics associated with Sino-Japanese disputes, the more likely respondents engaged in anti-Japanese behaviors. This study indicates that nationalistic attitudes and motivations involved in the use of new media technologies have significant effects on mobilizing supporters for anti-Japanese actions.

44. 论文题目: Public trust: a comprehensive investigation on perceived media credibility in China

发表期刊: ASIAN JOURNAL OF COMMUNICATION, Vol. 24, No. 2, 2014, pp. 158 – 172

作者:Zhang, Hongzhong(Beijing Normal Univ, Sch Art & Commun, Beijing); Zhou, Shuhua; Shen, Bin

内容提要:The purpose of this study is to provide a comprehensive investigation on perceived media credibility in China. In order to assess people's attitudes toward six media formats(television [TV], newspapers, radio, magazines, websites, and mobile devices), a series of surveys were conducted with a random sample of 5807 residents in 10 cities in China. Findings indicated that Chinese respondents perceived TV to be the most credible among all media and that TV was rated as more credible than newspapers. In addition, two official mouthpieces, China Central Television and the People's Daily, were both perceived to be highly credible. But readership in general was a nonfactor in terms of credibility. These findings challenged conventional thinking on media credibility. Implications and directions for future research are discussed.

45. 论文题目:Linguistic intergroup bias in Chinese crime stories: propaganda model vs. commercial model

发表期刊: ASIAN JOURNAL OF COMMUNICATION, Vol. 24, No. 4, 2014, pp. 333 – 350

作者: Lu, Jia (Tsinghua Univ, Sch Journalism & Commun);Zhang, Tian

内容提要: This study aimed to test Linguistic Intergroup Bias (LIB) in the Chinese media. Language abstraction of crime stories was compared between the propaganda model and the commercial model. The results revealed LIB in Chinese language and Chinese journalism. They can be explained by both motivational and cognitive mechanisms in LIB. Moreover, the study explored the impacts of two contextual factors on LIB – time and occupation. The analysis of time illustrated the development trend of Chinese journalism, where the propaganda model has been revealed to be invading and eroding the commercial model. The analysis of occupation indicated the mutual influence between language abstraction and stereotypes, and discussed its impacts over the images of particular social groups as well as the challenges it brought to the state and the Party. This study further explained how and why the journalistic models manipulate language abstraction in order to meet their communication goals as well as the political needs of social power behind them.

46. 论文题目： A cross-nation comparative study of mobile learning

发表期刊：INTERNATIONAL JOURNAL OF MOBILE COMMUNICATIONS, Vol. 12, No. 5,2014,pp. 431 –448

作者： Zhang, Lihong (Beijing Inst Technol,Sch Management & Econ,Beijing); Yang,Jiaqin;Wei,June

内容提要： This paper describes a comparative study investigating the effectiveness and influence of college students on mobile learning behaviour between USA and China. The result of this study reveals that among the three aspects of mobile learning, cognitive load, satisfaction and achievement, there exists a statistically significant difference between China and US college students, and the related influencing factors have demonstrated a meaningful and significant impact. Based on the results of this study, managerial insights and practical implications for marketing strategies in the mobile learning market are discussed and recommended along with the future research direction.

47. 论文题目： Are Chinese consumers ready to adopt mobile smart home? An empirical analysis

发表期刊：INTERNATIONAL JOURNAL OF MOBILE COMMUNICATIONS, Vol. 12, No. 5,2014,pp. 496 –511

作者： Bao, Haijun (Zhejiang Univ Finance & Econ,China Inst Regulat Res,Sch Business); Chong, Alain Yee-Loong; Ooi, Keng-Boon et al.

内容提要： This research aims to investigate the determinants of Chinese mobile smart home adoption. This research extends Technology Acceptance Model (TAM) by including additional variables such as social influence, perceived secure home environment, perceived technology security risk, perceived cost and compatibility. Data was collected from 310 Chinese respondents. The mobile smart home adoption model was tested using structural equation modelling. Our results showed that perceived usefulness, social influence and compatibility influenc Chinese consumers' decision to adopt mobile smart home. Social influence, perceived ease of use, and perceived secure home environment were found to have a direct and positive relationship with the perceived usefulness. This research showed that extending traditional TAM can provide better understanding for mobile smart home adoption. The results from this study will be useful for Chinese government as well as mobile smart home developers to formulate appropriate development and business strategies.

48. 论文题目： Understanding the

antecedents of customer loyalty in the Chinese mobile service industry: a push-pull-mooring framework

发表期刊:INTERNATIONAL JOURNAL OF MOBILE COMMUNICATIONS, Vol. 12, No. 6,2014,pp. 551 –577

作者:Zhang, Hong (Huazhong Univ Sci & Technol, Sch Management); Lu, Yaobin; Gupta,Sumeet et al.

内容提要:This study examined factors influencing customer loyalty in a mobile communication service context. First, we conducted an exploratory study of 226 responses to identify important factors driving customers to retain or switch. On the basis of the findings from the exploratory study and Push-Pull-Mooring (PPM) theory, we developed an integrated framework to incorporate network quality, satisfaction and value-added service quality as push factors, price advantage of competitors as pull factor, and switching cost and referent network size as mooring factors. Then we undertook a confirmative study on the respective salience of these factors in determining customer loyalty. The results of this study indicate that satisfaction, switching cost and referent network size positively influence customer loyalty, while price advantage of competitors negatively affects customer loyalty. Further, we found the push, pull and mooring factors on customer loyalty are different among customers with different relationship ages.

49. 论文题目:In cultural dialogue with CDA cultural discourse studies

发表期刊: CRITICAL DISCOURSE STUDIES, Vol. 11, No. 3,2014,pp. 360 –369

作者: Shi-xu (Zhejiang Univ, Inst Discourse & Cultural Studies)

内容提要: Critical Discourse Analysis has excelled with its functional and ideological analysis of socio-political texts. Its capacities and achievements notwithstanding, this tradition is constituted of Western concepts, values, ways of thinking, analytic tools and topics of interest.

50. 论文题目: Development of a strategic value assessment model for smart city

发表期刊:INTERNATIONAL JOURNAL OF MOBILE COMMUNICATIONS, Vol. 12, No. 4,2014,pp. 346 –359

作者: Liu, Yuan (Zhejiang Univ, Sch Management); Wei, June; Rodriguez, Angel Francisco Carrete

内容提要: This paper developed an assessment model for smart cities. Specifically, it first developed a smart city strategic model by combining the smart activities together aiming at improving the value of people's living quality in a city. Second, the smart activities in the developed model were decomposed into a set of smart tactical elements. Third, a relative-weighted assessment method was proposed to assess the smart city level. The results of this research will provide strategies on how to transform cities into smart cities by accelerating the adoption of smart technologies and smart systems. The paper will also assist city administrators and top-level managers when they make tactical decisions on building a smart city and to improve people's living quality in a city.

51. 论文题目:Does market mechanism promote online/mobile information disclosure? Evidence from A-share companies on Shenzhen Exchange Market

发表期刊:INTERNATIONAL JOURNAL OF MOBILE COMMUNICATIONS, Vol. 12, No. 4,2014,pp. 380 – 396

作者:Bai, Yunxia (Tongji Univ, Sch Econ & Management); Yan, Mengying; Yu, Feng et al.

内容提要: As online and mobile communications have been rapidly growing in China, internet has become an important channel for investors to be exposed to information disclosed by listed firms. Contrary to previous research, we argue that a certain online/mobile information disclosure level may have different influence on the firm value in terms of different corporate performance levels. This conclusion is supported by the empirical evidence collected from A-share companies listed on Shenzhen Exchange (China) in 2011. It is found that companies with lower performance levels have strong motives to disclose less information to avoid the potential discount of the firm value. As a result, more strict supervisions from the regulatory agencies are called for since market mechanism fails to protect investors.

整理:张志安(中山大学传播与设计学院教授)
贾鹤鹏(美国康奈尔大学博士研究生)

1980 年代以来中国新闻传播学研究国际期刊发表现状与格局

一、研究问题

经过三十多年的发展,中国的新闻传播学研究取得了长足进步,论文发表数量大幅度增长,新闻传播学科发展的国际化视野也逐渐提升。尽管新闻传播学科的国际化程度总体上越来越高,但其研究水平和创新能力还不理想,如学者陈韬文所言:“这一学科在开放改革三十年后,仍然未能与世界学术平等对话。”

本文重点考察中国内地学者在汤森路透公司的社会科学索引(SSCI)数据库所收录期刊的发文和被引情况。

我们认为,研究中国学者在国际新闻传播学期刊上的总体表现,可以从下列具体研究问题着手,这些问题包括:

(1)中国内地学者在国际 SSCI 新闻传播学期刊上发文的总体规模如何?

(2)中国内地学者在国际新闻传播学期刊上发文的影响力如何?

(3)在国际新闻传播学期刊上发文的内地作者分布情况如何?是否主要作者来自老牌新闻传播院校?在国际新闻传播学期刊上高产的内地作者是否与国内期刊论文发表的核心作者群相吻合?

(4)中国内地学者在国际新闻传播学期刊上发文的国内外合作情况如何?

这四个问题中,前两个主要从学术论文发表的数量和影响出发来探讨其总体特征,后两个则主要从作者的地域分布、机构来源、合作情况等角度来探讨其身份特征。通过对这四个问题的具体研究,可以从文本和作者两个维度大体呈现中国内地学者在新闻传播学国际期刊上的发表格局和现状。

二、数据来源

本文主要依靠汤森路透公司的 SSCI 数据库进行文献计量学的研究。利用汤森路透公司的 Web of Science（科学网络），我们发现，在表 1 所列的 46 份 SSCI 新闻传播学期刊中，到 2013 年 12 月 31 日为止共刊登了来自中国（含香港、澳门）作者的 441 篇论文（含书评、评论）。我们利用科学网络的分析功能，生成所有作者单位，共计 349 个。我们从中选择了所有中国内地的单位，共 63 家，到 2013 年 12 月 31 日为止总计发表了 160 篇论文，发表在 31 份期刊上（参见表 2），每一篇至少包括一名中国内地作者（含兼职）。在获取国际发表数据后，我们把归类结果与本文文献综述部分涉及的研究结果进行对比分析。但由于国内外新闻传播学体制具有一定的差异，发文和引用机制也难以一致，所以在大多数时候，我们只能从描述的角度，而非严格的统计分析方式对数据进行对比和解读，力求通过这种对比获得对问题的总体性把握。

表 1　本研究选取的 SSCI 数据库收录的 46 份传播学期刊

期刊英文(原)名	期刊中文译名	期刊英文(原)名	期刊中文译名
Chinese Journal of Communication	《中华传播学刊》	Journal of Media Economics	《媒体经济学学刊》
Asian Journal of Communication	《亚洲传播学刊》	Journalism & Mass Communication Quarterly	《新闻学与大众传播季刊》
Journal of Advertising Research	《广告研究学刊》	Journal of Business and Technical Communication	《商务与技术传播学刊》
Media, Culture & Society	《大众媒介、文化与社会》	Journal of Social and Personal Relationships	《社会与人际关系学刊》
Public Relations Review	《公共关系评论》	Human Communication Research	《人类传播研究》
Journal of Advertising	《广告学刊》	International Journal of Press Politics	《国际媒介政治学刊》
New Media & Society	《新媒体与社会》	Journal of Broadcasting & Electronic Media	《广播与电子媒介学刊》
Javnost the Public	《传播》	Management Communication Quarterly	《管理传播季刊》
Journal of Communication	《传播学刊》	Personal Relationships	《人际关系》
Communication Research	《传播研究》	Public Understanding of Science	《公众理解科学》

续表

期刊英文（原）名	期刊中文译名	期刊英文（原）名	期刊中文译名
International Journal of Public Opinion Research	《国际公共关系研究学刊》	Communication & Critical Cultural Studies	《传播与批判/文化研究》
Journalism Studies	《新闻学研究》	Ecquid Novi African Journalism Studies	《非洲新闻学研究》
International Journal of Advertising	《国际广告学刊》	European Journal of Communication	《欧洲传播学刊》
International Journal of Communication	《国际传播学刊》	Television & New Media	《电视与新媒体》
Mass Communication & Society	《大众传播与社会》	Visual Communication	《视觉传播》
Health Communication	《健康传播》	Interaction Studies	《交往研究》
Journal of Health Communication	《健康传播学刊》	Journal of Mass Media Ethics	《大众媒介伦理学期刊》
Written Communication	《书面传播》	Journal of Public Relations Research	《公共关系研究学刊》
Journal of Computer Mediated Communication	《计算机媒介传播》	Comunicar	《传播》
Media International Australia	《澳大利亚国际媒体研究》	Journal of Applied Communication Research	《应用传播研究学刊》
Public Opinion Quarterly	《舆论学季刊》	Media Psychology	《媒介心理学》
Communication Monographs	《传播论丛》	Quarterly Journal of Speech	《演说季刊》
Communication Theory	《传播学理论》	Science Communication	《科学传播》

资料来源：Web of Science。

三、研究结果

（一）中国内地学者国际新闻传播学发文概况

我们的第一个研究问题是关于中国内地学者在国际新闻传播学期刊上发文的总体规模与进展。结果显示，1980年代，中国内地作者共在我们选定的SSCI新闻传播学期刊上发表2篇论文，1990年代则为7篇。进入21世纪后，发表论文的数量有所增加，2000—2009年有46篇，2010年后增速提高，仅2010—2013年三年间就发表了105篇（图1）。

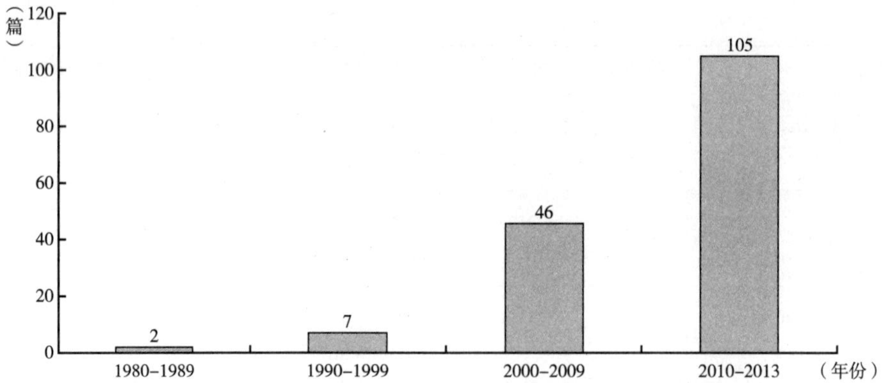

图 1　中国内地作者在国际新闻传播学刊物上发表论文时间段及数量

资料来源：Web of Science。

从发表期刊来看，香港中文大学创办于2008 年的《中华传播学刊》及其于2011 年被纳入 SSCI 数据库是中国内地作者国际发表量快速增长的重要原因之一。表 2 是中国内地作者发表国际新闻传播学论文的 31 份期刊，从中可以看出，《中华传播学刊》所发论文数量遥遥领先。

表 2　发表中国作者论文的国际新闻传播刊物发文量排序

	论文发表期刊	论文发表量	占内地作者 160 篇论文的比例(%)
1	《中华传播学刊》	37	23. 13
2	《亚洲传播学刊》	16	10. 00
3	《传播》(Javnost the Public)	10	6. 25
4	《公共关系评论》	10	6. 25
5	《国际广告学刊》	7	4. 38
6	《广告学刊》	7	4. 38
7	《健康传播》	6	3. 75
8	《广告研究学刊》	6	3. 75
9	《传播研究》	5	3. 13
10	《新闻学研究》	5	3. 13
11	《大众传播与社会》	5	3. 13
12	《大众媒介、文化与社会》	5	3. 13
13	《新媒体与社会》	5	3. 13
14	《传播学刊》	4	2. 50
15	《健康传播学刊》	4	2. 50
16	《国际传播学刊》	3	1. 88
17	《国际媒介政治学刊》	3	1. 88
18	《计算机媒介传播》	3	1. 88

续表

	论文发表期刊	论文发表量	占内地作者160篇论文的比例(%)
19	《公众理解科学》	3	1.88
20	《非洲新闻学研究》	2	1.25
21	《广播与电子媒介学刊》	2	1.25
22	《新闻学与大众传播季刊》	2	1.25
23	《视觉传播》	2	1.25
24	《传播论丛》	1	0.63
25	《人类传播研究》	1	0.63
26	《国际公共关系研究学刊》	1	0.63
27	《商务与技术传播学刊》	1	0.63
28	《大众媒介伦理学期刊》	1	0.63
29	《媒体经济学学刊》	1	0.63
30	《澳大利亚国际媒体研究》	1	0.63
31	《人际关系》	1	0.63

数据截至2013年12月31日，来源：Web of Science。

尽管新世纪以来，中国内地学者的国际学术论文发表数量增长明显，但总体规模仍然有限。即便以《中华传播学刊》为例，中国内地学者的37篇论文发表量，仅占该刊同期所发表的217篇论文的17%。

（二）中国内地学者国际新闻传播学论文的影响分析

那么，中国内地作者国际新闻传播学论文的影响力如何呢？截至2014年1月3日，中国内地作者发表的160篇国际新闻传播学论文的总引量为345次，篇均引用数为2.16次。考虑到由于中国内地作者发表国际新闻传播学论文始于1987年，故我们也以这一年为起点考察国际学者论文发表的影响。从1987年到2013年，发表过中国内地学者论文的上述31份期刊共发表了26 069篇论文，篇均引用数为7.1次，远高于中国内地作者发表的国际论文的2.16次的篇均引用数。

另一个计量指标H指数是考察高引用论文的分布情况，它指的是所考察的作者或领域共发表了H篇其引用至少达到H次的论文。中国学者发表的160篇论文的H指数为9，这也就意味着在这160篇论文中，被引用了9次以上的论文共有9篇。

由于Web of Science对于检索结果超过1万条不再计算H指数，所以我们没有办法获得上述31份期刊总的H指数，但我们随机抽取一些期刊所发的全部论文，发现其H指数至少在70以上。9和70的H指数差距明显，可见，中国内地传播学者发表论文的国际影响力还比较有限。

如果说，由于语言问题和对国际语境的不熟悉，将中国内地作者与国际平均水平相比并不合理，那么中国内地作者与香港作者、台湾作者以及澳门作者相比情况如何呢？我们仍然选择排除了语言文化类期刊后的46份SSCI新闻传播学期刊为样本作分析。

表3 中国内地、香港、澳门与台湾地区作者发表国际新闻传播学论文情况对比

发文地区	发表论文数量（截至2013年底）	总引用数（截至2014年1月4日）	篇均引用数（截至2014年1月3日）
中国内地	160	345	2.16
香港（含与内地重合部分，下同）	297	1189	4
台湾地区	177	1011	5.71
澳门	7	7	1

资料来源：Web of Science。

通过表3，我们可以看到，香港作者在国际新闻传播学期刊上的发文量遥遥领先，多达297篇，中国内地的发表量（160篇）与台湾地区作者基本相当（177篇），但2.16次的篇均引用数明显低于台湾学者的5.71次。应该说，相比于国际新闻传播学术视野更加开放的台湾地区，中国内地学者已经在短期内取得了可喜的进步，但仍有很大的提升空间。

（三）中国内地机构国际新闻传播学发文情况

我们的第三个研究问题主要关注中国内地教育和学术机构在国际新闻传播学期刊上发文的情况，同时，我们也根据可以获得的资料对比中国内地学者及机构的国际发文情况与国内发文及学科排名情况。

表4 中国内地发表国际新闻传播学论文前10位机构

发文量排序	机构	截至2013年底累计发文量	篇均引用数（截至2014年1月3日）
1	复旦大学	21	2.1
2	清华大学	15	1.87
3	中国人民大学	14	0.29
4	北京大学	11	0.91
5	浙江大学	10	3.3
6	中国传媒大学（含其前身北京广播学院）	10	1.8
7	上海交通大学	7	0.71
8	中山大学	6	0.5
9	华中科技大学	4	0
10	南京大学	4	3

资料来源：Web of Science。

从表 4 可以看到，国际新闻传播学论文发表排名前 10 位的大学中，有 9 所大学的新闻传播学院都在教育部学位中心公布的 2012 年新闻传播学学科评估中位居前列，这一排名也与段京肃利用 2005—2006 年间 CSSCI 数据库排列的新闻学与传播学发文最多机构比较吻合（参见表 5）。仅排名第八的中山大学，因尚未参加过教育部学科评估，暂无学科排名。表 4 也给出了中国内地发表国际新闻传播学论文前 10 位的机构发文的篇均引用数，浙江大学、南京大学、复旦大学学者发表的国际期刊论文引用数相对较高。但需要指出，由于发文总数较低，篇均引用数并不能作为一个有效的评估指标。

表 5　2005—2006 年发表国内新闻学与传播学中文论文前 10 位的机构

排序	机构	2005—2006 年累计发文量
1	中国传媒大学	259
2	中国人民大学	252
3	复旦大学	239
4	武汉大学	196
5	北京大学	181
6	南京大学	149
7	北京师范大学	148
8	四川大学	147
9	清华大学	146
10	暨南大学	127

资料来源：根据段京肃论文数据整理。

那么，哪些中国内地作者的国际新闻传播学论文产出较高呢？表 6 给出了发表 3 篇以上国际论文的中国作者及其国内供职机构和论文数量。部分作者实际上在海外学术机构执教，但在内地高校担任兼职教授，下表只列出了其国内供职机构。为了主要考察新闻传播学科，本文特别标出了不在新闻或传播院系供职的作者的单位。

表 6　中国内地发表 3 篇以上国际新闻传播学论文的作者

中文姓名	国内供职机构	论文数量（截至 2013 年底）
孙少晶	复旦大学	4
张国良	上海交通大学	4
赵月枝	中国传媒大学（兼职，长江讲座教授）	4
周葆华	复旦大学	4
陈韬文	复旦大学（兼职，长江讲座教授）	3
陈先红	华中科技大学	3
胡正荣	中国传媒大学	3
李红涛	浙江大学	3

续表

中文姓名	国内供职机构	论文数量(截至2013年底)
刘　茜	清华大学(经管学院)	3
宋韵雅	香港城市大学、南京大学、复旦大学	3
王秀丽	北京大学	3
韦　路	浙江大学	3
张　迪	中国人民大学	3

资料来源：Web of Science。

对比表4，我们发现发表国际新闻传播学论文排在前列的机构，大部分都与一些高产作者（3篇以上）相关，这一点，在复旦大学与中国传媒大学尤其明显。根据表6作者的简历，我们发现赵月枝、陈韬文为聘自海外的非全职长江讲座教授，胡正荣、张国良及陈先红为国内资深传播学者。除此之外，其他高产作者均为青年学者，大部分在境外高校取得博士学位或有境外高校访学经历。这在一定程度上说明了各高校近年来在引进海外人才方面取得的成果，也说明青年海归学者正成为国际期刊论文发表的主力军。

另一方面，如果对比段京肃利用2005—2006年间CSSCI数据库排列的新闻学与传播学被引用较多的学者，以及徐剑确定的中国新闻传播学的高被引论文（1978—2007年），我们发现：国内新闻传播学核心刊物的高被引论文的作者，包括许多耳熟能详的国内新闻传播学者中，除张国良外，其他大部分人都没有成为国际论文的高产作者。

（四）中国国际新闻传播学论文的国内外合作

我们的第四个研究问题是中国内地学者在国际新闻传播学期刊上发文的国内外合作情况。由于在我们目前确定的160篇论文这一基础数据中，每篇论文至少有一名中国内地机构的作者，因而可以认为，这些论文的中国内地以外作者所在机构，绝大多数都为论文合作生产机构，少部分则为兼职双聘学者的境外供职机构。由于后者数量很少，故不专门考虑。

表7　其他国家或地区作者与中国内地合作国际新闻传播学论文情况

合作国家或地区	合作论文数量	合作国家或地区	合作论文数量
美国	50	韩国	2
中国香港	36	印度	1
加拿大	7	日本	1
新加坡	5	荷兰	1
英格兰	3	南非	1
中国台湾	3	土耳其	1
澳大利亚	2		
中国内地作者与内地以外作者合作论文总数(由于部分论文为三国以上作者合作,故上述数据有重合)		92	

资料来源：Web of Science。

根据表7，我们可以看到，中国内地作者发表的160篇国际新闻传播学论文中，有一半以上有国际作者的参与。其中，与美国学者合作最多，这既是由于美国在整个新闻传播学研究的世界领先地位造成的，也由于大量中国赴美留学生毕业后留美从事新闻传播研究工作，并与国内作者合作进行论文生产。由于欧美及香港作者较为熟悉国际新闻传播学期刊的规则和学术话语，所以与他们进行论文合作也有利于论文在国际期刊上的发表。但值得一提的是，与台湾地区作者合作论文数量只有3篇，说明内地和台湾新闻传播学术研究的合作并不踊跃。

国际合作论文是否比中国内地作者单独发表的国际论文有更高的影响力呢？在表8中，我们可以看到，92篇国际合著论文篇均引用数为2.96，显著高于完全由中国内地作者独立发表的68篇论文篇均1.07的引用数。这说明，国际学术合作确实有助于提高中国新闻传播学国际论文的影响力。

表8　其他国家或地区与中国内地合作国际新闻传播学论文情况

论文合作情况	篇数	篇均引用数
中国内地作者参与发表的全部国际论文	160	2.16
完全由中国内地作者独立发表的国际论文	68	1.07
中国内地作者与内地以外作者合作的国际论文	92	2.96
仅由中国内地作者与香港作者两方合作的国际论文	22	1.41
中国内地作者与外国及香港以外地区作者合作国际论文	56	3.48
中国内地作者、香港作者及第三方国家或地区合作的国际论文	14	3.29

资料来源：据Web of Science推算。

关于以中国内地机构为单位的国际论文方面的合作情况，我们还是以中国内地发表国际新闻传播学论文前10位的机构进行说明。表9分别考察了这些机构国际论文的国内外合作情况。

表9　中国内地发表国际新闻传播学论文前10位的机构论文合作情况

发文量排序	内地发表国际论文的十大机构	至2013年底累计发文量	与海外（含香港）机构合作篇数	与海外合作篇数占国际论文的比例（%）	本机构作者任该论文第一作者篇数	本机构作者为第一作者所占比例（%）	与其他内地机构合作篇数
1	复旦大学	21	16	76	4	25	1
2	清华大学	15	6	40	1	17	0
3	中国人民大学	14	6	43	4	67	1
4	北京大学	11	7	64	2	29	2
5	浙江大学	10	4	40	2	50	0
6	中国传媒大学	10	5	50	5	100	0
7	上海交通大学	7	4	57	2	50	1
8	中山大学	6	2	33	0	—	2
9	华中科技大学	4	3	75	1	33	1
10	南京大学	4	3	75	2	67	0

资料来源：根据Web of Science整理。

首先，国际论文发表排在前10位的内地高校所发的大多数是与海外学者合作生产的论文。一个机构与内地以外机构合作的国际发文量与该机构的总国际发文量呈高度正相关（Pearson 相关系数 =0.883，$p<0.001$）。

其次，我们也考察了在这些海外合作论文中内地作者是否占据第一作者的情况。因为第一作者体现了对论文最大的贡献，如果该机构第一作者多，说明该机构在国际合作中发挥了更加具有主导性的作用。根据表9，我们可以看到，总体而言，国内机构在第一作者单位中所占比例较少，与这些机构的国际发文量没有统计相关性（$p>0.1$）。

这说明在国际合作中，国内作者仍然不占优势。当然这不排除可能是由于海外合作者更加熟悉国际发表的规则或英文写作的能力更强，尽管内地作者可能在数据收集、观点提出方面有主导性贡献，但在论文署名上仍然居于次席。需要指出的是，中国传媒大学虽然有5篇国际合作论文均署名第一作者，但这5篇论文的唯一作者均为该校长江讲座教授，所以中国传媒大学的案例并不能说明有内地机构已经在海外合作论文生产中占据了主导地位。

此外，在大幅度加强与海外机构合作的同时，我们也注意到内地机构之间的学术合作反而非常少。仅有的内地机构之间合作的8篇国际论文中，有5篇同时有海外合作机构的学者参与。固然与海外机构合作是为了更多的国际发表，但如果内地机构之间不能有效合作，则内地新闻传播学界自身的独立学术能力提升也会受到影响。

四、讨论与结论

本文发现，中国内地学者在国际新闻传播学期刊上的论文发表量呈现快速增长的趋势，这主要得益于受过海外训练或有国际交流经历的新一代新闻传播学者的贡献，以及内地学者与海外学者的有效合作。

尽管中国内地新闻传播学者的国际发表取得了很大的进步，但必须看到，我们在论文发表量和研究影响力方面整体上与国际平均水平仍有很大差距。

我们研究国际学术期刊论文发表的格局，探讨如何提升内地学者的国际学术影响力，需要注意两个问题：一则，由于文化差异、意识形态、语言障碍等因素，国际学术期刊对中国传播研究的重视程度可能不高，对内地学者文章的关注度可能不够，对这些结构性制约因素的突破并非易事。二则，SSCI期刊尽管总体上都非常强调学术规范，但内部依然存在质量和水平差异。当越来越多的内地学者注重国际发表的同时，需要警惕对数量的过度崇拜，应更加强调对质量的专业追求，努力争取在高引用率的期刊上发表论文，或努力在理论创新方面有所贡献。

作者：张志安（中山大学传播与设计学院教授）
贾鹤鹏（美国康奈尔大学博士研究生）
摘自：《新闻与传播研究》2015年第5期

第六篇 论著撷英

出版综述

中国新闻传播学论著出版2014年综述

书评选粹

从去政治化到再政治化
——读赵月枝《传播与社会：政治经济与文化分析》

如何理解“媒介事件”和“传播的仪式观”
——兼评《媒介事件》和《作为文化的传播》

继承与创新：研读斯图亚特·霍尔代表作《编码/解码》

宣传研究的概念考察
——兼评刘海龙的《宣传：观念、话语及其正当化》及宣传研究

序跋选粹

入乎其内，出乎其外：关于都市“流动家园”现象学式的传播考察
——丁未《流动的家园：“攸县的哥村”社区传播与身份共同体研究》序

“中国读者对我至关重要”
——《媒介、社会与世界：社会理论与数字媒介实践》中文版序

编辞典如登山
——《新闻传播学大辞典》后记

让思想与现实问题共舞
——“珞珈问道文丛”总序

品鉴别裁，掇菁撷华
——《新闻学传播学文摘》编纂说明

书目辑览

2014年中国新闻传播学书目

2014年第11期

[illegible]数据方法[illegible]创新（喻国明） [illegible]论坛 2014－04

[illegible]谱与媒介的知识再生产（[illegible]） [illegible]与传播研究 2014－07

[illegible]

2014年第12期

公共人物理论、自媒体与网络言论规制（郭春镇） 法学研究 2014－04

中国学术期刊空间格局及其生态环境（乔家君、刘永光） 河南大学学报 2014－05

[illegible]

中国新闻传播学论著出版2014年综述

一、新闻学论著综述

据不完全统计，2014年，我国共出版新闻学各类著作438种。其中，新闻学理论著作90种，新闻史学著作49种，新闻学论文集、文论集、研究报告等其他著作47种；新闻实务类著作最多，有252种。其中，关注新闻内容生产的著作173种，新闻外语类著作36种，新闻舆论学方面的著作22种，新闻媒体运营16种，新闻教育方面的著作5种。这充分体现了新闻学作为实践指向性学科的特质。

（一）新闻学理论出版情况

在90种新闻学理论著作中，新闻学原理方面的著作有15种，新闻伦理道德方面的著作有13种，新闻事业与新闻媒体方面的研究著作有15种，新闻舆论与民意表达的研究有14种，其他有33种。在这些著作中，《信息渴望自由》（胡泳著，复旦大学出版社）值得关注。该书从新媒体技术入手，探讨了新媒体对普通公众、网络舆论、知识生产、世界秩序、公共外交领域的影响。在这部著作中，作者始终关注的问题是，在自由开放中如何建构清晰的秩序，在秩序的建构中如何维护自由和开放。他认为，解放信息这个人类古老的梦想在新媒体时代有了更多的机遇，也遇到了新的挑战。《新闻观念论》（杨保军著，复旦大学出版社），是作者新闻基础理论系列的最新著作。作者认为，综观整个人类新闻观念史及其现实新闻观念生态结构，可以发现有三种“主义”层面的新闻观念，即商业新闻主义观念、宣传新闻主义观念和专业新闻主义观念。当下中国需要建构完善“发展新闻专业主义”观念。作者执着于新闻基础理论研究的勇气令人钦佩，但也有诸多问题值得追问，如在后新闻传播业时代，新闻专业主义将呈现为何种知识形态？《新闻传播的大数据时代》（喻国明等著，中国人民大学出版社）梳理了大数据的基本原理、操作逻辑及其在新闻传播领域的运用，提出“数据闭环”理论，被誉为该领域的前沿性著作。《新闻传播学的学术想象与教育反思》（单波著，社会科学文献出版社）是单波30余年的思考总结，作者对如何建构新闻传播学科，如何推动新闻传播教育做了深入的讨论。

（二）新闻史著作出版情况

近50种新闻史学著作中，新闻史教材5种，地方新闻史研究著作5种，重印的解放前的新闻史著作5种，翻译引进的新闻史著作6种，断代史9种，专题研究和案例分析著作13种。这充分体现了当前新闻史出版的状况，一方面，在中国新闻传播通史体例比较成熟的情况下，新闻史研究向专业化发展；另一方面，由于社会积累的理论问题、业务问题较多，而新闻史解释力不足，新闻史学研究处于相对不景气状态。虽然如此，这些著作还是值得关注。如《赵玉明文集》（三卷本）（赵玉明著，中国广播影视出版社）收录了新闻史研究专家赵玉明从教治学以来的教学科研成果（专著、辞书除外）、个人经历和认识以及对人世沧桑的回顾与思考，不仅提供了作者教学科研的资料，还展现了其心路历程，无论是对于新闻史学研究本身，还是对后进学者的从教治学，都颇具参考价值。在翻译引进的著作中，《新闻的历史》（米切尔·斯蒂芬斯著，陈继静译，北京大学出版社）采用了独特的人类学视角，将新闻的历史向上追溯至史前时期，向下贯通至当今的信息爆炸时代，并对许多新闻现象给予了人类学的新解答，值得借鉴。此外，《传教士新闻工作者在中国：林乐知和他的杂志（1860—1883）》（贝奈特著，金莹译，广西师范大学出版社）以异国视野和异乡笔调展示了林乐知在华的新闻活动，提供了大量原始资料；而《1903 年：上海苏报案与清末司法转型》（蔡斐著，法律出版社）一书展示了“苏报案”中传统司法与现代司法之间的种种矛盾，论证了清末司法转型的必然性，令人耳目一新。

（三）新闻实务出版情况

新闻学是实践型学科，新闻实务是新闻学出版中的支柱，2014 年也是如此，新闻实务类著作占所有著作的半数以上。在这些著作中，关注最多的依然是新闻内容生产，而其中又以教材为盛，占 113 种。值得关注的有杰里·施瓦茨所著的《美联社新闻报道手册》（曹俊、王蕊编，中央编译出版社），该书运用 20 个经典案例，详细论述了美联社新闻操作的严格规范，在新闻记者严重缺乏专业技能的今天，非常具有指导意义；《中国媒体灾难报道手册》（新浪传媒编著，人民日报出版社）是国内首本介绍灾难报道原则、方法、注意事项、禁忌的实用性传媒专业书籍，书中配有大量灾难报道现场采集的珍贵照片，图文并茂，生动地介绍了灾难报道的相关内容，非常值得记者们拥有。此外，《美国社区报实操指南：无以复加的当地化》（赵克、陈凯著，南方日报出版社）、《信息节食》（卡莱·约翰逊著，刘静译，人民邮电出版社）等等，均有阅读之价值。

二、传播学论著综述

2014 年，传播学论著关涉的焦点问题仍是新媒体传播，并提出了一些新思想、新观点。传播理论方面，对于新媒体传播机制及其社会影响的研究进一步深入，有“沉浸传播”等新概念提出，并关注新媒介传播中社会结构与关系的重构。网络舆情仍然是研究关注的重要方面，该年度多部论著关注如何进行网络舆论引导。在危机事件频发的背景下，风险社会与危机传播仍是研究热点，有研究报告类著作聚焦最新的问题，也有论著提出具体的方法与策略。网络文化同样是该年度学术论著关注的热点。此外，一些海外学术成果也被译介出版，为我国传播学研究提供了参照与补充。

（一）网络舆情与网络文化研究

网络舆情在这一年继续受到关注。《网络视频新闻中的话语政治：基于文化研究的视角》（张爱凤著，中国广播电视出版社）一书认为，网络视频新闻解构了原有精英主义立场下“新闻”的概念和理论框架，表现为文化权力关系和话语格局的变化，以国家电视台为核心的一元化的电视新闻话语也遭遇网络视频新闻中多元话语的挑战。《移动新媒体时代的舆论引导研究》（雷霞著，中国广播电视出版社）提出用开放和包容的软性方式来引导舆论，并提出促进大众科技素养和媒体素养的提升、利用组织文化的正能量来影响舆论；而《网络表达：众意与民意》（胡蕊著，北京理工大学出版社）从内容、传者、受者、效果等多角度多环节，剖析近几年来网络意见表达的主体与主题嬗变，力图对网络舆论中的“百姓讲坛”与资本权力冲突进行全景式的呈现与剖析。《谁能引领现代舆论场》（李从军著，人民出版社）

则关注在自媒体时代，究竟何种因素引发了媒体生态环境的剧变，探讨媒体该如何调整发展战略，找到新的生存空间，引领当代舆论场。上海交通大学新媒体与社会研究中心的《新媒体与社会》（谢耘耕、陈虹，社会科学文献出版社）系列出版了第八辑，主推《2013 年微博年度报告》，从微博与公共舆论、微博与网络问政、微博与网络谣言、微博与意见领袖等方面展开，揭示了微博在中国社会的影响力。

这一年，《网络传播消费主义现象批判》（高永亮著，中国传媒大学出版社）一书从文化与意识形态视角对网络传播消费主义现象进行审视，肯定其解构宏大叙事、消解主流意识形态话语和知识精英话语权力等方面，同时对其违背社会责任、消解人文精神、产生精神文化危机等负面影响进行批判，以倡导和促进积极健康的网络媒介文化。

（二）风险社会与危机传播

《风险社会与网络传播：技术·利益·伦理》（张燕著，社会科学文献出版社）关注到风险解构过程中对技术本身的依赖将会带来下一轮风险隐患。《阐释·流动·想象：风险社会下的信息流动与传播管理》（周敏著，北京大学出版社）探索在“双向去中心化交流模式”的媒介技术环境中如何更好地克服风险传播的障碍。《危机传播与新闻发布：理论·机制·实务》（史安斌著，清华大学出版社）则结合我国具体实际探讨了危机传播中预案的制度、政府与媒体的关系、新闻发布的主要模式等理论与策略性问题。《中国危机管理报告》（胡百精著，中国人民大学出版社）围绕“现代性危机”这一主题，分析了诸如《舌尖上的中国》《中国好声音》等媒介现象、消费文化以及背后存在的现代性危机。

（三）特色研究与译著

国内第一本系统论述乡村传播学理论的著作《乡村传播学》（李红艳著，北京大学出版社）分别从传者、信息内容、传播模式、受众理论、传播制度、效果研究等角度进行了论述，并对乡村传播学在中国的发展趋势做了概括。作为一项基础性的学术史研究成果，《传播研究的心理学传统》（汪淼著，广西师范大学出版社）旨在揭示传播学学术传统的心理学源流，并对传播学和心理学未来的交叉研究进行了适度的前瞻性探索。

译著《媒介·社会与世界——社会理论与数字媒介实践》（［英］尼克·库尔德利著，何道宽译，复旦大学出版社）思考媒介与权力关系和社会秩序的关系，试图回答媒介如何推进了社会和世界这一问题。《互联网的误读》（［英］詹姆斯·柯兰、娜塔莉·芬顿、德斯·弗里德曼著，何道宽译，中国人民大学出版社）基于史学、社会学、政治学和经济学的视角而非技术中心主义视角，在社会经济政治语境中，讨论互联网对社会的影响。《媒介建构：流行文化中的大众媒介》（［美］劳伦斯·格罗斯伯格著，祁林译，南京大学出版社）的作者试图说明，媒介以及由此导致的“中介过程”弥散在所有的现代社会中，它们以某种方式架构了现代社会生活和组织机构。《媒介即生活》（［美］查尔斯·斯特林著，王家全、崔元磊、张祎译，中国人民大学出版社）带领读者穿越大众传媒的历史，借此阐释这样一个事实：大众传媒的历史由一系列技术带动的革命构成，而且每次传媒革命都带来了社会、文化、政治的巨大变革。

三、编辑出版学论著综述

据不完全统计，2014 年我国出版的编辑出版学专著共 136 本。根据对著作内容的归纳整理，编辑出版学专著大致可以分为六类，其中，编辑出版学理论专著 59 本，数字出版相关专著 20 本，图书评论方面专著 5 本，图书营销专著 8 本，编辑出版史专著34本，版权管理专著9本。

（一）编辑出版学理论

2014年，编辑出版学理论研究相关专著共59本。其中最具代表性的有河南大学学报为庆祝学报80周年刊庆而推出的编辑学研究丛书，包括：《出版学》《编辑实务》《编辑主体研究》《高校学报与学术期刊研究》《编辑学理论研究》《编辑出版教育研究》《笔墨春秋：我与〈河南大学学报〉》以及《编辑出版史研究》（河南大学出版社）。这些书在颇具史料价值的同时，也为编辑出版教育教学以及复合型编辑人才的培养提供了新的发展思路。除此之外，还有人民出版社出版的聂震宁的《洞察出版——出版理论与实务论稿》，这本书收录了近些年聂震宁先生对图书编辑策划、经营管理、体制改革、集团化建设、数字出版、版权经营、国际合作、人才培养、读者服务、理论研究乃至行政管理等出版领域的深入思考和丰富实践经验总结而成的多篇论稿。全书共收入论稿52篇，分为六个部分。这些论稿具有鲜明的创新性、实践性、理论性，非同一般的洞察力和思辨力以及流畅优雅的语言风格，在我国出版业乃至文化界产生过程度不同的影响；《出版学导论》（罗紫初著，武汉大学出版社）紧密结合我国当前出版业改革和发展的实践，着重探讨了编辑出版学的学科理论、出版活动的功能及基本规律、我国出版事业的组织与建设、出版策划及其运作、出版资源及生产、出版物市场与流通、出版活动的经济效益与社会效益的分析评估等方面的内容，具有较强的理论性，对出版业实践具有一定的指导意义。以报告形式成书的有《2013—2014中国出版业发展报告》（范军主编，中国书籍出版社），这是一本全面深入研究我国出版产业发展的专题报告，全书分为五个部分，报告对当前出版产业的发展状况进行了系统梳理和较为深入的分析，并对未来出版产业发展趋势作出预测，同时也提出了促进出版产业发展的对策建议。此外还有《中国书业年度报告（2013—2014）》（孙月沐主编，商务印书馆），该报告自2009年编辑出版以来，以其权威视角、专业品质、产业深度、案例实务、市场营销、贴近一线的特色，成为独具一格的年度性报告体出版品，深受业内外欢迎，成为各地图书馆采配同类出版物的首选。该年度报告继承了连续6辑报告的原有品牌栏目，同时，做了新的调整，主要是不再收录“华文与世界出版”板块（将另行编辑出版），同时加大了新兴媒体的板块内容，兼顾了文化创意产业、印业的内容，既具有历史存照性，又具有案例参考性，值得阅读产业、传媒产业和创意产业界等人士典藏。

（二）数字出版

2014年，有关数字出版的专著共20本。其中较令人关注的有《数字化时代的出版学》（陈洁著，北京大学出版社），作者将数字出版实务编入教材，使学生通过这些理论的学习和实践教育，启发和引导学生明确出版人的社会责任，拥有宏观的国际化视野，对当前出版技术的变革有所了解。该书还在出版学理论中增编案例，做到既有理论又有实践，通俗易懂、生动活泼，便于教师的教学和学生的学习，有助于促进教学质量的提高；此外还有《2013—2014中国数字出版产业年度报告》（张立主编，中国书籍出版社），该书是中国新闻出版研究院数字出版研究所的年度研究报告，书中对2013—2014年度中国数字出版产业从宏观与微观两方面进行了深入的分析。该报告分总报告与分报告两部分，总报告运用宏观的视角，深刻分析了年度数字出版产业的趋势、特点及存在的问题；分报告则以电子图书、数字报纸、互联网期刊、网络游戏等具体产业为目标，深入分析了数字出版产业的年度进展与变化。

（三）图书评论

据粗略统计，图书评论方面的著作共5本，其中《边走边读》（闵惠泉著，中国传媒大学出版社）为作者几十年来读书、教书、做书、写书的结晶体会，收录了作者二十年来已发表或未发表的书评、读书笔记三十余篇，主要涉及文史和新闻传播两个领域。所评之书，既有经典著作，例如《列宁全集》（人民出版社）第43、52卷，也有热门读物，例如《中国民族性》（中国人民大学出版社）、《第二曲线》（团结出版社）等，由此可见作者涉猎之广、思考之勤。

（四）图书营销

图书营销方面共8本著作，其中有代表性的包括《完整的现代图书出版》（陆盛强编著，复旦大学出版社），该书介绍了完整的图书营销理论和现代图书营销特点，提供了目标市场的选择技巧，重点介绍了图书战略，提出了构建价格体系的设想和图书支持服务概念；《出版经济学的核心：基于市场机制的出版物价格问题研究》（吴赟著，同济大学出版社）一书依据“理论分析—历史分析—比较分析—对策分析”的思路展开。主要研究内容包括：出版经济研究的逻辑起点——出版产品的经济学特征，基于均衡价格理论的出版产品市场供求机制研究，出版业价格活动的场域——出版业的市场垄断与竞争分析，中国出版业价格问题的历史研究，两种出版价格体系比较研究，当代中国出版物价体系与定价机制改革研究。

（五）编辑出版史

2014年，研究编辑出版史的相关著作共34本。其中最具代表性的有《谷腾堡在上海：中国印刷资本业的发展（1876—1937）》（［美］芮哲非著、张志强编译，商务印书馆），该书对1876年至1937年间西方印刷技术取代中国雕版印刷术的过程进行了细致分析，揭示了中国传统的印刷文化和印刷商业向印刷资本主义发展的过程。书中通过详细的文史资料介绍，将印刷文化与图书史、社会史、技术史与商业史结合在一起，从技术的发展、企业和企业家的成长经历以及出版业的变迁角度，揭示了晚清和民国时期中国现代出版业的发展历程。此外还有浙江大学出版社所出的《近代浙江出版家群体研究》（夏慧夷著）、中山大学出版社为庆祝建社30周年出版的《那些年那些人》等。

（六）版权管理

2014年，有关版权管理的书籍共9本。《中国版权年鉴2014》（国家版权局组织编纂、中国人民大学出版社和中国人民大学国家版权贸易基地编辑出版）极具参考价值。该书全面记录了2013年中国版权事业的发展状况，系统反映了我国版权管理保护工作的概貌，翔实收载了国际版权交流与合作的主要成果，为版权保护的相关机构与行业、版权社会服务组织和国内外广大读者提供了一部有关版权工作基本资料的大型专业性工具书。此外还有《版权默示许可制度研究》（郭威著，中国法制出版社）等。

四、广告学论著综述

2014年，广告学论著成果主要集中在四个方面：一是对广告语言及广告文化的研究；二是广告史的研究；三是广告业务的研究；四是广告管理与规制的研究。

（一）广告语言及广告文化的研究

该类著作成果主要以语言学理论为基础，研究不同类别广告的语言、语法及语义。如《汉英广告语言对比研究》（李娜著，中央编译出版社）从发展简史、词汇、句式、修辞等角度对汉英广告语言进行考察和对比分析。《英语广告的人际意义研究》（余樟亚著，国防工业出版社）从语法及语言特征层面探讨存在于英语商业广告中的人际意义。《中国平面广告的批评隐喻研究》（江春著，对外经济贸易大学出版社）以平面广告为对象，研究其中隐喻的判定及运作机制。与以上研究不同的是，《广告语言谱系研究》（屈哨兵等著，暨南大学出版社）认为广告语言谱系建设是广告语言作为一种语言资源应该提供的服务，他的研究基于词性谱系特征，结合商品品类构建广告语言谱系，将广告语言的研究带入一个新天地。在广告文化的研究方面，《现代广告与城市文化》（查灿长著，上海三联书店）研究了广告与城市文化之间的联系、互动及影响，概括并揭示现代广告与城市文化之间相互影响的动因及其规律，这对于如何利用广告建设城市文化和广告传播的创新有重要意义。

（二）广告史的研究

广告史的研究成果大概可以分为三种类型，第一类是研究某一时期的广告特征和发展变化。如《晚清小说广告研究》（刘颖慧著，人民出版社）研究了晚清小说广告的状态及其对小说创作、传播的影响。《〈大公报〉（1902—1916）与中国广告近代化》（汪前军著，中国社会科学出版社）对《大公报》的广告史进行梳理并分析了《大公报》与中国广告思想、营销及产业近代化之间的关系。《民国广告与民国名人》（由国庆著，山东画报出版社）以人物带动故事，为我们生动呈现了民国时期广告的内容、形式与特色。《中国网络广告十七年（1997—2014）》（黄河、江凡、王芳菲著，中国传媒大学出版社）梳理了1997年至2014年间网络广告的形态、产业环境与产业发展等方面的变迁，把网络广告发展的宏观层面与微观层面较好地结合了起来。《中国广告学术史（1815—1949）》（武齐著，知识产权出版社）从广告学术史的角度，研究1815年至1949年近代中国广告学理论的发展演进，并将其划分为酝酿期、建立期和初步发展期，该研究对广告学理论在近代中国的演进做了比较全面的历时性的论述。

第二类是研究整个社会发展和广告发展之间关系。《广告折射中国社会价值观念的变迁：以1978—2011年四大报纸广告内容分析为例》（林升梁著，厦门大学出版社）一书比较分析了改革开放以来《人民日报》《北京日报》《新民晚报》和《广州日报》广告表层内容和深层内容的变迁规律。《广告话语与中国社会的变迁》（冯捷蕴著，对外经济贸易大学出版社）则分析了1980—2002年间，中国社会宏观意识形态和制度意识形态的变化与广告话语变化之间的相互影响。《媒介融合时代的广告传播》（戎彦著，中国社会科学出版社）分析了媒介融合对广告理念与广告传播方式的影响，对大数据时代的营销传播做了专门的分析。《社会发展与广告传播：以媒介演变为视角》（钟静著，光明日报出版社）则从媒介演变的视角研究了不同时期的广告传播现象。《竞合·联动·融合：泛传播时代的合作广告研究》（刘小三著，人民日报出版社）认为目前处在一个泛传播时代，合作广告必将兴起。作者结合现代市场的“竞合”营销理念，对合作广告开展研究。这些研究的共同点在于，均聚焦于广告变化的动因解释。

第三类研究通过梳理历史，发现规律，研究广告的演变。如《世界广告史》（刘悦坦著，华中科技大学出版社）按时期与理论派别梳理世界广告史。《广告的嬗变与升级：营销传播新探》（陈韵博著，暨南大学出版社）从营销学的角度分析广告的嬗变与升级。

（三）广告业务的研究

广告业务方面的研究分为两块：一是对广告创作与广告策略的解构，对广告创作与策略的研究中；一类是偏向理论的研究，《影视广告创作研究》（黎英著，江苏凤凰美术出版社）及《影视广告里被忽略的风景：基于影视艺术视角的多维研究》

（吴晓东著，现代出版社）则分别研究了影视广告的创作和不同媒介、场景、情节下广告的表现手法与呈现意义，这些研究为广告创作人员提供了很重要的理论支持。另一类则偏向实务，《影视广告创意与策划》（徐张杰著，武汉大学出版社）和《洗化用品广告创意设计》（李鹏著，东南大学出版社）分别从广告载体和广告内容出发，研究了影视广告和洗化用品的创意与策划。《与受众互动：广告策划从思维到行动》（李颖杰著，吉林人民出版社）、《广告，其实是一种诉说：广告与营销策略研究》（郑锋著，企业管理出版社）、《广告如何显锋芒：互联网营销核精神》（大洋著，中国商业出版社）等通过归纳总结广告实战案例，提出了广告策划中的关键核心。

二是对广告效果和广告认知进行调查，《大视频时代广告策略与效果测量研究》（黄升民，中国传媒大学出版社）调查测量了视频广告跨屏与多屏的整合效果，提出视频广告协同应对策略。《中国城市居民广告观研究》（黄升民、陈素白、康瑾著，中国传媒大学出版社）对城市居民的广告行为与观念进行调查研究。《基于社交网植入式广告游戏对用户关于品牌认知的影响研究》（周洁如著，上海交通大学出版社）以社交网植入式广告游戏为研究对象，研究该广告形式对用户品牌认知的影响力。《幻影注意力：基于眼动实验的植入式广告效果研究》（赵曙光著，复旦大学出版社）采用眼动实验法对电影中的植入式广告进行研究，并建立一系列评价指标体系，对广告与行为实验和认知测量的交叉结合做了前沿性探索。

（四）广告管理与规制的研究

针对虚假广告屡见不鲜、屡禁不止的问题，《广告诚信体系建构与监管路径创新》（杨效宏、刘晓博著，四川人民出版社）提出了如何建构广告诚信体系及监管的创新路径。网络广告蓬勃发展的同时也出现了许多新问题，《网络广告行政监管研究》（邓小兵、冯渊源著，人民出版社）研究总结了网络广告行政监管的基本原则和基本制度。《植入式广告法律规制研究》（李新颖著，知识产权出版社）以法学和广告学基本理论为统领，借鉴国外政府和立法机构关于植入式广告的相关政策和法律，分析我国植入式广告发展和管理中存在的问题，并提出相应对策。

五、广播电影电视论著综述

2014 年中国广播影视领域出版的学术著作有 30 多种。广播影视历史的研究逐渐向地方史和特定领域影像发展史的方面细化发展，广播影视理论研究则在广播电视媒介和影视艺术两个维度拓展，对于广播电视媒介的传播学研究逐渐向广电新媒体研究方向变革求新，影视艺术方面的研究也更趋融合和多元。

（一）2014 年广播影视历史研究

2014 年中国广播电视历史研究的著作主要有特定领域影像发展史和广电新媒体发展史研究。

特定领域影像发展史方面，“西南政法大学新闻传播学系列丛书”中有一本《三峡工程纪实影像传播史》（郑微波著，法律出版社），该书结合大量以三峡工程为题材的纪实影像作品，论述影像在三峡工程历史叙述中的不可或缺性，认为过去我们的历史写作呈现文字与文献的垄断效应，影像的缺席成为传统历史叙述中致命的遗憾。

近年的电影史研究中，上海作为中国现代电影中心持续受到电影史研究者的关注。《民国上海影院概观》（黄德泉著，中国电影出版社）以个案为主要研究对象，以图文并茂的方式，叙述民国年间上海影院的放映、竞争、发展、经营、建筑等。《“十七年”上海电影文化研究》（张硕果著，社会科学文献出版社）一书，基于西方马克思主义、威廉斯的文化批评理论，提出“十七年”上海电影史的研究应该超越政治与艺术对立的方法，通过电影制片业改造、电影人改造、发行业改造及调整，构建电影社会主义文化的物质、制度、意识形态等，重构电影历史观、物质观和爱情观。

在中国电影艺术史方面，《影像中国与中国影像：百年中国电影艺术发展史》（胡星亮主编，北京大学出版社）一书，以史为纲，结合区域史、代际史和政治史三种写史方式来构建中国电影艺术的历史，细致梳理了从1905年到1979年、1979年到2005年间大陆电影艺术发展史，并全面展现出1905年到2005年间港台电影艺术。《中国电影业的演进路径与话语建构：1949—1992：基于政策分析的视角》（刘阳著，浙江大学出版社）一书全面总结了关于新中国电影业历史的政策、制度研究的成果，鞭辟入里地分析了电影政策研究的方法、理论以及法律、国际关系等相关因素等，论述了“十七年”、“文化大革命”和新时期（1976—1984、1984—1992）的电影政策、管理体制等。《后“解严”时代的台湾电影》（孙慰川著，商务印书馆）一书梳理了台湾电影的发展历史，并研究了台湾商业电影、纪录电影、两岸电影交流、电影理论与批评以及女性电影等，构成了相对立体的后“解严”时期的台湾电影史图景。《中国译制电影史》（谭慧著，中国电影出版社）以传统电影译制方式作为方法切入到历史之中，详细介绍了电影译制概念、形式、流程与团队、世界电影译制的一般情况和中国电影译制历史分期，比较完整地梳理了中国电影译制历史过程以及每一时期重要的电影译制现象。

2014年亦有不少著作从政治、经济、文化、符号学、美学、技术、个体存在、区域文化政治等角度切入到中国电影历史之中，不仅提供了颇为丰富的中国电影史景观，而且也使电影历史的呈现更为多元复杂。《主体的生成机制：“十七年电影”内外的身体话语》（史静著，北京大学出版社）从身体与主体的关系强调了国家、主体、身体之间的关系在“十七年”电影中的构建，强调电影通过各种记忆、仪式、科学、政治等方式叙述旧历史中的身体，建构健康的身体，构建国家认同。

（二）2014年广播影视理论研究

2014年中国广播电视理论研究著作主要研究方向为：广播电视媒介研究、影视艺术研究等。从学科分类来看，这一领域的研究属于交叉学科研究，横跨了新闻传播学、戏剧影视学两个学科门类。

2014年中国广播电视理论研究，主要集中在广播电视与新兴媒体融合发展研究方面。《互联网电视》（于勇著，高等教育出版社）从互联网思维特点、互联网电视模式、国际互联网电视比较、互联网电视创作与传播、互联网电视平台策略等方面系统论述了互联网电视特点及其发展方式。《变革与超越：数字时代的电视》（李宇著，中国广播电视出版社）从电视技术变革与发展、数字时代的节目播出、数字时代的收视调查、数字时代的电视观众、传统电视与网络电视及社交媒体、数字时代的电视对外传播等角度论述了数字时代电视的变化。《大视频时代：中国视频媒体生态考察报告（2014—2015）》（张海潮、郑维东等著，中国民主法制出版社）论述中国视频媒介生态发生的重大变化，内容涵盖视频媒体生态概览、电视媒体市场年度观察、网络视频市场年度观察、移动视频市场年度观察、户外视频市场年度观察、视频节目跨平台传播的价值评估、对目前视频产业发展的分析等，诠释大视频时代的趋势变化与前景。该书总结了我国视频媒体发展的经验和特点，梳理分析了全球视频媒体产业的现状和趋势，对探索未来中国视频媒体产业的发展提供借鉴。

《电视公共领域的结构转型》（胡明川著，西南交通大学出版社）一书从电视公共领域的交流话题、对话者、交流方式以及对话节目等方面比较系统地研究了我国电视公共领域的转变。

《中国广播电视“走出去”战略研究》（臧具林、卜伟才主编，中国国际广播出版社），概述了“外圆内方”方略的内涵和思路，分析了电视的国际传播格局和中国电视国际传播的历史阶段和现实能力，比较全面地研究了中国电视国际传播的新举措、新方案。《中国电视对外传播研究》（孙宝国著，中国广播电视出版社）梳理了中国电视对外传播的五个时期，即节目时期（1958—1978），栏目时期（1978—1991）、频道规划启动时期（1991—2000），频道快速发展时期（2000—2009）、频道全面提升时期（2009 年至今）。

广播电视媒介研究、影视艺术研究等方面的出版著作主要有《影视文化 2014》（丁亚平、聂伟主编，中国电影出版社）、《法律的电视虚构生产：中国当代法律题材电视剧研究》（陈笑春著，法律出版社）等。

女性研究方面，《中美女性电视节目比较研究》（刘利群、张敬婕著，中国传媒大学出版社）分析了媒介中的女性形象、媒介通俗化与女性政治、女性电视媒体以及性别与收视偏好之间的关系等，并研究了美国的女性电视节目在社会性别方面的重要议题：如性暴力、家庭暴力、种族与性别相结合的暴力等。《新中国革命题材电影中的女性寓言（1949—1978）》（张霁月著，中国社会科学出版社）从电影生产机制、传播体制与环境的变化等角度分析了 1949—1978 年间中国革命题材电影中女性在社会政治中的形象变化，从而基于女性形象视角反思了新中国的女性政治。

儿童与媒介方面，有论著探讨了“媒介童年”的生成及其特征，并以积极的视角将儿童电视视为维护和谐、健康媒介环境的媒介内容要素，较为系统地研究了其传播过程，提出了传播效果最优化目标下的各个传播过程要素良性互动的策略。

影视国际传播研究方面，《跨文化背景下中国电影的国家形象建构》（陈林侠著，人民出版社）论述了跨文化背景下中国电影的海外现状以及电影产业化与国家形象之间的冲突，探讨了跨文化语境中我国电影在价值观、传播策略等方面存在的问题。

《发展中国家广播电视概况暨管理体制研究》（张朴宽主编，中国广播电视出版社）从电视发展和国家文化需要等视角出发，系统比较了各国广播电视规制的政策、法律状况及其政治、社会和文化基础，极具实践价值。

《当代电影新势力——亚洲新电影大师研究》一书（周安华著，北京大学出版社）分析了亚洲电影艺术家们的价值理念、美学追求，并诠释了多元文化、多元电影的形态选择。《大电影的拓展：中国电影海外市场竞争策略分析》（丁亚平主编，文化艺术出版社）系统分析了中国电影市场竞争的现状、中国电影海外市场投融资与推广模式，试图从中国电影海外市场政策及国家战略发展等方面找寻中国文化产品国际化传播的问题和对策。《华莱坞电影理论：多学科的立体研究视维》（邵培仁等著，浙江大学出版社）一书基于华莱坞电影理论，分析了华莱坞电影产生的历史语境和国际传播路径。

2014 年，电影研究成果最丰硕的领域为电影的文化和艺术研究。华语电影研究方面，《华语电影的美学传承与跨界流动》（陈犀禾主编，广西师范大学出版社）梳理了华语电影在国际传播和全球竞争中的变革、冲突与探索，分析了华语电影类型和海峡两岸及港澳地区的电影美学与符号等，强调了华语电影文化的流动性、播散性、跨界性等方面的特点。《华语电影的全球传播与形象建构》（聂伟主编，广西师范大学出版社）强调了华语电影在全球电影语境中的理论新变化以及中国电影海外传播的历史与困境，提出通过市场、艺术、价值等多方面的构建来保证中国电影的国际传播和国家形象建构。《华语电影如何影响世界：当代华语电影文化影响力研究国际论坛文集》（倪祥保主编，江苏大学出版社）分析了跨文化传播、媒介融合、文化想象、电影工业、电影类型、华语文化共同体等对于华语电影国际传播的影响。《华语电影大片：创作、营销与文化》（陈旭光等著，北京大学出版社）以华语电影大片为研究对象，分析了近年极具争议性的华语电影大片的叙事、文化和营销策略等，并以华语电影大片的个案研究方式，总结了华语电影存在的问题、解决问题的路径和发展前景等。《恋影年华：全球视野中的话语景观——大陆、香港、台湾青年电影导演创作与传播》（钱春莲、邱宝林著，复旦大学出版社）一书从产业、市场、政治、传播和文化等语境出发，分析了青年导演的生存特点和文化想象，集中论述了青年导演的历史叙述、现实书写、都市想象、青春故事等方面所做的影像表达努力与自我主体构建的多元诉求。

电影的经济学研究方面，《世界电影发展报告》（尹鸿主编，中国电影出版社）对世界主要电影生产国家（包括中国）的年度电影创作、制作与发行、票房、衍生品等情况进行汇总，对年度世界电影的发展概况和重要电影节展进行概述和分析。《中国电影市场研究》（顾峥著，群言出版社）研究了2010年至2011年间中国电影产业发展状况、国际电影环境与中国电影类型及其市场、营销等，并以韩国电影市场为方法观察中国电影市场发展道路、存在的问题和改革等。《当代中国民营电影发展态势研究》（丁亚平主编，北京师范大学出版社）颇为详细地研究了中国新时期以来伴随着国家政策和经济体制变化的民营电影的合法化过程，强调民营电影以市场化、产业化、商业电影、投融资、合拍片、院线制、结构重组、品牌建设等方式，推动了中国电影在全球化、市场化、商业化竞争之中的不断变革和扩大。《改革开放以来中国电影产业发展研究：以电影市场为核心》（高月梅著，中国工人出版社）、《影投资分析及风险管理手册》（张家林、钟一安著，中国经济出版社）、《从商业营销到文化消费：1990年代电影及新世纪以来中小成本电影的二维透析》（樊丽、吴晓东等著，吉林大学出版社）和其他一些研究以电影市场和产业作为研究对象，研究了中国电影的投融资、风险管理、产业改革与发展、营销与消费以及企业所有制与发展关系等众多问题，在一定程度上回应了中国电影经济快速发展所提出的一些问题，具有一定的实践意义。

在少数民族电影研究方面，《中国电影中的云南形象研究》（过鹏群著，中国社会科学出版社）以少数民族电影为研究对象，分析了云南少数民族是如何作为被观看的对象、贫穷的形象以及民族团结和国家进步的形象来建构的。

六、媒介经营与管理论著综述

2014年我国媒介经济学方面出版论著将近60种，研究的内容涉及学科发展的各个方面，媒介融合与数字成为媒介经济学的大背景，“转型”成为研究焦点。媒介经营与管理在2014年出版的论著的主要研究综述如下。

（一）媒介经营与管理研究

1. 媒介经营管理历史研究

《1927—1937年民营报业经营研究——以〈申报〉〈新闻报〉为考察中心》（张

立勤著，浙江工商大学出版社）着力对同期民营报业的体制转型、组织变革及其动因进行深描和探讨，为当下中国报业转型实践提供现实观照的历史资源。《我国出版产业政策体系研究（1978—2011）》（赵礼寿著，浙江工商大学出版社）、《中国报业制度变迁研究：改革开放30年中国报业体制变革的经济学分析》（魏峰著，东南大学出版社）从不同方面研究了改革开放30多年来中国报业体制经历的深刻变革。

2. 媒介经营管理理论研究

理论研究是一个学科发展的基础，面对21世纪传媒经营与管理面临的新情况、新问题，学者们纷纷探索新的发展路径。《传媒管理学》（文长辉著，南方日报出版社）、《传媒经营管理新论》（谭云明著，北京大学出版社）、《当代传媒经营管理》（钱晓文著，中山大学出版社）都探讨了现代传媒经营管理的基本原理与实践，借鉴国内外传媒管理研究的最新成果，并针对当前传媒经营中的问题进行分析，提出对策。

《媒介经济学》（赵曙光著，清华大学出版社）系统阐述了媒介经济学研究的方法体系，分析了媒介产业双轨制监管的思路。《媒介品牌经营》（汤莉萍著，中国传媒大学出版社）以我国品牌运营中的成就及主要问题为主线，为国内企业的媒介品牌定位与识别，海外市场开拓及品牌价值评估提供借鉴。

随着新媒体的发展，新媒体管理、版权管理、信息政策、产业安全等也逐渐引起人们的重视，《电子媒体管理》（［美］约·范·塔瑟尔等著，高福安等编译，中国广播影视出版社）、《数字新媒体版权管理》（张文俊等著，复旦大学出版社）、《网络经济时代的信息政策》（［美］泰勒著，周宏仁、张彬译，电子工业出版社）、《产业安全蓝皮书：中国出版传媒产业安全报告》（北京印刷学院文化产业安全研究院编著，社会科学文献出版社）等对此进行了研究。

（二）媒介融合与媒介转型

媒介融合与媒介转型是当前媒介经营与管理研究的热点问题，面对转型期面临的挑战，学界和业界纷纷根据国内外媒体的发展经验与教训，结合当前传媒发展趋势，进行研究。

《世界传媒产业评论（第10辑）》（吴信训主编，中国国际广播出版社）、《传媒蓝皮书：中国传媒产业发展报告（2014）》（崔保国主编，社会科学文献出版社）研究了国内外传媒产业发展的现状和趋势。

《新闻媒介的融合与管理——一种业界视角》（马胜荣著，重庆大学出版社）、《媒介融合的制度安排与政策选择》（王润珏著，社会科学文献出版社）、《中国媒介生产融合研究》（杨娟著，中国广播影视出版社）等论述了媒介融合环境下我国传媒业的发展路径和应对之策。

《媒体转型》（严威著，中国广播影视出版社）分传媒治理与运营和技术创新与管理两部分，探讨了媒体转型的相关问题。

《中国报业：市场与互联网视域下的转型》（吕尚斌著，社会科学文献出版社）、《报业转型新战略》（陈国权著，新华出版社）对当前非常紧迫的报业转型具有较高的实践指导价值。《中国报业数字化30年》（马涛著，中国传媒大学出版社）、《中国报业突围》（徐正龙等著，广东人民出版社）、《报业发展战略与报业品牌运营》（刘明洋、王景强编写，山东人民出版社）等也围绕报业转型和报业品牌运营等问题进行了深入研究。《嬗变与重构：转型期都市类报纸发展路径研究》（刘劲松著，中国传媒大学出版社）为都市报的发展路径提供了颇具参考价值的新思路。

（三）媒介经营与管理案例研究

案例研究可以为我国传媒产业的发展

提供支持和借鉴。案例研究的重点也集中在“融合”和“转型”方面。

《传媒巨轮如何转向：移动互联网时代的国际传媒集团》（张咏华等著，南方日报出版社）、《外国媒介集团研究》（张楠著，世界图书出版社）、《美国杂志出版个案研究》（叶新著，人民日报出版社）都是对国外媒体发展的个案研究。此外也有一些介绍国内整体情况及港澳台地区传媒业发展情况的成果。

（四）资本运营

新闻出版业转制和集团化之后，很多传媒集团已经上市或谋求上市，对这一问题的研究需求更加突出。但2014年学者们对此的研究成果不多，集中在融资和资本运营两个方面。

《资本影响下的中国传媒业》（张洪忠著，北京师范大学出版社）、《传媒产业资本运营》（牛勇平著，经济管理出版社）介绍了中国传媒业的资本和运营。《我国新闻出版业融资体系研究》（华宇虹等著，知识产权出版社）从历史角度对中国出版业融资方式的变化做一个系统性的梳理。《我国出版企业版权资源增值利用对策研究》（夏颖著，世界图书出版广东有限公司）研究了出版业如何利用版权资源增值的问题。

七、新媒体论著综述

2014年是中国进入互联网20周年。伴随着信息传播方式的转变和传播技术的发展，互联网深刻影响和改变了中国的社会生态，重构了各行各业的发展样态和竞争格局，引发政治、经济、文化等领域的巨大变革，有关新媒体的研究领域已从新闻传播领域扩展到更多的社会领域。纵观2014年新媒体方面的学术论著成果，主要集中在以下四个方面：一是传统媒体与新媒体转型互动研究；二是以微博为代表的新媒体媒介环境研究；三是新媒体网络社群舆情应对研究；四是新媒体信息技术的应用研究。

（一）传统媒体与新媒体转型互动研究

媒介融合时代，传统媒体的转型升级以及新媒体与传统媒体的融合互动，一直是新媒体研究领域中的热门话题。《传媒印象：融媒时代新闻传播论题》（刘冰著，现代出版社）从作者多年从事的新闻传播教育工作经验出发，通过观察重工业城市传媒业及其新闻传播教育的发展问题，对融媒时代传媒转型、改革与运营、融合新闻报道技术与呈现要点、新闻与说话、新闻传播法治等问题进行论述，指出媒介经营与管理、新闻传播业务、新闻传播理论、新闻传播法治、新闻传播教育等受到的媒介融合影响既有继承与发展的一面，又有变革与颠覆的一面。《互联网传播前沿论丛·致命的转化率：全媒体转型的陷阱》（赵曙光著，复旦大学出版社）从传统媒体全媒体转型战略的全面实施与困境问题出发，从传统媒体的广告经营、社会化媒体的广告转化率以及网络广告的高转化率经营模式等方面，指明全媒体转型的互联网逻辑——聚焦转化率而不是注意力、塑造产品思维而不是作者思维，才是传统媒介复兴的根基。《融媒体传播》（栾轶玫著，中国金融出版社）通过对媒介新旧融合中媒介革新及媒介变迁的阐释，从融合传播论、融合实践论等角度论述了新媒体对政治生态的改变、电视未来进行时、新媒体时代的叙事、自媒体自我营销的营销革命、新闻生产的全民制造、终端的终点在哪儿等内容。《电视的命运：媒介融合与电视传播范式变革》（杜志红著，中国书籍出版社）介绍了在媒介融合的大趋势下，电视传播的范式变革问题，通过对电视传播的变革进行深入的分析和探讨，指出电视传播过程化的意义在于传播行为本身和节目碎片化；传统节目完整结构的消解、信源多元化；拍摄在场局限的消减、传受交互化；演播间的超媒体对话、内容共创化；开放式议程和商议式话题等。

（二）以微博为代表的新媒体媒介环境研究

作为移动新媒体时代新的媒介形态，微博成为公众舆论平台重要的人际沟通载体，对微博这种微传播形式的研究继续成为2014年新媒体研究重点关注的问题。《转型中的微力量：微博公共事件中公众参与》（文远竹著，世界图书出版公司）一书作者在考察微博公共事件的产生背景、发展进程以及传播模式、传播观念的基础上，探讨微博公共事件中公众参与的类型、特征、组织动员过程、意见领袖与公众参与的关系及心理因素、公私权力的力量博弈、公众参与的政治效能感以及微博公共事件中公众参与对中国公共领域建构和转型中国的特殊意义。《微博诉求表达与虚拟社会管理》（毕宏音著，中国社会科学出版社）在探究微博主体的社会政治态度及其变动规律的基础上，引入以党和政府为主导的，以微博新闻媒体、微博运营商为辅助者，以普通微博用户为补充的“四面一体”的虚拟社会管理模式，通过最终将微博诉求表达纳入舆情——决策系统，从而保障网络舆情疏导与引导的逐步实现，并最终服务于促进科学发展、和谐发展的中国特色社会主义建设事业。

（三）新媒体网络社群舆情应对研究

在对新媒体媒介传播研究的基础上，众多研究者以公共事件为出发点，结合传播学理论，阐释社会化媒体的规律及其与其他媒体共建的舆论格局。在《微博舆情：传播·治理·引导》（李明德著，中国社会科学出版社）一书中，作者以马克思主义舆论观、使用与满足、议程设置理论、涵化理论作为贯穿全文的基本理论基础，对社会结构压力、网民心理、媒介环境、触发舆情事件、社会管理等影响要素进行深入分析，借鉴中国古代都江堰水利疏导工程机制，全面揭示微博舆情从生成到消弭全过程中的各种因素及其内在的演化机理与规律。探究其动态过程中的演变规律、传播模式等内在关系并得出新的结论。《国内外互联网研究系列丛书：网络舆情研究与应对》（程工著，电子工业出版社）全面梳理我国网络舆情的发展特点和现状，从多个角度出发，全方位、多层次地剖析了我国网络舆情现状，借鉴韩国、伊朗、澳大利亚等国的先进经验，结合近年来的典型网络舆情案例，提出了我国网络舆情事件的预防措施和主要应对手段。尤其是书中提出的建立网络舆情事件处置预案的观点，目前在国内网络舆情研究业界还较少有人涉及，具有较强的创新性。《新媒体传播先锋论丛·指尖与舌间：突发事件与网络口碑传播》（张婷婷、晁文庆著，复旦大学出版社）从突发事件网络口碑传播的信源、内容、媒体渠道、受众、效果等方面进行研究，并结合对受众调查的结果，指出在突发事件中，引导网络口碑已经成为网络传播的重要内容，并根据可靠的信息，制定出符合时代潮流和受众特点的应对策略。

（四）新媒体信息技术的应用研究

相对于新媒体的理论研究，2014年在新媒体的传播应用技术研究方面亦取得了较大的成果。由于新媒体的视觉表现手段和形式具有最具创新力和想象力的特征，因此产生了以新媒体技术与艺术为主要支撑的新媒体产业，《新媒体与新媒体产业》（张晓梅著，中国电影出版社）结合大量案例，以深入浅出的表述方式对互联网技术、新通讯技术、手机多媒体技术、媒介融合技术、云计算、智能终端技术等新媒体应用技术作出了阐述和解读。《跨媒体信息技术与应用》（杨毅、王胜开、陈国顺等著，电子工业出版社）通过对多媒体与跨媒体信息技术及互联网信息检索技术涉及的基本概念、基本理论、基本技术等介绍，从文本、语音、图像、视频等媒体基本表现形式入手，介绍了主要的多媒体与跨媒体信息处理技术，以及国内外最新研究成果，勾勒出跨媒体信息处理的基本框架；并以中国少数民族语言跨媒体共享平台、基于数字图书馆的跨媒体信息检索平台、跨媒体互动教育游戏平台系统等为例，对跨媒体信息检索方法、处理技术及其实际应用等进行了论述。《新闻与传播研究文库·网络大众的影像书写：中国网络微视频生产研究》（刘琼著，华中师范大学出版社）指出，网络微视频打破了传统的以精英为中心的文化生产方式，为草根提供了自我展示和无羁表达的平台，作者以生产作为切入点，对这一新兴的视觉文化形态进行了全面考察，系统论述了中国网络微视频的兴起背景、生产机制、文本现实、媒介文化功能、问题及对策，力图对其“大众”特质进行多角度论述，以深化对网络微视频生产状况与规律的认识。

综上所述，进入21世纪，新媒体研究已经成为传播学研究的主要领域。对于新媒体的研究呈现出持续爆发态势，研究视角已涉及多学科相结合态势；研究方法以定性研究为主，定量研究开始显露端倪并占据一席之地；研究议题围绕媒介、个体、社会向人们日常生活的方方面面辐射，反映出新媒体对个体和社会发展的深刻影响。在今后的发展研究中，基于社交关系的信息传播将成为发展的一大趋势，新媒体研究应结合当前的传播情境，注重基于互联网的关系研究，以及定量方面的信息挖掘，以及从多学科角度更进一步揭示传播背后复杂的社会关系脉络。

主持：李建伟（河南大学新闻与传播学院教授）
撰稿：新闻学论著综述：祁　涛（河南大学新闻与传播学院副教授）
传播学论著综述：许　盈（河南大学新闻与传播学院副教授）
编辑出版学论著综述：王志刚（河南大学新闻与传播学院副教授）
广告学论著综述：刘志杰（河南大学新闻与传播学院副教授）
广播电影电视论著综述：殷　乐（中国社会科学院新闻与传播研究所研究员）
张建珍（中国社会科学院新闻与传播研究所副研究员）
高洪波（河南大学新闻与传播学院副教授）
媒介经营与管理论著综述：张锦华（河南大学新闻与传播学院讲师）
新媒体论著综述：李建伟（河南大学新闻与传播学院教授）

·书评选粹·

从去政治化到再政治化

——读赵月枝《传播与社会：政治经济与文化分析》

在国际传播学界，赵月枝是一位卓有建树的学者，也是二十年来“反哺”母国学术的给力人物。她以阐扬传播批判理论而著称，特别是承袭西方马克思主义的批判性传统，结合社会主义中国的历史实践以及新闻传播实践所做的一系列理论探讨，更是富有洞察力与想象力、批判性与开拓性。不妨说，在西人主导的国际学界，她是中国大陆走出的第一位传播批判学者。

这些年来，赵月枝频频回国，又受聘中国传媒大学“长江学者”。其间，我们也屡邀她顺访清华讲学，而她的每次学术讲座都使求知若渴的学子感到“过瘾”。2011年，中国传媒大学“新闻学与传播学名家论丛”书系，出版了她的第一部中文专著《传播与社会：政治经济与文化分析》，汇聚了她对新闻传播诸多问题的研究与思考，取精用弘，登高壮观，确属呕心沥血的倾心之作。

全书以“传播与社会”的思路，总揽各种富有张力的研究，透过传播政治经济学与文化政治的视角剖析当代传播领域的重大命题，既对理论研究与传播实践多有启发，又对阅读与思考构成挑战。也就是说，领悟其中深沉而深刻的内涵需对新闻传播的理论与实践有深入系统的把握，更需对社会历史进程及其种种思想理论有深切洞明的理解。

全书包括序言《我的跨国学术，我的跨国体验》和四编正文。序言的有关内容曾在《新闻大学》刊发，以纪念改革开放三十周年并回应有关话题，如众声喧哗之下的“新闻自由”。其中，尤富深意地提到当年出国时随手带的两本专业书——冷战时期的美国新闻理论经典《报刊的四种理论》和联合国教科文组织的著名报告《多种声音，一个世界》：

> 这两本随我出国的书，冥冥之中把“自由”与“平等”这两个主题放入了我的理论视野，而我当时从一个社会主义的东方民族国家到一个资本主义的西方民族国家的“出国”旅程则意味着，我对这两个问题的思考离不开对东西方关系、民族国家范畴，以及“资本主义”与“社会主义”这一对相关的政治经济和社会文化概念的审视。[①]

正文第一编“理论视野”，梳理并阐释新闻传播的前沿理论，如传播政治经济学、文化研究等，为全书提供了核心的理论框架。第二编“帝国时代的世界传播”，解剖当代世界传播领域的“热点”现象及其走势，涉及美国媒体解读、新闻客观性、

---

① ［加］赵月枝：《传播与社会：政治经济与文化分析》，中国传媒大学出版社2011年版，第1页。

新自由主义冲击下的欧美公共广播、媒体全球化与民主化等。这里所说的“帝国”，既不同于19世纪马克思论述的殖民帝国，也不同于20世纪列宁揭橥的垄断帝国，而是21世纪以来日渐凸显的新帝国形态，如西方马克思主义学者奈格里与哈特在《帝国》（2000年）一书中论及的全球秩序，这部著作也被誉为“后现代的共产党宣言”。第三编“世界结构中的中国传播”，从类似世界体系的理论视角分析中国当代的传播问题，包括报业的市场化转型、中国电视的历史演化、20世纪90年代兴起的“小报”“入世”与媒体、手机媒体与“数字革命”，等等。最后一编即第四编“另一个世界是可能的”，以向西看、向南走的全球视野，揭示了一种人道的、民主的、公平正义的传播与社会之愿景，表达了一种超越二元对立、摆脱种种异化、让思想冲破牢笼的学术旨趣：

> 我对一些不但没有建设性而且可能隐藏着话语霸权动机的简单化等同逻辑保持警觉，包括把市场等同于自由（“自由市场”），把“自由市场”等同于民主圭臬，把消费者等同于“人民”，把“中产阶级”等同于民主主体，把国家等同于压制，把媒体规制等同于威权，把“新闻自由”等同于“私人办报”，把批判知识分子等同于国家主义者，把反帝立场等同于民族主义等等。①

这些命题无不关系重大，捋清其间乱麻似的现象并探究其中纷繁复杂的背景与动因，非有大手笔不可为，而赵月枝及其著述当得起大手笔之谓。她的诸多中英文成果，包括清华大学出版社的《维系民主？西方政治与新闻客观性》、复旦大学出版社的《传播政治经济学英文读本》，以及海外英文著述 *Media, Market and Democracy in China*、*Communication in China*、*Democratizing Global Media*、*Global Communications*，往往给人大江东去、浩浩汤汤、繁星满天、闪闪烁烁的思想启迪。

新自由主义

如上所述，《传播与社会》的基本内容大都围绕当代中国与世界的新闻传播问题，集中于近30年传播与社会的总体状况。而从批判性视角看，20世纪80年代以来的时代潮流鲜明体现为“新自由主义”，新自由主义给世界各国的政治经济及其传播格局打上无所不在的烙印。所谓新自由主义，按照思想家乔姆斯基在《新自由主义和全球秩序》一书里的界定：“是在古典自由主义思想的基础上建立起来的一个新的理论体系，亚当·斯密被认为是其创始人。该理论体系也称‘华盛顿共识’……华盛顿共识的‘主要建筑师’是私有经济的大师们。他们拥有的经济集团，多数控制着世界经济的命脉，并有能力主宰政策的制定和思想观念的形成。”② 1998年，在为《新自由主义和全球秩序》撰写的导言中，批判传播学者罗伯特·麦克切斯尼又具体指出：“新自由主义是我们这个时代明确的政治、经济范式——它指的是这样一些政策与过程：相当一批私有业者能够得以控制尽可能广的社会层面，从而获取最大的个人利益。新自由主义首先与里根和撒切尔有关，最近20年，它一直是主流政治党派、大多传统左派和右派所采取的全球政治、经济趋向。这些党派及其实施政策代表了极端富裕的投资者和

① ［加］赵月枝：《传播与社会：政治经济与文化分析》，中国传媒大学出版社2011年版，第4页。

② ［美］诺姆·乔姆斯基：《新自由主义和全球秩序》，徐海铭、季海宏译，江苏人民出版社2000年版，第3页。

不到1000家庞大公司的直接利益。”[①] 也许，中国社会科学院“新自由主义研究”课题组的解释，在熟悉马克思主义立场、观点和方法的国人看来更为显豁，直指要害：

> 新自由主义是在继承资产阶级古典自由主义经济理论的基础上，以反对和抵制凯恩斯主义为主要特征，适应国家垄断资本主义向国际垄断资本主义转变要求的理论思潮、思想体系和政策主张。新自由主义与古典自由主义经济理论既有联系又有区别，并且通过对凯恩斯革命的反革命而著称于世；“华盛顿共识”的形成与推行，则是新自由主义从学术理论嬗变为国际垄断资本主义的经济范式和政治性纲领的主要标志。[②]

相较于古典自由主义，新自由主义是一种对市场和资本更加自由放任的政治思潮和意识形态，故也称“原教旨自由主义”“市场原教旨主义”等。它在经济上主张彻底的私有化、市场化，如要求国家通过各种手段包括强权，开拓和保证市场秩序之际，否定对私人资本及其权力的任何干预；在政治上坚决否定任何公有制，否定社会主义的理论与实践；在战略上推动以美国为主导的一体化，即所谓“全球化”“与国际接轨”，等等。一句话，正如批判知识分子大卫·哈维所言，20世纪曾被社会主义运动风卷残云的资本势力，实际上将新自由主义作为重新恢复阶级权力的政治工程。从世界范围看，新自由主义虽从1970年代起便影响当代政治经济格局，但上升为一套主导全球性意识形态，则以1990年“华盛顿共识”为标志。1990年，由美国国际经济研究所牵头，由世界银行、国际货币基金组织、美国财政部等机构联合拉丁美洲等国家和地区，在华盛顿达成一揽子经济与社会纲领，包括开放市场、贸易自由化、放松对外资的限制、国有企业私有化、保护私人财产权等，这就是所谓“华盛顿共识”。它的出台标志着新自由主义从一种学术思想理论，正式确立为国际垄断资本的政治经济纲领及其意识形态。当时，拉丁美洲成为新自由主义的实验区，由此引发的一系列危机统称为“拉美化”，包括贫富差距、社会动荡、环境污染、金融危机等。大卫·哈维在《新自由主义简史》一书里就写道：

> 新自由主义化的进程带来了非常大的“创造性毁灭”，不仅摧毁了先前的制度框架和力量（甚至挑战了传统的国家主权形式），而且摧毁了劳动分工、社会关系、福利供给、技术混合、生活方式和思考方式、再生产活动、土地归属和情感习性。[③]

作为当代世界的主导意识形态，新自由主义在理论上有诺贝尔经济学奖获得者哈耶克、弗里德曼等，政治上有美国总统里根、英国首相撒切尔夫人等，当然也免不了索罗斯、盖茨、默多克等资本巨头。正如赵月枝在本书第二编中也论及的，西方和国际传播系统一方面是这套意识形态的“吹鼓手”，一方面本身也被这套理论学说及其政治经济纲领所建构，包括大规模的媒体兼并、国营媒体的私有化、公共广播体系的瓦解等。这套政治经济纲领不仅影响西方世界，而且对发展中国家形成

① ［美］诺姆·乔姆斯基：《新自由主义和全球秩序》，徐海铭、季海宏译，江苏人民出版社2000年版，“导言”第1页。

② 中国社会科学院“新自由主义研究”课题组：《新自由主义研究》，《马克思主义研究》2003年第6期。

③ ［美］大卫·哈维：《新自由主义简史》，王钦译，上海译文出版社2010年版，第3页。

冲击，中国1990年代以来的一些走向，如形形色色的产业化等难免受此影响。按照斯蒂格利茨的分析，“新自由主义的巅峰期大约是1990—1997年”。[①] 针对这一浪潮，国内外许多学者力挽狂澜，予以批驳与抵制，包括世界银行首席经济学家、诺贝尔经济学奖获得者斯蒂格利茨，经济学家、北京大学原校长吴树青，经济学家、中国社会科学院原副院长刘国光等。

新自由主义从风起青苹到大行其道，也正是赵月枝求学海外并学有所成的时期。她的成长经历与学科背景，使她对新自由主义及其影响下的传播问题格外关注。如果说，此前中国传播研究“去政治化”的态势经由热情拥抱实证主义而充分显现，那么由于新自由主义的冲击所造成的一系列蜕变以及国内外诸多学科理论的批判性言说，21世纪以来新闻传播学科又日渐呈现“再政治化”的趋势。在这个嬗变过程中，赵月枝通过锲而不舍的著述、教学、授徒而产生了深远影响。

人们或有同感，也毋庸讳言，当下中国新闻传播学科的思想性与批判性乏善可陈。虽然说起来风风火火，看起来也仿佛漂漂亮亮，但就思想的敏锐性和深刻性而言，就学术关怀与现实关怀而言，不仅不如共和国前三十年的甘惜分、王中等，甚至也不如尽管粗疏而又不无元气的1980年代。恰似甘阳解读政治思想家列奥·施特劳斯思想时所言，这种趋向虽然导致大批量知识生产，有关著述、文章、研究成果、重大科研项目等汗牛充栋，但大多只是徒然让人知道越来越多的鸡毛蒜皮，所谓Knowing more and more About less and less。甘阳认为，这些东西不但不能使人专注于思考，反而使人日益陷入普遍的市侩主义和蔓延的媚俗主义。在2011年复旦大学召开的“当代马克思主义新闻与传播研究中心成立暨国际学术研讨会”上，中国传媒大学博士研究生龚伟亮针对这一状况也敏锐地指出：

> 传播学研究对于当代其他社会学科的研究成果和研究议题要么充耳不闻，要么只能比划一下堆砌概念和装点门面的表面功夫，在引入其他学科的学术视野时常常难免“炒冷饭”和“打时间差”的嫌疑。
>
> 在传播之于社会政治、经济、文化的重要性达到引人瞩目的举足轻重的高度之时，号称是一个交叉的、综合性学科的传播学却在大陆的公共学术阵地中难觅一个发言的席位，难以贡献出有学术价值和智识水准的见解，难以产生出能被其他学科体认的具有足够阐释力的理论范式和能够在学术共同体内流通的学术议题与学术话语，也难以分享社会科学界的感奋与忧思。
>
> 以时下无比凶猛的新媒体研究为例，尽管关于新媒体的论文层出不穷、汗牛充栋，但在洞见与智识的含量和水准上却实在乏善可陈：很多研究要么在实证的路子上做着让人眼花缭乱的“官样文章”或者“注脚学术”，要么还处在捂着脑门谈感想的前范式状态；而在学术视野上，则要么在市场效益的蛊惑下大唱资本的赞歌，要么在技术革新的浪潮中欢呼融合的美景；要么在媒介中心主义的三尺来深的学术矿井里浅尝辄止，要么刚想抬头望眼就碰到了“一用就灵”的哈贝马斯和公共领域这个理论想象力的天花板。
>
> 首先需要走出的两个泥潭就是媒介中心主义的狭隘视野与“方法论拜物

① ［英］卡尔·波兰尼：《巨变：当代政治与经济的起源》，黄树民译，社会科学文献出版社2013年版，斯蒂格利茨“序言”，第14页。

教”的食洋不化。真正使得“方法为我所用”，而不是“我为方法所用”……

这些问题细究起来，均可归结为一种“不讲政治”的去政治化，而去政治化并非真的不讲政治，其实去政治化本身就是一种政治。政治哲学家列奥·施特劳斯说得好，现代性有两个突出问题——“政治的哲学化”（任何现代政治均含有一套“主义”）和“哲学的政治化”（任何“主义”均服务一套现代政治），两者无不关乎学术与政治。现代诸多哲人对此也都多有阐发，如福柯及其话语权力说、知识考古学。福柯的理论学说，大多围绕“知识与权力”“学术与政治”等命题。在他看来，近代的各种学科建制，各种知识体系，各种思想学说，实际上无不体现特定的权力关系和权力意志，属于权力运作的结果。比如，物理学、天文学、化学等仿佛纯粹的自然科学，而深究起来就会发现原来都同现代文明征服自然、征服世界的权力意志相联系。

1980年代以来，耳闻目接的社会巨变又为学术与政治、知识与权力的关系提供了更直接、更现实的佐证。正如哈维的有关研究所示，新自由主义思潮起源于学术研究，1970年代前一直处于学术边缘。当时，其创始人和代表人物之一哈耶克坦言，思想斗争是关键，这场不但针对马克思主义，而且针对社会主义、国家计划和凯恩斯主义的思想斗争，至少需要一代人才能取胜。1970年代的资本主义危机后，西方经济精英出于保障自己阶级利益的需要，开始通过财力雄厚的基金会和智库大力弘扬这套思想，使其逐渐成为主导性的学术和政治理论。这个过程中，由瑞典金融精英主控的诺贝尔经济奖，分别于1974年和1976年颁给了新自由主义代表人物哈耶克和弗里德曼，从而进一步巩固了这套学说在经济学领域的显赫地位和话语霸权。而一旦进入国家政策领域，这一学术思潮就形成一整套影响千万人身家性命的强劲政治力量，重构社会关系，主导社会转型，苏联解体、东欧剧变、拉美化以及中国的“三农”“下岗”“新三座大山”等均有其憧憧鬼影。由此可见，新自由主义缘起于超凡脱俗的学术，而结果则是实打实的政治，甚至是当代世界头号政治。如果以去政治化的视角孜孜于技术性的问题，那么不但所有关系重大的社会政治自然都被遮蔽，而且很可能在促进专业进展的虚假表象下，维护了新自由主义政治力图达到的社会转型和社会权力关系重构之目的。2014年，赵月枝在同香港中文大学邱林川教授的学术对谈中再次尖锐地指出：

> 最可怕的是传播研究中的“去政治化”的政治和新自由主义意识形态下的“集体政治无意识”，即把西方反共意识形态内化为自己的意识形态，把美国冷战时代的传播学当作“客观”的社会科学，把新自由主义意识形态有关市场和国家的一系列假设及其政治目标——建立资产阶级宪政理想国和与之匹配、但被隐去了其（资产）阶级性质的、事实上也只是个“历史范畴”的“公共领域”——当作规范性研究前提。[①]

波兰尼及其《大转型》

面对新自由主义的肆行无忌以及严重后果，特别是对人、社会、自然、精神世界的毁灭性破坏，富有理性与良知的学者

① ［加］赵月枝、邱林川、王洪喆：《东西方之间的批判传播研究：道路、问题与使命》，《传播与社会学刊》总第28期。

都展开深刻的反思与批判。人类社会的历史包括中国实践，也在倾覆这套意识形态或“意底牢结”。这里，尤其值得一提的是卡尔·波兰尼及其代表作《大转型：我们时代的政治与经济起源》（简称《大转型》），这部后冷战时代备受关注的经典名作质疑了市场原教旨主义，证明自行其是的自由市场体制一旦出现，必然导致社会和环境的巨大代价，所以，必须将其纳入社会的藩篱，也就是说必须将唯利是图的“市场”关进“社会”的笼子里，即人情、伦理、习俗、道德、宗教以及人类永续发展、子孙万代福祉等约束中。

就批判资本主义的思想力度以及境界的深邃和视野的阔大而言，卡尔·波兰尼颇似19世纪的卡尔·马克思。虽然他和马克思在根本思路上存在差异，但终其一生他都自认为是社会主义者。他的《大转型》问世于1944年，第二次世界大战的硝烟还在弥漫。这本力作对法西斯主义以及西方近代文明又一次给予根本性反思与批判，事实上法西斯并非孤零零的天外来客，犹如爹不亲、娘不爱的怪胎，而就是孕育并生成于西方现代历史的自然产物，用波兰尼的话说，“要了解德国的法西斯主义，我们必须回到李嘉图的英国”①。遗憾的是，《大转型》问世时并未引起重视，只是随着苏东解体和后冷战时代的巨变，特别是新自由主义或市场原教旨主义盛行并造成一系列灾难性后果，人们才开始认识波兰尼及其思想，体会其理论洞见与学术价值。犹忆世纪之初，有一次我与赵月枝相约清华园甲所聚餐，见面后兴高采烈畅谈了差不多一个小时，我们才想起来还没有顾上点餐。也就是那一次，听她第一次谈起《大转型》一书，于是找来拜读，果然茅塞顿开，许多问题豁然开朗。2015年，又读了一遍台湾的中译本《巨变：当代政治与经济的起源》，进一步理解其深沉幽邃的学术思想与文明忧思。

在赵月枝看来，《大转型》在中国大陆的滞后传播，也是整个改革时代对西方学术引介的最大历史错位与悲剧。因为，一方面，我们在建立社会主义市场经济，而另一方面，哈耶克、弗里德曼等新自由主义人物却事实上成为主导和主流的座上客。当市场原教旨主义扮演市场经济的学术指南时，我们对西方的社会主义市场理论家波兰尼及其学说居然一无所知。如今，国内外的变局、自然与社会的严酷现实终于使人们日益关注波兰尼，赵月枝在《传播与社会》中的有关阐发以及王绍光关于“双向运动”等分析②堪称范例，也只有从市场必须重新嵌入社会的“社会至上”立场，我们才能理解《传播与社会》这一书名及其深意。

作为一位社会主义者，波兰尼及其《大转型》提供了对自律性市场神话的最有力批判，恰似哈耶克的《通往奴役之路》提供了对这一神话的最有名辩解。2001年诺贝尔经济学奖获得者斯蒂格利茨（Joseph E. Stiglitz），在为新版《大转型》写的序言中谈道：“波兰尼揭发了自律性市场的神话，人类史上从未有过真正自由的自律市场。即便是今日高度工业化的国家，在其转变过程中，政府都曾扮演积极的介入角色，不但以关税保护其工业，也保护其新兴科技。美国第一条电报缆线就是联邦政府在1842年出资兴建的。”③ 理解波兰尼理论的核心概念是“嵌入”。作为经济学家，波兰

① ［英］卡尔·波兰尼：《巨变：当代政治与经济的起源》，黄树民译，社会科学文献出版社2013年版，第92页。

② 2012年王绍光更以《波兰尼〈大转型〉与中国的大转型》（生活·读书·新知三联书店）对此进行了通透翔实的论述。

③ ［英］卡尔·波兰尼：《巨变：当代政治与经济的起源》，黄树民译，社会科学文献出版社2013年版，斯蒂格利茨“序言”，第12页。

尼对有史以来种种社会经济形态进行细致分析后发现，19 世纪自由市场经济出现以前，人类的一切经济活动无不嵌入社会之中，就像人的细胞融于肌体一样，经济制度“被浸没在普遍的社会关系之中，市场仅仅是某个制度设置的附属特性，而这个制度设置前所未有地受着社会权威的控制和规制”。换言之，人类的社会生活与社会关系主要受制于道德、习俗、宗教等社会化要素而非市场化机制，用他的话说：

> 在我们的时代之前，市场只不过是经济生活中的附属品。一般而言，经济体系是被吸纳在社会体系之中的，并且无论经济活动中主导性的行为原则是什么，我们发现市场模式都能与这种原则相容。我们不曾发现，市场模式所体现的交易或交换原则有压制其他原则而独自扩张的倾向。[①]

19 世纪后，社会关系与行为才被一步步嵌入市场，特别是土地、劳动力和货币作为商品在市场上进行交易，更是确定无疑地将社会关系嵌入经济体制，“劳动力与土地只不过是人类本身以及社会所处之自然环境……把它们包括到市场机制内意味着把社会本身屈从于市场规律之下”[②]。这是一种根本性变化：如果说人类以往各种文明共同体无不将市场嵌入整个社会体系的话，那么 19 世纪以降的西方历史则力图将整个社会体系嵌入市场机制。按照王绍光的概括，前者是社会市场，即社会吸纳市场，后者是市场社会，即市场吞噬社会。这种“市场吞噬社会”或“社会嵌入市场”的体系，波兰尼认为既违背人性、违背自然，也必将摧毁整个社会：“自我调节的市场的理念，是彻头彻尾的乌托邦。除非消灭社会中的人和自然物质，否则这样一种制度就不能存在于任何时期；它会摧毁人类并将其环境变成一片荒野。”[③] 举例来说，无论原始社会的部落，还是后来的城邦、国家等，都没有将市场交易作为经济活动的基本原则，更没有将“图利”即唯利是图作为悠悠万事唯此为大的社会人生鹄的，而是更多地奉行诸如互惠、再分配、家计（householding）等原则，生产的目的更多的是为了使用，而不是为了图利，西语“经济”（economy）一词，就出自希腊人的家计（ceconomia）。贪得无厌的“经济人”，亚当·斯密所谓以物易物、买卖交换的“人类秉性”等，不过是 19 世纪的西方历史特产。波兰尼说：

> 没有一个社会能不具有某种形态的经济制度而长期地生存下去，但是在我们这个时代之前没有一个经济是受市场的控制（即使是大体上的）而存在的。尽管 19 世纪学院的咒文是如此持续不断地此唱彼和（他认为自利是人的本性，是人类经济生活的基本动机——译者注），事实却是：在交易上图利从没有在人类经济上占过如此重要的地位。虽然市场的制度从石器时代后期就已普遍出现，但它在经济生活中的角色只不过是附属性的。
>
> 19 世纪文明却是一个不同的、有独特意义的经济，这是因为它选择了一种特殊的动机作为本身的基础，而这种动机在人类社会之历史上从未被

① ［英］卡尔·波兰尼：《大转型：我们时代的政治与经济起源》，冯钢、刘阳译，浙江人民出版社 2007 年版，第 45、59 页。

② ［英］卡尔·波兰尼：《巨变：当代政治与经济的起源》，黄树民译，社会科学文献出版社 2013 年版，第 150 页。

③ ［英］卡尔·波兰尼：《大转型：我们时代的政治与经济起源》，冯钢、刘阳译，浙江人民出版社 2007 年版，第 3 页。

> 认为是正当的，而且从未被提高到成为日常行为之准则的程度，这就是图利。自律性市场制度就是从这个原则中导出来的。①

为此，在《大转型》中，波兰尼特别论及历史上的各种反向运动，也就是同市场逐渐吞噬社会或社会逐渐嵌入市场的历史趋势相反的历史运动，以求社会的瓷器店免受或少受市场公牛的践踏。与此相似，新自由主义大潮中的市场扩张更激起层出不穷的反向运动，社会这只看得见的手一直在力图钳制市场那只所谓看不见的手，包括近年来一系列抵制新自由主义肆虐的思想与行动，如1999年在西雅图、2000年在布拉格的示威者，如2011年“占领华尔街”的抗议者。1980年代后，在中国此起彼伏的“反自由化”“姓社姓资”等改革方向的交锋，未尝不可视为类似的“反向运动”——旨在钳制非自然的“市场社会”及其扩张。事实上，中国的改革开放始终奉行“社会主义市场经济”，也同样是以社会的缰绳统驭市场的野马，新世纪的科学发展观以及和谐社会理念就是对新自由主义、市场原教旨主义的反弹，从而避免陷入斯蒂格利茨提示的，“一个号称自律性市场的经济，可能演化成为黑手党资本主义及黑手党政治体制”②。这里，不仅是所谓的改革与保守、进步与落后、现代与传统、姓社与姓资等问题，从更广泛的社会历史层面看，其实更蕴含着波兰尼所说的、对那种非自然的市场社会的本能抵制，蕴含着自古及今人类对马克思所言人的全面发展，即人与人、人与社会、人与天地万物、人与自我灵魂等，和谐而自然相处的永恒渴望。

去政治化

按照清华大学政治学者景跃进的分析，改革开放以来有条一波三折的社会历史线索：从高度政治化到去政治化，再从去政治化到重新政治化。与这个过程相应，新闻传播以及新闻传播学也经历了类似“正反合”过程：20世纪80年代之前属于极度政治化或高度政治化，“政治挂帅”“新闻是阶级斗争的工具”等均为表征；改革开放以来，特别是90年代一度去政治化，诸如“信息”“传播”“受众”等貌似中性的概念就是一例；新世纪以来，在文化政治与文化自觉隐隐凸显的趋势中，再政治化又构成新的社会潮流与历史进程，如欧美批判学派与传播批判理论的日渐风行。

改革开放前以及改革开放初，新闻传播及其研究都表现为高度的政治化，最典型的莫过于那个统摄一切的核心理念：新闻是阶级斗争的工具。不言而喻，这一“工具论”同当时的社会政治息息相关，丝丝相扣。当然，这个理念并非无稽之谈，相反其中深含着一系列历史与逻辑相统一的理据。比如，人所熟知的国共两党斗争，在新闻战线就表现得很突出、很激烈，此时新闻俨然成为阶级斗争的一条重要战线。再如，欧洲近代资产阶级和封建阶级的抗争、工人阶级与资产阶级的斗争等，在新闻领域同样表现得异常尖锐激烈，正如英国大革命、美国大革命、法国大革命的报刊，无不属于阶级斗争的一大利器或武器。因此，无论从理论上讲，还是从历史上看，这个理论都是自洽的，成立的，问题仅仅在于“工具论”一旦推向极致，则不免将政治、权力与媒体的复杂问题导向单一化，甚至庸俗化。赵月枝就回忆说：

---

① ［英］卡尔·波兰尼：《巨变：当代政治与经济的起源》，黄树民译，社会科学文献出版社2013年版，第109—110页、第91页。

② 同上，斯蒂格利茨“序言”，第14页。

> 上世纪80年代初在国内上新闻理论课，当时的传统马克思主义新闻理论教科书认为，西方新闻媒体被垄断资本所控制，宣传的是资产阶级意识形态，是为垄断资本服务的，而西方记者自我标榜的新闻客观性是虚伪的、有欺骗性。我们对这样的说教有逆反心理，虽然不敢逃课和公开挑战老师，但是没有心悦诚服的感觉。[①]

于是，伴随20世纪80年代社会政治的“自由化”思潮以及日常生活的世俗化蜕变，新闻传播以及新闻传播研究也一度呈现去政治化的态势，美国主流传播学的引进就是一个突出的标志。这一过程从20世纪80年代初启动，到80年代中后期渐成气候，90年代后更达到高潮。用赵月枝的话说：“整个思想界，以西方自由主义思想为主流的‘新启蒙’大潮已潜流暗涌；在新闻学界，以‘意识形态的终结’为思想基础的信息理论和美国实证主义传播学开始登陆国内，我们以‘信息’对抗‘宣传’，以抽象的‘传者’和‘受者’替代有民族、阶级和其他社会性的传播主体。”[②] 当时盛行的“传者”“受者”“信息”“渠道”“反馈”等概念及其理论，使得已经反感“工具论”和“阶级斗争”话语的新闻学界感到耳目一新。换句话说，这套美国主流传播理论在中国之所以有吸引力，部分原因也是因为“权力”概念在其表述中缺席，而这恰好迎合了时人去政治化的心态，如“受众”就是一个典型的去政治化概念。80年代美国主流传播学引进中国时，大家对“受众”概念顶礼膜拜，觉得比以前常用的诸如“人民”“群众”等概念更中性、更客观、更科学，而正如加拿大传播批判学者莫斯可在经典的《传播政治经济学》一书中所言：

> 受众（audience）这个概念也不像阶级、社会性别、种族那样是学术分析的范畴，而是媒介产业自身的产物。媒介产业用这个概念来识别市场，进而界定商品。“受众行为”这样的提法，为这个词注入了分析的和经验的现实性。但这一点并未得到证实，所以使用时应多加小心。至少，断言人口学范畴意义上的“受众”确实可行，未免过于不成熟。因为，我们还没有确定这个词在概念上的价值，尤其是还没有确定受众和社会阶级、种族、民族以及社会性别之间的关系，而这些才是真正超出人口学意义的团体——它们是即存的经验。[③]

这里，尤其令人深思并值得反省的是，根据中国人民大学新闻学院刘海龙教授的专题研究，就在美国实证主义传播研究涌入国门的1980年代，批判性的欧美传播研究及其理论也同期登陆中国，结果却是一热一冷。因为，正处于去政治化热潮中的学界，对貌似科学的实证主义一见之下，情有独钟，而对源于马克思批判传统的批判研究，对渗透阶级、权力、经济关系、垄断控制等熟悉的话语则有一种本能拒斥。而按照传播批判学者丹·席勒的观点，美国主流传播研究其实也是一种典型的冷战社会科学。比如，“报刊的四种理论”实际上就隐含着自由主义与专制主义的二元对立，而西方奉行前者，东方盛行后者，云云。因此，看似科学的四种理论其实无所不在地渗透着冷战意识形态。

---

① ［加］赵月枝：《为什么今天我们对西方新闻客观性失望》，《新闻大学》2008年第2期。

② 同上。

③ ［加］文森特·莫斯可：《传播政治经济学》，胡春阳等译，上海译文出版社2013年版，第293页。

总之，离开政治关怀、权力关系、阶级与意识、社会实践与现实生活的新闻传播理论不仅凌空蹈虚，置身事外，而且也像马克思批判的庸俗经济学一样，看似“科学”，实则常常遮蔽了重大的历史背景、社会关系和政治意味。汪晖接受复旦大学新闻学院许燕博士的访谈时就说道：

> 绝不是什么声音都能在新闻报道和媒体中出现——什么声音能出现，什么事情不能出现，即使不能简单地归结为阶级问题（我这里指的是古典意义上的阶级概念，即与财产权和门第直接相关的阶级概念），也总是和社会等级和权力关系相关的。因此，一种更具弹性的阶级视野——也许更准确地说是政治视野——能够帮助我们理解媒体背后的支配权力。媒体是各种社会力量斗争的场域，从认识论的角度说，透明性、自由等概念无法概括和分析媒体实践，恰恰相反，只有建立一种政治的视野才能理解媒体实践——无论是媒体的公共性，还是媒体的遮蔽性。[①]

再政治化

世纪之交，由于一系列创巨痛深的社会转型，特别是市场经济对社会生活的全方位冲击，一度忽略的政治问题、权力关系等再次浮出水面，三农、下岗、住房、医疗、教育、环保等事项，以及公平正义等话题更推动着社会生活的再政治化。康晓光曾在《战略与管理》2002 年第 3 期上发表文章《未来 3—5 年中国大陆政治稳定性分析》，谈到政治、经济与文化的“三教合流”趋势，亦即政治精英、经济精英和文化精英彼此呼应，互为奥援，在利益攸关的基础上形成政治同盟。甘阳说的“新左派”与“新右派”（“新自由主义”）之争，第一次凸显了一度淡忘或淡化的政治问题。

在这一新的变局下，新闻传播及其研究也不能不面临重新政治化的选择。比如，一度热门的话题“公共领域”，就体现着突出的政治意味。按照这套理论及其逻辑，报纸、电台、电视台、网络等应该成为“公共媒介”，也就是说既不充任国家机器的喉舌，也不扮演利益集团的工具。同时，还有一批所谓“公共知识分子”，承担独立的、不偏不倚的社会责任。就像 20 世纪 80 年代的美国实证传播理论一样，这一概念在中国语境下成为另一种去政治化的政治话语，正如赵月枝所指出的：哈贝马斯在《公共领域的结构转型》中提出的这个“假设”——“公共领域”，本意在于分析欧洲特定时期的政治现象和传播问题，不成想被我们径直拿来，当成论述中国新闻传播的一个普遍性或普世性“教条”：

> 哈贝马斯的历史性概念“资产阶级公共领域”被当作了普遍的现实性前提。不但“资产阶级”这一修饰定语被隐去，而且哈贝马斯有关“资产阶级公共领域”如何因现代商业大众媒介的勃兴，公司资本主义的出现和现代国家强有力的官僚机构的干预而产生了“结构转型”的分析，更不必谈西方理论界对哈贝马斯理论的批评与扬弃，一概被忽略了。[②]

她指出，西方的公共领域在资产阶级

① 汪晖：《别求新声：汪晖访谈录》，北京大学出版社 2009 年版，第 346 页。

② ［加］赵月枝：《国家、市场与社会：从全球视野和批判角度审视中国传播与权力的关系》，《传播与社会学刊》2007 年第 2 期。

形成过程中，本有两层含义：一是反抗上层的权威，如国王、封建贵族等；二是钳制底层民众的抵抗。换句话说，所谓公共领域不光反对国家或政治权威的干涉，同时也压制下层普通民众的反抗。而我们谈起公共领域仿佛只有对上的抵制，如种种“新闻自由”言说，而略去对下的压制，这大概也是因为“政治经济和媒体精英已经在钳制来自底层社会压力的共同事业中结成了联盟”（赵月枝）。赵月枝还通过黄宗智以下的提问，直指中国式公共领域研究的城市中心主义偏向：“当我们以分散的农村地方社区来代替哈贝马斯统一的城市公共领域的时候，……这一概念还剩下什么存在的正当理由呢?”更重要的是，这里还有一个不可避免的公共性与阶级性的历史辩证关系问题，以及国家政权的公共性宣称问题：

> 中国的特定情形是，一个曾声称代表不同的反帝反殖和反资公共群体或“底层公共群体”——农民、工人、女性、少数民族群体和第三世界民族主义——的国家政权，却同时又努力与跨国资本合作并正培育着一个本国资产阶层并宣称也代表它。而对于与孕育它的政权有血缘关系的中国资产阶层来说，中国国家形成和转型过程中的矛盾性和中国社会的权力平衡关系以及不断升级的底层社会抗争现实意味着依靠国家机器钳制社会抗争力量远比反对国家威权拥有更多政治重要性。如吕新雨和我在一次学术对话中谈及，公共性与阶级代表性之间存在着辩证历史关系。在讨论中国媒体公共性的重构时，我们不能对中国媒体在建制时的无产阶级公共性宣称持历史虚无主义态度的同时，把哈贝马斯明言作为“历史范畴”的“公共领域”作为一个普遍理想来追求，有意无意把这个概念前面的定语“资产阶级”隐去，仿佛这个公共领域的主体就是媒体人和他们所赋予话语权的“公共知识分子”和专家学者，最多包括被认为是中国民主化主体的“中产阶级”。①

如果说20世纪八九十年代去政治化潮流是美国主流传播研究盛行的背景，那么21世纪以来再政治化趋势则为传播批判学派在中国生根开花提供了土壤。传播批判理论更多继承了西方马克思主义的学术传统与思想衣钵，如马克思对资本主义的批判精神，在透视传播现象和问题时更关注政治、经济与社会的深层联系，包括权力关系、阶级关系以及社会历史背景等。简言之，批判理论是把新闻传播放在广泛的社会背景和权力关系之中进行考察，即赵月枝说的“在西方马克思主义理论框架下发展起来的批判传播研究不但一直注重权力问题，而且将它置于广阔的政治经济和社会文化发展历程中来审视”。一望而知，这与美国主流传播研究，实际上也是当下中国主流传播研究迥异其趣。

关于批判理论，赵月枝论及三个经常关注的问题：一是传播系统控制权的不平等分配问题。传播系统同样存在控制权问题，同样存在权力关系问题，这个权力和控制问题不仅来自有形的政府，而且来自无形的经济与社会势力。比如，媒体大亨默多克的传播权力与信息操控一点不亚于一国政府，当下中国的资本力量在传播中的支配性作用同样不可小觑。常说的话语权问题，无法脱离马克思关于经济基础与上层建筑的理论框架；二是现有的社会结

① ［加］赵月枝：《传播与社会：政治经济与文化分析》，中国传媒大学出版社2011年版，第52页。

构和社会不平等如何被呈现为自然而不可避免的，并进而被合法化的过程。西方社会存在诸多权力分配的不平等现象，由此形成各种冲突、矛盾或斗争，然而，在西方媒体上这些问题往往作为个案现象而非全局问题。比如，好莱坞大片很难看到普遍而尖锐的社会冲突和阶级矛盾，即使有些打打杀杀，也仅限于极端个人的行为，如恐怖分子。2007 年发生的那起震惊世界的美国弗吉尼亚大学校园枪杀案，最后就被纳入精神病人反社会的叙事框架，从而掩盖了深层次的社会矛盾，不仅如此，媒体包括中国媒体还借机又宣扬一番所谓“宽容”“博爱”“人性”等。这些均属西方马克思主义包括传播批判理论审视的问题，也就是文化权力如何在社会现实中运作，又如何为各种社会现实提供合法性；三是彰显抗争。市场原教旨主义或自由原教旨主义一向反抗国家的行政权力，总是预设一个对立面——政党或政府，信奉所谓“管得越少的政府，就是越好的政府”等教条。赵月枝以及批判学派的研究表明，国家和市场其实都是既能限制，也能赋权，不是说只有国家才限制或赋予你的话语权，市场同样可以赋予或限制你的话语权：

> 这两个力量有对抗的可能，也有其相互迭加从而形成合力的可能。比如，国家为了维护官僚集团的自身利益或者迎合内外资本利益和促进出口，可能会限制下层劳工和农民的话语权力，以保持“社会稳定”。或者是降低工资、提高本国产品在国际市场上的竞争力。与此同时，在商业逻辑的驱动下，传媒可能因下层劳工与农民这两个社会阶层不是广告商的目标受众而忽略他们话语表达和社会传播需求。[①]

赵月枝书中第 13 章分析 20 世纪 90 年代末，中国媒体对“入世”大张旗鼓的宣传报道就是一个鲜明例证。她在另一篇文章中，也就“入世”报道所体现的政治问题与权力关系写道：“媒介使新自由主义的全球化观念得以张扬，跨国企业享有话语权，新闻报道同时给予美国主导的跨国资本主义以足够的重视。中国媒介不仅依赖美国使馆和美国媒介为其提供 WTO 协议的内容和对协议的诠释，甚至成为跨国公司及其代言人的宣传工具。与此同时，在我分析的近 500 篇相关新闻报道和评论中，没有一篇文章有中国工人和农民的声音，就连礼节性的引语也没有。用汪晖的话来说，中国媒介对 WTO 协议进行了一次漫长而一厢情愿的宣传活动，与美国媒介对这一相同主题的报道相互呼应。”[②]

学术何为，前沿安在

2008 年，在一篇纪念“改革开放”三十周年的文章末尾，赵月枝针对中西新闻传播学的不同走势，提出了发人深省的问题：

> 在西方批判学者反思西方新闻体制和基本原则，希望按照民主和参与的精神“重造媒体”并领导和参与各种方兴未艾的以媒体民主化为目标的“媒体改革”运动的时候，国内的许多学者一边忙于建构以“美国主流”为基本参照的新闻传播学，一边把西方垄断资本媒体的新闻理念当普世理念在中国不加批判、不分社会制度地弘扬，而媒体商业化的压力和“做大

① ［加］赵月枝：《传播与社会：政治经济与文化分析》，中国传媒大学出版社 2011 年版，第 35 页。

② ［加］赵月枝：《中国与全球资本：文化视野中的考量》，《新闻与传播评论》2005 年卷。

做强”的产业取向又在客观上引导学者和学生们强化唯西方垄断资本媒体马首是瞻的倾向。

我们是照旧做着客观专业的新闻传播学术，并希望以此与“西方主流”接轨，还是重新审视我们的新闻传播学的基本理念并构建我们对中国新闻传播制度的新的学术想象?①

面对这个严肃严峻的问题，面对社会与传播的变局、学术与政治的关系，中国的新闻传播学如何激发学科的生命力，又如何激活研究的想象力？回应此类问题，当务之急恐怕是在更加深厚的思想层面和更加广阔的社会层面重申政治及其意味，激活中国新闻传播学的政治意味与思想活力，由此愈发显得事关重大，非同小可。因为“否定之否定”的再政治化及其新闻传播研究，不仅在于摆脱技术化、贫血化的庸俗路线，而且更在于科学解释中国的新闻传播实践并为其提供一套安身立命的价值依托。

批评家雷达在重新审视“十七年”作品时谈到，那些经典之作虽然有其时代局限，如鲜明的政治色彩、革命情结、时代风云，但字里行间却自有一种磅礴大气，而政治是铸就大气的灵魂。与之相对，近30年来，艺术与艺术家貌似远离政治，沉溺于小我之中，只谈风月，不谈风云，也就失去元气淋漓的生命力与创造力。这个问题同样存在于新闻传播学科。没有政治意识、政治眼光、政治胸怀的研究及著述看上去精致无比，充其量自娱自乐，既不能“解释世界”，更无法按马克思说的“改变世界”。就像社会学家黄平批评的实证研究：

现在所谓社会科学的伪科学化程度是比较高的，它既没有文史哲的厚重，也没有数学、物理学的那个形式。我自己身在其中，我列过五个社会科学的“不三不四”：第一，你讲故事不如记者来得快；第二，不如文学家来得生动；第三，不如统计局的数据来得准确；第四，对体制的问题不如身在其中的官员体会深刻；第五，不如当事人，也就是普通老百姓，对事情把握得准。于是就弄了一些社会学的概念往那儿一堆，列出一些图表来骗人。②

令人欣慰的是，新世纪以来，一批有思想、有头脑的学人日渐破除去政治化的迷雾，将学术研究同社会人生相联系，同亿万人民的历史实践相联系，特别是一批生机勃勃的年轻学者及其博士论文，更体现了传播与社会、学术与政治的血肉关联，显示了非同一般的想象力与创造性，体现了一种鲜明的文化自觉与学术自觉。这些都是值得肯定的动向，也是赵月枝思考与著述的正果。

（《传播与社会：政治经济与文化分析》，［加］赵月枝著，中国传媒大学出版社2011年8月出版。）

作者：李　彬（清华大学新闻传播学院教授）
摘自：《新闻大学》2012年第1期
修订：2015年8月

① ［加］赵月枝：《为什么今天我们对西方新闻客观性失望?》，《新闻大学》2008年第2期。
② 苏力、陈春声：《中国人文社会科学三十年》，生活·读书·新知三联书店2009年版，第654页。

如何理解“媒介事件”和“传播的仪式观”

——兼评《媒介事件》和《作为文化的传播》

近年来，在中国大陆新闻传播研究的各类论文中，“媒介事件”“仪式”“媒介仪式”“仪式观”等这样一些概念被较多地使用，但是从一些文章对这些概念的使用来看，存在不少误读、误用的情况。由于这个问题的涉及面太广，在一篇短小的文章中无法全面展开，仅仅想以两本具体的书入手，进行简单的讨论。这两本书，一本是戴扬和卡茨的《媒介事件》，另一本是詹姆斯·凯瑞的《作为文化的传播》。

一、《媒介事件》，功过是非

对于《媒介事件》一书，相关的介绍、评析也有不少。在这里，我讲的仅仅是这本书中“媒介事件”的使用意义。

（一）媒介事件和媒介仪式

照戴扬和卡茨的解释，“媒介事件”是指“那些令国人乃至世人屏息驻足的电视直播的历史事件”（此处暂时不考虑戴扬2008年对此概念的再次修订），具体是三类脚本：“竞赛”“征服”“加冕”。同样是沿用戴扬和卡茨的说法：“我们可以称这些事件为‘电视仪式’或‘节日电视’，甚至是文化表演。”或许正是戴扬和卡茨这样的一种笼统的表述，有人在引用“媒介事件”这一概念时，就不加区别地把“媒介事件”“电视仪式”“文化表演”等概念等同起来。戴扬和卡茨在一项研究中“试图引入仪式人类学的理论来阐释大众传播过程”，进而他们创造了“媒介事件”的概念，其背后的含义，已经超出了传统意义上的仪式的范畴，它是由于传媒介入之后创造出来的一种新的仪式类型。没有传媒的介入，不会有这样一种仪式类型。这一点上，戴扬和卡茨的研究对于拓展仪式研究的视角，无疑具有开创性意义。

所谓媒介仪式，指的是那些经由大众传播媒介记录并传达着仪式以及那些经由大众传媒“包装”之后具有仪式意味的“新闻事件”。这种经由传媒记录并传达的仪式和那些未经传媒记录和传达的仪式有着较大的区别，但这一点，在既往的人类学、社会学研究中并未意识到，包括柯林斯这样十分重要的仪式研究学者。

从以上简单说明中可以看出，“媒介事件”和媒介仪式是有联系的，同时也有差别。其中最为重要的差别在于“媒介事件”所指涉的对象中，有些是属于仪式（比如说“加冕”），有些则不属于仪式（比如说“征服”“竞赛”）。而在媒介仪式中，一方面是指媒介对仪式的记录、传达，这样一些经由媒介记录、传达着的仪式，并非都是“媒介事件”；另一方面，那些经过媒介“包装”之后具有仪式化意味的“新闻事件”，则与“媒介事件”较为接近，但也不完全等同。

（二）媒介事件和重大新闻事件

在戴扬、卡茨对“媒介事件”给出“一种更为简洁的定义方法”中，已经对“重大新闻事件”和“媒介事件”的区别进行了交代。他们明确地写道：“三哩岛核电站泄漏事件的直播报道，是重大新闻事件，但不是我们感兴趣的重大仪式事件。”因此，在他们看来，“媒介事件”和重大新闻事件是两类完全不同的“事件”。

（三）《媒介事件》一书的不足

在我看来，这本书十分明显地存在一些缺陷，对此，在戴扬2008年的那篇文章中，同样未能规避。以下对于戴扬和卡茨的批评并非是否定他们的贡献。在戴扬和卡茨这本书出版之后的二十多年中，传媒与仪式的相关研究领域，并未出现更加令人倾倒的理论成果。

不足主要有以下几个方面：

首先，沿袭了既往仪式研究过程分析的路径，但“媒介事件”这个概念的理论含义明显不足。戴扬和卡茨在《媒介事件》一书的开头就写道：“本书试图引入仪式人类学的理论来阐释大众传播过程”，但戴扬和卡茨在书中并未对他们所引入的仪式人类学的理论做过多的说明。如果说引入的目的是“阐释大众传播过程”，那么我是否可以做出这样的猜测：他们是沿用既往仪式过程的研究来考察这样一种特定仪式（传播）过程的。在这方面，在人类学中，阿诺尔德·范热内普（Arnold van Gennep）和维克多·特纳等人已经做出过十分出色的论述，但是戴扬和卡茨并未直接去套用范热内普和特纳的论述，同时也未对相关的研究做出应有的理论阐述，而是直接提出了“媒介事件”这样一个概念。这样的处理方式，一方面我们可以猜想为戴扬和卡茨要在既往仪式过程的理论话语中寻找一种新的表达方式，虽然同样是过程的研究，但是他们也试图得到一种新的理论表达；另一方面，由于缺乏对相关理论的必要的阐释，使得“媒介事件”这样一个概念的理论内涵明显地不足，或者说是使得“媒介事件”这样一个概念和既往的仪式研究的相关理论之间缺乏一种内在的学理上的关联。或许正是因为后一个方面的原因，使得“媒介事件”这样一个在仪式人类学理论启发之下形成的新的理论表达很难再回到仪式人类学理论话语中去。同样地，这或许也正是那些从事仪式研究的学者们对这样一个缺乏必要的理论内涵的概念没有太大兴趣的最为主要的原因。

虽然说戴扬和卡茨沿用了既往仪式研究过程分析的思路，但是从整本书的内容构成来看，其实也还说不上是一个完全意义上的过程的研究。如果从“媒介事件”的完整的过程来看，它应该包括节目的生产（或制作）、传输，以及受众的接收这样几个方面。但是戴扬和卡茨的研究，主要还是基于对媒介文本的考察（这一点后面还会讲到）。虽然他们在本书的开篇第一句话就说“本书讲的是对电视的节日性收看”，但是在整本书中，他们对于“观众”如何收看这样一些电视节目，的确没有充足的研究资料作为支撑。因此，戴扬和卡茨虽然想对“媒介事件”这样一种特定的仪式做出过程分析，但是由于研究资料的限制，他们无法去做严格意义上的过程分析。或许也正是这样一种资料上的掣肘，他们不愿直接去借用范热内普和特纳的关于仪式过程的那样一些理论资源。

其次，并未完全摆脱效果研究的狭隘视野。我没有办法去猜想戴扬和卡茨两个学科背景有较大差别的人在这本书中的各自的贡献具体在什么地方，或者通俗一点说，这本书中的哪些章节是戴扬的主意，哪些章节是卡茨的主张。但是我却想去做出一个可能是错误但并非完全没有道理的猜测：本书的最后一章（第7章）“媒介事件的效果回顾”或许是卡茨的主张？作为一个“拥有人类学、比较文学、符号语言学和电影研究学位”的戴扬，估计不会对“效果研究”如此青睐。而一直从事传播研究的卡茨，即便卡茨对于传播效果的理解也并非十分狭隘，但是我猜测是他把这样一项研究最终拉回到对“效果”的讨论上，似乎也不是完全没有道理的。

在既往关于仪式的研究和讨论中，应该说也有关注仪式功能的，尤其是那些功能学派的学者。虽然传播研究中的效果研究也直接来源于功能主义的影响，但是，从功能走到效果，在我看来，恰恰是1959年贝雷尔森发出悲叹——“至于传播学研究，正处于枯萎状况”① 的主要原因。无论是象征人类学中对于仪式的研究，还是格尔茨的“文化的阐释”，还是柯林斯的“仪式互动”理论，对于一种文化现象的仪式研究，要么是对其意义的探寻，要么是对其发生机制的分析。如果把仪式分析又拉回到效果研究的路子上去，在我看来，这不是一种理论上的进步，而是一种倒退。即便在《媒介事件》一书的最后一章所讨论的效果问题，其实都只是作者的一些猜测，并未实证的调查数据。这些猜测，或许也会为后人的研究提供一些假设，但无论是被证实还是证伪，在我看来，只会把这样一个新开启的极具想象力的研究空间再度葬送了。

第三，更多的是关于媒介文本的研究，缺乏实地研究。正如前面说到的，在戴扬、卡茨这项研究中，主要的研究单位是作为“社会人为事实”的媒介文本。他们说要考察“电视的节日性收看”，但是他们并未对观看现场进行深入观察。准确地说，他们所做的研究，是针对“媒介事件”文本所进行的研究，或者说是对某一类仪式文本的研究。这一点，如同早期一些从事仪式研究的人类学家，他/她们也是针对别人记录的某些仪式的文本进行研究。我在这里并非是说这样的研究方式不可取，只是想说明这样对于文本的研究与在仪式现场进行研究是有区别的。仅仅从文本研究所得到的结论，我们只能去解读文本所蕴含的意义，而无法去解释这个仪式本身更为完整的意义。

第四，“媒介事件”是一个操作性概念。关于这方面的方法论问题，我曾在一篇文章中谈到过，不再赘述。对于操作性概念，其在学术研究中的寿命往往仅存活于某个具体的研究中，很难具有普适性意义，在其他研究中也不宜直接去套用。这，或许又是戴扬、卡茨这样一项研究设下的一个圈套，后来无数的研究者，对此毫无防备地钻了进去。

二、“传播的仪式观”是人类传播活动的一种隐喻

在中文的文献中，周鸿雁的《隐藏的维度——詹姆斯·W·凯瑞仪式传播思想研究》（2012）应该是迄今为止中文文献中对凯瑞传播思想最为系统的研究，国内外学者对于凯瑞传播思想的评价、相关的资料都可以在这本书中找到。我在这里也不想去重复那些资料。只是谈我自己对“传播的仪式观”的理解。

（一）“传播的仪式观”与“媒介事件”等的仪式分析并非是同一个层面上的问题

在我看来，詹姆斯·凯瑞对于传播仪式观的讨论，和戴扬、卡茨对“媒介事件”的研究，以及既往人类学、社会学的仪式研究，并非是同一个层面上的问题。这一问题是既往很多关于詹姆斯·凯瑞的讨论中并未引起大家足够重视的，或者说又是我们误读、误解了凯瑞的方面。

无论是“媒介事件”，还是媒介仪式，甚至包括人类学、社会学的仪式研究，虽然各自关注方面不同，理论旨趣

① 关于这方面情况，详见黄旦：《磨洗旧迹认前朝——评传学史上的第一次大讨论》，《新闻大学》1995年第3期。

各异，但是所有这些讨论均是在同一个层面（即仪式）上来展开的。至于詹姆斯·凯瑞在讨论传播问题时所提到的仪式观，在我看来，则是属于另外一个层面的问题。这种差别，源于传播和仪式两个概念内涵和外延上的差别。传播概念的外延，明显要比仪式广得多，如果仅仅把传播理解为一种仪式，那就大大缩减了传播的外延。因此，在我看来，要更好地理解凯瑞在讨论传播问题时所说的“仪式观”，关键在于弄清仪式观和仪式之间的区别。

关于这一点，人类学家格兰姆斯曾经做出一点简单的说明，他曾这样写道：“凯瑞仅仅是在类比的层面上来使用仪式，并且，‘传播的仪式观’（ritual view of communication）这种表述并不清楚——到底仪式自身是一种行动，还是仅仅是在进行某种研究时的一种观点。”应该说，格兰姆斯这样的提醒——凯瑞仅仅是在类比层面上来使用仪式——是切中了问题的要害的。也就是说，凯瑞仅仅是把传播类比为仪式，而不是说传播就是一种仪式。在我看来，“传播的仪式观”这样的表述，并非是简单地把传播当作一种仪式活动并进而对其进行研究，如果这样，我们甚至可以说凯瑞是把传播和仪式简单地等同起来了，我认为这不是凯瑞提出“传播的仪式观”的本意。因此，我认为凯瑞使用“传播的仪式观”这样的表述，更接近格兰姆斯所说的后一点，他仅仅是采用仪式的视角来讨论传播问题，进而形成的某种关于传播的认识（或观念），简而言之，人类传播活动具有仪式的意涵。这一点，是理解凯瑞所说的“传播的仪式观”的关键。的确，正如格兰姆斯所说的凯瑞在使用仪式概念时是轻描淡写的，并未发展这一概念。或许正因如此，在那些从事仪式研究的学者看来，凯瑞的“传播的仪式观”的说法并没有太大的理论价值。而在从事传播研究的学者中，隐约从凯瑞的论述中感受到了其理论上的意义，但是也没有对一些更为根本的理论问题——如仪式观与仪式的关系——进行深究，甚至是误读、误用了凯瑞的理论。

同时，凯瑞对于“传播的仪式观”的讨论，非常接近维克多·特纳（2007）对人类象征性行为的那些隐喻层面的考察。也就是说，凯瑞所说的“传播的仪式观”，属于人类传播活动隐喻层面的问题，而这一问题，和仪式的隐喻有着类似之处。

但是我们也不能因此就抹杀了凯瑞在传播研究思想史上的巨大贡献。凯瑞提出“传播的仪式观”的《传播的文化研究取向》一文最早发表于1975年。在这篇文章中，凯瑞从杜威对传播问题的讨论说起，认为，“我们不应该满心欣喜地重复他的洞见，或不自觉地重复他的错误，我们应该抓住他对‘传播’一词在理解上的矛盾，拓展他的思想，利用这一矛盾活跃我们的研究”。在这一点上，我同样认可凯瑞的表述，若把这话放到凯瑞的身上，我想说的是我们也应该拓展凯瑞的传播思想，由此来活跃我们的传播研究。凯瑞在那篇文章中提出了“传播的传递观”和“传播的仪式观”之后，对“传递观”和“仪式观”的具体含义分别进行了说明。凯瑞在对“传递观”和“仪式观”的各自含义进行说明时，他的确不是那种非常缜密的学术论证，尤其是凯瑞在讲到“仪式观”时，那样一种简单的交代，是很难让人类学家们满意的。

我在这里说这样的话并非是简单地为詹姆斯·凯瑞做辩护，而是觉得凯瑞的确是从传播的视角对人类传播问题做出了一种精彩的理论回答。在这一点上，我十分赞同维克多·特纳的说法：“我们可能常常会发现不能指望某一学者的整个理论体系，因为对我们有所帮助的往往是他们的一些零散的观念以及瞬间迸发出来的灵感和洞见。”或许是由于凯瑞的“微言大义”，让很多人误解了凯瑞；或许我们真正应该问的是：从凯瑞那里，我们到底得到了什么？因此，在这里，我想再对如何理解凯瑞的“传播的仪式观”做进一步的说明。

（二）理解凯瑞“传播的仪式观”要注意的几个问题

1. “传播的仪式观”是人类传播现象的一个隐喻层面的问题。对于隐喻的理解，以及我在这里所讲的詹姆斯·凯瑞的“传播的仪式观”隐含的意义，我倾向于接受维克多·特纳的解释，他“认为隐喻将熟知的和陌生的事物特点合并在一起或者将熟悉的特点进行异化的合并，隐喻便能有助于激发我们的思想，为我们带来全新的视角并使我们兴致盎然。隐含的意义、暗示、价值观念同它们的字面意义交织在一起使我们以一种全新的方式发现了一个主观的事件。”关于这方面问题，在凯瑞之前，并非是完全没有人注意到，但是，第一个把人类传播现象中的这样一层隐喻明确地表达出来的，的确是凯瑞。这样一层隐喻，其实一直是伴随这人类传播活动的，但是不知为何，我们在讨论传播问题时，强调得更多的是“传递”的方面，对于“仪式”的方面，明显地关注不够？进一步说，凯瑞提出“传播的仪式观”所要解决的问题，是对人类传播活动（或现象）中那些隐喻层面问题的阐释。正是因此，凯瑞对哈罗德·伊尼斯（Harold Adams Innis）对于传播问题的精辟见解赞许有加，他这样写道：“他的文本还在不断产生新意，因为它们在故作高深的同时也夹杂着他的天赋与灵气——富有穿透力的格言、出人意料的并列和突然的洞明。打开他的著作，就像重新投入一次深入的对话：他的著作不仅是用来读的，而且是可以与之共同思考的。”

无论是伊尼斯对于传播的偏向的讨论，还是对于传播与帝国的讨论，所揭示的均是人类传播现象中隐喻层面的问题。正是在这一点上，可以说伊尼斯关注传播问题的思路，与凯瑞几乎完全是一致的。

2. “仪式”在凯瑞的表述中主要是一种类比。格兰姆斯在讲到凯瑞关于传播与仪式的关系时提到“凯瑞仅仅是在类比层面上来使用仪式”，我认为这样的判断的确是有洞见的。传播与仪式不能简单等同，因此，也不能把凯瑞的“传播的仪式观”说成是“传播就是一种仪式”。在这里，凯瑞是借我们所熟悉的事物——仪式来类比人类传播活动的隐含意义。

3. “传递观”与“仪式观”具有“范式”差别的意义。凯瑞把传播分为“传播的传递观”和“传播的仪式观”两大类，其用意是由此来分析人们在理解人类传播活动时的主导观念（或视角），是偏向于“传递”的观念，还是偏向于“仪式”的观念。这样的一种区分，与托马斯·库恩（2003）所说的“范式”（Paradigm）概念有相似之处，我们或许也可以借用库恩的概念把它们看成“传递范式”和“仪式范式”。因此，在我看来，詹姆斯·凯瑞提出“传播的仪式观”，虽然和托马斯·库恩所说的那些科学史上的“科学革命”不可同日而语，但是，对于传播研究来说，确实是具有某种“科学革命”的意味。但是，正如我在前面说过的，“仪式观”其实是传播活动的一个隐喻层面，因此这两者之间，虽然具有某种范式差别的意义，但是却不是托马斯·库恩所说那样——两种不同范式之间具有不可通约性。或许也正是在此意义上，凯瑞才说“这两种对立的传播观并不需要彼此否定”。凯瑞接着写道：“仪式观并不排除信息传递或态度改变过程，它只是主张除非人们从本质上对传播与社会秩序采用仪式性的观点，否则他们就无法正确理解这些过程。”最后，凯瑞还这样写道：“但是，学术上的事往往起点决定终点，对传播的基本立足点很大程度上决定了随之而来的分析路径。”由此可见，至少在凯瑞看来，虽然“传播的仪式观”无法否定“传播的传递观”，但是如果缺少了“仪式观”的视角（或是隐喻）的考察，对于人类传播活动（或现象）的认识是不完整的。

4. “传递观”和“仪式观”不可分。在我看来，所谓“传播的传递观”与“传播的仪式观”，其实是一枚硬币的两面，无法把它们人为地分割开来。在人类传播活动中，“传递”与“仪式”两方面的含义是共同存在的。在课堂讲课时，我给学生举过这样的一个例子：上课也是一种传播活动，在这一传播活动中，如果从传递观的视角来理解，即是老师和学生之间的知识的传递和习得。但这并非课堂这样一种传播活动的全部。有些学生，在课堂上并未听老师讲课，他/她或许是因为担心老师点名，不得不来上课。他/她们完全不在乎老师讲什么。但是，如果我们对课堂这样的传播活动进行分析，我们不得不考虑到基本上没有和教师形成一种传授关系的这样一些学生。即便在一个40分钟的教学过程中，即便是那些十分认真的学生，在听课的过程中也会开小差。而所有这些出现在课堂上的学生，无论是那些完全不理会教师讲什么的，还是那些偶尔开小差的学生，他/她在这个课堂上的存在是有意义的。这一点，若从仪式观的角度来看，就可以得到较好的解释——他/她们的存在，是一种象征性的，具有“在场”的意义。对于那些在课堂上没有听教师讲课的学生，他/她们，如同柯林斯所说的，或许是“疏离的内向者”，他/她或许也在做着其他的“仪式互动”。

虽然对于这两者不可分这样的道理是大家都容易理解的，但是在具体的那些名义上是套用了凯瑞的仪式观的理论所进行的研究中，是否较为彻底地贯彻了凯瑞的仪式观的思想，这仍然是一个问题。

结　语

戴扬、卡茨的《媒介事件》和詹姆斯·凯瑞的《作为文化的传播》中译本的出版，的确为中国大陆新闻传播研究开启了一个重要的理论视角，笼统地说，就是一种仪式分析的视角。但是，正如本文开始时所说的，在引用相关文献时，还存在较为突出的概念混乱的问题。解决这样一些问题，自然需要回到文本本身。但是就这里所说的仪式分析，仅仅回到新闻传播研究的文本还不够，还需要阅读大量的人类学、社会学中关于仪式分析的理论文献。这样一种广泛阅读与概念辨析的工作当然十分辛苦，但是若不从这样的一个起点开始，仅仅是看到什么新的理论或概念就简单地引用，甚至是套用，这样的研究，犹如很多新闻，只能是过眼云烟，更遑论理论上的创新。这种表面上繁荣的学术，我们没有理由去沾沾自喜。

（《媒介事件》，［美］丹尼尔·戴扬、伊莱休·卡茨著，北京广播学院出版社2000年出版；《作为文化的传播》，［美］詹姆斯·W. 凯瑞著，华夏出版社2005年出版。）

作者：郭建斌（云南大学新闻系教授）
摘自：《国际新闻界》2014年第4期

继承与创新：研读斯图亚特·霍尔代表作《编码/解码》

一、引言

2014年2月10日，“英国文化研究之父”斯图亚特·霍尔（Stuart McPhail Hall）溘然长逝，享年82岁。《卫报》即时发布了他的学生大卫·莫利的悼文，文中莫利这样评价道：“当年文化研究还只是少部分人的事业，半个世纪后它便无处不在、硕果累累了。”文化研究不是霍尔的全部，但“霍尔的名字就是文化研究的同义词”。

威廉斯（Raymond Williams）、霍加特（Richard Hoggart）时期的文化研究并不是毫无建树的，但直到霍尔，它才获得了稳定的视域和自给自足的研究范式。正是霍尔思想的深刻与复杂，带动了20世纪六七十年代文化传播学派研究的快速发展。霍尔的思想直接受益于符号学，罗兰·巴特（Roland Bathes）使他注意到意识形态在日常生活的嵌入，德里达（Jacques Derrida）使他对“差异”高度敏感，葛兰西（Antonio Gramsci）的“文化领导权”则使他看到文化背后无形力量的角逐。霍尔也是西方新左翼思潮的旗手，对马克思主义政治经济学有着深刻的透析。“尽管他对他的马克思主义‘不作保证’，但那始终是其思想的重要组成部分。”用符号学解构微观现象，用马克思主义解释宏观机制，将这两股思辨要求较高的思路融于一身，这是霍尔思想的深刻所在。对思想继承“不作保证”，对符号学、马克思主义以及其他更多思想都有取舍、创新，这又是霍尔思想的复杂所在。

《编码／解码》（*Encoding/Decoding*，1980）作为霍尔的代表之作，集中体现了其继承与创新并存的思想特征。然而今天，这篇文献连同霍尔却往往被我们所读“薄”：有人投入全部注意力以三种立场的思想考古来勾勒霍尔的思路；有人则把文中对符号学的调用描述为工具性的导入，对霍尔的剖析不加任何马克思主义的讨论；有人认识到霍尔“开启了建立在结构主义和符号学概念基础上的马克思主义媒介理论的新纪元”，看到了思想的承递而忽视了其中的偏离。

本次对《编码/解码》的研读发现，结构主义符号学和马克思主义政治经济学，在电视传播内容和电视生产过程两个层面上，启发了霍尔对电视生产的理解，这是这篇文章所包含的两个传统。但在“文化主义”（Culturalism）的框架下，霍尔完成了两次理论“叛离”——对文本中心主义的、对生产消费直接同一性的——基于他对理论继承“不作保证”的开明认识。这两次“叛离”才真正形成了这篇文献与以往传—受观断然诀别的理论气质和强烈的批判色彩。而今天我们的“薄”读，倾向于将这篇文献仅仅当作一份受众调查指南，身处意义丰富的田野却只是为收受实践做做札记，复归与霍尔精神相悖的经验主义和实用主义。

二、《编码/解码》的文理

《编码/解码》的前身是霍尔1973年在莱斯特大学所做的一场学术报告，不久以《电视话语中的编码与解码》(*Encoding and decoding in the television discourse*，1973)，发表在伯明翰大学当代文化研究中心（CCCS）的内部刊物上。在经过很长一段时间的非公开流通之后，这篇文章才被纳入《文化·媒介·语言》(*Culture*，*Media*，*Language*，1980）的论文集中得以公开发表。20世纪80年代到90年代，在莫利“《举国上下》研究”的带头推广下，“随着受众研究的复兴，《编码/解码》几乎被奉为这一领域的经典文本”。国内对这篇经典文献的解读，从教育学、文学到传播学都有尝试且进路各异。由于霍尔的文章表述佶屈聱牙，有研究者通过拣取、复述文中的经典修辞来拼接文献全貌；有研究者从文本间性出发，对关键概念进行考古；还有研究者通过比对媒介现实来理解文章。

而本文，则把《编码/解码》视作一个自给自足的生态，主张从文献本身摸索因果链条和效力传递。这样的研读试图还原霍尔头脑中的“编码解码”理论本身，学术意义不亚于前述的研究进路。根据这种思路，本文被分为四个部分。

（一）结构化的传—受主体及其活动/重写受众研究的正当性

《编码/解码》一开始（1—7自然段）就指出，对电视生产过程的分析可以参照马克思的思路，将其视作“生产—流通—分配/消费—再生产”的“接合”(articulation)，结构化地考察传—受活动。文章接着提出，身处不同社会结构中的传者和受众是不对称的，相应的编码、解码不是同一的，这种差异要求我们摆脱传统传播理论用编码解释解码的、从技术到哲学的思路，有区别地讨论传播和收受。（见图1）正是由于把电视生产的一切都与结构相联系，霍尔发现了解码与编码相较确实存在的差异以及差异形成的机制，推翻了以多元主义解释传播结果、崇拜传者轻视受众、回避体制性因素的传统认识，确立了严肃研究受众的取向。

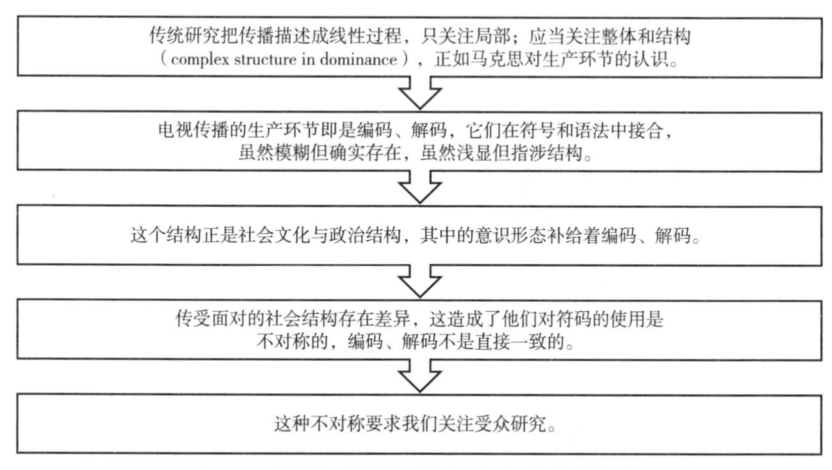

图1　《编码/解码》第1—7自然段的思路

（二）建构的电视符号/一个符号学的讨论

在文章的第8—16自然段中，霍尔首先指出了电视符码指代“任意”的建构本质；参考巴特的神话理论提出，电视符码的二度所指混入了大量的意识形态；再借助葛兰西的“文化领导权”理论发现，不同所指之间是不平等的，存在着一个得到整体意识形态支持的主导型话语。（见图2）这里，霍尔从讨论电视生产整体转入分析电视传播内容，熔炼了结构主义符号学和意识形态理论，给电视传播内容标注了鲜明的意识形态标签。

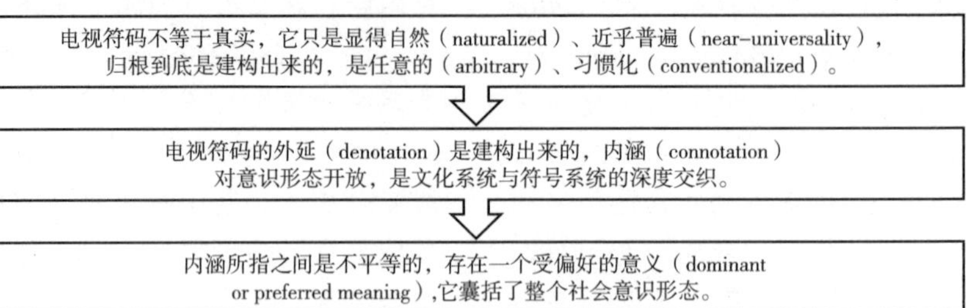

图2 《编码/解码》第8—16自然段的思路

（三）传播：结构化的主体面对结构化的符码

在第17—19自然段中（见图3），霍尔合流了前两部分的讨论：结构化的电视生产过程和建构性的电视传播内容组成了一个卷入诸多要素、环环相扣、内部充满角力的电视生产系统；传统传播研究所讨论的“有效传播”是编码、解码、符码各个环节精确接合的结果之一，这意味着，“误读”也是一种系统性的结果而非意外。到这里，霍尔完成了对编码解码的重写，他从马克思主义和符号学两条路径出发，从哲学到技术，重新勾勒了一个牵涉阶级、权力的文化生产系统，这个系统是当时的主流传播学界所陌生的。

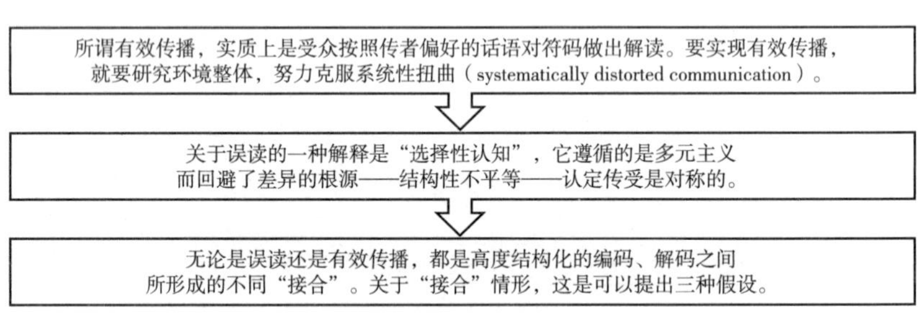

图3 《编码/解码》第17—19自然段的思路

（四）三种假设的“接合”

编码解码的“霍尔式”重写一经完成，假想传—受接合的具体形式就是顺水推舟。从第19自然段到最后，霍尔提出了经典的三种解码立场（主导—霸权式、协商式、抗争式），这一部分的篇幅较全文并不占多数，思想上也不再有飞跃。有研究将霍尔的解码立场分类追溯到了帕尔金（Frank Parkin）的《阶级不平等与政治秩序》（*Class Inequality and Political Order*，1971），后者提出社会价值系统的三种类型（主导型、屈从型、激进型）。从中可以看出，霍尔对三种解码立场的假想并不是这次思想结晶的高潮，更像是借由阅读经验顺势发散的联想。而在思想气质上，这部分也不再像前文那样诉诸思辨，反而有为实证研究开道的取向。

（五）《编码/解码》的两个传统

《编码/解码》从结构主义符号学出发，强调电视符码是一种有别于真实世界的营造出来的表意系统，里面包含着在权力斗争中取得优势的主导意识形态；从马克思主义政治经济学出发，指出电视生产牵连着一整套社会文化，其中的每一个环节都不是简单的应激反应，而是社会总体介于主体的意识形态输出。霍尔借助这两个传统试图书写一套与美国传播学完全不同的、全面结构化的、非个人非偶然的传播模式论。

到这里，有必要重新串联一遍这篇文章。这一次我们从文章的结论回到假设再到理论，为霍尔的演绎画出一个金字塔（见图4）。在这个金字塔中，三种解码立场由传播过程的结构性接合直接托举起来，而结构性接合这一点源自对电视话语的符号学解构和电视话语生产结构化的发现，这两条线索分别得到了结构主义符号学和马克思主义政治经济学的支持。三种解码立场位于金字塔顶端，是本次理论建设的收官，但它的有无并不影响整体架构的稳定；相比之下，结构主义符号学和马克思主义政治经济学才是这篇文章的根基，支撑着“霍尔式”编码解码理论。

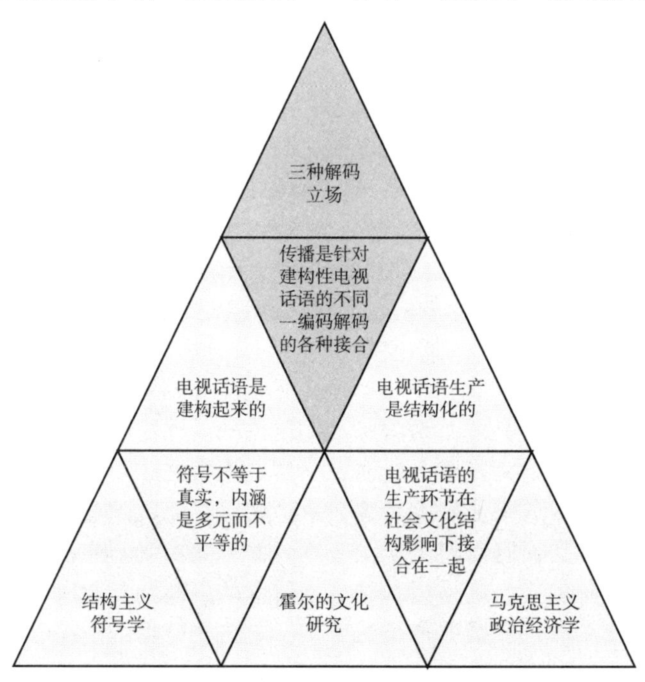

图4　《编码/解码》的金字塔体系

三、“霍尔式”的理论继承

《编码/解码》中的符号学传统和马克思主义传统清晰明确，这一点也可以在霍尔生平思想研究中得到印证。但继承并不是这篇文章的全部：作为支柱的结构主义符号学和马克思主义政治经济学，在本文推进过程中都接受了霍尔的调整。这种调整是革命性的，针对的是既定的认识论——对符号学的调整基于文化研究关注大众的取向，是从文本中心主义转向受众中心主义；对马克思主义的调整则是从生产消费直接同一转向编码解码非直接同一，暗含了对经济还原论的扬弃。

（一）从文本中心主义到受众中心主义

在《编码/解码》的演绎中，符号学

扮演着重要角色，其重要程度可能超过我们从文本中直观感受到的。比如有人发现，删减前的原稿起初还有大段对西部类型片的符号学分析。

1. 符号学传统

霍尔对电视话语的解读，包括对视觉符号虚构性的阐释和对内涵多元所指的发现，这些都来自符号学理论的积淀，包括翁贝托·艾柯（Umberto Eco）的符号唤起知觉条件、罗兰·巴特的二度符号化、沃洛希诺夫（В. Н. Волошинов）的泛意识形态。在电视方兴未艾、大众无不沉浸在其巨大魅力的当年，艾柯率先认识到了符号是对现实的反映也是抽离，电视符号的类真实特点只是因为它具备了真实的局部特征；而巴特“神话”理论中颇具开创性的二度所指体系，在这里则被霍尔平移到电视话语的分析中来；还有巴特和沃洛希诺夫对意识形态的警觉和还原。这些观点作为《编码/解码》为数不多的引据，支撑起文章鲜明的符号学传统。

2. 从强调文本到强调读者：一次文化主义的修正

符号学把重心放在文本上，而霍尔却用以烘托受众。文本中心主义是符号学研究的一个预设立场，虽不意味着研究者完全忽视读者的能力和感受，但确实要求更高程度地聚焦文本和前后文。正是因为把文本或者符号视为意义的主要载体和研究对象，符号学才获得了审视日常生活的独一无二的视角——文本中心主义几乎就是符号学的基因。德里达所言“文本之外，别无他物”，则把这个主张推到了极致。而文本中心主义又是精英主义的。在符号学家看来，符号化是多数人发出的行为，但面对文本他们又是没有抵抗力的，解读符号必须交给研究者来完成，由符号学研究符号中丰富的意指和不为察觉的机制。

但是，霍尔和他代表的文化研究学派从传统上排斥这套精英主义的认识。在文化研究形成之初，雷蒙德·威廉斯的一项奠基工作即是把“文化”从马修·阿诺德（Matthew Arnold）定义的“世界上最优秀的思想与言论”中解放出来，“使得艺术文化从一小群有特权的人所进行的创作活动扩大到普通人民的日常生活，使得一系列广泛的文化实践具有了被研究、被探讨的合法性”。把“生活的总体方式”（whole way of life）作为研究对象，对大众文化持平视态度，这成为了后继文化研究的一个基本观念。

这种理念在引入结构主义符号学后出现了松动，文化研究趋向把越来越多的精力放在文本分析上，钻研文本而淡忘民众，陷入了为符号学作注脚的危机之中。在这个时候霍尔讨论编码和解码，用意之一即是重新提出民众的角色。虽然霍尔仍然征用经典符号学理论来分析电视传播内容，但这些讨论首先承认结构化的受众解码机制。也就是说，电视文本的意识形态功能受制于受众因素，编码者和文本虽然采取了不同的符号化策略但也难以保证成功，必须面对不同受众有组织地接受、协商甚至抗争。在这套论述中，符号的力量被限制在内容之中，它要面对独立、严肃的受众解码。而既然受众不会百分之百被文本说服，文本就不能被当作文化本身来研究，受众的判断和参与应当被承认和考虑。

这种处理消退了符号学对文化研究的侵蚀，转而使其成为了文化研究在特定领域的分析工具，打捞了文化主义的传统。霍尔的《编码/解码》也因此成为文化研究跳脱符号学、实现中兴的关键，而非一些研究者所认为的结构主义抬头的推手。他对结构主义符号学的调整，出于文化研究的受众本位思想，是一次基于文化主义传统的习惯性纠正。

（二）从生产消费的直接同一到编码解码的非直接同一

《编码/解码》的目的，是要书写出一

套论及机制的受众研究主张，这与美国传播学出于平衡而提及的受众研究有着根本区别。为此，仅仅解决文本中心主义的问题是不够的，霍尔需要在宏观层面确立一套解释。于是，霍尔选择了马克思主义政治经济学，具体来说，是马克思关于生产过程的划分和辩证分析。

这篇文章提及马克思生产过程观的地方有三处：第一处是在文章伊始，霍尔批判线性传播观不重整体，提出了以马克思在《政治经济学批判大纲》（*Grundrisse der Kritik der Politischen Ökonomie*，1857）和《资本论》（Das Kapital）中论及的“生产——分配——再生产”的生产总过程为借鉴，用以理解电视生产的结构性，为发现编码、解码的差异做了铺垫。第二处是在对电视传播的结构性生产做小结时，将其比作话语中的“劳动过程”。第三处讨论的是受众解码之后的结构性反馈重新进入编码环节，构成了一个电视生产的大“流通”。

从篇幅上看，文章对马克思观点的引用不过是提及了《资本论》和几个特定表述，寥寥几字也只能算作“提及”，谈不上“阐述”。从内容上看，霍尔并没有对马克思的观点做更多解说，他将很大一部分自己关于马克思主义的思考悬置在文本之外，客观上造成了这篇文献在文字格局与思想框架上的不对称。这个有意无意的留白一定程度上导致了后继的文献解读过分倒向对符号化的讨论，忽视了对马克思主义部分的考察。

1. 马克思关于生产消费的论说

马克思关于生产过程的论述，最早集中出现在《政治经济学批判大纲》的导言部分。整个大纲也被称为“1857—1858 年经济学手稿”，是一份尚未完成的草稿，1902 年被发现，随后被补录进《马克思恩格斯全集》。在《编码/解码》与《政治经济学批判大纲》的比较阅读中可以清晰地发现，前者从马克思关于生产、消费的辩证思考中，认识到了生产结构化的问题。这构成了编码解码理论与马克思主义政治经济学间紧密的互文关系，形成了《编码/解码》的另一支重要思路。

在《政治经济学批判大纲》导言的第二小节“生产与分配、交换、消费的一般关系”中，马克思首先申明了他对生产环节的强调不是对传统政治经济学重视分配的简单纠正，不是辩证法的把戏，而是对现实关系的描述。传统政治经济学认识到了生产本身也是一种消费，包括对生产主体能力的消耗和对生产资料的消耗。马克思则补充道，劳动者通过吃喝生产自己的身体，通过消灭生产的产品实现产品的人化，在这种情况下，消费也是一种生产。生产与消费之间的这种关系被马克思概括为“直接的同一性”（immediate identity）：“生产直接是消费，消费直接是生产，每一方直接是它的对方。”同时，生产中介着消费——生产为消费创造材料，对消费做出内容、性质、方式上的规定，通过产品引起消费的需要；而消费也中介着生产——赋予生产意义，引起新的生产需求。最终，“每一方都把自己当作对方创造出来”，生产与消费交织共生汇入生产的全过程。

2. 从直接同一到非直接同一：一次协商的继承

从文化研究的观照出发，霍尔发展出了编码与解码的辩证关系。在电视符码的传播总过程中，专业人员从现实生活中采集画面、结合意义进行符号化操作的活动即是电视生产，也就是编码，受众在电视上看到画面、做出解读的活动即是电视消费，也就是解码。马克思发现的生产、消费关系，同样适用于描述编码与解码的关系：编码直接是解码，专业人员的画面采集和加工工作是一种基于专业视角对周遭视觉符号习惯的解构和学习，编码的产品直接刺激解码的需要；解码直接是编码，受众解读文本的过程有很大一部分是对编码图式的推测，解读的结果则成为下一次编码工作的潜在教案，通过影响编码结构参与电视传播过程的再生产环节。

但在概括编码、解码的关系时，霍尔与马克思拉开了距离——霍尔称："编码、解码不构成直接的同一性。"这里霍尔采用了一种微妙的部分否定式陈述，包含了他对二者关系的两重认识：一方面，霍尔认同编码、解码作为生产、消费在电视传播中的具体表现具有生产、消费所普遍具有的辩证关系，二者间有明确的关联，这一点可以从霍尔的编码解码模式图中看出——虽然霍尔不断强调编码、解码是不对称的，但导图中的编码结构与解码结构都是由知识架构、生产关系和技术基础组成，要素上存在着一一对应的关系。而另一方面，霍尔又强调编码、解码的"差异"，这种差异即是编码、解码在构成单元一致的条件下包含不同的内容，而这种内容不是个人的、不可预计的，而是编码者和解码者在不同社会文化结构下的不同养成。这样一个否定的肯定，反映了霍尔对马克思关于生产环节辩证关系的继承，以及在结构主义指导下对"差异"的坚持。

正如斯宾诺莎所言"规定就是否定"，马克思强调生产环节的同一，是为了打破传统政治经济学中单纯研究分配关系、悬置生产的偏见，他对生产、消费同一性的界定并不排斥生产、消费的鲜明区别，而是不赞同庸俗经济学割裂生产和消费。这是政治经济学的使命。

而霍尔强调传播环节的差异，是为了反对传播中心主义，强调区别研究编码、解码的必要性，他对编码、解码同一性做出否定并不影响他认同二者的密切联系，他要批判的是，传统传播学在编码、解码对称性的问题上陷入神话，不假思索地将解码看作编码的逆向重复。这是传播学的使命。

关于这一点，马克思在《导言》第二节的最后，亦对"同一性"下的"差异"做了补充："我们得到的结论并不是说，生产、分配、交换、消费是同一的东西，而是说它们构成一个总体的各个环节，一个统一体内部的差别。"

总之，在提出编码、解码不直接同一的过程中，霍尔考虑到了传播学科自身要解决的问题。他对马克思主义政治经济学做出的修正不是批判性的，实际上恰恰接受了马克思关于生产消费辩证关系的论断，只是在运用中加入了结构主义的考虑。

3. 作为马克思主义者的霍尔

然而，这样一处看似细微的调整对于马克思政治经济学却是颠覆性的，它未必能被马克思所接受。

生产与消费的同一性包含了马克思关于生产决定消费的基本认识，这里其实没有给消费环节保持结构性差异留有余地，生产与消费是不存在"非直接同一"的。因此，霍尔的修正实际上挑战了马克思为生产、消费设定的紧密的主从关系，在消费的决定因素中加入了社会文化系统的变量，把马克思划作意识形态的社会文化摆在了与生产、与经济基础同等重要甚至优先影响的地位。

在《编码/解码》的第一段，霍尔曾使用"一个连续往复的循环"（a continuous circuit）的概念来形容从生产到消费到再生产的电视生产全过程，这与编码、解码非直接同一的思路是一致的。在营建传—受模式的过程中，只有构成循环，受众才有机会前置于传播者，才能被赋予参与生产、共创意义的权力。而这实质上违背了马克思生产决定消费、消费只是反作用于生产的基本观点。再有，霍尔主张电视生产的各个环节是"接合"在一起的，环节之间维系着一种松散的联系，前者的完成并不能保证后者的实现。"接合"贯穿于霍尔对文化、意识形态、撒切尔主义的认识中，同样包含了对马克思观点的修正：它打散了意识形态与经济基础的必然联系，"几乎是颠覆了正统马克思主义中经济力量决定上层结构的关系”。显然，霍尔不主张经济还原论，而这也是文化研究学派与政治经济学派的分歧。

我们当然不能否认霍尔马克思主义者的身份。马克思主义政治经济学对于这篇文章的意义在于，它支撑了文章两条理论线索中的一支。马克思对庸俗经济学忽视生产、回避结构的批判，启发了霍尔对早期传播学传—受观念的反思，以及从结构入手考察传播全过程的中观视野。而生产、消费直接同一的观点，启发了霍尔从同一和差异两方面审视编码和解码，使其既看到了电视生产的结构交织，又看到了传播结果的建构性。

正是马克思主义浇注了这篇文章与众不同的意识形态批判色彩。《编码/解码》试图说明：电视话语的传播是一种生产结构套装结构符码的高度符号化的人类活动，身处不同社会结构的编码者、解码者有意无意地将自己的利益诉求融入传播和接收过程中，以参与并影响电视话语的生产一般，促进自身利益的实现。电视话语生产过程，交替上演着集权和移权的戏码，充满了意识形态的无形斗争。

四、霍尔模式的内涵

（一）不作保证

在许多研究者的眼中，霍尔令人称道的一点就是他在理论运用上的洒脱和开明。“不作保证”，成为了人们理解霍尔思想的重要线索。这一点在《编码/解码》一文中得到了充分体现：文章通过结构主义符号学剖析电视传播内容的建构性，通过马克思主义政治经济学辨析编码和解码的关系，源于符号学传统和马克思主义传统，但又做出了适应文化研究的调整，扬弃了文本中心主义和生产消费直接同一性，最终得出了充满文化主义关怀的受众研究主张。这种理论飞跃得益于研究者本人的学术锐意。霍尔模式的一个重要经验就是：“他并不把自己禁锢在某一学科里，拒绝把自己的理论局限在某种学术传统或归类于某一学术派别，最为不安分的是霍尔那探寻自然、真实的心智。”

（二）马克思主义与传播中的意识形态再发现

《政治经济学批判大纲》阐述了马克思开展政治经济学研究的对象和方法：“资产阶级政治经济学把分配作为主要研究对象，而马克思把生产提到首位……政治经济学应当主要研究一定生产关系下的生产。”这与霍尔当年所面对的学科形势何其相似：传统传播研究把绝大部分注意力放在传播策略的研究上，一味探讨如何传递信息、达到最佳的传播效果，而回避了传播前的编码和作为再生产的解码、它们所处的生产关系和整体社会结构。为什么回避？马克思也有讨论：

> 传统经济学家认为生产不同于分配，应当被描写成局限在与历史无关的永恒自然规律之内的事情，于是资产阶级关系就乘机被当做社会一般的颠扑不破的自然规律偷偷塞了进来。这是整套手法的多少有意识的目的。在分配上，他们则相反地认为，人们事实上可以随心所欲……无论在不同社会阶段上分配方式如何不同，总是可以像再生产中那样提出一些共同的规定来，可以把一切历史差别混合或融化在一般人类规律之中。

这段论述在《编码/解码》中转化为了霍尔对“选择性认知”和多元主义的批判。按照马克思的观点，早期传播学研究难以对现代化发展生成怀疑，它下意识地认定传递与接受本身是有益的，至少客观上掩藏了大众传播过程中的资本主义生产关系，将阶级和结构差异混淆在多元主义的诠释框架中。这从一个角度解释了早期传播学研究很少涉及贫富、罢工、少数族群、亚文化等问题的原因。直到社会学、人类学、政治学等学科陆续意识到现代性（modernity）的问题和多元主义现代化（multiple modernization）的可能，传播学才由外而内开始转向。有的学者因亲睹资本主义危机而对现代化本身产生了怀疑，有的因在异域推广理论受挫而陷入反思，有的则从经典文献中读来了对既有体制的批判和全新的认知方式。霍尔的《编码/解码》即属于第三种情形——马克思对庸俗经济学的批判使霍尔意识到了传统的传播过程理论有着不可克服的短视和局限，进而转向对电视生产总体结构的研究和对传—受环节意识形态的再发现。

（三）《编码/解码》的真实意图

我们领会到霍尔关于受众研究的真正指向了吗？这篇文献究竟在谈什么？后进的受众研究并没有很好地回答这个问题，因为大部分的研究仅仅是对三种解码立场的经验主义的证实或证伪。反观霍尔的精神，这些都很难称得上是真正的继承，即便是大卫·莫利。正是霍尔曾对莫利的研究有过这样一番评论："莫利的研究并未完全采纳'编码/解码'模型……我创立该模型的目的，也不是用它来指导长期的经验主义研究……关于大卫·莫利，我倒是有个疑问：你小子到底是怎样在真实存在的人身上检验理论的?"霍尔与莫利、以及莫利开启的民族志研究之间存在断裂，这也是为什么有研究会切割师徒二人的学统而对他们各自的理论贡献进行区分。

从现实的情况来看，编码/解码的理论是被低估和压缩的。更多的后续研究沿用了莫利的范式，热衷于按照三种解码立场对调查得来的受众数据做捡芝麻一般的简单归类，完成对解码立场说的又一次复述，或对解码立场的类型作没有实质影响的增补。其实，霍尔提出三种解码立场，只是理论大功告成后的适当联想，而更为核心的结构主义符号学分析和马克思主义政治经济学讨论、电视话语的意识形态建构和电视生产过程的结构性冲突，却没有获得后人更多的智力投入。源于思辨的编码解码理论，被扭曲用作指导经验主义的受众调查，复归到它所批判的关注局部和迷信发展的偏见之中。这在一定程度上是对霍尔理论的滥用和误用。正如有的学者所感叹的："对释码的重视与对编码的忽视割裂了受众从电视节目中生成意义的过程和电视节目的意识形态生产过程……一个完整的理论模型变得支离破碎。"

当然，产生于特定时代背景下的《编码/解码》并非永恒的经典（永恒真理也是霍尔本人所坚决反对的），而是有其固有的局限性，比如莫利在日后的实证研究中发现三种解码模式并不能涵盖所有接收情形，比如主导型解读的动机和发生机制究竟是什么，以及更重要的，告别了经济决定论的马克思主义还剩下什么，它还能支撑对电视生产的马克思式的批判吗？就像罗斯伯格（L. Grossberg）所忠告的：文化研究越来越远离经济，这是一个危险的信号。

不过作为一篇传播学的经典文献，《编码/解码》仍然能够启迪我们去认识传—受关系、理解传播结果，从它的形成中体会学术结晶的要义。

（《编码/解码》，［英］斯图亚特·霍尔著，收入2000年中国社会科学出版社出版的《文化研究读本》一书。）

作者：陈力丹（中国人民大学新闻与社会发展研究中心教授）
林羽丰（中国人民大学新闻学院博士研究生）
摘自：《新闻与传播研究》2014年第6期

宣传研究的概念考察

——兼评刘海龙的《宣传：观念、话语及其正当化》及宣传研究

刘海龙的《宣传：观念、话语及其正当化》一书是目前我国宣传概念研究的一部代表作。

宣传概念研究旨在澄清宣传的观念，梳理与宣传相关的各种权力的转化以及宣传话语与权利、自由和利益之间的密切联系，以此寻找人们使用宣传和理解宣传的逻辑起点。如果参照宣传知识的现有储备，刘海龙的研究不在于给出权威定义，不针对现象做细致分析，也未涉及宣传体制变革的路径与方法，他通过让宣传概念回到观念历史的脉络中去，通过对宣传话语变迁的细致梳理，对宣传研究的欠说理处给予必要的矫正，对宣传观念的弊端给予精心的治疗，以此来实现他的研究预期。他以观念、话语和正当性三重概念结构，修正并规划宣传研究既有知识的逻辑地图，在对宣传观念和话语讨论之后，迅速进入到宣传概念历史形成的深水区，将研究之锚抛向了宣传的正当性问题。

宣传在中国社会具有特殊的地位和影响。因此，我们很需要找到一种恰当的方法和逻辑来讨论宣传问题。我认为，宣传概念的起源和宣传正当性研究应该是一个重要出发点。在此研究基础上，再来考察宣传的使用及宣传话语出现的方式，回应宣传存在的问题就会显得不那么困难了。本文试图结合刘海龙的宣传概念研究，进一步探讨宣传正当性的权力基础，宣传正当性所建构的关系是一种什么样的关系，宣传的存在和效力在受到社会和公众“被遗忘权”的削减时，宣传在传播伦理方面又该进行怎样的抉择等问题，做些补充性讨论。

宣传正当性：一个规范权力的关系概念

刘海龙的宣传研究主张放弃使用“宣传就是欺骗”或“宣传是有意图的传播”等带有或偏狭或宽泛的理解来定义宣传的简单做法，显然，这样可以让宣传研究走得更远些。他提出了一套多面向认识宣传却与一般概念不同的条件性要素，突出了宣传概念要素之间的相互联系。他认为：宣传是由宣传者、宣传意图、操纵象征符号、宣传对象为群体而非个体、塑造认知方式及影响人的态度和行为六个重要元素构成的。其中“操纵”“塑造”和“影响”是宣传的固有特征。这几个显露宣传目的的关键词表明，宣传者虽然为自己设立了关系对象，但这些关系对象是受到操纵、被塑造和受影响的对象，权力与服从才是这种关系主体的一个核心特征。周濂对韦伯正当性研究的意义和价值的揭示与解读是一个重要洞见。他对韦伯正当性概念的分析是：“任何权力分配的不平等以及任何形式的支配都需要证成自己以及寻找正当性。”由于宣传存在由权力制造的不平等关系，它不仅要面对确立自己合法性的问题，也要面对解释权力来源的正当

性问题。因此，这种现实关系及其问题成为宣传研究者需要把正当性作为一个关键概念加以研究的理由。

多年来，我国宣传研究缺乏对正当性概念的足够重视。从旧有的文献分析来看，我国宣传研究通常采用三类概念：一类是使用划分性质的概念。20 世纪初，孙中山用“救国方法”来界定宣传的革命性作用；胡适、罗隆基、梁实秋等自由派知识分子则用“催眠的力量”“麻醉”和“支配舆论的势力”对宣传进行权力的解读和描述；梁士纯在他的实用宣传学研究中使用“唤起舆论”来定义宣传的价值和意义；鲁迅和潘光旦都是对宣传取怀疑态度，瞧不起宣传的人。鲁迅用“做戏”一词来形容宣传的虚假，潘光旦则使用了否定的系动词，提出“宣传不是教育”的批判性观点。还有一类是使用了一般性联系的概念，如毛泽东对宣传教育工作问题的研究。他用“一个人只要他对别人讲话，他就是在做宣传工作”，将宣传的边界扩大到所有人的交流方式。之后，还有周作人的宣传与广告研究；郭沫若的宣传与文艺、宣传与抗战的研究；季达的宣传学与新闻记者；改革开放以后的20 世纪 90 年代，主要有王炎从党史方面进行的宣传研究等。此外，以党的宣传工作文件选编出版的党校文献也提出“宣传政策”等概念。还有一类利用社会心理学等新型知识，研究提高宣传技巧的概念，如高觉敷的宣传心理学研究和萨空了编译的宣传心理研究等。20 世纪 80 年代，我国新闻学界引进传播研究以来，运用“信息传播”概念探讨新闻与宣传现象，提高了宣传研究的科学性和研究效力，如林之达的《宣传科学研究纲要》（1988）、李良荣的《宣传学导论》（1989）、戴元光的《现代宣传学概论》（1992），以及陈力丹对新闻与宣传差异比较和宣传策略与方法的研究等，都有所论述或涉及。虽然这些研究使用的概念足以定义宣传的一般性质和特征，但作为揭示宣传者对其宣传对象的支配性关系，宣传为何会产生权力的效力，公众对宣传大不信任的权力后果，宣传为何又会出现对正当化的诉求等问题，仍缺少一个有力的分析概念，即宣传正当性的研究。直至 2013 年，刘海龙的研究著作以宣传的正当化作为主题，提出了“宣传正当性”的概念及其研究的问题。

他明确指出，宣传可以给政治、战争、广告、教育等制造正当性，但是宣传本身的正当性也需要制造。宣传除了需要给出自己合理合法存在提供理由或理据，包括通过合法的法律程序得到保护等，更有必要代替公众回答“我为什么应该接受宣传”这样的义务或责任的问题。当宣传对象把接受宣传作为义务或责任的正当性来对待时，他们需要知道宣传的目的是什么，宣传者至少要有符合被宣传对象的意愿的表达等。应当说，正当性作为一个相互性的关系概念，不仅能引出发生在关系中的宣传效力问题，也提供了一个可以洞见和规范关系的研究概念。

比较而言，西方对宣传正当性的研究较为丰富，主要反映在正当性并非只有单一标准方面。宣传正当性研究是从政治正当性的科学社会理论发展而来。虽然正当性的定义各不相同，但一些代表者如托马斯·霍布斯（Thomas Hobbes）、约翰·洛克（John Locke）、汉娜·阿伦特（Hannah Arendt）、约翰·罗尔斯（John Rawls）、托马斯·内格尔（Thomas Nagel）和哈贝马斯（Jürgen Habermas）等人，他们都不否认在政治领域，只要出现权力的支配—服从的关系就会有正当性概念的诉求。在宣传领域，同样存在权力的强制性和不稳定性，因此宣传也特别需要有正当性的辩护和对其不对称关系的约束。

宣传的正当性概念来自于政治正当性

研究。正当性概念有合法性、证成性、有效性、权威性和政治正确性等各种不同含义和理解。这里暂不加以讨论。德国社会学家马克斯·韦伯提出了一种专业而流行的定义。所谓正当性（legitimacy）是指“制度被评价以及被认为是对的和合适的程度”。他提出了讨论正当性的三种带有支配性的关系类型：“理性—法制型”“传统型”和“卡里斯玛型”。韦伯在讨论政治权威性时特别指出：政治的权威性不是通过武力强迫实现的，而是依赖统治者和被统治者的共同信仰。每种支配形式都包含最起码的自愿服从的成分。这可以被视为一种契约性的理解。如果借助于韦伯的正当性定义，那么一种正当的宣传应该是被宣传对象所认可的宣传，这是宣传对象的权利，也是宣传的义务所应遵循的道德基础。正如卢梭指出：“即使最强者也不能总是强大到足以永远作主人，除非他把权力转化为权利以及把服从转化为义务。”这意味着宣传若仅靠权力意志进行灌输、教化、引导，包括使用不正当的欺骗手段等取得效力都是不够的。一旦宣传忽视被宣传对象的态度或认可，人们就会拒绝宣传，宣传也就失去了正当性。事实上，宣传存在的基本事实正是需要通过正当性来认识的。正当性概念的深层意义还在于：它能从宣传的权力起源上解释宣传所含有支配性及其关系结构。无论何种社会结构与制度，宣传要想健全而有用，就必须追求正当性，才会保持宣传的合法性并产生宣传效力。由正当性所建构的关系推论，宣传依靠权力所创造的传播关系需要受到宣传义务与责任的正当化的约束。

对于宣传的讨论，正当性是一个非常有用的概念，具有理论解释力。它既可以用来为宣传的合法存在进行辩护，也可用来对宣传关系的实质进行揭示与规范，同时还是衡量宣传是否实现了正当化的若干标准。美国政治社会学家大卫·比瑟姆（David Beetham）的宣传正当性研究具有代表性。他提出：宣传正当性是由规则、信仰和行动构成的，这三者也是满足宣传正当性的条件性要素：（1）通过让宣传符合规则，为宣传确立法律的有效性；（2）规则要符合共享的信念，这样可以为宣传确立合理性；（3）通过表达出来的同意，使宣传变得合法化。有意思的是，人们可以通过正当性概念及其讨论，积极回应两个令人困惑的问题：一个是宣传为什么会长期存在；另一个是宣传怎样才能建立符合公共或共享信念的关系，让公众能自愿履行其宣传的义务或责任。

法国著名哲学家雅克·埃吕尔（Jacques Ellul）对宣传正当性研究产生过重要影响。他在《宣传》一书中指出：“现代社会不可能摆脱宣传的影响。”现代人类无法拥有一个没有宣传的国家。宣传是政府职能的一部分，“所有政府都在一定程度上从事如何宣传的活动。”埃吕尔认为，宣传是一种与现代化相伴而生的社会现象，也是现代技术社会的普遍现象。不必把宣传视为罪恶或与某个国家的意识形态相联系，宣传除了谎言欺骗，还有其他形式。因此要研究宣传，首先要去除研究者对宣传的陈见或偏见。他的结论是，所谓宣传的真相就是宣传将会长久存在。“无论人们喜欢与否，作为现代治理术的一部分，宣传，或者说通过精心计算的信息传播操纵大众行为的社会控制已经成为现代性的重要标志之一。一劳永逸地消除宣传几乎不可能，重要的是如何通过制度、伦理和公众的媒介素养驯化宣传。”这种冠以客观性的知识不仅出自吕埃尔的研究，在此之前的拉斯韦尔也持有相同观点，虽然宣传受意识形态的影响，但宣传并非洪水猛兽，人们可以把宣传当作一个中立事物进行科学研究。一些美国自由主义知识分子认为，尽管宣传累有恶名，但宣传本身并无好坏之分。刘海龙在对埃吕尔等人宣传正当性的研究后也指出："只要个人选择存在自由，追求传播效率最大化的宣传就一直会存在。"这些判断表明，在现代性背景下，宣传已变成由现代工具理性塑造的产物。如果运用宣传正当性的关系视角，那么，这种判断也并非无懈可击。

针对宣传的现状和宣传长期存在的问题，刘海龙通过正当性研究，做出了另一番分析和批判。他认为："宣传观念和实践在演化的过程中，不断地修正自身，由简单粗暴向精细节制，变得越来越不像当初的模样。与此同时，社会环境对宣传的约束也在不断增强，公众对宣传具有了一定的免疫能力，文化习惯也使得一些极端做法无法轻易得手。但是，对于大众的心与脑、情感与理智进行控制的企图和做法始终没有消失，甚至在加强。只要个人的选择存在自由，追求传播效率最大化的宣传就一直会存在。"如果说吕埃尔的宣传不可消失论是受到现代性和现代技术社会正当性的支持，那么刘海龙对正当性的研究则进一步揭示：正当性的重要作用是对权力关系具有规范或约束的有效性。既然宣传正当性来自个人选择的自由，那么个人选择的自由不仅能使宣传成为追求传播效率最大化的共谋，而且这种自由还能使宣传变成一种公平关系的游戏。如果宣传者要想人们主动接受宣传的好处，宣传就必须有意地为人们提供好处。然而，正当性研究进一步提供了这样的疑问：首先，在权力面前，谁能为个人可以自主选择的好处下定义，权力的来源又是否正当？其次，在由权力造就的不对等关系中，实际上并不存在自由选择的公平原则和对称关系，尽管人们所承担的宣传义务里也有个人自愿接受的成分。那么，如果宣传不能满足关系对象的需求，宣传的存在就会成为一个问题。

虽然在此无法对正当性概念发展脉络展开细致讨论，但比较清楚的是，由权力塑造的宣传者与宣传对象的关系需要有正当性作为存在基础。正当性概念既是宣传合理存在的辩护者，也作为对权力产生约束性的关系概念，应该受到更多的研究。哈贝马斯对正当性概念的批判性研究表明，正当性应该是"建立在主体间通过沟通理性所达到的共识"。正当性强调宣传对象的存在是宣传存在的根基。宣传没有宣传对象，就没有宣传发生的理由。到此为止，宣传正当性与宣传对象的个人自由与义务之间具有了概念上的关联。正当性研究让人们意识到，宣传可以使用公众所预付的权利，但理性的公众也有行使其自主性的权利。忘记这种受到法律保护的权利与义务关系，宣传就会缺乏正当性的基础。

宣传的关系治理：相互性及沟通优先选择

宣传在中国人的政治观念中占有非常重要地位。从宣传概念产生的历史上下文看，原本汉语的"宣传"与"propaganda"是两个含义不同的语词，来自不同的社会与文化语境。这两个语词被"抛置一处"，应该与基督教在中国的早期传播有关。从汉语而论，"宣传"的原初含义是指"政令发布"和"上传下达"，也算替天行道的一种权力。明末清初，西方传教士来中国传教。他们使用汉语的原有词，将具有传教或传道含义的"propaganda"一词译成"宣传"，作为汉语译名，宣传的宗教传道色彩与西方大同小异。然而，宣传在中国更多的是与革命和斗争的需要联系在一起。1924 年，孙中山在宣讲"三民主义"时，开篇就把宣传视为"救国方法"，而且要对国人做"普遍的宣传"。1942 年，毛泽东在延安大礼堂做《反对党八股》的报告，将教员、新闻记者、文艺工作者、干部、军事指挥员通称为"宣传家"。他说"一个人只要他对别人讲话，他就是在做宣传工作"。宣传成为一种被扩大的、可以人手一份的新型武器。20 世纪初，现代宣传观念从苏俄和欧美两个方面进入中国，对中国产生影响最大的“一是来自北方的俄国，二是来自南方的英美”。虽然这两股力量的影响都十分明显，但苏俄的影响似乎更大。历史也表明“中国现代宣传话语的产生，与中国先进知识分子追求国家独立与富强的目标，不断唤醒民众的过程息息相关”。宣传既唤醒了中华民族，摆脱了近代中国的半殖民地状态，提升了中国国民的精神文化素养，但“假大空”的宣传又给中国人带来心理浩劫。人们从积极宣传到害怕宣传再到漠视宣传，宣传在中国经历了一个由盛到衰，再进入到一个需要变革与关系治理的过程。

现代宣传同样如此，一直存在政府职能机构对宣传的行政管理和强制控制。主要表现为设置宣传机构，制定宣传政策规定，通过新闻发布制度、媒体议程设置，掌控媒体宣传对主流意识形态的影响，左右媒体对社会动员、突发事件的舆论引导，通过法律手段保障宣传的权利和义务等。应该说，宣传不光是通过传播手段对个人或群体进行操纵和说服的传播活动，始终与权力概念发生内在的关联。正是因为权力的存在，宣传才会出现制造同意、操纵和影响这样三个与权力相关联的术语。其中“制造同意”似乎是宣传的结果，操纵和影响这两个概念则属于为宣传制造同意和获得效果而采取的一种工具主义的宣传技术操作。然而，三者又是一体的。因为制造同意采取的是一种操纵影响的逻辑。这种逻辑成为宣传从观念到实践多有假大空的根源。实际的结果是，面对欺骗性宣传，人们无法不采取一种明确态度，把宣传视作谎言和受到操控加以摒弃。然而，这只是反映了人们对宣传的主观面向。事实上，宣传的客观面向研究证明，人类不可能消除宣传。这一事实也是由宣传正当性研究的客观性知识揭示的。

现代社会对宣传关系的治理主要采取两种观念和方式：一种观念来自柏拉图把政治家描述为一个“神圣牧者”。这种观念建立起的是牧者与羊群之间存在心灵管理的政治道德关系。这种关系的实质表明：民众只是被喂养和放牧的羊群，只有宣传者才有资格扮演牧羊人的角色。宣传的手段经常是强制与灌输的；另一种治理观念是宣传要做先知先觉的社会精英和目光如织的守夜者。由于民众浅薄短视，作为需要保护的宣传对象，宣传可以通过大众传媒和公众意见的引导来制造同意，宣传可以充当民众利益的代言人。事实上，从宣传结果来看，无论是前者还是后者，两种观念都经历了牧羊人和守夜人的困境。由于宣传的相互性和沟通观念的缺失，宣传效力所需要的平等与协商的关系始终处在被掩盖和受忽视的状态。这两种所谓的道德观念对于宣传的治理都不算合适，必须辅以效力观来约束和引导宣传的实践。

宣传治理必须要讲求效力的，否则宣传只能是遭受被遗忘权的处理。宣传应该如何进行行动上的选择？效力观可以让宣传选择相互性的沟通。让沟通观念占据宣传的观念，成为宣传在行动上的优先性选择。“宣传不是一个中立的行为，应该对宣传做出道德评价。”所谓道德评价是指人们在判断事物是否符合正义并给出其理由的能力。刘海龙的宣传研究提出了一个重要假设。实现宣传的正当性取决于宣传者与被宣传者之间进行协商的结果。根据宣传观念演变的历史和现代宣传的传播特质，他进一步总结了这种假设实现的若干前提性条件：实现宣传正当性不能采取武力强制；提高宣传效率不能取消公民选择和接受信息的自由；当宣传者与被宣传者的信息交流处在不平等状态时，应允许被宣传者保持消极的自由；要提高宣传者进行自我纠错的能力；以及宣传的正当化不是单向的过程，必须回应来自大众的质疑等。满足了这些必要条件，与此并行不悖，宣传才能走出缺少效率，给人灌输、乏味和虚假感觉的困境，摆脱来自宣传伦理的焦虑，为自身的存在制造正当性。

要改变宣传用权力或力量说话的方式。随着宣传研究的深入，人们无法忽略这样一个问题：宣传的目标必须是在动态和协商的交流关系中发生的。没有宣传对象与宣传者之间的互动和合作，宣传的力量再强大，也只能是浪费资源或一厢情愿而已。因为，在人类文明传播的历史上，宣传并不是丛林中力量最强大的动物之王。狮子只是遵循自然的法则，有力量就可以通吃一切，但宣传不同于狮子。人们若是不喜欢宣传，完全可以拒绝宣传，可以充耳不闻，可以视而不见。这是因为，人的思维是会反思的。虽然谎言重复一千遍也能变成真理，但若是连谎言也没人听得进去，就不存在成为真理的可能性。应该承认，宣传最怕的是遭受公众的冷漠，没人把宣传当回事，缺乏配合或不予合作。这无须多费笔墨。有关宣传关系治理的要害问题应该是选择怎样的方式或方法来增加宣传的合理存在及其效力问题。换言之，宣传应该是一种试图控制目标受众的态度和观点的沟通技术。

宣传不是自说自话，也不可能在一味灌输中获得宣传效力和结果。刘海龙指出："现代宣传是否具有正当性取决于是否能在传播效率（或社会团结）与公民个人自由之间实现合理的平衡。首先，这个平衡是动态的，并不存在一个标准的尺度。这是宣传者与被宣传者之间协商的问题。"所谓协商是指通过相互沟通使不对称关系得到改善的一种交流方式，不从权力意志出发，而是学习从传播伦理或宣传效力出发，选择一种相互性关系，以使这种传播能发挥更好的作用。正是如此。宣传需要处理相互性及沟通优先的关系问题，否则宣传就会缺乏稳定性。相互性和沟通优先概念可为宣传的关系治理提供理论或研究概念上的支援。

沟通的动机是共享利益。这种沟通不是利己，也非利他，而是达到由哈贝马斯提出后经赵汀阳改造的沟通理性。对宣传而言，沟通理性应该是沟通优先性选择。优先性是一种效力观的产物。所谓沟通优先性是指能使宣传产生预期效力的第一原则序列，即沟通原则先于其他原则。其必要性在于，宣传的基本结构除了受权力支配外，沟通要以其在先性原则要求宣传保持一种平等、自由和共享的传播关系，来改造由宣传权力所造成的传播的不平等，同时也促进宣传效力的获得。为什么沟通应该是宣传所应该遵循的优先原则呢？要说清这件事，就必须从宣传效力入手。相对于宣传效力，个人自由等原则就不能占据宣传的优先地位。因为，这种自由可以让公众因宣传有太多假大空的内容，而运用个人自由来放弃被宣传的义务，这显然不是宣传的出发点，更不是宣传所渴望取得的结果。如果第一原则选择得不合理，宣传工作就会失败，那么随后的标准也会变得空洞和多余。

可以断言，宣传的沟通观念有利于培养公众对宣传的信心或信任。因为沟通实践的前提是需要保持关系的平等。沟通可以由上至下，也可以由下至上。沟通的理念起于对人对人的尊重，人对事物的尊重。当然，沟通也是有限的。沟通也会出现沟而不通，甚至出现因沟通而产生的误解和拒绝，但沟通还可以创造了解与和解的机会，更重要的是合作关系。因为沟通里面还包含有对话这种传播的最高阶段。退一步说，沟通至少可以作为改善宣传观念的一个概念性框架，有助于对宣传进行结构性重建。例如当宣传者与被宣传者的信息交流处在不平等状态时，应允许被宣传者保持消极的自由；要提高宣传者进行自我纠错的能力。既然如此，沟通成为宣传有效性的一个原则就是成立的。在这个基础上，宣传将沟通设为优先性的一个假设可以是：宣传者和被宣传者在相互关系中都承认某种行为应该具有积极的合作性。因为宣传必须求助于合作，才能带来共同的利益。宣传关系中的共同利益不见得是同一个利益或利益的一致，也可能是不同的利益或相互冲突的利益。这种利益冲突就需要沟通发挥一定的作用。因此，先于宣传的沟通意识必然成为宣传者的选择。

还应该看到，宣传在新媒介时代会遭遇从使用到伦理的巨大挑战。宣传的生存环境不仅仅是要面对媒介融合，而且还是数字媒介的融合。如今媒介应用服务不断增多，人们对媒介已有更多选择。用移动电话可以接入其他媒介，通过手机网络能上传吸引人的照片和视频，社会化传播已出现个人的媒介使用习惯，在时间和空间中出现了点对点、多点对多点的不断传播，信息既有自上而下，又有横向交换，同时媒介使用的不确定也在不断增加等。以此断言，以传统媒介为基础的宣传及其权力的使用肯定会受到网络生产和消费的威胁和削弱。媒介上的宣传和宣传的实际使用正在分道扬镳。宣传选择什么样的观念和传播方式直接影响宣传的效果，宣传工作必须如履薄冰。

我赞同刘海龙的这个结论：在法制条件下，宣传除了要尊重受众的自由选择外，提高宣传对象的自我反思和自我教育也是现代宣传获得正当性的保证。“批判的宣传研究是提高公民素质，减少宣传危害的关键环节。”公众要对宣传保持足够的反思监督，同时，宣传也需要满足沟通的原则。这种双重要求是否足够有力，是否能马上显示出其重要意义来，也许，许多问题还不确定。然而，行不通并不代表完全错误，至少从观念上可以软化宣传的生硬和粗暴。

（《宣传：观念、话语及其正当化》，刘海龙著，中国大百科全书出版社 2013 年出版。）

作者：王怡红（中国社会科学院新闻与传播研究所研究员）

摘自：《新闻界》2014 年第 20 期（本刊有删节）

·序跋选粹·

入乎其内，出乎其外：关于都市“流动家园”现象学式的传播考察

——丁未《流动的家园：“攸县的哥村”社区传播与身份共同体研究》序

一

传播研究最早发源于美国，历史很短。美式的传播研究如今仍有“全球化”的趋势，但中国引进传播学则是 20 世纪 80 年代以后的事了。美国传播研究早年大致有两个学术范式，一在芝加哥大学，一在哥伦比亚大学。深圳大学丁未教授即将出版

专著《流动的家园："攸县的哥村"社区传播与身份共同体研究》（简称《流动的家园》），探讨湖南攸县籍在深圳开出租车的司机群体（简称"的哥"，即开"的士"的"哥儿们"）的传播行为。她未必着意承续芝加哥大学的海外香火，但她的研究与芝加哥大学的旨趣竟颇多暗合，在目前中国偏枯而化约的传播研究圈中，这样的"异类"是富有深意的。

从"一战"到"二战"期间，美国社会历经大规模工业化、都市化和移民的洗礼，社会结构和道德基础丕变，影响深远的"进步运动"应运而生。芝加哥大学的都市社会学家观察其所在的城市变化，把它看作一座活生生的社会实验室。他们在派克（R. Park）的领导下，接受杜威的实践主义（pragmatism）为指导思想，走出一条与欧陆哲思玄学不同的道路，而开辟了实际下田野观察的经验研究，他们的关怀（包括媒介和人际传播在社区整合的角色）充满了温和渐进改革的精神。"二战"结束以后，美国国力如日中天，传播研究的重心从中西部转移到东岸，以纽约哥伦比亚大学社会系为枢纽，学术领袖是默顿（R. K. Merton）和拉扎斯菲尔德（P. Lazarsfeld）。他们以结构功能论为依归，研究旨趣在于维持既有系统的稳定，持盈保泰，以致学术精神转趋保守；同时，他们宗奉实证主义，研究技术（尤其是问卷调查）越来越细密，视野却愈来愈狭窄，斤斤计较的是媒介的短期效果，而对于媒介结构、组织与权力中心的复杂关系则置若罔闻。

这两个社会系早已各自往别的方向走，传播被全国各地兴起的新闻传播院系收为版图。但无论从哲学思想还是研究旨趣、方法技术来说，哥伦比亚大学都得风气之先，且逐渐凌驾于芝加哥大学之上，至今仍是美国传播学的主流范式，历久不衰。20 世纪 70 年代，欧洲激进派政治经济学和文化研究先后被引进美国，以西方马克思主义为张本，把美国主流传播研究攻击得体无完肤。但美国毕竟是世界最大的学术市场，自成不假外求的体系，欧洲的挑战未能动摇哥伦比亚大学范式在美国的支配地位，其流风余韵更扩散到世界上许多国家，中国学界似乎也多在这个影响圈内亦步亦趋。

芝加哥大学的范式纵然在传播领域退隐为暗流，但从未完全失传。20 世纪 70 年代，美国社会各种要求变革的势力风起云涌，改革派学者回到芝加哥大学范式寻找血脉，重新发现先驱者悬而未决的问题。尤其重要的是，芝加哥大学的范式比哥伦比亚大学的范式更能接通欧洲思潮，提供切磋琢磨的空间。其一，芝加哥大学虽然采取自由主义的立场，与法兰克福学派以及以后的左派观点立场大相径庭，但两者的主题意识都扣紧了媒介和权力的互动关系。其二，芝加哥大学先驱学者米德（G. H. Mead）发展的"象征互动论"，允称美国文化研究的佼佼代表，和欧洲传进来的现象学也有些曲径通幽之处。

丁未熟稔西方的理论，又注意中国的语境，保持高度的文化自觉。她反映中国社会的变化，理论渊源却回溯到芝加哥大学范式，甚至更早。古典社会学的基本关怀，即如德国社会学家滕尼斯（F. Tonnies）在 18 世纪末所揭橥的，就是探讨工业化促使 Gemeinschaft（有机乡土社会，英译为 community）转化为 Gesellschaft（机械都市社会，英译为 society）的过程。后来费孝通在《乡土中国》（观察社，1948）曾援引这组概念，并译为"礼俗社会"和"法理社会"，借以对照中西社会结构的差异。质而言之，维系礼俗社会的基础是依赖血缘、地缘、传统、友谊这一类亲密关系，而法理社会不以沾亲带故为主轴，人际关系必须靠法律和契约来约束。这是"理想型"（ideal type）的概念建构，一脉相承，深刻影响了古典社会学的问题意识。传播学滥觞时期便曾想象媒介具有万能魔力，可以长驱直捣 Gesellschaft，逐一击破“乌合之众”社会（mass society）里的疏离分子，但这个理论早已被修正得面目全非了。

社会学这个古典关怀历久弥新，丁著与它有两个重要的联系。第一，她的个案来自湖南攸县在深圳开出租车的边缘群体，这是中国改革开放以后滋生的特殊风貌。这些司机群体到了扰攘的都市艰苦谋生，为了减少风险，理应逐渐适应新环境，以职业伦理和法律契约为行为准则，实则不然。芸芸众生，离乡背井，身处异地，面对陌生的外在环境，心里有高度的不确定感，更需要和“熟人”抱团取暖。因此，他们依靠乡土社会的血缘和地缘关系，凝聚向心力，维系感情，建立信任，对内互助团结，与圈外人老死不相往来，发生纠纷时更是同仇敌忾。他们不啻在冰冷机械的都市边缘，复制和建构难割难舍的乡土关系网络；纵使生活方式改变，旧有的“关系逻辑”还继续支配着人际运作。这样说来，Gemienschaft 与 Gesellschaft 不是静态对立，而是在 Gesellschaft 的生活场域里镶入 Gemienschft 的社会关系，两者交叉同时并存。第二，异乡边缘人能在都市角落移植乡土关系，归因于现代传播新科技 ICT（包括手机、互联网、IP 电话、车载通信设备）的赋权起了关键作用。作者说：ICT 已经完全融入城市流动人口细微的日常生活，包括内群体之间的交往互动、乡村社区与城市社区跨地区的联结；同时也融入他们的职业场景、与城市外部世界的接触与碰撞，等等。

在此，我们有必要强调：从理论的角度来说，传播新科技不特是信息沟通的平台与触媒，更是塑造、维护和强固身份认同的动因（agent）；而“传播”是具有物质基础的主要社会现象（phenomenon），不是无足轻重的附依或寄生现象（epiphenomenon）。

从另外一个角度来看，communication 其实包含三层意义：一是“沟通”，在拉丁文中与 community 同源，即建立感情与意义的“共同性”；二是“交通”，工业化以后出现快速便捷的现代交通工具，既扩大了人们沟通的距离，却也稀释了沟通的内容；三是“传播”，及至无远弗届的大众媒介成为生活的重心，更打破了时空的藩篱，比“交通”更扩大沟通的能力，但更进一步稀释了沟通的内容。丁未描写栖身于深圳的攸县群落（第四章），栩栩如生，其轨迹竟与上面这三层意义若符合节。在改革开放前，攸县那些种田的乡下人信息封闭，只能靠“捎口信”和外界接触；后来，随着经济改革的大潮席卷，有些年轻人开始出外闯天下，干起运生猪拉煤到沿海城市的营生，回程兼做别的生意，赚到钱陆续添购电视、传呼机和手机带回乡下，于是散播了乡下人对外界产生好奇的“细菌”；等到那些司机眼界大开，便像接力赛一个拉一个，连不会开车的亲友也忙着去学开车，他们就这样先后纷纷落脚到深圳，而且统统以开出租车维持生计。他们形成一个具有内聚力的自足群落，还使用 ICT 塑造丁未所说的“空中共同体”，这才酝酿出本书那些曲折有趣的故事。看来这些“交通”司机，用最先进的“传播”科技，最想“沟通”的，转了一大圈，还是回去招呼有血缘和地缘关系的同乡人。靠 ICT，他们提供交通信息，宣泄平日心里郁闷，万一开车出了事“一呼百应”守望相助，有的更进一步组织社交和经济活动。话说回来，若只顾向自己人取暖，却阻碍了融入当地社会的步伐，日子越久越会憋出“无根”的疏离感。

二

《流动的家园》是传播社会学的杰作，

出版后将为华文文献建立一块里程碑。用我自己的话语来叙述，丁未把“地方经验”提升到“全球理论”，从容出入于宏观、中观和微观之间，一方面以小见大，一方面从“文化的特殊性”联系“理论的普遍性”，进而提供与西方文献平等对话的基础。世界上，大概唯有自认为纯粹的实证论者（加上“知其一不知其二”的糊涂人）才敢妄信，社会科学犹如自然科学，其理论放之四海而皆准。大致来说，倘若自然科学超越国界，人文应当具有比较浓厚的民族文化色彩，而社会科学则必须平衡文化的特殊性与理论的普遍性，把这个辩证关系拿捏得恰到好处，不向任何一头过度倾斜。丁未以韦伯和现象学这一路的方法看问题，不同于一般形式主义者，她没有把问题本质化或简单化，没有把因果关系说得太绝对、太死或太抽象，而是以浓墨重彩刻画部分与整体的有机联系，聚焦于日常生活深层结构“常”与“变”的动态过程。丁未以第一人称行文，读起来非常流畅而亲切。一定有人会批评她犯了“主观”的大忌。但现象学的第一要义，根本就是反对把“主观”和“客观”拦腰截然两分，而是提倡“互为主观”（intersubjective），也就是由不同的阐释社群对于一些世相赋予不同的意义，然后彼此求同存异，以获得沟通式的理解。解释不同，绝不意味着完全无法沟通或理解。丁未会听故事，会说故事，进得去，出得来。这里，我想起苏东坡“横看成岭侧成峰”的名句；丁未收集零零星星的小故事，重新编织一套完整的大故事，过程中不断游弋于几种可能的架构，最后选取最合理、最恰当、最服人的解释。若换以学术语言来表述，她必先设身处地深入研究对象（现象学称之为“社会演员”）的生命世界，了解里面所蕴藏的各种直接经验，这是剥开第一层意义；然后她又跳出那个圈子，把这些人的原始经验提炼为学术概念、意义、洞见和理论，这是剥开第二层意义。现象学的“双层解释”和实证论的“单层解释”是迥然异趣的。

剥笋见心，呈现了简单的深层结构，但其层层意义互相联系，既丰富、复杂又矛盾。好的学者如同飞舞于花丛之间采蜜之蜂，穿针引线，又借助理论视野的烛照；当学者把研究对象的直觉经验化为系统知识时，应该比研究对象更能居高临下，更能掌握全局，乃至见其所未见。然而学者切忌天马行空，信口开河，以至于被研究对象斥为“离谱”。学术研究是学者与研究对象的互动过程，也是学术社群与证据不断对话的结果。捧读本书，无法不感受到丁未的生命跃动，而透过她的耳目和笔端，我们跟着揣摩那群“流浪者”如何构筑他们生命的意义。丁未建构的故事不可能是唯一的版本，但我相信是比较可信可读的版本。

我提倡“地方经验”与“全球理论”的联系，容我在此略为申述一下。任何研究都必须在语意学家所说的“抽象阶梯”上下来回游走，企图找出勾连具体经验和抽象理论的最佳点。社会科学不是中国固有文化遗产的一部分，而是自外国接枝生长出来的，我们向外国学习构思的理路、概念和分析方法，都是再自然不过的事。但倘若放弃文化自觉，“先验地”拿一个现成的外国理论当标准答案，然后在华人社会拼命套取经验印证——请问何必如此大费周章，而又自动缴械？我完全赞成丁未所采取的韦伯式现象学的路径，一切认知、题旨和问题意识先从华人社会的生活肌理和脉络入手，寻找出重大问题的内在理路，然后逐渐提升抽象层次，拾级上升到一个高度，自然会与整个文献（不管是本国的，还是外国的）直面接触，这时我们站在制高点取精用宏，有意识地选择最适当的理论。很少理论可以直接拿来套用，许多理论必须再造，有些理论表面上看似矛盾，其实在不同条件下可以互相参照补充。万一现有的理论都无法解决问题，学者可以试图自创一个合适的理论，但那显然不是简单的事了。

走笔至此，这个取径还有几个特点必须说明。第一，19 世纪德国史学泰斗兰克（L. von Ranke）说："从特殊性出发，我们可以拾级攀登到普遍性；但从宏大理论出发，我们再也回不去直觉地了解特殊性。"兰克的话切中肯綮，社会科学结合特殊性和普遍性，甚至从特殊性去了解普遍性。第二，我们反对西方理论的霸道，也反对华人封闭的文化民族主义。说到底，社会科学的旨趣是要解答母社会的核心关怀，虚心学习西方理论，是为了帮助我们活络思想或勾勒材料，不是为西方理论写一条无关痛痒的注脚。我们当然要提倡国际视野和跨文化研究，知己知彼，道理还是相通的。第三，我提出的"全球理论"，当然不限定是欧美理论，理想状态应该是各文化观点不断平等对话、竞争和修正的辩证过程。我们一方面努力学习（learn）西方理论，一方面淘汰（unlearn）纯粹是西方本位的理论；尤其，哪天我们拿得出学术业绩，足以和西方学界共同"再学习"（relearn），那么理论的创新便指日可待。经过这样反复切磋修订，理论的概括力、包容性、解释力必会大大提高。我要强调：上面说的是"正反合三部曲"，必须永不歇止地唱，周而复始，止于至善，这才是打造"全球理论"的真谛。现象学提倡"诠释社群"之间互为主观的理解，无论在知识论和方法论上，正好为华人学界争取"主体性"提供自主的空间，其精微的含义尤待有识之士阐发。第四，我们千万不能把华人文化圈本质化，更不能定于一尊，而必须容许甚至鼓励内部的异同，但合而观之，的确提出一个与"西方"（必须再进一步分疏"西方"）有同有异的文化视野。这是需要几代人努力不懈的，但至少是值得尝试的方向，丁未的著作也证明这是可行的道路。

三

《流动的家园》是典型的个案研究。个案研究以小见大，中国成语说"麻雀虽小，五脏俱全"，又说"尝一脔而知全鼎"，西方夸张的文学笔法也说"一粒沙看世界"。这些形象鲜明的描述说明：解剖一个个案，是为了了解深层结构，抓"典型"，从中绎出特有的洞见和层层叠叠的意义，这是人类学和文学批评擅长的方法，也是哈佛大学商学院特别重视个案分析的缘故。个案研究之所长，不在于"人口的概括性"（population generalization），而在于"概念的概括性"（conceptual generalization）。即使有人研究中国其他都市或其他群落，与丁未的经验证据不尽相同，甚至获得相反的结论，也都无关宏旨，因为这不是重点——重点在于丁未所使用的分析概念和架构（例如地缘、血缘和传播科技的互动）提供了一双观察锐利的眼睛。人类学家格尔兹（C. Geertz）研究爪哇岛和巴厘岛的农业生态时提出"内眷化"（involution，内地通译为"内卷化"，意义稍异）的概念，卡多索（F. H. Cardoso）从巴西的政经发展史中提出"依赖发展"（dependent development）的概念，李普曼首发其端指出新闻媒介和记者通常凭"刻板印象"（stereotype）了解外在世界，这些概念的影响力远跨学科和领域。例子很多，举一反三，毋庸辞费。

除了"以小见大"，丁未自称接受新的社区研究启发，要"以大见小"。她强调"外部世界如何投射于局部"，"通过微观社会如何被宏观系统结构所形塑，试图探索微观社会的宏观基础"。这在第三章的《黑白世界：权力与资源的关系网》中充分表现出来，也是本书最精彩的部分。

自从中国被编织到国际经济分工的新秩序，成为世界工厂以后，大量内地农村人口奔向沿海，这些流动人口在都市边缘谋生，必须靠廉价上网才能有效和老家、外界联络，然而多头牵扯的官僚体系因循苟且，在资源配置上一味偏袒地方的权势者，照顾不到社会底层的需要，因此出现了少数合法的“白网吧”和多数违法的“黑网吧”。只要有利可图，有社会需求，自然有人肯冒风险，因此“黑网吧”禁归禁，春风吹又生。这里面涉及公权力的运作、腐蚀、回避和颠覆，也涉及公权力与人情关系的相生相克，丁未的分析丝丝入扣，最后落实到关系网上面。全球化的触角无形无声，影响到遥远的深圳某个边缘角落，虽然这些人茫然不知；国家政策和公权机关遇上“前现代”的人情因素，便产生了丁未所说的“黑白世界”：

> 在那些黑、白网吧的背后，其实有着一张错综复杂的权力之网，而且这张网从国家到地方政府再到社区，一直延伸到像石厦村这样的民间最底层。

这样生动的描述何止“从大见小”，也是“从小见大”，简直是交光互影了。全球化、国家、权力、资本、阶级、职业、个人、家庭、乡情、传统、现代，如何解读这盘复杂矛盾而曲折多致的拼图？丁未绝对无懒可偷，无简单而现成的理论可套，只能另辟蹊径，从政治经济学、经济人类学、社会学和传播学的交叉界面，以娴熟的绣花针法，编织出一幅细致而深刻的图景，既提供微观的宏观基础，也引领着接下来几章的微观分析，首尾呼应，构成全书最有原创贡献的篇章。对我来说，这是联系“地方经验”到“全球理论”的成功例证。

在中国社会，想要研究边缘群落，如果不被接纳为“圈内人”，必将不得其门而入。要成为“圈内人”，必须攀关系；要攀关系，必须先“搞熟”。据我所知，丁未花了两三年培养交情以后，研究对象才慢慢肯开口，处久了芥蒂渐失，有的引以为友，有的更是珍惜有机会和丁老师探讨人生。一旦不生分以后，丁未可以上门做客、拜年，互约吃饭倾谈，司机停在路旁向她吐诉辛酸。最神奇的是人家愿意和她分享“不足为外人道也”的私密资料——包括网上留言、对讲机号码、手机短信、手机通信记录、给公司的建议书，甚至涉及婚姻龃龉的通信。若非获得充分信任，焉能录得这些入微而毫无戒心的谈话，焉能完成多次的问卷调查？我怀疑丁未是扫除资料的“清道夫”，过后片甲不留。更重要的是她从“圈内”跳到“圈外”，赋之以学术意义，把才华和功力都发挥得淋漓尽致。

在做田野工作的过程中，学者应该如何自持？学者和研究对象如何保持互信而不逾矩？学者是否可以隐藏身份？学者如何妥善使用田野记录，才不辜负对方的信任？美国人特别讲究“专业界线”(professional boundary)，公私之间刻意保持适当的距离，美国社会学学界近年来对这些伦理道德的问题高度重视，争论不休。由于中国是人情社会，以关系为重，交情就是信任，社会底层普遍缺乏隐私的概念，更难得有著名教授肯前来关怀他们的弱势处境，所以群己之界和美国很不一样。这种文化差异，也许无关对错，但人情如何影响伦理关系的界定，如何影响研究的信度和效度，作者倘若以亲身经历提出深刻反思，另写一篇长文加以阐发，对跨文化研究当有重要的贡献。

丁未研究的“的哥”们学历普遍不高，但民间话语活泼鲜跳，掷地有声，充满了生命智慧。我最感兴趣的例子是：攸县司机家庭多摆有观音和关公的雕像，每天上一炷香求保平安，但仅仅几步之遥的杨侯宫终日香火不断，他们却从来不去，甚至不知道，因为“那是他们的观音”。

丁未接着说："可见，在他们的眼中，连观音这尊佛像都有地域之别。"我读到这一段，不禁莞尔失笑。中国人的直觉智慧了得，意简言赅，意在言中，甚至意在不言中，三两句话就搔到痒处，但往往只道出结论，却不太交代中间推论的过程。西方社会科学必须结合概念、逻辑和证据，环环相扣，缜密推论，绝对不能随便跳跃，不能大而化之，这种习惯对中国人可能是比较陌生的。两种不同的思考和语言方式各有利弊，如何接通并融合它们，就像学者如何把一般人的"自然言语"化为系统的"学术语言"，是中国学人面临的共同挑战。丁未在这方面的成功也是可观的。

我和丁未结缘已届十年，她在撰写本书的过程中，我有机会获读若干单篇。今承其好意，要我写序，固辞不获，谨以此文权当读后感，聊表贺忱与敬意，并以"先读者"的身份力荐本书给同好。

（《流动的家园："攸县的哥村"社区传播与身份共同体研究》，丁未著，社会科学文献出版社 2014 年出版。）

作者：李金铨（香港城市大学媒体与传播学系讲座教授）

"中国读者对我至关重要"

——《媒介、社会与世界：社会理论与数字媒介实践》中文版序

几个星期之后，我的《媒介、社会与世界》中文版即将问世，思之令人激动。该书凝聚了我 15 年思考媒介与权力关系和社会秩序的心得：我吸收社会理论，努力提出一套理论概念，以廓清这个错综复杂、令人困惑的媒介化世界。

在我们这个时代，媒介及其制度的性质正在剧变，这些变革对政治、社会和文化产生重大的影响；其影响涉及各个层次，直至全球规模。本书论述媒介如何推进人对"社会"和"世界"的贡献，这里所谓"世界"，既是地缘政治世界，亦是人的经验世界：人的经验世界有时可能是非常局部的经验，但常常是本地和远方要素的混合。这些经验内容和界面谓之"媒介"。今天，媒介变革的某些方面几乎面目全非，与十年前迥然不同了；建设合法性媒介制度并使之为全社会"发声"的可行性，也发生了急剧变化。信息和媒介平台剧增，我们跨界迁徙的能力随之增强，广告的性质也受到深刻的影响。如此，支持媒介内容制度性生产的基本经济的要素，亦处在巨变之中；媒介变化的长远压力正在加剧，且不限于报业。这一切变革的性质是跨越国界的，由技术复制和模仿驱动，不受国界局限，因此，用国际视野思考媒介、社会与世界的关系势在必行。撰写本书的目的是促进围绕媒介、社会与世界关系的论辩，中文版的问世对促成这样的论辩，意义重大。

中国是社会体量最大的国家，它所面对的如何组织社会政治和媒介的关系问题也是最复杂的。因此，在思考媒介、社会与世界的关系时，中国就成了一个重要的参照点。但我得承认，自 20 世纪 90 年代中期至 21 世纪初的前几年间，中国并不在我思考问题的前列。我写书时身居英国，

想要提出媒介制度权力的社会再生产的一般理论。不过，我也有意从事媒介研究的国际比较。我的田野工作基于英国，彼时的媒介研究以英语国家视野为主导，那种视野足以支撑我的研究：我不必关注自己论述的实用性是否有明确的国际例证。今天，我不必为本书的视野辩护，因为英语拥有“普世性”的观点是我和其他作者彼时的典型特征。然而实际上，我的“媒介仪式”理论（2003）已被用于中国“超级女声”（Super girl）等媒介现象；此外，我的《媒介仪式的批判路径》（*Media Rituals：A Critical Approach*）正在被译成中文，即将在中国出版。令人高兴的是，媒介研究领域已经高度国际化，像我过去那样把特殊当作一般来论述不再可行了。

这一变革之所以发生，一定程度上是由于媒介研究领域重要成果的影响，例子有詹姆斯·柯兰和朴敏均（Min-Jyun Park）合著的《媒介研究的去西方化》（*De-Westernizing Media Studies*）和达雅·屠苏（Daya Thussu）的《媒介研究的国际化》（*Internationalizing Media Studies*）。但同样重要的是，一些底层因素也在起作用。首先，作为媒介研究的对象，民众流动的国际化日益强劲，阿荣·阿帕杜莱（Arjun Appadurai）称之为“民族景观”（ethnoscape）。其次，人们日常的媒介经验有一个明显的特征：人的意识范围大大超越了本地的范围甚至国家的边界。频仍的可怕事件（如“9·11”恐怖袭击）以及中国、日本、南亚等地的环境灾难造成了强大的冲击。同理，在许多不同的国家，新传播技术比如手机的使用出现了类似的现象，因此，人们日益意识到新传播技术的重要性，并普遍感觉到万维网高效而无穷的链接功能。还有一个潜隐、见效略缓的原因：在21世纪的头十年里，媒介基础设施的根基剧变，且涉及许多维度，如果只从一个国家的视角来看问题，那就不足以把握正在发生的变革，也不足以了解外表虽变而实际照旧的现象。比如，如果你有志于研究博客，却不考虑其在韩国或伊朗的发展，岂不是很荒唐？因为在几个时间点上，博客在这两个国家的文化和政治生活中获得了显著的地位。同样，如果你有志于研究推特之类的微博客平台，却又忽视中国的微博，你就不可能是严谨的学者，因为在中国独特的政治语境中，微博的政治权重无与伦比，远超推特在西方的地位。

本书旨在探寻一条路子，以思考媒介与社会和世界的关系，我试图提出把握三者关系的社会理论；虽然写书的语境打上了英国的印记，但支撑这一理论的资讯是来自世界各地的例子，包括中国的例子。那就意味着，本书在其他国家被接受的情况至关重要，那是衡量其目标是否业已实现的指标。我以极大的兴趣期待中文版问世后的反响。

然而，之所以国际读者尤其中国读者对我至关重要，还有两个特别的原因。第一个原因和本书的主题有关：在人口众多的大型社会里，制度生产的大型媒体是否能维持其全民注意焦点的角色，是否能继续充当观照社会的“窗口”，换言之，我所谓的“媒介中心神话”是否还有长远的前途？如果其前途不佳，媒介化社会的社会政治将表现出前所未有的形式，比如，国家聚焦的政治就可能失去媒体确保的“显现的空间”（space of appearances，政治学家汉娜·阿伦特语）。这些问题是英国和美国的问题，也是欧洲、美洲、中东、非洲和亚洲的问题，但媒介制度不确定的未来令人关注，在中国尤其如此，因为中国的国情是：市场与国家制度混合，政治机构复杂，较量激烈。本书不佯装为这些中国问题提供答案，然而，它提出了一些普遍有用的中程概念，第三章和第四章尤其如此；或许，这些概念有助于思考中国未来一二十年媒介制度发展的框架吧。

之所以将本书奉献给中国读者，那是因为它所强调的建构理解媒介的比较框架涉及许多方面，不限于我提出的理论概念。第二章描绘媒介实践的框架非常开放，许多日常生活中新近出现的与媒介相关的“实践”都在考察之列。这个框架借鉴了当代社会理论中的“实践理论”，我刻意使之非常开放以涵盖地理和历史的比较。

第七章为比较世界范围内的“媒介文化”提供了一个清晰的框架，其重要维度取自一个人类 7 种需求的范式。发展经济学家阿马蒂亚·森论人类“能力”的重要成果给我启示，这个比较框架还取自我和安德利亚斯·赫普（Andreas Hepp）论“媒介文化”的著作（赫普执教于德国不莱梅大学）。同时我必须坦承，本章思想的主要启示来自邱林川博士，那是他 2009 年在布里斯班宣讲的论文，他论述了中国农民工对信息和传播技术的需求。对我而言，那次经验犹如晴天霹雳，因为它使我们对媒介和信息环境的理解被颠覆了，我们开始思考，信息和传播技术的使用是由底层经济需求决定的。他的研究显示农民工的特殊生活环境：千里迢迢离乡背井外出打工。于是我想，“需求”应该是形塑世界上无数“媒介文化”的关键要素，这是底层需求的要素。

鼓励比较视野的兴趣还见诸最后一章，目的是反映建构全球媒介伦理的可能性，媒介伦理应该充分反映各个层次包括全球层次的媒介问题。这一章还思考建设媒介话语的可能性，有关媒介资源在全球范围内分布的公正和不公的问题，均在考虑之列。

以上几个方面显示，本书等待翻译成中文已有一段时间，我期待聆听这个中译本激起的论辩。我相信，如果有幸跟踪中译本的反响，不同意见的论辩将对我思考媒介、社会与世界产生重大的影响。

序文结束之际，容我感谢何道宽教授为本书的翻译所付出的辛勤劳动，是他把本书送达中国读者。同时，我要感谢复旦大学出版社的高效运作，感谢他们对本书的信赖。

最后要感谢的是我的朋友邱林川博士，不仅要感谢他在本书构想过程中给我的启示，已如上述，而且要感谢他的鼎力推荐，使中译本成为可能。

（《媒介、社会与世界：社会理论与数字媒介实践》，［英］尼克·库尔德利（Nick Couldry）著，何道宽译，复旦大学出版社 2014 年 5 月出版。）

作者：［英］尼克·库尔德利（英国伦敦大学传播学教授）

编辞典如登山

——《新闻传播学大辞典》后记

编辞典如登山，初仰时，喜之、颂之。攀半途，目戆手耽，心耸神瞀，如耄而加疾。再攀，身似幽然久疹，心若恍然堕空，或躁如械囚，或心怯情崩。至岳峰遥望，已神思梦然，惟期神托有谕，降杖而奔了。幸甚，俱往矣。此次能幽然而愈，恍然而安，躁然而适，怯然而胜，纷然而静，皆归功于所有参与编撰工作的前辈、同仁、学子。

据出版社编辑称，编撰本辞典的“原始动议”源自李彬教授。2007 年在某个研讨会茶歇与编辑交谈中，他认为20世纪90年代甘惜分教授主编的《新闻学大辞典》已出版了十多年，新闻传播学研究在中国发展很快，需要更新了。当编辑请其推荐编写人选时，他认为唯童兵教授能担此重任。由此，念起意立，编辑们开始积极推动此事。

出版社学术著作分社的郭银星博士和李玉莲博士皆本人相交多年的朋友，本就经常相聚聊天，某次相聚时，她们提出，由我向导师童兵教授提出新编这本辞典之事。我本以为自己只负牵线搭桥之责，于是向童老师据实禀报。童老师同意后，让我与出版社联系准备开编委会时，我才悟出无论是出版社朋友们，还是童老师都认为我已同意并担负此辞典的统合任务了。

虽说我自本科起就在复旦大学新闻系读书，其时李良荣教授是我们的班主任，承训颇多；后又到中国人民大学新闻学院随童兵教授读博，聆听教诲；从事新闻传播学教学科研工作也20多年，但一直都是在新闻学前辈和导师们辛勤培育的“学术大树”下“乘凉”的，现在忽然承担如此重大的任务，内心除了惶恐，还有慌恐。

所幸编委和参与编写的都是有学者风范的前辈和同道，在编撰辞典这一平台上，蒙各位不弃，将所擅长之专业学科词条传到我手上，并宽容理解，一任我增减删改。尤其是丁和根教授，为组织媒介经济专业词条联系了十数位专家，协商催问，严格把关。其间他数次来京，都约我与编辑见面，并多次在电话中传授编撰辞典之道，将自己以往编辞典所有心得都无保留地提醒相告。对此，我一直感念至深。

但如前所述，辞典的编写远不像初时认识的，只需因形创声，随事造曲那么简单。六年来，夜研晨考，击魄凄肌，辞典6811个词条，其中三分之二是多次修改，投入的时间和心力是无法预想的。记得在编到第五个年头时，除了完成日常的教学科研工作外，每天都要面对大量的词条，深感疲劳、焦虑。到院里向倪宁院长报告，自己亦不明是知其难状地去诉苦，还是想寻求帮助。倪宁教授耐心地倾听完后，只发一言：“花酿成蜜百工后。”我瞬间顿悟，告诫自己存而守之，惟常是允。

辞典的责任编辑于淑敏，是我编撰辞典过程中的“新识”，她耐心仔细，在辞典的编辑过程中表现出极高的专业水平，并将中国大百科出版社的“辞书精神”贯穿于本辞典编辑始终，为提升这部大辞典的质量付出了不懈的努力。

现在，“百工”已成，但是不是“蜜”，还请各位品评。

此记，上觐于各位，下存于吾心。

（《新闻传播学大辞典》，童兵、陈绚主编，中国大百科全书出版社2014年出版。）

作者：陈　绚（中国人民大学新闻学院教授）

让思想与现实问题共舞

——“珞珈问道文丛”总序

呈现在读者诸君面前的这套丛书，是一群常年耕耘于珞珈山的同仁奉献的心得之作。这些性情各异、风格有别、思想多元的君子从未想过建构什么学派，而是一任自己的思想与现实问题共舞，就像珞珈山上空自由飞翔的小鸟。他们看上去各有各的玩物之心，玩山玩水玩媒介，可在内心深处都隐藏着“志于道”的情怀，试图在珞珈山寻求安身立命之所。于是，这些心得之作便有了一个内在的主题：珞珈问道。

珞珈山并非什么名山，亦非挺拔、奇绝的高山，所依之东湖也没有什么响亮的名头，留在古代诗人吟唱中的，也就剩下“只说西湖在帝都，武昌新又说东湖”的普通诗句。在一般人眼里，东湖美则美矣，只是相较于西湖“文胜质”的冶艳，便只能称其为“质胜文”的粗犷了。居于此地的人大概看上了一种山水相依的静美，陶醉于“山得水而活，得木而华，得烟云而秀媚”的物外桃园之境。此山原名罗家山，又称落驾山，听上去有些落俗，隐含一点小家子气，外加一点迷恋权贵的味道。让人称奇的是，在首批来此任教的28名教授中，深通佛心的闻一多先生不仅看山似一尊佛像，还把这落俗之名听成了“珞珈”的谐音，遂将此山改名为珞珈山。珞珈之名源自梵文“Potal aka”，译为“普陀洛迦、补惮罗迦、布怛落伽”，乃佛教“观自在菩萨往来其间”的道场。当时的师生特别认同新山名，仿佛通过它赋予的想象，看到了入世与出世、此岸与彼岸之间的通道。从此，珞珈山收敛起粗俗之气，融自然美与人文美于一体，而变得文质彬彬了。

以学术为业的人们在这里与三教九流比邻而居，谈笑有鸿儒，往来亦有白丁，接地气之风不期而养成。身居陋室，心游八仞，“无丝竹之乱耳，无案犊之劳形”，专注于理性的世界，如切如磋，如琢如磨，遂成问道之传统。薪火相传之际，文、法、理、工、农、医的学科架构铺展开来，蔚为大观，“问道”渐成珞珈人的存在之道：面向万事万物的真道或本源，探寻它虚静无为而又复杂多变的特征，同时追寻形而上的终极价值，成就自强、弘毅、求是、拓新的人生。问道者身处波光粼粼、小山相连的山水校园，偏偏喜吟“荡荡东湖，巍巍珞珈”，看上去有些夸张，实际上潜意识里内含一种精神自由舒展的自我期许。珞珈山水校园表现的就是这种精神的舒展：校园建筑是中西合璧的，映衬着融汇中西的学术志趣；校内绿荫如盖（植物达到151科738种），春桃秋桂，夏榴冬梅，更兼有百鸟吟歌（鸟类亦有28科118种之多），标示着多元并包的学术风格。

此山此水，仁智合一，乐山乐水者皆可寻得归宿。登高望远，明理致知，可谓山水相依藏真情，鸟语花香皆禅意。

谢天谢地，我们有缘聚集在这块修身养性的宝地，让一切烦恼与困苦消解于珞珈问道的过程之中，让我们的新闻传播研究涵泳于多学科的思想海洋。

1983年，正值中国新闻改革如火如荼之时，新闻传播人才的短缺、老化与非专业化、非国际化等问题凸显，武汉大学应时之需，毅然开拓新闻传播教育领域。学校把我们从文学、哲学、史学、经济学、外国文学等多领域调配过来，加上少量从外面引进的新闻传播学者，组成了一支新闻传播教育的“杂牌军”。最初，我们这支队伍的杂色与不入流是如此明显，以致并不被人看好，我们也一度陷入迷茫。好在我们可以冷静下来，寻找突破口，发现重新起步的中国新闻传播学的发展并不充分，不仅理性能力不足、超越性与创造性匮乏、视野狭窄、诠释力很弱，而且还感染上“抽象与僵化”的痼疾。所谓抽象只不过是对狭小经验范围内的事情作貌似科学的定义，所谓僵化则是把学术话语简化为意识形态话语。审时度势，我们意识到，只有突破这种局面，新闻传播学科才可以自立，研究者才有出路。幸运的是，学科交叉的优势发挥了作用：我们可以通过马克思主义意识形态学说批判新闻传播领域的异化现象，重新思考新闻传播的基本原理；可以运用“历史向世界历史转变”的整体史观重新建构新闻传播史；可以透过现代化理论重新诊释新闻专业主义和新闻实践；可以导入结构主义理论、接受美学、社会心理学、批评性话语分析理论，拓展新闻思维的空间，可以借助比较文化学、比较政治学、比较哲学、比较经济学等视野，开创中西新闻比较研究。随着学术的积累，大文化视野中的新闻传播研究便成了同业诸君所认同的一个特点。直到今天，我们都保持着在开放的视野中开展新闻传播研究的习惯，以抵抗思想的衰败与老化。

当然，只停留于书斋的抵抗是无力的，还必须把目光投射到现实，以问题意识突破新闻传播研究的樊篱。我们的问题大致可以概括为三类：第一类是“新闻为何存在，新闻如何存在”，它综合了行为主义和人文主义的问题，以此对抗教条化的研究；第二类是“传播为什么不自由，传播如何自由”，它充分吸纳马克思主义和西方马克思主义的问题，以此解构功利主义研究的单向性；第三类是“传媒产业与文化产业如何表现创造性”，它以创造思维为导向，面向创意的世界，消解概念化、模式化的研究。问题总是具体化为现实的难题、疑问与话题，它使我们更深地介入到中国传媒的发展过程，让媒介发展的理性贯通于中国社会文化发展和全球化发展的现实，追求新闻传播学科的理论创新与方法创新。我们顺着这些问题不停地问，不停地想，积累成三大特色领域：新闻传媒发展与新闻传播理论创新、媒介化社会与跨文化传播以及广告与媒介经营管理。收录在这套文丛里的大致可以呈现我们在探索中留下的这些痕迹。

珞珈问道三十年，所留下的终究是一个梦，既有庄周梦蝶的欣喜与洒脱，也有蝶梦庄周的失落与羁绊，到头来得到印证的还是夫子所言：“学然后知不足，教然后知困。”因此，我们为自己留下这些习作，作为下一个三十年自反与自强的依据。

珞珈山上痴蝴蝶，犹梦大道翩翩飞。我们是一群钟情于珞珈山的君子，尽管春天让我们伤感过，夏天让我们难受过，秋天让我们失望过，冬天让我们迷茫过，可我们还是选择了这块诗性、理性、佛性的栖居之地。这是说也说不清楚的情感和缘分，读者诸君只有在每位作者的书稿中慢慢体会了。

是为序。

（“珞珈问道文丛”，总策划石义彬、单波，主编单波，社会科学文献出版社 2014 年出版。）

作者：单　波（武汉大学新闻传播学院教授）

品鉴别裁，掇菁撷华

——《新闻学传播学文摘》编纂说明

做这么一本文摘，起意于 2013 年年底。其时，我们正在筹划本所“创新工程”2014 年度的项目设计。

所谓“创新工程”，是中国社会科学

院按照中央精神和要求，着力改革原有体制机制，努力实现以马克思主义为指导的，以学术观点与理论创新、学科体系创新、科研组织与管理创新、科研方法与手段创新、用人制度创新为主要内容的哲学社会科学体系创新。一句话，就是要在哲学社会科学研究领域革故鼎新，开创新局面。

中国社会科学院新闻与传播研究所于2013年加入了这一工程。当年，我们的一项创新之举，就是启动了全国新闻传播学优秀论文遴选活动。之所以要做这样一件事，是因为我们注意到了这样一个现实：在我国，新闻传播学生机勃勃，尤其是随着互联网、新媒体的勃兴和转型期社会交流需求的剧增，新闻传播学的活力被空前激发，研究成果成倍涌现；但另一方面，新闻传播学也是一门年轻的学科，其独具的学术规范还处于构建之中，学术成果的质量也有待提高，学术成果的评价机制尚需完善。由是，我们认为，作为国家级的新闻传播研究机构，我们有责任在“创新工程”推进的过程中，为提高本学科学术成果的质量、完善本学科学术成果的评价机制尽一份力，做一点事。

优秀论文遴选结果公布后，学界赞赏有加。但外界未必知晓的是，我们操持这件事的过程却颇为艰辛。中国社会科学院调查与数据信息中心利用其承建的国家哲学社会科学学术期刊数据库，为我们提供了2012年公开发表的新闻传播学论文总共26400篇。要从如此大量的论作中爬罗剔抉，遴选出百十篇优秀论文，诚非易事。其间甘苦，一言难尽。也就是在这一遴选的过程中，我们萌发了做一本新闻传播学学术文摘的念头。

做这样一本文摘，好处很多。往大里说，是为新闻传播学界提供一份本学科高质量的阅读文萃，能让读者在短时间内了解学术研究的新进展、新观点。往小里说，也能为我们以后的优秀论文遴选做好铺垫，提供方便。

移动互联网时代，信息极大丰富，获取手段也异常方便。但与此同时，如何在信息的海洋里打捞出有价值的珍品，就成了一件恼人的事。怎样才能减少各自搜索筛选的麻烦，读一些值得为之付出时间的佳作呢？答案是，须得有心人先下一番品鉴别裁之功，做一些掇菁撷华之事，然后将成果荐之于众，分享于同好。文摘类出版物之所以经久不衰，此其道也。

目前，国内人文社会科学领域最受追捧的文摘类出版物，当数《新华文摘》《中国社会科学文摘》和《高等学校文科学术文摘》了。可惜，这三大文摘都是综合性文摘，摘登新闻传播学的内容很少。能够称得上新闻传播学专业文摘的，仅见“人大报刊复印资料”之《新闻与传播》一种，但其容量也不大。如果新闻传播学界能够新添一本融各文摘之所长于一体的专业学术文摘，想必是会受到大家欢迎的。

我们的这一想法，得到了中国社会科学出版社的积极响应与大力支持。于是，我们在2013年年底，筹划2014年本所“创新工程”项目时，设置了一个新的项目：“国内外新闻与传播前沿问题跟踪研究”。这个项目的任务之一，即遴选论文，编辑出版《新闻学传播学文摘》。本所媒介研究室主任殷乐研究员，竞聘担任了这一项目的首席研究员。在她的带领下，经项目组同仁共同努力，这本《新闻学传播学文摘》终于如期与诸位见面了。

从结构上来说，这本文摘分为三大板块：其一是全文转载，即我们认为这些论文值得你花时间认真阅读的；其二是观点摘登，即我们认为这些论文中的观点有新意，值得你了解一下的；其三是论文题录，即我们认为这些论文有一定价值，值得向你推荐的，如果你感兴趣，可以按图索骥去查找原文。每个板块又按研究领域分类，便于检索。

因为是第一辑，这本文摘选取论文的

时段为2013年7月至2014年9月，时间跨度有点长。我们的打算是，2015年出半年刊，即一年两辑；2016年过渡到季刊，即一年四辑。届时，按季择文，时效性会比较好。

我们深知，一本文摘要做出来并不难，难的是做好。而要做出一本好文摘，不仅要下披沙拣金之功，更要有慧眼识珠之能。为了编好这本文摘，本所众多研究人员参与其中，出主意、荐佳作，力求遴选和推荐更为客观和公正。但是，只要有选择，就不可避免会带有主观性，也一定会有遗珠之憾。对此，我们坦诚地接受学界诸公的评判。

（《新闻学传播学文摘》，唐绪军主编，殷乐执行主编，中国社会科学出版社2014年出版。）

作者：唐绪军（中国社会科学院新闻与传播研究所所长、研究员）

·书目辑览·

2014年中国新闻传播学书目

新闻传播理论

传播学概论 李凌凌 编，郑州大学出版社，2014年1月

传播学纲要 陈力丹、陈俊妮 著，中国人民大学出版社，2014年1月

后现代语境下的传媒研究 宋瑜 著，中国大百科全书出版社，2014年1月

绿色传播论 铁铮 编，光明日报出版社，2014年1月

时尚传播（第2版） 赵春华 著，中国纺织出版社，2014年1月

实用新闻与传播学丛书：西方新闻理论教程 曹爱民 著，南京师范大学出版社，2014年1月

网络视频新闻中的话语政治：基于文化研究的视角 张爱凤 著，中国广播电视出版社，2014年1月

新闻传播与法治 卓光俊 编，重庆大学出版社，2014年1月

新闻失范论 周俊 著，人民日报出版社，2014年1月

新闻学：新闻摄影学 徐忠民 著，浙江大学出版社，2014年1月

中国新闻媒体社会治理功能研究 车凤 著，中国传媒大学出版社，2014年1月

传媒伦理学教程 张传 编，中国传媒大学出版社，2014年2月

符号中国 隋岩 著，中国人民大学出版社，2014年2月

媒介与文化传播研究丛书·阐释·流动·想象：风险社会下的信息流动与传播管理 周敏 著，北京大学出版社，2014年2月

谁能引领现代舆论场 李从军 著，人民出版社，2014年2月

网络传播消费主义现象批判 高永亮 著，中国传媒大学出版社，2014年2月

危机传播管理 胡百精 著，中国人民大学出版社，2014 年 2 月

传播学概论 孙庚 著，中国人民大学出版社，2014 年 3 月

理解麦克卢汉：当代西方媒介技术哲学研究 李曦珍 著，人民出版社，2014 年 3 月

马克思主义理论与现实研究文库：舆论引导能力建设研究 陈一收 著，社会科学文献出版社，2014 年 3 月

媒介批评理论与方法 姚君喜 编，北京师范大学出版社，2014 年 3 月

医患危机与媒体关系研究 简海燕 编，东南大学出版社，2014 年 3 月

当代中国媒介批评（现状·问题·路径） 刘建新 著，中国广播电视出版社，2014 年 4 月

国家哲学社会科学成果文库：网络传播管理研究 钟瑛 等著，中国社会科学出版社，2014 年 4 月

突发公共事件媒介化现象解读 彭伟步 编，暨南大学出版社，2014 年 4 月

新媒体环境下西部信息传播有效性研究 闵阳 等著，武汉大学出版社，2014 年 4 月

新媒体时代突发事件应急管理、危机公关案例与启示 孙玲 编，人民出版社，2014 年 4 月

新闻传播学（第四版） 蔡铭泽 著，暨南大学出版社，2014 年 4 月

1990 年代以来媒介体育传播中的民族主义话语建构 付晓静 著，华中科技大学出版社，2014 年 5 月

编辑学理论研究 王华生 编，河南大学出版社，2014 年 5 月

出版传播视域中的儿童文学 崔昕平 著，中国社会科学出版社，2014 年 5 月

传播学内容分析研究与应用 周翔 著，重庆大学出版社，2014 年 5 月

媒体权利的保障与约束研究 牛静 著，华中科技大学出版社，2014 年 5 月

美国传播研究与文化研究的分野与融合 韩瑞霞 著，中国大百科全书出版社，2014 年 5 月

人民日报传媒书系：解析中国新闻传播学（2014） 陈力丹 著，人民日报出版社，2014 年 5 月

日常生活批判与民生新闻表达 刘萍 著，黑龙江大学出版社，2014 年 5 月

守护与敬畏：新闻道德重建的探究和对策 王文科、萧敏健 著，中国广播电视出版社，2014 年 5 月

新闻与传播研究新视野：大众传播中的粉丝现象研究 蔡骐 著，新华出版社，2014 年 5 月

信息传播与可持续发展：中国传统文化的贡献 李敏 著，浙江大学出版社，2014 年 5 月

都市报时评的公共性探究 杨雨丹 著，暨南大学出版社，2014 年 6 月

改革开放以来“农民工”媒介形象流变研究 董小玉 著，人民出版社，2014 年 6 月

构建中国在中东欧地区舆论新格局 邢博 编，中国国际广播出版社，2014 年 6 月

媒介·舆论·传情：城市传播：空间化的进路 崔波 著，中国传媒大学出版社，2014 年 6 月

媒介与社会研究丛书·网络表达：众意与民意 胡蕊 著，北京理工大学出版社，2014 年 6 月

乡村传播学 李红艳 著，北京大学出版社，2014 年 6 月

新闻学原理 彭菊华 著，中国传媒大学出版社，2014 年 6 月

中国财经媒体传播失灵现象研究 石研 著，中国社会科学出版社，2014 年 6 月

社会转型中的演变：当代人际传播理论研究 殷晓蓉、刘蒙之 等著，复旦大学

出版社，2014年7月

新闻观念论 杨保军 著，复旦大学出版社，2014年7月

新闻心理学 刘朝霞 主编，北京师范大学出版社，2014年7月

仪式传播与认同研究 闫伊默 著，知识产权出版社，2014年7月

传媒变革与社会文化变迁 颜春龙 主编，世界图书出版公司，2014年8月

传媒公关与公关传媒：媒介公关学教程 段弘 著，四川大学出版社，2014年8月

大众传媒导论（第3版） 冯一粟 主编，科学出版社，2014年8月

对外传播视野下的中华文化元素符号的研究 朱麟 著，社会科学文献出版社，2014年8月

马克思主义中国化在青年大学生中的传播研究 田辉、蒋庆哲 著，北京师范大学出版社，2014年8月

媒介与性别 女性魅力、男子气概及媒介性别表达 徐艳蕊 著，浙江大学出版社，2014年8月

批判视野下的西方传播思想 石义彬 著，商务印书馆，2014年8月

上海政法学院学术文库·报刊客观性：一种崇高的理想·民国报刊的客观性思想研究 孙健 著，上海社会科学院出版社，2014年8月

图像符号学：传媒景观世界的图式把握 胡易容 著，四川大学出版社，2014年8月

心向受众：以人为本的传播理念 张志军 著，中国国际广播出版社，2014年8月

选择的智慧：职业传播者网络传播伦理问题、案例与对策 阴卫芝 著，中国政法大学出版社，2014年8月

译者行为批评：理论框架 周领顺 著，商务印书馆，2014年8月

传播学基础 侯健 编，北京师范大学出版社，2014年9月

框中世界：媒介框架理论的起源、争议与发展 杜涛 著，知识产权出版社，2014年9月

媒体道德与伦理：案例教学 展江、彭桂兵 著，中国传媒大学出版社，2014年9月

新闻理论教程 骆正林 著，北京大学出版社，2014年9月

新闻文化的现代诠释 姜华 著，复旦大学出版社，2014年9月

新闻心理学概论（第5版） 刘京林 著，中国传媒大学出版社，2014年9月

新闻学导论 谢金文 著，清华大学出版社，2014年9月

传播学新趋势 洪浚浩 编，清华大学出版社，2014年10月

简明传播学 胡学亮 著，知识产权出版社，2014年10月

信息传播位能原理与转化策略 谭英 著，中国农业大学出版社，2014年10月

舆情概论 杨绍辉 著，东北大学出版社，2014年10月

组织传播学 谢静 著，复旦大学出版社，2014年10月

中国公共危机传播中的媒介角色研究 周榕 著，华中科技大学出版社，2014年10月

国际化新闻传播话语研究（上部） 林海春 著，中国广播电视出版社，2014年11月

媒介呈现与公共话语：社会分配报道研究 李欣、汪凯 著，复旦大学出版社，2014年11月

媒介规制论 史征 著，浙江工商大学出版社，2014年11月

媒介思辨录 罗以澄 著，社会科学文献出版社，2014年11月

媒介素养十四讲 吴玉兰 编，北京大学出版社，2014年11月

数字未来与媒介社会·重构行动者：中国场域的传播研究　韦路 著，浙江大学出版社，2014 年 11 月

新闻传播学的学术想象与教育反思　单波 著，社会科学文献出版社，2014 年 11 月

风险传播的场域研究　胡登全 著，中国社会科学出版社，2014 年 12 月

新闻符号学　李玮 著，四川大学出版社，2014 年 12 月

新闻传播业务

报纸编辑学　邓利平 著，北京师范大学出版社，2014 年 1 月

编辑是一门正在创新的艺术　俞晓群、金丽红 等著，世界图书出版公司，2014 年 1 月

财经新闻概论：财经新闻系列教程　莫林虎 编，浙江大学出版社，2014 年 1 月

高校媒体研究　刘国云 著，江西人民出版社，2014 年 1 月

我们这样教新闻　白净 编，光明日报出版社，2014 年 1 月

新闻报道学　薛国林、张晋升 著，暨南大学出版社，2014 年 1 月

新闻采访学教程（第二版）　牛丽红 编，郑州大学出版社，2014 年 1 月

新闻评论精要与案例评析　周旭东、唐远清 著，中国传媒大学出版社，2014 年 1 月

新闻叙事导论　方毅华 著，中国广播电视出版社，2014 年 1 月

新闻训练要义　刘冰 著，现代出版社，2014 年 1 月

新闻语用研究　赵宏 著，中国社会科学出版社，2014 年 1 月

中国主持人节目学　陆锡初 著，中国广播电视出版社，2014 年 1 月

出版概论　靳琼 著，重庆大学出版社，2014 年 2 月

如何写调查报告　裴平星 著，红旗出版社，2014 年 2 月

实用报纸编辑　杜波、张西静 等著，清华大学出版社，2014 年 2 月

实用新闻评论写作教程　徐兆荣 著，北京大学出版社，2014 年 2 月

网络新闻采写　徐明华 编，华中科技大学出版社，2014 年 2 月

新闻写作案例教程：范例、思路与技巧　武斌 著，南方日报出版社，2014 年 2 月

传媒就业与职业发展　孙丽园 著，北京师范大学出版社，2014 年 3 月

媒介市场调查与研究丛书：收视率 100 问　陈若愚 编，中国传媒大学出版社，2014 年 3 月

媒体新闻信息资源利用论　孙明慧 著，世界图书出版公司，2014 年 3 月

新闻采访实务　张撰先 编，北京大学出版社，2014 年 3 月

新闻传播书系：新闻标题语言研究　韩书庚 著，知识产权出版社，2014 年 3 月

新闻综合实训　吴洪霞、李未熟 编，武汉大学出版社，2014 年 3 月

语言运用与文化传播　江滨、王立松 等著，天津大学出版社，2014 年 3 月

怎样写新闻：与初学者谈新闻专业写作技巧　洪佳士 著，浙江大学出版社，2014 年 4 月

新闻写作学教程（第二版）　董广安、詹绪武 编，郑州大学出版社，2014 年 5 月

出版科学探索　陈满之 编，湖南大学出版社，2014 年 6 月

书刊编辑与加工　汪启明 编，西南交通大学出版社，2014 年 6 月

现代出版的探索与创新　熊瑜、邱小平 等编，四川大学出版社，2014 年 6 月

新闻策划十日谈　周峰 著，中国人事出版社，2014 年 6 月

新闻发言人的礼貌语言　唐娟华 著，

中国国际广播出版社，2014年6月

新闻叙事的故事化技巧 徐培亮 著，南京师范大学出版社，2014年6月

制造信任危机 郭晓科 著，法律出版社，2014年6月

中国记忆文库：当代中国式娱乐传播透视 路云亭 著，上海三联书店，2014年6月

《纽约时报》与《光明日报》英雄报道与跨文化身份认同的建构 吴柏祥 著，浙江大学出版社，2014年7月

出版转型中的实践与思考 陈纯跃 著，中华书局，2014年7月

传媒·文化·品牌论集 沈毅、高丽华 等著，企业管理出版社，2014年7月

功能语旨在意识形态灌输中的应用：英语新闻报道文体的共性分析 崔凤爽 著，中国海洋大学出版社，2014年7月

关注热点：特定议题新闻报道研究 陈丽丹 著，法律出版社，2014年7月

媒体产业系列丛书：广电网站产业 曾静平 著，北京邮电大学出版社，2014年7月

十年：新闻发言人面对面 程曼丽 编著，清华大学出版社，2014年7月

数字出版启示录：西方数字出版经典案例分析 刘银娣 著，世界图书出版公司，2014年7月

新闻报道亲和力 杨秀国、张筱筠 著，人民出版社，2014年7月

新闻评论不神秘 汪言海 著，安徽大学出版社，2014年7月

新闻图像在现代传播中的作用研究 宁海林 著，人民出版社，2014年7月

播音主持指南 田笑 著，清华大学出版社，2014年8月

出版学导论 罗紫初 著，武汉大学出版社，2014年8月

传媒策划实务（第2版） 叶奕 编，重庆大学出版社，2014年8月

人民日报学术文库：党报版面研究 邵云红 著，人民日报出版社，2014年8月

上海外国语大学当代传媒与文化研究丛书：纪录片创作研究 王庆福 著，世界图书出版公司，2014年8月

实用数字报纸版面编辑 亓怀亮、金煜斌 等编，西南交通大学出版社，2014年8月

网络新闻编辑 邓炘炘 著，中国广播影视出版社，2014年8月

现代传播学丛书：现代影视传播 曾耀农、丁红 著，清华大学出版社，2014年8月

现代期刊编辑学（第二版） 龚维忠 著，北京大学出版社，2014年8月

新闻的逻辑 高明勇 著，浙江人民出版社，2014年8月

新闻评论漫谈 中共中央宣传部新闻局 编，学习出版社，2014年8月

新闻通讯员实务（第二版） 李未熟、高池 编，武汉大学出版社，2014年8月

报纸新闻标题制作与编排艺术 忻志伟、周骥 著，复旦大学出版社，2014年9月

编辑业务研究与实践 唐圣平 著，群言出版社，2014年9月

播音基础实用教程 刘晔 编，北京理工大学出版社，2014年9月

播音主持话语表达教程 崔梅、周芸 编，北京大学出版社，2014年9月

大型赛事媒体运行原理与新闻服务体例 姜晓红 著，暨南大学出版社，2014年9月

面向网络舆情的群体性事件的预警机制研究 生奇志 著，东北大学出版社，2014年9月

融媒时代的播音主持艺术研究：记者型主持人 邱一江、林小榆 等编，暨南大学出版社，2014年9月

守护生命线：新闻失实案例分析与防范对策 朱学诗、许万全 著，中国和平出版社，2014年9月

我国广电媒体跨区域发展模式研究　吴玉玲 等著，中国传媒大学出版社，2014年9月

新闻传播学实践教学系列：北京青年报经典案例研究　李星儒 编，中国传媒大学出版社，2014年9月

新闻评论　吕智胜 编，北京师范大学出版社，2014年9月

学术视域中的现代出版　田海明、卢玲 编，安徽人民出版社，2014年9月

中国少儿出版新进程　余人 著，世界图书出版公司，2014年9月

中国社会科学博士后文库：动物纪录片研究　冯欣 著，社会科学文献出版社，2014年9月

主持审美　易军、唐华军 著，清华大学出版社，2014年9月

主持业务实训教程　李志强 著，合肥工业大学出版社，2014年9月

播音主持能力训练　田笑、李浩颖 著，清华大学出版社，2014年10月

传承与创新：中英传播学的理论与实践　崔清活 著，中国社会科学出版社，2014年10月

传统媒体和新兴媒体融合发展的愿景与路径　伍刚 编，社会科学文献出版社，2014年10月

期刊编辑与制作　王晓光 著，武汉大学出版社，2014年10月

人民日报学术文库：新闻评论研究　谢明辉 著，人民日报出版社，2014年10月

嬗变与重构：转型期都市类报纸发展路径研究　刘劲松 著，中国传媒大学出版社，2014年10月

实用新闻与传播学丛书：新闻摄影新论　汤天明 著，南京师范大学出版社，2014年10月

现代汉语新闻图式研究　於春 著，复旦大学出版社，2014年10月

新闻传播的大数据时代　喻国明、李彪、杨雅、李慧娟 著，中国人民大学出版社，2014年10月

新闻写作　王金星、杜春海 编，重庆大学出版社，2014年10月

中俄现代传媒文体比较研究　张举玺 著，新华出版社，2014年10月

中国新闻采访写作学　刘海贵 著，复旦大学出版社，2014年10月

主编死了　陈序 著，中信出版社，2014年10月

科技期刊编辑与出版问答　中国高校科技期刊研究会 编，清华大学出版社，2014年11月

全新闻电台的节目编排和运营　覃信刚 著，云南人民出版社，2014年11月

新编播音员主持人训练手册：语音发声（第3版）　王璐、吴洁茹 编，中国传媒大学出版社，2014年11月

新闻采访与写作　杨江科杰、熊志华 编，北京理工大学出版社，2014年11月

杂志编辑实务教程　李静 著，上海辞书出版社，2014年11月

总编辑手记　丁传光 著，合肥工业大学出版社，2014年11月

编辑概论（第2版）　陈桃珍 编，重庆大学出版社，2014年12月

播音与主持艺术专业考前辅导丛书：播音主持艺考朗诵教程　李俊文 著，中国传媒大学出版社，2014年12月

财经媒体从业教程　聂莉 编，华中师范大学出版社，2014年12月

出镜记者案例分析　刘静、邓秀军 著，北京大学出版社，2014年12月

新媒体·新传播书系：播音主持语言表达的个性化思考　赵俐 等著，中国广播电视出版社，2014年12月

新闻作品评析教程　王灿发 等著，中国传媒大学出版社，2014年12月

舆论的隐喻引导与组织认同：新媒体

环境下新闻编辑舆论引导功能研究 朱小翠 著，浙江大学出版社，2014 年 12 月

主持人即兴口语训练 应天常、王婷 著，中国传媒大学出版社，2014 年 12 月

新闻传播史

比较传媒史 陈彤旭 著，中国出版集团、世界图书出版公司，2014 年 1 月

传媒、现代性与工人阶级主体性探究：以《工人日报》（1949—1992）为例 吴畅畅 著，中国广播电视出版社，2014 年 1 月

外国新闻传播史纲要 陈力丹、王辰瑶 著，中国人民大学出版社，2014 年 1 月

中国编辑出版史（第 2 版） 黄镇伟 著，苏州大学出版社，2014 年 1 月

中国新闻通讯员简史 杨新正 著，人民日报出版社，2014 年 1 月

"战时新闻学"研究（1936—1945） 庄廷江 著，湖北人民出版社，2014 年 2 月

上海沦陷时期《女声》杂志研究 涂晓华 著，中国传媒大学出版社，2014 年 3 月

学徒制影响下的学院制：英国大学新闻教育研究 陈俊峰 著，华中师范大学出版社，2014 年 3 月

上海新闻史（1850—1949）（修订版） 马光仁 编，复旦大学出版社，2014 年 4 月

中国编辑思想发展史 吴平、钱荣贵 编，武汉大学出版社，2014 年 4 月

1927—1937 年民营报业经营研究：以《申报》《新闻报》为考察中心 张立勤 著，浙江工商大学出版社，2014 年 5 月

从英国媒体看国家软实力的兴衰 张聪 著，知识产权出版社，2014 年 5 月

当代浙江学术文库：我国出版产业政策体系研究（1978—2011） 赵礼寿 著，浙江工商大学出版社，2014 年 5 月

民国新闻史研究 2014 倪延年、刘继忠 等编，南京师范大学出版社，2014 年 5 月

上海近代报刊史论（增订版） 秦绍德 著，复旦大学出版社，2014 年 5 月

唐代文明与新闻传播 李彬 著，中国人民大学出版社，2014 年 5 月

新闻出版优秀博士论文文库：先秦诸子传播思想研究 仝冠军 著，中国书籍出版社，2014 年 5 月

新闻文学历史的交汇地带 赵建国 著，社会科学文献出版社，2014 年 5 月

新闻与传播研究文库：张季鸾抗战言论研究 张继木 著，华中师范大学出版社，2014 年 5 月

新中国期刊创刊号（1949—1959） 李勇军 著，上海远东出版社，2014 年 5 月

中国报学史（精装索引版） 戈公振 著，中国和平出版社，2014 年 5 月

1843 年开始的上海出版故事 汪耀华 著，上海人民出版社，2014 年 6 月

北大教授与《新青年》 张耀杰 著，新星出版社，2014 年 6 月

从邸报到光复报：清朝报刊藏记 张雪根 著，浙江工商大学出版社，2014 年 6 月

港澳台与海外新闻传播丛书：港澳台报业 陈致中、陈娟 等著，暨南大学出版社，2014 年 6 月

侵华战争时期的日本报界研究（1931—1945） 孙继强 著，中央编译出版社，2014 年 6 月

宁夏大学优秀学术著作丛书：晚清报刊与小说传播研究 李九华 著，中国社会科学出版社，2014 年 7 月

李良玉教授与其博士研究生文丛：《东方杂志》研究（1904—1948） 陶海洋 著，合肥工业大学出版社，2014 年 8 月

三联韬奋 24 小时书店诞生记 樊希安 编，生活·读书·新知三联书店，2014 年 8 月

媒介与公共空间：《申报·自由谈》（周瘦鹃时期）研究　谢波 著，江苏人民出版社，2014年9月

二十世纪青年报刊史　陈彤旭 著，新华出版社，2014年9月

安徽新闻传播史　王传寿 编，合肥工业大学出版社，2014年10月

出版商的诞生：不确定性与18世纪英国图书生产　于文 著，上海人民出版社，2014年10月

当代中国传媒史（1978—2010）　李春 著，漓江出版社，2014年10月

近代新闻史论稿　周光明 编，社会科学文献出版社，2014年10月

战后日本大众传播学研究的发展脉络　孙庚 著，中国人民大学出版社，2014年10月

中国编辑思想史　吴平、钱荣贵 编，学习出版社，2014年10月

传播学史　宫承波、管璘 编，中国广播电视出版社，2014年11月

上海政法学院学术文库：母语传播视角下的欧洲华文传媒研究　戴楠 著，上海社会科学院出版社，2014年11月

天子文书·政令·信息沟通：以两汉魏晋南北朝为中心　李浩 著，复旦大学出版社，2014年11月

专业化与大众化：黄天鹏新闻思想与实践研究　张振亭 著，江西人民出版社，2014年11月

百年经典学术丛刊：中国报学史　戈公振 著，上海古籍出版社，2014年12月

石头记：上海近代石印书业研究（1843—1956）　许静波 著，苏州大学出版社，2014年12月

中国媒介发展概论　李锦云、张玉田 编，北京大学出版社，2014年12月

媒介经营与管理

出版经济学教程　王秋林 著，上海辞书出版社，2014年1月

传媒巨轮如何转向：移动互联网时代的国际传媒集团　张咏华、曾海芳 等著，南方日报出版社，2014年1月

媒体转型　严威 著，中国广播电视出版社，2014年1月

声音的竞争：解构企业公共关系影响新闻生产的机制　邓理峰 著，中国传媒大学出版社，2014年1月

数字出版系列丛书：数字出版产业理论与实践　张新华 著，知识产权出版社，2014年1月

新闻传播学丛书：当代传媒经营管理（第2版）　钱晓文 著，中山大学出版社，2014年1月

外国媒介集团研究　张楠 著，世界图书出版公司，2014年2月

中国报业制度变迁研究：改革开放30年中国报业体制变革的经济学分析　魏峰 著，东南大学出版社，2014年3月

1843年开始的上海出版故事　陈飞宝 著，九州出版社，2014年4月

报业转型新战略　陈国权 著，新华出版社，2014年4月

传媒经营管理案例教程　陈建群 编，北京师范大学出版社，2014年4月

人民日报学术文库：美国杂志出版个案研究　叶新 著，人民日报出版社，2014年5月

转型中的传媒：宁波日报报业集团的实践与思考　何伟 编，复旦大学出版社，2014年5月

媒体产业系列丛书：中外新媒体产业　曾静平、杜振华 著，北京邮电大学出版社，2014年6月

数字新媒体版权管理　张文俊、倪受春 等著，复旦大学出版社，2014年6月

Web2.0时代的网络民意：表达与限制　张燕 著，复旦大学出版社，2014年6月

中国媒介生产融合研究　杨娟 著，中

国广播电视出版社，2014 年 6 月

报刊发行概论 陈军须、李颖 编，北京邮电大学出版社，2014 年 8 月

传媒与文化产业：媒介时代前瞻 探索与创新 赵心愚、余仕麟 编，四川大学出版社，2014 年 8 月

互联网传播前沿论丛·幻影注意力：基于眼动实验的植入式广告效果研究 赵曙光 著，复旦大学出版社，2014 年 9 月

我国出版企业版权资源增值利用对策研究 夏颖 著，世界图书出版广东有限公司，2014 年 9 月

中国社会科学博士后文库：媒介融合的制度安排与政策选择 王润珏 著，社会科学文献出版社，2014 年 9 月

资本影响下的中国传媒业 张洪忠 著，北京师范大学出版社，2014 年 10 月

报业发展战略与报业品牌运营 刘明洋、王景强 编，山东人民出版社，2014 年 12 月

传媒管理学 文长辉 著，南方日报出版社，2014 年 12 月

媒介品牌经营 汤莉萍 著，中国传媒大学出版社，2014 年 12 月

媒介与社会书系（第三辑）：新媒体背景下城市社区媒体研究 曾兴 著，中国传媒大学出版社，2014 年 12 月

我国新闻出版业融资体系研究 华宇虹、汪洵 等著，知识产权出版社，2014 年 12 月

新闻传播学前沿丛书：网络社区营销传播的路径与模式研究 寇紫遐 著，武汉大学出版社，2014 年 12 月

舆情管理系列丛书·舆情与管理：构建中国旅游舆情智库 刘志明 著，社会科学文献出版社，2014 年 12 月

新媒体

博客舆情的分析与研判 常松 编，社会科学文献出版社，2014 年 1 月

传媒印象：融媒时代新闻传播论题 刘冰 著，现代出版社，2014 年 1 月

社会学丛书：微博诉求表达与虚拟社会管理 毕宏音 著，中国社会科学出版社，2014 年 1 月

新媒体概论 林刚 著，中国传媒大学出版社，2014 年 1 月

新媒体时代的大学新闻宣传 铁铮 编，中国文史出版社，2014 年 1 月

信息渴望自由 胡泳 著，复旦大学出版社，2014 年 1 月

转型中的微力量：微博公共事件中的公众参与 文远竹 著，世界图书出版公司，2014 年 1 月

微文博境 金敏 著，浙江人民出版社，2014 年 2 月

新媒体与旧秩序：YouTube 上的中国形象 张春波 著，世界知识出版社，2014 年 2 月

融媒体传播 栾轶玫 著，中国金融出版社，2014 年 3 月

网络时代："最好"的时代 赵帅 著，北京工业出版社，2014 年 3 月

新媒体舆论：模型、实证、热点及展望 匡文波 著，中国人民大学出版社，2014 年 3 月

大众狂欢：新媒体时代网络文化透析 龙其林 著，浙江古籍出版社，2014 年 4 月

厦门大学新媒体丛书：中国微博活跃用户研究报告 林升栋 著，厦门大学出版社，2014 年 4 月

后期资助课题成果文库：媒介交换网络中的新闻伦理 闻娱 著，中国社会科学出版社，2014 年 5 月

互联网与数字出版传播研究 张尧学 著，中南大学出版社，2014 年 5 月

思想政治教育研究文库：网络境遇中当代中国马克思主义大众化传播问题研究 刘基、苏星鸿 著，中国文史出版社，

2014年5月

网络流行语与网络热门事件辩证看 戴国立 编著，河南大学出版社，2014年5月

新媒体与新媒体产业 张晓梅 著，中国电影出版社，2014年5月

媒介化时代党的执政能力研究 黄丽萍 著，中央编译出版社，2014年6月

数字新媒体环境下突发性群体事件的谣言传播研究 蔡盈洲 著，江西人民出版社，2014年6月

网络传播中的伦理问题研究 李卫东 著，陕西师范大学出版总社有限公司，2014年6月

新媒介赋权及意义互联网的兴起 师曾志、胡泳 著，社会科学文献出版社，2014年6月

新媒体环境下大众阅读行为与公共图书馆对策 李玉梅、王沛战 著，天津人民出版社，2014年6月

自媒体 田智钢 著，人民日报出版社，2014年6月

旅游地网络口碑传播研究 马明、陈方英 著，经济科学出版社，2014年7月

数字化媒介语境下的传媒审美文化 李益 等著，北京联合出版公司，2014年7月

数字时代的信息搜索：中美企业员工新媒体使用研究 居然 著，浙江工商大学出版社，2014年7月

网文如是说新闻 张生泉 著，上海交通大学出版社，2014年7月

新媒体理论与技术 匡文波 著，中国人民大学出版社，2014年7月

报刊电子编辑 彭柳、刘敏 等著，北京大学出版社，2014年8月

传播学研究书系：互联网上的公众表达 陈红梅 著，复旦大学出版社，2014年8月

传播学研究书系：新媒体环境下阅读引导与读者服务的协同推进研究 邓香莲 著，复旦大学出版社，2014年8月

媒体平衡论 曾庆江 著，武汉大学出版社，2014年8月

上海外国语大学当代传媒与文化研究丛书：中国网民社交媒体传播需求研究 顾明毅 著，世界图书出版公司，2014年8月

数字媒体技术导论 詹青龙、董雪峰 编，清华大学出版社，2014年8月

数字媒体艺术概论 谢晓昱 编，高等教育出版社，2014年8月

数字时代国民阅读行为嬗变研究 李新祥 编著，中国社会科学出版社，2014年8月

新型部落的崛起：网络趣缘群体的跨学科研究 罗自文 著，新华出版社，2014年8月

中国网络媒介的主流意识形态建设研究 王爱玲 著，人民出版社，2014年8月

互联网传播前沿论丛·致命的转化率：全媒体转型的陷阱 赵曙光 著，复旦大学出版社，2014年9月

跨媒体信息技术与应用 杨毅、王胜开 等著，电子工业出版社，2014年9月

视听新媒体导论 郭小平 著，北京大学出版社，2014年9月

数字媒体技术应用基础教程 杨忆泉 编，机械工业出版社，2014年9月

网络新闻实务 罗昕 著，北京大学出版社，2014年9月

新媒体传播先锋论丛：社会化媒体与公益营销传播 赵曙光、王知凡 著，复旦大学出版社，2014年9月

新媒体理论与实践前沿丛书：新媒体与社会变迁 方玲玲、韦文杰 著，复旦大学出版社，2014年9月

新媒体社会论变 周笑 编著，复旦大学出版社，2014年9月

新闻与传播研究文库·网络大众的影像书写：中国网络微视频生产研究 刘琼

著，华中师范大学出版社，2014年9月

中国新媒体艺术实践及批评研究 刘世文 著，黄山书社，2014年9月

传播新视点丛书：新媒体的新闻观 谢圣华 著，中国传媒大学出版社，2014年10月

珞珈新闻传播青年学者丛书：新媒体事件的框架建构与话语分析 吴世文 著，山东教育出版社，2014年10月

全媒体时代的新闻发布和媒体关系管理（中文版） 史安斌 著，五洲传播出版社，2014年10月

数字化时代的出版学 陈洁 著，北京大学出版社，2014年10月

网络舆情分析技术 王兰成 著，国防工业出版社，2014年10月

网络舆情学 曾润喜、张薇 编，科学技术文献出版社，2014年10月

新媒体理论与实务 周艳 著，中国传媒大学出版社，2014年10月

新媒体视听节目制作 邓秀军 著，北京大学出版社，2014年10月

中国报业：市场与互联网视域下的转型 吕尚彬 著，社会科学文献出版社，2014年10月

国内外互联网研究系列丛书：网络舆情研究与应对 程工 著，电子工业出版社，2014年11月

网络舆论波研究 廖卫民 著，浙江大学出版社，2014年11月

新媒体视听节目制作 周建青 编，北京大学出版社，2014年11月

传播新视点丛书·互联网信息之魂：马克思主义新闻观在网络新闻传播中的运用研究 王泱泱 著，中国传媒大学出版社，2014年12月

青少年网络聊天管理研究 楚国清、周敏 等著，中国传媒大学出版社，2014年12月

微博舆情：传播·治理·引导 李明德 等著，中国社会科学出版社，2014年12月

文化产业安全与管理丛书：数字时代下的出版产业管理研究 刘益 等编，中国政法大学出版社，2014年12月

新媒体传播先锋论丛·指尖与舌间：突发事件与网络口碑传播 张婷婷、晁文庆 著，复旦大学出版社，2014年12月

广　告

广告，其实是一种诉说：广告与营销策略研究 郑锋 著，企业管理出版社，2014年1月

世界广告史 刘悦坦 著，华中科技大学出版社，2014年2月

广告折射中国社会价值观念的变迁：以1978—2011年四大报纸广告内容分析为例 林升梁 著，厦门大学出版社，2014年3月

洗化用品广告创意设计 李鹏 著，东南大学出版社，2014年3月

《大公报》（1902—1916）与中国广告近代化 汪前军 著，中国社会科学出版社，2014年4月

网络广告行政监管研究 邓小兵、冯渊源 著，人民出版社，2014年4月

现代广告与城市文化 查灿长 著，上海三联书店，2014年4月

与受众互动：广告策划从思维到行动 李颖杰 著，吉林人民出版社，2014年7月

广告话语与中国社会的变迁 冯捷蕴 著，对外经济贸易大学出版社，2014年8月

竞合·联动·融合：泛传播时代的合作广告研究 刘小三 著，人民日报出版社，2014年8月

影视广告创作研究 黎英 著，江苏凤凰美术出版社，2014年8月

中国网络广告十七年（1997—2014）

黄河、江凡、王芳菲 著，中国传媒大学出版社，2014 年 8 月

广告效果测评理论与方法 李晶、吕蕾 等著，社会科学文献出版社，2014 年 9 月

民国广告与民国名人 由国庆 著，山东画报出版社，2014 年 9 月

晚清小说广告研究 刘颖慧 著，人民出版社，2014 年 9 月

中国广告学术史（1815—1949） 武齐 著，知识产权出版社，2014 年 9 月

中国平面广告的批评隐喻研究 江春著，对外经济贸易大学出版社，2014 年 9 月

广告的嬗变与升级：营销传播新探 陈韵博 著，暨南大学出版社，2014 年 10 月

广告如何显锋芒：互联网营销核精神 大洋 著，中国商业出版社，2014 年 10 月

汉英广告语言对比研究 李娜 著，中央编译出版社，2014 年 10 月

英语广告的人际意义研究 余樟亚著，国防工业出版社，2014 年 10 月

植入式广告法律规制研究 李新颖著，知识产权出版社，2014 年 10 月

媒介融合时代的广告传播 戎彦 著，中国社会科学出版社，2014 年 11 月

广告语言谱系研究 屈哨兵 等著，暨南大学出版社，2014 年 12 月

基于社交网植入式广告游戏对用户关于品牌认知的影响研究 周洁如 著，上海交通大学出版社，2014 年 12 月

影视广告创意与策划 徐张杰 著，武汉大学出版社，2014 年 12 月

广播电视

产业有道：城市广播电视台产业化的发展模式 周义波 著，中国广播电视出版社，2014 年 1 月

电视编导基础（第 2 版） 韩斌生著，中国传媒大学出版社，2014 年 1 月

电视公共领域的结构转型 胡明川著，西南交通大学出版社，2014 年 1 月

多元媒介环境下的儿童与儿童电视 李琦 著，中国广播电视出版社，2014 年 1 月

广播节目制作 肖峰 编，武汉大学出版社，2014 年 1 月

广播影视语言传播与社会影响力研究 曾婕、李利克 等著，湖北人民出版社，2014 年 1 月

悬念电视三十六计 杨斌、安然 等著，天津人民出版社，2014 年 1 月

中国电视节目创新研究 杨乘虎 著，中国传媒大学出版社，2014 年 1 月

中国电视文艺发展史 仲呈祥 编，中国电影出版社，2014 年 1 月

中国移动电视发展报告 2013 中国广播电视协会移动电视分会、易观智库 著，中国经济出版社，2014 年 1 月

中美女性电视节目比较研究 刘利群、张敬婕 著，中国传媒大学出版社，2014 年 1 月

当代视听节目编导与制作 周建青著，中国广播电视出版社，2014 年 2 月

全球化与中国电视文化安全 徐明华编，华中科技大学出版社，2014 年 2 月

电视访谈中话语缓和的语用研究 李海辉 著，世界图书出版广东有限公司，2014 年 3 月

电视节目主持人风格与节目主持艺术 许嫱、周嘉丽 著，西南交通大学出版社，2014 年 3 月

发展中国家广播电视概况暨管理体制研究 张朴宽 著，2014 年 3 月

适变与守恒：广播电视散论 张振华著，中国传媒大学出版社，2014 年 3 月

数字时代的电视：变革与超越 李宇著，中国广播电视出版社，2014 年 5 月

电视传播与乡村村民日常生活方式的变革 孙秋云 等著，人民出版社，2014年5月

历史题材电视剧与国家形象建构研究 陶冶 著，中国社会科学出版社，2014年5月

上海电视栏目志（2008—2013） 上海文化广播影视集团有限公司 编，学林出版社，2014年5月

中国传媒大学电视系博士文库·YouTube用户能动性：媒介实践论的角度 顾洁 著，中国广播电视出版社，2014年5月

中国广播电视研究的演变 谢鼎新 著，合肥工业大学出版社，2014年4月

法律的电视虚构生产：中国当代法律题材电视剧研究 陈笑春 著，法律出版社，2014年6月

感觉世界：广播电视与人类感知 洪兵 著，中国社会科学出版社，2014年6月

广告·观丛书：大视频时代：广告策略与效果测量研究 黄升民 编，中国传媒大学出版社，2014年6月

广告·观丛书：中国城市居民广告观研究 黄升民、陈素白 等编，中国传媒大学出版社，2014年6月

广告调查 李惊雷 编，郑州大学出版社，2014年6月

舞动的镜城之躯：当代电视娱乐节目身体影像研究 于隽 著，清华大学出版社，2014年6月

新闻传播学精品文库：新闻专业主义视阈下中国电视新闻奖消息类作品研究 邱一江 著，暨南大学出版社，2014年6月

移动互联时代的广播发展研究 王求 编，中国广播电视出版社，2014年6月

中国广播电视"走出去"战略研究 臧具林、卜伟才 主编，中国国际广播出版社，2014年6月

广播电视文艺编导 项仲平、张忠仁 著，浙江大学出版社，2014年7月

广播电视新闻业务 石屹 著，北京大学出版社，2014年7月

广电蓝皮书：中国广播电影电视发展报告（2014） 杨明品 主编，社会科学文献出版社，2014年7月

数字时代影视传媒系列教材：电视画面编辑教程 张乐平 著，西南交通大学出版社，2014年7月

厦门大学广告与传播艺术丛书：应用电视新闻学 岳森、迟月利 著，厦门大学出版社，2014年7月

中国电视对外传播研究 孙宝国 著，中国广播影视出版社，2014年7月

中国电影、电视剧和话剧发展研究报告（2013卷） 周斌 等著，复旦大学出版社，2014年7月

电视视频信号分析仪校准规范 中国标准化委员会 著，中国质检出版社，2014年8月

广播电视新闻作品评析 孙宜君、唐黎 著，国防工业出版社，2014年8月

互联网电视 于勇 著，高等教育出版社，2014年8月

收视率与电视艺术审美 张蓝姗 著，清华大学出版社，2014年8月

新兴媒体竞合下的中国广播 姚争 著，中国广播电视出版社，2014年8月

影视与传播学丛书：电视栏目和频道辨析（第二版） 史可扬 著，中山大学出版社，2014年8月

中国广播电视协会学术研究系列丛书·宣传技巧与跨文化传播：第八届全国广播电视学术著作获奖作品精编 中国广播电视协会 编，中国广播影视出版社，2014年8月

电视栏目策划 覃晓燕 著，北京师范大学出版社，2014年9月

电视新闻视听心理研究 林奇 著，中国传媒大学出版社，2014年9月

电视专题与专栏 邓年生 编，华中科技大学出版社，2014年9月

高清晰度数字电视主观评价用测试图像 中华人民共和国国家质量监督检验检疫总局、中国国家标准化管理委员会 著，中国质检出版社，2014年9月

广播电视概论 巨浪 编，高等教育出版社，2014年9月

教育电视媒体的理论与实践 周速、付宏满 著，东北大学出版社，2014年9月

抬头看路：电视媒体产业及转型研究 朱毅 著，世界图书出版广东有限公司，2014年9月

新形态广播 邹玉、邹俊巍 著，中国广播电视出版社，2014年9月

中国广播电视通史（新一版） 赵玉明 编，中国广播影视出版社，2014年9月

传播学研究书系：电视节目主持人品牌研究 巩晓亮 著，复旦大学出版社，2014年10月

电视节目导播实用教程 谢力健 著，中国传媒大学出版社，2014年10月

广播电视播音主持 柴璠 著，北京大学出版社，2014年10月

广播新闻学 黎炯宗 著，武汉大学出版社，2014年10月

广播影视案例分析：传播内容篇 国家新闻出版广电总局政策法制司 编，中国广播影视出版社，2014年10月

电视新闻策划（第2版） 张晓锋、周海娟 编，北京师范大学出版社，2014年11月

中国电视艺术发展报告（2014） 王丹彦 主编，中国广播电视出版社，2014年11月

2014中国广播收听年鉴 陈若愚 编，中国传媒大学出版社，2014年12月

常话短说·电视娱乐视频从业者的红宝书：广电十年 常伟、熊飞 著，中国广播影视出版社，2014年12月

传媒新浪潮研究丛书：电视的命运·媒介融合与电视传播范式变革 杜志红 著，中国书籍出版社，2014年12月

传媒新浪潮研究丛书：社会转型时期电视剧中的女性意识嬗变 华昊 著，中国书籍出版社，2014年12月

电视产业多屏战略研究 连少英 著，中国传媒大学出版社，2014年12月

电视新闻报道教程 王志敏 著，中国传媒大学出版社，2014年12月

广播电视学实务系列教材：实用传播学简明教程 车南林 著，四川大学出版社，2014年12月

广东广播电视节目评析 陈一珠 编，广州暨南大学出版社，2014年12月

实用新闻与传播学丛书：电视新闻写作 汪黎黎 著，南京师范大学出版社，2014年12月

政治传播视角下的解放区广播研究 彭芳群 著，中国传媒大学出版社，2014年12月

电 影

新中国革命题材电影中的女性寓言（1949—1978） 张霁月 著，中国社会科学出版社，2014年1月

华语电影如何影响世界：当代华语电影文化影响力研究国际论坛文集 倪祥保 主编，江苏大学出版社，2014年3月

主体的生成机制："十七年电影"内外的身体话语 史静 著，北京大学出版社，2014年3月

当代电影新势力——亚洲新电影大师研究 周安华 著，北京大学出版社，2014年4月

跨文化背景下中国电影的国家形象建构 陈林侠 著，人民出版社，2014年4月

中国电影市场研究 顾峥 著，群言出版社，2014年4月

中国译制电影史 谭慧 著，中国电影出版社，2014年4月

“十七年”上海电影文化研究 张硕果 著，社会科学文献出版社，2014年5月

2014中国网络视听产业报告 中国上海网络视听产业基地 著，上海科学技术文献出版社，2014年6月

当代中国民营电影发展态势研究 丁亚平 主编，北京师范大学出版社，2014年6月

民国上海影院概观 黄德泉 著，中国电影出版社，2014年6月

三峡工程纪实影像传播史 郑微波 著，法律出版社，2014年6月

世界电影发展报告 尹鸿 主编，中国电影出版社，2014年6月

影像中国与中国影像：百年中国电影艺术发展史 胡星亮 主编，北京大学出版社，2014年6月

大电影的拓展：中国电影海外市场竞争策略分析 丁亚平 主编，文化艺术出版，2014年8月

大视频时代：中国视频媒体生态考察报告（2014—2015） 张海潮、郑维东 等著，中国民主法制出版社，2014年9月

华语电影大片：创作、营销与文化 陈旭光 等著，北京大学出版社，2014年9月

影投资分析及风险管理手册 张家林、钟一安 著，中国经济出版社，2014年9月

华语电影的美学传承与跨界流动 陈犀禾 主编，广西师范大学出版社，2014年10月

华语电影的全球传播与形象建构 聂伟 主编，广西师范大学出版社，2014年10月

后“解严”时代的台湾电影 孙慰川 著，商务印书馆，2014年11月

华莱坞电影理论：多学科的立体研究视维 邵培仁 等著，浙江大学出版社，2014年11月

恋影年华：全球视野中的话语景观：大陆、香港、台湾青年电影导演创作与传播 钱春莲、邱宝林 著，复旦大学出版社，2014年11月

影视文化2014 丁亚平、聂伟 主编，中国电影出版社，2014年11月

中国电影业的演进路径与话语建构：1949—1992：基于政策分析的视角 刘阳 著，浙江大学出版社，2014年12月

中国电影中的云南形象研究 过鹏群 著，中国社会科学出版社，2014年12月

国外新闻传播论（译）著

揣测与媒介：媒介体现象学 ［德］鲍里斯·格罗伊斯 著，张芸、刘振英 译，南京大学出版社，2014年1月

传播理论的职业运用（第2版） ［美］玛丽安·丹顿 著，陈世华 译，清华大学出版社，2014年1月

媒介建构：流行文化中的大众媒介 ［美］劳伦斯·格罗斯伯格 著，祁林 译，南京大学出版社，2014年1月

新闻报道实践入门 ［日］猪股征一 著，刘非 译，中国国际广播出版社，2014年1月

新闻风云 ［美］沃伦·菲利普斯 著，杨雨 译，中信出版社，2014年1月

大众传媒革命 ［美］查尔斯·斯特林 著，王家全 等译，中国人民大学出版社，2014年2月

新闻与传播学译丛·国外经典教材系列：新闻价值 ［英］保罗·布赖顿 著，周黎明 译，中国人民大学出版社，2014年2月

凤凰出版研究译丛：数字时代的图书 ［英］约翰·B. 汤普森 著，张志强 译，译林出版社，2014年3月

谷登堡星汉璀璨：印刷文明的诞生　［加］马歇尔·麦克卢汉 著，杨晨光 译，北京理工大学出版社，2014 年 3 月

媒介学引论　［法］雷吉斯·德布雷 著，刘文玲、陈卫星 译，中国传媒大学出版社，2014 年 3 月

真相：信息超载时代如何知道该相信什么　［美］比尔·科瓦奇、汤姆·罗森斯蒂尔 著，陆佳怡、孙志刚 译，中国人民大学出版社，2014 年 3 月

编辑人的世界　［美］杰拉尔德·格罗斯 著，齐若兰 译，新星出版社，2014 年 4 月

大众传播理论：基础、争鸣与未来（第五版）　［美］斯坦利·巴兰 著，曹书乐 译，清华大学出版社，2014 年 4 月

当代新闻学核心　［美］卡琳·沃尔－乔根森 著，张小娅 译，清华大学出版社，2014 年 4 月

美联社新闻报道手册　［美］杰里·施瓦茨 著，曹俊、王蕊 译，中央编译出版社，2014 年 4 月

新闻理论教程（第三版）　杨保军 著，中国人民大学出版社，2014 年 4 月

媒介、社会与世界：社会理论与数字媒介实践　［英］尼克·库尔德利 著，何道宽 译，复旦大学出版社，2014 年 5 月

新闻的历史　［美］米切尔·斯蒂芬斯 著，北京大学出版社，2014 年 5 月

谷腾堡在上海：中国印刷资本业的发展（1876—1937）　［美］芮哲非 著，张志强 等译，商务印书馆，2014 年 6 月

媒介即生活　［美］查尔斯·斯特林 著，王家全 等译，中国人民大学出版社，2014 年 6 月

媒体的良心　［美］克利福德·G·克里斯琴 著，孙有中 等译，中国人民大学出版社，2014 年 6 月

美国社区报实操指南　［美］赵克（Jock Lauterer）、陈凯 著，南方日报出版社，2014 年 6 月

美国与新闻界　［美］迈克尔·埃默里、埃德温·埃默里 著，展江 译，中国人民大学出版社，2014 年 6 月

传播与社会的批判研究　曹晋、［加拿大］文森特·莫斯可、莱斯利·谢德 编，上海译文出版社，2014 年 7 月

互联网的误读　［英］詹姆斯·柯兰、娜塔莉·芬顿 著，何道宽 译，中国人民大学出版社，2014 年 7 月

数字麦克卢汉：信息化新千纪指南　［美］保罗·莱文森 著，何道宽 译，北京师范大学出版社，2014 年 7 月

新闻学与传播学丛书：发展传播学　［比］瑟韦斯、［泰］玛丽考 著，张凌 译，武汉大学出版社，2014 年 7 月

信息的骨头：数字时代的精准传播　［英］西奥·西奥博尔德 著，陈志伟、刘声峰 译，电子工业出版社，2014 年 7 月

新社会化学习：通过社交媒体促进组织转型　［美］托尼·宾汉姆、玛西娅·康纳 著，邱昭良 等译，江苏人民出版社，2014 年 8 月

宣传　［美］爱德华·L·伯内斯 著，胡百精、董晨宇 等译，中国传媒大学出版社，2014 年 8 月

欧洲传播思想经典译丛：普通媒介学教程　［法］雷吉斯·德布雷 著，陈卫星、王杨 译，清华大学出版社，2014 年 9 月

新世纪传播研究译丛：媒介组织与生产　［英］西蒙·科特 著，白莲、齐锐凌 译，复旦大学出版社，2014 年 10 月

新闻的十大基本原则：新闻从业者须知和公众的期待　［美］比尔·科瓦奇 等 著，刘海龙、连晓东 译，北京大学出版社，2014 年 10 月

太平洋战争与日本新闻　［日］前坂俊之 著，晏英 译，新星出版社，2014 年 12 月

专栏写作的艺术 ［美］苏载特·马丁内兹·斯坦德灵 著，熊锡源 译，南方日报出版社，2014 年 12 月

论文集及综合性工具书

2012 中国媒介素养研究年度报告 彭少健 著，中国国际广播出版社，2014 年 1 月

2014 中国媒介素养研究报告 彭少健、王天德 编，中国广播电视出版社，2014 年 1 月

公共传播研究蓝皮书：中国危机公关案例研究报告（2012 卷） 李华君、陈先红 编，华中科技大学出版社，2014 年 1 月

上海蓝皮书·上海传媒发展报告：主流媒体·公信力·传播力·影响力（2014） 王战、潘世伟 等编，社会科学文献出版社，2014 年 1 月

新闻传播研究丛书·第八届“21 世纪中俄大众传媒发展学术研讨会”论文集：信息化社会与公共传播 郑保卫 编，电子科技大学出版社，2014 年 3 月

政治学、民族学与新闻传播学学科前沿研究报告（2010—2012） 中国社会科学院科研局 编，中国社会科学出版社，2014 年 3 月

2013 上海网络视听产业报告 上海市文化广播影视管理局 编，上海科学技术文献出版社，2014 年 4 月

传媒蓝皮书：中国传媒产业发展报告（2014 版） 崔保国 编，社会科学文献出版社，2014 年 4 月

多种文化视角下的影视创作批评研究 冯岭 著，中国社会科学出版社，2014 年 4 月

现代传媒综合体的创新与实践 杭州市萧山广播电视台 编，中国广播电视出版社，2014 年 4 月

新媒体环境下的网络舆情研究与传播 《图书情报工作》杂志社 编，海洋出版社，2014 年 4 月

“三农”网络舆情报告（2013） 李昌健 编，中国农业出版社，2014 年 5 月

2014 中国网络视听产业报告 中国（上海）网络视听产业基地 编，上海科学技术文献出版社，2014 年 6 月

传媒国际评论（第 2 辑） 秦学智 主编，中央编译出版社，2014 年 6 月

风景仍然那么新鲜：郑宪新闻报告集 郑宪 著，三联书店上海分店，2014 年 6 月

宁波学术文库：突发公共事件与微博治理研究 徐正、夏德元 编，浙江大学出版社，2014 年 6 月

首都网络文化发展报告（2013—2014） 李建盛、陈华、马春玲 主编，人民出版社，2014 年 6 月

新媒体蓝皮书：中国新媒体发展报告 No.5（2014） 唐绪军 主编，社会科学文献出版社，2014 年 6 月

2013—2014 中国数字出版产业年度报告 张立、王飚 主编，中国书籍出版社，2014 年 7 月

国际传播蓝皮书：中国国际传播发展报告（2014） 胡正荣、李继东、姬德强 主编，社会科学文献出版社，2014 年 7 月

国际传播论文集 王明华 编，中国国际广播出版社，2014 年 7 月

科学传播蓝皮书：中国科学传播报告（2014 版） 詹正茂 主编，社会科学文献出版社，2014 年 7 月

全球传播：新趋势·新媒体·新实践（“第三届全国对外传播理论研讨会”论文集） 姜加林、于运全 编，外文出版社，2014 年 7 月

新闻出版业走出去工作指南（套装共 2 册） 张福海、郝振省 编，高等教育出版社，2014 年 7 月

新闻与传播学学术前沿书系：新闻传媒职业规划演讲录 暨南大学新闻与传播学院 编，经济日报出版社，2014 年 7 月

舆性与社会管理黄皮书：世界舆情报告　王玉玮 著，经济日报出版社，2014 年 7 月

中国媒介研究前沿系列报告：中国期刊研究前沿报告（2013）　任志明、刘海贵 等编，民族出版社，2014 年 7 月

中国新兴媒体融合发展报告 2013—2014　新华社新媒体中心 编，新华出版社，2014 年 7 月

北大 21 世纪路劲财经新闻书系：财经新闻二十一讲（第四版）　沈颢 著，中国经济出版社，2014 年 8 月

人民日报传媒书系：中国新闻业年度观察报告（2014）　张志安 编，人民日报出版社，2014 年 8 月

新闻传播与媒介法治年度研究报告 2014（中国人民大学研究报告系列）　陈绚、张文祥 等著，中国人民大学出版社，2014 年 8 月

中国媒体发展研究报告：2013 年 · 媒体卷　武汉大学媒体发展研究中心 编，武汉大学出版社，2014 年 8 月

中国书业年度报告（2013—2014）　孙月沐 编，商务印书馆，2014 年 8 月

中国新闻传播研究 2009　高晓虹 编，中国传媒大学出版社，2014 年 8 月

二十世纪传播学经典文本：新世纪传播学研究丛书　张国良 编，复旦大学出版社，2014 年 9 月

媒体社会责任报告：2014 年卷　中共中央宣传部新闻局 编，学习出版社，2014 年 9 月

新闻传播学大辞典　童兵、陈绚 编，中国大百科全书出版社，2014 年 9 月

学报编辑论丛（2014）　刘志强 编，上海大学出版社，2014 年 9 月

中国传媒发展指数报告 2014　喻国明 著，中国人民大学出版社，2014 年 9 月

中国名记者　柳斌杰 编，人民出版社，2014 年 9 月

2013—2014 中国出版业发展报告　范军、张晓斌 编，中国书籍出版社，2014 年 10 月

新媒体社会责任蓝皮书：中国新媒体社会责任研究报告（2014）　钟瑛、余红 等著，社会科学文献出版社，2014 年 10 月

新闻传播学热点专题 80 讲（2015）　孙祥飞 著，人民日报出版社，2014 年 10 月

中国纪录片发展报告（2014 版）/纪录片蓝皮书　何苏六 编，社会科学文献出版社，2014 年 10 月

中国新闻传播学研究最新报告（2014）　童兵 著，复旦大学出版社，2014 年 10 月

"对外传播理论与实践研究"丛书：新媒体与国际传播　孙东哲 编，外文出版社，2014 年 11 月

"对外传播理论与实践研究"丛书 · 中国对外传播的变革与发展：《对外传播》20 周年文选　于运全、王眉 编，外文出版社，2014 年 11 月

马克思主义新闻传播史论的研究历程　中国社会科学院新闻与传播研究所马克思主义新闻学研究室 编，中国社会科学出版社，2014 年 11 月

2012 年中国传媒产品质量评估报告　向志强 等著，新华出版社，2014 年 12 月

媒介与社会书系（第三辑）：传媒与政治　张晓峰、孙璐 等著，中国传媒大学出版社，2014 年 12 月

南方传媒研究（第 51 辑）：新闻客户端　南方报业传媒集团、南方传媒学院 编，南方日报出版社，2014 年 12 月

全球传媒蓝皮书：全球传媒发展报告（2014）　胡正荣、李继东 等编，社会科学文献出版社，2014 年 12 月

人民共和国党报论坛（2013 年卷）　中国传媒大学党报党刊研究中心 编，中国传媒大学出版社，2014 年 12 月

台湾引进 · 新视野学习百科 97：大众传播　中国盲文出版社 编，中国盲文出版

社，2014 年 12 月

新媒体前沿发展报告（2014） 胡正荣、唐晓芬 等编，社会科学文献出版社，2014 年 12 月

新闻学传播学文摘（2014） 唐绪军 编，中国社会科学出版社，2014 年 12 月

中国新闻与传播学研究蓝皮书（2013） 戴元光 编，上海交通大学出版社，2014 年 12 月

其 他

《读者》的人文关怀 彭长城 著，中华书局，2014 年 1 月

记者生活研究 刘少文 著，中国社会科学出版社，2014 年 1 月

你是歌手我是观众：评湖南卫视《我是歌手》 王群卫 著，中国广播电视出版社，2014 年 1 月

书之重，评之轻 陈昕 著，华东师范大学出版社，2014 年 1 月

体育新闻与传播专业教材系列：新闻与传播理论观照下的时代脉搏 肖沛雄、王晓东 等编，暨南大学出版社，2014 年 1 月

36 计跳出舆论漩涡 人民网舆情监测室 编，人民日报出版社，2014 年 3 月

人民日报理论著述年编（2013） 人民日报社理论部 编，人民日报出版社，2014 年 3 月

长江日报读 +（2012—2013）：有些问题我想清楚了 长江日报传播研究院 编，武汉出版社，2014 年 4 月

政府新闻发言人实用教程：让新闻不发炎 张荣刚 著，中国传媒大学出版社，2014 年 4 月

不合时宜的阅读者 连清川 著，东方出版社，2014 年 5 月

台湾新闻传播教育初探：从社会变迁与学科发展角度的观察 黄东英 著，社会科学文献出版社，2014 年 8 月

全球传播与新闻教育的未来 史安斌 著，清华大学出版社，2014 年 9 月

体制内@中国网络媒体纪事 孙光海 著，上海三联书店，2014 年 9 月

新闻人才培养模式实验报告 王首程、夏德勇 等著，中国广播影视出版社，2014 年 9 月

对话创意领袖：25 位文化创意产业精英的创业秘籍 卜希霆 编，中国传媒大学出版社，2014 年 10 月

《红嫂》传播研究 孙士生 著，山东人民出版社，2014 年 11 月

大陆香港台湾青年电影导演创作与传播·恋影年华：全球视野中的话语景观 钱春莲、邱宝林 著，复旦大学出版社，2014 年 11 月

赛事：城市动态传播之灵魂 阮伟 著，社会科学文献出版社，2014 年 11 月

创新与发展：关于中国传播能力建设的思考 段鹏、王永滨 编，中国传媒大学出版社，2014 年 12 月

人际网络环境下的信息检索 周玉陶 著，东南大学出版社，2014 年 12 月

整理：贾金玺（中国社会科学院新闻与传播研究所助理研究员）

第七篇
教育事业概况

研究报告

院系概况（按院系成立时间先后排列）

中国新闻教育事业2014年度发展报告

自1918年10月北京大学新闻学研究会成立以来，我国的新闻教育事业发展已近百年。传播学被引入国内已有30余年，新闻学与传播学于1997年成为一级学科，新兴媒体的革新极大地推动了新闻传播学的进展，新闻传播学与其他学科间的融合不断加强，全国各个层次的新闻传播教育得以快速发展。

2013年年底，教育部高等学校新闻传播学类专业教学指导委员会对全国高校新闻传播学类本科专业建设情况进行了一次系统、全面、深入的调研。本次调研的对象是全国386所高校，包括华北地区62所、西北地区39所、东北地区58所、华东地区57所、华中地区61所、华南地区46所、西南地区63所，占全国范围内（不含港、澳、台）开设有新闻传播学类专业637所院校的60%以上，涵盖了新闻传播学科的主要院校，地域分布均衡。[①] 本次调研围绕以下一些方面展开，包括：新闻传播专业的开设状况；人才培养情况（招生、就业、课程设置、人才培养体系）；师资队伍建设；媒体实验中心建设；实习基地建设；新闻传播教育中的热点、难点以及主要问题（学科总体建设、院系结构、课程设置、师资力量、人才培养、科研学术、硬件资源、实验教学、学生实践等）。此外，2014年教育部高等学校新闻传播学类专业教学指导委员会还针对部校共建新闻学院、新闻职业道德及法律教育等热点问题进行了专题调研。这些调研的相关数据和结论，可以反映当前我国新闻传播学类教育的整体面貌。

一、我国新闻教育事业基本状况[②]

（一）全国新闻传播学类专业开设情况

当前，全国范围内（不含港、澳、台）约有637所院校开设有新闻传播学类专业（其中一些院校、专业已停止招生），编辑出版学、传播学、广播电视新闻学、广告学、网络与新媒体、新闻学、数字出版七大新闻传播类本科专业共计在全国有1073个布点，具体分布情况统计见表1。

从图1可见，七大新闻传播学类专业中，广告学、新闻学、广播电视学为强势专业方向，其布点数量无论从全国总体来看还是从各地区情况来看，均远远超过编辑出版学、传播学、网络与新媒体三个专业方向，形成了我国高校新闻传播学类专

---

① 需要说明的是，由于全国开设新闻传播学类专业的院校数目庞大、部分院校未能及时反馈信息或反馈信息不完整等原因，此次调研并非全样本抽样。在调查过程中，诸如师生人数、实验室数量、实习基地数量等数据在省、地区、全国各层级的统计总和，仅表示有信息反馈的院校的统计总和，故仅为该统计项目总和的已知最小值。在调研信息缺省较多的统计项目处，将做出一定说明。

② 需要指出，本次调研的主要范围是本科层次的新闻传播教育，因此以下数据不包括研究生和其他层次的新闻传播教育。

业布点的两个梯队。而数字出版专业尚处于起步阶段，布点极少（仅北京印刷学院、天津科技大学、武汉大学、中南大学、湘潭大学等开设了数字出版专业）。

表1　全国新闻传播学类专业布点情况统计　　单位：所

专业布点	编辑出版学	传播学	广播电视学	广告学	网络与新媒体	新闻学	数字出版	专业总计
华北地区	22	15	33	68	5	69	2	214
华东地区	18	14	35	82	9	51	0	209
华南地区	12	9	36	66	6	56	2	187
西南地区	9	6	45	40	7	42	0	149
华中地区	8	4	38	43	8	28	1	130
西北地区	5	2	22	30	2	33	0	94
东北地区	6	4	15	34	6	25	0	90
全国总计	80	54	224	363	43	304	5	1073

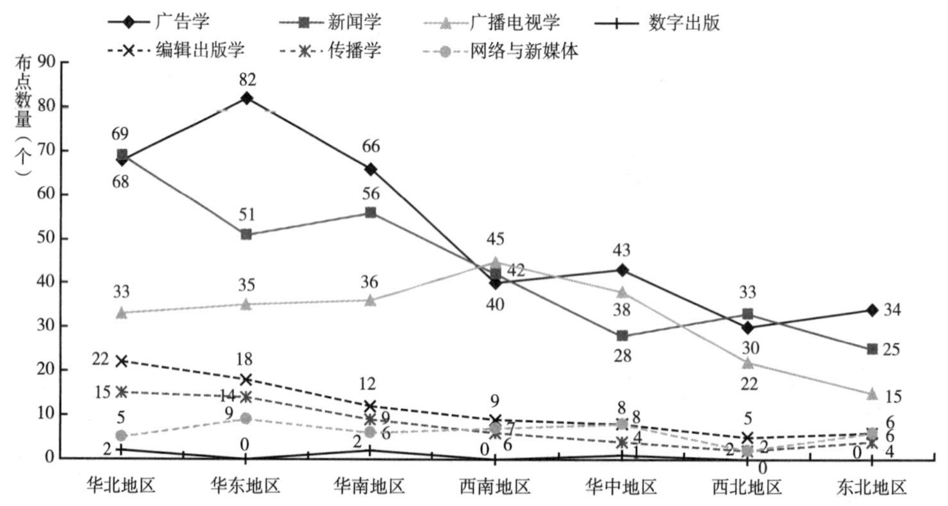

图1　新闻传播学类专业各地区布点比较图

广告学在华东地区布点最多，同时也占据了新闻传播学类专业全国布点数量的33.8%；新闻学布点的重镇在华北地区，占全国布点数量的28.3%；广播电视学在各地区的分布较为平均，占全国布点数量的20.9%；编辑出版学、传播学均在华北地区布点最多，且两者在各区布点的数量比例较为固定，编辑出版学的布点数量大多是传播学的1.5倍左右，在全国新闻传播学类专业布点总数中分别占7.5%和5.0%；网络与新媒体专业在各地区布点数量差异不大，占全国布点数量的4.0%；数字出版专业布点占全国布点总数的0.5%。

从全国范围来看，366所院校仅有1个新闻传播学类专业布点，167所院校有2个布点，66所院校有3个布点，27所院校有4个布点，3所院校有5个布点，5所院校有6个布点，2所院校有7个布点，1所院校有8个布点（相同专业、学制不同的算2个布点）。全国开设新闻传播学类本科专业的院校中，高达57.5%的院校仅设有1个专业布点，每所院校平均仅开设有1.7个专业方向，绝大多数高校未建立完整的新闻传播类专业教育体系。

从各地区的布点情况来看，华北地区、华东地区、华南地区依次为新闻传播学类专业布点最多的三个地区，拥有的专业布点数量分别为全国总数的19.9%、19.5%和17.4%；西南地区、华中地区分别拥有全国布点总数的13.9%和12.1%；而西北地区和东北地区的新闻传播学类专业发展情况较差，布点数量均低于全国总数的10%。

在专业方向设置上，许多高校结合自身实际开设了具有特色的专业方向，例如经济新闻特色方向（北京工商大学）、国际新闻方向（上海外国语大学）等。另外，广播电视编导、播音主持艺术等相近专业也广泛地存在于统计院校中。部分院校实施新闻传播学大类招生，学生入校学习1—2年后再进行专业分流。

（二）人才培养情况

1. 招生情况

根据不完全统计（见表2），全国高校新闻传播学类本科专业目前在校学生合计（至少）141 653人、每年招收学生37 099人，平均每个地区新闻传播类本科专业共有20 236名左右在校生、每年招收学生5300人左右。从各地区平均每所院校的招生数量上看，华中地区、华南地区、华东地区的院校新闻传播学类专业招生规模较大，而东北地区院校在人才培养规模上则明显落后。

表2　全国新闻传播学类专业学生数量统计①　　单位：人

学生数量	东北地区		华北地区		华东地区		华南地区	
	总计	院校平均	总计	院校平均	总计	院校平均	总计	院校平均
在校	15 622	274.1	24 087	408.3	20 042	455.5	21 647	601.3
每年	3705	65.0	5767	97.7	5832	132.5	5766	160.2
学生数量	华中地区		西北地区		西南地区		全国	
	总计	院校平均	总计	院校平均	总计	院校平均	总计	地区平均
在校	23 386	632.1	11 631	375.2	25 238	400.6	141 653	20 236.1
每年	5747	155.3	2928	94.4	7354	116.7	37099	5299.8

若仅在调查数据样本量较大、省内覆盖面较广的省份中进行比较，以下省份参与调研的院校新闻传播学类专业平均招生规模较大：河南省（样本量24，校均在读学生695人），广东省（样本量20，校均在读学生617人），浙江省（样本量20，校均在读学生553人），河北省（样本量20，校均在读学生536人）。

2. 就业情况

调查显示，新闻传播学类专业学生的

① 需要说明三点：第一，该表为全国高校新闻传播学类本科专业各地区目前总计在校人数、每年招生人数，各院校目前平均在校人数以及平均每年招生人数。如有提供2013年招生数量，则“每年招生数量”统计以之为准。第二，缺失数据较多的省、自治区、直辖市有：上海、江苏、新疆、青海、福建、内蒙古、北京。由于数据较多缺失，各地区总计不能确保反映真实数量，参考各院校平均数为宜。第三，由于缺失数据较多，各校仅提供在校学生数量的，则每年招生数量默认为在校学生数量÷4；仅提供每年招生数量的，则在校学生数量默认为每年招生数量×4。仅供参考。

就业率普遍比较高，毕业生就业去向在许多省份、地区存在一定相似性，即企事业单位是大多毕业生青睐的就业去向，其次则是媒体。许多高校反馈，有2/3左右的毕业生就职于企事业单位，进入媒体工作的则只有10%—20%。需要说明，关于新闻传播学类专业学生就业情况，各地区、院校的统计方法和口径不尽一致，因此就业率仅供参考。调研发现，部分地区的就业情况大致有如下特征：

（1）东北地区

黑龙江省：近三年来新闻传播类专业本科毕业生的就业率为86%。

吉林省：近两年来就业率为81.3%，另外考取研究生205人，比例为8.3%，各院校新闻传播类专业的毕业生对口就业率相差较大，从25%至93%不等。

辽宁省：新闻传播学类专业学生2013年对口就业率达到81%，大多集中于机关企业的信息传播部门、报纸、电视、网络、广告公司等单位。

（2）华北地区

河北省：近三年对口就业的新闻传播本科生共1553人，其中在省内实现对口就业的有1243人，占80.1%。

山东省①：新闻学科就业情况参差不齐，有的就业率高，有的就业率低，但最后基本都能找到工作，毕业主要去向为媒体从业者、读研或出国深造，公务员，教师，大学生村官，企事业单位。

（3）华东地区

浙江省：新闻传播学类专业学生平均就业率达到96.5%，其中编辑出版学、新闻学就业率较高，在98%左右，接下来依次是传播学、广告学、广播电视学。

安徽省：新闻传播学类专业学生平均就业率是93%。

（4）华南地区

广东省：自2011年以来，对口就业的新闻传播本科生共2493人，其中在省内实现对口就业的有2061人，占82.7%。实际上，不论是本科毕业还是研究生毕业，留在省内是实现对口就业的最主要选择。

（5）华中地区

河南省：新闻传播类专业就业形势就统计数据看较为乐观，在24所接受调研的高校中，有18所高校的就业率均在85%以上，平均就业率为92.5%。其中，对口就业的新闻传播本科生比例为48.9%，在总体中所占比例不高。

湖北省：院校目前就业率较高，一般在90%以上。在提供就业率数据的14所院系里面，就业率最高的是华中科技大学文华学院新闻系，近三年平均就业率为97.2%。武汉大学、中南财经政法大学、武汉大学珞珈学院等院校的新闻传播专业本科就业率紧随其后，均为95%左右；排名最后的黄冈师范学院新闻与传播学院和湖北民族学院新闻传播学专业，就业率也都有87%。

（6）西北地区

宁夏回族自治区：就总体而言，新闻学专业近70%的毕业生是在宁夏及周边省区工作，而根据近几年的粗略统计，新闻学和广告学专业应届毕业生的一次就业率（截至每年7月初）在60%左右。

陕西省：自2011年以来，各高校对口就业的新闻传播本科生比例较高的学校有：西安工程大学（83%），西北大学（70%左右），西北工业大学（70%）等。但也有一些学校对口就业比例较低，在10%到20%之间。

（7）西南地区

四川省：2011年以来，省内的15所

① 在行政区域划分上，山东省属于华东地区，但出于本次调研的需要，调研组将山东省列入华北地区进行数据统计。特此说明。

高校新闻传播类专业本科毕业生就业率平均不低于86%。

重庆市：15所高校新闻传播类专业就业率平均不低于85%。

广西壮族自治区[①]：17所院校的新闻学专业的就业率均不低于85%。

云南省：14所高校的就业率基本在90%以上。

西藏自治区：2所高校的就业率均在95%以上。

总体来看，全国新闻传播学类专业毕业生就业情况还存在如下一些问题：第一，就业单位中专业媒体不多，学生实现对口就业的较少，产生了与就业预期的差距，影响就业满意率；第二，一些用人单位在招聘毕业生时对其毕业学校的层次都有较高要求，新闻媒体尤为突出，省级和中央级媒体一般只招聘211和985高校的学生，因此，二本院校毕业的新闻学专业学生几乎与省级和中央级媒体无缘；第三，虽然就业率较高，但实际就业水平不太理想，学生认为有些用人单位层次较低、规模较小、待遇较差，就业情况的质与量存在较大差距；第四，一些偏远地区的高校表示，毕业生留在当地工作的较少，在当地就业几年后也大多流入内地。

3. 课程设置与人才培养体系

调查发现，大多数高校新闻传播学类专业的课程体系由通识教育基础课程、专业基础课程、专业核心课程、专业方向课程、专业实践课程（环节）这五大部分组成，课程比重各有不同。其中实践课程在课程体系中所占比例多在10%—20%，比例高者可达30%—40%。

调查中从21所院校的毕业最低学分要求来看，其平均值为164.5学分。华东地区15所高校要求的最低学分平均值为163.8学分，西北地区4所高校的平均值为168.8学分。宁夏回族自治区仅3所院校有新闻传播学类专业布点，其中2所反馈了最低学分要求，分别是169和176学分，学分要求偏高。

部分院校建构了具有特色的课程体系与人才培养模式。例如，复旦大学的课程设置改革设计出了3个递进式的课程层级，其中选修课程层级按照新闻信息的生产与传播的实际状况分为新闻传播、艺术传播、公共传播、商业传播4个模块编排，供各专业学生自主选择与修读；另外，复旦大学自2012年起试行“2+2本科跨学科双专业教学培养模式”，即要求学生在前两个学年任选1个非新闻传播类专业，并系统修读该所选专业的主要课程，后两个学年进一步修读新闻传播学科的各类课程，并在教师的指导下完成所学两个专业的理论、知识与技能的结合。

（三）师资队伍建设情况

调查结果显示（表3-1、3-2），新闻传播学类专业在全国共有专职教师（至少）6912名，副教授及以上职称的教师2975名，比例达到43%；拥有硕士以上学历的教师2984名，比例也达到43%。按照每所院校平均拥有的专职教师数量的多少来排序，依次是华中地区、华南地区、华北地区、华东地区、西北地区、西南地区、东北地区。

华中地区和华南地区平均每所院校拥有超过25名专职教师，数量较多，同时也是高职称、高学历教师在教师团队中比例最大的两个地区。而东北地区、西南地区、西北地区的新闻传播学类专业教师团队规模较小，西北地区、西南地区还存在着高职称教师比例小的问题，其中西北地区副

① 在行政区域划分上，广西壮族自治区属于华南地区，但出于本次调研的需要，调研组将广西壮族自治区列入西南地区进行数据统计。特此说明。

教授及以上职称的教师仅占整个教师团队人数的34.3%；而东北地区具有博士学位的教师仅占14.3%。

就现有调查数据看来，新闻传播学类专业的本科生师比在我国各地区差异较大。华北地区院校新闻传播学类专业的生师比通过20所河北省高校、2所内蒙古自治区高校、5所北京市高校和23所山东省高校的情况计算得出，现有数据高达21.6；华中、华南地区生师比偏大，分别为23.8和23.7；东北地区生师比为18.0，较为理想。

表3－1　全国新闻传播学类专业教师人数统计①　　单位：人

<table>
<tr><th></th><th colspan="2">东北地区</th><th colspan="2">华北地区</th><th colspan="2">华东地区</th><th colspan="2">华南地区</th></tr>
<tr><th></th><th>总计</th><th>院校平均</th><th>总计</th><th>院校平均</th><th>总计</th><th>院校平均</th><th>总计</th><th>院校平均</th></tr>
<tr><td>专职教师</td><td>793</td><td>15.3</td><td>1236</td><td>22.9</td><td>1106</td><td>20.5</td><td>1004</td><td>25.7</td></tr>
<tr><td>教授</td><td rowspan="2">363</td><td rowspan="2">7.0</td><td rowspan="2">554</td><td rowspan="2">9.7</td><td>172</td><td>3.2</td><td>212</td><td>5.6</td></tr>
<tr><td>副教授</td><td>324</td><td>6.2</td><td>330</td><td>8.9</td></tr>
<tr><td>博士</td><td>74</td><td>2.2</td><td rowspan="2">682</td><td rowspan="2">13.4</td><td rowspan="2">724</td><td rowspan="2">19.7</td><td>382</td><td>11.6</td></tr>
<tr><td>硕士</td><td>—</td><td></td><td>106</td><td>9.6</td></tr>
<tr><td>生师比</td><td colspan="2">18.0</td><td colspan="2">21.6</td><td colspan="2">22.6</td><td colspan="2">23.7</td></tr>
<tr><th></th><th colspan="2">华中地区</th><th colspan="2">西北地区</th><th colspan="2">西南地区</th><th colspan="2">全国</th></tr>
<tr><th></th><th>总计</th><th>院校平均</th><th>总计</th><th>院校平均</th><th>总计</th><th>院校平均</th><th>总计</th><th>地区平均</th></tr>
<tr><td>专职教师</td><td>1171</td><td>26.0</td><td>554</td><td>17.3</td><td>1048</td><td>16.9</td><td>6912</td><td>987.0</td></tr>
<tr><td>教授</td><td>166</td><td>3.7</td><td>65</td><td>2.0</td><td rowspan="2">254</td><td rowspan="2">7.9</td><td rowspan="2">2975</td><td rowspan="2">425.0</td></tr>
<tr><td>副教授</td><td>410</td><td>9.1</td><td>125</td><td>3.9</td></tr>
<tr><td>博士</td><td>323</td><td>7.7</td><td>92</td><td>2.9</td><td>114</td><td>6.7</td><td rowspan="2">2984</td><td rowspan="2">426.3</td></tr>
<tr><td>硕士</td><td>447</td><td>18.6</td><td>40</td><td>10.0</td><td>—</td><td></td></tr>
<tr><td>生师比</td><td colspan="2">23.8</td><td colspan="2">22.6</td><td colspan="2">23.8</td><td colspan="2">—</td></tr>
</table>

表3－2　全国新闻传播学类专业教师队伍结构统计　　单位：%

<table>
<tr><th></th><th>东北地区</th><th>华北地区</th><th>华东地区</th><th>华南地区</th><th>华中地区</th><th>西北地区</th><th>西南地区</th></tr>
<tr><td>教授</td><td rowspan="2">45.8</td><td rowspan="2">45.2</td><td>15.3</td><td>21.7</td><td>14.2</td><td>11.7</td><td rowspan="2">39.0</td></tr>
<tr><td>副教授</td><td>29.9</td><td>34.3</td><td>35.0</td><td>22.6</td></tr>
<tr><td>博士</td><td>14.3</td><td rowspan="2">53.9</td><td rowspan="2">88.0</td><td>41.7</td><td>28.9</td><td>16.6</td><td>31.1</td></tr>
<tr><td>硕士</td><td></td><td>56.7</td><td>65.1</td><td>57.8</td><td></td></tr>
</table>

① 有两点说明：1. 表中“生师比”指本科生师比。由于部分院校未提供师资情况或提供数据不完整，故统计各地区院校的各类教师平均数量、各类教师数量比重、各地区生师比时，仅采用了提供完整有效信息的院校数据。2. “总计”一栏内是不完全统计的数据结果。有部分省、自治区、直辖市数据缺失严重，如北京市、江苏省、新疆维吾尔自治区等。

在师资建设方面，部分高校反映教师队伍中有媒体一线工作经验、境外学习工作经验的教师偏少，无法完全满足教学要求。一些独立院校、民办高校、偏远地区高校在教师队伍建设方面存在着较大的问题，部分高校新闻传播学类专业反映本专业教师队伍总体学历层次、职称水平不高，缺乏学科带头人，尤其是偏远地区的高校，难以引进高学历人才，同时也缺乏对教师进行培养锻炼的能力和平台。一些院校甚至面临着新闻传播学类专业教师人数严重不足的问题，使专职教师负担过大，在教学之外无法进行科研活动，甚至影响到了教学的正常运行，只能依赖整所院校的师资力量或外聘教师来维持。

（四）媒体实验中心建设情况

调查显示（见表4），从实验室数量来看，东北地区、华南地区、华中地区院校平均拥有的专业实验室数量较多；全国范围内，平均每所开设有新闻传播学类专业的院校拥有6.1间实验室。而在实验室资产总值方面（见表5），全国开设有新闻传播学类专业的院校的平均值是461.2185万元，华南地区每所院校实验室平均总资产明显领先，东北地区、西北地区、西南地区较为落后。[①]

表4　全国新闻传播学类专业实验室数量统计[②]　　单位：间

实验室数量	东北地区	华北地区	华东地区	华南地区	华中地区	西北地区	西南地区	全国
总计	156	110	156	192	273	144	160	1191
院校平均	7.8	3.0	6.0	7.4	7.0	4.5	4.8	5.6

表5　全国新闻传播学类专业实验室资产总值统计[③]　　单位：万元

实验室资产总值	东北地区	华北地区	华东地区	华南地区	华中地区	西北地区	西南地区	全国
总计	5902.94	12 366.00	5178.00	23 184.97	20 315.58	8584.60	9966.02	85 498.11
院校平均	295.15	458.00	431.50	891.73	549.07	296.02	302.00	464.66

若以“平均每所院校实验室总资产/平均每所院校拥有实验室数量”的方法计算平均每间实验室的资产总值，则全国的平均值为83.10万元。各地区之中最高的是华北地区，平均每间实验室的总资产达到154.05万元，接下来依次是华南地区（120.76万元）、华中地区（78.44万元）、华东地区（71.92万元）、西北地区（65.78万元）、西南地区（62.29万元）、东北地区（37.84万元）。以上数据可在一定程度上说

① 关于全国新闻传播学类专业媒体实验中心建设情况的调查，实验室数量与资产总值两项的调查样本数量不同，因此分为两张表格统计。需要说明的是，实验室的数目和资产总值并不能完全反映实验室建设的情况，且各院校统计口径也不尽一致，结果仅供参考。

② 各地区样本数量为东北地区20，华北地区37，华东地区26，华南地区26，华中地区39，西北地区32，西南地区33，总计213。

③ 各地区样本数量为东北地区20，华北地区27，华东地区12，华南地区26，华中地区37，西北地区29，西南地区33，总计184。

明各地区实验室的规模和设备水平。

调查发现，全国的新闻传播类专业院校大多都有配合所开设课程而设立的实验室，随着新媒体的兴起，部分院校也开设了专门的新媒体研究室。然而，部分高校面临着实验室资金不足的问题，出现设备老化落后、数量不足的情况，难以满足正常的教学需求，更无法跟上媒介技术发展的节奏。在一些没有设置独立新闻传播学院的院校，新闻传播学类专业没有或少有专门的实验室，导致本专业学生需要和其他专业的学生共用实验室。

（五）实习基地建设情况

新闻传播学类本科专业学生的实习基地一般分为校内校外两种，各院校与用人单位合作开设实习基地的方式分为签订书面协议正式挂牌以及达成口头协议两种，本次调研主要针对与用人单位签订协议建立的校外实习基地。

调查显示（见表6），新闻传播学类专业实习基地类型主要有三种：一是传媒行业，包括报社、杂志社、出版社、电台、电视台、网站等；二是传媒企业，包括广告公司、媒体咨询公司、影视制作公司、营销策划公司、文化传播公司、公关公司等；三是政府事业单位行政宣传部门。大多数院校都能建立与所开设新闻传播学类专业对口的实习基地，部分院校还制定了详细的实习指导方案，派出专门的教师指导学生开展实习工作。

表6 全国新闻传播学类实习基地数量统计① 单位：个

实习基地数量	东北地区	华北地区	华东地区	华南地区	华中地区	西北地区	西南地区	全国
总计	395.0	211.0	374.0	539.0	582.0	234.0	548.0	2883.0
平均	11.6	5.4	12.1	18.6	12.7	7.1	11.2	11.0

部分院校在实习基地建立方面实现了改革创新，鼓励学生参与实习、强化实习效果。如安徽师范大学在省、市级媒体拥有数十个实习基地的同时，实施了“学院+公司”的办学模式，成立了“传媒与文化创意研究中心”和“安徽省经致科技文化传播有限公司，推进产学研一体化”。已有多所院校建设了“公司制”式的实习基地，或施行相关制度。

部分院校在实习基地建设方面也面临着类似学生就业中存在的问题，即合作建立实习基地的用人单位层次水平不高，或是规模较小、运行不稳定等。一些地方院校处在地级城市，能够得到的实习平台较低，而一些省级、中央级媒体接受实习生的门槛较高，地方院校的学生难以得到实习机会。

二、部校共建新闻学院情况

2014年，人民日报与清华大学，新华社与北京大学，光明日报与中国政法大学，江苏省委宣传部与南京大学，北京市委宣传部与中国传媒大学，中国人民大学等共建新闻学院，标志着宣传部、中央媒体与高校共建新闻学院进入一个新阶段。部校共建新闻学院是近年来我国新闻传播教育的一大亮点，也是探索新闻教育改革，建设具有中国特色新闻教育，加强马克思主

① 各地区样本数量为东北地区34，华北地区39，华东地区31，华南地区29，华中地区46，西北地区33，西南地区49，总计261。

义新闻观教育，推动新闻教育合作与交流的一大尝试。

早在2001年，上海市委宣传部就与复旦大学签署了共建协议，成为国内共建新闻学院的先行者。上海市委宣传部在新闻学院设立院务委员会，上海市委常委、宣传部长兼任主任，相关负责人以及业界知名人士担任委员，负责制定学院发展规划等重大事宜。双方在教师挂职锻炼、记者编辑授课、学生实习就业等方面创新共建模式。十余年来，上海市委宣传部提供有力支持，新闻学院发挥共建优势，牢牢把握正确的办学方向，不断创新教育教学方式，培养和造就了一批优秀新闻人才。①

2013年年底，中宣部、教育部联合发布《关于地方党委宣传部门与高等学校共建新闻学院的意见》，并在上海召开部校共建新闻学院现场会，包括北京市委宣传部与中国人民大学、江苏省委宣传部与南京大学、山东省委宣传部与山东大学等在内的10个省市党委宣传部门与高等学校在会上签署了共建协议。此后，各地高校迅速拟定了共建章程，制定实施方案，部校共建新闻学院工作迅速展开。

（一）各地共建新闻学院基本情况

调研发现，目前全国已有28所高校与省委宣传部以及主流媒体开展共建合作，具体情况见表7。

表7 各地共建新闻学院基本情况②

序号	省/直辖市/自治区	共建院校
1	北京市	清华大学与人民日报共建
2		北京大学与新华社共建
3		中国人民大学与北京市委宣传部共建
4		中国传媒大学与北京市委传播部、央广共建
5		中国政法大学与光明日报共建
6		北京师范大学与光明日报共建
7	天津市	天津师范大学与天津市委宣传部共建
8	河北省	河北大学与河北省委宣传部共建
9	辽宁省	辽宁大学与辽宁省委宣传部共建
10	吉林省	吉林大学与吉林省委宣传部共建
11	上海市	复旦大学与上海市委宣传部共建
12	江苏省	南京大学与江苏省委宣传部共建
13	浙江省	浙江大学与浙江省委宣传部共建
14		宁波大学与宁波市委宣传部、宁波市教育局共建
15	安徽省	中国科学技术大学与安徽省委宣传部共建
16	福建省	福建师范大学与福建省委宣传部共建

① 参见郑海鸥、王珏：《下一盘新闻人才培养的好棋——部校共建新闻学院综述》，《人民日报》2014年9月16日。

② 山西、内蒙古、黑龙江、贵州、海南、西藏、陕西、青海、宁夏、新疆等地尚未有宣传部门与高校共建。以上调研数据来源于2014年11月新闻传播学类专业教学指导委员会会议及后续调研。

续表

序号	省/直辖市/自治区	共建院校
17	江西省	南昌大学与江西省委宣传部共建
18	山东省	山东大学与山东省宣传部共建
19	河南省	郑州大学与新华社共建
20	湖北省	武汉大学与湖北省委宣传部共建
21	湖南省	湖南师范大学与湖南省委宣传部共建
22	广东省	暨南大学与广东省委宣传部共建
23	广西壮族自治区	广西大学与广西壮族自治区党委宣传部共建
24	重庆市	重庆师范大学与重庆市委宣传部共建
25	四川省	四川大学与四川省委宣传部共建
26	云南省	云南省与云南省委宣传部共建
27	陕西省	陕西师范大学与陕西省委宣传部共建
28	甘肃省	西北师范大学与甘肃省委宣传部共建

具体来看，各地部校共建新闻学院主要采取如下共建模式：宣传部长或媒体机构负责人兼任各高校新闻学院院长，宣传部及媒体为高校学生提供实习实践平台，编辑记者进课堂授课，高校教师到媒体业界挂职锻炼等。此外，不少地区的宣传部在共建的过程中为高校提供了政策以及资金方面的支持。

通过调研还发现，尚未参与共建的高校，都在积极挖掘资源，拓展渠道，寻求与宣传部、媒体单位的双向合作。如厦门大学、黑龙江大学、西北大学、西南大学、北京印刷学院等都坚持推进“千人互聘计划”，新疆大学坚持与中央人民广播电台开展教学、科研、人才培养方面的合作，上海外国语大学坚持与新闻办、外宣办进行合作，培养国际新闻专门人才，力求成为政府智库。

（二）部校共建的优势

调研发现，总体而言，大部分高校对部校共建新闻学院给予了高度的评价，优势主要体现在以下几个方面：

第一，得到了宣传部门及媒体的大力支持。绝大部分开展共建新闻学院的高校得到了宣传部门及媒体大力支持，在办学方向、人才培养规格等方面得到了指导性的意见和建议。宣传部还拨付经费用于支持高校建设实习实践基地、媒体融合实验室等，个别高校得到的资金支持甚至超过了之前办学经费的总和。此外，由于部校共建，新闻院系在学校得到了更多的关注和支持，除了资金、办公用地之外，在学科地位上也有所上升。

第二，促进了新闻院系与业界的良性合作。共建之后，由于宣传部的支持，大部分新闻院系与当地的媒体建立了良性合作，还有一些高校直接与媒体单位进行共建，在人才培养、学生实习实践等方面得到了更多的机会。

第三，推动了“千人互聘计划”有序开展。部校共建新闻学院之后，“千人互聘计划”的开展更加顺畅。高校教师有计划、分批次地到媒体一线挂职锻炼，编辑记者深入课堂为学生讲授课程，开设讲座，形成了新闻院系教师与业界编辑记者双向流动的局面，对于丰富和完善课程体系，更好地对接新闻业界人才需求起到了很好的效果。

第四，加强了高校马克思主义新闻观教育。共建之后，新闻院系更加注重马克思主义新闻观教育，并且将其列入新闻院系学生的必修课程，并在人才培养的过程中，坚持新闻职业道德与法律教育，帮助学生树立正确的政治立场及社会责任担当。

（三）部校共建的难点

调研还发现，为推动部校共建工作更好更快地发展，下一阶段还需要继续推动以下工作：

第一，进一步细化部校共建的任务分工。由于共建的模式不同，在具体开展工作的过程中，还需要进一步细化部校共建过程中新闻院系与宣传部之间的任务和分工，加强统筹和协调，完善领导机制。

第二，进一步推动“编辑记者进课堂”。目前，高校普遍开展了“千人互聘计划”，实施编辑记者与教师双向交流挂职，让媒体骨干融入课堂，悉心传授新鲜内容和实践经验，让教师走进新闻“前线”，在“实战”中获得教学和科研的灵感。学生们对于“编辑记者进课堂”的教学模式表示了极大地欢迎。但由于课程学时限制、编辑记者工作与高校教学周期衔接等客观原因，编辑记者进课堂还不够深入，需要在今后进一步探索有效的课程讲授模式，共建精品课程。

三、新闻教育的热点及主要问题

（一）学科总体建设

首先，在学科总体建设上，依旧存在重视不够、投入不足的问题。调研发现，部分院校对新闻传播课程不够重视，致使其专业发展长期停滞不前。由于教育资源投入的严重不足、师资力量的结构不完善，加之前十年内新闻传播学科大幅扩招、专业点迅速增长，新闻传播教育在教学理念、教学内容、教学设施上都严重落后于行业实践，学生难以在学习中获取最新的业界实践知识。

其次，调研发现，目前专业特色、优势普遍不明显，尚缺有特色、有个性的专业方向和新的增长点。开设新闻传播类专业的院校定位还需更准确、走特色办学之路，对此需要制定中长期的专业建设规划。同时，一些高校认为，新闻传播类专业发展中受到的相关政策制约较多，缺乏政策的支持与扶助，并建议在上级监管之外引入“市场竞争”，以提高教育质量。

最后，新闻传播类专业还应充分利用中国的新闻传播实践已取得的经验和思想财富，并在教学机制、教学观念、教学方法等方面进行创新实践，以适应当下传媒领域发展的新态势缓解以往新闻传播教育中存在的矛盾。

（二）院系结构方面

调研发现，我国很多新闻传播类专业开设于师范院校、特殊专业性院校等“非专业的院校”。它们的学科布局与发展重点，无法对该校的新闻传播学学科发展提供有力支持，新闻传播专业教育在这样的院校背景下处于“孤军奋战”的局面。此外，个别学校存在多个专业分散于不同院系的情况，导致了教育资源缺乏系统性。

（三）课程设置方面

首先，课程设置缺乏系统性，课程设置还不够完善，不同层次的教学内容与教学方式尚未真正区分。调研发现，一些高校认为当前新闻传播类专业教育存在理论与实际脱节的现象，过于倚重理论课，而技术类、实践类课程及采写编评等业务课没有受到应有的重视，理论教学与本学科应用性较强的学科特点也没有充分结合；然而，也有少数民办院校反映，教学过于追求技术层面的培养，急功近利，不重视理论方面的教育，删减理论课程，不利于学生长远发展。许多高校还反映，公共课所占比重过高，大量挤压专业课的时间，导致学生缺乏应有的专业培养。还需要注意的现象是，由于新闻传播学专业所在院校的属性差别，课程设置会受到影响，尤其是加入一些并不必须的课程。比如，许多院校的新闻传播专业从属于中文系之下，故而其课程安排中文学类课程较多，应当将文学类课程控制在一定比例范围之内，不宜占用过多课时。

其次，专业课程设置同质化，专业融合程度低。当前各高校新闻传播学专业课程设置大同小异，同质化程度过高，无形中增加了毕业生的就业压力。高校新闻传播学专业面临如何寻找自身特色，将新闻传播学类主干课程与其他特色课程有效结合，打造差异化生存道路的问题。新闻传播学科作为一门人文科学与社会科学结合的学科，应当强调人才培养的全面性与多样性，当前许多院校新闻传播类专业开设诸如社会学、心理学、政治学、经济学等人文社科类课程较少，影响学生的综合素养的提升。

最后，课程设置亟待与媒介融合接轨。随着新媒介技术的发展和媒介融合，新闻传播人才的培养目标面临重构与转型。在媒介融合背景下，新闻传播教育缺乏培养与时俱进的新媒体知识架构，课程设置不能完全满足现代社会对新闻传播人才的要求。此外，近年来媒介素养已成为学界热点，尤其在互联网传播的时代背景下，更应开设关于媒介素养的公共选修课。要将课程设置与媒介融合接轨，就要加强学界与业界的交流，在开设讲座之外，还应探索以课程的形式让业界经验进入课堂的教学模式，在具体的课程教学中应引入业界经验教学与交流机制，在专业课的课时上体现业界内容。

（四）师资力量方面

首先，师资队伍整体建设有待加强，需要建立长期师资培养目标。调研发现，一些院校的教师队伍整体素质亟待加强，高层次师资力量相对薄弱，尚缺乏高职称高学历教师、中青年骨干教师和有影响力的学科带头人；一些教师虽然具有高级职称，但专业学术能力较差，且大多为转行而来，部分教师没有受过系统的专业教育，理论素质较低；一些学校由于以往在师资培养方面的疏忽，目前处于专业教师队伍青黄不接的阶段。部分院校师资配备缺口较大，随着新开课程的不断增加，教师所承担的教学任务普遍较重、心理压力较大、待遇相对偏低，缺乏与之匹配的激励机制，师资的短缺也为教学安排带来较大困难，生师比过大影响教学效果。

其次，调研发现，一些高校的师资队伍结构不合理，具有丰富传媒行业经验的教师过少。一方面，一些教师具有科研能力与理论修养，但缺少媒体从业经验、不熟悉业务，很少能胜任新闻传播基本业务课；另一方面，一些具有丰富传媒工作经验的人才又常由于学历限制而难以走上教师岗位，自身也普遍缺乏足够的理论功底和专业素养，在高校中很难获得承认和发展机会。一些高校过于注重量化的考核方式、对科研过于偏重，导致新闻传播实践教学的价值被贬低、教学创新的动力不足，严重影响实践型师资的引进和发展；除少数知名院校外，许多高校缺乏与业界的实践合作，难以为专业教师的实践提供帮助和制度保证；部分院校已具有打造校内教师、实习指导老师、社会客座师资结合的专业发展思想，但囿于客观条件，该体系迟迟难以形成。

最后，教学和科研的国际视野不足，跨媒体融合型师资力量有待完善。随着全媒体环境下新闻传播教育的观念转变，跨媒体融合型师资人才将是未来专业发展的中坚力量，而目前的师资队伍中这类人才的比重不足，势必会对专业未来的特色发展形成障碍。

（五）人才培养方面

第一，需培养适应社会需要的全媒体稀缺人才。专业建设要紧盯传播环境、人才市场需求的变化，不论是人才培养方案、课程，还是教学内容都要进行不断地调整与更新。调研发现，院校普遍认为媒体稀缺的人才是既能跑动又有思想的记者、既能管版（栏目）又能管人的大编辑（制片人）、既懂媒体又懂经营媒体的管理者、既懂传统媒体又懂新媒体的跨媒体人才。但是，全媒体人才的培养是一个较为艰难和长期的过程，数量庞大的二类院校在基本人才培养方面都面临较大的困难。因此，应紧密结合社会需求、业界需求，探索课程的设置和调整，进一步提高学生的综合素质和专业能力。

第二，需培养可以适应新媒体环境的新闻传播人才。当下是新媒体崛起、传统媒体转型的时代，但面对此巨变，新闻传播教学却依然如故、无视时代变化，仍采用老旧案例和思想进行教学。如果我们不能够给予学生实际的帮助，不能够给予学生前瞻性的指导，新闻学教育就会变得“无用”、被学生鄙视和抛弃。在新媒体环境下，新闻传播类专业如何创新人才培养模式、如何培养学生的创新和创意能力是人才培养的难点。让学生适应新媒体环境，仅靠学习新媒体技术是远远不够的，新媒体技术日新月异，软件更新快，技术操作门槛日益降低，单纯的技术竞争将沦为低层次的竞争，核心竞争力还是在于创新、创意与策划能力。

第三，需培养能够适应传播全球化竞争的专业人才。这种人才不仅应具备传统新闻教育所强调的政治素质、文化素养和专业技能，还必须有扎实的外语基础，参与国际间交流的能力，以及对西方社会和传媒的了解。

第四，加强人才培养与新闻实践需求的有效衔接。调研发现，大部分院校都提到新闻传播人才理论教育与实践脱节的问题。新闻传播类人才培养偏重理论教学，难以给学生提供多元化的培养模式。现行的人才培养模式僵化、选才方式传统拘泥、学生的实习基地建设不能满足需求、极度缺乏与业界的交流合作，培养出来的学生大多没有自己的特色，知识或能力不能满足用人单位的需求、不能较快适应新媒体与融媒体技术的快速发展。此外，新闻院校对人才市场需求趋势的预判（至少一个四年周期的判断）与教学计划、培养方案之间有一定的冲突：一方面囿于学校师资力量和专业设置，学生在校所学知识面临着毕业时已经过时的窘境；另一方面，教学计划与培养方案一旦确定须沿用数年，在一定程度上限制了专业发展的灵活性。

第五，需培养适合民族地区传媒需要的复合型人才。随着民族地区经济的不断发展，这成为一个急需解决的问题，开展少数民族地区新闻与传播学专业人才培养模式改革的研究显得十分重要。针对民族院校少数民族学生的实际情况以及民族地区传媒的发展情况，需要对民族院校的新闻教育培养模式，包括人才定位、课程设置、实践教学以及学生课业评价体系等进行相应改革，有预测性地、有针对性地根据社会需求培养学生。

（六）科研学术方面

首先，部分院校科研经费投入不够，教师外出进修、开展学术研讨的机会较少，教研科研能力有待进一步加强。

其次，部分高校缺少最基本的学术自主，科研、教学成果尤其是高档次成果较少，许多针对学生的专业训练和专业活动开展起来阻力重重。

再者，由于整体水平不高、学校声誉度低，地方院校里的二级学院很难申报到高级别科研项目，在科研上难以有所突破。还有学校因学位点层次低，教学科研活动受到很大的限制，希望能尽快启动硕士学位点的申报工作。

最后，部分高校之间的交流合作较少，资源信息整合少，新闻传播专业整体科研能力较弱，学术创新性不足。

（七）硬件资源方面

首先，部分院校实验室资源难以满足需求。实验教学用房不足，制约了实验条件的改善，影响实验室建设项目的落实；经费不足，无法更新老旧的实验设备、无法满足特定专业的设备需求，使实验条件跟不上媒介发展、专业建设的新趋势；随着招生规模的扩大，实验设备的数量出现较大缺口，教学资源紧张。

其次，部分院校图书资料目前尚不够丰富。例如一些较新的图书资料较缺乏，一些新闻传播领域较前沿的论著较少，外文原版资料尤其缺乏。

最后，部分地区院校专业教材建设情况不理想，教材老化陈旧、缺少权威教材，自编教材、新闻实务教材建设有待加强。

（八）实验教学与学生实习实践

调研发现，首先，还需进一步加强传媒专业实验教学的规范性和标准化。部分院校专业教师本身缺乏对实验教学的深层认识，未能完全建立实验教学的科学观念，专业在如何确立人文学科实验教学的标准和规范方面还需要长期的努力。

其次，部分高校反映，实践环节无法保证，主要体现在实践基地不足、实习单位不够，难以得到业界支持与配合等方面，希望在实践教学上更切实地与业界接轨，锻炼学生的实际动手能力。亦有高校认为学生实习实践平台过窄，主要集中在地市级媒体企业，缺乏省级和国家级平台。不少民族院校反映，其多数学生毕业后要回到自己家乡所在的偏远地区、少数民族地区，希望能相应地加强建设省外的具有优势的实习基地。

（九）新闻职业道德及法律教育

近年来，新闻从业者卷入法律纠纷、涉及民事刑事案件的情况屡见不鲜，加强新闻职业道德及法律教育已是高校新闻教育的一大重点。调研发现，386 所新闻院校中明确可查已开设新闻职业道德法律类课程（包括媒介伦理法规、传播伦理法规、广告伦理法规等同类课程）的有 47 所院校，分别是：中国传媒大学、清华大学、北京大学、中国人民大学、包头师范学院、内蒙古民族大学、安徽大学、安徽大学江淮学院、铜陵学院、安徽财经大学商学院、安徽师范大学皖江学院、安庆师范学院、巢湖学院、淮北师范大学、淮北师范大学信息学院、皖西学院、蚌埠学院、滁州学院、淮南师范学院、黄山学院、宿州学院、华东政法大学、上海师范大学、东华大学、华东师范大学、上海理工大学、上海对外经贸大学、华中科技大学文化学院、宁夏大学人文学院、青海大学人文学院、中南大学、湖南大学、湖南商学院文学院、吉首大学、长沙理工大学、湖南文理学院文史学院、怀化学院、长沙学院、宁波大学、浙江大学城市学院、浙江理工大学、湖州师范学院、浙江传媒学院、浙江工商大学、浙江工商大学杭州商学院人文分院、浙江师范大学、浙江越秀外国语学院。

进一步对包括中国传媒大学、清华大学、复旦大学、上海外国语大学、北京印刷学院、河北大学、山东大学、武汉大学等学校在内的院校进行调研发现：开设新闻职业道德及法律类课程大多占 2—4 学分，课时不等；大多数为专业必修课，同时是部分专业的核心课程；开课时间多为大三或大四学年；另有高校为了适应学生大四学年实习的需求，特地提前开设该类课程，以确保学生在走上传媒类岗位前得到良好的新闻职业道德法律教育。

调研发现，新闻传播院校高度肯定了开设新闻职业道德法律类课程的必要性，认为应将其列为新闻传播类专业学生本科必修课甚至核心课程。大多数意见认为，若该类课程列为专业必修课，以上多数高校建议将该课程定在 2—3 学分、48 学时左右，可考虑将其分在上、下两个学期完成。

此外，多数高校建议将传播法、传播伦理两门课程合为一门课程开设，这是基于新闻传播活动中道德与法结合紧密，以及我国目前尚未有专门而系统的新闻传播法两方面考虑而给出的建议。关于该类课程的名称，各院校均建议采用“媒介道德与法规”“新闻传播伦理与法规”这一类更宽泛、涵盖学科下各个专业的名称，避免使用“广告伦理与法规”“广播电视伦理与法规”等过于具体狭窄的名称。这一方面是为了适应当下媒介融合的大趋势，另一方面也为各院校针对自身专业特点调整课程内容侧重提供空间。另外，还有院校提出应将课程名称中的“法规”放到“伦理”前面，课程内容从具体明确的法律层面到宽泛灵活的伦理层面，如此更符合教学规律。

四、新闻教育发展趋势与展望

总体来看，近年来我国的新闻传播教育得以快速发展，在开办院校的规模、招生数量、课程建设、就业状况、师资队伍建设、媒体实验中心建设、实习基地建设等方面，都取得了较大的进展。应当说，新闻传播教育的发展是与中国社会的转型、中国高等教育的发展相同步的，在媒体影响愈加广泛而深入的现代社会，新闻传播教育的优劣直接影响到传媒业的生态，进而影响到社会的治理与运行。本次调查也发现，我国大多数新闻传播院校的新闻传播教育已经形成了较为明确的总体培养思路与目标。另一项基于18所国内新闻传播院系的调研报告也指出，我国新闻传播教育的培养思路有五大重点：（1）培养全面、准确地掌握马克思主义基本原理，拥有良好的政治素养，遵纪守法、品行端正、身心健康的新闻传播高级专门人才；（2）系统地掌握新闻与传播专业知识，有扎实的社会科学知识基础，有较强的新闻传播实践能力和文字表达能力；（3）熟练地掌握和运用一门外语，能够熟练地阅读本专业的外文资料和拥有基本的听、说、写、译能力；（4）通识教育培养，通过跨专业、跨学科培养拥有广博的文化和社会科学知识、复合型的知识结构、深厚的人文修养、全面的专业技能，富有发展潜质的新闻传播人才；（5）培养具有现代传播理念与国际化视野的新闻传播人才，构筑民族优秀文化与世界先进文明交流的桥梁。[①] 可见，强调政治素养、专业技能、外语能力、通识教育、跨学科素养、国际视野已经成为国内新闻传播教育的共识。当然，由于我国新闻传播教育在不同层次、不同地域、不同院校之间的差异较大，因而不能搞一刀切，不同院校应该坚持差异化发展，探索符合自身特色的教育模式。

当前，全球化浪潮、新媒体技术迭代、新闻传播业变革、社会结构变迁等为新闻传播教育带来了巨大的冲击，传统的新闻教育理念和模式面临着巨大的挑战，变革已是大势所趋，全球知名的新闻传播院校都在调整和重塑新闻传播教育。一项针对全球多所一流新闻传播学院的调研显示，它们在新闻教育理念、培养方式、培养目标、学生能力要求等方面都在变革，其本科与实践型硕士培养目标可概括为六点：出色的多媒体叙事能力；懂调研且会使用数据；恪守新闻（传播）道德伦理规范、履行社会责任；具有批判思维；在新闻传播学科之外有所擅长；具备跨文化与国际传播能力。海外新闻传播教育未来发展趋势具体包括：（1）新闻学与计算机

① 中国人民大学新闻学院新闻传播教育课题小组：《媒介融合时代的中国新闻传播教育：基于18所国内新闻传播院系的调研报告》，《国际新闻界》2014年第4期。

科学的融合，重新定义我们所认识的新闻界；（2）对学生在国际化与跨文化交流上有所期待和要求，各个院校借助各类资源来帮助学生开拓视野；（3）海外新闻传播院系开始教授学生如何创业、如何发掘媒体内容的商业价值，培养媒体创业经营能力。[①] 由此可见，我国新闻传播教育遇到的问题、发展的方向、变革的重点，与全球新闻传播教育是相一致的。结合上述调研中发现的热点、重点和难点问题，我国新闻传播教育的未来发展应从解决好如下问题入手：

第一，要厘清我国高校新闻传播学类专业布局的不同梯队，探索不同地区、不同层次、不同院校的特色与优势，建立完整的新闻传播类专业教育体系。要探索一条在本土文化基础上具备全球视野的新闻传播培养模式。

第二，要充分总结部校共建新闻学院的经验；充分利用宣传部门及媒体在办学方向、人才培养规格、实习实践基地、媒体融合发展等方面的支持；推进新闻院系与业界的良性合作，在课程建设、人才互聘、人才培养、学生实习实践等方面加强合作；加强高校马克思主义新闻观教育，以及新闻职业道德与法律教育。

第三，要在学科总体建设上与时俱进，培养符合新媒体环境的全媒体综合型人才，在办学理念、教育资源投入、专业建设方向、院系结构等方面进一步优化与调整，以适应新闻传播业界的快速变化。

第四，要加强课程的系统建设，既要理论与实践并重，理论教学与实践教学相结合，又要紧跟学术前沿，课程设置充分与新媒体和媒介融合发展接轨。还要强化通识教育，促进新闻传播学科与其他人文社会学科的交叉与融合。

第五，要加强师资队伍整体建设，培养高层次、高学历、高素质的师资人才，优化师资队伍结构，兼顾科研学术能力与新闻业界经验的不同领域人才的聘用和交流。此外，还要提高教学和科研的国际视野，完善跨媒体融合型师资力量。

第六，有针对性地调整人才培养的目标与定位，培养适应社会需要的全媒体稀缺人才、培养可以适应新媒体环境的新闻传播人才、培养能够适应传播全球化竞争的专业人才、培养适合民族地区传媒需要的复合型人才，还要加强人才培养与新闻实践需求的有效衔接。在人才培养中，还需进一步加强新闻传播专业实验教学的规范性和标准化。

第七，未来的新闻传播教育需要注重新闻职业道德及法律教育，培养具有良好的政治素养、坚持马克思主义新闻观、具有社会责任感的专业新闻传播人才。

撰稿：教育部高等学校新闻传播学类专业教学指导委员会

① 张迪：《媒体变革背景下的海外新闻传播教育现状与发展趋势》，《国际新闻界》2014 年第 4 期。

中国传媒大学2014年概况

中国传媒大学是教育部直属的国家“211工程”重点建设大学，已正式进入国家“985”“优势学科创新平台”项目重点建设高校行列，2013年1月教育部公布2012年学科评估结果，中国传媒大学新闻传播学学科排名全国第一。

中国传媒大学前身是创建于1954年的“中央广播事业局技术人员训练班”。1959年4月，经国务院批准，学校升格为“北京广播学院”。2004年8月，北京广播学院更名为“中国传媒大学”。

目前，学校设有4个学部、1个协同创新中心，5个直属学院，拥有新闻学、广播电视艺术学2个国家重点学科，传播学1个国家重点培育学科，新闻传播学、艺术学理论、戏剧与影视学3个一级学科北京市重点学科，语言学及应用语言学、通信与信息系统、电磁场与微波技术、动画学4个二级学科北京市重点学科，7个博士后科研流动站，7个博士学位授权一级学科点，35个博士学位授权二级学科点，18个硕士学位授权一级学科点，95个硕士学位授权二级学科点，8个专业硕士类别，83个本科专业。

学校现有全日制在校生近15 000人，其中普通全日制本专科生9000余人，博士、硕士研究生4000余人；有继续教育在读生近15 000人。学校师资力量雄厚，拥有一批国内外享有盛誉的教授、学者，其中包括：1名双聘院士，2人入选“长江学者”特聘教授，2人入选“长江学者”讲座教授，4人入选国务院学位委员会学科评议组成员，3人入选“新世纪百千万人才工程”国家级人选，32人入选教育部“新（跨）世纪优秀人才支持计划”，2人入选中宣部“四个一批”人才，2人入选“有突出贡献中青年专家”，2人荣获国家级教学名师奖，3人荣获全国优秀教师荣誉称号，14人荣获北京市级教学名师奖。一批中青年学术骨干脱颖而出，教师队伍的整体学术实力得到增强。同时，学校还聘请了一批著名专家学者担任特聘教授、客座教授或兼职教授。副校长胡正荣担任国务院学位委员会第七届新闻传播学学科评议组召集人。

中国传媒大学是2013—2017年教育部高等学校新闻传播学类专业教学指导委员会的主任委员单位。本届新闻传播学类专业教学指导委员会委员共41人，由来自全国40所高校的专家组成。其中主任委员1人，由中国传媒大学副校长胡正荣担任；副主任委员7人，秘书长1人，委员33人。中国传媒大学新闻传播学部学部长高晓虹被聘为副主任委员兼秘书长。本届教指委秘书处设在中国传媒大学。

2013年11月，教育部办公厅发布关于成立“全国卓越新闻传播人才教育培养指导委员会、专家委员会”的通知，副校长袁军担任指导委员会主任委员，新闻传播学部学部长高晓虹担任专家委员会主任委员。

中国传媒大学与新闻传播学相关的主

要专业教学和科研单位包括：新闻传播学部（包括电视学院、新闻学院和传播研究院）、广播电视研究中心（教育部人文社科重点研究基地）、广告学院。

一、队伍建设

（一）现任主要领导和部分新闻传播学相关机构领导

党委书记：陈文申；校长：苏志武；副校长、广播电视研究中心主任：胡正荣；新闻传播学部学部长：高晓虹；广告学院院长：丁俊杰。

（二）相关学院现有教授

1. 新闻传播学部电视学院

姓　名	研究方向	姓　名	研究方向	姓　名	研究方向	姓　名	研究方向
高晓虹	电视学	陈　刚	纪录片	孙振虎	电视学	祝　虹	电视艺术理论
何苏六	纪录片	陈　默	电视艺术理论	吴　辉	电视艺术理论	赵淑萍	电视学
王晓红	新媒体传播	张雅欣	纪录片	吴炜华	新媒体传播	孟　群	新媒体传播
吴敏苏	国际新闻	钟大年	纪录片	张绍刚	电视学	郭艳民	纪录片
曾祥敏	电视学	徐舫州	电视艺术理论	周　文	电视艺术理论	秦瑜明	电视学
刘　宏	广播电视史论	隋　岩	媒介文化传播	杨凤娇	电视学	崔　林	电视学

2. 新闻传播学部新闻学院

姓　名	研究方向	姓　名	研究方向
曾庆香	传播理论	刘　昶	国际新闻
邓炘炘	网络新闻及新媒体，广播新闻	刘京林	传播心理学
丁　迈	传播研究方法	沈　浩	传播研究方法
方毅华	新闻业务	王灿发	舆论学
宫承波	媒体创意	王　军	网络新闻及新媒体
哈艳秋	新闻史	王锡苓	舆论学，传播研究方法
韩运荣	舆论学	吴水平	网络新闻及新媒体
金梦玉	网络新闻及新媒体	余小梅	传播心理学
柯惠新	传播研究方法	张　彩	广播学
郎劲松	新闻业务	张　丽	新闻业务
李　磊	新闻史	张晓红	报刊理论与实践
凌昊莹	新闻业务	张　燕	报刊理论与实践

3. 新闻传播学部传播研究院

姓　名	研究方向	姓　名	研究方向
雷跃捷	舆论学・专业理论舆论学	刘燕南	传播学・应用传播、应用舆论学
张艳秋	传播学・媒介素养	刘笑盈	国际新闻学・国际新闻史论
孟　伟	广播电视学・广播电视	何　兰	国际新闻学・国际问题与新闻报道
龙小农	传播学・国际传播	徐琴媛	国际新闻学・国际媒体研究
陈卫星	传播学・理论传播与传播史、国际传播	张　开	传播学・媒介素养
李　智	传播学・国际传播		

4. 其他院校在本院导师

姓　名	研究方向	姓　名	研究方向
胡正荣	传播学・理论传播与传播史	蔡　翔	编辑出版学・编辑出版理论
袁　军	传播学・理论传播与传播史	赵　均	编辑出版学・编辑出版理论
龙　耘	传播学・理论传播与传播史	李　频	编辑出版学・编辑出版理论
段　鹏	传播学・理论传播与传播史	张毓强	国际新闻学・国际新闻史论
许学峰	传播学・应用传播学	田智辉	国际新闻学・国际媒体研究
刘利群	传播学・媒介与女性、国际传播	梁　岩	国际新闻学・国际新闻与跨文化交流
王保华	传媒教育・传媒高等教育	赵雪波	国际新闻学・国际新闻史论
杨旭东	传媒教育・传媒高等教育	洪　丽	国际新闻学・国际媒体研究
杨树雨	传媒教育・传媒高等教育		

5. 广播电视研究中心

姓　名	研究方向	姓　名	研究方向
胡正荣	媒介政策、新媒体、传播政治经济学、国际传播等	张　磊	媒介社会学、媒介人类学、媒介文本分析
龙　耘	媒介效果、媒介伦理、技术与社会	李继东	国际传播、媒介政策、整合营销传播

6. 广告学院

姓　名	研究方向	姓　名	研究方向
黄升民	新媒体、广告理论与广告史	叶建新	美术传播
钟以谦	广告媒介	肖　虎	广告设计
黄京华	受众与市场	何　辉	公共关系
初广志	广告实务	杜国清	公共关系
刘英华	广告理论与广告史	周　艳	新媒体
吴学夫	广告设计	张　宏	新媒体
芦　影	艺术设计史论	张　翔	品牌传播

二、机构设置情况

（一）新闻传播学部

新闻传播学部由电视学院、新闻学院、传播研究院三个教学单位及15个研究中心组成。作为国内新闻传播教育机构的排头兵，新闻传播学部的历史可追溯至1954年建校之初：新闻学院的前身是建校之初成立的三个系之一——新闻系。电视学院的前身为1959年设立的电视摄影班。1996年新闻系发展为新闻传播学院。1997年，电视系升格成为电视学院。2005年9月，电视学院、新闻与传播学院两大学院合并成立电视与新闻学院。2010年学校单独成立传播研究院，专门负责传播学专业所有研究方向研究生的培养。2013年7月，学部制改革后，出于学科理顺的需要，电视与新闻学院再次分为电视学院、新闻学院，与传播研究院共同构成新闻传播学部的“三驾马车”。新闻传播学部学部长为高晓虹（长江学者）；党委书记、副学部长为胡芳；副学部长还有何苏六、王晓红、刘昶、吴敏苏。

1. 电视学院

电视学院前身是1959年设立的电视摄影班，1980年独立成为电视系，2013年7月学部制改革后，电视学院加入新闻传播学部。电视学院现任副院长为曾祥敏。

2. 新闻学院

该院的新闻学教育始于1959年。是年，共招收了编采专业三个班共140名四年制本科生。目前学院本科生教育共设新闻学、传播学（含媒体市场调查与分析方向）、网络与新媒体（媒体创意）等三个专业、四个方向。学院同时还承担着硕士研究生和博士研究生的教学培养。新闻学院现任院长为刘昶。

3. 传播研究院

该院成立于2010年4月，是中国传媒大学下辖的综合性新闻传播学教学与科研机构，包括国际传播研究中心、欧洲传媒研究中心、国际新闻研究所、非洲传播研究中心、受众研究中心、舆论研究所、传媒教育研究中心、网络舆情研究所、民族文化传播与发展中心、赵月枝（长江学者）工作室、传播政治经济学研究所、出版研究中心、中国国际传播战略与发展研究中心等13个研究中心（所）。传播研究院现任院长为雷跃捷。

（二）广播电视研究中心

中国传媒大学广播电视研究中心于2000年初成立，是教育部人文社会科学重点研究基地之一。中心下设广播电视新闻研究所、广播电视语言研究所、广播电视艺术研究所、广播电视经营与管理研究所四个研究机构，并与美国宾夕法尼亚大学安南堡传播学院合作成立了传播政策与法律研究所。该中心现任主任为胡正荣。

（三）广告学院

中国传媒大学的广告学专业始于1988年，原北京广播学院新闻系下属的广告学专业。起始时期位居全国前列。1989年首届广告学专业本科生入学，1993年在全国率先设立了广告学硕士学位，并招收了第一届广告学硕士研究生。1994年成立广告学系，2000年招收了第一届广告学方向博士研究生。2002年正式成立广告学院。至此，中国传媒大学的广告学院各个专业已经涵盖了本科、硕士以及博士三个人才培养层次。目前在校本科学生550人，硕士研究生140人，博士研究生12人。广告学院现任院长为丁俊杰。

三、专业设置及招生

（一）专业设置

1. 新闻传播学部电视学院

本科设有以下专业：广播电视学、广播电视学（国际新闻传播）、广播电视编导（电视编辑方向）、广播电视学（电视摄影）、编辑出版学（新媒体）。设有学术型硕士专业方向：广播电视学（广播电视史论方向、电视学方向、纪录片学方向、新媒体传播方向、媒介文化传播方向）、广播电视艺术学（电视艺术理论方向）、国际新闻学（国际新闻传播方向）、新媒体（视听新媒体方向）；设有新闻与艺术两个类别的专业型硕士专业方向：全日制MFA广播电视（电视编导方向、媒体策划与运营方向）、全日制MJC新闻传播硕士（国际新闻与传播方向、电视新闻采编方向、新媒体采编实务方向）；设有在职MFA广播电视（电视编导方向、电视策划与运营方向）；自2012年起，设有全英文授课的国际留学生硕士专业国际新闻方向和新媒体方向。电视学院设有博士专业方向：广播电视学（电视新闻方向、纪录片方向、电视摄影方向、电视理论与批评方向），新媒体（互联网视听传播方向）。

2. 新闻传播学部新闻学院

本科共三个专业（四个方向）：新闻学专业、传播学专业（含媒体市场调查与分析方向）、网络与新媒体专业（媒体创意）。新闻学院研究生学生培养与研究方向主要包括：硕士研究方向包括新闻史、新闻理论、新闻业务、网络新闻及新媒体、报刊理论与实践、舆论学基础、应用舆论学、舆论调查、传播研究方法、传播心理学、广播学、新闻实务、媒介市场调查与分析等。新闻学院设有新闻学和传播学两个博士点。

3. 新闻传播学部传播研究院

硕士研究生教育设有传播学、传媒教育、编辑出版学、出版专业。博士研究生培养设有传播学、国际新闻学、编辑出版、舆论学。

4. 广告学院

本科一共三个专业：广告学专业、公共关系专业、网络与新媒体专业。广告学院硕士研究生一共三个专业：广告学、新媒体产业、品牌传播专业硕士。广告学院博士教育一共两个专业：广告学、新媒体。

（二）招生情况

中国传媒大学2014年硕士研究生招生1239人，其中博士研究生共11个专业方向，在校生人数为346人；硕士研究生共16个专业方向，在校硕士研究生人数893人。接收推荐免试生数约占硕士研究生招生总规模数的25%。

2014年度新闻传播类专业的留学生共计265人，其中本科生51人，硕士研究生118人，博士研究生78人，普通进修生18人。港澳台学生共计18人，其中本科生16人，硕士研究生2人。2014年度共计有179名新闻传播类专业的学生参加对外交流项目，其中本科生116人，硕士研究生60人，博士研究生3人。按项目性质，其中参加学期及学位项目的学生110人，短期项目的学生69人。

中国传媒大学目前主要的全英文授课的国际硕士项目包括：全英文授课国际新闻传播硕士和新媒体项目（IJC），与加拿大西蒙菲沙大学合作设立的全球传播双硕士项目，以及发展中国家国际传播硕士项目。

中国传媒大学新闻传播学部自2012年开始，正式开设国际新闻与传播硕士研究生班（IJC）。2014年这个项目进入了第三年，已招收的学生来自于亚洲、非洲、北美、拉美、欧洲、大洋洲近30个国家。有跨文化、多语种、跨学科专业背景的特点。目前该项目招收国际新闻和新媒体两个方向。

四、科研概况

（一）部分科研项目

1. 国家级课题

国家社科基金重点、重大项目：“中华民国新闻史（第五卷）”（主持人：艾红红）；“网络语言对话语权、社会情绪、价值观的影响研究”（主持人：隋岩）。

国家社科基金一般项目："马克思主义新闻观研究"（主持人：高晓虹）；"新媒体语境下的新闻叙事研究"（主持人：曾庆香）；"我国国际传播话语体系建设的理论创新研究"（主持人：李继东）。

国家社科基金青年项目："媒介融合背景下的视听文本叙事研究"（主持人：冯宗泽）；"中国对欧传播效果与策略研究"（主持人：甘露）。

2. 省部级课题

教育部人文社科研究重点、重大项目："中国广播电视新闻人才发展战略研究——以媒介融合为背景"（主持人：刘昶）。

教育部人文社科研究一般项目："新媒体前沿发展报告"（主持人：胡正荣）；"20 世纪前半期的中国设计批评研究"（主持人：芦影）。

教育部人文社科研究青年项目："国外反腐败传播研究：理论、策略与案件"（主持人：姬德强）；"中国对日宣传历史经验、现实困难与创新策略"（主持人：赵新利）；"'全球南方'视野下的拉美传播及中国思考"（主持人：张志华）。

国家新闻出版广电总局一般项目："中国广播影视对非洲传播的路径与模式研究"（主持人：龙小农）。

北京社科基金一般项目："纪实影像与北京乡土教育"（主持人：秦瑜明）。

北京市社科基金青年项目："首都网络文化环境研究"（主持人：王晓红）。

（二）部分学术成果

1. 著述、教材

共 86 部，其中专著 36 部。以下列出部分成果。

专著：

著作名称	作　者	出版单位	著作名称	作　者	出版单位
《传播学史》	宫承波	中国广播电视出版社	《印度尼西亚大众传媒研究》	刘新鑫	中国传媒大学出版社
《岁月如歌：传媒女教授知行录》	柯惠新	中国传媒大学出版社	《YouTube 用户能动性：媒介实践论的角度》	顾　洁	中国广播电视出版社
《2013 年中国广告业发展白皮书》	黄升民	中国工商出版社	《上海沦陷时期〈女声〉杂志研究》	涂晓华	中国传媒大学出版社
《中国宗教广播史》	艾红红	花木兰文化出版社	《符号中国》	隋　岩	中国人民大学出版社
《中国广播电视通史》	哈艳秋	中国广播影视出版社	《新闻叙事导论》	方毅华	中国广播电视出版社
《媒介素养教育手册》	王秀江	中国传媒大学出版社	《论社会主义新闻自由》	丰纯高	中国传媒大学出版社
《创新社会治理：传播学的视角》	龙小农	中国书籍出版社			

译著：

著作名称	作 者	出版单位	著作名称	作 者	出版单位
《普通媒介学教程》	陈卫星	清华大学出版社	《群体性孤独》	周 逵	浙江人民出版社
《广告与促销：整合营销传播视角(第9版)》	郑苏晖	中国人民大学出版社	《大数据变革——让客户数据驱动利润奔跑》	沈 浩	机械工业出版社

论文集：

著作名称	作 者	出版单位	著作名称	作 者	出版单位
《中国3D电视论文集》	高晓虹	中国广播电视出版社	《媒介素养教育与包容性社会发展》	张 开	中国传媒大学出版社
《新传媒(2014.1)》	成文胜	中国广播电视出版社			

编著：

著作名称	作 者	出版单位
《全球传媒发展报告(2014)》、《新媒体前沿发展报告(2014)》、《中国国际传播发展报告(2014)》	胡正荣	社会科学文献出版社
《中国纪录片发展报告2014》	何苏六	社会科学文献出版社
《融媒体时代下的传媒教育》	金梦玉	中国广播影视出版社
《中国新闻传播学评论第一辑：网络时代的传播格局》	雷跃捷	中国传媒大学出版社
《2013年中国广告业发展白皮书——消费市场和消费者》	黄升民	中国工商出版社
《大视频时代广告策略与效果测量研究》	黄升民	中国传媒大学出版社
《媒介·消费》	黄升民	中国广播电视出版社
《新闻传播学前沿2013—2014》	哈艳秋	中国传媒大学出版社
《传媒国际评论·第二辑》	秦学智	中央编译出版社
《大视频时代广告策略与效果测量研究——大视频时代各屏的协同》	黄京华	中国传媒大学出版社
《中国品牌白皮书——102大自主品牌力诊断与点评》	丁俊杰	中国工商出版社
《广播电视概论(第二版)》	宫承波	中国广播电视出版社

2. 发表论文

作　者	发表论文
刘　萍	*A Design of Smart Travel Based on Urban User Experiences*, 5th International Conference
李　频	《图书出版的未来在典藏》,《编辑之友》;《"彭长城现象"的内外关联》,《编辑之友》;《社科学术期刊评价的内在逻辑》,《清华大学学报》(哲学社会科学版);《出版资源浪费自省析》,《编辑之友》;《结构与节奏:图文书案例教学手记》,《中国编辑》;《理论分析是案例教学的灵魂——〈狼图腾〉教学手记》,《出版科学》;《数字时代社科学术期刊改革的思考》,《南京大学学报》(哲学·人文科学·社会科学版);《"2050年依然在阅读的经典"讨论手记》,《现代出版》;《求解连续出版的伴随效应和累积效应——以"〈读者〉现象"为例》,《河南大学学报》(社会科学版)
张晓红	《试谈〈人民日报〉评论与人民网评论一体化》,《新闻与写作》
梁小建	《〈光明日报〉评论版概览》,《现代传播》
成文胜	《对形态变化下报纸定义的重新考量——从纸墨形态到比特形态》,《新闻与写作》
方毅华	《电视剧能靠大数据"算"出来吗》,《中国广播电视学刊》
张　磊	《传播研究:互联互通时代的路径重组》,《中国社会科学报》;《在互联网环境中重寻"世界信息与传播新秩序"》,《杭州师范大学学报》(社会科学版)
姬德强	《"中国梦"国际化传播的支点》,中国社会科学报;《探索中国国际传播的话语创新与能力建设:2014"中国传播论坛"综述》,《现代传播》
胡正荣	《如何构建中国话语权》,《光明日报》;《精准传播是提升国际传播效果的关键——访中国传媒大学副校长胡正荣》,《中国社会科学报》;《融合:体制机制创新是关键——访中国传媒大学副校长胡正荣教授》,《光明日报》
高永亮	《新媒体时代的舆论特征及其引导》,《中国广播电视学刊》
周　亭	《"反常性"与"惯例化"——从新闻生产社会学的角度解读两个新闻事件》,《现代传播》
李继东	《巨变、转型与革新:2013年中国电视产业发展报告》,《中国传媒产业发展报告》
柯　妍	《健康组织传播研究的路径、内涵与价值》,《现代传播》
杜国清	《媒介融合背景下传统媒体的数字化突围》,《电视研究》;《消费者增权下的广告主社会化媒体运作策略分析与展望》,《现代传播》
杨燎原	《美国公益广告研究综述》,《现代传播》
赵新利	《新媒体如何影响中日舆论》,《中国社会科学报》
宋红梅	《中国互联网产业20年发展轨迹研究》,《中国广播电视学刊》
黄升民	《广告的巫师时代》,《传媒》;《关于中国媒介产业转型的五个论点》,《现代传播》;《广播电视媒体产业化内涵变迁》,《中国广播电视学刊》;《2013—2014中国广告市场现状与趋势》,《中国传媒产业发展报告》
杨雪睿	《中国大学生手机上网现状及其对社交媒体使用的影响研究》,《现代传播》
黄京华	《新媒体环境下沉默螺旋理论的复杂表现》,《现代传播》
刘　朋	《中外关系历史变迁中的奥运报道——围绕〈人民日报〉奥运报道的研究》,《现代传播》
邵华冬	《2013—2014年电视媒体广告市场现状及趋势展望》,《中国传媒产业发展报告》
冯丙奇	《〈人民日报〉中的公共关系意涵界定:1949—2012》,《国际新闻界》

续表

作　者	发表论文
王洪亮	《当代媒体语境下的视觉文化特征》,《现代传播》
赵新利	《国家叙事与中国形象故事化传播策略研究》,《西安交通大学学报》(社会科学版)
耿益群	《美国艺术院校教师绩效评价途径及特点分析》,《现代传播》;《双重框架下的芬兰媒介素养教育政策及其实践》,《外国中小学教育》
罗　雪	《非洲公共媒体发展路径与新闻报道模式——基于对尼日利亚电视网络(NTA)与南非广播服务(SABC)的比较》,《科学管理研究》
赵靳秋	《新加坡电影审查与内容分级制度的演进》,《吉首大学学报》(社会科学版);《从 CNN 公民新闻实践看 Web2.0 时代新闻采集与把关模式的演进》,《武汉理工大学学报》(社会科学版)
何　兰	《对外文化交流与国家文化软实力传播》,《文艺评论》;《德国传媒在反思纳粹历史中的作用》,《学术交流》
贾乐蓉	《曲折与屈辱历史背景下的波兰新闻传播业》,《新闻界》;《俄罗斯社会化媒体的发展及其对新闻生产的影响》,《国际新闻界》
雷跃捷	《论党性与人民性的统一》,《现代传播》;《让信仰的力量伴随交广一路同行》,《中国广播电视学刊》,《从职场培养到学院专业教育——早稻田大学濑川至郎教授谈日本新闻传播教育转型》,《新闻记者》;《论"新闻立台"的本体意义》,《中国广播电视学刊》
孟　伟	《媒介融合在广播领域的理论建构与实践探索》,《中国广播电视学刊》;《新的媒介格局下广播质量系统的建构——以广西人民广播电台改革为例》,《现代传播》;《移动互联网时代郑州新闻广播的内容模式创新》,《中国广播电视学刊》;《大数据背景下广播评估体系创新研究——以广西电台频率改革为例》,《河南社会科学》
龙小农	《国际传播与国家发展:中俄大众传媒发展学术研讨会综述》,《现代传播》;《教育与女性领导力的提升:第六届世界大学女校长论坛综述》,《现代传播》;《"全视之眼"时代数字化隐私的界定与保护》,《新闻记者》;《外交构想力与中国对非国际话语权的提升》,《现代传播》;《I-crowd时代"沉默的螺旋"倒置的成因及影响:以"PX 项目事件"的舆论引导为例》,《新闻与传播研究》;《非洲网络媒体格局及其发展趋势分析》,《传媒》
张雨晗	《近代出版人:传统知识分子与有机知识分子》,《现代出版》;《什么样的文章会更受欢迎——编采心得》,《现代出版》;《论出版产业政策的价值取向与战略定位》,《出版发行研究》
刘笑盈	《从一流媒体研究到核心竞争力研究——多元传播环境下国际传播能力建设的新思路》,《电视研究》;《"他国崛起"与世界话语体系的重构》,《现代传播》;《中国与国际秩序转型中的话语体系建构》,《现代国际关系》;《转型迎战数字化大潮,没有完成时》,《人民日报》
李　智	《对新闻事实的一种建构主义解读》,《现代传播》
甘　露	《海外华文网站在我国对外传播中的比较优势研析》,《新闻界》;《法国图书出口产业链构成分析》,《现代出版》
任孟山	《新闻人应遵守职业道德与基本法纪》,《传媒》;《大众媒介作为国家转型的动力装置——评〈大众媒介与社会转型:墨西哥个案考〉》,《中国图书评论》;《互联网时代的国际传播与地缘政治》,《现代传播》;《国际传播视角下伊朗互联网发展与限制》,《传媒》
朱振明	《拉美报纸媒体中的"钓鱼岛":谈中国的形象》,《国际新闻界》
陈卫星	《法国近代史上的书报审查逻辑》(译),《国际新闻界》

续表

作　者	发表论文
徐琴媛	《世界一流媒体的国际化战略及对央视海外传播的启示》,《现代传播》
刘燕南	《我国收视收听率调研之比较:历史、市场与受众》,《现代传播》
黄典林	《道德恐慌与文化霸权——解读斯图亚特·霍尔等著〈控制危机〉》,《国际新闻界》
秦学智	《试论新闻素养教育的几个基本问题——由美国石溪大学新闻素养暑期课程教学思想引发的思考》,《现代传播》
詹　骞	《政务微博意见领袖的社会网络分析——以北京地区政务微博为例》,《现代传播》
吴敏苏	《高校电视台英语类新闻节目的现状与发展策略浅析》,《传媒》;《从文化战略高度和国际传播角度看待电影学——"电影本土化与全球化——中法电影50年"学术研讨会综述》,《现代传播》
于　然	《网生代崛起背景下主旋律题材的"突围"——浅观〈近距离击杀〉的类型化转型》,《当代电影》
曾祥敏	《〈养生堂〉栏目的叙事模式与策略研究》,《中国电视》
王灿发	《微舆论环境下大学生思政教育面临的挑战与创新》,《中国高等教育》
张　彩	《从传播心理学视角看情感类广播音乐节目》,《中国广播电视学刊》
隋　岩	《论群体传播中的群体主体性——基于社会化媒体的传播考察》,《当代传播》;《中国网络群体事件的主要特征和研究框架》,《现代传播》;《能指的丰富性助力意识形态传播》,《新闻与传播研究》;《企业形象的意识形态建构与传播》,《现代传播》;《"能指狂欢"的三种途径——论能指的丰富性在意义传播中的作用》,《编辑之友》;《微博体对"一夜成名"社会心理的推动》,《当代传播》
曾庆香	《新媒体语境下的新闻叙事模式》,《新闻与传播研究》;《众筹新闻:变革新闻生产的权力结构》,《国际新闻界》;《试论广播电视报道发泄型群体性事件的框架》,《现代传播》
邹　欣	《媒体化运营:打造中国视频网站核心竞争力》,《电视研究》;《传统媒体新闻生产与青年群体新闻消费的结构性冲突》,《现代传播》;《大学生对央视新闻频道认知图式的调查与分析》,《传媒》
沈　浩	《"数据新闻"发展与"数据新闻"教育》,《现代传播》
刘　昶	《欧洲新闻传播心理学批评:学术渊源与研究路径》,《现代传播》
高晓虹	《〈新北方〉:一首传递爱心的社会公益赞歌》,《中国广播电视学刊》
李建刚	《解释性新闻网站 VOX.COM 的内容模式分析》,《现代传播》
刘自雄	《解析美国 RFD-TV 及 RMG 的专业化和多媒体发展策略》,《电视研究》
陈欣钢	《3D 电视发展:电视生产专业性的重构与思考》,《电视研究》
王闻俊	《浅谈云计算与数字媒体艺术的创新》,《传媒》
方毅华	《〈舌尖上的中国〉叙事策略变化刍议》,《中国广播电视学刊》;《历史文化类电视栏目大众化传播技巧刍议》,《电视研究》;《以人民日报官微马航失联相关报道为例》,《现代传播》
周　文	《纪实美学纪录片二十年:辉煌、失落与未来——从〈望长城〉到〈舌尖上的中国〉》,《当代电影》
宫承波	《第十届亚洲太平洋传播协会双年会会议综述》,《当代传播》;《试论泰拉尼安的传播思想》,《当代传播》;《融合传播时代广播媒体的角色更新路径探析》,《中国广播电视学刊》;《重大事故性灾害事件中的网络舆论及其导控》,《当代传播》

续表

作　者	发表论文
李　煜	《广播史研究的范式转移》,《现代传播》
张　丽	《中国电视媒体如何提升国际新闻传播力》,《新闻大学》
杨凤娇	《全媒体背景下时政报道的创新路径——2014 中国时政报道研讨会综述》,《现代传播》;
付晓光	《数据新闻节目创新路径研究——电视媒体数据应用前沿分析》,《电视研究》
韩运荣	《如何洞察微博影响力——几种可视化微博传播分析工具的应用与比较》,《新闻记者》
张雅欣	《真诚精细　探索求新》,《中国电视》;《2013 年中国纪录片创作综述》,《中国电视》
崔　林	《变革动因与背景范式——对互联网与印刷术社会作用与历史影响的比较》,《现代传播》
叶明睿	《扩散过程中的再认识:符号互动视阈下农村居民对互联网认知的实证研究》,《新闻与传播研究》
邓炘炘	《2013 年中国广播行业变化与特征》,《传媒蓝皮书:中国传媒产业发函报告(2014)》
周　逵	《2013 年中国在线视频产业发展报告》,《中国传媒产业发展报告》;《技术史视角下虚拟现实的媒介建构》,《中国社会科学文摘》
郎劲松	《数据新闻:大数据时代新闻可视化传播的创新路径》,《现代传播》
何苏六	《2013 年中国纪录片的起承转合》,《电视研究》
张绍刚	《纪录形态真人秀中的结构和剧情》,《现代传播》
曹晚红	《回归十六年:香港媒体的"变"与"不变"》,《现代传播》
艾红红	《租界时空的"新闻自由"及其效应》,《当代传播》
罗　琳	《20 年代中国电影中特写镜头的视觉风格——肖像摄影与电影美学的关系考察》,《当代电影》
付晓光	《媒介融合实效性的比对分析》,《编辑学刊》
唐远清	《论大众媒介在政治传播中的角色》,《青海社会科学》
刘新鑫	《从文化工业到文化产业》,《当代传播》
文春英	《历史元素对城市形象传播的意义》,《当代传播》
隋　欣	《数字传播时代我国音乐广播发展探析》,《当代传播》

3. 教学获奖情况

新闻传播学部广播电视教学团队，获全国教育系统先进荣誉称号。

新闻传播学部国际新闻传播人才培养模式，获国家级教学成果二等奖。

杨懿，课程“公共关系概论”，获北京市教学基本功大赛一等奖。

五、学术活动

(一) 承办会议

6 月，第九届“四校联合国际学术研讨会。

6 月，2014 中国传播论坛：“国际话语体系与国际传播能力建设”研讨会。

8 月，“东亚与东南亚的媒介、传播与社会发展”国际联合暑期班。

9 月，第十届中俄大众传媒发展国际学术研讨会。

9 月，第九届全国新闻与传播心理研讨会。

10 月，“广播电视史学：机遇与挑战”学术研讨会。

（二）新闻传播学刊物及学术网站

《现代传播（中国传媒大学学报）》

《现代传播》原名《北京广播学院学报》（人文社会科学版），1979 年创刊，1994 年 8 月更名为《现代传播（北京广播学院学报）》，2005 年 1 月经国家新闻出版总署批准改用现名。该刊系国家社科基金资助期刊，CSSCI 来源期刊，教育部“名刊工程”入选期刊，中文核心期刊，中国人文社科核心期刊。

《现代传播（中国传媒大学学报）》曾获得“国家社科基金资助期刊”（2012 年）、“全国高校社科名刊”、教育部“名刊工程”入选期刊（2006 年 7 月入选教育部第二届“高校哲学社会科学名刊建设工程”）、“中文社会科学引文索引 CSSCI 来源期刊”、“中国新闻传播核心期刊”、“国家信息与知识传播核心期刊”、“全国中文核心期刊”、“中国广播电视优秀学术期刊”、“中国人文社科核心期刊”、“全国三十佳社科学报”等荣誉。

该刊主编为教育部“长江学者”特聘教授、中国传媒大学教授、博士研究生导师胡智锋，编辑团队有：赵均、张国涛、李立、潘可武、张毓强、刘俊等。

《现代传播》开设有传媒观察、传播文化、新闻学与传播学、传媒艺术、繁荣哲学社会科学前沿、纪录片研究、媒介经营与管理、新媒体研究、传媒教育、随笔札记、学术动态、来稿摘登。

电视学院

• 《中国新闻传播研究》（半年刊）

新闻传播学部电视学院出版《中国新闻传播研究》（半年刊），对当年的新闻传播学界的热点话题进行探讨与梳理，内容涵盖新闻传播学界各类媒介发展状况，内容生产创新创优之处，传播技术的最新发展等各个方面。《中国新闻传播研究》分为新媒体评论、广播电视观察、媒介前沿、理论与历史等板块。

• 《中国网络视频案例研究报告》

中国网络视频研究中心每年都将发布当年的《中国网络视频案例研究报告》。每年一度，遴选本年度中国网络视频传播生态中最具代表性、最具影响力的案例，进行深入解析，透视网络视频行业发展的大格局、大趋势。以单个案例为切口，透视现象背后的产业格局、内容生产、传播理念、行为效果、文化分析以及利益纠葛。

传播研究院

• 《中国新闻传播学评论》

新闻传播学部传播研究院出版《中国新闻传播学评论》系列辑刊，中国传媒大学出版社出版。旨在打造一个开放包容的学术平台，尤其关注中青年优秀学者的作品，紧贴国际学术前沿，关注本土问题。2014 年出版第一辑，每年出版一辑。

新闻学院

• 《新闻传播学前沿（2013—2014）》

中国传媒大学新闻传播学部新闻学院主编的《新闻传播学前沿（2013—2014）》由中国传媒大学出版社出版，主编哈艳秋、刘昶。全书四十余万字，主要有前沿话题、新闻工作群众路线、新闻传播史、新闻传播理论、新闻传播事务、实证研究、传媒文化与传媒教育、网络与新媒体、媒介经营与管理、域外传播等栏目。自 2004 年出版至今，已经连续出版十年。

• 《互联网思维的传播学逻辑》

新闻学院刘昶、邓炘炘、李建刚主编。由“2014 中国新媒体传播学年会”的参会论文汇集而成。

• 《新闻视野》、《新传时报》

《新闻视野》创办于 2007 年，为双月刊新闻类杂志，校内发行量 800 本/期。《新传时报》创办于 2013 年，为半月刊新闻类报纸，校内发行量 3000 份/期。这两份报刊的运营由专业教师指导，学生全面参与杂志的选题、策划、采编、排版等各项工作与流程，是学院学生重要的课外实践平台。

• 新闻学院官方网站

新闻学院网站创办于2010年，是新闻学院对外展示交流的平台。至今，新闻学院网站每年改版一次，现使用Wordpress平台，兼具微信、微博等手机客户端的传播能力。

广播电视研究中心

• 《媒介研究》

《媒介研究》教育部网络期刊，是一本立足于中国媒介领域的纯学术刊物，它以每期一个研究主题的方式组织内容，关注新的传播现象，倡导新的媒介思维。目前已出版12卷共36期。

• 广播电视研究中心官网

rirt. cuc. edu. cn，是广播电视研究中心官方网址。

• 国际联合暑期班官网

bjss. cuc. edu. cn，是国际联合暑期班官方网址，依托于创建于2009年的四校联合国际暑期班，已经成为历届暑期班的组织平台，以及课程资料的重要档案库和数据库。

• 《中国国际传播发展报告（2014）》

首部国际传播蓝皮书《中国国际传播发展报告（2014）》，由胡正荣主编，以"中国国际传播能力建设"为主题，对近五年来政府部门、主要媒体、文化教育机构等提升国际传播能力建设历程、现状和趋势以及国际传播研究动态、范式和有关话题进行了深入研究。该蓝皮书计划每年出版一部。

• 《全球传媒发展报告（2014）》

《全球传媒发展报告（2014）》（全球传媒蓝皮书），由胡正荣主编，围绕数字内容产业这一主题，梳理和分析2013年—2014年全球传媒发展情况，特别是数字内容发展态势，并梳理和分析了中美日德韩英加法俄等10个国家和地区的传媒数字内容产业发展，还从数字内容生产、流通和电视营销讨论了全球电视节目、北欧数字内容产业、信息产业内容、Netflix转型和移动社交App等9个专题。《全球传媒发展报告》创办于2011年，每年出版一部。

• 《新媒体前沿发展报告（2014）》

《新媒体前沿发展报告（2014）》，由胡正荣主编，聚焦"全媒体转型"这一话题，结合中国、日本、韩国、英国、法国、德国和美国等国家的新媒体发展概况，对深圳广电集团、世界三大通讯社、《赫芬顿邮报》、斯普林格出版集团、南方都市报、澎湃新闻、凤凰新媒体等机构的全媒体发展轨迹进行深入分析。此外，本书还围绕传统媒体转型路径、社交网络音乐集成传播、OTT TV、传统出版商App应用、年度新媒体技术动态、美国政府互联网管制、中国信息传播产业国家战略和产业格局等专题展开研究。《新媒体前沿发展报告》创办于2011年，每年出版一部。

广告学院

• 《媒介》杂志

《媒介》2001年创刊，围绕媒介主题，探讨媒介现状、发展和趋势，深入剖析媒介新现象、新动态、新观念、新模式、新技术，该杂志已经出版100期。每月《媒介》杂志除了纸质出版以外，还推出传统媒体和新媒体两个《媒介月讯》电子刊。学生可以参与媒介杂志内容的采编，通过一手的采访、调研、写稿件、发表文章，了解媒体领域的变化，参与纸质媒体和电子媒体日常运作。

（三）国际学术交流情况

1月16日至19日，新闻传播学部王军赴香港中文大学进行学术研究交流。

2月12日至16日，新闻传播学部本科教学管理办公室主任孙振虎、于然赴印度参加CILECT会议。

2月15日至3月2日，新闻传播学部刘燕南赴澳门科技大学讲学、合作研究。

3月10日至4月9日，新闻传播学部

副学部长、新闻学院院长刘昶赴法国巴黎第二大学法国新闻学院讲学。

3月12日至16日，广告学院杨雪睿赴韩国参加亚洲营销协会2014年国际研讨会。

3月20日至24日，广告学院院长黄升民、副教授杨雪睿赴台湾参加“2014新媒体与阅听行为趋势研讨会”。

4月2日至10日，新闻传播学部顾洁赴土耳其马尔坦佩大学参加会议。

4月5日至5月5日，新闻传播学部传播研究院副院长陈卫星赴法国洛林大学讲学及合作研究。

4月15日至20日，新闻传播学部黄典林、康秋洁赴俄罗斯乌拉尔联邦大学参加会议。

5月15日至22日，文科科研处处长段鹏、国际交流与合作处副处长兼传媒高等教育国际联盟秘书处秘书长罗青赴意大利、瑞士参加中传—威尼斯大学合作的“体育全球传播与管理”专业硕士课程中期组织及合作研讨；应邀前往瑞士卢加诺大学讲学等。

5月21日至26日，新闻传播学部副学部长王晓红，国际交流与合作处副处长张龙，新闻传播学部电视学院杨凤娇、叶明睿、周逵赴美国参加2014国际传播学会年会。

6月22日至28日，新闻传播学部新闻学院副院长丁迈、新闻学院宫承波、韩运荣赴印度尼西亚参加2014年亚太地区传播学年会。

7月5日至13日，新闻传播学部张开赴美国石溪大学参加新闻素养工作坊；

7月5日至19日，新闻传播学部张洁赴美国石溪大学参加新闻素养工作坊以及苹果公司杰出教育工作者（ADE）2014年全球年会。

7月6日至8月7日，新闻传播学部党委书记、副学部长胡芳，副学部长、新闻学院院长刘昶，电视学院副院长曾祥敏，电视学院赵晨带领国际新闻传播硕士赴法国进行海外教学实践。

7月8日至17日，新闻传播学部赵靳秋、朱振明赴法国参加第十届国际博士研究生论坛。

7月14日至22日，学科办主任王宇，新闻传播学部副学部长何苏六，电视学院吴炜华、田维钢、顾洁赴印度参加2014“国际媒介与传播研究协会年会”以及赴孟买大学访问。

7月29日至8月5日，新闻传播学部詹骞、张晓辉赴美国参加国际跨文化传播学年会。

8月16日至27日，广播电视研究中心张磊、姬德强，新闻传播学部传播研究院李汇群赴泰国参加第七届国际暑期联合班。

9月21日至28日，新闻传播学部学部长高晓虹随中国记协赴美国、加拿大访问交流。

9月24日至29日，新闻传播学部吴辉赴美国参加第九届国际改编研究学会年会。

9月29日至10月5日，学科建设办公室主任王宇，新闻传播学部丁迈、崔蕴芳、刘笑盈、耿益群、甘露、任孟山和高等教育研究所徐雯，赴澳大利亚参加国际传播学会区域会议。

10月8日至16日，新闻传播学部学部长高晓虹，党委书记、副学部长胡芳、新闻传播学部周逵赴法国参加教指委中法新闻院校学术交流活动。

10月8日至24日，新闻传播学部副学部长吴敏苏、电视学院周文赴日本大学艺术学部讲学。

10月9日至20日，新闻传播学部何兰、贾乐蓉赴俄罗斯乌拉尔大学、莫斯科大学学术访问。

10月11日至20日，新闻传播学部本

科教学管理办公室主任孙振虎、电视学院于然赴美国参加 CILECT 年会。

10 月 16 日至 19 日，新闻传播学部方毅华、孟力力、陈逸飞赴香港参加“校园学报新闻奖”颁奖及相关交流活动。

10 月 18 日至 11 月 3 日，广播电视研究中心李继东赴澳门科技大学讲学。

11 月 4 日至 28 日，新闻传播学部副学部长何苏六赴日本朝日电视台研修。

11 月 12 日至 16 日，新闻传播学部张丽、方毅华赴日本参加亚洲媒介与大众传播会议。

11 月 19 日至 24 日，副校长胡正荣、新闻传播学部学部长高晓虹、新闻传播学部电视学院李智、冷爽赴美国参加美国传播学年会。

12 月 8 日至 17 日，文科科研处处长段鹏、国际交流与合作处副处长兼传媒高等教育国际联盟秘书处秘书长罗青，赴法国、丹麦、意大利参加论坛及项目交流。

12 月 11 日至 15 日，新闻传播学部传播研究院副院长陈卫星赴澳门科技大学人文艺术学院进行学术交流。

六、中国传媒大学 2014 年大事记

1 月 3 日，由中国传媒大学、韩国高等教育财团、中国湖南广播电视台主办的 2013“第十一届亚洲传媒论坛”在湖南长沙召开。本届论坛以“新趋势・新挑战・新方向”为主题，围绕在媒体领域如何有效地挖掘和运用数据，建立适应时代发展方向的思维逻辑，进行实战经验分享和前瞻性讨论。

1 月 9 日，中国传媒大学的北京市重点学科，包括一级学科新闻传播学、艺术学理论、戏剧与影视学，二级学科语言学及应用语言学、通信与信息系统、电磁场与微波技术和交叉学科动画学均顺利通过北京市重点学科验收评审、成绩良好。

1 月 25 日，中国传媒大学外国语学院 2013 级学生李祎璇代表中国参加第 26 届联合国世界大学生和平大使全球总决赛，并荣获“联合国世界大学生和平大使奖”。

1 月 30 日，在中央电视台春节联欢晚会上，中国传媒大学合唱团与知名歌手李玟、张靓颖、沙宝亮、林志炫合作排演开场歌舞《想你的 365 天》。

3 月 19 日，中国电子学会第十三届“广播电视科学技术奖”颁奖仪式举行，中国传媒大学李栋荣获“广播电视科学技术奖”大奖。

4 月 1 日，中国传媒大学与北京市朝阳区教委合作办学签约仪式在朝阳区教委举行，定福庄第二小学正式更名设立为“中国传媒大学附属小学”。

4 月 10 日，中国传媒大学教学科研基地签署授牌暨广播影视史料捐赠交接仪式在江西吉安广播电视台举行。

5 月 4 日，由中国传媒大学艺术学部动画与数字艺术学院师生创作的两部作品《TRISTA》和《武之梦》双双获得第十届中国国际动漫节“金猴奖”的最具潜力动画短片奖。

5 月 9 日，中国传媒大学召开“教学质量评估年”活动动员大会。

6 月，在第 41 届美国奥斯卡颁奖典礼（学生单元）上，中国传媒大学艺术学部动画与数字艺术学院 2011 届动画专业毕业生程腾同学的作品《Higher Sky 天外有天》获得动画类银奖；播音主持艺术学院 2005 级学生刘雨霖导演的故事短片《门神》获得最佳叙事片奖。

6 月 21 日，中国传媒大学举行校友代表大会暨校友会成立大会，来自全国各地的校友代表近 80 人出席会议。

6 月 26 日，接到国家社会科学规划办公室通知，中国传媒大学共有七个项目获批 2014 年度国家社科基金项目立项，这是学校历史上文科科研获批项目最多的一年。

6 月 30 日，中国传媒大学申报的现代

演艺技术实验室被北京市科学技术委员会认定为北京市重点实验室。

9月6日至9日，作为中国传媒大学建校六十周年校庆重要活动之一，第六届“世界大学女校长论坛”成功举办。教育部、全国妇联、国家新闻出版广电总局相关领导和社会各界人士，以及来自世界五大洲54个国家和地区的200多位大学女校长参加论坛。

9月9日，教育部、人力资源社会保障部在北京人民大会堂召开庆祝第30个教师节表彰大会，中国传媒大学新闻传播学部学部长高晓虹领衔的广播电视学教学团队获得“全国教育系统先进集体”荣誉称号。

9月11日，中国传媒大学艺术学部动画与数字艺术学院学生董奕琦、王冬阳创作的毕业作品《捉迷藏》获得2014年（第七届）厦门国际动漫节“金海豚”动画作品大赛最佳学生动画银奖。

9月13日，由中国传媒大学艺术学部音乐与录音艺术学院录音系教授李大康、教师张一龙主创，录音系硕士研究生贲小龙、闫乔锋参与的歌剧《大汉苏武》，获得国家第十三届精神文明建设戏剧类“五个一工程”奖。

9月16日，由中国传媒大学出品，艺术学部动画与数字艺术学院师生主创的动画系列片《功夫兔与菜包狗》第一季12集已全部在互联网连载播出，获得业界专业人士和观众的一众好评，并一举斩获2014年（第七届）厦门国际动漫节“金海豚”奖最佳电视系列动画片奖金奖。

9月16日，中国传媒大学高晓虹等申报的“国际新闻传播人才培养模式研究与实践创新”，张育华等申报的“传媒类艺术人才培养模式的探索与实践”教学成果荣获国家级教学成果二等奖。

9月17日，经教育部严格审核，国务院学位委员会办公室日前下发了《关于下达2014年审核增列的硕士专业学位授权点及撤销的硕士学位授权点名单的通知》（学位［2014］14号），批准中国传媒大学增列翻译、法律硕士专业学位授权点。

9月18日，中国传媒大学白杨网（简称“白杨网”）经过紧张的建设，开通试运行。白杨网开通后，替代现有校园网成为代表中国传媒大学的唯一官方网站。

9月，中国传媒大学获得教育部批准，依托传媒高等教育国际联盟，成立非独立法人中外合作办学机构——中国传媒大学国际传媒教育学院（ICUC）。

9月19日，中国传媒大学互联网信息研究院中国网络视频研究中心成立并举行揭牌仪式。中国网络视频研究中心是以国家智库为主要职能的产、学、研一体化的研究平台，其任务包括政策咨询、舆情监测、业界参谋、精英团队孵化等。

9月19日，中国传媒大学·北京电视台“新媒体产学研基地”揭牌仪式在中国传媒大学举行。

9月20日，中国广告博物馆开馆暨新馆落成仪式在中国传媒大学举行，中国广告博物馆开馆展也同时开幕。

9月20日，“中国传媒大学建校60周年校史展揭幕仪式”在传媒博物馆隆重举行。

9月20日，中国传媒大学建校六十周年晚会隆重举行。学校各级校友、在校师生、离退休校领导和老教授齐聚一堂，共同为母校庆贺生辰。

9月24日，庆祝中国传媒大学建校60周年《中外影视交响音乐会》在学校综合实验楼1500人报告厅精彩上演。

9月25日，2014传媒高等教育国际论坛暨国际传媒教育学院成立仪式在中国传媒大学举行。来自五大洲17个国家和地区42所盟校的100余位校长、院长，以及传媒高等教育的业界领袖出席活动。。

9月28日，由中国传媒大学联合河北

省委宣传部、河北省审计厅、河北省审计文化研究会出品的26集电视连续剧《国家审计》，在石家庄市举行首播发布会。

10月，由新疆维吾尔自治区党委宣传部选送的大型纪录片《走进和田》入选第十三届精神文明建设“五个一工程”（2012—2014年）获奖作品。《走进和田》是和田地委、和田行署、北京市援疆（和田）指挥部共同确定策划的一项文化援疆项目，委托中国传媒大学新闻传播学部创作团队拍摄制作。

10月，在第10届中国金鹰电视艺术节评奖活动中，中国传媒大学艺术学部副研究员杨洪涛的论文《新世纪谍战剧中人物塑造之十年流变》获得电视论文理论奖一等奖。

10月17日，中传—纽约理工媒体技术中心在中国传媒大学国际传媒教育学院成立。国际传媒教育学院基于传媒高等教育国际联盟的优质国际教育资源，经教育部正式批准在传媒艺术、文化产业、新闻传播、广告等领域开设中外合作办学学位。

10月28日，由中国传媒大学与国家新闻出版广电总局无线电台管理局联合举办的“2014（第一届）无线广播技术研讨会”召开。

11月，随着2014年APEC会议周落下帷幕，中国传媒大学学生圆满完成了APEC志愿服务工作。雁栖湖主会场的100名宣传文化志愿者中，中国传媒大学占71名。

11月，中国传媒大学与广州广播电视台联合出品、中国传媒大学新闻传播学部师生创作的新闻纪录片《逝》获得第二十四届中国新闻奖三等奖，这是高校创作的作品首次获得全国新闻最高奖。

11月18日，中国传媒大学“视听技术与智能控制系统文化部重点实验室”获得正式批准，成为首批文化部重点实验室。

11月28日，第十六届齐越朗诵艺术节暨全国大学生朗诵大会总决赛在中国传媒大学举行。中国传媒大学选送的作品《承继·出发》获“齐越奖”。

12月5日至7日，由中国网络传播学会主办、中国传媒大学新闻传播学部新闻学院承办的“2014中国新媒体传播学年会”举行。年会主题为“断裂与重构·融合与创新：互联网思维的传播学逻辑”，来自全国各地高校、研究机构以及媒体等260位代表与会。

12月21日，教育部高等学校动画、数字媒体专业教学指导委员会2014年度工作会议在武汉理工大学召开。教指委主任、中国传媒大学校长苏志武，教指委副主任委员兼秘书长、中国传媒大学副校长廖祥忠参会。

12月26日，由中国传媒大学主办的第四届“光影纪年——中国纪录片学院奖”颁奖典礼举行。

供稿：中国传媒大学

中国社会科学院研究生院新闻学与传播学系概况

一、成立时间及历史沿革

中国社会科学院研究生院新闻学与传播学系（简称“新闻系”）成立于1978年6月。根据当时中央领导同志的意见，组建新闻系的目的在于为中央主要新闻单位培养高层次的新闻人才，以解决“文化大革命”后新闻干部青黄不接的问题。因此，新闻系一开始是由人民日报社、新华社和中国社会科学院新闻所三家共同筹办的，后来中国日报社也参与了联合办学。首任系主任由人民日报社秘书长谭立兼任。现任系主任为中国社会科学院新闻与传播研究所所长、研究员、博士研究生导师唐绪军。

新闻系成立当年招收了第一届研究生，共85人。1983年该系获得了硕士学位授予权，1998年获得了博士学位授予权。自1978年以来，已培养毕业博士研究生55人，硕士研究生797人。此外，还开办了多期在职硕士研究生课程班，培养学生近千人。三十多年来，该系为中国新闻业培养了大批高素质的领军人才，被誉为中国新闻界的“黄埔军校”。

1986年，因成立了中国新闻学院，新华社退出了对新闻系的管理；中国日报社也随之退出。2001年，因国家办学政策的调整，人民日报社也退出了对新闻系的管理。此后，新闻系由中国社会科学院新闻与传播研究所单独管理。2008年更改为现名。中国社会科学院新闻与传播研究所主要负责该系的招生考试、毕业答辩以及专业课的教学，其他日常事务由中国社会科学院研究生院统一管理。目前，该系有博士研究生导师4人，硕士研究生导师21人。每年的招生数为10人，其中博士研究生4人，硕士研究生6人。

二、历任系主任名单

第一任（1978—1982）
主　任：谭立
副主任：裴达、红谦
第二任（1982—1987）
主　任：裴达
副主任：红谦
第三任（1987—1992）
主　任：邱光欣
副主任：红谦、刘忠熙
第四任（1992—1993）
副主任：刘忠熙（主持工作）
第五任（1993—1997）
主　任：孙富忱
副主任：王武录、王永安
第六任（1997—2001）
主　任：王永安
副主任：沈兴耕
第七任（2001—2003）
主　任：尹韵公
第八任（2003—2006）
主　任：张西明
第九任（2006年至今）
主　任：唐绪军
副主任：宋小卫

三、导师一览表（按姓氏笔画排序）

导师类型	姓名	专　业	职　称	导师类型	姓　名	专　业	职　称
博导	卜　卫	新闻学	研究员（社会科学）	硕导	张建珍	传播学	副研究员（社会科学）
博导	宋小卫	新闻学	研究员（社会科学）	硕导	张　放	新闻学	副研究员（社会科学）
博导	姜　飞	新闻学	研究员（社会科学）	硕导	张满丽	传播学	副编审
博导	唐绪军	新闻学	研究员（社会科学）	硕导	时统宇	新闻学	研究员（社会科学）
硕导	王怡红	传播学	研究员（社会科学）	硕导	杨瑞明	传播学	副研究员（社会科学）
硕导	刘志明	传播学	副研究员（社会科学）	硕导	周世禄	新闻学	研究员（社会科学）
硕导	刘晓红	传播学	副研究员（社会科学）	硕导	孟　威	新闻学	研究员（社会科学）
硕导	刘瑞生	新闻学	副研究员（社会科学）	硕导	官建文	新闻学	高级编辑
硕导	向　芬	新闻学	副研究员（社会科学）	硕导	殷　乐	新闻学	研究员（社会科学）
硕导	孙五三	新闻学	研究员（社会科学）	硕导	钱　江	新闻学	高级编辑
硕导	朱鸿军	传播学	副研究员（社会科学）	硕导	钱莲生	新闻学	编审
硕导	冷　淞	新闻学	副研究员（社会科学）	硕导	黄楚新	新闻学	副研究员（社会科学）
硕导	张　丹	传播学	副研究员（社会科学）				

四、硕士点和博士点的设置、招生情况

硕士点情况：招收新闻学和传播学两个专业的学生。

博士点情况：招收新闻学一个专业的学生。

在读学生情况

硕士研究生 18 人；博士研究生 12 人；同等学力申请硕士学位 10 人；交换生 1 人。

五、专业设置及研究方向

（一）硕士研究生专业设置

1. 新闻学专业研究方向主要包括：新闻业务研究、网络与新媒体研究、移动新媒体研究、社交媒体研究、当代中国新闻史研究、广播电视新闻研究、电视节目策划、网络舆情研究等。

2. 传播学专业研究方向主要包括：媒介人类学研究、跨文化传播研究、影视传播研究、国际传播研究、数字化时代的版权研究、网络治理等。

（二）博士研究生专业设置

新闻学专业研究方向主要有：新闻法治与伦理研究、传媒经营管理研究、传播与社会发展研究、跨文化传播研究等。

六、系内主要课程介绍

课程编号	课程名称	课程英文名	授课教师	课程性质	课程学分	总课内学时	考核方式
0220001	新闻理论	The Theory of Journalism	宋小卫	专业基础课	3.0	54	课程论文
0220002	新闻传播学研究方法	Journalism and Communication Research Methods	卜　卫 刘晓红	专业基础课（博士生）	3.0	54	课程论文
0220003	新媒体研究	New Media Studies	孟　威	专业课	3.0	54	课程论文

续表

课程编号	课程名称	课程英文名	授课教师	课程性质	课程学分	总课内学时	考核方式
0220004	传播学概论	An Introduction to Communication	姜　飞	专业课	3.0	54	课程论文
0220005	新闻传播学专题讲座	A Series of Lectures on Journalism and Communication	唐绪军等	专业课（博士生）	3.0	54	课程论文
0220006	传播与社会发展研究	Studies on Communication and Social Development	卜　卫	专业课	3.0	54	课程论文
0220007	新闻传播业发展史纲	The History of Journalism and Mass Communication	向　芬	专业基础课	3.0	54	课程论文
0220008	传媒经营管理概论	An Introduction to Media Administration & Management	朱鸿军	专业课（博士生）	3.0	54	课程论文

供稿：中国社会科学院研究生院新闻学与传播学系
执笔：王　颖

复旦大学新闻学院 2014 年概况

复旦大学新闻学院成立于 1986 年，其前身是 1929 年 9 月成立的新闻系，是中国历史最悠久的新闻传播学教育机构。目前已经形成覆盖本科、硕士、博士与博士后的多层次人才培养体系，是国内最早开设博士、博士后层次教育的机构之一。截至 2014 年年底，有教职工 78 人，其中教师 52 人，包括教授 21 人，副教授 19 人，讲师 12 人，硕士研究生导师 40 人，博士研究生导师 20 人。

新闻学院历来重视对外交流和国际化工作，迄今已与美国哥伦比亚大学新闻学院、密苏里大学新闻学院、弗吉尼亚联邦大学（VCU），英国伦敦政经学院（LSE）、金史密斯学院，奥地利维也纳大学、萨尔斯堡大学，日本早稻田大学、东京大学，新加坡南洋理工，香港中文大学等四十多个国家和地区的一流院系建立了交流合作关系。

2001 年 12 月，中共上海市委宣传部与复旦大学签署合作协议共建复旦大学新闻学院，是全国 600 多所拥有新闻传播院系的高校中首家采取这种合作模式的新闻传播院系。

一、人才队伍

（一）学院负责人

现任院长：尹明华；副院长：孙玮、李双龙、张涛甫；党委书记：周桂发；党委副书记：杨鹏、陆柳。

（二）学院现有教授

姓 名	研究方向	姓 名	研究方向
童 兵	马克思主义新闻思想、新闻理论	张涛甫	政治传播、传媒改革、媒介文化、文化批评
李良荣	传媒改革、传播与国家治理、国际传播	谢 静	媒介批评、城市传播、组织传播
刘海贵	新闻实务、跨文化传播	孙 玮	新闻理论城市传播
黄芝晓	新闻实务、媒介管理学	曹 晋	性别与媒介、传播政治经济学
黄 旦	传播思想史、新闻史、城市传播	廖圣清	传播理论、传播实务
孟 建	广播电视理论与实务、视觉文化传播、公共关系	陈建云	传媒法、媒体伦理
黄 瑚	新闻史、媒体法规与伦理	朱春阳	媒介管理学、政府公共传播、新媒体产业
殷晓蓉	传播理论、传播思想史、城市传播	孙少晶	健康传播、传播理论
顾 铮	视觉传播、视觉文化、艺术史、中国当代摄影	尹明华	新闻传播实务、媒介管理学、新媒体传播
孙 玮	新闻理论、城市传播	秦绍德	媒介管理学、中国新闻史
陆 晔	广播电视实务、传播实务		

二、机构设置

（一）系别概况

新闻学系：成立于1929年，系训为陈望道题写的“好学力行”。新闻学系开设的新闻学专业主要培养记者、编辑、媒体管理人才、文化传播、新闻教学及研究人才。1986年，在原新闻系的基础上设立新闻学院。现任系主任为陈建云。

广播电视学系：成立于1984年，设有广播电视新闻学专业，拥有国内领先的实验室、演播厅、音像资料库等专业配套设施。广电系培养广播电视编辑、采访、节目主持、节目制作、节目策划、媒介经营管理等工作的新闻高级专门人才。现任系主任为吕新雨。

广告学系：成立于1994年，设广告学专业，主要培养具有国际化视野的营销传播策划、应用和管理等高级人才。现任系主任为顾铮。

传播学系：成立于2002年，是国内最早设立的传播学专业，也是国内首家传播学国家重点学科所在单位。目前定位于公共传播的人才培养和学科发展方向。现任系主任为廖圣清。

（二）研究机构

复旦大学信息与传播研究中心：其前身为文化与传播研究中心，成立于1984年，于2000年12月被批准为教育部重点研究基地。是全国首批106个基地中唯一的传播学研究基地。首任主任为张国良，现任主任为黄旦。

中心于2001年开始创立并主办中国传播学论坛（CCC/Chinese Communication Conference），2002年，由该中心发起并联合国内兄弟院校，创立了中国新闻教育学会传播学分会（简称“中国传播学会”，英文为CAC/Chinese Association of Communication）。2007年起，中心创办“传播与中国”复旦论坛，每次讨论一个专题，力求成为不同学科、不同国籍研究者共同参与、切磋磨砺的公共学术空间。目前，中心关注的研究领域主要聚焦于“城市传播”。

复旦大学新闻传播与媒介化社会研究国家哲学社会科学创新基地：成立于2006年，是教育部“985工程二、三期”项目、国家级哲学社会科学研究基地，主任为童兵。

该基地以“媒介化社会”相关的前沿问题、前瞻问题、全局问题和战略问题为核心，立足于打造理论创新、学术交流、人才培养、舆情调查、资料数据、哲学社会科学研究公共服务的平台和新闻传播学研究的重镇。其运作主要由四个子平台构建和支持，即研究平台、技术开发和技术保障平台、人才平台与服务平台。

复旦大学传播与国家治理研究中心：成立于2012年12月，系复旦大学“985”重点建设的跨学科研究中心，中心每年主办一次“传播与国家治理论坛”，现任主任为李良荣。中心目前现有专职研究人员29名，另有11名特聘研究员是来自国内主流媒体、党政机关和其他研究机构的社会精英。

2014年，在复旦大学传播与国家治理研究中心基础之上，复旦大学成立国家网络能力建设协同创新中心。

三、教育概况

（一）专业设置

学生培养与研究方向：本科分为四个方向，新闻学、传播学、广告学、广播电视新闻学；硕士研究生分为新闻学、传播学、广告学、广播电视新闻学与媒介管理学；博士研究生分为新闻学、传播学、广播电视新闻学与广告学。

（二）招生情况

全院现在读本科生711人，其中，中国大陆学生561人，留学生150人；有硕士研究生322人，其中，中国大陆学生283人，留学生22人，港台学生17人；有博士研究生80人，其中，中国大陆学生75人，台湾学生3人，留学生2人。

（三）博士后流动站情况

1999年设立，主管单位为复旦大学，为国内最早设立的新闻传播学博士后流动站之一，下设新闻学与传播学两个二级学科点。

新闻学研究方向：马克思主义新闻思想、理论新闻学、中外新闻事业、应用新闻学、广播电视新闻学、媒介管理学。

传播学研究方向：理论传播学、应用传播学、国际传播、政府公共传播；广告学。

目前博士后流动站主任为童兵，博士后流动站秘书为张殿元。

（四）硕博士论文获奖情况

刘传博的硕士论文《间距空间中的手机传播：场域切换的相关因素及影响分析》获上海市优秀论文。

钱进的博士论文《作为流动的职业共同体：驻华外国记者研究》获上海市优秀论文。

四、科研成果

（一）科研项目

2014年立项的国家及省部级科研项目、课题有：

国家社科基金一般项目：“网络理政推动国家执政方式现代化研究”（主持人：李良荣）。

教育部人文社科青年项目：“商业报纸的都市想象：上海《申报》专刊研究（项目编号：14YJC860015）”（主持人：林溪声）；“主权数据与数据主权：全球网络空间新秩序的社会构建（编号：14YJC860005）”（主持人：方师师）。

国家社科基金委特别委托项目：“中国当代新闻理论体系研究”（主持人：童兵）。

2014年结项的国家及省部级科研项目、课题有：

教育部人文社科基金项目：“国际舆论调查与中国国家形象（编号：12ZS015）”（主持人：马凌）。

教育部人文社科青年项目：“网络隐私保护与网民数据安全研究：以网民隐私关注为研究视角（编号：11YJC860040）”（主持人：申琦）。

国家社科基金青年项目：“中国公益性出版单位的制度模式、机制设计及评价因素研究（编号：11CXW005）”（主持人：张大伟）。

教育部人文社科项目：“互联网与中国政治文化转型研究（编号：11YJA860035）”（主持人：章平）。

教育部新世纪优秀人才支持计划项目：“当代中国民意与公共决策的互动研究”（主持人：张涛甫）。

重大课题攻关项目子课题：“网络群体事件的引导和防控对策问题：网络群体性事件中政府议程管理创新策略研究（编号：10JZD0026）”（主持人：朱春阳）。

上海浦江人才计划项目：“影像表征中的上海：城市、电影和现代性”（主持人：杨击）；“广告政治经济学批判研究”（主持人：张殿元）。

（二）部分学术成果

1. 著述、教材

作　者	著　作
Larissa、周葆华等	*The social in the mobile*，Routledge 出版社
曹　晋	《传播与社会的批判研究》，上海译文出版社；《信息社会的知识劳工》，上海译文出版社
陈建云	《“有笔如刀”的战地记者曹聚仁》，人民出版社《中国名记者》丛书第四卷
顾　铮	《为工农兵服务——麻建雄藏武汉老橱窗照片（1950—1980 年代初）》，中国民族摄影艺术出版社
李　春	《当代中国传媒史（1978—2010）》，漓江出版社
林溪声	《民营报业大王成舍我》，人民出版社《中国名记者》丛书第三卷
柳盈莹	《凤尾竹楼：傣族传播研究》，复旦大学出版社
孟　建	《言说的跬步》，江苏人民出版社
秦绍德	《上海近代报刊史论》（增订版），复旦大学出版社
汤景泰	《白山黑水：满族传播研究》，复旦大学出版社
唐　乐	《新对话——数字时代的组织对外传播》，上海人民出版社
童　兵　刘海贵　黄　瑚　廖圣清　杨　击　杨鹏等	《新闻传播学大辞典》，中国大百科全书出版社
童　兵　左　志　黄　艳　钟　怡　郑博斐　傅　海	《中国新闻传播学研究最新报告（2014）》，复旦大学出版社
谢　静	《组织传播学》，复旦大学出版社
熊新光　李双龙　戴敏敏　吕耀东　郑博斐	《上海市政府系统舆情应对案例分析研究（2013）》，文汇出版社
殷晓蓉　刘蒙之　赵高辉等	《社会转型中的演变——当代人际传播理论研究》，复旦大学出版社
张涛甫	《中国梦的文化解读》，重庆出版社
周海晏	《新社会运动视域下网络环保行动研究——2007—2012 厦门、大连、宁波三地 PX 事件网络文本分析》，华东理工大学出版社
周　笑	《新媒体社会论变》，复旦大学出版社
朱春阳	《新媒体时代的政府公共传播》，复旦大学出版社

2. 发表论文

作 者	发表论文
Goodwin, R. & Sun, S.	*Early responses to H7N9 in southern mainland China*, BMC Infectious Diseases
Takashi Inoguchi、周葆华等	*Daily Life Satisfaction in Asia*, Asian Journal of Public Opinion Research
Wang, F., Sun, S., Yao, X. & Fu, H.	*The museum as a platform for promoting tobacco consumption in China*, Tobacco Control
曹 晋 许秀云	《传播新科技与都市知识劳工的新贫问题研究》,《新闻大学》
曹 晋 陆新蕾	*A Preliminary Exploration of the Gay Movement in Mainland China: Legacy, Opportunity, and the New Media*, Signs
陈建云	《马克思主义新闻观的中国化时代化大众化》,《当代传播》;《新闻敲诈,该当何罪?》,《新闻记者》
顾 铮	《还原与变形、再造"新闻"与新闻"再事件化"——当代艺术与摄影中的新闻"再处理"》,《新闻大学》;《浅议摄影与"人文关怀"之关系》,《美术观察》
黄 旦	《对传播研究反思的反思》,《新闻记者》;《整体转型:关于当前中国新闻传播学科建设的一点想法》,《新闻大学》
黄 瑚	《媒介融合趋势下复合型新闻传播人才的培养》,《国际新闻界》
李良荣 张 华	《参与社会治理:传媒公共性的实践逻辑》,《现代传播》
李良荣 周宽玮	《媒体融合:老套路和新探索》,《新闻记者》
李双龙 郑博斐	《舆论主体及当下国内舆论的焦点诉求》,《当代传播》
廖圣清	《传播与大学生对中国梦的认知》,《新闻大学》;《网络使用、社会支持与主观幸福感》,《新闻与传播研究》
林溪声	《青年网络群体性事件的发生逻辑、表征及预警——以"69圣战"为例》,《当代传播》
刘海贵 庹继光 李 缨	《媒体违规行为的"规制阙如"辨析——以李某某轮奸案为例》,《兰州大学学报》(社会科学版)
陆 磊	《传播如何可能?——以〈生活大爆炸〉为例》,《新闻大学》
吕新雨	《我想将你们尽可能引向远方》,《读书》
马 凌 苏 状	《国际舆论表达与引导策略探析》,《当代传播》
马知远 刘海贵	《报业全媒体转型中的"报纸"定位》,《新闻大学》
黄 瑚 廖圣清 申 琦	《上海新闻工作者的新闻道德认知与实践——2013年上海新闻道德状况调查报告》,《新闻记者》
沈 菲 陆 晔 王天娇 张志安	《新媒介环境下的中国受众分类:基于2010全国受众调查的实证研究》,《新闻大学》
沈国麟	《大数据时代的数据主权和国家数据战略》,《南京社会科学》
沈国麟 王 倩	《利益冲突和观念落差:中菲南海冲突的对外传播话语结构及其二次效果》,《国际新闻界》
苏 状 马 凌	《屏幕媒体视觉传播变革研究》,《南京社会科学》

续表

作 者	发表论文
孙 玮	《镜中上海:传播方式与城市》,《苏州大学学报》(哲学社会科学版);《为了重建的反思:传播研究的范式创新》,《新闻记者》
孙 玮 李梦颖	《“可见性”:社会化媒体与公共领域——以占海特“异地高考”事件为例》,《西北师大学报》(社会科学版)
童 兵	《“民意中国”的破题》,《新闻与传播》(人大复印资料);《报告:传媒履行社会责任的制度保障》,《当代传播》;《从信息提供者到问题求解者》,《新闻记者》,《理想 · 理念 · 规范——寄语新闻传播学专业新同学》,《新闻记者》;《马克思主义新闻观形成的条件和在今天的发展》,《当代传播》;《新型城镇化建设:慎用传媒指挥棒》,《当代传播》;《用马克思主义新闻观指导和推进新闻改革》,《当代传播》;《正确研判舆情是协商民主成功的基础》,《当代传播》、《新闻与传播》(人大复印资料)
徐 笛	*Online censorship and journalists' tactics: a Chinese perspective*, Journalism Practice
杨 击	《电影初到上海再考》,《新闻大学》
殷晓蓉	《呈现与缺失:传播学研究中的“空间及其关系”》,《苏州大学学报》(哲学社会科学版);《空间、城市空间与人际交往——人际传播学的涉入和流变》,《当代传播》
张梅芳 刘海贵	《基于“博览会模式”的我国出版业“走出去”政策反思与优化》,《新闻大学》
张涛甫	《当下中国舆论引导格局的转型》,《当代传播》;《新媒体语境下大众政治勃兴与协商民主建设》,《南京社会科学》;《新闻传播理论的结构性贫困》,《新闻记者》;《新一轮传媒改革时代的开启》,《新闻记者》;《舆论“流动性过剩”的风险考量及其化解之道》,《天津社会科学》
张涛甫 陈丽娟	《论〈环球时报〉的民族主义倾向——以钓鱼岛报道为例》,《新闻大学》
张子让	《网络收费报纸模式的可持续性——法国〈参媒〉办报模式的效应与再思考》,《新闻记者》
郑博斐 李双龙	*Shanghai Residents' Cognition, Attitudes and Expressions towards Significant Political Events——A Case Study of the* 2013 "*Two Sessions*" *of China*, Asian Journal of Public Opinion Research
周葆华	《社会化媒体时代的舆论研究:概念、议题与创新》,《南京社会科学》;《中国新闻从业者的社交媒体运用及其影响因素》,《新闻与传播研究》
周葆华 谢欣阳 寇志红	《网络新闻从业者的基本构成与工作状况——“中国网络新闻从业者生存状况调查报告”之一》,《新闻记者》
周葆华 龚萌菡 寇志红	《网络新闻从业者的职业意识——“中国网络新闻从业者生存状况调查报告”之二》,《新闻记者》
周葆华 胡叶楠 寇志红	《网络新闻从业者的媒介使用——“中国网络新闻从业者生存状况调查报告”之三》,《新闻记者》
周葆华 陆余恬 寇志红	《网络新闻从业者的生活状况——“中国网络新闻从业者生存状况调查报告”之四》,《新闻记者》

续表

作　者	发表论文
周葆华　吕舒宁	《大学生网络意见表达及其影响因素的实证研究——以“沉默的螺旋”和“意见气候感知”为核心》,《当代传播》
周葆华　郑博斐 李双龙　童　兵	*Life Satisfaction in China* 2013:*A Survey Study in Two Main Chinese Cities*, Asian Journal of Public Opinion Research
周海晏	《“电子动员”的异化:广东茂名 PX 项目事件个案研究》,《新闻大学》;《移动互联时代的“大宣传”与社会治理》,《华东理工大学学报》(社会科学版)
周　笑　黄泽蓉	《上海新媒体产业发展现状与战略规划》,《新闻大学》
朱春阳	《政治沟通视野下的媒体融合——核心议题、价值取向与传播特征》,《新闻记者》
朱春阳　刘心怡　杨　海	《如何塑造媒体融合时代的新型主流媒体与现代传播体系?》,《新闻大学》
左凤荣　冯筱才　王绍光　吕新雨　曹树基　刘诗古　刘民权 孙经先　老　田　单世联　刘　骥　林深靖　李若建　李公明	《统计与政治(上)》,《开放时代》

3. 科研成果获奖情况

作　者	获奖情况
李良荣　陆晔　周葆华	《新传播形态下的中国受众》获上海市第十二届哲学社会科学优秀成果奖一等奖
黄　旦	《耳目喉舌:旧知识与新交往——基于戊戌变法前后报刊的考察》获上海市第十二届哲学社会科学优秀成果奖一等奖
张涛甫	《表达与引导》获上海市第十二届哲学社会科学优秀成果奖二等奖
陆　晔	《媒介使用、媒介评价、社会交往与中国社会思潮的三种意见趋势》获上海市第十二届哲学社会科学优秀成果奖二等奖
廖圣清　申　琦　柳成荫 李硕德　秦　悦　秦绍德	《中国大陆新闻传播学研究十五年:1998—2012》获上海市第十二届哲学社会科学优秀成果奖二等奖
朱春阳　黄　筱	《基于钻石模型视角的区域动漫产业扶持政策比较研究——以杭州、长沙为例》获上海市第十二届哲学社会科学优秀成果奖二等奖
朱春阳	《中国文化“走出去”为何困难重重?——以文化产业国际贸易政策为视角的考察》获上海市第十届邓小平理论研究和宣传优秀成果奖二等奖
周葆华	获霍英东教育基金会第十四届高等院校青年教师奖二等奖

五、学术活动

(一) 新闻传播学刊物及学术网站

《新闻大学》(*Journalism Bimonthly*):前身为复旦大学新闻系内部刊物《外国新闻事业资料》,创办于 1978 年 7 月,为国内较早译介传播学的学术阵地。1981 年 5 月改名为《新闻大学》,成为正式出版物(ISSN:1006-1460,CN:31-1157/G2)。该刊是由教育部主管,复旦大学主办、复旦大学新闻学院主编的新闻学术刊物。初为季刊，2012 年起改为双月刊，大 16 开，每期 156 页。

办刊宗旨为：新闻理论探讨、新闻实践研究、新闻人才培养、新闻学术交流，坚持办刊的学术性。1999 年起，对录用稿件实行专家匿名评审制度。

该刊面向全国新闻界，与中国港、澳、台地区及外国的新闻院系、新闻研究所均有学术交流。主要栏目有新闻理论、传播学、媒介与文化、新媒体、新闻业务（实务研究）、新闻史、广播电视、媒介经营管理、广告与公关研究、新闻教育等。2014 年开设特色栏目“口述史”，刊发记录老一辈新闻传播学人的口述史料。

《新闻大学》为“中文社会科学引文索引”（CSSCI）来源期刊，全国中文核心期刊，全国新闻核心期刊，中国人文社会科学论文与引文数据库首批来源期刊，并被许多重点高校列为权威刊物。

《新闻大学》历任主编为：王中（复旦大学新闻系系主任、教授），1981 年 5 月至 1983 年 5 月；徐震（复旦大学新闻学院院长、教授），1983 年 6 月至 1990 年；夏鼎铭（复旦大学新闻学院教授），1991 年至 1996 年；姚福申（复旦大学新闻学院教授），1997 年至 2002 年 5 月；黄芝晓（复旦大学新闻学院教授，新闻学院前院长）2002 年 6 月至今。

（二）国际学术交流情况

1 月 21 日至 26 日，杨击、李华强赴法国参加 Fipa 国际电视节。

3 月 19 日至 24 日，周葆华赴台湾参加学术会议。

4 月 1 日至 30 日，伍静赴香港参加青年学者访问。

5 月 20 日至 26 日，周葆华、刘景芳赴美国参加 ICA 会议。

6 月 2 日至 9 日，黄瑚、李双龙、周葆华赴澳大利亚参加国际会议。

6 月 17 日至 21 日，周葆华赴荷兰参加学术交流。

7 月 14 日至 20 日，吕新雨赴印度参加国际会议。

8 月 2 日至 27 日，沈国麟赴芬兰参加国际会议。

9 月，陆晔赴法国参加国际会议。

10 月 3 日至 7 日，顾铮赴新加坡参加新加坡国际摄影节。

11 月 28 日至 12 月 3 日，孙少晶、周葆华、张婵、郑博斐赴日本参加国际会议。

章平、张大伟赴美国一年进行访问学者交流。

六、复旦大学新闻学院 2014 年大事记

1 月 7 日，复旦大学正式任命解放日报报业集团原党委书记、社长尹明华为新闻学院院长。

3 月，由老校长陈望道创办的“新闻晚会”时隔 70 年后重开。师生共同探讨时事，碰撞思想。一年来，同学们先后探讨了“直击马航——看媒体如何报道”，“从台湾反服贸运动看当代青年的责任”，“大学课堂里的中国”等八个话题。

3 月，复旦大学传媒与舆情调查中心参与报送的《社会各界对在全党开展党的群众路线教育实践活动的反映》《社会各界高度认同“意识形态工作是极端重要工作”》《二季度舆情分析》《当前学习宣传贯彻党的十八届三中全会精神中值得注意的问题》被评为中宣部“舆情好信息”。

4 月，复旦大学新闻学院专业硕士新增“新媒体传播”方向，采用“本硕衔接”培养模式，经严格选拔确定拟录取的本科生在大四阶段即纳入硕士培养，并与计算机学院、信息学院以及新浪、腾讯等多家单位合作，致力于培养适合新技术传播发展变化、具有宽阔的文理多学科交叉视野、深刻把握新媒体传播实践变化的高层次、复合型、应用型人才。

6月，新闻学院成功申报上海市教委组织的上海市卓越新闻传播人才教育培养基地建设单位，建设周期为四年。

7月5日至6日，由复旦大学新闻传播与媒介化社会研究国家哲学社会科学创新基地所属的复旦大学当代马克思主义新闻与传播研究中心、中国传媒大学政治经济学研究所、华东师范大学—康奈尔大学比较文化研究中心共同举办的“2014年传播驿站——《传播政治经济学手册》（*The Handbook of Political Economy of Communication*）翻译工作坊”在复旦大学新闻学院举行。

7月7日至8日，由复旦大学新闻传播与媒介化社会研究国家哲学社会科学创新基地所属的复旦大学当代马克思主义新闻与传播研究中心联合中国传媒大学传播政治经济研究所、华东师范大学—康奈尔比较人文研究中心举办的“2014批判传播学年会：中国媒体的政治坐标”在复旦大学新闻学院举行。

9月，新闻学院聘请袁隆平、韩美林、崔永元、海岩、冯仑为兼职教授；同时向学校推荐聘请袁隆平、韩美林担任复旦大学兼职教授。经复旦大学学术委员会审议通过，向袁隆平、韩美林两位复旦大学兼职教授颁发了聘书。

10月15日，新闻学院启动“社区领袖”新闻调研项目，由35名学生组成的10个调研小组深入浦东新区的18个街镇，针对44名在社区内起到带头模范作用的居民、居委干部开展采访调研，形成稿件30余篇，共计70 000多字。稿件在《浦东时报》上发表。

10月17日至18日，复旦大学信息与传播研究中心顺利主办“新传播与新关系——中国城乡的变迁”论坛。论坛以中国的城乡变迁为语境，聚集了一大批国内外知名学者，深入探讨新传播与新关系中的前沿问题，以传播的维度反思人类社会存在、发展的基础并建构理论，以传播视角回应全球化背景下新传播技术革命对中国的现实影响和挑战。论坛共举行10场报告，发表论文56篇，为历年“传播与中国·复旦论坛”之最。

11月，新闻学院教授张涛甫入选2013—2014年度西藏大学长江学者特聘教授。

11月22日至23日，“跨学科的视野：城市与传播”——第十四届“中国新闻传播学科研究生学术年会”暨“复旦大学博士研究生学术论坛之新闻传播学篇”召开。

11月26日，由复旦大学信息与传播研究中心和上海市社会科学界联合会《学术月刊》杂志社共同主办的“网络化中国：新连接、新交往、新关系”学术对话会在复旦大学举行。

12月，宁树藩获第二届范敬宜新闻教育奖“新闻教育良师奖”。宁树藩自1955年起就在复旦大学新闻系从事中国新闻史教学工作，教书育人、著作等身、成果丰硕。

供稿：复旦大学新闻学院

中国人民大学新闻学院2014年概况

中国人民大学新闻系成立于1955年，是新中国成立后党和政府领导创办的第一家新闻教育机构。1958年，北京大学新闻专业并入中国人民大学新闻系，此前，创办于1924年的燕京大学新闻系于1952年并入北大新闻专业，因此从20世纪50年代末开始，新闻系集人大、燕京和北大三所大学新闻教育力量于一体，开始了新中国新闻教育的历程。1988年，新闻系改名为新闻学院。

截至2014年年底，有教师58人，其中：教授22人，副教授26人，硕士研究生导师56人，博士研究生导师26人。

一、人才队伍

（一）学院历任负责人

院长：安岗（1955—1961）、罗列（1961—1982）、余致浚（1982—1984）、何梓华（1984—1999）、郭庆光（1999—2005）、高钢（2005年4月—11月）、赵启正（2005年11月至今）。

常务副院长：高钢（2005—2009）。

执行院长：倪宁（2009—2014）、郭庆光（2014年7月至今）。

副院长：孙觉（1955—1961），蒋荫恩、罗列、鲁西良（1955—1959），秦明、向青、余致浚（1959—1973），余致浚（1978—1981），秦珪（1974—1992），何梓华（1981—1984），郑超然（1984—1997），倪宁（1988—2002），马向伍（1992—1993），涂光晋（1993—2002），郭庆光（1997—1999），喻国明（2002—2014），杨保军（2005—2009、2014年7月至今），彭兰（2006—2010），蔡雯（2002年至今，2014年7月担任党委书记、兼任副院长），胡百精（2014年7月至今），周勇（2014年7月至今）。

党委书记：邓茂生、安岗、孙觉、章南舍、鲁西良、齐振之（1955—1966），罗列（1978—1982），傅金铎（1982—1988），谭令仰（1988—1991），刘夏阳（1991—2005），高钢（2005—2014），蔡雯（2014年6月至今）。

党委副书记：申余、向青、洪一龙（1955—1966），傅金铎（1978—1982），俞家庆（1982—1985），刘夏阳（1985—1991），涂光晋（1991—1994），张征（1994—2005），罗建晖（2005—2014），胡百精（2012—2014），张辉锋（2014年6月至今），蒙彬（2014年7月至今）。

（二）学院现有教授

姓　名	研究方向	姓　名	研究方向
蔡　雯	应用新闻学研究、新闻媒介研究	郭庆光	新闻传播理论
陈力丹	新闻理论、中外新闻史、传播学、舆论学	方汉奇	中国新闻史
陈　绚	大众传播法、大众传播伦理	高　钢	新闻采写、新媒体、媒介融合
匡文波	新媒体	赵启正	公共外交

续表

姓　名	研究方向	姓　名	研究方向
倪　宁	新闻业务、广告传播研究	郑保卫	新闻学基础理论、新闻与传播研究方法、新闻修辞、新闻法制、新闻教育、媒体经营与管理、通讯社历史与发展等
盛希贵	新闻摄影史论与实务、视觉传播史论与实务	张　征	新闻采访、新闻写作
涂光晋	新闻评论学、公共关系学	钟　新	广播电视新闻、公共外交、国际传播、危机传播、新闻与传播教育
王润泽	中国新闻事业史	周建明	新闻评论、新闻法制、新闻发布制度、民族宗教新闻传播、对外传播
喻国明	新闻传播理论、传媒经济与社会发展、传播学研究方法	周　勇	广播电视新闻理论与实务、视觉传播效果
杨保军	新闻理论	周小普	新闻学、广播电视学
赵永华	世界新闻史、国际传播与跨文化传播	彭　兰	新媒体

二、机构设置

（一）系别简介

新闻系：在原新闻采访写作教研室和新闻编辑教研室的基础之上组建而成，是一个老中青结合的团队。新闻系主要负责新闻业务课程的教学任务，目前已经把“新闻编辑”和“新闻评论”建设成国家级精品课和北京市精品课，2008 年获得“北京市优秀教学团队”称号。本系曾产生过多位教学标兵、北京市名师和优秀共产党员。现任系主任为许向东、副系主任为任悦。

传播系：中国人民大学新闻学院传播系研究领域主要包括新媒体传播、公共传播和文化产业。传播系目前系主任为翁昌寿、副主任为张迪。

广播电视系：中国人民大学新闻学院广播电视专业成立于 1985 年，为全国同类专业最早开设的一批。2009 年，广播电视系成立，同年获得硕士学位授予权，开始招收广播电视专业硕士研究生。本专业一方面培养以广播电视新闻为核心的应用型专业人才，包括编辑、记者和策划创意人才等；另一方面，培养面向广播电视业的研究型人才。广播电视系主任为高贵武。

广告与传媒经济系：中国人民大学广告与传媒经济系成立于 2009 年 11 月。主要包括广告学与传媒经济学两个专业。系主任为丁汉青、副主任为王菲。

新闻史论教学研究部：中国人民大学新闻史论教学研究部，成立于 2009 年 11 月，是新闻学院原新闻史教研室和新闻传播理论教研室合并而成，负责学院新闻史、新闻理论、传播理论与传播研究方法、新闻伦理与法规等基础学科的教学、科研工作。史论部主任为刘海龙、副主任为赵云泽。

（二）国家级研究中心（所）、研究基地

中国人民大学新闻与社会发展研究中心组建于 1999 年 11 月，于 2000 年 9 月被批准为教育部人文社会科学重点研究基地。在 2000 年教育部进行的全国重点研究基地评估中，综合排名列全国新闻与传播学科四家重点研究基地首位。

中心下设新闻与传播研究所、舆论研

究所、传媒经济研究所、公共传播研究所、新媒体研究所、视听传播研究所、新闻伦理与法规研究所七个研究所，并与新闻学院共同编辑出版《国际新闻界》和《新闻学论集》。

从中心的定位看，其主要任务是研究新闻传播如何促进国家政治、经济、文化和社会事业的发展，并且要为中央有关部门提供相关的政策咨询和理论支持。现任基地主任为长江学者喻国明，上届主任为郑保卫。

三、教育概况

（一）专业设置

学生培养与研究方向主要包括：

1. 本科专业设置：新闻学，传播学，广播电视学，广告学；

2. 学术型硕士：新闻学，传播学，广播电视学，传媒经济学；

3. 专业学位硕士：新闻与传播；

4. 博士专业设置：新闻学，传播学，广播电视学，传媒经济学。

具体情况：

新闻学专业：该专业为硕士和博士学位授予点。新闻学专业是中国人民大学新闻学院的传统优势专业，新闻学连续三届被评为国家级重点学科，成为全国唯一连续三次获得新闻学重点学科的新闻院系。新闻学专业在硕士和博士阶段设有理论新闻学、历史新闻学、实务新闻学三个主要研究方向。其中实务新闻学包括新闻采访写作、新闻编辑学、新闻评论学等多个分方向。

传播学专业：该专业为硕士和博士学位授予点。传播学专业是新闻传播学之下的一个二级学科，主要研究人类信息传播的各种现象。中国人民大学新闻学院是全国最早开展传播学研究和教学的国内新闻院系之一，1980 年起开设传播学课程。主要研究方向：传播理论研究、数字媒体研究、策略传播研究、公共外交研究、出版研究。

传媒经济学专业：该专业为硕士和博士学位授予点。作为新闻与传播学之下的二级学科，本专业虽自 2004 年才开始独立进行硕士、博士招生，但此方向在传播学学科下一直存在并有较长历史。本专业的主要研究方向是传媒经济理论与传媒经济实务。

广播电视学专业：该专业为硕士和博士学位授予点。主要研究方向：广播电视新闻学、广播电视文化学。

新闻与传播专业学位硕士点：学院 2011 年增设新闻与传播硕士专业学位教育，主要为媒体、党政机关、企事业单位和其他社会组织培养应用型、复合型人才。

新闻与传播硕士专业学位研究生区别于学术型硕士研究生，主要反映在培养方案、课程体系和学位获得方式等方面。培养方针上，在学习适当专业理论、方法和历史知识的前提下，更为注重各方面传播实践的训练和文化创意，由校内教师和业界专家组建复合型导师团队；具体课程与教学方面，推出应用型主干课程体系和新闻实务、广播电视与视觉传播实务、广告与传媒经济实务、公共传播实务等课程，采取互动教学、案例教学、体验与设计教学等方法。

（二）招生情况

目前在校学生总人数 1261 人，其中本科生 822 人，硕士研究生 315 人，博士研究生 124 人；中国学生 1142 人，外国留学生 119 人，外国留学生占总学生人数的 9.44%。

（三）博士后流动站情况

建立于 2004 年。2006 年出站 3 人，2007 年出站 2 人，2008 年出站 3 人，2009 年出站 2 人，2010 年出站 2 人，2011 年出站 4 人，2012 年出站 1 人，2013 年出站 1 人，2014 年出站 1 人。目前在站 2 人。

四、科研成果

（一）部分科研项目

2014年立项的国家级、省部级科研项目、课题：

教育部留学归国人员科研启动基金项目："社会化媒体使用对老年人社会关系构建的影响研究（编号：2014010345）"（主持人：潘曙雅）；"美剧的中国受众之研究（编号：2014010340）"（主持人：陈阳）。

北京市社科联项目青年社科人才资助项目："北京健康教育渠道研究：新媒体与保健知识传播（编号：2014010254）"（主持人：张迪）。

北京市哲学社会科学规划青年项目："移动互联网时代北京市政府形象传播与媒体沟通策略研究（编号：2014010129）"（主持人：黄河）。

国家社会科学基金特别委托项目："西方新闻专业主义研究（编号：2014010238）"（主持人：郭庆光）；"马克思主义新闻观研究（编号：2014010131）"（主持人：郑保卫）。

教育部人文社科基地重大项目："苏联新闻体制变迁史研究（编号：2014010187）"（主持人：赵永华）。

国家社会科学基金一般项目："新传媒时代新闻活动主体关系研究（新闻主体论）（编号：2014010079）"（主持人：杨保军）；"新媒体环境下的中国主流媒体声誉管理研究（编号：2014010080）"（主持人：高贵武）；"政府话语权与国际规则之关系研究（编号：2014010079）"（主持人：刘小燕）。

国家社会科学基金重点项目："基于大数据的视听传播效果研究（编号：2014010053）"（主持人：周勇）。

北京市社科联决策咨询项目："财政对北京电视台、北京电台发展的支撑与引导政策研究（编号：2014010245）"（主持人：喻国明）。

（二）部分学术成果

1. 著述、教材

作　者	著　作
胡百精 张　迪	《中国危机管理报告》(2014)，中国人民大学出版社
胡百精	《中国危机传播管理报告》(2014)，中国人民大学出版社；《危机传播管理》(第三版)中国人民大学出版社；《每一分钟诞生一位顾客》、《取悦公众》、《舆论的结晶》、《宣传》、《说服与认同》、《中国公共关系史》，中国传媒大学出版社
倪　宁	《2013中国广告业发展白皮书》，中国工商出版社；《广告学教程》(第四版)，中国人民大学出版社
王润泽 方汉奇	《中国人民大学图书馆藏燕京大学新闻系毕业论文汇编》(全34册)，国家图书馆出版社
蔡　雯 许向东 方　洁	《新闻编辑学》(第三版)，中国人民大学出版社
于东东	《摄影的想象与创新——超现实摄影》，中国摄影出版社

续表

作 者	著 作
黄 河	《中国网络广告十七年(1997—2014)》,中国传媒大学出版社
赵永华	《中国新闻传播史》(第三版),中国人民大学出版社
杨保军	《新闻观念论》,复旦大学出版社;《新闻理论教程》(第三版),中国人民大学出版社
陈继静	《新闻的历史》,北京大学出版社
张 迪	*Media Relations and Aggressive Questioning*,Lambert Academic Publishing
刘海龙	《真相:信息超载时代如何知道该相信什么》,中国人民大学出版社
高贵武	《主持人评价与管理:路径思维方法》,中国传媒大学出版社
于东东	《美国布鲁克斯摄影学院—数码摄影教程》,中国摄影出版社

2. 发表论文

作 者	发表论文
王 斌	《信息获取、邻里交流与社区行动:一项关于社区居民媒介使用的探索性研究》,《新闻与传播研究》;《新媒体与基层社会的传播动员机制——“江门反核行动”个案研究》,《暨南学报(哲学社会科学版)》
王润泽	《群众:从“教育”、“反映”到“学习”的对象——党报群众性原则嬗变轨迹解读》,《国际新闻界》
方 洁	《被裹挟与被规制:从新媒体与大众媒体的框架建构看新媒介事件的消解》,《国际新闻界》
陈力丹	《用互联网思维推进媒介融合》,《当代传播》;《继承与创新:研读斯图亚特霍尔代表作〈编码/解码〉》,《新闻与传播研究》;《树立全民“新闻素养”理念》,《新闻记者》;《2013 年中国新闻传播学研究概述》,《国际新闻界》;《马克思与〈人民国家报〉》,《新闻界》
胡百精	*Channel selection and knowledge acquisition during the 2009 Beijing H1N1 flu: A media system dependency theory perspective*,Chinese Journal of Communication;《互联网与集体记忆构建》,《中国高校社会科学》;《先秦修辞思想与中国古代公共关系史》,《当代传播》;《中国公共关系 30 年的理论建设与思想遗产》,《国际新闻界》;《互联网与重建现代性》,《现代传播》
盛希贵	《宣传话语的视觉“祛魅”:新媒体环境下网民对政治类新闻图片的再解读》,《国际新闻界》
蔡 雯	《新闻传播人才需求在新媒体环境中的变化及其启示——基于部分传统媒体 2013—2014 年涉及新媒体岗位招聘信息的研究》,《现代传播》;《拥抱社交网络实现新闻创新——基于新华社“两会微谈”栏目的观察与思考》,《新闻记者》;《新闻传播教育的十年探索——对人大新闻学院本科教育改革的总结与思考》,《国际新闻界》
Jueman Zhang	*Effects of HIV/AIDS PSAs on attitude and behavior: Examining the interplay of perceived threat and self-efficacy*,Social Behavior and Personality
王莉丽	《论美国智库舆论影响力的形成机制》,《国外社会科学》;《中国智库思想市场的培育与规制》,《中国人民大学学报》
李 彪	《异化和再中心化:文化帝国主义视角下全球媒介产品贸易网络研究——基于全球电影贸易的社会网络分析》,《国际新闻界》;《社交媒体时代的网络舆情——生态变化及舆情研究现状、趋势》,《新闻记者》
张 迪	《媒体变革背景下的海外新闻传播教育现状与发展趋势》,《国际新闻界》

续表

作　者	发表论文
高　钢	《互联网时代公共信息传播的理念转型》,《当代传播》
马少华	《梁启超"少年中国说"中的修辞与学理》,《国际新闻界》
涂光晋	《全学科视野下中国政府公关研究的宏观脉络与整体图景》,《国际新闻界》

3. 教学获奖情况

作　者	获奖情况
陈力丹	获宝钢教育基金优秀教师特等奖提名奖
马少华	获中国人民大学"十大教学标兵"及教学优秀奖
王树良	获中国人民大学"十大教学标兵"及教学优秀奖
刘海龙	获中国人民大学通鼎奖教金

五、学术活动

(一) 国际学术交流情况

2014 年赵云泽、张迪参加了 ICA、AEJMC 等国际会议并发表论文，黄河赴美国加州大学伯克利分校访学，许向东从美国密苏里大学访学归来。

(二) 新闻传播学刊物

《国际新闻界》(*Chinese Journal of Journalism & Communication*, CJJC) 是由中华人民共和国教育部主管、中国人民大学主办的新闻传播学综合性学术月刊，刊载国内外新闻传播学各领域理论和应用研究的原创性成果。本刊为新闻传播学科唯一的国家社科基金首批资助期刊、全国中文核心期刊、全国新闻核心期刊、中文社会科学引文索引 (CSSCI) 来源期刊之一。

1961 年 4 月 25 日，《国际新闻界简报》第 1 号创刊，至 1965 年 12 月共出版 24 期。创刊号注明"内部教学参考资料请勿外传"，由中国人民大学新闻系编辑，主要介绍国际新闻界的动态和有关资料。1964 年 9 月 25 日至 1965 年 9 月 25 日期间，因本刊人员参加农村社会主义教育运动停刊一年。"文化大革命"期间停刊。1979 年 5 月，《国际新闻界》恢复出版，刊载内容主要包括国际新闻界动态、报刊宣传述评、新闻理论、新闻业务、报刊史、新闻教育、新闻事业、新技术等，约两月出版一期，总字数约 5 万字。1981 年 3 月 11 日，《国际新闻界》经教育部批准，自该日起公开发行。该刊此时的刊载内容扩展为国际新闻界动态、外国报刊宣传、新闻理论、新闻业务（新闻采访与写作、编辑、评论、新闻摄影、广播、电视、广告、报业管理等）、新闻事业史、新闻教育、新闻事业、新技术等，每三月出版一期，16 开本，64 页左右，约 10 万字。

1995 年至 2006 年期间，《国际新闻界》是以介绍国际新闻传播事业发展概况为主的学术性刊物，探讨新闻传播前沿课题、最新动态、介绍国际新闻界人物，探讨国际传播中的最新热点问题和重大新闻事件。

1999 年开始，《国际新闻界》正式实行来稿同行专家匿名审稿制度。评审委员由中国人民大学新闻学院学术委员会委员、《国际新闻界》特邀编委及校外专家组成。1999 年本刊被评为全国新闻核心期刊，同年入选全国中文核心期刊。该刊的"本期话题”栏目曾获全国学术期刊金奖。2005年第5期起，《国际新闻界》不再只刊登外国以及涉及外国与中国关系的稿件，而是以国内外新闻传播学各研究领域（包括新闻传播业务）的学理研究为主，综合体现本学科的学术志趣和发展趋势。2006年开始，《国际新闻界》又由双月刊改版为月刊，研究内容包括新闻传播史论、大众传播业界、广播影视、编辑出版、广告、公共关系和传媒经济的各种理论与实践问题、网络信息传播、传播科技的各种现象和问题，以及与传播相关的跨学科领域的研究。

2010年第4期开始，刊物的网站和在线投稿审稿系统开通，初步实现投稿和审稿的数字化管理。同期对注释与文献进行中英对照的改版。2013年第1期开始，采用国际学术期刊通行的16开版本。同年8月，新网站和新远程投稿和编辑系统启用，全面实现投稿和编辑的数字化管理。

供稿：中国人民大学新闻学院

南京师范大学新闻与传播学院2014年概况

南京师范大学新闻与传播学院成立于1995年，当时新闻学专业从中文系分出，与电化教育专业强强联合组建而成。其前身为1964年经教育部批准设立的新闻专业，1977年恢复招生。学院专业设置齐全，学科层次完整。

一、人才队伍

（一）学院历任负责人

1995年4月—2000年4月，院长：郁炳隆；副院长：张增荣、鄢光让、袁庚荣、高荣林、许永、周斌；党委书记：郑铿；党委副书记：顾理平、朱梅。

2000年4月—2005年3月，院长：许永；副院长：李幸、方晓红、苏宏元、李艺；党委书记：赵春华；党委副书记：朱梅。

2005年3月—2012年11月，院长：方晓红；副院长：毕一鸣、王丽娟、张红军、张晓锋；党委书记：顾理平；党委副书记：周静、曹天安。

2012年11月至今，院长：顾理平；副院长：张晓锋、骆正林、章浩；党委书记：朱梅；党委副书记：周静。

（二）学院现有教授

姓　名	研究方向	姓　名	研究方向
顾理平	新闻法学、舆情与社会治理	于德山	舆情与社会治理、媒介文化
方晓红	传媒与农村社会发展、发展传播学、新闻史	刘　荃	媒介与青少年、广播电视
		俞香顺	媒介文化、编辑出版
倪延年	中国新闻史、新闻法制史	张传斌	广告传播
李培林	新闻摄影	王　强	广播电视
张晓锋	新闻传播史论、广播电视	李　南	广播电视
靖　鸣	新媒体传播、新闻史	周　静	媒介与社会发展

二、机构设置

（一）系别简介

新闻系：前身是1964年经教育部批准设立的新闻专业，1977年起恢复招生。1995年设立了新闻事业管理专业方向；1999年首次招收体育新闻方向的学生，实行跨学科联合，逐步探索专业报道人才的培养。随着传播技术的发展，2001年新闻系开设网络新闻方向。2007年，新闻学专业入选国家首批特色专业和江苏省品牌专业，2012年入选江苏省“十二五”重点专业。新闻系主任为陈莉。

广播电视系：前身是1993年设立的传媒艺术专业（专科）。1996年开始招收广播电视新闻学专业学生。2000年获准设立广播电视编导专业，并于2001年秋季开始招生，是江苏省首个也是实力最强的广播电视编导专业。目前广播电视系设有广播电视学和广播电视编导两个本科专业，其中，广播电视学专业于2012年入选江苏省“十二五”重点专业。广播电视系主任为刘荃。

广告系：前身为广告学教研室。1996年，学院成立了广告学教研室，对新闻学、广播电视新闻学专业的广告系列课程进行了科学的设计和分工。1999年，中北学院招收首批广告学专业学生，2000年南京师范大学本部开始正式招生。广告学专业的毕业生分布于省内外广告公司及相关媒体机构。广告系主任为朱强。

新闻摄影系：创建于2002年，当年开始招收新闻摄影专业本科生。新闻摄影系一直坚持在实践中学习、在实践中进步的培养方针，培养出的学生具有很强的图片及文字新闻采写能力。新闻摄影系还大力组织学生参加各类影展及影赛，获奖或入选作品近千幅。新闻摄影系主任为李培林。

网络与新媒体系：正式成立于2011年，2012年开始在新闻学专业招收网络与新媒体方向四年制本科生。2014年获教育部正式批准设立网络与新媒体专业并招生。该专业培养既具有坚实的新闻传播学理论基础和素养，又具备跨媒体操作能力、适应新媒体时代需要的新型传播人才。系主任为邹军。

（二）校级研究中心（所）

南京师范大学大众传媒与农村社会发展研究所，以大众传媒与社会发展研究为总目标，是新闻传播理论的延伸和拓展。以动态的社会变革环境为背景，研究新闻传播的过程、途径及其对社会发展的推动作用；研究社会的变革对于新闻传播的能动性及制约性是本研究方向的主要内容。所长为方晓红。

南京师范大学民国新闻史研究所，是国内高校第一个以“民国时期新闻史”为研究内容、研究对象和研究目标的基础理论研究学术机构；是以新闻与传播学院的新闻史学科专业队伍为主体，延聘国内著名高等学校、文献单位和新闻媒介研究机构专业人员为特约研究员，共同组成的一个跨学校、跨系统的以文化传承创新为任务的协同创新研究机构。所长为倪延年。

南京师范大学舆情与社会治理研究中心，为应用发展型研究机构，该机构围绕“舆情与社会治理”这一主题，研究聚焦于社会舆情语境下江苏社会发展面临的四个方面的重大问题，即“舆情监测与社会治理问题”“重大突发事件舆情与危机管理问题”“党政信息发布与社会发展问题”“舆情与江苏形象塑造问题”，推进江苏高校新闻传播学、政治学、社会学、管理学、心理学等学科之间的交叉融合，促进与国内著名高校、党政机关、科研院所、大型新闻传媒集团的协调与深度合作，着力构建“服务社会、创新理念、产研融合”的“舆情与社会治理协同创新中心”，旨在将中心建设成为传媒与社会发展的前沿研究基地、决策咨询基地。中心主任为顾理平。

三、教育状况

（一）专业设置

学院设有新闻学、广播电视学、广告学、网络与新媒体、广播电视编导和新闻摄影等五个本科招生专业。

新闻学博士点，2006 年经国务院学位委员会批准设立，招收新闻传播理论、新闻传播史、新闻法学、新媒体研究等方向的博士研究生。

新闻传播学一级学科硕士点。其中新闻学硕士点 1996 年获准设立，1997 年正式招生。主要招收新闻史论、新闻业务、融合新闻、编辑出版等方向的硕士研究生；传播学硕士点 2000 年获准设立，主要招收传播理论、影视传播、新媒体传播、广告与公关等方向的硕士研究生。

戏剧与影视学二级学科硕士点，2002 年获准设立广播电视艺术学硕士点，主要招收电视艺术、数字媒体艺术、播音与主持艺术、摄影与摄像艺术等方向的三年制硕士研究生。

新闻与传播硕士专业学位点，2006 年获准设立，主要招收全媒体传播、广告设计、编辑出版等方向的两年制专业学位硕士研究生。

广播电视专业学位点，2014 年获准设立并开始招生，主要招收电视策划与创作、数字视频创作、摄影与摄像创作、播音与主持等方面的艺术硕士。

（二）招生情况

学院现有在校本科生 763 人，其中，中国大陆学生 753 人，港台学生 8 人，留学生 2 人；硕士研究生 261 人，其中，中国大陆学生 256 人，留学生人 5 人；博士研究生 18 人，其中，中国大陆学生 16 人，留学生 2 人。

四、科研成果

（一）部分科研项目

2014 年立项的国家级、省部级科研项目、课题：

国家社科基金项目：“新浪‘大 V’传播行为与失范应对研究”（主持人：靖鸣）；

江苏省社科基金项目：“新媒体舆情场域与社会公共信息治理研究”（主持人：于德山）；

教育部人文社科研究项目：“中国摄影的文本、制度、观念（1949—1976）——基于‘观看秩序’的视角”（主持人：汤天明）；

江苏省高校哲学社会科学重点项目：“江苏摄影史料的整理与发掘研究”（主持人：唐团结）；

国家社科基金重大项目子课题：“中国图像新闻传播技术史研究”（主持人：于德山）。

2014 年结项的国家级、省部级科研项目、课题：

国家社科基金项目：“新形势下的舆论引导与新格局研究”（主持人：骆正林）。

（二）部分学术成果

1. 著述、教材

作　者	著　作
靖　鸣	《桂林抗战新闻史》(上、下),台湾花木兰出版社,获江苏省第十三届哲学社会科学优秀成果奖
骆正林	《媒介素养与政治传播》,中国广播电视出版社,获江苏高校第九届哲学社会科学研究优秀成果奖
张晓锋	《电视新闻策划》(第二版),北京师范大学出版社

2. 发表论文

作　者	发表论文
顾理平	《网络时代舆论监督的嬗变》,《现代传播》;《网络舆论监督失范行为的几种表现方式》,《新闻与写作》
张晓锋	《扶持与统治:日本殖民统治时期台湾广播事业的历史考察》,《新闻与传播研究》
倪延年	《论民国时期的新闻史研究进程及阶段特点》,《现代传播》
杨　立	《探寻中国体育奥运战略背景下体育魅力的回归》,《体育与科学》
靖　鸣	《"新闻敲诈"的产生根源及其治理途径》、《微博"大V"的特征与构成分析》、《会议报道:需要大众传播理念》、《微信传播方式、特征及其反思》、《与受众共舞:互动视角下的记者微博》、《自媒体时代传统媒体新闻评论的突围》,《新闻与写作》
骆正林	《娱乐让中国电视渐入大片时代》,《当代传播》;《教育景观的建构与教育舆论的形成》,《高等教育研究》;《社会舆论对教育改革与发展的支持模式》,《教育发展研究》;《社会舆论对教育改革与发展的支持现状》,《广州大学学报》;《传播学术史研究的方法和路径》,《中国地质大学学报》;《农村传播研究的寂静与繁荣》,《新闻与传播》;《网络突发事件舆情应对的经验与反思》,《同济大学学报》;《青奥会与南京城市文化的传播》,《体育与科学》
刘　荃	《微言大义——评〈微讲堂〉的文化意义》,《电视研究》
卞冬磊	《古典心灵的现实转向:上海新闻纸与中国现代性的发生》,《二十一世纪》;《活人办报及其历史书写》,《二十一世纪》;《社会世界的更新:新闻与现代性的发生》,《国际新闻界》
张　宁	《社会科学对中国新闻史学研究的启示与借鉴》,《新闻记者》;《对话2013年传播思想史研究》,《编辑之友》
曹　刚	《在全面深化改革中锤炼作风》,《人民日报》理论版
刘振波	*Variations in Temperature Distribution and Tissue Lesion Formation Induced by Tissue Inhomogeneity for Therapeutic Ultrasound*, Ultrasound in Medicine & Biology
胡　颖	《话语与权力——我国互联网上的话语实践研究》,《新闻界》
高山冰	《大数据背景下Netflix的创新与发展研究》,《新闻界》
王少磊	《门:时代转型中的互联网尺度》,《美中文化评论》

3. 教学获奖情况

作　者	获奖情况
张晓锋	《当代电视编辑教程》(第二版)、《电视新闻策划》,入选"十二五"国家级规划教材
汤天明	《人文摄影专题讲座》,获江苏省本科高校青年教师教学竞赛一等奖

五、学术活动

（一）承办会议

5月8日，首届民国新闻史研究高层论坛在南京举行，来自国内数十家高校、科研机构及新闻出版单位的近百位专家学者围绕“回归历史　探寻规律”主题展开研讨。全国新闻史学界近50名专家学者以“民国新闻史”为主题集中进行学术交流和研讨。新加坡、澳大利亚和中国台湾地区学者参加了学术交流。会议前由南京师范大学出版社正式出版了《民国新闻史研究：2014》会议论文集。

12月6日，由南京师范大学研究生院和新闻与传播学院主办的江苏省首届传媒学科研究生学术论坛在南京师范大学随园校区举行。本论坛以“互动·融合·冲突：传播变迁与社会发展”为主题，对变动传播环境下传媒行业所遇到的困难以及解决方法展开理性探讨。参与论坛的学子分别从新媒体与舆情变迁、大数据与媒体传播、新媒体与新关系、影视文化新景观等视角进行了五场深入的讨论。

（二）硕博士论文获奖概况

魏奇琦（指导教师：俞香顺），《〈南方人物周刊〉娱乐人物报道的严肃化倾向分析——以两篇娱乐人物报道为例》获2014年度江苏省优秀专业学位硕士论文。

（三）国际学术交流情况

邹军，美国威斯康星大学访问学者；

庄曦，香港城市大学访问学者。

供稿：南京师范大学新闻与传播学院

华中科技大学新闻与信息传播学院2014年概况

新闻与信息传播学院前身是于1983年成立的华中工学院新闻系。1988年华中工学院改名为华中理工大学，新闻系建制不变。1998年4月，新闻系与学校现代教育技术中心合并组建为华中理工大学新闻与信息传播学院。2000年4月，华中理工大学与同济医科大学、武汉城市建设学院、武汉科技管理干部学院合并，改名为华中科技大学，学院亦改称为华中科技大学新闻与信息传播学院。学院以人文社科为基础，实行人文社科与电信、计算机等工科交叉的富有特色的新闻与信息传播学院。学院是国内拥有新闻传播学一级学科博士授予权的六大新闻学院之一。截至2014年底，有教师37人，其中：教授14人，副教授17人，硕士研究生导师20人，博士研究生导师15人。

一、人才队伍

（一）学院历任负责人

1983年9月—1992年7月，系主任：汪新源；副系主任：申凡；党委书记：刘春圃。

1992年8月—1998年4月，系主任：程世寿；副系主任：申凡、吴廷俊；党委书记：程道才。

1998年5月—2002年7月，院长：吴廷俊，副院长：申凡、石长顺；党委书记：程世寿；党委副书记：陈艳美。

2002年8月—2006年7月，院长：吴廷俊；副院长：申凡、石长顺；党委书记：汪佩伟；党委副书记：张耀。

2006年8月—2010年7月，院长：张昆；副院长：钟瑛；党委书记：唐燕红；党委副书记：高顺文。

2010年8月至今，院长：张昆；副院长：钟瑛、陈先红、何志武；党委书记：陈钢、詹健。

（二）学院现有教授

姓　名	研究方向	姓　名	研究方向
张　昆	新闻传播史、政治传播学	唐海江	当代中国新闻传播实践与理论、舆论学与传播政治、传播史
钟　瑛	网络传播、媒体伦理、新闻法		
陈先红	危机公关、新媒体公关、政府公关、品牌学、广告学	余　红	传播理论和方法、新媒体研究、性别与传播
何志武	电视新闻学、电视与政治传播、大众媒介与公共政策、新闻业务	张明新	新媒体传播理论与方法、媒介经济与媒体生态、传播社会学
石长顺	电视新闻学、广播电视传播学、影视理论、数字视听新媒体研究	欧阳明	新闻业务、深度报道、编辑学、期刊业研究、新闻史
赵振宇	新闻评论、新闻传播策划、程序理论、新闻改革	王　溥	新闻内容生产与传播、媒介经济研究
孙发友	新闻业务、大众传媒、新闻语言	郭小平	广播电视与数字新媒体、风险传播、屏幕文化
舒咏平	广告学、应用传播学		
刘　洁	新闻理论、新闻事业管理、舆论学		

二、机构设置

（一）系别简介

新闻学系：创建于1983年，为学院历史最为悠久的强势专业，1996年获新闻学硕士学位授予权，2003年获新闻学博士点，2007年，国家人事部批准华科新闻学院设立新闻传播学一级学科博士后流动站。2005年，新闻学专业下设全国首个新闻评论方向班，并多次主办新闻评论高层论坛。现任新闻学系主任是唐海江。

广电学系：建立于1996年，次年开始招收广播电视专业本科生。2006年，广播电视学系成立，同年，获得广播电视学硕士点和博士点，建构起了从本科生、硕士研究生到博士研究生全程式教育体系。2011年创建了华中科技大学播音与主持艺术专业，培养学生掌握新闻传播学、广播电视学及播音与主持的基本理论和知识，具有广播电视新闻采写、节目编导、播音与主持能力。本专业课程体系由通识课、文科大类平台课、新闻专业基础课、广播电视专业课四大块建构而成。广播电视专业实验课在各门专业课配套认知实验的基础上，专门开设了一门广播电视综合实验课，实施广播电视采、录、编、播一条龙的平台实验，培养学生独立制作完成广播电视节目的能力。现任广播电视学系主任是郭小平。

广告学系：创办自2000年，2001年本科专业正式对外招生，2006年成立广告系。现拥有广告学本科专业、广告与公关硕士专业、广告与新媒体经济博士专业，建构起了从本科生、硕士研究生到博士研究生全程式教育体系。广告系先后与北京、上海、广州、武汉、杭州等地广告公关公司建立了长期友好合作关系，鼓励学生在寒暑假期间到上述公司开展社会实践，在实践中提高行动能力和职业素养。广告系现拥有品牌传播研究所和公共传播研究所两个研究机构。本专业旨在培养系统掌握广告学、公共关系学的基本理论与实践技能，熟知各类媒体传播特性，“懂市场研究、善创意策划、精整合营销传播”的策略性传播人才。现任广告学系主任是李华君。

传播学系：前身为网络新闻班。1998年在学校的大力支持下，在理科二年级学生中选拔组成网络新闻本科班，1999 年正式招收网络新闻传播学专业本科学生。专业以文理交叉为办学特色，具有文理（工）交叉和实践能力强的特点。要求学生掌握一定的信息科学知识与信息网络技术的应用，受到新闻与信息传播业务的基本训练，具有深厚的文化功底以及一定的科研和交往能力。本专业旨在培养具备数字媒体设计、网站开发与编辑、互联网信息管理、媒体调查与分析、媒体经营管理等技能，适应性强、富于创新能力、具有文理交叉特色的复合型高级人才。现任传播学系主任是余红。

（二）省部级研究中心（所）

目前，学院拥有湖北省重点文科研究基地“媒介科技与传播发展研究中心”。中心于 2007 年 5 月获湖北省教育厅批准成立，中心主任是张昆，副主任陈先红。中心的宗旨是从理论建构、制度创新和应用探索等三个层面研究媒介技术与传播发展的有关问题，根据传播技术的最新发展，对人类社会的传播现象进行前瞻性、创新性研究。中心已经成为国家级重点文科基地、国家“985”哲学社会科学创新平台联盟的主要成员。

（三）校级研究中心（所）

学院拥有的校级研究中心有“国家传播战略协同创新中心”、广播电视与新媒体研究院、华中科技大学·湖北日报传媒集团媒介发展研究院、新闻评论研究中心。

协同创新中心于 2013 年 6 月成立，2013 年 10 月初挂牌。中心是由华中科技大学牵头，由包括中国人民大学、复旦大学、中国外文局、解放军南京政治学院、湖北日报传媒集团、湖北广播电视台（集团）等六家知名高校、院所和媒体机构协同，致力于从理念、制度和实践三个面向，对国家层面的传播战略进行全方位、系统化研究的协同创新体。中心主任是张昆。

（四）院系级研究中心（所）

学院拥有的院系级研究中心有网络传播与新媒体发展研究中心、品牌传播研究所、电子与网络出版研究所。网络传播与发展研究中心主任是钟瑛，其宗旨是促进新媒体环境下的网络传播研究；品牌传播研究所所长为舒永平，其宗旨是加强当前媒介环境中品牌传播与策略研究；电子与网络出版研究所所长是陈少华，其宗旨是通过技术层面加强对网络出版的现状、发展与对策研究。

三、教育概况

（一）专业设置

硕士点情况：学院设有新闻学、传播学、广播电视与数字媒体、广告与媒介经济四个学术型硕士点；有新闻与传播、编辑出版两个专业型硕士点。

博士点情况：学院设有新闻学、传播学、广播电视学、广告与媒介经济、公共关系五个二级学科博士点。

（二）博士后流动站情况

2007 年 9 月，学院正式设立新闻与传播学一级学科博士后流动站，主管单位是华中科技大学博管办。博士后流动站具有指导资格的导师有 15 人，到目前为止，博士后流动站招生人数为 16 人。

（三）招生情况

学院现有在校本科生 718 人，其中，中国大陆学生 716 人，留学生 2 人。

硕士研究生 203 人，其中，中国大陆学生 199 人，留学生 4 人。

博士研究生研究生 62 人，其中，中国大陆学生 59 人，留学生 3 人。

四、科研成果

（一）部分科研项目

2014 年立项的国家级、省部级科研项目、课题：

国家社科基金项目：“中国国家形象建构中自主品牌传播困境与对策研究（编号：

14AXW011)”（主持人：舒咏平）；“多语种国际受众的媒体使用特点与我国对外传播力提升研究（编号：14CXW018）”（主持人：徐明华）；“基于用户行为大数据分析的微博反腐机制研究（编号：14BXW050）”（主持人：邓秀军）。

教育部社会科学司，“大数据环境下移动社交网络治理体制研究（编号：14YJA860007）”（主持人：李卫东）。

湖北省委宣传部：“多媒体背景下敏感热点舆情生成、传播与舆论引导机制研究（编号：XWXC1404）”（主持人：余红）；“如何更加有效地推进国际传播能力和国际话语体系建设（编号：2014DY013）”（主持人：唐海江）；“在社会阶层分化带来思想舆论分化对立的情况下如何凝聚主流价值（编号：2014DY006）”（主持人：欧阳明）。

2014 年结项的国家级、省部级科研项目、课题：

教育部项目：“国家软实力推广与媒体走出去战略”（主持人：徐明华）。

教育部回国留学人员基金项目：“网络舆论领袖身份建构研究：印象管理的视角”（主持人：余红）。

（二）部分学术成果

1. 著述、教材

作　者	著　作
钟　瑛	《新媒体社会责任蓝皮书》，社会科学文献出版社；《网络传播管理研究》，中国社会科学出版社
陈先红	《广告学概论》，北京师范大学出版社
赵振宇	《新闻评论通论》，清华大学出版社
袁　艳	*A different place in the making*, University of Westminster
郭小平	《视听新媒体导论》，北京大学出版社
邓秀军	《新媒体视听节目制作》，北京大学出版社
张明新	《参与型政治的崛起——中国网民政治心理和行为的实证考察》，华中科技大学出版社
鲍立泉	《互联网产品设计》，湖北科学技术出版社
牛　静	《媒体权利的保障与约束研究》，华中科技大学出版社

2. 发表论文

作　者	发表论文
张明新 陈先红	《正在形成的“认知共同体”：内地与台湾公共关系从业者职业认知比较研究》，《新闻与传播研究》2014 年第 2 期；《中国公众公共关系认知现状的调查与分析》，《国际新闻界》2014 年第 2 期
张明新 叶银娇	《新媒体技术采纳的“间歇性中辍”现象研究：来自东西方的经验证据》，《新闻与传播研究》2014 年第 6 期
张　昆 陈雅莉	《东盟英文报章在地缘政治报道中的中国形象建构》，《新闻大学》2014 年第 3 期
何志武 朱秀凌	《“恶政府”？“弱拆迁户”？——拆迁冲突议题的媒介建构》，《新闻大学》2014 年第 1 期
赵振宇	《怎样认识和把握新闻及其时空观》，《新闻大学》2014 年第 7 期
唐海江	《出入之间：民国初年舆论界对于“政治”的态度与思维转向》，《国际新闻界》2014 年第 7 期
欧阳明	《文本引用与词频寓意：对中美法“莫言获奖报道”的框架分析》，《国际新闻界》2014 年 7 期

续表

作　者	发表论文
张明新 陈先红	《中国公众公共关系认知现状的调查与分析》,《国际新闻界》2014 年第 2 期
于婷婷	《社会临场感在网络购买行为研究中的应用》,《国际新闻界》2014 年第 5 期
张　昆 张　勇	《邮票中国家形象的符号解析》,《现代传播》2014 年第 6 期
鲍立泉	《新媒体专业教育定位研究——以媒介形态创新为视角》,《现代传播》2014 年第 8 期
张明新 张　凌 陈先红	《Web 2.0 环境下政府机构的对话沟通与社会资本》,《现代传播》2014 年第 10 期
钟　瑛	《从媒体平台到关系网络,综合门户网站的经营现状与模式转型》,《现代传播》2014 年第 7 期
邓秀军	《生产性受众主导下的微博反腐:路径、模式与互动关系》,《现代传播》2014 年第 4 期
舒咏平	《自主品牌:华夏文明的致效媒介》,《现代传播》2014 年第 1 期;《"价格让渡"到"价值满足"——社会转型期自主品牌传播的取向》,《现代传播》2014 年第 9 期
石长顺	《媒体与暴力:历史的论争与当代认知》,《现代传播》2014 年第 1 期
郭小平	《论大数据时代的电视变革》,《现代传播》2014 年第 11 期
龚　超	《动漫新闻与受众的互动效应——以动画片〈领导人是怎样炼成的〉和农民反腐漫画办网展为例》,《现代传播》2014 年第 7 期
邓秀军	《生产性受众主导下的微博反腐:路径、模式与互动关系》,《现代传播》2014 年第 4 期
袁　艳	*Acquiring, positioning and connecting: the materiality of television and the politics of mobility in a Chinese rural migrant community*, Media culture and societ, 2014(4)
李卫东	*National Image of World Major Countries in Chinese Undergraduates' Minds ——An Evaluation Based on Components of a Nation.* Public Relations Review, 2014(6)
李卫东 张　昆	*The Analysis of City e-Government Information Resources Sharing Demand: The case of Chinese City Government.* The 8th International Conference on Management of e-Commerce and e-Government, IEEE Computer Society, 2014 年 10 月
张　昆 熊少翀	《反思中国新闻传播教育存在的问题——从"马航失联"报道竞争说起》,《新闻记者》2014 年第 7 期
周婷婷	《科技变革与社会转型中的中国新闻传播学科建设》,《新闻记者》2014 年第 10 期

3. 教学获奖情况

作　者	获奖情况
陈先红	课程"公关的智慧"被评为湖北省级精品视频公开课程
赵振宇	课程"社会进程中的公民表达"被评为湖北省级精品视频公开课程
郭小平	课程"电视专题与专栏"被评为湖北省级视频资源共享课程
何志武	课程"公民记者"被评为湖北省级视频公开课程,并获校级教学名师奖
于婷婷	获校级教学竞赛一等奖
余奇敏、李华君、周婷婷、李贞芳、欧阳明、郭小平	获校级教学质量奖二等奖

五、学术活动

（一）承办会议（学术讲座）

台湾辅仁大学吴宜蓁，从巨观到微观：探讨危机传播的理论取径（96 人参加）、设计、策划与传播（62 人参加）、社群媒体与公共关系（65 人参加）、公关企划案例分析（78 人参加）；

新西兰梅西大学 Theodore Eugene（Ted）Zorn，Jr.，Politicising science communication：The case of climate change（79 人参加）、Emotionality in online communication（83 人参加）、How to increase your chances of getting published in international journal（85 人参加）；

美国迈阿密大学李聪，社交媒体与企业营销（97 人参加）；

《两个世界的审视》杂志总编、记者 Michel Crépu，新闻学/行业经验，信息化时代信息洪流的冲击（128 人参加）；

中国传媒大学雷跃捷，日本传媒与传媒教育考察报告（176 人参加）；

美国天普大学 Thomas L. Jacobson，全球化、现代化与传播（86 人参加）；

中国人民大学郑保卫，马克思主义新闻观（96 人参加）；

香港中文大学黄懿慧，公共关系案例与个案研法在传播研究中的应用（86 人参加），公共关系理论范式、范式转移与社会化媒体（88 人参加），风险社会中的危机沟通：在地研究的挑战与契机（97 人参加），形象修复与冲突解决（68 人参加）；

香港中文大学苏钥机，欧美新闻媒体 12 个新趋势（156 人参加）、四十五年来的互联网研究（152 人参加）；

国家行政学院李兴国，感受经济学与城市区域品牌形象策划（129 人参加）；

澳大利亚科廷大学李士林，创意经济与流行文化：新生力量与挑战（97 人参加）、社会网络与知识网络（154 人参加）；

澳门大学张荣显，如何利用微信数据协助政府改善政务微信账号的营运（85 人参加）、如何透过全舆情方法了解舆情（119 人参加）；

美国威斯康星大学潘忠党，互联网使用与公民参与：经验研究的启示和局限（88 人参加）、从媒介化到驯化：关于新媒体的不同思路（72 人参加）、新媒体与传播规范：一个商议民主的视角（99 人参加）、阈限性与城市空间潜力：一个重新思考传播的维度（105 人参加）；

美国纽约州立大学洪浚浩，传播学研究与发展的趋势、瓶颈与挑战（123 人参加）。

（二）新闻传播学刊物及学术网站

目前，学院拥有的新闻传播学刊物为《新闻与信息传播研究》。《新闻与信息传播研究》的前身是 1987 年创办的季刊《新闻探讨与争鸣》。杂志设有《新闻探讨与争鸣》编辑部，主编为华中工学院新闻系系主任汪新源，副主编为程世寿、王益民。每期杂志由执行编辑具体负责选稿、编辑、印刷、发行等工作。主编主管审稿。《新闻探讨与争鸣》1990 年后改名为《新闻学探讨与争鸣》，刊号也由湖北省新闻出版局重新审定改为鄂刊字（1990）第 30 号。2000 年后《新闻探讨与争鸣》更名为《新闻与信息传播研究》，主编为吴廷俊，副主编为牛静。

（三）国际学术交流情况

陈先红、徐明华赴泰国参加国际会议，停留 11 天。

供稿：华中科技大学新闻与信息传播学院

四川大学文学与新闻学院2014年概况

四川大学新闻传播的实践和研究最早可追溯至1898年尊经书院（四川大学前身）《蜀学报》的创办和1939年国立四川大学新闻学会的成立。1979年经教育部批准，四川大学成为我国改革开放后第一批设置新闻学专业点的三所高校之一，并于1981年起招收新闻学专业本科生。

目前，四川大学新闻传播学为四川省重点一级学科，也是我国西部地区唯一的新闻传播学一级学科博士学位授权点。在2012年教育部学科评估中取得了排名全国第五位的好成绩。学院承担了以“新形势下提升舆论引导力对策研究”、“当今中国文化现状与发展的符号学研究”等国家社会科学基金重大项目为代表的国家级科研项目，获得了包括教育部高等学校科学研究优秀成果二等奖和四川省哲学社会科学优秀成果一等奖在内的高级别社科奖项，取得了丰硕的成果。

一、人才队伍

（一）学院历任负责人

1985—1990年，院长：唐正序；副院长：邱沛篁、吴信训；党委副书记：曾繁铭。

1990—1998年，院长：邱沛篁；副院长：吴信训；党委书记：曾繁铭；党委副书记：向纯武、吴建。

1998—2001年，院长：曹顺庆；副院长：吴信训；党委书记：毛建华；党委副书记：吴建、肖薇。

2001年至今，院长：曹顺庆；副院长：吴建；党委书记：毛建华、熊兰；党委副书记：罗梅。

（二）师资力量

四川大学新闻学院现有专职教师及科研人员43人，其中教授15人（含博士研究生导师9人），副教授13人，讲师15人，具有博士学位的人员达到80%以上。他们中有教育部学科教学指导委员会副主任委员1人，国务院学位委员会专业学位教学指导委员会委员2人，享受国务院特殊津贴专家2人，中国新闻奖、长江韬奋奖评委3人，四川省学术和技术带头人2人，四川省学术和技术带头人后备人选4人。

学院现有教授：

姓　名	研究方向	姓　名	研究方向
蒋晓丽	新闻学、传播学、网络与新媒体	李　苓	传播学、编辑出版学
操　慧	新闻学	欧阳宏生	广播电视学
吴　建	新闻学、广告学	朱　天	广播电视学
陈华明	新闻学	侯　洪	广播电视学
赵毅衡	传播学	杨晓明	广告学
蔡尚伟	传播学、广播电视学	杨效宏	广告学
唐小林	传播学	张盛强	网络与新媒体
陆正兰	传播学		

二、机构设置

（一）系别简介

新闻学系：1981 年起招收新闻学专业本科生，1993 年招收首批新闻学专业硕士研究生，2006 年获准建立新闻学博士点并于 2007 年招收首批博士研究生，2010 年获准设立新闻与传播硕士专业学位点。现任系主任为操慧。

传播学与新媒体系：2001 年获准招收传播学专业硕士研究生，2010 年建立传播学博士点；2012 年在新闻传播学一级学科博士点下自主设置网络与新媒体二级学科，并于 2014 年和 2015 年分别招收首批博士研究生和硕士研究生。2015 年开设本科网络与新媒体专业。现任系主任为张放。

广播电视学系：1995 年开设广播电视新闻专业（现为广播电视学专业），1993 年招收新闻学专业广播电视新闻方向硕士研究生，2003 年招收首批博士研究生，2012 年在新闻传播学一级学科博士点下自主设置广播电视学二级学科，并于 2014 年和 2015 年分别招收首批博士研究生和硕士研究生。现任系主任为李宜篷。

广告学系：1994 年开设广告学专业，2001 年招收首批传播学专业广告研究方向硕士研究生，2012 年在新闻传播学一级学科博士点下自主设置广告与媒介经济二级学科并于 2015 年招收首批硕士研究生。现任系主任为杨效宏。

编辑出版学系：1987 年开设编辑出版学专业，2001 年招收首批传播学专业编辑出版研究方向硕士研究生，2010 年获准设立出版硕士专业学位点，2012 年在新闻传播学一级学科博士点下自主设置编辑出版学二级学科并于 2015 年招收首批硕士研究生。现任系主任为白冰。

（二）省部级研究中心（所）

社会舆情与信息传播研究中心：在国家社会科学基金重大招标项目“新形势下提升舆论引导力对策研究”课题组和校级科研机构四川大学跨媒体研究所（与成都传媒集团成都商报社共建）的基础上整合建立。2013 年获批为四川省哲学社会科学重点研究基地，现任中心主任为蒋晓丽。中心以新闻传播学为主干，以公共管理、社会学、政治学、信息资源管理、信息与通信工程、计算机科学与技术等社会学科与工程学科为支撑。

（三）校级研究中心（所）

新闻传播研究所：1994 年 12 月成立，重在研究新闻理论、新闻业务和新闻史方面的实际问题，紧密为新闻实际工作服务并在报业研究和广播电视新闻研究方面颇具特色。首任所长为邱沛篁，现任所长为欧阳宏生。

广播电视研究所：1995 年 7 月成立，为高校师生科研、实践作品成果提供及时发表、出版的机会，在“教学、科研、实践”上开创了一条社会与高校互利合作共同发展的新路子。首任所长为吴信训，现任所长为蔡尚伟。

创意产业研究所：其前身是 1998 年 10 月成立的广告研究所，是整合校内外从事文化产业、广告营销及品牌传播以及相关领域研究的学术力量和专家队伍，进行创意产业研究、相关学术交流，组织合作攻关的高校学者与行业专家自由结合型的研究机构，也是发展四川大学对正在蓬勃发展的新兴创意产业进行适时观察与研究的机构。首任所长为李杰，现任所长为杨效宏。

符号学—传媒学研究所：2008 年 12 月成立，系统地将符号学方法扩展至传媒学、文化研究、叙述研究，以及中国典籍研究，拓宽了符号学运动的封面，并建有学术辑刊《符号与传媒》（*Signs & Media*）、网站“符号学论坛”及电子刊物《符号学—传媒学研究动态》等学术交流平台。

现任所长为赵毅衡。

新媒体研究所：2009 年 5 月成立，是与著名 IT 公司腾讯科技有限公司合作建立的研究机构，主要研究领域为新媒体的发展趋势、新媒体的社会影响，依靠新媒体有效应对重大突发公共事件及促进社会和谐稳定发展的策略等。现任所长为蒋晓丽。

文化传播研究中心：2003 年 12 月成立，是集研究、咨询、培训以及其他相关专业活动于一体的学术机构。现任中心主任为王炎龙。

文化产业研究中心：成立于 2004 年，是从事文化传播与文化产业基础理论、应用理论、管理决策理论研究的跨学科、跨院所的综合性研究机构。现任中心主任为蔡尚伟。

三、教育状况

（一）专业设置

学生培养与研究方向主要包括：新闻学、传播学、广播电视学、广告学、编辑出版学、网络与新媒体。

硕士点情况

学院于 1993 年获准招收新闻学专业硕士研究生，2001 年获得新闻传播学一级学科硕士学位授予权，2010 年获准建立新闻与传播硕士、出版硕士两个专业学位授权点。现在新闻传播学一级学科硕士学位授权点下设新闻学（包括新闻业务、新闻史论、融合媒体方向）、传播学（包括整合传播、传播与社会发展、跨文化传播、传播学与符号学方向）、广播电视学（包括广播电视理论、广播电视文化、广播电视新闻方向）、广告与媒介经济（包括广告学、传媒经济学、数字营销传播方向）、编辑出版学（包括数字出版、国际出版、版权经营与出版法方向）、网络与新媒体（包括网络与新媒体信息传播、新媒体与社会文化方向）等六个二级学科。

博士点情况

2006 年获批新闻学博士点，2010 年获得新闻传播学一级学科博士学位授予权，新闻传播学一级学科博士学位授权点下设新闻学（包括新闻史论、新闻业务、新闻与社会发展方向）、传播学（包括公共传播、传媒与文化产业方向）、广播电视学（包括广播电视史论、广播电视新闻、广播电视经营与管理、电视文化与纪录片方向）、广告与媒介经济、编辑出版学、网络与新媒体（包括新媒体与社会文化、网络与新媒体产业方向）、符号学（包括符号学理论、传播符号学、艺术与设计符号学方向）等七个二级学科。

（二）招生情况

学院现有在校本科生 742 人，其中，中国大陆学生 717 人，港台地区学生 25 人。

硕士研究生研究生 419 人，其中，中国大陆学生 415 人，留学生 4 人。

博士研究生研究生 39 人，均为中国大陆学生。

（三）博士后流动站情况

2012 年批准设站，2014 年共有蒋晓丽、欧阳宏生、蔡尚伟、赵毅衡、曹顺庆等 5 名博士后合作导师招收博士后研究人员，全年共计进站 5 人（邱明丰、张建、李俊、肖尧中、王晓江），出站 1 人（史冰川）。

四、科研成果

（一）部分科研项目

2014 年立项的国家级、省部级科研项目、课题：

国家社科基金一般项目：“藏区新媒体民族出版研究（编号：14BXW015）”（主持人：白冰）；

国家社科基金西部项目：“‘美丽中国’对外网络传播研究（编号：14XXW002）”（主持人：李建华）；

教育部人文社会科学研究一般项目：

“高校出版社特色化、精品化发展模式研究（编号：14YJA860021）”（主持人：熊瑜）；

四川省哲学社会科学规划一般项目：“城镇化进程中区（县）广播电视媒体的转型发展研究——以成都地区为例（编号：SC14B044）”（主持人：朱天）；

四川省哲学社会科学规划青年项目：“四川商品符号学的发展研究（编号：SC14C025）”（主持人：饶广祥）。

2014年结项的国家级、省部级科研项目、课题：

教育部人文社会科学研究一般项目：“公益性出版的制度化创新研究（编号：10YJC860044）”（主持人：王炎龙）；

教育部人文社会科学研究一般项目：“电视综艺节目的版权客体界定及侵权界定（编号：11YJA760054）”（主持人：欧阳宏生）；

四川省哲学社会科学规划一般项目：“四川藏区民族出版现状调查与加快现代文化产业建设的政策建议（编号：SC12B047）”（主持人：白冰）；

四川省哲学社会科学规划一般项目：“地方政府环境事件网络舆情危机管理研究（编号：SC13B049）”（主持人：侯洪）。

（二）部分学术成果

1. 著述、教材

作　者	著　作
王炎龙	《传媒法规与伦理》,南京大学出版社
饶广祥	《广告符号学》,四川大学出版社

2. 发表论文

作　者	发表论文
张　放	《网络人际传播中不同类型线索对印象形成影响的实验研究》,《新闻与传播研究》;《媒介效果研究:一个不能被“传播效果研究”代替的术语——基于传播学耶鲁学派与哥伦比亚学派的学术史考察》,《四川大学学报》(哲学社会科学版)
黄顺铭	《制造职业荣誉的象征:中国官方新闻奖的制度实践(1980—2013)》,《国际新闻界》;《作为一种话语的颁奖辞——对于普利策新闻奖(1917—2014)的个案研究》,《四川大学学报》(哲学社会科学版)
欧阳宏生	《感性与智性:电视娱乐的文化生产——基于电视娱乐理论和实践的分析》,《现代传播》;《社会主义核心价值观的大众化传播——基于民生新闻的视角》,《当代传播》;《21世纪以来我国电视纪录片观念的嬗变》,《民族艺术》;《“中国梦”的现世影像表达——论现实题材电视剧创作与“中国梦”的文化机理》,《中国电视》;《中国电影产业链优化发展策略——基于电影整体产品概念的思考》,《中州学刊》
王炎龙	《社会荣誉分配的公益性表达与价值诉求》,《现代传播》;《公共数字图书馆信息公益性共享探究》,《中国出版》;《网络环境中财富符号的传播规律与生成机制》,《西南民族大学学报》(人文社科版)
段　弘	《开创建构认知传播学新学科——全国首届认知传播研究高峰论坛综述》,《现代传播》
赵毅衡	《广义叙述分类的一个尝试》,《文艺研究》;《文本意向性:叙述文本的基本模式》,《文艺争鸣》;《论意动叙述》,《江西社会科学》;《论二次叙述》,《福建论坛》(人文社会科学版);《文本如何引导解释》,《河南师范大学学报》(哲学社会科学版)

续表

作　者	发表论文
唐小林	《索绪尔局限与朗格难题:论符号诗学推进的 n 个关键问题》,《文艺争鸣》
陈雪奇	《社会化媒体中意见领袖的话语传播策略》,《四川大学学报》(哲学社会科学版)
朱　天	《概念、形态、影响:当下中国互联网媒介平台上的圈子传播现象解析》,《四川大学学报》(哲学社会科学版)
侯　洪	《国家形象宣传片的界说、发展策略及国际传播》,《四川大学学报》(哲学社会科学版)
蒋晓丽	《变与不变:媒介裂变环境下的新闻业、新闻人才及新闻教育》,《湘潭大学学报》(哲学社会科学版);《媒介融合转型的硬趋势与软着陆》,《编辑之友》;《网络环境下影像传播裂变研究》,《当代文坛》
陈雪奇 田　蕾	《社交网络中意见领袖人际影响的跨界阐释》,《当代传播》
李红涛 黄顺铭	《〈南方传媒研究〉与实践性新闻专业主义》,《当代传播》
宁　晓	《标出性理论对时尚传播的解读》,《当代传播》
王江蓬 段　弘	《出版专业硕士“双导师”制的问题与对策研究》,《出版发行研究》
付小霞 王炎龙	《网络游戏出版的版权误区及规制路径》,《出版发行研究》
丁锦箫 段　弘	《杂志书的产业链开发》,《出版科学》
彭　虹	《科学传播视野中的谣言治理》,《中国出版》
李兵兵	《低幼画刊数字出版生态位解读及构建》,《中国出版》
李开灿	《微信公众账号订阅盈利途径探究》,《中国出版》
李　苓	《论主体性:数字时代中国编辑身份的再确认》,《中国编辑》;《现代传媒与嘉绒藏区的藏传佛教传播》,《西南民族大学学报》(人文社科版)
蒋晓丽 王志华	《娱乐至死・虚实互构・全景监狱——论〈饥饿游戏〉中传媒技术的文化影射》,《当代文坛》
欧阳宏生 徐明卿 张雯雯	《综艺节目的“盛宴”与隐忧》,《中国电视》
欧阳宏生 姜　海	《铁血而悲壮的民族史诗　深沉而敬畏的川魂再现——观电视剧〈壮士出川〉》,《中国电视》
陈雪奇	《灾难事件中谣言的新闻学意义阐释》,《理论与改革》;《旅游营销的两级传播效果研究》,《西南民族大学学报》(人文社科版)
陆正兰	《歌词中的概念对喻及文化符号学标出性问题》,《天津社会科学》;《音乐表意的符号学分析》,《南京社会科学》
蒋诗萍	《当代品牌叙述及其意动性本质》,《江西社会科学》;《符号修辞视域下的品牌表意机制研究》,《福建师范大学学报》(哲学社会科学版);《自然文本:概念、功能和符号学维度》,《河南师范大学学报》(哲学社会科学版);《品牌三位一体的符号结构及动态位移》,《中外文化与文论》
张　晴	《论地方报纸的文化叙事策略》,《郑州大学学报》(哲学社会科学版)

续表

作　者	发表论文
陈雪奇 王昱力	《大数据改变新闻价值的三个维度研究》,《新疆大学学报》(哲学人文社科版)
侯　洪 徐　盟	《中国动画公共外交的创新与策略》,《西南大学学报》(社会科学版)
操　慧 王晓冉	《我国党报党代会的新闻框架分析——以〈人民日报〉党代会报道为例(1956—2012年)》,《西南民族大学学报》(人文社科版)
欧阳宏生 舒三友	《论电视综艺节目模式创新》,《西南民族大学学报》(人文社科版)

3. 教学获奖情况

作　者	获奖情况
饶广祥	获2014年度四川大学青年骨干教师奖

五、学术活动

新闻传播学刊物及学术网站

《符号与传媒》（*Signs & Media*）是四川大学符号学—传媒学研究所主办的中英文双语学术期刊，赵毅衡任责任主编，每年三月、九月分春秋两期出版。自2008年创办以来，《符号与传媒》已经连续出版七年，刊载符号学—传媒学专业论文200余篇，与国内外符号学团队合作共推出14个颇具影响力的学术研究专题。本着兼容并包，不拘一格的开放性学术理念，《符号与传媒》努力将符号学方法与理论系统地扩展至新闻传播学研究、文学文化研究、叙述研究、中国文化典籍研究、艺术研究等众多研究领域，拓宽符号学运动的方面。该刊征收的稿件不仅涵盖社会、历史、文化、经济等科学范畴，更着重于将思想的触角延伸至人类科学的各种门类，各种活动。

四川大学符号学数字学术交流平台主要包括四大部分：主体网站“符号学网”及“符号学学术论坛”、电子月刊《符号学—传媒学研究动态》、新浪微博账号“@四川大学符号学—传媒学研究所”。其中，符号学网于2009年9月创建，是全国第一家专业符号学网站，也是国内最大的符号学文库，其宗旨是全面系统介绍符号学、叙述学、传媒符号学等方面的研究成果，由新闻动态、学术研究、新近译文、学者文集等五个板块组成；符号学学术论坛有符号学讨论、符号学动态、资源共享等板块；《符号学—传媒学研究动态》电子月刊创立于2011年6月，每月一期，以与国内外专家学者沟通符号学、传媒学方面的动态、最新进展为目标，每月月底通过电子邮件的方式寄送，截至2014年12月已经出刊35期，拥有固定读者7000多人；新浪微博账号“@四川大学符号学—传媒学研究所”注册于2012年10月，每日早7点至晚上24点及时推送符号学—传媒学最新学术动态，目前已发布1600多条信息。该数字学术交流平台依托四川大学新闻学院，由符号学—传媒学研究所所长赵毅衡主持创建和管理运行。

供稿：四川大学文学与新闻学院

河北大学新闻传播学院2014年概况*

河北大学新闻传播学院成立于2000年10月，新闻系创建于1981年，是改革开放后兴办的全国首批9家新闻学专业之一。2007年新闻学专业被评为教育部首批国家级特色专业，成为全国800余个新闻传播类专业教学点中仅有的20家具有此项称号的教学点之一。2013年新闻学专业被评为河北省重点学科。截至2014年年底，有教师75人，其中教授22人，副教授36人，硕士研究生导师，博士研究生导师6人。

一、人才队伍

（一）学院负责人

现任院长：白贵；常务副院长：韩立新；副院长：杜浩、彭焕萍。

现任党委书记：王景明；党委副书记：滑晓军。

（二）学院现有教授

姓　名	研究方向	姓　名	研究方向
白　贵	古代文学、广播电视	曹　茹	传播心理
王景明	文字学	孙旭培	传播法
韩立新	新闻业务、舆论监督	杨秀国	新闻业务
杜　浩	文化创意产业、广告学	梁志林	新闻业务
彭焕萍	新闻业务、批判理论	陈　娟	新闻业务、农村报刊
杜恩龙	出版理论与实务	商建辉	媒介管理、传播政治经济学、文化产业
任文京	出版理论与实务	王玉蓉	广告学
陶　丹	出版经济	王雪梅	广播电视
田建平	出版理论、传播学	王俊杰	广播电视
杨金花	出版实务	李亚虹	广播电视
余　人	出版理论与实务	王秋菊	网络传播

二、机构设置

（一）系别简介

新闻系：现任系主任，曹茹；办学宗旨为培养具备扎实的新闻传播理论功底和人文社会科学素养，熟练掌握新闻采访、写作、编辑、设计、制作、传播等方面的技能，熟悉新闻传播政策和法律，具有良好的新闻职业道德，富有创新精神的高素质、应用型新闻人才。

广播电视系：设立于1993年，并在同年招收第一届专科生，2000年开始招收本科生，是国内较早设立的广电专业之一。现任系主任，王雪梅；办学宗旨为造就熟

* 本概况仅包含与新闻传播相关的人员、项目、课程、成果等。

练运用现代手段从事广播电视业务工作的高层次专门人才，为广播电视机构培养能够适应媒体高速发展的高素质应用与研究并重的复合型人才。

广告学系：创办于1993年，并于同年招收第一届专科生。1996年开始招收本科生。现任系主任，宋伟龙；办学宗旨为培养具备广告学、传播学、市场营销学等理论知识，熟练掌握一门外语，具有合理知识结构和较强实践能力，能够从事营销活动策划、品牌形象推广、广告设计与制作、广告经营和管理等方面工作的高级专业人才。

编辑出版系：创办于2001年。现任系主任，杜恩龙；主要培养书、报、刊及网络编辑和管理人才。

（二）省部级研究中心（所）

河北大学伊斯兰国家社会发展研究中心成立于2014年10月，是河北省人文社科重点研究基地。主任：白贵。中心宗旨：以伊斯兰国家为主要研究对象，以穆斯林为主要研究人群，以中伊（伊斯兰国家）外交关系为参照背景，以伊斯兰国家的社会发展为主要研究着力点，同是以传媒和文化研究作为突出亮点，并形成以下三个研究方向：伊斯兰国家传媒与社会变迁关系研究；新丝绸之路战略中的中伊关系以及媒体合作；伊斯兰国家宗教文化传播对政治、法律、金融之影响。

河北传媒与社会发展研究基地成立于2010年12月29日，是经河北省社科联批准，依托河北大学新闻传播学院雄厚的科研实力，由河北大学与河北省社科联共同建设的河北省哲学社会科学研究基地之一。主任：白贵；基地以提升河北省新闻传播研究水平、塑造一支学术队伍，同时为社会服务为出发点与落脚点。

（三）校级研究中心（所）

河北大学文化创意产业研究中心，创立于2009年，主任为杜浩，河北大学文化创意产业研究中心以现代传播下的文化创意产业的开发性研究为宗旨。

三、教育状况

（一）专业设置

学生培养的主要方向为新闻学专业、广播电视学专业、广告学专业、编辑出版专业。

1998年、2000年分别获得新闻学、传播学二级学科硕士学位授予权，2006年获得新闻传播学一级学科硕士学位授予权，2010年获得新闻与传播、出版专业硕士授予权。硕士研究生的主要研究方向：新闻理论、新闻史、新闻业务、广播电视、媒介经营管理、文化传播。

2011年获得新闻传播学一级学科博士学位授予权。博士研究生的主要研究方向：新闻史论、新闻业务、编辑出版、传播理论。

（二）招生情况

学院现有在校本科生917人，其中，中国大陆学生916人，留学生1人。

硕士研究生338人，其中，中国大陆学生322人，留学生16人。

博士研究生研究生16人，其中，中国大陆学生15人，留学生1人。

四、科研成果

（一）部分科研项目

2014年立项的国家级、省部级科研项目、课题：

国家社科基金项目：“新媒体与当代中国伊斯兰教的传播”（主持人：白贵）。

河北省社科基金项目：“中国古代词话对词的传播研究”（主持人：李世前）；“京津冀传媒一体化研究”（主持人：商建辉）；“河北省纸媒微信平台的建构、传播与运营策略研究”（主持人：张艳）。

2014年结项的国家级、省部级科研项目、课题：

河北省社科基金项目：“河北广电新

媒体发展战略研究”（主持人：王梅）；“新媒体舆论引导策略研究”（主持人：刘赞）；“解放战争时期河北人民新闻事业研究”（主持人：张金凤）。

（二）部分学术成果

1. 著述、教材

作　者	著　作
杨秀国	《新闻报道亲和力》,人民出版社
李　敏	《〈纽约时报〉的中国女性形象研究》,人民出版社
赵树旺	《新闻传播学专业英语》,中国传媒大学出版社
余　人	《中国少儿出版新进程》,世界图书出版公司
张彦辉	《河北曲阳石雕文化生态研究》,河北大学出版社
刘　赞	《党报生存环境研究》,河北大学出版社
李亚男	《文化创意产业营销与传播》,河北大学出版社;《地产广告写作》,河北大学出版社

2. 发表论文

作　者	发表论文
白　贵	《话语偏向与“文化间性”:民族宗教报道的问题与路径》,《现代传播》
杜恩龙	《2013 年出版专业职业资格考试版式设计题答案分析》,《中国编辑》;《国际著名数据库特点研究》,《中国编辑》
李亚男	《河北非物质文化遗产保护性开发策略——以传统手工艺类项目为例》,《河北大学学报》
刘燕飞	《尊重受众理性的图书营销观念》,《河北大学学报》
田建平	《宋代出版文明新论》,《河北大学学报》
杨状振	《人物、故事、情感:“中国梦”的电视剧表达及其美学标准》,《中国电视》
余人	《引进版图书的本土化运作》,《科技与出版》;《少儿出版面临的矛盾与选择》,《出版发行研究》
赵卓伦	《论美国新闻发布制度的核心要素及其历史演进》,《现代传播》;《从美国媒介发展史看大众传媒对政府新闻发布制度的影响》,《河北大学学报》(哲社版)
甄巍然	《德性伦理:融媒时代出版亟须坚守的文化之“善”》,《中国出版》
金　强	《浅析中国近现代回族报刊的经济功能》,《回族研究》

五、学术活动

（一）承办会议

2014 年 8 月 20 日至 22 日，由世新大学新闻传播学院、北京大学现代出版研究所、南华大学文化创意事业管理学系和河北传媒与社会发展研究基地四家单位共同主办的第十届海峡两岸华文出版与传播典范学术研讨会暨数位出版与数位内容策展论坛在台北世新大学管理学院举行。

（二）新闻传播学刊物及学术网站

学院官网（http://jc.hbu.edu.cn/）改版于 2012 年 5 月，自改版至今，由学院编辑出版系副主任金强任总编辑并带队，并组建了师生工作团队。目前网站分为活动部、对外联络部、技术及资源整合部三个大部门，在学生中分设副总编辑和办公室人员，负责具体事务协调和分配，学生总数约 20 人，核心团队为记者团、编辑团和翻译团。

《正声报》前身《关老报》，2010 年新闻传播学院在河北大学关心老一辈工作委员会的号召下创办了《关老报》。2013 年 3 月，《关老报》改版为河北大学新闻传播学院院报——《正声报》，并在此基础上成立了正声报社，报社由河北大学新闻传播学院党委副书记滑晓军，副教授郝海虹担任指导教师。目前报社内部有记者部、评论部、新媒体部、创意设计部以及发行部五大部门，设新闻、评论、调查、专题、交锋、人物、副刊等八个版面，在学生中设置社长、副社长、主编、副主编负责报社具体运营事务。2014 年，报社增加新媒体部门，主要负责微博、微信的运营。

《直觉》杂志由学院主要领导担任顾问，编辑出版系副主任金强任指导老师，日常运作以学生自主管理为主。《直觉》杂志社分为采编部、制作部、新媒体部三个大部门，目前建设有“直觉电子杂志”微信公众号、直觉手机报、微博等运营平台。其中《直觉》电子杂志以“人物通讯”“时事新评”“专题报道”“副刊”为核心板块，内容涉及校内外的诸多领域和行业，至今上线 37 期。

（三）国际学术交流情况

5 月，金强赴巴基斯坦进行传媒教育考察，访问了：阿拉玛·伊克巴尔开放大学（Allama Iqbal Open University），旁遮普大学（University of the Panjab）。

8 月，部分教师参与“北京数字出版与数字印刷新业态发展国际学术研讨会”。

8 月，部分教师参与“北京国际图书博览会—国际数字出版论坛（IDPF）”。

六、河北大学新闻传播学院 2014 年大事记

3 月 20 日，中国社会科学院新闻与传播研究所所长唐绪军一行到访。

3 月 25 日，“报刊复印资料”（2013）转载学术论文指数排名出炉，学院发表情况在新闻传播学科中排名靠前。

3 月 26 日，《中国编辑》杂志社副主编赵彤宇女士一行到访。

5 月 4 日，河北省委宣传部与河北大学签署共建新闻传播学院协议。

6 月 16 日，白贵“新媒体与当代中国伊斯兰教的传播”成功申请为国家社科基金课题。

6 月 29 日，学院承办的第二届“声动河北”大学生朗诵大赛决赛精彩落幕。

11 月，韩立新获 2014 年度宝钢教育奖优秀教师奖。

12 月，学院一篇硕士学位论文获 2012/2013 学年度河北省优秀学位论文。

12 月 30 日，学院联合主办的“中国梦、赶考行——新中国从这里走来”红色新闻展开幕式暨专家座谈会隆重举行。

供稿：河北大学新闻传播学院

武汉大学新闻与传播学院 2014 年概况

武汉大学新闻与传播教育始于 1983 年的新闻系，2000 年 12 月新闻与传播学院成立。

在科学研究方面，学院十分注重创新

与发展。学院建有全国高校第一家传媒类国家级实验教学示范中心：武汉大学新闻传播学实验教学中心。院图书资料室拥有中外图书50000余册，订有中外报刊230余种；电子阅览室可与校图书馆共享电子文献资源，可供利用的网络和光盘数据库有400多个；现刊阅览室可供100名读者同室阅览。现有一个"十五""211工程"重点建设项目：新闻传播与中国社会文化发展；一个"十一五""211工程"重点建设项目：社会转型与中国大众媒介改革；一个国家"985工程"哲学社会科学创新基地：新闻传播与媒介化社会创新基地；两个CSSCI收录源刊：《新闻与传播评论》、《中国媒体发展研究年度报告》；根据2012年第三轮国家学科评估结果，学院学科综合实力全国排名第三、位次第四。

国际交流与合作领域不断扩大。学院每年要主办一到两次大型国际学术会议，先后与美国伊利诺依大学传播学院、法国波尔多三大组织传播中心、英国桑德兰大学媒介研究中心、新西兰坎特布雷大学政治学与传播学院、韩国成钧馆大学放送学院、台湾铭传大学传播学院、台湾文化大学传播学院、香港城市大学英文传播系、香港中文大学新闻与传播学院等30多所教育、科研机构，建立了长期稳定的交流合作关系。

一、人才队伍

（一）学院历任负责人

1995—1999年，新闻学院院长：吴高福、张昆；党委书记：刘俊昌；副院长：石义彬、罗以澄、黄宜新、刘俊昌（兼）、李卓钧；党委副书记：吴爱军。

1999—2000年，大众传播与知识信息管理学院院长：马费成；党委书记：刘俊昌；副院长：刘俊昌（兼）、张昆；党委副书记：吴爱军、李桂安、夏义堃。

2000年至今，新闻与传播学院院长：罗以澄（2000—2009年）、石义彬（2009年至今）；党委书记：许汉生（2000—2009年）、吴爱军（2011年至今）；副院长：张昆（2000—2006年）、石义彬（2000—2009年）、单波（2002年至今）、孙向明（2000—2009年）、强月新（2007年至今）、万晓霞（2002—2004年）、朱元泓（2000—2003年）、程明（2009年至今）、王滨（2009年至今）；党委副书记：卢昌宁（2000—2010年）、黄佐斌（2000—2004年）、谢雅维（2004年至今）、楚静（2011年至今）。

（二）师资力量

学院现有专任教师52人，教授20人（含博导17人）、副教授20人；90%以上的教师具有博士学位以及在国外或境外学习、访问、交流、讲学经历；有1位国家级教学名师、1位入选国家第一批"万人计划"、4位教育部新世纪优秀人才、3位享受国务院政府特殊津贴、1位珞珈杰出学者、1位楚天学者特聘教授、2位珞珈学者特聘教授、4位珞珈青年学者。此外，学院还聘请了40多位海内外知名的新闻传播学者和业界人士担任学院的兼职教授或客座教授。

学院现有教授：

姓　名	研究方向	姓　名	研究方向
罗以澄	新闻业务	夏　琼	新闻业务
单　波	中西新闻比较	张金海	广告传播、媒介经营管理
石义彬	传播理论	王瀚东	广播电视研究
夏倩芳	新闻理论	强月新	新闻业务、媒介经营管理

续表

姓 名	研究方向	姓 名	研究方向
冉 华	传播理论	张 卓	广播电视
吕尚彬	媒介发展研究	周茂君	广告传播
刘丽群	数字媒介、新媒介发展研究	陈 瑛	图像与动画设计
程 明	广告传播	刘友芝	媒介经营管理
姚 曦	广告传播	谢湖伟	传播学、网络传播
周 翔	网络传播、中西新闻比较	周光明	新闻发展史
刘建明	广播电视研究	徐开彬	网络传播

二、机构设置

（一）系别简介

新闻学系：主任夏琼、副主任叶晓华。

广播电视系：主任冉华、副主任张卓。

广告学系：主任姚曦、副主任陈瑛。

网络传播系：主任刘丽群、副主任肖珺。

（二）省部级研究中心（所）

教育部人文社会科学重点研究基地：武汉大学媒体发展研究中心。主任：张金海；副主任：王瀚东、吕尚彬。中心下设三个研究室：媒介理论研究室，主任冉华；媒介战略研究室，主任周茂君；媒介经济研究室，主任刘友芝。

（三）校级研究中心（所）

新闻与传播研究所，所长：秦志希；跨文化传播研究中心，主任：单波。

动画产业发展研究中心，主任：石义彬、副主任：陈瑛。

《新闻与传播评论》编辑部，执行主编：秦志希、副主编：夏倩芳。

新媒体与社会发展研究中心，主任：石义彬。

数字媒介研究中心，主任：刘丽群。

三、教育状况

（一）专业设置

硕士点情况：

有新闻学、传播学、数字媒介、广播电视艺术理论等四个硕士学位授权点和一个新闻与传播专业学位授权点。涵盖方向有：新闻理论、新闻业务、新闻发展史、中西新闻比较、传播理论、广播电视、广告传播、网络传播、图像与动画设计、媒介经营管理、数字媒体技术与应用

博士点情况：

拥有新闻传播学一级学科博士学位授予权，现有新闻学、传播学、跨文化传播、数字媒介、广告与媒介经济五个博士学位授权点；涵盖研究方向有：新闻传播理论、比较新闻学、新闻传播发展史、新闻传播实务、传播理论、媒介发展研究、媒介文化研究、广播电视研究、新媒介发展研究、广告理论研究、广告运作与管理研究、广告设计研究、跨文化传播理论、跨文化传播的媒介问题研究、国际传播研究、媒介经济研究、媒介经营研究、媒介管理研究、数字媒介技术与应用、数字媒介工程与管理、移动多媒体、数字电视技术。

（二）招生情况

学院现有在校本科生 774 人，其中，中国大陆学生 774 人。

硕士研究生 517 人，其中，中国大陆学生 512 人，留学生 5 人。

博士研究生研究生 192 人，其中，中国大陆学生 189 人，台湾学生 1 人，留学

生2人。

（三）博士后流动站情况

2007年设站，2012年1月—2014年12月，进站3名博士后，其中留学回国博士后1名，外单位在职博士后1名，本单位跨学科博士后1名。国家资助名额与博士后人员招收人数比为2∶3。博士后平均年龄为31岁。

2011年1月至2013年12月间，博士后在站期间共发表CSSCI学术论文14篇，2014年发表CSSCI论文2篇，SSCI论文1篇，SSCI论文接收2篇（均为1区论文）；2012年1月至2014年12月期间，出版专著2部，其中1部为外文专著；申获国家社科基金项目2项，博士后科学基金3项，其中2项为特别资助项目，参与国家项目1项，省部级项目6项。三项部级委托项目得到部级批示，三项省级单位委托项目。

四、科研成果

（一）部分科研项目

2014年立项的国家级、省部级科研项目、课题：

国家社科基金项目：“增强主流媒体的传播力公信力影响力研究”（主持人：强月新）；“社交媒体中的伪健康信息及其治理研究”（主持人：吴世文）。

教育部重点基地重大项目：“互联网信息生态环境下我国国际传播影响力研究”（主持人：周翔）；“转型期我国网络舆论生态系统的风险评估与调试机制研究”（主持人：姚曦）。

（二）部分学术成果

1. 著述、教材

作　者	著　作
单　波	《新闻传播学的学术想象与教育反思》，社会科学文献出版社
罗以澄	《媒介思辨录》，社会科学文献出版社
吕尚彬	《中国报业：在市场与互联网视域下的转型》，社会科学文献出版社
周光明	《近代新闻史论稿》，社会科学文献出版社
夏　琼	《大众媒介与政府危机公关》，人民出版社
石义彬	《批判视野下的西方传播思想》，商务印书馆；《传播研究：国际视野与中国实践》，社会科学文献出版社
李小曼 张金海	《中国十五大传媒集团产业发展报告》，人民出版社

2. 发表论文

作　者	发表论文
张璨尹	《移动互联时代新闻评论生产的分众化策略探析》，《新闻与传播研究》
单　波	《边缘人经验与跨文化传播研究》，《新闻与传播研究》
陈　刚	《“不确定性”的沟通：“转基因论争”传播的议题竞争、话语秩序与媒介的知识再生产》，《新闻与传播研究》；《“不确定性”的沟通：“转基因论争”传播的议题竞争、话语秩序与媒介的知识再生产》，《中国社会科学文摘》全文转载
石义彬	《受众的媒介接触与文化认同——以武汉市为例的经验研究》，《新闻与传播研究》
姚　曦	《国际品牌跨文化传播的影响因素与提升路径——一项基于扎根理论的探索性研究》，《新闻与传播研究》

3. 教学获奖情况

强月新、罗以澄、周茂君，制度化推进实践教学与新闻传播人才培养创新，获第七届国家级教学成果奖。

五、学术活动

（一）新闻传播学刊物及学术网站

1. 《中国媒体发展研究报告》该报告属年卷本，每卷由数十篇调查报告、研究论文组成。报告对中国传媒的发展及相关研究进行总体的扫描与透视，并就媒体发展的若干重大问题形成专题研究报告。该报告以年度出版的形式，对传媒的产业实践予以追踪，对产业变革予以回应，并对产业的整体发展趋势予以探索。同时，该报告还提供中国传媒产业发展的相关资料库。

2. 《新闻与传播评论》由武汉大学新闻与传播学院主办，该刊关注国内外新闻传播的重大理论与实践问题，追求正确的价值取向、多元的学术思考、高质量的学术品位。主要栏目有：学理与方法、传播与文化、比较新闻学、人类传播史、媒介经济、网络传播等。

3. 媒体发展研究中心网站：http：//media. whu. edu. cn/

（二）国际学术交流情况

2014 年学院教师参加各类国内学术会议 59 人次，参加国际学术会议 15 人次；赴国外做访问学者 5 人次。

六、武汉大学新闻与传播学院 2014 年大事记

6 月 16 日，湖北省委、省政府组织召开部校共建专题办公会，决定成立院务委员会，审议并通过了《中共湖北省委宣传部与武汉大学共建新闻与传播学院 2014—2018 年实施方案》《2014 年重点任务》《院务委员会议事规则》。至此院部共建进入具体实施阶段。

7 月 28 日至 29 日，“2014 年发展广告学与传媒经济博士研究生学术论坛”暨“第四届发展广告学论坛”在武汉大学珞珈山庄举行。

8 月 21 日，中国广告教育研究会第 13 届年会暨广告国际论坛在湖北恩施召开，会议由武汉大学媒体发展研究中心、武汉大学新闻与传播学院、中南民族学院新闻与传播学院、湖北民族学院承办。大会就我国广告学专业教育的模式框架与转型、广告产业发展和广告文化等相关问题展开了研讨，并选举出新一届的常务理事单位、会长、秘书长、常务副秘书长和副会长单位。

10 月 18 日至 19 日，第七届中国青年传播学者论坛在武汉大学新闻与传播学院召开。论坛以“媒体与公共生活：问题与可能性”为主题，共有 32 位青年学者出席并报告了他们最新的研究成果。本届论坛共分为 6 个专题，分别是“政治传播与舆论空间”“新媒介与新空间”“媒介空间之文化批评”“传统媒体：真实与谣言传播”“社会化媒介议题新探”和“传播史的想象空间”。

11 月，“马克思主义新闻观大讲堂”系列讲座开讲，尹汉宁、陈力丹、童兵、程曼丽、雷跃捷等先后作学术报告。讲座围绕马克思主义新闻观的基本内容、历史脉络、精神实质和核心价值。

供稿：武汉大学新闻与传播学院

湖南师范大学新闻与传播学院2014年概况

湖南师范大学是国家“211工程”重点建设大学。1992年创办新闻学专业，2001年3月成立湖南省首家新闻与传播学院。学院现有教职工63人，其中教授15人（含二级教授3人、博士研究生导师9人），副教授20人。

近五年来，学院共承担各类科研项目100多项，其中国家社科基金项目12项，省部级重大重点项目近10项；出版学术专著50余部，在专业学术期刊发表学术论文600余篇，被新华文摘、人大复印报刊资料、中国社会科学文摘等收录50多篇次；先后获全国高等学校科学研究优秀成果奖（人文社会科学）二等奖1项、湖南省哲学社会科学优秀成果奖一等奖1项、二等奖3项、三等奖3项。先后获得省部级教学成果二等奖1项、三等奖1项。

一、人才队伍

（一）学院历任负责人

院长：田中阳（2001.3—2012.7）、廖志坤（2012.7—2013.4）、蔡骐（2013.4至今）。

副院长：郭光华（2001.3—2005.8）、雷绍业（2001.3—2002.6）、高其举（2002.6—2008.8）、肖燕雄（2005.9至今）、闵素芬（2008.12至今）、周国清（2014.10至今）。

党委书记：李伶俐（2001.3—2002.6）、童和平（2002.6—2006.4）、张专伦（2006.4—2009.12）、龚向明（2009.12至今）。

党委副书记：龚向明（2003.12—2011.5）、彭露（2011.5至今）。

（二）学院现有教授

姓　名	研究方向
田中阳	传播学、中国近现代新闻传播史
蔡　骐	传播与文化、电视研究
周国清	编辑学理论、期刊策划与营销、出版传播与社会发展
龚维忠	传播学、书刊编辑学
肖燕雄	传媒法制、新闻理论与业务、艺术理论
徐新平	中国新闻思想史、新闻伦理学、报纸业务
廖志坤	新闻理论，新闻业务
王　战	现代广告策划理论、现代企业形象战略、品牌战略以及现代设计艺术史论
王文利	广播电视学、新闻图像
吴果中	中外新闻传播史论、传播与文化
肖赞军	媒介融合与传媒规制、新媒体商业模式及产业发展、影视营销、传媒产业组织
刘　果	图书出版、数字出版、版权贸易
李　琦	媒介文化、影视批评、性别传播与传播社会学
燕道成	传播学、新闻伦理学
陈宏平	出版管理、出版伦理

二、机构设置

（一）系别简介

新闻系：成立于1992年，下设新闻学专业，是20世纪90年代以来湖南省高校中最早的新闻学本科教学点。现任系主任是吴果中。1997年获学士授予权，2000年由教育部批准成为湖南省内首家获新闻学硕士学位授予权单位，2003年拥有传播学硕士学位授予权，2005年拥有新闻传播学一级学科硕士点。1997年被湖南省委宣传部确定为湖南省新闻人才培训中心。新闻学专业人才培养目标是：培养具备系统的新闻理论知识与技能、宽广的文化与科学知识，熟悉我国新闻、宣传政策法规，能在新闻、出版与宣传部门从事编辑、记者与管理等工作的新闻学高级专门人才。

广播电视系：成立于2002年，下设广播电视新闻学（2013年改为广播电视学）、播音与主持艺术、广播电视编导三个本科专业，其中广播电视新闻学专业是湖南省普通高等学校开办的第一批广播电视新闻学本科专业，播音与主持艺术专业是湖南省普通高等学校开办的第一个播音与主持艺术本科专业。现任系主任是王文利。办学宗旨是拓宽培养口径，夯实专业基础和人文功底，融素质教育与业务培养为一体，让基础理论与专业实践相沟通，将知识传授与能力提高相统一，使教学、实践与科研互动共进。

编辑出版系：成立于2000年，下设的编辑出版学专业是湖南省普通高等学校开办的第一个编辑出版学本科专业。2001年，湖南省新闻出版局、湖南出版集团在此建立了“湖南省出版人才培训基地”。现任系主任是王海刚。该专业致力于培养具备系统的编辑出版理论与技能、宽广的文化与科学知识，能在书刊出版、书业企业、新闻宣传和文化教育部门从事编辑出版、发行的业务与管理工作，以及教学与科研的高级专门人才。

广告系：创办于2002年11月，2003年开始广告学专业本科学生的招生，现拥有广告学硕士学位授予权、湖南师范大学树达学院（二级学院）广告学本科专业、广告学专业本科自学考试、广告学专业本科成人教育考试等多个学历教育层次的成熟的教学单位。现任系主任是王战。办学宗旨是打通学科的界限，理论思辨与实际操作双向并举，从“博”至“精”地梯级培养宽口径、复合型的广告学高级专门人才。

新媒体系：成立于2012年，下设网络与新媒体专业。现任系主任是肖赞军。该专业致力于培养能掌握网络与新媒体信息传播的理论知识与实践技能，能熟练运用网络与新媒体进行信息采写、策划、传播，兼具新媒体组织运营和管理能力，拥有宽广的国际视野和进取创新精神的复合型、应用型传媒人才。

（二）省部级研究中心（所）

湖南省传媒发展研究基地：2010年正式成立，2011年成为湖南省社会科学研究基地。蒋洪新任基地负责人，田中阳任首席专家，研究队伍由12位教授、6位副教授组成。

中国传播与现代化研究中心：2008年挂牌成立，2010年成为湖南省高校哲学社会科学重点研究基地。田中阳任所长，研究队伍由12位教授、7位副教授组成。

湖南省社会舆情监测与网络舆情研究中心：2014年11月正式成立，廖志坤任中心主任，核心研究队伍由6位教授、5位副教授组成。该中心的研究主旨是科学监测社会舆情，开展网络传播研究，进一步提升主流媒体的传播力、公信力和影响力。目前已建成了CATI（计算机辅助电话调查系统）和WO（网络舆情监测系统），有效地提升了舆情的采集与数据分析能力。

（三）校级研究所

文化传播研究所：2002 年 9 月正式成立，蔡骐任所长。目前已形成由 6 位教授领衔的颇具实力的研究队伍。

出版科学研究所：2006 年 6 月正式挂牌成立，龚维忠任所长，由周国清、周玉波、陈宏平、徐超富、黄林、易图强、罗灵山、李琪、田赞明等组成骨干队伍。

传媒伦理与法制研究所：2008 年 6 月正式挂牌成立，徐新平任所长，由 6 位教授领衔构成了较为齐整的研究队伍。

三、教育状况

（一）专业设置

本科生培养设有新闻学、编辑出版学、广播电视学、广告学、网络与新媒体、播音与主持艺术、广播电视编导七个专业。

研究生培养设有新闻传播学一级学科硕士点（包括新闻理论与业务、新媒体传播、传播与文化、广告学、编辑出版学五个研究方向）、戏剧与影视学一级学科硕士点（包括影视艺术史论、影视艺术与文化、影视产业三个研究方向），同时还拥有新闻与传播（包括新闻学、广播电视学、广告学、网络与新媒体四个研究方向）和出版硕士两个专业学位授予权。

中国近现代新闻传播史博士点于 2011 年获得博士学位授予权。该点目前有 4 位博士研究生导师，他们分别是田中阳、蔡骐、徐新平、龚维忠，方向分别是中国近现代报刊史、中国大众媒介与大众文化发展史、中国新闻思想史和中国近现代出版史。

（二）招生情况

学院现有在校本科生 1391 人，均为中国大陆学生。

硕士研究生 237 人，均为中国大陆学生。

博士研究生 4 人，均为中国大陆学生。

四、科研成果

（一）部分科研项目

2014 年立项的国家级、省部级科研项目、课题：

国家社科基金项目："网络虚拟社区中的亚文化传播研究（编号：14BXW073）"（主持人：蔡骐）。

国家社科基金后期资助项目："晚清时期新闻思想研究（编号：14FXW002）"（主持人：徐新平）。

教育部人文社科一般项目："高校出版社发展质量评价体系研究（编号：14YJA860025）"（主持人：周玉波）。

教育部人文社科青年项目："高校出版社数字化发展模式研究（编号：14YJC860014）"（主持人：廖小刚）。

湖南省社科基金一般项目："'剩女'形象的媒介建构与引导策略研究（编号：14YBA271）"（主持人：李琦）；"改革开放以来湘版畅销书研究（编号：14YBA268）"（主持人：易图强）；"新媒体时代媒介偶像建构策略研究（编号：14YBA270）"（主持人：尹金凤）；"公共事件传播中的网络动员研究（编号：14YBA269）"（主持人：岳璐）。

湖南省社科基金奖励项目："中国现代民营报人新闻思想研究（编号：14JL04）"（主持人：徐新平）。

湖南省社科基金基地项目："中国电影民俗影像的国际传播研究（编号：14JD39）"（主持人：颜湘君）。

湖南省社科基金一般委托项目："'微时代'对传播方式和接受习惯的影响研究（编号：14WTC05）"（主持人：李滨）。

湖南省高校创新平台项目："4G 时代湖南手机出版产业发展研究（编号：2014BZZ252）"（主持人：王海刚）。

湖南省教育厅重点项目："媒介融合时代电视新闻报道与舆论引导策略研究

(编号：14A103)”(主持人：吴果中)。

湖南省社科评审委项目：“新变与影响：编辑客体论（编号：XSP2013JD28）”(主持人：周国清)。

2014年结项的国家级、省部级科研项目、课题：

国家社科基金项目：“中国新闻伦理思想的演进”(主持人：徐新平)；“网络暴力游戏对青少年的影响与引导研究”(主持人：燕道成)。

国家新闻出版广电总局科研项目：“实体书店扶植政策研究——书刊销售的困境与希望”(主持人：龚维忠)；“新闻出版内容创新机制问题研究——以图书出版为重点”(主持人：易图强)；“电视传播与青少年‘粉丝’引导策略研究”(主持人：蔡骐)。

新闻出版总署重点项目：“深化出版体制改革问题研究”(主持人：龚维忠)。

湖南省社科基金基地项目：“网络传播与青少年亚文化的发展”(主持人：蔡骐)。

湖南省社科基金一般项目：“网络暴力游戏对青少年的涵化效果研究”(主持人：燕道成)。

湖南省社科基金成果立项：“变革视域下的编辑客体及其影响论”(主持人：周国清)；“我国突发负面新闻适度传播的多维研究”(主持人：廖志坤)；“基于需要理论的课堂传播研究”(主持人：龙剑梅)；“边城文化与旅游传播——一种跨文化的民族志阐释”(主持人：新星)。

湖南省社科评审委项目：“新变与影响：编辑客体论”(主持人：周国清)。

湖南省教育厅重点项目：“出版传播与农村先进文化建设”(主持人：周国清)；“数字化出版与湖南期刊业发展的对策探讨”(主持人：龚维忠)。

(二) 部分学术成果

1. 著述、教材

作　者	著　作
李　滨	《转型时代的报刊观念史略》,台湾花木兰文化出版社
陈艳辉	《湖南〈力报〉(1936—1945)研究——基于文化抗战视角的考察》,湖南人民出版社
龚维忠	《现代期刊编辑学》(第二版),北京大学出版社

2. 发表论文

作　者	发表论文
蔡　骐	《网络虚拟社区中的趣缘文化传播》,《新闻与传播研究》;《移动互联时代的阅读变迁》,《新华文摘》;《当“娱乐至死”遇上“心灵鸡汤”》,《中国电视》;《何种意见？何种领袖？——对网络意见领袖的几点思考》,《新闻记者》;《养老问题的影像表达》,《中国电视》;《农家书屋与知识扶贫——以湖南农家书屋为例进行分析》,《湖南师范大学社会科学学报》
李　滨	《附会与中国近代报刊思想的早期建构》,《新闻与传播研究》
周国清	《学术期刊的媒介定位与发展方式》,《新华文摘》
李　琦	《大众传播中“乡村叙事”的现状与创新——以新世纪“三农”题材电视剧为例》,《中国电视》;《欲望消费与话语霸权——电视剧文本中的“剩女”形象解读》,《湖南大学学报》(社会科学版)

续表

作　者	发表论文
徐新平	《论张季鸾新闻伦理思想》,《湖南师范大学社会科学学报》;《论马星野新闻伦理思想》,《湖南大学学报(社会科学版)》
肖赞军	《媒介融合引致的四类规制问题》,《当代传播》;《媒介融合中规制政策的基本取向分析》,《新闻大学》;《报业竞争与党报的市场发行模式》,《重庆社会科学》;《规制融合的美国模式及其启示》,《湖南师范大学社会科学学报》
岳　璐	《农村青少年中流行文化的传播态势及其影响分析》,《中国青年研究》;《突发公共事件传播中网络动员的基本态势与运作机制》,《湖南师范大学社会科学学报》;《凡人有梦　中国有魂——浅析〈出彩中国人〉的成功之道》,《中国电视》
燕道成	《中小学生网络游戏成瘾的心理成因与教育应对》,《中国教育学刊》;《网游青少年:网络负面形象的建构与实证》,《当代青年研究》
刘　果	《论数字出版的个性化表达》,《编辑之友》
单文盛	《传播游戏理论视域下的我国微博营销特性研究》,《湖南师范大学社会科学学报》
龚维忠	《我国报刊转制改革问题的反思及化解》,《湖南师范大学社会科学学报》
王海刚	《清代图书扉页设计之特征解析》,《装饰》
尹金凤	《中国食品安全传播的价值取向研究》,《江淮论坛》;《电视媒介道德偶像的建构策略——以央视"寻找最美"系列电视节目为例》,《现代传播》;《〈新闻联播〉建构与传播道德偶像的效果分析》,《道德与文明》
田中阳	《通识教育与学科发展》,《湖南师范大学教育科学学报》
吴果中	《"患者失语"与"报道失衡":医患冲突事件报道框架的实证分析》,《湖南师范大学社会科学学报》
龙　念	《传统文化精神的现代影像表达》,《中国电视》
易图强	《图书出版内容创新的量化评估方法》,《出版发行研究》;《国内全民阅读研究的量化分析与研究建言》,《图书情报知识》
肖鲁仁	《报纸媒体证券新闻报道与股市成交量之间的相关性分析》,《湖南师范大学社会科学学报》
颜湘君	《民俗游艺和日用器物中的文学传播与接受》,《文化遗产》

（三）教学获奖情况

作　者	获奖情况
张国光	普通话语音课程,获湖南师范大学第十四届青年教师课堂教学竞赛一等奖
吴果中	传播学等课程,获第九届湖南师范大学校级教学名师奖
王　战	获湖南师范大学十佳师德标兵

（四）2014年硕博士论文获奖概况

作　者	获奖情况
杨时梅	传播与文化视阈下的"街拍"现象研究,湖南省优秀硕士学位论文

五、学术活动

（一）国际学术交流情况

2014 年，颜湘君赴美国密苏里大学新闻学院做访问学者，为期一年。

六、湖南师范大学新闻与传播学院 2014 年大事记

年初，学院积极开展媒体与高校的人员互聘工作，湖南广播电视台副台长龚政文来学院兼职任教；燕道成赴湖南广播电视台挂职，担任都市频道副总监。

6 月 29 日，中共湖南省委宣传部和湖南师范大学签署协议，决定共建新闻与传播学院。省委常委、宣传部部长许又声出席会议并讲话，省委副秘书长、宣传部常务副部长李发美和湖南师范大学校长刘湘溶分别代表双方签署共建协议。

9 月，学院师生在第六届全国大学生广告艺术大赛湖南分赛区比赛中再创佳绩，共计获得 30 个奖项，其中省级一等奖 6 项，省级二等奖 7 项，省级三等奖 13 项，优秀奖 4 项。

11 月，在第六届大学生广告艺术大赛全国总评审中，学院师生又收获了丰硕的成果，荣获国家一等奖 1 项，二等奖 3 项，三等奖 5 项，优秀奖 9 项，学校凭借喜人佳绩荣获全国“优秀院校奖”、湖南赛区“优秀组织奖”，单文盛获大学生广告艺术大赛指导老师奖。获奖级别及数量位列全省高校第一名、全国高校前茅。

11 月，学院组建了“湖南省社会舆情监测与网络舆情研究中心”，建成了 CATI（计算机辅助电话调查系统）和 WO（网络舆情监测系统），有效地提升了舆情的采集与数据分析能力。2014 年底，成功申报了湖南师范大学校级重点实验室“新媒体技术实验室”。

11 月，学院广播电视系播音与主持艺术专业张国光在湖南师范大学第十四届青年教师课堂教学竞赛中荣获一等奖。这是学院成立以来所获得的最高奖，也是学校设立新闻传媒类专业以来第一次获得课堂教学的一等奖。同时，吴果中获得第九届校级教学名师奖，王战被评为湖南师范大学十佳师德标兵。

12 月，由燕道成指导的 2012 级编导 2 班、新媒体班团支部赴岳阳临湘市源潭镇暑期社会实践团在 2014 年三下乡暑期社会实践中表现突出，荣获“2014 年全国大中专学生志愿者暑期‘三下乡’社会实践活动优秀团队”荣誉称号。该团队由 8 名队员组成，结合专业特色，开展了“大众传播媒介在新农村种养殖业建设中影响力分析——以临湘市源潭镇为例”的专题调研。

12 月，新闻与传播学院所属的南院 508 寝室在团中央开展的关于寻访“中国大学生百炼之星”活动中，荣获了中国大学生“百炼之星”称号。

12 月，学院与《晨报周刊》正式签订了校企合作协议，双方共同建立“品牌策划推广研究中心”与“品牌实验室”，中心主任将由蔡骐担任。

2014 年，周国清晋升为二级教授，目前学院共拥有三名新闻传播学科的二级教授。

供稿：湖南师范大学新闻与传播学院

北京大学新闻与传播学院2014年概况

北京大学是中国新闻学和新闻教育的摇篮。早在1918年北京大学就开设了中国历史上第一门新闻学课程，创办了中国第一个新闻学研究团体“北京大学新闻学研究会”，由校长蔡元培亲任会长。新中国成立以后，北京大学成为全国院系调整后第一个新设新闻专业的大学。2001年5月28日，北京大学恢复成立新闻与传播学院。截至2014年年底，学院有在职教师27人，其中：教授15人，副教授12人，硕士研究生导师27人，博士研究生导师12人。

一、人才队伍

（一）学院历任负责人

2001年至2006年，院长：邵华泽，常务副院长：龚文庠，副院长：谢新洲、陈昌凤。

2006年至2013年，院长：邵华泽，常务副院长：徐泓，副院长：陈刚、程曼丽，党委书记：赵为民、冯支越，党委副书记：孙华。

2013年至今，院长：陆绍阳，副院长：陈刚、俞虹、刘德寰、吴靖，党委书记：陈刚，党委副书记：王洪波。

（二）学院现有教授

姓　名	研究方向	姓　名	研究方向
陈　刚	广告学	吕　艺	新闻采写与新闻编辑
陈汝东	传播学理论与应用、修辞学理论与应用、传播伦理学、语言伦理学等	师曾志	编辑出版、公共传播
程曼丽	世界新闻传播史、国际传播、公共关系、海外华文传媒研究	吴　靖	媒介理论、媒介与文化研究、“公共领域”理论与公共传播实践、视觉文化研究
胡　泳	新媒体业务与经营	肖东发	编辑出版、年鉴学
刘德寰	市场研究、新媒体研究	谢新洲	媒介经营管理,网络传播
陆　地	媒介产业研究、广播电视概论、媒介政策与法规	许　静	传播学理论、舆论学
陆绍阳	视听语言、电影文化	杨伯溆	全球化与传播、本土化与传播、因特网与社会、跨国传播、媒介理论、研究方法
		俞　虹	电视传播,媒介文化

二、机构设置

（一）系别简介

新闻学系：下设新闻学、国际新闻、网络新闻等专业方向，旨在培养掌握国家政策法规，具备系统的新闻理论知识与网络时代的传播技能，具有宽广的文化与科学知识，能在新闻、出版、宣传部门从事编辑、记者与管理工作的高级专门人才。系主任：吕艺；副主任：陈开和。

广播电视学系：旨在培养具备系统的新闻传播理论知识与广播电视专业技能、宽广的文化与科学知识，熟悉我国新闻、宣传政策法规，能在广播电视等新闻与宣传部门从事编辑、记者与管理等工作的广播电视学高级专门人才。系主任：陆地；副主任：周忆军。

传播学系：下设传播学、国际传播、传播管理等方向，培养具备传播学基础理论与方法，能在大众媒体、信息产业和其它相关部门从事管理和实务工作的专门人才。系主任：师曾志；副主任：王异虹。

广告学系：注重广告产业与广告服务模式、中国农村媒介接触与市场、中国广告史等方向的教学与研究，强调应用性和操作型的学习和训练，旨在培养适应互联网时代和国际化环境的高层次广告实务和经营管理人才。系主任：陈刚。

（二）研究院、研究中心（所）

北京大学新媒体研究院：成立于2014年2月，由谢新洲担任院长。研究院与业界、学界广泛开展合作，建立了“舆情管理与产业情报实验室”、“信息交换与网络安全实验室”、“新意互动互联网战略实验室”等实验室和研究基地，在大数据舆情分析、数字生态圈建设、新媒体用户行为分析等方面打造产学研互动平台。

北京大学传播与文化研究所：成立于2002年，龚文庠担任所长，研究所主要研究传播理论、媒体理论与实践。注重理论与实践的结合，科研与教学的结合，积极推进传播学的本土化。

北京大学现代广告研究所：成立于1999年，由陈刚担任所长。研究所依托于北京大学的学术资源、研究力量及教学优势，经过多年发展，现已成为中国广告学研究、教育培训、市场研究和企业咨询的重要基地。

北京大学现代出版研究所：成立于2001年，由肖东发任所长。近期担负的重点科研课题有三方面：出版经营管理及案例研究；中外传播媒介史，包括国家社科重点课题《中国出版通史》及中国印刷术起源与发展研究；电子出版与网络传播研究。

北京大学新媒体营销传播研究中心：成立于2007年12月，由陈刚担任研究中心主任。中心围绕新媒体环境下的营销传播问题进行系列研究，形成新媒体环境下营销传播模式的系统理论框架。

北京大学新闻学研究会：历史上的北京大学新闻学研究会创建于1918年10月14日，由时任校长蔡元培亲自发起并担任会长。2008年4月15日，北京大学新闻学研究会恢复成立，研究会秉承历史传统，在开展新闻史论研究的同时，努力关照社会现实，以学术研究服务于新闻人才的培养，加强新闻史研究的内容和比重；对新闻业务的研究，也更加注重学理层面，逐渐形成新闻史论研究的特色。

北京大学视听传播研究中心：成立于2009年3月，陆地任主任，陆绍阳任副主任。该中心是以广播影视节目（栏目）形态研发和策划、广播影视节目制作与包装、广播影视产业发展战略规划和咨询以及新媒体视听技术追踪为重点的综合性研究机构。

北京大学新闻与传播学院公共传播与社会发展研究中心：成立于2012年，中心主任师曾志。中心旨在搭建政界、学界、企业界、媒体同仁、公益同仁跨界交流、融通合作的平台，以公共传播推动社会发展，以社会发展丰富公共传播。

三、教育状况

（一）专业设置

学生培养与研究方向主要包括：学院本科设有新闻学、广告学、编辑出版学和广播电视学四个专业。

研究生教学工作：学院设有新闻学和传播学两个硕士点，传播学博士点和新闻传播学博士后流动站。研究生专业方向涵盖国际新闻、新闻传播实务、新闻传播史论、国际传播与跨文化交流、大众传播、新媒体与网络传播、广告理论与实务、媒体经营管理、编辑出版学等诸多领域。

硕士点情况：新闻学专业共分三个方向：

新闻史论、新闻实务、国际新闻。传播学专业共分六个方向：国际传播与文化交流、大众传播（含广播影视）、新媒体与网络传播、广告学、媒体经营管理、编辑出版学。经国务院学位委员会批准，北京大学2011年招收攻读新闻与传播硕士专业学位（Master of Journalism and Communication，MJC）研究生。

博士点情况：传播学专业共分十一个方向：全球化与传播、新媒体传播与社会、媒介经营管理、新媒体与网络传播、广告理论与实务、品牌传播、市场与媒介分析、传播学研究方法、影视文化与产业、当代修辞传播学理论与应用、传媒理论与法规政策。新闻学专业共分五个方向：世界新闻传播史、国际新闻传播、广播电视研究、节庆文化与新闻传播研究、媒体与社会变迁。

（二）招生情况

学院现有在校本科生447人，其中，中国大陆学生316人，留学生131人。

硕士研究生203人，其中，中国大陆学生188人，港台学生10人，留学生5人。

博士研究生研究生94人，其中，中国大陆学生75人，台湾学生14人，留学生5人。

（三）博士后流动站情况

2009年，学院设立传播学博士后流动站，2011年设立新闻学博士后流动站。2010年3月招收了首批三名新媒体与网络传播、传播学理论与研究方法、整合营销传播与广告研究方向的博士后研究人员。专业研究方向涵盖了国际新闻、新闻传播实务、新闻传播史论、国际传播与跨文化交流、大众传播、新媒体与网络传播、广告理论与实务、媒体经营管理、编辑出版学等诸多领域。

四、科研成果

（一）部分科研项目

2014年立项的国家级、省部级科研项目、课题：

国家社科基金重大项目：“增强中国对外传播文化软实力深度研究”（主持人：关世杰）。

国家社科基金重点项目：“广告产业中国模式的理论建构研究”（主持人：陈刚）。

2014年结项的国家级、省部级科研项目、课题：

文化部项目：“新时期中国文化国际影响力评估（第二期）”（主持人：关世杰）。

国家广电总局项目：“中国电影发展的‘顶层设计’”（主持人：陆绍阳）。

（二）部分学术成果

1. 著述、教材

作　者	著　作
陈开和	《媒介、风险与科学》（译著），北京大学出版社
陈汝东	《修辞学教程》（《当代汉语修辞学》第2版），北京大学出版社；《国际修辞学研究》（第3辑），高等教育出版社
程曼丽	《中国新闻传媒人物志》，长城出版社；《“十年再出发——中国新闻发布实践与创新论坛”论文集》，清华大学出版社
胡　泳	《信息渴望自由》，复旦大学出版社；《网络政治：当代中国社会与传媒的行动选择》，国家行政学院出版社；《新媒介赋权及意义互联网的兴起》，社会科学文献出版社
刘德寰	《没有极限的未来：手机人全面解构产业》，机械工业出版社
肖东发	《年鉴学》，方志出版社出版；《北大问学记》，海豚出版社；《风骨：从京师大学堂到老北大》，北京大学出版社；《风物：燕园景观及人文底蕴》，北京大学出版社；《风范：北大名人故居及轶事》，北京大学出版社

2. 发表论文

作　者	发表论文
陈汝东	*The Global Significance of Rhetorical Thought in East Asia*, Rhetoric in Time and Space: Antiquity to Modernity: An Interactive Symposium(Oxford University, UK)
陈汝东	《加强认知传播学研究,建构国家话语体系》,全国首届认知传播研究高层论坛(四川外国语大学)
胡　泳	《社交媒体与乌克兰抗议运动》,《新闻记者》
陆　地	《2014:中国电视业发展的四个关口》,《编辑之友》
陆绍阳	《〈白日焰火〉:黑色电影的本土改写》,《中国电影家协会》、《电影艺术》
田　丽	*Digital Publishing Industry in China*, The fourth China-UK Forum on Publishing
肖东发	《"大传播"时代的好编辑》,科技与出版;《从传播学出版学的角度看自媒体》,《出版广角》
谢新洲	《尊重网络精神　引导现代舆论——评〈谁能引导现代舆论场〉》,《中国出版》;《发展情报方法研究,应对大数据挑战》,《图书情报工作》
杨伯溆	《新媒体传播:中国传播学的发展机遇》,《新闻记者》
俞　虹	《新形势下中国电视文艺的坚守与突围》,《中国电视》;《新世纪主旋律电视剧叙事策略变革与"中国梦"的探求》,《中国电视》;《光影甲午以史为鉴——析大型纪录片〈北洋海军兴亡史〉》,《中国电视(纪录)》;《立足公益高擎创新》,《中国电视》

3. 教学获奖情况

作　者	获奖情况
陈　刚	《网络广告》教材,被评为"十二五"国家级规划教材
陈开和	获2014年度中国工商银行优秀教师奖
王异虹	获2014年度正大教师奖

五、学术活动

（一）承办会议

1月，第五届中国发展广告学论坛——公众与中国广告业发展；

1月，博雅出版论坛每月一期；

3月，第四次互联网与公共传播学术论坛之"媒体权利、媒体多元主义及媒体治理"学术论坛；

4月，2014金鼠标·网络营销高峰论坛；

4月，第四届中英出版论坛；

6月，北大—宾大"互联网与公共传播：新媒体、互联网与变动中的中国"学术论坛；

6月，北京大学未名大讲堂——与名家、名人面对面；

6月，第八届中国广告趋势论坛；

7月，第四届中国发展广告学论坛——技术与中国广告业发展；

7月，"数据新闻工作坊之公益传播专题"；

8月，第十届海峡两岸华文出版论坛；

10月，2014安平中国·北大公益传播奖颁奖典礼；

11月，2014中国记者节大型公益论坛，第十届未名大讲堂——与名记者、名主持、名专家面对面；

11月，TMA移动营销峰会；

12月，2014中国电视掌声·嘘声评选发布与对话论坛；

12月，2014（第十二届）中国互联网经济年会。

（二）新闻传播学刊物及学术网站

《北大新闻与传播评论》是北京大学新闻与传播学院的连续出版物，2004年问世以来，迄今已有9辑。主编均为程曼丽，北京大学出版社出版。2012年收入CSSCI新闻与传播学来源集刊名单。

第九辑出版于2014年12月，分为新闻传播史论、媒体与社会、国际传播与文化软实力、国际视野四个部分。

（三）2014年硕博士论文获奖概况

杨虎，大众文化视野下的畅销书出版营销机制研究，校级优秀博士论文。

（四）学术交流情况

2014年学院教师参加各类国内学术会议61人次，参加国际学术会议27人次；外出讲学54人次，11人次赴外社会考察；合作研究12人次。

在国际合作方面，学院与北京大学欧洲高校中心（European University Center）商讨于2014—2015学年度合作开设欧洲媒体研究研究生课程；与the Universitàdella Svizzeraitaliana（USI）联合举办了“媒介与传播研究中欧对话”暑期班。与柏林自由大学、都柏林大学、荷兰Twente大学等接洽商讨合作事宜；开设跨文化交流暑期课程；与夏威夷大学合办第二届英语媒体论坛。

六、北京大学新闻与传播学院2014年大事记

4月8日，中国人民大学人文社会科学学术成果评价研究中心联合书报资料中心，发布2013年度“复印报刊资料”转载学术论文指数排名。在高等院校二级院所“新闻传播学”学科排名中，北京大学新闻与传播学院同时在转载量排名、综合指数排名中位列第一。

5月28日，在北京大学新闻与传播学院恢复建院13周年之际，北京大学与新华社签署了《新华社与北京大学共建新闻与传播学院协议》，9月23日，新华社社长李从军到北大给500多名师生举办了“关于推进传统媒体与新兴媒体融合发展的思考”的讲座。

8月22日，国际翻译家联盟授予新闻与传播学院教授许渊冲先生国际翻译界文学翻译领域最高奖项——“北极光”杰出文学翻译奖。许渊冲先生不仅成为该奖项自1999年设立以来首位获此殊荣的亚洲翻译家，也成为了我国在国际翻译界获得最高荣誉的翻译家。

11月22日，学院举办了“媒体融合与新闻传播学科发展研讨会”，邀请了全国11所重点新闻院校的领导和著名学者共同探讨新闻与传播学科的未来，研究如何使既能保持自身的特点，又能够吸纳好的经验，共同应对传播变革和社会变革时代的挑战。

11月，吴靖的专著《文化现代性的视觉表达：观看、凝视与对视》获北京市第十三届哲学社会科学优秀成果奖（教育系统）二等奖。

供稿：北京大学新闻与传播学院

暨南大学新闻与传播学院2014年概况

暨南大学新闻与传播学院的前身是暨南大学新闻学系，1946年在上海创立，1949年，新闻学专业并入复旦大学新闻系。1958年，暨南大学在广州重建，中文系在1960年开办新闻学专业。1970年，暨南大学因“文化大革命”停办，新闻学专业随中文系并入华南师范大学。1978年，复校后的暨南大学重建新闻学系。从此，暨南大学新闻传播教育走上不断发展的道路。2001年升格为学院。

主要研究方向为新闻传播理论、新闻传播史、舆情与社会管理、传媒经营管理、海外华文传媒、广告公关与品牌传播等。“十二五”期间，学院教师承担国家社科重大攻关项目等各类纵向课题60多项、横向课题40多项，出版专著、教材近40部，发表学术论文600多篇，建有国家级精品资源共享课和国家级精品视频公开课2门，入选国家级规划教材4部，获教育部及广东省人文社科成果奖12项、中国新闻奖2项。

一、人才队伍

（一）学院历任负责人

暨南大学新闻学系第一任系主任为冯烈山，第二任系主任为詹文浒，以后历任负责人有杜导正、周冷、马戎、马彦珣、吴文虎、黄匡宇、马秋枫、蔡铭泽等。

现任院长：范以锦；执行院长：支庭荣；副院长：张晋升、邓绍根。

现任党委书记（兼副院长）：杨先顺；党委副书记：姚淑兰。

（二）师资力量

学院现有教授23人、副教授23人，其中博士研究生导师13人、硕士研究生导师28人。教师队伍中有全国模范教师1人、教育部新世纪优秀人才3人、全国新闻出版行业领军人才1人、全国广播电视十佳百优理论人才1人、广东新闻首届终身荣誉奖1人、“广东特支计划”宣传思想文化领军人才1人、广东省文化英才1人、广东省南粤优秀教师3人、广东省新闻教育“金钟奖”4人、广东高校优秀青年教师培养对象1人、珠江学者讲座教授1人。

学院现有教授：

姓　名	研究方向	姓　名	研究方向
蔡铭泽	新闻传播史论	林爱珺	传媒法与新闻伦理、风险沟通与危机管理
陈伟军	传媒文化、新闻业务、文化产业	林如鹏	新闻业务、传媒经营管理、舆情与应急管理
范以锦	新闻业务、传媒经营管理		
侯东阳	新闻传播史、舆论学、传播理论、国际传播	刘家林	新闻传播史、广告史、教会报刊史
蒋建国	新闻传播史、消费文化	彭伟步	海外华文媒体
刘　涛	环境传播、视觉修辞、媒介文化	申启武	广播理论与实务
李異平	媒介与政治、东盟媒介	谭　天	新媒体、广播电视新闻、纪录片

续表

姓　名	研究方向	姓　名	研究方向
谭　天	新媒体、广播电视新闻、纪录片	杨兴锋	新闻业务、传播与国家治理
吴　非	俄罗斯传媒研究、国际传播、媒体外交	喻季欣	新闻业务
谢　毅	境外电视传播、电视节目制作	曾建雄	新闻评论、传媒经营管理
星　亮	广告理论、营销传播	张晋升	新闻业务、传媒经营管理、政府传播、企业传播
薛国林	新闻业务、传媒文化		
杨先顺	广告理论、广告文案	支庭荣	媒经济学、传媒社会学、全球传播

二、机构设置

（一）系别简介

新闻学系：1946 年在上海创立，2001 年，升格为新闻与传播学院。设有新闻学和国际新闻（全英文）两个专业。注重应用性，培养具备系统的新闻理论知识与专业技能、宽广的文化与科学知识，熟悉新闻传播规律和新闻政策法规，掌握采写编评摄专业技能和新媒体技术，在德智体美等方面综合发展的复合型新闻传播专业人才。现任系主任是林爱珺，副主任是陈伟军。

广告学系：创办于 1994 年，1998 年开始招收“公共关系”方向的硕士研究生，2001 年随着新闻与传播学院的成立，广告学专业升格为广告学系，2002 年开始招收“广告传播与策划”方向硕士研究生。现任系主任是星亮，副主任是朱磊。广告学专业培养适合于海内外广告公关公司和管理机构需要的高级专门人才，可从事各种媒体的广告策划、管理与市场调查、广告设计与制作以及广告教学等方面工作的专门人才。

广播电视学系：创办于 2001 年。设有广播电视新闻、播音与主持艺术两个专业。现任系主任是申启武，副主任是邱一江。广播电视新闻专业培养具备新闻传播学和广播电视学基本理论，掌握广播电视专业技能，具有较宽广文化科学知识的复合型新闻传播专业人才。播音与主持艺术专业创办于 2009 年，以新闻传播学为主导，为海内外各级电台、电视台及华语传媒机构培养普通话、粤语方言、英语等多个语种的新闻播音员、节目主持人、出镜记者，以及能担任各类机关单位及其他企事业单位公关、宣传部门发言人的新闻传播高级人才。

（二）国家级研究中心（所）、研究基地

暨南大学媒体实验教学示范中心于 2006 年获批为广东省实验教学示范中心。2008 年，获教育部批准为国家级实验教学示范中心。中心现有教师 40 多人、专职实验技术人员 11 人。近年来，中心取得了丰硕成果，发表教学研究论文 50 多篇、科研论文 600 多篇，出版专著、教材 80 部。

已签订实习基地协议的主要有：南方报业传媒集团、羊城晚报报业集团、广州日报报业集团、广东广播电视台、广东省广告（集团）公司、21CN 网站等 19 家单位。先后举办了“暨大准记者南方训练营”、“暨大省广‘广告兵法’训练营”、“传媒领袖讲习班”等多项富有特色的实践教学项目。

（三）省部级研究中心（所）

广州市舆情与社会管理研究基地是从事舆情民意监测、研究和服务的专业研究平台，前身为建于 2005 年的暨南大学舆情研究中心，2012 年入选广州市人文社会科学重点研究基地。现任主任为林如鹏。基地现有特约研究员 27 人，外聘研究员 25 人。近几年来，基地承担了国家社科基金重大招标项目等各类课题 30 多项，定期编写《广东舆情动态》，与凯迪网络合作出版《舆情观察》10 辑，策划出版“舆情与社会管理黄皮书”十多种。舆情直报报告，得到中央政治局常委的批示。

（四）校级研究中心（所）

南方传媒研究院于 2012 年 12 月 22 日正式成立，为暨南大学与南方报业传媒集团共建，旨在更好地发挥双方各自的学术优势和媒体资源优势，为广东和华南地区提供上述有针对性服务。现任院长是杨兴锋，常务副院长是张晋升，副院长是南方报业传媒集团南方传媒学院执行副院长戴学东。

三、教育状况

（一）专业设置

学生培养与研究方向主要包括：新闻传播史论、新闻传播业务、传媒经营管理、海外华文传媒、广告公关与营销传播。

硕士点情况：目前设有新闻学、传播学、广播电视学、广告学等四个硕士学位授予点，新闻与传播和艺术学（广播电视）两个专业学位授予点。目前，硕士点有校内外研究生指导教师 53 人，每年招生 200 多人。新闻与传播硕士专业学位研究生实行双导师制，即每名学生均由一名学术型指导教师，以及一名具有丰富实践经验、综合业务素质高的实践指导教师共同指导。学术型导师由本院教师担任，实践导师由业界专家担任。目前，学院聘有实践指导教师 90 多人。

博士点情况：2006 年，获准设立新闻学博士点。2007 年，学院首次招收新闻学博士 8 人，其中外招生 4 人。2011 年，新闻传播学一级学科博士点获批，下设新闻学、传播学、广告学、广播电视学 4 个二级学科以及传媒经济学二级交叉学科。目前，新闻与传播学博士点有博导 14 人，每年招生十多人。2014 年，共有 51 人报考暨南大学新闻与传播学院博士研究生，经过初审（或统考）、复试，共录取了博士研究生 11 名，其中非定向 4 名。

（二）招生情况

学院现有在校本科生 1147 人，其中中国大陆学生 604 人，港澳台学生及外国留学生 543 人。

硕博研究生 554 人，其中中国大陆学生 546 人，港澳台学生及外国留学生 8 人。

（三）博士后流动站情况

设立于 2007 年，截至目前，流动站已招收博士后研究人员 17 人，其中出站的 9 人均进入了暨南大学、华南师范大学、兰州大学等高校任教。

博士后研究人员在站期间共承担了 10 多项省部级以上科研项目，其中国家社科基金重大项目一项——“中国南海问题主张的国际传播战略与国际话语权体系研究”、博士后科学基金项目 5 项，在 CSSCI 期刊发表学术论文 30 多篇，获得省部级科研奖励 1 项。

四、科研成果

（一）部分科研项目

2014 年立项的国家级、省部级科研项目、课题：

国家社科基金青年项目：“新媒体语境下公共决策中的风险沟通研究（编号：14CXW04）”（主持人：汤景泰）。

教育部人文社会科学研究青年基金：“日本遗孤三代人的口述历史研究（编号：14YJC840042）”（主持人：张岚）。

广东省委宣传部网络调研处：“广东省‘网军’建设调研报告”（主持人：汤景泰）。

广东省宣传思想战线优秀人才第一层次支持项目："中国传媒国际话语权研究"（主持人：林如鹏）。

广东省委宣传部"理论粤军"重点项目："传统媒体与新媒体融合发展研究"（主持人：林如鹏）。

广东省社科学科共建项目："危机传播情境下突发公共事件报道的修辞学研究（编号：GD13XXW01）"（主持人：黄雅堃）。

广东省课题（后期资助）："互联网使用与政治参与（编号：GD14HXW01）"（主持人：曾凡斌）。

广东省哲学社会科学"十二五"规划2014年度学科共建项目："大数据背景下网上舆论斗争的特点、规律及应对策略研究——以香港'占领中环运动'为例（编号：GD14XXW02）"（主持人：冯广超）。

广东省教育厅研究生创新基地项目："广东新闻执政的理论创新和实践探索"（主持人：张晋升）。

广东省社科规划青年项目："移动传播时代中国传统文化的作用机制与传播路径研究（编号：GD14YXW01）"（主持人：晏青）。

其他国家级项目："当代大学生情绪的媒介呈现与引导策略研究"（主持人：晏青）。

其他省部级项目："互联网使用与政治参与"（主持人：曾凡斌）；"美丽广州的城市形象传播策略研究"（主持人：彭伟步）；"高校专业满意度评估体系构建与实践——以暨南大学为例"（主持人：朱磊）；"广东高校新闻发言人制度研究"（主持人：苏柯）；"海外华文新媒体的传播力及其对新生代华人的影响"（主持人：彭伟步）；"电视与新兴媒体融合发展研究（编号：GDT131411）"（主持人：谭天）。

ONE ASIA FOUNDATION："亚洲共同体的视觉实践"（主持人：晏青）。

2014年结项的国家级、省部级科研项目、课题：

广东省舆情信息中心项目："2013年度涉粤网络舆情综合分析"（主持人：支庭荣）。

广东省委宣传部网络调研处项目："广东省'网军'建设调研报告"（主持人：汤景泰）。

广东省教育厅一般项目："广告传播的话语分析研究"（主持人：杨先顺）。

广东省社科规划青年项目："移动传播时代中国传统文化的作用机制与传播路径研究"（主持人：晏青）。

（二）部分学术成果

1. 著述、教材

作　者	著　作
陈　强 陈一鸣 王　媛	《中国形象全球调查：伦敦卷》，暨南大学出版社
陈一鸣	《美国播音主持实用教程，媒体演播手册》，清华大学出版社
陈一鸣 邱一江	《播音主持艺术研究：记者型主持人》，暨南大学出版社
陈致中	《港澳台报业》，暨南大学出版社；《高效继任规划》，江苏人民出版社
邓绍根	《筚路蓝缕：北京大学新闻学研究会与中国新闻学的兴起》，花木兰文化出版社；《广东传媒风云人物访谈录1》，经济日报出版社

续表

作　者	著　作
范以锦 苏　柯	《传媒领袖演讲录:纸媒转型热的冷思考》,南方日报出版社
侯东阳	《文化营销攻心术》,经济日报出版社
莫智勇　陈桂琴　叶培森 朱　磊　李　苗	《品牌中国梦·广货行天下》,暨南大学出版社
麦尚文	《揭梦三沙:南海深度采访行》,暨南大学出版社;《舆情观察·网络问政卷》,人民日报出版社
彭伟步	《民主改革时期的印度尼西亚华人》,暨南大学出版社;《凝聚侨胞与中国梦:海外侨胞与中国梦》,暨南大学出版社;《突发公共事件媒介化现象解读》,暨南大学出版社
邱一江	《融媒时代的播音主持艺术研究:记者型主持人》,暨南大学出版社;《新闻专业主义视阈下电视新闻消息类作品研究》,暨南大学出版社
暨南大学舆情与社会管理研究中心	《中国形象全球调查:拉萨卷》,暨南大学出版社;《舆情观察》,暨南大学出版社
谭　天	《新媒体茶座》,暨南大学出版社;《新媒体茶座:对话与案例(第二期)》,经济日报出版社
汤景泰	《白山黑水:满族传播研究》,复旦大学出版社;《舆情观察(2013)》,人民日报出版社
王玉玮	《传媒与城市形象(2013)》,暨南大学出版社;《年度音视频经典案例选粹(2012 年)》,暨南大学出版社;《年度音视频经典案例选粹(2013 年)》,暨南大学出版社;《世界舆情报告》,经济日报出版社;《中国电视剧艺术发展史》,中国电影出版社
星　亮	《演进与诠释——营销传播学理论演进研究》,暨南大学出版社
薛国林	《企业与非营利组织开微博的 16 个要诀》,暨南大学出版社;《政府官员开微博的 16 个要诀》,暨南大学出版社;《中国互联网语境的现实逻辑(论文集)》,中华工商联合出版社
薛国林 张　岚	《2012 年度报道与年度记者》,暨南大学出版社
晏　青	《社交战》,经济日报出版社
阳　翼	《舆情观察(企业营销卷)》,人民日报出版社
喻季欣	《逐梦世界——广交会传奇》,南方日报出版社,获广东省第九届“五个一工程”作品奖
张　蕾	《热点事件舆情调查研究》,经济日报出版社

2. 发表论文

作　者	发表论文
陈广耀	《类别型状态不确定独立否定句的加工机制:来自眼动实验的证据》,《心理学报》
陈　强	《微博内容信任问题的实证分析》,《现代传播》
陈韵博	《劳工 NGO 的微博赋权分析——以深圳“小小草”遭遇逼迁事件为例》,《国际新闻界》

续表

作　者	发表论文
陈致中	*A research on newspaper reading habit in Japan: an empirical study Advances in Social Science*, Education and Humanities Research; *A study on college students' network assistance and universities' strategies*, Asian Social Science; *Empirical study on the marketing strrategy and effect on the platform of social media*, Advanced Materials Research; *The Audience Strategy and Marketing of Modern Commercial Movies: Taking "Tiny Times" as Example*, Proceedings of 2014 International Conference on Applied Social Science Research;《党报新闻专业主义之探索研究——基于 8 份党报新闻报道的内容分析》,《现代传播》
邓绍根	《论哥伦比亚大学新闻学院与民国新闻界交流合作及其影响》,《新闻与传播研究》;《新闻心理学在中国研究发展历史的再考察》,《现代传播》
范以锦	《融合要有内在联系》,《编辑之友》;《传统媒体需要重视的五大问题》,《新华文摘》;《两次转型中的机关报地位探索》,《新闻大学》
冯广超	*Estimating intercoder reliability: A structural equation modeling approach*, Quality & Quantity; *Intercoder Reliability Indices: Disuse, Misuse, and Abuse*, Quality and Quantity; *Mistakes and How to Avoid Mistakes in Using Intercoder Reliability Indices*, Methodology-European Journal of Research Methods for the Behavioral and Social Sciences; *Sources, Contents and Students' Social Learning about Persons with a Disability*, Chinese Journal of Communication
高　丽	*Hunting corrupt officials online: the Human Flesh Search Engine and the search for justice in China Information*, Communication & Society
谷　虹	《广电产业与新兴媒体融合发展的平台战略》,《暨南学报》
蒋建国	《清末报刊的大众化与发行网络的延伸》,《新闻大学》;《网络"小清新"亚文化的展演与魅惑》,《现代传播》;《网络成瘾、网络消费主义与日常生活的异化》,《贵州社会科学》;《微信成瘾:社交幻化与自我迷失》,《南京社会学》
李异平	《论城市社区环境传播》,《现代传播》;《中国环境传播的政治驱动力》,国际媒体与传播研究学会年会论文(印度)
林如鹏	《传媒上市公司投资行为研究——中美对比的视角》,《现代经济探讨》;《构建五维课程评估体系　实现课程与教学良性互动》,《中国高等教育》;《李娜四大满贯比赛报纸标题用语的主要特征》,《体育学刊》
刘　涛	《环境公共事件的符号再造与修辞实践——基于兰州自来水污染事件的符号学分析》,《新闻大学》
彭伟步	《当前海外华文传媒发展动态浅析》,《东南亚研究》
申启武	《探寻新媒体时代中国广播创新与发展之路》,《现代传播》
谭　天	《对话新媒体研究:范畴、路径与问题——首届中国新媒体研究高端论坛综述》,《现代传播》
汤景泰	《论公共舆情治理》,《暨南学报》;《消失的地域与碎片化族群的兴起——移动互联网中广州与连南瑶族自治县的"数字鸿沟"调查》,《西南民族大学学报》(人文社科版);《舆论反恐——论恐怖主义袭击事件报道》,《新闻记者》
王　媛	《新媒体环境下广播新闻的内容生产变革——以广东电台〈直播广东〉为例》,2013 年度广东省广播影视奖论文类二等奖
吴　非	《2014 中国海外投资战略图》,人民大会堂举办 2014 年中国海外投资战略会议;《美国智库与媒体的互动——以 CNAS(新美国安全中心)、CSIS(国际关系战略中心)、Brookings(布鲁金斯学会)为例》,《湖北社会科学》;《扑朔迷离的乌克兰国家未来发展方向》,《人民论坛·学术前沿》

续表

作　者	发表论文
薛国林	《“自留地”还是“公共绿地”？——媒体人微信公共账号实践的机遇与困境》,《新闻爱好者》
晏　青	《大众传播时代传统文化的生存与合法性建构》,《中州学刊》;《论大众传媒时代娱乐修辞及理论逻辑——兼论娱乐研究的方法论转向》,《文艺研究》;《仪式化生存:中国传统文化的传播面向与表征模式》,《福建师范大学学报》;《中国传统文化的媒介化生存:知识转换、国家认同与政治合法性》,《内蒙古社会科学》
杨先顺	《网络流行语模因分析及其对广告语言创作的启示》,《当代传播》
曾凡斌	《互联网使用方式与社会资本的关系研究——兼析互联网传播能力在其间的作用》,《湖南师范大学社会科学学报》;《社会资本、媒介使用与城市居民的政治参与——基于2005年中国综合社会调查(CGSS)的城市数据》,《现代传播》
曾建雄	《从独立报人到外交家——旅美华侨伍盘照成功办报实践及“侨民外交”活动评述》,《新闻与传播研究》
张晋升	《从我国新闻业职业化历程看采访权的主体变迁》,《编辑之友》;《民国初期上海市民精神消费的媒介镜像:以〈申报〉(1912—1937)广告为例》,《国际新闻界》
张潇潇	*Constructing Hong Kong Identity*: *Political contestations and press mediations*, Chinese Journal of Communication; *TV formatting of the Chinese Ugly Betty*: *An ethnographic observation of the production community*, Television & New Media
支庭荣	《集合传播权与谦抑性原则——浅析社会化媒体时代的“两个舆论场”》,《西北师大学报》(哲学社会科学版);《实践新闻专业性　实现新闻公共性——基于马克思主义新闻观的视角》,《新闻与传播研究》

3. 教学科研作品获奖情况

作　者	获奖情况
林如鹏　张晋升　支庭荣 范以锦　杨先顺　喻季欣	创新型新闻传播人才合作培养体系建设的探索与实践,获第七届广东教育教学成果一等奖(高等教育)
杨先顺　李　苗　星　亮 阳　翼　朱　磊	应用型广告拔尖人才培养体系研究与实践,获第七届广东教育教学成果一等奖(高等教育)
林如鹏	新闻事业经营管理,入选国家级精品资源共享课
喻季欣	微博:“微写”与“博识”,入选国家级精品视频公开课;第二届暨南大学本科教学校长奖教学贡献奖
陈　喆	数码摄影与影像处理,入选教育部“大学素质教育优秀通选课”
谭　天	广播电视新闻研究,获中国高校影视学会二等奖
刘　涛	把校舍真正建设成第一避难所,获中国新闻奖一等奖
曹　晨	第二届暨南大学本科教学校长奖青年教师教学奖
杨　莲	第二届暨南大学本科教学校长奖优秀教学管理个人奖

五、学术活动

（一）承办会议

10 月 18 日至 19 日，暨南大学新闻与传播学院举办第二届数字营销传播研究与应用国际研讨会。此次会议的主要议题包括大数据背景下营销传播的挑战、移动互联网环境下的营销传播新趋势、社会化媒体与营销传播创新、数字营销传播研究前沿问题与方法、数字营销传播典型案例、数字时代广告公司的变革之道、数字时代广告教育的升级之路等。

11 月 1 日，暨南大学新闻与传播学院承办教育部高等学校新闻传播学类专业教学指导委员会（教指委）第四次会议。会议围绕教指委的工作情况和新闻传播学类教育改革所遇到的突出问题进行了汇报和讨论。

11 月 2 日至 3 日，中国新闻史学会、暨南大学新闻与传播学院和暨南大学南方传媒研究院共同举办“中国新闻史学会 2014 年年会暨中国新闻传播专题史研究学术研讨会”。会议期间举行了中国新闻史学会理事大会暨动员大会，审议并通过了第五届理事会组织机构推荐名单和第五届理事会常务理事推荐名单。暨南大学新闻与传播学院刘家林当选为副会长，邓绍根当选为副秘书长。本次会议共吸引了全国 150 多个高校、新闻研究机构及部分媒体 200 余名代表参加。

（二）新闻传播学刊物及学术网站

学院舆情与社会管理研究基地和凯迪网合作，创办了学术集刊《舆情观察》。作为基地定期出版物，《舆情观察》由基地研究员和凯迪数据研究中心负责人共同组织稿件和担任栏目主持，刊发基地专职和兼职人员的研究成果，截至目前已经出版了 10 辑，主题分别为《贰零壹贰》《健康传播》《社会管理》《城市形象》《企业营销》《网络问政》《贰零壹叁》《品牌声望》《贰零壹肆》《危机公关》。

暨南大学新闻与传播学院的学术网站为舆情与社会管理网（http：//yqjd. jnu. edu. cn/），设有“舆情焦点”“博赛智库”“舆情调查”“学术前沿”“教育培训”和“多媒体案例”等专栏。

（三）2014 年硕博士论文获奖概况

李志敏，论中国传媒价值认同——以马克思主义公共性思想为视角，2014 年广东省优秀硕士学位论文。

（四）国际学术交流情况

1. 国外访问学者情况

5 月 15 日，广电系主任申启武、新闻系副主任陈伟军率领 10 位硕士研究生赴加拿大进行为期 15 天的深度采访调研。

5 月 23 日，张晋升与张潇潇访问马来西亚理科大学。

5 月，王天权、叶培森和 10 位硕士研究生组成的“中国国家形象全球调研”小组赴南非开普敦大学、《非洲时报》《南非华人报》、约堡领馆和开普敦领馆等进行为期 2 周的深度采访与调研。

6 月 5 日至 13 日，林爱珺、喻季欣、蒋建国、陈韵博、王媛等一行 5 人赴柬埔寨金边大学、新加坡南阳理工大学等东南亚高校进行为期八天的调研。

下半学期，邓绍根、王玉玮、汤景泰、陈强、李洁、阳翼、张岚、张潇潇、郑越、陈一鸣、陈桂琴、黄雅堃等多位骨干教师前往台湾世新大学、香港中文大学、美国西北大学进行为期一个月的短期学术交流访问。

9 月开始，支庭荣在美国宾夕法尼亚大学访学。

2. 国际学术会议情况

5 月 22 日至 26 日，郑越参加在美国西雅图召开的 ICA 年会。

7 月 14 日至 7 月 21 日，汤景泰赴台参加“2014 大陆传播青年学者学术交流访问会”。

供稿：暨南大学新闻与传播学院

清华大学新闻与传播学院2014年概况

清华大学新闻与传播学院成立于2002年4月21日，前身是1985年在中文系设立的编辑学方向和1998年10月成立的传播系。

一、人才队伍

（一）学院历任负责人

2002.04—2005.12，院长：范敬宜；常务副院长：胡显章；副院长：熊澄宇、尹鸿、李希光；党委书记：王健华；党委副书记：崔保国。

2005.12—2009.12，院长：范敬宜；常务副院长：李希光；副院长：尹鸿、李彬；党委书记：王健华；党委副书记：周勇。

2009.12至今，院长：范敬宜（2010.11去世）、柳斌杰（2012.03上任）；常务副院长：尹鸿；副院长：李彬（2010.11卸任）、陈昌凤（2010.11上任）、崔保国、史安斌；党委书记：金兼斌；党委副书记：周勇（2011.02卸任）、赵曙光（2011.02上任）。

（二）学院现有教授

姓名	研究方向	姓名	研究方向
陈昌凤	新闻传播史、大众传播与社会变迁、新闻与传播教育、媒介素养	柳斌杰	科学认识论、宏观经济学、新闻传播学、文化社会学
崔保国	传播学理论、媒介经济与管理研究	彭兰	新媒体传播、媒介融合
范红	国家形象与城市品牌、城市文化与文化产业、跨文化传播、企业传播、管理沟通、公共演说	沈阳	移动/社交/政务/自媒体、数据新闻、媒体数据挖掘、网络舆情
郭镇之	新闻传播史、新闻传播理论	史安斌	媒介文化研究、跨文化传播、全球传播、危机传播、新闻与政治
金兼斌	新媒体使用与效果、内容出版、传播学理论与方法	司久岳	新闻学、英语新闻采编、高级新闻采编
		王君超	媒介批评、新闻学、新媒体与社会发展
李彬	新闻传播与社会变迁、全球传播之历史与现状、传播批判理论	熊澄宇	新媒体研究、媒介发展史、文化产业
		尹鸿	影视传播、媒介文化、文化产业
李希光（双聘教授）	新闻学、公共政策与媒体、国际传播	胡显章	教育理论与大学文化研究、发展战略研究
		刘建明	新闻理论、舆论与传播
		王健华	信息科学

二、机构设置

（一）校级及以上研究中心

国家文化产业研究中心：2004年5月，经清华大学校务会议批准，学校以新闻与传播学院、经济管理学院、公共管理学院、法学院、人文学院、美术学院、信息学院等七个与文化产业研究相关的实体学院为依托，建立了校级跨院系的清华大学文化产业研究中心。主任熊澄宇。2005年被批准为国家级哲学社会科学创新研究基地。2006年，中心被命名为国家文化产业研究中心。主任熊澄宇。中心宗旨：提升中国文化产业的竞争力和创新能力，为政府决策、产业发展和学科建设做出积极的贡献。

马克思主义新闻学与新闻教育改革研究中心：成立于2007年1月18日，是清华大学校级研究中心。范敬宜、郭庆光先后担任主任。目前柳斌杰担任主任，王君超担任执行主任。中心任务：开展新闻学理论创新的工作，研究目前新闻学理论与实践领域的重大问题，为党和国家的重要决策提供政策研究和分析报告；不断摸索和总结新闻学教育的思路、内容和方法。

国际传播研究中心：创建于1999年夏天。主任李希光。中心目标：在一种开放、活跃和自由的学术氛围内，为海内外研究人员、媒体专业人员，特别是中青年学者开展富有创新性的研究提供良好的环境，密切跟踪现代媒体发展新手段和新潮流。

伊斯雷尔·爱泼斯坦对外传播研究中心：该中心原名为清华大学伊斯雷尔·爱泼斯坦研究中心，成立于2008年10月，2011年10月更名为现名，是经学校批准，由新闻与传播学院和校图书馆共建的校级研究中心。主任为清华大学副校长谢维和，现任中心执行主任为新闻与传播学院副院长史安斌和校图书馆党委书记高暄。中心任务：开展对外传播、全球传播、国际新闻、跨文化传播、公共外交、危机传播、新闻发布制度和国家品牌行销等前沿学科的研究工作，与国务院新闻办等部门合作开展新闻发言人和外宣人才的培训工作，同时进行爱泼斯坦新闻思想和实践的研究及相关图书文献的编纂整理等工作。

清华大学国家形象传播研究中心：成立于2014年12月14日，研究中心由清华大学新闻与传播学院、公共管理学院、经济管理学院、人文学院、建筑学院、美术学院共同建设，挂靠新闻与传播学院。理事长柳斌杰，主任尹鸿，执行主任范红。中心宗旨：为塑造我国的国家形象、提高中国国家软实力提供智库支持。

（二）院级研究机构

影视传播研究中心，主任尹鸿。

新媒体传播研究中心，主任彭兰。

传媒经济与管理研究中心，主任崔保国。

新闻研究中心，主任陈昌凤。

公共关系与战略传播研究所，所长范红。

三、教育状况

（一）专业设置

学生培养与研究方向主要包括：新闻学、传播学、国际新闻与传播、影视传播、新媒体传播、媒介经营与管理等。

1995年获新闻学硕士学位授予权，2000年增列传播学硕士学位授予权，2003年获传播学博士学位授予权，2006年获新闻传播学一级学科博士学位授予权，2007年被批准设立博士后流动站。

（二）招生情况

全院在读学生人数：634人。

本科生307人，其中，中国大陆学生228人、港澳台学生2人、留学生77人。

硕士研究生257人，其中，中国大陆学生203人、港澳台学生8人、留学生人46人。

博士研究生70人，其中，中国大陆学生57人、港澳台学生4人、留学生9人。

另有，新闻学二学位118人。

（三）博士后流动站情况

2007年设立博士后流动站，方向为新闻传播学。2007年至2013年出站博士后13名，2014年在站博士后共19人，其中全职博士后11人，企业博士后8人。

四、科研成果

（一）部分科研项目

2014 年立项的国家级、省部级科研项目、课题：

国家社科基金重大项目：“中华文化的海外传播创新研究”（主持人：郭镇之）。

国家社科基金重点项目：“‘新新媒体’环境下的报纸发展趋势及转型研究”（主持人：王君超）；“传统媒体与新兴媒体融合发展研究”（主持人：陈昌凤）。

教育部留学回国基金项目：“网络热点事件公共协商研究”（主持人：戴佳）。

教育部人文社科一般项目：“记录与继承：中国传统文化保护与传承研究”（主持人：雷建军）。

国家新闻出版广电总局重点项目：“国家广播电视媒体在重大事件中的舆论引导效果研究”（主持人：张小琴）。

教育部后期资助重点项目：“新世纪以来中国电影产业的改革与发展”（主持人：尹鸿）。

（二）部分学术成果

1. 著述、教材

作　者	著　作
史安斌	《全媒体时代的新闻发布与媒体关系管理》，五洲传播出版社
尹　鸿　凌　燕	《百年中国电影史》，湖南美术出版社、岳麓书社
赵曙光	《致命的转化率：全媒体转型的陷阱》，复旦大学出版社；《幻影注意力：基于眼动实验的植入式广告效果研究》，复旦大学出版社；《社会化媒体与公益营销传播》，复旦大学出版社
李　彬	《唐代文明与新闻传播》（修订版），中国人民大学出版社
胡易容	《图像符号学：传媒景观世界的图式把握》，四川大学出版社
史安斌（编著）	《全球传播与新闻教育的未来》，清华大学出版社
崔保国（编著）	《中国传媒产业发展报告（2014）》，社会科学文献出版社
尹　鸿（编著）	《世界电影发展报告》，中国电影出版社
尹　鸿　刘浩东主编	《2014 中国电影艺术报告》，中国电影出版社
赵曙光（编著）	《媒介经济学》（第二版），清华大学出版社
胡易容（编著）	《符号学—传媒学词典》，台湾秀威出版社

2. 发表论文

作　者	发表论文
戴　佳	《“国际新闻”与“全球新闻”概念之辨——兼论国际新闻传播人才培养模式创新》，《清华大学学报》（社科版）；《官方与民间话语的交叠：党报核电议题报道的多媒体融合》，《国际新闻界》；《环境阴影下的谣言传播：PX 事件的启示》，《中国地质大学学报》（社科版）
郭镇之	《公民参与时代的新闻专业主义与媒介伦理：中国的问题》，《国际新闻界》
李　彬	《人间正道是沧桑——读〈道路自信：中国为什么能〉》，《红旗文稿》；《试谈新中国新闻业的“十个关系”》，《山西大学学报》（社科版）；《学术何为　前沿安在——兼谈文化政治与文化自觉》，《当代传播》；《国家建设与民国报业》，《新闻记者》

续表

作　者	发表论文
熊澄宇	《在交流和创新中增强文化自信》,《求是》;《国际数字动漫产业现状、趋势及对我国的启示》,《东岳论丛》;《社会复合主体与文化产业发展》,《北京联合大学学报》;《关于协同创新的思考》,《新美术》
尹　鸿	《民生与民权的转换,视角与眼界的提升——〈民生大接访〉的实践价值》,《现代传播》;《世界电影产业发展趋势研究报告》,《现代传播》;《2013年中国电影产业备忘》,《电影艺术》;《微电影:互联网时代的艺术新形态》,《电影艺术》;《风格即是救赎的手段》,《电影艺术》;《"网生代"电影与互联网》,《当代电影》;《网络时代电影的生产与传播》,《当代电影》;《大时代与轻电影——2013年中国电影创作备忘》,《当代电影》;《大时代下的"轻文化"——2013年中国电视剧创作备忘尹鸿》,《电视研究》;《中国电影产业:改革的"红利"还能持续多久?》,《传媒》;《网络视听:寻找管好与管活的平衡点》,《唯实(现代管理)》
张小琴	《后喻时代的新闻教育——清华大学新闻与传播学院的"清新传媒"实践教学模式》,《国际新闻界》;《论中国电视节目生产的"高概念"模式》,《中国电视》
张　铮	《我国小微传媒企业的融资困境及其破解路径分析》,《现代传播》
赵曙光	《高转化率的社交媒体用户画像:基于500用户的深访研究》,《现代传播》;《消失的入口价值:从注意力竞争到产业链竞争》,《新闻与传播研究》;《社交媒体广告的转化率研究:情景因素的驱动力》,《新闻大学》;《社交媒体的使用效果:社会资本的视角》,《国际新闻界》;《互联网环境下的广播节目接触行为与广告态度评价》,《中国广播电视学刊》;《突破广告:高转化率的媒体盈利模式》,《新闻记者》;《传统媒体的"三位一体"转型——互联网发展20年对传统媒体的影响》,《传媒》;《从"广播网络化"到"网络化广播":广播媒体的数字化转型》,《传媒》
周庆安	《从外交档案看中国政治传播起步——1956—1957年中国政府对外国记者管理的制度史初探》,《现代传播》;《制度构建与话语探索——从解密档案分析我国早期对外传播形态特点》,《北大新闻与传播评论》
梁君健	《自发的现代性:历史人类学视角下的〈杨三姐告状〉个案研究》,《香港:传播与社会学刊》(第29期)
卢　嘉 曾繁旭	*Linguistic intergroup bias in Chinese crime stories: propaganda model vs. commercial model*, Asian Journal of Communication; *Microblogging and grass-root surveillance in China*, China: An International Journal
曹书乐	《新媒体环境中的"现象电影"》,《当代电影》
曾繁旭	《调查报道的信源突破:专业常规与替代策略》,《新闻记者》;《媒介运用与环境抗争的政治机会:以反核事件为例》,《中国地质大学学报》(社科版);《中国网络事件的行动剧目:基于10年数据的分析》,《新闻记者》;《逾越界限的行动:社会化媒体与环境群体性事件的激进化研究》,《当代传播》
陈昌凤	《融合时代的新闻传播教育》,《中国高等教育》
崔保国	《媒体的责任与担当——评安倍点名批评〈朝日新闻〉》,《传媒》;《国际传媒转型新趋势》,《传媒》;《不破不立　不止不行——2014中国传媒产业发展趋势报告》,《传媒》
杭　敏	《变迁中的全球传媒产业》,《传媒》;《财经新闻报道中数据的功用》,《新闻记者》
雷建军	《电影不同环节与文本意义的生产转移:对实验电影〈翻山〉的人类学解读》,《西南边疆民族研究》(第14辑)

续表

作　者	发表论文
史安斌	《全球传播的重构和"中印一体"的崛起》,《新闻界》;《颠覆与重构:大数据对电视业的影响》,《新闻记者》;《"我推故我看":电视节目全媒体传播和社会化营销的新趋势》,《电视研究》;《从"倒金字塔"、"斜金字塔"到"正金字塔":基于社交媒体的新闻话语体系和传播模式初探》,《新闻记者》;《媒体融合:触及媒体人灵魂的革命》,《电视研究》;《打造延展型媒体:Web3.0 时代美国电视节目营销新趋势》,《电视研究》;《全媒体时代新闻发布变革与创新》,《传媒》;《从"现实政治"到"观念政政"——论国家战略传播的道义感召力》,《人民论坛·学术前沿》
柳斌杰	《传媒发展:趋势、融合和创新》,《传媒》;《在改革中构建新闻传播教育体系》,《现代出版》

五、学术活动

（一）承办会议

4 月 19 日，由清华大学新闻与传播学院主办的“传媒发展论坛 2014”暨《中国传媒产业发展报告（2014）》发布会在清华大学举行。本次论坛的主题为“传媒转型、融合与创新”。论坛就传媒转型模式和融合发展趋势等问题展开研讨和对话，探索传媒业的创新之路。

4 月 19—21 日，第四届全球媒介伦理圆桌会议（The Fourth Roundtable on Global Media Ethics）在清华大学召开，克里斯琴斯（Clifford G. Christians）等来自美国、南非、印度、加拿大的 5 位国际学者，中国大陆和香港、台湾的著名学者共 15 人发表了研究成果，中国数十位青年教师出席了会议。

5 月 17 日，由清华大学新闻与传播学院、伊斯雷尔·爱泼斯坦对外传播研究中心主办，中国新闻史学会外国新闻传播史研究委员会协办的“全媒体时代的危机传播与新闻发布”国际学术论坛在清华大学新闻与传播学院举行。

6 月 13 日，2014 清华财经新闻论坛在清华新闻与传播学院举行。本次论坛主要探讨“财经报道中的数据新闻”，议题为“数据的力量：驾驭财经新闻报道中的信息革命（The Power of Data：harness the information revolution to improve business journalism）”。论坛邀请了来自英国牛津大学、美国乔治华盛顿大学、亚利桑那州立大学、华盛顿邮报、彭博新闻社、中国日报和中央电视台等 60 多位学界业界专家，共同探讨数据新闻的发展、数据新闻在财经报道中的应用以及数据新闻时代的财经新闻教育三大主题。

9 月 2 日至 3 日，由清华大学新闻与传播学院、伊斯雷尔·爱泼斯坦对外传播研究中心、英国威斯敏斯特大学中国传媒中心和中国新闻史学会外国新闻传播史研究委员会联合主办的“中国传媒走向全球”国际学术论坛在清华新闻与传播学院举行。

9 月 27 日，联合国教科文组织—联合国文明联盟全球媒介素养与跨文化对话教席大会在清华召开。院长柳斌杰，中华全国新闻工作者协会党组书记翟惠生，联合国教科文组织驻华代办代表 Andrea Cairola 以及来自美国、加拿大、日本、瑞典、芬兰、巴西、埃及、摩洛哥等 15 个国家的一百多名媒介教育工作者和学生代表参加大会，本次大会由清华大学国际传播研究中心主办。

11 月 4 日，第九届华语青年影像论坛之“传统与未来：互联网经济与中国电影产业生态”主题峰会在清华大学中央主楼接待厅举行。来自华语电影界重量级制片人、发行人、导演、知名学者就“互联网经济与中国电影产业生态”等方面的问题进行务实研讨。本次论坛由中国电影家协会、中国文联电影艺术中心，清华大学新闻与传播学院联合主办，清华大学影视传播研究中心承办。

（二）新闻传播学刊物及网站

《全球传媒学刊》是由教育部主管、清华大学主办的正式学术期刊，2014 年经国家新闻出版广电总局批准，由清华大学新闻与传播学院具体承担编辑工作。本刊曾以电子刊形式出版过 16 期，并从中精选论文组成 8 本辑刊，由清华大学出版社正式出版，产生了一定的学术影响。

《全球传媒学刊》以学术创新和学术生产为己任，重点发表来自国内和国际学者的原创性学术研究成果；同时，也观察中国和世界传媒发展的新趋势，介绍全球新闻传播研究领域的新思想、新方法和新的学科前沿，着力推动新闻学和传播学理论、历史和现实研究。编委会主任：柳斌杰；编委会副主任：崔保国；主编：郭镇之；副主编：王君超、周庆安。

（三）国际交流情况

全年共举办高水平国际学术会议 5 次，有 10 位骨干教师出境参加顶尖级国际学术会议，并发表演讲；全年共接待了 32 批（次）总计 152 名来访外宾和港澳台地区客人；派遣教师 43 人次、学生 31 人次到 23 个国家和地区的相关院校和媒体交流、交换或实习。

签订对外合作交流协议：

10 月 14 日与美国西北大学梅迪尔新闻、媒介管理与整合营销传播学院签订师生交换协议，有效期 3 年。

10 月，与韩国首尔国立大学传播系签署了师生交换协议，有效期 3 年。

引进高水平外专师资：

聘请英国威斯敏斯特大学媒体、艺术与设计学院新闻学教授，中国传媒中心主任戴雨果来学院教学和合作研究，深度参与到学生的国际新闻采写、国际传播、纪录片制作、电视新闻制作等实践教学环节中去。

邀请了 Richard Dunham（曾在《商业周刊》担任驻白宫记者、全国记者俱乐部培训学院院长），Andrew Leckey（美国亚利桑那州立大学克朗凯特新闻与大众传播学院教授，美国雷诺兹国家财经新闻中心主席）和 Robert Picard（世界著名传媒经济学家，现任英国牛津大学政治与国际关系系教授、研究中心主任）来华讲授财经新闻相关课程及合作研究。

国际学术交流与合作：（时间均以批准出境时间为准）

1 月与 4 月，崔保国两次赴美国康奈尔大学，顺利完成博士研究生导师短期出国交流计划。

3 月 9 日，杭敏、熊澄宇、张铮赴瑞典就瑞典文化产业、尤其是数字文化产业发展进行考察，并与政府、企业及学术单位交流。

5 月 9—25 日，熊澄宇赴巴西参加文化周论坛并作演讲。

5 月 23 日，戴佳赴美参加国际传播学会年会并作口头报告。

7 月 1 日，张铮赴西班牙参加国际测量学会第九届年会并作口头报告。

7 月，第十届国际研究生年会（IGC10）在法国召开。三位博士研究生欧阳春雪、刘娟、黄雅兰的论文入选。卢嘉带队参加了本次会议并在会议上做主旨演讲。

7 月 17 日，郭镇之赴加拿大西蒙弗雷泽大学学术交流。

7 月 21 日、8 月 30 日，崔保国两次赴日考察，与当地文化企业交流。

7 月 25 日，史安斌赴美沟通与商讨“全球财经新闻硕士”项目的进展情况及下一步的合作事宜。

8 月 5 日，熊澄宇赴美参加新闻和大众传播教育协会年会并作特邀报告。

10月27日，博士后董鸿英赴英学术交流。

11月13日，由金兼斌和周庆安组成的代表团，访问了纽约城市大学新闻学院。双方商定，尽快开展师资交流，并选择适当的时机开展2—3周的学生交换项目。金兼斌和周庆安还参加了“美国记者中心30周年”颁奖晚会。

11月20日，陈昌凤出席全美传播学会的第100届年度大会。

12月1日，郭镇之赴美参加第七届中美互联网论坛，并作特邀报告。

12月2日，熊澄宇赴德参加第五届全球网络峰会，并作口头报告。

国际接待来访：

4月15日，瑞士银行（UBS）董事总经理、亚太区首席传讯官（Chief Communication Officer）Rob Stewart 和瑞银执行董事冼丽芬在学院环球资源厅与学生进行了座谈交流。

4月18日，英国保守党议员、保守党副主席萨拉·牛顿（Sarah Newton）率英国保守党中国小组来学院访问交流。

4月21日，伦敦城市大学财经新闻硕士项目主任 Steve Schifferes 和 Lewis Linda 女士带领学生15人来学院访问交流。

5月23日，德国莱茵美茵应用科学大学媒体与设计硕士项目主任 Stephan Böhm 和媒介经营本科项目主任 Schwarz 来访。

6月4日，美国乔治华盛顿大学媒体和公共关系学院副院长 Mike Shanahan，孔子学院执行院长孙陶然和哥伦比亚文理学院副院长 Teresa Murphy 来学院访问。

7月3日，美国印第安纳大学传媒学院研究生项目主任 Lars Willnat 来访，双方探讨了在师生交换等方面合作的可能性，并拟签署院级交换协议。

10月14日，美国西北大学梅迪尔新闻、媒介管理与整合营销传播学院院长 Brad Hamm 来访，并作题为“新闻业未来趋势”的讲座。随后，院党委书记金兼斌与 Hamm 代表两院签署了师生交换协议，迈出了双方交流合作的第一步。

10月14日，彭博新闻社亚太地区执行主编 David Merritt 先生来访并做客彭博系列财经新闻讲堂。

10月23日，美国大使馆新闻发言人柯英豪先生、CNN 前驻华记者齐迈可（Michael Chinoy）等一行3人来访，做题为“新闻采访的艺术”讲座。

12月22日，美国非营利国际组织（IREX）基金会项目负责人 Sarah E. Bushman 女士来访。

国际来院学术交流：

4月19—21日，南非罗德大学新闻与媒介研究学院副院长沃瑟曼在学院进行了有关中非媒体关系短期讲学。

5月9日—21日，美国佛罗里达中部大学尼克森传播学院 W. T. 库姆斯来访，并开设了“危机传播”短期课程。库姆斯是“情境式危机传播理论”创始人。

5月13—15日，美国亚利桑那州立大学克朗凯特新闻与大众传播学院教授，美国雷诺兹国家财经新闻中心主席安德鲁·莱奇（Andrew leckey）来访，并在学院全球财经新闻项目课堂进行演讲。

5月28日，美国宾夕法尼亚州立大学传播学院媒体研究及大众传播学终身教授钟布博士来访并为本科生作了题为“新媒体与传媒未来：以数据分析为依据的新闻决策”讲座。

6月27日，美国弗吉尼亚州联邦大学教授、富布莱特学者 Jeff South 来访，并做如何进行数据挖掘与分析讲座。

9月17日，巴黎政治大学政治科学教授贝朗特·巴迪（Bertrand BADIE）来访，并作讲座，题为：全球化与国际传播新思路。

10月14—26日，纽约州立大学 Plattsburgh 分校传播系系主任拉奥（Shakuntala

Rao）来学院短期讲学。课程名称：媒介社会学，学术规范与传播职业伦理。

12 月 18 日，教育部长江学者讲座教授、加拿大国家特聘教授、加拿大西门菲莎大学传播系赵月枝做客学院前沿讲座课堂，讲座题目为“跨文化传播经济分析的基本框架”。

六、清华大学新闻与传播学院 2014 年大事记

4 月 21 日，“解码玉兔”国际传播研讨会在新闻学院召开，各界专家共同研讨“月球车玉兔”微博国际传播的新经验、新做法和新启示。本次研讨会由学院联合新华社对外部主办，伊斯雷尔·爱泼斯坦对外传播研究中心承办。

9 月 12 日，由中国电影出版社出版的国内首部《世界电影发展报告》在中国电影博物馆举行了新书发布会。该报告由中国电影博物馆与清华大学新闻与传播学院组织课题组联合编撰完成。中国电影家协会理论评论委员会会长、清华大学新闻与传播学院教授尹鸿担任报告主编。

9 月 25 日，人民日报社与清华大学共建新闻与传播学院签约仪式在清华大学举行。人民日报社副总编辑陈俊宏，清华大学党委书记陈旭，清华大学新闻与传播学院院长柳斌杰等出席签约仪式。

10 月 28 日，清华大学新闻与传播学院与龙沙意田创意文化产业园达成战略合作协议，双方将在龙沙意田共建清华大学影视传播研究中心。

11 月 2 日，副院长、博士研究生导师陈昌凤成为中国新闻史学会新任会长，副院长、博士研究生导师史安斌当选为中国新闻史学会秘书长。学院成为中国新闻史学会新一届会长单位。

12 月 4 日，中国日报社和学院战略合作框架协议签约仪式在清华大学宏盟楼环球资源厅举行。

12 月 14 日，清华大学国家形象传播研究中心成立大会暨揭牌仪式在主楼接待厅举行。

12 月 14 日，第二届范敬宜新闻教育奖颁奖仪式在清华大学主楼接待厅举行。

2014 年，学院在教学改革方面强化“学界与业界良性互动、理论与实践紧密结合、国际与本土有机衔接”的教学改革和人才培养模式，将教学与实践合二为一，具体表现为：1. 打造“清新传媒”平台做融合媒体报道；2. 与《河南日报》联合推出大型系列报道《河南和丝绸之路经济带》；3. 与国务院国资委新闻局联合组织“清华学子进央企”的采访报道，将新闻课堂开在媒体一线，在业界引起了强烈反响，《经济日报》、《中国青年报》及《河南日报》等都用整篇幅进行报道；4. 全年共有 11 位中宣部、教育部“千人计划”业界优秀从业者走进学院课堂，使课堂教学紧密结合新闻实践，充满改革的活力。

供稿：清华大学新闻与传播学院

河南大学新闻与传播学院 2014 年概况

河南大学新闻与传播学院成立于 2002 年 4 月，现有教职工 85 人，其中专职教师

60人。教师中有教授14人，副教授26人，博士研究生导师3人，硕士研究生导师36人，博士28人。

一、人才队伍

（一）学校历任负责人

首任院长：李建伟（2002.04—2013.06）；副院长：黎延璐、杨海军、强海峰、严励；党委书记：陈灿（2002.04—2007.04）、许俊峰（2007.05—2012.06）；党委副书记：翟俊涛（2002.04—2013.07）。

现任院长：张举玺（2013.07至今）；副院长：王建平、严励、王鹏飞；党委书记：许俊峰（2012.07—2013.11）、王文科（2013.11至今）、党委副书记：马晓静（2013.07至今）。

（二）学院现有教授

姓　名	研究方向	姓　名	研究方向
杨海军	传播学、广告史	严　励	报纸编辑学、网络新闻学的教学与研究
李建伟	编辑出版学、编辑实务研究	阎现章	编辑出版史
张举玺	新闻理论与实务和跨文化传播	韩爱平	新闻史研究
曹毅梅	影视文化传播	王建平	编辑学理论
李　勇	媒介文化与传播学批判理论	岳淑珍	版本目录学
宋若涛	市场营销	田欣欣	视觉文化与图像传播
赵建国	传播理论	路振光	数字编辑技术
苏士梅	广告理论与文化传播	董世斌	广告学
杨　志	中国东欧跨文化传播	李　彬	新闻传播与社会变迁研究、新闻史（黄河学者）
郭　奇	新闻学、媒介管理学	蒋建国	新闻传播史论、文化传播（黄河学者）

二、机构设置

（一）系别简介

编辑出版系：1986年招收首届硕士研究生，1993年招收首届本科生，历任系主任为郭奇、张天定、王鹏飞。现任系主任王志刚。培养能在出版、新闻、宣传与文化教育部门从事编辑、出版、发行及教学科研工作的高级专门人才。

新闻系：1998年招收首届硕士研究生，2002年招收首届本科生。现任系主任李勇。培养具备系统的新闻理论知识与技能，熟悉新闻政策法规，能在新闻、编辑、出版与宣传部门从事编辑、记者与管理等工作的新闻学高级人才。

广播电视系：2003年招收首届本科生，2005年招收首届硕士研究生。现任系主任曹毅梅，培养具备广播电视新闻学基本理论和广博的文学知识，能够在广播电视及其他新闻部门从事编辑、记者、播音、节目主持与管理工作的高级专门人才。

广告系：1996年招收首届本科生。2003年招收首届硕士研究生。历任系主任杨海军、宋若涛，现任系主任苏士梅。培养熟练掌握广告策划、设计、媒介经营管理等工作的高级人才。

播音与主持艺术系：1993年招收专科生、1996年招收本科生，2005年招收硕士研究生，历任系主任李晓华、强海峰、路庆平。现任系主任钟倩。培养能够在广播电台、电视台和其他文艺团体从事播音、主持工作的高级人才。

(二) 国家级研究中心 (所)、研究基地

国家级新闻与传播实验教学示范中心：主任杨海军，常务副主任涂钢。前身是成立于1992年编辑出版实验室、河南大学电教中心，2009年获批国家级新闻与传播实验教学示范中心建设单位。中心把“理论与实践相结合，素质和能力相适应”作为培养人才的指导原则和目标，现拥有广电传媒与音像制作实验室、广告创意与设计实验室、编辑出版实验室、广告设计苹果机房、舆情调查中心。

(三) 校级研究中心 (所)

河南大学影视艺术研究所：成立于2012年5月，其前身为2009年成立的河南大学纪录片文化传播研究中心。现任所长李勇，拥有研究人员14人，主要从事影视文化、纪录片等研究，创办有“纪录片索引网站”。

河南大学传媒研究所：成立于2006年1月，现任所长张举玺，成员包括杨海军、李建伟等15人，主要从事传媒经济研究、国际新闻传播、新闻理论研究。

编辑出版研究中心：成立于1997年，现任中心主任李建伟。前身为王振铎牵头成立的编辑与新闻研究所，现有成员10人，主要从事编辑出版史、编辑出版实务等研究。

三、教育状况

(一) 专业设置

本科设有六个专业：编辑出版学、新闻学、广播电视新闻学、广告学、播音与主持艺术、广播电视编导。

硕士点情况

科学学位：学院拥有新闻与传播一级学科硕士点，下设编辑出版学、新闻学、传播学、广告与媒介经济四个方向。另设戏剧与影视文学、播音与主持艺术学硕士学位授权点。

专业学位：学院设有出版硕士、新闻传播硕士、艺术硕士（广播电视）。

博士点情况

设置跨文化传播二级博士点，挂靠于河南大学外国语言文学一级博士点。

(二) 招生情况

学院现有在校本科生1571人，均为中国大陆学生；

硕士研究生315人，均为中国大陆学生。

四、科研成果

(一) 部分科研项目

2014年立项的国家级、省部级科研项目、课题：

国家社科基金：“新闻自由化与苏共亡党关系研究”（主持人：张举玺）；“实体信息与实体传播研究（编号：14FXW001）”（主持人：赵建国）。

河南省哲学社会科学规划项目：“基于移动终端的报业转型研究（编号：2014CXW010）”（主持人：段乐川）；“消亡论争语境下的报业数字化转型研究（编号：2014BXW012）”（主持人：祁涛）；“少林电影与河南少林文化产业发展研究（编号：2014CYS017）”（主持人：张霁月）。

河南省高等学校哲学社会科学研究优秀学者资助项目：“当代西方媒介批判理论比较研究（编号：2014 - YXXZ - 36）”（主持人：李勇）。

河南省科技发展规划项目：“中原经济区区域形象宣传模式建构（编号：13240041090）”（主持人：宋若涛）。

(二) 部分学术成果

1. 著述、教材

作　者	著　作
惠　萍	《严复与近代中国文学变革》,社会科学文献出版社
杨利娟	《历史题材文学系列研究》,北京师范大学出版社
王鹏飞	《"孤岛"文学期刊研究》,社会科学文献出版社
文玮玮	《新闻传播学原理及历史发展研究》,光明日报出版社
肖　帅	《立象尽意与影像表意:中国传统美学在影视艺术中的理论再生》,中国社会科学出版社
岳淑珍	《明代词学批评史》,社会科学文献出版社
张霁月	《新中国革命题材电影中的女性寓言》,中国社会科学出版社
张举玺	《中俄现代传媒文体比较研究》,新华出版社
赵建国	《新闻文学历史的交汇地带》,社会科学文献出版社

2. 发表论文

作　者	发表论文
白志如	《我国少儿期刊数字化营销模式及发展建议》,《中国出版》;《国内众筹出版项目的内容分析与发展建议》,《出版科学》
曹毅梅	《类型电影特征辨析——以科幻、奇幻、恐怖、惊悚片为例》,《山东社会科学》
崔　军	《美国电影中的移民影像》,《文艺研究》;《"新生代"华裔美国导演电影研究》,《北京电影学院学报》
董世斌	《论报纸广告的危机、原因及对策》,《当代传播》;《立体书出版发展现状与前景探析》,《中国出版》
段乐川	《魏晋南北朝别集编辑思想略论》,《中国出版》;《论王振铎的编辑学研究及其理论建树》,《河南大学学报》(社会科学版);《论宋应离的编辑出版史学研究及其成就》,《河南大学学报》(社会科学版)
高红波	《"大电视产业"创新的国际经验及其启示》,《中州学刊》
蒋建国	《清末学堂学生的读报活动与观念变革》,《新闻与传播研究》
李　彬	《试谈新中国新闻业的"十大关系"》,《山西大学学报》(哲学社会科学版)
李建立	《转折时期的文学生活:〈今天〉(1978—1980)读者来信研究》,《文艺研究》
李建伟	《我国核心期刊评价体系现状及问题研究》,《中国出版》;《基于"三螺旋"模式的编辑出版专业产学研现状分析及前景研究》,《编辑之友》;《2012 年我国数字出版研究进展》,《出版科学》;《我国专业数据库的数字化发展策略》,《中国编辑》;《河南形象符号传播探析》,《中州学刊》
刘　杨	《中国社科学术期刊"走出去"现状研究》,《出版科学》
刘志杰	《出版发行企业激励机制的经济学分析》,《出版科学》;《大数据时代出版企业的数据资产运营》,《科技与出版》
马晓静	《我国数字出版版权问题探析》,《中国出版》
苏士梅	《图书编辑:善用自媒体　提升比编辑力》,《中国出版》;《消费社会语境下我国房地产广告传播问题及对策》,《现代传播》

续表

作　者	发表论文
孙　韵	《专题期刊史研究的成功之作——评〈“孤岛”文学期刊研究〉》,《中国出版》;《简论对外新闻报道力建设的“三个力”》,《中国出版》;《出版专业硕士教育:理念、课程与方法》,《现代出版》
王建平	《试论编辑实践发展未来趋向》,《中国出版》
王卫芬	《〈龙文鞭影〉编辑特色及对现代儿童图书的启示》,《中国出版》;《〈龙文鞭影〉文化传播中的编辑策略》,《出版科学》
王　萱	《当前我国数字出版产业集群建设策略探析》,《出版发行研究》
王艺涵	《媒介技术的艺术想象:公共性与透明》,《郑州大学学报》(哲学社会科学版)
王悦彤	《基于二维码的图书精准营销》,《现代出版》
王志刚	《论数字出版语境下版权利益平衡的重构》,《中国出版》;《欧美数字出版商版权获取的主要形式》,《编辑之友》;《新媒体传播中的链接侵权及其规制》,《中州学刊》
文玮玮	《媒介融合与图书的受众阶层回归》,《中国出版》
于春生	《全媒体趋势下城市广电的优势重构与融合发展》,《中州学刊》
张锦华	《微博营销平台构建探析》,《出版科学》
张　珂	《既要读书,也要看报》,《新闻记者》
赵建国	《传播学视野下的人的身体》,《现代传播》
姬建敏	《中国编辑史研究 30 年回顾》,《河南大学学报》(社会科学版);《余也鲁和他的“编辑圣经”——〈杂志编辑学〉》,《出版科学》

3. 教学获奖情况

作　者	获奖情况
田欣欣	《现代广告摄影教程》,获 2014 国家级质量工程项目立项
钟　倩	社会实践教学“播音主持专业服务社会实践教学模式”获河南省高校实践育人工作优秀案例二等奖
严　励	教改成果“新闻传播实验课程的整合与创新研究”获省教学成果二等奖
冯媛媛 李建立	教学技能竞赛荣获 2014 年全省教育系统教学技能竞赛二等奖

五、学术活动

（一）承办会议

6 月 14 日，由中国新闻史学会外国新闻传播史研究会主办，河南大学新闻与传播学院承办的“思考与呈现：中外新闻传播比较研究学术论坛暨中国新闻史学会外国新闻传播史研究会 2014 年年会”召开。会议围绕“绿色新闻”、约翰·杜威的新闻尝试、新闻作品著作权、微博舆论监督、政府舆论管理等问题进行了汇报和讨论。

11 月 15 日，由全国编辑出版高等教育学会、全国出版专业学位研究生教育指导委员会主办，河南大学编辑出版研究中心与新闻与传播学院承办的“数字时代出版产业发展暨 2014 年全国编辑出版高教学会年会”召开，研讨出版教育和出版产业发展等问题。

（二）国际学术交流情况

5 月，张举玺赴俄罗斯圣彼得堡大学参加中俄媒介学术研讨会。

10 月 24 日，李建伟、王鹏飞赴韩国首尔参加第十六届东亚出版国际会议。

2014 年，李勇赴美国佛特汉姆大学做访问学者。

供稿：河南大学新闻与传播学院

中山大学传播与设计学院 2014 年概况

中山大学传播与设计学院成立于 2003 年，现有专任教师 36 人，其中，教授 9 人，副教授 14 人。专任教师中具有博士学位的占 95%，80% 的教师年龄在 45 岁以下，绝大多数教师具有英、美、日、澳大利亚、加拿大、中国香港等国家或地区的海外学历和研究经历。

学院重视前沿性、国际化，充分整合海内外学术资源和业界资源，引进或聘任一批国内外享有声誉的新闻传播学者，建立“海外传播学人驻校计划”，邀请海外杰出和青年传播学者访校开课。在实践教学方面，学院实施业界精英入课堂的计划，建立了一支由传媒业界精英构成的客座和兼职师资队伍，采取系统授课、专题讲座、学术对谈等多种灵活机制授课，学生有机会接受全英文教学，零距离接触国际传媒业发展和国际传播研究的前沿。

一、人才队伍

（一）学校历任负责人

学院历任院长：邓启耀（副院长主持工作，2003 年 5 月—2007 年 4 月）、程焕文（2007 年 4 月—2009 年 12 月）、胡舒立（2010 年 1 月—2014 年 7 月）、张志安（2014 年 7 月至今）。

学院历任党委书记：龙波（2007 年 3 月—2008 年 9 月）、吕雅璐（2008 年 10 月—2011 年 3 月）、王天琪（2011 年 4 月至今）。

（二）学院现有教授

姓　名	研究方向	姓　名	研究方向
张志安	新闻生产、新闻从业者、互联网与国家治理	杨小彦	视觉文化研究、城市学研究、艺术理论
李艳红	传媒与弱势社群、公民传播、传播政治经济学、新闻研究	聂静虹	政治传播、传播政策与法规、危机传播管理
胡舒立	财经新闻	张　宁	公共关系学、媒介社会学和中外报道比较研究
冯　原	建筑与城市学的相关研究公共艺术与景观设计实践	杜　江	视觉传播

二、机构设置

（一）系别设置

新闻学系：当前，新闻学系依托融合采编实践平台和教学示范基地探索实训化新闻实践教学模式，并整合新闻学系、创意媒体系，跨学科师资进行媒介融合课程改革，专门设立财经新闻方向，重点培养具备专业经济学知识，能够深入解析经济发展问题和报道经济领域现象的财经新闻人才。

公共传播学系：以培养新媒体环境下的传播学、公共关系学专业人才为目标，以政治传播、视觉传播和商业传播为主要培养方向。

创意媒体系：以传播学为理论指导，以"新媒体设计"和"影像传播"为主要研究方向，以视觉传达设计为基础、以"创意"为中心，培养大众媒体传播活动中所需的设计与影像人才，尤其是针对网络与新媒体为平台的视觉设计与影像表述，培养具有创意素质和策划能力的专门人才。

（二）市级研究基地

广州市大数据与公共传播重点研究基地，针对复杂多变的媒体环境和传播环境下公共传播的实践和现实问题，给广州市有关部门提供决策建议和研究报告，以逐步建设成具有跨学科视野、决策服务能力和广泛社会影响力的高校智库。大数据与公共传播重点研究基主攻方传播与公共政策/议题、传播与公众健康、传播与科学普及三个领域，具体研究方向包括基于舆情大数据的城市公共传播研究、基于医疗信息和舆情大数据的城市健康传播研究、基于科学议题和科普大数据的科学传播研究等。

（三）校级研究机构

中山大学全媒体研究院：成立于2010年12月，以人文新媒体、融创传播学为理念，主要从事新媒体和中国新闻业的研究。具体包括以下几个面向：媒介融合与中国新闻业研究、公共传播交叉学科研究、大数据与互联网治理研究。

目前已出版著作4部。2012—2014年共发表论文96篇，其中中文论文75篇，英文论文21篇，获得各级奖励5篇；发表在SCI/SSCI/EI数据库中的论文14篇。共申请到各级项目17个，其中国家社科基金项目1项，其他国家级项目1项、教育部项目3项，广东省项目2项。此外，中山大学全媒体研究院与传播与设计学院大数据实验室结合，与中共中央宣传部舆情局、中央网络安全与信息化领导小组办公室、国家互联网信息办公室、国家食品药品监督总局、人民网、广东省网信办、上海市网信办、中山市委宣传部等十多家重要部委和政府部门建立了项目和报告合作。有20多份决策报告被中央网络安全与信息化领导小组办公室采纳，有4篇决策报告被部级以上领导批示。该院院长胡舒立，副院长张志安。

中山大学互联网与国家治理研究中心：成立于2014年10月，作为中山大学国家治理研究院下设的学术机构，由中山大学传播与设计学院、中山大学政治与公共事务管理学院参与发起。

中心以从事互联网与国家治理相关的决策研究，包括互联网与公共政策、互联网与社会治理、互联网与政治参与、互联网舆论场变迁、互联网立法等为宗旨。中心将邀请国内外知名学者担任智库专家，主要工作包括：编撰互联网与国家治理相关的《决策参考》、研究和出版《互联网与国家治理年度报告》、举办"互联网与国家治理智库论坛"以及其他形式的学术活动。该中心主任张志安。

中山大学公共传播研究所：成立与2004年，以传播与设计学院为依托，现有研究人员十余人。其中教授2人，副教授4人，讲师4人，其他保持研究业务往来的校外研究人员十余人。中山大学公共传播研究所研究方向主要包括政治传播、公共危机传播与管理、政府公共关系、企业传播、公益传播、健康传播、互联网与治理、社区传播与政策推广、大数据与网络心理学等。该所所长张宁。

中山大学工艺美术与视觉文化研究中心：成立于2009年11月，后于2012年10月更名为中山大学视觉文化研究中心。该中心主任冯原。

2012年以来，策划和实施的学术活动与视觉设计项目如下：2013年9月："珠海公共艺术城市空间站"项目；2014年3月："珠海有轨电车车站设计竞赛"；2014年5月："珠海建筑公共艺术之城战略规划与导则"；2014年6月："视觉传播的可能性"学术研讨会。

中山大学媒介人类学研究中心的前身为中山大学人类学系视觉（影视）人类学工作室（2002）和中山大学全媒体研究院媒介人类学研究中心（2010）。在进一步整合了中山大学传播与设计学院、社会学与人类学学院、软件学院等多学科研究力量之后，2012年被批准为校级跨学科研究中心。中心着重从传播学、人类学和社会学的角度，开展对于新媒体的研究。该中心主任邓启耀。

（四）院系级研究机构

中山大学传播与设计学院媒体法与伦理研究所成立于2012年4月。所长展江。

中山大学传播与设计学院公益传播研究所，成立于2011年5月。该所所长李艳红。

三、教育概况

（一）专业设置

学院本科生培养与专业：全日制本科培养包含新闻学、传播学（政务传播）、传播学（影像传播）、公共关系学、网络与新媒体专业五个专业方向。

学院硕士点情况：学院新闻传播学一级学科硕士学位，设计艺术学、公共关系学硕士学位授予点。

学院博士点情况：2015年拟设政治传播交叉学科博士点，与政治与公共事务管理学院联合培养博士研究生。

（二）招生情况

学院现有在校本科生857人，其中中国大陆学生845人，留学生12人。

硕士研究生126人，均为中国大陆学生。2014年招生考录比为6.2∶1，每年录取生源70%以上均来自"985""211"高校。

博士研究生（联合培养）18人，其中中国大陆学生17人，留学生1人。

四、科研成果

（一）部分科研项目

2014年立项的国家级、省部级科研项目、课题有：

教育部人文社科研究项目："'嵌入性'共生：1990年代以来新闻与公共关系职业的双重演进及危机（编号：14YJA860008）"（主持人：李艳红）。

省社科基金项目、省重大决策："微电影发展与管理研究（编号：WT1426）"（主持人：李艳红）。

广东省科学技术厅软科学研究计划项目："新媒体与广东健康科普宣传：渠道、内容、公众与效果研究（编号：2014A070702007）"（主持人：聂静虹）。

2014年结项的国家级、省部级科研项目、课题：

教育部人文社科研究项目："多重边缘中的国家认同传播——以腾冲猴桥傈僳族为例（编号：11YJC850025）"（主持人：熊迅）；"新闻生产中的话语建构：大众媒体都市集体行动报道机制研究（编号：10YJC860032）"（主持人：聂静虹）。

省社科基金项目、省重大决策："大众传媒与都市集体行动互动机制研究（编号：GD10CXW02）"（主持人：聂静虹）；

"基于城市人文特质的空间导向设计研究（编号：GD10YYS01）"（主持人：廖宏勇）。

（二）部分学术成果

1. 著述、教材

作　者	著　作
周如南	《折翅的山鹰：西南凉山彝区艾滋病研究》，中国社会科学出版社，获2013年余天休社会学优秀博士论文奖
杨小彦	《杨小彦自选集》，山西出版传媒集团北岳文艺出版社
曾　娟	《西风东渐·新材旧制：近代岭南传统建筑中的建筑材料运用研究》，科学出版社
张志安	《政务微博微信实用手册》，南方日报出版社；《中国新闻业年度观察报告2014》，人民日报出版社
张　宁	《政府公共关系》（第二版），中国人民大学出版社；《政府媒体策略》，中国人事出版社；《政治传播》，校级教材立项
吴柏林	《广告心理学》（第二版），清华大学出版社；《广告学原理》（第二版），清华大学出版社；《广告心理学》，清华大学出版社，推荐十二五规划教材；《广告策划——实务与案例》，机械工业出版社，推荐十二五规划教材

2. 发表论文

作　者	发表论文
张志安	《作为社会史与新闻史双重叙事者的阐释社群——中国新闻界对孙志刚事件的集体记忆研究》，《新闻与传播研究》；《网络新闻从业者的工作自主性及影响因素》，《新闻记者》；《网络新闻从业者职业满意度及影响因素研究》，《新闻记者》
张　宁	《政治时间与冲突现场：外压型议题如何进入政策视野》，《新闻与传播研究》；《人际传播，参照群体与受众部落：以7喜系列视频为例解析病毒营销传播》，《现代传播》
林淑金	*3D Modeling with three-view drawings*, SIGGRAPH Asia 2014 Posters; *3D Model Editing from Contour Drawings on Orthographic Projection Views*, Lecture Notes in Computer Science
钟智锦	*Civic engagement among educated Chinese youth: The role of SNS (Social Networking Services), bonding and bridging social capital*, Computers & Education 2013，国际传播学会（ICA）上海区域性大会最佳论文奖；*Loneliness, social contacts and Internet addiction: A cross-lagged panel study*, Computers in Human Behavior.《媒介对公民参与的作用：比较互联网和传统媒体》，《传播与社会学刊》；《中国网络事件的行动剧目：基于十年数据的分析》，《新闻记者》；《新媒体环境下的媒介使用行为特征——2013年城市受众新媒体使用行为调查报告》，《新闻记者》；《十年来网络事件的趋势研究：诱因、表现与结局》，《新闻与传播研究》
武汇岳	*User-centered Gesture Development in TV Viewing Environment*, Multimedia Tools and Applications; *Study on User-Defined Body Gestures in the TV Viewing Environment*, Transactions on Edutainment; *Fabrication and Thermal Performance of Grooved-sintered Wick Heat Pipe*, Journal of Central South University

续表

作　者	发表论文
廖宏勇	《咖啡的现代性与媒介镜像》,《厦门大学学报》(哲学社会科学版);《二维·三维:论空间导向设计的"方位映射"》,《华中师范大学学报》(人文社会科学版);《"真实"与"精神真实":论后现代视阈中的微电影》,《暨南学报》(哲学社会科学版);《"人—符号—文化":论空间导向设计的符号逻辑》,《湖南大学学报》(社会科学版)
周如南	《四川凉山地区的健康认知与治疗模式》,《西南民族大学学报》(人文社会科学版)
徐桂权	《新媒体的影响与新闻业的重构:首届珠三角青年传播学者论坛综述》,《新闻界》;*The Articulation of Audience in Chinese Communication Research* Meanings of Audiences: Comparative Discourses
贺碧霄	《1950 年代初期上海私营报业发行制度的变革》,《新闻记者》;《1920 年代欧美传播思想继承变异再研究》,《现代传播》
林功成	《中国新闻网站内容品质调查:以四家网站为例》,《新闻记者》;《财经报纸如何呈现信息:基于 21 世纪经济报道和中国证券报的研究》,《现代传播》;《新媒体环境下中国新闻从业者调查》,《当代传播》
邓理峰	《媒体与企业关系的四种形态——对 2010—2013 年度典型案例的评述与分析》,《新闻记者》
何凌南	《新媒体环境下的媒介使用行为特征——2013 年城市受众新媒体使用调查报告》,《新闻记者》
吴柏林	《环保传播舆论场域研究:媒体与公众二维视角》,《中州学刊》

（三）教学获奖情况

张洁主讲的课程"公共关系学"2014 年 12 月获中山大学青年教师授课大赛获得一等奖（文理工组）。

五、学术活动

（一）国际学术交流情况

2 月，张志安参加"第二届北海道对话"论坛，发表论文《结构、生产与公共性：互联网如何影响中国新闻业》。

3 月，张志安参加世界新闻业研究 2014 年会，发表论文《效率 VS 自由：中国新闻从业者互联网使用及评价》。

3 月，张宁参加媒介影响与民意表达再现国际学术研讨会，发表论文《"外压型"议题进入公共政策视野的传播变量分析》。

5 月，张志安、钟智锦参加国际传播学会 ICA 第 64 届年会，分别发表论文《做调查：社交网络、合作和新闻者自治》、*Media and Psychological Predictors of Civic Engagement: Uses of News, Motivation, Political Efficacy, and Relative Deprivation*。

6 月，张志安参加社交媒体与新闻记者/新闻业——两岸三地学术圆桌会议，发表论文《调查记者的微博使用及其影响》。

11 月，龚彦方参加"2014 两岸三地财经新闻及企业传播教育发展研讨会"，发表论文《财经新闻专业教育的创新模式》。

曾娟赴美国麻省理工大学访学一年。

（二）新闻传播学刊物及学术网站

中国新闻评论（www. journalism. org. cn）网站专注于中国新闻业，重点发布传统媒体转型、网络新媒体运营、媒介融合、新闻从业者现状、受众媒介选择等方面的数据和调查报告，从新闻生产、媒介转型和产业发展三个层面全面而真实地呈现我国新闻业的最新动态。开设相应微博账号

（http：//weibo. com/chinajournalism）和微信公众账号作为网站的辅助传播渠道，同时实现网站内容可供社交媒体用户评论和分享，扩大其传播范围。

六、2014 年大事记

7 月 3 日，张志安出任中山大学传播与设计学院新一任院长。

8 月 19 日至 22 日，“人文新媒体”2014 年度优秀大学生夏令营在中山大学举办。

9 月 13 日，首届珠三角青年传播学者论坛在中山大学传播与设计学院召开。论坛主题为“新媒体与新闻业：多元的视野与方法”，具体议题涉及媒介政治、媒介使用、媒介融合、媒介话语等。会议还举行了《中国新闻业年度观察报告 2014》的首发式、“中国新闻业百人会”与“中国新闻业评议会”成立仪式、中国新闻业评论网（www. journalism. org. cn）的开通仪式。

10 月，中山大学互联网与国家治理研究中心正式成立。

10 月 9 日，张志安主讲的《深度报道》课程在中国大学精品开放课程官方网站“爱课程网”正式发布。该课程 2012 年成功申报广东省省级精品课程，于 2014 年 7 月 24 日正式获批国家级精品课程，纳入第 28 批大学视频公开课建设。至此，中山大学传播与设计学院国家级精品课程达到三门。

11 月 28 日，“首届互联网与国家治理智库论坛”在中山大学举办。论坛由国家互联网信息办公室网络新闻信息传播局、广东省互联网信息办公室指导，中山大学国家治理研究院、中山大学互联网与国家治理研究中心主办，旨在推动互联网与国家治理领域的学术研究和决策服务，搭建跨学科交流、碰撞和合作的长效机制，充分发挥互联网与国家治理研究领域的社会服务和专家智库作用。

12 月 14 日，“‘新媒体与公共传播：本土问题，全球视野与价值追寻’研讨会”在中山大学传播与设计学院举行。研讨会由中山大学传播与设计学院主办，传播与设计学院公共传播学系和中山大学公共传播研究所承办。

供稿：中山大学传播与设计学院

天津师范大学新闻传播学院 2014 年概况

在新中国新闻教育事业中，天津师范大学是最早创办新闻学专业的高校之一。1959 年，受中共天津市委宣传部的委托，天津师范学院（今天津师大前身）创办了新闻学专业，时任天津市委宣传部部长兼《天津日报》总编辑的李麦为首届班主任，迄今已有 56 年历史。1999 年成立新闻传播学系。2003 年建立新闻传播学院。

一、人才队伍

学院现有教职员工 76 人，其中教授 13 人，副教授 9 人，具有博士学位的达 57.4%。

教师中有天津市（省级）教学名师一人（刘卫东）。天津市（省级）师德标兵一人（刘鹤文），校级师德标兵一人（李秀云）。

青年教师陈娜获教育部首届高校青年

教师基本功大赛一等奖第一名。刘鹤文、韩红梅、陈娜等分别获天津市高校青年教师基本功大赛一等奖。

二、专业设置

（一）本科专业

学院设有新闻学、广告学、广播电视新闻学、播音与主持艺术学、广播电视编导和摄影学等六个本科专业。

2007 年，新闻学专业获批教育部国家级特色专业。

2011 年，获批天津市“十二五”综合投资建设专业。

2008 年，新闻传播实验中心获批教育部国家级实验教学示范中心建设单位 2013 年通过教育部专家验收。

2010 年，广告学专业获批天津市品牌专业，2011 年，获批天津市“十二五”综合投资建设专业。

2011 年，播音与主持艺术专业获批天津市“‘十二五’战略性新兴产业”相关专业建设单位。

2013 年，获批中共天津市委宣传部共建新闻传播学院项目。

2014 年，新闻学专业教研室获批天津市高校优秀教学团队。

（二）研究生教育

学院研究生教育始于 2004 年。当年获批传播学二级学科硕士学位授予权。

2006 年，获批新闻传播学一级学科硕士学位授予权。

2011 年，获批新闻传播学一级学科专业学位硕士授予权。

2011 年，获批戏剧与影视艺术（含广播电视艺术学）一级学科硕士学位授予权。

2012 年，新闻传播一级学科被天津师范大学评为校级重点学科。

目前，学院研究生教育覆盖了大众传播类艺术与非艺术所有领域，累计培养新闻传播学研究生共 10 届学生总计 283 人。

现有全日制在校学生 2090 人，其中本科生 1968 人，硕士研究生 122 人。

三、课程设置

刘卫东主讲的《新闻传播学概论》（2005 年），获批天津市级精品课程。孙瑞祥主讲的《广告策划与创意》（2009 年）获批天津市级精品课程。

另有八门课程获批校级精品课程。

四、机构设置

（一）实践教学机构与特色

1. 大学生自主创新工作坊

2009 年，依托国家级实验教学示范中心优势，新闻传播实验中心专门建立了大学生创新工作坊。陆续建成公益影像工作坊、广告工作坊、广播电视编导工作坊、123 配音工作室和天津人民广播电台电话广播天津师大工作室。

2. 中国广告历史文化博物馆

学院于 2005 年 8 月创建中国广告历史文化博物馆。

3. 将媒体请进校园，是学院紧密联系传媒业界实际开门办学的大胆尝试

目前，有天津人民广播电台电话广播编辑部、甘肃定西广播电视台音乐广播节目编辑部等媒体机构为学生提供了完全真实的媒介实践环境。

4. 马克思主义新闻观教育特色

天津师大新闻学专业是 1959 年由中共天津市委宣传部创办的，55 年来，始终坚持把党办新闻教育，坚持社会主义办学方向。

自 2003 年起学院与中国传媒大学合作创办“人民共和国党报论坛首届年会”，至今已举办十届，共出版《人民共和国党报论坛论文集》10 部，成为国内著名的学术品牌之一，受到中宣部领导的肯定与支持。

2013 年 5 月学院与中国传媒大学、中国人民大学、中共天津市委宣传部、天津

日报社共同举办“走转改与当代中国新闻改革学术研讨会”。

（二）科研机构

学院设有四个校级科研机构，一个院级科研机构：

1. 国际传媒研究创新中心，由学校特聘教授、国际中华传播学会会长、美国南卡大学魏然为主任，魏然是中国教育部“长江学者”，天津市“千人计划”高层次人才。中心的团队由境外CCA方面和学院教师共同组成，于2013年成立。

2. 大众传播与社会发展研究所，2005年成立。

3. 天津地方新闻史研究所，2007年成立。

4. 公益影像研究中心，2012年成立。

5. 院级科研机构：广告品牌传播研究所。

五、科研成果

（一）承担课题

截至目前，新闻学院教师累计承担科研项目共95项。其中国家社科规划项目7个（含国家重点项目1项）；国家级横向课题8个。中宣部、教育部重大项目——中央实施马克思主义工程建设项目《新闻学概论》教材1项。教育部社科规划项目5项，省级项目48项（含横向课题3项，重点课题1项），省部级重点调研课题3项。

近年来，学院教师7人次荣获“天津市社会科学优秀成果三等奖”，荣获国家一级学会学术奖一等奖2人次。

（二）论文专著

学院教师出版各类学术著作50余部，发表科研论文650余篇，其中载于学科级期刊的50余篇，核心期刊290余篇，一般刊物近300篇。2009年、2011年、2013年学院先后出版了三部论文集《学苑撷英》。

六、社会活动

1. 学院以“学生自主创新实验”为突破口，创建了“天津市大学生自主创新广告传播工作坊”、“天津市大学生视觉媒体创作工作坊”、“天津市大学生媒体公益扶贫工作坊”。

2. 学院举办“全国大学生媒体扶贫（摄影作品）大赛”，两年一届；“全国大学生媒体扶贫（广播电视作品）大赛”，两年一届。每年协助教育部“全国大学生广告大赛（华北赛区）”比赛工作。

3. 与中共天津市委宣传部合作，建立面向全国和环渤海地区的“网络传播与舆情分析研究中心”，为决策部门提供战略决策参考依据；为社会机构和经济实体提供必要的舆情信息。

4. 与全市主流媒体深度合作，建立新闻传播学院与天津日报研究所、今晚报研究所产学研合作服务中心。

5. 与中国（天津）北方电影集团建立战略合作关系，学院教师的科研成果为北方电影集团提供学术与智力支持。

6. 继续实施与中共天津市委组织部等部门建立的“天津市领导干部培训基地”计划，完成自2011—2015年的“各级领导干部媒介素养高级研修班”培训工作。

7. 深化与天津日报社、天津人民广播电台的合作，继续办好编辑部设在学院的“天津人民广播电台电话广播”。

8. 为中共天津市委、市政府做好“智库”“外脑”工作、网络舆情工作。

供稿：天津师范大学新闻传播学院

安徽大学新闻传播学院2014年概况

安徽大学新闻传播学院成立于2003年8月。1980年，安徽大学经安徽省教委（现教育厅）批准开办新闻学专业；1984年，经国家教委（现教育部）批准设立新闻学专业；1998年，将新闻专业从中文系分出，成立安徽大学新闻学系；2003年，安徽大学与安徽日报报业集团合作共建，成立安徽大学新闻传播学院。

一、人才队伍

（一）学院历任负责人

2003年至2012年，院长：芮必峰，常务副院长：张巍，副院长：吕萌、姜红，党委书记：金维岚，党委副书记：李军；2013年1月至今，院长：姜红，副院长：吕萌、蒋含平、刘勇，党委书记：李军。

（二）学院现有教授

姓　名	研究方向	姓　名	研究方向
芮必峰	新闻理论	王天根	中国新闻传播史、中国近现代史
姜　红	新闻思想史	梅笑冬	新闻业务
蒋含平	新闻传播史	孔正毅	出版史
吕　萌	广播电视与新媒体	包鹏程	广播电视

二、机构设置

（一）系别简介

新闻系：1980年，安徽大学经安徽省教委（现教育厅）批准开办新闻学专业。1998年，学校根据本省对新闻人才的实际需求以及新闻专业自身发展的需要，成立安徽大学新闻学系。现系主任崔明伍。

新闻学系现有教师15人，其中教授5人，副教授5人，讲师5人，其中博士9人（博士后1人），1人博士在读。目前新闻学系年招生80—90人。2013年，新闻学专业入选安徽省首批卓越新闻人才培养基地项目。2014年起，每年自全院二年级遴选30名学生组成卓越新闻实验班。

新闻学专业培养目标：培养具有扎实的理论功底和知识水平，较强的实践能力和创新精神的新闻专业人才。

广播电视学系：原名广播电视新闻学专业，成立于2001年，首任专业主任王既端；2003年9月新闻传播学院成立，广播电视新闻学专业更名为广播电视新闻学系，现任系主任张阳；2012年下半年，教育部调整专业目录，广播电视新闻学系更名为广播电视学系。

广播电视学系目前共有教师8人，其中教授2人，副教授3人，讲师3人；具有博士学位的教师2人，在读博士1人；从2001年开始，广播电视学系在安徽省内招收本科生，2003年开始面向全国招生，到目前为止，共有十一届本科毕业生，累计培养506名毕业生，包括三名来自越南、印度尼西亚、塞拉利昂的留学生。

广告学系：广告学专业2004年被批准为本科新设置专业，2005年开始招生，广告学系现有专业教师8人，师资学历结构合理，其中博士后1人、博士4人、硕士3人。目前每年招收专业学生50名左右，2012年起继续强化实践和实训课程，贯彻“双基地、双导师”教学创新模式，提出“四位一体理念”，加强与业界实践互动，通过校企合作的基地平台，让媒体、企业的实际项目进入教学环节，进入课堂教学的案例，聘请业界优秀讲师开设“总监课堂”。广告学系负责人：邬盛根。

编辑出版系：成立于1999年。是教育部1998年专业调整后最早成立编辑出版专业的13所本科院校之一。创办伊始，被列为安徽省重点建设专业和安徽大学重点建设专业之一。是“全国编辑出版专业教学改革协调小组”15个成员之一，是高等学校出版专业教育指导委员会委员单位。也是“全国网络编辑师培训试点单位”。现任系主任孔正毅。

数字媒体艺术系：成立于2011年，同年开始招生，系负责人束秀芳。该系旨在培养具有扎实的数字媒体艺术基础知识、基本理论和基本技能，能够运用数字技术、多媒体技术和新媒体艺术理念，系统掌握数字媒体制作、游戏编程、网络应用、影视包装等数字媒体核心技术的高级复合型人才。

（二）国家级研究中心（所）、研究基地

安徽大学新闻传播国家级实验教学示范中心前身为新闻专业1985年设立的摄影实验室。新闻传播实验教学中心2005年被省教育厅评为安徽省高校基础实验教学示范中心，2007年被教育部批准为国家级实验教学示范中心建设单位，2013年通过教育部专家组验收，正式成为国家级传媒类实验教学示范中心。中心主任由安徽大学新闻传播学院分管教学副院长吕萌担任。中心确立了推进新闻传播实践教学体系改革，打造和优化实践教学平台，培养和稳定高水平的实验教师队伍，实现教学资源深度融合和开放共享的发展思路。

（三）省部级研究中心（所）

安徽大学舆情与区域形象研究中心作为安徽省人文社科重点研究基地于2013年4月24日正式揭牌成立。中心主任芮必峰。中心紧扣新闻传播学科的前沿命题，通过安徽舆情调查和安徽区域形象调查，为省委省政府制订公共政策提供决策咨询和舆情研判，为安徽地域形象的媒介建构提供智力支持。专注于社会舆情的生成规律及传播机制研究，其研究重点主要集中在三个方面：网络舆情监测分析、社会民意调查和区域形象建构。

（四）校级研究中心（所）

校级研究中心“安徽大学影像传播研究中心”于2014年5月成立，由罗锋担任中心主任一职。

影像研究中心建设的目标与任务主要体现在以下三个方面：（1）影像生产，（2）影像传播，（3）影像批评。

三、教育概况

（一）专业设置

安徽大学新闻传播学院在本科生培养方面，主要分为五个专业：新闻学专业、广播电视新闻学专业、广告学专业、编辑出版专业、数字媒体艺术专业。在硕士研究生培养方面，主要分为学术型硕士和专业硕士。学术型硕士纳入新闻传播大类招生，专业硕士分为新闻与传播专业硕士和出版硕士。

研究方向上主要涉及：新闻传播理论、新闻史、新闻传播思想史、新闻业务、广播电视、出版史论、出版业务等。

硕士点情况：

安徽大学2000年获批为新闻学硕士学位授权点，2003年获批为传播学硕士学位授权点，2006年获批为新闻传播学一级学科硕士学位授权点，2011年同时获得新闻与传播、出版两个专业硕士学位授权资格。

博士点情况：

该院暂无新闻传播学一级博士点，在

安徽大学中文系“中国语言文学”一级学科下自设“媒介文化与传播”二级方向，在该方向下招收博士研究生。

（二）招生情况

目前本科生在读1016人，其中中国大陆学生1015人，留学生1人。

硕士研究生270人；博士研究生2人。

四、科研成果

（一）部分科研项目

2014年立项的国家级、省部级科研项目、课题：

国家社科基金规划项目：“纪实影像与国家形象关系研究（编号：14BXW051）”（主持人：罗锋）。

国家新闻出版广电总局项目：“省级电视台全媒体发展转型研究（编号：GDT131416）”（主持人：岳山）。

安徽省社科基金青年项目：“城镇化背景下安徽对农传播服务体系创新研究（编号：AHSKQ2014D108）”（主持人：周春霞）。

安徽省教育厅重点项目：“‘大湖名城’新合肥的形象建构研究（编号：SK2014A019）”（主持人：李新丽）；“2014年度安徽省重大网络舆情案例研究（编号：SK2014A020）”（主持人：刘丽）；“安徽省大学生媒介素养状况调查研究（编号：SK2014A021）”（主持人：童云）。

2014年结项的国家级、省部级科研项目、课题：

教育部人文社科青年项目：“返观与阐释——新时期中国报纸新闻文体发展研究（1978—2008）”（主持人：刘勇）。

（二）部分学术成果

1. 著述、教材

作者	著作
刘丽	《中国近代报业采访史论》，安徽大学出版社
左靖	《黟县百工》、《碧山04：结社与雅集》、《碧山05：文庙：儒家的先贤祠》，金城出版社
岳山	《飞腾创艺报刊版面编辑与设计》，合肥工业大学出版社

2. 发表论文

作者	发表论文
姜红	《“黄帝”与“孔子”——晚清报刊“想象中国”的两种符号框架》，《新闻与传播研究》，获《新闻与传播研究》2014年度优秀论文，首届“新闻传播学国家学会奖”二等奖
罗锋 郭静（学）	《从“传声”到“赋权”：中国社区影像生成路径的思考——基于影像生产者角色认同变迁的视角》，《现代传播》
孔正毅	《再谈元代的邸报朝报及除目问题》，《国际新闻界》；《试析网络语言后现代特征》，《中国出版》
佘文斌	《本土语境下电视节目模式的文化改编》，《现代传播》
王天根	《火烧圆明园时外交照会及礼单原件等稀见史料考释——兼论恭亲王奕䜣与清季政治舞台》，《人大复印资料》；《面子与法理：中英开平矿权纠纷及赴英诉讼》，《史学月刊》；《1915—1937年中国报刊史探索的题旨情境及其书写》，《安徽大学学报》
国秋华	《转企改制进程中传媒组织内部冲突管理》，《现代传播》
姜红 晨光（学）	《“大众麦克风”时代的舆论引导——基于〈人民日报〉新浪微博的个案研究》，《新闻记者》

续表

作　者	发表论文
金萍华	《社会化媒体中的"日常环境抗争"——以"PM2.5"新抗争剧目建构为例》,《安徽大学学报》
罗　锋	《新纪录运动:从"思潮"到"阶层"》,《南方文坛》
刘　勇 张雅(学)	《未成年人犯罪的呈现与遮蔽——基于对〈法制日报〉(2007—2012)的考察》,《中国地质大学学报》
邬盛根 严密(学)	《独立与激励:我国公益广告运行主导者的创设》,《江淮论坛》
蒋含平	《民国时期旅沪徽州人团体"徽社"研究》,《安徽大学学报》
刘　勇 汪礼亮(学)	《作为一种"策略性仪式"的信源——基于对〈中国新闻周刊〉"社会治安报道"的考察》,《新闻记者》
刘洪权	《民国时期的图书馆对刻书版片的保护》,《大学图书馆学报》

（三）硕博士论文获奖情况

作　者	获奖情况
黄伟迪	《媒介与新生代农民工的流动生活——基于广东省惠州市响水河工业园的民族志调查》,安徽省第四届优秀硕士学位论文
张　朋	《政治、性别与身份认同——民国初年精英女报人与女性报刊(1912—1918)》,安徽省第四届优秀硕士学位论文

五、学术活动

（一）学术交流活动

（1）2014年，新闻学系刘勇赴美国威斯康辛大学—麦迪逊校区传播艺术系访学一年，指导教授潘忠党。

（2）4月1日，安徽大学新闻传播学院聘中国青年报社社长张坤为硕士研究生兼职导师。

（3）6月，安徽大学新闻传播学院首次输送两名研究生赴澳大利亚华夏传媒海外实习基地（安徽大学唯一的海外实习基地）实习。

（二）承办会议

（1）4月23日，安徽大学新闻传播学院举办纽约广告节。

（2）2014年7月12日至13日安徽大学报刊历史研究所协同安徽大学学报编辑部、复旦大学新闻与传播研究中心、《史学月刊》编辑部，召开了第五届“中国报刊与社会历史研究”学术研讨会。

（3）安徽大学舆情与区域形象研究中心于2014年11月8日举办了第二届舆情与社会发展论坛。会议以“区域　媒介　舆情：转型中的城市发展”为主题，立足于全球化的视野，观瞻区域化的发展态势；立足于区域视角，探寻城市发展的路径。基于区域、媒介、舆情的三个维度，反思中国发展与社会交往方式的变化。

（4）安徽大学新闻传播学院于12月13日至14日举办了安徽省第六届新闻传播学科研究生论坛。本次论坛的主题定为“媒介·区域·交往：媒介化时代与社会变迁”。论坛期间有48篇论文的作者参与宣讲，最终评出一等奖4篇、二等奖8篇、三等奖12篇以及优秀论文24篇。

供稿：安徽大学新闻传播学院

汕头大学长江新闻与传播学院2014年概况

汕头大学长江新闻与传播学院于2000年建系（原汕头大学文学院新闻系），并于2003年9月1日正式命名为长江新闻与传播学院。学院于2000年设立了广播电视新闻学专业（2014年根据教育部通知改名为广播电视学专业），并相继设立了新闻学专业（2003）、编辑出版学专业（2004），广告学专业（2011）。根据学科发展需要，2015年编辑出版学专业停办，目前形成了包含传统新闻传播学三个主要专业在内的完整的一级学科体系。

汕头大学长江新闻与传播学院自创院以来，以“国际化、重实践、前瞻性”为三大办学理念与特色，践行创新应用型新闻传播专业人才培养模式。学院的专业课程设置强调实践性，有五年以上媒体实际工作经验的老师占任课教师总数的82.8%。从2007年开始，学院组织学生前往国内外新闻热点事件现场参加实际报道工作，如2008年美国大选学生报道、2010年南非世界杯报道、2012年缅甸选举报道，2013年印度国际文学节报道和日本“3·11”地震两周年报道，2014年泰国大选报道和华盛顿交流学习，2013年到2015年连续三年采访香港书展，这些新闻实践活动在国内外产生较大影响，被《南方周末》赞誉为“颠覆了新闻教育的想象”。

近年来，学院教学改革措施不断推陈出新，学院先后获批“广东省新闻传播实验示范中心”和“广东省人才培养模式创新实验区”立项，推出的“EITC应用型新闻人才培养模式创新实验区项目”获粤东新媒体人才培养基地立项，“卓越新闻人才培养计划”获广东省专业综合改革试点项目立项。2011年荣获中国高等教育学会新闻学与传播学专业委员会和教育部新闻学科教学指导委员会共同颁发的“全国新闻学与传播学教学创新项目奖”。

一、人才队伍

（一）学院历任负责人

历任院长：陈婉莹（2003年至2011年）、范东升（2012年至今）。

历任党委书记：陈岳芬（2003年至2011年）、杜式敏（2012年至今）。

历任副院长：范东升（常务副院长，2003年至2011年），白净、毛良斌（2012年至今）。

（二）学院现有教授

姓　名	研究方向	姓　名	研究方向
范东升	新媒体、新闻史、媒体经营管理	魏永征	媒体法与新闻伦理

续表

姓　名	研究方向	姓　名	研究方向
白　净	媒体法与新闻伦理、新媒体、数字出版	王宗安	新闻采写
耿　军	新闻实务	陈莱姬	传播学、新媒体
张　征	新闻写作	Farland Chang	播音主持、新闻实务
陈岳芬	传播学	Daniel NG	广告营销、品牌管理
杨艾俐	财经新闻	张　威	新闻史研究、比较新闻学

二、机构设置

（一）系别简介

汕头大学长江新闻与传播学院实行新闻传播学大类招生，扁平化管理，充分适应媒体融合的趋势。学院内部的二级管理以专业教研室为单位，目前共设三个专业教研室：新闻学专业教研室、广播电视学专业教研室和广告学专业教研室。

新闻学专业教研室：新闻学专业培养学生不仅具备新闻业务岗位所需的人文社会科学和自然科学知识基础，善于在本专业工作中加以运用；还要求学生具有宽广的国际视野，理解社会、文化与价值观的多样性，通过培养，使学生具备熟练的采访、调查、写作、编辑、评论、摄影等基本功，以及良好的书面、口语表达及沟通能力，掌握适应职业发展所需的外语；认知数字化新媒体技术变革趋势，善于使用新闻传播工具、新技术；遵守媒介法规和了解国内政策规定，践行新闻职业道德准则，在工作中恪守真实性、准确性、公正性等基本原则；养成学生批判性思维等素质，对新闻事业富于热忱、责任感和创新精神，能够在新闻媒体机构胜任采访、写作、编辑、评论、摄影等工作，或在政府部门和其他企事业单位从事宣传、广告、公关、文秘等职业。从2014年起，学院在原新闻学专业下的国际新闻方向人才培养基础上，开设国际传播境外实践创新班。创新班为学生提供全英专业课程。

广播电视学专业教研室：广播电视学专业培养学生具备从事广播电视、数字化新媒体的专业知识、技术和制作能力，能够在广播电视、网络、新媒体机构承担策划、采访、制作、摄像、剪辑、后期制作、宣传、创意以及营销等工作，或在政府部门和其他企业单位从事宣传、广告、公关、影像制作等工作。

广告学专业教研室：广告学专业要求学生掌握运用数字媒体技术的技能，并将新媒体工具和技术融入广告制作、传播环节；能创作出文字、摄影、摄像、平面及动画类多种形式的广告作品，使学生具备策划广告、公关、新闻等各种信息传播活动和提出整合营销传播策略的能力，学生可进入广告公司、咨询调研机构、文化创意公司、媒体、企事业单位，从事广告、调查、策划、制作、公关、宣传岗位的工作。

（二）省部级研究中心（所）

汕头大学长江新闻与传播学院目前设有一个省级教学改革研究中心，即广东省新闻传播实验教学示范中心，旨在建立科学、完善、先进的实验教学内容和方法体系，建立现代化的管理体制和管理平台，不断提升中心的设备与环境条件，注重实验教学改革研究、实验教材等软件建设，创新实验教学和管理机制，全面提高实验教学水平和实验室使用效益。

（三）校级研究中心（所）

汕头大学融合媒体实验室成立于2007

年3月19日，是国内新闻学院首家成立的融合媒体实验室。汕头大学融合媒体实验室承担了开设新媒体课程的工作，并进行平台开发和推广，培养能在数码化平台上进行专业操作的新型新闻人才，适应互联网时代媒体转型的急迫人才需求。

（四）院系级研究中心（所）

汕头大学澳大利亚研究中心成立于2014年，主要从事有关澳大利亚的人文、历史、大众传媒的学术研究与教学，以及开展中澳文化交流活动。目前本中心已与澳大利亚悉尼大学、澳洲国立大学、悉尼理工大学和昆士兰大学建立了友好合作关系。

三、教育概况

（一）专业设置及招生

汕头大学长江新闻与传播学院学生的培养层次包括本科生和研究生，目前共有三个本科专业，分别为新闻学、广播电视学（2014年以前为广播电视新闻学）和广告学；研究生以一级学科新闻传播学招生，研究方向主要包括新媒体、媒介法、政策与伦理、新闻史、实务新闻学、传播学等。

学院硕士点情况：

汕头大学长江新闻与传播学院于2005年获批新闻学二级学科硕士点，2011年3月获批传播学二级学业科硕士点以及新闻传播学一级学科硕士学位授权点。学院于2006年开始首次招收新闻学专业研究生，2009年首批新闻学专业研究生毕业，至今为止毕业研究生人数达到44名。

学院硕士研究生的研究方向主要以新媒体、媒介法规与伦理、新闻史、实务新闻学、传播学为主要研究方向。

（二）招生情况

学院现有在校本科生的661人，其中中国大陆学生657人，留学生4人。

硕士研究生24人，均为中国大陆学生。

四、科研成果

（一）部分科研项目

2014年立项的国家级、省部级科研项目、课题有：

广东省哲学社会科学规划项目：“潮汕古村落文化价值研究——基于申遗的视角（编号：GD14DL06）”（主持人：赖明明）；

广东高校省级重大科研项目—特色创新类：“议程融合视角下网络舆论形成的心理机制研究（编号：2014WTSCX049）”（主持人：毛良斌）；“从价值链探讨中国网络媒体的商业模式发展（编号：2014WTSCX047）”（主持人：陈莱姬）。

（二）部分学术成果

1. 著述、教材

作　者	著　作
谢　琳	《对话公元——中国感光工业巨星远去的背影》，中国民族摄影艺术出版社，获中国摄影金像奖
白　净	《我们这样教新闻》，光明日报出版社
王宗安	《校园新闻采访与实践》，国家行政学院出版社、新疆生产建设兵团出版社

2. 发表论文情况

作　者	发表论文
陈莱姬	What's the Cultural Difference between the West and the East? The consumption of popular “cute” games in the Taiwanese marke. *New Media & Society*, 2014.01.

续表

作　者	发表论文
云启栋	From Communization to Commercialization: A Brief History of China's Publishing, 1949—1992. *Journal of Scholarly Publishing*, 2014. 02.
白　净	《美国儿童在线隐私保护立法与实践》,《传媒透视》;《中国互联网视听节目服务持证机构研究》,《传媒透视》
魏永征	《薄案和李案:如何使人民群众感受到公平正义》,《新闻记者》;《"喜羊羊与灰太狼"案和影视暴力》,《新闻记者》;《"李案"余波和律师自媒体涉案言论的边界》,《新闻记者》;《凌驾性的失落:马航客机事件中国媒体为何受到诟病》,《新闻记者》;《公众人物不是狗仔新闻的挡箭牌》,《新闻记者》;《从今日头条事件看媒体维权》,《新闻记者》;《咸猪手事件与网络群体极化》,《新闻记者》;《刑案报道坚持法治原则,以澎湃对念斌冤案报道为视角》,《新闻记者》;《网络纠纷新颁司法解释,既制裁侵权行为,又保护正当言论》,《新闻记者》;《从新闻侵权到媒介侵权》,《新闻与传播研究》
毛良斌	《基于微博的准社会交往:理论基础及研究模型》,《暨南学报》
巫连心	《全球化中媒体垄断的伦理论辩与困境——以马来西亚为例》,全球研究亚洲协会第九届国际会议

（三）教学获奖情况

白净主讲的课程"融合媒体传播能力培养模式研究与实践"获广东省2014教学成果奖；

谢琳主讲的课程"利用潮汕本土资源，培养实战型摄影人才"获广东省2014教学成果奖。

（四）硕博士论文获奖情况

叶宁玉撰写的《英国：隐私保护体系的发展与媒体的博弈》获广东省优秀硕士学位论文。

五、学术活动

（一）国际学术交流情况

5月，徐承羣于台湾参加（台北）"国立"政治大学白丝带协会主办的"2014年数位创世纪研讨会"，发表论文《中国网络大谣犯罪模式：以格棋伟、秦火火、傅学胜三例为研究》。

5月，徐承羣于台湾参加（高雄）"国立"高雄空中大学主办的"第七届城市学研究学术研讨会"，发表论文《中国"城中村"老旧建筑之再生：以广东东莞清吧街为例》。

6月，学院倪青青和Farland带领8位研究生及9位本科生长赴香港采访报道美国亚裔新闻工作者协会（AAJA）亚洲区2014年年会活动，并参加了6月7日至8日在香港大学举行的会议。

9月，白净带两名本科生参加中国文化院、香港浸会大学联合主办的"第二届中华国学论坛"，师生采写稿件7篇，发表在大华网"新媒体教学实践基地"。

10月，徐承羣于台湾参加"国立"交通大学（台湾）传播研究所主办之"2014年传播与科技研讨会"，发表研讨会论文《中国地方性电视台的网络电视经营策略：以广东省二线城市"T电视台"为例》。

六、2014年大事记

1月28日，凌学敏带领4名学生前赴泰国大选新闻现场，进行为期13日的新闻报道实践。

3月2日至24日，倪青青、张增丽和

John Noonan带领10名学生在美国乔治·华盛顿大学里学习三周。期间，倪青青接受CCTV America和半岛电视台的采访，并与乔治·华盛顿大学讨论了两校的学生交流项目。

5月23日，南方都市报行政总监邱小红，客户管理中心主任谢斌及南都东莞站新闻部负责人及记者来学院交流，就新闻调查、数据可视化、学生实习等方面建立长期合作关系进行了深入探讨。

6月21日至22日，2010级毕业作品联展在汕大图书馆报告厅举办，期间播放了陈功铭、黄程嘉、郭嘉琳、姚昱旨、冯雪沣等同学拍摄的毕业作品，包括纪录片《人活一口气》《潮糖》和《小城青年梦》，以及微电影《老爷保贺》和《再见白日梦》。

10月17日，由《中国日报香港版》举办的2013—2014年校园学报新闻奖颁奖典礼在香港理工大学举行。汕头大学长江新闻与传播学院在这次评比中获得两个奖项，研究生王茜采写的《泰北孤军：一页美斯乐》夺中文组最佳新闻特写奖冠军，草根播报网站获最佳新媒体网站奖季军。

10月21日，美国《国家地理杂志》传奇摄影师麦克·山下与汕头大学师生分享了他重访马可·波罗、郑和之路的故事，并以他的作品为例讲述了摄影的技巧。

11月21日，由市场营销领域专业资讯平台“梅花网”举办的第二届梅花营销创新奖（Mawards）颁奖晚会在上海举办。汕头大学长江新闻与传播学院凭借专业化、国际化和重实践的传播教育模式，获得梅花网营销创新年度营销传播学奖。

12月3日，奥斯卡获奖纪录片导演Debra Chasnoff及美国作家、记者Helen Zia在汕头大学图书光报告厅开题为“欺骗与歧视——奥斯卡纪录片奖得主Debra Chasnoff和Helen Zia谈纪录片背后的故事”的讲座。

供稿：汕头大学长江新闻与传播学院

南京大学新闻传播学院2014年概况

南京大学新闻传播学院成立于2003年12月，其发端可以一直追溯到1936年孙明经在金陵大学创办的影音专修科。1986年，新闻传播学院的前身南京大学中文系新闻专业正式成立，并开始招收本科生。1992年10月，新闻专业正式改名为南京大学新闻传播学系，并于1994年开始招收新闻学硕士研究生。截至2014年年底，新闻传播学院共下设三个系和七个研究所，共有在岗教师38人，其中：教授18人，副教授13人，硕士研究生导师31人，博士研究生导师6人。

一、人才队伍

（一）学院历任负责人

历任院长：方延明（2003—2011年）、卜宇（2014年至今）

历任副院长：段京肃、郑丽勇（2003—2011年）、段京肃、杜骏飞（2011—2014年）杜骏飞（常务副院长，2014年至今）、张红军、郑欣（2014年至今）

历任党委书记：刘源（2003—2011年）、汪萍（2011年至今）

党委副书记：蒋恩铭（2003年至今）

（二）学院现有教授

姓　名	研究方向	姓　名	研究方向
巢乃鹏	新媒体传播	蒋旭峰	广告理论、媒介经营管理
陈堂发	新闻政策与法规研究	潘知常	广播电视学、传播理论
陈玉申	中国新闻史	汪　萍	新闻政策与法规研究
丁和根	新闻理论、媒介经营管理	王　雄	新闻理论
邓利平	新闻业务	徐　慨	新闻业务
杜骏飞	新媒体传播	张红军	广播电视学
段京肃	传播理论	郑丽勇	广告理论、媒介经营管理
韩丛耀	视觉传播、广播电视学	郑　欣	传播理论
胡翼青	传播理论、传播史	周　凯	媒介经营管理

二、机构设置情况及相关部门负责人

（一）系别简介

新闻与新媒体系（原名新闻学系），成立于2003年，前身为1986年成立的南京大学中文系新闻专业，现任系主任王辰瑶。

应用传播系，原名广告学系或广告与传播学系，成立于2003年，前身为1993年的南京大学新闻传播学系，现任主任胡菡菡。

广播电影电视学系，原名广播电视系，成立于2003年，现任系主任庄永志。

（二）研究机构

南京大学—奥美创意研究院，是中国首家专业广告人才培养教学基地，由奥美广告联合南京大学共同成立，现任院长杜骏飞。

南京大学网络传播研究中心创设于2001年，2003年被正式批准为校立研究机构，是国内最早成立的高校网络传播研究中心，现任研究中心主任巢乃鹏。

南京大学新闻与政治研究所，原名新闻研究所，成立于2004年，现任所长陈堂发。

南京大学传播与社会研究所成立于1993年，原名南京大学大众传播研究所，2014年12月正式更名，现任所长胡翼青。

南京大学影视与文化研究所，现任所长张红军。

南京大学媒介经济与管理研究所，原名南京大学国际传媒研究所，成立于2003年，现任所长丁和根。

中华图像文化研究所，成立于2012年，现任所长韩丛耀。

三、教育概况

（一）专业设置

学院本科生培养与专业主要包括：新闻学、广告学与广播电视学。

硕士研究生培养与研究方向主要为新闻学与传播学。新闻学专业硕士研究生。主要招生方向包括：新闻理论、新闻业务、媒介融合、媒介经济、新媒体传播、马克思主义新闻学。

传播学专业硕士研究生主要招生方向包括：传播史论、影视传播、网络与新媒体、传播社会学、广告学、媒介管理、南海舆情研究。

学院博士点情况：学院设立大众传播与公共管理二级学科博士点，该博士点旨在培养适应信息社会的大众传播和公共管理复合型高端人才。

主要招生方向：新媒体传播研究、传播理论研究、传播与社会发展研究、新闻事业管理研究。

（二）招生情况

学院现有在校本科生 477 人。其中，中国大陆学生 457 人，留学生 20 人。

硕士研究生 231 人，其中，中国大陆学生 226 人，港台学生 2 人，留学生 3 人。

博士研究生 22 人，其中，中国大陆学生 21 人，留学生 1 人。

四、科研成果

（一）部分科研项目

2014 年立项的国家级、省部级科研项目、课题有：

国家社科基金重大招标项目："多卷本《中国新闻传播技术史》"（主持人：韩丛耀）。

省社科基金重大项目："马克思主义新闻观的理论与实践研究"（主持人：丁柏铨）。

"南海舆情策略与国家传播软实力建构"（主持人：卜宇）；国家社科基金规划基金项目："网络时代新闻报道观念创新研究"（主持人：王辰瑶）；"基于社交网络的青年群体日常社会—文化实践研究"（主持人：朱丽丽）；"媒介融合背景下中国电视剧的跨屏传播研究"（主持人：张红军）；"传播学视角下的青少年网络语言生活方式研究"（主持人：郑欣）。

省社科基金规划项目："公共舆论中的'情感'政治与国家治理"（主持人：袁光锋）；"网络语言传播与青少年亚文化研究"（主持人：郑欣）；"江苏省传媒整合与媒介融合战略研究"（主持人：蒋旭峰）；"大运河边的中国：世界遗产与文化记忆"（主持人：周海燕）；"知识社会学视野下的司法案件舆论引导研究"（主持人：胡菡菡）；"从功能满足到心理满足：新媒体的采纳与使用研究"（主持人：巢乃鹏）；"大众传媒中女性形象建构与性别平等研究"（主持人：王蕾）。

省社科基金基地项目："传播人类学视野的江苏国际形象战略研究"（主持人：周雷）。

2014 年结项的国家级、省部级科研项目、课题：

省部级课题："中国语言生活的海外传播、影响力与评价研究"（主持人：丁和根）。

（二）学术成果

1. 著述、教材

作　者	著　作
韩丛耀	《中国影像史》(10 卷本)，中国摄影出版社
胡菡菡	《社会冲突中的"信任之困"：法官对敏感案件舆论的态度研究》，上海交通大学出版社
潘知常等	《澳门文化产业发展战略研究》，人民出版社

2. 发表论文

作　者	发表论文
巢乃鹏	《功能满足、心理满意、主管规范：新媒体持续使用意向研究——以中国 3G 业务的持续使用为例》，《新闻大学》
陈堂发	《新媒体涉私内容传播与隐私权理念审视》，《学术月刊》；《网络环境下隐私保护理念应做必要调适》，《中国出版》

续表

作　者	发表论文
丁柏铨	《深度报道:概念辨析及深度探源》,《新闻记者》;《自媒体对重大公共危机事件舆论影响》(上),《中国出版》;《重大公共危机事件与舆论关系研究——基于新媒体语境和传统语境中情形的比较》,《江海学刊》;《数据新闻:价值与局限》,《编辑之友》;《今天中国的舆论引导与马克思主义新闻观》,《当代传播》
杜骏飞	《对话 2013 年新媒体传播研究》,《编辑之友》;《传播学的解放》,《新闻记者》
韩丛耀	《图像的传播形态及场域研究》,《中国出版》
胡菡菡	《新闻媒体与微博公共协商的框架建构》,《中国地质大学学报》
胡翼青	《文化工业理论再认知:本雅明与阿多诺的大众文化之争》,《南京社会科学》;《学术工业:论哥伦比亚学派的传播研究范式》,《中国地质大学学报》;《凯瑞的仪式观:美国文化研究本土化的困局》,《新闻与传播研究》;《调和李杜之争:一种社交化媒体时代的新闻观》,《新闻记者》;《历史的想象力:处于因果陷阱中的〈印刷机〉》,《国际新闻界》
胡翼青 陈如歌	《建构与消解:“批判学派”概念的变迁》,《新闻与传播研究》
蒋旭峰	《网络游戏营销霸权及其传播伦理反思》,《当代传播》;《网络游戏的社群营销策略及其伦理反思》,《中国地质大学学报》
李　明	《从“谷歌效应”透视互联网对记忆的影响》,《国际新闻界》
潘知常	《重要的不是美学的问题,而是美学问题》,《学术月刊》
王辰瑶	《深度报道如何适应新的需要》,《新闻记者》;《内爆:不确定时代的新闻生产逻辑》,《新闻记者》
尤　浩	《网络视频广告流行因素解析》,《中国出版》
袁光锋	《同情与怨恨:从“夏案”、“李案”反思“情感”与公共性》,《新闻记者》
张红军	《论全媒体时代电视剧的跨屏传播》,《现代传播》
周海燕	《媒介与集体记忆研究:检讨与反思》,《新闻与传播研究》;《突发灾难性事件报道策略研究——以国际主流媒体“马航客机失联”事件相关报道为例》,《新闻记者》;《对话 2013 中国新闻理论研究》,《编辑之友》;《对话 2013 中国新闻业务研究》,《编辑之友》
周　凯	《省级传统媒体移动新闻客户端的运营模式解析——以荔枝新闻客户端为例》,《中国出版》;《中西主流价值观差异对中国文化走出去的影响探究》,《中国出版》
郑丽勇	《对话 2013 中国创意产业理论研究》,《编辑之友》;《融合与变迁:国际视野下文化现代化及其启示》,《中国出版》
郑　欣	《性别、传播与认同:新生代女性农民工城市适应研究》,《中国地质大学学报》;《风险适应与媒介赋权:新生代农民工学习充电研究》,《西南民族大学学报》;《人生规划:新生代农民工精神资本的媒介重构》,《当代青年研究》;《新媒体赋权:新生代农民工就业信息获取研究》,《当代传播》;《人生规划与媒介驱动:新生代农民工城市适应研究》,《江苏行政学院学报》

3. 硕博士论文获奖概况

作　者	获奖情况
张春琳	《新生代女性农民工性别认同及其传播实践研究》,江苏省优秀硕士论文

五、学术活动

（一）国际学术交流情况

10月23、24日，南京大学新闻传播学院与复旦大学新闻学院联合主办了2014年“中欧传媒高峰论坛”。来自南京大学、复旦大学、北京大学、中国传媒大学等国内知名高校的传播学者以及斯洛文尼亚卢布尔雅那大学教授 Slavko Splichal、英国诺森比亚大学教授 Peter Golding、芬兰赫尔辛基大学教授 Hannu Nieminen、香港浸会大学教授 Colin Sparks、美国威斯康辛大学麦迪逊分校教授潘忠党等国外著名学者共同出席本次论坛。

学院青年教师付晓燕赴俄亥俄州立大学访学一年。

（二）新闻传播学刊物

《中国网络传播研究》（*Chinese Journal of Computer-Mediated Communication*）正式创刊于2007年，该辑刊是目前国内唯一一种新媒体传播学 CSSCI 来源集刊，主要刊登与新媒体传播有关的跨学科学术成果。该刊旨在为新媒体传播提供学术对话平台，倡导从全新视角聚焦传统研究，以彰显互联网时代对人文社会科学的理论贡献。常设栏目有：“专题”“论文”“观点”“文献”。

供稿：南京大学新闻传播学院

郑州大学新闻与传播学院2014年概况

郑州大学新闻与传播学院成立于2004年6月，其前身是1984年4月成立的郑州大学新闻学系。现任院长是新华社原总编辑南振中。学院现有在职教职工53人，具有教授职称者7人，副教授25人。

一、人才队伍

（一）学院负责人

院长：南振中（2013年至今），党委书记：焦世君（2009年至今），党委副书记：孙保营（2010年至今）。

（二）学院现有教授

姓　名	研究方向	姓　名	研究方向
南振中	新闻传播实务	张举玺	新闻理论与实务、跨文化传播
董广安	新闻传播实务	张淑华	新媒体、政治传播
汪振军	文化产业、传播学	郑素侠	传播社会学、网络与新媒体传播
张兵娟	中国电视史、电视传播与电视文化、电视剧叙事等		

二、机构设置

（一）系别简介

新闻系：新闻系是郑州大学新闻与传播学院建系最早、历史最为悠久的一个系，现任系主任周宇豪，副主任赵智敏。从1976年开始招收新闻学专业的学员，1984年正式建系。1990年开始招收舆论学硕士，1993 年正式取得新闻学硕士学位授予权，是全国最早的 6 家新闻学硕士点之一。2007 年被教育部确定为第一批特色专业并在穆青研究、名记者研究、新闻作品研究等方面形成了自己独具的竞争力和特色；新闻系有河南省新闻传播学科唯一的一个一级重点学科。现有在编教师 16 名，其中教授 4 人，副教授 8 人；有博士学位的教师 8 人，省级学科带头人 1 人，厅级学科带头人 4 人，有海外留学经历的教师 3 人。

广告学系：1992 年原新闻系创办了广告专业函授专科，并向全校学生开设了《广告策划》选修课。1995 年，创办河南省第一个广告学专业普通本科，现有广告设计与制作专科、广告学专业普通本科和广告学硕士研究生三个教学层次，是中国广告教育研究会的常务理事单位，河南省唯一的广告学术机构——河南省广告协会学术委员会设在该系，现任系主任颜景毅，副主任李惊雷。广告学系现有专业教师 13 人，其中省教育厅学术带头人 2 人，副教授 9 人，有博士学位的教师 3 人。

广播电视新闻系：成立于 2003 年，现有广播电视新闻学专业和播音与主持方向，现任系主任李宏，副主任陈晓伟。广播电视新闻系拥有教授 2 人，副教授 6 人。拥有新闻摄影实验室、广播电视演播室、非线编实验室等多种教学实习设备和图书资料，建立了稳定的实习基地。

（二）校级研究中心（所）

2004 年 11 月 9 日，时任中共中央宣传部部长刘云山同志在视察郑州大学新闻与传播学院时建议成立穆青研究基地。郑州大学于 2004 年 11 月 11 日批复成立了穆青研究中心，时任郑州大学新闻与传播学院院长董广安担任中心主任。2014 年 6 月，新华社与郑州大学签订协议，在穆青新闻思想研究、新闻传媒人才培养、实践基地建设等方面与郑州大学深度合作，共建新华社－郑州大学穆青研究中心。

中心成立十余年来，积极开展穆青新闻思想与新闻实践的研究活动，先后组织了 5 次重走穆青路的活动，4 次全国性学术研讨会，完成 1 项国家社科基金项目，在研 1 项国家社科基金重点项目，出版学术专著三部，发表学术论文数十篇，聘请中心研究员数十名。

郑州大学文化产业研究中心于 2007 年成立，主任为河南省特聘教授、郑州大学新闻与传播学院教授汪振军。2012 年与河南省创意产业协会合作，经郑州大学批准，成立河南省文化创意产业研究中心。2014 年中心又被河南省委宣传部批准为河南省文化产业创新研究基地。

中心主要研究领域：文化产业、公共文化服务、非物质文化遗产、现代传媒。

郑州大学新媒体研究中心成立于 2014 年 7 月，中心自成立以来，依托郑州大学“新媒体公共传播”基础与新兴学科方向重点项目建设，以新媒体和公共传播为两个特色研究领域，孕育和产出了一大批成果。主要工作包括：以“新媒体和公共传播”为主题参与组织郑州大学第九届“研究生创新论坛”新闻与传播学院分论坛活动；完成 34 个专项课题的申报和立项工作；推进研究生课程改革，增加和调整了新媒体相关课程的比例和重要性，确定了“全媒体型新闻与传播人才”培养目标；组织“自媒体发展实践与理论探索研讨会”；协助建设郑州大学新闻与传播学院“媒介融合实验中心”等。中心负责人为张淑华。

郑州大学传媒发展研究中心的前身是成立于 1997 年的郑州大学新闻传播研究所，是河南省成立最早的媒介研究机构。致力于新闻传播、传媒产业、广告营销等方面的学术研究和社会服务。中心主任为董广安。

三、教育概况

（一）专业设置

本科生培养与专业主要包括：新闻学、广告学、广播电视新闻学（含播音主持方向）三个本科专业。

（二）招生情况

学院有新闻与传播学、戏剧与影视两个一级硕士学位授权点，招收新闻学、传播学、广告学、广播电视学、媒介经济学和编辑出版学、戏剧与影视等专业和方向的硕士研究生。

学院现有在校本科生1040人，均为中国大陆学生。

硕士研究生202人，均为中国大陆学生。

四、科研成果

（一）部分科研项目

2014年立项的国家级、省部级科研项目、课题有：

国家社科重大项目："穆青精神的现实影响及其传承研究（编号：14AXW002）"（主持人：董广安）。

国家艺术基金2014年度资助项目："摄影《"郑州国棉"转型记——一座棉纺城的变迁记忆》"（主持人：延婧）。

河南省社科规划项目："运用新兴业态传承创新华夏历史文明对策研究（编号：2014GXW016）"（主持人：汪振军）；"河南广告业竞争力研究（编号：2014GXW013）"（主持人：颜景毅）；"社会风险与大数据互视下的舆情管理研究（编号：2014GXW0005）"（主持人：李惊雷）；"大数据背景下基于利益博弈机制的舆论传播与引导研究（编号：2014GXW001）（主持人：常燕民）。

河南省社科规划决策咨询项目：传统媒体与新兴媒体的融合发展研究（编号：2014D030）"（主持人：周宇豪）。

2014年结项的国家级、省部级科研项目、课题：

国家社科基金青年项目："传媒对公共情绪的宣导抚慰功能研究"（主持人：吕文凯）。

国家社科基金艺术项目："电视媒介仪式与文化传播"（主持人：张兵娟）。

省政府决策研究招标项目："加快我省信息化研究"（主持人：郑达威）。

省哲学社会科学规划项目："中原经济区建设中的媒介舆论功能研究"（主持人：周宇豪）。

省哲学社会科学规划项目："自媒体时代：网络事件中的政府形象传播"（主持人：詹绪武）。

（二）部分学术成果

1. 著述、教材

作　者	著　作
刘建龙	《古文类鉴》，中国文史出版社
周宇豪	《作为社会资本的网络媒介研究》，武汉大学出版社
宗俊伟	《电视剧叙事的时间之维》，中国传媒大学出版社
李惊雷	《广告调查》，郑州大学出版社
董广安	《新闻写作教程》，郑州大学出版社
汪振军	《河南非物质文化遗产传承与产业文化研究》，中国社会科学出版社，获河南省优秀社科成果二等奖
李凌凌	《传播学概论》，郑州大学出版社

2. 发表论文

作　者	发表论文
陈晓伟	《中国电影跨文化传播研究的维度、现状及研究方法》,《郑州大学学报》(哲学社会科学版);《国际获奖影片的文化传播问题研究》,《现代传播》;《央视公益广告片的创意传播》,《中国电视》;《微电影的意义建构》,《当代电影》;《明星在中国电影跨文化传播中文化代码研究》,《河南社会科学》
董广安 刘思扬	《"双微"环境下移动网络公共领域的失范与对策》,《郑州大学学报》(哲学社会科学版),人大复印资料全文转载
郭克宏	《论媒体的法治精神》,《郑州大学学报》(哲学社会科学版)
罗雁飞	《西方流派广告批判理论及广告本质探析》,《郑州大学学报》(哲学社会科学版)
徐　键	《论台湾竞选政治广告及其传播效果》,《郑州大学学报》(哲学社会科学版)
张兵娟	《从忠义、仁义到正义》,《郑州大学学报》(哲学社会科学版),人大复印资料全文转载
张淑华	《新媒体语境下政策传播的风险及其应对》,《当代传播》,人大复印资料全文转载,省优秀社科成果二等奖;《新闻传播专业学位硕士教育的困境及对策研究》,《郑州大学学报》(哲学社会科学版)
周宇豪	《公共政策决策中的网络媒介与公民表达权探析》,《郑州大学学报》(哲学社会科学版)
宗俊伟	《电视剧意象叙事的时间机制》,《现代传播》;《婚恋题材电视剧的精彩收获》,《中国电视》
郑素侠	《个体经验与城市认知:农民工子女眼中的城市》,《中国青年研究》;《参与式传播在农村留守儿童媒介素养教育中的应用——基于河南省原阳县留守流动儿童学校的案例研究》,《新闻与传播研究》

3. 教学获奖情况

作　者	获奖情况
张淑华	获2014年全省教育系统教学技能竞赛特等奖
王　莹 常燕民	获2014年全省教育系统教学技能竞赛一等奖
徐　键 罗雁飞	获2014年全省教育系统教学技能竞赛二等奖

五、学术活动

(一) 国际学术交流情况

张兵娟赴美国进行了访学和学术交流工作。

(二) 国内学术交流活动

"传媒名师名家讲坛"先后邀请了新华社副总编辑慎海雄、中国传媒大学胡智锋、华中科技大学新闻学院院长张昆等一些高校、媒体的专家、学者到学院为师生作专题报告。

"建院三十周年"系列讲座邀请了李跃森、王灿发、蒋晓丽、梁刚建、许正林、张志安、徐扬、李彬、唐润华、程曼丽等学界或媒介名师名家来学院讲学。

六、2014年大事记

4月8日,郑州大学新闻学院2010级

学生曾晨雨、马腾超，2011级学生杨大地受邀分别担任了第二十一届北京大学生电影节主竞赛单元和大学生原创影片大赛单元评委，学院两部纪录短片《泥泥狗》和《台上，台下》从国内外2400多部影片中经过遴选脱颖而出，成功入围大学生原创影片大赛前50名。

4月28日，华中科技大学新闻与信息传播学院院长张昆受邀为郑州大学300多名师生做了一场题为《〈引力与张力〉——对当代中国媒介与权力关系的思考》的学术报告。

6月5日，教育部“长江学者”特聘教授、中国传媒大学教授胡智锋受聘为郑州大学兼职教授仪式及专题学术报告会在郑州大学举行。胡智锋为400余位师生作了题为《中国电视内容生产的潮流与趋势》的学术报告。

6月9日，学院与人民网河南分网共建签字仪式及郑州大学新闻与传播学院大学生实习实践基地揭牌仪式在人民网河南分网举行。

6月19日，“媒体专家论新闻与传播学院建设与发展”座谈会在郑州大学召开。

6月24日，新华通讯社－郑州大学穆青研究中心揭牌及共建签字仪式在郑州大学举行。

12月27日，河南省委宣传部与郑州大学共建新闻与传播学院签约仪式在郑州大学举行。

12月27日，河南省委常委、宣传部长赵素萍以马克思主义新闻观教育为主题，为郑州大学师生作了题为《怎样认识新闻的真实性、自由性和独立性》的专题报告。报告会开始前，校长刘炯天院士向赵素萍部长颁发了兼职教授聘书。

12月27日，郑州大学新闻与传播学院院务委员会第一次全体会议在郑州大学召开。

供稿：郑州大学新闻与传播学院

华南理工大学新闻与传播学院2014年概况*

华南理工大学新闻与传播学院成立于2004年7月。经过十年探索，学院构建了一套专业创新人才培养体系：以数字媒体内容产业（网络新媒体、传统媒体数字化）教学与科研为新的增长点，强化数据新闻、视听传播、新媒体传播和品牌传播等专业特色，培养既具备深厚的文化底蕴，又掌握新闻传播业务及现代传播技术的宽口径复合型人才。

一、人才队伍

（一）学院历任负责人

院长：李幸（2004—2012）、苏宏元（2013年至今）。

副院长：侯力、唐孝祥（2004—2008），段淳林、朱剑飞、赵泓（2009—2012），段淳林、朱剑飞、曹智频（2013年至今）。

党总支书记：冯小宁、严益群（2004—2008），何东清（2009—2012），何东清、欧阳斌（2013年至今）。

党总支副书记：杨红（2004—2008），何剑桦、孟勋（2009—2012），黄广发（2013年至今）。

* 本概况仅包含与新闻传播相关人员、项目、课程、成果等。

（二）师资力量

现有教职工 63 人，其中专业教师 51 人，包括教授 17 位，副教授 18 位（其中外籍 1 位）。另有顾问教授 1 位（美国波士顿大学传播学院院长吉姆），名誉教授 1 位（泰国公主诗琳通），“百人计划”讲座教授 1 位（美国罗德岛大学传播学教授陈国明），兼职教授 37 位（均为华南地区各大媒体负责人）。

学院现有教授：

姓　名	研究方向	姓　名	研究方向
苏宏元	网络传播、媒介文化	韩红星	品牌传播
段淳林	品牌传播与管理	储冬爱	视觉文化、民俗文化
朱剑飞	媒介经营与管理	周建青	影视新媒体
赖寄丹	新闻实务	罗韵娟	网络传播
袁　忠	视觉文化、建筑美学	赵　泓	媒介品牌、中国新闻史
曹智频	中国哲学、新媒体	李小华	语言学、文化批评
杨　蔚	传播语言	陈国明	跨文化传播（客座教授）
张步中	影视传播	展　江	传播法、外国新闻史（兼职特聘教授）

二、机构设置

（一）系别简介

新闻传播系：成立于 2003 年。创办之初，新闻传播系先以传播学专业进行招生。2009 年，新闻传播系明确提出传播学专业跨媒体新闻传播专业方向这一定位，新闻传播系针对当前媒体转型、行业剧变及社会发展的现实需求开设一系列特色课程，如数据新闻、科技传播、网络信息监测与分析、网络内容产品策划与编辑制作等，结合珠三角优势传媒企业，帮助学生建构交叉性知识结构，强化专业技能、创新意识和综合素质。现任系主任为谢勇。

品牌传播系：成立于 2004 年。在传统广告学专业基础上衍生而来，历时十年的发展，已建构了立足于传播学、管理学、营销学、广告学四大基础理论，以品牌塑造为目标的学科系统架构，形成了传播学与管理学交叉、创意策划与营销实务相融的专业特色，并在国内率先开展新媒体与品牌传播发展理论与实践的研究，探讨品牌传播在数字内容产业、媒体产业及企业品牌战略等领域的创新应用。现任系主任为韩红星。

视听传播系：成立于 2014 年。其教学和研究的目标是既要培养学生拥有扎实的理论功底，同时要具有较强的实践和动手能力。毕业生能够突破传统媒体与新媒体的领域界限，驾驭任何媒介平台上的视听节目策划、编剧、采访、导演、拍摄、编辑等工作。现任系主任为张步中。

网络传播系：成立于 2014 年 5 月，同年 9 月开始招收第一届网络传播系本科生。网络传播系以“内容为核心”。课程设置以人文科学、社会科学和新闻传播学基本理论和技能课程为基础，以网络传播技术和课程为工具，以网络传播、营销理论和实践技能为方法，打造“网络传播技术基础 + 数据挖掘与分析 + 数字内容产品设计与制作 + 网络产品建设与运营”的专业课程模块。实习实践模块则借助于本科生校内和校外导师相结合的联合培养机制和大量的新媒体实践基地，由“校内实践课程 + 专业实践竞赛 + 认识实习 + 就业实践 + 就业实习”这几大模块构成。现任系主任为刘银娣。

（二）省部级研究中心（所）

广东省新媒体与品牌传播创新应用重点实验室：成立于2013年，广东省第一个省级哲学社会科学重点实验室。该实验室依托华南理工大学新闻与传播学院“文科中的工科”专业定位及新媒体与品牌传播方面的专业优势，协同计算机学院、软件学院等学院的重点学科，整合信息技术研究、新媒体研究和品牌传播研究的交叉优势设立，下设移动互联网与整合品牌传播创新、数字内容产业与社会发展、新媒体集成管理与平台化、大数据与新媒体传播效果监测与分析四个研究方向。实验室由新闻与传播学院教授段淳林担任主任，朱剑飞和宋恒杰担任副主任。实验室专家学术委员会共9人，由南京大学教授杜骏飞担任主任，苏宏元担任执行主任。实验室现拥有学术研究人员41人，其中博士40人，占比97%，博士后1人；在读硕士32人。

（三）校级研究中心（所）

1. 传播法与传播伦理研究中心：成立于2014年，中心主任为展江。中心已经聘请十余名国内顶级传播法学者为兼职研究员。

2. 华南理工大学品牌研究所：成立于2004年，所长段淳林。研究所主要从事品牌战略管理与整合营销传播、企业文化管理等方面的理论研究及对外管理咨询。该所现有研究人员12人，其中教授3人，副教授5人，讲师4人，兼职教授10余人。近5年承担各类课题项目50余项，发表各类论文100多篇，出版著作10余部。

（四）院系级研究中心（所）

1. 纪录片创作与研究中心：成立于2012年，并于2013年6月与南方电视台合作成立中国南派纪录片创作与研究中心。主任为朱剑飞，副主任为黄桂萍。

2. 实验教学中心：成立于2005年11月，中心主任由学院教学副院长曹智频兼任。

三、教育概况

（一）专业设置

学院本科生学制四年，分设4个专业：新闻学（2015年新增）、传播学、广告学、编辑出版学（新媒体与数字出版方向2014年停止招生），按五个方向招生：跨媒体新闻传播（传播学专业2015年改为新闻学专业）、视听传播（传播学专业）、网络与新媒体（传播学专业）、品牌传播（广告学专业）、外向型人才实验班（新闻传播学类国际班）。

学院拥有新闻传播学一级学科硕士学位授权点，按一级学科招收学术型研究生和专业硕士研究生，分设五个招生方向：新闻理论与实务、网络传播与新媒体研究、影视传播、品牌传播、跨文化传播。同时依托工商管理一级学科博士点设立组织传播与管理研究方向。

（二）招生情况

学院现有在校本科生：传播学194人，广告学154人，编辑出版学89人，新闻传播学类国际班82人，总计519人，均为中国大陆学生。

硕士研究生178人，其中，中国大陆学生134人，留学生44人。

四、科研成果

（一）部分科研项目

2014年立项的国家级、省部级科研项目、课题：

国家社科基金一般项目：“数据新闻学发展前沿研究（编号：x2xcN1140050）”（主持人：苏宏元）。

教育部留学回国人员基金项目：“新媒体语境下的热点事件词化传播及其舆论引导研究（编号：x2xcB7150090）”（主持人：李小华）。

广东省教育厅项目：“传播学专业综合改革试点（编号：x2xcN9140620）”（主持

人：苏宏元）；“新闻与传播实验教学中心（编号：x2xcN9140840）”（主持人：曹智频）；“基于实践能力培养的视听教学改革研究（编号：x2xcN9141410）”（主持人：周煜）。

广东省科技计划项目：“广东网络科技会展国际品牌的塑造与发展研究（编号：x2xcN4140380）”（主持人：周建青）；“广东科普传播现状和策略研究（编号：x2xcN4140390）”（主持人：李梅）。

2014 年结项的国家级、省部级科研项目、课题：

广东省社科规划办项目：“新媒体语境下影像传播伦理研究（编号：x2xcN4110470）”（主持人：周建青）。

（二）部分学术成果

1. 著述、教材

作　者	著　作
段淳林	《整合品牌传播：从 IMC 到 IBC 理论建构》，中国出版集团、世界图书出版公司
刘银娣	《数字出版启示录：西方数字出版经典案例分析》，中国出版集团、世界图书出版公司
赵　泓	《中国人的新村梦》，贵州人民出版社；《中国人的乌托邦之梦》，秀威出版公司（台湾）
储冬爱	《族民的狂欢——天河龙舟映像》，广东人民出版社
朱剑飞	《中国传媒改革启示录》，中国出版集团、世界图书出版公司
周建青	《当代视听节目编导与制作》，中国广播电视出版社；《新媒体视听节目制作》，北京大学出版社

2. 发表论文

作　者	发表论文
苏宏元	《计算机辅助新闻报道的起源、发展、现状》，《新闻与传播研究》
李　幸	《迅速打造栏目品牌之法》，《现代传播》
周　煜	《论 MOOC 教学的语言特性与传播归属》，《现代传播》；《大数据时代出版行业发展趋势分析》，《中国出版》
赵　泓	《〈每日电讯报〉中的中国形象研究——基于 2003—2013 年对华报道的内容分析》，《新闻大学》；《关于新闻作品著作权若干问题的探讨》，《出版科学》；《群像式人物报道策略分析——以〈人物〉杂志为例》，《中国出版》；《新闻传播学学位论文出版述评》，《中国出版》；《个性化出版与书业的未来走向》，《中国编辑》
刘银娣	《电子书质量保障机制建设初探》，《出版发行研究》；《我国电子书定价现状及模式探究》，《中国出版》；《数据驱动出版：基于大数据的传统出版模式变革研究》，《中国出版》；《我国电子书质量管理现状与对策研究》，《科技与出版》
刘晓英	《出版社微信品牌传播研究》，《出版科学》
佘世红	《我国出版企业实现可持续品牌经营的策略探讨——以广东省出版集团为例》，《出版科学》；《论我国城市化进程中大众传媒的角色及其转型》，《中国出版》
张步中	《央视近年公益广告传播探析》，《中国电视》
段淳林	《基于微信 5.0 的大学出版社品牌形象塑造与传播》，《中国出版》；《基于大数据的出版社内容客户端应用研究》，《中国出版》

续表

作　者	发表论文
孙　珉	《美学特征对网络编辑工作的影响探析》,《中国出版》
胡　兵	《大数据时代新闻传播人才培养模式探讨》,《现代教育技术》
金玲辉 曹智频	《浅谈编辑缺失对中国漫画出版业的影响》,《编辑之友》

3. 教学获奖情况

作　者	获奖情况
周　煜	获省(自治区、直辖市)级全国技术协作能手(2014 年),广东省第二届高校青年教师教学竞赛奖

五、学术活动

(一) 国际学术交流情况

2014 年，学院共邀请 15 位海外学者和专家来院讲学，其中包括 John C. Hartsock（纽约州立大学科特兰分校新闻学院）、George Anghelcev（宾夕法尼亚州立大学广告与公关系）、Mark Balnaves（纽卡斯尔大学）、迈克尔·麦金（密苏里大学新闻学院）、章于炎（密苏里大学新闻学院）、特拉维斯·麦克米伦（密苏里大学新闻学院）、Peter M Herford（哥伦比亚广播公司［CBS］前新闻副总裁、哥伦比亚大学新闻学院教授）、吴进安（台湾云林科技大学）、闾丘露薇（凤凰卫视）、盖卫霞（凤凰卫视）、张卫（香港电视广播有限公司）等。

同时，学院还积极组织师生到台湾地区参加学术交流活动，3 名硕士研究生分别赴台湾辅仁大学、台湾艺术大学和“国立”中正大学交流学习。

(二) 学术会议

6 月 22 日，由华南理工大学主办，华南理工大学工商管理学院、新闻与传播学院承办“数字媒体与品牌管理论坛”。本次论坛分为传统媒体数字化转型与发展、品牌战略与企业核心竞争力提升、移动互联网与数字营销三大议题，旨在与更多业界精英进行沟通对话，共同探讨新媒体与品牌的发展、创新，挖掘中国品牌的核心价值与独特竞争力。

11 月 15 日，华南理工大学主办，广东省新媒体与品牌传播创新应用重点实验室、新闻与传播学院承办“新媒体国际论坛”，全称为 2014 年新媒体发展与创新论坛暨广东省新媒体与品牌传播创新应用重点实验室第一届年会。本次论坛以“数字媒体融合与品牌传播创新”为主题，专家学者就数字媒体内容生产与新媒体文化研究、移动互联网与整合品牌传播研究、媒介融合与平台管理研究、大数据背景下的新闻传播教育变革研究等内容展开深入研讨。

12 月 13 日，由华南理工大学主办，华南理工大学新闻与传播学院承办，美国密苏里大学新闻学院协办“新闻传播学科实验教学国际论坛”。在此次论坛上，来自美国密苏里大学、清华大学、复旦大学、中山大学、武汉大学等海内外高校及业界的专家学者们，就新媒体环境下新闻传播实验教学理念、实验教学创新与平台合作发展以及新闻传播人才创新培养模式进行探讨。

(三) 新闻传播学刊物及学术网站

学生刊物：《赫尔墨斯》：由华南理工大学新闻与传播学院创办，被称作广州最精致的校媒。杂志分为两大模块：纸质杂志与新媒体平台。对普通人物如快递员，小吃个体户的人物故事报道，以及《潮汕……》《东山口……》《校媒之死》《我们的大学官网……》等杂谈类的文章，一度在学生甚至社会群体中引起巨大反响。杂志社成员 20 余人，包括记者、自由撰稿人、排版设计、摄影、编辑、外联等。2014 年 12 月 27 日，曾举办全校范围内的大型跨年活动。长期合作单位有：1200bookshop、22bookshop、289 艺术等。创办宗旨为：做深度内容，讲人间故事。

六、2014 年大事记

1 月 2 日，华南理工大学与广东广州日报传媒股份有限公司签订战略合作协议。

5 月 19 日，《中国教育报》在第 14 版以《今天高校怎样培养新闻传播人才》为题报道学院人才培养情况。

6 月 22 日，品牌管理方向 EMBA 项目启动会举行。

9 月，中华经典传播与国艺品牌创新高峰论坛暨第六届广东省文化传播精品奖颁奖典礼举行，朱剑飞、赖寄丹获广东省文化传播精品优秀论著大奖。

10 月，学院邀请美国纽约州立大学科特兰分校新闻学院教授 John C · Hartsock 进行为期一周的讲学活动。

11 月 19 日，学院邀请著名新闻记者闾丘露薇举行主题为“新闻采访报道经验分享”的讲座。

11 月，学院本科 2012 级三位同学获得香港电视广播有限公司（TVB）邀请，赴香港将军澳电视城采访报道《2014 年度 TVB 全球华人新秀歌唱大赛》。

12 月 24 日，院长苏宏元在《中国社会科学报》发表题为《多维度全方位重构新闻传播学科》的文章，论述新时期新闻传播教育和人才培养。

供稿：华南理工大学新闻与传播学院

华东师范大学传播学院 2014 年概况

华东师范大学传播学院成立于 2004 年 9 月，其历史可以追溯到华东师大的前身大夏大学、光华大学分别于 1924 年和 1925 年开始兴办的报学专业教育。大夏大学 1928 年创办了我国最早的广告学系，1937 年又创建新闻学系。戈公振、汪英宾、谢六逸、王造时、曹聚仁、陆梅僧等著名新闻传播学者先后在大夏、光华执教和任职，培养出邓拓、储安平、张稚琴等著名新闻记者和新闻学者。1992 年华东师范大学在师范类大学率先创办广播电视编导专业，2002 年成立传播学系，2004 年撤系建院。华东师范大学传播学院现有教师 62 人，其中：教授 14 人，副教授 23 人，硕士研究生导师 29 人，博士研究生导师 10 人。

一、人才队伍

（一）学院历任负责人

院长：王晓玉（2004 年 9 月—2008 年 3 月）、严三九（2008 年 4 月至今）。

副院长：陈卫平、李同兴、严三九（2004 年 9 月—2008 年 3 月），陈卫平、雷启立、满方（2008 年 4 月—2012 年 4 月），陈虹、冯果、满方（2012 年 5 月至今）。

党委书记：徐静华（2004年9月—2008年3月），徐静华、朱梅（2008年4月—2012年4月），朱梅（2012年5月至今）。

党委副书记：李同兴（2004年9月—2008年3月）、满方（2008年4月至今）。

（二）学院现有教授

姓名	研究方向	姓名	研究方向
严三九	新媒体与媒介融合、媒介经营与管理、广播电视	陈虹	新媒体与社会发展、新闻舆论与危机传播、广播电视
王晓玉	影视传播	杨海军	广告理论与广告史、传媒经营与品牌战略、广告舆论
雷启立	中国近代现代出版与文学、编辑出版、传播文化	周斌	中国书法文献传播、书法创作与传播、书法教育与心理
聂欣如	电影学、纪录片、动画片		
吕新雨	媒介社会、影视理论、戏剧美学、当代中国纪录片	武志勇	新闻传播史、大众传媒与社会变迁
王群	口语传播	刘秀梅	广播电视艺术、影视传播、数字媒体艺术与文化产业
黄文达	影视传播		
胡兆洪	影视传播	冯果	电影理论

二、机构设置情况

（一）系别简介

新闻学系：成立于2004年，下设新闻学和广告学两个专业。新闻学专业旨在培养高质量、有特点的复合型新闻传播人才，为日益发展的新闻业输送一流的策划、撰稿、编辑和记者。广告学专业旨在适应现代社会对市场营销、广告策划、创意、宣传、经营人才的迫切需求，为各种层次的市场营销公司、广告公司、媒体广告部门、企业内部的广告策划部门和政府的宣传公关部门等培养高级专门人才。现任系主任为陈红梅。

传播学系：成立于2002年，主要包括编辑出版学专业。旨在培养具备系统的现代编辑出版理论知识与实践应用技能的高级专门人才。强调学生应具备宽广的文化底蕴与专门的学科知识，熟悉我国出版、宣传政策法规，掌握出版产业各个环节的基本技能，适应数字化条件下新型出版市场的需求。现任系主任为肖洋。

广播电视学系：成立于1992年，广播电视学系下设广播电视编导学和播音与主持艺术学两个专业。广播电视编导专业旨在为广播影视、文化传播和新闻宣传部门以及企事业单位的影像制作部门培养具有理论素养和策划操作能力的综合型人才。播音与主持艺术专业强调专业素养、艺术素养和文化素养并重，艺术感觉与现代传播技术融合，要求学生能胜任广播电台、电视台、网站以及其他媒介的播音、节目主持、新闻采写、编辑制作，以及宣传公关、媒介管理等各项工作。现任系主任为陈虹。

（二）省部级研究中心（所）

上海市演讲与口语传播研究会：成立于2011年，主要开展演讲学等口语传播理论的学术研究与交流，普及演讲学等口语传播理论知识及培养演讲等口语传播优秀人才，推广基层企事业和街道社区文化和演讲等口语传播活动。

（三）校级研究中心（所）

中华文化国际传播研究院：成立于2012年，全国政协常委、外事委员会主任赵启正出任名誉院长，研究院聚集美国纽约大学、普渡大学和复旦大学、北京大学等八所海内外一流科研教育机构的知名教授，致力于中华文化国际传播的科研和实践。

全球战略传播研究中心：华东师范大学传播学院与上海市公共外交协会、美国密苏里大学新闻学院于2013年联合建立全国首家全球战略性传播研究中心。中心主要从国家战略层面致力于推动公共外交的研究与实践，从政府工作层面注重政府形象修复理论的研究与应用，以及从企业发展层面推动企业危机公关的研究与实践。

剧星新媒体研究院：华东师范大学传播学院和上海剧星文化传播有限公司2014联合建立，研究院着力于新媒体重要课题的深入研究。

心理传播研究中心：创建于2011年，与华东师范大学心理学科研究共同合作，致力于心理学与传播学跨学科交叉融合研究。

教育传播研究中心：创建于2011年，主要围绕青少年新媒体素养和教育舆情进行研究。

传播学研究中心：创建于2004年，主要围绕新闻传播史、广告史、报刊发行史和新闻传播理论进行研究。

三、教育概况

（一）专业设置

学院全日制本科培养包含新闻学、广告学、编辑出版、广播电视编导和播音与主持艺术五个专业方向。

学院现有新闻学、传播学、电影学、广播电视艺术学、文学与传媒等五个硕士学位点，以及新闻与传播、广播电视、出版三个专业硕士点。

学院现有新闻与传播学一级学科博士点和新闻学、传播学、文学与传媒二级学科博士点，还有文艺学—影视文学理论博士招生方向。

（二）招生情况

学院现有在校本科生594人，其中中国大陆学生590人，留学生4人；

硕士研究生266人，其中中国大陆学生252人，港台学生6人，留学生8人；

博士研究生34人，其中中国大陆学生32人，留学生2人。

四、科研成果

（一）部分科研项目

2014年立项的国家级、省部级科研项目、课题：

国家社科基金重大项目：“加快推进传统媒体和新兴媒体融合发展研究”（主持人：严三九）。

国家社科基金一般项目：“中国当代广告舆论传播与话语变迁研究（1979—2009）”（主持人：杨海军）。

上海市社科基金规划项目：“重大改革措施的社会舆论引导研究”（主持人：陈虹）；“治理‘媒毒’：转型社会的媒介寻租与政府规制研究（1978—2014）”（主持人：潘祥辉）。

2014年结项的国家级、省部级科研项目、课题：

国家社科基金重大委托项目：“中华文化价值理念的国际传播与设计”国务院新闻办（主持人：严三九）；

（二）学术成果

1. 著述、教材

作　者	著　作
聂欣如	《电影的语言——影像构成及语法修辞》，复旦大学出版社；获上海市第十二届哲学社会科学优秀成果奖二等奖；《影视剪辑》，复旦大学出版社，入选第二批“十二五”国家级规划教材

续表

作　者	著　作
姜　华	《新闻文化的现代诠释》,复旦大学出版社;《现代思潮与新闻文化》,香港中和出版有限公司
吴畅畅	《传媒、现代性与工人阶级主体性探究:以〈工人日报〉(1949—1992)为例》,中国广播影视出版社
陈红梅	《互联网上的公众表达》,复旦大学出版社
於　春	《现代汉语新闻图式研究》,复旦大学出版社
聂欣如	《动画概论》(第三版),复旦大学出版社
巩晓亮	《电视节目主持人品牌研究》,复旦大学出版社
钱春莲	《恋影年华:全球视野中的话语景观——大陆、香港、台湾青年电影导演创作与传播》,复旦大学出版社

2. 发表论文

作　者	发表论文
严三九	《中华文化国际传播的必要性、紧迫性与挑战性》,《新闻与传播研究》
申　琦	《网络使用、社会支出与主观幸福感:以大学生为研究对象》,《新闻与传播研究》;《网络素养与网络隐私保护行为研究:以上海市大学生为研究对象》,《新闻大学》;《传播与大学生对"中国梦"的认知》,《新闻大学》
姜　华	《试论美国新闻业言论自由角色与结构自由角色之冲突及理论根源》,《新闻与传播研究》;《从良心自由到出版自由——西方近代早期新闻出版自由理念的行程及演变》,原刊2013年《新闻与传播研究》,2014年获上海市第十二届哲学社会科学优秀成果奖二等奖
路鹏程	《中国近代公雇访员与专职记者的新陈代谢——以1920—30年代上海新闻业为中心的考察》,《新闻与传播研究》;《地震灾区记者的心理创伤暴露与创伤后应激障碍研究》,《现代传播》
吴畅畅	《跨国话语联盟的形成:关于中国发展未来的争论》,*International Journal of Communication*(SSCI);《湖南卫视"高端崛起"之后,还有什么?》,《新闻大学》
聂欣如	《纪录片:纪实还是游戏——布莱恩·温斯顿纪录片理论之商榷》,《新闻大学》;《中国动画的民族化方向不应质疑》,《中国电视》;《也谈对安东尼奥尼纪录片〈中国〉的理解与观看》,《中国电视》;《数字技术能使动画变成纪录片吗》,《中国电视》
陈　虹	《关于完善中国新闻发言人制度若干问题的思考》,《现代传播》
肖　洋	《数字出版产业结构调整与经济增长关系实证研究》,《中国出版》;《数字出版产业生命周期研究》,《中国出版》
何平华	《全媒体语境下台湾地区老年人阅读现状实证研究——以台北市为例》,《中国出版》
吕新雨	《我想将你们尽可能地引向远方》,《读书》

（三）教学获奖情况

作　者	获奖情况
雷启立	获第二届明德教师奖
聂欣如	获宝钢优秀教师奖、华东师范大学首届优秀教学贡献奖；《动画概论》入选上海市精品课程
罗　薇	“纪录片研究”入选上海市高校示范全英语课程

五、学术活动

（一）国际学术交流情况

2014 年，传播学院分别与英国拉夫堡大学、利兹大学、诺丁汉特伦特大学签署硕士双学位合作项目，与美国密苏里大学新闻学院签署本科双学位合作项目。

传播学院还举办美国西北大学国际学术月活动，并先后接待美国密苏里大学新闻学院、英国诺丁汉特伦特大学、利兹大学来访。

（二）国内学术交流情况

4 月 26 日，“新闻史人才培养模式创新学术研讨会”暨中国新闻史学会第四届理事会会议在华东师范大学举行。

6 月 20 日，“中华民国新闻史研究现状与趋向研究学术研讨会”在华东师范大学举行。

10 月 18 日，“戏剧与影视教学指导委员会”年会，来自全国数十所高校的教指委成员 40 余人参加了会议，与会人员交流讨论了戏剧与影视学类专业教学计划修订及专业综合实践改革的经验。

10 月 18 日，“首届传统媒体和新兴媒体融合发展高峰论坛暨国家社科基金重大项目学术研讨会”在华东师范大学举行，聚集全国 20 余名新媒体专家探讨媒介融合对传媒业的影响。

（三）新闻传播学刊物及学术网站

《传播学研究集刊》创刊于 2004 年，致力于弘扬学术创新精神，坚持学术自由和平等的方向，反映国内外传播学研究的最新成果，促进学术交流。集刊为季刊，由上海古籍出版社出版。

六、2014 年大事记

5 月 24—28 日，“第七届上海大学生电视节”开幕式在华东师范大学隆重举行，这也是第二十届上海电视节的重要组成部分。

7 月，严三九作为首席专家成功申报国家社科基金重大项目“加快推进传统媒体和新兴媒体融合发展研究”。

以杨海军为领军的学术团队，获批“中国广告与传媒发展史二级分会”。

9 月 19 日，周斌在联合国秘书长潘基文的支持下，策划联合国总部中国书法首次亮相世界和平日的国际活动，12 月周斌在联合国总部图书馆成立“中国书法角”推介中国文化。

10 月 8 日，“华东师范大学传媒教育 90 周年和传播学院建院 10 周年庆典”在中山北路校区科学会堂举行。期间，与会者们围绕“媒介融合背景下传播人才培养模式创新”展开了研讨。

2014 年，传播学院入选“上海市卓越新闻传播人才教育培养基地”。

供稿：华东师范大学传播学院

浙江大学传媒与国际文化学院2014年概况*

浙江大学传媒与国际文化学院的历史可上溯至1928年8月，国立浙江大学设立文理学院。1958年杭州大学新闻系成立（当时全国高校仅有的四个新闻系之一），1993年成立杭州大学新闻与传播学院；1999年四校合并，在原浙江大学中文系、政治学系和哲学社会学系的基础上成立国际文化学系，在原杭州大学新闻与传播学院和原浙江大学传播研究所的基础上，成立浙江大学新闻与传播学系。2006年6月，该两系共同组建了传媒与国际文化学院。

一、人才队伍

（一）学院历任负责人

院长：吴飞（2012年5月至今）

历任副院长：徐岱（常务副院长，2006年6月—2010年7月）；吴飞（常务副院长，2010年7月—2012年5月），毛丹（2006年6月—2009年3月），吴飞（2006年6月—2010年7月），吕国华、李杰（2009年6月至今），胡志毅（2010年12月至今）

历任党委书记：邵培仁（2006年6月—2009年6月）、吕国华（2009年6月至今）

历任党委副书记：许翾（2006年6月—2009年6月）、黄任群（2009年7月—2013年7月）、王玲玲（2013年7月至今）

（二）学院现有教授

姓　名	研究方向	姓　名	研究方向
吴　飞	新闻传播理论、传播社会学	陈　强	美学、跨文化传播
邵培仁	传播学、媒介管理学、文化创意产业研究	张节末	中国美学、媒介美学
李　杰	传播符号学、传播与文化产业	潘一禾	美学、世界文学与比较文学、跨文化传播
李　岩	媒介批评、传播与文化、广播电视	施　旭	话语研究
韦　路	新媒体传播、国际传播、政治传播	黄少华	新媒体传播、青少年与互联网研究
何扬鸣	新闻传播史；范志忠，影视创作与批评	卫军英	整合营销传播
胡志毅	戏剧与影视、艺术传播学	王小松	动漫传播、艺术传播

二、机构设置

（一）系别简介

新闻传播学系：是浙江省最早开展新闻传播教育和研究的科研院系。1958年，杭州大学开始设立新闻系，后因高等院校专业设置调整而停办。1978年，杭州大学开办新闻专科。1982年，筹建了中文系新闻专业。1988年，恢复成立了杭州大学新闻系。1993年，杭州大学与《浙江日报》、浙江广播电视厅、浙江省新闻出版局、新华社浙江分社等数十家浙江新闻媒体一起，

* 本概况仅包含与新闻传播相关的人员、项目、课程、成果等。

建立了杭州大学新闻与传播学院。下系设新闻传媒与社会发展研究所、传播研究所。现主持工作的系副主任为沈爱国。

影视艺术与新媒体学系：筹建于2007年，下设原隶属于新闻与传播学系的广播电视学、广告学两个本科专业，其中广播电视学本科专业设置于1994年，广告学本科专业设置于1993年，2007年设广播电视编导方向。经过多年发展，本系两个专业生源国际化程度高，培养的人才在业界赢得广泛声誉，在电视新闻学、农村品牌研究等领域研究居于国内先进水平。目前由范志忠担任系主任。

（二）国家级研究中心（所）、研究基地

在教育部和浙江大学的大力支持下，浙江大学传媒与国际文化学院于2013年与浙广集团携手共建国家大学生校外实践教育基地——浙江大学—浙广集团新闻传播学类文科实践教育基地，主任李杰。基地努力探索高校—媒体协同培养的拔尖创新人才培养新路径。

（三）省部级研究中心（所）

浙江大学传播与文化产业研究中心整合浙江大学传播研究所和浙江传媒学院相关资源合作共建。中心对国家传播与文化产业发展及浙江文化大省建设中面临的重大实践问题和重大理论问题开展研究。中心主任为邵培仁。

浙江省娱乐与创意产业研究中心成立于2008年，是浙江省文化产业重点研究基地，研究中心由浙江大学负责管理，研究中心主任是邵培仁。研究中心的主要任务是对本省、乃至全国文化建设和文化产业发展的一系列实践和理论问题进行研究，提供政策建议和相关解决方案，并为全省文化产业的发展在科学研究、人才培养、学术交流、咨询服务、资料信息等领域提供多方面的服务。

（四）校级研究中心（所）

浙江大学传播研究所数字娱乐产业研究中心现有教授3人，副教授3人，讲师2人。中心主任李杰。以数字娱乐产业特征及发展规律为研究重点，通过对浙江省“数字浙江，动漫天堂”的建设实践经验的研究，比较其它地区和国家的不同发展模式和经验，探索数字娱乐产业的基本规律。2004年成立以来出版学术专著7部，发表论文40余篇，完成教育部博士点基金研究项目浙江省重点课题和横向课题10余项。

浙大影视传播制作与传播中心系浙江大学传播研究所的影视制作基地。中心主任胡志毅。近年来中心为机关、企业和电视台策划制作了大量的影视节目，并分别获得国家教学成果奖、全国社科青年学术著作奖、省部级成果奖及省教委优秀社科成果奖。美国、澳大利亚、中国港台地区等国家和地区的影视业界的专家也多次来本研究所交流理论和实践经验，并与中心建立了密切的联系。

浙江大学国际影视发展研究院，由浙江大学与海宁市人民政府共建，是隶属于浙江大学的校设研究机构，被打造为集影视文化产业研发、服务、成果转化、产业培育、科技孵化为一体的创新平台，院长为罗卫东，执行院长为范志忠。

浙江大学中国海洋文化传播研究中心成立于2013年，中心目前有教授4人，副教授3人，博士研究生学位研究人员10人。中心旨在推动海洋文化研究与传播，为国家海洋强国战略和文化强国战略服务。2014年，经国家海洋局宣教中心审核批准，浙江大学中国海洋文化传播研究中心成为首批全国文化产业示范基地，将更好地致力于传播海洋文化，积极推动地方海洋产业的发展。

（五）校企共建研究中心（研究院）

2014年4月26日，由腾讯网、浙江大学和腾讯大浙网联合成立的“浙大·腾讯网移动互联研究院”正式揭牌，旨在通过跨越门户的合作，为未来移动互联网的发展提供更好的参考，也为培养适应新媒体环境的人才提供良好的平台。合作院长：吴飞、傅剑锋。

（六）院系级研究中心（所）

浙江大学传播研究所：成立于 1997 年，所长邵培仁。

浙江大学新闻传媒与社会发展研究所：成立于 1997 年，所长韦路。

浙江大学广播电影电视研究所：成立于 2000 年，所长范志忠。

浙江大学社会思想研究所：成立于 2006 年，所长潘一禾。

三、教育概况

（一）专业设置

本科生培养与研究方向主要包括新闻学、广播电视新闻学、广告学和对外汉语四个专业。

硕士研究生主要包括新闻学、传播学、美学、戏剧与影视学、新闻与传播专业硕士、广播电视专业硕士、汉语国际教育专业硕士七个专业。

博士研究生包括新闻传播学和美学两个专业。

（二）招生情况

全院现有在校本科生 584 人，其中，中国学生 427 人（含港澳台 5 人），留学生 157 人。

硕士研究生 98 人，其中，中国大陆学生 94 人，留学生 4 人。

博士研究生 59 人，其中，中国大陆学生 57 人，留学生 2 人。

（三）博士后流动站情况

新闻传播学博士后流动站于 2014 年 9 月设立，主管单位是全国博管会（设站单位：浙江大学），目前有 15 位博士后指导老师，已招收博士后 3 人（新闻传播学博士后流动站设立前学院已在中国语言文学、中国史、哲学三个一级学科招收培养 34 名博士后）。

四、科研成果

（一）部分科研项目

2014 年立项的国家级、省部级科研项目、课题：

国家社科基金青年项目：“新媒体环境下基于视听障碍用户的媒体可及性研究（项目编号：14CXW044）”（主持人：李东晓）。

教育部人文社科青年基金项目：“后物质主义视角下绿色广告对受众环境观念影响的实证研究（项目编号：14YJC860017）”（主持人：刘于思）。

浙江省科学技术厅软科学项目：“传媒业转型变革策略与成长模式研究（项目编号：2014C25010）”（主持人：赵瑜）；“关于新媒体条件下开展科技宣传的思路与对策研究（项目编号：2014C25063）”（主持人：吴飞）。

浙江省社科规划一般项目：“样板戏版本整理与研究（项目编号：14NDJC127YB）”（主持人：张节末）。

2014 年结项的国家级、省部级科研项目、课题：

教育部重大攻关项目：“国际传播的理论、现状与发展趋势研究（项目编号：09ZJD0010）”（主持人：吴飞）。

省社科规划一般项目：“大众媒介的无障碍传播与可及性实践研究——以浙江省的视听障碍者为例（项目编号：13ZJQN034YB）”（主持人：李东晓）。

教育部人文社科青年基金项目：“微博动员与集体行动研究（项目编号：11YJC860048）”（主持人：韦路）。

教育部人文社科青年基金项目：“知名博客对网络舆论的影响研究（项目编号：09YJC860030）”（主持人：汪凯）。

（二）学术成果

1. 著述、教材

作 者	著 作
邵培仁	《华莱坞电影理论:多学科的立体研究视维》,浙江大学出版社;《传媒的魅力:邵培仁谈传播的未来》,首都经济贸易大学出版社
潘一禾	《越界历险与国际正义》,浙江大学出版社
吴 飞	《重建巴比塔——吴飞谈传播学的想像力》,首都经济贸易大学出版社
吴 赟	《出版经济学的核心:基于市场机制的出版物价格问题研究》,同济大学出版社
何扬鸣	《〈东南日报〉南京大屠杀报道研究》,浙江大学出版社

2. 发表论文

作 者	发表论文
邵培仁	《转向"关系"的视角:线上抗争的扩散结构分析》,《浙江学刊》;《传播模式论:〈论语〉的核心传播模式与儒家传播思维》,《浙江大学学报》(人文社会科学版);《媒介恐怖主义的蜕变与线上正义的伸张》,《探索与争鸣》;《传播受体论:庄子、慧能与王阳明的"接受主体性"》,《新闻与传播研究》
王 婧	*Mapping An Existential Territory*:*An Autoethnogaphy of a Sound Researcher*,International Review of Qualitative Research
赵 瑜	《媒介市场化、市场化媒介与国家规制》,《新闻大学》;《2013 年英国电影综述》,《当代电影》
吴 赟	《中国的书价究竟有多高?——近 20 余年中国书价变动的总体态势与特征分析》,《中国人民大学报刊复印资料》(全文复印);《产业重构时代的出版与阅读——大数据背景下出版业应深度思考的五个关键命题》(人大学报刊复印资料全文复印);《中国现行图书价格制度弊端与改革路径分析》,《中国出版》
何扬鸣	《试论〈东南日报〉对南京保卫战的报道》,《中共党史研究》
吴 飞	《何处是家园——传播研究的逻辑追问》,《新闻记者》;《全球化的文化后果》,《现代传播》;《名词定义试拟:被遗忘权》(*Right to Be Forgotten*),《新闻与传播研究》;《中国人在人权领域如何回应西方的追问?》,《当代传播》;《像与镜:中国形象认知差异研究》,《新闻大学》
李 岩	《网络话语的暴力效果——以福柯话语理论解读网络暴力的生成》,《当代传播》;《基于报纸盈利模式的报业发展分析》,《编辑之友》
丁苗苗	《〈毛驴县令之歪打正着〉影片分析》,《当代电影》
黄钟军	《我不想自己就是一个只会拍游戏题材的导演》,《当代电影》;《乡关何处——新台湾电影中的空间流变》,《当代电影》;《有一天我没话说了就不再拍电影了》,《当代电影》;《留守的意义》,《当代电影》
李媛媛	《米歇尔·哈扎纳维希乌斯:古典好莱坞的法国继承者》,《当代电影》
李越深 吴伟业	《〈彭燕又偶存草序〉作年考:兼考彭宾〈偶存草〉刊刻时间》,《浙江大学学报》(人文社会科学版)
章 宏	《全球化语境下的电视研究变迁》,《南京社会科学》

续表

作　者	发表论文
李红涛	《已结束的"战争"、走不出的"迷宫"："SARS 十年"纪念报道中的隐喻运用与媒体记忆》，《新闻记者》；《"耻化"叙事与文化创伤的建构：〈人民日报〉南京大屠杀纪念文章（1949—2012）的内容分析》，《新闻与传播研究》；*Guanxi Networks and the Gatekeeping Practices of Communication Journals in China*，Chinese Journal of Communication；《"谋道亦谋食"：〈南方传媒研究〉与实践性新闻专业主义》，《当代传播》
范志忠	《2013 年美国电影盘点》，《当代电影》；《多元文化语境中身份的危机与认同》，《当代电影》
韦　路	《社交媒体时代的知识生产沟：微博使用、知识生产和公共参与》，《兰州大学学报》（社会科学版）；《中国微博空间的议题呈现：新浪热门微博实证研究》，《浙江大学学报》（人文社会科学版）；《微博空间的知识生产沟研究》，《传播与社会学刊》（香港）；《社交媒体时代的知识生产沟》，《中国社会科学文摘》（全文转载）

（三）教学获奖情况

作　者	获奖情况
朱　菁	获浙江大学 2014 年度优质教学奖二等奖

五、学术活动

（一）国际学术交流情况

1 月，丁苗苗赴美国威斯康辛大学做访问学者。

1 月至 2 月，张丽萍赴韩国南首尔大学做访问学者。

1 月至 4 月，王建刚赴英国伦敦国王学院做访问学者。

1 月至 9 月，邵志择赴美国威斯康辛大学做访问学者。

3 月，李红涛赴法国参加学术会议。

3 月，高芳芳赴法国参加学术会议。

4 月，赵瑜赴美国参加国际会议。

6 月，李媛媛赴美国参加国际会议。

7 月，李媛媛赴法国参加国际会议。

1 月至 12 月，吴赟赴美国威斯康星大学麦迪逊校区做访问学者。

（二）国内学术交流情况

第五届数字未来与媒介社会国际学术会议，由浙江大学传媒与国际文化学院、浙江大学新闻传媒与社会发展研究所主办，中国网络传播学会、美国罗切斯特大学协办。会议的主题为"数字媒体与文化传播"，于 2014 年 5 月 23—25 日在浙江大学西溪校区举行。

2014"海洋文化与海洋文化产业"国际学术会议由浙江大学和国家海洋局宣传教育中心联合主办，浙江大学中国海洋文化传播研究中心、新华社 CNC 海洋电视节目制作中心、浙江大学传媒与国际文化学院承办。会议的主题是"开放、和谐与共享：全球化格局下的海洋文化传播与社会发展"。

（三）新闻传播学刊物及学术网站

《中国传媒报告》（*China Media Report*）学刊创办于 2002 年 7 月，每年 4 期，是浙江大学传播研究所主办的、经过学校批准和国家新闻出版署认可的、面向海内外新闻与传播界的学术性的国际连续出版物，是全球十大华文新闻与传播学术期刊之一，被教育部新闻传播学教学指导委员会认定为新闻传播学科核心期刊，已分别于2009年和2010年被国际著名数据库《乌利希期刊指南》（UPD）和《哥白尼索引》（IC）收录为核心期刊，2012年获“首届中国传媒经济与管理科研成果奖杰出期刊奖”。刊物以华人传媒研究为定位，坚持实行国际通用的“专家精审制度”，具有国际性、前沿性、本土性和交叉性等办刊特色。

China Media Research（《中国传媒研究》）是由浙江大学传播研究所和美国中国传媒研究协会联合主办的国际连续出版物，于2005年10月创刊，每年四期，是聚焦中国传媒研究的学术性全英文学刊。本刊旨在世界传媒研究交流中起桥梁作用：让世界注意中国传媒研究，也让中国了解世界传媒研究。该刊是国际著名数据库EBSCO和GALE收录的核心期刊，著名美国国会图书馆、大英图书馆等和国际上知名大学多年来一直订阅此刊。刊物编委主要由美国加州大学、科罗拉多大学、威斯康星大学、密歇根大学、杜克大学、英国利物浦大学、美国IBM公司、美国朗讯公司、北京大学、清华大学、复旦大学、浙江大学等著名专家、教授组成。

《中国传媒海外报告》（*China Media Report Overseas*）创办于2005年10月，每年4期，是浙江大学传播研究所和美国中国传媒研究协会联合主办的中英文双语国际连续出版物。是国际著名数据库EBSCO和GALE收录的核心期刊。

供稿：浙江大学传媒与国际文化学院

厦门大学新闻传播学院2014年概况

厦门大学新闻传播学院成立于2007年成立，分新闻学系、广告学系、传播学系，其中新闻学系下分新闻学与广播电视新闻学专业。全院15%的教师具有海外留学背景，大部分教师具有境外交流访学经历。截至2014年年底，学院教师46人，其中，教授11人，副教授20人，博士研究生导师9人，硕士研究生导师43人。

一、人才队伍

（一）学院历任负责人

院长：张铭清（2007年6月至今）、

常务副院长：黄星民（2007年6月—2012年12月），黄合水（2012年12月至今）

副院长：黄合水、赵振祥（2007年6月—2012年12月），阎立峰、林升栋（2012年12月至今）

党委书记：邓朝晖（2007年6月—2012年12月），郑树东（2012年12月至今）

党委副书记：林盛铨、叶虎（2007年6月—2012年12月），林盛铨、聂鑫（2012年12月至今）

（二）学院现有教授

姓　名	研究方向	姓　名	研究方向
张铭清	台湾传媒、新闻学理论	林升栋	跨文化广告传播、社交媒体用户行为研究、中庸心理学
岳　淼	电视新闻、传媒管理、台湾传媒		
阎立峰	新闻学、影视艺术、台湾传媒与文化	罗　萍	广告艺术设计、广告视觉传播
赵振祥	媒体关系、新闻理论、新闻业务	陈嬿如	传播学理论与研究方法的创新、大众传播与当代中国的社会发展、传播与文化的互动等
庄鸿明	应用语言学、跨文化传播、网络传播		
邹振东	舆论学方法论、影像方向	谢清果	华夏传播研究、两岸传媒研究、科技传播研究
黄合水	品牌、广告效果、媒体效果		

二、机构设置

（一）系别简介

1922 年，厦门大学开始新闻教育。

1983 年，厦门大学新闻传播系下设国际新闻、广播电视新闻和广告三个专业。其中“广告学”和“国际新闻”专业都是国内最早创办的专业，“广告专业”是当时国内兄弟院校中唯一的专业。

1984 年，“国际新闻”和“广告学”两个专业开始招生。

1989 年，“广播电视新闻”专业开始招生。

1994 年，获得新闻学专业硕士学位授予权，下设新闻、广播电视和广告三个方向。

1999 年，新闻传播系被并入人文学院，成为其中的一个系。

2000 年，以广告专业为特色的传播学获批为福建省重点学科。

2002 年，获得传播学硕士学位授予权。隶属新闻传播系的“品牌与广告研究所”创立。

2005 年，以广告专业为特色的传播学再度被评为福建省重点学科。

2005 年，获得二级学科“传播学”的博士学位授予权。同年还获得“新闻学与传播学”一级学科硕士学位授予权。

2007 年，新闻传播系从人文学院中独立出来，成立新闻传播学院，下设新闻学系和广告学系。确立在已形成的广告研究特色的基础上，打造另一个特色，及台湾传媒研究。

2007 年，广告专业被教育部评为特色专业建设点。

2008 年，复旦大学新闻传播学院、厦门大学新闻传播学院、海峡导报共同创办的“海峡两岸新闻与传播研究交流中心”成立。

2009 年，成立传播学（以言语传播为主）专业，并开始招收本科生。

2010 年，经学校批准，成立“海峡传媒研究中心”。

2011 年，获得“新闻学与传播学”一级学科博士学位授予权。下设新闻学与传播学两个二级学科博士点。

2011 年，传播学系成立。

2012 年，博士后流动站创建；院属研究机构“战略传播研究中心”创立；在新闻传播一级学科博士点下自主增设“广告学”二级学科博士点。

2013 年，品牌与广告研究所升格为校级研究机构，同时更名为“品牌与广告研究中心”。在新闻传播一级学科博士点下自主增设“对外汉语推广”二级学科博士点。

学院现任各系主任为：新闻学系——庄鸿明，广告学系——罗萍，传播学系——李展。

学院办学宗旨：培养复合型应用型人

才。教育和培训一批具有一流的外语能力、掌握说服策略和跨文化传播技巧、通晓国际媒体运作规律、熟练运用新媒体传播技术的国际传播人才。既向中国说明世界，又向世界说明中国。

（二）校级研究中心（所）

1. 厦门大学海峡媒体研究中心，主任：张铭清、阎立峰。

2. 厦门大学传播学研究所，主任：李展。

3. 厦门大学品牌研究中心，主任：黄合水。

三、教育概况

（一）专业设置

硕士点情况：学院一级学科为新闻传播学，二级学科传播学、新闻学、广告学

博士点情况：传播学博士专业下设广告学、品牌与广告、传播与社会发展、台湾传媒研究四个研究方向。

（二）招生情况

目前在校本科生 581，其中，中国大陆学生 560 人，留学生 21 人。

硕士研究生 242 人，其中，中国大陆学生 230 人，港台学生 2 人，留学生 10 人。

博士研究生 47 人，其中，中国大陆学生 41 人，台湾学生 4 人，留学生 2 人。

四、科研成果

（一）部分科研项目

国家级："全球争议广告研究（编号：14BXW067）"（主持人：王晶）。

教育部："中国青少年社交媒体使用与沉迷现状研究（编号：14YJC860008）"（主持人：黄含韵）；"海峡两岸传媒交流与政治互信研究（编号：14YJC860030）"（主持人：谢清果）。

省级："海外华人参政的媒介话语权研究（编号：2014B136）"（主持人：罗慧）。

2014 年结项的国家级、省部级科研项目、课题：

教育部项目："从广告传播表现解读转型期中国城市居民消费观念变迁（1978—2010）"（主持人：陈素白）；"制播分离背景下中国广播电视机构治理模式创新研究"（主持人：殷琦）。

福建省教育科学规划项目："福建省高校新闻传播学本科教育的创新性发展研究"（主持人：熊慧）；"'先行先试'闽台新闻传播教育交流模式探讨"（主持人：黄裕峯）。

福建省社科规划项目："大众传媒与台湾政党政治关系研究"（主持人：阎立峰）；"闽台数字内容产业比较与合作研究"（主持人：吴琳琳）。

（二）部分学术成果

1. 论文情况

作　者	发表论文
周　雨	《段子营销中的幽默手法研究》,《现代广告》(学术季刊)
陈素白	《广告影响效果区域差异探析——基于一、二、三线城市消费者调查》,《现代广告》(学术季刊);《中美广告教育比较研究》,《现代广告》(学术季刊)
白海青	《CEO 支持信息化的动因:激发条件与促进机制》,《南开管理评论》;《CEO 如何支持 CIO? 基于结构性权力视角的多案例研究》,《管理世界》;《营销策略,网站设计对消费者重购意向的影响:基于 B2C 市场的实证研究》,《现代广告》(学术季刊);*highly process-focused organizationgal preformance measurement model*, Proceedings of the 2014 Internationgal Conference on Social Science

续表

作　者	发表论文
阎立峰	《〈人民日报〉微博新闻的叙事主体姿态分析》,《现代传播》;《新闻传播教育中的"技术决定论"与反"技术决定论"》,2014 海峡两岸数位汇流下的新闻与传播学术研讨会;《新闻传播教育中的"变"与"不变"》,《传媒》;《聚焦海峡论坛:看两岸民间交流之"三亲"》,《福建日报》
孙　蕾	《官方舆论场与民间舆论场:互联网时代环保科技传播的角力》,2014 年中国科技传播论坛;《互联网时代建瓯离乡青年延续方言共同体的传播调查》,福建省传播学会 2014 年会暨学术研讨会论文集
曾秀芹	《网购消费者网络口碑传播的动机研究》,《现代广告》(学术季刊)
谢清果	《两岸传媒:两岸共同媒介的鲜活样本》,《东南传播》;《两岸政治互信中的传媒角色、功能及前景》,《厦门大学学报》(哲学社会科学版);《两岸网络公共领域中的身份认同及其交往逻辑的功能考量》,《台湾研究》;《大陆时期成舍我新闻自由思想的变迁探析》,《福建广播电视大学学报》;《〈海峡导报〉"台海新闻版"的特色探析》,《东南传播》;《新闻道德的元哲学分析——基于"道—德、物—势"构建的体系》,《守护与敬畏——新闻道德重建的探究和对策》;《人文精神:媒介批评的终极指向》,《新闻爱好者》;《树状传播模式下唐诗风行的三大技巧》,《唐山师范学院学报》;《海峡两岸新闻交流政策的困境与出路展望》,《现代传播》;《老子"自知者明"的人际认知观探析》,《高职研究》;《新媒体环境下马仙文化传播致效初探》,《罗伞济世——马仙研究文集》;《"解严"后政党角力下台湾新闻自由的进步与迷思》,《台湾研究集刊》
殷　琦	《美国华文传媒发展的过程、现状与问题》,《文化产业导刊》
邱红峰	《新阶级、核风险与环境传播:宁德核电站环境关注的社会基础及政府应对》,《现代传播》
陈经超	《高校广告系微博管理分析与策略研究》,《广告大观理论版》;《新媒体语境下个人维权框架呈现策略——以"罗西门"事件为例》,《现代广告》(学术季刊);《情境危机沟通理论(SCCT)视角下可口可乐"含氯门"事件的危机处理策略探析》,企业社会责任与中国发展国际学术研讨会论文集;《基于 LBS 应用的网络广告运作模式与策略》,《广告大观理论版》;《认证与非认证记者微博的话语表达分析》,《广告大观理论版》;*the country-of-origin of brands and product beliefs effect on consumers' mobile phone choice*, Asia-pacific management and engineering conference (APME 2014)
朱至刚	《从立场到图景:试论"中国报刊史"的书写缘起和逻辑》,《国际新闻界》;《"西国"映像:近代中国报刊理念的一项生成因素》,《新闻与传播研究》
林升栋	《不同怀旧类型广告效果研究》,《现代广告》(学术季刊);《阴阳转换思维与看人感知的关系初探》,《中国社会心理学评论》
吴琳琳	《台湾网络公民新闻媒体发展及其实践困境》,《厦门大学学报》(哲学社会科学版)
曾秀芹	《争议性广告研究进展》,《现代广告》(学术季刊);《手机依赖的概念内涵及其现状调查》,《现代广告》(学术季刊);《网络消费者满意的构成要素及其作用效果研究》,《现代广告》(学术季刊)
黄合水	《探讨城市个性与旅游行为的关系》,《现代广告》(学术季刊)
毛章清	《卓南生教授:甲午年谈纪念甲午战争的意义》,《国际新闻界》;《厦门大学张铭清教授谈两岸的新闻交流》,《国际新闻界》;《两岸的新闻交流该如何寻求突破?》,《中华文化与传播研究》

续表

作　者	发表论文
孙慧英	《国产动漫分级制的隐忧与反思》,《东南传播》;《台湾电视新闻中的“陆客”形象分析》,《东南传播》
李德霞	《明末清初中外海上丝绸贸易及其影响》,《国家航海》;*South China Sea Disputes*:*China Has Evidence of Historical Claims*,RSIS Commentaries;*Xisha* (*Paracel*) *Islands*:*The inconvenient Truth-Analysis*,Eurasia Review;*Xisha* (*Paracel Islands*):*Why China's Sovereignty is* '*Indisputable*',RSIS Commentaries
黄裕峯	《解读新闻性电视谈话节目与台湾选举》,《台湾研究》;《多重影响者:一种公关的操作模式与实践》,《现代广告》(学术季刊);*Research of Influencer Construction Based on Oral Communication*, Advances in Education research
胡　悦	《食品风险传播的洞穴影像:网媒议程设置研究》,《厦门大学学报》(哲学社会科学版)
赵　洁	《“拉手网”新浪微博内容分析》,《现代广告》(学术季刊)
史冬冬	《后现代叙事:微博及其广告的批判性研究》,《现代广告》(学术季刊)
邹振东	《政治文化视域下的台湾电视政论节目》,《国际新闻界》
吴胜涛	(*SSCI*) *Examining Self-Advantage in the Suffering of Others*:*Cross-Cultural Differences in Beneficiary and Observer Justice Sensitivity Among Chinese*,*Germans*,*and Russians Social*,Justice Research
罗　慧	《艾滋病意义生产的历史变迁与媒体传播偏向的修正》,《国际新闻界》;《“一国两制”下新闻理论与实践的政治经济基础探析》,《东南传播》
熊　慧	《新民族主义媒体话语的社会历史分析:1990—2008》,《传播与社会学刊》;《瘦身广告接触与厦门女大学生身体满意度的相关性研究》,《现代广告》(学术季刊)
黄含韵	*Self-presentation Tactics in Social Media*,Proceedings of the 2014 International Conference on Social Science.

五、学术活动

2014 年，学院赴境外参加国际学术会议 13 人/次，赴国外做访问学者 7 人/次。

供稿：厦门大学新闻传播学院

重庆大学新闻学院 2014 年概况

2007 年，重庆大学成立文学与新闻传媒学院，聘任新华社原副社长兼常务副总编辑马胜荣为院长。2012 年，学校调整学科布局，汉语言文学系及相关三个二级学科硕士点划出，文学与新闻传媒学院更名为新闻学院。

一、人才队伍

（一）学院历任负责人

学院首任院长、现任名誉院长：马胜荣；现任院长：董天策；现任副院长：张瑾；现任党委书记：卓光俊；现任党委副书记：魏世平。

（二）学院现有教授

姓　名	研究方向	姓　名	研究方向
马胜荣	国际传播、新闻采编实务、新闻业务管理	吴小君	广播电视新闻、危机传播
		郭小安	网络与新媒体、政治传播
董天策	新闻传播理论、媒介文化与媒介批评、网络与新媒体	齐　辉	中国新闻传播史
		曾润喜	网络舆情研究、网络与社会治理
张　瑾	城市史、新闻史研究	田先红	传播社会学、政治社会学、农村社会学
苟世祥	新闻传播学、文化人类学		
彭逸林	电视研究、新媒体研究、媒介文化研究		

二、机构设置

（一）系别设置

1998年，重庆大学成立人文艺术学院，1999年开办广播电视新闻学本科专业，2000年成立广播电视新闻系，敖依昌、彭逸林、苟世祥先后任系主任。2007年，重庆大学成立文学与新闻学院，分设新闻传播学系（前身为广播电视新闻系）和汉语言文学系，新闻传播学系主任苟世祥，招收新闻学、广播电视新闻学本科生。2012年，学校调整学科布局，汉语言文学系师资划入人文高等研究院，文学与新闻传媒学院更名为新闻学院，新闻传播学系与新闻学院合一。从实际规模出发，学院暂未分设系一级机构。

（二）校级研究机构

新闻传播与区域发展研究院（Institution of Communication for Regional Development，ICRD）成立于2011年1月8日。由中国人民大学和重庆大学共同组建。中国人民大学新闻与社会发展研究中心主任郑保卫任院长，中国人民大学新闻学院高钢任副院长，重庆大学文学与新闻传媒学院（现为新闻学院）马胜荣任学术委员会主任兼副院长。注重中国区域发展问题意识，积极为国家发展提供学术研究和智力支持。研究院成立以来，在互联网与地方治理、传媒与区域形象构建、大众传媒与区域文化传播等领域已经取得一系列研究成果，已经完成“大众传媒与区域发展”等多个纵向或横向课题，合作承办2014年全国新闻学年会等大型学术会议。研究院注重与地方政府、国内外大学和研究机构的合作。目前，除与北京大学、清华大学、重庆日报报业集团新闻研究所等国内高校和研究机构开展合作研究外，并与美国雪城大学（Syracuse University）、密苏里新闻学院（Missouri School of Journalism），英国威斯敏斯特大学（WM）、伦敦政治经济学院（LSE），澳大利亚迪肯大学（Deakin）、皇家墨尔本大学（RMIT）、斯威本科技大学（Swinburne）等大学具有广泛的学术联系。

重庆大学舆情研究所2006年在重庆大学原人文艺术学院挂牌成立，是中宣部在高校所设的舆情直报点之一，积极服务政府、高校以及企事业单位。首任所长为时任人文艺术学院党委书记吕萍。2007 年之后，重庆大学舆情研究所开始由校党委宣传部与学院共建，所长为校党委副书记肖铁岩，副所长为重庆大学文学与新闻传媒学院党委书记卓光俊。

三、教育概况

（一）专业设置

学院本科专业：新闻学、广播电视学。

学院硕士点情况：2004 年，文学与新闻传媒学院获批新闻学、传播学、广播电视艺术学三个二级学科硕士学位授权点。2006 年，建成新闻传播学一级学科授权点。2010 年，获新闻与传播专业硕士学位授权点。2012 年，因学科调整，广播电视艺术学、文艺学、中国古代文学三个二级学科硕士点划出。目前，新闻学院拥有新闻传播学一级学科授权点、新闻与传播专业硕士学位授权点。

新闻传播学硕士点设新闻传播理论、新闻传播业务、广播电视理论与业务、网络与新媒体、社会舆情与信息传播、广告与公关、编辑与出版、中国新闻传播史、传媒法规与新闻政策、媒介经营与管理等 11 个研究方向，按一级学科招生。招生考试科目为：新闻传播史论；新闻传播业务。

新闻与传播（专硕）设新闻采编业务、广播电视新闻、网络与新媒体、编辑与出版、广告与公关、媒介经营与管理等 7 个研究方向。招生考试科目为：新闻与传播专业基础、新闻与传播专业综合能力。

博士点情况：2013 年，依托法学院法学一级学科博士点设置相对独立的新闻法学研究方向，2014 年开始招生。具体研究领域包括：（1）新闻传播法理；（2）新闻法规与传播伦理；（3）新闻传播与法治；（4）新闻传播专门性法律；（5）新闻传播法制史论。

新闻法学博士招生有两种方式：一是常规的考试，专业考试科目：新闻传播理论；新闻法规与传媒伦理。二是“申请—考核制”博士研究生招生方式。

（二）招生情况

学院有本科生 506 人，其中中国大陆学生 501 人，留学生 5 人；有硕士研究生 221 人，其中中国大陆学生 216 人，留学生 5 人；有博士研究生 6 人。

四、科研概况

（一）部分科研项目

2014 年立项的国家级、省部级科研项目、课题：

教育部人文社会科学重点研究基地（南京大学中华民国史研究中心）重大项目（子课题）：“中外文献中的宋美龄研究（主课题编号：14JJD770032）”（主持人：张瑾）。

国家社科基金项目重大项目（子课题）：“侵华日军无差别轰炸的史料整理与研究——侵华日军无差别轰炸的国际反响及对应史料整理与研究（主课题编号：14ZDB048）”（主持人：张瑾）。

国家社科基金项目青年项目：“基于风险社会视角下中国电视广播的相应机制与应对策略研究（编号：14CXW010）”（主持人：汤天甜）。

重庆市社科规划一般项目：“网络抗争中的情感动员策略及应对（编号：2014YBCB053）”（主持人：郭小安）；“大数据时代地方网络问政平台与政府管理创新研究（编号：2014YBZZ022）”（主持人：李兴亮）。

重庆市社科规划青年项目：“从近期系列热点事件看移动互联网舆论生态变迁（编号：2014DY20）”（主持人：杜积西）。

重庆市社科规划青年项目（博士项目）：“谢尔登·沃林政治哲学研究（编号：2014BS017）”（主持人：蒲俊杰）；“两晋文士的人生趣味与两晋文学流变研究（编号：2014BS067）”（主持人：黎

臻)；“互联网环境下司法公开与司法公正的互动机制研究（编号：2014BS091）”（主持人：杨秀）。

重庆市社科规划项目（培育项目）：“新媒体时代中国传统文化传播策略研究（编号：2014PY44）”（主持人：温健琳）；“从党人到报人——中国国民党报人群体研究（1912—1949）（编号：2014PY47）”（主持人：齐辉）。

（二）部分学术成果

1. 著述、教材

作　者	著　作
陶　楠	《美国电子媒介管制策略与市场发展》，重庆大学出版社
彭　辉	《塔尔科夫斯基诗电影研究》，吉林出版集团有限责任公司

2. 发表论文

作　者	发表论文
董天策	《极端事件传播负效应破解》，《人民论坛》
郭小安	《网络对谣言的自我净化：可能及影响要素》，《北京理工大学学报》（社会科学版）；《网络谣言的传播及治理》，《理论探索》
张小强	《独家数字出版与期刊影响因子关系的实证分析》，《编辑学报》；《传统新闻机构对社交媒体的控制及其影响：基于对国外30家机构内部规范的分析》，《国际新闻界》；《从数字新媒体的社会特征看数字出版策略选择》，《科技与出版》
汤天甜	《社会视域下政府信息公开对微博舆论的消解与强化——基于“招远事件”的实证研究》，《中国出版》
杨　秀	《新闻媒体、记者权利保障视域下新闻业监管规范的现状及问题反思》，《国际新闻界》；《报刊法治评论生产机制及问题反思》，《中国出版》
李成波	*Urban and rural factors associated with life satisfaction among older Chinese adults*, Aging & Mental Health

（三）硕博士伦文获奖情况

作　者	获奖情况
尹梦颖	《手机视频发展动力与问题研究》获重庆市优秀硕士论文

五、学术活动

3月，董天策出席台湾“媒介影响与民意再现国际学术研讨会”，会议期间与台湾世新大学新闻传播学院初步达成合作意向。2014年派遣两批共10名学生赴台湾世新大学参加秋季和春季研修班。

7月，董天策、郭小安、张小强、赵丽君、温健琳等5位老师参加澳大利亚及新西兰传播学年会，并在会议期间与澳大利亚斯威本科技大学健康与艺术设计学院媒介传播学系签署了合作备忘录。

2014 年学院先后邀请台湾淡江大学教授赵雅丽、台湾世新大学新闻传播学院林承宇博士、台湾政治大学刘忠博博士、香港资深媒体人杨锦麟讲学，聘请赵雅丽、杨锦麟为客座教授，邀请美国加州州立大学教授 Dean Kazoleas 莅临讲授公关理论与实务系列课程。

六、2014 年大事记

3 月 18 日，应重庆大学新闻学院名誉院长马胜荣邀请，联合国原副秘书长、中国杰出外交家沙祖康大使莅临重庆大学做题为《中国崛起进程中的国际环境与多边外交》的讲座。

5 月 5 日，台湾淡江大学大众传播学系教授、台湾公共广播电视集团董事长赵雅丽在重庆大学做《台湾的选举文化与政治传播》的专题讲座。讲座后，重庆大学副校长杨丹为赵雅丽颁发客座教授聘书。

5 月 17 日，“第四届重庆新闻传媒研究生学术论坛”在重庆大学新闻学院举行。论坛的主题是“媒介传播与社会文明发展”。来自北京大学、中国人民大学、复旦大学、中国传媒大学、武汉大学、暨南大学等 16 所高校新闻传播院系的研究生、博士研究生共 80 余人参加了本次研讨会。

5 月 23 日，资深媒体人杨锦麟跟重庆大学师生畅谈关于迎接新媒体时代挑战的思考与经验。

7 月 15 日至 18 日，新闻学院举办首届优秀大学生学术夏令营，来自全国各高校的 36 名同学参加了此次活动。

8 月 5 日至 8 日，院长董天策率新闻学院本科生、硕士研究生十余人赴河南郑州、兰考开展“学习穆青、学习焦裕禄”暑期专业实践。在新华社－郑州大学穆青新闻研究中心，聆听了新华社原总编辑、郑州大学新闻与传播学院院长南振中先生关于穆青新闻精神“勿忘人民”的专题报告，参观了穆青展览馆。在兰考，参观了焦裕禄纪念馆，并深入兰考坝头乡张庄村、焦林纪念馆、兰考红庙镇双杨树村、兰考焦裕禄干部学院门口焦桐树下、中州民族乐器厂等地进行深入的采访调研。

8 月 24 日至 8 月 30 日，董天策在北京参加第 24 届中国新闻奖、第 13 届长江韬奋奖评选，担任中国新闻奖综合组召集人。

9 月 17 日，《光明日报》发表文章《传统纸媒的融合发展难在哪——访重庆大学新闻学院院长董天策教授》。

9 月 23 日，中央电视台新闻主播、全国政协委员海霞博士，应重庆大学新闻学院名誉院长马胜荣的邀请，赴重庆大学做了题为《新媒体时代对新闻主播的要求》的讲座。

2014 年 2 月至 7 月，历时半年，经过反复研讨，院长董天策主持全面修订新闻学、广播电视学本科人才培养方案；4 月至 5 月，董天策主持全面修订新闻与传播硕士人才培养方案；9 月至 12 月，董天策主持全面修订本科课程教学大纲。

供稿：重庆大学新闻学院

苏州大学凤凰传媒学院2014年概况

凤凰传媒学院成立于2009年6月，该院的历史渊源可上溯至1929年成立的江苏省立教育学院所创办的电化教育专修科，以及1941年成立的国立社会教育学院下设的新闻学系，距今已有八十多年。两校后经院系调整，最终并入苏州大学。1995年苏州大学设立的新闻传播系，2005年发展调整为文学院·新闻传播学院。2009年组建凤凰传媒学院，现位于苏州大学独墅湖校区。截至2014年年底，有教师35人，其中：教授9人，副教授8人，硕士研究生导师16人，博士研究生导师6人。

一、人才队伍

（一）学院历任负责人

历任院长：王尧（2009年6月—2009年12月）、芮国强（2011年12月—2013年9月）、陈忠（2013年9月—2014年7月）；

历任党委书记：赵阳（2009年6月—2014年1月）；

学院历任副院长：陈龙（2009年6月—2014年7月）、徐国源（2009年6月—2012年11月）；

学院现任院长：陈龙；副院长：谷鹏、徐冉；党委书记：于毓蓝；党委副书记：常青伟。

（二）学院现有教授

姓　名	研究方向	姓　名	研究方向
陈　龙	新媒体舆论研究、媒介文化研究	王军元	文化创意产业研究、广告策划
倪　祥	影视美学、艺术传播学、戏剧影视文学	杨新敏	网络新闻研究
马中红	广告文化批评、媒介文化研究、品牌传播、广告策划创意	张　健	媒介与政治传播、新闻传播史论、广播电视新闻学
陈　霖	媒介叙事研究、媒介文化研究	王伟明	广告设计、视觉艺术
曾一果	媒介文化研究、城市传播研究、影视文化研究	徐国源	新闻理论研究、大众文化研究

二、机构设置

（一）系别简介

新闻传播系简介：现有教授3人，副教授3人，讲师6人。系主任曾一果，副主任陈一。

广播电视系简介：教授3人，副教授3人，讲师6人。系主任张健，副主任杜志红。

广告学系简介：教授3人，副教授2人，讲师5人。系主任王伟明，副主任胡明宇。

（二）校级研究中心（所）

苏州大学广告研究所，所长陈龙。

苏州大学新媒体研究院，所长胡守文。

苏州大学新媒介与青年文化研究中心，所长马中红。

苏州大学电影电视艺术研究所，所长

倪祥保。

苏州大学百森互联网公共服务研究中心，所长芮国强。

苏州大学·现代快报地产研究中心，所长芮国强。

(三) 院系级研究中心 (所)

传媒与文化产业研究中心，主任王军元。

网络传播研究所，所长杨新敏。

财经新闻研究中心，主任徐国源。

三、教育概况

(一) 专业设置

学院本科生培养专业与研究方向包括：新闻学、广告学、广播电视新闻学、播音与主持艺术、网络与新媒体、广告学（会展方向）。

硕士点情况：一级学科硕士点两个：新闻传播学、戏剧与影视学；专业硕士学位点两个：新闻与传播学、出版。

博士点情况：学院有一个博士点：媒介文化，涵盖传媒与文化产业研究、传媒与大众文化两个研究方向。每年招收 4—6 名博士研究生。

(二) 招生情况

学院现有在校本科生 772 人，其中，中国大陆学生 768 人，港台学生 3 人，留学生 1 人。

硕士生 55 人，其中，中国大陆学生 54 人，留学生 1 人。

博士研究生 18 人，其中，中国大陆学生 13 人，港澳台学生 5 人。

四、科研概况

(一) 部分科研项目

2014 年立项的国家级、省部级科研项目、课题：

国家级一般项目：“纪录片塑造国家形象的理论、历史与实践研究（编号：14CXW042）”（主持人：陈一）；“当代中国影视创作与传播提升世界影响力研究（编号：14BC026）”（主持人：倪祥保）；“西方媒介文化理论研究（编号：14FXW008）”（主持人：曾一果）。

省部级一般项目：“新时期江苏文学期刊研究（编号：14JD021）”（主持人：谷鹏）；“非物质文化遗产的现代传承——昆曲影视研究（编号：2014M551644）”（主持人：汪许莹）。

2014 年结项的国家级、省部级科研项目、课题：

国家社科艺术基金一般项目：“纪录片内涵扩大与创作手法、作品形态互动相关发展研究（编号：10BC031）”（主持人：倪祥保）。

国家社科基金一般项目：“新媒介与青年亚文化研究（编号：08BXW018）”（主持人：马中红）。

教育部青年项目：“误读、挪用与吸纳——国外纪录片理论与流派的中国化研究（编号：11YJCZH017）”（主持人：陈一）。

(二) 部分学术成果

1. 著述、教材

作　者	著　作
倪祥保	《纪录片：观念、手法与形态》，苏州大学出版社；《中外电影经典分类研究手册》，苏州大学出版社；《“双湖映像”》（2007—2013 影视评论文集），苏州大学出版社；《华语电影如何影响世界——当代华语电影文化影响力研究国际论坛论文集》（主编），苏州大学出版社
马中红	《青年亚文化年度报告 2013》，清华大学出版社；《网络那些词儿》，清华大学出版社
陈　霖	《新世纪人文纪录片研究》，苏州大学出版社

续表

作　者	著　作
曾一果	《中国新时期小说的城市想象》,北京大学出版社;《动画剧本创作》,南京大学出版社
杜志红	《电视的命运》,中国书籍出版社
陈　一	《电视纪录片概论》,国防工业出版社
华　昊	《社会转型时期电视剧中的女性意识嬗变》,中国书籍出版社

2. 发表论文

作　者	发表论文
陈　龙	《对立认同与新媒体空间的对抗性话语再生产》,《新闻与传播研究》;*Discourse Monopolizing Strategy of Online Populism*,Cross CulturalCommunication,(Canada) Vol. 1,2014.
倪祥保	《纪录片的影像论证》,《现代传播》;《"武"、"侠"形义解析及其他》,《中国社会科学报》;《怀斯曼纪录片:实地捕获+主题思考》,《中国电视》;《应该让"现象电影"现象化》,《中国社会科学报》;《"升堂入室"之"堂"并非"台基"》,《中国社会科学报》;《华语电影如何更好影响世界》,《中国社会科学报》;《拙政园景观演变识小》,《南京艺术学院学报·美术与设计》
曾一果	《当代城市文学真的没有"青春"》,《长江文艺》;《雷蒙·威廉斯:建构传播共同体理论》,《中国社会科学报》;《重构社会批判理论》,《中国社会科学报》;《消费社会的"物质青春"》,《中国电视》;《再现与遮蔽:〈远方的家—边疆行〉的边疆景观》,《现代传播》;《怀旧的城市诗学——关于"苏州形象"的影像建构》,《江苏社会科学》
陈　霖	《两种纪录影像介入模式的比较研究》,《中国电视》;《新媒介时代青年亚文化的伦理冲突及其建设性资源》,《人大复印资料·文化研究》
王军元	《困境与突围——央视"励志"类综艺节目的出路探索》,《中国电视》;《浅析"剩女"题材电视剧中的"剩女"形象》,《中国电视》
张　健	《信息模式与故事模式背后的异同分析》,《新闻大学》;《警惕热播动画中的媒介暴力现象》,《中国社会科学报》
杜志红	《影像话语流变与认知"微电影"的新视角》,《现代传播》
任孝温	《徘徊在明清诗歌创作的边缘》,《苏州大学学报》
陈　一	《新媒体、媒介镜像与"后亚文化"——美国学界近年来媒介与青年亚文化研究的述评与思考》,《新闻与传播研究》
王　彤 陈　一	《字幕组狂欢中的青年亚文化特质》,《青年记者》
胡明宇	《中国现代文学广告研究综述》,《中国现代文学研究丛刊》;《现代文学广告的预告功能》,《中国社会科学报》
杜　丹	《网络文字涂鸦的亚文化话语空间建构》,《国际新闻界》
王玉明	《加大影视产业对民间资本的开放度》,《中国社会科学报》;《中国电影创意的无序摇摆》,《中国社会科学报》

续表

作　者	发表论文
徐　蒙	《新马华侨对于祖国抗战的贡献——以〈南洋商报〉为中心的考察》,《青年记者》
丁文祎	《Read to Your Pet:美国图书馆的"宠物辅助阅读"》,《图书馆杂志》
臧　婧	《论广告风格》,《中国广告》
杨　秋	《浮尘一叶问苍生》,《中国电视》;《〈妈妈圈的流言蜚语〉浅评》,《当代电视》
梁桂军	《是接近而不是干预——简析传统观察式纪录片低介入创作手法》,《中国电视》
王福来	《走向信仰的救赎——评电视剧〈绞刑架下的春天〉》,《当代电视》
程哲幸	《纪实主义美学下的情感魅力——以〈我的影子在奔跑〉为例》,《电影新作》

3. 教学获奖情况

作　者	获奖情况
王　清	获全省本科高校青年教师教学竞赛一等奖
杜志红	获 2014 年交通银行教学奖
王玉明	获 2014 年建设银行奖教金
祝　捷	获苏州大学第十三届青年教师课堂教学竞赛二等奖
任孝温	获苏州大学应用技术学院青年教师课堂竞赛奖一等奖
胡明宇	获苏州大学应用技术学院青年教师课堂竞赛奖二等奖

五、学术活动

（一）国际学术交流情况

2013 年 2 月—2014 年 2 月，张健于美国威斯康辛大学麦迪逊分校访学。

2013 年 9 月—2014 年 9 月，陈一于加利福尼亚大学圣迭戈分校访学。

2014 年 3 月—10 月，张梦晗于丹麦哥本哈根大学访学。

2014 年 8 月—2015 年 2 月，谷鹏于世新大学访学；

（二）承办会议

1 月 4 日，由苏州大学凤凰传媒学院和苏州大学新媒介与青年文化研究中心主办"'青年·媒介·都市文化'国际圆桌论坛"在苏州召开，来自美国威斯康辛大学、香港中文大学、复旦大学、浙江大学、上海交通大学、上海政法学院、苏州大学的 18 名学者，就数字化生活、青年与城市文化的传播学及跨学科研究进行了探讨。

6 月 8 日，东吴论坛·人文社会科学院驻院团队系列学术活动之二"拓展边界：新媒体时代的公共传播"国际学术交流活动在苏州大学举办。来自美国威斯康星大学麦迪逊分校和宾夕法尼亚大学的四位教授，就新媒体时代的公共传播问题分享了各自的学术研究成果。

12 月 24 日，由苏州大学凤凰传媒学院研究生分会主办的"凤鸣东吴"学术沙龙活动于凤凰传媒学院举行，主题为"新青年·亚文化"。

六、2014年大事记

2014年，苏州大学凤凰传媒学院曾一果入选教育部、中宣部新闻媒体机构与高校教师互聘“千人计划”。

1月，倪祥保、曾一果获得第三届“飞天奖”电视剧论文评选大奖。

3月21日，应苏州大学凤凰传媒学院邀请，南京大学出版科学研究所所长、博士研究生导师张志强开办了题为“出版硕士专业学位的建立及未来出版学学科建设”的讲座。

6月，冯禹桐等创作的微电影《万万没偷到》在全省大学生法治微创作大赛中获二等奖，吴凯凯等创作的微电影《别来电》获优秀奖。杜志红获得优秀指导老师奖。

10月22日，美国密苏里大学新闻学院中国合作项目主任章于炎莅临苏州大学凤凰传媒学院指导讲学。

10月24日，苏州大学凤凰传媒学院曾一果被评为江苏省优秀中青年文艺评论人才。

11月20日，苏州大学凤凰传媒学院院长陈龙入选“姑苏宣传文化领军人才”。

12月10日，苏州大学凤凰传媒学院广告创意模仿秀微视频大赛落幕。

12月27日，苏州大学凤凰传媒学院人才培养创新会议召开。

12月30日，苏州大学凤凰传媒学院与《城市商报》联合推出的“媒体实验室”成立。

供稿：苏州大学凤凰传媒学院

第八篇
研究机构概况

中国社会科学院新闻与传播研究所2014年概况

一、历史沿革

经中国社会科学院（78）办字9号文件请示及邓小平、李先念等中央领导同志批复同意，中国社会科学院于1978年6月12日成立新闻研究所。1997年9月，中编办（97）54号文件批复同意，“中国社会科学院新闻研究所”更名为“中国社会科学院新闻与传播研究所”（以下简称“新闻所”）。

新闻所的建立和发展，同步于我国改革开放的历史进程。37年来，新闻所坚持正确的办所方向和科研导向，坚持理论联系实际的作风，深入开展基础理论研究，积极推进应用对策研究，不断开拓新的研究领域，产出了大量专著、译著、论文、研究报告等高品质的科研成果。

新闻所的历任所长是：安岗（1982年7月—1986年6月）、商恺（1986年6月—1988年5月）、孙旭培（1989年1月—1994年7月）、喻权域（1994年7月—1998年9月）、尹韵公（1998年9月—2012年2月）。现任所长唐绪军（2013年6月至今）

新闻所的历任党委书记（不含机关党委书记）是：戴邦（1979年8月—1984年8月）、商恺（1986年4月—1988年8月）、张秉意（1994年2月—1996年2月）、陈谈强（1996年2月—1998年9月）、尹韵公（2000年1月—2000年7月）、孟庆海（2000年7月—2005年8月）、张昌东（2006年3月—2007年3月）、庄前生（2007年3月—2012年2月）。现任党委书记、副所长赵天晓（2013年6月至今）。

经过几代人的持续努力，新闻所现已成为我国新闻学传播学以及新媒体研究的学术重镇，同时也是为党和政府提供新闻传播决策咨询的重要的“思想库”“智囊团”。目前，新闻所的学科布局及主要科研产出包括：1. 马克思主义新闻学研究、传播学研究、互联网新媒体研究，以及相关的理论和业务培训、对外学术交流与咨询；2. 主办四种定期出版物：学术月刊《新闻与传播研究》、学术半年刊《新闻学传播学文摘》、大型年刊《中国新闻年鉴》和年度蓝皮书《中国新媒体发展报告》；3. 自2013年开始实施“变革中的新闻与传播：实践探索与理论构建”创新工程项目。

二、机构设置

新闻所自1978年6月成立以来，内部机构设置根据发展的需要数次变更，所内曾先后设置有：办公室、新闻理论研究室、新闻业务研究室、报刊研究室、党报研究室、世界新闻研究室、摄影室、编辑部、图资室等，并曾经主管中国新闻学会联合会、中国新闻出版社，代管中国新闻文化促进会等。

截至2014年12月底，新闻所的机构设置为：综合办公室（主任黄双润），马克思主义新闻学研究室（主任黄楚新、副主任向芬），传播学研究室（主任姜飞、副主任张丹），网络学研究室（主任孟威、副主任张化冰），媒介研究室（主任殷乐、副主任冷淞），信息室（主任杨瑞明、副主任杨斌艳），编辑室（主任钱莲生、副主任朱鸿军）。

另设有一个实体中心、五个非实体研究中心、两个实验室和两个基地。一个实体中心是北京新闻与公关发展中心（董事长兼中心主任赵天晓，副主任冷淞、孙京华，董事会成员有赵天晓、黄双润、王海峰）。五个非实体研究中心分别是：媒介传播与青少年发展研究中心（主任卜卫），传媒发展研究中心（主任黄楚新），世界传媒研究中心（主任姜飞），传媒调查中心（主任刘志明），广播影视研究中心（主任殷乐）。两个实验室分别是：全球影视与文化软实力实验室（主任殷乐），中国舆情调查实验室（主任赵天晓，首席专家刘志明）。两个基地是：中国跨文化传播研究与实践基地（主任姜飞），国情调研浙江缙云基地（主任赵天晓）。

新闻所主管的教学机构和全国性学会各一个：中国社会科学院研究生院新闻学传播学系（主任唐绪军、副主任宋小卫），中国新闻文化促进会传播学分会（会长唐绪军，秘书长姜飞，副秘书长黄双润、张丹）。

学术委员会是研究所的学术指导和学术评议机构，承担科研规划、学科设置、人才培养、学术交流、学术成果评价等职责。目前，新闻所的学术委员会是2012年5月改选的第九届学术委员会，由唐绪军、卜卫、宋小卫、时统宇、王怡红、刘晓红、姜飞组成；唐绪军任主任委员，宋小卫任副主任委员。

三、人才建设

建所至今，新闻所的几代科研人员在新闻学传播学领域辛勤耕耘，取得了丰硕的治学成果，其中不乏学有专长和卓有建树的专家学者。

截至2014年12月，在编在岗人员合计44人。专业技术人员合计36人，其中，具有正高级职称人员9人，副高级职称人员12人，中级及以下职称人员15人；管理岗位人员7人，其中，处级以上干部5人；工勤岗位1人。具有副研究员及以上专业技术职称的有：唐绪军、王怡红、时统宇、卜卫、宋小卫、姜飞、殷乐、孟威、钱莲生、刘志明、刘晓红、杨瑞明、张丹、张满丽、张放、刘瑞生、张建珍、黄楚新、冷淞、朱鸿军、向芬等。

所专业技术资格评审委员会负责评审副高级专业人员的资格认定以及向院专业技术资格评审委员会推荐符合任职资格的正高级专业技术人员。新闻所现有的专业技术资格评审委员会是2014年2月改选的研究系列副高级第九届专业技术资格评审委员会，由唐绪军、宋小卫、卜卫、时统宇、钱莲生、王怡红、姜飞、段鹏、渠敬东9人组成。唐绪军任主任，宋小卫任副主任。

四、科研成果

2014年，新闻所出版和发表的科研成果主要有：专著3部，62.1万字；论文83篇，46.25万字；理论文章4篇，1.11万字；研究报告2篇，64.9万字；译著1部，54.3万字；译文4篇，3.86万字；论文集3部，70.6万字。

（一）2014年新立项课题

1. 新闻所经中国社会科学院批准同意的创新工程项目："变革中的新闻与传播：实践探索与理论构建"（首席管理：唐绪军、赵天晓）。该创新工程项目设立7个子项：

项目一：转型期新闻传播发展趋势研究（首席研究员：宋小卫）；

项目二：中国特色传播与社会发展研究（首席研究员：卜卫）；

项目三：全球化时代跨文化传播的理论研究与成果应用（首席研究员：姜飞）；

项目四：国内外新闻与传播前沿问题跟踪研究（首席研究员：殷乐）；

项目五：我国新媒体发展现状与对策研究（首席研究员：孟威）；

项目六：新闻学与传播学学科基础建设（首席研究员：王怡红）；

项目七：我国新闻学与传播学一流核心期刊建设（总编辑：钱莲生）。

2. 国家社科基金课题2项："媒体社会责任报告制度研究"（主持人：宋小卫）；"我国社交媒体著作权保护研究"（主持人：朱鸿军）。

3. 中国社会科学院重大信息化项目1项："互联网视听舆情智库建设"（主持人：唐绪军、刘志明）。

4. 中国社会科学院重大社会调查项目1项："中国舆情指数调查"（主持人：唐绪军、刘志明）。

5. 中国社会科学院青年学者资助项目1项："三网融合趋势下的版权管理体系研究"（主持人：朱鸿军）。

6. 所级国情调研基地项目1项："现代化进程中的传播生态和地方文化建设的基本状况：对浙江缙云县的调研"（主持人：赵天晓、卜卫）。

（二）2014年结项课题

1. 国家社科基金青年项目1项："台湾政治转型与新闻传播制度变迁"（主持人：向芬）；

2. 中国社科院重大信息化项目1项："互联网视听舆情智库"（主持人：唐绪军、刘志明）；

3. 中国社科院重大社会调查项目1项："中国舆情指数调查"（主持人：唐绪军、刘志明）；

4. 中国社科院重大课题1项："媒介融合环境下的国际传播体系建构研究"（主持人：殷乐）；

5. 中国社科院重点课题3项："抵制电视节目低俗化研究"（主持人：时统宇）；"传播学理论动态研究"（主持人：王怡红）；"中国网络广告发展与文化传播安全研究"（主持人：王凤翔）。

（三）2014年获奖优秀科研成果

《新媒体蓝皮书：中国新媒体发展报告NO.4（2013）》获得由第三届皮书学术评审委员会和社会科学文献出版社共同举办的第五届"优秀皮书奖"一等奖。

殷乐撰写的《境外媒体在华开设认证微博及微信现状及对策》，唐绪军撰写的《十八届四中全会舆情分析及对策》，宋小卫撰写的《建议编制我国现行传媒法规汇编正式版本》，姜飞撰写的《建议加强延边地区国际传播能力建设》和唐绪军、黄楚新、孟威、刘瑞生、朱鸿军撰写的《进一步加强我国互联网管理的对策建议》，获"2014年中国社科院优秀对策信息奖"对策研究二等奖；杨斌艳撰写的《"周永康被立案审查"的民众反应及分析》，刘瑞生撰写的《西方通过互联网对我进行意识形态渗透的手法、特点及应对建议》，获"2014年中国社科院优秀对策信息奖"对策研究三等奖。

五、2014年学术活动

（一）国内会议及学术活动

3月19日至21日，由新闻所主办的"《中国新闻年鉴》第三十三届年会"在江苏省徐州市召开。中国社会科学院新闻与传播研究所党委书记、中国新闻年鉴社社长赵天晓，江苏省记者协会主席周世康，《中国新闻年鉴》主编钱莲生等出席会议。

5月12日，由新闻所与北京第二外国语学院共建的"全球影视与文化软实力实验室"，在北京第二外国语学院英语学院举办2014研究规划研讨沙龙。沙龙回顾了实验室2013年取得的研究成果，讲解了2014年实验室的总体研究规划。2014年实验室开展的项目主要包括调查、编撰、实验、前沿合作等，着力体现科研机构与高校在学科研究和人才培养方面协同合作的建设目标。

6 月 8 日，新闻学与传播学名词分委会在新闻所召开“名词收词审定会议”。会议内容主要有三方面：一是介绍分委会收词审定阶段的工作流程；二是对 2014 年 3 月召开的名词网络会议进行总结，肯定了网络会议创新形式和取得的成果；三是对名词总体框架建构目标与原则进行阐述。

6 月 13 日，由新闻所、山西省信访局、山西广播电视台联合主办的“《民生大接访》研讨会”在北京举行。研讨会由所党委书记赵天晓主持，专家、学者围绕《民生大接访》对改革信访工作制度的意义等进行了深入交流研讨。

6 月 25 日，由新闻所、社会科学文献出版社联合主办的“《中国新媒体发展报告（2014）》发布暨新媒体发展研讨会”在北京举行。中国社会科学院秘书长、党组成员高翔出席并讲话。发布会由所党委书记、副所长赵天晓主持，所长唐绪军作主题报告。社科文献出版社社长谢寿光出席发布会并致辞。发布会后举行了以“安全·融合·创新”为主题的新媒体发展研讨会。中国人民大学、清华大学、北京大学、中国传媒大学、中国政法大学、上海大学等高校以及人民网研究院、人民网舆情监测室、新华社新闻研究所、互联网实验室的数十位专家学者参与了研讨。

7 月 19 日，新闻所主办的“《新闻与传播研究》创刊 20 周年暨《中国新闻传播学年鉴》创刊启动研讨会”① 在北京召开。所长、《新闻与传播研究》主编唐绪军介绍《新闻与传播研究》过去二十年的发展历程、近期改革举措与未来发展规划，《中国新闻传播学年鉴》的栏目设置构想及组稿要求等。

8 月 27 日，由新闻所、中海软银投资管理有限公司联合主办、长安责任保险公司协办的“全媒体影响下的中国互联网金融发展与道德论坛”在北京开幕。论坛主要探讨在全媒体背景下，互联网金融怎样通过行业自律及媒体有效监督，促进行业的良性发展。

9 月 10 至 11 日，由新闻所、挪威米切尔森研究所联合主办，新闻所世界传媒研究中心、首都师范大学科德学院承办的“中国与非洲：传媒、传播与公共外交”学术研讨会在北京举行。在为期两天的会议中，学者们围绕“中国在非洲：外交政策、公共外交与‘软实力’”“中国媒体在非洲的传播战略”“非洲媒体的反应与看法”“中国与非洲：比较视野”几个分主题，讨论中国在非洲的主要事务、中国快速发展变化的媒体与传播环境、中国对非洲的公共外交、非洲国家对中国在非洲投资的反应与看法、中国与其他国家在非洲的媒介参与行为，以及中国在不同非洲国家的媒介参与等问题。

9 月 22 日至 23 日，由中国社会科学院学部主席团主办，新闻所和瑞典隆德大学东南亚研究中心共同承办，丹麦哥本哈根大学北欧亚洲研究所和中国复旦大学北欧研究中心协办的“中国社会科学论坛/第五届中国—北欧妇女与性别国际研讨会”② 在北京举行。中国社会科学院副院长蔡昉、中国妇女研究会副会长李秋芳出席研讨会开幕式并致词。来自海内外的专家学者 100 余人出席会议，参会者围绕“性别与传播：信息传播技术的使用、再现、发声与赋权”的主题展开了对话与研讨。

9 月 24 日至 25 日，由新闻所、瑞典

① 《新闻与传播研究》创刊 20 周年暨《中国新闻传播学年鉴》创刊启动研讨会综述详见本书第 783 页。

② 中国社会科学论坛“第五届中国—北欧妇女与性别国际研讨会”综述详见本书第 764 页。

隆德大学联合主办的中瑞双边会议“信息技术与发展——中国与瑞典的视角”在北京举行，共有来自海内外的专家学者约50人参加会议。会议的主题为信息技术与社会发展，探讨信息传播技术对社会发展的作用。这一主题延续了中国—瑞典双边第一届会议的主题，其焦点是如何利用信息传播技术促进性别平等、公共健康、残障人群就业、流动人口文化、青少年生殖健康等。

10月27日，由中国新闻文化促进会传播学分会、新闻所联合主办的“第十二届中国传播学大会”在北京召开。[①] 本次传播学大会以“传播与变革：新媒体，现代化”为主题，来自全国新闻传播研究机构、高校新闻传播院系以及媒体单位的近200人参加了会议。会上宣布了由新闻所举办的“第二届（2013年）全国新闻传播学优秀论文遴选”活动的结果。

（二）国际学术交流与合作

2014年，新闻所共派遣出访15批16人次，接待来访3批13人次。与新闻所开展学术交流的国家有莫桑比克、瑞士、丹麦、加拿大、印度、美国等。

1月26日至3月23日，助理研究员张化冰赴日本北海道大学进行学术访问和交流，该项目为日本学术振兴会“论文博士”项目（2011年申请），为期五年，每年到日本进行学术访问和交流三个月。

2月17日至21日，研究员姜飞赴莫桑比克马普托参加关于“中国和非洲媒体”的学术会议，该会议由莫桑比克社会经济研究所和挪威克里斯蒂安米凯尔森研究所合作举办。

5月4日至9日，研究员姜飞应邀赴瑞士卢加诺大学中国媒体观察中心进行访问讲学和学术交流。

5月23日至30日，副研究员杨斌艳赴加拿大参加国际调查联盟组织的国际调查与研究的年会。

7月12日至20日，研究员姜飞赴印度参加国际媒体与传播研究学会2014年年会。

10月3日至12日，研究员殷乐访问麻省理工大学媒体实验室，与该实验室研究人员共同探讨国际新闻传播发展、媒体创新的脉络与趋势动向。

10月8日至20日，研究员卜卫应邀访问丹麦哥本哈根大学北欧研究所，就西方性别理论的输出批判与地方知识生产等议题与丹麦同行进行交流，并从事相关论文写作。其间参加了北欧亚洲研究所主办的“理论旅行与文化翻译”的国际研讨会，并在会上就“性别理论旅行与中国地方知识生产”等题目作发言。

10月24日至31日，丹麦哥本哈根大学传播学学者 Klaus Bruhn Jensen 来所访问，进行跨学科研究和国际前沿学科领域的交流，在研究所举办的“第十二届传播学大会”上作有关媒介融合的专题演讲。

12月20日至25日，新闻所党委书记、副所长赵天晓与研究员姜飞赴瑞士卢加诺大学商谈合作举办媒体论坛的相关事宜。

（三）与中国香港、澳门和中国台湾地区开展的学术交流

1月16日至25日，副研究员刘瑞生受邀赴香港中文大学新闻与传播学院参加学术交流活动和“第七届传播学访问学者计划——数位时代的传播伦理问题”。

3月3日至31日，助理研究员雷霞赴香港城市大学参加该校媒体与传播系组织的大陆新闻传播青年学者学术访问项目，为期一个月。

3月18日至21日，研究员卜卫受香港

① 第十二届中国传播学大会综述详见本书第768页。

中文大学邀请，赴港参加“中国社科院学者访校计划暨讲座系列”，并举办主题为“认识世界与改造世界：探讨行动传播学研究的方法论与研究策略”的讲座。

3月28日至31日，研究员姜飞赴澳门大学参加跨文化对话学术研讨会。

7月14日至21日，副研究员朱鸿军赴台湾政治大学参加“2014年大陆传播青年学者学术交流访问会”，该会议旨在促进与大陆高校新闻传播学界的交流，并向大陆青年学者介绍台湾传播学术环境与媒体实务现况。

8月15日至11月20日，香港中文大学新闻与传播学院副教授邱林川到新闻所访问，进行发展传播学、工人文化和新媒体、传播赋权项目的交流，考察新闻系“传播与社会发展”课程。

六、学术社团及学术出版

（一）中国新闻文化促进会传播学分会①

2014年10月27日由新闻所主管的中国新闻文化促进会传播学分会（简称“中国传播学会”）举行了第三届理事会第一次会议，通过了会长、副会长、理事长、常务理事、秘书长等人选。唐绪军任会长，姜飞任秘书长。

（二）学术出版

新闻所主办有2份学术期刊、1份年度报告和1份学术文摘。

1.《新闻与传播研究》学术月刊

《新闻与传播研究》是中国新闻学与传播学的权威学术期刊，主管单位为中国社会科学院。该刊创办于1994年，其前身为《新闻研究资料》和《新闻学刊》，初为季刊，2008年改为双月刊，2013年改为月刊。《新闻与传播研究》创办以来，继承发扬重视学理研究的传统，以“代表中国新闻学、传播学学术研究的最高水平，引领中国新闻学、传播学学术研究的发展方向”为办刊追求，不断拓宽研究领域，并与国际学术界保持密切联系，刊发了一系列卓有影响的学术论文，得到学术界的高度评价。

2013年改刊后，该刊确立了“透视新闻、解析传播、专注研究”的办刊理念，致力于对新闻传播现象与活动的学理性研究，倡导原创，注重首发，实行匿名评审制度，努力推进新闻学与传播学学术研究的发展，同时也意图为党政媒介管理部门、媒介机构高层决策人员和科研教学人员提供相关学术参考和咨询。

为进一步提高刊物学术水平，在中国新闻与传播学界倡导良好的学风，激励作者研究真问题、撰写好论文，该刊自2012年起每年遴选刊物年度优秀论文。由于对新闻学和传播学的理论贡献，以及对学术尊严和学术规范的孜孜坚守，该刊的学术影响力始终位居国内新闻学、传播学期刊方阵前列，入选中文社会科学引文索引（CSSCI）来源期刊、中国人文社会科学顶级期刊和中文核心期刊。2013年，该刊成为国家社科基金资助期刊。

2014年，《新闻与传播研究》办刊水平得到进一步提高。全年共出刊13期，其中增刊1期，刊登学术论文93篇（不含增刊）。主要采取了以下举措：

加强选题策划。注重新闻传播热点问题的长时观察、学理探究和深度思考，重点策划了新媒体环境下媒介法治建设及个人信息保护、突发事件微博舆论实证研究、大型事件对国家形象建构的影响、对外传播如何讲好中国故事、媒介消费的影响因素及其作用机制等选题。

加强栏目建设。在不断夯实既有的“新闻学”“传播学”“新闻传播史”“新

① 中国新闻文化促进会传播学分会概况详见本书第624页。

闻传播法制”“传媒经济”“新媒体”“媒介分析”“传媒文化”等栏目的基础上，还先后开设了“国外学术动态”“《新闻学与传播学名词》审定过程文存”两个新栏目。“国外学术动态”栏目旨在有效指导国内新闻传播学界适应数字时代的社会变革、媒体变革和学科交叉融合，并及时了解国外新闻学与传播学及相关交叉学科的研究成果，隔月刊出一次。“《新闻学与传播学名词》审定过程文存”专栏及时呈现中国社会科学院新闻与传播研究所受全国科学技术名词审定委员会委托编制《新闻学与传播学名词》过程中专家学者们的学理权衡与学术考量，每期刊登一至二篇文稿。

坚持学术标准。以学术水准作为办刊的第一要义，“认稿不认人”。进一步完善双向匿名评审制度。所刊论文注重科学性、创新性和前沿性，注重论文的学术规范，特别是实证研究，注重研究设计与实施，注重引证的规范性。刊发了《黄帝与孔子——晚清报刊“想象中国”的两种符号框架》（作者：姜红），《“耻化”叙事与文化创伤的建构：〈人民日报〉南京大屠杀纪念文章（1949—2012）的内容分析》（作者：李红涛、黄顺铭），《中国传播研究的史前史》（作者：刘海龙），《惩罚能抑制谣言传播吗？——以“转发超500次入刑”为例》（作者：熊炎），《“附会”与中国近代报刊思想的早期建构》（作者：李滨），《传播新技术采纳的“间歇性中辍”现象研究：来自东西方社会的经验证据》（作者：张明新、叶银娇），《策略性框架与框架化机制：乌坎事件中抗争性话语的建构与传播》（作者：周裕琼、齐发鹏），《经验功能主义：还原、反思与重构——对中国语境中传播学经验功能主义的再认识》（作者：张勇锋），《“认识世界”与“改造世界”——探讨行动传播研究的概念、方法论与研究策略》（作者：卜卫），《中国新闻从业者的社交媒体运用及其影响因素：一项针对上海青年新闻从业者的调查研究》（作者：周葆华）等优秀论文。

评选优秀论文。继2013年编辑部首次成功举办本刊优秀论文评选活动后，2014年继续开展了2013年度《新闻与传播研究》优秀论文评选活动，以在全国新闻与传播学界倡导“认认真真做研究、扎扎实实写论文”的良好学风，为学界树立榜样。评选活动由编辑部提名，由主办单位中国社会科学院新闻与传播研究所学术委员会打分评定，评出优秀论文10篇。这一活动受到学界的广泛好评。

开展学术研讨活动。召开了《新闻与传播研究》创办20周年学术研讨会。

学术影响力继续攀升。在2014年11月22日中国社会科学院中国社会科学评价中心发布的《中国人文社会科学期刊评价报告（2014年）》中，《新闻与传播研究》被评定为“中国人文社会科学（CECHSS）顶级期刊”。

该刊主编唐绪军，执行主编钱莲生，主编助理孙五三，副主编刘瑞生、朱鸿军。

2.《中国新闻年鉴》年刊

《中国新闻年鉴》创办于1982年，是我国第一本大型新闻资料类书。多年来始终坚持“记录昨天、启示明天、服务现实”的办刊方针，坚持“高、新、精、实、全、特”的办刊理念，办刊质量不断提高，2012年卷获得中国出版协会年鉴工作委员会颁发的全国年鉴编校质量评比一等奖。

《中国新闻年鉴》2014年卷是该刊连续编辑出版的第33卷，全面系统地记录了2013年中国新闻传播事业的发展变化情况。2014年，《中国新闻年鉴》纳入了中国社会科学院新闻与传播研究所创新工程“我国新闻学与传播学一流核心期刊建设”项目。该卷年鉴创新编辑，从形式到内容都做了较大改革。形式上，封面按照“中国社会科学年鉴”品牌系列进行了重新设计。内容上，在保持原有栏目的基础上，对栏目进行了较大的调整和充实：

第一，按板块编排，清晰呈现我国新闻传播事业发展的年度实绩。全书分为重要文献、事业发展、学术成果和参考资料四大板块。

第二，设立“篇目辑览”子栏目，凸显年鉴资料功能和信息检索功能。

该卷收录了相关文章篇目，作为正文的补充和延伸，以全面记录年度成果为归依。资料来源以国内新闻传播类核心期刊为主，适当兼顾报纸、传媒类蓝皮书和其他非核心期刊。

全书四大板块涵盖22个栏目：“重要文献板块”包括“要文”“学习习近平‘8·19’讲话专辑”和“典章”三个栏目；“事业发展板块”包括“新闻传播事业发展综述”“中央主要新闻媒体、社团概况”“各地新闻事业概况”“港澳台新闻传播业概况”“新媒体”和“中国传媒集团”六个栏目；“学术成果板块”包括“新闻传播学术研究综述”“高峰论坛”“新论”“经验与思考”“新书”和“调查”六个栏目；“参考资料板块”包括“图片”“评奖与表彰”“人物”“机构”“统计”“纪事”和“附录”七个栏目。卷首“图片”栏目记录了党和国家领导人等对新闻界的亲切关怀以及重大报道、重要活动、事业发展、友好往来、重要会议等的精彩瞬间。全书约210万字。

该刊社长赵天晓，副社长孙京华；主编钱莲生。

3.《中国新媒体发展报告》（新媒体蓝皮书）

《中国新媒体发展报告》是由新闻所主持编撰的系列年度报告。2014年版全书22万字。共分为总报告、热点篇、调查篇、传播篇和产业篇等五部分，全面盘点中国新媒体发展现状，解读新媒体发展大势，探析新媒体对政治、经济、文化、社会方方面面的深刻影响。

该报告指出：2013年以来，中国新媒体在移动化发展中加速与社会融合。基于移动互联网的微博、微信、微视频等应用大行其道，微传播进一步改变中国传播生态和舆论格局，“微政务”成为创新中国社会治理新路径，新媒体向经济领域深度渗透引发产业升级和互联网金融热兴。2013年，中国新媒体经历急剧的移动化发展，快速的社会化与融合化促推新媒体的功能不断拓展，社会影响强势延伸。在国家顶层设计的强化下，中国新媒体在社会发展中的战略地位进一步凸显，新媒体超越传统媒体成为跨越诸多领域的“超级产业”，并进一步成为中国社会转型关键期的结构性因素，新媒体与政治、经济、传媒、文化的深度融合效应不断释放正能量。中国正迈步从新媒体大国走向新媒体强国。

该报告全面概括了当前中国新媒体的发展态势，盘点了移动互联网、大数据、微博、微信、云计算、4G、新媒体经济等新技术、新应用和新形态；透析了国家对新媒体发展的高度重视，传统媒体的融合转型，国家网络安全，网络谣言治理等全社会关注的热点和焦点；解析了中国新媒体发展对社会政治、经济、文化等方面的深刻影响；展望了中国新媒体的未来发展趋势。

该报告收入了中国社科院新闻与传播研究所以及全国研究新媒体的数十位专家学者撰写的分报告，深入探讨了中国网络空间安全、微信发展状况、微博发展态势、社交媒体舆情、传统媒体转型、新媒体产业发展、主流媒体舆情引导、网络助政、青少年新媒体使用、新媒介素养、电子书包等重要问题。同时，还总结了数字电视、手机游戏、网络视频、IPTV、新媒体广告、移动新闻客户端等新媒体产业的发展状况。

《中国新媒体发展报告》自2010年开始出版，目前已出版6本，其中2013年版、2014年版获得了社科文献出版社举办的全国优秀皮书评比一等奖。同时，2014年版还被评为中国社会科学院创新工程重大成果。

该书主编唐绪军，副主编吴信训、黄楚新、刘瑞生。

4.《新闻学传播学文摘》①

2014年12月，新闻所创办了大型学术文摘《新闻学传播学文摘》。该文摘是“中国社会科学文摘”系列的组成部分，由中国社会科学出版社出版。该文摘主编唐绪军，副主编殷乐。

供稿：中国社会科学院新闻与传播研究所
执笔：黄双润

上海社会科学院新闻研究所2014年概况

一、历史沿革及基本情况

（一）历史沿革

上海社会科学院新闻研究所（以下简称上海社科院新闻所）成立于1985年3月，是专门从事新闻理论与实务研究，为市委市政府提供决策咨询服务的科研机构，主要研究方向是新闻理论、传媒管理、新闻史、新闻传播与法、广告传播、新媒体研究等。

上海社科院新闻所先后承担了“新闻媒体的个性与风格——媒体的角色问题”“国外新闻传播行业管理及自律研究”“近代以来我国报刊发行体制变迁研究”“网络环境下突发事件的信息传播与管理研究”“重大突发公共事件中的微博传播与管理研究”“文化精品的轻博客传播研究”“大众媒介与男性身份研究”“我国广播电视制播分离的四种模式及发展对策研究”“邹韬奋传论”“‘个体化’社会中我国媒介话语的价值构建研究”等国家和上海市哲学社会科学规划课题。研究成果多次获得上海市哲学社会科学优秀成果奖、上海市新闻论文奖。拥有新闻学硕士授予权。

2001年1月，该所与信息所、图书馆实行“一体化运作”，并成立现代传媒研究中心，进一步加强对新时期现代传媒现状与实践的研究。2003年以后，该所逐年从全国重点大学的应届毕业生、有实践经验的媒体从业人员中引进人才，扩充队伍。

2011年2月，上海社科院新闻所恢复独立运作，7月成立中国舆情研究中心，而后新闻与传播研究中心、新媒体研究中心也相继成立并壮大。如今已形成以新闻传播实务研究方向、中国舆情研究方向、新媒体传播研究方向为主的年轻科研团队。

上海社科院新闻所现任所长强荧，二级研究员；上海市第八届党代表，上海市政协委员，上海市领军人才；上海新闻奖评委，上海新闻高级职称专家评委，上海新闻工作者协会常务理事。新闻从业30年，先后在青年报、劳动报、《新民晚报》、《文汇报》任记者，发表新闻作品980余万字，其中新闻类著书12本。历任报社新闻部主任、

① 关于《新闻学传播学文摘》的编纂说明详见本书第398页。

特稿部主任、经济部主任。曾任全国青联委员、市青联常委和副秘书长，上海青年记者协会副理事长，上海新沪商联谊会副会长。

（二）人员、研究室等机构基本情况

1. 人员

截至2014年年底，上海社科院新闻所在职人员共14人。其中，正高级职称人员1人，副高级职称人员5人，中级职称人员6人，初级职称人员2人。

2. 机构

该所现设有所长室、所办公室及三个研究中心，分别为中国舆情研究中心、新闻与传播研究中心及新媒体研究中心。所办公室负责人为沈结合，中国舆情研究中心主任为戴丽娜，新闻与传播研究中心主任为吕鹏，新媒体研究中心主任为王蔚。

3. 学术委员会、职称评审委员会组成情况

该所学术委员会成员共5人，学术委员会主席为强荧，学术委员会委员分别为戴丽娜、吕鹏、王蔚和白红义。

该所职称评审委员会成员共3人，职称评审委员会主席为强荧，职称评审委员分别为沈结合和戴丽娜。

二、科研工作

（一）科研成果

上海社科院新闻所2014年度发表与出版的科研成果有：

发表论文：

1.《2013年虚假新闻研究报告》（白红义），《新闻记者》2014年第1期；

2.《环境抗争报道的新闻范式研究——以三起邻避冲突事件为例》（白红义），《现代传播》2014年第1期；

3. Inside Out or Outside In：The Making of a Transnational Discursive Alliance in the Struggle for the Future of China International, *Journal of Communication*, 2014（8）；

4.《轻博客的传播特点及对传播生态的影响》（王月），《中州学刊》2014年第2期；

5.《新闻权威、职业偶像与集体记忆的建构：报人江艺平退休的纪念话语研究》（白红义），《国际新闻界》2014年第6期；

6.《媒体文化研究的进路——道格拉斯凯尔纳访谈录》（王蔚），《文艺研究》2014年第7期；

7.《传播学领域的话语研究——批判性话语分析的内在分野》（李敬），《国际新闻界》2014年第7期；

8.《数字马克思：走向分布式传媒的政治经济学》（王蔚），《国外社会科学前沿》2014年第17期；

9.《国外媒介融合研究七大主要议题》（戴丽娜），《国外社会科学前沿》2014年第18期；

10.《权力关系、谎言与表征：对美剧〈纸牌屋〉的解读》（吕鹏），《中国电视》2014年第8期；

11.《文化治理不是治理文化》（王蔚），《探索与争鸣》2014年第8期；

12.《历史记叙与真实性观念的发生》（王蔚），《社会科学》2014年第9期；

13.《文化精品的轻博客传播现状与对策》（王月），《出版科学》2014年第6期。

出版专著：

1.《上海传媒发展报告（2014）》（主编：强荧），社会科学文献出版社2014年1月版；

2.《新闻真实观研究——一种历史与实践的视角》（作者：王蔚），中国广播影视出版社2014年9月出版。

（二）科研课题

上海社科院新闻所2014年新立项课题、结项课题如下：

新立项课题8项：

1. 国家社科基金课题1项："媒介话语在'个体化'社会背景中的文化价值构建研究"（主持人：李敬）。

2. 上海市哲学社会科学课题2项："大众媒介与社会运动的互动关系研究：以南京老城南保护运动为例"（主持人：白红义）；"重要国有传媒企业探索实行特殊管理股制度研究"（主持人：童希）。

3. 其他课题5项

上海社科院课题："邹韬奋思想发展轨迹及新闻出版成就研究"（主持人：孟晖）。

上海市委宣传部委托课题："上海报业集团改革评估研究"（主持人：强荧）。

上海社科院博士启动基金课题："媒介语境中的上海城市交往与'可沟通城市'构建研究"（主持人：董倩）。

上海社科院定向课题："学科理论前沿项目"（主持人：强荧）。

横向社会课题："新媒体环境下的出版业发展现状研究"（主持人：王蔚）。

结项课题2项：

上海社科院系列课题2项："网络环境下突发事件处置机制研究"（主持人：戴丽娜）；"新媒体环境下的出版业发展现状研究"（主持人：王蔚）。

三、学术交流活动

（一）学术活动

上海社科院新闻研究所2014年主办或主要承办的学术会议如下：

2014年4月11日，上海社科院新闻所退休科研人员、中国新闻史学会原副会长马光仁做"关于新闻史研究的若干体会"学术报告。

2014年6月3日，上海社科院新闻所与上海老年报社联合主办"选择合适的路径——突围"专题讲座。

2014年6月21日至22日，上海社科院新闻所在上海社科院国际社科创新基地举办第二届淮海新闻论坛，主题为"媒体格局的突破与创新"。

2014年6月21日，上海社科院新闻所邀请中山大学传播与设计学院教授张志安作学术报告，主题是"媒介融合的五个关键问题：中国语境实践及思考"。

2014年11月25日，上海社科院与《上海思想界》杂志在上海市社会科学界联合会举办"海外涉华舆情"专题研讨会。

（二）国际学术交流与合作

上海社科院新闻所2014年派遣出访团组2批次共7人。

2014年1月，戴丽娜赴美国密苏里大学新闻学院进行为期半年的访学。

2014年7月，强荧、白红义、孟晖、李敬、王月、沈结合6人，赴韩国国民大学中国人文社会研究所进行学术交流，就"新媒体环境下传统媒体的创新与转型"议题与韩方人员进行座谈，并与该所签订友好合作及学术交流协定书。

供稿：上海社会科学院新闻研究所

四川省社会科学院新闻传播研究所2014年概况

一、历史沿革及基本情况

1984年，国家教育部批准成立四川省社科院新闻专业硕士授予点，按教育部要求，四川省社科院于1985年设置了与硕士授予点相对应的直属院管理的研究机构——新闻宣传研究室，主任陈昌荣。

1992年，四川省社科院党委决定林之达接任新闻宣传研究室主任工作，此后，新闻宣传研究室一方面开门办学，与《四川日报》社联合培养研究生，既解决了新闻专业应开设的“新闻采访”“新闻编辑”“新闻评论”和“新闻摄影”等四门基础课教师的短缺问题，又解决了研究生实习基地和就业难的问题；另一方面，由新闻宣传研究室发起、组织召开了两次全国性的学术研讨会。一次是1992年10月13日至15日召开的国内首次“扫黄”理论研讨会。此次研讨会影响了全国：除提交论文的41位学者外，全国各省市新闻出版局长也参加了会议。国家新闻出版署副署长桂晓风，发行司司长吴克明，四川省副省长韩邦彦，四川省委常委宣传部部长席义方都到会并讲话：充分肯定“扫黄”理论在指导“扫黄”实践，使之减少盲目性，提高“扫黄”实效方面具有重要意义。另一次是1995年6月26日至29日与中国社会科学院新闻研究所合作，在成都召开了全国第四次传播学研讨会，《人民日报》《长江日报》和《广州日报》作了报道。

鉴于开门办学缓解了新闻宣传研究室初创面临的特大困难，两次研讨会在国内新闻传播界产生了很大影响并提高了四川省社科院的知名度，1996年院党委决定将新闻宣传研究室升格为新闻传播研究所（以下简称四川省社科院新闻所），由林之达任所长。2001年张立伟接任所长。

四川省社科院新闻所科研主攻方向为：中国发展新闻学。2004年，发展新闻学被评为四川省社科院重点扶持的特色学科。2009年，中国发展新闻学被评为四川省社科院重点扶持的优长学科。以该所研究人员为主体，撰写出版了《中国发展新闻学概论》（罗鸣主编、张立伟副主编，社会科学文献出版社2010年版）、《传媒与民族地区发展——甘孜藏区新闻事业研究》（东风、彭剑主编，四川大学出版社2012年版）。

2011年10月，由四川省社会科学院主办、四川省社科院新闻所承办的“首届中国发展新闻学论坛”在成都召开。来自北京、上海、南京等地的高校代表、报业集团新闻专业期刊代表及四川省内重点高校新闻院系的领导和专家共60人参加。这是国内首个以“中国发展新闻学”为主题的学术研讨会，探讨在中国全面建成小康社会的热潮中，新闻传播研究如何回应时代的新要求、新挑战。会议得到了《华西都市报》、《天府早报》、四川在线、腾讯大成网、《新闻界》的宣传报道。

截至2014年年底，四川省社科院新闻所共有研究人员15人，学术秘书1人，其中研究员1人，副研究员9人，助理研究员3人，初级职称为“研究实习员”研究实习员2人。下设研究室三个：舆论引导研究室、新媒体研究室、传媒经营与管理研究室，分别由蹇莉、陈玉霞、王卉担任室主任。四川省社会科学院“四川省网络舆情研究中心”挂靠新闻所。

四川省社科院新闻所科研人员共承担国家基金课题9项，省部级课题20多项。副研究员罗子欣获国家科学技术进步奖二等奖1项，研究员张立伟获中国新闻奖论文类二等奖2项，全所获四川省哲学社会科学奖等奖励多项。出版学术专著多部，每年有几十篇论文发表于新闻传播学科核心期刊。2008年年初，中国人民大学《复印报刊资料·新闻与传播》公布了2007年度转载量作者单位排行榜，在全国700余个高校新闻传播类专业点和研究机构中，四川省社科院新闻所名列第九。该研究人员与国内外学界、业界有广泛联系，多次为省内外媒体授课或提供咨询；远赴英国、德国、俄罗斯作学术交流；去武汉、南京、深圳、桂林、长沙、银川、西安、重庆、香港、台湾等地讲学。

四川省社科院新闻专业硕士授予点，是西南地区最早获国家教育部批准的硕士点。新闻专业研究生教育注重理论与实践结合，采取与业界合作教学等多种形式，促进研究生开拓视野，打牢功底。1984年招生以来，新闻专业毕业的研究生，或到北京、上海、广州、南京、深圳、厦门、杭州、长沙、重庆、成都等地工作，逐步成长为大专院校、科研机构或传媒的中层干部与业务骨干；或去中国人民大学、清华大学、复旦大学、武汉大学、中国香港和加拿大、新加坡等地攻读博士学位，成为重要研究人才。

二、2014年科研工作

2014年全所科研成果主要有：在《人民日报》《光明日报》发表论文4篇，发表C刊论文10篇，核心期刊10篇。

成功申报4项国家级社科基金课题，具体为：

国家社科基金青年项目3项：“城市骚乱中英美社会化媒体传播模式及管理研究”（主持人：陈实）；“体育传播对转变中小学生体育认知和锻炼行为的实证研究——以四川为例”（主持人：李晖）；“新媒体环境下的科学传播研究”（主持人：罗子欣）。

国家软科学研究计划项目1项：“国家技术创新工程中试点示范区域监测评价指标体系研究——以四川省为例”（主持人：罗子欣）。

结项国家社科基金课题1项：“传媒商业化问题研究——从伦理学路径的解读”（主持人：王卉）。

2014年，获四川省哲学社会科学奖2项：彭剑参与撰写的《四川防范重大事件影响社会稳定对策研究》（研究报告）、赵萍萍参与撰写的《政府公共文化服务主体地位研究》分别获得四川省第十六次社会科学优秀成果二等奖。

三、2014年学术交流

2014年四川省社科院新闻所科研人员参与的学术活动主要有：

5月，彭剑参加四川新闻教育学年会。

7月，张立伟赴北京参加“《新闻与传播研究》创刊20周年暨《中国新闻传播学年鉴》创刊启动座谈会”，受聘为《中国新闻传播学年鉴》编委会委员。

7月，陈实赴上海交通大学参加《中国传媒领袖大讲堂》会议，论文《微博娱乐新闻的表征传播要素关系与受众道德认知分析》获2014年第三届“新媒体与社会发展”学术论坛优秀奖。

8月，张立伟赴宁波参加“传统媒体与新兴媒体融合发展研讨会暨2014全国党刊深化改革、创新发展宁波行”活动，应邀为大会作讲座“新型主流媒体与纸媒发展”。

10月，彭剑参加成都市政府“中心城区转型升级”研讨会。

10月，蹇莉参加“2014年度中印合作、竞争与发展论坛”，并在新德里和加尔各答两地做学术演讲。

11月，彭剑参加四川新闻传播卓越人才教育培养计划实施暨新闻传播教育研讨会。

12月，张立伟参加中国报业协会与四川日报报业集团联合主办、华西都市报承办的“中国都市报20年暨媒体融合发展研讨会”，并应邀作专题演讲，主题为“四步竞争助纸媒脱困”。

供稿：四川省社会科学院新闻传播研究所
执笔：林之达、彭　剑、蹇　莉

天津社会科学院舆情研究所2014年概况

一、基本情况

（一）历史沿革

天津社会科学院舆情研究所（以下简称舆情所）创立于1999年10月1日，其前身为“天津社会科学院舆情调查研究中心”（1998年10月1日至1999年9月30日）。

该所自成立以来一直致力于舆情研究学科建设和发挥智库作用这两项主要工作。舆情所是国内第一家以“舆情”命名的专业研究机构，出版了国内第一部系统研究舆情范畴的学术专著，主持承担（含在研）国家社科基金项目6项，发表学术论文近400篇，出版舆情研究学术专著16部。其中，《舆情研究概论——理论、方法和现实热点》为国内第一部系统研究舆情理论范畴和热点舆情问题的学术著作，提出了舆情作为民众的社会政治态度的基本定义，并围绕舆情理论和实际问题提出了一些比较系统的概念分析工具；《网络舆情研究概论》为国内第一部系统研究网络舆情理论和实际问题的学术专著，集中分析了网络舆情发生和变动的一些规律性内容；《舆情信息汇集分析机制建设》为舆情所配合中宣部舆情信息局的合作编著成果，将《舆情研究概论》中提出的舆情基本定义以及其他分析概念集中地运用于舆情信息汇集分析工作，直接地发挥了舆情研究作为党和政府的决策服务学科的积极作用。舆情所在长期坚持以舆情研究学科建设为中心的办所方针的同时，又经常性地开展为天津市委市政府和中宣部舆情信息局、国家网信办、天津市委宣传部等有关部门的实际服务工作，以社情民意专门调查和数据分析为载体，充分发挥为中央及地方党政工作服务的智库作用，数次获得中央有关部门领导和天津市主要领导的批示肯定。

到目前，舆情所围绕舆情学科建设，初步形成了五个具体分支方向：

（1）舆情基础理论研究；

（2）网络舆情研究；

（3）舆情热点问题研究；

（4）舆情与公共政策关系研究；

（5）中西方舆情和民意思想比较研究。

（二）队伍状况

截至2014年年底，全所共有专职科研人员11名，其中：研究员4名，副研究员5名，助理研究员2名，已经形成了稳定、团结的研究梯队。团队中有博士学位人员5名、硕士学位人员3名，其学科背景主要为社会学、政治学、经济学等。

主要研究人员包括：王来华，1958年生，研究员，法学博士（社会学）。自舆情所创办至今，担任舆情所所长多年，国家二级研究员，院舆情研究首席专家，享受国务院政府特殊津贴。曾先后主持完成国家社科基金重点项目和一般项目各1项，美国福特基金会项目1项，省部级课题多项，已出版专著8部（含主编、合著），其中，《舆情研究概论》（主编）为国内第一部舆情研究学术专著，《舆情支持与舆情危机》（主编）曾获2014年度国家出版基金资助和当年国家出版基金优秀成果。曾在《中国社会科学》（英文版）、《社会学研究》《中国人口科学》《南京社会科学》《天津社会科学》以及《光明日报》等报刊发表多篇学术论文，多篇成果被《中国社会科学文摘》以及《新华文摘》等重要期刊转载。目前，正主持2014年度国家社科基金特别委托项目1项（“舆情表达机制建设与协商民主体系构建”）。

毕宏音，1968年生，研究员，法学硕士（社会学）。曾获天津市“五个一批”人才资助奖励。主要研究网络舆情和舆情基础理论等，出版了《诉求表达机制研究》和《微博诉求表达与虚拟社会管理》两部专著，并在《中国社会科学》（内部文稿）、《天津社会科学》《广西社会科学》和《光明日报》等期刊发表多篇学术论文等，部分成果曾被《新华文摘》《中国社会科学文摘》等重要期刊转载。

叶国平，1968年生，研究员，法学博士（政治学）。主要研究舆情热点问题、舆情基础理论、舆情与协商民主等。多次获得院和市优秀研究成果奖励。出版了《舆情制度建设论》，并在《天津社会科学》《经济社会体制比较》等期刊发表了学术论文以及在《中国社会科学院要报》等内部刊物发表重要成果。

二、2014年主要科研工作

（一）科研成果

2014年完成科研成果52项，其中专著2部。代表作品包括：

《舆情支持与舆情危机》（主编：王来华；副主编：叶国平、毕宏音），天津社会科学院出版社2014年版，获得2014年度国家出版基金资助和国家出版基金2014年度优秀成果。

《微博诉求表达与虚拟社会管理》（作者：毕宏音），中国社会科学出版社2014年版。

《中国特色舆情理论研究及学科建设论略》（作者：王来华），《南京社会科学》2014年第1期（《中国社会科学文摘》2014年第5期转载）。

《关于深入开展党的群众路线教育实践活动的几点建议》（作者：叶国平），《论点·建议》第534期，2014年1月。

《网民与网络谣言治理》（作者：姜胜洪），《西南民族大学学报》（人文社会科学版）2014年第7期。

（二）科研课题

2014年新立项及在研的课题有：

国家社科规划特别委托项目1项：“舆情表达机制建设与协商民主体系构建”（主持人：王来华）。

国家社科规划青年课题1项：“网络社会舆情视角下公共政策形成的过程和机制研究”（主持人：于家琦）。

天津社科院应急课题4项，分别为：

“舆情表达机制与协商民主广泛多层制度化研究”（主持人：王来华）；

“天津城市国际形象研究——基于境外人士和境外媒体的调查分析”（主持人：叶国平）；

“国家治理体系中主流媒体舆论引导方式研究”（主持人：姜胜洪）；

“西方民意采集（调查）与政府决策相关性研究”（主持人：林竹）。

天津社科院委托课题1项：“反腐情绪跟踪研究”（主持人：李莹）。

2014年结项的课题有：

天津市社科规划特别委托项目2项，分别为：

“开展以为民务实清廉为主要内容的党的群众路线教育实践活动科学化研究”（主持人：叶国平）；

“网络谣言应对与舆情管控”（主持人：姜胜洪）。

天津社科院市情中心课题1项："天津市城市国际形象调查"（主持人：王来华、叶国平）。

天津市公安局委托咨询课题1项："天津市公安局人民满意窗口单位测评"（主持人：王来华、李莹）。

天津市人民对外友好协会、天津市公共外交协会托咨询课题1项："天津市城市国际形象问卷调查"（主持人：叶国平等）。

中国人民大学"中国调查与数据中心"委托咨询课题2项，分别为：

"中国教育追踪调查（初中阶段）"（主持人：李莹等）；

"60周岁以上老年人追踪调查"（主持人：王来华等）。

（三）获奖优秀科研成果

《舆情支持与舆情危机》（主编：王来华；副主编：叶国平、毕宏音），天津社会科学院出版社2013版，获评为国家出版基金2014年度优秀成果。

《当前学习宣传贯彻党的十八届三中全会精神中值得注意的问题》（作者：李莹）获得2014年度中宣部"好信息"奖。

《关于深入开展党的群众路线教育实践活动的几点建议》（作者：叶国平），《论点·建议》第534期（2014年1月），获时任天津市委书记孙春兰肯定批示，获天津社科院优秀科研成果奖。

《树立群众观点　健全群众路线长效机制》（作者：叶国平），《天津日报》理论版2014年3月31日，获得天津市党的群众路线理论研讨会优秀论文奖。

三、学术交流活动

（一）学术活动

3月，叶国平、姜胜洪赴太原参加"中宣部舆情信息工作会"并交流发言。

5月，天津社会科学院舆情研究所与《天津社会科学》杂志社共同主办"舆情表达机制建设与协商民主体系构建全国学术论坛"。

7月，毕宏音等赴武汉参加"中国社会学年会"并交流发言。

9月，姜胜洪赴北京参加"2014年中宣部舆情信息工作培训班暨中宣部舆情局第三季度全国舆情分析会"并交流发言。

11月，毕宏音、叶国平等参加南开大学当代中国问题研究院主办的"推进社会主义协商民主广泛多层制度化发展理论研讨会"并交流发言。

11月，叶国平、于家琦等参加南开大学周恩来政府管理学院等主办的"第九届中国青年政治学论坛暨第五届天津市青年政治学论坛"并交流发言。

（二）国际学术交流与合作

7月，毕宏音赴英国参加"媒体融合对文化传播的影响"学术培训交流。

（三）与中国香港、澳门和中国台湾地区开展的学术交流

12月，王来华、叶国平等赴台湾，参加台湾政治大学、云林科技大学、嘉南药理大学等组织的学术交流。

供稿：天津社会科学院舆情研究所

执笔：郭　鹏

河北省社会科学院新闻与传播学研究所2014年概况

一、概况

河北省社会科学院新闻与传播学研究所（以下简称河北省社科院新闻所）是经中共河北省委宣传部部务会提议与批准建立的、河北省唯一的省级新闻专业学术科研机构。1988年河北省编委下发通知，同意省社科院建立新闻研究所。

河北省社科院新闻所自2002年始正式设立三个研究室：新闻与传播学理论研究室，主任为王全领；广播电视网络新闻研究室，主任为孙荣欣；新闻与传播学业务研究室，负责人为张芸。截至2014年年底，该所有在岗工作人员9名，其中，研究员2名、副研究员3名、助理研究员2名，博士2名、硕士2名。

该所同省内外新闻、宣传、教育界有较广泛的联系与合作。新闻与传播学系河北省社科院重点培育学科之一，该所被河北电台、河北电视台作为特邀专家评议集体。该所办有学术沙龙笔会报纸《新闻与传播研究》。

二、研究领域

建所以来，该所在院党组的正确领导下，紧密配合中央及河北省委的中心工作，坚持科研为新闻实践、新闻教育服务的方针，基础研究与应用研究并重，立足河北，面向全国，着眼世界，开门办所。无论从为领导决策服务，还是为新闻宣传单位服务，无论从为新闻教育服务，还是为河北省经济社会与文化建设服务等方面，均搞出较成系列的研究成果。有些属于原创性的，形成一定的规模效应与社会影响力。该所迄今已成为一个团结创新、互助拼搏、不断进取、发挥多种社会功能作用的学术团队与集体。

目前，河北省社科院新闻与传播学研究所现主要研究领域为：

1. 新闻学与传播学理论与业务研究；
2. 广播电视及网络新闻学研究；
3. 河北省新闻事业的历史、现状、改革与发展研究；
4. 河北文化大省与文化传播及黄绮研究；
5. 国际学术规范研究。

三、科研成果及获奖情况

建所以来，该所共发表近千项科研成果，达到河北省社科院精品成果近百项，其中有40余项被《新华文摘》《人民日报》《光明日报》《新闻与传播》《新闻与传播研究》《中国记者》《中国广播电视学刊》《新闻战线》《电视研究》《中国出版》及香港《时代传媒》选登或全文转载。有数十项科研成果被核心期刊选登。

获河北省社会科学优秀成果一等奖1项，三等奖5项，获新华社《中国记者》二等奖1项，获人民日报《新闻战线》二等奖2项，获中国广播电视协会奖多项，获河北省委宣传部、省地方志系统一等奖1项，获“中国作协全国论坛征文”一等奖1项，获中国广播电视协会征文一等奖，获《中国记者》和《新闻战线》征文二等奖，获河北省内外其他各类奖数十项。

王泽华入选2007年卷《中国新闻年鉴》权威品牌专栏“中国新闻界人物”；2013年韩春秒撰写的《“中国梦”新闻报道怎样才能入脑入心入行》得到习近平总书记的批转；梁跃民被评为河北省跨世纪“三三三”第二层次人选；韩春秒被评为河北省跨世纪“三三三”第三层次人选。

四、学科建设分述

（一）新闻学与传播学理论与业务研究

该所撰写的《新闻精品定义》《新闻学与传播学的联系与区别》《中国古代传播的历史起源与形式》《手机与传媒》《科技经济新闻应注重背景材料运用》被《新华文摘》转载与选登。《当前我国舆论监督中“新闻报道失实”的法律依据是什么》在《新闻战线》刊发后，被人大复印报刊资料《新闻与传播》转载。首倡“用散文风格写消息”、“四论散文风格消息写作”系列研究文章，被《中国新闻出版报》据此为题，用一年半的时间展开全国学术探讨，中国人民大学喻国明等众多学者撰文肯定与响应，在国内新闻界产生重要社会影响，对我国新闻写作改革起到积极推动作用。王泽华撰写的《对新兴传播学特点及引入我国本土化的新思考》《中国互联网新闻传播的现状、问题深层次原因及科学防治的对策》，孙荣欣撰写的《博客的兴起在传播学上的意义》《网络阅读对青少年的影响及相关对策研究》，张芸撰写的《新媒体环境下对外宣传的路径选择》等学术论文入选中国社科院新闻与传播研究所主办的“中国传播学大会”。

（二）广播电视及网络新闻研究

《世纪之交中国电视事业的现状、嬗变及科学的发展价值取向》等被收入中央台论文集、《电视研究》、人大复印报刊资料。王泽华主笔撰写的《电视新闻学》一书获河北省社会科学优秀成果奖，《中国新闻年鉴》重点推介。近年该所孙荣欣、张芸、韩春秒等有关广播电视网络研究的新成果经常被国家核心报刊或有影响的专业报刊选登，如孙荣欣的《对中央电视台开办新闻频道的思考》《广播节目口语化不等于“口水化”》等。

（三）河北新闻事业的历史、现状、改革与发展研究

在新闻史领域，王晓岚撰写的《喉舌之战——抗战中的新闻对垒》获河北省社会科学优秀成果一等奖；该所主持编撰的由河北省委宣传部交办的重点委托项目《河北省志·新闻志》，获河北省地方志系统一等奖，中国《新闻出版报》发文称“填补空白”。在河北新闻事业现状与改革方面，《河北省新闻事业概况》被《中国新闻年鉴》选登，数十项关于河北新闻事业改革与发展的宏观性、综合性、前瞻性的研究报告，被河北省委、省政府领导肯定批转纳入决策，如被列入河北省社科规划课题的《河北省组建报业集团研究》等已纳入实施，如《河北日报版面现状综合分析及深化细化改版应用对策实证研究报告》《河北省党报业专刊、专栏与新闻信息资源的科学配置》《河北省电视节目的结构性调整与文化价值取向研究报告》《河北电视节目的现状、主要问题与改进提高的应用对策》《建设沿海经济强省背景下河北电台专业频率节目资源的科学配置》《河北省新闻网站的现状、问题及科学发展路径研究》《市场经济下河北新闻受众市场研究》等被多位河北省领导肯定批转到各应用部门，有的被应用厅局转发各处室作为节目与栏目调改的重要依据。

（四）国际学术规范研究

该所早在1999年就提出与国际学术规范接轨，科研的本质是“三新”，应以采用成果档次、检索率、转化率、引用率，同行权威专家评语“五要素”为衡量成果

最重要、最基本的要素，发表《评奖评什么》《评奖为什么》《慎用“填补空白”》《谈谈对科研成果的衡量》等系列研究成果，先后在《人民日报》《光明日报》（学术版）、《社会科学管理与评论》《科技日报》（理论版）等发表，并被中央电视台、《文摘报》等转发，在中国知识界引起了广泛共鸣、好评与响应，对矫正、改善与规范我国成果价值评估体系起到重要引导作用。

（五）河北文化大省及黄绮研究

1996年，王泽华提出“河北应建成文化大省”观点，系列文章如《建设高层次河北文化形象》《既建经济强省形象，又树文化大省形象》《对文化大省应做量化界定》《河北也应建成文化大省》《河北为何无人抢注古中山国文化商标》《河北应重视保护与利用老字号品牌》《论建设文化大省在构建和谐社会中的特殊地位与作用》等在《河北日报》上先后发表，其中《建设河北高层次文化形象》为河北省“光大河北形象”征文中获奖的五篇文章之一。2000年10月，《河北日报》又发表该所五篇关于重视开发利用开发河北文化资源的系列研究文章，如《叫响文化大省品牌》《就地取材塑造燕赵文化名牌》《重视释放名人效应》《叫响文物大省的牌子》等，该所撰写的《关于发展河北省新闻文化产业的战略思考》获河北省委宣传部召开的“河北省文化产业研讨会”一等奖。2012年，王泽华撰写的《河北建设文化大省的历史起源、嬗变及向文化强省迈进宣传中应注意的若干问题》在河北省委宣传部“河北文化强省献计献策征文”中获优秀奖，王泽华应邀出席首届文化创意国际研讨会，作《我最初提出“建设河北文化大省”的动因、嬗变及历史作用——兼论文化创意的社会功能》学术报告。同年，副所长梁跃民与院外合著《文化强省读本》延伸研究，形成系列。

黄绮研究也是该所的一个分支研究领域。早在20世纪90年代初，该所撰写的黄绮人物传记《笔系中华》《铁戟磨沙抒情怀》等见诸《河北日报》《河北经济日报》等。特别是2004年黄绮先生九十华诞，该所王泽华主笔撰写的电视脚本《大家黄绮》在河北电视台《中国河北》播出，并被美国KLS电视网转播。撰写的十余篇关于黄绮先生的系列研究文章，先后被中国书法家协会刊物《中国书法》和《河北日报》《燕赵都市报》《河北画报》《河北经济日报》《河北工人报》《家庭百科报》等众多报刊选载，有力地促进了河北省的黄绮研究，在社会上引起广泛关注与好评。

五、历任所领导

河北省社科院新闻所历任党支部书记简表

姓名	任职时间
王泽华	1992.01—2004.07
谈明霞	2004.08—2005.12
王泽华	2005.12至今

河北省社科院新闻所领导成员表

姓名	职务	任职时间
王泽华	所长	1989至今
王新明	副所长	1989—1990.03
李合堂	副所长	1990—1996
赵建国	副所长	1997—2001
梁跃民	副所长	2012至今

供稿：河北省社会科学院新闻与传播学研究所
执笔：王泽华

安徽省社会科学院新闻与传播研究所2014年概况

一、历史沿革及基本情况

(一) 历史沿革

安徽省社会科学院新闻与传播研究所（以下简称安徽省社科院新闻所），前身是1983年5月成立的情报研究所，当时下设情报研究室和图书馆。1992年10月，图书馆改属院直单位，情报研究所更名为信息研究所，1995年更名为新闻信息研究所。2010年，更名为新闻与传播研究所。

该所成立之初，曾创办两份内刊：《领导参阅》和《学术情报》，分别为领导和全院科研人员服务。随着机构和经费的改变，研究所的服务功能逐步转向学术研究，目前主要研究领域是新闻学与传播学理论、新闻史、新媒体与舆情等，探讨新闻与传播理论如何与现实结合，为现实服务等问题。

该所成立之初即承担了两项全国协作项目："当代中国社会科学手册"和"全国题录情报"。近年来，编著出版著作20多部：《江泽民新闻宣传思想研究》《烽火信使——新四军及华中抗日根据地报刊研究》《大众传播与现代文明》《中国传媒》《安徽社科概览》《安徽文化产业发展报告》《安徽就业问题研究》《当代农村社会建设研究》《民生时代的中国乡村社会》《幸福安徽建设研究》《安徽文化年鉴》《中国青少年发展研究报告》《舆情前沿问题研究》《博客舆情的分析与研判》《安徽旅游发展问题研究》《安徽旅游安全蓝皮书2013—2014》等；与安徽电视台合作，先后参与撰稿和拍摄了《江淮风采》《淮军》等纪录片。调研报告《凤阳小岗村的理论调查》，获得中宣部"五个一工程"奖。

现任所长常松，三级研究员。中国传媒大学党报研究中心兼职研究员、中国传播学会组织传播专业委员会常务理事；安徽省地方文献研究会副会长兼秘书长、安徽新闻高级职称专家评委，安徽省新闻工作者协会常务理事。从事新闻研究工作以来，主持并完成国家和省部级课题38项，编撰书10余部，共计约千余万字。连续主持和参与三项国家社科基金课题，参与的2010年结项的"新四军及华中抗日根据地报刊研究"获良好等次；2014年6月由社会科学文献出版社出版的学术著作《博客舆情的分析与研判》，是常松主持的2010年国家社科基金"博客舆情分析研判机制研究"项目的最终成果，获优秀等次。2014年7月，常松主持的"微博舆情与公众情绪互动研究"立项，目前已完成前期调研。

副所长方金友，副研究员；中国社会学会理事，安徽省社会学会秘书长。先后承担并完成了国家社科基金重点项目"全国百村经济社会调查"（1998）中的"落儿岭村、盐铺村、钱庙村"子课题、国家社科基金一般项目"扩大中等收入者比重研究"（2003）、"博客舆情分析研判机制研究"（2010）；安徽省社科规划"互联网对青少年成长的影响"项目、省文化基金"信用安徽建设"项目、省社科院"构建和谐安徽必须高度民主关注就业"重点课题、省社科联“安徽新农村建设中的城乡统筹问题”等30多项课题。合撰的论著《家庭投资理财1000问》获2003年度华东地区科技类图书二等奖，合写的论文《建设现代“信用安徽”》获2003年省政府建设“信用安徽”征文一等奖，合撰的论著《中国中部省会城市社会结构变迁》获2003—2004年度安徽省社科文艺类三等奖，合撰的论著《中国中等收入者研究》获2005—2006年度安徽省社科文艺类荣誉奖，论文《当代安徽社会阶级阶层的演进》获2009—2010年度安徽省社科文艺类三等奖。

（二）人员、研究室等机构基本情况

1. 人员

截至2014年年底，全所共有在职科研人员7名，其中：研究员1名，副研究员2名，助理研究员3名。该所团队中有博士后人员1名，博士学位人员2名。其学科背景主要为新闻学、社会学、历史学等。另外，长期与中国科技大学、安徽大学、安徽师范大学等单位合作，已经形成了稳定、团结的研究团队。

2. 机构

安徽省社科院新闻所现设有新闻与传播研究室（主任：王慧），信息与咨询研究室主任、安徽省旅游发展研究中心（主任：陆勤毅）和安徽省地方文献信息研究会（会长：王传寿）。

二、科研工作

（一）科研成果

安徽省社科院新闻所2014年度发表与出版的科研成果有：

发表论文、研究报告等：

1. 论文《网络社会的嬗变进程与基本特征》（方金友），《学术界》2014年第9期；

2. 研究报告《政务微博与安徽政府形象建构研究》（王慧），《咨政》2014年第8期；

3. 论文《新媒体时代安徽政府网站发展研究》（胡凤），《新闻研究导刊》2014年10月；

4. 论文《辛亥革命后的安徽报刊研究》（胡凤），《中国报业》2014年12月；

5. 会议综述《战时新闻学的积极践行者——从“记者座谈”到中国青年记者学会》（胡凤），《中国社会科学报》2014年10月29日。

出版专著：

1.《博客舆情的分析研判机制》（常松），社会科学文献出版社2014年版。

2.《安徽社会发展报告（2014）》（方金友），社会科学文献出版社2014年版。

（二）科研课题

该所2014年立项课题有：

国家社科基金课题1项：“微博舆论与公众情绪互动研究”（主持人：常松）。

安徽省哲学社会科学课题2项：“网络舆情的善治路径研究”（主持人：方金友）；“政务微博与安徽政府形象建构研究”（主持人：王慧）。

安徽社科院重点课题3项：“政府网站规范化发展与服务能力提升研究”（主持人：常松）；“加快发展安徽旅游服务业的问题研究”（主持人：方金友）；“部校共建新闻学院相关问题研究”（主持人：常松）。

其他课题1项：安徽省旅游局重点招标课题“《安徽旅游安全蓝皮书》编制”（主持人：常松）。

新闻研究所2014年结项课题2项：

省旅游局委托课题：“政府在贯彻落实《旅游法》中的角色定位”研究（主持人：常松）；省旅游局委托课题“安徽旅游业转型升级问题”（主持人：常松）。

三、学术交流活动

（一）该所主办的学术交流活动

9月11日，中国社会科学院中国特色

社会主义理论体系研究中心主任、研究员尹韵公应邀到该所，就“当前意识形态领域几个重要问题”作专题报告。

11月12日，天津社科院舆情研究所所长、研究员王来华应邀到该所，以“网络舆论场的话语分析”为题作专题报告。

（二）参加学术交流活动

7月12日，常松应邀参加第五届“中国报刊与社会历史研究”学术研讨会并做了“论‘青记’对战时新闻学的践行与建构”的主题发言。

7月19日，常松出席在北京香山举行的《新闻与传播研究》创刊20周年暨《中国新闻传播学年鉴》创刊启动研讨会，交流了编撰的构想和建议并受聘为编委。

7月，方金友应邀出席在武汉大学召开的中国社会学会年会，并在分论坛作题为“网络传播与乡村社会发展”的交流发言。

10月，方金友应邀参加皖江历史文化研讨会。

供稿：安徽省社会科学院新闻与传播研究所
执笔：方金友

北京市社会科学院传媒研究所2014年概况

一、历史沿革及基本情况

（一）历史沿革

北京市社会科学院传媒研究所（北京市文化创意产业研究中心，以下简称传媒所）是在时任北京市委常委、宣传部长、副市长鲁炜的指示下成立的研究机构，该所同时挂“北京市文化创意产业研究中心”牌子。该所自成立至今，一直由郭万超任所长，并兼任北京市文化创意产业研究中心主任。

该机构的主要职责是开展首都传媒理论与应用对策以及文化创意产业研究。同时，发挥原有研究优势，开展当代中国发展理论与政策、中国宏观经济、城市发展等领域的研究。2010年，经国家人力资源与社会保障部批准，北京市社会科学院设立博士后工作站。传媒研究所作为博士后工作站点与北京大学、清华大学、中国传媒大学等合作招生全脱产博士后研究人员，目前设有文化创意产业、互联网与新媒体、传媒经济、跨文化传播等研究方向。

该所每年举办“北京文化创意产业论坛”等学术会议，每年出版《传媒与文化创意产业论丛》等出版物。该所人员目前已出版著作8部；主编或参编书15部；在《求是》《经济学动态》《光明日报》等报刊发表论文100多篇；多项成果获中央及北京市领导的批示或刊登在《中办专报》；主持国家课题5项：国家社会科学基金课题2项（其中1项为特别委托），“十二五”国家重点图书出版规划项目2项，中国博士后科学基金课题1项；主持北京市社会科学基金课题和其他横向课题30余项；参与国家自然科学基金课题、美国福特基金课题、北京市社会科学基金重大课题等多项。获国家人事部、《人民日报》和中央统战部等奖励10余项。《人民日报》《光明日报》、中央人民广播电台、《中国文化报》、《北京日报》、北京电视台、凤凰网等对该所人员研究成果进行过报道或采访。

（二）人员、机构情况

1. 人员

传媒研究所共有正式人员编制 14 人，其中包括 1 名所长和 1 名副所长设置。截至 2014 年年底，在职人员 2 人，包括研究员 1 名、助理研究员 1 名；兼职或特聘研究人员 12 人。

2. 科研中心

传媒所设有新媒体与互联网研究中心、文化创意产业研究中心。

3. 学术委员会

传媒所设有学术委员会，成员有：谭维克、金迈克、尹鸿、喻国明、陈少峰、范周、辛向阳、张京成、郭万超。

二、科研工作

（一）科研成果

1. 论文集

《读懂当代中国——中国道路与传媒论丛》（第一辑）（主编：郭万超），经济日报出版社 2014 年版。

2. 论文

《新型城镇化进程中农民工市民化问题探析》，《科学社会主义》2014 年第 3 期；《中国道路文化探源》，《人民论坛》2014 年 7 月；《怎样才能读懂当代中国》，《光明日报》（理论版）（2014 年 3 月 31 日）；《中国道路的世界意义》，《光明日报》（理论版）（2014 年 7 月 30 日）；《巧用产业：让文化遗产活起来》，《光明日报》（2014 年 8 月 23 日）；《治理现代化：现代化的新阶段》，《北京日报 · 理论周刊》（2014 年 8 月 25 日）；《中国道路的五大特性》，中宣部《活页文选》2013 年第 36 期；《认清总体上升趋势是读懂当代中国的关键》，《求是》2014 年第 9 期；《中国道路的世界意义》，《求是》2014 年第 17 期；《怎样才能读懂当代中国》，《红旗文稿》2014 年第 8 期；《文化强国可借鉴的经验》，《新华月报》2014 年第 2 期封面文章。以上文章作者均为郭万超。

3. 研究报告

《积极引导和大力培育文化消费应成北京科学发展的战略重点》（郭万超），2013 年 10 月 9 日北京市委常委、宣传部长李伟批示。

《中关村国家自主创新示范区积极打造四种创新创业人才成长模式》（郭万超），2014 年 8 月 5 日《中办专报》第 788 期。

《北京市传媒业发展现状、问题及对策研究》（郭万超），《北京调研》2014 年第 5 期。

《中关村国家自主创新示范区积极打造四种创新创业人才成长模式》，《宣传通讯》2014 年 8 月。

《全球视野下中国道路的内生特性研究》（郭万超），2014 年 5 月国家社科基金特别委托项目。

（二）科研课题

1. 国家课题

（1）国家社会科学基金特别委托项目 1 项："全球视野下中国道路的内生特性研究"（主持人：郭万超）。

（2）"十二五"国家重点图书出版规划项目 2 项："中国特色自主创新道路研究""中国特色城镇化道路研究"（主持人：郭万超）。

2. 其他课题

（1）海淀区发改委招标课题："海淀区促进文化科技商务旅游融合发展研究"（主持人：郭万超）。

（2）中关村管委会招标课题："创新创业人才成长机制研究"（主持人：郭万超）。

（3）北京市社会科学院重点课题：

“国际经验视域下当代中国核心价值观培育与传播创新”（主持人：郭万超）。

（4）北京市社会科学院一般课题：“北京市文化创意产业融合发展研究”（主持人：赵玉宏）。

（5）北京市社会科学院一般课题：“文化创意产业转型发展研究”（主持人：郭万超）。

三、学术交流活动

3 月 11 日，郭万超参加中宣部“中国道路的世界意义”座谈会，并发言。

3 月 28 日，郭万超应邀参加凤凰网主办的凤凰城市沙龙“文化商务区在中国”，并接受凤凰网专访。

5 月 21 日，应中国传媒大学文化发展研究院邀请，郭万超作题为“当前中国道路的热点问题”的学术演讲。

7 月 5 日，郭万超应邀参加“文化遗产保护与文化产业发展研讨会”并发言，发言以《让长城文化进一步活起来》为题收入大会文集正式出版。

8 月 29 日，传媒所举办舒兰市经济发展战略研讨会。

10 月 9 日至 11 日，郭万超应邀在全国第一届中国特色社会主义发展论坛上发言，题为“对当前中国改革热点问题的冷思考”。

10 月 31 日，郭万超应邀为北京演艺集团做学习习近平总书记文艺座谈会讲话辅导。

11 月 5 日，传媒所承办第九期北京市社会科学院院长论坛，主题为“媒介融合是一场革命——中国传媒业的发展进路与关键”。

四、学术社团、期刊

1. 下属民办社会科学研究机构：北京天合产业发展研究院（北京市民政局正在注册）。

2.《传媒与文化创意产业论丛》为每年连续出版物。

供稿：北京市社会科学院传媒研究所

新华社新闻研究所 2014 年概况

一、历史沿革及基本情况

（一）历史沿革

1980 年 6 月 9 日，中宣部批准新华社成立新闻研究部。新闻研究部是新华社党组领导下的一个新闻研究机构，以“着眼于长远，服务于当前”为方针，组织和规划全社的新闻研究工作，在新闻研究和改进新闻报道方面发挥参谋和助手作用。新闻研究部的基本任务是：联系新华社的新闻报道实际，评议新华社每天的新闻稿（文字和图片）；主编《新闻业务》（活页版）；整理和研究新华社的历史资料；总结新闻报道经验，探讨无产阶级新闻理论，研究党的宣传报道思想、方针和政策。

新闻研究部下设评报组（报道评议组）、社史组、新闻理论研究组和《新闻业务》编辑室。新闻研究部实行研究员责任制度，聘请社内（包括分社）有丰富新闻工作经验和理论水平、有研究能力和研究成果的同志作某一方面的兼职研究员或担任顾问。此外，还进行外国通讯社业务的研究和搜集新闻研究情报资料。

1983 年 1 月，新闻研究部改为新闻研究所（以下简称新华社新闻所）。

1992 年 12 月，新华社新闻所“三定”方案确定：下设 6 个处级单位：新闻理论与情报研究室（1993 年改为新闻理论与信息研究室）、新闻报道研究室、社史研究室（1993 年改为新闻史研究室）、外国新闻研究室、中国记者编辑部、办公室。

2009 年，为适应新华社战略转型和新闻所战略转型的需要，经社党组批准，该所调整业务架构，共设 8 个中层机构：办公室、新闻理论与新闻史研究室、新闻报道研究室、国际传播研究室、文化产业研究室、新媒体研究室、舆论研究室和编辑出版中心。

2012 年，经社党组批准，新华社新闻所业务架构调整为 8 个中层机构：办公室、新闻理论与新闻史研究室、新闻报道研究室、国际传播研究室、文化产业研究室、新媒体与舆论研究室、《新闻业务》编辑室和编辑出版中心（《中国记者》编辑部）。这一机构设置延续至今。

新闻研究部历任主任、副主任（1980 年 1 月—1983 年 1 月）：

主任：缪海稜（兼）（1980 年 1 月—1983 年 1 月）；

副主任：方言（1980 年 10 月—1983 年 1 月）。

新华社新闻研究所历任所长、副所长（1983 年 1 月至今）：

历任所长：

方言（1983 年 1 月—1985 年 12 月）、成一（代所长，1985 年 12 月—1988 年 6 月）、文有仁（1989 年 1 月—1994 年 12 月）、徐人仲（1994 年 12 月—1998 年 5 月）、李年贵（代所长，1998 年 5 月—1998 年 8 月；所长，1998 年 8 月—2001 年 6 月）、陆小华（2001 年 6 月—2007 年 8 月）、房方（2009 年 3 月—2011 年 12 月）、雷中原（2011 年 12 月—2014 年 11 月）、马义（2014 年 11 月至今）；

副所长：

成一（1983 年 4 月—1985 年 12 月）、李启（1983 年 4 月—1985 年 6 月）、梅开（1985 年 6 月—1985 年 12 月）、余振鹏（1985 年 12 月—1992 年 6 月）、于杭（1986 年 2 月—1987 年 8 月）、许必华（1991 年 9 月—1994 年 12 月）、徐人仲（1992 年 6 月—1994 年 12 月）、李年贵（1994 年 12 月—1998 年 5 月）、欧玉成（1994 年 12 月—1998 年 8 月）、徐民和（1995 年 5 月—1998 年 3 月）、陆小华（1998 年 3 月—2001 年 6 月）、朱幼棣（1998 年 8 月—1999 年 4 月，2001 年 1 月—2001 年 7 月）、方小翔（1998 年 8 月—2006 年 11 月）、卓培荣（2002 年 6 月—2011 年 4 月）、苏玲（2006 年 11 月—2009 年 1 月）。

现任负责人：马义（党组书记、所长）、朱国圣（党组成员、所长助理）、刘光牛（党组成员、办公室主任）。

（二）基本情况

1. 人员

截至 2014 年年底，全所有在职人员 49 人。其中正高级职称人员 10 人，副高级职称人员 8 人，中级职称人员 26 人，初级职称人员 1 人。

2. 机构

新华社新闻所设 8 个处室：办公室（主任刘光牛）、新闻报道研究室（主任李龙师）、国际传播研究室（主任文建）、文化产业研究室（主任周燕群）、新闻理论与新闻史研究室（主任白继红）、新闻业务编辑室（主任张维燕）、新媒体与舆论研究室（主任李勇华）、编辑出版中心（《中国记者》编辑部，执行总编辑文璐）。

3. 职称评审委员会组成情况

新华社新闻所新闻专业职务评审委员会由不少于11名委员组成，其中包括主任委员1名，副主任委员1名。评审委员会由该所党组成员和抽签评委组成。所党组成员为常任评委，抽签评委从全所具有副高以上职称人员中产生。职称评审委员会负责评定该所业务人员副高以下职称，报新华社人事局职称办备案；负责向新华社新闻业务正高级职务评审委员会推荐正高职务参评人员。

二、科研工作

（一）科研成果

1. 专著

（1）《毛泽东新闻工作文选》，新华出版社2014年版；

（2）《毛泽东新闻作品集》，新华出版社2014年版；

（3）《新媒体时代的新闻信息集成服务——2013年新华社新闻学术年会论文选》，2014年7月，新华出版社。

2. 论文

（1）《毛泽东与延安时期一场精彩的宣传战》（万京华），《中国报业》2014年第5期；

（2）《新华社驻外机构的历史变迁研究》（万京华），《现代传播》2014年第10期；

（3）《新华社哈瓦那分社创建前后》（万京华），《中国报业》2014年第21期；

（4）《做有趣有料的"正"史叙事——对话BTV"档案"栏目创始人、制片人吕军》（李成），《中国记者》2014年第5期；

（5）《BTV"档案"那些事儿——制作团队漫谈"档案"》（李成），《中国记者》2014年第5期；

（6）《2014年媒体融合发展年度盘点》（李勇华、王武彬），《新闻与写作》2014年第12期；

（7）《舆情业务在媒体转型中的价值及市场空间》（万小广、何慧媛），《中国记者》2014年第7期；

（8）《媒体舆情业务如何创新突围》（何慧媛、万小广），《中国记者》2014年第7期；

（9）《境外舆论主体网络传播的策略和启示》（何慧媛），《中国记者》2014年第11期；

（10）《从核心资源出发 重估内容价值——两个样本带来的启示》（程征、周燕群），《中国记者》2014年第5期；

（11）《通讯社的报刊逻辑》（周燕群、程征），《中国记者》2014年第5期；

（12）《版权，想说爱你不容易——传统媒体维权的困惑、难点与应对：传统媒体维权之惑》（程征），《中国记者》2014年第11期。

（二）科研课题

2014年新立项课题：国家社科基金青年课题"主流媒体对外传播的新媒体策略研究"（主持人：刘滢）。

2014年结项课题：国家社科基金重大项目"中国媒体国际传播能力建设战略研究"（主持人：唐润华）；国家社科基金重点项目"中国社会转型期突发事件网络舆情调控策略研究"（主持人：周锡生）。

（三）获奖优秀科研成果

第24届中国新闻奖（新闻论文）二等奖——《当前新闻文风存在问题及改进对策》。（新华社新闻研究所课题组，2013年发表于《中国记者》，2014年获奖，白继红、王会、李成、谭林茂、刘丽琴等参与该论文调研写作。）

三、学术交流活动

2014年12月22日，主办2014年新华社新闻学术年会，会议主题为"加快推动媒体融合发展　提升治理体系与能力现代化水平"。

四、期刊

新华社新闻所办有《中国记者》月刊。该刊是北京大学专业机构评选认定的全国新闻核心期刊，是业界学界评定职称获得承认的国家级刊发论文的学术刊物，也是参评中国新闻奖新闻论文奖的重要平台。

2014 年，杂志顺利通过国家新闻出版广电总局全国专业学术期刊重新审核认定；获得了中国知网新闻传播学来源期刊证书；中国新闻奖获奖篇目超过往年（地方记协荐、高校荐、新华社荐、自荐并存）。完成了由中宣部、中国记协多次交办（主要交办两刊：《新闻战线》《中国记者》）的部校共建的马克思主义新闻观等多项“规定动作”文章的组织刊发，收到交办机构满意的效果。采编人员应邀参加了新闻业界学界各种重要会议、论坛、研讨、培训等，增进了交流，也是杂志重要性和影响力的体现。

2014 年，《中国记者》共出版 12 期，360 余万字。重点栏目有“每月评论”“论坛”。

全年刊载的代表性文章有：《“老报道”把我的激情拉回了“从前”》（田聪明）；《谁能引领现代舆论场?》（李从军）；《光影之间的情怀》（作者：何平）；《把方向 循规律 担使命——学习贯彻习近平总书记关于宣传思想工作重要论述》（作者：何平）；《尽快在媒体融合发展上见到成效取得突破》（作者：慎海雄）；《媒体融合发展之路要走稳走快走好》（慎海雄）；《练就讲好中国故事的看家本领》（慎海雄）；《学习、调查、思考：一切为了履行职责——专访田聪明》（《中国记者》记者）；《评委眼中的“好记者、好故事”》（时统宇）；《纸媒：以何种态度坚守》（范以锦）；《以宣传思想工作的有力有为传播发展正能量》（赵金）；《融合报道常态化的路径与走势》（陈昌凤）；《打造传媒转型的人力资源引擎》（石大东）；《媒体平台化催生话语新生态》（曹轲）；《创新是最核心的“版权”》（任浩）；《做强新闻客户端的路径选择》（傅绍万）；《打造新型主流媒体的战略指向》（邓的荣）；《改进、创新，充分发挥导向示范作用》（高善罡）；《主流媒体在公共外交中的作为及增强传播力新探》（程小玲）；《省级党报进报亭：五年实践与思考》（张小龙）；《以国家安全的名义，美国媒体自我审查的历史与现实》（马桂花）；《〈毛泽东新闻工作文选〉〈毛泽东新闻作品集〉诞生记》（刘光牛）；《在世界新闻史上写下浓墨重彩的一笔——首届世界媒体峰会全球新闻奖的诞生及启示》（周宗敏、唐润华、黄富慧）；《2014 年中国新闻奖评选有哪些调整和变化》（中国记协评奖办公室）；《有特色 有立场 才有影响力》（《北京日报》编委会）；《都市媒体主题报道：以建设者姿态做好时代大文章》（韩少林、陈俊旺、徐汉雄）

2014 年，“封面专题”有：

（1）《纸媒新希望——看新型报纸如何细分市场逆势上扬》；

（2）《地市晚报、都市报：困境中的变化与调整》；

（3）《大型国际活动报道的集成化呈现》；

（4）《“微”时代的两会报道：新技术新媒介 新趋向》；

（5）《困境之中寻亮点——专业、细分市场类报刊成功探秘》；

（6）《常态“休”与“生”——传媒生态的当下与未来》；

（7）《媒体版权保护的“痛”与“治”》；

（8）《今天，谁在真正坚守内容?》；

（9）《“融”时代的突发事件报道之“变”》；

（10）《深“融”保障：组织机构变革》；

（11）《构建媒体融合发展“新常态”》；

（12）《第二十四届中国新闻奖：变化

暨获奖探秘》。

2014 年，“焦点”栏目的主题有：

（1）移动互联新型人才：缘何引不进、留不住？

（2）传媒人新媒体创业的 N 种可能。

（3）手机摄影的当下与未来。

（4）无人机航拍：谁在用，如何“管”。

（5）转型：优秀新媒体“产品经理”怎样炼成？

除了上述几个重点策划栏目外，《中国记者》还设有：人与新闻、案例与方法、新媒体、传媒运作、一得录、学者界面、头版照片赏析、新闻背后、国际视野、视觉等二十几个栏目。

全年有 5 篇新闻论文获中国新闻奖：《全媒体生态中党报副刊的突围策略》（作者：祝芸生、柳易江，编辑：陈国权）；《在“消亡论”与“繁荣论”之间求索——广西日报传媒集团报业转型的实践与思考》（作者：李启瑞、甘毅，编辑：陈芳）；《当前新闻文风存在问题及改进对策》（作者：新华社新闻研究所课题组，编辑：梁益畅）；《零距离，从物理空间到情感性灵》（作者：高顺青、任晓润，编辑：吴长伟）；《春节报纸版面“中国元素”的拓展与新视觉体验》（作者：马煊，编辑：翟铮璇）。

供稿：新华社新闻研究所

人民日报社研究部 2014 年概况

一、历史沿革和人员、机构基本情况

人民日报社研究部前身——新闻研究中心于 2002 年 9 月成立，是人民日报社直属事业单位。主要承担新闻研究、编辑《新闻战线》和教育培训工作。机构设置为：研究部（下设新闻理论研究室、新闻报道研究室、媒体经营管理研究室）；《新闻战线》编辑部（下设采访部、编辑部、经理部）；教育培训部（下设综合处、教务处、教育开发处）；办公室。

2008 年 9 月，根据人民日报编委会决定，对新闻研究中心的机构设置进行调整。当时隶属总编室的图书馆划转入新闻研究中心，《新闻战线》编辑部划转出新闻研究中心。新闻研究中心是人民日报社所属正局级事业单位，主要承担报社新闻理论和业务研究、教育培训实施、图书资料管理等任务。

机构设置方面，下设六个室（处）：办公室、新闻理论研究室、新闻报道与创新研究室、网络与新兴媒体研究室、新闻史和社史研究室、教育培训处和图书馆。

2013 年 7 月，经中央编制委员会办公室批准，人民日报社研究部（以下简称研究部）成立，原新闻研究中心撤销。研究部系人民日报社内设机构，下设五个室（处），分别为：综合室、媒体发展战略研究室、新闻传播理论研究室、新闻报道业务研究室、教育培训处。研究部主要负责人民日报社媒体发展战略、新闻传播理论、新闻报道业务研究和干部教育培训等工作。

截至 2014 年年底，研究部在职人员总数为 26 人，其中，正高级职称人员 6 人，副高级职称人员1人，中级职称人员10人。

原新闻研究中心历任负责人：

2002年9月—2006年7月

主任：（空缺）

副主任：刘学渊（主持工作，兼任《新闻战线》总编辑）、张首映（兼研究部主任）

林福泉（2002年9月—2005年1月）、吴坤胜（2005年1月—2006年5月）

2006年7月—2007年11月

主任：刘学渊

副主任：张首映

2007年11月—2013年7月

主任：张首映

副主任：（按报社发布的任命时间排序）

王刚（2008年11月— ）

卫庶（2008年11月—2011年3月）

卢文斌（2010年9月—2012年7月）

钱江（2011年3月—2012年7月）

夏珺（2011年5月—2013年7月）

研究部成立后历任负责人：

2013年7月—2014年6月

主任：刘学渊（兼任人民日报社媒体发展战略研究专家组首席专家）

副主任：王刚、夏珺

2014年6月—2015年3月

主任：刘学渊（兼任人民日报社媒体发展战略研究专家组首席专家）

副主任：王刚

2015年3月至今

主任：刘学渊（兼任人民日报社媒体发展战略研究专家组首席专家）

副主任：王刚、丁丁

二、2014年度完成的研究课题和成果情况

2014年，按照人民日报社编委会部署和要求，研究部紧紧围绕报社工作大局，开拓创新，奋发向上，各项工作取得显著成效，课题数量众多，研究成果丰硕。

（一）研究论文

研究论文共10篇。发表于《新闻战线》上的有9篇，分别是：

《党性和人民性关系问题溯源》（2014年第5期），作者王冰洋、李康乐，获《人民日报》好新闻一等奖，并荣获第二十五届中国新闻奖新闻论文二等奖。

《阐释习近平同志关于战略问题的思考和部署的呕心之作——〈实现中华民族伟大复兴中国梦的正确指引〉一文赏析》（2014年第6期），作者刘学渊、陈利云，获《人民日报》好新闻一等奖。

《真学真懂真信真用的示范之作——研读〈做好新形势下舆论引导工作的科学指南〉的体会》（2014年第7期），作者王刚、李凯，获《人民日报》好新闻一等奖。

《把握时度效的一场“遭遇战”——〈人民日报〉“3·01”暴恐事件报道评析》（2014年第4期），作者苏长宏，获《人民日报》好新闻二等奖。

“人民日报两会报道阅评”系列（共4篇，均载2014年第4期）：《为“总书记的两会时间”创意喝彩》，作者寿川，获《人民日报》好新闻二等奖；《〈两会e客厅〉做足“e”文章》，作者寿川，获《人民日报》好新闻二等奖；《媒体盛宴上的“招牌菜”》，作者陈利云，获《人民日报》好新闻二等奖；《〈会内会外看门道〉：创新主题报道的生动实践》，作者赵伟，获《人民日报》好新闻二等奖。

《媒介融合下的新闻客户端之争》（2014年第11期），作者程惠芬，获《人民日报》好新闻三等奖。

发表于人民日报社《社内通报》的论文有1篇：《切实把握好新闻宣传的时、度、效》（2014年第5期），作者戴莉莉，获《人民日报》好新闻一等奖。

（二）中宣部重点课题

中宣部重点课题共3篇：

《把握舆论引导新常态 实现融合发

展新跨越——关于做好新媒体快速发展条件下舆论引导的思考》，作者刘学渊、王刚、戴莉莉、寿川、李康乐，作品刊登于人民日报社《社内通报》2014年第32期，获《人民日报》好新闻精品奖。

《以改革创新精神做好重大主题报道——《人民日报》2014年度重大主题报道的创新实践和启示》，作者刘学渊、王刚、李凯、陈利云、张天培，获《人民日报》好新闻一等奖。

《2013年传统媒体舆情特点综合分析》，作者李康乐，获《人民日报》好新闻二等奖。

（三）专著和学术资料

专著和学术资料共2部：

《马克思主义新闻观经典著作选》《把一个良好的宣传思想工作基础带入新世纪——丁关根关于宣传思想工作的论述选编》。

供稿：人民日报社研究部

第九篇
组织与社团概况

国务院学位委员会新闻传播学科评议组概况

教育部高等学校新闻传播学类专业教学指导委员会概况

中国新闻史学会概况

中国新闻史学会网络传播史研究委员会概况

中国新闻史学会外国新闻传播史研究委员会概况

中国高等教育学会新闻学与传播学专业委员会概况

中国新闻文化促进会传播学分会概况

北京大学新闻学研究会概况

国务院学位委员会新闻传播学科评议组概况

1996年4月29日，国务院学位委员会颁布《国务院学位委员会学科评议组组织章程》，设立学科评议组。该章程于2009年经国务院学位委员会第26次会议修订。

国务院学位委员会学科评议组是国务院学位委员会领导下的专家组织，从事学位与研究生教育的指导、审核、监督、研究和咨询等工作。其主要任务是贯彻实施《中华人民共和国学位条例》及其暂行实施办法；根据学科发展趋势和国家发展要求，就学位与研究生教育发展和改革的重大问题进行研究，向国务院学位委员会提供咨询或提出建议；对新增、调整和撤销学位授予单位及其学位授权学科进行评议，提出审核意见；对调整和修订学位授予和人才培养的学科目录进行研究，提出意见或建议；参加质量检查和监督，对本学科领域学位授予和人才培养的质量进行调查研究，向国务院学位委员会和教育部就学位授予单位的学科建设、人才培养和学位授予等工作提供咨询或提出建议；承担国际交流中学位相互认可及评价等专项咨询工作。

1997年4月23日至24日，国务院学位委员会第15次会议在北京举行，会上通过了调整修订的《授予博士、硕士学位和培养研究生的学科、专业目录》，其中新闻传播学由二级学科转为一级学科，并首次设立国务院学位委员会新闻与传播学科评议组。

2014年11月5日至6日，国务院学位委员会第31次会议在北京召开，会议审议通过了《国务院学位委员会第七届学科评议组成员名单》，其中新闻传播学学科评议组成员名单如下：陈昌凤（清华大学）、胡正荣（中国传媒大学）、黄旦（复旦大学）、石义彬（武汉大学）、唐绪军（中国社会科学院）、喻国明（中国人民大学）、张昆（华中科技大学）。

整理：本刊编辑部

附：国务院学位委员会新闻与传播学科评议组历届成员名单：

1997年第四届（首次设组）：方汉奇、赵玉明、丁淦林

2003年第五届：童兵（召集人）、尹韵公（召集人）、郭庆光、黄升民、罗以澄

2009年第六届：黄旦（召集人）、胡正荣（召集人）、尹韵公、张昆、陈力丹、罗以澄、郭庆光

供稿：国务院学位委员会办公室学术学位处

教育部高等学校新闻传播学类专业教学指导委员会概况

一、历史沿革

我国的新闻传播教育发展已近百年。自改革开放以来，传播学被引入国内，新闻传播学于1997年成为一级学科。随着信息化时代的到来，特别是新兴媒体的飞速发展与革新，新闻传播学与其他学科间的融合不断加强，全国各层次的新闻传播高等教育发展迅速。目前，新闻传播学类本科专业布点达到1080个，占到全国专业布点总数的2.31%，新闻传播学类专业在校本科生达到23万，占到全国普通高校本科生总数的1.61%。

为加强对高等学校新闻传播人才培养工作的宏观指导与管理，推动新闻传播教育教学改革和教学建设，进一步提高人才培养质量，教育部聘请新闻传播教育领域的专家组成高等学校新闻传播学类专业教学指导委员会。1997年教育部成立第一届新闻学学科教学指导委员会，中国人民大学何梓华担任教学指导委员会主任委员，并主持完成两届教指委工作；2006年，第三届新闻学学科教学指导委员会成立，由复旦大学李良荣担任主任委员。教学指导委员会自1997年成立以来，开展多项重大新闻教育改革课题研究，出版面向21世纪的新闻学系列教材，起草《新闻学类专业基本办学条件》报告，切实推动了我国新闻传播学科的建设与发展。

2013年5月，教育部成立新一届教学指导委员会。本届新闻传播学类专业教学指导委员会由来自39所不同高校新闻院系的40位专家学者组成。中国传媒大学副校长、教授胡正荣担任主任委员，中国传媒大学新闻传播学部学部长、教授高晓虹担任副主任委员兼秘书长。此外还有来自中国人民大学、清华大学、复旦大学、武汉大学、暨南大学、四川大学的6位学者担任副主任委员。教指委秘书处设在中国传媒大学新闻传播学部。

二、工作职责

咨询：为教育部和高等学校提供关于国内外新闻传播学科专业教育发展的意见咨询和建议。

制定标准与规范：接受教育部委托，研究专业结构和布局，制订新闻传播类专业规范、教学质量标准、课程教学基本要求、实验教学的基本条件，承担本科专业设置的核定任务。

指导：指导新闻传播学科和专业建设、课程建设、教材建设、实训基地建设、实验室建设等工作。

评估：根据国家对新闻传播学科专业人才培养目标的有关要求，以及社会经济发展对人才的实际需要，对新闻传播学科专业教学质量进行监督和评估。

服务：组织师资培训，沟通信息，交流教学建设和教学改革经验，宣传推广优秀教学成果。

三、工作成果

新一届教指委自成立以来，坚持严谨

务实的工作作风，召开五次全体会议，针对教学质量国家标准研制、新闻传播伦理与法规课程体系建设、部校共建新闻学院等问题进行专项研讨，着力推动新闻传播学教育国际化，取得丰硕成果。

1. 研制新闻传播学专业类本科教学质量国家标准。

自从2013年7月教育部部署此项工作以来，教指委高度重视，深入调研，广泛听取意见与建议，召开多次会议进行专项研讨，目前已经顺利完成"国标"研制工作。在未来，"国标"将成为各高校新闻传播类专业准入、专业建设以及专业评估的依据。

2. 开展专项调研，提供咨询报告。

教指委自成立以来，结合中国新闻传播教育教学领域的热点难点问题，先后开展全国高校新闻传播教育现状调研、部校共建新闻传播学院调研、媒介融合与新闻传播教育改革创新调研、媒介伦理与法规调研等多项调研，并写调研报告提供给教育部作为政策制定的依据。

3. 组织培训课程，编写案例教材。

2014年3月15日至16日，教指委在中国传媒大学举办了"新闻传播伦理与法规"专题培训。来自清华大学、北京师范大学、南开大学、上海外国语大学等全国83所高校的120多位教师参加了培训。同时，组织教指委、各高校共同编写《媒介伦理与法规》的案例教材。

4. 推动新闻传播高等教育国际化。

2014年10月，组织教指委代表团到法国与里尔高等新闻学校、法国新闻学院十四校联盟商谈合作，设立中法大学生新闻奖并组织评选。2014年11月，组织教指委代表团参加美国国家传播学会100年年会，搭建国际交流平台。参访西北大学新闻学院、传播学院，并与师生代表座谈。

供稿：教育部高等学校新闻传播学类专业教学指导委员会秘书处

中国新闻史学会概况

中国新闻史学会（英文译名：The Chinese Association for History of Journalism and Mass Communication，缩写：CAHJC）是中华人民共和国境内新闻传播学方向唯一的一家以研究中外新闻传播历史与现状的单位和个人自愿结成的全国性一级学术团体，系非营利性社会组织，业务主管单位为国家教育部。

一、学会宗旨

遵守国家宪法、法律、法规和相关政策，遵守社会道德风尚，联络、团结全国新闻传播史专家，推动新闻传播史研究，促进新闻传播学的发展。

二、会务范围

（一）召开新闻传播史学术会议；

（二）制订新闻传播史和相关领域的科研课题或计划，组织会员进行研究；

（三）举办新闻传播历史与现状展览；

（四）协助会员承接国家、教育部和相关部门委托的科研项目；

（五）在新闻出版部门批准下，出版、发行新闻传播学报刊；

（六）协助出版机构出版、发行新闻传播学著作，举办新闻传播史的纪念活动；

（七）进行新闻传播历史与现状的调查，及相关资料的收集、整理、保存；

（八）评选和奖励优秀新闻传播史研究成果；

（九）从新闻传播史角度，评选优秀传媒机构、优秀新闻传播作品和优秀新闻传播工作者；

（十）组织新闻传播史和相关学科的培训工作；

（十一）开展新闻传播史中外学术界交流活动；

（十二）会员通联、会费管理等日常会务工作；

（十三）其他符合学会章程的活动。

三、历史沿革

中国新闻史学会在我国著名新闻传播史学家方汉奇、宁树藩等的倡导下，于1989年4月3日获得国家民政部批准，并于1992年6月11日在北京正式成立。中国人民大学新闻学院教授方汉奇是第一、二届理事会会长，中国传媒大学教授赵玉明是第三届理事会会长，北京大学新闻与传播学院教授程曼丽是第四届理事会会长。

宁树藩、陈业劭、丁淦林、秦绍德、吴廷俊、尹韵公、蔡铭泽、陈敏毅、顾勇华等先后出任副会长。

现任会长——第五届理事会会长是清华大学新闻与传播学院教授陈昌凤，名誉会长为中国人民大学荣誉教授方汉奇、中国传媒大学教授赵玉明、北京大学教授程曼丽；副会长有丁俊杰、王润泽、刘家林、张昆、单波、赵振祥、黄瑚等人。学会秘书长为清华大学教授史安斌。

四、现状概述

目前，中国新闻史学会秘书处和新闻史志资料中心均设在清华大学新闻与传播学院。学会聘请有宁树藩、陈业劭、吴廷俊、秦绍德、尹韵公、陈敏毅、顾勇华等7位顾问，李金铨、李瞻、卓南生、郭振羽等4位名誉顾问，马艺、方晓红、王绿萍、白润生、石长顺、刘大保、乔云霞、刘亚、张之华、闵大洪、谷长岭、郑德金、胡太春、哈艳秋、姚福申、倪延年等16位特邀理事和李少南、彭家发等名誉理事，丁俊杰、万京华、王明华、王润泽、王晓梅、邓绍根、田中阳、孙有中、艾红红、史安斌、向芬、李文、李秀云、李建伟、李建新、刘家林、李润波、陈开和、陈先红、张昆、陈昌凤、陈建云、武宝瑞、陈信凌、张举玺、张红军、杜骏飞、杨海军、张晓锋、郑亚楠、单波、赵云泽、胡连利、赵丽芳、赵振祥、郭镇之、高其荣、殷俊、徐新平、曼叶平、商娜红、黄瑚、董广安、廖声武、樊亚平、潘岗、濮端华、董天策等48位常务理事。

2008年以来，学会先后成立了8个二级分会、2个教学研究基地。

8个二级分会是：中国新闻史学会新闻传播教育史研究委员会、中国新闻史学会外国新闻传播史研究委员会、中国新闻史学会网络传播史研究委员会、中国新闻史学会少数民族新闻传播史研究委员会、中国新闻史学会台湾与东南亚华文新闻传播史研究委员会、中国新闻史学会编辑出版史研究委员会、中国新闻史学会广告史与传媒经济研究委员会、中国新闻史学会公共关系史研究委员会。

2个教学研究基地是：世纪阅报馆、传媒教育实践基地。

中国新闻史学会会员分为团体会员、个人会员两种。团体会员主要由全国各高等院校的新闻传播院系，全国社科系统的新闻研究机构，中央和省级新闻单位的研究所（室）、史志办等专业研究部门组成。个人会员为从事新闻传播历史与现状教学研究的教、研人员。团体会员100余个，个人会员200余名。

五、成果概述

中国新闻史学会的成立，标志着中国新闻史研究进入到一个科学的、有序的、成熟的史学研究局面。在中国新闻史学会组织下，新闻史研究取得突破性发展。《中国新闻事业通史》三卷本编写工程，由24个部门的50位学者历时12年合作至1992年、1996年、1999年分别完成，是改革开放以来大陆新闻史研究的集大成之作。从1992年6月到1998年3月底，在各种报刊上公开发表的新闻史论文和文章，累计达1053篇，公开出版的新闻史专著，达88种。一大批新闻史专著获得国家级和省部级优秀科研成果奖，或高校优秀教材奖。新闻史研究成为新闻传播学研究的一个重要的方面军。2004—2014年十年间，新闻通史类专著与教材34部，个案史研究专著28部，断代史研究专著19部，地方新闻史研究专著26部，专门史研究专著41部；发表论文1300余篇；国家社科基金立项的新闻史类项目共计110余项，教育部人文社科项目立项的新闻史类项目共计84项。

学会以《新闻春秋》为品牌编印出版了多种专刊和论文集，学会的团体会员和个人会员取得了多项国家级重大科研成果，在全国高校、新闻学界、新闻传媒业界和社科界有较大的学术影响。

2014年新闻传播史研究热点突出体现在新闻传播研究角度多元发展，民国新闻史研究异军突起，口述历史成为新闻传播史研究新路径等方面，有学术影响力的创新观点精彩纷呈，特别是中国新闻史研究国际化成果可圈可点：

（1）方汉奇主编的《中国新闻事业通史》的英文版（10册）被引入众多国际大学图书馆，他主编的新闻史研究系列丛书在中国台湾已出版23册；

（2）郭镇之30年前在国际主流新闻传播学期刊上发表的学术论文“A Chronicle of Private Radio in Shanghai”被收入*Routledge*主编的文集；

（3）何扬鸣的论文“Hangzhou, the Origins of the World Press and Journalism”在SSCI期刊*Journalism Studies*上发表，挑战报刊印刷起源于德国之说，将宋代报纸历史的研究打向国际学术界。

六、交流与合作

中国新闻史学会自成立以来，举办过百余场全国性和国际性学术研讨会，其中在海内外成功举办过八届世界华文传媒与华夏文明传播国际学术研讨会。2004—2014年十年间，中国新闻史学会及其下属8个二级分会主办和联办的学术会议达70余次。2014年，中国新闻史学会先后召开了中国新闻史学会在京常务理事会、中国新闻史学会第四届理事会第六次常务理事会会议、“回归历史，探寻规律：民国新闻史的多视角研究”高层论坛、“广播电视史学：机遇与挑战”学术研讨会、中国新闻史学会2014年年会暨新闻传播专题史研究学术研讨会，以及各个二级分会年会，完成了学会组织机构的换届工作。

2010年来，中国新闻史学会与中国人民大学书报资料中心签订了战略合作协议，双方决定携手推进学会会刊《新闻春秋》纸刊的正式出版及数字刊的探索和实验，共同打造中国新闻史领域的权威学术期刊。自2011年起，《新闻春秋》以电子版及纸质版形式出版，并于2012年初获得CN刊号，由学会内部刊物转为公开出版的学术刊物。《新闻春秋》现已建立了专门的网站 http://xwcq.zlzx.org 以及网上投稿系统，并自2013年起每季度出刊，内容全文上网，读者可通过《新闻春秋》网站免费下载电子版全文。在中国记协名誉主席邵华泽的关心下，中国新闻史学会会刊《新闻春秋》已覆盖记协全体常务理事。目前《新闻春秋》主编为中国人民大学新闻学院教授王润泽。

撰稿：邓绍根（中国新闻史学会副秘书长）

中国新闻史学会网络传播史研究委员会概况

一、学会概况

中国新闻史学会网络传播史研究委员会简称“中国网络传播学会”（China New Media Communication Association，英文简称：CNMCA)，系经国家教育部、民政部批准的国家二级学会组织（隶属于中国新闻史学会)。

中国网络传播学会是目前国内新媒体领域唯一的全国性学术组织，同时亦是汇聚学界、业界、技术界资源最丰富的高端智库与研究系统。学会致力于开展学术交流，努力推进网络及新媒体传播学研究和实践在中国的发展。

学会所秉持的理念为：以网络及新媒体为核心议题，发展基础研究，面向应用研究，强调组织的代表性、话语的权威性、学科的开放性、成果的前瞻性，通过学科生长及知识分享来服务学者、回报社会。

学会以学术（科研）会员为主体，亦包括来自政府管理部门、传媒领域、技术领域的专业（职业）会员。会员的研究及兴趣领域分布在与互联网及新媒体相关的诸多不同学科。

学会的主要事业领域界定如下：

(1）遵照学会管理规程，积极发展会员，促进学科发展，服务社会各界。

(2）出版《学会通讯》，开办学会官方网站“中国网络传播研究网”，致力于学术沟通。

(3）每年举办“中国新媒体传播学年会”，举办各类跨学科专题的小型学术会议及笔谈活动，并推出各类前沿性主题论坛、促进学界与业界交流。

(4）定期出版《中国网络传播研究》学术集刊。

(5）面向专业需求和政策实态，基于科学方法、组织专项课题研究，提供政策咨询、学术咨询、业务咨询，推出专题研究报告。

(6）评选和推出优秀学术成果。

(7）培养、奖助优秀人才；培训在职高级专业人才；推荐优秀人才就职一流企业。

二、历史沿革

中国网络传播学会成立于 2008 年 11 月，由南京大学、清华大学、中国人民大学、华中科技大学、中国传媒大学、北京大学、复旦大学、暨南大学、厦门大学、武汉大学、上海大学、浙江大学等一批国内卓具学术声望的大学专业科研机构共同发起。

学会创会会长为南京大学新闻传播学院教授杜骏飞。2014 年底，为推进学会的深入发展，经会长提议，借鉴国际惯例，会长每届任期为两年，连任不得超过两届。重庆大学新闻学院教授董天策当选为新一任会长，并将从 2015 年 5 月开始履职。

截至 2014 年年底，中国网络传播学会个人会员 129 人，团体会员 85 个，与 2013 年相比，新增团体会员 10 个。

三、组织机构

1. 会员代表大会

会员代表大会是该学会的最高权力机构，其职权是：制定和修改章程；选举和罢免理事；审议理事会的工作报告和财务报告；决定终止事宜；决定其他重大事宜。会员代表大会每届最长期限为 4 年。

2. 常务理事会

常务理事会是学会主要议事和决策机构、是会员代表大会的执行机构，在闭会期间领导学会开展日常工作，对会员代表大会负责。常务理事会的职权是：执行会员代表大会的决议；选举和罢免会长（理事长）、副会长（副理事长）、秘书长；新增和罢免常务理事；筹备召开会员代表大会；向会员代表大会报告工作和财务状况；决定会员的吸收或除名；决定设立办事机构、分支机构、代表机构和实体机构；决定副秘书长、各机构主要负责人的聘任；领导学会各机构开展工作；制定内部管理制度；决定其他重大事项。常务理事会每届任期最长为 4 年。常务理事人数不超过理事总人数的 1/3。

3. 秘书处

秘书处在学会常务理事会的领导下负责日常工作。

四、学术活动

1. 成功举办 2014 年中国新媒体传播学年会

2014 年 12 月 5 日至 7 日，由网络传播史研究委员会主办、中国传媒大学新闻传播学部新闻学院承办的“2014 中国新媒体传播学年会”在中国传媒大学国际交流中心举行。年会主题为“断裂与重构 · 融合与创新：互联网思维的传播学逻辑”，来自全国各地高校、研究机构以及媒体等 260 位代表与会，是学会历年规模最大的一次学术盛会。

中国传媒大学新闻传播学部副学部长、新闻学院院长刘昶主持年会开幕式。网络传播史研究委员会会长杜骏飞、人民网副总编辑祝华新、国家互联网信息办公室互联网新闻研究中心副主任李建华、中国传媒大学副校长胡正荣分别在开幕式上致辞。

本届年会共设 8 个分论坛，代表们围绕社会化媒体研究、新兴媒体与文化、网络社会、媒体融合、新兴媒体管理、大数据与新闻报道、网络舆情研究和网络传播政治经济学研究等主题展开学术探讨，各分论坛讨论气氛热烈。

年会闭幕式由新闻学院副院长丁迈主持。中国新闻史学会会长陈昌凤在致闭幕辞时，高度评价此次学术盛会的成功。南京大学教授杜骏飞揭晓中国网络传播学会 2014 年度学术大奖及年会最佳论文：中国传媒大学教授王锡苓、上海交通大学教授邵国松的论文分获年度教师最佳论文奖，来自清华大学、中国传媒大学、复旦大学和上海体育学院等高校学生的论文分获年度学生最佳论文奖。

2. 积极参与公益传播事业，与国家新闻出版广电总局发展研究中心、广东广播电视台共同举办了首届公益新媒体发展论坛暨“红棉奖”公益视频大赛

网络传播史研究委员会与国家新闻出版广电总局发展研究中心、广东广播电视台共同举办首届公益新媒体发展论坛暨“红棉奖”公益视频大赛。学会在整个活动的推进中付出了艰辛的努力，学会副会长、清华大学教授金兼斌，学会副会长、重庆大学教授董天策，学会常务理事、华南理工大学教授苏宏元等屡次参加活动的

协调与推进工作。

3. 举办“超越媒介景观：文化，社会与互联网”国际学术会议

2014 年 6 月 7 日，由西南交通大学、中国新闻史学会网络传播史研究委员会、中国高校影视学会共同主办的以“超越媒介景观：文化，社会与互联网”为主题的传播学学术国际论坛在西南交通大学召开。学会副会长重庆大学教授董天策代表学会致辞并做了“网络民主视域中的网络集群行为研究”的主题报告。来自不同高校的众多研究者，分为六个分论坛，围绕社交媒体研究、新媒体与新闻产生、数字媒体与数字娱乐、网络社区与网络生活、媒介生态与公共关系以及网络舆论等六个不同的主题展开了广泛而深入的讨论和交流。

4. 推进学会国际化进程，并取得初步成效

网络传播史研究委员会一直以来都在不断推进学会工作的国际化，并在每年的理事会上集体讨论相关策略。中国网络传播学会副会长、清华大学教授金兼斌，中国网络传播学会副会长、浙江大学教授韦路应邀加入 SSCI 刊物 *Journalism and Mass Communication Quarterly*，并于 2015 年开始正式履职。这是中国网络传播学术界迈入国际学术界的一个标志，也充分说明和反映了中国网络传播学术研究的进步以及中国网络传播学会一直以来努力的结果。

5. 召开 2014 年度常务理事会议

2014 年 12 月 5 日，中国新闻史学会网络传播史研究委员会常务理事会在中国传媒大学召开，出席此次会议的代表共 19 人。会议讨论了以下相关议程：

（1）时任会长杜骏飞报告本年度工作，并对学会发展提出指导性意见。

（2）时任学会秘书长巢乃鹏向各位理事会成员报告秘书处工作及财务状况。

（3）时任副会长董天策报告 2015 年度重庆大学年会举办设想。经常务理事会集体讨论，自 2015 年开始，学会的年会提前至每年 5 月份左右举行。

（4）2014 年年会组委会主任刘昶报告了本次中国传媒大学年会组织的情况。

（5）本会专业工作委员会秘书长杨溟报告了 2014 年度专业工作委员会工作情况。

（6）所有常务理事集体讨论了 2016 年年会申办事宜。浙江大学提出申办请求，经常务理事会表决，2016 年新媒体传播学年会定于浙江大学举办。

（7）所有常务理事集体讨论了常务理事单位增补事宜。提出常务理事单位申请的有：兰州大学新闻传播学院。经常务理事会表决，兰州大学新闻传播学院当选常务理事单位。

（8）所有常务理事集体讨论了学会会长任期变更事宜。时任会长杜骏飞提出建议缩短学会会长任期，借鉴国际性学会组织惯例，让更多的学者能在学会发挥作用。经过常务理事会集体讨论，共同决定学会会长任期由现在的 4 年缩短为 2 年，并建议在 2015 年年初举行换届事宜。

6. 继续完善学会秘书处职能，推进学会日常工作

2014 年学会秘书处设立在南京大学新闻传播学院。秘书处在本年度的工作中，按照学会章程，推动会员发展工作、保持与上级学会的日常联系，主办相关学术会议和学术活动，协调 2014 年度新媒体年会组织工作，编辑发行 2014 年度学会通讯等。此外，秘书处在本年度下半年开始将学会网站整体搬移至秘书处所在的南京大学新闻传播学院并加以维护。

五、学术刊物

《中国网络传播研究》（*China Computer-Mediated Communication Studies*, CCCS）由南京大学新闻传播学院（School of Journalism &

Communication，SJC）、南京大学网络传播研究中心（Computer-Mediated Communication Research Centre，CMCRC）、中国网络传播学会（China Computer-Mediated Communication Association，CCCA）共同主办。

《中国网络传播研究》主要刊登与中国互联网、新媒体传播领域有关的高水平学术性论文，是目前国内唯一的以网络传播为主旨的学术研究刊物（集刊），旨在为研究中国网络传播的学者提供学术讨论的平台，倡导具有科学性和创新价值的传播研究，彰显网络传播研究对传播学的理论贡献，促进传播学者与其他学科的对话。

《中国网络传播研究》集刊正式列入2014—2015年度CSSCI集刊目录。

撰稿：曾润喜（中国新闻史学会网络传播史研究委员会）

中国新闻史学会外国新闻传播史研究委员会概况

一、学会概况

中国新闻史学会外国新闻传播史研究委员会（CAGC，以下简称“外新史会”）是由中国各高等院校、科研机构和媒体组织的单位和个人自愿结成的全国性学术团体，系非营利性社会组织。

外新史会经民政部批准，经各团体会员协商组建，于2008年11月8日正式成立，秘书机构设在清华大学新闻与传播学院，首任会长为郭镇之。

外新史会的宗旨是联络、团结全国研究中外新闻传播的专家学者，推动全球新闻传播研究，并促进外国新闻传播史教学的发展。作为社会团体，经民政部批准的外新史会业务范围包括：学术交流、国际合作、专业培训、书刊编辑、咨询服务。

外新史会的研究旨趣是包括中国和世界各国的全球新闻传播发展的历史与现状。外新史会的研究范围包括理论、事业、专业和实务的内容，将不局限于“历史”的研究，也包括“现状”的研究；不局限于“新闻”的研究，也包括“传播”的研究；不局限于“外国”的研究，也包括中国和“比较”的研究。总之，可研究的范围十分广阔。

作为具有全球视野和世界取向的学术研究团体，外新史会将比较注重与国外学者的交流与合作，以及与外国院校学术关系的建立。

二、机构设置

外国新闻传播史研究委员会设有常务理事会。

常务理事：陈昌凤（清华大学新闻与传播学院）、陈开和（北京大学新闻与传播学院）、郭镇之（清华大学新闻与传播学院）、黄星民（厦门大学新闻传播系）、辜晓进（深圳大学传播学院）、蒋建国（暨南大学新闻学院）、李磊（中国传媒大学电视与新闻学院）、马凌（复旦大学新闻学院）、钱江（人民日报新闻研究中心）、单波（武汉大学新闻与传播学院）、孙有中（北京外国语大学英语学院）、唐海江（华中科技大学新闻与信息传播学院）、文建（新华社新闻研究中心）、吴飞

（浙江大学新闻与传播学院）、殷俊（重庆工商大学长江传媒学院）、张咏华（上海大学影视学院）、赵永华（中国人民大学新闻学院）、胡翼青（南京大学新闻传播学院）、张举玺（河南大学新闻与传媒学院）。

会长：郭镇之。

副会长：陈昌凤、黄星民、蒋建国、李磊、马凌、单波、孙有中、吴飞、张咏、赵永华。

秘书长：陈昌凤。

三、学术活动

外新史会成立以来，主办、承办的学术研讨会、论坛、讲座、报告会等如下：

2008 年 11 月 8 日，外国新闻传播史研究委员会成立大会在清华大学新闻与传播学院举行。共有 40 余位理事单位会员出席了本次会议。会议通过了外新史会章程、选举产生了外新史会组织机构和相关负责人。

2009 年 8 月 23—28 日，由外新史会和清华大学新闻与传播学院联合举办“全国高校外国新闻传播史、全球新闻传媒教学与研究高级研修班”。来自外新史会 27 个会员单位及科研院所的专家、学者及部分研究生 40 人参加了内容丰富、形式多样的专题研讨。

2011 年 8 月 27 日，参加“第七届世界华文传媒与华夏文明传播国际学术研讨会”的外新史会部分常务理事和理事单位代表召开了协商会议，参会人员共 16 人。

2011 年 11 月 5 日，外新史会在山东威海举行了第二届理事大会，来自美国、俄罗斯、澳大利亚等国的外国学者和来自清华大学、北京大学、中国人民大学、中国传媒大学、武汉大学、华中科技大学、北京外国语大学、浙江大学、南京大学等高等院校新闻传播院系的代表，以及《人民日报》、新华社等新闻传媒单位的代表，中国社会科学院、北京社会科学院的中国学者 60 余人参加了论坛。

2012 年 8 月，外新史会年会暨“媒介文化与国际传播”国际学术论坛在南京举办，国内外 80 余位专家、学者与会。

2013 年 9 月 21 日，一年一度的外新史会年会暨学术研讨会在复旦大学举行，主题是“历史与异乡：外国新闻传播史的维度”。来自清华大学、复旦大学、中国人民大学、南京大学等全国各院校的学者，以及部分海外学者共 50 余人参加了会议。

2014 年 4 月 19—21 日，第四届全球媒介伦理圆桌会议（The Fourth Roundtable on Global Media Ethics）在清华大学召开，克里斯琴斯（Clifford G. Christians）等来自美国、南非、印度、加拿大的 5 位国际顶尖学者，外新史会会员等 30 位青年教师出席了会议。

2014 年 5 月 17 日，在清华大学举办“全媒体时代的危机传播与新闻发布”学术论坛。国内外 9 位新闻传播领域专家进行了主旨发言。来自外新史会会员单位等国内外的 60 余位专家学者及研究生参加了论坛。

2014 年 6 月 14 日，外新史会 2014 年年会暨学术研讨会在河南大学举行，研讨会主题是：“思考与呈现：中外新闻传播比较研究”。参加会议的有来自清华大学、中国人民大学、中国传媒大学、中国社科院新闻与传播研究所、新华社新闻研究所、北京外国语大学等全国 20 多个院所的学者近 40 人。

撰稿：李红霞（中国新闻史学会外国新闻传播史研究委员会秘书处）

中国高等教育学会新闻学与传播学专业委员会概况

一、历史沿革

中国高等教育学会新闻学与传播学专业委员会（原名：中国新闻教育学会）于1984年11月2日在北京成立。在学会成立当天，时任中共中央政治局委员胡乔木，中共中央书记处书记、中宣部部长邓力群在中南海接见了参加学会成立大会的全体代表。学会是首都七所高等院校新闻系（专业）根据1983年全国新闻教育工作座谈会的意见发起筹备的，全国30所高等院校新闻系（专业）的代表参加了此次会议。

历经近30年的成长与发展，学会共选举产生了七届理事会，理事单位从1984年的30个，增至目前的180多个；从最初主要以全国知名的新闻院、系及专业为主，到涵盖了包括综合性大学，师范、财经、政法、军事、外语类大学，以及民办大学在内的各类新闻院系和专业，不同类型的学校、不同的培养目标、不同的办学模式和不同的办学特色，使理事单位的构成更加全面而多样。学会也为促进中国新闻学与传播学的学科建设、教学改革、人才培养、学术研究等方面的沟通交流与提升发展，发挥了积极而显著的作用。

学会现任理事长单位为中国人民大学新闻学院。

二、主要活动

近年来，学会不失时机地开展活动，召开年会，进行专题研讨。

2008年北京奥运会前夕，西藏发生“3·14”事件，西方媒体集中对事件进行歪曲报道，对中国进行政治攻击。面对尖锐复杂的国际舆论局势，学会发表了《中国新闻学界致西方媒体的公开信》，以国际新闻界有所共识的职业道德准则和媒体社会责任为依据，对西方媒体违背真实、践踏公正的做法进行了严肃的分析。此公开信成为“3·14”事件中中国学界发表的唯一一份文本声明。新华社以中文和英文向世界播发，在国内外引起广泛影响。此举受到中国高等教育学会的表扬。

2012年9月15—16日，中国高等教育学会新闻学与传播学专业委员会第七届理事会第一次会议在河南大学举行，会上给老教师代表颁发了“中国新闻教育贡献人物”纪念牌。

2013年11月16—17日，中国高等教育学会新闻学与传播学专业委员会第七届理事会第二次会议在江苏师范大学举行。来自清华大学、中国人民大学、中国传媒大学、北京外国语大学等全国120多所高校的代表参加了会议。年会的主题为“寻求多元时代新闻教育的可行路径”。会上还和教育部新闻学与传播学教学指导委员会共同颁发了“全国新闻学与传播学教学创新项目”奖项。

2014年10月25日，中国高等教育学会新闻学与传播学专业委员会第七届理事会第三次会议在天津师范大学会议中心多功能厅召开。来自全国180余所高校新闻传媒类院系的教师代表近200

人参加了会议。会议的主题为"转型·融合·超越：新闻传播教育本土发展与国际视野"。

三、理事会组成

第七届理事会组成人员名单如下：

理事长：高钢。

副理事长：黄瑚、石义彬、高晓虹、张昆。

常务理事：支庭荣、李惠民、吴建、李岩、段京肃、商娜红、戴元光、陈昌凤、阎立峰、文然、吕艺、张金海、吴信训、高晓虹、郑保卫、喻国明、李建伟。

秘书长：周勇。

供稿：中国高等教育学会新闻学与传播学专业委员会

中国新闻文化促进会传播学分会概况

一、学会概述

中国新闻文化促进会传播学分会，简称"中国传播学会"（Communication Association of China，CAC）。

中国传播学会于2005年2月在北京成立。它是中国大陆第一家经中国社会科学院批准，在中华人民共和国民政部登记注册的全国性传播学学术团体，也是至今获得政府部门批准的全国性最高级别的传播研究学术团体。

2006年4月21日至24日，中国传播学会成立大会暨第九次全国传播学研讨会在河北大学召开，会议同时宣布中国传播学会正式成立。

中国传播学会遵守国家宪法、法律、法规和国家政策，在传播学研究以及跨学科领域积极开展学术活动。学会本着自愿入会原则，由国内高等院校新闻传播院系、国内新闻传播研究机构和新闻媒体等作为单位会员，高校新闻传播院系教师和新闻传播业界专业工作者等作为个人会员。

中国传播学会的常设机构是理事会和秘书处，大会领导机构是"会长联席会议"。第一任会长为明安香（2005—2006，时任中国社会科学院新闻与传播研究所传播学研究室主任），兼任秘书长，王怡红、杨瑞明、姜飞任副秘书长；第二任会长为尹韵公（2006—2014，时任中国社会科学院新闻与传播研究所所长），杨瑞明任秘书长。

2014年10月，中国传播学会三届一次理事会通过改选，由中国社会科学院新闻与传播研究所所长唐绪军任新一届会长，中国社会科学院新闻与传播研究所传播学研究室主任姜飞任秘书长。

二、主要活动

自成立之日起，中国传播学会致力于携手海内外传播学学者以及对传播学研究有兴趣的团体和个人，以推进中国传播学发展、回应社会实践中的理论和现实问题、推动中国的现代化建设和世界传播交流的健康发展为己任，努力担负起继往开来的学术拓展使命，适应当今中国传播学研究蓬勃发展的趋势，为中国传播学研究的本土化发展与共同学术理想的实现作出贡献。中国传播学会的成立更好地整合了国内学术资源和社会力量，为国内的科研力量创造交流和发展的新平台。

中国传播学会成立以来，先后组织和主办了2007中国传播学高端学术研讨会“传播学研究在中国：反思与展望”“世界华人传播学学术研讨会：西部与全球化”、中国首届文明论坛、第十届中国传播学大会、第十一届中国传播学大会以及第十二届中国传播学大会。特别支持和参与组织了“2007奥运与体育新闻传播史研讨会”、中国第二届文明论坛、中国首届人际传播论坛、中国首届组织传播论坛等全国性学术研讨会。

2014年10月27日，中国传播学会和中国社会科学院新闻与传播研究所在北京联合举办了第十二届中国传播学大会。大会以“传播与变革：新媒体，现代化”为主题，来自全国新闻传播研究机构、高校新闻传播院系以及媒体单位的近200人参加会议并进行研讨。全国政协委员、中国新闻文化促进会会长李东东，中国社会科学院秘书长、党组成员高翔出席大会并致辞。中国社会科学院新闻与传播研究所党委书记、副所长赵天晓主持了大会开幕式。①

三、人员组成

中国传播学会三届一次理事会通过了第三届中国传播学会会长、秘书长等人选，还通过了以下人选：

陈崇山、丁柏铨、龚文庠、关世杰、何道宽、林之达、刘建明、罗以澄、明安香、邱沛篁、邵培仁、吴廷俊、徐耀魁、熊澄宇等14人任终身荣誉理事。

白贵、卜卫、崔保国、戴元光、董天策、杜骏飞、郭庆光、顾理平、韩强、胡正荣、蒋晓丽、刘卫东、李本乾、陆绍阳、陆小华、孟建、芮必峰、商娜红、石义彬、吴予敏、吴信训、吴飞、周荣庭、张昆、张立伟、支庭荣、张志安、朱国圣等28人任副会长。

杜骏飞任理事长；蔡敏、陈力丹、陈卫星、陈昌凤、陈龙、程曼丽、段鹏、段京肃、丁俊杰、丁未、高晓虹、高钢、郭镇之、黄瑚、胡智锋、胡泳、胡河宁、胡翼青、黄星民、金兼斌、罗自文、吕尚彬、吕文凯、南长森、单波、单晓红、石磊、王怡红、吴建、项国雄、杨伯溆、杨立川、杨瑞明、严励、严功军、易剑东、张咏华、张国良、郑保卫等39人为常务理事；陈嬿如、韩彪、李永健、靖鸣、孙英春、夏文蓉、殷晓蓉等7人为理事。

供稿：中国传播学会秘书处

北京大学新闻学研究会概况

一、学会概述

北京大学新闻学研究会（Institute of Journalism，Peking University，简称IOJ）可追溯至1918年10月14日，是中国第一个新闻学研究团体，也是中国新闻教育的发端。但新闻学研究会在历史上存在时间不长，至1920年12月只有不到三年的时

① 第十二届中国传播学大会综述详见本书第768页。

间。2008 年 4 月 15 日，北京大学新闻学研究会正式恢复成立，并聘任首批 10 位海内外知名学者担任研究会导师。

二、学会历史

1918 年 10 月 14 日，北京大学新闻学研究会正式成立。由时任校长蔡元培亲自发起并担任会长，由留美归国的教授徐宝璜和著名记者邵飘萍任导师。徐、邵等利用星期日上午给会员讲课，传授新闻学知识。研究会活动持续了两年多的时间，却在中国近代史和新闻事业发展史上写下了浓墨重彩的一笔：北大新闻学研究会是中国第一个系统讲授并集体研究新闻学的学术团体，被公认为中国新闻学教育和新闻学研究的开端；研究会出版了中国第一本新闻学著作《新闻学》，创办了第一份新闻学期刊《新闻周刊》，这是当时中国唯一一份传播新闻学知识的报纸，也是中国最早采用横排式的报纸。这些开风气之先的创举也确立北京大学在中国近代新闻学教育和新闻学研究方面的特殊地位。

校长蔡元培为该研究会拟定了简章，规定其宗旨是“研究新闻学理，增长新闻经验，以谋新闻事业之发展”。研究的主要内容包括新闻的范围、选题、采访、编辑、通讯方法以及报社和通讯社的组织等。

章程如下：

（一）本会定名为北京大学新闻学研究会。

（二）本会以研究新闻学理、增长新闻经验、以谋求新闻事业之发展为宗旨。

（三）本会研究之重要项目暂定如下：

（甲）新闻学之根本知识。

（乙）新闻之采集。

（丙）新闻之编辑。

（丁）新闻之造题。

（戊）新闻之通信。

（己）新闻社与新闻通讯社之组织。

（庚）评论。

（辛）广告术。

（壬）实验新闻学。

（四）本会为增长会员新闻经验起见，应办事项如下：

（甲）日刊或周刊。

（乙）中外通信社。

以上两项当视本会会务发达之程度，然后举行之。

（五）本会隶属于北京大学，凡该校内外人均可入会为会员。

（六）本会设会长一人、副会长一人、导师若干、干事二人。

（甲）会长由校长任之，副会长由会员公推，本会导师一人兼任之，其职务均为维持会务，督促进行。

（乙）导师由会长聘请之。

（丙）干事办理会内一切事务，由会员互选充之。至文牍会计事务，由会长指定该校事务员一人任之。

（七）本会开会分为三种。

（甲）大会每年举行两次。改选职员于此时行之。

（乙）研究会每周举行两次，但得临时增加之。研究之方法，采讲授、联席二种形式。

（丙）临时会无定期。遇有特别事项发生时，由会长召集之。

（八）校内会员每人年纳会费现洋六元，校外会员年纳现洋十二元，分三期缴纳。既缴之费无论何种形式概不退还。

（九）研究满一年以上，由本会发给证书。

（十）本会会章有未尽善时，得于开大会时，提出修改之。（1919 年 2 月 10 日星期一）

一年后，新闻学研究会举行发给证书活动，纪事如下：

新闻学研究会第一次研究期满式，业于本月十六日下午八时，在文科事务室举行。首由干事曹杰君主席，报告开会理由，及一年中过去情形。次由会长蔡元培先生发给证书，并致训词，次由导师徐宝璜教授演说中国报纸之将来，后由会员李君吴植、黄君欣、陈君公博相继演说。陈君公博所说者为新闻记者之道德与我十年的经验。后略用茶点即散会。兹将蔡先生训词、及徐教授与陈君之演说词、并得证书者之名单，记录如下……：

……

（一）得证书者之名单

（甲）得听讲一年之证书者共二十三人。

陈公博　何邦瑞　谭檀棠　区声白　倪世积
谭鸣谦　黄　欣　严颂扬　翟俊千　张廷珍
曹　杰　杜近渭　徐思远　杨亮功　章韫诒
傅馥桂　温锡锐　缪金源　冯嗣贤　肖鸣籁
欧阳英　丘昭文　罗汝荣

（乙）得听讲半年之证书者共三十二人。

李吴祯　陈秉潮　徐恭兴　朱云光　姜绍谟
来焕文　马义述　杨立诚　易道尊　毛泽东
罗璈阶　钟希尹　常　惠　吴世音　王南邸
鲍　贞　韩荫翫　陈光普　朱存粹　华　超
朱如濡　舒启元　刘德泽　梁颖文　倪振华
杨兴栋　曲宗邦　尉士杰　黄　琴　吴宗屏
高尚德　陈　鹏

（该校纪事 1919 年 10 月 21 日 星期二）

三、学会复会

2008 年 4 月 15 日，北京大学新闻学研究会正式恢复成立，并聘任首批 10 位海内外知名学者担任研究会导师。仪式上，北京大学校长、北京大学新闻学研究会会长许智宏宣布北京大学新闻学研究会恢复成立，并与北京大学新闻与传播学院院长、北京大学新闻学研究会学术总顾问邵华泽一同为研究会揭牌。

恢复成立后的北京大学新闻学研究会组成人员情况如下：

会长：许智宏

学术总顾问：方汉奇、邵华泽、范敬宜

导师：宁树藩、丁淦林、赵玉明、吴廷俊、童兵、尹韵公、刘建明、陈力丹、李少南、卓南生

副会长：程郁缀、徐泓、赵为民、程曼丽、陈刚、吴廷俊、卓南生

秘书长：程曼丽（兼）

副秘书长：孙华

恢复成立后的北京大学新闻学研究会秉承历史传统，在开展新闻史论研究的同时，努力关照社会现实，以学术研究服务于新闻人才的培养。复会以来研究会连续举办了五届年会，主题分别为“纪念五四运动 90 周年暨五四时期新闻传播专题史研究学术研讨会”“东亚新闻学与新闻事业的回顾与反思学术研讨会”“新闻史论教育与研究面临的难题与困惑”“如何研究新闻史，如何弘扬学术精神？——以《新闻春秋》公开发行为契机”“新闻传播学的本土化与主体性的再思考”。

复会以来，研究会传承历史，连续举办了五届“全国新闻史论师资特训班”，截至 2013 年毕业学员达到 100 名。学员来自国内 3 个新闻机构、1 所海外大学和 64 所国内高校，包括北京大学、清华大学、中国人民大学、复旦大学、中国传媒大学、河南大学、河北大学、湖南大学、厦门大学、广西大学、西北大学、暨南大学、上海大学、华中科技大学等等。2011 年，特训班学员自行成立了同窗会，2012 年又成立了两湖分会。

复会以来，研究会举办“北大新闻学茶座”45 期。光临茶座的有来自美国、英国、加拿大、日本、新加坡以及中国香港、中国台湾、中国大陆的学者和业界人士。茶座讲座的部分内容刊登在《世界知识》《参考消息》《国际新闻界》《新闻春秋》《传媒时代》、新加坡《联合早报》等报刊上。

复会以来，研究会出版《北大新闻学通讯》12 期，并开设了专门的网站（网址为 http：//ioj. pku. edu. cn）和公共邮箱（iojpku@ gmail. com）。

在广泛开展学术交流活动的基础上，2013年7月，学会成员首次走出国门，与韩国言论学会联合举办有关两国媒介产业发展的研讨会，搭建起了中韩两国学者可持续交流的平台。

2013年11月9日，在国务院新闻办的支持下，北大新闻学研究会和新闻与传播学院联合举办了“十年再出发——中国新闻发布实践与创新论坛”，各部委十数位新闻发言人与会并围绕如何推动新闻发布制度建设等问题进行了探讨。人民网、中国网全程直播，《人民日报》《中国青年报》等作了大篇幅的报道。论坛文集《十年——新闻发言人面对面》2014年由清华大学出版社出版。

复会以来北大新闻学研究会开展的一系列学术活动，在海内外新闻传播学界产生了较大的影响，获得了广泛的认可。

供稿：北京大学新闻学研究会

第十篇
学术评奖

吴玉章人文社会科学奖获奖名录（新闻学科）

第十三届全国广播电视学术论文评选获奖论文名录

第七届（2014年）高等教育国家级教学成果奖获奖项目名录（新闻传播学）

第六届（2013年）高等学校科学研究优秀成果奖（人文社会科学·新闻学与传播学）获奖名录

第二十四届中国新闻奖获奖作品名录（新闻论文）

范敬宜新闻教育奖获奖名录

2013年第一届范敬宜新闻教育奖获奖者名单

2014年第二届范敬宜新闻教育奖获奖者名单

全国新闻传播学优秀论文遴选结果名录

第一届（2012年度）全国新闻传播学优秀论文遴选结果

附：推举治学佳作　归依学科规范

——第一届（2012年度）全国新闻传播学优秀论文遴选活动综述

第二届（2013年度）全国新闻传播学优秀论文遴选结果

附：擢学论之精华　撷术业之佳实

——第二届（2013年度）全国新闻传播学优秀论文遴选活动说明

吴玉章人文社会科学奖获奖名录（新闻学科）

1983年，中国人民大学为纪念无产阶级革命家、教育家、历史学家、语言文字学家、中国人民大学第一任校长吴玉章，决定设立吴玉章奖金。吴玉章奖金，是面向全国的人文社会科学奖，主要用于奖励国内有重大影响的优秀人文社会科学论著，旨在促进我国人文社会科学的发展和繁荣。

评奖学科包括马克思主义理论、教育学、历史学、语言文字学、新闻学、经济学和法学等学科。从1983年成立至今，吴玉章奖共颁发六届。从第五届开始，"吴玉章奖"更名为"吴玉章人文社会科学奖"。此外，吴玉章奖在中国人民大学特设吴玉章优秀教学奖和优秀科研奖，奖励教学和科研成绩卓著的中国人民大学教学、研究人员。

吴玉章奖金的基金来源包括：中国人民大学从学校基金中拨给专款；编辑出版吴玉章著作的稿费；吴玉章的学生、中国人民大学校友、社会知名人士和学者的捐赠款；有关企业、社会组织与学术、教育团体的捐赠款。

吴玉章奖金基金委员会由社会知名人士、有关专家和中国人民大学有关负责人组成，负责基金的筹集和管理工作。委员会设主任委员一人，副主任委员若干人。委员会聘请有关专家，组成若干学科评审组。如今，委员会的名誉主任有原国务院总理李鹏，原中共中央政治局常委宋平以及原中顾委委员、中国企业联合会名誉会长袁宝华，主任委员是中共中央政治局委员、国务院副总理马凯。

历届吴玉章人文社会科学奖获奖名录（新闻学科）如下。

第一届吴玉章奖获奖成果

奖励等级	获奖成果名称	作者	所在单位①	出版单位	出版时间
一等奖	中国近代报刊史(上下)	方汉奇	中国人民大学新闻系	山西人民出版社	1981.6
优秀奖	新闻采访方法论	艾　丰	人民日报	人民日报出版社	1982.5

第二届吴玉章奖获奖成果

奖励等级	获奖成果名称	作者	所在单位	出版单位	出版时间
一等奖	报纸编辑学	郑兴东	中国人民大学新闻系	中国人民大学出版社	1988.4
优秀奖	中国编辑史	姚福申	上海复旦大学新闻学院	复旦大学出版社	1990.1

① 所在单位为作者获奖时所在的工作单位。下同。

第三届吴玉章奖获奖成果

奖励等级	获奖成果名称	作者	所在单位	出版单位	出版时间
优秀奖	新记大公报史稿	吴廷俊	华中理工大学	武汉出版社	1994. 12
优秀奖	中国应用电视学	北京广播学院电视系	北京广播学院	北京师范大学出版社	1994

第四届吴玉章奖获奖成果

奖励等级	获奖成果名称	作者	所在单位	出版单位	出版时间
一等奖	中国新闻事业通史	方汉奇(主编)	中国人民大学	中国人民大学出版社	1999. 2
优秀奖	同研究生谈新闻评论	邵华泽	中国记协	人民日报出版社	1999. 4
优秀奖	新闻采访学(第二版)	蓝鸿文	中国人民大学	中国人民大学出版社	2000. 1
优秀奖	“蜜蜂华报”研究	程曼丽	中国人民大学	澳门基金会	1998. 11
优秀奖	报业经济与报业经营	唐绪军	中国社会科学院	新华出版社	1999. 3

第五届吴玉章人文社会科学奖获奖成果

奖励等级	获奖成果名称	作者	所在单位	出版单位	出版时间
一等奖	中国网络媒体的第一个十年	彭　兰	中国人民大学	清华大学出版社	2005. 7
一等奖	中国广播电视通史	赵玉明	中国传媒大学	北京广播学院出版社	2004. 1
优秀奖	中国共产党新闻思想史	郑保卫	中国人民大学	福建人民出版社	2004. 12
优秀奖	中国古代商业广告史	杨海军	河南大学	河南大学出版社	2005. 11
优秀奖	跨文化传播的后殖民语境	姜　飞	中国社会科学院	中国人民大学出版社	2005. 11
校内优秀教学奖		方汉奇			

第六届吴玉章人文社会科学奖获奖成果

奖励等级	获奖成果名称	作者	所在单位	出版单位	出版时间
一等奖	精神交往论:马克思恩格斯的传播观	陈力丹	中国人民大学	中国人民大学出版社	2013. 8
优秀奖	众声喧哗:网络时代的个人表达与公共讨论	胡　泳	北京大学	广西师范大学出版社	2008. 9
优秀奖	知情权的法律保障	林爱珺	暨南大学	复旦大学出版社	2010. 6
优秀奖	中国新闻史新修	吴廷俊	华中科技大学	复旦大学出版社	2008. 8
青年奖	北洋政府时期的新闻业及其现代化(1916—1928)	王润泽	中国人民大学	中国人民大学出版社	2010. 4

供稿：中国人民大学新闻学院

执笔：刘莹莹

第十三届全国广播电视学术论文评选获奖论文名录

编者：全国广播电视学术论文评选，是中国广播电影电视社会组织联合会组织的、代表全国广播电视理论研究最高水平的学术奖项。该奖项于1988年设立，每两年举行一次。2014年10月，第十三届全国广播电视学术论文评选结果揭晓，共评出获奖论文90篇。其中，一等奖23篇，二等奖29篇，三等奖38篇。

节目研究类

一等奖

1. “电视问政”实践中的几点思考（顾亦兵）
武汉市广电学会

2. 电视民生新闻：倔强生长的二十年（朱皓峰）
湖南省广电协会

3. 坚守、跨越、转变——转型期中的中国广播新闻（2012）（段鹏、叶珲）
中国传媒大学

4. 传媒介入司法领域的困惑与路径（黄海星）
中广联合会法制节目委员会

5. 从台湾受众“媒体接触”特性探析对台广播传播策略（温婷玉）
中广联合会对台港澳研委会

6. 言约意丰：播音主持创作准备阶段的美学追求（高国庆、马玉坤）
北京市广电学会

7. 试析央视少儿频道专业核心能力（张慧玲）
中央电视台学会

8. 《回家》：电视人的文化担当（冯晨）
吉林省广电协会

9. 文化传播：区县台的实践与启示——以长三角地区三家台为例（李学军）
中广联合会城市台上海经济区协作委员会

10. 浅谈史学观念的后现代化转向对口述式纪录片创作的影响（孙闯）
中广联合会信息资料委员会

二等奖

1. 不要让娱乐淹没了责任（吉琰丽）
新疆广电协会

2. 论政治意识是新闻敏感的助燃剂（姚宝山）
黑龙江省广电协会

3. 深度报道：扬传统媒体之优长（赵亚光、刘万松）
江苏省广电协会

4. 县市级电视媒体助推社会道德建设路径探析——以河北省沙河广播电视台《德化沙河》栏目为例（闫伟、刘建华）
中国电视艺术委员会

5. 电视节目创新的系统性与驱动力分析（邓文卿、郎劲松）
中国传媒大学

6. 广电媒体在突发事件中的应对策略——以中山沙溪聚集事件报道为例（王伟、陈晔、原煜海）
中广联合会中南学术研究基地

7. 新世纪少数民族题材电视剧纵览（杨洪涛）
中广联合会电视制片委员会

8. 浅议生活服务类电视节目的悬念设置（吴振国）
中广联合会生活节目委员会

9. 法制新闻——过度感官主义及其治理（林世国）
大连市广电协会

10. 探析电视节目模板的法律保护与合理利用（万彬） 广西广电协会

11. 广播新闻频率突围与再造十议（李利克）
湖北省广电协会
12. “如意鸟”创优现象探析——兼谈新时期区域广播精品创作策略（辛雪莉）
宁波市广电学会

三等奖

1. 雅俗交合的尝试和解悟——以《汉语桥》为例（陈征宇、麻敏）
湖南省广电协会
2. 民族地区广播品牌化建设探微——以内蒙古电台品牌化建设为例（樊晓峰、杨俊平）
内蒙古广电协会
3. 大数据时代的文化正能量——《汉字英雄》暑期热播现象（刘志峰）
河南省广电协会
4. 当代电视文艺的视觉接受与消费（王建华）
中广联合会广播电视文艺委员会
5. 电视娱乐传播的社会价值与社会责任（李林容）
中广联合会西部学术研究基地
6. 全媒体时代传统广播的创新策略（杨大勇）
大连市广电协会
7. 城市广电传媒：三网融合下的节目创新策略研究（曹钢）
四川省广电学会
8. 电视节目主持人应该怎样“说”（王勇）
云南省广电学会
9. 由《共赢之路》说起——浅议思辨性广播专题节目的创作规律（赵婷婷）
中广联合会对台港澳研委会
10. 一个城市电台的国际突围——黄帝故里拜祖大典国际大联播七年思考（付天喜）
中广联合会城市台委员会（广播新闻）
11. 传统电视媒体在新传播时代的创新与发展——以广东电视台为例（高崴）
广东省广电协会
12. 建设性舆论监督的新样本——解读《寻找可游泳的河》和《八婺问水》（金跃华）
浙江省广电学会
13. 广播电视语言存在的问题及其对策（齐格辉）
广州市广电学会
14. 从传播学角度解析真人秀节目特性（刘川郁）
重庆市广电协会
15. 非强势卫视破局之我见（张驰）
贵州省广电协会
16. 守正——少儿电视节目把握导向持续发展论（黄石惠）
厦门市广电学会

新媒体研究类

一等奖

1. 八问 OTT——OTT TV 对电视产业的影响和对策解析（黄升民、周艳、龙思薇）
中国传媒大学
2. 视听接收终端的融合发展以及对广电的影响分析（方德运）
总局发展研究中心
3. 手机用户音频节目收听行为实证研究（杨洋）
中央人民广播电台学会

二等奖

1. 基于互联网“关联”属性的网络文化建设路径探析（宫承波、田园）
中广联合会史学研委会
2. 利用新媒体　发展全媒体——关于央视体育频道全媒体传播策略的思考（江和平、田洪）
中央电视台学会
3. 论微博对媒体生态的影响（肖枞、吴林柯）
广东省广电协会
4. 践行与异化：对网络舆论及其民主实践的批判（刘君荣）
福建省广电协会

三等奖

1. 新媒体时代主流舆论场的电视化建构（徐强）

江苏省广电协会

2. 用户导向下的全媒体广告媒介变迁与建构（刘星河）

南京市广电学会

3. 忠实电视观众网络视频使用状况的调查（石永军、王卓、石永东、周莉）

湖北省广电协会

4. 利用微博强化广播功能（胡旭霞）

宁波市广电学会

5. 自媒体崛起带给我们的思考（孟保安、王庆忠、云翔）

中广联合会城市台委员会（电视新闻）

媒体经营研究类

一等奖

1. 精准与规模的兼得——论新媒体竞争环境下广播广告的精准和互动营销（周伟、赵东）

中央人民广播电台学会

2. 多屏互动时代的电视广告经营新视角——中国电视节目网络人气指数体系（IPI）应用价值解读（张树庭、吕艳丹）

中国传媒大学

二等奖

1. 我国3D电视发展现状、困境及对策探析（王甫、李其芳）

中广联合会电视学研委会

2. 中国有线电视运营商应对三网融合的发展思路（郭章鹏）

北京市广电协会

3. 中国电视运营“明星化”现象思考（任志宏）

山西省广电协会

三等奖

1. 全媒体生态中城市电视台价值链增值模式研究（王庆）

江西省广电协会

2. 由价值链到价值网：动漫产业的内生增长模型（高薇华）

中国传媒大学

3. 关于卫视频道广告营销的思考（宋莉荣）

河北省广电协会

4. “困局之下”我国电视媒体创新路径分析（李岭涛、王艳）

中广联合会电视学研委会

决策管理研究及其他类

一等奖

1. 中国国际传播的三重境界（王庚年）

中国国际广播电台学会

2. 广电传媒目标管理体系建设的路径探析与策略思考——以江苏省广播电视总台（集团）为例（李声）

江苏省广电协会

3. 论中国广播影视发展的转型升级（杨明品）

总局发展研究中心

4. 对台广播的传播瓶颈与突破路径（刘洪涛）

海峡之声广播电台学会

5. 大数据与现代视听传媒建构思考（吕岩梅）

总局发展研究中心

6. 新媒体背景下新闻职业道德建设（哈艳秋、齐亚宁）

中广联合会史学研委会

7. 广播节目交易中的版权问题研究（董启宏、刘春理、李明、王昆伦、吉梅洁）

中广联合会广播版权委员会

8. 网络新规背景下传统媒体的风险提示与应对——以中央电台为例解读《关于加强网络信息保护的决定》（周冲）

中央人民广播电台学会

二等奖

1. 媒介融合背景下广播电视品牌建设的问题与对策（庞井君、王雷）

总局发展研究中心

2. 语言传播主体影响力的评估与管理（张政法）

中国传媒大学

3. 对西部电视理论研究现象的观察与辨析（朱天、李晓、王楠楠）

中广联合会西部学术研究基地

4. “冰”“水”之间：寻找新闻广播“全要素”动态管理的和谐基点（林焙煌、陈修勇）

福建省广电协会

5. 传媒与执政党的互动关系探析（李舒）

中广联合会高校传媒研究基地

6. 从“广播”到“宽带”——媒介融合时代电视新闻生产的流程再造（周亭）

中广联合会高校传媒研究基地

7. 广播节目著作权的技术保护研究（刘振宇、范焱、王祎、方媛、张泽裕）

中广联合会广播版权委员会

8. 论我国媒体在西方传播阵地的战略布局（韩春苗）

中国国际广播电台学会

9. 两岸新形势下的对台广播策略思考（王佩瑶）

海峡之声广播电台学会

10. 双语传播——兼论我国少数民族卫视语言制播标准的构想（韩鸿、柳耀辉）

四川省广电学会

三等奖

1. 转型升级做“广”播（曾少华）

广东省广电协会

2. 对外传播中的“二级传播”策略——以中央电视台为例（李宇）

中广联合会对外宣传委员会

3. 2012年全国电视观众抽样调查分析报告（徐辉、王京）

中广联合会受众研委会（电视）

4. 在观众言行割裂的背后——人格心理学透视下的“叫好”与“叫座”奥秘（曾学远）

江西省广电协会

5. 我国当前影视学研究热点分析——基于国家社科基金立项项目（2009—2012）（石磊、田大菊、谢婉若）

四川省广电学会

6. 论媒介融合时代广播电视法律制度的几个基本问题（李丹林）

中国传媒大学

7. “韩剧”的制播机制与叙事文化探析（邹亮亮）

吉林省广电协会

8. 2012年全国电视观众网络收视调研报告（赵霞、徐瑞青）

中广联合会受众研委会（电视）

9. 碎片化趋势下电视新闻的差异化诉求（马正军）

广西广电协会

10. 中央电视台春晚“走出去”策略建议（周冠宇）

中广联合会广播电视文艺委员会（电视）

11. 电视广告的和谐传播（刘全亮）

河南省广电协会

12. 广电体制改革后市级广电学会如何“有为才有位”（张志军、杨力科、袁海芳）

河北省广电协会

13. 对进一步提高西藏广播核心竞争力的思考（张先群、王清江）

西藏广电协会

来源：国家新闻出版广电总局网站

第七届（2014年）高等教育国家级教学成果奖获奖项目名录（新闻传播学）

1988年4月，国家教委发出《关于加强普通高等学校本科教育工作的意见》。《意见》提出了加强普通高等学校本科教学工作的10条措施。明确1989年召开全国高等学校教学工作奖励大会，以后每四年进行一次。自此，国家教委确立了每四年一次的普通高等学校国家级教学成果奖励制度。

目前已举办7届，分别在1989年、1993年、1997年、2001年、2005年、2009年和2014年。奖励等级分为特等奖、一等奖、二等奖三个等级，授予相应的证书和奖金。

第七届（2014年）高等教育国家级教学成果奖
获奖项目（新闻传播学）

特等奖、一等奖(空缺)			
二等奖(5项)			
序号	成果名称	完成单位	完成人
1	国际新闻传播人才培养模式研究与实践创新	中国传媒大学	高晓虹、王晓红、胡芳、孙振虎、赵希婧
2	依托“部校共建”机制，培养媒介融合时代新闻传播人才	复旦大学	黄瑚、程士安、张涛甫、吕新雨、廖圣清、宋超、黄芝晓、赵凯、杨敏
3	制度化推进实践教学与新闻传播人才培养创新	武汉大学	强月新、罗以澄、周茂君、刘建明、洪杰文、叶晓华
4	《电影导演创作》课程体系建设与教学模式改革	北京电影学院	田壮壮
5	传媒类艺术人才培养模式的探索与实践	中国传媒大学	张育华、贾秀清、张济荣、夏丹

来源：教育部网站

第六届（2013年）高等学校科学研究优秀成果奖（人文社会科学·新闻学与传播学）获奖名录

为表彰和鼓励在高校哲学社会科学研究中作出突出贡献的研究人员，原国家教育委员会于1995年启动了高校人文社科优秀成果奖励计划，共举办了四届评奖活动，取得显著成效，产生了良好的社会影响。2008年，经国务院批准，教育部“高等学校科学技术奖”与“中国高校人文社会科学优秀成果奖”合并为“高等学校科学研究优秀成果奖”。2009年，教育部社会科学司启动评奖工作，颁布了《高等学校科学研究优秀成果奖（人文社会科学）奖励办法》（教社科［2009］1号），将奖励名称正式规范为“高等学校科学研究优秀成果奖（人文社会科学）”。

高等学校科学研究优秀成果奖（人文社会科学）是教育部的重要奖项，也是目前国内人文社科类中最高级别的科研奖项，包括高等学校科学研究优秀成果著作奖、优秀成果论文奖、优秀成果研究报告奖和优秀成果普及奖。根据奖励办法的规定，高等学校科学研究优秀成果奖（人文社会科学）每三年评选一次。

2013年3月22日，教育部公布了第六届高等学校科学研究优秀成果奖（人文社会科学）获奖成果名单，20项新闻学与传播学成果获奖，其中，一等奖1项，二等奖5项，三等奖14项。

一等奖（1项）

精神交往论——马克思恩格斯的传播观	著作奖	中国人民大学出版社	2008年7月	陈力丹著

二等奖（5项）

新中国新闻传播60年长编(1949—2009)	著作奖	暨南大学出版社	2010年10月	刘家林著
执政党与大众传媒——基于党的执政能力建设的研究	著作奖	江苏人民出版社	2010年10月	丁柏铨等著
中国报刊法制发展史(5卷本)	著作奖	中国政法大学出版社	2010年11月	倪延年著
分散与融合——数字报业研究	著作奖	中国社会科学出版社	2010年7月	石磊著
中国近代报刊史探索	著作奖	合肥工业大学出版社	2010年12月	王天根著

三等奖（14项）

媒介经济与中国经济	著作奖	上海交通大学出版社	2010年4月	李本乾等著
当代中国少数民族新闻事业调查报告	研究报告奖	中国人类学民族学研究会采纳	2010年12月	白润生、周德仓、崔相哲、阿斯买·尼亚孜、黎明洁、王志敏
火塘·教堂·电视——一个少数民族社区的社会传播网络研究	著作奖	光明日报出版社	2008年11月	吴飞著
传媒与文化——文化视角下的传媒研究	著作奖	华夏出版社	2008年6月	蒋晓丽、石磊著
中国电视内容产业建设发展研究	著作奖	新华出版社	2010年9月	彭祝斌等著
新闻道德论	著作奖	中国人民大学出版社	2010年5月	杨保军著
理性与传媒发展	著作奖	上海三联书店	2009年4月	柯泽著

续表

跨文化传播的问题与可能性	著作奖	武汉大学出版社	2010年6月	单波著
中国社会舆情年度报告(2010)	研究报告奖	人民日报出版社	2010年4月	喻国明等
群体性事件:信息传播与政府应对	著作奖	中国书籍出版社	2010年8月	曾庆香、李蔚著
文化与经济的博弈:出版经济学理论研究	著作奖	中国社会科学出版社	2009年2月	吴赟著
广东报业竞争三十年	著作奖	暨南大学出版社	2008年12月	林如鹏著
媒介地理学:媒介作为文化图景的研究	著作奖	中国传媒大学出版社	2010年9月	邵培仁、杨丽萍著
Dragon能否表示龙——对民族象征物跨文化传播的试验性研究	论文奖	《中国社会科学》	2008年第1期	葛岩、秦裕林

来源：教育部网站

第二十四届中国新闻奖获奖作品名录
（新闻论文）

中国新闻奖是经中央宣传部批准的全国性年度优秀新闻作品最高奖，由中华全国新闻工作者协会主办，中国新闻奖创办于1990年，每年评选一次。1997年，中国新闻奖增设了新闻论文评选项目，原定每两年单独组织评选一次。2014年10月19日，第二十四届中国新闻奖揭晓，20件新闻论文作品获奖，其中一等奖2件，二等奖7件，三等奖11件。

奖次	题目	作者(主创人员)	编辑	刊播单位	报送单位
一等奖	报纸副刊:价值引领与文化担当	刘玉琴	刘　琼	人民日报	报纸副刊研究会
	以“真、新、实”塑造党报新文风	周跃敏	李嘉卓	新闻与写作	江苏记协
二等奖	当前新闻文风存在问题及改进对策	集体	梁益畅	中国记者	新华社
	对《新快报》风波的反思	王　慧	王文娟	今传媒	中国日报
	是粘合还是撕裂社会？——《南方周末》“唐慧案”报道引发的思考	刘　鹏　江海伦		新闻记者	上海记协
	央视新闻:台网融合的新媒体先锋	梁建增	李嘉卓	新闻与写作	中国广播电视协会
	新闻评论中数据的运用及分析	刘文宁	冷　梅	新闻战线	专业报初评委员会
	零距离,从物理空间到情感心灵	高顺青　任晓润	吴长伟	中国记者	江苏记协
	春节报纸版面“中国元素”的拓展与新视觉体验	马　煊	翟铮璇	中国记者	自荐

续表

奖次	题目	作者（主创人员）	编辑	刊播单位	报送单位
三等奖	多元舆论下党报评论如何传播“正能量”	毛晓刚	李　蕾	新闻与写作	北京记协
	全媒体生态中党报副刊的突围策略	祝芸生　柳易江	陈国权	中国记者	江西记协
	在“消亡论”与“繁荣论”之间求索——广西日报传媒集团报业转型的实践与思考	李启瑞　甘　毅	陈　芳	中国记者	广西记协
	“四个转变”促发展提升媒体影响力	何东平	顾祥胜	中直党建	光明日报
	21世纪的战地记者与公共外交	许丽花	吕怡然	新闻记者	上海记协
	对“全媒体”再造时代的冷思考	徐爱龙	武艳珍	新闻战线	甘肃记协
	强化大局观民生观　提升关注度表现力——四川日报一版的改进创新	罗晓岗	娄汝壮	新闻界	四川记协
	4G技术背景下报业移动新媒体转型	刘先根	邓　瑜	新闻战线	湖南记协
	重大政治主题通俗化宣传探析	王宏林	朱金平	军事记者	总政宣传局
	论传统媒体的正能量传递	郭长江	刘园丁	中国广播	中国广播电视协会
	速度的较力　现场的分量	姜　木（王红芯　叶　梅）	杨芳秀	新闻战线	四川记协

供稿：中国记协

范敬宜新闻教育奖获奖名录

范敬宜是我国声誉卓著的新闻工作者和卓有建树的新闻教育家，曾任《人民日报》《经济日报》总编辑。范敬宜一直关注和支持新闻教育事业发展，曾担任多所大学和研究机构的新闻学客座教授。从2002年至2010年11月去世前，担任清华大学新闻与传播学院院长。他大力倡导“面向主流、培养高手”的人才培养理念，重视新闻人的文化素养，影响和造就了一大批风华正茂的新闻后备军，为中国新闻教育事业留下了宝贵财富。

为继承和发扬范敬宜的新闻教育思想，激励新闻人以范敬宜为楷模，为中国新闻事业发展贡献力量，由人民日报社、经济日报社、国家外文局、辽宁日报传媒集团、大众报业集团、海南日报报业集团和清华大学新闻与传播学院共同发起倡议设立“范敬宜新闻教育基金”。基金设立还得到了范敬宜亲属和清华校友赵伟国先生的大力支持。

“范敬宜新闻教育奖”由“范敬宜新闻教育基金”设立，是我国第一个新闻教育类奖项，设新闻学子奖、新闻教育良师奖和新闻教育良友奖三个奖项，分别奖励有志于从事新闻传播事业的成绩突出的学生、在新闻传播教育领域取得突出成绩的教师以及热心新闻传播教育的新闻业界人士。

评奖活动面向全国，每年进行一次，采用单位推荐与个人申请相结合的方式产生候选人，邀请各传媒单位、新闻院校的资深专家及学者组成评选委员会进行评选工作。希望通过评奖，激励更多青年学生热爱新闻工作，投身新闻事业；鼓励更多教师在新闻教育战线上辛勤耕耘，培育人才；推动更多的新闻业界人士关心新闻教育，指导新闻学子成长。

清华大学新闻与传播学院于2013年设立"范敬宜新闻教育奖组委会办公室"负责奖项的联络、组织、发布、表彰等具体工作。

2013年第一届范敬宜新闻教育奖获奖者名单

（按姓名音序排列）

新闻学子奖

卞德龙　男　本科生　武汉大学新闻与传播学院
胡雅婷　女　硕士研究生　中国人民大学新闻学院
梁建强　男　硕士研究生　华中科技大学新闻与信息传播学院
王　悦　男　硕士研究生　暨南大学新闻与传播学院
吴红毓然　女　硕士研究生　北京大学新闻与传播学院
吴雪峰　男　本科生　华中农业大学武汉大学新闻学院双学位
杨俊峰　男　本科生　中国传媒大学电视与新闻学院
张　晔　女　本科生　清华大学新闻与传播学院

新闻教育良师奖

方汉奇　男　教授　中国人民大学新闻学院
司久岳　男　教授　清华大学新闻与传播学院

新闻教育良友奖

白岩松　男　高级编辑　中央电视台

2014年第二届范敬宜新闻教育奖获奖者名单

（按姓名音序排列）

新闻学子奖

李一帆　男　硕士研究生　上海外国语大学研究生部新闻学专业
刘莲莲　女　博士研究生　武汉大学新闻与传播学院
万　里　男　硕士研究生　中国人民大学新闻学院
王庆峰　男　硕士研究生　暨南大学新闻与传播学院
熊少翀　男　硕士研究生　华中科技大学新闻与信息传播学院
许　达　男　已毕业　中国传媒大学新闻传播学部电视学院
杨　洁　女　硕士研究生　清华大学新闻与传播学院
张思涵　女　本科生　清华大学新闻与传播学院

新闻教育良师奖

李　彬	男	教授	清华大学新闻与传播学院
宁树藩	男	教授	复旦大学新闻学院
涂光晋	女	教授	中国人民大学新闻学院

新闻教育良友奖

刘万永	男	高级记者	中国青年报社

供稿：清华大学新闻与传播学院

全国新闻传播学优秀论文遴选结果名录

第一届（2012 年度）全国新闻传播学优秀论文遴选结果

2013 年 10 月，中国社会科学院新闻与传播研究所举办了第一届（2012 年度）全国新闻传播学优秀论文遴选活动，选出优秀论文 12 篇。

学术类（10 篇）

耳目喉舌：旧知识与新交往——基于戊戌变法前后报刊的考察　　黄　旦

原载《学术月刊》2012 年第 11 期

遴选意见：

《耳目喉舌：旧知识与新交往——基于戊戌变法前后报刊的考察》一文，以华夏特色的"耳目喉舌"隐喻为拆解线索，对清末变局中支撑国人兴办现代报刊的理念及制度基础进行了深入的考辨。作者调用了丰富的中外学术资源，颇具力度地分析了晚清中国现代报刊所承载的新旧交接的历史特性，并对这一方向的研究援用"公共领域""专业主义"等域外成说有所辨误与点醒。该文引证绵密，文笔融雅，文字筋道，是一篇值得而且需要慢阅读的新闻史论佳作。

媒介使用、媒介评价、社会交往与中国社会思潮的三种意见趋势　　陆　晔

原载《新闻大学》2012 年第 6 期

遴选意见：

《媒介使用、媒介评价、社会交往与中国社会思潮的三种意见趋势》一文，关注社会发展与社会思潮，并将其与传播学研究联系起来，提出了具有重要理论意义和重大现实意义的研究问题，即在公共知识分子中存在的自由主义、文化保守主义和新左派之争，是否也存在于民众之中？如果存在，其思潮与人口特征、社会交往、传统媒介使用、互联网使用以及媒介可信度评价的关系是什么？这一研究问题的提出具有开创性。从方法上来说，本文是一项严谨的经验研究的成果，值得后来者借鉴。

中国传媒经济研究的"学术地图"——基于共引分析方法的研究探索

喻国明　宋美杰

原载《现代传播》2012 年第 2 期

遴选意见：

中国的传媒经济研究起步虽晚但发展

很快，众多学术背景不同的研究者满怀着开拓的热情投身于这一研究领域，贡献出了他们异彩纷呈的智慧。但是，这一研究领域到底都有哪些学者，关注了哪些问题，取得了哪些研究成果？说得清楚的人并不多见。《中国传媒经济研究的“学术地图”——基于共引分析方法的研究探索》一文以范式理论为框架、采用共引分析的方法，首次尝试着给出了答案，为后来者编制出了一份指引良多的“学术地图”，功莫大焉。

网络意见领袖社区的构成、联动及其政策影响：以微博为例　曾繁旭　黄广生

原载《开放时代》2012 年第 4 期

遴选意见：

《网络意见领袖社区的构成、联动及其政策影响：以微博为例》一文运用社会学的研究范式，综合运用社区传播、舆论研究、意见领袖、新兴媒体等传播学专业核心概念，以具有重大社会影响的“宜黄拆迁”事件为个案，研究公共议题中网络舆论领袖及其圈层的不同信息传播角色。该论文超越一般意义上的技术决定论视角，将具体的社会群体和情景脉络纳入研究视野，客观呈现了网络意见领袖社区对转型期中国的公共议题形成、底层民意表达以及政策变迁的重大影响。这是一篇逻辑严谨、写作规范、具有较高学术和社会价值的论文。

网络人际传播中印象形成机制的实证研究　张　放

原载《新闻与传播研究》2012 年第 3 期

遴选意见：

《网络人际传播中印象形成机制的实验研究》一文，严谨、规范地呈现了一例以实验方法探索网络人际传播中印象形成机制的研究成果。研究者在分析、咨鉴同领域既有理论的基础上，适切地确定了研究问题、理论和实验假设、实验设计、变量的操作性定义等关键要素，其研究论文对实验的操作过程及其结果的阐述清晰、紧凑、完整，与之接续的解释与讨论全面而深入。全文体现了一种良好的实证科研品质，是国内这一方向产出的出色的基础应用研究之作。

从“大众门户”到“个人门户”——网络传播模式的关键变革　彭　兰

原载《国际新闻界》2012 年第 10 期

遴选意见：

《从“大众门户”到“个人门户”——网络传播模式的关键变革》一文系统梳理了网络传播模式由“大众门户”到“个人门户”演变的过程及其特征。信息传播技术的日新月异，推动着基于互联网的传播形态加速更新换代。研究者必须从急剧的变化中见微知著、探究出变化背后的规律性。本论文即此种探究的一次有价值的尝试。论文重点分析了“个人门户”传播模式兴起的技术条件、传播特点、对新闻生产与消费以及对社会关系和社会结构带来的影响，视角独到，归纳精当，极具启发性。

“触媒”时代受众自治的“纸媒”社会化媒体特征　童清艳　钮鸣鸣

原载《新闻与传播研究》2012 年第 5 期

遴选意见：

《“触媒”时代受众自治的“纸媒”社会化媒体特征》一文，综合规范地运用了文本分析、控制实验、深度访谈等研究方法，揭示了新媒体时代传统媒体由“纸媒”到“触媒”、传统受者由单纯的受者到传受一体的“华丽转身”背后隐匿的传播特征，勾勒出了传统媒体向 iPhone 触媒内容转换和融合的有效路径。论文让不同研究方法得出的结论相互印证，堪为实证研究的样本。

我们需要什么样的网络意见领袖？　胡　泳

原载《新闻记者》2012 年第 9 期

遴选意见：

《我们需要什么样的网络意见领袖》

一文，立足于多层面的概念考察与理论检视，证实了意见领袖作为公众议题的代言人和民意表达者的合法存在，提升了人们对意见领袖作为新思想阶层的经验期许。如果意见领袖缺少论辩伦理和对话交往伦理的内在武装，那么这样的人就等于卸掉精神的盔甲，徒具形骸。在今天无处不在的网联时代，人们需要什么样品质的意见领袖？本文作者是为数不多的知情者。

公众眼中的广播电视公共服务：现状评价及未来期待 夏倩芳 王艳

原载《现代传播》2012 年第 10 期

遴选意见：

《公众眼中的广播电视公共服务：现状评价及未来期待》一文采取问卷调查方法，了解我国公众如何评价目前广电媒体在公共服务方面的表现，以及他们对如何改善公共服务状况的期待，为我国广电媒体改进公共服务提供了实证支持。论文以当下正在做的事情为中心，紧密结合本土实际做学问，体现出学术接地气的特征。将庙堂之高与江湖之远有机结合，不仅有直接的借鉴作用，而且对新闻传播学的对策研究亦有积极的启示。

对一场关于微博说理功能的论争的分析 马少华

原载《国际新闻界》2012 年第 12 期

遴选意见：

《对一场关于微博说理功能的论争的分析》一文，敏锐地捕捉到一种新的媒介文本及其公共表达所引发的"说理功能"之辩，作者精简地梳理了各方的争议线索，提炼出其中隐而未彰的切要问题，为传理研究开示了新的治学空间和知识增长点。该篇论文的议题富含广谱的跨学科通识元素，其行文简而不薄，辩而不华，是一篇富有新意趣的应用传播研究思辨之作。

行业类（2 篇）

深度报道生产方式的新变化——深度报道记者 QQ 群初探 鞠靖

原载《新闻记者》2012 年第 1 期

遴选意见：

《深度报道生产方式的新变化——深度报道记者 QQ 群初探》一文以深度报道记者的 QQ 群为研究对象，探讨了这一交流形式的发端、功能与作用机理。作者对深度报道这一传统文体在网络时代的生产特点作了比较到位的探讨，力图揭示记者从工具理性到人文理性转变的内在联系。论文提出的深度报道记者 QQ 群直接影响了深度报道的生产方式等观点，赋予了深度报道研究以新视角和新方法，为新闻学的个案研究提供了一个鲜活的标本。

节目测评标准的效用与局限 吴叔平

原载《中国广播电视学刊》2012 年第 4 期

遴选意见：

《节目测评标准的效用与局限》一文基于作者多年的电视节目评估操作实务经验，引入了"交易成本"的概念，展示了节目测评的互补与均衡关系，勾画出媒体供需均衡的坐标，给电视节目测评标尺的完善提供了内外部制度创新的建设性意见。论文中，每一个公式的导出、每一个图标的诞生都来源于电视节目评估的生产实践，是"实践出真知"的生动注解。

附：

推举治学佳作　归依学科规范

——第一届（2012年度）全国新闻传播学优秀论文遴选活动综述

我们正处在中国哲学社会科学活跃发展的新时期。作为哲学社会科学的一个分支学科，新闻传播学虽然年轻，但却生机勃勃，互联网、新媒体的勃兴和转型期社会交流的巨大需求，前所未有地激荡着新闻传播学的问题意识、专业思想和理论构建。

2013年，中国社会科学院新闻与传播研究所作为试点单位加入了中国社会科学院实施的“哲学社会科学创新工程”。作为国家级的新闻传播研究机构，我们力求在创新工程的进展中完善新闻传播学科研究成果的评价机制，在提高学术质量方面有所担当和推动。

为此，我们尝试从最基础的工作入手，从每年发表的众多新闻传播学论文中遴选若干高水准的佳作，以之反映该年度国内新闻传播学术研究的新进展，为学界提供可资借鉴的学术样本。坚持经年之后，最终逐步探索建立起广有共识的本学科学术成果评价机制。

本着这一初衷，我们以《中国新闻年鉴》为载体，开展了全国新闻传播学2012年度优秀论文遴选活动。

一、论文采集

本次年度优秀论文遴选活动的论文采集以征集和搜集两种方式进行。

在活动先期，我们通过专业期刊和新闻媒体向全国新闻传播学界发出征集启事，欢迎专业期刊编辑部举荐、专家学者推荐、论文作者自荐。通过这种方式，共获得论文120多篇，效果不甚理想。

经检讨，我们商请中国社会科学院调查与数据信息中心利用他们承建的国家哲学社会科学学术期刊数据库作为论文的搜集来源。中国社会科学院调查与数据信息中心为此次论文遴选活动提供了2012年国内公开发表的新闻传播学文章26400篇。

从一定意义上说，本次新闻传播学优秀论文的遴选是一次海选，遴选的对象是2012年国内公开发表的本专业的所有论文。

二、遴选标准

既然要遴选出优秀论文，总得有个标准。或者说，需要明确，什么样的新闻传播学论文能称得上是好论文？我们认为，在学须言学。在坚持正确的政治方向的大前提下，学术价值是遴选优秀论文的最高标准。

鉴于本次优秀论文的遴选是第一次，我们还拿不出自己一套成型的标准来衡量学术论文的学术价值，因此，我们借鉴了国家社科基金正在使用的《社会科学成果评估指标体系》。以这套评估指标体系为基础，结合新闻传播学科的特点，采取质化评价和量化评价相结合的遴选办法。在这个遴选办法中，论文的科学性、学术价值和社会价值是核心评价指标，论文的完备程度和难易程度是辅助评价指标。

由于学术论文的社会评价具有较长的周期性，而本次遴选的论文为2012年度发表的论文，年末发表的论文和年初发表的论文在转载率、被引率等文献计量指标方面缺乏可比性，因此，此次遴选只将论文的转载率、被引率作为参考指标；此外，论文是否被《新华文摘》《中国社会科学文摘》《高等学校文科学术文摘》和中国人民大学“复印报刊资料”的《新闻与传播》所转载，也作为遴选的另一项参考指标。

三、遴选程序

本次优秀论文的遴选过程分为四个步骤。

第一个步骤，由新闻与传播研究所组织本所学术委员会委员、具有正高职称的研究人员、研究室主任等科研人员从 2 万多篇合规论文（含期刊编辑部推荐、作者自荐的论文）中初选出近 600 篇质量较高的候选论文。

第二个步骤，组委会责成新闻与传播研究所编辑室根据学术标准，对初选出的近 600 篇候选论文从同一学科、同一选题、同一载体、同一作者、转载情况等多个角度进行分类、斟酌、比较，最终筛选出 60 篇入围论文。其中，学术类论文 45 篇，行业类论文 15 篇。

第三个步骤，新闻与传播研究所学术委员会委员在通读全部入围论文的基础上，各自根据统一的评分表给入围论文逐一打分排名。

第四个步骤，所学术委员会召开专门会议，在尊重打分排名的前提下，经过充分讨论和评议，最终确定优秀论文入选名单。

需要说明的是，在年初征集论文时，曾经设想在全国组建一个匿名通讯评审专家团，对入围论文进行通讯评审，并且终审委员会也应该是由来自全国的本学科专家学者组成。但是，实际操作时遇到了许多不可克服的困难。为此，我们调整了方案，决定本次优秀论文遴选的终审工作由中国社会科学院新闻与传播研究所学术委员会承担。为了尽可能使遴选结果做到客观、公正、权威，我们规定，中国社会科学院新闻与传播研究所研究人员的论文一律不参与本次遴选。

四、后续工作

经过艰苦的努力，本次优秀论文遴选活动基本告一段落。遴选出来的 12 篇优秀论文将由组委会向作者颁发荣誉证书。优秀论文和入围论文的摘要将载入 2013 年卷《中国新闻年鉴》。

但是，这次优秀论文遴选活动带给我们的思考才刚刚开始。我们的感受是，在学术空前活跃的新时期，学界同人在研究视野、审美角度、价值取向、学术旨趣等诸多方面存在着巨大差异，要在色彩缤纷、炫人眼目的中国新闻传播学学海的沙滩上挑选出几颗璀璨的贝壳奉献给大家，绝非易事。囿于学识和眼界，评委们或有所疏漏，至有遗珠之憾。我们期待着全国新闻传播学界、业界的同道、方家的批评指正。我们更期待着有同好者跟我们一起努力。

全国新闻传播学年度优秀论文遴选组委会

二〇一三年十月二十三日

摘自：《新闻与传播研究》2013 年第 11 期

第二届（2013年度）全国新闻传播学优秀论文遴选结果

2014年10月，中国社会科学院新闻与传播研究所举办了第二届（2013年度）全国新闻传播学优秀论文遴选活动，选出优秀论文15篇。

学术论文（10篇）

"解放"与"翻身"：政治话语的传播与观念的形成　　袁光锋

原载《新闻与传播研究》2013年第5期

遴选意见：

话语是社会动员的管道和工具，话语演变也是社会历史进程变迁的表征，政治话语直接作用于文化想象和集体记忆并服务于相关的政治秩序建构。《"解放"与"翻身"：政治话语的传播与观念的形成》一文以话语分析的方法，借助数据库勾勒了"解放"和"翻身"两种政治话语在中国革命和后革命时代的变迁、使用，并批判性地重现两种话语与中国社会观念的博弈和建构历程，为读者提供了一个借助批判话语分析范式进行学术思考，折射和介入社会思想变迁历程的研究范例。

微公益传播的动员模式研究

沈　阳　刘朝阳　芦何秋　吴　恋

原载《新闻与传播研究》2013年第3期

遴选意见：

《微公益传播的动员模式研究》一文，是国内近期大量涌现的社交媒体研究成果中的佼佼者。该项研究提出的问题具体而明确，研究者对涉及微公益传播的多层面复杂现象，采用恰当的观察方法进行了深入的分析讨论，发现了现象之间一些规律性的联系，其结论具有较好的证据支持与逻辑支撑。尤其值得称道的是，该项研究建立在已有研究的基础上，并与之形成对话，进而提出创新性的结论，系统性地扩展并加深了学术界对这一现象的认识，同时也为社会管理者提供了微公益制度化这一新的社会管理思路。

新闻生产过程的自我审查研究——以"毒奶粉"事件的报道为个案　　张志安

原载《新闻与传播研究》2013年第5期

遴选意见：

《新闻生产过程的自我审查研究——以"毒奶粉"事件的报道为个案》一文，以2008年报界对三鹿奶粉事件的报道为例，通过多家媒体不同的自我审查类型，分析了各媒体的自我审查策略，策略生成过程中的政治压力、商业压力和博弈过程，对中国纸媒的新闻自我审查问题进行了较为深入的研究。该项研究以扎实的深度访谈为基础，使用恰当的理论工具，比较充分地讨论了我国媒介生产的政治调控和商业控制过程，媒介的自主性边界，以及在中国特定新闻场域中媒介自我审查的意义，其成果，对我国新闻制度和新闻生产过程的研究有所拓展。

从单位组织到话题参与：记者职业群体微博客社会网络的形成机制研究　　刘于思

原载《新闻与传播研究》2013年第1期

遴选意见：

《从单位组织到话题参与：记者职业群体微博客社会网络的形成机制研究》一文，以295名记者在新浪微博中经由链接形式构建的社会网络为切入点，关注记者这一特定职业群体的线上社会网络的形成机制，大胆假设小心求证，运用数据挖掘、内容分析和社会网络分析等方法，印证了"接近理论"等在记者微博社会网络的适用性，同时也对记者社会网络建立机制中不同影响因素的作用有所揭示。该项研究的数据收集分析较为全面细致，可视化表达清晰，从一个具体而微的视角探索了社交媒体对于新闻生产及传播带来的变革，具有较高的现实和理论价值。

框架争夺、共鸣与扩散：PM2.5议题的媒介报道分析　曾繁旭　戴　佳　郑　婕

原载《国际新闻界》2013年第8期

遴选意见：

《框架争夺、共鸣与扩散：PM2.5议题的媒介报道分析》一文，在对三家不同类型报纸将近三年的PM2.5报道进行历时性分析的基础上，讨论了该议题报道的主题变迁、框架设置和框架争夺，并且更进一步描述了不同媒体间报道主题的仿效现象，提出了“框架共鸣和扩散”概念，拓展了框架研究的概念范畴和研究深度，为议题设置方向的理论探索提供了新的思路。

网络群体性事件爆发机理：“传播属性”与“事件属性”双重建模研究——基于195个案例的定性比较分析（QCA）

李良荣　郑　雯　张　盛

原载《现代传播》2013年第2期

遴选意见：

《网络群体性事件爆发机理：“传播属性”与“事件属性”双重建模研究——基于195个案例的定性比较分析（QCA）》一文，尝试采用定性比较方法（QCA），使用相应的软件工具，将195个网络群体性事件作为一个样本进行分析，在诸多针对网络群体性事件的研究中，具有方法上的创新性。该项研究在运用软件做数据分析之前，进行了充分深入的理论分析和讨论，并以此为基础提出假设，因此是一项具有理论导向特征的研究，从而使其对通过软件获得的发现的解释，具有较为充分的学理性依据。

新媒体革了新闻专业主义的命？——公民新闻运动与专业新闻人的责任　吴　飞

原载《新闻记者》2013年第3期

遴选意见：

《新媒体革了新闻专业主义的命？——公民新闻运动与专业新闻人的责任》一文，通过文献分析，以不变应万变的元理论方法，在批判的话语系统内，提出了新媒体技术革命之后，新闻专业主义向何处去并有何责任担当的重要问题。作者通过挖掘新闻专业理念存在的合理依据，有力揭示了新闻报道范式变革的内外动因，说明了社会对新闻需求不变的期望，从可识别的理论或推论中开掘了问题的深度，展开了对新闻专业主义被解构观点的批判。作者还聚焦于公共新闻责任的思想内核，以此为认识基础，明确指出在变与不变之间，新闻专业主义的门槛并未消失。新闻专业主义的激励性因素、理论资源和实践纲领正是走向新媒体时代的新闻专业责任思想的回归，也是网络新闻生产与传播方式变革所追寻的价值与永恒不变的法则。

规训与溢出：《新民晚报》与社会主义上海商业空间和商业文化建构　董　倩

原载《新闻大学》2013年第5期

遴选意见：

《规训与溢出：〈新民晚报〉与社会主义上海商业空间和商业文化建构》一文，以福柯关于权力空间化的理论为学术支撑，考察分析了新中国成立初期《新民晚报》的曲折变迁。该文阐释的“新闻场”“社会场”“权力场”的交织作用和彼此博弈，较为充分地呈现了上述变迁的矛盾状态和复杂性，从而为新中国成立后的新闻史研究提供了一种新的视角和参照。

微信传播机制与治理问题研究

方兴东　石现升　张笑容　张　静

原载《现代传播》2013年第6期

遴选意见：

《微信传播机制与治理问题研究》一文，运用恰当的方法对现实的热点问题做了一项很有意义的研究。“微信”作为新一代移动即时通讯软件在生活领域的迅速崛起，引领了传播业态创新和互联网的某种发展趋势。论文运用比较周密的技术方法，从微信传播方式、传播能力、渠道、范围、传播特点和受众的网络社交等方面，阐明了微信的信息传播机制和其所引发的问题，并从自律和监管入手探讨了相关的良治方案。论文中有现象有数据，有观点有论证，点面结合，无论是方法的运用还是内容的呈现都给人以启发。

从良心自由到出版自由——西方近代早期新闻出版自由理念的形成及演变 姜 华

原载《新闻与传播研究》2013 年第 8 期

遴选意见：

《从良心自由到出版自由——西方近代早期新闻出版自由理念的形成及演变》一文，对西方新闻出版自由理念的早期进化史作了颇有新意的择要梳理。作者初步论证了发端于文艺复兴后期的宗教改革运动所诉争的良心自由之于言论自由和出版自由的初始滋养与支撑，进而对霍布斯、洛克和斯宾诺莎等思想家在新闻出版自由理念世俗化方面的历史贡献有所考察和释说。在当代国家和国际社会公域表达的话语体系中，新闻出版自由作为重要的共享议题连通着一系列跨国别的政治、法治和文化的互动空间，该论文的探索，对于国内学界拓展上述议题的认知边界良有咨鉴和裨益。

业务论文（5 篇）

叙述的陷阱——以复旦大学学生中毒案的两篇报道为例 王辰瑶

原载《新闻记者》2013 年第 6 期

遴选意见：

《叙述的陷阱——以复旦大学学生中毒案的两篇报道为例》一文，锐敏而入理地剖陈了两篇刑事案件报道中存在的叙述失范、失度等问题。文中阐释的“声称型事实不等于声称所指的事实”“真实感不等于真实性”“避免过度判断”等叙事理念，援例取譬，不仅切用于警策司法报道异化为“媒介审判”的风险，也同样普适于所有新闻叙事的表达之道。论文作者据此所提倡的“媒体节制观”，昭显了以揭示真相为志业追求的新闻人所应具备的一种专业素养和美德。在各种媒介叙述被空前释放、推送和传布的新媒体时代，上述方向的学理点拨和倡导，尤有意义，值得称道。

新媒体产品九思——从《The Daily》早夭说起 陆小华

原载《新闻记者》2013 年第 1 期

遴选意见：

《新媒体产品九思——从〈The Daily〉早夭说起》一文，透过对 The Daily 这一传统媒体为苹果公司信息终端（iPad）提供的付费新闻产品的细致考察，抽丝剥茧地分析了影响移动终端内容产品成功的一系列关键要素，清晰地揭示了移动互联网与大数据时代所呈现的传媒竞争态势与受众需求变迁，为媒体融合潮流中传统媒体内容生产与信息传播的创新，提供了产品形态与运行模式的新思路。作者的论述由点到面，体现出敏锐的观察力以及对媒介形态变化逻辑的适切把握。

“媒介产业化”再思考 黄升民 马 涛

原载《中国广播》2013 年第 10 期

遴选意见：

《“媒介产业化”再思考》一文，在全面回顾过往三十多年中国广电行业改革发展实践历程的基础上，仔细梳理了理论界“媒介产业化”概念的提出、求证、充实与细化的过程。作者通过一系列名词术语的演变，揭示了在“媒介产业化”进程中，现实的事实逻辑与理论的思维逻辑相互之间的纠结与背离，澄清了某些裹挟在“媒介产业化”概念之中的似是而非的思想观念和理论观点，以之颇有力度地提醒理论界“谨防陷入概念背后的逻辑陷阱”。这一提醒在决定中国广电产业化何去何从的关键时刻至关重要，显示出了作者深邃的洞察力。

媒体记者社会支持、心理弹性与心理健康的关系研究 汪 伟

原载《新闻界》2013 年第 16 期

遴选意见：

《媒体记者社会支持、心理弹性与心理健康的关系研究》一文，借用心理学缓冲观点和弹性框架理论，讨论了新闻从业者个体人格特征与其所处环境、人际交往之间的关系。作者不仅论述了实施传播者心理健康评价的现实意义，在方法上也做出了新的尝试，表达了对新闻工作者职业独立性的关注。该项研究尽管在测量手段上尚需完善，但总体上较好地呈现了理论与现实融合的独到视角。

论新闻内容的“四维”——以报业为例

陈 寅

原载《青年记者》2013 年 3 月上

遴选意见：

内容为王还是渠道为王、平台为王？在新兴媒体的冲击下本来不该有的问题真的成了问题。《论新闻内容的“四维”——以报业为例》一文，明确提出了内容始终是新闻媒体的核心，并从社会大势、业态发展、任务定位、专业分工四个维度进行了有血有肉的深入分析。该文言之成理、持之有故，论点鲜明，举证有力，突破了业务论文单纯经验总结和材料堆砌的局限，透示出一个大报决策者对报业发展的深思熟虑。

附：

擢学论之精华 撷术业之佳实

——第二届（2013 年度）全国新闻传播学优秀论文遴选活动说明

中国社会科学院“哲学社会科学创新工程”正渐次推进。作为这一工程的一部分，中国社会科学院新闻与传播研究所以“推举治学佳作，归依学科规范”为己任，创设了全国新闻传播学优秀论文遴选活动，力求在完善新闻传播学科学术成果评价机制和提高学术研究质量方面有所担当和推动。

我们尝试从最基础的工作入手，从每年发表的众多新闻传播学论文中遴选若干篇高水准的佳作，以反映该年度国内新闻传播学术研究的新进展，为学界提供可资借鉴的学术样本。我们的设想是，这样的做法坚持经年之后，最终也许可以探索建立起广有共识的本学科学术成果评价机制。

2013 年，我们首次开展了这一活动。从 2012 年全国各期刊公开发表的新闻传播类论文中，遴选出 12 篇年度优秀论文。这

一活动成果于2013年10月26日在北京召开的“变革中的新闻与传播：实践探索与理论构建”学术研讨会上发布后，深受全国新闻传播学界同人的关注和好评。

2014年，在总结经验基础上，我们继续开展了这一活动，并将其名之为“第二届（2013年度）全国新闻传播学优秀论文遴选活动”。

一、论文采集

2013年，我们开展的全国新闻传播学优秀论文遴选活动是一次“海选”，遴选的对象是2012年国内公开发表的本专业的所有论文。但是，全国刊载新闻学与传播学学术成果的期刊有数百种，年刊载论文将近三万篇，从遴选情况看，能称得上新闻学与传播学优秀论文的主要集中在数十家中文核心期刊上。因此，今年我们参考了中国社会科学院文献信息中心“中国人文社会科学核心期刊”名录和南京大学“中文社会科学引文索引（CSSCI）来源期刊”名录等，结合上一年度评选实际，确定了本次优秀论文遴选来源期刊名录共53种。其中，新闻传播类期刊19种，综合性社科期刊20种，高校综合性学报10种，其他学术期刊（跨学科）4种。

中国社会科学院图书馆国家哲学社会科学学术期刊数据库为本次活动搜集了指定期刊上的新闻传播学论文8700多篇。

需要说明的是，本次论文来源期刊仅限于中国大陆地区公开出版的纸质期刊，不包括港澳台地区出版的学术期刊、以书号出版的学术书籍（俗称“以书代刊”），也不包括电子期刊。

二、遴选标准

在初选阶段，首先面临的问题依然是评选标准。我们认为，在坚持正确的政治方向的大前提下，学术价值应该是遴选优秀学术论文的最高标准，而应用价值则是遴选业务论文的最高标准。

去年的遴选标准借鉴了国家社科基金正在使用的《社会科学成果评估指标体系》。今年的遴选评估标准参照了国家新闻出版广电总局的《课题项目成果结项鉴定评估参照指标（2013）》，结合新闻学与传播学实际，据此对论文进行量化评估、逐级遴选。

在评估的过程中，论文是否被《新华文摘》《中国社会科学文摘》《高等学校文科学术文摘》和中国人民大学“复印报刊资料”的《新闻与传播》所转载，也作为遴选的一项参考指标。

三、遴选程序

本次优秀论文遴选工作，分三个阶段实施。

第一阶段，初选论文。

中国社会科学院新闻与传播研究所学术委员、各研究室主任根据自身的学术专长，以新闻传播学术刊物为主体，从中初选出31篇涵盖新闻学与传播学理论、新闻学与传播学史、新媒体等相关领域的学术文章；以新闻传播业务刊物为主体，从中遴选出23篇与新闻传播实践对接的应用新闻学研究成果。

有部分优秀期刊横跨学术和业务，因此在这些刊物中分别遴选学术论文和业务论文；部分新闻传播类业务期刊也刊载学术论文，因这些论文和专业学术刊物上的论文水准相比尚有差距，因此不列入学术论文范畴。

第二阶段，给论文打分。

新闻与传播研究所学术委员、各研究室主任通读全部入围作品，并根据遴选标准对它们逐一打分。

第三阶段，论文定评。

我们将全部入围论文按照分数高低排出名次。中国社会科学院新闻与传播研究所学术委员会参考打分情况，集中评议，民主协商，最终选出10篇优秀学术论文、5篇优秀业务论文。

每一篇遴选出的优秀论文，都以所学术委员会的名义撰写出遴选意见。

四、几点说明

在遴选过程中，我们坚持“以文取文，不以人取文”的评价标准，注重的是论文的学术价值和应用价值以及创新性和规范性，而不是作者的身份和地位；同时也仍然坚持了去年确立的“以人拒文”原则，即本研究所科研人员的论文一律不参与这项遴选活动，以尽可能使遴选结果做到客观、公正、权威。

本次遴选出来的15篇优秀论文将由主办单位——中国社会科学院新闻与传播研究所向作者颁发荣誉证书。优秀论文和入围论文的“摘要”载入2014年卷《中国新闻年鉴》。

本次优秀论文遴选活动得到了中国社会科学院图书馆国家哲学社会科学学术期刊数据库的大力支持。

本次优秀论文遴选活动还得到了国内部分新闻传播学期刊编辑部的大力帮助，他们为此次活动推荐了自家期刊的年度优秀论文，成为我们初选的重要参考。

在此，我们向所有为本次全国新闻传播学优秀论文遴选活动提供帮助的各方人士表示诚挚的谢意。

最后想说的是，在遴选过程中，我们深深感受到，在学术空前活跃的新时期，学界同人在研究视野、审美角度、价值取向、学术旨趣等诸多方面存在着巨大差异，要在百芳争艳的中国新闻传播学家园中擢英撷华以贻众赏，诚非易事。囿于学识和眼界，评委们难免有所疏漏，至成遗珠之憾。我们期待学界同人的批评指正与惠助。

2015年，我们再相会。

全国新闻传播学年度优秀论文遴选组委会
二〇一四年十月二十日

摘自：《中国新闻年鉴》2014年卷

第十一篇
科研项目

国家社科基金2014年度重大项目、西部项目、后期资助项目、中华学术外译项目立项一览表（新闻学与传播学）
国家社科基金2014年度立项一览表（新闻学与传播学）
国家社科基金2014年度验收项目一览表（新闻学与传播学）
国家社科基金2014年度后期资助项目结项名单（新闻学与传播学）
教育部2014年度人文社会科学重点研究基地重大项目（新闻学与传播学）
教育部2014年度人文社会科学研究规划、青年基金项目（新闻学与传播学）
教育部2014年哲学社会科学研究后期资助项目（新闻学与传播学）
国家新闻出版广电总局2013—2014年度部级社科研究项目立项名单
附：国家社科基金立项项目（2009—2013）解析

国家社科基金2014年度重大项目、西部项目、后期资助项目、中华学术外译项目立项一览表

（新闻学与传播学）

重大项目

第一批

序号	批准号	项目名称	负责人	工作单位
48	14ZDA048	健全坚持正确引导舆论的体制机制研究	李希光	西南政法大学
49	14ZDA049	加快推进传统媒体和新兴媒体融合发展研究	严三九	华东师范大学
50	14ZDA050	促进我国基本公共文化服务标准化与均等化研究	柯　平	南开大学
51	14ZDA051	完善现代文化市场体系与培育骨干文化企业研究	潘爱玲	山东大学
52	14ZDA052	我国文化消费提升路径与机制研究	毛中根	西南财经大学
53	14ZDA053	增强中国对外传播文化软实力深度研究	关世杰	北京大学
54	14ZDA054	传播当代中国价值观念与加强我国对外话语体系建设研究	单世联	上海交通大学
55	14ZDA055	中国影视文化软实力提升的战略与策略研究	胡智锋	中国传媒大学
56	14ZDA056	中华文化的海外传播创新研究	郭镇之	清华大学
57	14ZDA057	核心价值视域下维护国家文化安全研究	涂成林	广州大学

第二批

序号	批准号	项目名称	负责人	工作单位
29	14ZDB029	《汉学大系》编纂及海外传播研究	朱存明	江苏师范大学
129	14ZDB129	多卷本《中国新闻传播技术史》	韩丛耀	南京大学
164	14ZDB164	中国南海问题主张的国际传播战略与国际话语权体系研究	鞠海龙	暨南大学
166	14ZDB166	大数据环境下社会舆情分析与决策支持研究	蔡立辉	暨南大学
167	14ZDB167	大数据环境下舆情分析与社会治理创新研究	谢耘耕	上海交通大学
168	14ZDB168	云环境下国家数字学术资源信息安全保障体系研究	胡昌平	武汉大学
169	14ZDB169	文化产业伦理研究	金元浦	上海交通大学

西部项目

编号	项目名称	负责人	单位
5	马克思主义在新疆的传播及影响研究（1918—1955年）	张　亮	中共新疆生产建设兵团党校
11	中国梦的话语传播与大众认同研究	陈德祥	吉首大学
31	交互自媒体价值观传播机制及其导向策略研究	代　征	重庆邮电大学
34	民族地区社会主义核心价值观软传播研究	秦永芳	桂林电子科技大学
70	苏区红色标语宣传及其当代价值研究	颜清阳	中国井冈山干部学院

续表

编号	项目名称	负责人	单位
109	西方媒体在涉疆问题中的角色与作用研究	孙　军	新疆社会科学院
111	日本大众传媒的新保守主义转型与东亚安全研究	潘妮妮	重庆大学
180	新媒体环境下涉及民族因素突发事件的舆论引导机制研究	张宏树	湖北民族学院
294	宗教领域突发事件社会舆情及其社会治理的实证研究	谢雨锋	陕西省社会科学院
344	自出版:国际出版产业发展的新驱动与我国的政策应对研究	陈　琛	广西财经学院
345	“美丽中国”对外网络传播研究	李建华	四川大学
346	武陵山片区农村媒介生态体系优化研究	徐晓红	吉首大学
347	青年人群“手机控”形成、影响机制与对策研究	张　建	重庆邮电大学
348	新疆非常规突发事件舆情信息监测与分析方法研究	郭　理	石河子大学
349	中亚网络媒体的中国形象与增强新疆对外文化传播有效性研究	曹湘洪	新疆师范大学
383	当代伊斯兰教在新疆传播的新特点研究	柳　梅	武警乌鲁木齐指挥学院
387	基督教在新疆柯尔克孜族地区传播的调查与研究	赛娜·伊尔斯拜克	新疆文学艺术界联合会
434	唐代俗文学传播研究	杨晓慧	西安文理学院

后期资助项目

第一批

编号	项目名称	项目负责人	单位
104	“新闻学与传播学”实体信息与实体传播研究	赵建国	河南大学
112	“艺术学”香港电影史研究	张　燕	北京师范大学
113	“艺术学”江苏艺术家与早期中国电影文化产业发展研究	李　斌	苏州科技学院
第三批(注:后期资助项目,第二批,无新闻传播学相关项目)			
224	晚清时期新闻思想研究	徐新平	湖南师范大学
225	新闻从业者道德困境问题的认知框架与解困路径	范明献	中南大学
226	电视场对学术场的介越研究	陈红梅	江苏师范大学
227	媒介融合背景下中国广播电视舆论引导能力研究	段　鹏	中国传媒大学
228	广告文化现象与消费意识形态研究	赵元蔚	吉林大学
229	美国网络中立规制研究	罗　昕	华南师范大学
230	西方媒介文化理论研究	曾一果	苏州大学

中华学术外译项目

编号	类别	项目名称	语言	项目负责人	单位
38	新闻学与传播学	当代中国出版改革中的知识劳工	英文	姚建华	中国浦东干部学院

注：中华学术外译项目，第二批，无新闻传播学相关项目。

来源：全国哲学社会科学规划办公室网站

国家社科基金2014年度立项一览表

（新闻学与传播学）

序号	项目名称	负责人	工作单位	所在省市	项目类别	计划完成时间	预期成果	批准号
255	增强主流媒体的传播力公信力影响力研究	强月新	武汉大学	湖北	重点项目	2017/3/1	专著 研究报告	14AXW001
256	穆青精神的现实影响及其传承研究	董广安	郑州大学	河南	重点项目	2017/6/30	专著	14AXW002
257	“新新媒介”环境下的报纸发展趋势及转型研究	王君超	清华大学	高校	重点项目	2017/6/30	专著	14AXW003
258	党管媒体原则的发生机制及其在新媒体治理中的实践研究	郭志民	海南省委宣传部	海南	重点项目	2016/12/30	专著 专题论文集	14AXW004
259	数字环境下我国图书出版业的商业模式重构研究	刘　军	对外经济贸易大学	高校	重点项目	2017/12/31	专著	14AXW005
260	中国学术图书质量分析与学术出版能力建设研究	谢寿光	中国社会科学院	社科院	重点项目	2016/12/31	专著 研究报告	14AXW006
261	新媒体新闻侵权研究	慕明春	西北政法大学	陕西	重点项目	2018/12/31	专著	14AXW007
262	基于大数据的视听传播效果研究	周　勇	中国人民大学	高校	重点项目	2016/12/31	专著	14AXW008
263	我国主流媒体融合发展研究	王庚年	中国国际广播电台	机关	重点项目	2016/5/1	专著	14AXW009
264	城镇化进程中农民群体媒介素养提升研究	刘行芳	江苏师范大学	江苏	重点项目	2016/12/31	专著	14AXW010
265	中国国家形象建构中自主品牌传播困境与对策研究	舒咏平	华中科技大学	湖北	重点项目	2016/12/30	专著 研究报告	14AXW011
266	广告产业中国模式的理论建构研究	陈　刚	北京大学	高校	重点项目	2016/12/31	专著 研究报告	14AXW012
2320	党报在媒介新格局中的角色研究	王卫明	南昌大学	江西	一般项目	2018/6/30	专著	14BXW001
2321	多媒体条件下党报的传播力创新策略研究	生奇志	东北大学	辽宁	一般项目	2016/12/31	研究报告	14BXW002
2322	数据新闻学发展前沿研究	苏宏元	华南理工大学	广东	一般项目	2017/12/31	专著 译著	14BXW003

续表

序号	项目名称	负责人	工作单位	所在省市	项目类别	计划完成时间	预期成果	批准号
2323	新媒体语境下的新闻叙事研究	曾庆香	中国传媒大学	高校	一般项目	2017/12/30	专著	14BXW004
2324	“五四”以来外国人在华新闻与文化传播活动研究	张文琳	浙江师范大学	浙江	一般项目	2016/12/30	专著	14BXW005
2325	近代中国的“洋旗报”研究	周立华	江西财经大学	江西	一般项目	2018/12/31	专著 研究报告	14BXW006
2326	中国近现代媒介批评史(1815—1949)	胡正强	南京理工大学	江苏	一般项目	2017/6/30	专著	14BXW007
2327	中国新闻从业者职业心态史研究(1912—1949)	樊亚平	兰州大学	甘肃	一般项目	2017/12/31	专著	14BXW008
2328	社交媒体在农技推广中的应用路径与前景研究	吴志远	华中师范大学	湖北	一般项目	2016/12/30	研究报告	14BXW009
2329	微信与媒介生态环境建构研究	李林容	西南政法大学	重庆	一般项目	2017/7/31	研究报告	14BXW010
2330	新媒体环境下我国科技传播生态及其评价体系建构研究	郑保章	大连理工大学	辽宁	一般项目	2016/6/30	专著	14BXW011
2331	新型城镇化进程中农民利益诉求与媒介话语表达的互动研究	陈旭鑫	江西农业大学	江西	一般项目	2017/12/31	专著 研究报告	14BXW012
2332	国有转制传媒企业特殊管理股制度构建的政策路径研究	梁　君	广西师范大学	广西	一般项目	2017/7/1	专题论文集 研究报告	14BXW013
2333	知识联盟视域下科技期刊云出版平台构建与经营策略研究	任　健	上海理工大学	上海	一般项目	2016/12/31	专著 工具书	14BXW014
2334	藏区新媒体民族出版研究	白　冰	四川大学	四川	一般项目	2017/12/31	专著 研究报告	14BXW015
2335	全球化趋势下我国数字出版产业发展战略研究	聂震宁	北京印刷学院	北京	一般项目	2016/12/31	专著 研究报告	14BXW016
2336	我国社交媒体著作权保护研究	朱鸿军	中国社会科学院	社科院	一般项目	2016/12/30	专著	14BXW017
2337	媒介融合背景下中国电视剧的跨屏传播研究	张红军	南京大学	江苏	一般项目	2016/12/31	专著	14BXW018
2338	我国国际传播话语体系建设的理论创新研究	李继东	中国传媒大学	高校	一般项目	2016/12/30	专著 研究报告	14BXW020
2339	我国国际新闻媒体全球观及其影响研究	郭　可	上海外国语大学	上海	一般项目	2017/12/30	专著	14BXW021

续表

序号	项目名称	负责人	工作单位	所在省市	项目类别	计划完成时间	预期成果	批准号
2340	政府话语权与国际规则之关系研究	刘小燕	中国人民大学	高校	一般项目	2018/12/30	专著	14BXW022
2341	领导干部掌握网上舆论斗争领导权的对策研究	赵福生	黑龙江省委党校	黑龙江	一般项目	2017/6/30	专著 研究报告	14BXW023
2342	涉疆问题在社会化媒体中的舆情现状与应对机制研究	王怀春	石河子大学	兵团	一般项目	2016/12/31	研究报告	14BXW024
2343	网络公共情绪的识别、预警与疏导研究	周云倩	南昌大学	江西	一般项目	2017/12/31	专著	14BXW025
2344	网络舆论场与社会舆论场互动机制研究	王世雄	浙江理工大学	浙江	一般项目	2017/12/31	专著 研究报告	14BXW026
2345	网络舆情危机传播中的新闻发布优化研究	梅文慧	湖南大学	湖南	一般项目	2016/2/28	专著 专题论文集	14BXW027
2346	网上舆论斗争系统建模与应对策略研究	李弼程	信息工程大学	军队	一般项目	2015/12/31	研究报告 软件	14BXW028
2347	新浪“大V”传播行为与失范应对研究	靖　鸣	南京师范大学	江苏	一般项目	2017/12/31	专著 专题论文集	14BXW029
2348	新媒体环境下网络时政民谣的传播与政治信任研究	王雪莲	武汉体育学院	湖北	一般项目	2016/2/16	专著 研究报告	14BXW030
2349	大数据时代个人隐私保护问题研究	张　军	广东财经大学	广东	一般项目	2018/10/30	专题论文集	14BXW031
2350	互联网视听产业的版权纠纷及其法律规制研究	陈笑春	西南政法大学	重庆	一般项目	2016/12/30	专题论文集 研究报告	14BXW032
2351	基于文本挖掘的网络谣言预判研究	刘　勘	中南财经政法大学	湖北	一般项目	2017/6/30	专题论文集	14BXW033
2352	基于政府善治视角的国外社会化媒体传播技巧研究	金　苗	南京政治学院	军队	一般项目	2017/6/1	专著	14BXW034
2353	社会化媒体环境下网络谣言传播及其协同治理研究	宋祖华	南京财经大学	江苏	一般项目	2016/12/31	专著 研究报告	14BXW035
2354	新媒体时代个人信息保护问题研究	郑文明	首都经济贸易大学	北京	一般项目	2018/6/30	专著 研究报告	14BXW036
2355	移动互联网条件下新闻传播发展新趋势研究	梁智勇	新华社	上海	一般项目	2016/5/1	研究报告	14BXW037
2356	哈萨克语主流媒体对新疆边境牧区受众的国家认同舆论引导能力研究	张　允	新疆大学	新疆	一般项目	2016/12/1	研究报告	14BXW038
2357	我国西部民族地区的环境污染及其舆论监督机制研究	吴定勇	西南民族大学	四川	一般项目	2018/12/31	专著 研究报告	14BXW039

续表

序号	项目名称	负责人	工作单位	所在省市	项目类别	计划完成时间	预期成果	批准号
2358	西藏社会舆论与媒介引导力研究	张玉荣	西藏民族学院	西藏	一般项目	2017/6/30	专著	14BXW040
2359	新疆对中亚国际传播能力建设研究	韩　强	新疆大学	新疆	一般项目	2016/12/30	研究报告 专著	14BXW041
2360	新时期国家族群认同与边疆少数民族影像传播研究	尹　兴	西南科技大学	四川	一般项目	2016/12/31	专著 研究报告	14BXW042
2361	基于社交网络的青年群体日常社会—文化实践研究	朱丽丽	南京大学	江苏	一般项目	2018/12/30	专著 专题论文集	14BXW043
2362	青少年移动互联网使用行为及其影响研究	刘胜枝	北京邮电大学	高校	一般项目	2017/6/30	专著	14BXW044
2363	维吾尔族青少年媒介接触与国家认同的调查研究	张小刚	新疆医科大学	新疆	一般项目	2017/12/30	专著 研究报告	14BXW045
2364	基于大数据的突发危机中非官方正能量信息的挖掘与传播研究	薛　可	上海交通大学	上海	一般项目	2017/5/1	专题论文集 研究报告	14BXW046
2365	微博舆论与公众情绪互动研究	常　松	安徽省社科院	安徽	一般项目	2016/3/31	专题论文集 研究报告	14BXW048
2366	中外主权冲突情势下基于修辞策略的国家舆论研究	魏纪东	河南财经政法大学	河南	一般项目	2018/6/30	专著	14BXW049
2367	基于用户行为大数据分析的微博反腐机制研究	邓秀军	华中科技大学	湖北	一般项目	2016/12/31	研究报告	14BXW050
2368	纪实影像与国家形象关系研究	罗　锋	安徽大学	安徽	一般项目	2016/12/31	专著	14BXW051
2369	社会化媒体与政治生态协同发展研究	李明德	西安交通大学	陕西	一般项目	2016/12/31	研究报告	14BXW052
2370	网络理政推动国家执政方式现代化研究	李良荣	复旦大学	上海	一般项目	2017/6/30	专题论文集 研究报告	14BXW053
2371	网络政治生态场域研究	李昌祖	浙江工业大学	浙江	一般项目	2017/12/30	专著 专题论文集	14BXW054
2372	应对微博公共事件的政府话语策略及其形象构建研究	袁周敏	南京邮电大学	江苏	一般项目	2018/6/30	专著	14BXW055
2373	菲律宾华文报刊与中国文化传播研究	赵振祥	厦门理工学院	福建	一般项目	2016/6/30	专著	14BXW056
2374	跨两岸传播中的大陆形象建构研究	安拴虎	闽南师范大学	福建	一般项目	2017/12/31	专著	14BXW057

续表

序号	项目名称	负责人	工作单位	所在省市	项目类别	计划完成时间	预期成果	批准号
2375	媒介话语在“个体化”社会背景中的文化价值构建研究	李　敬	上海社会科学院	上海	一般项目	2017/6/1	专著	14BXW058
2376	媒介文化价值与实现机制研究	黎泽潮	安徽师范大学	安徽	一般项目	2016/12/31	专著	14BXW059
2377	新媒体与当代中国伊斯兰教的传播研究	白　贵	河北大学	河北	一般项目	2016/6/30	专著	14BXW060
2378	以孔子学院为载体的中国传统艺术海外传播策略研究	佟　迅	东南大学	江苏	一般项目	2017/12/31	专题论文集 研究报告	14BXW061
2379	NGO 和 NPO 的社交媒体公益传播技巧与动员模型研究	尹章池	武汉理工大学	湖北	一般项目	2016/12/31	专题论文集 研究报告	14BXW062
2380	新媒体环境下的中国主流媒体声誉管理研究	高贵武	中国人民大学	高校	一般项目	2017/6/30	专题论文集 研究报告	14BXW063
2381	中国梦公众自媒体表达与引导研究	庹继光	四川师范大学	四川	一般项目	2016/12/31	专著 研究报告	14BXW064
2382	中华文化价值观的对外传播问题研究	伍先禄	湖南省委党校	湖南	一般项目	2016/11/30	专著	14BXW065
2383	大数据背景下广告业转型研究	马二伟	重庆工商大学	重庆	一般项目	2016/12/30	专著	14BXW066
2384	全球争议广告研究	王　晶	厦门大学	福建	一般项目	2017/7/1	专题论文集	14BXW067
2385	新媒体环境下的传媒与司法关系问题研究	姚广宜	中国政法大学	高校	一般项目	2017/12/31	专著	14BXW068
2386	二战后日本战犯审判新闻史料的整理与研究	郭传芹	国家图书馆	机关	一般项目	2016/12/31	专著	14BXW069
2387	西方主流媒体有关中国东海领土问题的新闻话语研究	王国凤	浙江大学	浙江	一般项目	2017/6/30	专著	14BXW070
2388	边疆地区少数民族媒介变迁与国家安全意识研究	南长森	陕西师范大学	陕西	一般项目	2017/12/28	专著	14BXW071
2389	数字化时代中国出版文化研究	张世海	安阳师范学院	河南	一般项目	2017/6/30	研究报告 专题论文集	14BXW072
2390	网络虚拟社区中的亚文化传播研究	蔡　骐	湖南师范大学	湖南	一般项目	2017/10/30	专著	14BXW073

续表

序号	项目名称	负责人	工作单位	所在省市	项目类别	计划完成时间	预期成果	批准号
2391	转型时期微博场域中社会共识的构建研究	张　梅	福建师范大学	福建	一般项目	2017/6/30	专题论文集 研究报告	14BXW074
2392	中国当代广告舆论传播与话语变迁研究(1979—2009)	杨海军	华东师范大学	上海	一般项目	2017/9/30	专著	14BXW075
842	网络时代新闻报道观念创新研究	王辰瑶	南京大学	江苏	青年项目	2017/12/31	专著	14CXW001
843	对华文化战略下近代日本人在华北的办报活动与舆论宣传战研究	李杰琼	北京工商大学	北京	青年项目	2017/7/1	专著 研究报告	14CXW002
844	抗战时期中国共产党国际传播能力建设研究	李习文	南京政治学院	军队	青年项目	2017/6/30	专著	14CXW003
845	美国新闻处在华活动研究(1946—1949)	石　玮	南昌航空大学	江西	青年项目	2017/12/31	专著 研究报告	14CXW004
846	民国报纸与电影历史的新构建探索	刘　辉	深圳大学	广东	青年项目	2016/12/30	专著	14CXW005
847	大众传媒与少数民族国家认同研究	张　媛	贵州大学	贵州	青年项目	2018/12/31	专著	14CXW006
848	出版集团股份制状况与发展研究	任殿顺	湖南出版投资控股集团	湖南	青年项目	2017/6/30	研究报告	14CXW007
849	新传播革命下传统媒体的舆论引导困局与管理体制创新研究	张春华	南京财经大学	江苏	青年项目	2017/6/30	专著	14CXW008
850	基于媒介产业之融合特征的一站式版权交易平台研究	于　文	华东政法大学	上海	青年项目	2016/12/31	专著	14CXW009
851	基于风险社会视角下中国电视传播的响应机制与应对策略研究	汤天甜	重庆大学	重庆	青年项目	2017/7/1	专著	14CXW010
852	前沿科学成果的视觉传播研究	王国燕	中国科学技术大学	安徽	青年项目	2017/6/30	专题论文集 研究报告	14CXW011
853	我国广播的数字化转型策略研究	张晓菲	北京人民广播电台	北京	青年项目	2016/6/30	研究报告 专著	14CXW012
854	中国独立记录片与国家文化安全研究	司　达	云南师范大学	云南	青年项目	2017/9/1	专著	14CXW013

续表

序号	项目名称	负责人	工作单位	所在省市	项目类别	计划完成时间	预期成果	批准号
855	互联网语境下新闻叙事的多维转型与观念重构研究	华　进	湘潭大学	湖南	青年项目	2019/12/30	专著	14CXW014
856	社会化媒体中公共事件话语框架及其演化机制研究	张　伦	中国科学院	机关	青年项目	2016/12/31	专题论文集 研究报告	14CXW015
857	微博舆论场域中的对抗性话语研究	禹　夏	吉首大学	湖南	青年项目	2017/12/30	专著	14CXW016
858	新媒体语境下海峡两岸民间传播与社会认同建构研究	连子强	华侨大学	福建	青年项目	2017/7/1	专著	14CXW017
859	多语种国际受众的媒体使用特点与我国对外传播力提升研究	徐明华	华中科技大学	湖北	青年项目	2016/12/30	专著 专题论文集	14CXW018
860	全媒体语境下日媒关于钓鱼岛问题的传播效果实证研究	范　颖	东北师范大学	吉林	青年项目	2017/6/30	专著	14CXW019
861	中国对欧传播效果与策略研究	甘　露	中国传媒大学	高校	青年项目	2017/3/31	专著	14CXW020
862	中亚主流报刊媒体的中国形象研究	李　琰	新疆师范大学	新疆	青年项目	2017/6/30	研究报告	14CXW021
863	主流媒体对外传播的新媒体策略研究	刘　滢	新华社	机关	青年项目	2016/12/31	研究报告	14CXW022
864	网络谣言的形成原因与治理对策研究	陈国战	首都师范大学	北京	青年项目	2018/6/10	专著	14CXW023
865	网络舆论场与社会舆论场互动的心理机制研究	贾　兵	广州大学	广东	青年项目	2017/7/1	专著	14CXW024
866	微博“大 V”的圈子与互动效果研究	庞云黠	中央财经大学	高校	青年项目	2017/12/30	专著	14CXW025
867	移动互联网条件下的新闻传播新形态、特征、趋势及应对策略研究	景义新	河北经贸大学	河北	青年项目	2016/10/1	专著 研究报告	14CXW026
868	舆论编码的符号机制与策略研究	李　玮	西北大学	陕西	青年项目	2017/12/31	专题论文集 研究报告	14CXW027
869	UGC 媒体语境下的信息变异与治理研究	熊　茵	江西师范大学	江西	青年项目	2017/12/30	专著	14CXW028

续表

序号	项目名称	负责人	工作单位	所在省市	项目类别	计划完成时间	预期成果	批准号
870	城市骚乱中英美社会化媒体传播模式及管理研究	陈　实	四川省社会科学院	四川	青年项目	2016/6/30	专著	14CXW029
871	少数民族城市移民传播行为与文化适应研究	陈静静	云南大学	云南	青年项目	2017/12/31	专著	14CXW030
872	青少年移动互联网使用与沉迷现状研究	蒋俏蕾	大连理工大学	辽宁	青年项目	2017/6/30	专题论文集 研究报告	14CXW031
873	社交媒体对当代青年政治参与的影响与引导机制研究	卢家银	中国青年政治学院	高校	青年项目	2017/6/30	研究报告	14CXW032
874	网络群体性事件中公众意见的表达与实现研究	李晓云	河南工业大学	河南	青年项目	2016/12/31	研究报告	14CXW033
875	社会化媒体中国家认可的舆论构建研究	安珊珊	辽宁大学	辽宁	青年项目	2018/3/30	研究报告 专著	14CXW034
876	媒介融合背景下提升中国学术媒体国际传播能力研究	许志敏	重庆社会科学院	重庆	青年项目	2016/12/30	专著 研究报告	14CXW035
877	社会媒体中的伪健康信息传播及其治理研究	吴世文	武汉大学	湖北	青年项目	2016/12/31	专题论文集 研究报告	14CXW036
878	新媒体环境下的科学传播研究	罗子欣	四川省社会科学院	四川	青年项目	2017/6/30	专著 专题论文集	14CXW037
879	中国梦对外传播的路径、策略及其效果分析研究	贾　敏	中国浦东干部学院	上海	青年项目	2016/12/30	专题论文集 研究报告	14CXW038
880	主流媒体环境污染报道网络公信力研究	潘　霁	上海财经大学	上海	青年项目	2017/12/22	研究报告	14CXW039
881	中国近代海岛危机中的报刊舆论斗争研究	张继木	华中师范大学	湖北	青年项目	2017/6/15	专著	14CXW040
882	新媒体时代数字出版教育发展研究	杨　明	吉林工程技术师范学院	吉林	青年项目	2016/12/30	研究报告	14CXW041
883	纪录片塑造国家形象的理论、历史与实践研究	陈　一	苏州大学	江苏	青年项目	2018/12/31	专著 研究报告	14CXW042
884	计划生育政策议题的中国媒体话语建构研究（1957—2013）	刘　兢	华南师范大学	广东	青年项目	2017/9/30	专题论文集 研究报告	14CXW043
885	新媒体环境下基于视听障碍用户的媒体可及性研究	李东晓	浙江大学	浙江	青年项目	2016/12/31	研究报告 专题论文集	14CXW044

续表

序号	项目名称	负责人	工作单位	所在省市	项目类别	计划完成时间	预期成果	批准号
886	社交媒体突发公共事件的协同应急机制研究	景　东	哈尔滨工业大学	黑龙江	青年项目	2016/6/30	专题论文集 软件	14CXW045
887	新媒体语境下公共决策中的风险沟通研究	汤景泰	暨南大学	广东	青年项目	2017/6/30	研究报告	14CXW046
888	当代中国剧场艺术的时尚化与时尚传播研究	叶长海	东华大学	上海	青年项目	2017/9/1	专著 研究报告	14CXW047
889	媒介融合背景下的视听文本叙事研究	冯宗泽	中国传媒大学	高校	青年项目	2016/6/30	专著 研究报告	14CXW048

来源：全国哲学社会科学规划办公室网站

国家社科基金2014年度验收项目一览表
（新闻学与传播学）

（一）

批准号	项目名称	成果名称	负责人	工作单位	证书号
08BXW006	中国新闻伦理思想的演进	中国新闻伦理思想的演进	徐新平	湖南师范大学新闻与传播学院	20140239
08BDJ001	早期中共传媒与马克思主义中国化大众化研究	早期中共传媒与马克思主义中国化大众化研究	徐方平	湖北大学	20140732
08CZW041	维吾尔网络文学研究	维吾尔网络文学研究	亚森·艾力	新疆大学人文学院	20141280
11AZW002	网络文学文献数据库建设	网络文学编年史；网络文学词典	欧阳友权	中南大学文学院	20141571

（二）

批准号	项目名称	成果名称	负责人	工作单位	证书号
07BXW021	我国广告传播研究的现状及趋势	我国广告传播研究的轨迹	丁俊杰	中国传媒大学	20140008
08BXW018	新媒介与青年亚文化研究	新媒介与青年亚文化研究	马中红	苏州大学新闻传播学院	20140158
11BXW035	新闻图像在现代传播中的作用研究	新闻图像在现代传播中的作用研究	宁海林	浙江理工大学	20140178

续表

批准号	项目名称	成果名称	负责人	工作单位	证书号
09CTQ026	网络学术信息的多语言表示与获取模式研究	网络学术信息的多语言表示与获取模式研究、图书情报领域的多语言信息获取系统软件	吴　丹	武汉大学信息管理学院	20140220
12BXW049	网络暴力游戏对青少年的影响与引导研究	网络暴力游戏对青少年的影响与引导研究	燕道成	湖南师范大学新闻与传播学院	20140240
08BDJ016	网络文化与加强党的执政能力建设研究	网络文化与加强党的执政能力建设研究	吴克明	湖南科技大学法学院	20140614
08BZW071	"80后"文学与网络的互动关系研究	"80后"文学与网络的互动关系研究	江　冰	广东财经大学	20140618
10BGL083	网络空间的群体行为规律及政府治理研究	网络空间群体行为规律与政府治理研究	汤志伟	电子科技大学政治与公共管理学院	20140628
07CXW008	国际媒体，中国声音——中国传媒国际影响力研究及对策分析	国际媒体，中国声音——中国传媒国际影响力研究及对策分析(1978—2011)	张军芳	上海外国语大学	20140566
11BZX010	马克思主义哲学在中国传播与发展的百年历史	马克思主义哲学在中国传播与发展的百年历史	胡为雄	中共中央党校哲学教研部	20140674
10BGL005	媒体类网络公司社会责任研究	媒体类网络公司社会责任研究	田　虹	吉林大学商学院	20140691
09XWW001	斯图亚特·霍尔的文化理论研究	斯图亚特·霍尔的文化理论研究	邹威华	成都师范学院	20140748
09CXW018	基于数字仿真模型的网络舆论引导规律研究	基于数字仿真模型的网络舆论引导规律研究	吕德生	哈尔滨工业大学	20140695
09BZW042	近代上海报人小说家群体研究	近代上海报人小说家群体研究	梅新林	浙江师范大学	20140819
09CZW006	传媒时代的"语-图"关系研究	传媒时代的"语-图"关系研究	王泽庆	安徽大学中文系	20140826
08BZZ030	网络舆情突发事件预警机制研究	网络舆情突发事件预警机制研究	徐晓林	华中科技大学公共管理学院	20140859
11BTQ001	出版产业国际竞争力研究	出版产业国际竞争力研究	黄先蓉	武汉大学信息管理学院	20140853

续表

批准号	项目名称	成果名称	负责人	工作单位	证书号
10CXW008	"三网融合"背景下我国媒信通产业的融合、竞争与规制研究	信息平台的理论构建与实践探索——三网融合背景下我国媒信通产业的融合、竞争与规制研究	谷 虹	暨南大学新闻与传播学院	20140879
08BZW027	楚辞的传播形成与作家文学的诞生	楚辞的传播形成与作家文学的诞生	熊良智	四川师范大学文学院	20140892
08BXW025	新媒介和传统媒介融合研究——以媒介生产融合为例	传统媒体与新媒体融合研究——以媒体生产为视角	严三九	华东师范大学传播学院	20141150
10CXW011	转型期社会舆情预警问题研究	转型期社会舆情预警问题研究	杨永军	山东大学历史文化学院博士后流动站	20141204
09CTQ027	Web2.0环境下的网络舆情采集与分析	Web2.0环境下的网络舆情采集与分析智囊、网络舆情采集分析系统	夏 天	中国人民大学信息资源管理学院	20141121
11BKS056	坚持马克思主义在网络意识形态领域指导地位研究	网络时代的马克思主义意识形态领导权研究	杨文华	燕山大学马克思主义学院	20141306
09BXW003	我国编辑学研究60年(1949—2009)	我国编辑学研究60年(1949—2009)	姬建敏	河南大学	20141333
11CZW063	新时期文学的影像诉求与价值分化研究	新时期文学的影像诉求与价值分化研究	周根红	南京财经大学	20141419
10CDJ003	张闻天的新闻实践与理论研究	张闻天的新闻实践与理论研究	杨永兴	山东大学威海分校马列部	20141436
11BXW002	新闻自由化与苏共亡党关系研究	新闻自由化与苏共亡党关系研究	张举玺	河南大学	20141443
10BXW032	电影与滇川藏"大三角"地区社会变迁研究	电影与滇、川、藏"大三角"地区社会变迁	郭建斌	云南大学人文学院新闻系	20141478
11CYY016	中国少数民族语言互联网络发展状况的研究	中国少数民族文字互联网络发展状况研究	王志娟	中央民族大学信息工程学院	20141380
08BXW017	微笑传播及其文化创新意义的阐释——组织传播研究案例报告	微笑传播及其文化创新意义的阐释——组织传播研究案例报告	胡河宁	温州医学院组织传播研究所	20141536
10BDJ019	信息网络条件下的执政党加强自身建设研究	信息网络条件下的执政党加强自身建设研究	孙英臣	中共河北省委党校校刊编辑部	20141642

续表

批准号	项目名称	成果名称	负责人	工作单位	证书号
11AXW006	应对突发事件舆论引导系统构建研究	应对突发事件舆论引导系统构建研究	赵振宇	华中科技大学	20141684
(三)					
11CXW035	新媒体环境下职工舆情与舆论导向研究	新媒体环境下职工舆情与舆论导向研究	苏林森	中国劳动关系学院文化传播学院	20140027
07AXW005	中国特色网络文化建设和管理发展战略研究	中国特色网络文化传播管理发展战略研究	陈　绚	中国人民大学	20140011
11CXW033	植入式广告的效果评测与定价体系研究	植入式广告的效果评测与定价体系研究	李　彪	中国人民大学	20140022
09BXW027	网络舆论引导规律研究——以网络信息传播侵权与管理为例	网络舆论引导规律研究	林　凌	华东政法大学人文学院	20140133
10BZX078	西方文化产业理论发展研究	文化大转型:探源、解释和论评——西方文化产业理论发展研究	单世联	上海交通大学媒体与设计学院文化管理系	20140139
07CYY008	移民与城市语言发展研究——以上海为例	移民与城市语言发展研究——以上海为例	蒋冰冰	华东师范大学传播学院	20140140
09CTQ025	三种互联网知识传播模式及其比较研究	三种互联网知识传播及其比较研究	王兴全	上海社会科学院	20140438
07CXW001	新形势下的舆论引导新格局研究	新形势下的舆论引导新格局研究	骆正林	南京师范大学新闻与传播学院	20140450
11BXW033	传播学语境下向世界展示新疆的良好形象研究	新疆镜像——历史、现实与未来	熊建军	石河子大学文学艺术学院	20140531
10CXW030	新生代农民工信息需求层次与传播机制研究	新生代农民工信息需求层次与传播机制研究	陶建杰	上海大学影视艺术技术学院	20140572
07BSH015	舆情汇集分析和疏导机制与城市社区居委会建设研究	城市社区治理中群众诉求调处机制研究——以天津唐家口街社区居委会建设为例	陈月生	天津社会科学院	20140547
06CXW010	传媒对公共情绪的宣导抚慰功能研究	传媒对公共情绪的宣导与抚慰功能研究	吕文凯	郑州大学	20140728
09BTY010	北京奥运会媒介文化遗产研究	北京奥运会媒介文化遗产研究	张江南	武汉体育学院	20140736
10BXW005	网络环境下突发事件传播与管理研究	网络环境下突发事件传播与管理研究	李　珮	西南政法大学新闻传播学院	20140745

续表

批准号	项目名称	成果名称	负责人	工作单位	证书号
10XXW009	西部地区群体性事件中的网络舆情研究	西部群体性事件中的网络舆情研究	杨　军	电子科技大学政治与公共管理学	20140891
10AXW002	媒介融合背景下中国广播影视发展趋势和政策引导研究	媒介融合背景下中国广播影视发展趋势和政策引导研究	庞井君	国家广播电影电视总局广播影视发展研究中心	20140966
09XXW004	数字化时代信息交流OA模式及军事期刊的应对措施研究	数字时代信息交流OA期刊模式及军事期刊的应对措施研究	薛笑芳	中国人民解放军重庆通信学院	20140969
07XTQ004	信息承载力定量评价方法及应用研究	信息承载力定量评价方法及应用研究	徐晓锋	兰州大学	20141075
09AZD035	中国社会转型期突发事件网络舆情调控策略研究	中国社会转型期突发事件网络舆情调控策略研究	周锡生	新华通讯社	20141133
09CXW006	媒介融合时代的报纸网站内容创新和盈利模式研究	媒介融合时代的报纸网站内容创新和盈利模式研究	邓建国	复旦大学新闻学院	20141163
07CXW006	受众的社会分化与社会认同重建:基于电视媒介的研究	受众的社会分化与社会认同的重建:基于上海电视媒介的研究	邢虹文	上海大学	20141158
10CZZ018	网络谣言的社会心理及应对策略研究	网络谣言的社会心理及应对策略研究	郭小安	华中科技大学马克思主义学院	20141216
08XXW002	“十七年”时期女性媒介形象研究	“十七年”时期(1949—1965)女性媒介形象研究:从纪实到虚构	韩　敏	西南大学	20141236
07XXW001	传媒商业化问题研究——从伦理学路径的解读	传媒商业化问题研究——从伦理学路径解析	王　卉	四川省社会科学院	20141241
10XXW010	动漫内容创意产业研究	动漫内容创意产业研究	殷　俊	重庆工商大学长江传媒学院	20141354
11CXW023	舆情消长与边疆民族地区稳定研究	舆情消长与边疆民族地区稳定研究	刘建华	中国新闻出版研究院	20141388
11BXW041	我国网络舆情及主流媒体的舆论引导研究	我国网络舆情及主流媒体的舆论引导	王艳玲	天津师范大学新闻传播学院	20141398

续表

批准号	项目名称	成果名称	负责人	工作单位	证书号
11CGL092	网络群体性事件演变规律及智能仿真研究	网络群体性事件演变规律及智能仿真研究、网络舆情热点信息智能监测平台原型系统	徐　勇	中共湖北省委党校	20141444
10XZW018	边省地域对文学生产和传播的影响研究——以黔中明清文学为例	边省地域对文学生产和传播的影响——文学地理学视野下的黔中明清文学研究	汪文学	贵州民族学院文学院	20141476
07CXW010	中国成人动画发展现状及对策研究	中国成人动画发展现状及竞争战略	刘　斌	北京师范大学文学院新闻传播研究所	20141502
08CZW007	“文化转向”与视觉文化研究	“文化转向”与视觉文化研究	肖伟胜	西南大学	20141581
10BXW025	大众传媒与城市外来务工人员关系研究	寻找秩序:农民工与大众媒介关系研究	李红艳	中国农业大学人文与发展学院媒体传播系	20141625
10BGL105	经济全球化趋势下我国文化产业对外开放与维护国家文化安全研究	经济全球化趋势下我国文化产业对外开放与维护国家文化安全研究	欧阳有旺	南昌大学经济与管理学院文化产业研究所	20141677

（四）

批准号	项目名称	成果名称	负责人	工作单位	证书号
12CXW005	政治传播视域下中西微博运用对策研究	外国驻华使馆“微博外交”及其启示　我国公共外交社交网站建设亟需推进	赵鸿燕	对外经济贸易大学国际关系学院	20140947
08BXW020	境外中文网络媒体发展与我国对外传播策略研究	境外中文网络媒体发展与我国对外传播策略研究	刘　昶	中国传媒大学	20141626
08BXW021	外交新闻发言人的语言传播形象、机制及策略调查研究	外交新闻发言人的语言传播形象、机制及策略调查研究	谢爱伟	国家新闻出版广电总局	20141637
08AXW003	新形势下提高舆论引导能力研究	新形势下提高舆论引导能力研究	童　兵	复旦大学	20141647
09BXW001	传媒多样化语境下的新闻执政研究	传媒多样化语境下的新闻执政研究	张涛甫	复旦大学新闻学院	20141650

注：表中（一）（二）（三）（四）评定等级依次为“优秀”“良好”“合格”和“免于鉴定”。

来源：全国哲学社会科学规划办公室网站

国家社科基金 2014 年度后期资助项目结项名单

（新闻学与传播学）

序号	批准号	项目名称	出版单位	负责人	工作单位	证书号	出版日期
34	12FZW001	跨文化背景下中国电影的国家形象建构	人民出版社	陈林侠	暨南大学	20145035	2015/3/28
87	13FXW002	图像符号学：传媒景观世界的图式把握	四川大学出版社	胡易容	桂林电子科技大学	20145088	2014/5/28

来源：全国哲学社会科学规划办公室网站

教育部 2014 年度人文社会科学重点研究基地重大项目（新闻学与传播学）

序号	学校名称	基地名称	课题名称	负责人	项目批准号
1	复旦大学	信息与传播研究中心	网络意见表达中的社会思潮与群体极化研究	廖圣清	14JJD860004
2	武汉大学	媒体发展研究中心	互联网信息生态环境下我国国际传播影响力研究	周　翔	14JJD860001
3	武汉大学	媒体发展研究中心	转型期我国网络舆论生态系统的风险评估与调适机制研究	姚　曦	14JJD860007
4	中国传媒大学	广播电视研究中心	中国广播电视新闻人才发展战略研究——以媒介融合为背景	刘　昶	14JJD860006
5	中国人民大学	新闻与社会发展研究中心	苏联新闻体制变迁史研究	赵永华	14JJD860003
6	中国人民大学	新闻与社会发展研究中心	新传媒时代新闻活动主体关系研究（新闻主体论）	杨保军	14JJD860005

来源：教育部网站

教育部2014年度人文社会科学研究规划、青年基金项目（新闻学与传播学）

重大项目

学校名称	项目类别	项目名称	申请人
北京大学	规划基金项目	日本动漫在中国的传播研究	李常庆
北京师范大学	规划基金项目	高校出版物质量监督检查体系构建研究	吕建生
昌吉学院	规划基金项目	面向突发事件的新疆民族地区政府新媒体传播能力建设研究	任景华
长沙学院	规划基金项目	大众媒介风险放大的危害及其控制研究	全　燕
对外经济贸易大学	规划基金项目	市场化环境下我国大学出版社的学术出版研究	刘　红
对外经济贸易大学	规划基金项目	高校哲学社会科学期刊评价体系研究	于友伟
湖南师范大学	规划基金项目	高校出版社发展质量评价体系研究	周玉波
华南农业大学	规划基金项目	构建我国新闻投诉机制研究	李俊良
华中科技大学	规划基金项目	大数据环境下移动社交网络治理体制研究	李卫东
华中科技大学文华学院	规划基金项目	新媒体环境下受众的“对抗式解读”问题研究	杜俊伟
辽宁师范大学	规划基金项目	中小规模高校出版社发展路径研究	王　星
清华大学	规划基金项目	记录与继承:中国传统文化保护与传承研究	雷建军
清华大学	规划基金项目	我国少儿图书出版现状调查分析与研究	宗俊峰
陕西师范大学	规划基金项目	高校出版单位分类管理研究	雷永利
上海理工大学	规划基金项目	数字出版内容社会化生产模式及管理机制研究	陈敬良
四川大学	规划基金项目	高校出版社特色化、精品化发展模式研究	熊　瑜
天津大学	规划基金项目	转企改制后高校出版社发展路径研究	王云石
天津大学	规划基金项目	高校出版单位文化建设研究	所　静
武汉理工大学	规划基金项目	大国博弈中的敏感事件与新闻话语建构——基于语料库中钓鱼岛事件新闻话语的实证研究	林　莺
新疆财经大学	规划基金项目	新疆多元文化下微信舆情的主动引导策略的研究	孙　彬
新疆大学	规划基金项目	中亚五国网络媒体上的新疆报道现状研究	杨　蓉
浙江工商大学	规划基金项目	“美丽中国”理念下的“美丽出版”:内涵、路径、策略及价值研究	潘文年
浙江工业大学	规划基金项目	动漫影视作品对我国儿童人格培养的社会责任研究	严晓青
中南财经政法大学	规划基金项目	德国学者的中国新闻史研究评析	刘兰珍
中南大学	规划基金项目	从价值链到价值网:我国影视传媒产业演化与企业投资战略转型研究	盛　虎

续表

学校名称	项目类别	项目名称	申请人
中山大学	规划基金项目	“嵌入性”共生:1990年代以来新闻与公共关系职业的双重演进及危机	李艳红
安徽大学	青年基金项目	社交媒体中意见领袖的影响力分析模型——以豆瓣影评数据为例	钱付兰
北京大学	青年基金项目	大规模开放在线课程的社会网络和社区研究	叶韦明
东北师范大学	青年基金项目	争议性科技议题的科学传播研究	吴文汐
复旦大学	青年基金项目	主权数据与数据主权:全球网络空间新秩序的社会构建	方师师
复旦大学	青年基金项目	商业报纸的都市想象:上海《申报》专刊研究	林溪声
广东金融学院	青年基金项目	基层社会治理中公众参与的传播过程及其评估模型——基于发展传播研究参与式范式	李　萌
哈尔滨工业大学	青年基金项目	微博网络聚集过程的动力学研究	邵　力
海南大学	青年基金项目	基于我国南海争端的国际战略传播与模型构建研究	王　芳
红河学院	青年基金项目	大众传媒与滇南少数民族的国家认同构建研究	杨惠林
湖北第二师范学院	青年基金项目	我国教育出版的数字化集成平台的构建和运营研究	何国军
湖北工业大学	青年基金项目	电视媒体与社会核心价值观传播研究	魏正聪
湖北经济学院	青年基金项目	新媒体事件中知识精英的话语介入与舆论引导研究	陈媛媛
湖南师范大学	青年基金项目	高校出版社数字化发展模式研究	廖小刚
华东师范大学	青年基金项目	公共议题的建构与政治认知:基于中国总理记者招待会的实证研究	易　妍
华侨大学	青年基金项目	台湾地区两岸大众传播交流法规研究	张志坚
黄冈师范学院	青年基金项目	政务微博传播效果的评估体系与提升策略研究	陈　然
辽宁大学	青年基金项目	数字报纸付费墙研究	迟　强
辽宁师范大学	青年基金项目	回归童真:新媒介环境下我国儿童电视的节目创新及绿色传播研究	何　明
南京林业大学	青年基金项目	网络弱关系下农民传播的自组织化研究	卫　欣
山东财经大学	青年基金项目	微博影响力评价模型及其在舆情发现与监控中的应用	贾可亮
山东交通学院	青年基金项目	基于内容和用户行为分析的网络舆情情感分析技术研究	朱振方
山东师范大学	青年基金项目	大数据推动下的新闻生产研究	杨　娟
山东师范大学	青年基金项目	基于传播力模型的微信不良信息扩散机制及监管体系研究	王　虎
上海交通大学	青年基金项目	基于社交网络的老年人健康传播应用研究	吴湛微
温州大学	青年基金项目	中、日、韩企业在美国战略传播实务对比分析	袁　胜

续表

学校名称	项目类别	项目名称	申请人
武汉长江工商学院	青年基金项目	基于社会网络的公民网络政治参与行为研究	徐　迪
武汉体育学院	青年基金项目	基于社会计算分析的微博谣言传播机理与澄清机制研究	刘　静
西华师范大学	青年基金项目	影像传播与文学经典建构研究	李　杰
厦门大学	青年基金项目	中国青少年社交媒体使用与沉迷现状研究	黄含韵
厦门大学	青年基金项目	海峡两岸传媒交流与政治互信研究	谢清果
新疆大学	青年基金项目	社会化媒介中维吾尔族群体身份认同表达与建构研究	卢晓华
新疆大学	青年基金项目	新媒体与新疆宗教极端思想传播研究	王　飞
扬州大学	青年基金项目	中国纪录片跨文化传播策略研究	张成军
浙江大学	青年基金项目	后物质主义视角下绿色广告对受众环境观念影响的实证研究	刘于思
浙江理工大学	青年基金项目	仪式与交往:春秋时期的会盟传播	任中峰
浙江树人学院	青年基金项目	高校出版导向管理机制研究——教育部高校学报名栏管理体系构建	毛红霞
郑州大学	青年基金项目	高校出版“国际化”战略研究	徐　栩
中国传媒大学	青年基金项目	国外反腐败传播研究:理论、策略与案例	姬德强
中国传媒大学	青年基金项目	中国对日宣传历史经验、现实困境与创新策略	赵新利
中国传媒大学	青年基金项目	“全球南方”视野下的拉美传播及中国思考	张志华
中国政法大学	青年基金项目	大数据时代电视节目评估体系变革研究	黄　金
中央财经大学	青年基金项目	国家治理现代化视域下的舆情治理创新	陈　端

来源：教育部网站

教育部2014年哲学社会科学研究后期资助项目
（新闻学与传播学）

所在学校	项目名称	申请人	资助类别
暨南大学	媒体监督、媒体治理与资本市场发展:理论分析与微观层面的证据	杨德明	一般
清华大学	新世纪以来中国电影产业的改革与发展	尹　鸿	重大

来源：教育部网站

国家新闻出版广电总局2013—2014年度部级社科研究项目立项名单

序号	课题名称	申报人
1	国家广播电视媒体在重大事件中的舆论引导效果研究	张小琴
2	广播电视公共服务标准化均等化建设研究	杨六华
3	中国电影进入国际市场战略研究	张　玲
4	我国电视综艺节目创新研究	李岭涛
5	我国影视节目制作经营领域股权问题及对策研究	张　炜
6	视听新媒体监管体系建设研究	吕岩梅
7	电视剧书写中国梦——精品电视剧创作生产研究	李　汀
8	广播对丝绸之路国家国际传播策略研究	赵铁骑
9	新媒体环境下广播电视战略转型研究	高福安
10	电视节目全媒体传播效果考评体系研究	黎　斌
11	影视作品走出去版权战略研究	何　敏
12	广播与移动互联网融合发展策略研究	陆　地
13	有线电视与互联网技术新型融合发展战略研究	姜文波
14	农村电影放映工程可持续发展问题研究	张　红
15	三网融合背景下电视著作权问题研究	戴　进
16	完善和改进广播影视干部选拔任用机制研究	许秀中
17	中国电影的非盈利海外推广策略研究	孙向辉
18	县乡广播电视服务体制机制研究	和向东
19	新媒体环境下广播战略转型研究	赵子忠
20	多屏时代电视媒体制播分离改革路径研究	赵多佳
21	直播卫星增值业务发展研究	黄其凡
22	中国电影产业金融平台构建研究	张　琦
23	少数民族地区广播影视国际传播策略研究	安思国
24	全媒体语境下边疆民族地区广播发展之路 ——内蒙古民族地区广播事业现状、前景及发展策略	张兴茂
25	民族语译制与国家安全战略研究——以新疆西藏地区为例	麻争旗
26	改进西藏广播新闻报道研究	张先群
27	基于网络视频的影视剧传播机制研究	张邦卫
28	手语主持现状、存在问题及对策研究	袁　伟
29	加强主播队伍建设对于提升广播电视影响力的价值研究	胡智锋
30	“非遗”电视纪录片传播力研究	徐爱华
31	国家应急广播预警信息流转研究	姜海清
32	电视剧对青少年核心价值观的影响及引导机制研究	鲍　芳
33	构建中国在中东欧地区舆论新格局	邢　博
34	4G前景下广电行业面临的竞争新格局及其应对策略研究	吴信训
35	探析国有电影公司的核心改革发展策略	张　宏
36	城市电影市场规范经营体系建设研究	姜　涛

来源：国家新闻出版广电总局网站

附：

国家社科基金立项项目（2009—2013）解析

本文选取2009—2013年最近5年的国家社科基金新闻学与传播学立项项目，专注于考察其立项主题，从而把握我国近年来新闻学与传播学研究的热点，揭示新闻学与传播学研究的国家导向，为研究者申报国家社科基金课题和开展研究选题提供借鉴和指引。

一、立项项目主题分析

从2009到2013年，国家社科基金新闻学与传播学立项项目增长两倍多，每年立项项目的数量稳步增长，具体数量如表1所示。

表1

年份	2009	2010	2011	2012	2013	总计
年度项目(重点、一般、青年)	48	71	90	104	132	445
西部项目	8	12	10	6	12	48
重大项目	3	2	4	6	2	17
后期资助项目	0	5	5	2	8	20
合计(单位:项)	59	90	109	118	154	530

从内容上看，这些立项项目主题广泛，涉及到新闻传播研究的各个方面，但大致可以概括为以下几个类型，如表2所示。

表2

年度	主题								
	新媒体	国际传播	舆论引导与公共事件	媒介经营管理	新闻传播史	传媒文化	受众	传媒规制与伦理	民族、三农
2009	8	11	10	6	7	3	6	3	8
2010	14	8	16	15	13	2	7	6	11
2011	15	19	17	8	12	2	7	11	12
2012	14	20	18	9	16	4	11	10	13
2013	33	13	19	11	15	7	12	12	18
合计	84	71	80	49	63	18	43	42	62

需要说明的是，本研究对主题的归纳无法做到完全准确，分类标准没有强求一致，这些主题有些也不是严格意义上的并列关系，有些项目有跨类交叉，在统计时尽量归入主题偏向性更强或研究更为方便的一类，一般不重复统计。

从上表可以看出，在近5年国家社科基金资助项目中，新媒体研究顺应了时代的特点，占全部资助项目比例最大，成为研究的头号热点。国际传播研究愈来愈受到重视，受众与媒体舆论引导一直是研究重点，媒介经营与管理研究随着媒体管理改制及媒介形态多元化而出现不少新意。

（一）新媒体与媒介融合

与新媒体和媒介融合相关的项目是近5年国家社科基金新闻学与传播学立项项目中最多的，大约有157项，占总数530项的30%。其中，含有“新媒体”“网络”“手机”“微博”“微信”关键词的立项项目分别有28项、75项、6项、18项、2项，含有“媒介融合”“媒体融合”“三网融合”关键词的立项项目共有28项。按照前述的分类原则，这些项目有的更倾向于其他主题或为了研究的方便而在上面主题分类表中归入了其他类。

5年来新媒体与媒介融合的研究，告别了力图面面俱到的总体性的归纳与评判，落实到更加集中、更具针对性的现实层面。

1. 新媒体形态发展研究

近年来，以互联网、手机为核心的新媒体形态不断发生变化，呈现出不同的特点与功能。“3G手机媒体采纳与扩散”（李晓静，2009），“报纸网站内容创新和盈利模式”（邓建国，2009），“网络视频发展战略”（蒋宁平，2012），“中国网络电视批评研究”（谭玲，2013），“社交网站传播特性及影响力”（冯锐，2012），“微博公益传播的机制、效果与规范”（王炎龙，2013），“微信传播的功能与特点”（方兴东，2013）、“移动社交网络的自我呈现与人际传播”（黄佩，2013）等项目，聚焦于手机、数字电视、数字出版、网络视频、社交网站、网络游戏等新媒体形态，从特定角度对其进行分析与研究。

2. 新媒体对传媒发展的冲击和机遇

新媒体改变了原有的传媒生态，对传统媒体造成巨大冲击的同时，也为其发展带来新的机遇，媒介融合就是其中之一。“推进传统媒体全媒体转型”（周燕群，2012）、“新媒体环境下传统媒体的转型战略”（郭全中，2013）等项目，从总体上研究传统媒体如何通过媒介融合实现转型。而“党报的全媒体发展”（袁新洁，2013）、“美国报业数字化转型”（余婷，2013）、“中国报业全媒体转型的理论逻辑与战略选择”（麦尚文，2013）、“中国出版业数字化转型的媒介融合问题与对策”（梁小建，2013）等项目，将关注点聚焦到中外不同类型的传统媒体。还有一些项目关注媒介融合对整个新闻传播和传媒业的影响和发展，如“媒体融合对新闻传播的影响”（许颖，2009）、“媒介融合背景下中国传媒发展对策”（石磊，2010）、“媒介融合时代的传媒规制政策”（肖赞军，2011）。这些研究着眼于媒介融合的基本趋向，关注媒介融合语境下传媒业正在发生或即将发生的诸多变化，或呈现其效应，或展望其前景，努力得出富有建设性的结论。

电信网、电视网、互联网三网融合是媒介融合的重要内容，2009年“三网融合”首次写进政府工作报告，2010年被称为中国三网融合元年。2010—2013年，含有“三网融合”字样的立项项目共14项，按照年度分别为4项、5项、4项、1项。这些项目将关注点放到三网融合背景下，主要研究媒介体制管理及广播电视发展变革，前者包括“我国媒信通产业的融合、竞争与规制”（谷虹，2010），“对传统媒介和网络媒介管理体制与监管机制的影响及其对策”（杨明品，2011），“中美广播电视组织邻接权保护及管理机制比较”（赵双阁，2012），后者包括“广播电视新闻传播研究”（何志武，2011），“网络电视台的建设、发展与影响研究”（杨状振，2011），“我国广播电视媒体发展战略研究”（黄升民 2012），“我国电视产业的创新发展”（邬建中，2013）等。

3. 新媒体对人们生活和思维的影响

新媒体的普及，对人们社会生活方式及思想观念产生重要影响，尤其是社会化媒介已经日常生活化，人们获取信息、知识、娱乐及思考方式、社会交往方式发生了巨大变化。“新媒体在‘茉莉花革命’中的作用机理”（匡文波，2011）、“微博空间中公务人员的政治传播行为”（张兵，2013）、“政务微博意见领袖形成机制的经济学分析”（刘泱育，2013）、“传播全球化背景下我国网络文化建设与发展战略”（蒋建国，2013）、“生态问题网络问政中存在的问题及政府形象传播”（陈刚，2013）等项目，从政治、经济、文化、社会等角度深入研究新媒体的广泛影响。“微博主的社会认同建构”（杨桃莲，2012）、“移动社交网络的自我呈现与人际传播”（黄佩，2013）、“社交网络中传播主体行为的演变和规范”（王志永，2013）等项目，则将着力点放到新媒体的传播主体上，研究人们如何运用新媒体以及新媒体对传播主体的改变。随着新媒体的普及产生了诸多新现象与新问题，类似的研究还将继续拓展。

（二）媒介经营与管理

在市场经济条件下，中国传媒业具有一定的独特性，既不是完全意义上的企业，也不完全是事业，社会和经济的双重属性，使得传媒的经营和管理变得重要而复杂，成为近 5 年国家社科基金课题研究重点。

1. 文化与传媒产业

近 5 年国家社科基金立项项目标题中含有“文化（创意）产业”“传媒产业”字样的有 15 项。叶朗（2010）、熊澄宇（2009）、向志强（2013）分别研究我国文化产业发展战略、文化产业政策、传媒产业发展。丁和根（2012）研究传媒产业投入产出关联分析，禹建强（2013）研究数字时代传媒商业模式的创新。陈晓彦（2011）研究台湾文化创意产业，为大陆文化创意产业的发展提供借鉴。连水兴（2013）则进一步研究海峡两岸文化创意产业的合作。还有的研究聚焦于不同类型的传媒产业，如赵洪斌（2009）、刘军（2009）研究出版产业的结构、演变、转企改制等，殷俊（2010）、盘剑（2011）等研究动漫产业，谭云明（2011）研究报刊产业。

2. 资本与产业融合

传媒的发展与资本、商业化密不可分，一些学者在这方面展开研究，如鲍红（2010）研究教育出版产业的民营资本，商建辉（2009）研究媒介商业化。在经济全球化的当下，国外资本逐渐进入中国传媒与文化市场。支庭荣（2009）、李本乾（2009）、闻学（2009）等学者研究外资进入中国传媒市场的现状、趋势、影响与监管等，将中国传媒市场置于经济全球化的宏观背景中加以考察。同资本一样，新媒体正在深刻改变传媒产业，推动产业融合，传统媒体固有的商业模式受到极大冲击。“新媒体生态环境演变下的传媒经营模式创新研究”（范东升，2011）等项目，积极探索传统媒体的产业转型。传统媒体、网络媒体与移动媒体的交叉融合，形成无数新的媒体产业，数字出版就是其中之一。这方面的研究有“移动阅读时代中国数字出版商业模式构建及发展对策”（陈洁，2011）、“我国数字出版“走出去”的发展机理及动态评价”（陈少华，2012）、“数字出版赢利模式”（张立，2009）等。产业融合是当前传媒产业发展的重要趋势，将传媒产业置于产业融合和文化体制机制改革的大背景下，研究传媒产业的定位、发展模式、发展路径等问题，是传媒经营管理的新课题。

3. 传媒规制与伦理

这方面研究主要涉及三方面内容。一是法律法规，如“中国大众媒介法体系化”（魏庸征，2012），“网络著作权研究”（杨小兰，2012），“我国新闻界职务犯罪的成因、控制与预防”（肖峰，2009）。二是政策与制度，如“我国新闻信用制度建设”（邹迎九，2011）、“传媒公共文化服务制度建构”（梅明丽，2013）、“改革开放以来我国大众传播政策”（刘晓红，2012）。三是规范与管理，如“汶川大地震语境下我国灾难报道伦理的规范化”（刘海明，2009）、“广播电视节目中的低俗化问题和净化传媒视听环境”（牛鸿英，2009）、“环保类虚假广告的危害及其监管有效性”（刘传红，2011）、“大众传媒的语言与文字规范化问题”（段业辉，2010）、“报纸质量评估体系”（肖云，2011）。这些项目更多的是研究新媒体环境下传媒规制与伦理的新问题，如“政府对手机媒体内容管制的问题与对策”（李亚玲，2011）、“新媒体广告规制”（查灿长，2012）、“三网融合背景下中美广播电视组织邻接权保护及管理机制比较”（赵双阁，2012）。

（三）对外传播与国外传播

随着中国的崛起，中国现代传播的全球构建成为一个新的热点。2009 年年底，国务院新闻办公室主任王晨在全国第一届对外传播理论研讨会上指出，“新形势、新任务要求我们必须高度重视和大力加强国际传播能力建设。……建设覆盖全球的国际传播体系。”在此背景下，近 5 年来对外传播和国外传播研究受到关注。重大招标项目中涉及到这方面内容的课题就有 7 项，几乎每年都有，2012 年达到 3 项，如“中国媒体国际传播能力建设战略”（唐润华，2009）、“新形势下提升国际传播能力的战略”（姜加林，2010）、“跨文化传播中的中国国家形象建构”（张昆，2011）、“提升我国文化产品国际竞争力的路径与策略”（李本乾，2012）。

1. 提升中国传媒国际影响力

中国提升国际传播力，需要分析其传播现状与问题，将本土传媒的发展置于全球化的宏观框架中，分析其模式特征，做出有益的理论阐释，提出切实有效的对策。“中国对外传播话语模式”（刘立华，2013）、“我国媒体参与构建国际舆论传播新格局的范式”（王庚年，2011）、“全球化背景下我国新闻媒体国际传播能力建构及评价体系”（郭光华，2013）等项目，在这方面做出了尝试。传媒业的国际竞争力，可分为国家传播竞争力、媒介产业竞争力、媒介竞争力以及媒介产品竞争力。“中国对外传播能力研究”（相德宝，2010）、“全球化时代中国对俄罗斯国际传播的理念转型与策略创新”（严功军，2013）等课题，从提升国家传播竞争力的角度进行分析。“国际电视新闻频道全球传播与拓展战略”（陈怡，2012）、“多语种国际频道的传播策略和影响力”（魏地春，2011）等，以媒介竞争力为研究视角。“中国品牌跨文化传播战略”（张景云，2012）、“我国纪实影像的国际传播与影响力”（何苏六，2011）等，则从媒介产品竞争力角度进行研究。中国国际形象的塑造及国际话语权的提升是中国传媒长期肩负的重任，在新的国际传媒语境下，如何打造传媒航空母舰，使中国成为世界传媒强国，将是今后一直探讨的问题。

2. 全球化背景下中国形象的提炼、塑造与传播

在当今国际事务中，一个国家的形象越来越成为国家软实力的基石，通过媒介塑造国家形象已成为普遍运用的重要方式。

近5年国家社科基金立项项目中，题目含有“国家形象”关键词的达17项，其中2011年7项、2013年5项。全球化语境下，中国的媒介形象有两种形态，一是中国媒体在对外传播中塑造出的中国形象，一是外媒中呈现的中国形象。前者研究如“中国电视传媒与中国国家形象海外传播研究（1958—2008年）”（刘琛，2009），后者如“国外电视新闻频道涉华报道”（王维佳，2011）。更多的是将国内媒体和国际媒体作为一个整体进行研究，如“国家形象建构与跨文化传播的理论创新与路径选择”（单波，2012）、“全媒体语境下日媒对中国形象塑造及中国对日传播策略”（王以宁，2011）。这些研究阐释中国如何向世界展示自身形象，实现诸如对抗西方霸权、唤醒民族记忆、增强民族自信心和集体归属感、展示中国梦等多重功效。在研究视角上，或着眼于跨文化，或着眼于媒介事件镜像，或聚焦“普世价值”，或进行实证研究。

3. 国外传播与借鉴

一些学者对国外媒体的传播进行研究，以作他山之石，如“全球超级传媒研究”（李珍曦，2012）、“美国政治传播体系运作机制及我应对策略”（翟峥，2012）、“‘美国之音’国家形象建构研究及其对中国对外传播的启示”（宋颖，2011）。还有一些项目研究外国媒体与中国的关系，如“美国战略传播对西方对华态度的影响及对策”（赵和伟，2011）、“美国媒体对西藏的误读及其成因和对策”（韩青玉，2011）、“中国—东盟传媒合作的现状、问题与对策”（李庆林，2012）。

（四）受众与舆论引导

在中国新闻学与传播学研究的发展历程中，对受众和媒体舆论的关注并不是一个新鲜的话题。然而，纵观2009—2013年国家社科基金立项项目，不难发现，这种关注与种种实际经验和当下现实需求相结合从而出现了新特点。

1. 受众与媒介效果研究

近5年国家社科基金立项项目标题中含有“受众”和“效果”关键词的有20项。受众及其媒介效果研究的视角主要有三方面：一是对特定媒体的受众群存在方式与精神状况分析，如“中国动漫受众群体研究”（李明，2010）、“社会转型期中国微博受众研究”（张晨阳，2012）、“大众传播中的‘粉丝’现象”（蔡骐，2010）；二是对受众媒介素养和媒介使用的研究，如“领导干部的媒体素养和媒体执政能力”（史安斌，2010）、“‘三网融合’背景下老年群体媒介诉求与满足策略的实证研究”（盖龙涛，2011）、“‘新素养’视域下的青少年社交媒体使用行为”（付晓燕，2013）；三是从受众角度进行媒介效果研究，如“大众媒介中的大龄女青年形象及其传播效果研究”（张玉洪，2012）、“信任视域下的网络口碑效果研究”（铁翠香，2013）。

2. 媒体舆论引导

主流媒体在舆论的生成、传播及引导方面发挥着举足轻重的作用。在新媒体时代，舆论场多元化舆论主体泛化，主流媒体如何合理设置并充分发挥媒介的沟通与监管作用，舆论传播与引导的模式如何转型，是学界和业界持续探讨的话题。王艳玲（2011）、刘勇（2012）分别将主流媒体的舆论引导放到网络舆情、全球化信息化背景条件下加以研究，马利（2012）研究互联网时代传统主流媒体舆论引导效能和方法创新。媒体舆论引导研究的一个突出特点是网络和手机等新媒体的舆论引导，如“网络舆论引导规律研究”（林凌，2009）。微博客等社会化新媒体成为舆论引导的新平台，研究角度主要涉及到社会化媒体舆论传播机制及如何对其进行舆论引导两大方面。主要项目有“社交网络信息扩散机理与舆论引导机制”（廖玒，

2012）、“社会化媒体信息扩散机制及舆论引导”（荣荣，2013）、“微博谣言综合治理”（尹良润，2012）、“微博客舆情监测与主动引导机制”（禹卫华，2011）、“社会化媒体对转型期中国社会舆论的影响”（周葆华，2013）等。

3. 突发公共事件

近几年重大突发事件和公共危机事件频频发生，反映在近5年国家社科基金立项项目中，标题含有“公共事件”“突发事件”“危机”关键词的有36项。如“突发公共事件中网络舆论表达与规范”（孙玮，2009）、“日本NHK电视台对重大突发事件舆论引导及应对机制”（张海，2012）、“农村重大群体性事件中的信息传播与信息管理”（马锋，2011）、“突发危机事件中群体应激行为演化机制及干预对策”（姚珣，2012）。微博等社会化媒体舆论引导与突发危机相联系的研究成为新亮点。余秀才（2011）、徐世甫（2013）分别研究重大突发公共事件和群体性冲突事件中的微博舆论传播与引导范式，程士安（2011）、夏雨禾（2012）研究突发事件和微博舆论的关系。

4. 民族地区舆论引导

近几年民族问题事件频发，民族地区的舆论引导研究不断增加。刘寒娥（2012）研究民族地区舆情分析及媒体舆论引导机制，刘建华（2013）研究网络舆情传播及其政府治理机制，李勋灿（2013）研究舆论引导能力建设。解庆锋（2012）、兰杰（2011）分别研究新疆等民族聚居区舆论引导和群体性冲突事件的传媒引导，朱国圣（2010）研究提高民族宗教问题舆论引导力对策。

（五）其他研究热点

1. 民族与三农研究

在我国，三农问题同民族问题一样极其重要而复杂，对这两者的研究，除了舆论引导以外，还涉及到其他诸多方面：一是与民族和三农有关的传媒发展，如“新中国60年民族出版史”（刘新田，2009）、“蒙古文网站现状调查与发展策略”（萨如拉，2013）、“新时期我国涉农媒体战略转型”（陈娟，2013）、“新生代农民工自媒体传播增权研究”（高传智）；二是新闻传播与民族、三农发展，如“民族地区科技传播生态优化与和谐社会建构”（钟海平，2009）、“新型城镇化背景下长三角地区农村科技文化传播体系创新”（方晓红，2013）、“大众媒介对西北地区农村留守儿童社会性发展的影响”（杨靖，2011）；三是民族、“三农”的传媒形象呈现，如“以影像的方式塑造和传播真实的西藏形象”（王军君，2011）、“改革开放以来‘农民工’媒介形象流变研究”（董小玉，2009）。

2. 新闻史研究

既有对某一段历史新闻史的全面研究，如“新中国六十年新闻事业史”（李彬，2009）、“中华民国新闻史”（倪延年，2013），也有对某一方面新闻史的研究，如“中国近代广告史研究”（1840—1949）（陈培爱，2010）、“民国时期民营报业经营”（陶喜红，2012）；既有对新闻人物的研究，如“中国新闻时代开拓者黄远生”（宋三平，2010）、“中国共产党报人群体的出现与崛起”（1921—1949）（陈志强，2011），也有对新闻媒体的研究，如“多维视野下的《月华研究》研究”（马广德，2012）、“延安时期《解放日报》研究”（王春泉，2010），还有对新闻事件的研究，如“中央苏区红色文化传播”（陈信凌，2012）、“甲午战争后日本在长江流域办报活动及涉华舆情研究”（阳美燕，2013）。

此外，还涉及到传媒文化研究，如“网络文化通论”（李文明，2011）；新闻实务研究，如“媒介社会学视野下的人物报道转型研究”（盛芳，2011）；学科与理论研究，如“国际传播学科发展前沿研究”（陈卫星，2011）、“北美传播政治经济学研究”（陈世华，2013）等。

二、结语

综上所述，在2009—2013年新闻学与传播学国家社科基金立项项目中，新媒体及其影响、媒介经营与管理、全球化背景下国际传播、受众与媒体舆论引导成为备受关注的问题，勾勒了当前中国新闻学与传播学研究的基本面貌，突出了学科研究热点。

当然，不少新闻学与传播学长期研究的论题，如中国特色社会主义的新闻事业研究，大众传媒与农村建设的关系，以及区域、民族、宗教等敏感话题在国家社科基金的立项项目中仍占据较大比重。不过，研究者往往将它们置于同上述学术热点的相互参照之中来加以解读，从而使这些传统问题在当代文化生活中所包含的启示性效应得到更加确切而生动的彰显。

由此可见，国家社科基金新闻学与传播学立项项目的研究热点具有稳定性和前沿性相结合的特点，也具有理论研究与应用研究相结合且注重运用的特点，还具有多种主题的交融创新的特点。

作者：石　磊（四川师范大学新闻与传播学院院长、教授）
谢　婉（四川师范大学新闻与传播学院副教授）
庞　弘（南京大学文学院讲师）
田大菊（四川师范大学新闻与传播学院副教授）

摘自：《现代传播》2014年第8期

第十二篇
学人自述

甘惜分	宁树藩	方汉奇
赵玉明	南振中	童　兵
赵毅衡	罗以澄	张铭清
郑保卫	范以锦	李良荣
丁柏铨	吴信训	陈力丹
方晓红	郭镇之	高　钢
胡河宁	倪延年	邵培仁
邓炘炘	王怡红	时统宇
卜　卫	程曼丽	芮必峰
喻国明	雷跃捷	李　彬
崔保国	杨保军	张　昆
陈　绚	董天策	顾理平
陆　晔	单　波	丁和根
吴　飞	蔡　雯	陈　刚
胡智锋	严三九	蔡　骐
彭　兰	夏倩芳	姜　红
蒋建国	段　鹏	张志安

编者：本栏目陆续刊发在中国新闻传播学领域取得突出成绩、为中国新闻传播学术研究做出重要贡献的人物的治学思考。人物排序按人物出生时间的先后排列。

甘惜分

甘惜分，中国人民大学荣誉一级教授，享受国务院政府特殊津贴，中国新闻教育家、新闻学者。兼任中华全国新闻工作者协会特邀理事、首都新闻学会理事、中国新闻教育学会副会长等职。

1916 年 4 月 17 日生于四川省邻水县一个穷困家庭。1938 年赴延安，先后在抗日军政大学和马列学院学习，同年加入中国共产党，后任八路军 120 师政治教员和政策研究员。1945 年任新华通讯社绥蒙分社记者。1946 年参加《绥蒙日报》的创办工作。1947 年任新华社晋绥总分社编辑。1949 年任新华社西南总分社采编部主任。1954 年 9 月到北京大学中文系新闻专业任副教授。1958 年，随北京大学中文系新闻专业并入中国人民大学新闻系，任教授、新闻学博士研究生导师、校学位评定委员会委员、校舆论研究所所长，1998 年离休。

主要研究马克思主义新闻学理论。著有《新闻理论基础》《新闻论争三十年》《一个新闻学者的自白》《甘惜分自选集》和《甘惜分文集》（共 3 册）等，主编有《新闻学大辞典》，发表论文数百篇。其中《新闻理论基础》是中华人民共和国成立后公开出版的第一部论述社会主义新闻事业性质、作用等问题的专著。

治学自述

记得小的时候，天天盼长大。到了老年，却总想让时光倒流，返老还青，想多做一点工作，以弥补前半生的懈怠。可是日历一页一页翻过，一年过去，又是一个新年，屈指一算，今年我已活到 99 岁了。已经过去这 99 年，我到底干了些什么，说起来惭愧。我已经过去的这一生，大体上可以分为两大段。前半段不到 40 年，经过了在穷困中挣扎的童年时代、朦胧的少年时代，到了战与火的青年时代，才勉强算作半个知识分子，拿起笔写点东西。那都是服从当时政治任务。经过动乱十多年，我的笔迹差不多片纸无存。那些应时之作，不是自己的独立思想，很少保存价值，由他去吧。

1954 年以后，是我生命史的后一段，是命运的分界线和转折点。那年我奉调到北京大学工作，以后又到了中国人民大学，开始了我的学术生涯。这些年，人称我“桃李满天下”，这其实是不确切的。教出来的学生，都不是任何个人之力，而是党和政府及几十位教师的培养。至于科学研究，我无非写了一本书，编了一本文集，主编了一部《新闻学大辞典》，写了上百篇大小文章，如此区区之劳，不足以登大雅之堂。

由于新闻学是政治性极其强烈的科学，党把新闻工作视为党的喉舌，所以新闻学研究必须服从党的需要。但还有另一种思维方式是以研究科学规律为出发点，研究新闻的真实性、客观性、政治性、党性、群众性，研究新闻的社会监督作用和信息传播作用等等。这两种思维方式，如果搞得好是可以统一起来的，有利于国，有利于党，有利于人民，有利于社会主义；如果搞得不好，就可能造成对立。

就我自己来说，由于长期受党的教育，又在新华社工作过 10 年，我的新闻思维方式开始是完全正统的，也可以说是官方的思维方式。我那些年之所以被不少朋友和学生称为“正统派”，不是没有原因的。但是经过最近几十年的长期研究，对科学真理的追求，探索新闻的规律，我的思维方式发生了转移，这令我自己吃惊，也使一些朋友和学生惊异：为什么在中国共产党领导下革命几十年的一个老干部会发生如此巨大的思想转折？

回答是清楚的：认识真理是逐步的，有一个发展过程。我运用自己的独立思考，一步步向真理靠拢。我在《新闻论争三十年》一书的扉页上引用的马克思的话：“真理占有我，而不是我占有真理。”今天我仍然恪守这句名言。但我并不全都否定我的学术思想历程的前半段历史。一切正确的思想该肯定的就应当肯定。党的历史，党的新闻史，曾有缺陷，有错误，但全部否定它，那是背叛。

中国现在已经是一个新闻大国了，报刊、广播、电视之多，均在世界前列。在一个经济上尚属发展中的国家，何以必需这么多新闻媒介，这件事大可研究。问题是这么庞大的新闻媒介群，其质量如何？一切有识之士都难免扼腕叹息。任何新闻媒介，评价其质量都离不开这样几条：第一，信息量如何？第二，言论如何？第三，对政府和社会的监督作用又如何？第四，是否反映了国内外大事的真相？第五，是否生动活泼，令人爱不释手？以这几条衡量我国当前新闻媒介的质量，则很难令人乐观。何以我堂堂十多亿人口之大国，却不能以我之新闻传播媒介的高质量、高效能而震动世界？

宁树藩

宁树藩，中国新闻教育家、复旦大学新闻学教授。1920 年出生，安徽青阳人。1941 年就读于浙江大学龙泉分校外文系，

1943 年转学到中山大学外文系，1946 年夏毕业。曾任《徽州日报》副刊《文艺之家》主编。1949 年 11 月到复旦大学任教，1955 年转至复旦新闻系从事中国新闻史教学研究工作，历任讲师、副教授、教授、博士研究生导师，并兼任校图书委员会委员、系资料室主任、《新闻大学》编委、校学术委员会和学位委员会委员、系学位委员会主席和学术委员。

曾任中国新闻教育学会副会长和中国新闻史学会副会长。合作编著《新闻学词典》和《新闻学基础》，是《中国新闻事业通史》（多卷本）的副主编和现代卷主编，《新闻学大辞典》副主编。1991 年被评为全国优秀新闻工作者，1996 年获韬奋园丁一等奖。

治学自述

我出生的时候，家里经济情况比较好，6 岁为我请了个秀才教我《四书》《五经》，当时就是背啊，读不懂啊，是很传统的旧学。这样的学习一直持续了 10 年。现在看来，那时候的古文学习经历对我以后的学术研究特别有好处。16 岁那年，我上了新学堂，后来抗日战争爆发，我转到黟县的复旦附中读书。我和复旦的情缘应该就是从那个时候开始的。

解放以后我想一定要去从事革命工作，就去上海的华东革命大学接受培训，本来要被分配到大西南，正好陈毅有个指示，要为上海的建设留一些人才。因为我读过大学，学的又是外语，组织上就把我留在了上海，到了复旦大学，教政治课，从事

中国近代革命史的研究。从 1950 年到 1955 年，我扎扎实实地读了五年马列著作，把马列的基本概念、基本原理从头至尾认真梳理了一遍。这五年的马列学习，也是对我以后的学术研究很有帮助的。所以我感觉现在很多人对学马列兴趣不大，其实是不明智的。

我的成长和王中教授是很有关系的。当时他刚来复旦大学做新闻系主任。有一次我们政治课请他作报告，同他聊天，聊天当中他对我留下了深刻印象，并说，我们新闻系缺从事现代新闻史方面的老师，你又是从事现代革命史方面研究的，不如来我们新闻系吧。就这样，经过他的努力，1955 年秋，我就半路出家，来到新闻系从事现代新闻史方面的研究。在王中教授的支持下，我全力以赴，对新工作积极性很高。刚来一年，我就写了 1.8 万字的专业论文《中国工人阶级报刊的产生和初步发展》，在《复旦学报》上发表，还得到了我国出版界老前辈张静庐先生的来信鼓励，这更加增强了我从事新闻史研究的信心。研究历史，史料为先，当时做得最多的一项工作是整理史料。我经常去上海街头的旧书摊碰运气，去摊主私家旧书报库选购，现在复旦新闻学院资料室很多珍贵报刊就是这么获得的。

在研究中，我发现对于“新闻”一词，学界一直未能区分“新闻”（信息）与“新闻作品”（信息载体），我就提出要修改陆定一的新闻概念，先后发表《论新闻的特性》《新闻定义新探》等文章，认为新闻是一种信息，新闻作品是信息的载体。现在信息观念已经为学界所广泛接受，可是在当时，谁要去反对陆定一的定义，那是不得了的事情啊。

除了新闻之外，我还发现“新闻学”并没有准确的概念。“新闻学”的研究对象应该是“新闻”，但是我们的新闻学是以报纸、广播电视为研究对象。所以，我提出新闻学应该有两种，一种是本义新闻学，还有一种是我们现在的概念，广义新闻学。这个一定要分清楚，这个问题到现在还很严重，“新闻学”现在缺乏自己的理论体系，缺乏严格的学术规范。我现在一直还在思考这个问题，这是一个学理追求。我感觉，新闻学研究应该有理论追求。

我还想提一提新闻史，把新闻史当成思想史来研究，是新闻史研究中存在的一个大问题。比如说，“五四运动”中科学与民主是怎么宣传的，这是思想史，不是新闻史。又比如，党报宣传党的主张，论战革命和改良，则不是新闻史的问题，党报的出现和发展这才是“新闻史”研究的本体。所以说现在新闻史的研究是偏离主体的。我在新闻学院上新闻史这门课的时候，我有一句话：现在的状况是，把我们新闻史上的新闻现象打成无数碎片，拿来串一个政治思想发展的线条，而我们新闻史自己没有自己内在的线条，所以我提出新闻史的“本体意识”。

1997 年我退休后，一直在进行研究。坐在椅子上，躺在床上，还穷思苦想，始终离不开新闻史和新闻理论的思考。2003 年我出了一本自选集，把我从事新闻学研究近 50 年来的代表作品选了进去，算是对我学术研究进行一个阶段性的总结，但并不意味着停步。

学问是没有止境的，做学问不能浮躁，把手上没有解决的问题一个个解决。浮躁是不行的，必须一层一层地、不断地深思下去。这样的话，最后才能得到真理。并且，这个真理的追求也是没有止境的。而且我还想，不但对我自己，还对有些老师提出要求，就是在前进的时候，你不要考虑我现在有什么优点，我现在还缺什么。任何人，包括所谓的鼎鼎大名的大师，都要思考，我现在还缺少思考。理论无止境，只有这样子才能真正做出学问。一定要冷静地思考：我自己还有什么不足，不要一有点小成就就不得了了。（本刊编辑部根据封继承、顾炜程对宁树藩的访谈整理而成，访谈文章见：http://sh.eastday.com/qtmt/20091023/u1a645792.html）

方汉奇

方汉奇，1926年12月出生于北京，祖籍广东普宁。中国人民大学荣誉一级教授、博导，新闻与社会发展研究中心顾问兼学术委员会主任，中国新闻史学会名誉会长，中华全国新闻工作者协会特邀理事，吴玉章奖基金会委员兼吴玉章奖新闻学评审组召集人，北京大学、清华大学、南京大学、暨南大学等17所大学新闻传播学院的顾问、课程教授及兼职教授，北京大学新闻学研究会学术总顾问，南京大学新闻传播学院名誉院长，《中国新闻年鉴》编委会副主任委员。

1949年毕业于苏州国立社会教育学院（后并入苏州大学）新闻系。1950年任上海新闻图书馆研究馆员。1951年起在上海圣约翰大学新闻系讲授新闻史专题。1953年调至北京大学中文系新闻专业工作，初为助教，1954年被评为讲师。1958年随北大新闻专业全体师生并入中国人民大学新闻系，1979年被评为副教授，1983年被评为教授，1985年起任博导，2004年退休。退休后继续担任博导。2005年被评为荣誉教授，2009年被评为荣誉一级教授。

曾任中国新闻学会常务理事、首都新闻学会副会长、国务院学位委员会第三届学科评议组成员、国务院学位委员会第四届新闻传播学学科评议组召集人、中国新闻史学会会长。

主要著作有《报刊史话》《中国近代报刊史》《报史与报人》《新闻史上的奇情壮采》《方汉奇文集》等，主编有《中国新闻事业简史》、《中国新闻事业通史》（三卷本）、《中国当代新闻事业史》《中国新闻事业编年史》（三卷本）、《中国新闻传播史》《大公报百年史》等。先后发表《从大不列颠图书馆藏唐归义军进奏院状看中国古代的报纸》等学术论文250余篇。曾两次获吴玉章奖新闻学一等奖（1987年、2003年），一次获高校文科优秀教材一等奖（1996年）、两次获北京市优秀科研成果一等奖（1996年、2004年）。一次获北京市高等教育精品教材奖（2005年）、一次获吴玉章教学奖（2007年）及教育部国家级教学成果二等奖（1997年）。1984年被评为全国一级优秀新闻工作者，1987年被评为全国优秀教师，1987年、1997年两次被评为北京市优秀教师。2009年在中国传媒大会2009年会上被评为“共和国六十年60名传媒影响力人物”之一。

治学自述

我1926年出生，如今已经快90岁了。我小时候的愿望是当一名新闻记者，但新中国成立以后就没有这个可能了，因为那个时候我还不是党员，我1984年才入党。

1953年从上海调到北京开始，25年里，我虽然也在大学里做教学工作，写一些新闻史方面的小文章，但基本上什么也没干成。如果1978年我就退休了或者改行了，或者死掉了，那这一辈子就只搞了运动和劳动。先是当“牛鬼蛇神”住“牛棚”，再到江西的“五七干校”，后来1972年回到北京又跟工农兵学员摸爬滚打。但是我对劳动并无抵触情绪，中国人民大学的所有下水道我都钻过，所有的房顶都上过，打扫卫生，扫厕所，再苦再累再脏的活都不在话下。

1978年，临近人大建校30周年，我给系里提出，想写一本《中国近代报刊史》，为建校30周年献礼。跟系主任罗列商量，他同意了，然后我就着手写这本书。本来开始就是作为一个普通的献礼的书，准备写七八万字就可以了，后来写着写着，一发不可收拾，足足写了两年——30周年的献礼没赶上——写成了一部50多万字的专著。最后《中国近代报刊史》写了1500个人物，由于一路写来，思想解放的程度不一样，所以前头还有很多“左”的痕迹，如对外国人在中国的办报活动全部否定，认为都是“特务”，都是帝国主义侵华史的内容，一个好人都没有，一点好的影响都没有，是全部彻底的否定，不太实事求是。现在那本书再版过几次，我基本上没有动那个稿子，就保留当时的那个思想状况。在后记里说明了这个认识的过程，一看便知。这书是1978年开始写，1981年出版的。当时刚从干校回来，连个桌子都没有，就把装书的几个箱子垒起来当书桌，就是在那样的条件下写的。

这算是改革开放以后我的第一个成果。然后以此为基础，不断地有所拓展。一个是因为教学上有了比较多的投入，有了比较多的认识；另外也有了相对宽裕的时间做一些科研工作，写了一些个案研究的文章，组织了全国50个新闻史教学研究工作者完成了一部280多万字的《中国新闻事业通史》。接着又搞了一部编年史，也是三卷，也是200多万字。这一段时间，我还参加《中国大百科全书·新闻出版》卷的编辑工作，我是中国新闻事业这一部分的主编。这个工作做了五年，它要求很严谨，须充分占有原始材料，对我也是一个很好的学习机会。

历史就是过去的新闻，新闻就是明天的历史。新闻和历史有非常紧密的关系，它们最主要的共同点就是事实第一性，强调事实的真实。新闻研究应该坚持历史唯物主义精神，应该实事求是地去总结历史上的经验和教训。历史研究的目的是以古为鉴，以史为鉴。以史为鉴，可以知兴替，可以使我们聪明一点，可以使我们少走弯路，不犯历史上曾经犯过的错误。历史研究总是会考虑到现实的，是可以为现实服务的。应该确立一个科学的态度、实事求是的态度：不唯上，不唯书，不为尊者讳，不为亲者讳。

赵玉明

赵玉明，中国传媒大学（原北京广播学院）教授、博士研究生导师。现任国家新闻出版广电总局《中国广播电视年鉴》主编，中国新闻史学会名誉会长，北京大学新闻学研究会导师，国家社科基金项目新闻学学科规划评审组成员。

1936年出生。山西汾阳人。1955年考入北京大学中文系新闻专业，1958年转入中国人民大学新闻系，1959年毕业后到北京广播学院任教至今。曾任新闻系副主任、主任，副院长等职务。主要从事中国新闻史、中国广播电视史教学研究工作。曾主持完成多项国家社科、教育部、国家广电总局的科研项目。所著（含参与编著）的教材、专著、论文和主编的广播电视工具书曾在教育部（国家教委）、国家广电总局（广电部）和中国广播电视学会等主办的有关论著评选中多次获奖。2001年，在中国广播电视学会主办的首届全国“十佳百优”广播电视理论工作者评选中，被评为“十佳”之一。曾任国务院学位委员会第四届学科评议组新闻传播学学科（首届）评议组成员，教育部高校新闻学学科教学指导委员会副主任委员，中国新闻史学会会长，中国广播电视协会广播电视史研究委员会会长，原中国新闻教育学会副会长，中国广播电视学会副秘书长，中国广播电视协会学术委员会委员和《中国广播电视学刊》《现代传播》编委等。1992年起领取国务院颁发的政府特殊津贴。2007年退休后获中国传媒大学首批“突出贡献教授”称号。2010年获教育部、国务院学位委员会“全国优秀博士论文指导教师”荣誉证书。2011年捐赠获奖所得在中国传媒大学设立“赵玉明教授新闻传播学研究生奖助学金”。2012年获中国老教授协会颁发的“老教授科教工作优秀奖”。2013年获中国高等教育学会“从事高教工作逾30年高教研究有重要贡献学者”称号。

代表性著作有《中国广播电视通史》（主编兼主要撰稿人）、《中国现代广播简史》及《赵玉明文集》（三卷本）。主编有《中国广播电视图史》《广播电视简明辞典》《广播电视辞典》《中国广播电视人物词典》《中外广播电视百科全书》《中国现代广播史料选编》《日本侵华广播史料选编》等。

治学自述

回顾新中国成立半个多世纪以来中国广播电视史研究的发展历程，目前，广播电视史学作为广播电视学或者是新闻史学的一门新兴的分支学科，基本上得到了学界与业界的认同。今天，从广电史学科建设角度反思已有的广电史研究成果，从我亲身的教学研究经历来说，以我主编的《中国广播电视通史》为例，受个人和时代的局限，其不足之处主要是不同程度地存在着简单化、片面化和泛政治化的问题。

广电史学作为新兴的分支学科，不同于其他传统史学之处在于起点低、无师承，是在借鉴报刊史、新闻史的基础上白手起家、逐步成长起来的。广电史学的研究过程实质上也是不断创新的过程，从无到有是创新，从有到好也是创新，而且是高层次上的创新。如果说20世纪是广电史学研究的开创和建立阶段，那么，21世纪必将是广电史学研究的创新和发展阶段。立足当今，已有的中国广电史研究成果，在以下几个方面还有待提高和突破。

第一，从对广电属性的认知来看，已出版的广电史著作基本上是将广电作为宣传工具展开述评的，而对广电的技术属性、产业属性则着墨不多，从广电的文化属性来探讨其发展之路，还有待深化。

第二，从广电史的分期来看，基本上是按革命史、党史、国史的分期模式处理的，如何着眼于专业史、行业史的角度探讨突出广电特点的分期模式，尚待探讨。

第三，对错综复杂的民国时期的广播史来说，解放区部分比较充实，而对北洋时期的广播以及后来的国民党广播、民营广播、宗教广播和形形色色的外国在华广播来说，无论从史料的占有及对不同形态广播的述评都比较单薄，缺乏如实、深入的记载和分析。

第四，对中国广电史料的搜集、整理和使用上，基本上还处于手工操作阶段，如何运用数字化手段加以处理，尚属空白。民国时期的广播史料散见于各种相关档案、报刊、书籍，可谓少而散。新中国时期广电史料又可以说是多而杂。期盼中青年同志能够有志于运用数字化的手段将丰富多样的广电史料加以整理出版，为教学研究提供方便。

第五，广电史学的研究有待在“引进来”和“走出去”方面寻求突破。从国内来讲，“引进来”是指引进其他相关史学学科的治学理念、经验和成果，借以提高广电史学的研究水平。“走出去”是指要使广电史学的研究与其他相关史学学科研究加强交流互动，使之了解广电史学的成果。从国际来讲，“引进来”是指将国外的广电史著作译成中文，供我们研究中国广电史参考。“走出去”是指将中国的广电史著作译成外文，使中国广电史的成果，为国外同行所知。目前，我们在这两方面几乎还是空白，期盼有朝一日能形成中外广电史著作互动交流的良好格局。

南振中

南振中，现任郑州大学新闻与传播学院院长、教授、博士研究生导师。专业职务为高级记者。1942 年 5 月出生于河南省灵宝县。1964 年 7 月毕业于郑州大学中文系，同年 8 月到新华社山东分社从事新闻工作。1981 年 3 月至 7 月在中共中央党校新闻班学习。1981 年至 1985 年先后担任新华社山东分社副社长、社长。1985 年至 1993 年先后担任新华社总编辑室副总编辑、总编辑。1993 年 4 月担任新华社副社长兼总编辑室总编辑。2000 年 6 月被任命为新华社总编辑。2003 年 3 月至 2013 年 3 月，担任第十届、第十一届全国人大常委会委员，全国人大外事委员会副主任委员。是中共十三大、十四大、十五大、十六大、十七大代表，九届、十届、十一届全国人大代表。2013 年 4 月，被郑州大学聘为新闻与传播学院院长。

治学自述

1964 年参加新闻工作以后，在基层当了20 年新闻记者。20 世纪 70 年代末 80 年代初，中国农村兴起第一波改革浪潮，我深入到贫穷的鲁西北地区和沂蒙山区蹲点调研，同农村干部群众一道探索摆脱贫困的做法和经验，采写了一批讴歌农村改革、反映农村变化的新闻通讯。1984 年被中华全国新闻工作者协会授予“全国优秀新闻工作者”称号。1991 年 11 月获首届全国中青年记者优秀成果最高奖——范长江新闻奖。该奖评委会的评语是：“南振中采写的有关农村的报道，题材新颖，有思想深度。”早期从事新闻工作的经历记录在 1985 年新华出版社出版的《我怎样学习当记者》一书中。这本书被一些高等院校列入“新闻传播学院学生阅读书目”。

从 1986 年 1 月 14 日担任新华社总编辑室总编辑，到 2007 年 8 月 30 日辞去新华社总编辑职务，我在总编辑岗位上度过了 7899 个日日夜夜。在组织指挥新闻报道的过程中，着重研究了四个课题：一是提出“记着发现力”的概念，对影响新闻发现力诸多要素进行了系统分析。所著《记者的发现力》一书被列入“总编辑研究文库”，1999 年 12 月由新华出版社出版；《影响新闻发现力诸多要素的分析》一文 2004 年 7 月起在《新闻战线》上连载；二是研究重大突发事件应急反应及传播规律；这一研究成果被上级领导机关部分吸纳。三是研究舆论监督的评判、宣泄和警示功能，提出从“党和政府明令禁止”“人民群众深恶痛绝”两个方面选择舆论监督的突破口。这一研究成果体现在《舆论监督是维护人民群众根本利益的重要途径》一文中，刊于《求是》杂志 2005 年第 12 期。全国党建研究会将其作为理论研讨会入选论文，并颁发了获奖证书；四是 20 世纪末的 1998 年率先提出“两个舆论场”的概念。十四年后，“两个舆论场”成为 2012 年度“新媒体热词”。《中国记者》在一篇专访中评价说：“‘两个舆论场’这一概念的再度升温，说明这一理论概括具有时空穿透力。”

在全国人大常委会工作期间，为了履

行立法和法律监督职责，开始研究法律问题。10年间，我对提交全国人大常委会审议的法律草案提出了几百条意见和建议，其中143条建议与常委会组成人员的主流意见不谋而合，被吸收到50部法律条文之中。2011年新华出版社出版的《亲历中国民主立法——在全国人大常委会发言实录》，是我年逾花甲学法律的一项具体成果。此外，还撰写了《学习点亮人生》一书，团结出版社2011年4月出版。这本书获中国书刊发行业协会颁发的“全行业优秀畅销书奖”，被中共中央组织部、新闻出版总署、国家图书馆评为“全国党员教育培训优秀教材”。2015年元旦前夕，我向郑州大学70多名学生发放了调查问卷，就大学生读书问题进行调研，从中筛选出70多个有代表性的问题，经过研究和思考，分别给同学们写了回信。《大学该怎么读——给大学生的75封回信》一书由新华出版社出版。《中国记者》发表书评认为，这本书是“从心里发出，到心灵深处”。

童 兵

童兵，1942年11月26日生于浙江绍兴，5岁移居上海。本科毕业于复旦大学新闻系，硕士和博士毕业于中国人民大学新闻系和新闻学院。现为复旦大学文科资深教授，新闻学院博士研究生导师，学术委员会主任，博士后流动站站长，新闻传播与媒介化社会研究国家哲学社会科学创新基地主任，复旦大学传媒与舆情调查中心主任，复旦大学志德书院院长。

主要兼职：教育部人文社会科学重点基地中国人民大学新闻与社会发展研究中心学术委员会主任，北京大学新闻传播学院、清华大学新闻传播学院等十余所高校兼职教授，人力资源部博士后管委会第七届专家组成员，中组部特聘支持西部地区高教专家，《当代传播》《新闻记者》《新闻爱好者》等新闻学术刊物顾问或专家组成员。曾任第五届国务院学会委员会新闻传播学学科评议组召集人，人力资源部博士后管委会第五、六届专家组成员。

治学自述

1978年攻读硕士学位期间，开始学习与研究马克思和恩格斯新闻活动及新闻思想，后扩展到对马克思主义经典作家新闻活动及新闻思想的研究，至今这是我最主要的科学研究领域，代表性成果有《马克思主义新闻思想史稿》和《马克思主义新闻经典教程》。1981年获得硕士学位后留校任教，开始系统研究新闻事业和新闻传媒，开设“新闻事业概论”课，代表性成果有《新闻事业概论》（第二作者）、《中西新闻比较论纲》《比较新闻传播学》。同时，开始系统研究新闻传播基本原理，在坚持考察新闻传媒、新闻运作和参与新闻阅评的基础上，考察和研究当代中国新闻政策。代表性成果有《新闻理论简明教程》（第二作者）、《理论新闻传播学导论》《主体与喉舌——共和国新闻传播轨迹审视》《新闻理论》。这一时期，以20多年时间坚持参与全国高等教育自学考试指导委员会新闻学专业新闻理论自学考试大纲的研究与撰写，出版大纲及教材多种。连续十几年参与全国新闻传播学学科综合水平全国统一考试大纲及指南的研究与编写工作，任主编。参与主编《中国监督学大辞典》，任副主编、社会监督学科卷主编。协助导师甘惜分教授编撰出版《新闻学大辞典》，任编委兼编辑部主任。

2001 年自中国人民大学调入复旦大学后，我同夫人林涵教授合作撰写与出版《20 世纪中国新闻学与传播学·理论新闻学卷》，发起主持出版一套新闻名家自选集，我的自选集为《新闻科学：观察与思考》。从 2006 年起，每年主持编写《中国新闻传播学研究最新报告》，至今已出版 10 卷。该最新报告中由我撰写的总论部分，被教育部社科司每年出版的《中国高校哲学社会科学发展报告》收录发表，共出版 7 卷。2008 年由教育部社会科学委员会指令我主编了《中国高校哲学社会科学发展报告（1978—2008）》。从国家教委“八五”人文社会科学研究规划开始，每年都获批国家社科规划或教育部、北京社科规划、上海社科规划的研究项目。项目结项后其成果或以咨询报告上报，或以研究报告公开出版，较有代表性的有《科学发展观与媒介化社会构建——新闻传播学视角的研究》等著作。2014 年 6 月，我和陈绚领衔的 200 余名研究者经过七年研究撰写的《新闻传播学大辞典》出版。全书收录条目 6811 条，达 220 万字，成为中华人民共和国成立以来，收录辞条最多、涉及内容最齐全的新闻传播学辞书。该书被列为“十二五”国家重点图书出版项目。目前在研的有国家社科规划重大课题、重点课题和特别委托课题。

37 年来，共编写出版新闻学学术著作、教材、研究报告、辞书共 35 部（少数著作同他人合作），发表学术论文近 500 篇，获得国家、地方和学术刊物各类奖励 38 项。中国人民大学剪报资料社每年收录论文 2—3 篇。近 15 年，《新华文摘》每年全文收录论文 1—2 篇。1991 年获国务院学位委员会和国家教委“做出突出贡献的中国博士学位获得者”称号。1999 年获教育部电化教育办公室和中央广播电视大学“全国广播电视优秀主讲教师”称号。2003 年获国务院学位委员会和教育部“指导全国优秀博士学位论文导师”称号。

赵毅衡

赵毅衡，1943 年生于广西桂林。四川大学文学与新闻学院教授、博士研究生导师，符号学－叙述学－形式论理论家。1968 年毕业于南京大学外语系。1981 年毕业于中国社会科学院。1983 年至 1988 年就读于美国加州大学伯克利分校，并担任该校的助教、助研，1988 年获博士学位；同年起，任职于英国伦敦大学。2002 年起任四川大学教授，符号学专业博士研究生导师。2008 年回归中国国籍，并创立四川大学符号学－传媒学研究所，创办《符号与传媒》杂志，主持《符号学论坛》网站。主编《符号学开拓丛书》《当代符号学译丛》《当代符号学丛书》《符号学前沿》等丛书，是中国西部符号学派创始人。主要学术著作有：《远游的诗神》《新批评》《文学符号学》《当说者被说的时候》、*The Uneasy Narrator*、《礼教下延之后》、*Toward a Modern Zen Theatre*、《符号学》《广义叙述学》《趣味符号学》等。

其主要贡献是在形式论诸领域，尤其是符号学与叙述学，是国内文科学者中为数不多的能用英文写作出版书籍的学者。

治学自述

我是 1968 年“文化大革命”中大学毕业的，这就意味着从 1965 年搞社教开始，一直在农村、军垦、矿井劳动。人生学习能力最强的十多年中，公开读书是想都不用想的奢望。于是我就“背地里读”：

面对文件枯坐时，心里默默翻成英文。到1978年允许考研时，除了读书很快，一无所能。

到了社科院，师从卞之琳先生做莎学研究，倒也得其所哉。但是先生看出来，我的思维趋于理性，他想起他们30年代知识分子与瑞恰慈、燕卜荪等来华教学的形式论大师的交往，就指导我“一步步把形式论各学派搞清楚”。我尊奉师命，从那时起，至今近四十年来，无日敢忘。从英美新批评到俄国形式主义，从结构主义到后结构主义，从叙述学到广义叙述学，从符号学到符号现象学，一步步从西方人的理论，从中国古人的理论，到近年力图开拓中国当代学者自己的理论学派。我个人认为：“中学”“西学”的营垒划分，是学术上的画地为牢，在“后王国维时代”，已经不可能。中国学界应当拒绝“跟着别人说”，也不应当“关门自言语”，需要有跳出藩篱、建立“当代中国学说”的气魄。

在近六七年，我参与建立了四川大学符号学－传媒学研究所，以及全国“文化与传播符号学学会”，但是主要精力致力于总结自己一生的形式论探索，一本本地写出“形式论三书”。

第一本是2011年出版的《符号学：原理与推演》，试图在百年符号学运动基础上，重新定义符号与符号学，开拓一个新的、适合当今符号泛滥时代的符号学体系。此书被称为“近三十年来最重要的符号学著作”。

第二本是2013年出版的《广义叙述学》，试图摆脱当今欧美的“后经典叙述学”，而展开一个能覆盖人类全部叙述样式，尤其是各种电子传媒体裁的总体叙述学。此书被评为“放眼世界，就其抱负、创见来看，是近年最为重要、最值得研读的叙述学著作之一”。

我目前正在作结的是第三本书《意义理论》，试图融合各家的意义学说，重新整理形式论的哲学基础，抽象出适用于这个急剧变化时代的意义规律。

我的形式论探索引发的争议，比解决的问题更多。我平生最喜欢读到青年人跟我争论的文字，听到他们的挑战让我欣喜，言辞越激烈我越满意。既然没有人能宣称掌握了真理，那么我们凡人能做的最重要的事，无非是激励有志的年轻一辈学者，挑起他们对抽象的理论问题思索与争论的愿望。就这一点而言，我四十年的工作，可能是有成效的。

罗以澄

罗以澄，1944年出生于福建福州。武汉大学新闻与传播学院教授、博士研究生导师、教育部人文社科重点研究基地——武汉大学媒体发展研究中心学术委员会主任。

1961年至1966年，在中国人民大学新闻系学习。毕业后，先后在报纸、广播等媒体从事记者和编辑、主编等工作。1984年初调入武汉大学新闻系任教，曾任该校新闻研究所所长，新闻与传播学院院长，兼任国务院学位委员会新闻传播学科评议组（第五届、第六届）成员，中华全国新闻工作者协会（第七届、第八届）特邀理事，中国高等教育学会新闻传播教育专业委员会副会长等职。

治学自述

我于20世纪80年代初开始步入学术殿堂，主要研究领域为新闻传播实务和媒介发展。

其一，探索新闻传播观念的现代化

(20 世纪 80 年代)。在当时中国新闻界思想解放运动中，针对新闻实践与理论研究中存在的问题，我的学术旨趣集中在这样四个方面：一是辨析新闻、宣传、舆论之间的关系，辨析新闻价值、新闻真实性、新闻客观性等基本概念，以求恢复对新闻本体的认识，进而回归到对新闻传播规律的把握；二是从信息论、系统论、控制论的角度探索新闻业务的现代化之路，建构具有科学、理论内涵的新闻写作学体系，拓展新闻业务研究的思维空间；三是恢复受众的主体地位，从心理学层面把握其特点，实现传者与受者的互动式传播；四是破解新闻报道的公式化、概念化等清规戒律，在理性、情感、想象、观察、报道方式等层面恢复新闻报道的自由本性。其间的探究贯穿一个主题，即新闻报道观念的现代化。总的思维指向是企求颠覆新闻传播领域的专制主义、教条主义和形式主义，呼唤新闻传播的理性意识。这一阶段的代表作有：《重提新闻价值》《新闻、宣传、舆论三者之间的关系》《新闻报道中的感情共鸣点》《我国新闻写作学研究现状的反思》等论文，以及《新闻采访学教程》《新闻写作现代化探析》等著作。

其二，追寻中国新闻传媒改革的应循之道（20 世纪 90 年代到 21 世纪初）。1992 年邓小平南方谈话后，中国社会进入到改革开放的全新时期，新闻改革也重新启动。针对当时传媒改革进程中出现的问题，我先后进行了这样几方面的探索：一是市场经济语境下新闻报道理念的革新；二是市场经济与媒介市场的走向、传媒业资本运营的产权分析；三是网络传媒及其运营规律；四是全球化背景下跨国、跨文化新闻传播。与前一阶段相比较，这一时期的理论探索，不再停留于启蒙，而是注重更深地介入到传媒的发展过程；不再是概念辨析，而是注意媒介发展思路的探讨；不再局限于新闻业务，而是扩展到了媒介经营与管理；不再只关注中国媒体，而是把中国媒体的发展纳入到了跨国、跨文化传播的背景中考察。这一阶段的代表作有：《论社会主义市场经济与经济新闻采写的改革》《我国党委机关报的现状、问题与前景探讨》《关于当前媒体市场评估的对话》《他国形象误读：在多维视野中考察》《中国新闻网站前景与策略探讨》《我国传媒业资本运营的产权分析》等论文，以及《新闻采访学新论》等著作。

其三，寻觅中国新闻传媒发展战略进路（21 世纪初至今）。伴随着网络媒介的勃兴，中国传媒生态环境发生着巨大变化。在这样的背景下，我对传媒改革应循之道的思考，逐步转向在新的媒介生态环境中，对中国传媒发展战略进路的探索。这一时期的研究集中在两个方面：一是对传媒发展的“中国案例”的探索；二是对传媒发展与和谐社会构建关系的分析。前者着重从四个向度上展开：一是探索中国传媒的市场化转型，研究切入点包括传媒细分市场的选择、市场主体的建设及其市场策略，市场规则的构建与完善、市场空间的拓展、内容市场和资本市场的形成，市场化趋势的反思、传媒的“跨区域”和“跨媒体”发展，以及不同介质的媒体组织的市场策略选择等。二是探究传媒本体的良性、优化发展。三是探索中国传媒在争夺国际传播话语权、传播中国国家形象方面的对策。四是探讨中国传媒的数字化转型和媒介融合。后者则重点探究了这样两个问题：一是构建和谐社会框架下的制度供给、政策环境和资源配置，给予新闻传媒发展提供的前导性和规制性意义。二是中国当代社会政治、经济、文化、技术的发展与新闻传媒发展的共生互动关系的构建机制。这一阶段的代表作主要有《媒介思辨录》《中国社会转型的传媒环境与传媒发展》《新闻传媒发展与构建和谐社会关系研究》等著作。

张铭清

张铭清，1945年11月出生。1978年至1981年就读于中国社会科学院研究生院新闻系，是该院首届硕士研究生。1981年至1993年任《人民日报》福建记者站记者、首席记者、站长，人民日报社记者部副主任、高级记者。1993年至2006年任国务院台湾事务办公室主任助理、新闻局局长、新闻发言人、中华全国新闻工作者协会常务理事、中央对台宣传领导小组成员、中央外宣办顾问、中新社新闻学术研究中心副主席。海峡两岸关系协会第二届理事会副会长，国防大学兼职教授，北京联合大学兼职教授、顾问。2007年任厦门大学新闻传播学院首任院长、教授、博士研究生导师。

治学自述

我的新闻理论与业务实践始于1978年。在就读研究生的三年中，主要精力集中在撰写硕士学位研究生论文《论工业经济报道的改革》。论文分析了《人民日报》30多年来的工业经济报道的得失，提出了改革的方向和具体办法，为在改革开放年代，推动新闻报道坚持真实性原则，摆脱“浮夸风”、纠正“左”的影响，做出了努力，得到了业界的重视和好评。在研究生学习期间，我还就新闻理论作了探索，参加了“非事件性新闻”和“新闻自由”方面的讨论。相关论文，发表在新华社的《业务研究》和人民日报的《新闻战线》上。后来，这些论文被收入相关文集。

从1981年到1993年，我先后在《人民日报》福建记者站和人民日报社记者部工作，主要从事新闻业务。在福建期间，正是改革开放大潮涌动的年代。我通过大量的报道，为改革开放鼓与呼。我采写的福建三明精神文明建设的系列报道，引起中央的重视，三明被树立为全国精神文明建设的典型，中宣部在三明召开了现场会，推广三明经验。我采写的福州55个厂长经理要求松绑放权的报道、厦门经济特区的报道以及海峡两岸交流交往的报道，都产生了全国性的影响，为营造改革开放的舆论环境发挥了一定作用。

这13年将主要精力投入新闻业务的同时，我也没有放松对新闻理论的关注与研究。1993年发表的论文《论新闻的非商品性与报纸的商品性》获北京新闻论文一等奖。

从1993年到2008年在国务院台湾事务办公室和海峡两岸关系协会工作期间，我主要从事推动海峡两岸新闻交流工作。两岸新闻交流成为两岸各个领域的交流中启动最早、最活跃的领域，为两岸关系和平发展创造了良好的舆论环境。2012年成为台湾文化基金会创办的“真善美海峡两岸交流特别贡献奖”大陆唯一的获奖者。

在国务院台办工作期间，我还参与中国政府关于台湾问题的《台湾问题与中国的统一》《一个中国原则与台湾问题》两个白皮书等重要文献的组织撰写工作。在《人民日报》理论版等重要报纸杂志上发表多篇学术论文。其中一些重要文章入选《邓小平理论文库》和《江泽民论述研究》。出版过言论集《海峡谈屑》、通讯和报告文学集《海峡潮》。学术论文和新闻作品获得国家和省、部评选的多种奖项。我的新闻实践和成绩，在中国台湾和海外新闻界产生了一定影响和知名度，得到两岸新闻界及学术界的肯定好评。

2007年4月，我受聘担任厦门大学新闻传播学院首任院长、教授、博士研究生导师。2008年申报国家哲学社会科学基金重大课题“‘一国两制’新闻理论与实践”

研究获批后，担任这一课题的首席专家。此课题已在2013年顺利结项。

2013年任两岸关系和平发展协同创新中心社会平台主任、首席专家。2015年任国家文化软实力协同创新中心学术委员会副主任。

郑保卫

郑保卫，1945年出生于山东淄博。现为中国人民大学新闻学院教授、博士研究生导师，中国人民大学校务委员会委员。2002年4月至2015年2月任教育部人文社科重点研究基地——中国人民大学新闻与社会发展研究中心主任。2004年被聘为教育部社会科学委员会委员（后兼学部副秘书长、新闻与传播学科组召集人），中央马克思主义理论研究和建设工程新闻学教材编写组专家，中国人民大学马克思主义理论研究和建设工程新闻学教材编写组首席专家，享受国务院政府特殊津贴专家。被聘为中国传媒大学、重庆大学、兰州大学和中国延安干部学院等校兼职教授，兼任重庆大学新闻传播与区域发展研究院院长，西藏文化传承发展协同创新中心首席专家，中国气候传播项目中心主任，曾任全国新闻学研究会会长。

治学自述

我于1964年和1978年考入中国人民大学新闻系读本科和研究生，1981年研究生毕业后，先后在国际政治学院（后更名为中国人民警官大学）新闻系、中国新闻学院任教，讲授新闻理论和进行学术研究。主要研究领域为新闻学传播学基础理论、马克思主义新闻理论与实践、新闻法制、新闻伦理、新闻教育、传媒改革、气候传播、民族新闻传播、区域传播和舆论学等。

从事新闻教学和研究30多年来，先后出版《新闻学导论》《当代新闻理论》《新闻理论新编》《论新闻学学科地位及发展》等多部新闻理论教材和专著，对新闻理论体系建设形成独特见解，主讲的新闻理论课获评北京市和国家精品课程。近十几年来，为维护新闻学学科地位，促进新闻学学科发展，通过授课、撰文、讲演和参会等多种形式，批驳“新闻无学论”，以及用“传播学取代新闻学”等观点对新闻学的冲击和影响，阐述对于新闻学学科地位及其学术品质的认识和主张，提出要构建中国特色社会主义新闻理论体系，被学界称之为“保卫新闻学”学者。

自读研究生时将“马克思主义新闻理论与实践”作为研究方向以来，一直致力于这方面研究，先后编著《马克思恩格斯报刊活动与新闻思想研究》《中国共产党新闻思想史》《马克思主义新闻经典论著导读》《中国共产党领导人新闻实践与新闻思想研究》《马克思主义新闻理论与实践研究》等多部著作。还作为中央“马克思主义理论研究和建设工程”专家，参加了全国统编教材《新闻学概论》的编写工作，同时受中宣部和教育部委托，作为首席专家主编马克思主义新闻观教材。

在新闻学研究中，能够针对当前新闻实践和理论研究中的热点与前沿问题，阐述学术观点和提出政策建议。例如针对信息化时代新闻传播的特点，提出要确立“大传播”理念，要在社会文化的宏大背景下，将新闻传播纳入大众传播和整个社会信息传播的宏大范围内；主张在“大传播”理念下，新闻院校要重点培养适应性强的复合型应用人才；还提出要实现“媒介教育大众化”，主张新闻教育要跳出院校专业教育的藩篱，走到社会和民众之中，让普通百姓，特别是广大青少年掌握相关媒介知识，学会正确运用媒体；针对新闻界出现的道德滑坡和行风不正问题，倡导建立全国性新闻行业监督与仲裁机构——新闻评议会，以加强行业自律，规范职业行为；针对我国当前新闻工作中存在的法律缺位问题，提出要推进新闻传播法治化建设，并建议加快新闻立法进程等。

在担任新闻与社会发展研究中心主任期间，坚持以问题为导向，瞄准国家急需，主持了关系国家战略发展的气候传播、民族地区新闻传播和区域传播研究等项目，取得许多积极成果。特别是气候传播研究，自2010年起连续在联合国气候变化大会举办地主办气候传播边会，就气候变化与气候传播的战略及策略问题搭建平台，展开研讨，并主编了中国第一部气候传播专著《气候传播理论与实践》，在国际舞台上表达中国学者和民间社会立场和观点，受到国内外专家的认同和肯定，产生了重要学术影响。2013年与美国耶鲁大学在北京共同主办了世界上首届规模最大的“气候传播国际会议”，对把气候传播研究推向了国际前沿，起到了引领和示范作用。

范以锦

范以锦，广东大埔县人，出生于1946年3月3日。1969年毕业于暨南大学经济系政治经济学专业，1970年进入南方日报社。从当记者开始先后担任记者站站长、编委、副总编辑、总编辑、社长，南方报业传媒集团管委会主任、董事长。曾任中国记协副主席、广东省新闻工作者协会主席。新闻业界的职称为高级记者，曾任全国高级职称评审委员会委员和广东新闻职称评委会主任。2006年年底从南方报业传媒集团领导岗位退下来之后，任暨南大学新闻与传播学院院长、教授、博士研究生导师，广东老新闻记者协会会长。

1992年被广东省委、省政府授予“优秀中青年专家”称号。2003年，入选新闻出版总署主管的《传媒》杂志评出的中国传媒业“英雄榜”风云人物、北京大学文化产业研究所和国家文化产业创新与发展基地2003年“中国文化产业发展人物志”15人之一；入选《南方周末》2003年度“最具赞许传媒人物”、2006年度传媒“特别致敬”人物。2011年，获台湾地区星云大师设立的星云“真善美”新闻传播奖。2012年，经专家投票和广东省委宣传部批准，授予“广东省首届新闻终身荣誉奖”。

治学自述

出版作品集一部、专著两本，主编《广东百科全书》中的“新闻篇”，主编出版《数字化时代的传媒产业》一书，组织策划出版《准记者培训教材》和《南方报业采编精英演讲录》。自写和与研究生合作发表论文150多篇，部分为学术论文，大多为针对业界前沿热点问题的专业类论文。如《“负面报道”——一个被模糊了的概念》一文，在学界、业界、政界以及网民中引起了高度关注，其中的一些观点被广为引用。

在进入传媒教育岗位之际，专著《南方报业战略》一书获“广东省哲学社会科学优秀成果奖”二等奖。主要理论创新和学术价值：在全国报业中首次提出媒体品牌理念，创建有利于报业资源整合的报系结构组织形式，实施“龙生龙、凤生凤”的媒体滚动发展运营模式。该书对成功实践进行了系统的总结，把原有意义上的新闻传播放到更广阔的范围内进行思考，从新闻传播业行业内部竞争的角度，提出新闻传播单位特别是集团化的新闻传播单位的战略管理。该书出版后在图书市场上畅销，内容多次被引用、转载；同时得到诸多媒体同行的高度评价，被许多传媒院系选为传媒经营教学的参考材料。

鉴于有长期在传媒领域实践的经验和较为丰富的知识积累，提出暨南大学新闻与传播学院培养学生的基本思路：理论和实践两方面都要强化，努力将学生培养成能与业界需求相匹配的人才。这种人才适应当前业界急需、具备一定实操创新能力，同时拥有着眼未来、能启迪前瞻性思维的知识储备和良好发展后劲。从 2007 年开始，组织策划暨南大学与南方报业传媒集团联合打造“暨大准记者南方训练营”。训练营以全国传媒界颇具影响力的南方报业传媒集团为训练基地，请有丰富实战经验的采编精英对新闻专业学生进行新闻实践案例教学。教学结束后，组织“准记者”参与采编实操训练。训练营每年举办 1 期，至 2015 年已创办 9 期。为贯通新闻教育与新闻实践的结合提供了范本，推进了本学院各类专业训练营、创新基地、大型社会实践活动的开展。

善于利用新媒体进行“传道、授业、解惑”，曾在新浪微博和腾讯微博开通“新闻微茶座”，以就业、见习、学习、伦理道德四个系列百篇微文，与学生和青年记者互动交流，然后汇总整理形成国内第一本新闻类的全微博体书。

至 2015 年，已培养毕业的博士 3 人、硕士 40 多人，在读的博士研究生 12 人、在读硕士研究生 15 人。

李良荣

李良荣，1946 年 1 月生。复旦大学特聘教授，博士研究生导师，复旦发展研究院传播与国家治理研究中心主任，原教育部高等学校新闻学学科教学指导委员会主任（2006—2013 年）。华中科技大学、浙江大学、南京大学、暨南大学、广州大学、河北大学、安徽大学、南京师范大学等二十余所高校的兼职教授、讲席教授与特聘教授。1968 年 7 月本科毕业于复旦大学新闻系，1979 年师从王中读研，毕业后留校任教，在新闻学、宣传学、新媒体等研究领域卓有建树。

治学自述

一句话可以概括我 35 年学术生涯：站在学术最前沿。我始终追寻着在实践当中出现的挑战和问题，努力拓展新闻传播学研究的新领域，探索着中国传媒业的发展进路，关注最新、最棘手同时又是最为重大的问题。

自 1980 年留校至今，我一直从事新闻传播学理论和国际传播两个方向的教学和研究，新闻学基础理论和新闻改革是我研究的主要着力点。在王中教授研究的基础上，我始终立足学术前沿，提出了一系列创新性的理论观点，对全国学术研究具有引领作用，充分体现出复旦独有的特色。我写出改革开放后国内最早一本新闻实务史著作《中国报纸文体发展概要》（1985 年），最早一本《新闻学概论》（1985 年），最早一本《宣传学导论》（1989 年），此外还有《西方新闻事业概论》《当代西方新闻媒体》《中国传媒业的战略转型》《为中国传媒业把脉》《新闻改革的探索》《新世纪的探索》等一系列著作。其中《新闻学概论》先后写过三本，最新版《新闻学概论》2002 年出版，已连续改版 5 次，50 余次印刷，发行 60 万册以上，覆盖全国80%以上高校的新闻传播学专业，是发行量最大、覆盖面最广的一本新闻传播学教材，被师生誉为“新闻学百科全书式教材”，2008年被评为国家级精品教程。从2003年开始，我连续主持了两期复旦大学“211”工程《媒体发展与社会进步》（2003—2006），《中国当代社会变迁与大众传媒》（2009—2011），在此期间，主持了第一次全国性受众调查《新传播形态下的中国受众》，获上海市哲学社会科学一等奖（2014），教育部人文社会科学二等奖（2015）。

在我一系列著作及上百篇论文中，面对实践困惑，我提出一系列新概念和理论观点，举其要者：（1）20世纪80年代，努力把“信息”概念引入新闻界，鲜明提出“传递信息是新闻媒体第一功能”的主张，否定了“宣传是新闻媒体第一功能”的传统观点。（2）1995年，提出中国新闻媒体“既有意识形态属性，又有信息产品属性”的“双重属性”理论主张。此后，双重属性的理论主张不但被新闻学界、业界普遍接受，而且转化为中央主管部门制订中国新闻政策的基本理论依据。（3）2000年，提出中国传媒业的基本构架“二级电视、三级报纸、四级广播”，被当时国家领导人批转，不久形成中共中央办公厅、国务院办公厅的文件，明确规定电视办到省市级，报纸只办到地市级，取消县市级报纸。（4）21世纪初，针对当时传媒业过度商业化的趋向，我连续发表数篇论文，提出“公共利益是传媒业立足之本”的理论主张，在新闻学界、业界引发热烈讨论。

近五年来，我专注于互联网与新媒体的研究，系列论文《论新传播革命》（2013）、主编的新教材《网络与新媒体概论》（2014）都受到高度关注。2012年组建并主持复旦大学传播与国家治理研究中心，这是由八个学科组成的团队，运用大数据，研究国内国际舆情，为国家提供急需的战略性信息资源和思想资源。三年期间，完成60余份专报，近20项大型研究课题，许多专报引发中央领导关注和批示，《中国网络社会心态报告》《中国发展社会效能指数报告》《互联网与当代中国大学生系列研究报告》等报告引发全国媒体报道热潮。这些研究开拓了运用大数据、依托跨学科的团队开展新闻传播学研究的新格局。

回顾自己几十年的学术经历，王元化先生说的做“有学术的思想，有思想的学术”，一直是我的向往和努力的目标。

丁柏铨

丁柏铨，1947年6月出生，江苏无锡人。二级教授、博士研究生导师，南京大学新闻学学术带头人。1993年起享受国务院政府特殊津贴。曾任南京大学学术委员会委员、教学委员会委员。现为“马克思主义理论研究和建设工程”教育部重点教材《新闻采访与写作》课题组首席专家，中国社会科学杂志社外审专家，复旦大学新闻传播与媒介化社会研究国家哲学社会科学创新基地学术委员会委员，中国科技大学、华中科技大学、天津师范大学、河南大学、安徽师范大学兼职教授，南京财经大学客座教授，三江学院特聘教授，《南京大学学报（哲学社会科学版）》编委，《当代传播》学术顾问。

治学自述

1982年1月，我完成在南京大学中文系汉语言文学专业的四年本科学习以后，留系任教，从事中国现当代文学和文艺理论的研究及教学工作，后任副系主任。出版的著作有：《茅盾早期思想研究》《新时期小说思潮与小说流变》（与人合著）、《文学思考录》等，另有《中国新时期文学词典》（主编）。新闻传播学系成立时，学校任命我为系主任。由此我的学术生涯发生重大转折。现在想来，真还有点后怕：这样的转型存在极大的风险；一旦转型不成，将付出沉重的代价。

我在由文学研究转向新闻学研究以后，一直在向各位先进学习，也一直在思考这样一个问题：从哪儿切入，方才能够较快地进入角色和获得一定的学术话语权？经过一段时间琢磨，我决定进行如下两个方面的定位：其一，在进行新闻基础理论研究的同时，致力于新闻传播重大现实问题研究，在大家都处于同一起跑线上的研究课题方面投入更多精力。结合国家社科规划项目的申报，进行上述研究，争取在研究中体现学理思考的深度，体现自己的独特见解，对成果的质量从严要求。不是说我已经达到了自己所提出的上述要求，但我始终认为对自己提不提这个要求，结果是大不一样的。其二，将新闻理论研究和新闻业务（新闻写作）教学紧密结合起来。在新闻业务教学中吸纳自己新闻理论研究的成果内容；在新闻理论研究中以平时关注和搜集的鲜活个案为案例、为支撑，避免空对空。现在看来，打通新闻理论研究与新闻业务教学有百利而无一弊。关于论文写作，我给自己立过如下“三不”规矩：没有自己的独立思考和自己的“声音”不动笔，对所研究的问题没有想明白不动笔，在能把自己说服之前不动笔。

我在下列两个领域中出版了较为重要的著述：1. 新闻基础理论研究。这方面的成果有：《新闻理论新探》（获江苏省哲学社会科学优秀成果奖二等奖）、《中国新闻理论体系研究》《中国当代理论新闻学》（经国务院学位委员会学科评议组召集人会议审定，入选教育部推荐的“研究生教学用书”）、《新闻理论探索》《新闻探索集》。2. 新闻传播重大现实问题研究。主要成果有：《加入 WTO 与中国新闻传播业》（主编，获教育部人文社会科学优秀成果奖三等奖）、《执政党与大众传媒——基于党的执政能力建设的研究》（获教育部人文社会科学优秀成果奖二等奖、江苏省哲学社会科学优秀成果奖二等奖）以及关于“新媒体语境中重大公共危机事件与舆论关系研究”系列论文。主持全国哲学社会科学基金重点项目三项：“加入 WTO 以后我国新闻传播业所受影响及对策研究”“党的执政能力建设与大众传媒关系研究”“新媒体语境中重大公共危机事件与舆论关系研究”。承担江苏省社科规划办重大委托项目“马克思主义新闻观：理论与实践”。

我在新闻人才培养方面舍得花时间、下功夫，取得了一定成绩。主编的《新闻采访与写作》被遴选为“十五”国家级规划教材，被评为江苏省高等学校精品教材，已出修订三版。主持的《抓好实践教学环节，培养高素质新闻人才》获优秀教学成果校级特等奖、省级一等奖、国家级二等奖。

吴信训

吴信训，1949年生于四川成都。上海大学新闻传播系教授（二级）、博士研究生导师、经济学博士。1982年四川大学中文系（77级）毕业留校在新闻专业任教。相继在复旦大学新闻系、大连外国语学院出国预备人员日语培训部进修。1985—

1986年、1991—1993年两度公派赴日本东京大学及上智大学留学研究。1994年晋升教授。在四川大学历任新闻系副主任、新闻学院副院长兼任广播电视研究所所长，文学与新闻学院副院长。1993—1996年，应四川省广播电视厅聘请，兼任台长助理，兼职参与创办了四川有线广播电视台。1998年，应清华大学聘请为高级访问学者，参与该校新闻传播学科的建设规划。1999年应聘调任汕头大学，创建了该校的新闻传播学科，任新闻传播与现代教育技术中心主任、新闻信息传播系主任、广播电视传播研究所所长，兼任校党委宣传部部长。2002年应聘调任上海大学，历任传媒经济研究中心主任、传媒研究院副院长、新闻传播系主任、人文社会科学处处长、上海合作组织公共外交研究院副院长、中国艺术产业研究院执行院长。系上海市社会科学创新研究基地（文化繁荣与新媒体发展研究方向）首席专家，领衔上海发展战略研究所吴信训工作室，上海市高校人文社会科学重点研究基地·上海大学影视与传媒产业研究基地主任，第二届教育部高等学校新闻学学科教学指导委员，全国“十佳”广播电视理论工作者，中国传媒经济与管理学会常务副会长兼秘书长，中国传播学会副会长，享受国务院“政府特殊津贴”专家。

治学自述

在我的教学科研生涯中，始终有一种较强的动力在推动，那就是“差距激励创新，学术报效祖国”。这种学术自觉的形成，可以说是得益于改革开放，有机会较早到发达国家留学研究，切身感受到中国尚存的差距，激励了立足本职，为国富强的志向。尤其是1991—1993年，应东京大学和上智大学双聘为客座研究员，主研社会信息学和新媒体发展，有机会参与日本的重大课题研究，感受到外国同行是如何注重提前研判行业、产业与国家重大经济社会发展密切相关领域的前沿趋势，力争占领世界经济竞争格局调整制高点的科研指导理念，以及跨学科研究，协同攻关的方法。他们的很多重大项目研发可以说都是立足于“现实尚未发生”之中，所以方能“捷足先登”。使我进一步领悟了教学科研应该怎样做才能达到应有的水平，并有意识地将其融汇于自己科研团队的特色之中。

我先后出版了《实用电视传播学》《世界大众传播新潮》《中国有线电视经营论》《都市新闻传播学》《现代传媒经济学》（第一主编）《新编广播电视新闻学》《新媒介与传媒经济》《世界传媒产业评论》（辑刊、主编）等著作40余部；发表学术论文上百篇，如《日本的广播电视学研究》《从日本有线电视的发展经验谈我国有线电视的合理规划》《美国有线电视产业的发展特征》《时髦西方新闻传播界的“新媒介”》《中国付费数字电视经营的难题及对策》《“数字电视新闻博览台”传播新模式开发研究》《电子纸（电子书）的发展及其可能对传统出版业态的颠覆与再造》《新媒体全球竞赛中国能折桂几何——一个新闻传播学人的学理思考与实践探索》等；创办并主编专业学术网站“新媒体经济·中国”http：//www.mediaeconomy.com.cn/、第一个面向全国大学生的综合类艺术创意作品网络展销平台“菜鸟创意市场”http：//www.ideayes.net。曾获国家级、省部级优秀科研奖及优秀教学成果奖多项。

陈力丹

陈力丹，1951年出生于南京。中国人民大学二级岗教授、博士研究生导师，新闻学院学术委员会主任，博士后流动站站长，《国际新闻界》主编，新闻与社会发

展研究中心新闻传播研究所所长。

治学自述

我于1976年毕业于北京大学中文系新闻专业，1976—1978年在《光明日报》任编辑，1981年毕业于中国社会科学院研究生院新闻系，获硕士学位。1981—2003年在中国社会科学院新闻与传播研究所从事专职研究工作23年。1979年起发表新闻传播学论文。1982年起为助理研究员。1987年起为副研究员和硕士研究生导师。1985—2003年主持新闻理论研究室的工作。1993年起为研究员。1994年起为中国社会科学院高级职称评定委员。1998年起为博士研究生导师和所学术委员会副主任。2003年调中国人民大学工作至今。2004年起为责任教授。2007年起为二级岗教授。2008—2014年为第六届国务院学位委员会学科评议组成员。

在新闻所我做的第一件领导委派的工作是为1981年11月召开的全国新闻研究座谈会提供一份关于党性人民性讨论情况的材料，该材料较为客观地叙述了讨论各方的观点以及历史渊源，从马克思写到眼下中国新闻界的讨论，打印出来16开22页约2万字。2013年习近平在"8·19"讲话中重提党性和人民性是一致的，打破了30年来被禁谈的局面，这份材料再次被传播。

我在新闻所先后做了三方面的研究。第一是研究马克思恩格斯的传播观，1993年出版《精神交往论》一书。2012年和2013年该书以再版参评，获得中国文科两个全国性最高奖项——吴玉章奖一等奖和教育部人文社科优秀成果一等奖。第二是研究外国新闻传播史，1987年7月出版的《世界传播史纲》为1949年以后中国第一批这方面的书之一。2002年出版的《世界新闻传播史》一书至今13年，三版13次印刷。第三是研究舆论学，1999年出版《舆论学》，至今已两版9次印刷，2015年被评为教育部人文社科优秀成果三等奖。

我到中国人民大学新闻学院工作后，主要以教学为主，由于高校对"科研"的要求比科研单位低，我又在社科院新闻所有多年的学术积淀，所以在大学工作的13年里，发表文章和出书不是难事，出版的第一署名书有约40本，发表文章基本保持在每年近百篇，但多数都是结合现实问题的文章，真正的学术论文不多。我意识到年龄已高，故比较注意以自己已有的声望把年轻人推到前面去，就像当年陈崇山老师无私地把我推到第一线一样。我从2006年至2015年每年出版一本《解析中国新闻传播学》，现在已出版了10本，基本是我每年发表的文章汇集。因为我涉猎的本学科范围较广，故敢以"解析中国新闻传播学"命名，这套书在高校青年教师和考研学生中影响较大，也算是对学科的一种贡献吧。我还从2011年8月起在《青年记者》开办"读新闻传播学书"的栏目，办到2015年12月将停，持续53个月，每月组织读一本书，我写一段按语，发表3—4篇本科生的读书笔记，每篇都经我逐句改过，共有约170位同学在该栏目发表过书评。这样的事情不算我的任何"成果"，但能给学生以一定的读书激励，希望以后还有人做。

在中国人民大学工作，出版教材是当然的事情。我在四个方面出版了较多的教材，即传播学、新闻理论、外国新闻史、马克思主义新闻观，有十多本，获得三个"精品教材"奖和两个"十二五规划教材"称号。我的教材的特点是没有套话和空话，都很实在，注意图文并茂。由于对教学比较认真，我获得了三个比较高的教学奖：北京市优秀教师、宝钢优秀教师特等奖提名奖、北京市高校名师。

我从2005年起主编《国际新闻界》至今11年，将该刊从研究外国新闻业和传播学的刊物，转变为本学科综合性的学术月刊。除了学院负担印刷费外，没有编制和任何经费。该刊历经四次改版，2011年成为全国新闻传播学科第一家入选国家社科基金重点资助期刊。目前也是华语世界新闻传播学术刊物中为数不多的外国人能看到的、具有同步英译文献注释的刊物。该刊在国内新闻传播类刊物中做到了第一个实现在线投稿、修改与查询，实现在线双盲匿名评审。2014年北大《中文核心期刊要目总览》将《国际新闻界》列为“文化理论/新闻事业”类期刊第一位，同年中国社会科学院《中国人文社会科学期刊评价报告》列为新闻学与传播学科“顶级”期刊之后的唯一“权威”期刊。

我从2004年起主管新闻学院博士后流动站的工作至今12年。由于没有自主权、没有任何经费，工作平平。有20多位博士后出站；与山东两个博士后工作站合作培养博士后3人，还是为本学科培养了一些人才。

近年我还组织了一件费力不讨好的研究事项：世界各国单国新闻传播史。2015年我主编出版了以20G峰会国家为基准的23国新闻传播史教材。2010年起，我与近40位研究生合作，陆续发表单国新闻传播史研究的论文27篇，已有初稿但尚未改出来的单国史文章10篇，正在组织中的单国史文章7篇。每篇文章平均近万字。目前已有和正在做的世界60多个国家的新闻传播史论文，对于我国的对外传播是有意义的。这件事情没有任何课题支持。单国新闻传播史的专著写作，开始于我主持的教育部基地重大课题“欧洲五国新闻史研究”，目前已完成英、法、德三国史书稿和西、葡单国史论文，其中我与董晨宇合作的《英国新闻传播史》一书处于杀青阶段。我提出继续做亚洲五国新闻史研究，但没有得到课题的支持。

根据近三年CSSCI期刊内引用率排名，我在中国新闻传播学者中居第一位99次，第二位61次。根据中国期刊网（CNKI）的统计（截至2014年9月），在CNKI期刊发文1225篇（居本学科全国第一位），其中593篇被引证，引证次数为5040次。根据此前《现代传播》2010年第7期肖燕雄、彭凌燕的论文《中国新闻传播学被其他学科引证状况及其分析——基于CNKI数据库的20年（1989—2008）分析》，我在CNKI的文章被外学科引证184次，居本学科第一位。

我一向反对以工科思维来衡量学术，2003年以来多次发表文章和内部反映问题，反对以核心期刊发表和获得国家课题作为衡量一个人学术水平的标准，要求实行“代表作制”，即由本学科学术共同体依据本人提供的“代表作”（不论发表在什么地方甚至未发表）来衡量其学术水平。在目前的情形下，引证率也只能作为参考（并非引证多就是学术水平高）。这样的观点其实对我是不利的，因为尽管我的论文发表量和引证率本学科第一，但若以代表作来评价，近期没有很高水平的学术成果。但目前这种工科思维居统治地位，且潮流愈演愈烈，我对这种情形十分担忧，这将鼓励学术研究的功利化和行政化，后果不堪设想。

方晓红

方晓红，1951年5月出生，籍贯浙江慈溪。1982年元月毕业于武汉大学中文系并留校任教。1993年调入南京师范大学中文系新闻专业。其间攻读完博士学位并赴

复旦做新闻学博士后。教授、博士研究生导师。2002—2012 年先后任南京师范大学新闻与传播学院副院长、院长。教育部高等学校新闻传播学科特色专业带头人。江苏省“十五”“十一五”新闻学重点学科带头人、“十二五”江苏省新闻传播学、新闻学品牌专业学术带头人。2001—2012 年任教育部高等学校新闻学教学指导委员会委员，中国新闻史学会常务理事，中国传播学理事，中国高等教育学会新闻学与传播学专业学会理事，河海大学 2011—2015 年广播电视新闻学专业建设指导委员会副主任，武汉大学媒介发展中心研究员，郑州大学新闻传播研究中心研究员。

治学自述

学术研究方面，我致力于新闻传播与农村社会发展关系的系列研究，多次带领团队到江苏农村入户访谈或做问卷调查，在媒体中进行调研，了解双方对这一关系的主观认知及客观现状。申请并获得了与本方向相关的国家项目三项：“苏南农村大众传播媒介与政治、经济、文化互动关系研究”“传播媒介对‘三农’的作用及指标体系研究”“新型城镇化背景下长三角地区农村科技文化传播体系创新研究”；两项省级、一项省厅级项目。在此基础上形成专著《大众传媒与农村》《农村传播学研究方法初探》以及论文《农村的变革与大众媒介发展的互动关系》《江苏省农村受众与大众媒介接触状态的调查报告》《试论媒介接触行为中的文化因素与性别因素》《浅析现代化进程中苏南苏北农民的信息意识》《受众阈值模型的建立与推导》。

本人另一研究方向为中国新闻史学。在该方向研究中，结合教学完成了《中国新闻简史》的撰写，该著作被评为普通高等教育“十一五”国家级规划教材。南京师范大学出版社三次再版，并被北京师范大学作为新闻传播学系列教材出版。本方向的另一成果是专著《报刊·市场·小说：晚清报刊与晚清小说发展关系研究》，全书从新闻传播学及市场学的角度解析晚清小说，试图解答晚清以降文人对晚清小说虽极度兴盛却无精品这一现象的困惑。同时发表了《抗日战争与解放战争时期中国报刊事业的特点》《论梁启超的报刊理论与小说理论之关系》《从“党性原则”到“三贴近原则”——论中国党报理论发展与党报改革》等多篇论文。其间，主持国家重大项目“中华民国新闻史”的子项目“中华民国新闻管理体制研究”。

教学方面，就任院长期间，率领全院教师于 2015 年创建了新闻学博士点，为此，南京师范大学新闻传播学院成为全国师范院校新闻传播学教育中第一个获得博士点的单位。

作为学科带头人，带领学科团队创建“四级递进、两翼开放、产学协同——新闻传播复合型人才培养模式的建构与实践”的教学模式，获校特等奖一项、江苏省教学成果奖一等奖一项，新闻学教学指导委员会、中国高等教育学会新闻传播学专业委员会创新奖一项。以践行培养复合型人才为目标，组建教学导师群体，开设并主讲“多元媒体交互与呈现”课程。该课程关注作品中多媒体的呈现方式、多媒体运用的呈现效果、学院各类专业特色的交融与呈现、学员之间创意及创新力的整合程度，以期培养能适应媒介生态变革、社会发展与市场需求，有创意、善融合、能互助的专业人才。

从事研究与教学30余年来，共主持国家项目4项，省级项目3项，厅重大项目1项，横向课题10余项。独自撰写或参与撰写新闻学、文学专著、教材、辞书共计15部，主编“媒介与社会发展”等研究丛书两套近20部，撰写论文近百篇。获省部级以上奖一等奖1项，二等奖1项，三等奖3项，多次获校级或其他部门奖。

郭镇之

郭镇之，1951年2月生，籍贯江西吉安。清华大学新闻与传播学院教授，《全球传媒学刊》主编。曾任清华大学第九届学术委员会委员，中国新闻史学会外国新闻传播史研究委员会会长。

1978年春考入北京广播学院新闻系本科编采专业。1979年成为研究中国广播史的研究生，师从赵玉明教授。1982年获硕士学位，留校任教。1985年考入中国人民大学攻读博士学位，师从方汉奇教授。1989年1月获博士学位。1988年至1994年在中国社会科学院新闻研究所从事研究工作。1994年至2004年在北京广播学院电视系任教。2004年到清华大学新闻与传播学院任教至今。

1995年作为“中国－加拿大学者交流项目”访问学者，到加拿大做学术研究，开始关注广播电视体制和公共广播政策问题。1996年由国家公派，到美国得克萨斯大学奥斯汀分校作访问学者，在“议程设置”理论创始人Maxwell McCombs教授指导下做大众传播理论和传媒法规政策研究。后曾到韩国首尔国立大学、德国科隆大学、新西兰坎特伯雷大学、新加坡国立大学等处访问，研究全球化与东北亚的传播、传媒经济、政治传播及国际宣传、东南亚与国际传播等。

代表作有:《中国电视史》《北美传播研究》《聚焦〈焦点访谈〉》《中外广播电视史》《当代广播电视学》等。主译的传播学教材《传播理论：起源、方法与应用》影响广泛。

治学自述

1978年春我考入北京广播学院。1979年，国家政策允许挑选本科生报考研究生，我得以参加考试，幸运地搭上了这唯一的一班车（第二年这个政策即取消），成为北京广播学院首次招收的两个研究生之一，研究方向为中国广播史。毕业时，因为广播学院还没有获得硕士学位授予权，我申请并得到了中国人民大学的硕士学位。

研究生期间，广播学院从中国人民大学请来方汉奇、张隆栋等老师，来广院给我们讲授近代报刊史、西方新闻史、苏联新闻史和现代报刊史，从此我与新闻史结下了不解之缘。跟随赵玉明老师、著名播音专家齐越老师沿着当年新华广播电台转移的路线进行实地考察，是我最早的学术“田野调查”。

我的硕士论文最后选择了上海民营广播电台史，开始接触“民营”电台和“商业”广播这一全新的课题，从此增加了对媒介“商业性”的敏感。硕士论文《上海民营广播电台的历史命运》填补了广播史研究的一个空白，后经改写为英文，发表在美国广播电视教育学会会刊 *Journal of Broadcasting & Electronic Media*（Fall 1986）上，为篇首封面文章。

1985年9月，我考入中国人民大学新闻系，成为中国最早一批新闻学博士研究生，深感幸运。当然，作为先行者，我们也缺乏方法论方面的训练，主要扮演探索的角色。那一时期，我主要补充了传统历史学的基础知识。博士论文《中国电视史稿》是首部研究中国电视史的著作，也是对当代新闻史的学术尝试。

1988 年至 1994 年，我在中国社会科学院新闻研究所主要从事广播电视学的研究工作。那里是读书用功的好地方。我开始接触传播学的外文书籍，并与同事合作，对当红电视剧《渴望》的受众来信进行了内容分析，那是我第一次接触传播学实证研究的理论方法。后来，在对《焦点访谈》、舆论监督及新闻专业主义的研究中，我尝试了焦点群体小组讨论、数据二度分析等更多的实证方法。

1994 年，我回到广播学院，在电视系任教，主要讲授广播电视史和外国广播电视课程。其间，在加拿大八个月和在美国六个月的访学，对我拓宽学术视野、转向传播学范式乃至将英语发展为工作语言，都是关键的因素。2000 年在韩国的一年学术研究，促使我对传播学进行反思，开始跨文化的比较研究，并从非西方的角度思考问题。

2004 年，我转到清华大学任教。积极进取的学生给我很大的推动；而在一个优秀的学术社群中，学者永远受到奋发向上的精神感染。目前我正在做国家社科重大课题“中华文化的海外传播创新研究”，希望从更广阔的视野发现不一样的“问题”，实现新的探索。

高　钢

高钢，1953 年 11 月出生于北京。中国人民大学新闻学院教授，博士研究生导师。中国高等教育学会新闻学与传播学专业委员会理事长，首都互联网协会副会长。1992 年作为有特殊贡献的专家，获国务院颁发的政府特殊津贴。曾经在北京大学（1973—1976）、中国人民大学（1984—1987）、美国亚利桑那大学（1988—1989）学习和研究新闻学。在北京日报社、三月风杂志社、中国残疾人杂志社、工人日报社、华声月报社等新闻机构从事新闻工作 25 年，采写了大量反映中国社会发展进程问题的深度报道。1996 年从事互联网新闻传播工作。2003 年到中国人民大学新闻学院任教。曾任新闻学院副院长、院长、常务副院长、党委书记。曾任教育部高等学校新闻学学科教学指导委员会副主任委员，中华全国新闻工作者协会第七届理事会常务理事。

治学自述

2003 年我从新闻工作第一线回到培养我的母校中国人民大学新闻学院任教。之前，我在新闻界从事专业新闻工作 25 年，采写了大量涉及农业、环境、健康、教育、科技、交通、建筑等领域的反映中国社会发展进程问题的调查性报道和解释性报道。

在学校工作期间，我主要从事新闻采访写作和网络新闻报道两个领域的教学工作。我对互联网信息传播有特别的兴趣，尤其关注互联网信息传播对社会生活、社会发展产生的推动作用和对新闻传播、新闻教育产生的深刻影响。

2008 年撰写的论文《谁是未来新闻的报道者——维基技术的本质及对新闻报道的影响》对互联网信息创造的新机制及公民媒体的发展趋势进行了预测。2009 年撰写的论文《从谷歌地球的功能演进看未来信息传播的多元维度》对互联网信息传播模式呈现的新形态进行了描述。同年撰写的论文《绘制人的社会关系信息图景的尝试及意义——“人立方关系搜索”预示了什么?》对互联网缔造新的社会形态的方式及意义进行了观察与分析。2010 年撰写的论文《物联网和 Web3.0：技术革命与社会变革的交叠演进》讲述了网络技术正在建立人类社会与物质世界全方位信息沟通关系的大趋势和这一趋势对社会文明进程将要产生的重大影响。这些文章被《中国社会科学文摘》等学术期刊转载。

2007 年中国和美国在国家层面建立互联网学术交流机制。我作为学界代表参加首届中美互联网论坛，之后数次参加中美互联网论坛，并做主题演讲。我曾两次参加中英互联网圆桌会议，这是中英两国的双边交流机制，2013 年 9 月参加第五届中英互联网圆桌会议时，受主办方之托主持过“物联网——推动商业发展和市民生活”的分论坛。

2005 年担任中国人民大学新闻学院领导工作之后，关注互联网时代对专业新闻人才培养提出的全新需求。2007 年撰写的《媒介融合趋势下新闻教育四大基础元素的构建》讲述了我对互联网环境中新闻教育结构性改革的想法。2009 年撰写的《中国新闻教育改革的三个方向性融合》进一步陈述了我对中国新闻教育改革技术路径的观点。这篇文章被《新华文摘》转载。和学院同事共同完成的新闻学院课程教学改革项目，获得 2009 年度北京市高等教育教学成果一等奖和教育部高等教育教学成果二等奖。

近十年来，主持过国家社科基金特别委托项目、教育部人文社科基金重大项目和“985”工程校级重大攻关项目等科研课题。

胡河宁

胡河宁，1953 年出生于安徽省歙县。1999 年被聘任为中国科学技术大学教授。

2007 年担任温州医科大学特聘教授，组织传播研究所所长。兼任中国科学技术大学科技传播与科技政策系教授，知识管理研究所组织传播学研究室主任。中国科普研究所兼职研究员。中国人民大学马克思主义学院访问学者（1997），中国人民大学哲学院访问学者（2000），中国社会科学院新闻与传播研究所访问学者（2006）。中国传播学会常务理事，中国传播学会组织传播学专业委员会理事长。

治学自述

1982 年 1 月于安徽大学中文系毕业后，我一直在学校职能部门负责学生管理事务，兼做一些教育学与伦理学方面的研究。1999 年被聘任为中国科学技术大学教授。2001 年，中国科学技术大学人文学院成立，我从学校机关顺利转调到科技传播与科技政策系担任教师，承担研究生的《组织传播》课程，由之开始接触传播学。因此，在传播学研究领域里，我只是个半路出家的老兵。

组织传播学在国内是个后起的综合性学科。它既与传播学中的人际传播、大众传播、群体传播内涵密切相关，更涉及组织学、管理学、经济学与社会学等学科知识。初涉组织传播，颇感茫然。因此，我在中国科学技术大学人文学院和管理学院分别承担了《组织传播》《组织理论与管理》《组织行为学》等研究生课程，试图通过教学活动系统强化相关的理论知识。同时，通过各种方式搜集国内外涉及组织传播与组织理论方面的书籍汲取营养。当时真有一种焚膏继晷的精神和时不我待的紧迫感。我的第一篇传播学论文《组织传播学的界定及其意义》，发表在2004年的《中国人民大学学报》上，这篇论文给予我的后续研究以很大信心。从这以后，我开始重点思考组织传播学的本土化问题，尝试构建本土的组织传播理论。多年的行政工作经验让我觉得，组织的传播效果离不开不同类型组织的特定结构，不同的结构形态决定着特定组织的传播方式；其次，各种公开的或者隐秘的组织关系，是对渗透在组织传播中复杂多样的事与事、人与人之间进行多维面整合的重要研究视角。而组织结构与关系在一个历时性的过程框架中，通过各种传播媒介产生的象征性互动，形成并维系必要限度上的组织传播行为规则，才使有效的组织传播行动成为可能。在持续学习不断思考逐步凝聚的基础上，2010年，我提出了结构与关系象征性互动的组织传播模式。

在传播学领域，我先后出版了《组织沟通》《组织传播》《组织传播学：结构与关系的象征性互动》《微笑传播与文化创新》等教材或著作，发表了《中国组织传播研究源起、脉络与发展》《组织传播研究的方法与视角》《组织中的人际传播：权力游戏与政治知觉》《大禹治水：中国古代组织传播的前科学叙事》等学术论文。

回顾十多年的研究经历，我觉得，组织传播研究需要多学科知识的积累，试图用单一的传播学理论来审视发生于复杂多样的组织范畴里的传播行动，只能是隔靴搔痒。同时，研究者最好有一定的组织管理方面的实际经历。因为，一个抓着猫的尾巴捉它回家的人，对这只猫的了解，要比一个只在旁边观看的人所了解的多十倍。非常幸运的是，之前在学校职能部门工作20余年所积累的领导与管理的经验，使我对组织的结构功能、组织关系的发展演变及其在传播互动过程中的象征性洞若观火，这为我所从事的组织传播研究提供了事半功倍的支持与帮助。

倪延年

倪延年，笔名严晓。1953年11月5日（农历九月廿九）出生于江苏省金坛县。“七七级”大学生。1982年1月南京师范学院中文系毕业留校图书馆工作。1996年晋升研究馆员，年底调任校党办副主任。2003年1月任校党委常委、党办主任。2007年10月任校党委常委、纪委书记。2012年7月任副校级调研员。现为南京师范大学三级教授、新闻史学博士研究生导师，南京师范大学民国新闻史研究所所长，中国新闻史学会理事，国家社科基金重大项目“中华民国新闻史”首席专家。

治学自述

自20世纪80年代踏上治学历程后，以“做好本职工作、不懈业余研究；立足基础拓展，适时大胆转折”为理念，完成从图书馆学到新闻史学大跨度的梯次转折。先后涉及以下学科及专业：1. 图书馆学：1983年发表第一篇论文《历史发展的必然趋势：浅论图书馆干部的发展方向》。1992年出版《文献检索知识教与学》与《期刊学概论》。2000年出版《期刊学思辨与探索文集》。2002年出版《图书馆学理论与实践探索文集》。2. 中国报刊史：1990年6月始和吴强合著“从‘五四’到共和国成立前”的《中国现代报刊发展史》，1993年出版。2001年撰成“从古代到清末”的《中国古代报刊发展史》。3. 知识传播学：所撰国内第一本《知识传播学》2000年出版，至今仍是中国科学院研究生院硕士研究生考试基本参考书；2002年“知识传播与知识经济互动关系研究”获省“十五”规划基金项目资助。4. 报刊法制史：2002年“中国报刊法制发展历程及规律研究”获省教育厅社科基金一般项目资助。2004年《中国古代报刊法制发展史》获收录“南京师范大学著名教授的代表作品”的“随园文库”资助出版。2005年“中国台湾、香港、澳门地区报刊法制发展史研究”获教育部社科基金一般项目资助。2006年出版《中国报刊法制发展史》（4卷本）。2010年出版《中国报刊法制发展史：台港澳卷》（上下）。5. 新闻法制史：2007年“中国新闻法制发展史研究”获国家社科基金重点项目资助，2012年结项。2013年出版《中国新闻法制史》。2014年《中国新闻法制通史》项目获国家出版基金资助。2015年出版《中国新闻法制通史》（6卷8册）。6. 民国新闻史：2012年11月“中华民国新闻史研究（1895—1949）”获江苏社科基金重点项目资助；2013年5月“中华民国新闻史研究”获国家社科基金重点项目资助；11月组队参加国家社科基金重大项目“中华民国新闻史”竞标成功。2014年起实施中国新闻史学会主办“民国新闻史高层论坛”。已办两届“高层论坛”并出版《民国新闻史研究：2014》和《民国新闻史研究：2015》。

科研项目：已主持完成省教育厅、省政府、教育部一般项目及国家社科基金重点项目各一项；目前主持国家社科基金重点项目和国家社科基金重大项目各一项。

主要著作：《中国现代报刊发展史》《图书馆期刊工作规范化研究》《学校图书馆系统管理学概论》《图书馆期刊管理学》《知识传播学》《中国古代报刊发展史》《中国古代报刊法制发展史》《中国报刊法制发展史》《中国报刊法制发展史：台港澳卷》《中国新闻法制史》《新闻传播理论与实践之史学观照》。

所获奖励：《知识传播学》于2000年获江苏省高校人文社会科学三等奖，《中国古代报刊法制发展史》于2006年获江苏省第九届哲学社会科学优秀成果三等奖，《中国报刊法制发展史》于2007年获江苏省第十届哲学社会科学优秀成果三等奖，《中国报刊法制发展史》2013年获教育部第六届高等学校科学研究优秀成果（人文社会科学）二等奖。

邵培仁

邵培仁，1953年11月出生于江苏淮安。浙江大学传播研究所所长、教授、博士研究生导师，浙江大学学术委员会委员，浙江省重点创新团队——国际影视产业研究中心主任，浙江省哲学社会科学重点研究基地——传播与文化产业研究中心主任，浙江省文化产业重点研究基地——娱乐与创意产业研究中心主任。曾任浙江大学人文学院副院长，传媒与国际文化学院党委书记，浙江大学人文学部副主任。兼任浙江省传播学会会长，浙江省会展学会会长，《中国传媒报告》杂志主编，*Chinese Journal of Communication* 和 *CHINA MEDIA RESEARCH* 等中外多种传播学刊的副主编或编委。

治学自述

本人自1988年合作出版中国大陆第一部传播学著作《传播学原理与应用》以来，已先后发表论文约280篇，主撰或主编出版传播学和媒介管理学著作共28种。从事传播学研究近三十年，前十年的学术成果主要集中在传播理论研究和将传播学理论与方法较早运用于政治、经济、教育、新闻、艺术传播研究等领域，出版了多种著作，提出了阳光模式和整体互动模式。中间十年，我将学术视角转向媒介经营管理研究，注意运用管理学、传播学、市场营销学等多种学科对中国媒介管理进行综合性研究，建构了比较适合中国国情和媒体实际的理论体系。近十年来，我又从生态学、地理学、心理学等学科入手进行传播交叉理论研究，发表和出版了一系列论文和多种创新性学术著作，总结出了五种传播生态观念和五种传播生态规律。最近在以全新的理念和思维对华夏传播理论进行创新性研究，已发表多篇论文，合作撰写的《华夏传播理论》一书也快完稿，企望抛砖引玉，吸引更多学人进行研究。

我认为从事传播学、媒介管理学研究，第一，必须对国内外学术界的前沿信息和媒体界的新变化，始终保持着高度的学术敏锐性，要为时代及时提供当下的声音，对现实迅速作出理性的回应。第二，要对学术始终保持一种执著、韧性和耐力，要拒绝诱惑，耐得住寂寞。第三，学术研究要有一种敢于冒险、敢为人先的精神。学术研究也有“学术占位”问题。我喜欢在学术上做前人没做过的事，不喜欢跟在别人后面亦步亦趋。亦步亦趋的研究不是学术“创造”而是“制造”。第四，学术研究不应是个人特立独行的沙漠之旅，而应是一群知识分子进行的智力竞赛。这不再是个人英雄主义的时代。随着学科导向向问题导向转变，分散研究向整合研究转变，单科研究向多科研究和交叉研究转变，我们必须倡导优势互补、知识共构、学术合作。这些既是我的学术心得和体会，也是我的学术追求和探索。

我在传播学和媒介管理学上的著作（含合著）主要集中在三个方面：1. 传播基础理论研究，包括《传播学导论》《传播学》《大众传媒通论》《大众媒介概论》《传媒的魅力》；2. 媒介理论和传播交叉理论研究，包括《媒介生态学：媒介作为绿色生态的研究》《媒介地理学：媒介作为文化图景的研究》《媒介舆论学：通向和谐社会的舆论传播研究》《新闻传播学》《传播社会学》《经济传播学》《政治传播学》《艺术传播学》《教育传播学》《媒介理论前线》《媒介理论前沿》《媒介理论前瞻》；3. 媒介管理和文化创意产业研究，包括《媒介经营管理学》《媒介管理学概论》《媒介管理学》《媒介管理学经典案例》《媒介战略管理》《知识经济与大众传媒》《电影经营管理》《文化产业经营通论》《会展管理》。

本人有多部著作获得省级以上奖励，如《媒介地理学》于 2011 年、2012 年先后获浙江省哲学社会科学优秀成果奖一等奖和第六届高等学校科学研究优秀成果奖新闻传播学类三等奖；《传播学导论》于 2002 年获浙江省人民政府优秀教材一等奖；《媒介管理学》（含《媒介管理学经典案例》）于 2004 年获浙江省人民政府优秀教材二等奖。我本人于 2004 年获“浙江省有突出贡献中青年专家”称号，2007 年获教育部宝钢优秀教师奖。

邓炘炘

邓炘炘，中国传媒大学新闻学院教授、传播系主任、博士研究生导师。先后获中国人民大学新闻学硕士、英国威尔士大学新闻学硕士、中国传媒大学文学博士学位，德国国家经济合作和发展部与“德国之声”电台联合颁发的广播管理培训专业证书。曾在美国南加利福尼亚大学做访问学者，任澳大利亚莫纳什大学客座研究员，在日本龙谷大学讲学，任香港树仁学院新闻系兼职讲师等。

曾在中国新闻出版社、中华全国新闻工作者协会（全国记协）国内部和学术研究部、中国新闻社专稿部、中国新闻社香港分社、华声报（电子版）等机构工作供职。先后受聘担任首都互联网协会理事、中国科技新闻学会常务理事、中国网络传播学会常务理事、国家职业技术鉴定专家委员会网络编辑专业委员会专家、中国新闻社华文传媒研究中心学术顾问等。

治学自述

我在“文化大革命”期间一度“上山下乡”，后回城进入工厂工作多年，成为技艺颇佳的“老师傅”，直至1984年直接考取中国人民大学新闻系研究生。社会磨砺和自学锻炼令我在日后的专业工作、学习和研究中受益良多。出版社期间的工作使我熟悉和接触到大批专业新闻工作者、研究者，以及他们的报道作品、研究成果。全国记协工作的几年间，我有机会了解和思考中国新闻行业宏观运行、管理、规制及行业自律等种种状况和问题。在中国新闻社做记者以及随后几年常驻香港分社采写和编发中英文新闻，经历了跨越1997年的“香港回归”及其报道。新闻一线的从业历练，对于在中国从事新闻传播教学和研究的人士，应是值得重视的“必须过程”。1998年进入《华声报》（电子版）任副主编时，恰逢互联网进入中国的萌动初期，于是抵近关注并直接推动中国互联网新闻传播的早期实践运转。

进入中国人民大学学习时，有幸师从传播学教学和研究在中国大陆地区的先行者、绍介者张隆栋教授，并在毕业后一直延续着师生与学术情谊，共同编著了高校专业教材《大众传播学总论》，深受他的教导和影响，对传播理论的研习始终没有放松，并逐渐有意识地拓展学术的视野与容量。转入北京广播学院（中国传媒大学前身）任教后，这一学问探寻路径又串联了新闻业务、网络传播、广播研究、体制批评等若干领域和内容，或落实为讲授的具体课程，或成为科研论文环绕的聚焦点。主要著译编成果：《时间的节点》《网络新闻编辑》《动力与困窘——中国广播体制改革研究》《网络新闻编辑》《广播频率专业化研究》《广告原理：选择、挑战与变革》《国际关系与语言文化》《网络传播与新闻媒体》等。迄今发表各类专业学术文章近百篇。

王怡红

王怡红，中国社会科学院新闻与传播研究所研究员，中国社会科学院研究生院新闻学与传播学系教授。自1992年起，先后在澳大利亚人文社会科学院、香港浸会大学、美国印地安那大学、美国华盛顿大学及丹麦哥本哈根商学院亚洲研究中心访问研究。兼任全国科技名词审定委员会新闻学与传播学名词审定委员会副主任。2014年至2015年，任中国社会科学院新闻与传播研究所创新工程“新闻学与传播学学科基础建设”项目首席研究员。曾任中国社会科学院新闻与传播研究所传播学研究室主任、中国传播学会人际传播专业委员会理事长。主要研究方向：人际传播基础、传播学术思想史。侧重中外传播观念与中国社会人际传播关系交往理论与实践研究。

治学自述

1988年，我毕业于中国社会科学院研

究生院新闻系，同年 8 月入职中国社会科学院新闻研究所。在此之前，除了来自家庭祖父母辈人的知识影响外，并没有异兆或缘由显示我受命运的宠眷，能偶然一跃，进入素有崇高之称的学术殿堂，终生以传播研究为业。经历 27 年的努力，我的研究格局仍然很小，范围有限，很难说产生的是成果还是后果，倒是日积月累之后，传播研究成为我精神上的守护神。对我而言，研究不仅是反复寻找，提出问题，做出解释，把学到的方法技艺反复付诸实践，让学术为科学和社会进步服务，这里面还包含一个以传播研究为名，通过不断关注传播现象与行为，来改变自我封闭心理定势的契机。多年的锤炼使我确信，传播几乎伴随人类所有的活动。我们需要对传播有足够的理解。对传播的理解也是对个人和世界的理解，更是对飞速变革时代的理解。我认为，今天的互联网之所以能逆转为一种更具人性化的媒介，正是因为传播和媒介不断影响个人与社会，传播的日常经验与人类交流的诸多问题切肤相连。我从 1993 年开始接触人际传播研究。这个领域让我洞开传播的基本构造。在我看来，关注传播的原生现象无法脱离"关系"和"媒介"的视角。如果不使用"关系"和"媒介"的概念，我们几乎无法描述与说明传播的基本含义。借助于"关系"概念的研究，我们会发现传播不仅有传播者的真实存在，分析传播问题通常还具有四个切入点：1. 行动（action）；2. 互动（interaction）；3. 互融（intraaction）；4. 共融（transaction）。在不同的问题意识上，西方法理意义上的"人际"，突出的是独立的"自我""私人"和"个人"之间的合作。"传播"是一个强调个人财产或权益受到法律保障的独特的个体间的行动概念。汉语的"人际"更像一个义理之词，以强调关系（guanxi）的交融性和使用性为优先原则，且交往关系中的个体是模糊不清的，常带有依附性，有时不分人我。汉语的"人际"比较偏向于自我与他人的交融，传播易演变为"等级的关系"或"使用的关系"。对汉语者而言，"人际"是一个价值概念。若结合中西语词，进行跨文化的理解，所谓"人际传播"应是一个具有法理的、义理的、关系的和具有行动内涵的概念。传播研究若忽略了由行动、互动、互融、共融的关系交往视角，看不见语言讯息及其意义的理解所引起交往关系形态的变化，那就等于忽略了传播中沟通、共享、媒介、权力和知识等基本构成要素的存在与影响。我认为，人际传播研究在互联网时代再度兴盛，有助于我们更好地理解传播的本质。

我在下列领域出版了主要著作和论文：1. 在人际传播研究方面，出版了专著《人与人的相遇：人际传播论》，发表了论文《得一门而入：对话研究及其方法论指向》《中国大陆人际传播研究与问题探讨》《借势传播：中国人的关系交往取向》《围观研究初探》《论人际传播的定名与定义》等。2. 在传播学术思想史研究方面，合作主编并主撰《中国传播学 30 年：1978—2008》；主要论文有《从历史到现实："16 字方针"的意义阐释》《论传播学的关系价值研究——一个提升传播学科品质的可能途径》《论 communication 的基本含义与理解》等。3. 在译著方面主要有《思想管理者》《做桥不做墙：人际传播学教程》（合译）、《大众传播通论》（合译）等。

时统宇

时统宇，1956 年出生于河北张家口。中国社会科学院新闻与传播研究所研究员。兼任中国广播影视协会学术委员会委员，中国广播影视大奖评委。

治学自述

我于1986年入职中国社会科学院新闻研究所，主要从事新闻业务特别是电视理论与实务方面的研究工作。

在新闻业务领域，主要关注新闻写作演变过程中透视出的体制、机制、观念、文风等方面的创新和发展，主要著述有《新闻写作》《深度报道范文评析》等。

从1996年前后开始，研究逐渐转向电视领域，起点是《中国电视论纲》的写作。之后，先后出版了《电视影响评析》《电视批评理论研究》《收视率导向研究》(合著)、《电视知识分子》（合著）等，这些成果均为中国社会科学院的重点或重大研究课题，并得到资助。

本人的研究特点体现在：

其一，紧密联系中国电视的发展现状，以我们正在做的事情为中心，与研究对象进行强劲的对话。

其二，努力克服把电视批评混同于文艺批评的缺陷，既将电视批评指向人文精神弱化的制度安排和体制原因，又充分利用电视传播的最新样本和实例，对中国特色的电视低俗化问题进行学理分析。

在理论方面，研究影响最大的是对收视率的剖析和批评。这一研究的立足点在于：批评的而不是中性的，学理的而不是技术的，强调社会科学研究的批判精神。在实践中，表现为既当教练员、裁判员，又身体力行当运动员——充当电视知识分子的角色，在电视中对包括电视传播现象在内的各种社会问题发表意见，进行批评。这其中影响最大的正是近年来泛滥成灾的选秀节目。

卜 卫

卜卫，1957年出生于北京。中国社会科学院新闻与传播研究所研究员，中国社会科学院研究生院新闻系教授、博士研究生导师，媒介传播与青少年发展研究中心主任。1999年美国USIA访问学者，2000年美国加州大学圣地亚哥分校访问学者，2002年和2004年北欧亚洲研究所访问学者，2005年至2006年美国夏威夷大学访问学者，2009年1月香港中文大学访问学者等。兼任中国人权研究会理事、中国妇女研究会理事、中国青少年研究会常务理事等职。

治学自述

我于1989年5月入职中国社会科学院新闻研究所，主要从事传播与社会发展方向的研究工作。我的第一个“田野”，是浙江省缙云县高山谷底的一个小村庄——底长坑村，研究的题目是“媒介使用对农民现代性的影响”。1991年的春天，我带着问卷走进了这里的农户，这次调查对我产生了强烈的冲击，使我开始思考“研究的客观性”、如何理解研究的客观性、研究对不同群体的作用等有关方法论、研究政治和研究伦理等问题。应该说，自那时以来的二十多年间，这种思考从未间断。2013年以后，在与同事们的交流中，我又增加了关于研究的政治经济学及阶级性的思考，明确了当今的“传播与社会变革研究”是对“发展传播学”进行学术的、实践的批判和发展的结果；“社会科学研究取向”比实证主义等研究取向更适合于社会变革的行动传播学研究。在我看来，行动传播研究的主要特征是：1. 关注“社会公正”；2. 理论与实践（行动）相结合；3. 与边缘群体发展合作伙伴关系；4. “研究赋权”，即行动传播研究者将研究看作是一种“赋权”（empowerment）的过程或工具，致力于在研究过程中增加研究参与者对传播以及传播权利的认知，增强其进行传播的能力，并以此作为研究的一种重要成果，亦即将研究本身作为促进社会改变的催化剂。

在二十多年的研究生涯中，我做过很多“田野”调查，常常在贫困村庄、工业区、流动人口聚居区等进行研究，也访问过加纳农村社区电台和里约贫民窟……所研究的议题包括也超越了传统的发展领域：人口流动与资本主义发展，移民劳工，抗击艾滋病，针对妇女、儿童的暴力，国内和跨境人口拐卖，少数民族发展，等等。在开始任何一个新的研究时，我都要不断地问自己：什么是这个研究的焦点问题？什么是研究问题背后的假定？这种假定是依据谁的经验做出的？这种假定遇到了何种竞争？从谁的视角出发定义了研究的基本概念？研究过程有利于谁？应该如何处理研究伦理议题？诸如研究者与被研究者之间的权力关系如何影响研究的结果和被研究者的生活等等。我在研究方面的进步和收获，大都来自这种颠覆性的提问和对既往研究的持续反省。2007 年以来，我采用行动传播学的研究战略，集中进行了有关流动劳工的文化研究以及媒介赋权研究，以求在这一方向上能够为促进社会改变有所贡献。

我在下列领域出版了重要著作、论文和研究报告：1. 在社会科学方法论研究方面，出版了与同事合作的专著《社会科学成果价值评估》，发表了探讨行动传播研究的概念、方法论与研究策略的论文《“认识世界”与“改造世界”》；2. 在女权主义传播研究方面，出版了专著《消除家庭暴力与媒介倡导——研究、见证与实践》《媒介与性别》等；3. 在传播与儿童权利研究方面，先后撰写了关于国内与跨境人口拐卖的系列研究报告及其政策建议书、关于暴力侵害儿童的形势分析报告及系列干预评估报告和政策建议书、青少年抗击艾滋病系列传播倡导研究报告；4. 在传播与社会发展研究方面，发表了论文《从“以人为本”的发展到“以人为本”的通信普遍服务——探讨信息时代脆弱群体的传播权与媒介赋权》《人权、文化权利与中国流动工人的文化实践》等。

程曼丽

程曼丽，1957 年出生。北京大学新闻与传播学院教授、博士研究生导师，北京大学国家战略传播研究院院长，北京大学新闻学研究会执行会长。兼任中国新闻史学会名誉会长，教育部新闻传播学科教育指导委员会委员，国家突发公共卫生事件专家咨询委员会委员，国家食品药品监督管理总局食品安全风险交流专家组副组长，最高人民法院司法信息传播策划专家，国家外文局对外传播研究中心高级研究员。同时兼任国内多所大学新闻传播学院客座教授。曾于 1989 年至 1990 年在现圣彼得堡大学新闻系进修。2001 年 3 月至 9 月在莫斯科大学新闻系访学。此外曾在美国、英国、比利时、新加坡、日本等国短期访学。

治学自述

我于 1986 年硕士毕业留校（中国人民大学新闻系）后，从事外国新闻史方面的教学、研究工作。2000 年，我与郑超然、王泰玄教授共同编著了国家级重点教材《外国新闻传播史》。2004 年，我应复旦大学出版社邀约，出版了“博学・新闻传播系列教材”《外国新闻传播史导论》。1995 年至 2005 年，我兼任《国际新闻界》杂志主编 10 年（2002 年调入北大），经过努力，这份杂志成为中文核心期刊。其间，1995 年至 1998 年，我在职攻读博士学位，完成了学位论文《〈蜜蜂华报〉研究》。通过研读资料，我指出《蜜蜂华报》具有“三个第一”的历史地位：中国境内出版的第一份近代报刊，外国人在中国领土上创办的第一份报纸，澳门的第一份报纸。这本书完稿于澳门回归前夜，澳门基金会将它纳入“新澳门丛书”计划，于 1998 年 11 月出版（2015 年，该书简体字版由清华大学出版社出版），此书获第四届吴玉章人文社会科学优秀成果奖及北京市第六届哲学社会科学优秀成果二等奖。1999 年，在导师方汉奇先生的引领下，我开始从事海外华文传媒方面的研究，并于 2001 年出版了专著《海外华文传媒研究》，此书获第七届哲学社会科学优秀成果二等奖。

在担任《国际新闻界》主编的过程中，我与国家对外传播管理机构国务院新闻办公室建立了合作关系，通过参加国际会议，参与课题研究，使我对改革开放后国家高度重视的一个新领域——对外传播或国际传播有了更多的关注与了解，并开始从事这方面的研究，相继发表了《“松”与“紧”的变奏——俄罗斯新闻体制的演变及特点》《美、俄、日、德主要报纸涉华报道分析》《信息全球化时代的国际传播》《从信息流动结构的变化看我国对外传播的走势》《中国对外传播体系的补充机制分析》等论文。2000 年，我首次在自己的博士研究生招生目录中增设了“国际传播”方向，开始指导这个方向的博士研究生。2006 年，我应北大出版社邀约出版了《国际传播学教程》。2011 年，我与王维佳合作出版了《对外传播及其效果研究》，此书获第七届高校科研优秀成果奖。

2013 年，在国际传播研究的基础上，我开始将研究重点向国家战略传播转移。在我看来，目前中国的社会形态、传播生态正在发生深刻的变化，国际传播的主体和要素已经超出传统媒体和传统认知的范畴，呈现出多样化的态势。在这种情况下，国际传播效果的优劣不再由单一主体决定，而是由多元主体形成的合力决定。如何形成合力，需要上升到国家战略层面进行统筹考虑。2014 年年底，我担任了新成立的北京大学国家战略传播研究院院长。作为这方面的学术带头人，我撰写了《从战略传播角度看国际传播能力建设》《国际传播能力建设的协同性分析》等论文，同时受国家外宣管理部门的委托进行课题研究。由我主持完成的课题“美国国家战略传播体系的形成与我国国家战略传播体系建设构想”中的部分内容被纳入国家国际传播能力建设中长期规划中，我们积极倡导的“国家战略传播研究”，也被列入 2015 年国家社科基金规划招标课题。

芮必峰

芮必峰，1957 年出生，安徽马鞍山市人。安徽大学教授、博士研究生导师，安徽大学新闻传播学院原院长、党委书记，现任安徽大学江淮学院院长，国家教育部新闻学教学指导委员会委员，中国新闻教育学会理事，安徽省第九届、第十届、第十一届政协委员，安徽省记协常务理事。

治学自述

自1983年从事新闻学教育和理论研究30余年来，我的治学之路可以用“上天落地”进行概括，具体又可分为三个阶段。

20世纪80年代，理论功底先天不足的我，在改革开放的大背景下开始接触到一些过去教育之外的西方理论，并产生浓厚兴趣。经过一段阅读后，我的目光很快转向西方哲学，且在德国古典哲学方面下过数年功夫。正因为如此，我对自己正在学习的新闻学感到严重不满，“新闻无学”的思想一度在我头脑里挥之不去。这一思想在我接触传播学后稍稍得到改变。我利用在中国人民大学和复旦大学进修的机会，一边为将要开设的《新闻学概论》备课，一边阅读了当时国内能找到的所有传播学文献，逐步产生用传播学“改造”新闻学的想法。1988年发表在《安徽大学学报》的《传播学、新闻学、新闻传播学》大概是国内学术界最早倡导“新闻传播学”的文章之一。

随着传播学文献接触量的增加，我开始对该学科强调实证、重视效果的特点产生疑问。

90年代后，我开始有意识地接触社会学，并且注意到了芝加哥学派，尤其是“符号互动论”，陆续发表了《人类社会与人际传播——试论米德和库利对传播研究的贡献》《传播观：从“自然主义”到“人文主义”——传播研究的回顾》《人类理解与人际传播——从“情境定义”看托马斯的传播思想》《健全的社会与健全的传播——试论弗洛姆的传播思想》《人际传播：表演的艺术——欧文·戈夫曼的传播思想》等学术论文，有意识地强调符号互动理论在传播学中的独特地位。上述文章和后来的《你我交往使社会成为可能——齐美尔人际传播思想札记》(《传播学的视野——读E. M. 罗杰斯〈传播学史〉札记》等学术论文都是这一思路的延续。90年代中期那一组介绍米德、库利、托马斯等人的文章，也是国内新闻传播学界最早比较系统谈论芝加哥学派及其符号互动论的学术论文。

由于对传统新闻理论的不满，此间我还试图对新闻学的基础理论做一些改造，想从哲学、社会学中汲取思想以“强化”新闻学的学理性。1994年发表的《试论新闻传播接受者的主体性》，特别是1996年发表的《西方“媒介哲学”评介》、1997年我和陆晔访谈宁树藩老师，整理出来的《关于新闻学理论研究历史与现状的对话》、次年的《新闻本体论纲》，以及2004年发表在《新闻大学》上的《新闻与新闻报道》等，可以视为在这方面所做的努力。

如果把我20世纪80年代、90年代的治学之路比作“上天”的话，进入2000年以后，我在新闻学研究方面开始有意识地“落地”，即用其他学科，尤其是社会学理论和方法研究新闻传播的自身问题。《新闻学研究的不同视域》反映了这种转向。2006年，我再次进入复旦大学，师从李良荣教授攻读博士学位。博士论文《政府、市场、媒介及其他——试论新闻生产中的社会权利》，以及此后陆续发表的《新闻生产与新闻生产关系的再生产——以“宣传通知”及其执行情况为例》《描述乎？规范乎？——新闻专业主义之于我国新闻传播实践》《媒体与宣传管理部门的权力关系——以“命题作文”为例》《新闻专业主义：一种职业权力的意识形态——再论新闻专业主义之于我国新闻传播实践》《新闻学研究中功能主义取向和方法之思考——以“新闻专业主义”为例》等都属此类“落地”的进路。

喻国明

喻国明，1957年出生于上海。1989年中国人民大学研究生毕业，获法学（新闻学）博士学位。现为中国人民大学新闻学院二级教授，国家长江学者奖励计划特聘教授。享受国务院特殊津贴的专家。现任职务及主要社会兼职主要有：国务院学位委员会新闻传播学学科评议组成员，中国人民大学新闻与社会发展研究中心（国家级社会人文学科重点研究基地）主任。同时兼任北京市社会科学联合会副主席，中国传媒经济学会会长，中国传播学会副会长，中国电视艺术家协会高校委员会副会长，《中国传媒发展指数（蓝皮书）》主编，《中国社会舆情年度报告（蓝皮书）》主编等。主要研究领域为：新媒体研究，舆论学，传媒经济与社会发展，传播学研究方法。

治学自述

自20世纪80年代以来，我一直致力于走在新闻传播学理论和实践探索的前沿。早在80年代中，我所提出的关于“传—受互动方格”理论、新闻体制选择的多维性理论以及对中国新闻改革现实动因和未来走向的分析，等等，都具有一定的理论创新意义，其中不少概念已经成为新闻传播学理论的基本“话语”而被收录到有关学术辞典和专业工具书中。进入90年代以后，我的研究进一步转入将学术前沿的理论与现实的传播实践接轨的方向上来。我一方面广泛吸取国际学术界的最新理论研究成果，另一方面做了大量把握中国传播实际的调查研究项目，有针对性提出了“必读（视、听）性”的概念；提出了报纸不但是“新闻纸”而且也应该成为“有用纸”的概念；提出了传播产业是一种“影响力经济”的概念。2000年来，我在新闻传播实践领域，提出了具有广泛影响的“传媒业发展的拐点论”，“从‘增量改革’到‘语法革命’”以及“整合力是传媒发展的核心竞争力”。最近五年来，我的研究重点转入互联网及其对于社会和媒介生态的影响的研究，提出了关于“互联网是我们这个社会的‘操作系统’”，“互联网是一种高危媒介”，并对未来传媒转型的主流模式“平台型媒体”做出了系统的研究，这些均对中国传媒实践和学术发展起到了一定指导作用。近年来，我的主要研究领域集中在网络舆情监测、大数据挖掘和将认知神经科学引入到传播学中，出版了“中国社会舆情蓝皮书系列”，提出了具有广泛影响的“社会安全阀”“舆论的社会代偿机制”等观点。通过对传媒业相关数据挖掘，形成了中国传媒产业的宏观衡量指标体系——中国传媒指数，出版了“中国传媒指数蓝皮书系列报告”，对中国传媒业的发展进行实时“把脉”。在国内首次将认知神经科学实验手段（如EEG、ERP和眼动仪）等引入到传播学研究，并利用该研究方法发表了一系列交叉性科学研究成果，带动了国内传播学研究范式的革新。

截至2014年年底，我以第一作者署名发表在国内学术期刊上的论文273篇：其中CSSCI论文143篇，A、B类核心期刊论文65篇；国际SSCI论文一篇。以第一作者署名的著作19本；主持国家纵向项目5项：教育部人文社会科学研究重大课题攻关项目“新媒体环境下的危机传播及舆论引导研究”、国家社科基金重点项目“网络舆情监测与引导机制研究”、教育部人文社科重点研究基地2011年度重大项目、北京哲学社会科学规划重点项目“线上话语空间建构与线下动员——突发公共事件的微博传播与预警机制研究”、工信部242软课题项目“网络舆情监测支撑”、外交部政策司年度委托课题“国内涉外民意引导机制”等；主持横向项目60余项：与中石化、国家电网、中央电视台、人民日报、新浪微博等合作开展了一系列应用研究。自1979年至2010年年底，在新闻学与传播学领域的论文发表量居全国第三位，被引文率居全国第二位。

雷跃捷

雷跃捷，1959年出生，湖南耒阳人。中国传媒大学传播研究院院长、教授、博士研究生导师，校学术委员会委员。

1981年毕业于湘潭大学中文系，获文学学士学位，分配到湖南人民广播电台新闻部，历任记者、编辑。1984年9月调湖南省社会科学院情报研究所工作，任助理研究员。1985年考入北京广播学院新闻研究所，1987年毕业留校，获法学硕士学位。2003年获文学博士学位。

治学自述

坚持“新闻传播学是一门实践科学”的理念。“理论联系实际”是自己一贯坚持的学风。密切关注新闻传播的实践发展，注重运用新闻传播理论，回应新闻实践的新动向，解答新问题。同时，通过对新闻传播活动的实践总结，丰富和发展新闻传播理论。秉持这种理念，对一些新出现的新闻传播现象，能够较为敏锐地做出判断和分析，对一些重大的新闻传播理论问题，敢于提出自己的看法和观点。如发表的《与时俱进地发展马克思主义新闻观》《也论新闻的真实性》《新闻价值再探》《媒体融合时代舆论引导方式变革的新动向》等论文在新闻传播学界和业界有较大的影响。

新闻传播学也是一门正在建设中的学科，探索新领域、研究新问题，是保持学术生命力的强大动力。从事新闻传播学研究30年来，研究的兴趣和领域较为宽泛，主要涉及：新闻理论、舆论学、媒介批评、传媒教育。在新闻传播学的研究过程中，注重借鉴其他学科的理论成果，为研究提供新的视角、新的方法，这些努力，在新闻理论、媒介批评的研究成果中有明显的体现。

30年来走过的学术研究历程，甘苦自知。信奉的治学座右铭：“板凳须坐十年冷，文章不著一句空。”

在从事新闻传播学研究的同时，从事新闻传播教育近30年。作为研究生导师，培养了20多名博士研究生，100多名硕士研究生。毕业生遍布全国各地。他们主要从事新闻宣传、管理，新闻教育研究工作。

出版著作有：《社会主义市场经济与新闻舆论》《新闻理论》《媒介批评》《中外新闻传播教育发展研究》《国际新闻频道研究》《广播电视公信力研究》。

主编的作品有：《邓小平新闻思想研究》《电视新闻频道研究》《网络新闻传播概论》《新闻学概论》。

承担和完成国家哲学社会科学基金项目“新时期舆论引导新格局、新机制研究”，教育部哲学社会科学重点项目“广播电视公信力研究”，国家广播电影电视总局、教育部哲学社会科学重点项目“广播电视公信力研究”，国家广播电影电视总局社科重点项目“坚持广播电视新闻立台的理论和实践研究”以及中宣部委托等各类研究项目十几项。

1999年到德国之声广播培训中心学习。2014年作为高级访问学者到日本早稻田大学政治经济学部新闻学院访学一年。先后到美国、英国、德国、日本、澳大利亚、俄罗斯、加拿大、西班牙、葡萄牙、荷兰、希腊、瑞典、新加坡以及中国台湾、香港、澳门等国家和地区的大学讲学和参加学术研讨会议、学术活动。

获得“北京市高等学校优秀青年骨干教师”“北京市青年学科带头人”、中国广播电视学会第二届“十佳百优”广播电视理论工作者“百优”称号。主讲的《新闻理论》课程，被评为“北京市精品课程”，教育部国家精品课程。有论著先后获得北京市第四届哲学社会科学优秀成果二等奖，北京市高校精品教材、国家广播电影电视总局优秀科研成果一等奖，教育部普通高等学校第二届人文社会科学研究成果二等奖。获中国传媒大学建校60周年“有突出贡献的专家”称号。

曾任中国传媒大学新闻传播学院副院长、中国新闻教育学会副会长，教育部新闻学教学指导委员会副主任委员，中国新闻史学会秘书长、中国高等教育学会新闻学与传播学专业委员会新闻学研究分会常务副会长，现任中央实施马克思主义理论研究与建设工程新闻学概论课题组首席专家，中央实施马克思主义理论研究与建设工程重点教材咨询审议委员会委员，中国人民大学新闻与社会发展研究中心兼职研究员，华东师范大学传播学院、衡阳师范学院等多所大学新闻传播学院的兼职或客座教授。

李　彬

李彬，1959年出生于乌鲁木齐市。清华大学新闻与传播学院教授，中国人民

大学法学（新闻学专业）博士。兼任河南大学黄河学者、天津师范大学兼职教授、宁夏大学兼职教授、中信改革发展研究院高级研究员、原全国新闻学研究会副会长等。

自1978年初作为“文化大革命”后首届大学生即“七七级”进入高校，近四十年来无非读书、教书、写书。相继在郑州大学新闻系、中国青年政治学院新闻与传播系和清华大学新闻与传播学院执教，并曾分别担任副系主任、系主任和副院长。

开过十数门本科生、硕士研究生与博士研究生的专业课，包括传播学理论、外国新闻史、中国新闻史。“中国新闻传播史”已建成清华大学、北京市和国家精品课。所撰《全球新闻传播史》被列为国家精品教材。

笔墨生涯中除了六部专著《传播学引论》《传播符号论》《新中国新闻论》《全球新闻传播史》《中国新闻社会史》《唐代文明与新闻传播》，还主编了《欧洲传播思想史》和《大众传播学》（前者为教育部重大项目成果，后者获教育部普通高等学校优秀教材二等奖）。另有两部随性之作，一部《清谭杂俎——新闻与社会的交响》，一部《水木书谭——新闻与文化的交响》（即出）。

2014年获得“第二届范敬宜新闻教育奖（良师益友奖）”，获奖感言“培养有梦想、有灵魂、有文化的中国记者”。

治学自述

日渐明朗的治学理想有“三言两语”。“三言”是“政治意识、问题意识、自觉意识”；“两语”是“历史与逻辑有机统

一”和“解释世界与改变世界”。希望并力求“不唯上、不唯书、不唯洋，只唯实”，更希望并力求“究天人之际，通古今之变，成一家之言”。相信天道相通，太阳底下没有新鲜事；尊奉大道至简，一个农夫的学问未必不如一个学者。因而，正心诚意，不离人间烟火，著书立说，远离“学术八股”，也免得把简单问题复杂化，把复杂问题弄得更加复杂。

比较充分体现这些追求的除了《中国新闻社会史（插图本第二版）》，当属国家十二五规划重点图书“新中国新闻史丛书”中的《新中国新闻论》。这套由自己主编的丛书，一方面尽量吸纳前人成果，一方面力图在多学科、新视野、全球史的视域中，审视一百多年来新闻传播与社会变迁，为中国道路的新闻传播以及文化政治开辟新的更广阔的理论空间，为中国特色、中国气派、中国风格的新闻传播学开拓学术话语权，以彰“我民族独立之精神，自由之思想”（陈寅恪）。另外，为《新闻爱好者》杂志撰写专栏“新闻与文化书谭”，也在从不同侧面关注、思考、探究这一领域及其问题，共得30篇，编入《水木书谭》。

崔保国

崔保国，1962年出生于江苏徐州。清华大学教授、新闻与传播学院副院长、博士研究生导师，清华大学传媒经济与管理研究中心主任，中国传媒经济与管理学会副会长。1990年赴日本东北大学留学，获得日本东北大学信息科学博士学位。主要研究方向为传媒理论、传媒经济与管理、文化传播研究。兼任清华大学日本研究中心理事，中国社会科学院皮书学术委员会委员，中国科技新闻学会科技传播分委员会副会长。

治学自述

我于2000年起任清华大学新闻与传播学院教授，2004年起任传媒经济与管理中心主任，主要致力于传播学理论和传媒产业的研究与教学。清华大学新闻与传播学院拥有一级学科新闻传播学，这个一级学科之下主要有两大研究领域：新闻学领域与传播学领域。清华大学的传播学领域发展了几个很有特色的研究方向，如传媒经济与管理方向、新媒体方向和影视传播方向。本人的研究重点为传播学领域中的传媒研究和传媒产业研究，注重以国际视野和宏观整体思维开展传媒的研究。我一直主张把传媒作为新闻传播学研究的核心问题来定位，研究传媒而不研究传媒产业和传媒经济是不可想象的，因为全世界大部分传媒都是以企业的形态运行的。

我是较早开始从事信息社会和传媒研究的学者。1990年代在日本攻读博士期间开始对信息社会和传媒产业开展研究，曾著有《信息社会的理论与模式》，翻译出版了曼纽尔·卡斯泰尔（Manuel Castells）的《信息化社会》。2010年上海世博会期间参与组织“信息化与城市发展”主题论坛，本人在会上作了题为“下一代互联网与未来媒体”的大会发言，我提出“促进信息与知识的有效传播”“缩小数字鸿沟”的观点，这些观点也被吸收进世博《上海宣言》中。2012年，我带领的团队进行国家社科基金重大课题“下一代互联网与我国参与建构国际传播新秩序的策略”的研究，该课题已经在构建全球网络空间新秩序方面取得了一些阶段性研究成果。

本人主要的学术观点和理论创新主要在传媒研究方面。中国的传播学研究已经徘徊了很久，不仅是中国，西方也一样。近30年来，传播学研究界缺少重大突破、研究方向也不够明确。我提出了把传播学、信息科学与媒介研究打通，全方位研究信息传播整体现象，建立以传媒研究为中心的传播学。30年间传媒的变化日新月异，网络的发展一日千里，网络和新媒体发展对社会和世界的影响越来越大，传媒环境令人眼花缭乱，信息泛滥使人困惑不已。传播学研究需要一个新起点，有6.5亿网民的中国传播学研究应该对世界传播学发展有所话语权和理论贡献。我开辟了一套传媒研究的新方法和传媒经济研究的新范式。这种研究方法不再拘泥于新闻学、传播学的传统，而是结合产业经济学、制度经济学和信息社会研究的方法探索出一种多维度、多视角的方法来研究传媒，因为当今的传媒机构从全球视野看百分之九十的传媒都是以企业的形态运行的，且大都与网络媒体技术有关联，所以不采用经济学、信息技术与传播学等学科交叉的方法进行多维度研究，我们就无法透彻地研究传媒的整体，也就无法把握当下的传播规律。

我在下列领域出版了一些著作、论文和研究报告：我从2004年开始每年主编一部《传媒蓝皮书》，到目前为止，已经连续出版11年。这套书是对十多年来中国传媒产业发展和世界传媒产业发展情况的综合研究，也对各细分行业发展有深度专业化分析。从2012年起《传媒蓝皮书》已列入CSSCI集刊索引，体现和贯彻了传媒研究的新方法和新范式，对媒介、媒体、传媒、传媒产业、传媒经济、媒介形态、媒体业态、传媒生态等基本概念进行了重新界定。这套成果积累了大量的传媒产业和传媒市场的数据，已经形成一个内容丰富的数据库；同时形成了一个近50人的长期合作的研究团队和学术共同体。《传媒蓝皮书》系列成果兼具基础研究价值和学术创新意义，受到国内外学术界与传媒界的关注和肯定。

本人专著有《媒介变革与社会发展》《信息社会的理论与模式》《走进日本大报》等，发表学术论文百余篇，包括《媒介是条鱼——理解传媒生态学》《大传媒时代的“变”与“势”——未来几年传媒业发展的困境和机遇》《以全球视野看报业的转型与创新》《大部制整合与大传媒时代的到来》《未来传媒业发展的困境和机遇》《传媒经济学研究的方法与范式创新》《论传媒产业的结构性转型》《国际传媒转型新趋势》《世界网络空间的格局与变局》。

杨保军

杨保军，1962年10月出生于陕西榆林。1983年从陕西渭南师范专科学校（现为渭南师院）物理科毕业，从事中学教学工作五年多。1988年入西北政法学院（现为西北政法大学）攻读哲学硕士，毕业后于1991年入陕西日报社，开始新闻工作。1998年，入中国人民大学攻读新闻学博士，师从童兵先生。2001年1月提前毕业并获得博士学位，随即留中国人民大学新闻学院从事教学、科研工作至今。2004—2006年，在职在中国传媒大学做过两年博士后研究，合作导师是曹璐教授。

现为中国人民大学新闻学院教授、博士研究生导师，新闻学院副院长、新闻学院学术委员会副主任，新闻研究所副所长。曾长期（2001—2014年）担任中国人民大学新闻学院新闻史论教研室、教研部主任。主要研究领域是新闻学，研究方向是新闻理论。2006年入选教育部世纪优秀人才。

主要兼职有：《国际新闻界》副主编，中国人民大学新闻与社会发展研究中心学术委员会委员，中国高等教育学会新闻学与传播学专业委员会新闻学组秘书长等。

治学自述

1991 年进入新闻领域，我在采写编评工作中发现了不少有关新闻活动的理论与业务问题，逐渐产生了研究新闻现象的兴趣与意愿，并撰写发表了一些论文。1998 年开始博士研究生阶段的学习和研究后，我根据自己的特点与爱好，并在导师童兵先生的指导下，把研究领域、研究方向确定为新闻基础理论。时至今日，十七年过去了，我始终坚守自己当初的选择，在追求学问可持续发展的道路上，默默前行，取得了一点成绩。

到目前为止，我撰写出版的主要专著有"新闻八论"：《新闻事实论》《新闻价值论》《新闻真实论》《新闻活动论》《新闻精神论》《新闻本体论》《新闻道德论》《新闻观念论》；出版的代表性教材有：本科教材《新闻理论教程》，研究生教材《新闻理论研究引论》。除此之外，我在国内重要学术期刊《新闻与传播研究》《国际新闻界》《新闻大学》《现代传播》《中国人民大学学报》《新闻记者》《当代传播》《编辑之友》等发表学术论文二百多篇。其中，不少论文被《新华文摘》《中国社会科学文摘》《新闻与传播》转载。在这些科研成果中，有些还获得了一些奖项，如：《新闻事实论》（博士论文）2002 年获得中国人民大学优秀博士论文奖，2003 年"全国百篇优秀博士学位论文奖"；《新闻价值论》获得第四届中国高校人文社会科学研究优秀成果奖——新闻传播学类三等奖；《新闻活动论》获得第五届中国高校人文社会科学研究优秀成果奖——新闻传播学类二等奖；《新闻道德论》获得第六届中国高校人文社会科学研究优秀成果奖——新闻传播学类三等奖；《新闻理论教程》获得中国大学出版社图书奖首届优秀教材奖一等奖；《创制亲近性文本：跨文化有效传播的基础》《新闻形态论》《新闻精神论》分别获得第八届、第九届、第十届中国人民大学优秀科研成果奖优秀奖、一等奖和优秀奖。

对新闻理论研究来说，我主要是一个观察者、分析者、思想者。长期以来，我的基本研究态度和方法论观念是：中国根基，世界眼光，时代特色，人类胸怀，原创精神，学科融合；我将继续以自己的方式为新闻学基础研究奉献绵薄之力。

张　昆

张昆，1962 年出生于湖北省云梦县。武汉大学法学博士。华中科技大学新闻与信息传播学院二级教授、博士研究生导师、院长。1990 年至 1991 年日本国创价大学访问学者。曾任武汉大学新闻学院院长，教育部新闻传播学科教学指导委员会副主任，是国务院学位委员会学科评议组第六届、第七届新闻传播学科组成员，中国新闻史学会副会长，中国新闻史学会新闻传播教育史委员会会长，中国传播学会副会长，中国新闻传播教育学会副会长，兼任国家社科基金学科规划评审组专家，国务院学位委员会新闻与传播专业学位教育指导委员会委员，教育部全国卓越新闻传播人才教育指导委员会委员。

治学自述

1984 年 7 月毕业于武汉大学历史系本科，留武汉大学新闻学系短暂任教。同年

9月，到中国人民大学新闻学院新闻学研究生班攻读新闻传播史。2006年7月，到武汉大学新闻学系工作，担任外国新闻传播史的教学。1998年在武汉大学政治学院在职攻读政治学理论的博士学位。同年被任命为武汉大学新闻学院院长。2006年调入华中科技大学任现职。三十年来，结合教学需要和自己的兴趣，形成了三个研究方向：新闻传播史，政治传播与国家形象建构和新闻传播教育。先后出版专著、教材11部，发表论文、报告170余篇。获得国务院政府特殊津贴、国家级教学成果奖二等奖、教育部人文社会科学成果奖三等奖、湖北省社会科学成果奖二等奖、中国高等教育学会学术论著奖、宝钢基金优秀教师奖多项。

在新闻传播史方面，先后出版专著、教材六本：《简明世界新闻通史》《传播观念的历史考察》《中外新闻传播史》《中外新闻传播思想史导论》《传播观念的历史考察》《外国新闻传播史》。发表论文约40篇，代表作有《从〈君主论〉看马基雅维利的政治传播观念》《横向发展——新闻传播史的新维度》《柏拉图的政治传播思想研究》《世界新闻史体系刍议》《新闻传播史体系的三维空间》《新闻传播史演进的三大规律》《新闻史家的使命及其修养》等。议题主要集中在传播思想史、传播制度史、媒介史及新闻传播史体系建构和新闻传播史方法论等方面。本人主讲的本科生核心课程《外国新闻传播史》先后被评为国家级精品课程（2009）、国家精品资源共享课程（2013），本人研发并主讲的通识课《传播的历程》被评为国家精品视频公开课程。

在政治传播方面，围绕着政治社会化、传播与政治文明、国家形象建构等议题，先后出版了《大众媒介的政治社会化功能》《国家形象传播》《政治传播与历史思维》《跨文化传播与国家形象建构》。发表论文四十多篇，包括《国家形象刍议》《国家形象传播的问题与误区》（《新华文摘》全文转载）、《时尚传播与社会发展：问题与反思》（《新华文摘》全文转载）、《国家形象传播的四大原则》《对美国媒体关于西藏问题报道的思考》《正视文化差异，增强对外传播的有效性》《从“凯利事件”看BBC的公信力体系》《东盟英文报章在地缘政治报道中的中国形象建构》《大众媒介的政治属性与政治功能》《媒介发展与政治文明》《政治魅力与大众传媒》《新闻宣传的五大政治原则》《政治戏剧化与政治传播的艺术》等。

在新闻传播教育方面，由于本人长期工作在新闻传播教育第一线，先后在武汉大学、华中科技大学新闻学院担任主要领导职务，曾经担任教育部新闻传播学科教学指导委员会副主任委员，对新闻教育、传媒专业人才培养有自己独到的理解，在国内学术期刊上发表过数十篇论文、报告，出版过相关的专著，如《新闻教育改革论》，受到高等教育界、新闻学界的好评。代表性论文有《以马克思主义新闻观统领卓越新闻传播人才培养》《反思中国新闻传播教育存在的问题》《从传播学视角看当代中国新闻教育的阙失》《略论传媒教育的十大关系》《略论新闻传播教育的产学合作》《新闻教育应坚持人文精神的主基调》《媒介转型对新闻教育的挑战》《中国传媒教育发展的师资瓶颈》《新闻传播教育的理想与困惑》《中国新闻传播教育的两大困境》《媒介化时代传媒工作者的综合素养》《大变局与传媒教育面临的挑战》等。

陈　绚

陈绚，1963年生。中国人民大学新闻学院教授、博士研究生导师，中国人民大学新闻与社会发展研究中心研究员，新闻伦理与媒介法研究所所长。1981年考入复

旦大学新闻系读本科。1994 年考入中国人民大学新闻学院攻读博士学位，后留校任教。1999 年至 2001 年间先在日本做访问学者，后在韩国汉城大学新闻传播系做博士后研究，主题是亚洲国家互联网发展与管制。

治学自述

如果自 1985 年本科毕业在大学任教算起，至今已在新闻传播学领域从事教学研究工作 30 余年。这些年来一直从事新闻传播学理论以及新闻伦理与媒介法的研究教学。已在核心学术刊物上发表 60 多篇学术论文，出版 2 部学术专著，编写教材 7 部；主持国家社科基金重点项目 1 项；主持教育部人文社会科学重点研究基地重大项目 1 项；主持校级、院级以及省市级横向课题 7 项；主持编写《新闻传播学大辞典》，我为编纂这部大辞典投入了整整 7 年时间。

自 1995 年起，我开始进入新闻伦理学和媒介法研究领域，并一直在这块学术园地耕耘。记得刚开始是因为院里要给本科生开设"新闻伦理与法"这门专业必修课，教学任务是由我所在的新闻理论教研室安排的，因为我有法律知识背景。最初讲授这门课总感觉内容不足，因为当时主要涉及的是一些新闻职业规范和新闻官司。二十多年过去，现在这方面的研究内容丰富了，研究队伍也壮大了。

自 2013 年起，我开始主持编写《新闻传播与媒介法治年度研究报告》，每年一本，由中国人民大学出版社出版，至今已出了 3 本。另外，我还为所讲授的"新闻伦理与媒介法"课程编写了多本教材：《新闻传播伦理与法规概论》《广告道德与法律规范教程》《大众传播伦理案例教程》《大众传播法规案例教程》《新闻传播伦理与法律规范教程》等。

新闻伦理与媒介法研究是跨学科的研究，涉及信息传播、新闻传播、政治学、法学、伦理学、社会学等学科，因此需要研究者有相当的哲学理论思辨能力和较全面的人文社会科学知识素养，因此这些年来，我也是本着教学相长的态度来进行研究的。我认真地思考过本研究领域的相关问题，写过一些学术论文，如《论如何建立中国新闻伦理规范体系》《出版自由法与绞杀自由并存的怪现象》《报刊的价值：不能让揭露"失去意义"》《假新闻治理的路径革新》《从微博的"知情"诉求分析"信息公开"权利主体的缺位》《公权力拥有者主张私权利的限制与评价》《"优秀记者"之界定及其道德评价》《"主流媒体"赋予及与政府关系的道德层面评价》《"记者添乱说"的剖析与批判——权利与功利之间的媒介》《对新闻传播限制的规则探讨》等。

了解、熟悉中国政治体制和文化管理体制，领会和吃透中国法治建设的思路，始终是我们治学的总的前提。近年来，国家提倡以德治国、以法治国，这对我们教学研究者来说，就是要从德治、法治的角度，对信息传播、公民表达权与网络社会健康发展的互动提出一些新的思想和理论，在化解网络社会危机风险的同时，推动传统新闻传播理论的进步，并以为国家政府管理提供优质思路为目的，既能保障网络社会的快速发展，又能有效控制、监管和规范网络表达，从而发挥网络政治、网络民主的正能量。

2005 年至 2012 年，我参加中国—欧盟人权对话会 4 次，每次都有主题发言，主题涉及表达自由、政务信息公开、网络隐私权保护、自由传播权保护等。2005 年以来，参加中宣部、新闻出版总署、广电总局、中国记协等举办的研讨会十余次，主题涉及新闻工作者职业道德、杜绝虚假新闻、新闻侵犯名誉权、隐私权保护等。

董天策

董天策，1963年出生于重庆永川。重庆大学新闻学院院长、教授、博士研究生导师。曾先后在电子科技大学、四川大学、暨南大学任教。2008年入选新闻出版总署“全国新闻出版行业领军人才”、教育部“新世纪优秀人才”。兼任中国网络传播学会会长，中国新闻奖、长江韬奋奖评委，《中国新闻传播学年鉴》编委，全国对外传播理论研讨会专家委员会委员，全国网络舆情考试中心专家委员会副主任，广西大学－新闻出版总署西南人才培养基地客座教授，新华社－郑州大学穆青新闻研究中心兼职研究员等职。

治学自述

我从事新闻传播学教学与研究，相当偶然。我本科读的是汉语言文学，硕士读的是中国古代文学。1989年获硕士学位，分配到电子科技大学人文社科系任教，分派的教学任务，起先是传播学，后来又加公共关系学，只好边学边教，并广泛涉猎新闻学、宣传学、广告学、社会学等相关学科，开始痛苦的专业转换。其时，国内传播学研究处于起步后的低迷期，译作和著述尚不多见。“初生牛犊不怕虎”，1992年初夏，我开始撰写《传播学导论》，次年5月出版该书。1994年，四川大学新闻系主任邱沛篁教授邀我参与《新闻传播百科全书》的编撰。1996年春，调入四川大学新闻系，成为新闻传播学的专业教师。

我的学术研究的真正起步，应是1990年代中后期参与“新闻策划”的讨论。结合传播理论与公关实践，我对新闻策划的学理内涵作了自成一格的划分，且不回避争论的焦点，对“新闻事件策划”（即“媒介事件策划”）既肯定其合理性又指出其合理限度。同时，关注新闻基础理论、传媒产业化等问题。1999年，考取四川大学文艺学在职博士研究生，师从曹顺庆教授，从事传媒文化与媒介批评研究。2002年春，应蔡铭泽院长邀请，调入暨南大学新闻与传播学院。因应网络媒体的发展，我又逐渐把网络与新媒体作为自己的研究领域。

2005年4月，我被暨南大学任命为新闻与传播学院副院长。一年半后，受命担任常务副院长，主持日常工作，直到2011年7月。其间，作为学科带头人先后领衔创建暨南大学新闻传播学博士后流动站、新闻传播学一级学科博士点、广东省重点学科、国家级实验教学示范中心等学科专业平台，为暨南大学新闻传播学科建设做出多项突破性贡献，2012年被评为二级教授。同年底，应重庆大学聘请，出任新闻学院院长。2013年，依托重庆大学法学一级学科博士点创设新闻法学研究方向，初步形成重大新闻学院本—硕—博的人才培养体系。

先后主持教育部重大课题攻关项目“大众传媒在文化建设中的功能和作用机制研究”、国家社科基金项目“电视娱乐节目与精神文明建设”“网络群体性事件的预防、引导与治理研究”，以及教育部、广东省、重庆市等各种课题十多项，在《新闻与传播研究》《国际新闻界》《新闻大学》《现代传播》等刊物发表200多篇论文，出版《传播学导论》《新闻传播学论稿》《中国报业的产业化运作》《网络新闻传播学》《新闻·公关·广告之互动研究》《问题与学理：新闻传播论稿》《消费时代的中国传媒文化嬗变》等论著。

2006 年，个人论文集《新闻传播学论稿》获教育部第四届中国高校人文社会科学优秀成果奖三等奖。2009 年，论文《民生新闻：中国特色的新闻传播范式》获广东省哲学社会科学优秀成果奖二等奖、教育部高等学校科学研究优秀成果奖（人文社会科学）三等奖。2011 年，专著《新闻·公关·广告之互动研究》获广东省哲学社会科学优秀成果奖三等奖。2007 年，获广东省新闻教育最高荣誉奖金钟奖，并获广东省“南粤优秀教师”称号。2011 年，获中国传媒大会组委会“金长城传媒·2001—2010 中国传媒思想人物”称号。

顾理平

顾理平，1985 年毕业于南京师范大学。南京师范大学新闻与传播学院院长、教授、博士研究生导师、新闻传播法学研究专家，教育部全国卓越新闻人才培养专家委员会委员。

治学自述

和新闻结缘，还是三十二年前的事。学校校报招聘记者，一个新闻的爱好者，倚仗着那个时代许多年轻人都有的文学热情，开始了新闻采写之旅。新闻和文学，在今天看来区别挺大的两个范畴，在那个时间节点上就那么神奇地交融并发生着奇妙的连锁反应。三十年前的 1985 年，自己留校工作，主要负责学校的对外报道。这是一段艰辛而又充实的回忆：自己在学校宣传部负责对外宣传报道。学校发生有价值的新闻后，我会采写成稿后分送相关的报社电台。这样的时光持续了近十年。1995 年学校成立新闻与传播学院，我作为筹建者之一，参与了学院的筹建工作并担任副书记一职。其间，在老院长郁炳隆、鄢光让两位前辈的鼓励下，我开始涉足新闻学的研究，并选择了新闻传播法学作为主要研究领域，开始了真正的学术研究之路。但随后的宣传部、组织部工作经历，依然让我的学术研究之路和行政管理工作时生矛盾。直到 2003 年，我才正式回归到新闻与传播学院，开始了持续的、工作内容相对清晰的教学科研时光。基于这样的经历，在相当长的时间里，我十分羡慕工作伊始就一头扎进单纯的教学、研究工作之中的老师们。他们在进一步读书求学，完善自己的知识和学历结构的同时，可以全身心地投身学海，不断获得发现的快乐。而我却在行政工作事务与学术研究之间频繁切换思路，疲于奔命。当然，现在想想，这样的经历也是极锻炼人的：新闻传播法学研究中最核心的权利义务平衡思维，与行政事务中的关系协调何其相似！新闻报道采写中的新闻敏感性与快速准确信息传递，与学术研究中的敏锐发现和文字的准确表达多么类似！甚至，今天面对诸多繁杂事务相对从容的处理以及各类人际关系相对从容的调适，也与曾经的经历不无关系。我相信，只要做个有心人，岁月不会辜负人。

在许多场合，我曾经和朋友、学生分享过我心目中的幸福时光：捧一本心爱的书籍，端坐在阳台上。茶几上泡上一杯翠绿的碧螺春，轻品香茗，喜读爱书，我心悠然。而季节一定是初秋的午后，最好有细雨敲窗……人生至境，不过如此了。或者夜深人静之时，抬眼远望，城市的喧嚣已经过去，只有清冷的路灯和零星的夜归人还在显示着这个城市曾经的繁华。低下头，思考和劳作多时之后，思想的闪光，终于化作了一行行物化表达的文字。目光漫不经心飘过曾经反复推敲过的一句句话语，发现和表达的快乐难于言表。

作为一名教师，生命中的另一份快乐，来自教学相长彼此提高的过程。在给学院2010届毕业生的留言中，我曾经写过这样一句话："青春可以纯如白纸，也可以深邃如海。因为奋斗过，静寂的月色中才会了无遗憾。而我们的幸运，是见证了春花唯一的开放。"在一个人一生中最富活力，生命中最灿烂的岁月里与他（她）相遇并感受他（她）最无拘无束的表达，这是多么幸运的事！更幸运的，是我们与一代又一代这样的群体相遇！与中学生相比，大学生们有了自己独立的思想；与从业者相比，大学生们没有瞻前顾后的顾忌约束，所以，这是一段最可张扬生命活力及自由表达思想的时光。我们也可以从他们自由的思想中，获得无限的灵感，同时，也可以从他们热情的情绪回应中，寻获精神共鸣的快乐。当然，与所有的职业一样，作为一名研究者，久思不得其解的困顿，无以言表的苦恼；作为一名教师，枯灯苦坐的冷寂，精疲力竭的讲解……凡此种种，也会有苦不堪言的感慨，但与生命中那份恒久的快乐相比，所有的苦楚都不值一提。也许，岁月就是在这样的苦苦乐乐走走停停中流逝的。

"法眼看新闻"，这是我长期坚守的研究理念。作为我国大陆新闻传播法学最早的研究者之一，研究伊始，我即致力于该学科的学科框架确立与基本概念界定，以便为未来的研究框定相应的范畴，规范正确的话语表达内涵。1999年出版的《新闻法学》，是这种思考成果的集中呈现，该书也是大陆最早的新闻传播法学研究专著之一。随后，在框定的研究范畴内，我分别确定了三个细分领域进行重点研究，并先后出版了与之对应的三本专著：《新闻侵权与法律责任》《隐性采访论》《新闻权利与新闻义务》。我将自己的研究计划戏称为"圈地运动"和"精耕细作"，通过上述一个领域内四本专著的出版，形成了自己的研究特色和权威。基于社会新闻中多发新闻侵权行为的认知，我也一直关注社会新闻问题，并于2002年出版了《社会新闻采写艺术》一书。迄今为止，已出版个人学术专著9部。此外，还在《新闻与传播研究》《现代传播》《江苏社会科学》等刊物发表过学术论文共计近百篇。曾先后在《当代传播》《中国广播电视学刊》开设过学术研究专栏，连续发表了多篇学术论文，在全国产生了较大影响。主持过国家社会科学基金项目"新闻侵权与法律责任问题研究"等科研项目近十项。目前正主持国家社科基金重点项目"大数据时代"隐私权问题研究。

我还曾醉心于新闻、散文、影评等多种作品的写作。撰写的影评《变异与融合》曾获建国50周年全国征文一等奖；与人合著的《追踪白暨豚》一书曾获第五届全国优秀科普作品奖二等奖。多次担任江苏省运动会、江苏大学生艺术节、江苏中外大学生艺术节等重大活动文艺晚会的总撰稿。曾近百次获评各类新闻、散文、影评奖项。

陆　晔

陆晔，1963年生于上海，成长于贵州。1979年至1983年就读于华中工学院自动控制和计算机系计算机外部设备专业，获工学学士学位。1985年至1987年就读于北京广播学院新闻研究所新闻学专业研究生班，1989年获法学硕士学位。1991年至1994年就读于复旦大学新闻学院新闻系新闻学专业，获法学博士学位。1983年至1991年任教于华中工学院新闻系，任助教、讲师。1994年至今任教于复旦大学新闻学院，任讲师、副教授、教授；教育部人文社会科学重点研究基地复旦大学信息与传播研究中心副主任，复旦大学学术规范委员会委员。

治学自述

我曾就读于三所完全不同的学校。本科期间系统的工科训练，为我的思维成长奠定了逻辑、求实的基础。硕士阶段我学会了怎样做记者，也拓展了视野。那时候的广院，是一所小小的温暖的学校，我归属于新闻研究所，却不仅四处听课，还偶尔逃课去社科院听讲座，去美院看展览，去北影观摩法国新浪潮、意大利新现实主义，老师们都很宽容。康荫教授、苑子熙教授激发了我对国际传播的兴趣；王振业、吴曼、曹璐老师教会我怎么写新闻稿；在朱羽君、任远、王纪言、钟大年老师的课堂上，我不仅接受了充分的影像训练，也第一次看到美国CBS《60分钟》节目、日本NHK纪录片。

博士阶段我有幸师从新闻史学家宁树藩教授。我的史学基础奇差，兴趣也不在新闻史而在中国电视新闻改革，宁先生不仅以极大的耐心包容了我的“任性”，也给了我最严格的学术训练：这其中，有史学严谨的考据传统，也有复旦新闻系很早就开始从媒介社会学路径研究新闻生产的影响——我博士研究生期间发表的第一篇论文是《美国新闻业客观性法则的历史演进》，我从宁先生的这个课程作业开始学习做研究，怎样进行文献回顾，怎样界定和阐释理论概念，怎样搭建研究逻辑。每写出一稿，宁先生都会反复追问：什么叫客观？哲学意义上怎样，新闻业约定俗成又怎样；理念上怎样操作，实践上又怎样；在美国怎样发展怎样变化。你不能想当然，一定要有扎实的材料和严密的论证逻辑。另一位对我影响至深的师长是李良荣老师，他可以算作我的副导师吧。宁先生之于学术的严谨质朴和李老师之于现实的敏锐洞察，宁先生个性的沉静细致和李老师言辞的锋芒毕露，极大地影响了我之后的学术人生。先生之风，山高水长。作为后学，我总是时时担心稍不努力便辜负了他们。

我非常幸运，复旦一向有着开放多元的学术传统。我就读博士期间，从学院诸多前辈的言传身教中获益良多，也受教于其他学科的先生，还有周围许多非常出色的同窗。博士毕业留校后，我曾有三年时间参与当时校党委书记程天权老师主持的复旦发展研究院《中国发展报告》的写作，有机会与历史系姜义华、哲学系谢遐龄和俞吾金、国政系王沪宁这些不同学科的顶尖学者一起工作。这样的学术环境，不仅给了我多元的思想养分，也塑造了我的学术人格。记得我博士毕业十年后，第一次以首席专家身份申请教育部重大课题攻关项目，李良荣老师甘愿作为项目组成员，与我一起去北京参加项目评审答辩，如此胸襟，令人非常感动。

我非常幸运，也是因为在我学术生涯的重要阶段，有机会跳出原有的知识框架，从更广阔的视野观察媒介与社会的关系。1996年与香港中文大学陈韬文教授合作进行中国电视新闻改革研究，是我进入媒介社会学实证研究领域的开始。1998年作为富布莱特学者访美期间，在南加州大学安纳伯格传播学院有机会深入考察美国几大媒体的新闻生产、参与新闻报道、参加美国广播电视新闻主编协会工作坊，也在诸多学者帮助下了解了美国传播学研究的概貌和主要议题。其间，我造访明尼苏达大学，李金铨老师指导我梳理了有关建构主义新闻生产研究的基础性文献，帮助我奠定了进入这一研究领域良好的理论基础。

2000 年，我加入香港中文大学陈韬文、潘忠党教授的中国新闻改革研究项目组，带领多个院校研究生参与的执行团队，在中国大陆首次用文化人类学的参与式观察开展了为期两年的经验研究。与潘教授的合作，于我实在是受益匪浅——除了研究方法的训练和理论视野的拓展，除了这一合作产生的成果、论文《成名的想像：中国社会转型过程中新闻从业者的专业主义话语建构》作为中国新闻专业主义实证研究开山之作的重要性和影响力，更重要的是潘忠党教授在理论和操作上都近乎于苛刻的认真态度，让我深切体会到个体在学术研究过程的自觉与自律，批判与反思，以及高强度、全身心的付出，是成为一名合格的社会科学实证学者的必备素养。2008 年到 2010 年，我再度有幸与潘教授合作，完成了“新传播形态下的中国受众”调查，研究团队合作发表的中英文论文，极大地推进了中国传播学受众研究的理论建构，无论对我本人还是对我们研究团队整体学术能力的提升，都意义深远。如此超大规模的受众调查，也得益于 CSM 媒介研究的大力协助。在搭建我们传播学受众研究梯队的过程中，还有很多学者参与，如 2004 年至 2009 年香港浸会大学郭中实教授参与了媒介素养全国调查，如多年来香港城市大学祝建华教授以他丰富的实证研究经验和跨学科理论视野给我们的诸多启迪。

近几年，我的同事们正在努力开拓城市传播这一新的研究领域，力图在理论上超越传统传播研究功能主义范式的局限，在全球化、信息化、数字化、城市化的社会大变局面前，重新考察作为媒介的城市和作为人类存在与交往方式的传播，延展传播研究的范围和议题，拓展与其他人文、社会学科对话的平台，提升传播学的理论丰富性。作为复旦大学信息与传播研究中心学术团队的一员，我希望在今后能更多聚焦于新技术、全球化、城市化变革的现实议题，秉持“理论意识、经验取向、全球视野、本土关怀”，与学界同行共同推动中国新闻传播学术研究的发展。

说了这么多，其实无非就是，你读过的那些书，你走过的那些路，你遇见的那些人，成就了今天的你。学术或人生，概莫能外。然而学术和人生又都是极其复杂的，充满无数可能性，这也正是通过研究探寻未知的趣味所在。因此，我最喜欢的波兰女作家辛波斯卡《种种可能》里面这些曼妙的诗句，或许才是最好的总结：

……

我偏爱不把一切
都归咎于理性。
我偏爱例外。
……
我偏爱有所保留。
……
我偏爱许多此处并未提及的事物
胜于许多我不愿说出的事物。
……
我偏爱不去问还要多久，什么时候。
我偏爱惦记着可能性，
存在自有其理由。

单 波

单波，1964 年出生于湖北天门。武汉大学新闻与传播学院杰出学者特聘教授，媒体发展研究中心研究员。2002 年香港中文大学访问学者。2008 年法国蒙田大学客座教授，香港浸会大学传理学院访问教授。2009年新西兰坎特伯雷大学政治与传播学院研究员。2012年美国跨文化对话中心高级研究员。兼任中国新闻史学会副会长、外国新闻史研究会副会长等职。

治学自述

我于1985年7月入职武汉大学图书馆学系（现名信息管理学院），1989年转入新闻学系（现名新闻与传播学院），主要从事比较新闻学和跨文化传播研究。我的第一项研究是中西新闻比较，最初的理论出发点是，新闻作为一种公开传播的信息，是人类生存发展的必具要素，并为人类社会所共有；作为一种文化现象，又在各自的文化圈内成长，成为人类文化的一个重要分支，发挥着联系各个文化圈的纽带作用。由此，我着眼于开放的文化视野来审视中西新闻的差异，把内在的文化观念及其在新闻传播活动中的表现作为比较研究的焦点，探寻中国新闻传播如何走出封闭的文化圈，于1994年与导师樊凡教授合作出版了《中西新闻比较论》。同年，我开始攻读哲学博士学位，重点研习新儒家的中西文化比较观。我在研究中领悟了中西人文精神发展的不同阶段与不同走向，以及中西人文精神在现代交相融合的可能性，2001年出版的《心通九境：唐君毅哲学的精神空间》便是这种思考的结晶。此后，我从跨文化角度发展了比较新闻学研究，提出新闻传播学的跨文化转向，建构跨文化对话的新闻传播学，形成三个代表性成果：一是《话语偏见与面子协商：关于汶川地震报道的跨文化分析》，修正了群体间语言偏见理论和面子协商理论，提出了中西方媒体间形象互构的新理论；二是《中西新闻比较的问题与方法》建构了中西新闻比较的问题域，以及中西新闻比较的方法论体系；三是《中西新闻比较与认知中国新闻业的文化心态》揭示了中西新闻比较的历史过程以及隐含其中的多元文化心态。

为了拓展比较新闻学，我还在西方新闻传播思潮领域展开研究，如针对西方受众研究的主客体思维方式的悖论，提出“传播者与受众的关系根本不是什么传播主体和传播客体的关系，而是同一传播活动中共生的两个主体”（《受众研究读本》译者序）；厘清了西方媒介生态理论发展的历史，认为它的起点在于媒介、文明与人的感知的平衡；发现西方媒介生态理论与社会文化发展、生态危机与科技危机的反思有着直接的联系（《西方媒介生态理论的发展及其理论价值与问题》）。

文化比较研究使我转向跨文化传播领域。我在广泛体验人类跨文化传播实践的基础上，提炼出跨文化传播的四大基本问题，即我能够交流吗，“我、我们与他们”的关系如何走向自由、平衡，文化的多样性统一如何可能，如何面对媒介作为桥与沟的双重文化角色。由此建构跨文化传播的基本理论命题，即文化与传播同构、人是传播关系的总和、他者是主体建构自我意义的必备要素、跨文化传播的基础与障碍。2010年出版的《跨文化传播的问题与可能性》是我在这一领域的初步探索。自2003年以来，我作为召集人与法方联合举办七届跨文化传播国际学术会议，形成了跨文化传播的全球对话空间，主编了三部论文集，即《跨文化传播新论》《新闻传播学的跨文化转向》《全球媒介的跨文化传播幻象》在如何拓展跨文化传播的媒介空间、如何建构通向跨文化对话的新闻传播学、如何反思跨文化传播的媒介问题等方面展开了一系列国际性研究。

对我来说，“理解与沟通如何可能”始终是一个难解的问题，而且事关新闻传播学的学科危机。但这一问题也激发我的思考力，使我得以面对现实，寻求新知。

丁和根

丁和根，1964年出生于江苏东台。南京大学新闻传播学院教授，博士研究生导师，媒介经济与管理研究所所长。香港城市大学英文与传播系访问学者（2005），香港中文大学新闻与传播学院访问学者（2010），瑞士卢加诺大学中国媒介研究中心访问学者（2015）。

治学自述

我于1999年8月入职南京大学新闻传播学系（现名新闻传播学院），主要从事新闻与传播理论、媒介经济与管理等方向的研究工作。我的第一项研究是对传媒话语的理论分析，主要是从后现代社会中大众传媒无孔不入地侵入人类日常生活的现象出发，使用符号学的方法，思考传媒话语对当今社会的种种影响及其背后的权力逻辑。在此基础上，我继续探索将传播学研究与符号学相结合的学理逻辑与操作路径，提出可以建立一门名为“传播符号学”的分支学科，并且应当以话语分析为其最佳切入点的总体设想。2010年我检验了当初这一设想的实现情况，发现“传播符号学”确已成为一个普遍使用的概念，每年发表的与传媒话语分析相关的论文也呈持续不断增长的态势。我在这方面的研究成果主要有：《后现代与大众传媒的话语霸权》《论大众传播研究的符号学方法》《大众传媒话语分析的理论、对象与方法》《中国大陆的传播符号学研究：理论渊源与现实关切》等。与此同时，我也对新闻学的一些基础理论问题和重大现实问题保持着密切的关注和思考，对上海、北京、成都、南京的十多家媒体进行过多次实地调研，在中共新闻思想的发展、新闻舆论监督的推进、媒介社会责任的履行、入世对中国传媒业的影响等方面，形成了一系列研究成果。

我的另一个主要的研究领域是媒介经济与管理。2002—2004年，我在复旦大学新闻学院从事博士后研究期间，对媒介企业层次上的“传媒竞争力”问题展开探讨，对传媒竞争力的性质、层次和来源做了较为系统的理论阐述，在此基础上构建了媒体竞争力的评价模型和评价指标体系，提出媒体应将提升核心竞争力作为自己的主导战略目标，并因此研究了媒体提升核心竞争力的主要路径和方略。这方面的成果集中体现在出站报告《传媒竞争力——中国媒体发展核心方略》一书中。后来我又进一步拓展了这一专题的研究，从媒介产业层次上对传媒竞争力进行了新的探索，通过比较中美日俄印五国传媒业国际竞争力的高低，提出了传媒业国际竞争力的“生产力·传播力·影响力”三维分析框架，以及中国传媒业参与国际竞争并提升国际竞争力的措施和方法，出版了《中国信息传播国家竞争力研究》（合著）等。在对我国传媒产业发展的不断观察中，我充分认识到，制度创新是改革开放以来我国传媒业发展的主要动因之一，党和政府需要采用科学的制度绩效评估标准和方法，以此促进传播政策与传媒实践之间的良性互动。这方面我出版的专著《中国传媒制度绩效研究》得到了中宣部文化体制改革和发展办公室的高度评价，书中提出的对待文化传媒业要“实行分类分层区别对待”的管理模式、要“构建全国统一的传媒市场体系”等观点，受到国家文化体制改革决策层的重视。

在作为个体从事学术研究的同时，我还积极参与一些基础性学术工程的建设。

例如，组织完成了《中国新闻传播学大辞典》中媒介经济与管理板块的编撰工作；正在参与《中国大百科全书》（新闻学）第三版的编撰工作等。作为一名人文社科学者，我觉得首先应该具备崇尚学术和追求真理的精神，同时也应有服务于社会发展的意识。我的所有研究都以此为信念，希望能对学术和社会做出虽然微薄却有一定价值的贡献。

吴　飞

吴飞，1964年出生于安徽。浙江大学传媒与国际文化学院教授、博士研究生导师，浙江大学“数字未来与媒介社会研究院”院长。全国新闻与传播专业学位研究生教育指导委员会、教育部新闻学科教学指导委员会委员、外国新闻史学会副会长，浙江省记协常务理事，浙江省政协委员，国家互联网信息办公室互联网新闻研究中心特约研究员。享受国务院特殊津贴。中国社科基金评委、中国新闻奖及长江韬奋奖评委。*China Media Research*（*USA*）编委、*China Media Reports Oversea*（*USA*）副主编、《中国新闻年鉴》编委、《国际新闻界》编委、《新闻实践》编委。中山大学客座教授，浙大城市学院讲座教授，浙江省钱江学者。

治学自述

我于1989年考取杭州大学硕士研究生，攻读新闻理论。毕业后，留校任教。因为要主讲新闻编辑的课程，我于1995年撰写了第一本著作《新闻编辑学》，该教材于1998年获全国青年社科优秀成果专著类最高奖。郑兴东教授在这本书的序言中给予了较高的评价。2001年，我完成了另一本更理论化的编辑学著作《编辑学理论研究》，这本书出版后，获得了当年浙江省社科优秀成果三等奖。

因在编辑学教学和研究的过程中，逐渐发现真正掌控新闻稿生死大权的，并不只是编辑个人的兴趣和价值取向，更重要的是在整个新闻场域之上的政策与法规以及场域的各种显性法则与潜规则。所以我便将自己的研究中心集中在新闻政策与法规的研究上。2000年进入复旦大学攻读博士学位期间，导师是张国良教授。2003年，我完成了自己的博士学位论文《法意下的表达自由》，经数年修改，2006年以《平衡与妥协——西方传播法研究》为题正式出版。同时撰写了另一部专著——《大众传播法论》，这本书主要是以案例分析为主。这两本与传播法有关的著作，先后获得浙江省哲学社会科学优秀成果三等奖。在做传播法研究的同时，我还试图从经济学的层面，来揭示新闻传播活动中的求利动机。从1996年到2003年，我利用一些相对碎片化的时间，断续完成了一本浅显的著作《大众传媒经济学》。

如果说，经济与法规层面的研究是新闻生产与传播活动的外在制约因素的话，那么新闻专业主义就是新闻生产与传播的内生力量。因此我决定接着对新闻专业主义问题进行剖析，因为我想通过对这一问题的揭示，更清楚地了解中国新闻改革的内在动因，了解新闻生产场域的基本权力运作。2009年《新闻专业主义研究》正式由中国人民大学出版社出版，这本书大体体现了我对新闻专业主义的思考。

2003年，我进入中国社会科学院社会学所做博士后，师从折晓叶老师。我将独龙江的社会传播网络作为自己的研究项目，随后多次进入该社区进行短期的田野观察，于2007年完成博士后报告——《火塘·教堂·电视——一个少数民族社区的社会传播网络分析》，这一研究得到了郭建斌教授的启发和帮助，文章中许多材料就是郭建斌教授提供的。2007年顺利通过了中国社会科学院社会学研究所较严格的答辩。随后浙江省社科基金全额资助该著作的出版。2009年，该书获得浙江省社科优秀成果一等奖，2013年该书又获得教育部高校优秀成果三等奖。

2007年到2008年，我到威斯康星大学麦迪逊分校做了一年的访问学者，以求开拓自己的视野。在那里，我旁听了一些人类学社会学的博士课程，系统地学习了一些社会学的经典著作。

2009年，因为申请了一个教育部重大攻关项目"国际传播的理论、现状与发展趋势研究"，所以近几年的关注点主要在这一研究领域，先后在《新闻与传播研究》《现代传播》《国际新闻界》《新闻大学》等刊物发表了十几篇相关研究论文。

2014年，我出版了一本随笔集——《传播学的想像力》，该书是我对传播学研究理论创新的一些想法。我一直认为，因为缺少对人类共同关心的知识的持久关注，导致传播学科许多成果看起来很精细，也很有功力，但一旦放到整个人类知识的体系中去看，就会感觉到这类研究贡献不大。我不认为传播学界没有这样的野心，实则是我们学界边界限制了自己的眼光。所以，未来我自己的研究也一定是多学科背景来考察，我不认为将自己贴上一个传播学学者的标签是一种很好的选择。

蔡　雯

蔡雯，1964年出生于安徽。中国人民大学新闻学院党委书记兼副院长、教授、博士研究生导师，中国人民大学新闻与社会发展研究中心研究员。1995年1月香港中文大学

访问学者，2004年8月至2005年8月美国波士顿大学、哥伦比亚大学富布莱特项目访问学者。兼任中国新闻教育史学会副会长，北京市新闻工作者协会常务理事。

治学自述

本人于1988年7月入职新华社中国新闻学院，2000年5月调入中国人民大学新闻学院，一直从事应用新闻学的教学与研究工作。主要研究包括：

1. 新闻编辑学研究。研究的重点放在宏观新闻编辑业务领域，于1993年发表了国内最早的有关新闻报道策划的论文，2000年完成的博士学位论文《新闻传播的策划与组织——宏观新闻编辑研究》，因开拓了新闻编辑研究的宏观业务领域，成为新闻传播界第一篇入选"全国优秀博士论文奖"的学术成果。继博士研究之后主持教育部社科基金课题"新闻报道策划与新闻资源开发"，出版了同名学术专著。这些成果中的部分内容如"报纸定位与设计""新闻报道策划与组织"等纳入了本科专业课程《新闻编辑》的教学中。本人还发表《数字化时代新闻编辑的角色转换》《继承、拓展与创新——对新闻编辑课程的教学改革及思考》等20多篇有关新闻编辑业务研究的学术论文，以研究成果为教学改革提供支撑。所负责的新闻编辑课程2004年被评为"全国精品课"，编写的教材《新闻编辑学》是精品课配套教材暨教育部"十五""十一五"重点规划教材，已连续出版三个版本。2009年本人受聘为"马克思主义理论研究与建设工程"（新闻编辑）的第一首席专家，带领专家团队承担了新闻编辑研究与教材编写

任务。

2. 媒介融合研究。2005 年在做富布莱特项目研究期间，最早将“媒介融合”的相关理论与案例引入国内。2006 年开始带领学术团队承担教育部重点社科基地重大研究课题“数字时代媒介融合发展与新闻传播改革研究”，发表了一系列研究报告与学术论文，如 2007 年发表的学术论文《规制变革：媒介融合发展的必要前提——对世界多国媒介管理现状的比较与思考》，通过对美国、欧洲、亚洲各国和地区的传媒业管理制度及媒介个案的文献资料梳理及其代表性案例的横向比较，提出了对于世界范围内媒介规制变化的趋势判断，并且基于这种比较研究，对我国媒介融合发展的现实问题进行了分析，提出警告和建议，被《新华文摘》全文转载。本项研究还对国内主要新闻媒体集团数字化转型进行了调研，发表《“公民新闻”的兴起与传统媒体的应对》《资源整合：媒介融合进程中的一道难题》《媒介融合进程中新闻报道的突破与创新——基于 2008 年重大新闻报道案例研究的思考》等论文，出版了专著《媒体融合与融合新闻》。

3. 新闻传播学案例库建设研究。本人于 2005 年开始主持中国人民大学 211 工程子项目“新闻传播学案例库建设”，研究中外兄弟学科的案例库，探索适合本学科的案例开发途径，发表了《论新闻传播的案例教学——兼谈案例库建设对新闻传播教育发展的意义》《新闻传播学案例教学现状调查——对海外高校案例库建设与案例课程设计的观察与思考》等论文，并带领全院教师成功建立全国第一个新闻传播学科的案例库，编写并出版了系列案例教材。

4. 新闻教育改革研究。本人自 2002 年至 2014 年期间任中国人民大学新闻学院副院长，主管本科教学工作，同时展开对新闻教育改革的研究，发表了《媒介融合前景下的新闻传播变革与新闻教育改革》《新闻传播人才需求在新媒体环境中的变化及其启示——基于部分传统媒体 2013—2014 年涉及新媒体岗位招聘信息的研究》等论文，这方面的研究成果直接运用于中国人民大学新闻学院教学改革实践中。由候选人负责组织实施的“媒介融合趋势下新闻人才培养创新平台建设”项目，2009 年获得国家级教学成果二等奖、北京市教学成果一等奖。本人于 2013 主持国家社科基金重点课题“媒介融合时代新闻传播教育研究”和教育部重点研究基地重大课题“新媒体环境下新闻教育改革研究”。

本人除上述主要研究领域之外，还在公共新闻研究、传媒文化研究方面有所探索，与蔡骐合作出版了《媒介竞争论》《媒介竞争与媒介文化》等专著。

陈　刚

陈刚，1965 年出生。北京大学新闻与传播学院副院长，广告系主任。北京大学新媒体营销传播（CCM）研究中心主任。中国广告教育研究会会长。中国高等教育协会广告专业委员会副主任，中国广告协会学术委员会副主任，《广告研究》杂志名誉总编辑兼编委会主任。

治学自述

1983 年，我考入北京大学哲学系。1987 年本科毕业后继续攻读美学专业研究生。1990 年进入北京旅游学院任教。对我来说，在北京旅游学院的经历，让我有机会深入了解中国社会的日常层面，对我后来的研究方向有重要的影响，归结为一句话：如何把当代中国的事情讲清楚，是最前沿的学术问题。1995 年回到北大哲学系跟随叶朗先生攻读美学博士，叶先生是对我的人生、事业和学术研究影响最大的人。他反复讲，无论做人做事，还是做研究，一定要有格局，格局要大。而在美学研究中，他强调最重要的是要有审美感、历史感和理论感。现在回过头去看，这三感虽然是针对美学研究说的，但实际上，对于人文社科的各类研究，这种方法都是有用的。审美感就是问题意识，对研究领域的各种现象和变化，一定要有敏感性，而且，能够去芜取精，找到最关键的问题。历史感是强调对问题进行研究，一定不能停留在表象层面和经验层面，只有把握研究对象所涉及的理论和实践整体的变化和历史发展的脉络，才能对研究对象进行价值判断和学术分析。而理论感则是在此基础上进一步进行系统化的提炼和建构，推动理论的创新发展。

同新闻传播学科产生关联是从 1993 年开始的。当时我承担了由肖鹰教授领衔的国家社科重大课题“当代审美文化研究”，负责子项目“大众文化研究”。在这个研究中，大众传播、广告等是必须要关注的现象。1996 年，课题的研究成果《大众文化与当代乌托邦》出版。我一直认为，这虽然是我的少年之作，但有可能是我最重要的研究成果。

我专注于新闻传播学科始于 1997 年，这一年我开始在北京大学艺术系工作，负责广告专业的建设。之后我陆续进行了一些研究，发表了一些文章，出版了一些著作，但在这个领域研究走向成熟，转折点是 2003 年。所谓研究走向成熟，就是明确了自己特有的问题域，并找到了比较合适的研究方法。

2003 年开始，我发表了系列论文，探讨中国广告产业发展的问题，逐渐引发了 21 世纪第一个十年中国广告研究界广告产业研究的热潮。而关照阶段性的广告现象，必须要立足产业历史发展的角度才能判断其价值和局限，因而，广告史的研究也是必不可少的。2010 年，我主编出版了《当代中国广告史》（1979—1991）。正是在持续的广告史和广告产业研究基础上，于 2010 年逐渐形成了发展广告学的理论体系。

数字营销传播的研究同广告产业研究的大框架有关，但又有自己的独立性。因为这个变化不仅影响到广告产业，它已经涉及到整个新闻学科学术范式的转型，甚至社会形态的再造。2000 年，我发表了第一篇关于网络广告的论文，2002 年出版了《新媒体与广告》。长期以来，互联网实际上一直是我关注的核心问题。我的看法，传统新闻传播学科的理论和方法，面对互联网总体来说是缺乏解释力和适应性的，必须建构新的理论体系。2007 年，在一次海外旅行中，我形成了创意传播管理的初步构想，2012 年，正式出版了《创意传播管理》。

广告研究毕竟是应用性的研究。这种研究同纯粹学理性的研究是不同的。我把自己的研究定位为偏中观层面的研究。个人体会，这种研究是一种对话的过程。针对行业出现的变化，依据自己的理论积累进行分析、判断，找到元问题，在对话的过程中超越表象，建立理论假设；之后再依据理论假设与产业的发展经验和前沿公司的操作实践进行对话，不断地调整和深化理论，使得理论越来越完善。

学术研究不能功利，不是为了评职称、拿课题，或者其他的目的进行研究。学术研究应该基于学术兴趣，一定要创造价值。如果这样进行研究，反而更容易有收获。2009 年，我进行了对全国 24 个省 1000 个自然村 10 000 户农民的入户调查，只是认为农村是中国广告业的新的增长点，希望通过调研弥补相关研究的不足。这个研究后来获得了2012年教育部后期资助的重大课题。发展广告学的研究也已经进行了多年，2014年，基于发展广告学的研究积累所提出的课题“广告产业中国模式的理论建构研究”，成为国家社科基金重点课题。

这个时代是史无前例的。中国的发展，互联网技术的变革，全球化的加速，为新闻传播学科创造了前所未有的研究空间。我个人所做的研究更多的是抛砖引玉，投石问路，希望能够为学术研究的推进尽己绵薄之力。

胡智锋

胡智锋，1965年生于山东。中国传媒大学《现代传播》主编、传媒艺术与文化研究中心主任、教授、博士研究生导师。兼任国务院学位委员会戏剧与影视学科评议组召集人，国家一级学会——中国高等院校影视学会会长，国家公共文化服务建设专家委员会委员。曾担任中宣部“五个一工程”奖、中国新闻奖、中国广播影视大奖等国家级奖项的评委。著名电视节目策划人。

为中国传媒学术领域第一位教育部“长江学者”特聘教授（2007），入选中组部“万人计划”第一批哲学社会科学领军人才（2014）、“新世纪百千万人才工程”国家级人选（2010）、“新中国60年影响中国广播电视进程的60位人物”（2009）、全国宣传文化系统“四个一批”人才（2008）。享受国务院政府特殊津贴。

治学自述

我先后毕业于山东大学和北京师范大学，获文学学士（汉语言文学）、硕士（现代戏剧）、博士（影视学）学位。1988年起任教于北京广播学院（现中国传媒大学），历任文艺系教研室主任、系副主任、系党总支副书记，电视学院党总支副书记兼系副主任，《现代传播》副主编、主编，文科科研处处长等职。

长期从事电视艺术、影视文化、节目策划、传媒艺术等研究，主持或参与国家级、省部级科研项目30余项，出版学术专著20余部，发表学术论文400余篇，多次获得教育部、北京市哲学社会科学优秀成果奖。主要工作体现在以下几个方面：

1. 学术研究。多年来，我秉持“全球化”语境下植根于中国历史文化与现实土壤的“本土化”探索的价值方向；运用宏观与微观、历史与现实、理论与实际相结合的研究方法；以中国电视为主要研究对象，在电视艺术、影视文化等领域做出了许多开创性研究，提出了“三品”（对中国电视从“宣传品”—“作品”—“产品”的独特发展道路的概括性理论表述）“五时”（对“时代”“时尚”“时下”“时机”“时段”的电视传媒特质的概括性理论表述）等极具影响力的观点。

2. 学科建设。在20世纪90年代初，我以一系列成果率先搭建了“电视美学”的理论框架。90年代中后期参与了广播电视艺术学的学科论证。世纪之交，又作为主答辩人，使广播电视艺术学首次纳入国家重点学科。21世纪初，又构架了“电视传播艺术学”的理论框架。近年来正在构建“传媒艺术学”的理论框架。因此成为中国广播电视艺术学的创始人之一，电视美学的主要奠基人，电视传播艺术学、传媒艺术学的创建人。

3. 学术平台。从 1997 年起负责主持《现代传播》的编纂工作，以搭建业界与学界的沟通桥梁为己任，以引领传媒学术发展繁荣为诉求，经过不懈努力，将该刊打造成为影响广泛的传媒学术名刊，为传媒学术的平台打造与建设作出了突出贡献。

4. 学术活动。从 20 世纪 90 年代起，我先后担任国家一级学会——中国高校影视学会的副秘书长、秘书长、副会长、会长。在 20 余年的时间里，我先后策划、主持了多届学会的“年会”“中国影视高层论坛”及“学会奖”“学院奖”等，为发展影视教育，推进影视事业做出了独特贡献。

5. 人才培养。在长期执教过程中，我培养了一批中国广播电视界乃至整个传媒界有影响力的管理者、制作人、制片人、主持人，以及一批有成绩的青年学者。

6. 国际交流。我曾是美国哈佛大学高级访问学者。曾赴英国、法国、澳大利亚、芬兰、南非、日本、韩国等 20 多个国家和地区讲学，进行学术交流。

7. 节目策划。我深入电视艺术与传播的实践，参与了中央电视台科教频道、纪录频道等众多电视频道，《东方时空》《艺术人生》等品牌电视栏目，《香港沧桑》《再说长江》等若干大型节目的策划与创作。

8. 决策咨询。带领团队先后承担了国家和省市多个委托项目，完成了新中国第一个公共文化重大政策：三馆免费开放的研究与对策建议；完成了北京广播电视公共服务体系建设、“东方影视之都”等首都文化传媒发展的研究与对策建议等。

严三九

严三九，出生于 1965 年 7 月，安徽安庆人。现为华东师范大学学位委员会委员，教授，博士研究生导师，华东师范大学传播学院院长，学校新闻传播学学科带头人。兼任教育部新闻传播学类专业教学指导委员会委员，中国传媒经营管理学会副会长，中国传播学会理事，中国广播电视学会常务理事，中国电视艺术家协会主持人委员会常委，中国体育传播学会常务理事，上海市新闻传播学学科组两个召集人之一，上海市新闻传播学类专业教学指导委员会副主任委员。2003 年以来，曾多次应邀赴美国、英国、法国、加拿大、德国、日本、韩国、澳大利亚等多个国家和中国香港、中国台湾地区的大学进行学术交流。2012 年先后在美国普度大学、纽约大学、里海大学、特纳华大学和英国拉夫堡大学、利兹大学、诺丁汉特伦特大学等做主题演讲。撰写 120 多万字的新闻稿件，有丰富的新闻传播实践经验。入选上海市“曙光学者支持计划”、教育部“新世纪优秀人才支持计划”。曾经获得“第六届广东省广播电视学术论文奖二等奖”“上海市第八届哲学社会科学优秀成果奖论文类三等奖”。现在是国家社科基金重大项目、重大委托项目首席专家。

治学自述

我主要从事媒体发展史、媒介经营管理、新媒体等研究，特别是新媒体与传统媒体融合发展研究。

早年，我参加导师、复旦大学新闻学院原首席教授丁淦林先生主编的普通高等教育“九五”国家级重点教材《中国新闻事业史》的编写工作，主要负责编写中国新媒体发展史部分，是国内较早编写中国新媒体发展史的教师；又参加导师丁淦林先生主编的中国第一本新闻图史《中国新闻图史》编写工作，主要负责编写中国新媒体图史部分，是国内较早编写中国新媒体图史的教师。

20年来，我一直到国内外开展媒介经营管理方面的调查研究，比较早地开展媒体品牌、主持人品牌研究。2003年，我就对上海的新媒体进行研究，在国内第一次对上海市新媒体专业人才情况和上海高校新媒体人才培养情况进行调查，得到了第一手材料，提出了系列建议和对策；在国内比较早地对新媒体的内涵和外延进行界定和研究；在国内第一次对我国手机电视产业发展的重要问题进行研究。2008年，我在国内较早地对我国新媒体和传统媒体融合式新闻生产进行系统研究，并提出构建不同层级的我国新媒体和传统媒体融合式新闻生产模式。我一直与传媒业界保持着密切的联系，学术研究注重理论与实践相结合，关注不同形态媒体发展过程中的突出问题，对传媒业的发展趋势有准确的洞察，在互联网思维、媒介资源整合、资本运作等方面的研究成果为业界实际问题的解决提供指导方案。1995年以来，我发表论文80多篇，10余篇被《新华文摘》《中国社会科学文摘》《新闻与传播》（人大复印报刊资料）等重要刊物全文转载或转摘，8篇论文刊发在CSSCI期刊的要目篇和首篇。我期待自己的研究成果能为我国新闻传播业的发展和人才培养有所裨益。

我主持的重要项目有：2008年国家社科基金一般项目“传统媒体和新媒体融合研究——以媒介生产融合为例”、2012年国家社科基金重大委托项目“文化领域的价值理念及国际传播方案研究与设计”、2014年国家社科基金重大项目“加快推进传统媒体和新兴媒体融合发展研究”等。出版的主要著作有：《广播电视经营与管理》《媒介管理学》《中国传媒资本运营研究》《文化产业创意与策划》《媒介经营与管理》《新媒体概论》等。发表的主要论文有：《论传媒品牌经营》《传媒竞争进入品牌经营时代》《上海市手机电视专业人才情况调查》《我国网络视听专业人才情况调查》《从人力资源角度看主持人管理的创新》《中国文化“和谐”价值理念及其国际传播路径探析》《2013全球新媒体发展态势探析》《从战略性传播视角看全球化背景下的政府媒介管理的“大部制”改革》《中国手机电视产业发展若干问题探析》等。

蔡　骐

蔡骐，1966年出生于安徽芜湖。湖南师范大学新闻与传播学院院长，文化与传播研究所所长，二级教授，博士研究生导师。1985年至1995年先后在复旦大学历史系获得学士、硕士及博士学位，毕业后在湖南师范大学任教。2000年被破格晋升为教授并赴美国衣阿华大学从事访问研究。2002年首批进入湖南省哲学社会科学“百人工程”。2005年被确定为湖南省高校新闻传播学学科带头人。2010年入选湖南省“新世纪121人才工程”第一层次专家。2011年入选教育部新世纪优秀人才支持计划。2014年被聘为湖南省重大决策咨询智囊团专家，担任文化体制改革专项咨询小组专家。近年来，一直担任中国人民大学教育部“新闻与社会发展基地”兼职研究员。

治学自述

我于1995年在复旦大学获得了世界文

化史方向的博士学位，随后在湖南师范大学历史系任教。此后，出于个人兴趣，同时任教于学校新成立的新闻系。2001 年，湖南师范大学组建了新闻与传播学院，我彻底转入新闻传播领域，不过，由于以往的学术训练是文化史，我选择了传播与文化作为自己的主要研究方向，这种对文化取向传播研究的偏好以后一直没有改变。

我的主要研究对象大致可分为三块。最初，我重点关注各种媒介之间的竞争以及媒介文化的发展，这一时期最重要的成果是在复旦大学出版社出版的专著《媒介竞争与媒介文化》，同时，我还针对一些特定的媒介文化现象进行过研究，比如，由于我是历史专业出身，我对历史题材电视剧以及电视中的口述历史现象有着浓厚的兴趣，先后在《新闻与传播研究》上发表了论文《论大众传播中历史建构的困境：以历史题材电视剧为例》和《影像传播中的历史建构与消解》，力图透视历史是如何通过传播活动来建构或消解的。2005 年，我的研究重心发生了变化。那年，湖南卫视播放《超级女声》引发了超女热，一时间涌现出了许许多多的超女粉丝，这一现象引起了我的关注，我的基本判断是这些粉丝也同样是受众，但他们是一群特殊的受众，他们的表现让我感到有必要重新研究受众及整个传播活动。此后的八年，我一直持续在这一领域进行深耕，先后以粉丝研究为题申报了湖南省社科基金项目、国家广电总局部级研究项目、教育部人文社科项目以及国家社科基金项目，对粉丝现象进行了比较全面和彻底的研究。我认为，粉丝现象既是一种传播现象，也是一种社会现象，更是一种文化现象，因此，只有开展跨学科的研究才能真正地理解作为受众的粉丝。在这一时期，我先后在《新闻与传播研究》上发表了论文《论大众媒介对粉丝现象的建构》以及《粉丝型受众探析》，并在新华出版社出版了专著《大众传播中的粉丝现象研究》。近年来，随着互联网和移动互联网的兴盛，我开始调整自己的研究方向，重点关注网络虚拟社区中的文化传播，研究网络上的各种亚文化传播现象，尤其是趣缘文化传播。事实上，这与我此前的粉丝研究也是一脉相承的，因为，今天的粉丝也同样活跃于网上。目前，这方面的研究我还在进行中，主要的研究成果是发表于《新闻与传播研究》上的论文《网络虚拟社区中的趣缘文化传播》。

从研究方法和理论资源来看，我个人主要受益于传播学、社会学和文化研究，在进行研究时我比较倾向于综合这几个学科的理论资源进行跨学科研究，同时，由于早年所受的历史学训练，我也习惯于从历史发展的脉络中来分析当下的传播现象。通过多年的努力，我在学术上取得了一些进展，目前已出版专著 7 部，译著 1 部，在全国新闻传播类核心期刊上发表论文上百篇，其中有 6 篇论文被《新华文摘》全文详摘，先后主持了国家社科基金、教育部课题和国家广电总局课题以及湖南省社科基金等省部级以上的课题十余项，并获得湖南省优秀社科成果奖二等奖及三等奖各一项。

彭　兰

彭兰，1966 年出生，湖南长沙人，博士。现为清华大学新闻与传播学院教授、博士研究生导师，新媒体研究中心主任。1991 年 7 月至 2015 年 6 月在中国人民大学新闻学院任教，曾任新闻学院副院长、新媒体研究所所长。同时担任中国新闻史学会网络传播史分会副会长，北京网络媒体协会理事，国家互联网信息办公室互联网研究中心特聘研究员，国家重点研究基地“中国人民大学新闻与社会发展研究中心”研究员。

本科专业为计算机软件，后进入新闻传播学领域。1997 年开始从事新媒体教学与研究，先后出版《中国网络媒体的第一个十年》《中国互联网新闻传播结构、功能、效果研究》（合著）、《网络传播概论》《社会化媒体理论与实践解析》《网络传播学》等 10 余部著作或教材。先后获“吴玉章人文社会科学一等奖”“全国优秀博士论文奖”“北京市教学名师奖”“北京市高等教育精品教材奖”等多项奖励，主持的“数字传播技术应用”课程获国家级及北京市级精品课程称号。入选教育部“新世纪优秀人才支持计划”和北京市社科理论“百人工程”。

治学自述

20 世纪 90 年代初，中国人民大学新闻学院为适应报纸从“铅与火”到“光与电”的变革，开始筹建“激光照排”实验室，酝酿开设相关课程。因为有计算机专业背景，1991 年我在毕业时幸运地留校，被分在新闻编辑教研室，除了在全国新闻院系率先开设“激光照排”课程外，还参与“新闻编辑”课程教学。

在最初的几年，面对郑兴东、陈仁风教授等大家，我觉得自己在新闻编辑这个领域很难有研究上的突破，而“激光照排”又是一个纯技术的领域，难以产生学术研究成果。对学术研究方向的困惑伴随了我好几年。直到 1995 年，我看到了新媒体这样的研究领域，之后又看到了互联网的兴起，我隐约感到自己有了目标。1997 年，我开始在课程中引入与互联网有关的内容，也逐渐开始了在网络传播方面的研究。

2001 年，我成为了方汉奇先生的博士研究生。方先生主要从事古代新闻史的研究，但他也是中国新闻传播领域最早涉及互联网研究的学者之一。在我开始博士论文选题时，方先生鼓励我做网络媒体历史的梳理。尽管当时网络媒体在中国出现还不到十年的时间，似乎还难放到“历史”的坐标中，但以比特形式存在的它在虚拟时空中瞬息万变，如果不及时捕捉与记录，以后很难再发现或还原其踪迹。事实上，在我真正着手研究时，便深深感受到了数字时代史实获得与考证的困难。

《中国网络媒体的第一个十年》主要是对网络媒体发展进行历史记录，并没有试图完成理论上的建树。我认为，理论建树需要数以年计（甚至十年计）的时间沉淀——实践的与自身的。而尽可能完整地认清与描述一个事物的全貌，就是沉淀的一部分。

2005 年开始，作为第二负责人，我承担了《中国互联网新闻传播结构、功能、效果研究》这一教育部人文社科基地的重点项目研究。在这个研究中，一方面我将“网络媒体”的含义做了扩展——这是实践发展本身的结果，另一方面，我开始更多地研究影响互联网运行的深层结构和机制，在研究中我提出，“社会网络”“话语权力中心”“自组织”是影响公民新闻活动的三种重要机制，这三个理论框架，也一直伴随着我对社会化媒体的研究。

在 2005 年之后的研究中，我主要聚焦于 Web2.0 时代的社会化媒体。在保持对热点跟踪的同时，我也一直在探寻这些不断跳跃、演进的新应用之中的内在关联，研究它们共同推动下发生的传播革命。2012 年，我在《从大众门户到个人门户——网络信息传播模式的关键变革》一文中，将各种 Web2.0 应用共同推动下形成的个人门户传播模式作了系统分析，也对“个性化”与“社会化”矛盾缠绕下的网民、新媒体的“去中心化”与“再中心化”等问题，在传播模式变革这样一个视野下进行了再梳理与再思考。2015年我出版的《社会化媒体理论与实践解析》，则是近十年来我研究成果的一个系统整合。在我看来，这也是我对“中国网络媒体的第二个十年”的一个认识沉淀，尽管它不再是史实性的研究。

2012年以来，在移动互联网、物联网、大数据等背景下，我对新媒体的研究也在转向和更新。2013年、2014年我连续两年与腾讯网合作推出《中国网络媒体的未来》研究报告，着重对新媒体发展趋势进行预测，引起业界和学界的关注。

作为一个新媒体研究者，我常常思考的是，面对潮汐一样不断涌来又退去的新技术、新现象，如何才能让我们的研究经得住时间的考验？

我以为，新媒体的研究者必须要走近新媒体，否则无法跟上新媒体的跃进节奏。这意味着我们需要了解各种新出现的技术，观察每一个关键变化，深度体验每一种新的应用，在此基础上做出自己的判断。我们不必惧怕自己可能出现的判断失误。但这些失误应该有助于让我们未来变得更加耳聪目明。

另一方面，我们在深入的体验和近距离观察之后，又需要从中抽离出来，保持“远”一点的思考。我们要努力抵抗个人感性因素和外界喧嚣的干扰，同时，我们还需要在变化的对象中，寻求那些不变的规律。

我在很多场合都表达了这样一个观点，至少到目前为止，新媒体并没有改变社会运行的公式，但它改变了公式中某些参数的值，因而使得运算结果与从前相比有了很大的差异。当然，当某些参数的值发生质变时，也许会带来根本性的社会变革。所以，我们既需要谙熟社会运行的基本公式，又需要知道哪些值发生了变化，并且敏感地判断这些变化对于运行结果的影响，从而对最终走向有更清醒的判断。

而要能做出这样的判断，不仅需要对技术的了解，也不仅需要新闻传播视角的观察，更需要政治学、经济学、社会学、社会心理学等学科的视野与理论，以及它们的方法支持。虽然我自己离这样一个目标还有太远的距离，但这一直是我努力的目标。

我也希望，在更长时间的沉淀后，我能在新的理论方位上再次审视新媒体以及它带来的新传播与新社会形态。

夏倩芳

夏倩芳，出生于1966年。武汉大学新闻与传播学院教授、珞珈特聘教授，博士研究生导师。兼任教育部人文社会科学重点研究基地武汉大学媒介发展研究中心研究员，《新闻与传播评论》副主编。1998—1999年，美国北卡大学（University of North Carolina at Chapel Hill，UNC）新闻与大众传播学院访问学者。2002年5—6月，加拿大西安大略大学信息与媒介中心访问学者。2008年10月，香港浸会大学林思齐东西方学术交流中心访问学者。2009年教育部“新世纪优秀人才支持计划”入选者。

治学自述

我的学术道路是从1993年进入武汉大学台港澳研究所开始的，当时从事台湾媒介研究。由于当时台湾媒介方面的资料十分稀缺，我依靠笨功夫，爬梳了图书馆里所有的台湾介绍性资料，写出了三篇研究性论文。在当时大陆的台湾研究尚处于介绍的情形下，我的三篇研究性论文得到了时任中国社会科学院新闻与传播研究所《新闻与传播研究》（季刊）责编孙五三老师的认可，经过孙编辑的悉心指导，修改后刊登，连续三年获得学校的科研奖励。这对于一个年轻人来说是极大的鼓励，我从此立志治学。

从2001年起，我从单纯的新闻学研究转向跨学科研究，进入到媒介社会学的研究领域，把新闻传播现象放到社会学和政治学的视野里加以考察，提取当代传播发展的重要问题。与此同时，我开始反思传统的文科研究的科学性问题，探索更“科学”的研究路径。我做过全国性的问卷调查、媒介内容分析、话语分析、田野调查、深度访谈等多种研究。米尔斯和布尔迪厄的方法论思想给了我很大启发，我体悟到反思性是方法论的核心，须避免以“方法”框限学术想像力，陷入米尔斯所称的“狭隘的抽象的经验主义”。我做研究追求以问题为中心，以求真为目的，以关系主义为方法，以历史主义为视野。

二十多年来，我秉持以下治学理念：第一，审视研究的出发点。我做研究必须服务于政治民主、社会公平正义的终极目标，无论研究对象是谁，我的研究问题一定从此处出发。第二，坚持问题意识、理论意识和方法意识的统一，并以问题意识，即以实践困境为导向。第三，清醒地对待价值与事实。研究者都有立场，既无必要避讳，又不可避免，但在调查事实和面对事实时必须秉持客观态度和科学方法，这是研究者的基本科学素养。第四，以“中国”为研究对象。我一直认为，中国既是新闻的富矿，也是学术的富矿，作为研究者应该关注中国的真问题，脚踏实地地为中国探寻改革路径，推动中国研究进入国际学术视野，增进学术对话。这是学术服务于社会的路径，我反对做故弄玄虚或闭门造车的所谓学问。第五，注重历史维度和比较视野。我把现象放在一个历史时段里观察，通过分析其变迁而抓住主导性的逻辑机制；我注重比较的方法，把现象放进纵向和横向的参照系里进行考察，先用“加法”纳入多方面变量因素使其复杂化，再用“减法”使主导性变量突显以便于深入分析。

近十年来，我主要耕耘在新闻生产研究、媒体组织机制和职业群体研究、传播与社会变迁研究和广播电视公共服务等研究领域。在《新闻与传播研究》《现代传播》《开放时代》、台湾的《新闻学研究》、香港的《传播与社会学刊》等重要学术刊物上发表近30篇论文，重要的有：《“国家”的分化、控制网络与社会冲突性议题的传播的机会结构》《“挣工分”的政治：绩效制度下的产品、劳动与新闻人》《制度性资本、非制度性资本与社会冲突性议题的传播——以国内四起环境维权事件为案例》《“风险规避”逻辑下的新闻报道常规——对国内媒体社会冲突性议题采编流程的分析》《公众眼中的广播电视公共服务：现状评价及未来期待》《公共服务该如何做——关于电视节目品质的公众访谈》《社会冲突性议题的媒介建构与话语政治：以国内系列反“PX”事件为例》《媒介市场化中的节目品质议题：流变与困境》。其中，《公众眼中的广播电视公共服务：现状评价及未来期待》获首届（2012年度）“全国新闻传播学优秀论文”奖。

姜　红

姜红，1970年4月出生。安徽大学新闻传播学院院长，教授，博士研究生导师。教育部“新世纪优秀人才”入选者，安徽

省学术和技术带头人，教育部精品视频公开课《当代媒介素养》主讲人。主要学术兼职有：中国新闻教育史学会常务理事，中国青少年新媒体协会常务理事，中央电视台栏目评审专家，中山大学“互联网与国家治理研究中心”智库专家，安徽省广播电视协会常务理事等。

近年来，主持2项国家社科基金项目及多项省部级科研项目，出版学术专著2部，发表学术论文四十余篇，其中9篇论文发表于《新闻与传播研究》。获得2014年《新闻与传播研究》优秀论文奖，首届“国家学会奖”优秀论文二等奖代表性论文有：《“黄帝”与“孔子”——晚清报刊“想象中国”的两种符号框架》《现代中国“无冕之王”神话的建构与消解》《“公天下”与“公共性”——20世纪初中国新闻观念中的“公”》《“想象中国”何以可能——晚清报刊与民族主义的兴起》《作为“信息”的新闻与作为“科学”的新闻学》《现代中国新闻学科的合法性建构——“新闻有学无学”论争新解》《从“名士”到“报人”——现代中国新闻人职业身份认同的承续与折变》。

治学自述

我1998年进入安徽大学新闻学系（现安徽大学新闻传播学院）任教时，对新闻学几乎一无所知，直到2006年在复旦大学新闻学院读完博士，才找到了比较稳定的研究方向——中国新闻观念研究。之所以会对新闻思想史、观念史的研究感兴趣，是因为我硕士阶段学习中国现当代文学，有那么一点文史背景和摆脱不掉的人文情怀，进入新闻传播学科后又教授《新闻学概论》这样的理论课，希望为理论研究寻找一个能够落地的、经验的、历史的依托，而不至于凌空虚蹈。但是，从理论进入历史的路径既体现了我的某些研究特色——比如理路清晰、视角独特，也让我的问题暴露无遗，那就是容易理念先行，让历史进入思想或观念的容器。其实，真正优秀的思想史或观念史研究，应该是情境、思想、历史的碰撞与交汇。随着年龄和阅历的增长，我反而对学术写作越来越抱有敬畏之心，越来越不敢放言无忌轻易下笔，材料支撑到哪一步，话才敢说到哪一步。这可能也是我们这一代人做学问的特点，更注重问题的真切，论证的有效，方法的规范，更亲和经由个人经验或体验达至普遍经验以至理论贡献的过程。我希望探寻的是中国新闻传播思想或观念的文化谱系，这些线索如草灰蛇线，伏在千里之外，一旦因缘际会被某种因素激活，就会重新具有生命力，成为理解当下中国的重要依据。历史研究的潜在指向都是“当下”。

蒋建国

蒋建国，1970年出生于湖南。暨南大学新闻与传播学院教授、博士研究生导师，河南大学“黄河学者”特聘教授，广东省高校“千百十”工程国家级培养对象，教育部“新世纪优秀人才支持计划”培养对象，暨南大学首届杰出青年学者（第一层次），兼任中国新闻史学会外国新闻史研究委员会副会长、中国消费经济学会理事。

治学自述

我在硕士研究生阶段学习中国思想史，但阅读面较广，著名经济学家尹世杰先生（已故）是我的忘年交，当时他对消费文化问题很感兴趣，鼓励我写写文章，2001年，我在《消费经济》发表了第一篇有关旅游消费方面的论文。我在博士研究生阶段重点关注晚清广州城市消费文化问题，将消费文化与城市社会史结合起来进行研究。在查阅史料的过程中，接触到大量晚清报刊。博士毕业之后，便将研究兴趣转向报刊广告与消费文化传播方面。2005年，我有幸师从方汉奇先生进行博士后研究，这大约是我进入新闻传播学研究的“转折点”。

在我看来，新闻史研究是可以“关顾”现实问题的，并可以在学术上共享思想资源。我在研究晚清报刊广告时，便运用了消费文化理论进行阐释，而在史论结合的过程中，我对消费的媒介性、空间性、社会性问题有了进一步了解。之后，在强化报刊个案研究的同时，便对报刊消费的主体问题产生浓厚兴趣，我认为，新闻史研究对读者问题重视不够，系统的论著很少见到。于是，便展开对“晚清报刊阅读与思想世界”的专题研究，认为晚清报刊不但是新闻纸，还是知识纸、思想纸，对读者的思想世界有着深刻影响，读者、报刊与社会之间有着多元互动的关系。我从晚清文人日记、自述中发现大量读报的史料，这在以前的新闻史研究中是很少注意的。

理论的历史与历史的理论往往可以融合在一起。近年来，我将消费文化理论融入到网络新媒体研究之中，并进一步从心理学、人类学、社会学等跨学科的视野来研究网络文化。我认为，网络文化将在未来世界中具有越来越重的分量，必将成为新闻传播学研究的一个重要方向。它是文化生产与消费的平台，是传统、现代与后现代文化的融合，是交流、对话、民主与共享的空间，是思想与精神的交汇之地，是个体存在的表现方式。当下对网络文化的描述性研究过多，而批判和反思性研究明显欠缺。网络文化研究的重点应该注重具象研究与抽象研究的有机统一，尤其要加强抽象研究。网络文化研究的困境主要源自对网络技术超越性的过度崇拜和对网络技术的工具性本质的漠视。因此，解决这一问题的最好方式就是要回归网络技术的工具性本质，将网络文化研究由技术世界指向日常生活，尤其是指向网民作为生产型消费者的精神世界。在概念工具上，要重视网络文化的新进展，注重网络关键词的分析和研究。例如对网络流行语的剖析，更多地需要从社会心态、消费文化与社会变革的角度进行深度研究。在研究主体上，要体现网民研究的主体地位，尤其是要关注网民的网络生活和身心健康问题。在价值导向上，要从批判性的角度，揭示网络社会的各种问题，特别要关注网络重大议题与社会心理、社会情感问题，提出网络文化的价值定位。

以新闻史和媒介文化研究为中心。近年来，我出版了《消费文化传播与媒体社会责任》《消费意象与都市空间——广州报刊广告研究（1827—1919）》《报界旧闻》《广州消费文化与社会变迁》等学术专著5部，在《新闻与传播研究》《马克思主义研究》《韩国学论丛》（韩国）、《学术月刊》《学术研究》等学术期刊发表论文90余篇（CSSCI论文61篇），主持国家社会科学基金重点项目和青年项目各1项、教育部人文社会科学项目3项、广东省社会科学基金项目2项、广东省委宣传部特别委托项目2项、广东省高层次人才引进项目1项、广州市社会科学课题5项，获得省部级二等奖2项。

段 鹏

段鹏，1974 年 12 月生于北京。现任中国传媒大学文科科研处处长，移动互联与社会化媒体研究中心主任、教授、博士研究生导师。系国家有突出贡献中青年专家、百千万人才工程国家级人选、教育部新世纪优秀人才支持计划入选者、北京市“四个一批”理论人才入选者、享受国务院特殊津贴。同时兼任中国记协特邀理事、中国新闻奖评委、中宣部特聘外宣专家、教育部信息化工作委员会理事、国家社科基金评委、国家留学基金委评审专家、北京大学等 7 所国内知名高校兼职教授或特邀研究员、北京市青联委员。CSSCI 期刊《网络传播研究》编委、英文期刊 *Global Media and China* 联合主编。

治学自述

我于 1993 年 9 月进入北京广播学院新闻系学习，从那时起我就对传播学产生了浓厚的兴趣，阅读了大量传播学学术前辈的重要著作和西方的传播学经典译作。1998 年，我开始了对新闻理论和传播学理论的系统学习，熟练掌握了多种量化、质化研究方法并且积累了大量的研究经验。二十多年来的学习与研究进一步深入了我对于新闻传播领域的相关思考。当前，我的研究方向主要包括传播学理论、受众研究、政治传播、媒体融合与社会化媒体等。

在二十多年的研究生涯中，令我印象最为深刻的学术经历是在 2005 年年底至 2006 年年初，我主持了由中国政府与欧盟和世界银行合作的中欧天然林保护项目（NFMP）。在此项目中，作为首席传播策略顾问，我和多位其他领域的外国专家来到中国的湖南、海南和四川省开始田野调查。四个多月的时间里，我们走访了这三个省的许多欠发达地区，包括五个贫困县和 38 个贫困乡，对当地少数民族群众的媒介使用情况做了焦点小组研究和日志型观察。我们的到来也使当地居民对环境保护有了新的认识：经济的增长不是靠砍伐树木就可以实现的，而是通过养殖、种植等其他渠道。此次田野调查也使我认识到了人际传播和村民集会等特殊宣传手段在乡村环境议题宣传方面的重要性。调查结束后，我完成了该项目 12 万字的英文报告并获得欧盟总部的高度认可。最终，这份报告对中国政府获得欧盟委员会 20 亿元人民币的无息贷款起到了重要作用。2006 年，我还担任了联合国开发计划署（UNDP）的首席传播策略顾问，对泰国北部的污水处理开展了独立的田野调查，相关的研究报告和论文也在学界和业界产生了一定影响。

我独立主持的这两项国际项目都增加了我关于西方传播学本土化的思考：在西方与中国现实如此不同的情境下，我们该如何将西方成熟的传播学理论体系与中国的实际情况相结合，特别是如何运用西方的先进理论体系和研究方法来解决中国欠发达地区的实践问题，如何使普通村民享受到更多的科技益处等，这些都是我自 2006 年以来所深深思考的问题，并且这种思考从未间断。我也将我的这些思考总结到 *Evaluating the Application Value of Radio Technology in Selected Provinces in China* 中，并于 2010 年在 *Plaride* 发表。

最近几年，我在下列领域出版或发表了一系列著作、论文和研究报告：1. 在理论传播领域，我出版了教材《传播学基础：历史、框架与外延》，还出版了与胡正荣教授等合著的《传播学总论》，这两本书都入选了“十一五国家级规划教材”，并且在国内为许多大专院校选用。其中《传播学基础：历史、框架与外延》一书还入选了北京市精品教材，并在2012年完成了改版。2. 在政治传播领域，我出版了专著《政治传播——起源、发展与外延》，并获得了第七届高等高校优秀科研成果一等奖和北京市哲学社会科学优秀成果一等奖。3. 在广播电视新闻领域，我陆续出版专著《社会化的狂欢——台湾地区电视娱乐节目研究》《中国广播电视国际传播策略研究》《中国广播电视舆论引导能力研究》等。其中，英文版专著 *International Communication Strategies of Chinese Radio and TV Networks* 也将于2015年底出版并于海外发行。我还在CSSCI刊物发表了《试论转型期的中国广播电视新闻》《从节目构成要素分析台湾电视娱乐节目的特点》等多篇论文。4. 在媒体融合和社会化媒体领域，我在《人民日报》理论版所发表的《在媒体融合中提升舆论引导力》等多篇有关媒体融合研究的学术论文被大量转载。同时，我还主持了多项有关媒体融合的项目，如：国家社会科学基金艺术类重点项目“媒介融合环境下的广播电视发展战略研究”、国家社会科学基金后期资助项目“媒介融合背景下提升舆论引导能力研究”、教育部人文社科研究基地重大项目“媒介融合背景下提高我国广播电视舆论引导能力研究”、教育部重大委托项目“开展虚拟空间语言主权与语言安全的检测研究”、北京市社会科学基金重点项目“媒介融合背景下北京电台电视台发展策略研究”等。

最近，我比较关注中国本土传播学成果国际化的问题。2015年，我和同事们一道联合创办了与SAGE出版集团合作出版的新闻传播学英文国际期刊 *Global Media and China*，旨在促进中国传媒与世界研究的学术探讨与研究发展，并希望将此期刊进入SSCI检索体系，成为联系我国与国际传媒研究的重要桥梁。

张志安

张志安，1977年出生于浙江。中山大学传播与设计学院院长、教授、博士研究生导师，中山大学全媒体研究院副院长，中山大学互联网与国家治理研究中心主任，中山大学大数据传播实验室主任，广东省“千百十人才培养工程”省级人才。研究方向：新闻生产社会学、媒介融合与传媒转型、互联网与国家治理。国家互联网信息办公室网研中心特约研究员，我国首部政府组织编写的《新闻记者培训教材2013》作者之一。香港中文大学访问学者（2010、2011），香港城市大学访问学者（2011），台湾政治大学访问学者（2013），英国埃克赛特大学（Exeter）访问学者（2011），美国国务院IVLP国际访问学者（2010）。

治学自述

我2006年毕业于复旦大学新闻学院，获得传播学博士学位，留校任教，2011年被中山大学以“百人计划”项目人才引进。过去10年，我的研究兴趣和相关成果主要集中在三个方面：

其一，长期从事调查性报道、深度报道研究，在新闻传播实务教学领域积极探索。

多年来，我主要通过在线交流、培训讲座、媒介批评、调查访谈、实地观察等形式，与新闻业界保持贴近观察和前沿思考，希望以近距离的姿态研究新闻生产实践。围绕调查性报道和深度报道，主持了1项教育部课题“新时期深度报道史(1978—2008)”，主讲1门国家级精品视频公开课《深度报道》，主编或撰写了1本专著《深度报道：理论、实践与案例》和《报道如何深入》《记者如何专业》等5本“揭开真相”系列丛书。此外，还与瑞典、挪威学者联合主编英文著作 *Chinese Investigative Journalists' Dreams: Autonomy, Agency, and Voice*。

其二，开展多项新闻从业者调查，研究转型期新闻业行动者的职业生态和观念变迁。

近年来，我在研究深度报道等新闻传播实务的基础上，开展了针对调查记者、上海网络新闻从业者、驻华外国记者、全国新闻从业者的多项调查，试图从纵向（新媒体环境下的行业变迁）和横向（不同区域、不同职业社群）的角度揭示转型期中国新闻从业者的职业意识、观念和生态变迁。主持1项国家社科基金项目“驻华外国记者的职业意识及影响因素研究”、1项跨境合作项目“中国调查记者的社会关系网”、1项学校人才引进项目“新媒体环境下的中国新闻从业者”，此外，担任跨国比较项目“全球新闻业”（World Journalism Status）中国召集人。

2010年，我和香港城市大学副教授沈菲完成国内第一次大规模、全样本的调查记者问卷调查，发布的《中国调查记者行业生态报告》对揭示中国调查记者的结构性特征有比较重要的参考价值。我俩合写的论文 *Who are the investigative journalists in China* 发表在SSCI期刊 *Chinese Journal of Communication*，《中国调查记者行业生态报告》获广东省哲学科学成果奖论文类三等奖，《调查记者的职业满意度及影响因素研究》获《新闻与传播研究》年度论文奖。

其三，较早开展新闻生产社会学研究，重点关注新闻生产的自主性和专业性。

过去10年，我对从事新闻生产社会学的研究始终抱有浓厚兴趣，试图将研究从具体经验材料提升到抽象概念论述、从现象描述拓展到理论阐释——主要考察转型社会中政治、市场和传媒的互动关系，以及新闻组织的自主性和新闻生产的专业性。相关成果主要包括：

（1）2006年完成的博士论文《编辑部场域中的新闻生产：〈南方都市报〉个案研究》，运用法国社会学家布尔迪厄的场域理论，采用田野观察、深度访谈等民族志方法，揭示了转型期新闻生产与社会控制之间的复杂关系。

（2）论文《新闻生产过程中的自我审查：以毒奶粉事件报道为个案》获得广东省哲学社科成果奖论文类二等奖、《新闻与传播研究》年度优秀论文、第二届（2013年度）全国新闻传播学优秀论文。

（3）作为中山大学“中国新闻业研究”学术团队的学科带头人，我于2014年发起“中国新闻业百人会”“中国新闻业评议会”等学界和业界对话和观察平台，每年主编出版《中国新闻业年度观察报告》，带领团队以“原创、专业、品质”为标准来观察研究新闻业的实践与变化，试图以学界之力推动行业进步。

未来，我希望自己的学术研究继续紧贴中国新闻业的场域和实践，在研究新闻生产、新闻从业者和新闻业重构等研究领域，争取做到“走出去、立潮头、出思想”。

第十三篇
学术动态

会议综述

大数据与新闻传播创新研讨会综述

2014批判传播学年会综述

“中国传媒走向全球”国际学术论坛综述

第一届“政治传播与社会发展论坛”综述

中国社会科学论坛“第五届中国—北欧妇女与性别国际研讨会”综述

第十二届中国传播学大会综述

中国新闻史学会2014年年会综述

中国高等院校影视学会第十五届年会暨第八届中国影视高层论坛综述

2014中国新媒体传播学年会综述

《新闻与传播研究》创刊20周年暨《中国新闻传播学年鉴》创刊启动研讨会综述

学术纪事

中国新闻传播学术2014年大事记

期刊动态

2014年中国人文社会科学期刊评价结果（新闻学与传播学）

2014—2015中文社会科学引文索引（CSSCI）来源期刊目录（新闻学与传播学）

2014年中国新闻传播专业期刊一览

·会议综述·

大数据与新闻传播创新研讨会综述

2014年2月25日，“大数据与新闻传播创新研讨会”在中国人民大学举行。研讨会聚集产学研各界，与会的学者包括人大新闻学院执行院长、教授倪宁，人大新闻学院教授陈力丹，清华大学新闻传播学院副院长、教授陈昌凤，中国传媒大学广告学院院长、教授黄升民以及北京大学新闻传播学院教授陆地；新闻业界的代表有中央电视台新闻中心《新闻联播》编辑部策划组副组长郭俊义、责任编辑关玉霞，经济日报中国经济网总编辑崔军、资深记者艾芳，百度校园品牌部总监张高、商业分析部总监杨俊、高级产品经理杨敏等。研讨会由人大新闻学院副院长、舆论研究所所长、教授喻国明主持。

本次研讨会集中探讨了大数据在新闻传播实践中创新发展的几个基本问题，包括：大数据、大数据分析与大数据新闻报道；大数据在新闻传播领域的实际应用——以“据说春运”为例；对于大数据分析的探讨——大数据与新闻的矛盾、信息共产主义还是信息霸权主义、数据源的开放；大数据研究发展的未来方向。

一、大数据、大数据分析与大数据新闻报道

1. 何谓大数据？

喻国明指出，大数据的真正价值不在于有海量的数据集，而在于它的全——空间维度上的多角度、多层次信息的交叉复现；时间维度上的与人或社会有机体的活动相关联的信息的持续呈现。

陆地将“大数据”进行分开解读，其中“大”指的是大规模、大空间、长时间形成或者得到的数据；“数”指的是数量、数字，也就是相关的信息或事实可供计量、定量分析；“据”可以说是有价值的信息、事实、内容，也可以说是判断、决策、行动的依据。

2. 何谓大数据分析？

喻国明认为，传统的结构性的数据单一、解释单一化，而大数据来自于自然，包括自然表露出来的购物行为、搜索行为、表达行为等等，反映生活的真实状态。至于大数据分析，却鲜见其实际运用得法的模式和方法。造成这种窘境的原因无外乎有二：一是对于大数据分析的价值逻辑尚缺乏足够深刻的洞察；其次是大数据分析中的某些重大要件或技术还不成熟。

陆地提出，大数据既可以是手段，也可以是事实，是一种世界观、一种方法论、一种研究方法。首先，大数据是一种世界观，能够让我们更好地把握世界的本质。其次，大数据也是一组系统信息，蕴含着新闻的价值。最后，它还是一个信息系统，一种组织、采集、报道信息的机制，也可以说是一种报道方法和方式。大数据与新闻报道密不可分，与新闻传播的创新更是息息相关。

3. 何谓大数据新闻报道？

陈力丹认为，大数据新闻报道展示了一种从宏观与中观的层面对于社会某一方面的动向、趋势的动态的把握。同样，陆地也认为，大数据既是一种宏观的思维方

式，也是一种应用研究的方法。央视《新闻联播》编辑部的郭俊义认为，大数据新闻报道应该包括三个方面：一是借助类似百度指数的各类数据工具去挖掘新闻，二是做数据引证，三是数据可视化。

陈昌凤认为，首先大数据新闻报道是新闻形态的一种创新，包括可视化信息、人性化的嵌入。第二，大数据新闻报道进入了新一轮的创新，即所谓内容的创新。从技术形态的融合，进入到产业化的融合，再进入到内容的融合和迁徙，而这种迁徙反过来逼迫内容必须要进行改革。

二、大数据在新闻传播领域的实际应用

喻国明说，目前利用大数据资源产生实际社会成效、有实际影响力的产品依然屈指可数。数据源的代表性和价值、良好的供给与需求的合作以及有广泛影响力的平台，是大数据应用获得成功的两条重要因素。

陈力丹提到了“新闻游戏化”的趋势，他说，想要吸引90后、00后的人看电视新闻或者看网络新闻，一定要有游戏性，其实游戏性背后是有很强大的宣传功能的。

郭俊义在会上分享了“据说春运”节目出生前后的甘苦。在他看来，数据说春运的成功有几大因素，包括新闻形式上的可视化的突破、内容上的新闻化和故事化，呈现“大数据小故事”。陈力丹认为，该节目将百度搜索和网上即时的调查与电视新闻结合起来，以各方面发展态势的大数据作为背景来报道，是新闻报道题材的一个重大的创新。

黄升民指出，大数据是天然存在的，是一个客观事实。只不过，过去大数据的存在是封闭的，接触时有很多障碍，使用起来成本很高，也缺乏合适的方法。互联网的OTT突破了原来的局限，解决了信息不对称的问题。更重要的是数据可视化之后，一些很复杂的现象和事物变得一目了然。

陆地认为，央视的春节报道，不但利用了系统的信息，更重要的是实现了信息系统的革新。也就是说，新闻传播创新不但可以表现在内容创新上，也可以体现在思维方式、采集方式甚至呈现方式的创新上。中央电视台春节报道利用了大数据，全国各地一下子联系起来。

陈昌凤也提出，这种形态的突破也需要央视这样有实力的大媒体来做，类似的还有新华社做的三北防护林的新媒体化报道，这些比起《纽约时报》的“雪崩”专题、《卫报》的“阿拉伯之春”“棱镜事件”的报道，投入都要大得多。央视调动资源从形态上进行创新是非常值得称赞的。

作为“据说春运”节目的合作方，百度指数的产品经理杨敏分享了百度的经验。百度作为搜索引擎的平台，每天要处理60亿次相关的搜索请求，其数据能够反映每个网民具体的需求、兴趣点，以及此人本身的个人特点，实际上已经可以被视为是中国最大的内容提供者。

三、对于大数据分析的探讨

对于大数据应用，学者们也表示了一定的隐忧，主要探讨的话题集中于大数据与新闻的矛盾、信息共产主义还是信息霸权主义、数据源的开放等问题上。

1. 大数据与新闻的矛盾

陈昌凤总结了大数据与新闻报道之间的几对矛盾。首先，相关关系和因果关系的解读的相辅相成。现在大家都在强调大数据的核心价值是相关关系，甚至于颠覆了因果关系，反而是大数据时代变成了碎片化和浅阅读，缺少了深度。然而如果不把因果关系考虑进去，数据对于新闻报道来说就没有意义。其次，大数据的内涵跟新闻在某种程度上是相

悖的。因为大数据强调的是信息结构化，抛开故事中心，“去故事化”，这就和传统报道中的故事化诉求有矛盾。另外，大数据与精确性之间也是存在矛盾的，新闻要讲究精确性，而大数据却无法提供精确性。

2. 信息共产主义还是信息霸权主义

关于大数据时代的信息本质的讨论，会议上也产生了观点的争鸣。陆地认为，现在的媒体属于一个“信息共产主义时代”。我们现在的信息时代有一些基本特征，比如说人人平等，信息的极大丰富，信息共有共创共享。任何一个网站信息都可以说是按需分配，按需索取。这些都符合共产主义的所有特征。所以可以用一个新名词，叫做“信息共产主义”来概括和描述大数据时代、新媒体时代的一个最本质的特征。

然而也有一些学者持不同看法。比如陈昌凤认为，大数据带来的是信息霸权和信息寡头。当前，不仅互联网公司可以成为信息寡头，通过社交媒体，传统的媒体机构也可以成为信息寡头。

3. 数据源的开放问题

黄升民认为，在人人都在说大数据的时代，大数据研究有时会缺乏科学性。就如喻国明所言，数据源的价值非常重要。如果我们无从掌握大数据研究数据的话，其实是陷入一个迷宫里。如果谁都不肯开放自己后台的数据，谁都不把自己的算法清楚的表示出来，谁都遮遮掩掩，那就很难对大数据及其反映的情况有清晰的认识和准确的把握。在提倡互联网思想、互联网精神的当下，实际上是重新树立一个迷信的图腾，这是需要改进的。

百度商业分析部总监杨俊说，互联网本身是有开放精神组成的，但是不同产品有其特有的形态，例如 QQ 设计本身就是只对朋友圈开放。百度开放的力度，是考虑到用户的隐私问题的。

喻国明总结说，就现实而言，有质量的大数据源常常是掌握在政府及大公司手中，如何开放这种大数据源的使用，事关社会的发展和人民生活的福祉，必须从制度和机制上给予保障。

四、大数据研究发展的未来方向

首先，如何通过某种标签和依据的方式，把一些碎片化的数据整合成一个具有结论性的判断。这就涉及到一些宏观方面的认识。喻国明提出，对于一个事件用不同量级、不同品类的数据进行分析，使其成为立体化的解读和解构。不同的数据级进行结构性方程组合的时候，它们以何种方式、权重和结构进入，也是一个我们需要解决的技术难题。

其次，从表现角度来说，嵌入是关键词。喻国明认为，大数据呈现的结果和结论，与人的需求、人的行为、人的认识逻辑需要有一种相适应的嵌入。尤其是在大数据刚刚进入到社会生活领域的时候，一定要顺势而为，跟人的需求相关，跟人的认识行为逻辑相关。

最后，大数据研究要与现有的可视化技术发展相联系。陈力丹认为，日常生活中一些重大的新闻如果能够运用大数据来报道，其深度会大大强化，也能够给人以更强的动感和说服力，并且帮助人们比较准确的把握未来。在这个意义上，大数据与新闻的结合，将是新闻竞争的巨大技术驱动力。

作者：杨　雅（中国人民大学新闻学院博士研究生）
摘自：《国际新闻界》2014 年第 3 期

2014 批判传播学年会综述

由复旦大学当代马克思主义新闻与传播研究中心、中国传媒大学传播政治经济研究所与华东师范大学—康奈尔比较人文研究中心联合举办的“2014 批判传播学年会：中国媒体的政治坐标”于2014 年 7 月 7 日至 8 日在复旦大学新闻学院举办。本次学术会议是国内新闻传播学界首次召开批判传播学年会，它充分展示了传播政治经济学与批判文化研究有机结合的建设性学术取向。

正如复旦大学新闻学院教授童兵在开幕式致辞中所指出的，本次年会有别于以往从经济和技术视角研究中国媒介的思路，以“中国媒体的政治坐标” 破题,从政治的视角考察中国媒介并深刻反思媒介与党的关系、与政府的关系、与人民群众的关系，在当下具有极为重要的理论价值和现实紧迫性。会议共设五个分论坛和两个圆桌会议，主要围绕以下议题展开讨论。

一、大众媒体、国际关系与意识形态

有关领土主权纷争的新闻报道、媒体审查和意识形态争论无疑是当下中国传播领域的热点议题。第一场讨论中，重庆大学人文社会科学高等研究院青年讲师孙力舟分析了当代中国媒体涉日报道中的倾向性，发现日本 2012 年 9 月 “购岛” 后《人民日报》涉日报道并没有出现负面报道和历史问题文章比例增多的情况。这一结论挑战了流行于国内外的中国官方媒体如何有意操纵新闻报道进行民族主义动员和培育反日情绪的论调。来自清华大学公共管理学院的博士王东宾将研究聚焦于网络审查和互联网安全问题，细微剖析了内容审查制度中的国际标准与国内标准、内容审查与文化活力、市场化与基本文化公共品这三组存在张力的关系，并将讨论延伸至内容审查与踩线创新、用户偏见与媒体竞争、数字媒体与版权问题等。中国社会科学院新闻与传播研究所副研究员刘瑞生点评指出，中国的网络审查和网络过滤，不能仅考虑内容上的踩线，技术层面的作用亦不容忽视。此外，网络审查的执行主体也应纳入考量范畴。

中国人民大学政治学系副教授欧树军以“互联网与当代中国的意识形态内战”为主题，认为现代文明国家得益于信息沟通渠道的革新，一旦掌握了整合人民的能力，将使文化领导权大大扩张，这种具有集体性、渗透性和弥散性的权力机制使文化领导权变成了一项基础权力。观察者网评论总监余亮认为，欧树军以美国信息基础设施的演变为例，深入探讨了渠道革命与国家转型之间的关系，鲜活地展示了互联网对于当代文化的影响，其关于美国文化内战纠葛的独特分析，对于厘清当下中国的现实情况具有重要启示意义。刘瑞生点评指出，该文从政治学的学科视角拨开了互联网中意识形态内战和当代中国文化内战的迷雾，集中讨论了新媒体时代传播渠道的改变是如何影响大众文化构建的。当代社会中，技术、资本固然是影响文化构建的主要力量，传播渠道的变革也对文化构建和意识形态生成有着重要影响。

在总点评中，加拿大西蒙·菲莎大学传播学院教授赵月枝指出，研究者不应把讨论囿于道德谴责或具体操作层面的挑战，而应超脱出既有的思维定势，聚焦问题的实质，即国家管制的阶级基础和合法性问题。然后，赵月枝把问题置放于中国革命的历史语境中，指出阶级性和人民性不仅是无产阶级新闻事业的显著特质而且也为新中国的新闻制度提供了历史合法性，但伴随着改革开放以来国家代表性和执政基础的变化以及媒体的资本化和商业化，无产阶级新闻话语被逐渐解构，由此产生了媒体管制的合法性问题。在这样的语境下，如何应对媒体和网络精英主宰控制舆论的局面，真正走群众路线，重构社会主义话语权，已成为当下中国传播所面临的重大挑战。另一位总点评人中山大学哲学系教授吴重庆进一步指出，新闻舆论乃国之利器。当下，东西方意识形态对立和交锋日益白热化。作为一个泱泱大国，中国必须树立自己的意识形态，就当下争论的焦点及敏感而重大的历史事件，在新媒体的舆论场上发出自己的声音。只有这样，中国媒体才能牢固树立起自己的政治坐标。

二、新媒体、公共性与当代中国思潮

现代社会中，新传播技术的运用和传播渠道的拓展，不仅重构了人类传播与沟通方式，而且影响着现实世界话语权的建构和意识形态的生产。第二场分论坛，重庆大学人文与社会科学高等研究院副教授唐杰引用“数字鸿沟”和“守门人”理论，采用大数据挖掘的方法，对数字民主的迷思和网络政治传播的精英化现象进行了深入剖析。欧树军和王东宾对该文进行了精彩点评：网络政治话语权的非对称结构是现实世界中非对称话语结构的镜像；数字民主极大地削弱了现实世界话语权的这种非对称结构；互联网时代，信息对称的结构在一定程度上有利于基层群众话语权的形成。

清华大学新闻与传播学院副教授王维佳通过全面梳理美国赛博迷思的历史脉络，阐释了赛博迷思的发展过程与美国新保守主义的新政治运动崛起之间的历史关联，并从经济方案和政治理念的内核探查了赛博迷思与1980年以来新自由主义思潮之间的相互对应关系。华东师范大学—康奈尔比较人文研究中心副教授吴畅畅指出，文章立足于历史研究，从政治思潮的维度重新诠释对赛博迷思的理解。北京大学新闻与传播学院教授吴靖认为，产生于20世纪80年代特定政治经济文化环境的新自由主义，与赛博迷思之间有一定的勾连；技术乌托邦的想象并非源于互联网时代，亦非美国右翼保守主义的专利，其背后有着复杂的逻辑关系。

复旦大学新闻学院博士研究生王满满考察了网络行动者基于不同的新媒体平台对事件真相进行线上线下的追索，阐释了不同版本的真相是如何在行动者、地方政府与主流媒体间建构并展开话语争夺的，进而考察了网络行动者的代表性、实践及其与公共性的关系。王维佳认为，现实中的社会运动常常呈现一种悖论式现象：社会行动者以追索真相和挖掘事实为出发点，却使原来有组织、有程序的审查和监管以及承担公共服务的政府机构被所谓的代表草根的民主力量所绑架，使其走向真相的反面。唐杰指出，在当今的网络行动中，网络舆论的参与主体多元混杂，各主体的不同诉求使得事实本来的面向越来越复杂。在主体混乱的舆论世界里，媒体机构如何发挥作用以保证事实的沉淀，引人深思。

本场总点评中，华东师范大学传播学院教授雷启立指出，第二场分论坛涉及的议题极为宏阔，集中讨论了主宰性政治的发展以及主体性政治获得的问题。华东师范大学—康奈尔比较人文研究中心教授吕新雨认为，在新媒体时代讨论新政治，应把新媒体理解为当今现实世界政治、经济、文化的有机组成部分，而非仅虚拟世界。在这一意义上，讨论中国媒体的政治坐标，是在主宰性政治和主体性政治之间，寻找新的政治主体性的可能。

三、大众媒体、政治权力与资本

大众媒体、政治权力与资本是现实社会中的三股相互构建的重要力量，第三场分论坛由此展开讨论。上海大学文化研究系博士高明基于历史脉络考察了国家领导人的形象塑造问题。北京大学法学院副教授章永乐从分析“党管媒体”的原则入手，诠释了宣教权规范基础的古今演变。他认为，对“宣教权”的僵化使用必然导致文化领导权的丧失。国家文化领导权的重建，建立于坚实共识的基础上，通过深入社会内部展开群众工作，重建“有机知识分子”队伍，延续执政党的“群众路线”。《经略》编委萧武认为，宣教权的正当性源于政党的先进性。在革命时代，共产党具有强有力的文化领导权。官方传播体系的官僚化和僵化影响了文化领导权的发挥。改革开放后意识形态的空心化，进一步凸显了重新确立文化领导权的必要性。

上海师范大学副教授石力月探讨了以三网融合为基础的新媒介格局中如何实践广电公共服务的问题，她指出，中国语境中的“公共服务”在前三十年具有与“人民性”并置在一起的政治性意涵。改革开放后，对之前政治实践的否定使得与其密切关联的传播业对自身的认同经历了一个巨大的清理过程，“公共服务”由此斩断了与人民性之间的政治性关联，而以国家与社会的分离为前提，被赋予了“去政治性”的意涵。因此，在某种意义上，国网公司的“国企”性质成为重新讨论广电公共服务的契机。王维佳和章永乐在点评时指出，国网公司作为国有企业，不仅应承担社会服务，同时也应传递教育功能和宣传功能，然而它的现实状况反映了国有企业所面临的话语贫困。如何走出理论贫困和话语贫困则需要研究者进行更多的探索和实践。

“走转改”是中国新闻宣传深入基层、深入群众的重要实践活动，是当前新闻实践中最鲜活的话题。复旦大学新闻学院讲师林溪声的研究及时回应了这一议题。她通过探讨“走转改”新闻报道的产制情况以及新闻从业者的自主性和局限性等问题，解析了“走转改”背后所蕴含的意义。石力月指出，反思“走转改”实践的重要基点在于如何理解“基层”。章永乐认为，新闻在一党执政的体制中发挥了秩序再生产的功能。它一方面使决策者清晰地获得基层的具体情况；另一方面，通过走基层的传播渠道塑造出倾听人民群众心声的党的形象和领导形象。这是一种双向的建构过程，对于党管媒体而言，具有重要意义。

2014 年“两会”时，演员宋丹丹与导演冯小刚关于“收视率标准”的辩论把媒体的代表性问题推入公众视野之中。以此为切入点，复旦大学新闻学院博士研究生张韵与加拿大西蒙·菲莎大学教授赵月枝合著的《人民的选择？——收视率背后的阶级与代表性政治》一文认为，收视率商品作为一种特定社会历史条件下的结构性产物，在由政治与经济力量共同推动的中国电视媒体的转型过程中，以其“科学”“民主”的形象，为电视媒体的商业化制造合理依据，从而遮蔽了以人民为主体的“社会主义共同文化”的价值与目标。张慧瑜和吴畅畅点评了该文，他们认为，中国的收视率最初定位于非商业化的节目效果分析，然而在中国广电媒体经历了商业化、市场化、资本化和全球化一系列深刻的政治经济变革之后，收视率成为服务于广告售卖的重要工具，并与商业话语以及消费主义意识形态形成同构。

华中师范大学中文系教授罗岗在总评

议时指出，收视率问题的实质在于“人民”这个概念所扮演的角色。在市场化过程中，不仅收视率经历了一系列变化，“人民”这一概念也不断被建构，并逐渐被“老百姓”“大众”等名词所取代。因此，“人民的选择”与“收视率”的关系是“人民——老百姓——大众”的关系。罗岗认为，章永乐从政治哲学的角度诠释了宣教权和文化领导权，有力论证了“党管媒体的前提是要创造普遍性共识”这一观点。罗岗指出，理解宣教权和文化领导权的关键在于梳理资产阶级“公共领域”诞生的脉络——资产阶级通过创造“公共领域”获得了资产阶级文化领导权。当下，重建文化领导权、创造“普遍性共识”的前提和基础不仅仅在于经济增长,更有赖于话语共识和道路自信。

四、媒体话语、当代中国意识形态与争论

在该场讨论中，上海大学中文系讲师周展安全面梳理了20世纪70年代评法批儒运动的历史，他将评法批儒运动分为批儒、评法、农民战争和新生事物这四者，从而探讨了中国化马克思主义者如何把握传统的问题。吴靖和上海大学中文系讲师朱羽点评指出，该文基于唯物论坐标对法家进行了动态把握，对评法批儒运动进行了理论性探索。当下探讨评法批儒运动不仅应明确法家的政治哲学意义以及法家与领导权的关系，还应正确把握儒法运动中的儒家面向与改革之间的关系。

吴畅畅通过历史地梳理新中国的四部宪法，分析了21世纪以来宪政讨论的历史轨迹和网络延续。他提出，制宪权主体不能单一地归属于中国共产党或中国人民，而是“立宪时刻”中国共产党与工农联盟所形成的历史复合体。当前，工人阶级的行动能力、工人的政治决断以及执政党本身巩固政权的意志与毅力这三者的相互配合成为中国工人阶级重获制宪权的重要前提和基础。复旦大学哲学系教授丁耘认为，吴畅畅从历史维度和政治维度分析了“人民”这一主体，并讨论了当今政治思潮中最鲜活的议题。“革命政党”和“人民”这两重主体的互动，可以通过走工农相结合的道路得以实现。

中国艺术研究院电影电视艺术研究所副研究员张慧瑜从社会、文化现象入手，分析了当下中国“可见的后工业空间”和“不可感知的工业空间”，并以新闻报道、电视纪录片、城市空间改造为例，呈现出环保议题中的隐身人、城市空间改造中去工业化与工业废墟以及文化田园与视觉乡愁这一系列后工业社会的文化逻辑。罗岗认为，对于现代性的批判往往集中于对工业化的批判，它并不批判后现代的文化或田园牧歌式的乡愁，而是将批判聚焦于大机器时代对于人性的压抑，这一问题值得深省。

吴靖通过分析家居类装修节目《交换空间》所塑造的个人身份、社会想象、审美追求和阶层认同，详尽考察了生活方式电视节目在中国的发展状况及其背后隐喻的社会经济力量和符号策略，辩证地诠释了新自由主义现代性霸权阴影笼罩下的日常生活文化和意识形态的形成。吴畅畅和《南风窗》主笔李北方指出，该文敏锐地对电视节目进行了批判性思考，通过对真人秀节目的分析生动展示了新自由主义的全球霸权及其丛林法则。

江西师范大学副教授黄卫星通过案例研究和文本解读分析了《南方周末》中关于“中国梦”的新闻话语，勾勒了《南方周末》具有支配性的意识形态表征，揭示其通过新闻话语的生产与传播，建构和推广《南方周末》一贯秉持的自由民主、宪政民主和启蒙理性的价值观。王维佳指出，对于“中国梦”的讨论，应回到现代中国的历史过程和社会体系本身。重回历史，重新找到历史的主体，与最广大人民群众

进行对话，“中国梦”的阐述、传播与知识的生产才具有意义。周展安认为，应准确把握习近平主席阐述“中国梦”的核心要义：首先他明确了“中国梦”的历史主体是中国人民；其次，他把近代以来的社会主义革命以及改革开放联系起来，有机地统合了20世纪，从而弥合了历史的断裂问题。

五、城乡关系、工人阶级与媒体再现

该场讨论集中于城乡关系、工人阶级与媒体再现。上海财经大学社会学系博士苏熠慧通过调查新生代产业工人的消费行为及其背后的机制，探讨了媒体与新生代产业工人消费行为之间的关系。她认为，新生代产业工人在大众媒体塑造的消费幻想中形成了他们“模仿消费”的行为模式，并通过这种“模仿消费”进一步卷入生产，主动成为被资本所剥削的劳动力。中国社会科学院新闻与传播研究所研究员卜卫指出，该研究揭示出国家推动消费革命导致大众媒体塑造虚无主义的消费幻想，这种消费幻想不仅影响着工人的消费理念，而且迫使工人为消费而加班生产。华东师范大学社会发展学院讲师吴同认为，该文进一步拓展了布洛维关于生产政治的研究。

香港中文大学新闻与传播学院博士王洪喆通过历史研究勾勒出计划经济时代和市场经济时代信息产业的劳动与技术政治。他通过“文化大革命”时期群众的技术革新运动及计划经济时代社会主义实践中的计算机运动等典型案例，揭示其不仅使工人阶级获得主体性，也改造了知识分子的主体性，实现了知识分子与工人农民共同阶级身份的勾连。吴同和苏熠慧在点评时指出，在资本主义时代，技术操控了工人。而在计划经济时代，技术不仅没有控制工人，反而使工人获得较大的主体性。

来自南加州大学安南堡新闻传播学院的助理教授洪宇与博士研究生王维从劳动的视角出发，以历史和政治经济分析的方式，解读了电子信息制造业、电信业及传媒业的产业基础及其内在矛盾。浙江工业大学人文学院副教授韩素梅点评道，该文以传播政治经济学为理论框架，强调了新的技术背景下社会结构并未发生根本性变化。另一位点评者石力月指出，文章以历史为轴，以劳动为视角，将电子信息制造业、电信业和传媒业并置在一起，展现了宏大的研究视野。

在该场中，韩素梅和天津财经大学人文学院博士刘昕亭也分别宣读了自己的论文。韩素梅采用在线民族志的方法，深入分析了中产阶层的新媒介诉求与阶层特征；刘昕亭通过分析近来热读的打工图书，讨论了重建工人阶级主体性的可能。

六、国家主义、传播技术政治及人民主体性

两场圆桌讨论为各位学者提供了更广泛和深入的思想交流空间。第一场圆桌会议就“国家主义、工业主义以及乡村在工业化过程中的命运”等重要议题进行了深入讨论。吕新雨指出，过去工业的发展虽然带来了一定的城乡分离，然而社会主义国家却以政治的方式努力弥补城乡差距。改革开放以来，城乡断裂、工农联盟面临困境，如何从政治和经济的视角重新理解和解决这一问题，是研究者面临的极大挑战。今天，只有重申农村再组织化和合作社的道路，才能使乡村重获主体性，也才能使“人民至上”和工业主义获得历史性的完成。香港理工大学应用社会科学系教授潘毅认为，讨论“工业主义与国家”的关键不在于是否支持工业主义和工业化，而在于这场工业主义和工业化运动由谁主导。只有明确了“国家主体性”的基点，才能探讨国家主体性的发展空间和条件。

第二场圆桌会议聚焦于传播技术政治、国家的主体性和人民的主体性等主题。吕

新雨指出，厘清工业主义与国家主义、工业革命与资产阶级以及工业主义与社会主义的关系颇为关键。毛泽东时代完成了始于晚清洋务运动的近代工业主义诉求，这充分佐证了工业主义必须在人民主权的庇护下才能进行，工业主义的兴盛与国家的命运紧密相连的观点。然而也必须清醒意识到，资本主义全球化的过程是绑架国家的过程。在这一意义上，要重回人民主权的政治坐标原点。

丁耘指出，会议贯穿的核心议题之一是人民的政治主体性，那么，媒体在主体建构当中起到何种作用？在这一点上，会议召开可谓正逢其时，因为这些讨论不仅激发了人们重新从政治的角度思考媒体的出发点的热情，更凸显了批判传播学的重要力量：它引导人们严密辩证地思考、清醒独立地判断。

针对有关工业主义、国家主义和人民主体性的讨论，赵月枝回应道，其实，早在四十多年前，当代西方传播政治经济学奠基人、加拿大学者达拉斯·斯迈思（Dallas Smythe）在其极具影响的《自行车之后是什么？——技术的政治与意识形态属性》一文中就深刻反思了技术与政治的互构关系，以及由谁和什么样的政治主导中国的工业化和技术创新的问题。在结语中，赵月枝把讨论回归于批判传播学对思考当下重大理论和实践问题的重要意义和启示作用。她强调，只有将技术进步的逻辑历史化，以政治的、历史的宏阔视野重新理解技术进步和工业发展，中国才能走出一条可持续的生态社会主义之路。

作为中国传播学界第一个高举批判传播旗帜的学术年会，此次年会的最大亮点是将中国传播实践中的一系列重大议题放置于全球语境下进行深入剖析，从国际与国内、历史与当下、国家、市场和社会等多重维度建构中国媒体的政治坐标。

作者：黄　艾（中国传媒大学传播研究院博士研究生）
摘自：《新闻大学》2014年第6期

“中国传媒走向全球”国际学术论坛综述

随着中国对外传播进入“深耕细作”阶段，学界和业界对全球传播的思考和实践也更为丰富和多元。2014年9月2日至3日，由清华大学新闻与传播学院、清华大学伊斯雷尔·爱泼斯坦对外传播研究中心、英国威斯敏斯特大学中国传媒中心和中国新闻史学会外国新闻传播史研究委员会联合主办的“中国传媒走向全球”国际学术论坛在北京召开。本次论坛由清华大学新闻与传播学院副院长、教授史安斌和英国威斯敏斯特大学中国传媒中心主任、教授戴雨果共同发起并主持。来自国内外的60多位专家、学者汇聚一堂，把脉全球传媒业发展态势，为如何提升中国软实力和国际话语权，增强对外传播效果建言献策。

一、融合发展的新机遇

如今，国际传播环境发生深刻变化，传统媒体与新兴媒体的融合发展成为大势所趋。新媒体创造了一个全新的国际传播平台，为中国对外传播带来了新的机遇。媒体融合对全球传播格局产生了哪些影响？在新的媒介生态环境下如何开展对外传播？以上问题成为此次论坛的焦点议题。

全国人大教科文卫委员会主任委员、清华大学新闻与传播学院院长、教授柳斌杰在致辞中分析了中国传媒机构“走向全球”的必要性和紧迫性。他指出，一方面，中国经济的稳定增长带动了国家综合实力和国际地位不断上升，中国的话题进入国际舆论中心，正是中国新闻传播的发展期；另一方面，中国媒体的国际影响力和在国际舆论场的话语权仍然较为薄弱，与日渐强大的“硬实力”不相匹配。他系统阐述了近年来中国加强国际传播能力建设的总体构想和发展趋势，强调要用自由、平等、互动的互联网思维来促进媒体融合发展，改造话语体系，打造一批国际一流媒体，践行习近平总书记对外宣战线提出的“讲好中国故事，传播好中国声音”的要求。

国家新闻出版广电总局国际合作司副司长闫成胜就中国广播电视业加强国际传播的动因与效果发表了主旨演讲。他以中国广播电视在非洲的传播为例，从政治、经济、文化、技术等方面对传播动因、主要传播类型、传播效果和反馈进行了深入分析。他认为，中国的信息技术发展处于世界领先的位置，中国的广播电视设备性价比较高，中国的人力资源素质较高，这些都有利于中国媒体国际传播效果的提升。

《中国日报》副总编辑曲莹璞梳理了中国媒体政策变化的新趋势，分析了媒体融合的背景与发展现状，从理念融合、品牌融合、平台融合、用户融合、机构融合、资本融合六个方面阐释了融合发展态势。他说，国家政策为媒体融合发展提供了机遇，意味着更多的投入、更有力的政策支持、以及更多元的社会资本和海外投资。如今，国际受众了解中国信息的主要渠道是互联网，其次才是电视、报纸、广播、杂志和书籍。

来自国外的专家学者也十分关注中国新媒体的发展。瑞士圣加仑大学教授达里娅·伯格（Daria Berg）通过对微博、博客等案例的分析，探讨了新媒介生态环境下跨文化传播发生的变化，认为随着中国一跃成为新的超级大国，新一代的都市居民开始表达“后社会主义”社会和全球化、本土化并存的愿望与梦想。德国鲁尔大学的米兰娅·艾娜·保罗·诺古艾拉（Mireia Aina Paulo Noguera）和玛丽亚·埃丝特嘉（Maria Estherchia）分析了信息时代中国互联网的发展趋势，网民对社交媒体特别是微博的使用，Web2.0 对国际媒体的影响等。

二、“去西方化”：金砖国家的崛起

随着国际形势的发展变化，金砖国家国际地位逐渐提升，媒体全球化进程不断推进，“去西方化”、把握国际话语权的相关研究日益深入，国内外学者从不同的视角发表了最新的观点和研究成果。

英国威斯敏斯特大学教授达雅·屠苏（Daya Thussu）发表了题为“打破西方霸权？——金砖国家媒体的全球化”的主旨演讲，以中国、印度、巴西、俄罗斯、南非五国为例，阐释了金砖国家媒体的全球化发展态势。他提出，在打破欧洲中心主义、认可多元现代性、“中印一体”崛起、互联网“去美国化”、重新定义发展话语的过程中，金砖国家应加强媒体合作，为建立“国际信息传播秩序2.0版”共同努力。

中国是金砖国家的重要一员，中国文化产业的功能和角色也在不断丰富和完善。中国社会科学院新闻与传播研究所研究员姜飞说，中国政府推动传媒产业的创新与融合，媒体正在从单一的“喉舌”角色向文化、商业、专业和社会等多重角色转变。文化和传媒产业的战略应该在国家发展战略的框架下理解，在产业化、集团化、专业化等方面同步开展。中国媒体的发展依赖内部和外部因素的共同作用，内部因素指的是政府的支持，以及平衡媒体不同角色的能力；外部因素主要指全球媒介生态，媒体技术以及全球力量的转换和个人的赋权。

三、软实力的建设路径与问题

软实力是综合国力的重要组成部分，提升中国的综合国力和国际地位，离不开软实力的建设，而软实力的建设路径则有赖于国内、国际两方面因素的协调和共同作用。

中国传媒大学教授张毓强认为，软实力理论的提出是全球社会和国际关系发生深刻变化的结果，其内涵也在顺应时代变化和不同国家的实践做出调适。他提出，中国国家软实力建设呈现出以下特征：第一，国家和民族的自我认知和认同是软实力建设的前提；第二，基于中国的现实，国家软实力的诉求是内敛的，根本上不应具有强烈的进攻性；第三，国家软实力的建设路径应该处理好国内文化建设与对外解疑释惑的关系，做到表里如一；第四，软实力建设必须正面国内社会转型期、改革进入深水区的复杂社会现实；第五，软实力建设必须强化国家主席习近平所说的“三个自信”，即道路自信、理论自信、制度自信。他认为，软实力建设应该总体上服务于中华民族复兴的大业，服务于“和平崛起”的大局，而不仅仅“向外扩展吸引力以获得外交上的临时增益”。

英国威斯敏斯特大学教授温斯顿·马诺（Winston Mano）通过分析中国在津巴布韦的传播策略，探讨了中国软实力构建的有效性。津巴布韦及其他非洲国家所得到的来自中国的援助和投资远大于过去西方国家所给予的，中国对非洲媒体和文化的影响日渐深入。美国纽约大学教授邓肯·休伊特（Duncan Hewitt）对中国公共外交和媒体扩张的挑战与发展潜力进行了分析。他调查了西方学生对中央电视台美国分台及其他中国媒体英文版的反馈，讨论了中国媒体在赢得西方受众认可的过程中面临的几个重要挑战，强调了文化内容而非新闻内容的传播，还探讨了中国媒体能在多大程度上影响其他国际媒体对中国的报道。

香港城市大学的布鲁诺·拉沃里克（Bruno Lovric）分析了近 10 年中国电影的国际传播情况，评估了 20 部最成功影片的软实力潜力。他发现，大量流行影片倾向于强调战争主题，这暗示了中国是一个“传统导向”的国家，加深了西方认为中国是“自我东方主义”的“刻板印象”。英国林肯大学的宋林（Lin Song）重点关注中国的环境问题和环境报道，她通过田野调查发现，专业环境记者不仅要与国内环保部门和媒体人打交道，还要和外国记者打交道，环境记者的国际化发展是一个趋势。

四、重构中国叙事：全球传播的内容策略

在对外传播中，中国的媒体传递的内容与国际受众喜闻乐见的内容是否一致？如何“深耕细作”，使内容更具针对性？内容与渠道、平台如何匹配？中国人民大学新闻学院教授钟新基于对中外国际媒体发展模式与影响力的研究，提出中国媒体深化国际传播能力建设需要强化前瞻性战略思维以获得发展先机，需要强化精准化管理模式以提高产出效益。她认为，中国媒体的内容策略可能需要根据不同的媒体市场，实施以提升媒体竞争力、话语权为目标的更加精准化的策划与管理，而非粗放式经营。未来五年是中国媒体国际传播能力建设系统性升级的五年，应该找准工作抓手：第一，提高内容生产力，开放多样态产品；第二，发展本媒体的融合传播平台；第三，与世界各种传播平台合作，增加

覆盖和收益渠道；第四，以前瞻性战略思维加强深入研究与战略规划。

为了了解中国媒体向全球受众传播了什么内容，描绘了怎样的中国形象，德国歌德大学博士后福尔克·哈蒂格（Falk Hartig）对《中国日报·欧洲周刊》进行了个案研究。这份刊物创刊于2010年，在伦敦出版，提供32页来自中国的新闻和观点，面向30多个国家发行。哈蒂格用内容分析法对其头版进行分析，研究发现，欧洲版传递信息的主要目的是增进互相之间的理解；在所有话题中，中国与欧洲的经济关系被突出强调。英国威斯敏斯特大学的朴经纬（Jingwei Piao）比较了《经济学人》和《财经》两本杂志的叙事结构，探讨精英财经类杂志如何建构中国经济融入全球市场的报道框架。

大多数的国际传播研究集中于英语媒体，而香港城市大学的丹妮·马德里－莫拉莱斯（Dani Madrid-Morales）另辟蹊径，将关注的焦点置于西班牙语电视新闻领域，她对中央电视台西班牙语频道、今日俄罗斯和伊朗的西班牙语电视台进行了新闻内容的话语分析，认为比起后两者鲜明的“反美”修辞来，央视西班牙语频道的内容意识形态色彩更为淡化。

作者：刘　滢（清华大学新闻与传播学院博士研究生）

摘自：《现代传播》2014年第10期

第一届“政治传播与社会发展论坛”综述

2014年9月21日，由中国青年政治学院新闻传播学院政治传播研究中心联合中国社会科学院新闻与传播研究所世界传媒研究中心主办、《国际新闻界》等协办的首届“政治传播与社会发展论坛”在北京举行，这是国内首次举办的大型政治传播研究专题学术论坛。

在主题发言部分，中国青年政治学院陈生洛作了题为“国际关系学视域的国家形象研究”的发言。从国际关系学的视角对中美两国有关形象的研究进行了梳理，总结了几个比较重要的研究成果，如：《龙与鹰——中美关系的过去与现在》《美丽的帝国主义》《有限的对手：中美两国的相互形象》《中美长期对话》以及《中国对美国及美国人的态度》等。北京大学教授程曼丽题为“国际传播能力建设的协同性分析”的发言基于对俄罗斯、美国进入互联网时代之后的传播战略分析，指出中国在国际传播资源的整合管理方面还存在很大的提升空间，应加强中国媒体在国际传播中的协同性。当前“媒体融合”是战略布局，接下来的战术问题管理或科学管理问题尤显重要。香港浸会大学教授黄煜所作的“香港政治传播研究的历史与现状”主题发言系统地梳理了香港政治传播研究情况，从起步阶段的舆论导向、新闻的自由保障、公民权利以及政治传播领域的社会参与、政府管制等问题，到后来对意识形态和香港人的身份认同和国族认同问题，目前游行、抗议、传媒激荡、民意调查成为重要研究范畴。中国传媒大学教授荆学民题为“中国特色政治传播理论的基础、轴心与边界”的发言指出：中国特色政治传播的基础是中国特色的政治，轴心是中国共产党的政治宣传，边界是不能离开政治宣传这一环境的。荆学民认为，以政治性为基础的依赖媒介的专业化操作只是狭义的政治传播，而广义的政治传播应该包括政治宣传，政治宣传是政治传播的一种基本形态。香港城市大学教授李金铨题为“国际传播的国际化”的发言指出：目前的国际传播基本上是美国传播在概念上的延伸。研究者应该站在主体性的立场上思考问题，要将直觉放到经验中去理解它内在的理论、结构及意义，以达到从直觉到抽象的升华。中国人民大学教授喻国明作了题为“中国当下政治传播需要解决三个问题”的发言，喻国明指出，互联网真正意义上改造了社会新的结构方式，它对我们的社会资源、社会资本重新加以某种程度上的重复和聚合，而互联网对政治传播的改变则是一种政治逻辑、传播逻辑的改变，并提出了当下中国政治传播需要解决的三个问题：话语方式的转变，由追求价值到追求吸引力；要讲理性但更要讲感情，在互联网提供的合议空间中达到关系认同、情感认同；做事情要有基础性的、底线性的框架，讲自信但首先要讲公信。人民网祝华新题为“网络社群：政治引领与政治吸纳”的发言对主要依托于互联网产生的“新意见阶层”给予关照，认为要深入研究几大网络社群，如草根民粹、左翼网友、右翼网友、体制内网友。祝华新同时梳理了以博客论坛、微博微信为代表的网络舆论生态，认为今天以微博、微信为代表的网络舆论场，某种程度上使智力递减。同时呼吁在微博微信时代不要丢掉博客，用博客为微博疗毒。祝华新指出，新闻宣传、意识形态、社会管理领域的“新意见阶层”，是公共治理、国家治理的一个重要依靠力量，至少是统一战线，可以争取的同盟力量。

分论坛会议主要围绕以下八个主题展开：政治传播史研究、中国语境下的政治传播理论研究、政治传播基础理论研究、新媒体与舆论研究、政治传播与青年参与研究、媒介与政治研究、政策传播与公共治理研究、中国的对外政治传播研究。

中国政法大学侯松涛以抗美援朝运动相关史料为例，比较分析了中共新闻史研究史料资源，并提出要以辩证的历史思维与正确的研究方法将公开出版物、内部资料与原始档案资料、口述访谈资料等有机结合，从而消除史料间的矛盾性问题，找到打通各类史料的切入点。中国传媒大学白文刚基于对中国古代政治传播的分析，从不同维度解读对政治与传播关系的理解，包括政治合法性建构中的政治传播、政治文化传承中的政治传播、政治运行中的政治传播、天朝形象塑造中的政治传播。由此得出结论：从中国古代政治传播的实践来看，政治传播水平的高低、效果的优劣，归根到底是由政治决定的。

中国人民大学刘海龙对中国政治传播研究的问题与边界进行分析，认为政治传播研究富有张力，涉及传播研究与政治研究，可以从微观和宏观方面进行分析。中国传媒大学苏颖运用“国家与社会关系”分析范式，梳理了传统中国、新中国成立后中国及当前中国舆论领袖在政治传播中的特征，研究认为，舆论领袖的失灵是当前中国政治传播效果不佳的重要原因。

中国青年政治学院杜涛对经典传播理论——框架理论进行了再考察，对内地新闻传播领域中框架研究状况进行实证分析，重点分析其概念使用和研究方法上的差别。研究认为，国内框架研究中存在着分散化与同质化的趋势。

中国社会科学院黄楚新等对中国网络舆论监督发展态势进行了梳理，分析认为中国网络舆论监督呈现以下特点：舆论监督主体数量庞大但公共性不足、网络舆论监督平台极为多样但规范性不强、舆论监督过程具有实时性与交互性。南开大学季乃礼梳理了中外学界对“public opinion”“舆情”概念的界定，同时也对舆情能否成为一门独立的学科提出了自己的看法。研究认为在中国来说，公共舆论和舆情所探讨的基本是同一对象，他们解释的内容差别不大，两者可以混用，这样就很难建立起一门独立的学科。所以中国在发展舆情学的同时，可以保留西方公众舆论的解释，即公众舆论、舆情可以兼得。

中国青年政治学院陈彤旭分析了全国青年报刊系统的形成，研究认为，青年报刊作为党报的子系统、党的助手，接受党的直接领导，遵守党报的规则。中国之所以形成了这样的青年报刊系统，与受到前苏联共青团报刊传统的影响有关。中国青年政治学院卢家银运用中国社会综合调查（CGSS2010）数据，全面分析了互联网对中国青年政治参与的影响。

北京交通大学施惠玲从政治话语与意识形态的深层关系出发，认为在政治传播中，政治话语是区别于政治信息的、独立的、重要的传播内容。政治传播既传播政治信息，又传播政治话语。中国劳动关系学院吴麟以微博关注“@新生代农民工”、微信公众号“@新生代”，以及北京某社工机构主办发行的小报《DGD》为个案分析发现，另类媒体是“能动社会”建设的重要组成部分，有助于推动当前劳资关系的转型；但在现实“安抚性”国家－劳工关系中，以及政治、市场、自身的三重逻辑制约下，其作为空间和未来走势还有待观察。

中山大学张宁分析了影响外压型议题进入政策视野的因素，研究结果表明“政治时间”和“冲突现场”这两个要素的作用比较明显。复旦大学章平关注大众传媒参与政策过程需要什么样的条件，表现为什么样的特征，并将这一问题置于决策转型的背景中进行考察。研究认为，决策转型的核心特征是决策过程的开放性，大众传媒参与决策过程正是在这一基础上得以实现的。政治性质、政策条件、媒体作为三个要素的结合是实现这一过程的重要因素。

复旦大学沈国麟以日本政府“购买”钓鱼岛风波为例，对中国对外传播话语结构的“二次传播”效果进行了分析。研究认为，国际受众基本上是通过本国媒体来了解国际时事的。中国在钓鱼岛冲突中的对外传播话语结构和价值观念很难影响国际媒体，从而也难影响国际受众。中国南海研究协同创新中心吴志远从新媒体环境下政治传播研究的角度，对中国智库建设提出了对策和建议。

作者：晏齐宏（中国青年政治学院新闻传播学院硕士研究生）
张薇薇（中国青年政治学院新闻传播学院讲师）
摘自：《国际新闻界》2014 年第 10 期

中国社会科学论坛“第五届中国—北欧妇女与性别国际研讨会”综述

2014 年 9 月 22 日至 23 日，中国社会科学论坛“第五届中国—北欧妇女与性别国际研讨会”在北京举办。来自中国、瑞典、挪威、丹麦、芬兰、加拿大、澳大利亚、印度尼西亚、印度等国家的传播学和性别研究领域的100多位学者、研究生、民间妇女组织代表出席了会议。参会者围绕“性别与传播：信息传播技术的使用、再现、发声与赋权”的主题展开了对话和讨论。研讨会由中国社会科学院学部主席团主办，中国社会科学院新闻与传播研究所和瑞典隆德大学东南亚研究中心共同承办，丹麦哥本哈根大学北欧亚洲研究所和中国复旦大学北欧研究中心协办。

一、国际研讨会背景与概况

中国－北欧妇女与性别国际研讨会（Nordic-China Women and Gender Studies Conference Series）是由北欧亚洲研究所（丹麦）、瑞典马尔默大学、中国复旦大学北欧研究中心在2002年共同发起的一个国际性系列学术研讨会，并由中国和北欧的大学商议协调，每隔三年轮流举办一次。北欧国家包括瑞典、丹麦、芬兰、挪威和冰岛等五国，与中国学者一起探讨中国和北欧的性别平等议题。这个系列会议的目的是促进北欧与中国学者在性别与妇女研究方面的交流与对话。会议语言在境外为英语，在国内为中、英双语。

2002年第一届研讨会，在中国上海复旦大学举行，主题为公共与私人领域政治的再探讨；2005年第二届，在瑞典马尔默大学举行，主题为中国和北欧国家中的社会性别与妇女权利；2008年第三届，在中国昆明云南大学举行，主题为在全球与本土交界处的社会性别——中国和北欧国家的视角；2011年第四届，在丹麦Aalborg大学举行，主题为全球化背景下的性别理论的旅行。

此次会议为第五届国际研讨会，不仅聚焦于“性别与传播”，还从全球南方视角探讨性别知识生产及实践，反省性别知识及其实践的种族、阶级等议题，并强调地方女性、基层妇女组织如何作为行动者来推动性别平等。中国社会科学院副院长蔡昉和中国妇女研究会副会长、国家新闻出版广电总局纪检组长李秋芳应邀出席了开幕式并讲话。

作为资深的性别研究者，李秋芳说：“我们国家的党和政府一直重视妇女研究，马克思主义妇女观（简称‘马妇观’）成为中国妇女研究的指导思想。改革开放以后，中国妇女研究直面各种问题与挑战，在妇女史、妇女就业、妇女健康、妇女减贫等领域成就卓著。特别是1995年联合国第四次世界妇女大会以来，作为主办国，中国政府承诺并积极执行《北京行动纲领》。《北京行动纲领》的十二个关键领域之一是‘大众传媒’，这促进了妇女和性别研究者特别关注在信息时代，特别是新媒体时代，媒介和新技术对促进性别平等的影响。”

蔡昉在开幕致辞中说：“此次论坛汇集性别与传播研究的各方力量，共同探讨在全球化、新媒体普及的背景下，传播如何作为促进性别平等的力量发挥其重要作用。”蔡昉特别指出，做研究强调“中国特色”，意在发掘那些来自于中国基层的经验，建设基于中国实地经验的理论。

二、南方视角中的性别理论知识生产及其妇女运动的实践

来自澳大利亚悉尼大学教授康奈尔（Raewyn Connell）应邀做了“从南方到北方：思考性别、传播与全球权力”的演讲，聚焦全球权力架构下的性别知识的生产与传播。她向与会者展示了一张全球知识发表比例的图片，指出了不仅是性别知识，而是几乎全部知识的生产与传播都表现了西方（或北美）中心主义的特征。通过西方（或北美）生产知识或理论，然后将其作为科学知识输入到其他国家。其他

国家可能在这个架构下产生大量的数据和案例，充填来自西方或北美地区的理论或为其提供证据。关于性别知识生产与传播也面临着同样处境。为抵抗这种处境，康奈尔向同行展示了她如何在全球南方发掘关于性别的知识和理论，包括拉美、非洲、南亚，甚至包括中国。

南方理论并不仅仅代表着产生于全球南方的理论，更是以主体身份，从南方视角来考察南方和北方的性别议题。从南方视角来看，在当今被全球化的时代，跨国公司一般表现了“极具霸权性质的男性气质”，在跨国公司所主导的“世界工厂”中做工的女性，无论是中国还是墨西哥，都处于被压迫的位置。所以，研究者可能面临的不仅仅是性别问题。康奈尔的演讲极大地启发了参会者，使大家更关注殖民主义对知识框架发展的影响，并学习反思自己如何被置于“他者”的地位，以及如何能重新获得主体性。

第二位主旨发言人苏娜拉·托巴尼(Sunera Thobani)，是来自加拿大英属哥伦比亚大学性别、种族、性存在与社会正义研究所的教授，她演讲的题目是“性别、传播与反恐战争”。她从南方视角出发，通过大量的文本分析，探讨西方的自由主义的女权者们如何阐述她们自己与主流建构中有关“西方”和其伊斯兰“他者”之间的关系，说明她们正在支持“西方”对伊斯兰“他者”的霸权建构。她提出要从另外的视角来倾听有别于西方视角的穆斯林妇女的声音。托巴尼的观点非常鲜明，要形成一个反对帝国主义和反对种族主义的联合战线，并在全球秩序中从南方视角进行女权主义的分析。加拿大教授、中国传媒大学长江学者赵月枝评价说，托巴尼的研究给同行重要的启示之一是在性别研究中考虑种族问题。这就超越了本质主义的二元对立，将男人女人放在全球政治经济结构中来考察，看这种结构如何通过建构种族和性别问题来形成关于战争的意识形态以及全球政治格局，挑战了女权主义研究的界限。

第三位主旨发言人是蔡一平，《中国妇女报》原记者、全国妇联妇女研究所国际部研究员，现为第三世界女权主义网络“新世纪妇女发展选择”(Development Alternatives with Women for a New Era, DAWN)执委会委员。她的演讲集中于性别、传播与发展。其焦点是：(1)从女权主义的观点如何看待发展？(2)在发展进程中，女权主义者如何认识和利用传播技术。蔡一平认为，在关于可持续发展的讨论中，女权主义者和女权倡导者一直在试图重新定义“发展”的概念，目前，民间社会和社会运动进一步发展了“发展正义”的框架，促进社会转型，旨在减少财富和权力的不平等，不同国家之间、不同社会群体之间以及男女之间的不平等。关于媒介与传播，蔡一平认为，大多数媒介机构没有成为公共资源以用来实现性别平等。特别是大型媒体公司控制了信息流，创造了从发达国家向发展中国家的单向传播，严重地影响着世界舆论，在似乎更加开放自由的网络空间，仍然存在着针对妇女的电子暴力(eVAW)。同时，新的信息和通信技术的发展也造成了社会不断分化，形成了信息鸿沟。最后，蔡一平总结说，在具体工作中，最有效的可能是基于当地条件的融合媒介策略。

三、“社会主义的遗产”——中国“在地经验”研究

通常媒介与性别研究集中于“再现”议题、女权行动者的倡导经验总结或是对媒介受众的调查，很少有基层工人、农民如何组织起来通过传播促进性别平等的研究。为此，会议特别邀请了两位来自民间妇女组织的嘉宾与会，分享她们的传播倡导“在地经验”。

第一位发言者高小贤来自陕西妇女理论婚姻家庭研究会，她是地方妇女 NGO 的创办者和组织者，亦是农村妇女工作的资深专家。她的发言题目为“当代中国性别平等运动中的传播策略——陕西妇女研究会推动农村妇女参选参政案例”。旨在使妇女进入村委会的比例在原先的基础上增加 10 个百分点，减少性别不公平现象。根据调研，项目实施者有计划地采用了地方戏、宣传画、标语、村板报、电视等传播媒介，改变对农村妇女的刻板印象，推动农村妇女参选村委会主任和委员。全县每当选出一个女村主任，县妇联就为其披红挂花，当地电视台通过字幕向全县宣布。高小贤将这种最适宜、最能参与的媒介且有效服务于妇女运动的媒介看作是“社会主义的遗产”。她说明，这特别像 20 世纪 50 年代的妇女解放运动的工作方法，传统的传播与社会动员方式在今天农村仍然适用，即群众大会可能比高新技术更能够发挥社会动员的作用；但同时，这种动员又留下了 20 世纪末国际女权运动的痕迹，如“社会性别”“基层治理”“妇女赋权”“自下而上”“NGO”等话语与“社会主义遗产”相结合，形成了当代中国性别平等传播运动的特征。

第二位发言人丁丽是深圳工业区一个女工组织的负责人。她 14 岁从农村出来打工，18 岁加入一个基层工人组织，开始在女工中做传播倡导工作。长期以来，中国大陆的“三八国际妇女节”似乎是慰问妇女日、妇女商品促销日、妇女茶话会日、免费发放洗衣粉、被套、购物卡的“福利日”，而与“权利”渐行渐远。丁丽则在“三八”妇女节邀请女工和男工，一起回顾“三八”妇女节的起源和妇女解放的历程，讨论自己的工厂生活与家庭生活，开展评选“最牛女工”的活动、进行社会性别培训以及相关的文艺活动，彰显劳动妇女的权利。她将“三八”节视为一个让社会聚焦性别平等、评估不同人群权利实现状况和呼吁社会变革的时机，使“三八”节重新具有权利的意义。

来自汕头大学妇女研究中心的秦楠介绍了为女村官举办的“APPs 与妇女学习”的项目。试图通过为女村官配备装有专属软件的平板电脑、手机和 DV 机，动员高校师生与女村官一起发展信息内容，更自主地获得资讯，拓宽自助学习渠道以及加强女村官之间的互助和互动。中心一方面组织大学生深入农村去发展妇女需要的信息，另一方面邀请女村官进入大学短期学习。

四、传播的性别——中国 - 北欧研究交流

此次会议分为如下单元进行了广泛交流。

1. 性别认同、性别教育与媒介赋权。如高胤丰（中国传媒大学新闻传播学部）的《网络美剧同志再现及他者认同——基于北京地区青少年网剧受众的质性研究》；张智慧（华东师范大学博士研究生）的《“白丝带”男性热线研究》；韦婷婷（北京纪安德咨询中心）的《从女同性恋的角度回顾联合国第四次世界妇女大会》等。

2. 媒介再现与媒介批评。媒介再现的媒介不仅包括电视、报纸，也包括通用公共信息符号、跨国公司微电影广告、舞台剧照等。

3. 性别与新媒体空间。这一组论文其实是将媒介再现的讨论延伸到新媒介上。如来自印度尼西亚的帕比·法布丽安娜（Poppy Febriana），讨论了网上新闻中的政治报道如何边缘化妇女；香港中文大学的曲舒文讨论了豆瓣独立音乐与性别政治的议题；丹麦哥本哈根大学的希达·罗姆·克里斯蒂安（Hilda Roemer Christensen）以欧洲年为例探讨视觉政治等。全国妇联妇女研究所副所长、中华女子学院教授刘伯红发表了《从网民对退休政策的讨论看大众传媒中性别平等观念的缺失和男性

中心文化的主宰》的演讲，说明在新媒体空间，中国女性正面临着逐渐丧失1949年以来的“男女平等”的主流意识形态的挑战。

4. 媒介化的生活——妇女与儿童。如瑞典隆德大学安妮卡·匹新（Annika Pissin）讨论中文妈咪博客，瑞典索德脱恩大学迈克尔·福斯曼（Michael Forsman）则讨论儿童自拍的性别问题；中山大学游伟荪的题目是《“想象的爱情”——珠三角打工妹外出务工动机研究》；印度的苏丽·德威（Sulih Indra Dewi）则聚焦于妇女的身体、舞蹈和政治；来自湖北民族学院文学与传媒学院的宋艳丽宣读了论文《少数民族地区农村留守妇女健康传播策略研究——基于恩施土家族苗族自治州的实证分析》。

此次会议专门讨论传播理论、讨论行动策略的研究不多。涉及性别政治与传播理论的主要有丹麦学者汪琦的《性别与政治传播学：转型社会中的中国女权主义》、芬兰博士研究生刘新的《从可理解性到可感触的介入性：论新唯物女性主义传播理论》。关于行动策略的论文有吕频与庞明慧的《超越僵局，通过介入制造改变——女权主义传播倡导策略探讨》等。

特别值得提出的是，主旨发言人之一，来自瑞典古滕堡大学新闻、媒介与传播系的莫妮卡·德福－皮埃尔（Monika Djerf-Pierre）讨论了新闻界，包括记者性别与报道内容的关系以及全球媒介监测运动。这个议题首先在开幕式上由中国社会科学院新闻与传播研究所所长唐绪军提起，即“女记者可以问傻问题”，引起了与会者、特别是与会记者的讨论。

五、小结

为期两天的会议聚集了上百位参与者热烈讨论媒介与性别的议题。无论在北欧还是在中国，对媒介与性别研究者来说，都被打开了一个有助于进行研究反思的新视野。正如桑德拉·哈丁（Sandra Harding）所说，女权主义研究之所以是女权主义研究，其第一特征就是要发掘妇女经验作为研究问题或知识的来源。在这个意义上，“走基层”正是性别与媒介研究的起点。建立在这个起点上的研究，未来才有可能发展为具有学术意义的理论，并逐渐形成学人的学术主体性。

作者：卜　卫（中国社会科学院新闻与传播研究所研究员）
摘自：《新闻与传播研究》2014年增刊

第十二届中国传播学大会综述

2014年10月27日，第十二届中国传播学大会在北京召开。本次传播学大会以“传播与变革：新媒体　现代化”为主题，由中国新闻文化促进会传播学分会和中国社会科学院新闻与传播研究所联合举办。全国政协委员、中国新闻文化促进会会长李东东，中国社会科学院秘书长、党组成员高翔出席大会并致辞。来自全国新闻传播研究机构、高校新闻传播院系以及媒体单位的200余人参加了会议。中国社会科学院新闻与传播研究所党委书记、副所长赵天晓主持了大会开幕式。大会的前一天，中国新闻文化促进会传播学分会举行了第三届第一次代表会议，改选了组织机构、修订了学会章程。中国社会科学院新闻与传播研究所所长、研究员唐绪军就任分会会长，中国社会科学院新闻与传播研究所传播学研究室主任、研究员姜飞就任分会秘书长。

一、大会概况及特点

大会由开幕式、主题发言和5个分论坛组成。5个分论坛分别是："新媒体与传播""传播与社会""传播与文化""中国人际传播论坛"和"新闻传播思想史论坛"。总体来看，此次传播学大会呈现出以下三个特点。

第一，百人论道，形散神聚。传播学引进中国迄今30余年，传播学者队伍越来越壮大，研究视角愈来愈开阔，方法范式也更加与国际接轨。在本次大会上，近百人登台亮相，各抒己见，畅所欲言。讨论的内容十分广泛，既有传统的传播学理论、方法议题，也有新媒体语境下传播学之变化发展议题。但各个论坛、各种议题，无不围绕着"传播与变革：新媒体现代化"的主题展开，无不折射出对新语境下传播学发展的思考与探索。

第二，推举佳作，撷取精华。随着传播学科的日益成熟，学术成果也越来越多，数量的增长当然代表了学科的欣欣向上之势，但质量的提升也是学科地位及影响力的关键。本次传播学大会宣布了由中国社会科学院新闻与传播研究所学术委员会主持的"第二届（2013年度）全国新闻传播学优秀论文"遴选结果。《"解放"与"翻身"：政治话语的传播与观念的形成》等10篇学术论文和《叙述的陷阱——以复旦大学学生中毒案的两篇报道为例》等5篇业务论文入选。这些优秀论文是从中国大陆地区53种核心期刊中的8700多篇学术论文中遴选出来的，代表着中国新闻传播学研究的最新成就。

第三，凝聚智慧，携手共进。传播学的发展不仅需要诸多专家学者的个人努力，通过社团的组织协调，推动中国传播学的整体发展更加重要。中国传播学会成立八年来一直致力于团结全国传播学界同仁，不断探索通过大会、论坛、学术专业委员会等形式加强交流，推进学科的发展。参加本次大会的，既有引介传播学进入中国的老一代传播学者，也有在传播学本土化进程中作出贡献的中年传播学者，更有一大批思想活跃朝气蓬勃的青年学者。老中青三代传播学者汇聚一堂，总结传播学发展历程，讨论发展现状，展望发展前景，努力形成共识。正如全国政协委员、中国新闻文化促进会会长李东东在大会致辞时所说，"中国传播学会已经成为联系全国新闻与传播研究院所、教学单位、各类传媒机构及其专家学者的纽带，是开展新闻传播学术交流与合作的重要组织者"。

二、学术讨论和争鸣

大会的主题发言及5个分论坛集中体现出三个核心命题，一是新媒体对传播学研究的影响，二是中国社会变革给予传播学的机遇，三是对传播学科发展的回顾和展望。在整个传播学大会进程中，既有学术成果的推介共享，也有良师益友的交流互动，还有老中青三代学者共聚一堂的思想砥砺。

清华大学教授崔保国在"传播学研究的新起点——以传媒研究为中心的传播学"主题发言中认为，中国的传播学徘徊了30年，其间没有重大的成果、突破和创新，也没有出现大师。但30年间传媒业却发生了翻天覆地的变化，传播学没有能够指导和预测传媒发展的方向。美国的传播学同样徘徊了30年，在自己的圈子里自娱自乐，已经逐渐被主流社会和学界边缘化。如今传媒已经渗透到社会的方方面面，因此传播学应该成为显学。他提出，传媒研究应该成为传播学研究的中心和重点，应该追踪传媒产业的结构性变化，进行哲学和理性的反思。崔保国认为，当前传媒研究存在的问题是研究方法过于简单，研究成果要么太虚化不接地气，要么太实用，好像是工作报告，这两种状况都不是传媒研究的方向和未来。因此，他提出了四态的分析框架，即从媒介形态、媒体业态、传媒生态和传媒势态四个角度开展传媒研究。

中国传媒大学教授沈浩在“数据新闻——大数据时代的可视化传播与应用”的发言中认为，到今天为止，大数据已经上升到国家战略层面，对社会、新闻传播产生了重大影响，特别是大数据和新闻融合产生了数据新闻。大数据对学术研究的影响在于，传统的新闻传播秉承的实证研究，是一种自上而下的研究方法，大数据则是自下而上地从海量的数据中寻找隐藏在数据中的模式、趋势和相关性。同时，当大众传播转化成人际传播，并且通过人际传播发酵的时候，大数据可以让传播学研究变得越来越科学，更多地用技术因素去识别和推动它。

人民网舆情监测室秘书长祝华新在“网络舆论场的生态治理”的发言中，针对互联网治理提出了6项建议：一是依法治网，更好地发挥法治的引领和规范作用，既要规范网友的表达，又要规范公权力的使用；二是为互联网减压导流，主要从克服网络表演化倾向、引导话题均衡分布、找到制度接口等方面入手；三是用互联网思维治网，发动多元主体，重视网络信息自净机制和意见制衡机制的作用；四是在网络舆论压力越来越大的情况下，利用传统媒体的新闻专业精神和公信力，对冲自媒体的舆论偏差；五是开放搞活文化市场，用通俗文化释放社会压力；六是加厚网络文化土层，让互联网从亚文化平台走向主流文化平台。

三位专家的大会主题发言引起了广泛议论。这种交流和争鸣同样体现在5个分论坛中，参会发言的传播学人贡献了各自的精彩观点。

（一）新媒体与传播研究

互联网和手机新媒体的发展，给各个社会科学研究领域都带来了新的研究问题，对传播学而言，新媒体传播研究更是题中应有之义。如何在诸多学科都涉足的新媒体研究中凸显传播学的特点及优势，是很多传播学人一直思考的问题。

从本次大会的新媒体传播研究论文看，一些学者对当前政府、社会关注的焦点问题作了学理研究。比如暨南大学副教授曾凡斌在《互联网使用对群体性事件的影响》中提出，在群体性事件中互联网究竟是社会稳定的安全阀还是“高压锅”，很大程度取决于国内传统媒体的报道。他选择厦门PX事件、瓮安事件、乌坎事件等案例进行分析，比较了互联网使用在信息传播、组织动员和再框架化等对不同群体性事件的影响，认为互联网使用对于群体性事件的影响受制于该事件的性质和政府的态度，以及公民利用互联网的程度和特点。

北京师范大学博士藤依舒在《社会化媒体中公共危机事件的传播动力研究——以昆明暴力恐怖袭击案为例》中认为，在公共危机事件的信息演化过程中，社会化媒体已经成为社会公众搜索信息、分享信息、传播信息、交换意见以及表达情绪的重要交流平台。在这种传播语境下，从行动者的个体层面研究用户的行为动机及表现特性，从信息层面探究集体意见集合的发生过程与公共危机事件的演化机理，具有重要现实意义。

南昌大学副教授王卫明、张曼的《微博谣言的识别与应对》，中南民族大学副教授郝永华、聂茜的《热点段子的衍生与负面舆情——基于30个案例的内容分析》，湖北日报大数据中心傅文仁的《政务微博的话语选择与风险管理——以@平安荆州“投票门”为例》等文章均在一些热点事件和案例的基础上进行了传播学视角分析。

2014年8月，中央深化改革领导小组通过了《关于推动传统媒体和新兴媒体融合发展的指导意见》。面对传统媒体和新兴媒体融合趋势的加剧，有关的传播学研究成果也在本次会议上得以体现。一种是对传统传播学理论在新媒体环境下的发展研究，如陕西科技大学教授田龙过、唐宁的《基于智能手机为移动终端的陕西省西安市农村交往方式研究——以陕西省西安市临潼区穆寨乡南坡村为例》，中国科学技术大学王国燕、韩飞飞的《编码解码视角下数据可视化的传播效果研究》，武汉纺织大学副教授周辉、杨雪平的《不同类型名人微博的传播方式及影响力比较研究——以新浪名人微博的个例分析数据为例》等。

一种是对传统媒体业在新媒体环境下的发展研究。如河北大学研究员杨壮振的《舆论场与产业革命：传统媒体与新兴媒体融合的知与行》，北京电视台主任编辑于烜的《大视频环境下传统广电内容生产的转向》，浙江工商大学副教授周志平的《媒介融合背景下广电媒体的发展》等。

在新媒体传播论坛的互动交流中，清华大学教授熊澄宇认为，学者在论文中体现出来的批判性思维非常重要，当前新媒体传播研究的选题很多，但如何从对事件、现象的研究中发现规律，避免把论文做成文献综述或只是证明了既存的一个理论，是研究是否具有创新性的标准之一。中国互联网实验室董事长方兴东认为，很多新媒体传播研究的论文都关注到了技术变革对社会事件、网络空间研究的意义，在研究方法上越来越完善，但如何拓展论文研究的学理深度，并能对社会现实产生切实的影响，还需要进一步深入思考。

（二）传播与社会发展研究

在传播与社会发展论坛中，有几个方向的研究议题相对集中。一是对农民工群体、留守儿童以及女性群体的研究，二是对部分国家及地区的媒体发展政策研究，三是对媒介话语及权力的研究。

汕头大学教授陈岳芬和马宇凡的《“农民工讨薪”的媒介呈现及其意义建构》，运用内容分析和话语分析的方法，对百度新闻在2011年至2013年四年间关于“农民工讨薪”的报道文本进行量化分析，探讨了媒介对这一社会现象的建构方式，认为媒介通过将冲突议题转化为政绩议题和戏剧议题，达到淡化社会矛盾的目的。中国社会科学院研究生院博士研究生曹昂在《西方关注女性群体的健康传播研究的理论综述》中，通过对2009年到2013年间《健康传播》杂志上关注女性群体健康的40篇文章进行分析，归纳总结出近年来较多被使用的四种理论，即生物医疗范式、新公共健康范式、范式过度空间中的理论和媒介内容研究理论。

另外两位中国社会科学院研究生院的博士研究生田颂云、王晓艳分别提交了论文《留守儿童题材纪录片新媒体传播策略》和《留守儿童与媒介研究综述》。前者主要从留守儿童题材纪录片的视角出发，探讨了留守儿童题材纪录片新媒体传播的五个策略，即众筹模式、跨屏传播、社交媒体助推、线上线下互动和参与式传播。后者对2004年至2014年十年间的留守儿童与媒介研究进行了分析，指出目前对留守儿童与媒介的研究主要集中在媒介对留守儿童的影响（包括电视、互联网等）、留守儿童的媒介素养研究、媒介再现以及媒介权利方面，并认为以后应加强留守儿童的媒介权利研究。

上海政法学院教授戴元光认为，无论是妇女儿童研究还是农民工群体研究，都是中国媒介与社会发展研究中的重要议题，一方面学人们要持续关注部分社会群体，比如社会基层群体，另一方面在研究中要注意资料覆盖面和问题意识的进一步细化。

对不同国家和地区媒介政策的研究也是近年来传播学领域中的一个方向，这对于中国在信息社会中的媒体发展及政策有启示价值。广西玉林师范学院副教授张文锋的《英国广告规制：去中心化视角下的规制实践及启示》，以英国广告规制中的自我规制与共同规制运行为分析对象，揭示了媒介融合、产业融合这一环境下的传媒规制趋势。南京农业大学张敏在《欧盟媒体未成年人保护的联合规制及启示》中对欧盟引入的联合规制制度，即国家规制与媒体自律的共同运作进行了探讨。中央民族大学陶丽对中国台湾地区的通讯传播管理模式进行了研究，指出了其借鉴意义。

中国传媒大学教授曾庆香、研究生王超慧在《众筹新闻：变革新闻生产的权力结构》中，从新闻生产权力结构视角出发，结合众筹新闻生产过程、成功案例，对政治权力、经济权力、受众控制以及新闻生产组织内权力变革等作了探讨。西南政法大学教授贺建平、研究生王永芬等的《“重庆大轰炸”集体记忆的话语分析》和中国人民大学博士研究生张洋的《污名化：“城管”的媒介话语建构》等则从实证分析出发对媒介话语问题进行了探讨。

（三）人际传播研究

随着互联网和移动手机及社交新媒体的兴盛与发展，中国人际传播研究迎来新的发展机遇期。新媒介对虚拟与现实中人的交往关系的影响、互联网上的关系交往类型、网络关系行为的优点与风险评估、网络上的互动效果研究等，成为人际传播研究的焦点问题。本次人际传播论坛已经是第三届。此前由中国社会科学院新闻与传播研究所和南京大学新闻与传播学院召集，联合香港浸会大学、上海大学、复旦大学等高校，发起并举办过两届人际传播论坛。本次论坛主题紧紧围绕中国社会转型期和新媒介环境下的中国社会人际关系交往和传播问题，同时探讨了人际传播研究的理论、方法与方向等。

南京大学教授翟学伟一直致力于跳出西方社会科学理论体系和研究方法的框架，扎根于中国人的社会生活，研究中国人的社会结构、社会心理与行为方式。翟学伟在论坛上的主题发言，基于其多年来的主要研究对象——“关系”，围绕“中国人的社会信任模式”，通过对中国传统的“五伦”进行分类研究，提出了与西方社会二元对立的普遍信任——特殊信任模式不同渐进式信任模式。他认为，中国人对待信任存在着“放心关系——信任关系——无信任可言”的渐进式信任模式。

复旦大学副教授胡春阳通过中国和美国的比较，阐述了在社会转型期的中国进行人际传播研究的重要性，以及基于本土化探索的理论建构与研究方法。由于现代价值和传统价值交织在中国人的社会生活中，因而造成了许多现实问题和人际关系的困境，例如夫妻关系、亲子关系等，都需要解决却找不到途径。她提出，中国的人际传播学者，可以效法西方相关领域的研究主题，在关注宏观的社会和谐等问题时，更多地着眼于普通人的人际关系研究，着眼于中国人际传播的话语特点和冲突解决模式。

上海大学沈荟则采用定量研究的方法，以“新媒体”和“人际传播”为关键词，对国际上三大传播学期刊，即 *Journalism & Communication Quarterly*, *Journal of Broadcasting and Electronic Media* 和 *Journal of Communication*，进行了2000年以来的文章检索和内容分析，从议题选择、理论选择和方法选择三个方面分析了人际传播领域研究的发展变化。她认为，人际传播研究必须立足于研究者和研究对象所处的历史和社会语境才能有所成就。

四川大学副教授张放认为，人际传播效果研究应用性的不足是其研究价值的固有缺陷，但“媒介化类人际传播”的出现，一定程度上弥补了这一缺陷。其特征为：第一，依赖于传播媒介而存在；第二，传播参与者至少有一方是借助传播媒介呈现的虚拟人；第三，互动过程与机制与人际传播高度类似。

新媒体发展对人际传播的影响在学理层面同样不可忽视，传播环境、载体、对象的变化对既有的概念、理论提出了挑战。很多研究者已经开始从很细微的视角入手来分析新媒体时代的人际传播变化，试图进行概念和理论建构。

上海交通大学副教授李晓静在《成长的仪式：对微信相册自我呈现的文化解读》中，实证剖析了“微信相册”如何让年轻人以视觉叙述的方式建立亲密关系和同伴文化，塑造自我的社会身份认同，并以此维护成长的仪式。暨南大学晏青在《媒介礼仪：社交媒体时代的新议题》中对社交媒体时代的礼仪特征如技术性、符号性、比特化、娱乐化进行了分析。此外，《“拟社会互动”与科学传播——以新浪微博“@月球车玉兔”为例》《移动新媒体的传播心理学意义解读——以手机分享平台“微视”为例》等论文也均从不同角度关注了新媒体语境下的人际传播问题。

（四）新闻传播思想史研究

美国传播学在学科诞生之初及后来发展中的影响，决定了其在传播思想史中的重要地位。尤其是对不同传播学派观点的探讨和研究，对于从根源上追溯传播学发展的源流，具有重要的学术价值。参与本论坛的专家学者对什么是新闻传播思想史以及如何界定相关的概念、确立研究方法等问题进行了讨论和互动。

中国人民大学副教授刘海龙介绍了传播思想史的两条路径——观念史和思想史，并阐述了中国传播思想史研究的三阶段：客观式解读、语境化解读和知识社会学批判。他认为，当前传播思想史的研究中理论与方法的探讨较少，反而充斥着大量争夺学术资本与地位的话语以及亟需解构的宏大叙事。他在《连续与断裂：帕克与传播研究芝加哥学派神话》中提出，在传播思想史的叙事中，连续与断裂始终相伴而生，前者意味着传统与学派的形成，后者意味着范式革命。如何处理二者的关系是思想史研究中的难点。他以帕克在芝加哥学派中的尴尬地位为例，论证现有传播学史的连续性叙事是如何掩盖其中的断裂的，同时呼吁重视被忽略的帕克理论中的另一些重要的部分，尤其是从知识的角度理解传播的贡献。

上海外国语大学副教授张军芳在《公众与交流：杜威的传播观念》中，辨析了杜威传播观的脉络、内涵与意义，认为杜威的传播观与美国民主问题息息相关，他复兴了自由主义理念的古典传统，强调具有民主权利的个体与实行民主理念的群体制度的同步性。在此基础上他提出了“杜威传播观的政治意蕴”，论证了杜威传播观的现实遭遇和对当代研究的意义。

西南政法大学教授柯泽在《美国传播学研究的传统以及启示》中认为，美国传播学研究中贯穿着自由主义、实用主义以及社会心理学三大传统，其基本价值取向是自由主义。中国传播学理论建设的根本出路在于本土化，它应该也能够从美国传播学发展中获得借鉴，能否将现代性的诸多元素灌注于中国本土传播学理论建设之中至关重要。

对于中国引入传播学后的思想历程，借传播学已经发展30余年之机，不仅有很多对于欧美传播学思想和流派的借鉴，还有更多的反思和探讨在逐渐展开，包括概念、理论、范式、方法等。

南京大学博士研究生吴志远在《试论主体主义哲学传统对传播学研究方法的影响》中认为，以主客二元对立为基本特征的主体主义哲学作为西方最重要的哲学传统，深深影响到近代社会科学的范式建构。作者通过考察主体主义哲学两大基本传统——理性主义与科学主义，思考它们对传播学研究方法及其学科领域的影响，并检视批判当前传播学研究方法中存在的科学主义本质。

四川外国语大学副教授王金礼在《传播的理论与理论的传播：传播学史研究及其知识社会学方法论略》中认为，以学科神话史作为学科的标准史是传播学与其他社会科学乃至自然科学学科史书写的一般通则，但在现代知识理念的颠覆性影响之下，传播学史不得不步其他社会科学之后尘而面临着撰写学科新历史的任务。传播学的新历史不仅是对既往传播思想史、传播研究史的事实发掘，更具有创新传播思想、开拓传播研究新路径的现实功能。

南京大学陈如歌在《中国语境下传播学研究范式二元对立溯因》中提出，以美国为代表的经验学派和以欧洲为代表的批判学派没有批判经验二元对立之说，之所以在中国出现这种学术景观，是因为学界对西方学派的主观认识以及社会转型期的环境所致。他认为，这种传播研究范式的二元对立是学科建制的需要，更进一步用反对西方话语霸权的姿态与西方理论结合，把中国的传播学理论变成了悬置的概念性空壳。

（五）传播与文化研究

跨文化传播是本次传播与文化研究论坛的主题之一。中国社会科学院研究员姜飞在《“软实力”概念的跨文化语义分析》中提出，因对话各方知识储备和哲学视角的不同，对于 soft power 的理解处在不同的层面上，以至于对其概念的“确切涵义”没有形成共识，争论由此产生。他通过对 soft power 进行考证和语义分析，试图在跨文化的视角下推进对这个概念的清晰把握和恰切运用。

武汉大学博士研究生徐迪在《数字媒介环境中全球化视域下的跨文化传播阐释》中，立足于以沟通的视角，来阐释数字媒介环境中跨文化传播的现象，试图解答在多元文化共存的社会中，在尊重文化多样性的同时，如何在沟通中应对不同形式的传播需求，并由此探讨延伸出的多元文化身份标识的形塑，即一个混合多元文化社会形成和建构的基础。

中国传媒大学博士研究生张为在《网络跨文化交流对文化中心主义的影响研究》中，选取了美国西海岸一所私立学校的 202 名大学生作为样本进行问卷调查。研究发现，被访者倾向于使用互联网进行跨文化沟通交流。据此，他认为，面对文化中心主义带来的负面影响，网络跨文化交流有可能成为缓解文化冲突、促进文明对话的关键角色。

随着中国国力的增长及国际话语权的增强，中国的国家形象建构越来越重要，而如何把握新媒体环境下的传播规律，适应不断变化的国际环境也成为传播学研究的重要方向。北京体育大学副教授陆虹、研究生邹昀瑾在《国家形象建构视野下的贴近性传播策略》中，以央视纪录频道最新纪录片《舌尖上的中国》第二季为例，从传播学视角出发，在分析其贴近性传播特征及策略的基础上，探究纪录片如何利用人文关怀等贴近性传播元素构建国家形象。

英国谢菲尔德大学博士研究生徐天博在《社交媒体语境下的国家形象展示》中，以英国首相大卫·卡梅隆的社交媒体账号为案例，运用内容分析法的实证调查，对其传播特点进行研究。对较早提出“政治市场”概念的欧美国家，如何结合社交网络的特点进行国家形象展示作了探讨。

南开大学刘忠波在《近年来涉华纪录片的西方叙事与中国形象阐释权问题》中认为，西方话语主导下的国际舆论环境，话语资源权力不对称，使得中国形象的自我塑造始终摆脱不掉西方话语的阴影。以美国媒体为代表的西方涉华纪录片塑造了一个年轻的、急速发展的，同时又充满了各种矛盾和阵痛的中国形象。中国形象一直试图破除西方意识形态操控下的单向流动，在跨文化传播中解决西方压制性的权力控制，寻求对话性话语空间的生成。

三、学科发展之展望

一门相对年轻的学科在经过30多年的发展后，在取得丰硕的学术成果的同时，也一定会在发展方向上呈现一点迷茫、困惑和反思。本次传播学大会给传播学专家学者们提供了观点交流、思想碰撞和学术互动的良好平台，而传播学在将来的发展方向、研究方法、学科地位等问题也成为大家普遍关注的问题。大会期间，老中青三代学人——中国社会科学院研究员陈崇山、研究员王怡红和研究员姜飞，以及中国科技大学教授胡河宁和南京大学副教授胡翼青，分别阐述了他们对中国传播学未来发展的看法。

陈崇山认为，中华民族的文化决定了中国人特有的思维定势、语言文字表达和交往方式。中国的传播学者在引进西方传播学的同时，应该着重研究中国人的传播特点，创建有中国特色的传播学。30年来，传播学在中国仍处于“本土化”阶段，学者们反复传播西方学者的论述和观点，并去证实这些理论在中国大地上的适用性，这样的做法对传播学理论既无创新，更无建树。

但是，让陈崇山感到欣慰的是，在本次传播学大会上看到了一些令人振奋的亮点。一是传播学者敏锐地意识到传播技术的突飞猛进正改变着人们的交往方式和生活方式，年轻的学者和学子纷纷介入对新媒体的研究，大大拓展了传播学的研究内容。二是主语及时抓住了大数据、云计算这样前沿的课题开展研究，预示了传播科学对未来社会发展的重要性和必要性，将会引起政府和社会对传媒和传播学发展的重视，进而促进传播学科的建设和发展。三是一大批既懂外语又知识比较全面的年轻学者正迅速成长起来，他们是祖国的希望，中国传播学的发展前景很好。

王怡红认为，在当今中国，信息流通、大众媒介、传播技术的使用与论述比比皆是，现代传播、交流和沟通的观念也已深入人心。传播学界也正在通过本学科基础名词术语建设等，力图发展出符合科学规范的学科概念体系。这些切实的改变都与传播学研究的重要贡献密不可分。应该看到，理想的传播研究知识体系是能够有效地思考和解释转型期的中国社会和新媒介环境下的中国社会的深刻变革，特别是在全球化背景下，加强新媒介环境下的网络社会关系交往研究，运用传媒的大众影响力，加强法治社会的建设，对推进现代中国社会变革和进步的文明传播研究等，都是一些值得研究的重大问题。

胡河宁认为，中国的传播学最初引进的是施拉姆的传播模式，但他的模式本身就是有问题的，并不是西方主流的思想。因而，在西方传播学如何本土化，如何用中国的语言和思维方式建构一些真正有价值的理论方面中国学人做得还很不够。通过传播学大会把学术共同体的力量凝聚起来，求同存异，每个人都认真踏实地在自己的研究领域里致力于学术创新，哪怕每个人前进一点点，传播学就会持续向前发展。作为传播学会，应该着眼于十年、二十年甚至更远，围绕传播学发展的根本问题做些事情。

姜飞认为，传播技术和国际化作为两个引擎，对中国传媒和传播研究发挥的“推”（push）“拉”（pull）作用凸显。从推的角度来看，新兴传播技术推动着传媒领域以互联网思维重整业态的上中下游和游戏规则；同时，传播技术辅之以传媒实践也推动着传播研究领域理性思考、理念更新、理论创造。从“拉”的视角来看，中国文化走出去、传媒走出去参与国际化大布局，融入世界游戏规则的同时也在以其特有的“存在”修订乃至创造新规则，这样的实践过程反过来拉动国内传媒业思潮澎湃、革故鼎新，这个趋势已经愈发明显。在这样“一推一拉”的作用下，中国传播学研究获致最大化的张力和发展空间，走向前台，迎来属于本学科的春天。1982年第一次全国传播学研讨会“16字方针”中的最后四个字“自主创造”或将由此使得中国传播学研究呈现出新景观？这值得期待。

胡翼青认为，传播的核心问题是人与人之间的交流，关键不在于传媒业，也不在于其他的东西，包括人与人之间的结构。一旦当研究者把传播学放在媒介上，会忽略人的因素。很多人都在用媒介做研究，有的选取文本，有的从产业角度，归根到底都不是传播学的问题，而是产业问题、心理问题。这样下去，传播学的边界会更加散落，不但不会有核心观点和核心壁垒，反而会使这个领域更加泛滥。他认为，用研究对象划分学科的时代已经终结，要把传播学看作社会学层面和人类交流层面的研究，打开学科的边界，这样会渐渐形成一种共同体、学派，一味去捍卫边界，则只能画地为牢。

从社会发展来看，中国正在经历一个伟大时代的变革；从信息技术来看，中国的网络化社会正在形成。在中国改革全面推进，媒介更加壮大，传播无处不在的环境下，传播学必将对社会科学的学理研究和社会现实的应用研究产生更加重要的影响。每一个传播学人都感受到了自身的责任，而中国传播学会则是召集传播学人、助推中国传播学发展的良好平台。

作者：张化冰（中国社会科学院新闻与传播研究所助理研究员）
摘自：《新闻与传播研究》2014年第11期

中国新闻史学会2014年年会综述

中国新闻史学会2014年年会暨中国新闻传播专题史研究学术研讨会于2014年11月3日至4日在暨南大学举行。会议由暨南大学、中国新闻史学会主办，暨南大学新闻与传播学院承办。大会审议通过了第五届理事会组织机构推荐名单和第五届理事会常务理事推荐名单。清华大学新闻与传播学院教授陈昌凤当选为第五届理事会会长，丁俊杰、王润泽、刘家林、张昆、单波、赵振祥、黄瑚任副会长，史安斌任秘书长，邓绍根、常江任副秘书长。来自全国各地以及港台地区的150多所高校、新闻研究机构及媒体的200余名代表参加了会议，共向大会提交学术论文

130 余篇。此次会议最鲜明的特点是：顺利完成中国新闻史学会换届工作，总结新世纪以来中国新闻史研究成果，指明未来研究方向。

一、高度重视新世纪新闻史研究成果

大会主题发言的三位嘉宾都是围绕十余年中国新闻传播史研究的情况，从不同角度回顾和分析了新闻传播史学的十年概况。清华大学教授陈昌凤以中美四大学术期刊为研究对象，勾勒了十年新闻传播史研究的学术地图；暨南大学教授刘家林则以丰富的史料为基础，探讨了中国新闻传播史学研究的大趋势。华中科技大学教授吴廷俊以“百尺竿头：中国新闻传播史研究十年（2004—2014）述评”为主题，总结了新世纪中国新闻史研究成绩，对存在的问题和发展的方向进行了客观的论述。他认为，2004 年到 2014 年的十年，是中国新闻史学会继往开来的十年。十年间，中国新闻史学会历经第三届与第四届理事会的薪火传递，迎来了第五届理事会的诞生。在“创新”理念的影响下，新闻史研究成果丰硕、佳作频现，空前繁荣。据统计，自 2004 年至 2014 年十年间，新闻通史类专著与教材 34 部，个案史研究专著 28 部，断代史研究专著 19 部，地方新闻史研究专著 26 部，专门史研究专著 41 部；发表论文 1300 余篇；国家社科基金立项的新闻史类项目共计 110 多项，教育部人文社科项目立项的新闻史类项目共计 84 项；中国新闻史学会及其下属二级分会主办和联办的学术会议达 70 余次。

二、多元追求新闻史研究新方法

大会主题发言的其他二位新闻学领域的资深学者就新闻史研究方法进行了深入探讨。北京大学客座教授卓南生在“《香港华字日报》：早期报纸原件的发掘与意义”演讲中用“重史料，重考证”的传统研究方法通过发掘《香港华字日报》创刊初期的数百份原件，确认了他 30 年前对戈公振等前人诸多“定论”的订正之无误；同时指出，新原件也反映了华文报先驱为摆脱“西士馆主”的舆论操纵，自办“华人资本、华人操权”新报的苦恼和努力。香港城市大学讲座教授李金铨在“社会科学对新闻传播史研究的借鉴和启示”演讲中指出他对新闻史写作的一般印象：第一，简单叙述材料；第二，单方面材料，单线条叙述，不是从不同角度看问题的，有时先有结论，没有说服力；第三，用政治话语或道德标准发表议论，臧否人事。他主张：历史与社会科学互学所长，借鉴社会科学的概念思考、逻辑推论，处理经验史料。首先是活络思考，丰富想象，帮助发展问题意识。其次，以若干有效的概念烛照、总结复杂而具体的历史事实。最后，用逻辑推理，分析概念（材料）与概念（材料）之间的因果关系，阐述这些关系所透出的意义。在分论坛讨论中，天津师范大学副教授陈娜在《口述历史的采集与书写——新闻学术史研究的另一种尝试》一文中，认为口述历史具有作为史料工具、作为历史学研究方法、作为历史学分支学科等三种不同形态，希望以当代杰出新闻学者的口述历史为切入口，勾勒中国特色新闻学发展的历史脉络、传统沿革、理论血脉、学术精神，为学界与学人提供一幅有声有色、活灵活现的中国新闻学“流变图”，力图为青年学子继往开来、推陈出新，提供一幅立体的、有机的、鲜活的学术“路线图”。

三、研究领域全面开拓，创新观点精彩纷呈

大会与会代表分成新闻传播史论、新闻报刊史、新闻传播界人物专题史、中共革命报刊史、新闻传播体制政策史、新闻教育与少数民族新闻传播史、海外新闻传播史、广告史、广电史、通讯社史等十个

分论坛对中国新闻专题史进行了深入而充分的研讨。代表之多，议题之广泛，充分体现出新闻专题史研究领域得到了全面的拓展。在新闻传播史论研究分论坛中，倪延年《论民国时期的新闻史研究成果叙述体系》和徐新平的《论北洋政府时期新闻伦理思想的发展》是两篇最有分量的文章。在新闻报刊史分论坛，《大公报》研究成为主体，十篇论文中有五篇关于《大公报》研究成果。新闻传播界人物专题史分论坛，由晚清新闻人物郑贯公研究拓展至范敬宜新闻教育思想和健在的方汉奇新闻史研究的法则与路径探讨。在中共革命报刊史分论坛中，教授李文在《延安时期的"走基层"》一文中认为：延安时期，延安地区从中央到地方的新闻媒体和新闻工作者开展了大量的深入群众，深入基层的活动，取得了丰硕的成果和丰富的经验。在传播史论分论坛中，代表纵论古今，从清末报刊与知识分子的性别话语讨论到近30年中国受众研究的话语建构，从李普曼舆论思想跨越到"大跃进"的政治传播。在新闻传播体制政策史分论坛中，从清初的新闻政策到民国民营报业的体制转型再到新中国报刊邮发体制，参会者进行了深入研讨。总之，在新史料的发掘、研究范式的探索、新方法的运用、新角度的选取等诸多方面取得了创新。

中国新闻史学会名誉会长程曼丽对新闻专题史研究表达了新期待，"专题史研究是在新闻史研究框架下进行的以问题为导向的深度开掘，有利于帮助研究者认识历史发展中全局与局部的关系，更好地把握历史的规律性"。中国新闻史学会创始会长方汉奇通过视频表达了对新闻史研究者的期盼："我们新闻史工作者是新闻事业的守望者、记录者。我们应该做好自己的研究工作，打好深井，做好个案研究，避免重复劳动。我们应该发挥好自己的优势，为中国新闻传播学走向世界作出自己的贡献。"

撰稿：邓绍根（暨南大学新闻与传播学院教授、副院长，中国新闻史学会副秘书长）

中国高等院校影视学会第十五届年会暨第八届中国影视高层论坛综述

2014年11月1日至2日，中国高等院校影视学会第十五届年会暨第八届中国影视高层论坛在江苏南京举行。来自国家新闻出版广电总局、中央电视台、江苏省广播电影电视局、中国电影家协会、南京艺术学院等单位的领导，以及来自全国114所高等院校近400位影视教育专家、学者齐聚一堂，共同围绕"中国影视文化软实力提升：理念与路径"这一主题进行深入探讨。第八届"学会奖"和第五届"学院奖"的颁奖晚会也同期举行。本次活动由中国高等院校影视学会和南京艺术学院共同主办，南京艺术学院传媒学院承办。

一、中国高等院校影视学会第十五届年会开幕式

2014年11月1日，中国高等院校影

视学会第十五届年会开幕式在南京艺术学院实验剧场举行。国务院学位委员会艺术学科评议组召集人、中央文史馆馆员、中国文艺评论家协会主席仲呈祥，国家新闻出版广电总局传媒机构管理司司长陶世明、宣传管理司司长高长力，江苏省广播电影电视局局长张建康，中国电影家协会秘书长饶曙光，中国广播电影电视社会组织联合会学术委员会秘书长张君昌，中央电视台电视剧频道总监张子扬，河南大学副校长邢勇，首都师范大学科德学院院长王万良，山西传媒学院院长王建国，中国高等院校影视学会会长胡智锋，副会长孟建、李亦中、周星、李幸、欧阳宏生、尹鸿、姚国强等领导嘉宾出席了本次大会。开幕式由学会副会长、北京师范大学艺术与传媒学院院长周星主持。

南京艺术学院院长刘伟冬代表主办方致辞。陶世明肯定了学会的发展和贡献，期望学会将来能为中国影视文化软实力的提升发挥更大作用。张君昌在致辞中对新成立的中国广播电影电视社会组织联合会做了简要介绍，鼓励学会继续发挥其重要的学术平台作用。胡智锋在致辞中回顾了学会成立31年来的发展历程，并对本届论坛的主题、组织等作了阐释和说明。

二、第八届中国影视高层论坛（主题论坛）

在全球化语境中，如何提升中国影视文化软实力，是学界和业界共同关注的热点议题。本届中国影视高层论坛主题，即“中国影视文化软实力提升：理念与路径”，关注的正是这一重大时代命题。在主题论坛上，仲呈祥、高长力、张子扬、尹鸿、饶曙光、戴雨果这六位来自国内外影视学界、业界和管理层的领导、专家围绕主题从不同角度分别做了精彩发言。主题论坛由学会副会长、上海交通大学媒体与设计学院教授李亦中主持。

仲呈祥结合近期习近平总书记在文艺工作座谈会上的讲话，对这一马克思主义文艺观中国化的最新理论成果进行了独特的解读，认为讲话为进一步繁荣发展中国特色社会主义文艺提供了强大的理论指南。文化化人，艺术养心，重在引领，贵在自觉，他指出“以人民为中心”的创作导向与马克思主义文艺观一脉相承，蕴含着新的丰富的时代内涵，具有深刻的现实意义。

高长力以“推进管理创新提升中国影视文化软实力”为题总结了近年来国家新闻出版广电总局的宣传管理创新举措。他指出宣传管理机构要扮演好三重角色，即学会“开超市”、当好“把关人”、做好“马路警察”；积极构建全程监管体系，组织季度推优，推进节目结构优化，鼓励创新创优，推动精品创作。

张子扬以“正适其时　乘势出发——提升中国影视文化软实力的历史机遇与现实路径”为题，结合自身从业30年来的行业经历，简要回顾了中外影视文化交流的历史进程，认为目前正适其时，应乘势出发，把握好提升中国影视文化软实力的重要历史机遇。

尹鸿在题为“当前中国影视文化软实力的现状反思”的发言中指出，文化软实力的核心是对内凝聚力和对外影响力的紧密结合；中国影视文化软实力的提升要注意价值观的传达，要注重历史文化的现代演绎，从宣传转向传播，平衡好商业与文化的关系，求同存异，共享价值。

饶曙光以“中国电影传播战略与中国电影软实力”为题，首先分析了中美两国开始重视软实力的不同时代背景，随后提出要把文化输出特别是电影输出提升到国家战略高度，要学习美国经验，应更加重视渠道建设、政策扶持、人才培养、观众积累。

英国威斯敏斯特大学中国传媒中心主任戴雨果，作为研究中国传媒的外国学者，作了题为“中国形象在英语国家中的传播”的发言。他从一个英语国家普通受众的角度，谈了中国文化国际传播中需要注意的诸如传播环境、传播技巧、目标受众、价值观念等问题。

三、第八届中国影视高层论坛（专题论坛）

根据主题分布，第八届中国影视高层论坛设置了国家社科重大招标项目“中国影视文化软实力提升的战略与策略研究”和第三届传媒艺术论坛两个特别论坛，以及影视文化与国家形象、新媒体时代的影视新理念、电视创新与价值传播、中国影视与文化软实力、电影艺术与中国故事、电影理论新视角、电视纪录片：理论与实践、影视文化品牌塑造、影视教育创新与发展九个专题论坛和“青年新势力——研究生”专场。与会专家学者围绕着上述相关议题，分享了各自独到的见解。论坛由侯洪、孙宜君、曹毅梅、石长顺、刘永宁、吕萌、谭天、刘荃、柳邦坤、孔令顺等学者主持；张应辉、陈月华、杨世真、戴剑平、张智华、张阿利、田义贵、包鹏程、金昌庆、许永等学者作了点评。

国家社科基金重大招标项目“中国影视文化软实力提升的战略与策略研究”专场论坛由中国传媒大学传媒艺术与文化研究中心执行主任杨乘虎主持。项目首席专家胡智锋首先以“中国影视文化软实力的若干问题”为题，提出了中国影视文化软实力提升的战略与策略研究的理论框架，将影视文化软实力具体阐述为原创力、竞争力、影响力、传播力和引领力“五力”，并提出关于全球传播“五个文化圈”的构想。饶曙光在题为“中国电影影响力提升的理念与路径”的报告中，指出电影发展要符合其自身特点，应提升综合国力、文化影响力和电影自身软实力，并指出应通过差异化的市场体系建设，处理好电影与观众群的对接，电影的内容生产应回归中国美学精神。高长力在题为“中国电视原创力提升的理念与路径”的报告中，就目前中国电视原创力提升中存在的文化自信、体制机制、教育体制以及对引进模式的盲目批评这四个方面的问题，结合自己的亲身经历提出了新的思考。中国传媒大学电视台总编辑部主任赵曦以“中国纪录片提升国际传播能力提升国际传播能力的理念和路径”为题，指出应扩大产业规模，在文化加强共同性和提升国际传播理念的基础上，适应信息时代的新传播生态，利用全媒体平台传播中国品牌纪录片。

第三届传媒艺术论坛得到了众多学者的关注和支持。传媒艺术已经是当前生活中最重要的审美来源，但对传媒艺术的命名、概念和整体性研究还是新的对象和领域，学界在做一种尝试，尝试以新的视角和方式看待艺术，或者说一种分类，就是把艺术分为传统艺术和传媒艺术两大族群。胡智锋以“关于建构传媒艺术学的思考”为题，介绍了建构传媒艺术学理论的构想，从现实考虑、学科依据和学术自身的逻辑三个方面阐释了建构传媒艺术学理论的必要性和合理性。中国传媒大学讲师刘俊在题为“传媒艺术刍论——基于特征的视角”的发言中，以特征为切入点，阐明了传媒艺术的基本概念，从九个方面具体分析了传媒艺术所具有的科技性、媒介性和大众参与性三大基本特征。南京大学副教授祁林在题为“从纪实、复制到仿拟——媒介艺术的生产逻辑演进”的发言中，通过对模仿、复制、仿拟等概念的辨析和梳理，从艺术史的角度以哲学思辨的方式，推演了媒介艺术的生成逻辑。中国传媒大学艺术学部本科教学办主任周建新结合工作实际和调研情况，以“关于当前传媒艺术人才培养的观察与思考”为题从传媒艺术教育的格局、困惑、招生和培养四个部分阐发了他的思考。杨乘虎在点评中以“养”字总结了各位专家学者的发言，并针对传媒艺术自身的身份和起点，研究的对象和角度，以及传媒艺术研究需要特别注意的几个方面提出了自己的思考。

据统计，第十五届年会共吸引了来自全国 114 所高等院校的 380 多位影视教育专家、学者参会，第八届论坛共收到论文 142 篇，共设一个主题论坛和十二个专题（专场）论坛，总发言时间超过了 150 个小时，发言人数超过 120 人，创历届年会之最。

四、第八届“学会奖”、第五届“学院奖”颁奖晚会

2014 年 11 月 1 日晚，中国高等院校影视学会第八届“学会奖”和第五届“学院奖”颁奖晚会在南京艺术学院实验剧场隆重举行。晚会由学会副会长、华南理工大学新闻与传播学院李幸教授主持。第八届“学会奖”评委会从上百部申报作品中，评出了一等奖 13 部（篇）、二等奖 31 部（篇）、优秀奖 36 部（篇）；第五届“学院奖”评委会从近百部会员作品中评选出评委会特别奖 3 部、一等奖 5 部、二等奖 7 部、优秀奖 12 部。在第五届“学院奖”社会类获奖作品中，《白日焰火》获得“年度电影大奖”、许鞍华（《黄金时代》导演）获得“年度电影人物大奖”、《历史转折中的邓小平》获得“年度电视剧大奖”、《互联网时代》获得“年度电视纪录片大奖”、杨伟光获得“年度电视人物大奖”、《北京遇上西雅图》（薛晓璐导演）获得“年度影像叙事大奖”、《绣春刀》获得“年度影视视听大奖”、陈道明（《归来》男主角陆焉识）获得“年度影视形象大奖”、湖南卫视获得“年度电视频道大奖”、《中国汉字听写大会》获得“年度电视栏目大奖”、孟非获得“年度电视主持人大奖”。

五、会员大会及理事会议

在完成论坛各项环节后，中国高等院校影视学会第十五届年会会员大会与第四届理事会第三次会议合并举行，会议由学会副会长、四川大学新闻传播研究所所长欧阳宏生主持。会员大会增补王方为常务理事，通过了增补理事、调整会费标准、成立体育影视专业委员会等多项决定，并确定了下届年会承办地；理事会通过了聘任张国涛为秘书长以及续聘副秘书长等决定。最后会长胡智锋从三个方面对本届年会进行了总结。

中国高等院校影视学会第十五届年会暨第八届中国影视高层论坛的成功举办得到了政府管理部门、高等学校、科研机构、广播电视台、影视制作机构和会员们等多方面的大力支持和协助，尤其是南京艺术学院的师生们为年会和论坛的成功举行倾注了精力和心血，学会特授予承办单位——南京艺术学院传媒学院“突出贡献奖”以示表彰。

作者：张国涛（中国传媒大学研究员、中国高等院校影视学会秘书长）
张陆园、杨　宾（中国传媒大学传媒艺术与文化研究中心硕士研究生）
摘自：《现代传播》2014 年第 12 期

2014 中国新媒体传播学年会综述

2014 年 12 月 5 日至 7 日，由中国网络传播学会主办、中国传媒大学新闻传播

学部新闻学院承办的“2014中国新媒体传播学年会”在中国传媒大学新国际交流中心举行。“中国新媒体传播学年会”的前身是始于2004年的“中国网络传播学年会”和“新媒体与新思维论坛”。2008年两个会议合并改用此名至今。2014年年会主题为“断裂与重构·融合与创新：互联网思维的传播学逻辑”。本次会议共收到论文150余篇，近300位国内外代表参会，是本会迄今规模最大、气氛最热烈的一次年会。

中国传媒大学新闻传播学部副学部长、新闻学院院长刘昶主持年会开幕式。中国网络传播学会会长杜骏飞、人民网副总编辑祝华新、国家互联网信息办公室互联网新闻研究中心副主任李建华、中国传媒大学副校长胡正荣依次致辞。

大会主题演讲环节由清华大学新闻与传播学院党委书记金兼斌主持。中国传媒大学文科科研处处长段鹏、北京大学新闻与传播学院院长陆绍阳、台湾台南艺术大学陈龄慧、美国斯坦福大学国际发展研究中心研究院/英国北安普敦大学艺术与科学学院严军琦，分别以“我国舆情环境与新媒体平台建设”“互联网思维：从因果性到关联性”“互联网与素人政治”及“互联网研究的社会动力学视角”为题发表主旨演讲。

年会共设八个分论坛：社会化媒体研究、新兴媒体与文化、网络社会、媒体融合、新兴媒体管理、大数据与新闻报道、网络舆情研究、网络传播政治经济学研究。与会代表围绕上述主题和相关论文展开了热烈而深入的交流与讨论。

研究技术的革新、传播的流变及“产消”（生产与消费）的互动，需要审慎的现象溯源、理论梳理、学科整合与研究创新，同时还需要一种契合互联网思维的传播学逻辑来架构。

年会的四个关键词之“断裂”（细心者或许发现其英文表述为“torn”——准确的中文对应其实应为更具社会学意义的“撕裂”，然以国情计，仍沿用国内学界更易接受的语汇）关注互联网发展给时代和社会生活带来的撕扯与裂变；“重构”意味着期待传媒生态和传播活动在共存与积淀的基础上，从社会的知识循环体系中传媒身份的新定位，到社会化媒体的使用，到话语与实践之间的关联，再到文化与社会语境对于互联网使用模态及使用者的表征方式等等，反思数字媒介应用及其潜力，从而完成对大数据视域下公众的信息再造和行为的重塑之认知；“融合”似乎依然成为传播领域社会技术性发展的趋势，但是对其的思考，学者们见仁见智，既可以在社会动力学层面对数字媒介做出描述，也可以通过审视传媒资源和文化资源的重新配置，观照媒介接触、文本转换与意义增值、信息超载及其对信息产品效用的影响，继而证明融合的过程本身也是一种文化实践活动；“创新”象征了在传播学逻辑的框架中，作为新兴媒体的互联网平台，其传授关系不仅将超越纯信息传播，而且还将在物联、车联等方面拥有持续发展的可能性，因此人们必须用互联网思维来应对生产消费方式的变革，来面向政治影响、法律规制、道德约束、技术赋权等方面出现的新常态，以求传媒文化范式的传承与创新。

互联网思维的传播学逻辑是一种新型思维方式，亦为当前政治、经济社会的传播实践及其研究方法提供了无限延展的可能。陆绍阳敏锐地洞察到人类思维在现代历史进程中的转变，提出了互联网时代应把事物的因果关系与相关关系的考察结合起来的灼见。段鹏的《关于我国国有企业新媒体平台建设的实证研究》，基于多年累积的翔实数据，为当前中国国有企业新媒体平台建设的实践提出了极富成效的建议。来自台湾的学者陈龄慧则从岛内新近举行的选举出发，对新兴媒体在政治传播中的功能与作用进行了精彩诠释。美国学者严军琦选取社会动力学的视角，为互联网传播研究方法提供了创新路径。

互联网改变了人类的信息行为，亦使不同场域间的互动形式以及社会信息的生产方式产生不同程度的变化。韩鑫等人对公众信息行为方式的批判审视，赵雅文等人对新媒体环境中议程设置流向变化的分析阐释，以及李青青等人对不同场域与青少年网络使用行为的精彩论述，和王秋菊等对微博评论这一传播形式的传播哲理分析，刘银娣对国内外出版集团数字化转型道路的比较研究，则是对此种变化的创新洞见。

互联网传播超越了地理的区隔，社会各个子系统之间的互动更加频繁，个体的发展产生无穷机遇，更多问题也同样浮出水面。无论是王锡苓等人就乡城迁移者的社会化媒体使用与身份认同的研究，还是皇甫铮等对社会化媒体中隐私问题的审慎考察，无论是赵文韬对信息超载与信息消费效用之间的辩证思考，还是卢泽华等人对社会化媒体竞争生态的实证研究，以及李彦君基于知识图谱的中国互联网传播研究热点探讨，都是互联网传播生态中机遇和挑战并存的生动体现。

互联网思维的传播学逻辑，倡导的是一种开放、融合的研究旨趣。不难发现，当前学科之间的合作与融合已渐成气候。各位学者纷纷跳脱出思维的局限，广泛采纳其他学科的理论模型、研究方法和最新成果。互联网思维的传播学逻辑在政治、经济、文化、社会、城市乃至全球社会的方方面面，都得到了极为广泛的应用。无论是大数据分析，还是注意力经济，无论是危机公关建设，还是公众政治参与，无论是广告情感诉求，还是城市社区重构……恰恰是这一学术共同体中融合、开放、合作精神的最佳例证。

撰稿：刘　昶（中国传媒大学教授、新闻学院院长）

《新闻与传播研究》创刊20周年暨《中国新闻传播学年鉴》创刊启动研讨会综述

一、会议概述

2014 年 7 月 19 日，中国社会科学院新闻与传播研究所主办的《新闻与传播研究》创刊 20 周年暨《中国新闻传播学年鉴》创刊启动研讨会在北京香山饭店召开。来自全国知名高校和地方社科院的新闻与传播学院、研究所的负责人、专家学者共三十余人出席会议。

中国社会科学院新闻与传播研究所所长、《新闻与传播研究》主编唐绪军简要介绍了《新闻与传播研究》过去 20 年的发展历程、近期改革举措与未来发展打算，着重阐述了创办《中国新闻传播学年鉴》的栏目设置构想及组稿要求。《新闻与传播研究》正式创刊于 1994 年，其前身是《新闻研究资料》和《新闻学刊》，开始时为季刊，后改为双月刊。2013 年全新改版后，改为月刊，明确了办刊宗旨：“透视新闻，解析传播，专注研究”，规范了来稿格式及引文注释规范，组建起匿名审稿专家库，聘用一线著名有影响力的学者、离退休老专家以及一些优秀的中青年学者作为审稿专家。2013 年起评选期刊年度优秀论文，为学界树立榜样；同时力推青年学者的优秀作品，培养一批青年学者。

唐绪军表示，《新闻与传播研究》2014 年的新举措包括新开两个专栏和特聘专家组稿。新开的两个专栏，一个是“国外学术动态”，从第 5 期开始，隔月一次，已刊出的两期包括“数字环境中的新闻传播、媒体与受众”以及“挑战与转型：传统媒体、受众与产业”；另一个是“《新闻学与传播学名词》审定过程文存”，从第 7 期开始，每月一次，刊登学科名词审定过程中专家学者们的思考和争鸣。特聘专家组稿，目前有四组稿件正在筹备中。

唐绪军在介绍《中国新闻传播学年鉴》的编纂构想时说，创办《中国新闻传播学年鉴》是应中国新闻学与传播学学科发展、新闻学与传播学专业教学与研究、中国新闻传播事业繁荣发展以及中国社会科学院创新工程的需要。《中国新闻传播学年鉴》将是中国第一部新闻传播学年鉴，是中国新闻传播学学科独立并繁荣发展的重要明证，是中国和世界同行了解中国新闻传播学发展状况的窗口，可为后人留下详实、权威、完整的历史资料。《中国新闻传播学年鉴》将作为一个新的学术品牌，占领中国新闻传播学学术高地，以这一学术高地进一步聚拢中国新闻传播学界各方力量，并且将与已有的《中国新闻年鉴》形成业界与学界互补的姊妹篇。

会上，中国社会科学出版社副总编辑王浩介绍了“中国社会科学院学术年鉴工程”，中国社会科学出版社年鉴与文摘分社社长张昊鹏介绍了学术年鉴的编撰要求。

会议由中国社会科学院新闻与传播研究所党委书记、副所长赵天晓主持。

与会嘉宾高度评价了《新闻与传播研究》的学术成就，充分肯定了创办《中国新闻传播学年鉴》的必要性，并就进一步办好《新闻与传播研究》提出意见和建议，就《中国新闻传播学年鉴》栏目设置及编辑工作流程进行了研讨。会上还给应邀嘉宾颁发了《中国新闻传播学年鉴》编委聘书。

二、关于《新闻与传播研究》的讨论

河北省社会科学院新闻与传播研究所所长王泽华认为，第一，办刊发展目标定位要更准，既要立足国内，也要着眼全球。目前刊物有两大特点——国家品牌与高品位学刊，这就需要办刊人有世界视野，新闻传播学已经成为一门显学，尤其是传播学在欧美发展很快，许多新闻新学派、新人物、新实践，应该及时引入中国。中国受前苏联影响大，施拉姆访华后，中国积极引介西方传播学，但现在有点消化不良的感觉，亟须进行知识更新，要让传播学在中国真正实现本土化。第二，要重视基础研究，同时为更好服务于中国新闻传播实践，增强对中国新闻界的贴近度，也要适当增加应用性文章，要有新的观点。对于学术价值要有新的观点，不能简单地以题材论价值，好多所谓学术论文，从表面看定义、概念、论证、参考文献应有尽有，洋洋万言很吓人，但没有什么创新，离新闻实际很远。反过来，有些研究报告，不仅有学理性，应用对策很强，很实用，离实际很近，在学术判断上应倾向于后者。第三，《新闻与传播研究》应该更贴近受众、同仁。《新闻与传播研究》绝对是阳春白雪，但不应成为象牙之塔，远离实践，基础理论文章应多一些前沿性、疑难性文章，应用研究应多一些重大现实关注，无论基础还是应用类研究成果应注重创新性和实用性分析，尤其是重视原创性。现在有很多选题特别值得研究，在刊物中多些鲜活的选题，例如，如何在错综复杂的国内外舆论环境下确保马克思主义新闻观、如何使传播在中国本土化、如何正确认识党媒主流舆论场与民媒非主流舆论场之间的关系等。第四，固定栏目和临时栏目相结合。办刊物光固定栏目是不够的，可以用一些临时栏目，如新观点与新方法、探索与争鸣、论文摘登、海外专家论坛、选介专栏、座谈纪要等全面体现新闻传播学的发展。

南京师范大学新闻与传播学院院长顾理平首先肯定了《新闻与传播研究》厚重和新锐兼顾，宏观和微观兼顾，做得很好。作为一级权威学刊，学界关注度高，权威性不言而喻。在此基础上，他提出五点建议：第一，文章的长和短要处理好，现在短文很少，可以刊发一些五六千字的文章，适当增加有真知灼见、精彩观点的短文；第二，重视作者培养，鼓励青年作者，既要有精彩的观点，也要有历史感，注重长期培养；第三，史和论要处理好，总体而言，史的比重偏高，应发一些实践性强的文章，关注理论；第四，定性与定量，定量的东西已经过于模式化，定量的在大数据时代，是否合适，其科学性如何检验，如何关照理论，均需要进一步探索；第五，应有历史的视角，刊发创新性观点。

清华大学新闻传播学院副院长崔保国认为《新闻与传播研究》是新闻传播学科公认的旗帜性刊物，多年来坚持较强的学术性，是一个需要捍卫的阵地。他建议：第一，可以变成大版式，像《新华文摘》那样的版式，便于保存；第二，健全编委等，成为一个学术共同体。

华南理工大学新闻与传播学院院长苏宏元则建议《新闻与传播研究》不再改版，不再增加篇幅，他认为国内学术需要规范和质量，需要坚持学术质量，有发表难度对学界是好事。同时，他提出四点建议：第一，发表的作品应当有整体的倾向，当前模式化研究较多，而缺乏真理性的研究；第二，加强对现实重大问题的关注；第三，加强思想性、规范性；第四，要引导学科发展，坚持国家级学术旗帜的引领作用。

河北大学新闻传播学院院长白贵、中国人民大学新闻学院执行院长倪宁都认为《新闻与传播研究》进一步扩大影响，需要调整为国际标准版式，白贵建议设置固定栏目；倪宁建议开辟争鸣性的讨论，加强议程设置，组织讨论学术议题。重庆大学新闻学院院长董天策也建议加强学术争鸣、匿名审稿和及时反馈机制。安徽社会科学院新闻与传播研究所所长常松建议优化学术评价系统。四川社会科学院新闻研究所所长张立伟认为《新闻与传播研究》应当推动研究范式的转换。

三、关于创办《中国新闻传播学年鉴》的讨论

中国传媒大学副校长胡正荣表示，全力支持创办《中国新闻传播学年鉴》，他建议把全国教学指导委员会的相关工作也纳入年鉴中。顾理平认为介绍高校新闻教育情况时，要有一个统一的规则，例如根据“985”“211”“硕士点”等。

复旦大学新闻学院院长尹明华建议开设网络技术相关的栏目，他认为学术年鉴如何妥善处理好与业界的关系是关键，既不能简单地摘登或介绍体现业界成果的一些经验总结类文章的观点，但也不能简单地把业界的一些重要的具有前瞻性的文章排除在外。新华社新闻研究所所长助理朱国圣表达了类似观点。

天津师范大学新闻传播学院院长刘卫东认为创办《中国新闻传播学年鉴》是高校想做，但没有能力做的善举良策。他也建议与网络相对接，同时建议：第一，年鉴的创刊号应回溯一下历史；第二，把教育部下属新闻传播专业委员会、国务院学位办、卓越人才、优秀博士论文、优秀博士后出站报告等融合进来。北京市社会科

学院传媒研究所所长郭万超认为科研项目，可增加省一级的哲学社会科学项目；同时可以对“四个一批”的新闻传播学学者进行介绍。

王泽华认为，在当前年鉴众多的情况下，应当找准定位，体现出自己的特色。尤其是他对《中国新闻传播学年鉴》的刊名提出讨论意见，究竟是《中国新闻传播学年鉴》，还是《中国新闻学与传播学年鉴》《中国传播学年鉴》。

华中科技大学新闻与信息传播学院院长张昆也认为年鉴的定位至关重要，他对学科分类、学术团体和学术奖项的选择也提出自己的意见，比如目前的三大块，即新闻学、传播学、广播电视，是否需要调整？如何安排广告、传媒经济等？

中国政法大学新闻与传播学院院长陆小华认为，在当今新闻传播的格局和体系正在发生变化的情况下，《中国新闻传播学年鉴》应具有全面反映这种变化的能力，超越对单篇成果的记录。在互联网维基方式深刻影响世界、影响学术生产的时代，他建议采用众筹网站的方式进行年鉴的编辑出版发行；对于新闻学术与教育，他认为有四大体系需要考虑，社科院、高校、媒体研究机构和智库。

浙江大学传媒与国际文化学院院长吴飞和南京大学新闻传播学院执行院长杜骏飞均建议借鉴维基百科的形式，充分利用用户生产的内容，借用外力，发挥访问学者的作用，采用众筹的方式分工协同。同时，吴飞建议设国外动态栏目，做有价值的学术文摘。杜骏飞则提出七点具体建议：第一，核心期刊建议补充《中国传媒报告》《传播与社会学刊》《中国网络传播研究》（集刊）等；第二，可增加国际学术奖、国际论文奖；第三，不能以学校身份如“211”“985”等作为分类标准，要以学术价值评定；第四，可以考虑收录华文媒体的会议等；第五，要有一个重要渠道覆盖海外，能推广到世界，发出中国人的声音；第六，应该有在线版和在线编辑系统，增强影响力和操作性。第七，可以利用大数据挖掘，建立年鉴数据库。

附：

参会人员名单

（一）新闻传播学院系、研究机构、出版机构人员（按行政区划排列）

崔保国　清华大学新闻与传播学院副院长
倪　宁　中国人民大学新闻学院常务副院长
胡正荣　中国传媒大学副校长
陆小华　中国政法大学新闻与传播学院院长
刘卫东　天津师范大学新闻传播学院院长
白　贵　河北大学新闻传播学院院长
尹明华　复旦大学新闻学院院长
杜骏飞　南京大学新闻传播学院执行院长
顾理平　南京师范大学新闻与传播学院院长
吴　飞　浙江大学传媒与国际文华学院院长
张　昆　华中科技大学新闻与信息传播学院院长
苏宏元　华南理工大学新闻与传播学院院长
董天策　重庆大学新闻学院院长

朱国圣　新华社新闻研究所所长助理
郭万超　北京市社会科学院传媒研究所所长
王泽华　河北省社会科学院新闻研究所所长
常　松　安徽省社会科学院新闻与传播研究所所长
张立伟　四川省社会科学院新闻研究所所长
王　浩　中国社会科学出版社副总编辑
张昊鹏　中国社会科学出版社年鉴与文摘分社社长

（二）中国社会科学院新闻与传播研究所人员

唐绪军　中国社会科学院新闻与传播研究所所长
赵天晓　中国社会科学院新闻与传播研究所党委书记、副所长
黄双润　中国社会科学院新闻与传播研究所党委委员、综合办公室主任
钱莲生　中国社会科学院新闻与传播研究所编辑室主任、《新闻与传播研究》常务副主编、《中国新闻年鉴》主编
孙京华　中国新闻年鉴社副社长
刘瑞生　《新闻与传播研究》副主编
韩智冬　《新闻与传播研究》责任编辑
贾云海　《中国新闻年鉴》责任编辑
肖重斌　《中国新闻年鉴》责任编辑
段铁铮　中国社会科学院新闻与传播研究所助理研究员

（三）新闻媒体人员

洪玉华　《中国新闻出版报》记者
姜　红　《中国社会科学报》记者

撰稿：刘瑞生（中国社会科学院新闻与传播研究所副研究员）

中国新闻传播学术2014年大事记

1月

○7日，复旦大学举行仪式，任命原解放日报报业集团党委书记、社长尹明华为该校新闻学院院长。

2月

○25日，中国人民大学新闻学院与百度合作举办的“大数据与新闻传播创新研讨会”在中国人民大学召开。

3月

○18日，中国传媒大学与武汉大学、清华大学、厦门大学主办，中国传播能力建设协同创新中心承办的首届“‘中国传播能力建设’创新与发展”学术研讨会在中国传媒大学召开，会议主题为“创新与发展：中国传播体系变迁、政策调整及人才培养”。

4月

○14日，国家新闻出版广电总局印发《关于规范学术期刊出版秩序　促进学术期刊健康发展的通知》，并组织开展学术期刊清理和资质认定工作。《通知》提出，严格学术期刊出版资质和要求，建立完善学术期刊出版准入制度。其中，明确要求“学术期刊立足自身学科和研究领域，注重专业化发展，发挥学术优势；非学术期刊不得出版理论版、学术版等，不得收取论文发表费”；而在规范编辑出版流程方面，《通知》要求：“学术期刊出版单位要建立完善内部编辑审稿制度、编委会制度和同行评议制度等质量保障机制。”

○19日，由清华大学新闻与传播学院主办的“传媒发展论坛2014暨《中国传媒产业发展报告（2014）》发布会”在清华大学举行。论坛的主题为“传媒转型、融合与创新”。清华大学党委副书记邓卫，全国人大教科文卫委员会主任委员、清华大学新闻与传播学院院长柳斌杰与会。

○19日至21日，第四届全球媒介伦理圆桌会议（The Fourth Roundtable on Global Media Ethics）在清华大学召开。清华大学新闻与传播学院院长，全国人大常委会委员、教科文卫委员会主任委员，中国新闻出版总署前署长柳斌杰教授出席会议开幕式并致辞。

○29日，《光明日报》与中国政法大学合作共建“光明新闻传播学院”正式签约。

○30日，江苏省委宣传部与南京大学共建新闻传播学院启动仪式暨共建领导小组第一次全体会议在南京大学举行。

5月

○4日，河北省委宣传部与河北大学签署共建新闻传播学院协议。

○8日，首届民国新闻史研究高层论坛在南京师范大学举行，来自国内数十家高校、科研机构及新闻出版单位的近百位专家学者围绕“回归历史、探寻规律”这一主题展开研讨。

○10日，舆论表达与协商民主研究论坛在天津社会科学院舆情研究所举行。

○ 17 日，由清华大学新闻与传播学院、清华 - 伊斯雷尔·爱泼斯坦对外传播研究中心主办，中国新闻史学会外国新闻传播史研究委员会协办的“全媒体时代的危机传播与新闻发布”国际学术论坛在清华大学新闻与传播学院举行。

○ 28 日，新华社与北京大学共建新闻与传播学院签约仪式在北京大学举行。

6 月

○ 6 月，由童兵、陈绚主编，历时六年完成的《新闻传播学大辞典》由中国大百科全书出版社正式出版。全书正文分新闻学理论、传播学理论、新闻伦理与法、新闻传播业务、传播媒介经济学、广告学与公共关系学、新闻传播媒介、新闻传播事件、新闻传播界人物、新闻传播教育、新闻传播管理机构与组织、新闻传播奖项和网络与传播技术 13 部分，共收入词条 6811 条，计 220 万字。

○ 14 日，由中国新闻史学会外国新闻传播史研究会主办，河南大学新闻与传播学院、传媒研究所、编辑出版研究中心承办的“思考与呈现：中外新闻传播比较研究学术论坛暨中国新闻史学会外国新闻传播史研究会 2014 年年会”在河南大学举办。

○ 24 日，新华通讯社与郑州大学共建穆青研究中心签字暨揭牌仪式在郑州大学举行。

○ 25 日，由中国社会科学院新闻与传播研究所主编的新媒体蓝皮书《中国新媒体发展报告（2014）》在北京发布。发布会后举行了以“安全·融合·创新”为主题的新媒体发展研讨会。

○ 26 日，湖北省委宣传部与武汉大学共建新闻学院院务委员会第二次会议暨新闻宣传与舆论引导座谈会在武汉大学召开。

○ 28 日，由中国传媒大学主办、《现代传播》编辑部与中国传媒大学新闻传播学部承办、中华国际传播学会和天津师范大学新闻传播学院协办的首届“国际高端传媒学术期刊主编论坛”在北京举行。

○ 28 日，由中国传媒大学广播电视研究中心举办的“2014 中国传播论坛：中国国际传播的话语创新与能力建设”学术研讨会在北京召开。

○ 29 日，湖南省委宣传部和湖南师范大学签署协议，决定共建新闻与传播学院。

7 月

○ 7 日至 8 日，由复旦大学当代马克思主义新闻与传播研究中心、中国传媒大学传播政治经济研究所与华东师范大学—康奈尔比较人文研究中心联合举办的“2014 批判传播学年会：中国媒体的政治坐标”在复旦大学新闻学院举行。

○ 11 日，浙江省委宣传部与浙江大学正式签署共建传媒与国际文化学院协议，成立部校共建传媒学院院务委员会。

○ 12 日至 13 日，安徽大学报刊历史研究所协同《安徽大学学报》编辑部、复旦大学新闻与传播研究中心、《史学月刊》编辑部，召开了第五届“中国报刊与社会历史研究”学术研讨会。

○ 15 日，上海交通大学新媒体与社会发展研究中心、舆情研究实验室、上海战略研究所谢耘耕工作室举办了 2014 第三届“新媒体与社会发展”全国研究生学术论坛。论坛共收到来自全国 160 多所高校的 500 多名博士、硕士研究生提交的 400 余篇学术论文。

○ 19 日，由中国社会科学院新闻与传播研究所主办的《新闻与传播研究》创刊 20 周年暨《中国新闻传播学年鉴》创刊启动研讨会在北京香山饭店召开。国内部分新闻传播学院校、社科院新闻研究机构的负责人应邀参会。

8 月

○ 20 日，由北京大学现代出版研究

院、河北大学新闻传播学院和世新大学新闻传播学院等联合主办的第十届海峡华文出版与传播典范学术研讨会在台北世新大学举行。

○ 21 日，中国广告教育研究会、武汉大学媒体发展研究中心、武汉大学新闻与传播学院、中南大民族大学文学与传媒学院、湖北民族学院共同主办的“广告国际论坛暨中国广告教育研究会第 13 届年会”在湖北恩施举行。

9 月

○ 2 日至 3 日，由清华大学新闻与传播学院、清华大学伊斯雷尔·爱泼斯坦对外传播研究中心、英国威斯敏斯特大学中国传媒中心和中国新闻史学会外国新闻传播史研究委员会联合主办的“中国传媒走向全球”国际学术论坛在北京召开。

○ 13 日至 14 日，第九届新闻与传播心理研讨会暨中国社会心理学会传播心理专业委员会第六届年会在中国传媒大学召开。会议由中国社会心理学会传播心理专业委员会和中国传媒大学主办，中国传媒大学新闻传播学部新闻学院承办。

○ 16 日，《人民日报》以《下一盘新闻人才培养的好棋——部校共建新闻学院综述》为题对中国部校共建新闻学院情况进行了深入报道。

○ 18 日，由中国传媒大学传播研究院承办的第十届中俄大众传媒发展国际学术研讨会在北京举行，会议的主题为“国际传播与国家发展”。

○ 22 日至 23 日，中国社会科学论坛“第五届中国 - 北欧妇女与性别国际研讨会”在北京举行。来自中国、瑞典、挪威、丹麦、芬兰、加拿大、澳大利亚、印度尼西亚、印度等国家的传播学和性别领域的 100 多位学者、研究生、民间妇女组织代表出席了会议。参会者围绕“性别与传播：信息传播技术的使用、再现、发声与赋权”的主题展开了对话和讨论。此次国际研讨会由中国社会科学院学部主席团主办，中国社会科学院新闻与传播研究所和瑞典隆德大学东南亚研究中心共同承办，丹麦哥本哈根大学北欧亚洲研究所和中国复旦大学北欧研究中心协办。

○ 25 日，人民日报社与清华大学共建新闻与传播学院签约仪式在清华大学举行。

○ 27 日，联合国教科文组织 - 联合国文明联盟全球媒介素养与跨文化对话教席大会在清华大学召开。

10 月

○ 8 日，华东师范大学举行“传媒教育 90 周年和传播学院建院 10 周年庆典”。

○ 10 日至 11 日，中华新闻传播学术联盟第六届研究生学术研讨会在中国传媒大学举行。

○ 18 日，由中国传媒大学马克思主义传播与大众化研究中心主办的中韩核心价值观比较研讨会在中国传媒大学召开。韩国成均馆大学、韩国祥明师范大学、韩国青云大学、中国社会科学院、北京市社科联及中国传媒大学等教研机构参与会议。

○ 18 日至 19 日，第七届中国青年传播学者论坛在武汉大学新闻与传播学院召开。该论坛以“媒体与公共生活：问题与可能性”为主题，共有 32 位青年学者出席并报告了他们最新的研究成果。本届论坛共分为六个专题，分别是“政治传播与舆论空间”“新媒介与新空间”“媒介空间之文化批评”“传统媒体：真实与谣言传播”“社会化媒介议题新探”和“传播史的想象空间”。

○ 23 日至 24 日，由南京大学新闻传播学院与复旦大学新闻学院联合主办的 2014 年“中欧传媒高峰论坛”在南京召开。来自南京大学、复旦大学、北京大学、中国传媒大学等国内知名高校的传播学者以及斯洛文尼亚卢布尔雅那大学教授

Slavko Splichal、英国诺森比亚大学教授 Peter Golding、芬兰赫尔辛基大学教授 Hannu Nieminen、香港浸会大学教授 Colin Sparks、美国威斯康辛大学麦迪逊分校教授潘忠党等国外著名学者共同出席本次论坛。

○ 27 日，第十二届中国传播学大会在北京召开。全国政协委员、中国新闻文化促进会会长李东东，中国社会科学院秘书长、党组成员高翔出席大会并致辞。会议以“传播与变革：新媒体，现代化”为主题。来自全国新闻传播研究机构、高校新闻传播院系以及媒体单位的近 200 人参加了会议。大会宣布，中国新闻文化促进会传播学分会（简称“中国传播学会”）完成换届，中国社会科学院新闻与传播研究所所长、研究员唐绪军任会长。会议由中国新闻文化促进会传播学分会和中国社会科学院新闻与传播研究所联合举办。

○ 10 月，第二届（2013 年度）全国新闻传播学优秀论文遴选结果揭晓，《“解放”与“翻身”：政治话语的传播与观念的形成》等 10 篇学术论文和《叙述的陷阱——以复旦大学学生中毒案的两篇报道为例》等 5 篇业务论文当选。该遴选活动由中国社会科学院新闻与传播研究所于 2013 年创设，是不需要作者申报的奖项，优秀论文是由主办单位从上一年度发表的作品中“海选”出来的。

11 月

○ 1 日至 2 日，中国高等院校影视学会第十五届年会暨第八届中国影视高层论坛在江苏南京举行。

○ 2 日，“中国新闻史学会 2014 年年会暨中国新闻传播专题史研究学术研讨会”在广州市暨南大学召开。来自全国 150 多所高校、新闻研究机构及部分媒体的 200 余名代表参加了会议，共收到学术论文 130 余篇。会议期间举行了中国新闻史学会第四届理事大会暨会员大会，并审议通过了第五届理事会组织机构推荐名单和第五届理事会常务理事推荐名单。清华大学新闻与传播学院当选为中国新闻史学会新一届会长单位，清华大学新闻与传播学院教授、副院长陈昌凤当选为中国新闻史学会新任会长。

○ 4 日，第九届华语青年影像论坛之“传统与未来：互联网经济与中国电影产业生态”主题峰会在清华大学举行。

○ 14 日，根据《“长江学者奖励计划”实施办法》，教育部公布了 2014 年度长江学者特聘教授名单，中国人民大学新闻学院教授喻国明与复旦大学新闻学院教授张涛甫入选。

○ 15 日，“数字时代出版产业发展暨 2014 年全国编辑出版等教学会年会”在河南大学召开。

○ 22 日，“媒体融合与新闻传播学科发展研讨会”在北京大学新闻与传播学院举行。

○ 22 日，由清华大学国际传播研究中心主办的第九届中国健康传播大会在北京召开。

○ 22 日至 23 日，第十届中国新闻传播学科研究生学术年会在复旦大学新闻传播学院举行。该年会的主题为“跨学科的视野：城市与传播”。

○ 22 日，在中国社会科学院中国社会科学评价中心（CECHSS）发布的《中国人文社会科学期刊评价报告 · 2014》中，新闻传播学期刊首次被评为顶级期刊。

○ 27 日，光明日报社与北京师范大学签署共建新闻传播学院协议，北京师范大学新闻传播学院正式揭牌，光明日报社副总编刘伟受聘为新闻传播学院院长。

12 月

○ 6 日至 7 日，由中国网络传播学会主办、中国传媒大学新闻传播学部新闻学院承办的2014中国新媒体传播学年会在中国传媒大学国际交流中心举行。该年会主题为“断裂与重构·融合与创新：互联网思维的传播学逻辑”。

○12日至14日，首届中国大学生新闻媒体峰会在南京大学新闻传播学院举行。会议以“中国梦·青年梦·新闻梦”为主题，全国39所高校的51家校园媒体和《人民日报》政治文化部党建采访室副主任李章军，中央电视台《新闻联播》主播郎永淳、欧阳夏丹，财新《新世纪》周刊首席调查记者王和岩，南京大学新闻传播学院副教授、《焦点访谈》原主编庄永志等业界人士出席会议。

○13日，2014年新闻传播学科实验教学国际论坛在华南理工大学召开。

○14日，清华大学举行国家形象传播研究中心成立大会暨揭牌仪式。

○14日，第二届范敬宜教育奖颁奖仪式在清华大学举行。

○16日，经国务院学位委员会第31次会议审议，成立了第七届国务院学位委员会学科评议组，其中新闻传播学组成了由以下七位教授组成的学科评议组：陈昌凤（清华大学）、胡正荣（中国传媒大学）、黄旦（复旦大学）、石义彬（武汉大学）、唐绪军（中国社会科学院）、喻国明（中国人民大学）、张昆（华中科技大学）。

○22日，主题为“推动媒体融合发展，加强治理体系能力现代化建设”的2014年新华社新闻学术年会在北京召开。

○24日，宁夏大学新闻传播学院成立。在揭牌仪式上，宁夏回族自治区党委宣传部与宁夏大学签订了共建协议。

○27日，河南省委宣传部与郑州大学共建新闻与传播学院签约仪式在郑州大学举行。

○12月，由中国社会科学院新闻与传播研究所主办的《中国新闻年鉴》（2014年卷）出版发行，这是该刊连续出版的第33卷。该卷进行了全新改版，分板块编排，详细收录了散发于国内主要新闻传播专业期刊的文章篇目。该卷还被纳入“中国社会科学年鉴”品牌系列。

○12月，国内第一本新闻传播专业学术文摘《新闻学传播学文摘》正式创刊。该刊作为“中国社会科学学科文摘系列”由中国社会科学院新闻与传播研究所主办，由中国社会科学出版社出版发行，拟于2015年出版两卷，以后每年出版四卷。

整理：胡翼青（南京大学新闻传播学院教授）

2014年中国人文社会科学期刊评价结果

（新闻学与传播学）

2014年11月22日，中国社会科学院中国社会科学评价中心发布《中国人文社会科学期刊评价报告（2014年）》①。

在该报告中，新闻学与传播学学科共收录11种期刊，其中，顶级期刊1种，权威期刊1种，核心期刊5种，扩展期刊4种。

序号	刊名	主办单位	吸引力	管理力	影响力	总得分	期刊级别
1	新闻与传播研究	中国社会科学院新闻与传播研究所	54.1301	9	8.0259	71.1560	顶级
2	国际新闻界	中国人民大学	50.8448	12	6.3525	69.1973	权威
3	现代传播（中国传媒大学学报）	中国传媒大学	50.2199	10.5	7.7968	68.5167	核心
4	中国科技期刊研究	中国科学院自然科学期刊编辑研究会，中国科学院文献情报中心	45.2679	12.5	5.7730	63.5409	核心
5	编辑之友	山西出版集团	42.3249	11.5	5.9175	59.7424	核心
6	编辑学报	中国科学技术期刊编辑学会	42.3374	9	6.3375	57.6749	核心
7	中国出版	中国新闻出版传媒集团	41.4597	9	5.9031	56.3628	核心
8	新闻大学	复旦大学	41.8162	8	6.4833	56.2995	扩展
9	出版发行研究	中国新闻出版研究院	41.7758	9	5.3347	56.1105	扩展
10	编辑学刊	上海市编辑学会、上海世纪出版集团	33.4495	8	3.5932	45.0427	扩展
11	中国广播电视学刊	中国广播电视协会	32.0453	7	3.3400	42.3853	扩展

① 该报告创制了中国人文社会科学期刊综合评价指标体系。该体系包括吸引力、管理力和影响力，简称AMI。吸引力（Attraction Power）指评价客体的外部环境，良好的外部环境能够吸引更多的资源，提升评价客体的吸引力。管理力（Management Power）指评价客体管理者管理评价客体的能力，促进评价客体发展的能力。影响力（Impact Power）是评价客体实力的直接表现，是吸引力和管理力水平的最终体现。综合评价指标体系由五级指标构成，其中一级指标3个，二级指标12个，三级指标36个。综合评价指标体系的总分值为208分，其中一级指标“吸引力”的分值为83.5分，“管理力”的分值为39.5分，“影响力”的分值为85分。

2014—2015 中文社会科学引文索引（CSSCI）* 来源期刊目录（新闻学与传播学）

2013 年 12 月，南京大学中国社会科学研究评价中心召开中文社会科学引文索引指导委员会第十次会议。该中心根据会议通过的来源期刊遴选的原则和办法，确定了 CSSCI（2014—2015）来源期刊目录，其中新闻学与传播学来源期刊共 15 种，按刊名音序排列如下。

序号	期刊名称	主办(管)单位	CN 号
1	编辑学报	中国科学技术期刊编辑学会	CN11 - 2493/G3
2	编辑之友	山西出版传媒集团有限责任公司	CN14 - 1066/G2
3	出版发行研究	中国新闻出版研究院	CN11 - 1537/G2
4	出版科学	湖北省编辑学会、武汉大学	CN42 - 1618/G2
5	当代传播	新疆日报社、新疆新闻工作者协会	CN65 - 1201/G2
6	国际新闻界	中国人民大学	CN11 - 1523/G2
7	科技与出版	清华大学出版社有限公司	CN11 - 3209/G3
8	现代出版	中国大学出版社协会等	CN11 - 5979/G2
9	现代传播（中国传媒大学学报）	中国传媒大学	CN11 - 5363/G2
10	新闻大学	复旦大学	CN31 - 1157/G2
11	新闻记者	文汇新民联合报业集团等	CN31 - 1171/G2
12	新闻与传播研究	中国社会科学院新闻与传播研究所	CN11 - 3320/G2
13	中国编辑	中国编辑学会、高等教育出版社	CN11 - 4795/G2
14	中国出版	新闻出版报社	CN11 - 2807/G2
15	中国科技期刊研究	中国科学院自然科学期刊编辑研究会等	CN11 - 2684/G3

* 中文社会科学引文索引英文全称为“Chinese Social Sciences Citation Index”，缩写为 CSSCI；用来检索中文社会科学领域的论文收录和文献被引用情况。“中文社会科学引文索引”（CSSCI）由南京大学中国社会科学研究评价中心开发研制而成。

2014年中国新闻传播专业期刊一览

据不完全统计，2014年中国共出版新闻传播专业期刊85种。现将这些期刊按刊名音序排列如下。

期刊名称(刊号)	期刊类型	通信地址	邮编	联系电话
北京广播影视 CN11－1506/G2	半月刊	北京市复外大街2号	100866	(010)86093593
编辑学报 CN11－2493/G3	双月刊	北京西城区白广路18号报刊总社8号信箱	100069	(010)63577685
编辑学刊 CN31－1116/G2	双月刊	上海市建国西路384弄11号甲	200031	(021)60878368
编辑之友 CN14－1066/G2	月刊	山西省太原市建设南路21号出版大厦	030012	(0351)4956011
城市党报研究 CN32－1680/G2	双月刊	无锡市学前东路1号	214002	(0510)2757557转722
采写编 CN13－1168/G2	双月刊	石家庄市裕华东路210号	050013	(0311)85078955
出版参考 CN11－1743/G2	半月刊	北京市丰台区三路居路97号	100073	(010)52257117
出版发行研究 CN11－1537/G2	月刊	北京市丰台区三路居路97号	100073	(010)52257108
出版广角 CN45－1216/G2	半月刊	广西南宁市望园路13号	530022	(0771)5583044 (010)63108083
出版科学 CN42－1618/G2	双月刊	武汉市珞珈山武汉大学信息管理学院	430072	(027)68753799
出版与印刷 CN31－1643/TS	季刊	上海市水丰路100号	200093	(021)65671635
传播与版权 CN45－1390/G2	月刊	广西南宁市望园路13号广西新闻出版局综合办公楼6楼	530022	(0771)3926818
传媒 CN11－4574/G2	月刊	北京市丰台区三路居路97号	100073	(010)52257129
传媒观察 CN32－1712/G2	月刊	南京市管家桥65号	210092	(025)84702171
传媒评论 CN33－1163/G2	月刊	杭州市体育场路178号	310039	(0571)85310376
当代传播 CN65－1201/G2	双月刊(汉文)	乌鲁木齐市扬子江路1号	830051	(0991)5593316
当代电视 CN11－1322/J	月刊	北京市朝阳区德外大街北沙滩1号院32号中国文联A座510－512	100083	(010)59759273/76/77
电视技术 CN11－2123/TN	半月刊	北京743信箱(北京朝阳区酒仙桥北路乙7号)	100015	(010)64313649

续表

期刊名称(刊号)	期刊类型	通信地址	邮编	联系电话
电视研究 CN11－3068/G2	月刊	北京市复兴路 11 号《电视研究》编辑部	100859	(010)68500653
电影评介 CN52－1014/J	半月刊	贵州市富水北路 9 号/通联二址:上海市福山路 309 号	200122	(0851)86417303
东南传播 CN35－1274/J	月刊	福州市白马北路 253 号广电大院 4－5 层	350001	(0591)87522929
对外传播 CN11－4811/G2	月刊	北京市百万庄大街 24 号	100037	(010)68326098
广播电视信息 CN11－3229/TN	月刊	北京市复兴门外大街 2 号广电总局院内	100866	(010)86091981
广播与电视技术 CN11－1659/TN	月刊	北京 2116 信箱	100866	(010)86092077
广告大观(理论版) CN32－1730/F	月刊	北京市海淀区苏州街 18 号院长远天地 B1－903 室	100080	(010)82603671
广告大观(综合版) CN32－1730/F	月刊	南京市秦淮区石鼓路 107 号华威大厦 20 层 B 座	210005	(025)84798501
国际广播影视 CN11－4891/G2	月刊	北京市石景山路甲 16 号	100040	(010)68892958
国际新闻界 CN11－1523/G2	月刊	北京市海淀区中关村大街 59 号明德新闻楼中国人民大学新闻学院	100872	(010)82509362
湖南大众传媒职业技术学院学报 CN43－1370/E	季刊	长沙市星沙经济技术开发区潇湘路 23 号	410100	(0731)4028582
记者摇篮 CN121－1032/G2	月刊	沈阳市青年大街 356 号	110003	(024)22698220
今传媒 CN61－1430/G2	月刊	西安市 129 号信箱	710068	(029)88820312
军事记者 CN11－4467/G2	月刊	北京市阜外大街 34 号	100832	(010)66720796
科技传播 CN11－5820/N	半月刊	北京市朝阳区东土城路 8 号林达大厦 A 座 22 层 A 室	100013	(010)64465953
科技与出版 CN11－3209/G3	月刊	北京清华大学出版社	1000084	(010)62770175 转 3411
媒体时代 CN42－1811/G2	月刊	武汉市武昌区公正路 9 号	430071	(027)87817881
南方电视学刊 CN44－1678/G2	双月刊	广州市环市东路 331 号	510066	(020)61293133
内蒙古广播与电视技术 CN15－1117/TN	季刊	呼和浩特市新华大街 71 号内蒙古广电局科技情报室	010058	(0471)6631083
青年记者 CN37－1003/G2	半月刊	济南市经十路 16122 号	250014	(0531)85196697
全球传媒学刊 CN10－1270/G2	季刊	北京市海淀区清华大学宏盟楼新闻与传播学院	100084	(010)62781568

续表

期刊名称(刊号)	期刊类型	通信地址	邮编	联系电话
声屏世界 CN36－1080/G2	月刊	南昌市江都中大道 207 号省广播电视中心	330046	(0791)88316904
视听 CN45－1342/G2	月刊	广西南宁市七星路 123 号《视听》编辑部	530022	(0771)2632550
视听界 CN32－1294/G2	双月刊	南京市珠江路 28 号珠江大厦 26 楼	210018	(025)83287966
网络传播 CN11－5195/G2	月刊	北京市西城区百万庄大街 24 号	100037	(010)68990843
西部广播电视 CN51－1458/TN	半月刊	成都市红星路 2 段 119 号	610017	(028)62023381
现代传播 CN11－3614/G2	双月刊	北京市朝阳区定福庄东街 1 号	100024	(010)65779586
现代出版 CN11－5979/G2	双月刊	北京市朝阳区定福庄东街 1 号中国传媒大学出版社内	100024	(010)65783680
现代电视技术 CN11－4864/TN	月刊	北京市复兴路 11 号 215－1	100859	(010)63987586
现代电影技术 CN11－5336/TB	月刊	北京市海淀区双榆树科学院南路 44 号	100086	(010)82132764
现代视听 CN37－1330/G4	月刊	济南青年东路 1 号文教大厦北楼 707	250011	(010)51916365
新疆新闻出版 CN65－1240/G2	季刊(维文)	乌鲁木齐市解放南路 346 号	830001	(0991)2840136
新闻爱好者 CN41－1025/G2	月刊	郑州市农业路东段 28 号	450008	(0371)65795932
新闻采编 CN14－1070/G2	双月刊	太原市双塔寺街 124 号	030012	(0351)4294504
新闻潮 CN45－1044/G2	月刊	南宁市民主路 21 号广西日报社大院	530026	(0771)5690057
新闻传播 CN23－1070/G2	月刊	哈尔滨市道里区地段街 1 号	150010	(0451)84696061
新闻窗 CN52－1034/G2	双月刊	贵阳市宝山北路 372 号	550001	(0851)6625777
新闻春秋 CN10－1063/G2	季刊	中国人民大学明德新闻楼 705	100872	(010)82500048
新闻大学 CN31－1157/G2	双月刊	上海市邯郸路 44 号复旦大学新闻学院内	200433	(021)65643630
新闻记者 CN31－1171/G2	月刊	上海市延安中路 839 号	200040	(021)62791234
新闻界 CN51－1046/G2	双月刊	成都市红星路二段 70 号	610012	(028)86968603
新闻论坛 CN15－1019/G2	双月刊	呼和浩特市新城西街内蒙古日报社大楼	010016	(0471)6635396
新闻前哨 CN42－1263/G2	月刊	武汉市东湖路 181 号湖北日报社内	430077	(027)88568037
新闻三味 CN11－2648/G2	月刊	北京市安定门外六铺炕工人日报社内	100718	(010)64242398

续表

期刊名称(刊号)	期刊类型	通信地址	邮编	联系电话
新闻世界 CN34－1090/G2	月刊	合肥市政务新区安徽报业大厦8楼	230071	(0551)5179801
新闻天地 CN43－1344/G2	月刊	长沙市芙蓉中路27号湖南新闻大厦5号楼	410008	(0731)84312062
新闻研究导刊 CN50－1205/G2	月刊	重庆市渝中路解放西路66号	400012	(023)63907925
新闻与传播 CN11－1343/G2	双月刊	北京市海淀区中关村大街59号文化大厦	100086	(010)62514977
新闻与传播研究 CN11－3320/G2	月刊	北京市光华路15号泰达时代中心1号楼10层新闻所	100026	(010)65980611
新闻与写作 CN11－1109/G2	月刊	北京市建国门内大街20号	100734	(010)65253353
新闻战线 CN11－1337/G2	月刊	北京市金台西路2号人民日报社院内	100733	(010)65369252
新闻知识 CN61－1022/G2	月刊	西安市环城南路东段1号	710054	(029)82267260
浙江传媒学院学报 CN33－1334/G2	双月刊	杭州市下沙高教园区学源街998号	310018	(0571)86832735
中国报业 CN11－4629/G2	月刊	北京市朝外金台西路2号人民日报社内	100733	(010)65363856
中国编辑 CN11－4795/G2	双月刊	北京市西城区德胜门外大街4号	100011	(010)58582441
中国传媒科技 CN11－4653/N	月刊	北京市宣武门西大街甲97号	100031	(010)63074927
中国出版 CN11－2807/G2	半月刊	北京市朝阳区东四环南路55号	100023	(010)87622011
中国地市报人	月刊	宜昌市东山大道119号	443000	(027)6441230
中国电视 CN11－2750/J	月刊	北京市复兴门外大街2号(国家新闻出版广电总局院内)	100866	(010)86093518
中国广播 CN11－3074/G2	月刊	北京市复兴门外大街2号	100866	(010)68045665
中国广播电视年鉴 CN11－4069/G2	年刊	北京市朝阳区定福庄东街1号	100024	(010)65766415
中国广播电视学刊 CN11－1746/G2	月刊	北京市复兴门外大街2号	100866	(010)86093458
中国广告 CN31－1174/F	月刊	上海市宁海东路200号申鑫大厦1805室	200021	(021)63552298
中国记者 CN11－1275/G2	月刊	北京市石景山区京原路8号	100040	(010)63074754
中国科技期刊研究 CN11－2684/G3	月刊	北京市海淀区中关村北四环西路33号中国科学院文献情报中心710室	100190	(010)62572403
中国新闻年鉴 CN11－3287/G2	年刊	北京市光华路15号泰达时代中心1号楼10层新闻所	100026	(010)65980612
中国有线电视 CN61－1309/TN	月刊	西安市咸宁西路28号	710049	(029)82667927

整理：王子衿（中国社会科学院研究生院新闻学与传播学系研究生）

范耕晖（中国社会科学院研究生院新闻学与传播学系研究生）

第十四篇
研究生学苑

中国新闻传播学博士学位论文的现状与发展（1988—2011）

一、引言

博士研究生培养处于新闻学教育体系金字塔的顶端，博士学位论文是博士研究生最重要的标志性成果，它既是表征作者学术水准的“私人”作品，又是反映学科学术声誉的“公共”财产。于私而言，博士学位论文是学位候选者科研能力及学术水平的集中体现，它既是候选人能否获得学位的“敲门砖”，也是其进入学术殿堂的“入场券”，不少学者水平最高的理论著作，往往是其博士学位论文或是在博士学位论文基础上完成的成果①。于公而论，博士学位论文是研判学科精英群体学术声誉的重要依据，是评判学科学术质量及创新程度的关键指标，是衡量学科学术地位及发展态势的重要标志。

1690 年 3 月，德国莱比锡大学的托俾厄斯·波伊瑟（Tobias Peucer）的博士论文《关于新闻报道》通过答辩②，成为全球首篇新闻学博士论文，但该文仅 29 个段落、6000 多个字词③，与现代博士论文的标准范式尚有距离。1934 年，美国密苏里大学新闻学院培养出全球首个新闻学科的哲学博士，是现代新闻学博士教育正式发端的标识。

1988 年，中国大陆开始产出首批新闻传播学博士学位论文。进入新世纪，中国大陆新闻学博士教育规模迅速扩大，2008 年新闻学博士授权点达 11 个，2011 年达 15 个，2014 年增至 18 个④。在博士学位论文产出数量急剧膨胀的同时，博士学位论文质量有所下滑，各界批评声不绝于耳⑤。对新闻学博士学位论文质量进行评估，并在此基础上反思中国大陆的新闻学研究，实属迫在眉睫。

博士学位论文评估问题已经引起学界的关注，取得了初步的成果。研究者提出的质量评估方法主要有引文分析方法⑥、

---

① 邱兆祥：《经济学博士论文写作中的若干问题》，《中国流通经济》2006 年第 9 期。

② Atwood, R. A. & Beer, A. S. D., “The Roots of Academic News Research: Tobias Peucer's De relationibus novellis (1690)”, *Journalism Studies*, Vol. 2, No. 4, 2001, pp. 485 – 496.

③ 陈力丹：《回到最早的新闻学博士论文：读 1690 年托俾厄斯·波伊瑟〈关于新闻报道〉》，《现代传播》2012 年第 10 期。

④ 这里统计的是经过国家教育主管部门审核批准公布的新闻学博士点，不包括一些培养机构挂靠于相关一级学科博士点而自设的新闻学博士点。若包括后者，中国的新闻学博士点达 25 个。

⑤ 张昆：《新闻教育改革论》，华中科技大学出版社 2012 年版，第 125 页。

⑥ Beile, P. M., Boote, D. N. & Killingsworth, E. K., “A Microscope or a Mirror?: A Question of Study Validity Regarding the Use of Dissertation Citation Analysis for Evaluating Research Collections”, *The Journal of Academic Librarianship*, Vol. 30, No. 5, 2004, pp. 347 – 353.

神经网络方法①和内容分析方法②。在新闻学领域，索拉·维吉尼亚（Sonia Virginia Moreira）对巴西圣保罗大学（USP）新闻系1989—2004年初的博士研究生学位论文进行了内容分析③，赫鲁贝拉（Jean-Pierre V. M. Hérubela）对法国出版和传媒学科博士论文的研究主题和兴趣特征做了描述研究。④ 滕鹏对101篇美国新闻学博士论文进行了内容分析，发现美国新闻学博士论文在研究方法、研究焦点上呈现多样性；在媒介类型研究及学科交叉方面则表现出集中化。⑤

总体来看，关于新闻学领域博士论文质量评估的研究仍较薄弱，特别是量化研究成果稀缺。本文试图通过构建一套指标框架，引入统计工具，从新闻学博士论文概貌特征的视角，透视和反思中国大陆新闻学研究的进展、问题与不足。

二、研究方法

（一）数据来源

本研究的数据采集范围涵盖大陆在1988—2011年产出的所有新闻学博士学位论文⑥。在国家图书馆和中国知网的博士论文数据库中检索专业名称为“新闻学”、产出时间段为1988—2011年的文献，得到372篇博士论文。鉴于上述方法收集的数据不全，再以同样方法在大陆新闻学博士培养单位图书馆的数据库中进行检索，以作补充。不同渠道的检索结果互有交叉，剔除重合部分，专业名称为“新闻学”、且产出时间段为1988—2011年的博士论文有516篇⑦；检索时间为2012年5月1日至2013年1月31日，在此期间，检索结果无变化。

（二）研究方法

本文采用内容分析方法，对大陆博士学位论文进行定量统计研究。论文构建的新闻学博士论文质量评估指标主要来源于三方面。其一，博士论文收录数据库列出的通用指标。收录博士论文的数据库都明确列出递交时间、作者、培养单位、导师、论文题目、关键词、摘要等。其二，学术界相关研究设定的指标。包括研究类型、研究方法、研究媒体类型、研究领域、学科交叉和国际意识等6个指标。三是本研究新定义的指标。本研究设“研究专题集中度”和“博士论文选题相似度”两个指标，运用共词聚类分析和人工识别相结合的方法，对博士论文的内容集中度和选题雷同属性进行评估。依据该指标体系设计了编码表，对编码规则进行了界定。然后对参与该数据编码的4名学生进行了培训（其中2人独立编码，2人进行数据稽核），编码完成后在编码数据中随机抽取10%的数据作为子样本，评估编码员在内容分析中的一致性。运用赫伊斯特（Holsti）公式（1969）⑧ 计算出编码员间

---

① 陈伟：《人工神经网络及其在博士论文质量评估中的应用》，《中国高等教育评估》2006年第4期。

② Jordi Xifra, Antonio Castillo, "Forty Years of Doctoral Public Relations Research in Spain: A Quantitative Study of Dissertation Contribution to Theory Development", *Public Relations Review*, Vol. 32, 2006, pp. 302 – 308.

③ Moreira, S. V., "Trends and New Challenges in Journalism Research in Brazil", *Brazilian Journalism Research*, Vol. 1, No. 2, 2005, pp. 10 – 24.

④ Hérubel, J. P. V., "Disciplinary and Research Subjects in French Doctoral Dissertations in Press and Media Studies: A bibliometric treatment", *Behavioral & Social Sciences Librarian*, Vol. 25, No. 2, 2007, pp. 23 – 46.

⑤ 滕鹏：《多样性与集中化：对101篇美国新闻学博士论文的分析》，《国际新闻界》2006年第4期。

⑥ 挂靠其他博士点产出的论文不予统计；同一导师既指导新闻学论文又指导传播学论文，则涉及前者。

⑦ 因有部分博士论文未传至数据库，且有部分培养单位数据库不对外开放，本研究对1988—2011年产出的中国大陆新闻学博士论文的收集还有部分遗漏。

⑧ Holsti, O. R., *Content Analysis for the Social Sciences and Humanities*, Don Mills: Addison-Wesley, 1969.

信度系数为 0.8653，表明该编码的信度较高。最后，运用 SPSS19.0 软件，输出数据和图表。

三、统计结果与研究发现

（一）大陆新闻学博士学位论文产出概况及演变

中国大陆首批 4 篇新闻学博士学位论文诞生于 1988 年，其中 3 篇出自中国人民大学，即童兵的《马克思主义新闻思想奠基人：马克思恩格斯新闻思想研究》，郭镇之的《中国电视史稿》，尹韵公的《明代的新闻传播事业》；1 篇出自复旦大学，即高冠钢的《论美国新闻学的若干基本问题的历史演变》。此后，中国大陆新闻学博士学位论文数总体上呈增长态势，其演化轨迹可划分为三个阶段。一是曲折起步阶段（1988—1994）。这是新闻学科的博士培养的草创期，其间遭遇 1989 年的政治风波，博士论文数量在六年间起伏较大。1989 年和 1991 年两年无产出，1992 年仅 1 篇，1990 年和 1994 年仅 2 篇。二是快速增长阶段（1995—2006），新闻学博士论文的年产出量由 1995 年的 4 篇增至 2006 年的 50 篇。三是高位稳增阶段（2007—2011），该时段内新闻学博士论文年产出量突破 60 篇。

中国人民大学、复旦大学和中国传媒大学三校产出数分别占总数的 29.84%、19.57% 和 16.47%；三校合计占总数的 65.88%。1988—2001 年，仅中国人民大学、复旦大学有新闻学博士论文产出。2002 年后，博士点增加，各培养单位均有博士论文产出，但中国人民大学、复旦大学仍居领先地位。2006 年，武汉大学和中国传媒大学的产出数超过复旦大学，位居二、三。2007 年，武汉大学成为新闻学博士论文数产出最多的高校。2008 年，又有华中科技大学和四川大学两校异军突起。在高校系统之外，中国社会科学院研究生院新闻系博士论文产出共 21 篇。总体上看，全国新闻学博士论文的产出分布格局日趋多元化（见图 1）。

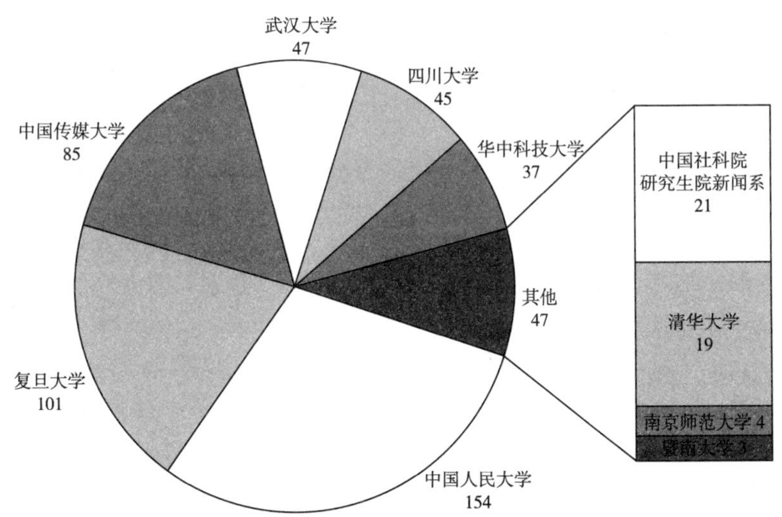

图 1　516 篇新闻学博士学位论文的产出单位分布

单个导师指导论文累计数，30 篇以上有 2 人，欧阳宏生以 38 篇居首；21—23 篇者有 4 人；10—18 篇者有 10 人；5—9 篇者 13 人。导师年均指导博士论文数，全国平均数为 2.5 篇；一人一年指导博士论文数的最高记录为 8 篇。各博士点年均博士论文产出数呈增长态势。2011 年，平均每个博士点产出 6.9 篇，四川大学、中国传媒大学、中国人民大学的产出均超 10 篇。导师资源丰富的培养单位年均产出数较多，应属正常。中国社会科学院研究生院新闻系的年均博士论文仅 2.3 篇，是坚持走精英培养路线的典型。但也有一些导师资源匮乏的培养单位的年度产出数却位居前列的不同寻常的例子。大陆新闻学博士论文总产量跃居世界前列，但导师一人一年指导博士论文数过多，并非可喜的事情。

（二）中国大陆新闻学博士学位论文的总体特征

1. 博士学位论文研究类型及学科交叉情况

依研究对象属性及成果使用去向，可将研究成果区分为基础研究、应用研究和综合研究三类。516 篇论文中，基础研究 306 篇，占 59.3%；综合研究 134 篇，占 25.97%；应用性研究仅 76 篇，占 14.73%。从演变趋势来看，2000 年以前，主要以基础性研究和综合性研究为主；2000 年后，应用性研究逐步增多；2005 至 2007 年，三种类型的分布已较为均衡。这表明新研究类型在朝多元化方向发展。总体上看，国内博士论文强调基础理论探究、新知识的创造和发现、对学科理论的贡献，追求论文成果的永恒价值和“普世价值”。基础性研究是主流，这与西方国家博士论文的价值追求是一致的。

新闻学是一个年轻的学科，知识和理论体系尚不成熟[①]，需要其他学科的理论滋养。博士论文往往需要引介其他学科的知识资源和理论构架，实行学科交叉。“学科交叉”反映的是博士论文使用其他学科知识资源，进行跨学科交叉研究的情况。若一篇博士论文的知识资源主要局限在新闻学领域，则定义为“无明显交叉”。一篇博士论文可能跨越多个学科，呈现多种交叉样态，本研究仅统计最主要的槛外（新闻学科外）学科。中国大陆的新闻学博士论文与 23 个学科进行了交叉，其中被交叉频次最高的学科为管理学和历史学，相应论文分别为 73 篇、72 篇；社会学、传播学和政治学次之，分别为 54 篇、50 篇和 44 篇；与文化学、经济学和法学交叉的，分别为 31 篇、24 篇和 19 篇；与心理学、语言学交叉的，9 篇；与科学学、市场营销学、外交学交叉的，6 篇；与哲学交叉的，1 篇；与伦理学、教育学、批评学交叉的，均为 4 篇；与生态学交叉的 3 篇；与图书馆与情报科学、民族学、公共关系学交叉的，均为 2 篇；与信息科学交叉的仅 1 篇；另有 86 篇无明显交叉（见图 2）。可见，新闻学博士论文的学科交叉形态以“文—文”交叉为主，“文—理”交叉的较少，“文—工”的大跨度交叉则十分罕见。

2. 国际意识及所涉国家或地区分布

在全球化时代，研究者的国际视野不可或缺。“国际意识”指标考量新闻学博士论文研究视野的开放程度，描述其研究议题的内外指向及研究内容涉及的国别或地区。内容包括以研究本土问题为主的“本土议题”、以研究外国问题为主的“外国议题”和兼及国内外问题的“中外结合议题”三类。516 篇样本中有 378 篇属本土议题，占总数的 73.26%；研究中外结合议题者 92 篇，占总数的 17.83%；研究国外议题者 46 篇，占总数的 8.91%。近 20 年来博士论文均以本土议题为主，并在 2006 年达到一个峰值。涉外论文出现的年份比较分散，1988 年 2 篇；90 年代较少；2003 年以后，议题中外结合的论文数有所

---

① Tomaselli, K. G. & Shepperson, A., “The Poverty of Journalism: Media Studies and ‘science’”, *Continuum: Journal of Media & Cultural Studies*, Vol. 13, No. 2, 1999, pp. 237 - 253.

上升，并保持一个相对稳定的比例。研究国外议题的论文的比例一直较小，主要集中于中国人民大学、复旦大学、中国传媒大学、清华大学和华中科技大学，地处西部内陆的四川大学，这类论文比例很低，其他博士点更少有涉外议题的论文。

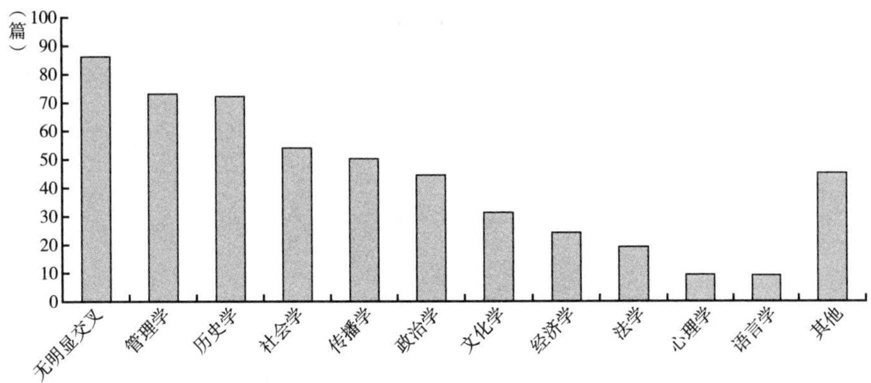

图 2 516 篇新闻学博士学位论文学科交叉涉及的学科分布

涉外论文涉及国家的分布呈非均衡样态。涉及美国的，以 23 篇高居榜首；涉及英国的，4 篇；涉及日本和中国台湾的，3 篇；涉及德国的，2 篇；涉及俄罗斯、加拿大、澳大利亚、韩国、越南、欧盟、东盟、中国香港的，各 1 篇；另有 3 篇，涉及西方其他国家（见表 1）。印度、巴西、南非等金砖国家及广大发展中国家均未被涉及。中国大陆新闻学博士学位论文的选题的封闭性仍较严重。反观美国，其博士学位论文的研究议题有巨大的地理跨度，表现出广阔的国际视野，对亚非拉等第三世界国家也很关注①。

表 1 516 篇新闻学博士学位论文中涉外议题涉及国家或地区分布

国别或地区	篇数	国别或地区	篇数	国别或地区	篇数
美国	23	德国	2	东盟	1
英国	4	澳大利亚	1	欧盟	1
西方其他国家	3	加拿大	1	韩国	1
日本	3	越南	1	中国香港	1
中国台湾	3	俄罗斯	1		
合计	46				

（三）内容特征

1. 媒体类型及研究领域

新闻学研究在很大程度上是围绕媒体活动展开的，考察博士论文所涉媒体类型是分析论文内容特征的重要路径。研究涉及的媒体类型，划分为综合性媒体（论文中涉及多种媒介种群）或单一媒体两类，后者进一步细分为广播电视、报刊、互联

① 邵培仁：《美国传播学博士学位论文选题的现状与趋势探析》，《杭州师范大学学报》2011 年第 2 期。

网、移动通信媒体、通讯社和其他。统计显示，516 篇中国大陆新闻学博士论文中，以综合性媒体为研究对象的有 161 篇，占总数的 31.2%；以广播电视为研究对象者，117 篇，占 22.67%；以报刊为研究对象者 115 篇，占总数的 22.29%；以互联网为研究对象者 32 篇，占 6.2%；以移动通信媒体为研究对象者 5 篇，占 0.97%；以通讯社为研究对象者 4 篇，占 0.78%；以其他媒介为研究对象者有 72 篇。

除中国传媒大学以研究广播电视为主外，其他培养单位均以研究报刊或综合性媒体为主。总体而言，1997 年以前，主要以报刊研究为主，广播电视研究自 1988 年起步，但一直不太受重视，直到 2000 年起，相关论文数才明显增多，到 2004 年和 2005 年达到峰值。1997 年起，开始出现互联网研究的论文，2011 年达到峰值。2008 年起开始出现移动通信媒体研究的论文，并稳步增加。上述现象是在中国传媒事业发展的大背景下出现的。20 世纪 90 年代是中国报刊的黄金期，新闻学博士论文主要向报刊聚焦。进入 21 世纪后，广播电视媒体朝纵深发展，尤其是 2004 年《超级女声》风靡一时，激发了学位申请者研究电视的热情。最近几年，博客、微博大兴，三网融合快速推进，移动通信媒体也成为热门。研究者走出“新闻学即报学”的藩篱，从以报刊为中心转向为对多种媒介种群的多样性研究。但与美国比较，中国大陆新闻学博士论文对互联网和移动通信媒体的研究仍显不足。预计未来几年，对这些新兴媒体业态的研究将成为热点。

统计表明，中国大陆新闻学与传播学博士论文的研究领域集中于新闻理论、大众传播学、新闻事业管理、新闻史、新闻业务五个细分学科，相应论文数分别占论文总数的 23%、18%、17%、15%、13%；此外，新闻法制与伦理的论文占 4%；国际传播学、比较新闻学、传播政治经济学、广告学和媒介文化的论文均占 2%左右（见图 3）。纵向看，中国大陆新闻学博士论文的研究领域有多元化程度渐强的趋势。1996 年以前，研究领域主要集中在新闻理论和新闻史；1996—2000 年，大众传播学、新闻事业管理、新闻业务三个领域的论文大增；2000 年以后，又出现新闻法制与伦理、国际传播等六个领域的论文。总体上看，新闻理论、大众传播学等五个细分学科起步早、发展较成熟，相应博士论文数量较多，研究成果较为丰富。

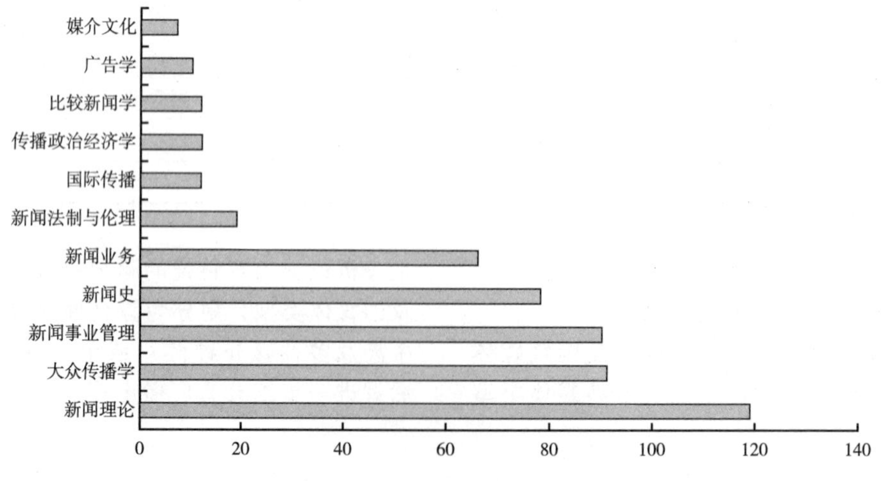

图 3 中国大陆新闻学与传播学博士学位论文研究领域分布

2. 研究专题的集中度

“研究专题集中度”即研判博士论文选题的聚集程度，运用博士论文关键词的共词聚类分析方法进行测度。516 篇博士论文的不同的关键词有 1050 个，列出关键词的累计频次为 1579。依据共词分析和聚类分析结果，且考虑关键词、标题和摘要间的语义关系，发现 516 篇博士论文在 10 个研究专题领域的成果最为丰硕（见图 4）。

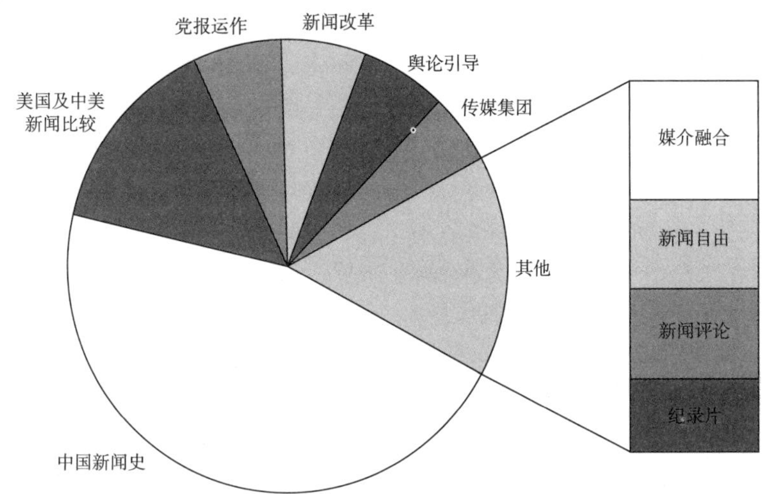

图 4　中国大陆新闻学与传播学博士学位论文研究专题集中度

（1）中国新闻史专题最受关注，成果最多。1988 年到 2011 年已产出 74 篇中国新闻史专题的博士论文，年均产出约 3 篇。在古代新闻史方面，已形成“先秦—汉代—唐代—明代—清代前中期”的完整链条。清末民初新闻史方面，已有 6 篇论文，分别对近代租界新闻传播、在华外国报刊、清末新闻出版法、北洋政府时期的新闻事业进行研究。在民国新闻史方面，已有 9 篇论文，涉及国民党新闻传播制度、国民党党报、抗战时期国民政府的新闻政策、国统区的新闻事业、汪伪政权下的新闻事业等专题。在新闻人物方面，有 4 篇论文分别对成舍我、胡政之（2 篇）、方汉奇等做了研究。还有 12 篇论文，分别就《申报》（2 篇）、《良友画报》（2 篇）、《蜜蜂华报》《犹太纪事报》《北京晨报》《顺天时报》《盛京时报》《述报》《学灯》《人民日报》做了个案研究。在区域新闻史方面，有 3 篇论文分别对上海近代报刊、香港报业、鸦片战争前的澳门新闻出版事业做了研究。在专门史领域，有论文对近代儿童报刊史、青年报刊史、行业报史、报纸副刊史、报业经营管理史做了研究。

（2）美国新闻业及中美新闻业比较专题受到持续关注，已产出 23 篇博士论文，从 1988 年到 2011 年，年均产出 1 篇。比较中美新闻事业的论文有 5 篇，分别就中美电视产品文化语境差异、中美新闻报道观念、中美经济新闻、中美传播学早期建制化历程、中美新闻文化等进行研究。有两篇研究美国新闻传播教育的论文。有四篇论文分别对美国新闻报道方式的演变、美国媒体的写作和分析模式、美国主流媒体的新闻理念和报道倾向、美国公共新闻运动等进行研究。有两篇论文分别对美国公共外交与对外宣传、美国主流媒体与外交的关系进行研究。另有多篇论文研究北美传播政治经济学、美国公益广告、好莱坞、电视女性频道等细分专题。

(3) 中国新闻改革专题受到突出关注，已有10篇论文产出，分别研究了新闻改革路径、电视新闻改革（3篇）、都市报改革、传媒管理体制变革、政府规制变迁、新闻写作改革等细化专题；还有论文分别就央视（3篇）和《人民日报》的改革做了个案研究。

(4) 党报运作受到重点关注，有10篇新闻学博士论文聚焦于此专题，论及党报品牌建设（2篇）、党报集团资本运营、党报经济宣传、党报民族话语的框架变迁、党报三农报道等问题。但研究都市报问题的论文仅3篇，尚未出现研究晚报的博士论文。可见，博士论文选题仍高度集中于意识形态属性较强的党媒，晚报、都市报仍遭冷落。这是一个值得关注的现象。

此外，有10篇论文聚焦于舆论引导专题，其中6篇研究网络舆论引导的规律；8篇论文分别聚焦于媒介融合和传媒集团专题；聚焦于新闻自由和新闻评论专题者各有6篇论文；聚焦于纪录片专题者有5篇。这些专题领域的研究也称得上较为集中、较为成熟。今后，研究生在上述10个专题领域中选题时应十分谨慎，避免重复研究。

（四）选题相似度

博士论文的选题强调独创性，要在前人研究的基础上进行新的拓展，或在一个全新领域进行开拓。各国学术界普遍要求博士论文对未开发领域进行初步探索，且这种探索必须具有新的内容。"博士论文选题相似度"即通过比对博士论文标题及关键词的近似程度比对，分析不同博士论文选题的接近程度，评判论文选题的独创性。对516篇博士论文标题进行人工比对，发现占论文总数10.66%的55篇论文的核心关键词雷同，其中有20篇（10组）论文选题"高度相似"，有的标题几乎完全相同（如《党报品牌建设研究》与《党报品牌战略研究》，《媒介批评论》与《媒介批评导论》），有的标题中有两个以上核心关键词相同。高度相似论文的产出主要集中于2003年、2005年和2007年，且近年来有增加趋势。高度相似论文的产出时间间隔，有"0"间隔（两篇论文在同一年推出）的，也有间隔10年的，而平均间隔则为3.3年（见表2）。大陆新闻学博士学位论文选题雷同现象较为严重。

表2 标题"高度相似"的博士学位论文

序号	论文题目	产出年份	年份间隔
1	党报品牌建设研究	2006	1
	党报品牌战略研究	2007	
2	媒介批评论	2000	3
	媒介批评导论	2003	
3	作为时代图像志的《良友画报》	2007	0
	民国时期《良友》画报与上海都市文化研究	2007	
4	新闻信息资源开发论	2001	4
	大众传媒新闻信息资源增值研究	2005	

续表

序号	论文题目	产出年份	年份间隔
5	西方新闻自由的历史走向	1993	10
	论西方新闻自由	2003	
6	新闻巨子胡政之	2008	2
	胡政之新闻职业观及其实践研究	2010	
7	战时新闻传播诸论	1996	5
	“战时新闻学”研究	2011	
8	新时期中国新闻自由思潮研究	2005	6
	论社会主义新闻自由	2011	
9	新闻自由的法律保护	2008	2
	论新闻自由权的具体化	2006	
10	网络传播控制研究——以自律、他律和技术控制为三维视角	2009	1
	中国网络媒体行业自律机制研究	2010	

博士学位论文选题雷同有多方面的原因。其一，面对同样的社会现实及新闻现象，博士学位申请者的研究旨趣可能相同。其二，信息交流不充分，既有的研究成果没有被有相同研究旨趣的博士学位申请者知晓。当然，即便选题相同，也会因视角不同，导致内容不同，结论相异，而且某些选题本来就需要多维度多层次的观照。选题重复，不一定意味着存在“抄袭”等学术不端行为。但研究者须知，学术研究强调首创者的贡献，不认可重复研究的价值；重复他人选题，往往造成研究资源的浪费，应当竭力避免。

（五）研究方法

据库珀（Cooper）① 等的研究，国际上通常将研究方法划分为量化、质化以及量质结合三类。大陆新闻学博士论文使用的研究方法主要为质化研究，占总数的51.55%；量化研究（6.78%）和量质结合研究（11.05%）方法的使用相对较少；另有30.62%的思辨研究，就方法而言，不属于上述三类之列。在2003年以前，量化研究的使用基本为零。2003年以后，采用量化研究的博士论文开始增多，但质化研究仍旧为主。各研究领域的博士论文的研究方法均以质化研究为主；不过，新闻理论、新闻业务、新闻事业经营管理领域对量质结合的研究方法使用较多，新闻史领域的博士论文对质化研究方法使用较多，新闻业务领域的博士论文在研究方法的使用上较为均衡。

与西方不同，中国大陆人文学科在研究方法的使用上有基于传统文化衍生而来的独特范式。孙旭培②、屠忠俊③、张威④、郑保卫⑤等研究表明，大陆新闻学研究使

① Cooper, R., “A Status Report on Methods Used in Mass Communication Research”, *Journalism Educator*, Vol. 48, No. 4, 1994, pp. 54 - 61.

② 孙旭培：《规矩与方圆：新闻传播学研究方法与规范》，清华大学出版社2010年版，第170—212页。

③ 屠忠俊：《必须重视解释学方法在传播学研究中的运用》，《当代传播》1999年第5期。

④ 张威：《比较新闻学：界定、依据和研究方法》，《新闻与传播研究》2001年第4期。

⑤ 郑保卫、姜秀珍：《新闻学研究方法卡片》，《新闻知识》1991年第11期。

用的具体研究方法有思辨研究、解析研究方法、案例分析、实证或实验研究、调查研究、比较研究等六种。依此标准统计发现，中国大陆新闻学博士论文的研究方法使用以思辨研究、解析研究为主，比例分别为35%、31%，合计占总比例的66%；案例分析占15%，调查研究、实证或试验研究和比较研究分别仅占总数的9%、6%和4%。

各种研究方法本身并无优劣之分，研究者应根据研究选题之需要选择最合适的方法。当前中国大陆新闻学博士论文在研究方法上存在的问题是：其一，方法表述的清晰度需要改进。西方国家的博士论文大都用较大篇幅（通常需用专门章节）来详细论述和说明所采用的具体方法和研究过程；相较而言，大陆新闻学博士论文作者对研究方法使用情况表述不够清晰，相当一部分博士论文没有明确指出所使用的具体方法，或者仅以一两个段落甚至寥寥数语简略带过。其二，研究方法的规范性需要改进。近年来大陆博士论文使用量化研究方法者增多，但普遍存在调查样本数量偏少、调查过程欠规范、缺少试验验证等问题，其原因是规范的实证研究投入大、成本高，甚至需要动用一定的实验室设备，大陆新闻学博士培养单位一般缺乏相应的设备等物质条件。研究方式使用情况表述模糊不清或研究方法不够规范，令人质疑博士论文所得结论的可信度，甚至可能滋生学术不端行为，影响中国博士论文的学术声誉，这是必须引起重视的。

四、结论与讨论

博士学位论文的质量评估是研判中国新闻学研究特征的有益视角。通过对516篇博士学位论文的统计分析，可以梳理出中国新闻学研究的演进轨迹和总体态势，进而透视中国新闻学研究的概貌、成绩与问题。20多年来，中国大陆新闻学博士论文从起初的间断性产出，发展到最近的稳定性产出，年产量已位居世界前列。论文以基础研究和本土议题为主，比较注意与管理学、历史学等学科的交叉；在新闻理论、新闻史、大众传播学、新闻业务及新闻事业经营管理等细分学科中起步较早、发展较为成熟，在中国新闻史、中美新闻事业比较、新闻改革、党报运作、舆论引导等专题上有较为丰硕的成果。中国大陆的新闻学博士论文选题已不局限于传统“报学”范围，对各类媒介均有所关注，在研究议题的开放性、研究方法的多样化方面已有相当进步。博士论文的这些特征大抵反映了改革开放以来中国新闻学研究的进展，表明新闻学学科的知识话语体系日臻完善。尤为要者，博士论文重视对中国历史文化资源的深度挖掘，积极回应当代新闻改革领域的热点难点议题，不仅凸显出新闻学研究者的人文情怀和担当意识，而且表明“本土新闻学”的学科范式正在生成，这些都是必须肯定的。

但是，也要看到中国新闻学研究在数量繁荣的表象背后潜藏的诸多问题。

其一，学术成果增长过快，缺乏质量保障体系。中国大陆新闻学博士论文的年度产出总量已跃居世界前列，但存在“虚胖”问题。美国博士候选人从注册到获得博士学位的平均年数为7.4年（其中理工科6.8年，人文学科8.8年），且博士学位申请者中约有一半不能获得学位①。中国大陆新闻学博士的平均培养年限仅为3—4年，真正撰写论文的时间往往不到一年，80%以上的申请者可获学位，且导师年均指导论文畸多的情况颇为常见，有导师一年指导8篇博士毕业论文的案例，这在全

① 赵炬明：《博士论文的作用与性质》，《复旦教育论坛》2005年第1期。

球新闻教育界极为罕见。尽快建立新闻学博士论文的质量保障体系，建议将博士研究生培养年限适当延长，导师和培养单位应加强自律，严格学位申请标准，适当提高淘汰率。

其二，学术研究方法滞后，难与国际学术界有效交流。中国大陆的新闻学研究方法仍是一个相对封闭的体系，研究成果难以获得国际学术界的认可。特别是国际公认的实证研究成果偏少，在国际上较少被关注。国内新闻院校的研究机构要鼓励博士学位申请者参与国际学术交流，培养单位要加大投入，资助博士研究生开展高质量的量化研究。在博士学位论文的撰写中，应引进国际通行的研究方法，提倡研究方法与国际接轨①。我们还寄希望于中外学术交流扩大和具有海外留学经历的学者增加，使量化研究方法在新闻学博士论文的撰写中普及开来。

其三，学术研究选题雷同现象较多，缺乏统一的信息共享平台。在主观方面，部分研究者缺乏“文献检索”的习惯，仅凭个人喜好选题，导致大量的重复研究。预计到2020年，中国新闻学博士论文年产量将突破300篇，成为年度新闻学博士论文产出量最多的国家之一，但论文选题雷同的概率加大。建议博士论文选题确定前要进行全面的文献检索，可借鉴“科技查新”制度，杜绝重复选题。在客观方面，中国新闻学学术文献集成平台建设严重滞后，期刊论文、博士论文和专著等成果信息分散，给文献检索带来了困难。目前，大陆尚无公开联网、完整统一的新闻学博士论文数据库信息管理平台。建议在专业学会或在国家有关部门的协调下，尽快建立统一开放的新闻学博士论文数字化集成平台，并与世界主要国家的博士论文数据库建立互联、共享的关系。

（本文原载《国际新闻界》2014年第12期，本刊收录时有改动）

撰稿：吴　锋（江南大学数字媒体学院副教授，美国密苏里大学新闻学院访问学者）

① 李承贵：《中国人文科学研究方法五十年》，《探索与争鸣》1999年第1期。

新闻传播学全国优秀博士学位论文（1999—2013）选粹

编者按："全国优秀博士学位论文评选"（简称"全国百篇"）是在教育部和国务院学位委员会的直接领导下，由教育部学位管理与研究生教育司组织开展的一项工作，旨在加强高层次创造性人才的培养工作，鼓励创新精神，提高中国研究生教育特别是博士研究生教育的质量。评选工作每年进行一次，每次评选出的全国优秀博士学位论文不超过100篇。自1999年至2013年，新闻传播学共有4篇博士论文入选"全国优秀博士学位论文"。它们分别是：中国人民大学蔡雯的《新闻传播的策划与组织》（2002年，指导教师：郑兴东）；中国人民大学杨保军的《新闻事实论》（2003年，指导教师：童兵）；中国人民大学彭兰的《花环与荆棘——中国网络媒体的第一个十年》（2006年，指导教师：方汉奇）；中国传媒大学薛文婷的《中国近代体育新闻传播历史研究（1840—1949）》（2010年，指导教师：赵玉明）。本刊特别辑录4篇博士论文的内容摘要和4位博士的写作感言。

《新闻传播的策划与组织》内容摘要

论文共分七章，前三章侧重于学理探讨，后四章侧重于实务研究。

论文认为，策划与组织新闻传播是媒介新闻编辑在新闻传播过程中所从事的决策与设计性工作，以及对新闻传播活动的组织和管理工作。这项工作包括三方面内容：一是媒介定位与新闻编辑方针的确定；二是媒介新闻单元（指媒介产品中以传播新闻信息为主要职能的那一部分内容）的设计与采编机构的设置和管理；三是新闻报道的设计与组织。

策划与组织新闻传播虽然主要由新闻编辑人员具体操作，但它与编辑人员日常从事的编稿、组版这些微观编辑业务不同，是在更高的层面上把握媒介新闻传播活动的整体运行，对媒介产品的定位、形态、质量和风格做出决策和设计，并组织实施。因此，从媒介产业化发展的全局上看，新闻传播的策划与组织是编辑工作与媒介的经营和管理相"接壤"、关系媒介发展战略的宏观性的、复合性的课题。这个课题与大众传播学研究中的诸多课题也紧密相关，但它的研究更需要立足于媒介与环境的互动、媒介与受众的互动、媒介间的互动以及媒介的产业化发展需要等更广阔的空间来展开。这项研究需要借助于多学科的视野和理论成果，但从研究定位上说，"新闻传播的策划与组织"还是一项属于新闻编辑学范畴之中、相对于以往编辑学的研究内容而言更为宏观的课题。

论文对策划与组织传播的动因从三个方面进行了分析：第一是媒介与社会的互

动；第二是媒介产业化运作；第三是切合受众心理的传通追求。

论文研究了策划的客体和主体。认为客体是策划主体自身所从事的新闻传播活动，而非策划主体所要反映的客观存在——新闻事实。大众传媒的新闻编辑对传播活动的策划主要是对媒介产品中新闻单元的策划，和对日常进行的新闻报道活动的策划。而策划的最终目标是实现对媒介新闻传播资源的最大发掘与最佳配置。这些资源包括：新闻信息资源、新闻受众资源、新闻政策资源、新闻人才资源、媒介资金和设备资源、媒介品牌资源等。策划与组织新闻传播活动的客体所以能够成立，也正是因为这种客观存在的传播资源具有可被发现与可配置性。

论文认为中国传媒策划主体亟待解决的问题主要有：策划主体缺乏相对稳定的组织机制，使策划的持续性、科学性受到影响；策划编辑的素质与能力缺陷对策划水平形成制约；策划主体的人才结构组合和合作水平影响策划的实施。

论文对新闻媒介定位进行了研究。认为从编辑角度，媒介定位应该从两方面考虑，一是受众定位，二是功能定位。媒介定位的客观依据是媒介生存环境和内部环境中各项因素的变动。论文还进一步研究媒介的新闻单元设计，分析了比较普遍存在的问题，提出解决这些问题的可行性建议。

论文区别了新闻报道策划与“新闻炒作”的差异，认为要防止新闻报道策划“异化”为“炒作”，就要防止对形式范畴的把握脱离报道客体的制约，以与报道内容不相称的形式夸大事物的某些细节。新闻报道策划应遵循取信原则、创新原则、变通原则、实效原则、可行原则来操作。论文更进一步研究了报道策划的具体内容和操作方式。

写作感言：

媒介竞争催生的“新闻策划”

《新闻传播的策划与组织》这篇论文在迎接2000年的钟声敲响之后终于脱稿。在电脑键盘上敲完最后一章时，我突然意识到，在这个世纪交替的时候攻读新闻学博士学位是多么幸运！

这是段特殊的历史时期，市场经济发展促使我国大众传媒业风起云涌，报纸扩版热、电视上星热、报业集团热、互联网热……在连绵不断的热浪中，我们获得了一个前所未有的近距离观察媒介运作奥秘的瞭望台。如果没有媒介竞争中引起众说纷纭的策划热，大概不会有我现在这篇论文。

在这特殊的历史时期中，我国重大新闻事件频频发生，香港澳门回归、加入世贸组织谈判、新中国50周年大庆、迎接新千年到来……层出不穷的大事、喜事，为新闻界摆开了一方方比试实力的擂台。于是，我才有机会收集到堆积数尺高的策划案例资料，以至论文写作中每每为限于篇幅而不能尽情展示它们满怀遗憾。虽然这篇论文中所选用的策划实例只能截止在2000年初，但我一定会像一个不知疲倦的拾贝者一样，热切期待着在未来岁月中收集更多的更精彩的案例，并继续进行这一课题的探讨，争取写出这份研究成果的续篇。

我感到幸运的还有，在我治学生涯的关键时期，得到了恩师郑兴东教授的指点。记得是1996年，当时我还没读博士学位，一天登门拜请郑老师为我的一本教材《现代新闻编辑学》作学术评定，他询问了我的研究情况后说，你在教材中写的报纸策划、报道策划很有意义，它们实际是宏观编辑范畴中的内容，是编辑学研究的一个空白，你有没有兴趣写一本“宏观编辑学”？一席交谈使我思路顿开，倍受鼓舞。于是不顾自己年过而立、教学任务繁重，而且孩子尚且年幼，就一门心思要投奔师门，潜心深攻我心仪已久的编辑策划理论。

写这篇论文，大致已有七八年的研究积累。1993 年，我曾在《中国记者》和《新闻战线》上发表过有关报纸策划和报道策划的论文，这可能是我国这个领域研究中最早的一批成果。为此中国地市报协会邀请我在他们的策划研讨会上做了专题报告。随着这方面研究的不断深入，我陆续有更多的论文和文章公诸于一些新闻业务刊物和新闻学刊上，也就有更多的媒体邀请我讲学、考察和做顾问、阅评人。而且，在我陆续将这些最新的研究成果介绍给自己的学生之后，一批批走向各地媒介的毕业生又反馈回来大量我所需要的信息和资料，并为我架筑了更多的理论与实践相结合的桥梁。我得有机会参与到一些报刊的改版策划活动中去，为他们出谋划策，亲身感受、考察和参与“策划”，为自己的研究积累第一手素材。在教书育人和著书立说齐头并进的历程中，我深深地领会了什么是“教学相长”。我要感谢我的学生们。我更要感谢我的导师，他建议和指导我广泛涉猎了与策划研究有关的各学科理论著作，帮助我在更高的层面上拓展研究，仅仅为做论文开题报告，他就一次次和我就论文的结构、内容乃至每一个关键词和基本概念进行详细的探讨，结果一篇万字报告书推翻重来了 4 次才算通过。导师治学的严谨和诲人不倦的精神屡屡使我这个也为人师的后辈感到自惭，我觉得他教我治学，更教我为师为人。在导师的严格要求下，攻读学位的前两年，我围绕主攻方向先期做出了十多篇相关论文并全部公开发表。可以说，在职求学的这三年是我有生以来最苦最累的三年，也是最有收获的三年。和很多博士研究生不太一样的是，我是先升为教授，再进行博士论文答辩，于是感到有更大的心理压力。想到在论文开题报告会上，几位教授说，你的论文应该超过你自己已经出版的专著和论文；想到导师一再告诫我，对你的要求要更高一些，你的论文不能停留在过去的水平上……我就不能不把这篇论文改了又改，即使这样仍然感到没有达到导师所要求的标准，也没法使自己满意。

我读博士研究生的时候，已经是硕士研究生导师，每周一半时间教书，一半时间求学，偏偏两所高校和我的住所又分据北京西、北、南各一角，每天来回奔波，对丈夫和儿子常常照顾不到，只能心怀内疚。让我感到无比幸福的是，我的家庭永远是我温暖的港湾和坚强的后盾。丈夫一直欣赏我的进取心，而且作为同学、同乡又同在新闻圈的他，总能为我提供源源不断的专业上的支持，从资料的收集到论点的推敲，我从他那里获益良多。他的豁达、睿智、理解和关爱，令我深深体味人生得一知己的甜蜜与满足。我的儿子小小年纪就已经懂得分担我的艰辛，生活上一切都学会自理，而且聪颖好学，10 岁便考入北京八中少儿实验班接受超常教育，带给我莫大的欣慰。还有我的两个弟弟，他们先于我获得博士学位，却一直关心我的研究。远在美国的小弟弟百忙中挤出时间帮我查找有关资料，现在已经成为我的同行的大弟弟则利用暑期陪我泡在北京图书馆，查阅和复印我所需要的书刊和文章，并为我的论文写作出谋划策。我的父母毕生从事教育事业，对我在职攻读博士学位极表支持。在我论文脱稿以后，身为特级语文教师的父亲还帮助校读了这十几万字的初稿……每每回想起这几年我的家人所给予我的关爱和支持，我内心的感激无以言说。如果没有亲人的这些爱护和支持，我也不可能顺利完成学业。

这篇论文对于我来说，只是学术生涯中的又一块里程碑，后面要走的路还很长。

我希望自己今后的努力能够弥补这篇论文中的缺陷和不足，使这项研究达到新的高度。

（本文摘编自新华出版社 2001 年版《新闻传播的策划与组织》，题目为编者所加）

作者：蔡　雯（中国人民大学）

《新闻事实论》内容摘要

新闻事实这一范畴，在整个新闻传播理论体系中的地位，犹如存在论中的“存在”、价值论里的“价值”、经济学中的“商品”、美学里的“美”，不仅是建构新闻传播理论的逻辑起点，也是演化新闻传播理论的“基因”，更是新闻传播实践的“核心”。

论文认为，新闻事实是具有新闻性的客观事实，是一般事实中的一部分特殊事实；表征新闻事实的是它自身所呈现出来的信息。没有新闻事实，就无从谈起新闻信息，二者本质上是统一的。

论文以作为过程的新闻传收活动为对象，系统考察了新闻事实的地位、功能、作用及其在传收过程中的形态变化，并在总体意义上简要讨论了新闻事实世界与新闻符号世界之间的关系。论文认为，新闻传播、报道的是表征新闻事实的信息。新闻信息可以与新闻事实分离开来，通过传播者这一独特的中介“落脚”于传媒介质，“中介化”是造成新闻复杂性的根本原因之一。传播媒介负载的就是信息形态的新闻事实，受众解读接受的也是信息形态的新闻事实。从客观存在的新闻事实到信息形态新闻事实的符号化建构、传播，再到对符号化新闻事实文本的解读、接受，构成了新闻传播的现实逻辑。

论文的论题性质，既有较为浓厚的理论性，又有较为强烈的实践性。论文基本实现了这样两点，一是有意追求论述内容上的全面性、结构上的系统性和逻辑上的严整性，建立了比较系统的新闻事实理论；论文为创建新闻理论体系作了一些“地基”性工作，提供了一条可以参照的思路。二是提出了一些富有启发性的看法或观点，并扩大或开拓了一些新的问题领域。具体的表现就是，在每一章中至少“点燃”了一个或强或弱的“亮点”。比如第一章中关于新闻性内涵的“四态”假说；第二章关于新闻事实的结构分析与类型研究；第三章中关于确立新闻事实逻辑前设的概括，对个体事实信息资源的开发原则和方法的说明；第四章对再现新闻事实原则的重新厘定、对不同媒介符号间“互译”的阐释；第五章关于新闻文本的特征与解读、接受样式的概括；第六章关于倾向信息的“理性与非理性”讨论；第七章对新闻真实性的哲学分析；第八章对新闻事实在创造媒介符号世界中主导作用的考察等。

论文思考问题的方式大多是思辨的，致思的学术取向在于提出定性的原则和看法。论文适度运用了系统科学、传播学、语言学、符号学、解释学等学科的一些成果和方法，努力在多维视野中分析新闻事实在传播过程中的形态演变。写作内容上，论文没有采用历史考察现实如何、应该怎样结构，而是将关于论题的既有成果作为背景语言，将新闻事实在新闻传收过程中的形态变化作为结构论文的逻辑红线。在叙述语言上，论文力求保持理论新闻学应有的独立性、自主性和规范性，未采取流行的“散文化”的潇洒和“食他不化”的玄虚。

写作感言：

新闻事实：一个说不尽的老题目

起初看来多少有点“不言自明”的题目，却使我攀爬了好几个春秋。不断吸纳新的资料，积极思考各种问题，尽力发表有关看法，随时请教师长学友，伴随着我对这一问题学习、研究和写作的整个过程。现在，终于“生产”出这么个东西。尽管我自己并不十分满意，但看着经过自己大脑和双手反反复复“敲出”的十几万字，说老实话，心里总感一丝欣慰。

我学过物理学专科，读过哲学硕士，做过五年中学教师，当过七年省级党报编辑、记者。1998 年秋天，才半路出家，叩响新闻传播学理论研究的大门，踏进中国人民大学，师从童兵先生，攻读新闻学博士学位。知识积累的薄厚，致思方法的短长，叙述语言的拙巧，尽显论文之中。

我之所以选择“新闻事实”来作论文，一点重要的理由是，我想通过选择这样一个基础性问题的办法，为自己今后的学习研究工作打下坚实的基础。写作过程中，想到的未必写到了，写了的未必写好了，奠基工作到底做得如何，敬请师长学人们批评指正。

新闻事实是老题目，但我相信，只要新闻传播存在，它就是一个说不尽的题目，常说常新的题目。新的传播观念，新的传播技术，新的社会演变，都毫无例外地会促使人们对新闻事实在新闻传播过程中的形态变化、功能作用等常规问题作出新的阐释；对如何对待新闻事实，怎样传播新闻事实信息（传播原则与方法问题）等传统的、也是核心的问题进行新的思考。而随着新闻传播质量、水平的不断提高和升级，传播广度、深度的持续扩展和加强，传播技术和手段的日新月异，人们一定会针对不同类别的新闻事实及事实信息的传播进行深入的、精细的专题化研究。比如，关于“媒介事件”（参阅丹尼尔·戴扬、伊莱休·卡茨著，麻争旗译：《媒介事件》，北京广播学院出版社 2000 年版）、经济新闻、科技新闻等的专门性研究，实质上首先是对不同特性“新闻事实”的考量。这恐怕会成为今后一段时期研究“新闻事实”的重要方向。如何针对不同目标受众的需要，展开对新闻事实的专题化探索，会随着“受众主体化”时代的到来，成为“热门”的论题。经济全球化的大势，必将驱使和促进最为敏感的不同“新闻文化”间的广泛交流，这必然引起人们在新的层面上对不同新闻观的比较研究，而在我看来，其间的核心问题之一便是“新闻事实观”的比较。政治与社会的民主化进程将为新闻舆论监督功能、引导功能的发挥进一步开辟广阔的天地，而这里的实证操作首先是选择什么样的事实，设定什么样的议程，新闻事实仍然是需要认真研究的问题。第四媒体的迅速崛起，已经对整个新闻传播格局带来了巨大的影响。而从新闻操作层面上看，网络新闻在很多方面与传统媒体是不同的，有些甚至是全新的。网络在新闻事实的发现、发布、再现、传播、接收与接受等诸多方面都有自己的新特点，就是说它对新闻事实在传播过程各个环节的“处理方式”都是有待研究的新课题……总而言之，关于新闻事实这个题目，由于新闻传播无论以什么样的方式呈现，“新闻事实”始终是其运行的核心。因此，我以为值得探索的领域可以说是无限的，值得深思的问题是层出不穷的。我的论文对于这一课题的研究来说，只是宏观层面上的铺垫或漫长道路上的起步……

今天，能够比较顺利地拿出这篇博士论文，除了我自己的艰苦努力之外，还要特别感谢我尊敬的导师童兵先生，他像一面“铜镜”一直悬于我心，成为我为学做人的榜样。学问上的指点，生活上的关心，将使我终身难忘。我的师母林涵教授，几年来也是时常教诲，不断鼓励，大大促进了我在学业上的进步。我的副导师喻国明、郭庆光两位先生的智慧与辛劳，闪烁流淌于论文开题、写作、修改、定稿的整个过程之中，在此深表谢意。

最后，我要特别感谢我的妻子成茹，正是她数年如一日，含辛茹苦，勤俭持家，默默支持我的学习、处处关心我的生活，才使我在漫漫求知之路上满怀信心与激情，安心地、一步一个脚印地向上攀登……（本文摘编自新华出版社 2001 年版《新闻事实论》一书，题目为编者所加）

作者：杨保军（中国人民大学）

《花环与荆棘——中国网络媒体的第一个十年》内容摘要

1994 年，中国全面接入互联网。从 1994 年到 2003 年的十年，是互联网在中国风起云涌的十年，也是网络作为媒体在中国发展的第一个十年。论文对中国网络媒体发展的第一个十年进行了全景式、全程式的历史记录。

论文将中国网络媒体发展的第一个十年划分为五个阶段：第一个阶段（1994—1995），中国网络媒体实现了从无到有的突破；第二个阶段（1996—1998），中国网络媒体实现了从少到多的发展；第三个阶段（1999—2000），中国网络媒体实现了从单一模式到多种道路的探索；第四个阶段（2001—2002），中国网络媒体实现了向规范化、规模化运营的转折；第五个阶段（2003），中国网络媒体开始跻身主流媒体的行列。在这样一个时间维度上，论文以信息革命的浪潮为大背景，以丰富的史料为基础，记录了 1994—2003 年间中国网络媒体的兴起与变革过程，这既包括各类传统媒体在网络上的发展历程，也包括商业网站在新闻传播领域的全新实践，同时还有网络媒体发展史上那些里程碑式的事件。这些对网络媒体发展轨迹的记录以及对其变革逻辑的分析，也在一定程度上折射出互联网时代整个传媒产业所面临的冲击与挑战。

除了时间维度外，论文还分别从网络媒体事业的基本格局、网络媒体新闻业务、网络媒体经营等维度进行了理论分析，力图探明中国网络媒体发展的内部与外部环境特征，网络新闻业务演变的基本规律，网络媒体与传统媒体业务的共性与个性。论文还用跨学科的视角提出了网络媒体的产品观，分析了网络媒体不同盈利模式的核心要素与发展前景，分析了传统媒体在网络时代转型中的障碍。

论文也从公共领域这一角度，记录与分析了十年间中国网络媒体发展中的典型事件与话题，总结出网络舆论热点的规律以及背后的复杂社会因素，从而揭示出网络媒体与社会变革的互动关系。

论文将对中国网络媒体第一个十年的研究主要聚焦于传媒产业发展的角度，同时又关照到互联网所具有的技术平台、经济平台以及社会形态的属性，力图阐明政治的、经济的、技术的、文化的各种要素对网络媒体的共同作用，并从网络媒体的演进角度描绘出中国社会变革的一个侧面。

论文还对中国网络媒体第一个十年间

网络新闻传播研究、教育的发展进行了全面总结与分析，对港、澳、台三地网络媒体发展现状进行了梳理。

写作感言：

与网络媒体一同成长

从1994年开始基础设施建设，到2003年中国网络媒体力量凸显，中国大陆网络媒体发展完成了它的第一个历史时期。本书是一个与网络一同成长的新闻传播研究者献给中国网络媒体第一个历史时期的礼物。

中国网络媒体成长的十年，也是我作为研究者成长的十年。从1997年开始，网络媒体与网络传播成了我教学与研究的中心，我有幸成为这一领域的探路者之一。1999年后，我逐渐有了一些研究的积累，也受到同道的关注。当时，我对网络媒体的关注重点在于它的业务。但是，2001年成为方汉奇先生的博士研究生后，我对于网络媒体有了新的认识角度与思维方式，那就是从个别的、暂时的现象中跳出来，用一种历史的、联系的眼光，去看待网络媒体中发生的变化。我的视野顿时开阔了。

走到今天，我最应该感谢的就是我的导师方汉奇先生。这三年的学习，使我较为系统地了解了中国媒体的发展历史，这不但给我从事网络媒体的研究打下了更深的基础，也使我从历史的参照中获得很多感悟。这个阶段的学习，使我对于网络媒体的研究上了一个新的台阶，而在这几年先生给我的教诲将使我受益终生。

最让我钦佩的是，方先生虽然年事已高，而且主要从事的是古代新闻史的研究，但是，他对于网络新媒体却报以极大的热情。他是国内最早一批研究网络媒体的学者，也是资深网民。他关于网络的很多见解，都使我茅塞顿开，感觉眼前一亮。

本书是我的博士论文。在与先生共同商定博士论文的选题后，先生对于研究原则与写作方法提出了重要的建议。在写作过程中，先生还不时介绍与提供领域内最新的研究成果。先生的厚望与关怀让我丝毫不敢懈怠。虽然最终觉得还有很多目标没有达到，但是我是尽了全力的。

在这三年期间，先生及师母不仅关心我的学习和工作，还非常关心我的生活，让我时时感到温暖，也获得不少精神动力。

在完成本书的写作时，我还要特别感谢中国社会科学院的闵大洪老师。这些年，我们有过很多学术上的交流，他一直是我的良师益友，他的学识与为人也是我的榜样。可以说，在网络媒体发展史的研究中，闵大洪老师的成果已经达到了相当高的水平。在很多时候，我都受益于他的研究。

网络媒体能否顺利攀登下一个高峰，内部的困惑，外部的挑战，都会带来很多变数。中国网络媒体能否从容应对，尚未可知。但是网络媒体的成长与壮大，是历史的要求。

在下一个历史时期，中国网络媒体有更多的理由，担负起它的社会责任。作为这样一种宏大的社会责任的承担者，中国网络媒体的从业者应该具有一种深邃的历史的眼光，应该能超越眼前的利益，摆脱短视的行为，使自己真正成为社会发展与文化传承中的一种中坚力量。

到那时，中国网络媒体才会迎来它的黄金时代。（本文摘编自清华大学出版社2005年版《中国网络媒体的第一个十年》一书，题目为编者所加）

作者：彭　兰（中国人民大学）

《中国近代体育新闻传播历史研究（1840—1949）》内容摘要

《中国近代体育新闻传播历史研究（1840—1949）》通过文献资料、历史考据、内容分析、比较研究等方法对中国近代一百年间的体育新闻传播进行了考察，并将其划分为发轫、初兴、发展、繁荣、挫折和停滞六个阶段。

1840—1901 年间，是中国近代体育新闻传播的发轫期。揭开中国近代体育新闻传播帷幕的，是外国人创办报刊对赛马、赛船、田径比赛等租界体育的报道；第一次国人办报高潮期间，维新派开始在报刊上倡导体育，这是国人对近代体育新闻传播的较早介入。这一时期，体育报道虽然已经现诸报端，但内容单一，数量寥寥，业务上也不够成熟。

1901—1919 年间，是中国近代体育新闻传播的初兴期。清末“新政”和辛亥革命，推动中国社会发生历史性变革，也为体育新闻传播创造了有利环境：《大公报》《东方杂志》等国人自办报刊纷纷涌现，开始致力于对“尚武”精神的提倡，并在体育新闻传播中占据主导地位；随着学校体育和运动会的渐次开展，运动竞赛报道逐渐成为体育报道的主流，奥运会、远东运动会等重大国际赛事开始引起国内媒体的关注；《体育界》的出版则开启了我国体育专业期刊的历史先河。

1919—1927 年间，是中国近代体育新闻传播的发展期。新文化运动使体育新闻传播出现新气象：《新青年》发表陈独秀、鲁迅、毛泽东等有关体育的论述，对“重文轻武”传统观念进行批判，为新的体育思想鼓与呼；综合性报刊逐渐加大体育报道力度，体育专栏和赛事特刊应运而生；社会的急剧变革使体育专业报刊业迅速崛起；体育新闻传播开始在收回体育主权、成立全国体育组织等体育事务中发挥力量和影响。

1927—1937 年间，是中国近代体育新闻传播的繁荣期。抗战前 10 年间，社会相对稳定，体育新闻传播初显繁荣景象：综合性报刊普遍出现了体育报道栏目化、赛事报道特刊化的趋势；重大赛事报道成为报业激烈角逐的战场，并于 1936 年柏林奥运会期间掀起一个小的高潮；随着“体育救国”呼声日高，体育刊物纷纷涌现；体育广播出现。

1937—1945 年间，是中国近代体育新闻传播的挫折期。抗日战争使中国体育新闻传播遭受严重挫折：综合性报刊纷纷取消体育栏目；体育专业报刊相继停刊；体育广播销声匿迹；不同地域的体育新闻传播呈现出不同的类型、基调和色彩。其中，国统区和根据地报纸主要围绕“抗战”和“救亡”两大主题展开体育宣传，日伪体育宣传则呈现出鲜明的殖民色彩。

1945—1949 年间，是中国近代体育新闻传播的停滞期。抗战硝烟始散，内战炮声又隆，体育新闻传播再次陷于停顿：大多数综合性报刊的体育专栏未能恢复；体育专业报刊屈指可数；一些电台虽然开设了体育节目，但和抗战前有较大差距；大型赛事报道无法企及柏林奥运会时的规模。

启蒙与救亡不但是中国近代社会的两大主题，也是中国近代体育新闻传播的时代命题。中国近代体育新闻传播的体育启蒙主要体现在物质、制度、精神三个层面。小到体育器具、运动项目的启蒙，大到对中国传统“重文轻武”思想的批判、对西方竞技体育文化的传播，中国近代体育新闻传播在中国体育近代化的历程中发挥了重要作用。中国近代体育新闻传播的救亡主题，集中体现在中国近代传媒对“体育救国”思潮的传播上。体育救亡宣传在鼓舞国人增强体质、提高军队战斗力、抗战救国方面发挥了积极作用，同时也放大和渲染了体育新闻传播的政治功能，在一定程度上造成了中国近代体育新闻传播对体育本质的偏离。

中国近代体育新闻传播表现出的阶段性特征、传播主体和传播内容的变迁、传播规模的变化等，归根结底是由中国近代社会的政治、经济、文化等发展状况决定的，同时又以自己的方式对中国近代社会产生影响。由于中国近代社会的不均衡发展，中国近代体育新闻传播也呈现出地域分布不均衡的特点。

写作感言：

体育新闻发现之旅

在我眼里，中国近代体育新闻传播史就像是一个宝贝，藏身在一些发黄的故纸堆里，等待着人们的发现。终于有一天，我和它不期而遇。这是一次美丽的邂逅，也是一次艰难的旅程。说其美丽，因为不断有惊喜出现。说其艰难，因为其间伴随着太多的心灵的煎熬。如今，经过五年的酝酿、搜集、梳理、辨析、撰写、修改，这部书终于要和读者见面了。

在北京广播学院攻读硕士学位期间(1998—2001)，我时时聆听赵玉明教授的教诲，他“板凳须坐十年冷，文章不著一字空”的叮咛至今萦绕在耳际。2003 年冬天，当我在电话中惴惴不安地谈及中国体育新闻传播史的研究设想时，赵玉明教授给予了相当的肯定和支持。正是这份肯定和支持，给了我信心，使我在 2004 年顺利通过了中国传媒大学博士研究生入学考试，并全身心地投入到中国体育新闻传播史料的搜集、整理中。攻读博士学位期间，赵玉明教授时刻关心我论文的进展情况，每当发现对我论文有帮助、有启发的信息时，就会搜集起来送给我做资料，或打电话通知我。这种关爱让我心生温暖、感动和坚持。他严谨治学的态度更是让我不敢有丝毫懈怠，激励着我不断地去发现，去思考。在我提交了二十多万字的论文初稿之后，年逾古稀的赵玉明教授没有丝毫抱怨，而是逐字逐句地认真审阅，从篇章结构、遣词造句、资料来源都给我提出具体的建议和意见。当看到中国体育新闻传播有如此丰富的内容之后，他萌生了举办体育新闻传播史研讨会的想法。经过磋商和紧张筹备，2007 年 12 月 15—16 日，由中国新闻史学会、中国新闻文化促进会传播学分会（简称中国传播学会）体育传播专业委员会主办，北京体育大学体育传媒系承办的“奥运传播暨体育新闻传播史研讨会”，在北京体育大学举行，来自新闻单位、新闻院系、体育院系的领导、专家、学者和学生共聚一堂，研讨中国体育新闻传播的历史、理论与实践。这不但是中国新闻传播史研究的一次拓展，也是对我研究和工作的最大支持。

我研究中国体育新闻传播史的想法，实源于和易剑东教授的一次谈话。2003 年秋天，路上偶遇，我就自己准备撰写的一篇论文向他请教。其间，我们聊到了中国体育新闻传播的历史，聊到了北京体育大学图书馆珍藏的两本近代体育期刊。按他提供的线索，我看到了《体育季刊》和《勤奋体育月报》，这是我和中国近代体育新闻传播的“第一次亲密接触”。此后，我又看到了他收藏的中国第一份体育专业期刊《体育界》的复印本和台湾出版的《我国近代体育报刊目录索引》。我突然意识到，这是一个我以前没有接触过的世界，也是一个中国人非常陌生的世界，这里面也许蕴藏着一个宝藏。我从此沉溺其中，不能自拔。此后的几年间，我经常就体育新闻传播方面的问题向易老师讨教，每次都受益良多。后来我才知道，其实早在若干年前，易老师就有研究体育新闻传播历史的念头，但苦于时间和精力有限，一直未能如愿。此番，他忍痛割爱，将自己珍藏的史料、掌握的线索无私无悔地提供给我，体现了一个领导、一个学者的宽广胸襟。

从 2004 年开始，为了让学生真正了解新闻传播史，也为了了解中国报刊体育报道的情况，我在《中外新闻史》课堂上设置了一个环节“体育新闻发现之旅”，让学生到国家图书馆查阅老报刊，寻找体育新闻的踪迹。这一环节不但让学生们接触了老报刊，感受到了新闻传播史的魅力，也为我提供了很多有价值的信息。可以说，没有他们的帮助，本书史料不会如此翔实。希望他们能秉持当年的那份努力和勤奋，开拓属于自己的未来。

“学林探索贵涉远，无人迹处有奇观。”这是攻读博士学位期间，赵玉明教授送给我们的一句箴言。四年里，当我在报海里苦苦思索不得要领的时候，当我面对杂乱的材料一筹莫展的时候，当我为自己选择这样一个艰难的题目懊恼不已的时候，我经常从这句话里汲取力量、汲取勇气。

如今，“丑媳妇终于要见公婆了”，心里既感欣慰，也有太多的惶恐和不安。因为历史的博大精深，因为自己的才疏学浅和精力所限，论文在体育新闻传播历史资料的搜集方面还有欠缺，对历史的把握、观点的提炼、理论的思考方面还有待提升。（本文摘自北京体育大学出版社 2010 年版《中国近代体育新闻传播史论：1840—1949》一书，题目为编者所加）

作者：薛文婷（中国传媒大学）

中国新闻传播学博士学位论文篇目辑览
（1988—2005）

论文题目	论文作者	学位授予时间	学位授予单位	指导教师
马克思主义新闻思想奠基人 ——马克思恩格斯新闻思想研究	童　兵	1988	中国人民大学	甘惜分
中国电视史稿	郭镇之	1988	中国人民大学	方汉奇
明代的新闻传播事业	尹韵公	1988	中国人民大学	方汉奇
论美国新闻学的若干基本问题的历史演变	高冠钢	1988	复旦大学	王　中
中国新闻改革的现实动因和未来走向	喻国明	1990	中国人民大学	甘惜分
上海近代报刊史论	秦绍德	1990	复旦大学	宁树藩
中国报纸副刊史	杨　磊	1992	中国人民大学	方汉奇
先秦诸子传播思想研究	何庆良	1993	中国人民大学	甘惜分
论第四产业的崛起	颜建军	1993	中国人民大学	甘惜分
中国国民党党报研究（1927—1949）	蔡铭泽	1993	中国人民大学	方汉奇
中国报业经营管理史稿	胡太春	1993	中国人民大学	方汉奇
新闻哲学导论	季燕京	1993	中国人民大学	甘惜分
西方新闻自由的历史走向	吴永和	1993	复旦大学	宁树藩
中国近代报刊评论的发展轨迹	曾建雄	1994	复旦大学	丁淦林
改革中的中国电视新闻	陆　晔	1994	复旦大学	宁树藩
当代新闻职业道德论纲	董　炜	1995	中国人民大学	蓝鸿文
视觉传播优势与电视新闻的崛起	王　甫	1995	中国人民大学	甘惜分
党报经济宣传的发展历程	刘毛雅	1995	复旦大学	丁淦林
中国报纸广告史论	王　放	1995	复旦大学	宁树藩
中国共产党创业时期新闻思想发展简论	王　锋	1996	中国人民大学	甘惜分
战时新闻传播诸论	展　江	1996	中国人民大学	童　兵
论新闻传播的全球文化策略	赵先权	1996	中国人民大学	郑兴东
当代香港报业史	陈昌凤	1996	中国人民大学	方汉奇
论信息观念对我国新闻媒介的影响	张敬安	1996	复旦大学	宁树藩
战后韩国新闻事业的发展历程与趋势研究	车根锡	1996	复旦大学	丁淦林
汪伪的新闻事业与新闻宣传	黄士芳	1996	复旦大学	丁淦林
外国记者与中国革命研究	张功臣	1997	中国人民大学	蓝鸿文

续表

论文题目	论文作者	学位授予时间	学位授予单位	指导教师
电视新闻评论研究	秦新春	1997	中国人民大学	郑兴东
台湾报业转型发生机制研究	刘燕南	1997	中国人民大学	甘惜分
中国新闻学科理论建构的反思	沈　莉	1997	复旦大学	宁树藩
西方“报刊的社会责任理论”述评	黄建新	1997	复旦大学	李良荣
论社会主义市场经济条件下经济报道的本位和功效	舒汉锋	1997	复旦大学	丁淦林
大众媒介与中国乡村发展	裘正义	1997	复旦大学	宁树藩
社会主义初级阶段的舆论形态	刘建明	1998	中国人民大学	甘惜分
信息技术的进步对大众传播的影响:网络媒介发展趋势初论	宣增培	1998	中国人民大学	甘惜分
唐代文明与新闻传播	李　彬	1998	中国人民大学	方汉奇
论报业集团:中国市场经济条件下报业发展研究	曹　鹏	1998	中国人民大学	郑兴东
中美经济新闻异同及成因:《经济日报》与《华尔街日报》的比较	王献花	1998	中国人民大学	蓝鸿文
中国历史上的第一份近代报纸:《蜜蜂华报》研究	程曼丽	1998	中国人民大学	方汉奇
试论中国新闻传媒市场及其拓展	谢金文	1998	复旦大学	丁淦林
大众文化中的大众传媒	孙　玮	1998	复旦大学	李良荣
冲突、协调与发展 ——当代西方国家广播电视体制与管理	林　琳	1998	复旦大学	李良荣
中国近代新闻法制史论	黄　瑚	1998	复旦大学	丁淦林
读解媒介	钱季平	1998	复旦大学	林　帆
“耳目”与“喉舌”的历史性转换	黄　旦	1998	复旦大学	丁淦林
整合营销传播系统研究	刘国基	1999	中国人民大学	郑兴东
中国电视产业发展战略研究	陆　地	1999	中国人民大学	童　兵
广播电视媒介管理创新体制研究	胡正荣	1999	中国人民大学	成　美
《述报》研究:对近代国人第一批自办报刊的一个个案分析	李　磊	1999	中国人民大学	方汉奇
中国新闻改革二十年	李晓林	1999	复旦大学	李良荣
北京《晨报》研究	钱晓文	1999	复旦大学	丁淦林
中国新闻思潮的源流	杨雪梅	2000	中国人民大学	童　兵
中国电视与舆论监督研究	刘舜发	2000	中国人民大学	郑兴东
负面新闻信息传播的多维视野	邓利平	2000	中国人民大学	郑兴东
表达自由与参政权利的实现	傅昌波	2000	中国人民大学	童　兵
论中国传媒的双重角色 ——舆论引导者和经济创收者	刘　宏	2000	中国人民大学	郑兴东

续表

论文题目	论文作者	学位授予时间	学位授予单位	指导教师
媒介批评导论	王君超	2000	中国人民大学	郑兴东
中国证券信息传播研究	傅　勇	2001	中国人民大学	童　兵
新闻信息资源开发论	王朝晖	2001	中国人民大学	郑兴东
新闻事实论	杨保军	2001	中国人民大学	童　兵
加入 WTO 对中国新闻传播业的影响及对策研究	初广志	2001	中国人民大学	成　美
电视传播与社会互动研究	屈小平	2001	中国人民大学	郑兴东
江泽民舆论导向思想研究	陈富清	2001	中国人民大学	郑兴东
电视广告传播效果的心理学研究	陈　勇	2001	中国人民大学	童　兵
后殖民文化与中文报业煽情文化 ——90 年代香港个案研究	柯达群	2001	中国人民大学	童　兵
信息时代传媒受众的认知结构研究	童清艳	2001	复旦大学	张骏德
电视新闻深度报道	王晴川	2001	复旦大学	丁淦林
东盟九国媒介综论	李异平	2001	复旦大学	李良荣
中国网络媒体发展战略构想	黄　泓	2001	复旦大学	丁淦林
全国性日报经济新闻建构现实之研究	尹连根	2001	复旦大学	张骏德
网络新闻与网络传播研究	张克旭	2001	复旦大学	李良荣
网络言论传播引论	吕坤良	2002	中国社会科学院	谢　宏
互联网精神交往形态分析	陈共德	2002	中国社会科学院	周瑞金
全球化背景下中美新闻文化比较论	高金萍	2002	中国人民大学	童　兵
论互联网新闻传播的自由与控制	詹万里	2002	中国人民大学	童　兵
香港一国两制下的新闻生态	刘澜昌	2002	中国人民大学	成　美
中国妇女报刊与女新闻工作者研究	宋素红	2002	中国人民大学	方汉奇
“焦点现象”研究	胡黎明	2002	中国人民大学	童　兵
中国新闻政策体系研究	郎劲松	2002	中国人民大学	童　兵
当代西方传媒集团经营管理战略透视	裴延辉	2002	中国人民大学	成　美
新时期电视新闻改革研究	艾红红	2002	中国传媒大学	赵玉明
中国广电集团发展研究	王　宇	2002	中国传媒大学	曹　璐
中国电视新闻的营销策略	殷　乐	2002	中国传媒大学	朱羽君
西方新闻传播思想论	石义彬	2002	武汉大学	罗以澄
记者主体意识与深度报道在中国的发展	刘海贝	2002	复旦大学	张骏德
当前中国报业经济发展研究	张辉锋	2002	复旦大学	丁淦林
当代中国新闻评论研究	李法宝	2002	复旦大学	张骏德
中国通讯社发展史	来　丰	2002	复旦大学	丁淦林
多维视野中的电视文化研究	王长潇	2002	复旦大学	张骏德

续表

论文题目	论文作者	学位授予时间	学位授予单位	指导教师
竞合传播环境下的电视栏目化研究	李晓明	2002	复旦大学	张骏德
试论新闻话语	曾庆香	2003	中国社会科学院	李仁臣
广告文化批判研究	张殿元	2003	中国人民大学	童　兵
清代前中期新闻传播史	史媛媛	2003	中国人民大学	方汉奇
定格9·11 ——探析美国主流媒体的新闻理念和报道倾向	仇东方	2003	中国人民大学	成　美
流亡者的报纸《上海犹太纪事报》研究（1943.7—1944.3）	饶立华	2003	中国人民大学	方汉奇
中国广电频道管理策略研究	张　苹	2003	中国传媒大学	曹　璐
论西方新闻自由	丁俊杰	2003	中国传媒大学	刘洪潮
广告即战略 ——消费品行业广告主营销广告活动研究	杜国清	2003	中国传媒大学	黄升民
媒介批评论	雷跃捷	2003	中国传媒大学	郑保卫
透视传媒信誉资本	沈　荟	2003	复旦大学	丁淦林
守护社会良知	商娜红	2003	复旦大学	丁淦林
全球化时代的跨国传媒集团	王学成	2003	复旦大学	张骏德
全球化背景下中国电视业可持续发展研究	朱金玉	2003	复旦大学	张骏德
理解报纸大众化	杜成会	2003	复旦大学	李良荣
社会转型与媒介的社会控制	余丽丽	2003	复旦大学	张骏德
中国电视商业广告文化价值模式研究	王　慧	2003	复旦大学	张骏德
当代中国新闻语言研究	陈巧云	2003	复旦大学	丁淦林
中国传媒资本运营研究	严三九	2003	复旦大学	丁淦林
政府危机管理的传播学研究	高世屹	2004	中国社会科学院	李仁臣
当代中国传媒生产与传媒控制研究	余继军	2004	中国社会科学院	邵华泽
解读我国大众化报纸的大众文化议题	刘自雄	2004	中国社会科学院	陈力丹
报业组织核心竞争力研究	刘年辉	2004	中国社会科学院	于　宁
30年代《申报》副刊研究	王灿发	2004	中国社会科学院	邵华泽
中国财经新闻报道研究	唐　宋	2004	中国人民大学	蔡　雯
新时期中国新闻业发展动因研究	陈新华	2004	中国人民大学	梁　衡
电视消费主义研究	赵曙光	2004	中国人民大学	郭庆光
中国记者职业群体的诞生和初步崛起	宋　晖	2004	中国人民大学	方汉奇

续表

论文题目	论文作者	学位授予时间	学位授予单位	指导教师
在华俄文新闻传播活动史(1898—1956)	赵永华	2004	中国人民大学	方汉奇
影像传播论	盛希贵	2004	中国人民大学	成　美
花环与荆棘 ——中国网络媒体的第一个十年	彭　兰	2004	中国人民大学	方汉奇
争夺与控制 ——20世纪的青年报刊史研究	陈彤旭	2004	中国人民大学	方汉奇
日本报刊媒体的中国报道研究	刘林利	2004	中国人民大学	成　美
新闻框架研究	贾国飚	2004	中国人民大学	蔡　雯
论美国主流媒体与外交的关系	唐　勇	2004	中国传媒大学	刘洪潮
交流与媒介	安思国	2004	中国传媒大学	叶凤英
从美国女性频道看社会性别与媒介传播	刘利群	2004	中国传媒大学	曹　璐
我国传媒市场运行机制研究	强月新	2004	武汉大学	罗以澄
公共利益与广播电视规制:美国	夏倩芳	2004	武汉大学	罗以澄
试论当代中国电视剧的传播理念	邵　奇	2004	复旦大学	张骏德
电视传播与转型期中国农民的意识现代化	戴俊潭	2004	复旦大学	张骏德
网络政治参与在我国的兴起	李　春	2004	复旦大学	丁淦林
中国广播电视产业核心竞争力研究	巢立明	2004	复旦大学	张骏德
三维关系建构下的电视传播符号意义解读	唐建军	2004	复旦大学	张骏德
两岸进入WTO后的都市有线电视经营	林崇能	2004	复旦大学	张骏德
叙述学视角下的新闻写作改革研究	黎明洁	2004	复旦大学	张骏德
法治与自律:新闻采访权研究	许加彪	2004	复旦大学	刘海贵
互联网传播中行政权力模式的比较研究	袁胜华	2005	中国社会科学院	谢　宏
媒介形态理论研究	李明伟	2005	中国社会科学院	陈力丹
中国报纸广告图像基本传播范式转型(1983—2003)	冯丙奇	2005	中国社会科学院	陈力丹
新闻责任论	董　岩	2005	中国人民大学	梁　衡
试论中国社会转型期经济新闻报道的价值取向	余　勇	2005	中国人民大学	成　美
论媒介与社会正义	汪　武	2005	中国人民大学	郑保卫
大众传媒新闻信息资源增值研究	吴海荣	2005	中国人民大学	蔡　雯
中国近代社会变迁中的报刊改革(1860—1911)	徐　利	2005	中国人民大学	方汉奇
新闻传播与国家发展理论研究	孙聚成	2005	中国人民大学	成　美
全球化新闻传播与大学德育创新研究	唐景莉	2005	中国人民大学	成　美
中国近代儿童报刊的历史考察	傅　宁	2005	中国人民大学	方汉奇
新闻发现研究	张　征	2005	中国人民大学	成　美

续表

论文题目	论文作者	学位授予时间	学位授予单位	指导教师
社会转型期弱势群体新闻报道研究	许向东	2005	中国人民大学	蔡　雯
东方的微光林中的响箭 ——中国电视新闻早年历史	周小普	2005	中国人民大学	方汉奇
中国行业报的历史衍变	雷海秋	2005	中国人民大学	方汉奇
新闻理论新思路 ——新闻理论范式的转型与超越	陈作平	2005	中国传媒大学	郑保卫
论新闻传播与政府公共政策	霍志坚	2005	中国传媒大学	郑保卫
广播听觉文本初论	孟　伟	2005	中国传媒大学	曹　璐
中国电视纪录片史论	何苏六	2005	中国传媒大学	朱羽君
我国新闻舆论监督的多维审视和路径选择	王永亮	2005	中国传媒大学	郑保卫
消费主义思潮下的我国新闻传播理念变革	罗　飞	2005	武汉大学	秦志希
民族文化认同对国际影视传播的影响	刘建明	2005	武汉大学	秦志希
新时期中国新闻自由思潮研究	廖声武	2005	武汉大学	罗以澄
大众传媒的他国形象再现研究	司景新	2005	武汉大学	罗以澄
当代中国新闻改革中的媒介精英联盟	葛　丰	2005	武汉大学	秦志希
美国思想库舆论影响力研究	王莉丽	2005	清华大学	刘建明
论美国新闻教育的职业化	黄　鹂	2005	华中科技大学	吴廷俊
中国省级卫视发展研究	熊忠辉	2005	复旦大学	张骏德
改革与创新:制度创新论视野下的央视新闻改革	魏金成	2005	复旦大学	张骏德
当代中国灾难新闻研究	田中初	2005	复旦大学	张骏德
媒介品牌战略研究	宋祖华	2005	复旦大学	刘海贵
我国教育电视台发展模式之研究	饶　钢	2005	复旦大学	李良荣
新闻精品	孔祥军	2005	复旦大学	刘海贵

（待续）

整理：吴　锋

新闻传播学博士研究生入学试题选登

北京大学2014年博士研究生入学考试试题

考试科目：新闻学

1. 请就新闻传播学研究中外来理论的适用性问题谈谈你的看法。(30分)

2. 论大数据与新闻传播创新。(30分)

3. 结合转型期中国社会发展的实际，探讨2013年自媒体发展对于媒体生态发展的作用与影响。(40分)

考试科目：传播学

1. 传播学理论的发展和演进与其所处的社会历史环境和技术发展水平紧密相关。请结合相关理论对此进行论述。(40分)

2. 请谈谈对受众研究的基本认识，并阐述在受众研究中常用的研究方法。(30分)

3. 试分析我国新媒体产业发展的机遇与挑战。(30分)

重庆大学2014年博士研究生入学考试试题

考试科目：法学基础·新闻传播理论

专　　业：法学·新闻法学

1. 简述你对媒介融合的理解与看法。(20分)

2. 试论当代中国媒体的新闻专业主义实践。(40分)

3. 在新闻传播实践中，有人说“内容为王”，有人说“渠道为王”，你有何看法?请以“试论新媒体环境中新闻内容与传播渠道之关系”为题加以阐述。(40分)

考试科目：法学专业理论·新闻法规与传媒伦理

专　　业：法学·新闻法学

1. 简述表达自由概念的内涵与外延。(20分)

2. 举例阐述新闻传播与公民权利的保护。(40分)

3. 试论如何在法治的轨道上治理网络谣言。(40分)

暨南大学2014年博士研究生入学考试试题

学科、专业：新闻学、传播学、广告学、传媒经济学

研究方向：新闻学、传播学、广告学、传媒经济学各研究方向

考试科目：新闻传播业务

1. 试评述网络和新媒体对新闻传播方式变革以及传统新闻媒体传播业务创新发展产生的重大影响（可以从总体上展开论述，也可以有选择地谈报纸、广播、电视或杂志等传统媒体的创新发展）。(30 分)

2. 试结合案例评述社会化媒体（即社交媒体）对营销传播带来的变革。(30 分)

3. 2013 年 8 月 19 日，习近平总书记在全国宣传思想工作会议上指出，要坚持党性和人民性相统一，“把服务群众同教育引导群众结合起来，把满足需求同提高素养结合起来”。请结合当前多媒体时代的舆论环境，论述应如何提高公众的媒介素养。(40 分)

学科、专业：新闻学、传播学、广告学、传媒经济学

研究方向：新闻学、传播学、广告学、传媒经济学各研究方向

考试科目：新闻传播理论与历史

1. 试述在当前的舆论环境下，新闻媒体如何掌握价值引导的主动权，在多样化中树立主流，积极参与社会主义核心价值体系建设。(25 分)

2. 试结合案例评述网络传播中的后现代化倾向。(25 分)

3. 运用典型史实，论述中共抗战时期及解放战争时期的城市办报（刊）活动。(25 分)

4. 运用新闻传播学相关理论，评述“网瘾”问题。(25 分)

南京大学 2014 年博士研究生入学考试试题

科目名称：传播学理论与方法

适用专业：大众传播与媒介管理

1. 简答题。（每题 10 分，考生可以“4 选 2”答题，计 20 分）

（1）从传播学视角来看，WEB3.0 时代与 WEB2.0 时代的本质差别是什么？

（2）试解析“符号学的游击战”的内涵。

（3）如何理解大众传播的社会文化整合功能？

（4）简述媒介视角下的景观社会。

2. 论述题。（每题 20 分，考生可以“4 选 2”答题，计 40 分）

（1）试论“国家—社会”二元体系中新闻业的地位与价值。

（2）试论法兰克福学派与文化研究学派的主要区别。

（3）试论媒介社会责任理论产生的历史语境、核心内容以及实践历程。

（4）试举例说明社会网络理论在传播学研究中的运用。

3. 操作题。（每题 20 分，考生可以“4 选 2”答题，计 40 分）

（1）试以“网络意见领袖”为研究对象，自定主题后，设计一个调查研究的基本方案。

（2）以“2014 年春节联欢晚会”为例，说明结构主义与符号学、叙事学研究方法的主要区别。

（3）以你所熟悉的任一文本为研究对象，比较“话语分析法”与“内容分析法”的主要差异。

（4）据中国互联网信息中心（CNNIC）最新调查报告显示，我国互联网的普及逐渐从青年向中老年扩散，中老年群体是中国网民增长的主要来源。请以老年人的互联网使用为研究主题，撰写一份研究计划书。

科目名称：传播与管理

适用专业：大众传播与媒介管理

1. 简答题。（每题 10 分，考生可以“4 选 2”答题，计 20 分）

（1）何为大数据新闻？

（2）简述策划与创意的区别。

（3）市场结构理论是否适用于分析中国的媒介市场？

（4）简述新媒体赋权。

2. 论述题。（每题 20 分，考生可以“4 选 2”答题，计 40 分）

（1）试论微信传播对国家舆论管理所形成的新挑战。

（2）以国内某一电视节目为例，谈谈你对“国外电视模式本土化”的看法。

（3）试论从“4P 理论”到“4C 理论”变迁的内在逻辑以及对媒介经营管理的启示。

（4）结合实例，请论述传媒与弱势社群的关系。

3. 实务题。（每题 20 分，考生可以“4 选 2”答题，计 40 分）

（1）合并后的上海报业集团，其发展目标是建构大型的综合性文化产业集团，试从学者视角草拟一个研讨会发言提纲。

（2）以“孔子学院”为例，试述我国新形势下对外形象传播策略。

（3）请借鉴“钻石模型”理论建构一个中国传媒产业国际竞争力的分析框架。

（4）联系实际，试述社区传播在当前社会管理创新中的可能与可为。

中国传媒大学 2014 年博士研究生入学考试试题

新闻理论与历史试题

1. 谈谈陆定一《我们对于新闻学的基本观点》一文的主要观点及历史意义。(30 分)

2. 论新时期新闻工作者职业道德建设。(30 分)

3. 试述外国人早期在华的办报活动，并进行评价。(40 分)

传播理论与历史试题

1. 谈谈你所了解的传播学中有关谣言研究的主要理论。(30 分)

2. 媒介融合的理论有哪些？在当前环境下传播学理论上需要在哪些方面创新？(30 分)

3. 简述传播政治经济学的主要理论，并结合实际评价这种理论。(40 分)

国际新闻理论与历史试题

1. 论述《麦克布莱德报告》及其在新媒体时代对于建立国际新闻信息传播新秩序的现实意义。(50 分)

2. 党的十八大报告提出要“扎实推进公共外交和人文交流”，论述新闻媒体在公共外交中的角色与作用。(50 分)

舆论学基础试题

1. 试论舆论学的研究方法。(50 分)

2. 试论理论舆论学在舆论学学科中的基础性作用。(50 分)

广告理论与广告史试题

1. 名词解释。(10 分)

移动互联网发展特征：SoLoMO。

2. 简答。(30 分)

视频广告的发展出现了跨屏融合趋势，请结合实际案例阐述跨屏传播的应用与发展。

3. 论述。(60 分)

回顾改革开放以来中国大陆高校广告

教育的发展历程，阐述在新的营销传播环境下高校广告教育面临的挑战及应对思路。

传媒经济学基础理论试题

1. 简要叙述大数据原理及其在电视节目制作中的应用。（30 分）

2. 简要叙述传播有效性原理及其在市场营销中的应用。（30 分）

3. 以互联网为例，试述传媒经济系统从技术层级到经济层级过渡的内涵与特点。（40 分）

新闻史论试题

1. 试论新闻法治。（50 分）

2. 试述邵飘萍的新闻活动、新闻思想及主要贡献。（50 分）

新闻采编试题

1. 谈谈传统媒体和新媒体各自的优势与不足。试论传统媒体与新媒体融合的途径。（25 分）

2. 在舆论传播中，何谓“议题设置”？结合主流媒体议题设置的成功案例，论述议题设置的意义。（25 分）

3. 何谓谣言？结合实际，谈谈对网络谣言的理解。在新闻采编环节，新闻工作者如何避免谣言传播？你对网络谣言的治理有何建言？（50 分）

报刊理论试题

1. 试谈党报在新闻宣传中如何把握好“时、效、度”？（本题 50 分。题中“党报”指中共三级党委机关报，即：中共中央机关报《人民日报》；省、自治区、直辖市委机关报，如《北京日报》；地、市、自治州委机关报，如《保定日报》。）

2. 试论马克思主义新闻观的核心观点。（本题 30 分）

3. 试述祖国内地主流报纸的文风改进工作。（本题 20 分。题中“祖国内地主流报纸”，指我国以外的地区由党和政府及其有关部门、机构主管主办的报纸。）

传播业务试题

1. 请从学科发展史的角度阐释新闻传播学与社会学的关系。（25 分）

2. 网络游戏对青少年有什么影响？如何看待其经济效果和传播意义？（25 分）

3. 什么是融合新闻学，其操作理念和技术构成有哪些？请举例说明。（25 分）

4. 如何看待新媒体传播对“议程设置”的重构？请举例说明。（25 分）

国际传播试题

1. 从国际传播的角度谈谈新媒体在近年国际重大事件中的作用，及其对传播学研究的意义。（50 分）

2. 选取某一角度，谈谈你对国际传播的理解。（50 分）

受众与传媒生态试题

1. 收视率调查一般讲求“一个市场，一种货币”，为什么中国市场目前由央视－索福瑞（CSM）独家提供收视率数据的现状却屡屡遭人诟病，试分析其原因并就解困之道谈谈你的看法。（30 分）

2. 新媒体时代，从博客、微博到微信，社交媒体的发展不断刷新人们的信息传受体验，带给人们不同于传统大众传播时代的新感受。试用传媒生态学的相关知识分析这些新媒体的异同，以及与传统媒体的区别。（30 分）

3. 某华语电视国际传媒计划对其传播效果进行一次全球华语观众调查。试围绕某一主题或事件，设计一份调研方案，详细说明调研主题、目的、调研范围和对象、调研方法、主要内容，并设计一份调查问卷。（40 分）

传媒政策与法规试题

作文：认真阅读下面这一段话，并根据文本的意思，写一篇文章。

The liberty of the press is indeed essential to the nature of a free state: but this consists in laying no previous restraints upon publication, and not in the freedom from censure for criminal matter when published. Every freeman has an undoubted right to lay what sentiments he pleases before the public: to forbid this, is to destroy the freedom of the press; but if he publishes what is improper, mischievous, or illegal, he must take the consequences of his own temerity.

要求：理解其基本含义（40分），有自己的看法和意见（30分），文章结构合理，文字简洁，结合现实（30分）。

国际新闻业务试题

1. 评论题

2014年3月1日，云南省昆明火车站发生暴恐事件，西方主流媒体的表现令国内舆论不满，请就此现象写一篇评论。（共50分，1000—1200字）

2. 论述题

根据定义，国际新闻是跨越了国家界线和跨文化的新闻，请简述国际新闻中的跨文化因素。（要求举例说明）（共50分，1000—1200字）

广播电视理论与历史试题

1. 试分析我国广播电视在实现“中国梦”中的作用。（40分）

2. 试分析五四时期新闻工作的改革及其表现。（30分）

3. 试分析20世纪80年代广播电视提出“自己走路”方针的意义和取得的成就。（30分）

广播新闻试题

1. 你认为当前制约对农广播频率发展的瓶颈在哪里？对农广播应如何发展？（30分）

2. 你认为省级电台的新闻频率是否也应采用类型化电台的方式？请说明理由。（35分）

3. 请结合实例谈谈近年来广播与新媒体互动融合的情况。你认为这种融合带给广播的是机遇还是挑战？广播电台应如何面对？（35分）

电视学理论与实务试题

1. 你如何看新媒体环境下的电视批评？（50分）

2. 概要说明纪录片网络化生存的方式与路径，并分析论述纪录片网络化生存的内因和发展趋势。（50分）

编辑出版理论与实践试题

1. 根据中共十八届三中全会精神，谈谈培育合格新闻出版市场主体的必要性、特殊性及可行性建议。（25分）

2. 简述著作权权利的保护期、权利限制的两种类型，及其意义。（25分）

3. 试论多媒体传播条件下编辑的媒介素养。（50分，1500字左右）

广告传播试题

1. 当前，“互联网思维”已成为时下业界的热门词汇之一。有人把小米的崛起归结为互联网思维，有人把雕爷牛腩的火爆说成是互联网思维，也有人把海尔重组营销架构，大建“小微公司”也说是互联网思维。你如何理解“互联网思维”这一词汇？你认为这一词汇的提出，对企业的营销传播具有什么样的价值？（25分）

2. 2013年10月25日上午，十二届全国人大常委会第五次会议表决通过了新修订的《消费者权益保护法》（以下简称“新消法”)。“新消法”已于2014年3月15日起施行。请简单阐释“新消法”三处以上的新规定，并分析这些新规定将对企业营销推广方面产生的影响。(25分)

3. 试论述推动整合营销传播出现并盛行的企业内外部因素有哪些？社交媒体的兴盛对整合营销传播有哪些具体的影响，试举例说明。(25分)

4. 2012年8月，《哈佛商业评论》网站上发表了一篇题为《传统营销已死》的博客。作者认为，包括广告宣传、公共关系、品牌管理以及企业传媒在内的传统营销手段已经失效。在日益发展的社交媒体环境中，传统营销不仅起不到作用而且也没有意义。请根据营销和传播的基本理论，结合当前的营销传播环境，谈谈你对这一问题的看法。(25分)

媒介经营与管理试题

1. 你认为电视台基于信息化技术开展数字媒体资产管理的意义有哪些？节目资料面向社会提供有偿服务的模式有哪些？(30分)

2. 论述媒体纵向一体化带来的优势和存在的局限性，并给出一个成功的案例加以说明。(30分)

3. 依据迈克尔·波特的“五力模型”对媒体行业的竞争力影响因素进行分析。(40分)

中国社会科学院研究生院2014年博士研究生入学考试试题

传播与社会发展理论与实践

1. 以下两题为必答题：

(1) 什么是发展？传播与发展的关系是什么？概述传播与社会发展（发展传播学）的主要理论。(30分)

(2) 联系你的个人（或家庭的）经历谈谈你对传播与社会发展的治学旨趣。(30分)

2. 以下三题三选二：（只计两题，多答不计分）

(1) 谈谈你对“社会性别”概念的理解，并对某一媒介作品（任何你熟悉的新闻报道、电视剧、访谈节目等）进行社会性别分析。(20分)

(2) 概述媒介素养教育的起源、发展及不同流派。(20分)

(3) 举例说明商业流行文化或主流文化与工人阶级文化的区别。(20分)

传媒经营管理的基础理论与实践

1. 以下两题为必答题：

(1) 在传媒经营研究中素有“内容为王”与“渠道为王”之争。请就此谈谈你的观点。(30分)

(2) 请阐述品牌在传媒经营管理中的重要性。(30分)

2. 以下三题三选二：

(1) 有人认为，随着自媒体的繁荣与公民记者的崛起，职业记者将不复存在。请就此谈谈你的观点。(20分)

(2) 目前传统媒体数字化转型的探索主要有哪些类型，请举例概述之。(20分)

(3) 请列举你所读过的三本有关传媒经营管理方面的著作，并作简要点评（包括论题、主要学术观点、理论体系、优点与不足等）。(20分)

新闻法治与伦理的学理基础

1. 以下两题为必答题：

(1) 在我国是否需要制定专门的《新闻法》这一问题上，国内学界目前有三种不同的观点：一种观点主张“暂缓制定”，另一种观点主张“尽早制定”，还有一种观点主张“未必制定”。请你就上述问题谈谈自己的看法。(30 分)

(2) 试述新闻报道活动中可能面临的伦理冲突及其应对方案。(30 分)

2. 以下三题三选二：（只计两题，多答不计分）

(1) 我国现行宪法第三十五条规定：“中华人民共和国公民有言论、出版、集会、结社、游行、示威的自由。”中共十七大报告提出：“保障人民的知情权、参与权、表达权、监督权。”请简要分析说明上述引文中“言论自由”与“表达权”这两个概念的异同。(20 分)

(2) 简述你对国内媒介法（或传播法）研究的总体印象及评价。(20 分)

(3) 请列举国内两至三位研究媒介与传播伦理问题的学者，简要点评他们在上述专业方向的一项研究成果（专著、论文或研究报告）。(20 分)

新闻传播理论与历史

1. 概述传播学芝加哥学派代表性人物关于传播的社会影响的主要观点。(20 分)

2. 列举一本你印象最深刻的新闻学理论著作进行评述（包括主要学术观点、理论体系、优点与不足等）。(20 分)

3. 试论大众传播中的宣传观念与宣传话语。(30 分)

4. 论新闻学研究中“学”与“术”的关系。(30 分)

第十五篇
港澳台专辑

香港地区专辑

香港地区新闻传播学院系2014年概况
　香港中文大学新闻与传播学院概况
　香港浸会大学传理学院概况
　香港城市大学人文社会科学院媒体与传播系概况
香港地区新闻传播学院系2014—2016年科研课题一览表
香港地区新闻传播学术期刊2014年概况
　《传播与社会学刊》概况
香港地区新闻传播学人自述
　陈韬文/柯林·斯巴克斯（Colin Sparks）/李金铨/苏钥机

澳门地区专辑

澳门地区新闻传播学院系2014年概况
　澳门大学社会科学学院传播系概况
　澳门科技大学人文艺术学院新闻传播专业概况

台湾地区专辑

台湾地区新闻传播教育与研究2014年概况
　台湾政治大学传播学院概况
　台湾大学社会科学院新闻研究所概况
　台湾师范大学大众传播研究所概况
　台湾艺术大学传播学院概况
　台湾世新大学概况
台湾地区新闻传播学术期刊2014年概况
　《新闻学研究》概况
　《中华传播学刊》概况

·香港地区专辑·

香港地区新闻传播学院系2014年概况

香港中文大学新闻与传播学院概况

香港中文大学（简称“中大”）新闻与传播学院始创于1965年，是香港传播研究的先驱。1977年，传播学大师宣韦伯（Wilbur Schramm）在香港中文大学创立了香港首个传播学哲学硕士课程。16年后，学院又设立了哲学博士课程。此后，中大新闻与传播学院分别于1996年、1999年及2000年开办授课式企业传播社会科学硕士、新闻学文学硕士、新媒体理学硕士课程，并于2004年及2005年增设了广告社会科学硕士及全球传播文学硕士课程。从建院（系）开始，中大新闻与传播学院历经了张丕介、魏大公、余也鲁、朱谦、郑惠和、George Comstock、陈韬文、苏钥机等几任院长，现任院长为冯应谦，明尼苏达大学博士毕业。

在课程设置和学生培养方面，中大新闻与传播学院坚持以实践教育为主。本科课程分为三个专业，新闻编采、广告与公关及创意媒体与新媒体，每个专业范畴均设有实习课程，包括分配学生到《大学线》和*Varsity*等中英文杂志实习，以及积极推动点子计划（Pinpoints），让同学有更多机会将课堂上学到的知识应用于实践。除了强调知行合一外，新闻与传播学院提供的本科生课程还增设双学科课程选择，包括新闻与传播学及工商管理学的双学位课程，以及新闻与传播学及社会学的双主修课程。另外，中大新闻与传播学院十分重视与海内外各大高校合作，例如，同复旦大学和清华大学都签订了教师交流协议，又与中国传媒大学合作设计了学生交流项目，而海外合作项目的院校则包括University of Southern California、University of Texas at Austin、Erasmus University Rotterdam、NationalChengchi University、Hallym University、University of Melbourne等。中大新闻与传播学院的理念是学术与专业知识平衡发展，以回应当代资讯社会的挑战。

在研究方面，中大新闻与传播学院出版了两本学术杂志并拥有两个研究中心。除与香港浸会大学合办的中文期刊《传播与社会学刊》已纳入TSSCI外，由Routledge出版的英文期刊*Chinese Journal of Communication*（CJOC）亦也纳入SSCI。CJOC定期刊登运用社会科学或从人文角度分析传媒现象的学术文章，是亚洲地区少有的高质量英文学术期刊。此外，该院还创立了中华传媒与比较传播研究中心（简称“C研中心”），旨在推动大中华地区传媒和比较传播的研究和促进世界各地传播学者的对话。另一个下设学术机构为传播与民意调查中心（CCPOS），该中心每年都为学界、政府、非牟利及非营利组织和商业机构提供调查报告，为评估本港媒介表现和民意走向提供了科学的依据。

香港浸会大学传理学院概况

香港浸会大学传理学院成立于1968年，是香港唯一一所提供本科、硕士、博士及高级文凭课程的传播学府。学院下设电影学院（系级院）、传播系和新闻系，教学范畴涵盖电影、数码及媒体艺术、新闻、组织传播、公关和广告等几大板块。教研队伍中，有75名全职教师和80余名兼职教师。2011年，香港浸会大学传理学院被拥有超过300万读者的知名新闻网 *Asian Correspondent* 评选为亚洲学生首选的“全球十大新闻学院”，成为唯一入选的亚洲院校，与美国哥伦比亚大学新闻学院、密苏里大学新闻学院、加州大学伯克利新闻学院等老牌院校并列入榜。

本着“唯真为善”的院训，香港浸会大学传理学院在过去的十几年里为香港、内地及世界各地输送了超过8000名从事媒体、市场营销、管理、教育、科研、广告、公关等行业的高级人才，是迄今为止拥有香港最高媒体就业率的新闻院校。自1960年开创香港首个传理学系以来，学院历经余也鲁、黄应士、林年同、朱立、谢利国、汪琪、赵心树等国内外知名学者担任院长的发展历程，现任院长是毕业于英国威斯敏斯特大学新闻学院的黄煜。

从创系之初的新闻、广播电视及公共关系三科，发展至今天的新闻系、传播系和电影学院，香港侵会大学传理学院不仅在规模上逐步扩大，而且在全港学界和业界的影响力也在不断提高。

2015年，在香港政府资助的最高级别社科类项目申请中，传理学院共有7位老师成功得到科研经费，遥遥领先其他香港高校，成为这一年度传播学研究方向上申请成功率最高的新闻院系。

在新闻业务培训方面，传理学院的特色活动“普利策奖获得者新闻工作坊”已成功连续邀请了近50名世界范围内的获奖者，对在校师生进行讲座培训，成为学院“践行合一”的典型代表和香港新闻教育界的模范标杆。2013年，在普利策工作坊的影响下，传理学院新闻系又首次举办了“香港新闻大学——亚洲SOPA出版业协会之卓越新闻奖得主论坛”，论坛邀请了来自亚洲知名媒体的资深从业人士，着眼本土媒体表现，展开了为期3—5天的主题演讲，更进一步扩大了学生的业界视野和传理学院的影响力。2014年学院又邀请到10位业界人士，成功地举行了第二次SOPA论坛。

香港浸会大学传理学院座落于九龙市中心，于2010年迁入专为新闻采编、媒体与视艺高等教育而设的大楼后，同时安置了电影拍摄棚、录音室、剪接室等一系列多媒体制作基础设施，为培养全面型媒体人才提供了不可获缺的硬件条件。强大的师资阵容确保了教育水平的不断提高，使得传理学院学生在不同领域内屡获殊荣，如在堪称华语社区“大学奥斯卡”的全球华语大学影视奖中摘金斩银，在“第四届中国大学生公共关系策划大赛”中勇夺铜奖，而在世界顶尖的传播学学术会议上，亦有不少老师和研究生获得最佳论文奖。传理学院在秉承香港浸会大学“全人教育”的理念下，已经成为香港乃至亚洲地区首屈一指的新闻院校。

香港城市大学人文社会科学院媒体与传播系概况

香港城市大学英文与传播系成立于1998年，是香港比较年轻的新闻院系。2008年拆分为英文和媒体与传播两个系。媒体与传播系下设四个本科学位课程，两个授课式研究生课程和一个博士学位课程，拥有本科生近千人。尽管成立时间较短，但根据2014年英国学术研究评估（Research Assessment Exercise）指数显示，香港城市大学人文社会科学院媒体与传播系的学术研究居全港第一，有近60%的学术活动达到四星（全球领先）和三星（国际优秀）水准，成为香港城市大学六个顶尖学系之一。

独立后的媒体与传播系主打“新知识+新技术+新视野=新传媒专业人士”的教育理念，开始积极引进海内外知名学者，打造国际化新闻传播教育。在这些知名人士中为人熟知的分别是曾经在美国明尼苏达大学任教的李金铨、曾经在康涅狄格大学任教的祝建华、曾经在加州州立大学圣荷西校区任教的何舟。在雄厚的科研经费与设备资源的支持下，媒体与传播系先后成立了传播研究中心和大数据工作坊，在网络数据挖掘和分析研究方面一直走在亚洲前沿。2015年7月，由祝建华领导的数据挖掘实验室与复旦大学的上海新媒体实验室签署了战略合作备忘录，以方便两个实验室在共建网络研究、数据挖掘及新媒体环境下的传播理论应用方面进行广泛合作。除此之外，该系下设的传播研究中心于2004—2005年实施了“中国大陆新闻传播青年学者到访”计划，是香港规模最大的交流项目，迄今已有超过150位大陆学者应邀到访，大大加强了内地学者与香港学者的相互交流和长期合作。

除了卓越的学术成就外，城市大学媒体与传播系还着力培养适应新媒体技术发展的应用型人才。在建系之初，该校就投入近千万港元，新建一系列实验室，其中包括数码电视摄制室、广告设计制作室、视频编辑实验室、音频编辑实验室、新媒体用户实验室和网页挖掘实验室。同时，该校还获香港政府拨款4.4亿港元，另盖一幢九层、规模为亚太之首的媒体大楼。这座由美国纽约世贸大厦重建计划的设计师所设计的多媒体大楼，现已成为香港的一个地标性建筑。

该校本科生与研究生课程主要强调理论与专业实务结合，60%以上的科目为专业课，包括互联网传播、多媒体传播、传播数据库、专业传播技能、高级多媒体传播、整合媒体传播、电子营销数码媒体等。在高强度的专业训练下，由何舟带领的学生团队，运用先进的3D摄影技术拍摄出的电视纪录片《六世达赖喇嘛》《父辈的文革》和《廉政公署》，获得香港政府和学界的一致好评。

香港地区新闻传播学院系 2014—2016 年科研课题一览表

优配研基金（Government Research Funding 简称 GRF）是香港研究资助局（简称“研资局”）一年一度颁发给公立大学教员从事研究的课题经费。1991 年成立以来，研资局提供各类项目资助，其中，GRF 是香港学术界最高级别的政府资助计划。这里重点介绍 2014—2016 年香港三所新闻传播院系（香港浸会大学、香港城市大学及香港中文大学）成功申请到的人文社科类项目。

表 1　2014—2016 年香港三所新闻传播院系成功申请到的人文社科类项目一览表

机构:香港浸会大学

申请人	项目名称	项目简介
宋韵雅（研究助理教授）合作研究者：李金铨	架构中国崛起:国家、市场、全球化因素如何影响美国、法国和英国的国际新闻产制	研究旨在比较西方国家(美国、英国和法国)各意识形态阵营的领军报纸从 2001 年至今如何架构中国崛起这一议题,并试图对三个国家(美国、英国和法国)在同一议题(中国崛起)上的报道框架展开实证分析,从而解构西方媒体。通过对三个国家报道框架的比较研究,可以考察媒介体制差异和不同意识形态对国际新闻产制的影响。
Colin Sparks(教授)合作研究者：黄煜、王海燕	新闻工作者的角色认知和角色表现:香港和中国内地之比较	研究设计:在香港和大陆两种媒介体制下,探讨新闻工作者的自我认知与他们工作表现之间的关系,并主要关注这二者之间的差异和融合,尤其是媒体结构对这二者的影响。
叶月瑜(教授)	英文报纸中的早期香港电影:1897—1925	研究计划:细读和收集于 1897 年(电影于香港最早放映年份)至 1925 年(省港大罢工)期间刊登于香港英语报纸(如《德臣西报》《南华早报》和《士蔑报》)的电影的新闻与广告,藉此研究香港早期电影历史。
冯继峰(助理教授)合作研究者：林万斐(医生)李启华(博士)	各种反事实思维在叙事劝导中的影响:以运用动画叙事方法劝导腹膜透析患者遵从清洁消毒步骤为例	研究将围绕不同种类反事实的叙述将如何影响叙事劝导在劝导腹膜透析患者坚持日常消毒中的作用之问题展开。为了研究不同种类反事实的影响力,研究设计了 2(前提假设:加法与减法) * 2(反事实结论:以增强为重点和以妨碍为重点)的组合实验研究。在肾脏病患者自助小组的协助下,调查将招募病人参加实验。

续表

申请人	项目名称	项目简介
Cherian George（副教授）	新闻道德：亚洲传媒的最佳实务范例	研究将检视新闻机构如何处理不同的情境。研究员会访问出版人、编辑和记者并考查新闻机构面对道德考验时的情况。研究会在亚洲，包括中国大陆和香港特别行政区，选出10—12个新闻机构作为调查对象。
钱忆亲（助理研究教授）合作研究者：陈昌凤	中国社交媒体的网络治理	研究主要针对社交媒体对媒体政策和规制的影响展开。这项研究将解决两个方面的问题：首先，在社交媒体的国家和法律规制缺乏有效性和问责制的情况下，中国传播和信息技术政策的发展；其次，中国对社交媒体的网络治理的形式是怎样表现的。
杜英（助理教授）合作研究者：Guy Golan	“占领中环”在中国香港、中国台湾、中国大陆、英国和美国媒体中的报道及诠释	研究将探讨“占领中环”是如何在英国、美国、中国香港、中国台湾和中国大陆媒体的新闻中被报道及诠释的，并分析“框架”理念对报道和诠释的影响，以及在意识形态差异的背景下讨论这些报道的差异，最后将对造成这些差异的理论意义进行探讨。
谭佳（助理教授）	数字化参与：中国女权与酷儿媒体行动主义	通过访谈女权主义和酷儿媒体参与者、分析重要的事件及媒体制作、参与观察、查阅相关组织的记录，项目将会分析中国数字化媒体与女权和酷儿行动主义的关系。除了学术论文以外，此研究所收集的资料将会呈现在一个中英双语的网站上，为中国内地及香港的大众提供有用信息。
杨天逸（助理教授）	社交媒体对香港青少年在政治参与和抗争政治行为方面的影响	研究旨在探讨香港青少年的公民政治参与的程度，与社交媒体的使用是否有着因果关系。同时，研究亦会调查是否有证据显示社交媒体有助长政治抗争行为参与的可能。

机构：香港城市大学

申请人	项目名称	项目简介
Olli Tapio, Leino（助理教授）	对娱乐媒介的存在主义解释：理解电脑游戏中自由、责任与解读之间的关系	研究试图建立一套专门针对计算机游戏的美学观，并从相关的论述与批评中找寻价值。现时已有很多理论，探讨观众如何认真看待诸如电影之类的叙事媒体，但对于诠释与计算机游戏相关的理论却十分稀少。通过探讨当今游戏分析、诠释与批评的最佳范例，该计划旨在综合出一个存在主义对计算机游戏的观点，以填补理论研究的空白。
李喜根（副教授）	公共健康危机中媒介接触与应对保护行为	项目将通过开展一项长期问卷调查来检测一个媒体广泛报道公共健康危机情况下民众应对保护行为的模型以填补目前文献的不足。这项研究将考察接触媒体和其他有关信息的人、对公共健康威胁感知和效能感知的影响，威胁感知引发的恐惧，以及威胁感知和效能感知互动导致的危险控制与恐惧控制结果。

续表

申请人	项目名称	项目简介
沈菲(副教授) 合作研究者: 郭中实	重返传媒可信度的调查研究	研究的贡献主要体现在以下三个方面:首先,通过对传媒可信度评价过程中涉及的认知、情感等因素的系统梳理,修正传媒可信度的相关理论;其次,研究中将提出新的量表,并对未来的传媒可信度研究有重要的指导意义;最后,通过将传媒单一视角下的可信度研究还原到“媒体—受众”的互动过程中进行考虑,将有助于媒体从业者重新审视他们与受众的关系。

机构:香港中文大学

申请人	项目名称	项目简介
冯应谦(教授)	香港动漫与身份认同	随着香港动漫产业向大陆转移,香港居民接收到的动漫信息将不可避免地受到大陆市场的影响。本研究关注这种转变是否会带来香港居民身份认同的转变并解释其背后的转变机制。
李立峰(教授) 合作研究者: 陈韬文	媒体,民意,和作为传播事件的政治丑闻	研究计划提出以下问题:1. 新闻媒体如何把越矩行为建构成丑闻? 一项越矩行为的特质和后果如何在媒体中被商议和争论? 2. 一般市民如何在新媒体上响应丑闻事件? 传统媒体和新媒体的互动如何形塑丑闻事件的动态发展? 3. 作为传播事件,丑闻如何演变? 丑闻事件如何达至其结局? 4. 丑闻事件如何影响市民对政治人物以至政治制度的观感?
金素罗(副教授)	解析企业社会责任沟通在企业机构履行企业社会责任过程中的角色:基于中国消费者的视角	项目研究试图从两个方面扩展现有的研究:1. 通过对于不同文化样本的研究,证实并提炼有效的企业社会责任沟通的测量方法;2. 建立并测试企业社会责任沟通过程对于公众反馈的影响的过程模型。
邱林川(教授) 合作研究者: Pun Ngai	工人阶级公共领域:富士康 N 连跳以来的媒体与行动主义	项目将采用社会科学视角重点审视媒体与行动主义,特别是通过 2010 年富士康 N 连跳以来的数字联网行动进行深入个案分析,以揭示在信息技术与全球联网的时代,工人阶级公共领域是如何发生、如何形成多重公共领域的。
陈萱庭 (助理教授)	网络结构议题设定和党派选择性接触:以香港特首普选为例	研究将引用网络结构议题设定(network agenda setting)和党派选择性接触(partisan selective exposure)这两个理论框架来检验媒体如何报道普选议题。此外,也将分析香港公民在选择性接触政党媒体后对此议题的认知结构。

香港地区新闻传播学术期刊 2014 年概况

《传播与社会学刊》概况

《传播与社会学刊》是由香港中文大学新闻与传播学院传播研究中心和香港浸会大学传理学院媒介与传播研究中心于 2006 年 12 月 15 日联合创办的学术季刊，一年四期。2012 年，香港中文大学成立了中华传媒与比较传播研究中心。自此，该中心取代了传播研究中心，成为了《传播与社会学刊》的主办机构。《传播与社会学刊》在 2013 年成为了台湾社会科学引文索引核心期刊（简称 TSSCI）收录的学刊，目前该刊也已正式成为国际传播学会（International Communication Association）的附属学刊。

该刊的创刊主编为香港中文大学新闻与传播学院的陈韬文。陈韬文认为，文章最重要的就是言之有物，实证研究要讲求证据，理论文章也要有理有据。他同时希望文章有创见，有创意。相较于英文发表，陈韬文希望华语传播学研究的视野可以更大，可以和社会学、政治学、心理学产生更多的联系，这也是期刊被命名为“传播与社会”的原因。《传播与社会学刊》看重学术文章的逻辑性，对量化或质化方法取向并无特别偏好。简言之，《传播与社会学刊》强调概念的科学阐释与创新，并希望这些创新和理论贡献的重要性不会因为使用中文而被降低。

《传播与社会学刊》现任主编为罗文辉，编辑成员包括香港浸会大学传理学院的黄煜、萧小穗、宋韵雅，香港中文大学新闻与传播学院的冯应谦、黄懿慧、邱林川，以及来自台湾“国立”政治大学的张卿卿，美国罗得岛大学的陈国明，上海交通大学的张国良。

《传播与社会学刊》的宗旨是在英语主导的传播学语境中推动中文学术的出版和知识的创新。创刊者们有一个共识，那就是随着世界各地中文传播学者队伍的不断扩大，用中文发表文章的现象不仅会长期存在，也将占据越来越重要的学术地位。他们认为，仅以英文论文和书籍作为学术评审标准既没有必要，也不合理。传播学要在华语世界落地生根，应该主要倚仗母语写作。虽然当时大陆和台湾都有中文学刊，但是创刊者们希望建立一个发表水准更高更规范文章的平台，所以就有了今日的《传播与社会学刊》。

《传播与社会学刊》重视理论，尊重多元取向与跨学科研究，秉承三项办刊宗旨：第一，促进中外学术对话，鼓励原创性的理论探索，开拓华语传播学研究的空间；第二，以中文书写，恪守国际学术规范，建立可供相互参照的中文知识体系，促进华语传播学术主体的发展；第三，倡导跨学科传播学研究，确认传播与文化、社会、经济及政治的紧密联系，寻求传播与社会的跨界探讨，以响应当代社会科学融合与重组的挑战。

《传播与社会学刊》由三个主要板块组成：学术对谈、研究论文和传播论坛。

学术对谈通常由一位学刊编辑和一位在全球范围内具有影响力的传播学者进行对话，对话通常围绕着该学者个人的理论研究和治学之路。研究论文主要展现华语世界最新的传播学研究成果，而传播论坛则主要刊登理论文章。学刊还不定期地召集专题组稿，或邀请学者撰写特邀论文。

2014 年，《传播与社会学刊》共刊登各类稿件 37 篇，其中研究论文 22 篇，理论文章 3 篇，学术对谈 4 篇，其余则为卷首语、专题序言以及特邀论文。2014 年学刊刊登的论文具有多样性，包括新媒体背景下受众的嬗变，传播政治经济学的新挑战，晚清、民国文化与中国现代性，以及新老媒体融合背景下的最新传播学研究。学刊邀请了来自伦敦政治经济学院的讲座教授尼克·库德瑞，加拿大西蒙·菲莎（Simon Fraser）大学传播政治经济学者赵月枝，台湾“国立”政治大学传播学讲座教授汪琪以及当代美国媒介社会学者哥伦比亚大学教授迈克尔·舒德森，分别针对上述议题进行了深入探讨。同年，英国文化研究的领军人物斯图亚特·霍尔去世，学刊还特邀学者撰文，缅怀这位国际大师。

附：

2014 年《传播与社会学刊》总目录

2014 年总第 27 期

媒介效果下的受众/阅听人蝉变（陈国明）

新媒体与媒介化中心（尼克库德、陈韬文、冯应谦）

重构阅听人（马杰伟）

新闻文本与科技形式的双重链接：日常生活中网络新闻消费实践的类型研究（郭文平）

微博空间的知识生产沟研究：以日本核危机期间中国网民的微博讨论为例（韦路、王梦迪）

网络传播社会中的“电子符号行动者”：从台湾国光石化案重构阅听人之主体性（黄铃媚、沈锦惠、曹开明）

历史观看的政治：中国大陆阅听人对当代中国电视历史剧的解读（郭大为）

灾难传播中的群体力量：社交媒体促成新形态的公民参与（郑宇君）

手机使用动机与手机新闻收视的关联性研究：上海、香港、台北与新加坡的比较分析（陈忆宁、罗文辉、魏然等）

2014 年总第 28 期

传播政治经济学的新挑战（马杰伟）

东西方之间的批判传播研究：道路、问题与使命（赵月枝、邱林川、王洪喆）

科学新闻之资源基础观点分析：以台湾主流媒体为例（林艾洁、黄静蓉）

虚拟社区内的人际关系——以中国大陆的“老小孩”网站为例（吴欢）

媒介对公民参与的作用：比较互联网和传统媒体（钟智锦、李艳红、曾繁旭）

新民族主义媒体话语的社会历史分析：1990—2008（熊慧）

中国的挑战：跨文化传播政治经济学刍议（赵月枝）

2014 年总第 29 期

走出简单的二分模式（萧小穗）

本土传播研究的下一步（对谈人：汪琪、萧小穗/统稿：萧小穗）

霍尔：他的著作和影响（苏钥机）

悼念霍尔：反思批判传播学（马杰伟）

晚清、民国的文化传播与中国的现代性（萧小穗）

自发的现代性：历史人类学视角下的《杨三姐告状》个案研究（梁君健）

民国时期的跨文化传播：文艺与文艺电影（叶月瑜）

“科学化国术”：民国时期太极拳出版物上的现代性话语（章戈浩）

走向“猥杂”的彼岸：“健康娱乐”之电影的诞生与上海基督教青年会（菅原庆乃）

近代知识生产与传播控制：以上海书

香港地区新闻传播学人自述

编者按：本栏目陆续刊载香港地区新闻传播学人的治学思考。按姓名音序排列。

陈韬文

陈韬文，现任香港中文大学新闻与传播学院研究教授及新闻传播学荣休教授。自 1986 年在美国明尼苏达大学获得大众传播学博士学位并赴香港任教以来，已有接近 30 年的教学和研究经验。研究兴趣集中在比较研究视角下的国际传播、政治传播及新闻文本与受众效果。曾任香港中文大学新闻与传播学院院长，复旦大学新闻学院长江学者，哈佛燕京学社、牛津大学和伯克利大学访问学人以及国际华人传播学会会长。多份国际传播学刊编辑委员或编辑，并担任过《传播与社会学刊》创刊主编。其主要著作有《新媒体事件研究》《变迁中的大陆、香港、台湾新闻人员》《传播与社会发展》等中文书籍，英文学术论文则多见于《亚洲传播学期刊》（*Asian Journal of Communication*）、《传播与社会》（*Communication & Society*）、《新媒体与社会》（*New Media & Society*）等国际期刊。

治学自述

我比较注重比较研究和两方面的因素有关。第一个因素和我自己的背景有关。我在中国内地出生，在澳门和香港念小学和中学，在美国念大学，在香港读研究生，又在美国读博士。这样的背景让我对各种文化如何影响行为有兴趣。第二个因素就是我认为在回答“人怎么样认识这个世界”的问题中，比较是一个很根本的事情。我还记得教我的小孩，教他认识

"灯"这个概念，我就给他看各种不同的灯，他最后得出这个"灯"的概念。他是通过比较，找出共同的地方。从中我们可以看到，在概念化理论化的过程中，比较是个很根本的因素。社会科学常常探求现象的因果关系，而因果关系的发生是有条件的，那么一个现象成立的条件是什么样的？比较研究就可以给我们提供一个进行探讨的基础。

比较研究有两种，一种是"正式"的比较研究，另一种是"非正式"的比较研究。正式的比较研究是在两个社会背景下比较一个社会现象，所以我们就要问概念是不是可比的，系统是不是可比的，量度方法是不是可比的。虽然我做硬性完全的比较研究也不是很多，但是我比较注重这一块。非正式的比较研究，是在概念化的过程中，将现象放到不同的社会背景比较。这种比较不需要在最后成文中写出来，而是在概念化和理论化的过程中用到比较的方法，这样使用比较方法也可以是系统化的。

我做的最早的比较研究，还不是正式的比较研究。我的博士论文是研究香港，当时香港的回归问题在20世纪80年代提出来的，我希望探究香港媒体怎样回应政权的改变。在将这个问题变成理论的过程中，我就要用到比较的方法。香港有这个问题，那么内地有没有呢？内地也有过政权改变，也有媒体怎么适应的问题，比如1911年辛亥革命，1949年中华人民共和国成立。其实前苏联也有类似的问题，美国英国也有，各个国家的情况有相同点也有不同点。有的政权改变是突然之间的、翻天覆地的、革命的；香港这种情况是预定的，一步步来的，不是革命性的，所以我们就找到它共同的地方和不一样的地方。这就是非正式的比较。

我也做过一些正式的比较研究，比如内地、香港两地比较以及其他大规模的比较研究。1997年，李金铨、潘忠党、苏钥机和我就利用调查来探讨不同国家记者怎样报道香港回归。我们发现，各国记者的报道并不是想象中的一致，而是表现出非常本土化的倾向。我和罗文辉、苏钥机、李金铨、潘忠党还一起做了中国内地、香港、台湾三地新闻工作者比较研究。从取样问题量度分析，每个步骤都有比较的考虑在里面。

比较研究中的困难首先在于需要的资源较多，原来是一个地方做研究，现在变成两三个地方做研究。研究者需要对几个地方都有一定的了解，甚至是比较深入的了解。可是一个人要拥有几个地方的知识并不容易，这就需要一个团队。成立团队，需要增加人力资源，也需要协调，这就要花费多一点时间，大家多多交流。这种交流和协调也有好处，如果处理得好，能量就大了。

比较研究八九十年代的时候比较少，新世纪以来就多了许多，虽然绝对数量上没有变得很庞大，但是步伐上已经快很多了。比较研究的发展和互联网发展很有关系，同时和学者们在国际会议上得以建立的学术网络也有关：这些联系虽然是弱联系，在做比较研究的时候这些联系就很重要，大家认识对方，受的训练也差不多，就可以合作了。

柯林·斯巴克斯（Colin Sparks）

柯林·斯巴克斯（Colin Sparks），现任香港浸会大学传理学院讲座教授、传播与媒介研究中心主任。早年求学牛津大学，后于英国伯明翰大学当代文化研究中心获得博士学位，1974年至2011年执教于英

国威斯敏斯特大学，任该校媒体、艺术与设计学院教授、传播与媒体研究所所长。他致力于批判学派立场下的媒介研究，主要研究领域为媒体与发展、媒介的全球化、互联网对大众媒介的影响等。他是学术期刊《媒体、文化与社会》的创刊人之一，其重要英文著作包括《文化中的政治经济学：21世纪的资本主义和传播》（*Towards a Political Economy of Culture：Capitalism and Commun-ication in the Twenty-First Century*）、《信息社会与公民社会》（*Information Society and Civil Society*）、《媒体与流行文化》（*The Media and Popular Culture*）等，学术论文则多见于《国际传播期刊》（*International Journal of Communication*）、《欧洲传播期刊》（*European Journal of Communication*）等国际期刊上。

治学自述

我一开始是文学理论学者，深受匈牙利著名马克思主义批评家卢卡奇以及他的罗马尼亚追随者吕西安·戈德曼的影响。后来我跟随特里·伊格尔顿开始了我的博士研究，他是一位知名的文学理论家，但我研究进展不大。于是我的导师建议我去伯明翰，和斯图亚特·霍尔进行文化研究。其实，因为理论立场的差异，文化研究对我的影响非常淡。可是伯明翰的确让我不再将文化看作是简单的文学作品，而是接受雷蒙·威廉斯的著名论点：“文化是普通的（culture is ordinary）”。

我常常发现，跟文化研究学者在一起时，我是一个传播政治经济学者；与传播政治经济学者在一起时，我又是一名文化研究学者；社会学家中，我成了人文学者；人文学者中，我又是社会学家。我觉得任何一种治学类型都很难概括我所做的工作。可是，为什么我得归属于某一个学派呢？为什么我非得不是在这个学派中就得在那个学派中呢？它们仅仅只是看待社会现实的不同方式而已。媒体研究是一个大容器，曾经涵盖了从新闻到电影的一切事物。现在媒体研究比以往变得更为分散，而且更大。我认为学派划分是旧时代的产物。它是我们那一代学人所看重的，但我不认为当今的年轻学者会真的在乎这种划分。

我对社会变革带来的媒介变革一直都有兴趣，所以我一直都关注中东欧的后共产主义国家和发展中的中国社会。不仅仅是中国的报业发展，不仅仅是中国的调查记者：中国大约有300个调查记者在挖掘内幕、揭露腐败，但更多的记者在记录社会的方方面面，他们满足于做日常生活新闻，享受生活。我期待看到更多关于这些“普通”的中国记者的学术研究。一个更有趣和重要的问题是，在过去的30年里，中国已经发生巨大的社会变化，上亿人从乡下搬到城里，成千上万的人们需要学习一大堆东西：怎么当中产阶级？怎样表现出学识教养？怎样适应都市生活？媒体在这个庞大的“再学习”群体中究竟扮演了怎样的角色？或者，更确切地说，它是否发挥作用，如果是，发挥了怎样的作用？我认为所有这些问题都具有巨大的历史意义，我假设媒体在中国中产阶层的缔造过程中起到了一个核心的作用。我也希望推动中国媒体研究朝着这个方向努力，探索其间所伴随出现的关于性别、身份及其他各种议题。

回到媒介变革的讨论，现在新闻学研究面临着一个巨大的问题，即我们的研究对象正经历着一场变革，新媒体对传统媒体的影响会长久地存在。许多美国式新闻学研究的主要观点，例如新闻专业主义、客观性等等，在新闻技术变革中，都需要打个问号。对于中国而言，一个刚刚起步却十分重要的议题是：中国的报纸和电视已经经历了30年的高速发展，随着新媒体在全球范围内对传统媒体的剧烈冲击，报纸受到的冲击最大，电视也未能幸免，那么，新媒体对中国媒体是否会产生同样的冲击？我确信新媒体所带来的冲击一样会在中国发生，尽管可能会以不同的形式表现，因此，我目前正在关注中国报业的互联网转型，以及媒体如何适应世界范围内媒体环境的变化，这的确是一个重要的、极具吸引力的研究课题。

李金铨

李金铨，现任香港城市大学媒体与传播学系讲座教授兼系主任。1971年赴美留学，在施拉姆创立的夏威夷大学东西文化中心传播研究所攻读硕士，后在美国密西根大学获得博士学位。1982年至2004年为美国明尼苏达大学新闻与大众传播学院教授。曾任香港中文大学讲座教授、台湾政治大学客座讲座教授、“中央”研究院客座教授。其主要著作包括《传播帝国主义》（1987）、《超越西方霸权：传媒与“文化中国”的现代性》（2004）、《文人论政：知识分子与报刊》（2008）等中文书籍，曾多次在国际期刊《传播、文化与批判》（*Communication, Culture, and Critique*）、《新闻学研究》（*Journalism Studies*）、《传播学期刊》（*Journal of Communication*）等发表论文。

治学自述

我从小学开始对政治新闻就感兴趣，长大以后也没有变过。我念大学时，跑到政治系去上很多课，对政治理论、政治制度、比较宪法和条约论都入迷，因为想毕业以后当好的政治记者。我的路子始终是结合生命跟学术的。1980年代，我在明尼苏达大学创立了媒体与社会研究中心，1990年又首创了“国际中华传播学会”并任会长。

我主要关注的方向有两个：一是国际传播的比较研究，二是对新闻史和社会科学的互动研究。就比较传播而言，我在2015年有一本新书，由密歇根大学出版社出版的《国际传播的国际化》。整本书就是以国际传播为主要框架，关注亚洲地区媒介与权力博弈的过程。比如说我关注台湾的民主化过程，香港政权的转移和内地媒体与政治经济环境的互动。我认为在运用西方理论的时候，一方面应该拒斥“普适性的帝国主义”，另一方面也应排除“特殊性的偏狭主义”。现在整个社会科学受实证论的影响很大，一味向自然科学的方法靠拢，远离人文的核心关怀。我通过检视“发展传播学”的方法论以后，认为极端化的实证主义漠视了跨文化差异，容易导致“以西方为全球标准”的理论。就地区性研究而言，我倾向于以韦伯式的现象学路径为基础，重建国际传播的知识论和方法论，但这并不是一种“民族文化主义”，而是提倡学习西方的语境，他们看问题的方法，然后结合我们本土文化，看能不能孕育出一些独特的视野，是一种能平等对话的视野。

就新闻史研究来说，我一直觉得内地新闻史研究很陈旧，缺乏问题意识，行文特别像流水账，新闻史在中国历史研究中的地位微乎其微。我们不光要看到事实的陈述，还应该探究这些陈述背后的解释。有鉴于此，我在香港撰写了《文人论证》与《报人报国》两本书，希望通过社会科学的视野来研究新闻史。跨学科的视野会增加分析的厚度，看出传统新闻史看不到的地方。例如在《文人论证》中，我和张咏合作的《密苏里新闻教育模式在现代中国的移植——兼论帝国使命：美国实用主义与中国现代化》，就尝试把西方新闻价值教育的理念结合特定的政治经济条件来分析，探讨中国新闻教育史的发展路径。我认为将社会科学和历史研究分开是不好的趋势。我写过一篇《记者与时代相遇》，但我并不只在意这三人做过什么，而是希望以小见大，提供一个时代的侧面。换言之，探讨时代如何影响个人，个人如何影响时代，个人与时代如何交相辉映。我不断设想若在他们的处境中我会怎么做，文章里其实有我的影子和寄托。这在社会学里，就是结构（structure）和行动者（agency）之间的关系，是人与势、个人与时代互动（interaction）的问题。概而言之，在我看来，中国新闻史的研究，亟须提高的是三种意识，一是问题意识，二是理论意识，三是方法论的训练与自觉。而这些正需要从西方的社会科学，尤其从默顿（Robert King Merton）的“中距理论”（middle range theory）中汲取有益的养分，并将之与中国学术传统相融合，才能将中国新闻史研究发扬光大。

苏钥机

苏钥机，1995年获得美国宾夕法尼亚大学安那堡传播学院授予的传播学博士学位。曾担任过加拿大温哥华《明报》副总编辑，《世界日报》记者及香港电视广播有限公司的市场研究员。1995年博士毕业后，受聘成为香港中文大学新闻与传播学院的助理教授，并于2005—2011年担任该学院的院长。其研究兴趣集中在新闻生产与新闻教育两个方面。多年来，密切关注香港当地传媒的发展动态，将观察的结果升华为理论阐释，系统地融入自己的学术研究。自1992年起，在《新闻与传播研究》《传播与社会》《大众传播与市场研究》《新闻学研究》等海外中文期刊发表近60篇有关新闻实务教育和香港报纸表现的学术论文，在英文SSCI国际学术杂志《传播学期刊》（*Journal of Communication*）和《亚洲传播学期刊》（*Asian Journal of Communication*）上发表了有关媒介素养（media literacy）、第三人效应（third person effect）等经典传播学理论研究的著述。

治学自述

“研究香港报纸的表现”是我众多具体课题之一，我主要想通过对新闻报道和评论进行内容分析来建立一个社区话语生态环境的理论模式，其中各大传媒公信力的变化及其原因占有很重要的地位。仅2015年至今，我们以“香港政改和传媒自我审查问题”为主要命题就进行了两次大规模的随机抽样民意调查，结果显示港人在亚视失实报道等媒体丑闻之后对媒介的公信力的评价大幅下滑，而给2015年港媒表现的打分创下历史新低。在2015年发表的一篇有关香港报纸的案例分析中，我们选取了香港三份代表性报纸进行了历史性回顾，从宏观角度剖析了《文化中产报》《精英财经报》和《市场主导大报》在社会变迁下能动者（报人）和结构（报业、社会）共同改变和互为影响的发展历程，并最终走向现代企业式管理的未来趋势。我自己关注的有以下几个方面：1. 记者本身的关注和想法，以及他们的就业情况；2. 香港新闻自由指数的变化，到目前为止做了两年；3. 香港市民对不同报馆及电视台的公信力评估调查；4. 对新闻这个概念本身进行多层次探讨，以及它在不同事件下的变化，不同报纸的表现；5. 香港免费报纸的成功和对收费报纸的影响。我认为香港新闻研究最有趣的地方在于它跟整个社会大环境的变化很紧密，跟政治力量变化相关性大。

除了新闻学研究外，我还致力于社交网络视角下有关文献引述（citation research）的实证研究。我们近期的研究发现，传播学对新媒体的关注仅次于电脑科学、工程学等理科领域，在论文数量、期刊质量以及探讨内容的深度和广度等方面均走在社会科学研究的前沿，占据领军地位。单从关键词来看，在传播学论文中频繁出现的"网瘾""社交媒体使用""互联网引发的公众参与""新媒体与新闻""新媒体与公关广告""人际关系和网络""性别和教育程度与网络"等概念及关系独树一帜，不但是传播学学者研究的热门主题，也逐渐形成了一个其他社会科学学科必引的文献库。尽管如此，美国大学仍然是新媒体研究领域的霸主，他们研究成果的曝光率、引用率、作者的成名率均居榜首。我认为文献引用作为一个可测量的影响标准在大中华地区的大专院校中尚没有引起足够的重视，但却是学科进行内部建设和外部合作的一个必备的前提条件，也能为大部分学者提供更为实用的出版指南，是应该得到中国乃至亚洲学者关注的研究问题。

此外，我还被委任为政府康乐及文化事务署博物馆专家顾问、香港学术及职业资历评审局专家、香港报业评论会执行委员、香港新闻教育基金秘书长和香港新闻博览馆董事等多项公职，继续担当着香港本土新闻教育学的教研工作。

本专辑得到香港政府优配研究基金
（项目编号：244212）的资助

《香港地区专辑》撰稿人：

杨　帆（2013 年获得香港浸会大学传播学哲学硕士学位，2011 年获得复旦大学传播学文学学士学位）

吕　楠（2015 年获得香港浸会大学传播学博士学位，2010 年获得复旦大学新闻学文学学士学位）

《香港地区专辑》审稿人：

郭中实（1996 年获得美国威斯康辛大学麦迪逊校区传播学博士学位，现任香港浸会大学新闻系教授）

澳门地区新闻传播学院系 2014 年概况

澳门大学社会科学学院传播系概况

一、历史沿革

澳门大学是澳门第一所现代大学，前身为由港澳、东南亚等地的知名人士资助开办，1981 年 3 月 28 日创立的私立东亚大学。1988 年由政府主导的澳门基金会收购东亚大学，进行重组改为公立大学，并于 1991 年改名为澳门大学。现今，澳门大学已具备一套完善的教学体系，设有工商管理学院、教育学院、法学院、社会科学及人文学院、科技学院及中华医药研究院，提供博士、硕士、学士学位及高等专科等课程。

澳门大学传播系隶属于社会科学及人文学院（FSH）。传播系开设的新闻与公共传播专业之前的名字是中文传意，最初隶属中文系，2002 年进行了课程改革，2004 年和原隶属于英文系的英文传意一起组成澳门大学传播系。

澳门大学传播系现任负责人是政治学教授郝雨凡。

二、课程设置

传播系开设从本科到研究生（含博士研究生）培养的全部课程，具体内容如下。本科教学包含广泛的大众传播学课程，诸如媒介研究、新闻学、公共关系和广告学等。大学第一年主要教授基础的传播学知识及中国文学知识，以提高学生的文学素养。从第二年开始教授新闻传播学，包括新闻采访、公共关系、广告策划等。在理论学习的同时，学生们也要培养新媒体技术方面的实践技能，掌握新媒体软件，并在学院实验室学习视频制作和编辑技术。本科生有大量机会参与各项高等实践项目，诸如主办学生报，制作新闻视频和学生网页。学生也可申请实习机会，实习期间主要就职于澳门日报、澳门电视台、澳亚卫视、华侨报等媒体，以及公共事业单位、酒店或政府部门。

澳门大学的传播与新媒体硕士课程开办于 2001 年，旨在为媒体专业人士提供大众传播和新媒体理论、社会文化相关知识，培养实践技能。设有大众传播理论、传播研究方法、大中华地区传播模式与文化、国际和跨文化传播、舆论研究和新媒体及传播研究等必修课，以及新闻业务与电子新闻专题、广告专题研究、公共关系专题研究、大众传播法规、传播与社会变迁、媒介功能与管理、多媒体设计与应用和英语专业写作等选修课。

博士课程主要包括三类研究方向：一是跨文化传播、文化研究和城市研究（urban studies）；二是大众媒体与文化变迁研究；三是媒介效果、政治传播和媒介政策等研究。

三、学术交流活动

2014 年，澳门大学传播系开展了一系列学术交流活动。

3 月 28 日至 30 日举办“跨文化对话”圆桌论坛。

4 月 14 日，第十三届传播周（暨刊物发布会）开幕，主要活动包括：传村放映会（传播系大四学生毕业影片作品展）；传村讲台（邀请不同的嘉宾举办主题讲座）；传村画廊（横琴村的前世今生“脑背下影像创作展”）等等。

5 月 5 日，澳门大学研究生联盟下设的“传播与新媒体社会”（Communication and New Media Society，CNMS）成立，主要由澳门大学传播系硕博士组成，同时接纳对新媒体研究有兴趣的澳大其他学生。此社团与中国内地、港台大学及其相关国际机构合作，旨在推进新媒体与传播学研究的跨地域学术交流。

7 月 14 日至 16 日，举办了以“后亚洲电影，媒介和流行文化”为主题的第 11 届亚洲电影研究论坛，会议云集 120 位电影、媒体和艺术人文等专业的学者。

10 月，澳门大学传播系获推荐加入由中国传媒大学新闻传播学部、复旦大学新闻学院、香港城市大学媒体与传播系及台湾大学新闻研究所组织的中华新闻传播学术联盟（简称五校联盟）。该联盟成员均为大中华地区新闻传播教育知名院系，致力于为本地区新闻传播领域的研究生提供年度的研究交流机会。

来源：澳门大学传播系官方网站
整理：曾　昕

澳门科技大学人文艺术学院新闻传播专业概况

一、历史沿革

澳门科技大学人文艺术学院（Faculty of Humanities and Arts）成立于 2008 年 9 月，学院秉持着“开门办院、国际平台、前店后厂、服务澳门”的四大理念，遵循“先上轨道，再上水平”的基本思路，锐意进取、跨越发展，在澳门地区拥有很高的美誉度，展现出蓬勃的生命力和发展态势。

二、院系设置情况

人文艺术学院目前设有新闻传播学和艺术学（艺术设计）学士学位课程，在读学生约一千名。新闻传播学学士学位课程专业下设新闻学、传播学、公共关系与广告学三个专业方向。并设有传播学博士学位课程与传播学硕士学位课程，每年招收博士研究生及硕士研究生。

三、开设课程

学院教学突出实践性，重在培养学生的动手能力、适应能力和创新性。新闻传播学学位课程具备完整的从本科到博士的专业学历教育体系。

传播学学士学位开设的课程包括《新闻学概论》《传播学概论》《新闻业务通论》《广告学》《新媒体传播与发展》《媒体管理与经营》《传播法规与伦理》《新闻采访与写作》《新闻编辑与评论》《中国新闻传播史》《外国新闻传播史》《广告文案写作》《广告视觉传播》《公共关系与广告

学》和《品牌研究》等。

传播学硕士学位开设的课程包括《传播学理论》《传播学研究方法》《全球化与传播》《媒介与文化研究》《创意策略与执行》《跨文化传播》和《危机传播》等。

传播学博士学位开设的课程包括《传播学理论前沿》《传播学研究方法高阶》《媒介、传播与社会》《整合传播策略》和《传播学研究中的文化理论》等。

四、师资队伍

人文艺术学院院长是余秋雨，执行副院长为张志庆。

人文艺术学院新闻传播专业聘请了一批教授、副教授和助理教授等，其中有张曙光、陈曦、祈务晨、余秋雨、张志庆五位教授，孙瑱一位副教授，谭志强、柳旭东和章戈浩三位助理教授；大部分教研人员拥有博士学位，同时具有在世界知名大学或研究机构的工作或学习经验。这批优秀学者为本科生授课并指导研究生，不仅能够传授最新知识和科研成果，更能扩大学生的国际视野和接受世界多元文化的熏陶。除既有师资队伍外，还聘请了一批国内一流名家每学期为学生授课，例如南京大学社会学院院长周晓虹，中国社会科学院新闻与传播研究所原所长孙旭培，清华大学新闻与传播学院副院长陈昌凤，香港新闻工作者联会前副主席张圭阳等。

五、举办活动

2014 年，澳门科技大学人文艺术学院开展了一系列学术交流和新闻传播实践活动。

3 月 25 日，澳门科技大学“传播周”开幕。围绕“社交媒体时代的传统媒体”这一主题，传播周开展了华语传播产业高峰论坛，呈现了十余场精彩讲座，并举办了“中银杯”微电影工作坊以及比赛，有力促进了全国与全澳传播学界的交流，为澳门多元化的产业发展带来了更多契机。

5 月 28 日，由澳门科技大学学生自发成立的独立文化创作团队 The 24 Plus Project 作品 *The Promises of Macau* 获“第四届北京高校联合电影节”最佳纪录片奖。

7 月 21 日，陕西科技大学文化传播学院代表团一行 16 人到访澳门科技大学人文艺术学院，双方就学院的教学、科研和行政工作等多方面进行经验交流。

10 月 29 日，人文艺术学院师生参访澳亚卫视。师生们参观了澳亚卫视电视台的节目演播室、合成控制室、新闻编辑室等部门，并在座谈会中了解澳亚卫视的发展情况，开展了一系列重要的实践活动。

12 月 5 日，人文艺术学院传播学硕士研究生皇甫铮的论文《社交媒体和你的隐私：社交媒体隐私关注与隐私保护行为研究》一文获“新媒体传播学年会”最佳学生论文奖。本次年会以“断裂和重构：中国互联网回顾与展望”为主题，受到学界和业界的高度关注。

12 月 14 日，人文艺术学院学生信剑鸣、梁颖桑、陈天骥、吴思潼等的作品《关不上的门》荣获“全国大学生新媒体作品（微电影）网络大赛”“风情澳门”主题奖。

此外，学院还开设了“大中华讲坛——文化大家系列讲座”“港澳传媒名家讲坛”等，拓宽学生视野，贴近学生与文化大家、传媒名家的交流；同时，学院还因地制宜、因校制宜、因行业制宜、因经济制宜，着力打造校内外的新闻传播实训基地，成立澳门科技大学学生记者团，主编澳门科技大学网络校刊；成立策划创意工作室、社会调查工作室、影像工作室等，为学生提供充分的实践机会。此外，学院还组织学生前往台湾观摩大选，前往香港浸会大学参加普利策得主工作坊交流学习活动，组织学生观摩采访澳门立法会、廉政公署、澳广视、世界传媒大会、中文维基百科年会、澳门宗教活动、五一大游行等。近年，学生的采访报道已经频繁见于澳门内地各类期刊，也有学生已成为澳门电台兼职 DJ，多名学生已经成功进入美国的大学深造。

来源：澳门科技大学人文艺术学院网站
整理：黄　艾

·台湾地区专辑·

台湾地区新闻传播教育与研究 2014 年概况

台湾地区的新闻传播教育肇始于 20 世纪 50 年代。1955 年，台湾政治大学成立了新闻系及新闻研究所，后又于 1983 年开设博士班，自此，台湾地区建立起完整的新闻传播教育与学术研究体系。

但在 20 世纪 60 年代中期之前，受政治因素影响，虽陆续有院校开设新闻传播相关院系、专业，台湾地区的新闻传播教育及研究却一直集中在新闻史与新闻业务方面。60 年代后，美国传播学理论被引入，台湾新闻传播教育及研究重心逐渐从新闻学扩展至传播效果，再延伸到政治传播、教育传播、健康传播、受众研究、批判理论等诸多领域。到 80 年代末，新闻与大众传播类系所与课程构成台湾新闻传播教育的主要内容。

20 世纪 90 年代以来，台湾地区的新闻传播教育进入蓬勃发展期。一方面，"戒严"与"报禁"的解除以及台湾当局在 1993 年发布的亚太媒体中心等跨世纪方案都推动了台湾新闻传媒事业的兴盛，由此带来对新闻传播人才大量需求，新闻传播教育也获得良好发展机遇；另一方面，私立大学建设也获得当局鼓励，这些新的私立大学创立后也纷纷建立新闻传播院系。1991 年底，台湾地区共有 11 所大学设立了新闻传播相关系所，到 1998 年，已发展到 38 个新闻传播院系、17 个研究所。

21 世纪以来，随着传播科技发展以及传媒市场繁荣，台湾地区的新闻传播院系规模进一步扩张，其专业与课程设计也更加庞杂并呈现出与其它院系相融合的趋势，除了传统的"新闻"与"大众传播"类系所继续开办之外，诸如"传播科技""传播管理""视听传播""口语传播""资讯传播""视觉设计""数位出版"等系所与专业纷纷兴起，在课程设计上，信息网络工程研究、电视剧情片制作、电影管理学、多媒体制作课程等也陆续开设。目前，具有较大影响力的新闻传播院系主要有台湾政治大学传播学院、台湾大学社会科学院新闻研究所、台湾师范大学大众传播研究所、台湾艺术大学传播学院、台湾世新大学、铭传大学传播学院和佛光大学传播系等。

台湾政治大学传播学院概况

台湾政治大学传播学院的历史可追溯至1955年的新闻系及新闻研究所，开启本科与硕士教育。1983年开设博士班，由此建立起从本科到博士的完整新闻传播教育与学术研究体系。此后，新闻学系公共关系及广告组于1987年独立为广告学系，新闻学系广播电视组于1988年独立为广播电视学系。1989年，新闻学系、广告学系与广播电视学系从原属文理学院独立出来合并成立传播学院。台湾政治大学传播学院是台湾地区最早开设新闻传播教育的学院，也是目前台湾地区最具规模与学术影响力的新闻传播教育及研究机构。

传播学院下设大学部和研究部，大学部包括新闻学系、广告学系、广播电视学系和传播学士学位课程；研究部则有新闻学系硕（博）士班、广告学系硕士班、广播电视学系硕士班、数位内容硕士课程、国际传播硕士学程和硕士在职专班，分别由学院授予学士学位和硕、博士学位。自1998年起，传播学院大学部和研究部陆续实施学程制，学生可依据未来发展和兴趣，跨系（所）修课，自由规划自己的学习计划。

传播学院在实践教学方面颇负盛名，《大学报》与新闻实验室、“政大之声”广播台、数位平台、影音实验室、剧场等一系列学生实践平台与机构推动了学生的专业实践训练。其中《大学报》于1956年创刊（原名《学生新闻》，1993年更名为《大学报》），并在2002年成立“新闻实验室”，它是该院历史悠久的实习媒体。《大学报》已经成为新闻系专业课程的重要组成部分，新闻系各年级课程均设法与《大学报》各种业务对应，同时该系还规定其硕士班研究生凡未曾修习编采课程者，也须由硕士班教授带领至少参与《大学报》一学期的采编实务。“政大之声”创办于1964年，是台湾第一座由学生自治管理的学术实验实习电台，除指导老师及台长由广电系派老师担任，其他从主管到基层工作皆由传播学院学生义务担任，并可上网（www. vnccu. nccu. edu. tw）在线收听。

21世纪以来，新闻传播领域无论在实务、教学与研究各方面都受到新媒体科技与数字汇流的强烈冲击。为此，学院积极推动组织重整与再造、发展大型研究计划，并进行课程改革，将传统以大众传播媒体为本的课程设计转向传播与信息范畴，以期打造新一代的传播学院。具体目标包括：培育具整合信息能力之传播人才，强化“从做中学”的专业课程；以实验为目的；建立多元、跨领域之教研团队；打造学院特色，引领产官学创新。

自2014年始，为鼓励多元学习与增强竞争力，传播学院在本科生教育阶段采取大一大二不分系招生与修课，大三时依志愿申请专业主修，进入新闻系、广告系、广播与电视学系或传播学士学位课程。同时，传播学院还将原“新闻学系硕士班”“广告学系硕士班”及“广播电视学系硕士班”整并为“传播学院传播硕士学位学程”。基于传播产业的需求及赋予学生更完善的学习环境与机会，并结合本院各领域专长师资，传播学院硕士研究生课程包括“传播与文化”“新闻与信息传播”“想象、叙事与互动”“电讯传播政策与管理”“整合传播”“科学与风险传播”“两岸传播”等七大专业领域。而为了体现自主学习的本质，学生也可与学业导师协商并经学院核准后，自行组合专业修习。

在学术研究方面，为回应传播环境的发展和变革，近年学院教师与学生在教学之余组成研究群进行研究讨论，研究主题主要涵盖新的叙事形态、新的使用者体验、风险社会下的传播问题、未来传播权、政策、权利与伦理以及新素养等六大领域。此外，传播学院还出版《新闻学研究》《广告学研究》和《广播与电视研究》三种学术刊物，刊载相关领域研究成果。

台湾大学社会科学院新闻研究所概况

台湾大学社会科学院新闻研究所于1991年创办，以“培养台湾新闻界的进阶人才，以及提升台湾新闻专业水平”为宗旨。历任所长包括喻德基、张锦华、谷玲玲、林鹤玲、彭文正、林丽云，现任所长为洪贞玲。在台湾地区，台湾大学社会科学院新闻研究所是唯一以提供进阶新闻专业教育作为目标的研究所。

新闻研究所成立时，虽参考哥伦比亚大学新闻学院的办学理念，以进阶实务训练为主，但仍基于台湾的教育体制与传媒环境进行了调整，新闻研究所开展的新闻教育同时重视专业理论与专业实践，并强调新闻记者除了技艺训练外，也应具备专业知识与分析问题的能力，理论与实务应相互结合。

秉持“提升新闻专业”的建所宗旨，并达成台湾大学培养“关怀社会与全球视野的社会中坚和领导人才，贡献于促进国家与人的永续发展”的总体目标，新闻研究所设定了四项教育目标：培养新闻传播的技艺与智能、训练独立思辨与尊重多元的公民意识、提升国际视野、加强学术领域专长。新闻研究所在课程方面除了设置核心必修课程“专业理论与法规”与“专业智能实作”外，还发展了五大选修课程类型，包括“理论/方法”“媒体公民意识”“国际视野课程”“学域专长”以及“专业实作”。

为了实践新闻理论与实践结合的教学特色，以及“从做中学”的专业实务教学理念，新闻研究所的实务课程教师均由优秀的资深新闻工作者担任，理论课程的教学也以新闻实务的问题为导向，并通过对实务问题的分析来深化理论研究。同时，实务老师也与专任教师合作，率领学生“从做中学”进行相关研究、写作毕业论文与深度报道。近三年来，新闻研究所还积极推动“‘杰出记者’驻所计划”，广邀当年度的杰出新闻工作者到该所演讲、开课、成立工作坊以及推动专书写作专题计划等，让学生在实践中学习成为优秀记者的理念与技能。

台湾师范大学大众传播研究所概况

台湾师范大学大众传播研究所于1997年成立。在最初的发展历程中，营销传播一直是该所教学与研究的发展重心，所内教师及研究生尝试从营销管理及产业结构分析等角度，对台湾大众传播事业进行细致观察，研究成果广受传播学术及实务界人士重视。近年来，为培养符合时代需求、掌握时代趋势的传播人才，大众传播研究所的教育科研重心由早期的营销传播逐步转向以科技传播为基础的新传播与信息科技，并主要关注“新传播科技与数位内容”“新兴媒体的社会政经文化研究”及“新闻与传播基本技能”三个方向，期望培养与训练出既有科技技能又有新传播分析决策能力的时代精英。

大众传播研究所还与政治学研究所及社会工作学研究所共同开办“社会、政治与大众传播学分学程”。该学程跨越三门学术领域，融合政治、大众传播与社会工作的多元学术视野，既探讨台湾民主与政党政治发展以及两岸政治关系与其历时性变迁，也关注新闻媒体实务所影响的社会文化现况以及媒介、民意与现代社会在台湾现况下的三方关系，还触及新传播科技影响下所衍生的社会与文化议题，并基于人文精神关怀社会的贫穷问题、社会福利政策、社会改革以及更深刻的人权议题。现今的台湾师范大学大众传播研究所早已超越师范教育的培养目标，更多地面向传媒产业与整体社会发展需求锻造新闻传播人才。

台湾艺术大学传播学院概况

台湾艺术大学传播学院成立于2001年，下设图文传播艺术学系、广播电视学系、电影学系、应用媒体艺术研究所。其中，图文传播艺术学系在1955年台湾艺术大学前身台湾艺术学校创建时即成立，广播电视学系于1963年成立，电影学系于1981年从影剧科中独立出来成立学系，应用媒体艺术研究所则于2000年成立并于2001年增设在职研究生班，图文传播艺术学系后于2005年增设硕士班。该院是台湾地区最早设立电影、印刷（图文）专业科系的院校。

传播学院教学领域主要涵盖艺术、传媒与科技，尤为注重传播内容在艺术方面的表现，以及与科技之间的结合。传播学院的办学理念为“学术研究要根植于生活，艺术表现是为了丰富并提升我们的生命，艺术创作要能人文与科技兼备，展现区域特色、进入世界舞台，个人创意与团队精神二者要能谋合”。学院的办学特色主要体现为：一、采取小班制与精英教学方式，强调师生互动以及自由开放的学习文化；二、理论与实作并重，学生实习课程的比重超过它校，并能透过实际操作来体认理论意义；三、注重创新整合，主要体现在台湾首家结合艺术美学与影视媒体制作的应用媒体艺术研究所的设立；四、科技与艺术的结合，除艺术创作外，该院还强调善加掌握科技工具，以培育允文允武的学生；五、鼓励学生参与国际竞赛，在培育学生的世界观的同时，也提高学院的国际“能见度”，在这一方面，电影系的表现尤为突出。

传播学院还建有“数位影艺中心”，综合管理“台艺之声实习广播电台”及“虚拟摄影棚”两大实习单位。在其未来的发展规划中，数位影艺中心将发展成为该校大学部及研究所的教学实习、产学合作及数字媒体内容制作中心；为学生创作作品提供展演平台；进行数字影音内容制作、网络学习、教学内容制作、提供校内影音制作资源、扩大教学成效；有效运用中心资源以争取产官学界项目合作计划等。

台湾世新大学概况

世新大学由著名报人成舍我先生1956年在台北创办，成立之初，学校名称为“世界新闻职业学校”，从事新闻职业教育，后逐步改制为“世界新闻专科学校”“世界新闻传播学院”。1997年8月更名为世新大学，成为以传播学为特色的综合性大学。

自创校以来，世新大学以“德智兼修，手脑并用”为校训，秉持“学校为学生而办，学生为读书而来”的办学原则与德、智、体、群、美五育并重的“全人教育”理念。该校下设新闻传播学院、管理学院、人文社会学院及法学院等四个学院，并以传播学为发展主轴，该校各专业学生均须学习传播课程。其中，新闻传播学院为该校规模最大的学院，下设12个系所，包括新闻学系、口语传播学系、公共关系暨广告学系、信息传播学系、图文传播暨数字出版学系、广播电视电影学系、数字多媒体设计学系、传播管理学系、传播产业研究中心等。1997年，世新大学成为台湾地区继台湾政治大学之后第二个招收传播博士研究生的学校，目前该校已形成从本科到博士的完整的新闻传播教育体系。

除了通过传播课程开设与新闻传播学院建设向学生传授系统的传播理论知识及研究与创新的能力，世新大学还积极提升学生的传播实践能力外，通过《小世界周报》《立报》《破报》，出版中心、多媒体中心、传播制作中心、世新电台、世新会馆、民调中心等实习平台与机构的搭建为学生实习与观摩提供机会，同时也以建教合作的方式，承制其他学术、政府单位所委托的作品，实现产官学合作。

基于“德智兼修，手脑并用”办学宗旨及融入“传播贯穿各学门，理论与实务并重”的办学特色，世新大学于2004年成立教学卓越中心，并于2005年通过台湾“教育部”奖励大学教学卓越计划，成立至今已连续十一年获评为教学卓越大学。卓越计划从教师教学、课程规划及学生学习三个面向积极落实“教之而成天下英才”的教育理念，并通过三个阶段的实践予以落实：首先是2005年至2008年的奠基期，以“提升基础建设与建立制度”为目标，针对大一新人规划“新生锻造”“守护神”等辅导行动，落实对学生的关怀教育；然后是2009年至2012年的深化期，以“加强教师、学生与课程联结”为目标，运用提升核心能力、深耕精致学习、开拓实践领域等策略，提高学生基本、核心与专业能力，例如其中的“小龙计划”即藉由跨域培训课程来激发学生潜能与提升实践能力；最后过渡至2012年后的成效产出期，以“让潜能之学生更具竞争力，打造杰出人才”为目标，这一阶段世新大学学生在各种竞赛中的优秀表现也引发各界注目，如“Peopo校园采访中心总编辑会议”观摩影片竞赛获第一名、趋势科技“网络与我”影片竞赛获台湾区亚军、“超级主播红白大赏”获冠亚军及最佳台风奖等。世新大学“以传播为发展主轴，贯穿所有学科门类”的教学研究理念在台湾地区各公私立院校中颇具特色。

台湾地区新闻传播学术期刊 2014 年概况

台湾地区的新闻传播研究自 1949 年国民党当局迁台后开始，早期的研究多集中于新闻史与新闻业务研究。但在 1966 年后，因台湾政治大学朱谦教授对美国新闻传播教育及研究模式的极力倡导，带动了传播效果研究与实证研究方法在台湾地区的盛行。此后，随着 20 世纪 70 年代大量西方留学博士归台，新闻传播研究领域不断扩张，研究议题日益丰富，并呈现出与政治学、经济学、语言学、哲学、文化研究等其它学科相互交融的状况。

在台湾新闻传播学术发展的过程中，随着学科的建制化发展以及学术共同体的初见雏形，学术期刊也开始出现。自 1965 年《新闻学研究》在台湾政治大学创办后，一些有实力的新闻传播院系与学会也陆续创办学术期刊。

目前，台湾地区重要的学术期刊包括台湾政治大学传播学院于 1965 年创办的《新闻学研究》，1991 年创办的《广播与电视》与 1993 年创办的《广告学研究》，台湾大学社会科学院新闻研究所于 1994 年创办的《台大新闻论坛》，台湾辅仁大学传播学院于 1993 年创办的《传播文化》，台湾铭传大学传播学院 2001 年创办的《传播与管理学刊》，中华传播学会于 2002 年创办的《中华传播学刊》，其中《新闻学研究》与《中华传播学刊》入选“台湾社会科学引文索引数据库”（Taiwan Social Science Citation Index，TSSCI）。

总体而言，台湾地区的学术期刊主要由新闻传播院系主办，采用匿名同行评审，以保证学术成果质量；每期内容除了一般主题之外，几乎都有当期主题的规划，以及传播相关领域的书籍著作评论；在研究方法上，强调规范的研究方法，尤以实证研究为主；近些年来，大多数刊物都通过互联网实现资源的开放共享。

《新闻学研究》概况

《新闻学研究》由台湾政治大学于 1965 年 5 月 20 日创办，创刊发行人曾虚白在创刊词中将办刊目的表述为“创立这本新闻传播领域的学术研究期刊，盼新闻学者发挥导引传播正向影响社会的能力”。

《新闻学研究》在初期以半年刊方式发行，1999 年起改为季刊出版。历任主编包括李瞻、漆敬尧、潘家庆、郑瑞城、谢瀛春、翁秀琪、陈世敏、冯建三、林芳玫、罗文辉、苏蘅、徐美苓、臧国仁、方孝谦，现任主编为冯建三。《新闻学研究》是台湾地区第一本新闻传播类学术刊物，也是第一本入选“台湾社会科学引文索引数据库”（TSSCI）的新闻传播期刊，同时还是华人学术社区唯一持续发行近 40 年之新闻传播学刊。2004 年开始，该刊被国际知名 CIOS（Communication Institute for Online Scholarship）传播期刊数据库收录成为索引期刊。

《新闻学研究》持续追求开放多元、追求卓越、服务学术社区等最高原则，其刊载学术论文范围并不限于新闻领域，从早期的报业、广播电视、广告到现今较新传播科技如网络、博客（Blog）均有触及，调查法、实验法、内容分析、言说分析、参与观察、深度访谈、文化分析与批判研究等研究方法也都受到重视。

《新闻学研究》实行主编制，主编一般由台湾政治大学新闻系教师担任，重要编辑政策均由其制订，并向新闻系系务会议及系主任负责。为了呈现编辑方针的多元性，《新闻学研究》自1999年始除主编外，编辑委员会及顾问团队均具跨校跨境跨国之特征。

《新闻学研究》主要由三个栏目组成：研究论文、研究志要、书评与书介。研究论文强调原创性，一般每期刊登4—5篇研究论文，有时也会集中刊登围绕同一主题展开的数篇专题论文，专题论文涉及主题曾包括“新闻自由”“新闻伦理”“社会责任”“传播法律”“国际传播”“传播政策”“公共电视”等。研究志要则主要刊登简短的研究性论文。书评与书介是为国内外新闻传播学术专家书撰写的评论，也包括书评论文。

2014年，《新闻学研究》共刊登论文25篇，其中研究论文15篇，研究志要5篇，书评与书介5篇。新闻学与媒体研究一直是新闻传播研究的重要内容，也是《新闻学研究》的主要关注领域。该刊在2014年春季集中刊发了王悦与李立峯的《记者心中的角色模范及其影响初探：香港个案研究》、王毓莉的《台湾新闻记者对“业配新闻”的驯服与抗拒》以及胡元辉的《更审议的公民，更开放的公共——公共新闻与公民新闻相互关系的思考》三篇论文，对新闻工作者的角色认知与专业表现以及公共新闻与公民新闻生产予以讨论，细致深刻地呈现了香港及台湾地区新闻工作者的现状。《新闻学研究》也颇为重视新媒体与新科技发展对新闻生产与新闻业态的影响，2014年夏季刊登的两篇文章包括林照真的《聚合对传统报纸转型的冲击：〈纽约时报〉与〈卫报〉的比较研究》和江静之的《电视全球暖化新闻之多媒体分析初探：以TVBS“抢救地球”特别报导为例》分别基于网络冲击下的“新闻室文化”变化、多媒体素材在新闻报道中的应用的角度讨论“好新闻”的评判标准与生产方式。该刊还于2014年秋季登载刘蕙苓的《汇流下的变貌：网络素材使用对电视新闻常规的影响》与陈雅惠的《探索网络新闻叙事新方向》继续关注网络时代的新闻生产方式变革。

附：

2014年《新闻学研究》总目录

宇君、陈百龄）

冷战时期国际人权典章中的新闻自由（杨秀菁）

感知现在与重塑记忆：评介《台湾史新闻》（夏春祥）

2014 年秋季刊（总第 121 期）

汇流下的变貌：网络素材使用对电视新闻常规的影响（刘蕙苓）

从流通到聚合：重大灾难期间浮现的信息频道（陈百龄、郑宇君）

探索网络新闻叙事新方向（陈雅惠）

重构媒介？“中介”与“媒介化”概念爬梳（唐士哲）

台湾与新加坡报纸之福利论述再现比较：以国民年金法与终身入息计划为例（陈昱名）

新媒体环境与危机传播新视野——评介《危机传播与新闻发布——理论、机制、实务》（吴宜蓁）

契合开放精神的新闻学：读《资料好神，叙说故事百千样：资料新闻学开讲》（刘忠博）

2014 年冬季刊（总第 122 期）

双重消费、多重愉悦：小说改编电影之互文/互媒愉悦经验（石安伶、李政忠）

网络与公共领域：从审议模式转向多元公众模式（林宇玲）

记忆写作、日常生活与社会存在：以詹宏志的怀旧叙事为例（胡绍嘉）

多元报刊群落不均衡生长——南京国民政府前十年的报刊生长状态考（吴廷俊、沈静）

“林来疯”的媒体再现和国族焦虑（姜颖、陈子轩）

权力夹缝中求存的香港新闻自由（朱立）

《中华传播学刊》概况

《中华传播学刊》为“中华”传播学会下属刊物，于 2002 年创办。该刊创刊宗旨以鼓励人文思辨与多元视野的本土传播研究为本，为华人传播研究社群提供学术对话与交流的平台。

《中华传播学刊》每年于 6 月与 12 月出版，共两期。历任主编为林静伶、郭良文、钟蔚文、张锦华、陈炳宏、林富美。现任主编为台湾交通大学传播科技学系张玉佩，执行编辑为台湾交通大学传播与科技系的林日璇。该刊自 2005 年起，为“台湾社会科学引文索引数据库”（TSSCI）所收录，迄今在华人新闻传播学术社群中具有相当影响力。

作为中华传播学会出版的学术性期刊，《中华传播学刊》以人文的、文化的、思辨的精神，鼓励多元视野的传播学术研究。该刊办刊特色为：为华人传播研究社群提供对话的论坛；鼓励具有开创性、前瞻性、反思性的传播研究；发扬传播知识的生活意义与社会贡献；促进传播学与其他学科的对话。

《中华传播学刊》设有五个栏目：一般论文、专题论文或论坛、书评书介、传播新视窗以及传播大事纪。学刊每期一般刊登 4—5 篇一般性研究论文。专题论文每期刊登 2—4 篇，围绕同一主题展开，涉及主题曾包括“新闻专业变迁”“置入性行销”“台湾电视”“广电政策”“传播与性别”“政治传播”“媒体科技”“族群认同与传播”与“多元文化传播”等内容。书评书介包括对与当期专题相关重要书籍的评介、经典书籍的重新阅读与评介、中外文新书评介或比较以及延伸思考等。“传播新视窗”栏目则以开拓传播研究视野为目标，其内容既包括具开创性、前瞻性的研究笔记，也有其他学科知识的介绍与讨论，还涉及国外相关学术刊物或学术发展的介绍与讨论。“传播大事纪”栏目内容为华人传播社群及领域的重要纪事，于每年12月整理刊登。

2014年，《中华传播学刊》共刊登论文17篇，其中专题论文9篇，一般论文8篇，另有书评书介1篇。其中，两期刊物所刊登的专题论文围绕社会变迁下台湾媒体文本与类型的转型，以及跨媒体时代语义学的理论与现象两大主题展开；一般论文研究议题则涉及新闻记者想象构建与新闻报道写作的关联，政治传播中的第三人效果、民众的风险感知与态度、组织传播中的公关策略、新媒体科技在台湾的使用行为、基于网络分析的台湾电影生产等议题。

附：

2014年《中华传播学刊》总目录

2014年6月刊（总第25期）

从政治化媒介到媒介化政治：电视政论节目作为制度化的政治实践（唐士哲）

电视新闻访谈之知识形式：一个分析架构（江静之）

从认知与情感双歧检视台湾民众的广告规避与趋近行为（张卿卿）

社交媒体 vs. 在线游戏：台湾成人网络使用、媒介惯习与人际互动（林日璇）

建构及评估关系期待或需求导向之公关策略对组织 - 群众关系结果之影响（刘正道）

驯化IM：实时通讯中的揭露、协商与创造（王淑美）

恐惧与生气情绪在危机沟通中的角色（姚惠忠）

是谁型塑台湾电影的调性？——从网络分析着手（林世强）

自愿、无薪而且很快乐？“无领”劳动者的梦醒时分——导读《数位劳动》（萧宏祺）

2014年12月刊（总第26期）

网络时代社运行动者的界定与语艺选择（林静伶）

“现代转型”论述的缺憾：一个语艺学者的考察（肖小穗）

隐喻即可视化的语艺行动：网络时代谈视觉语艺的古典根源（沈锦惠）

视觉性的超越与语艺的复访：数字时代视觉语艺的初探性研究（邱志勇）

众声喧哗即伦理实践：从 Mikhail Bakhtin 的语艺观谈起（王孝勇）

“预期媒体影响的影响力”之反制反动员效果：第三人效果与选举行为（林素真、马立君）

福岛危机中台湾民众对核能的风险感知与态度：政党倾向、核能知识、信任与科学传播的角色（陈忆宁）

新闻记者的想象思维：再论想象与新闻报导的关联（蔡琰、臧国仁）

《台湾地区专辑》撰稿人：

殷　琦（厦门大学新闻传播学院副教授）

《台湾地区专辑》审稿人：

阎立峰（厦门大学新闻传播学院副院长，教授）

第十六篇 海外特辑

国外新闻传播学研究扫描

一、学术团体、学术期刊与学人

在英语文献中，可以放到“新闻与传播学”名下的研究领域带有不同的标签，最通用的是传播学（communication studies 或 communication research），采取人文取向的学者通常用“媒介研究”（media studies）或“媒介与文化研究”（media and cultural studies），比较聚焦新闻文本、生产和行业的学者则会用“新闻学研究”（journalism studies）的名称。不同的名称，既可说是学科构成多元的表象，也可说是反映了学科本身的缺乏整合。后者这个说法，已是老生常谈，最近一次的系统阐述，大约是德国学者沃夫冈·东斯巴赫（Wolfgang Donsbach）在 2005 年担任国际传播学会会长时的就职演说。[①]

这种学科的多元、各领域或取向专门化的格局也反映在学术团体的构成中。美国的“全国传播学会”（National Communication Association）有 49 个分支，出版 11 种期刊；另一个名为“国际传播学会”（International Communication Association）规模（就人数而言）略小，也有 28 个不同的分支和兴趣小组，出版 5 种期刊。但是就影响因子排序，这 5 种期刊多在 76 种传播学期刊位居前茅，其中，《传播学》（*Journal of Communication*）位居第一（影响因子 3.16），《电脑中介的传播学》（*Journal of Computer-Mediated Communication*）位居第二（影响因子 3.117）。另外三种 ICA 期刊分别是：《传播理论》（Communication Theory，排名 13，影响因子 1.667），《人类传播研究》（*Human Communication Research*，排名第 8，影响因子 1.905），《传播、文化与批评》（*Communication*，*Culture & Critique*，未进入 SSCI 的数据库）。

国际传播学会的这 5 种期刊各有偏重，其组合基本上反映了英语文献里一个相对整合的学科。还有其他一些反映新闻与传播学构成的重要期刊，包括国际传播学会下的政治传播分支与美国政治学会下的政治传播分支合办的《政治传播》（*Political Communication*，排名 31，影响因子 0.981），新闻与大众传播教育学会（Association for Education in Journalism and Mass Communication）主办的《新闻与大众传播季刊》（*Journalism and Mass Communication Quarterly*，排名 38，影响因子 0.797），国际新闻学会下的新闻学研究分支参与主办的《新闻学：理论、实践与批评》（*Journalism*：*Theory*，*Practice & Criticism*，排名 21，影响因子 1.287），以及其他一些以“新媒体”或“信息技术”等命名的期刊。

这些资料显示，英语文献中的新闻与传播学研究有这么几个特点：（1）学科的中心在美国，虽然这些学会的成员、在期

① Wolfgang Dongsbach, “The identity of communication research”, *Journal of Communication*, Vol. 31, No. 4, 2012, pp. 18 - 29.

刊上发表论文的作者很多是来自其他大陆和国家的学者，但学科的中心活动地在美国；（2）国际传播学会是新闻与传播学研究具有整合功能的学会，虽然从教学和应用型研究来说，美国的全国传播学会有很多属于修辞、演说、言说传播（speech communication）等方面的分支和相关期刊，新闻与大众传播教育学会也有很多属于公关、广告、媒介伦理等方面的分支和相关期刊，但这些期刊的影响因子都偏低；（3）新闻与传播学研究倾向于以检验和发展具有普适性的理论为上乘，这就不免有偏重实证的取向，而偏重人文取向的质化研究在排名靠前的期刊中较少出现，更多会出现在一些比较专门的期刊中。当然，这一点也部分源自 SSCI 数据库的选择偏好，不足以充分支持有关学科构成和学术影响力等的结论；（4）有关传媒和信息技术的议题是当前整个学科关注的一个重点，无论从以新技术或新媒体命名的期刊还是从各新闻传播学期刊发表的论文题目看都是如此。

要描述这样一个杂合、多元且“内卷化”（李金铨语）于各自专门领域的学科不是件易事，因此，本文也不求完整、全面，而是以本文开头提到的各种学科名称为线索，概括所要描述的领域，对之勾勒出一个大概轮廓。[①]

既然是学科的活动中心地，美国自然就比其他国家有更多的研究重镇。譬如，在研究新媒体（包括网络媒体、影视、游戏等）方面，南加州大学安能博格传播学院力量很强；在考察新媒体如何进入公民的日常消费和公共生活，并影响人们的态度取向、选择和参与行动方面，威斯康星大学 - 麦迪逊校区、华盛顿大学 - 西雅图校区、俄亥俄州立大学、宾夕法尼亚州立大学都有很多学者持续展开研究；在政治传播领域的民主商议和集体行动等方面比较强大的有斯坦福大学，而且，该校坐落于硅谷，在新传媒技术方面也是一个研究重镇；针对健康、风险和科学传播方面的议题，密西根州立大学、威斯康星大学 - 麦迪逊校区、康奈尔大学、肯塔基大学等有很多学者关注；在很多大学，还可以看到主要从事新闻学（包括文本、形态、生产过程、业界构成等）研究的学者，包括美国中西部的衣阿华大学、威斯康星大学 - 麦迪逊校区、西北大学，以及东北部的纽约大学、雪城大学，南部的德州大学 - 奥斯汀分校；针对影视娱乐媒体及其心理影响议题的研究，加州大学圣塔芭芭拉分校比较突出，传统上这方面比较突出的还有阿拉巴马大学，至少当道尔夫·吉尔曼（Dolf Zillmann）和詹宁斯·布莱恩特（Jennings Bryant）退休之前是如此。座落在费城的宾夕法尼亚大学安能博格传播学院在大多数的上述研究领域中都很强大，而且它的教师团队中既有专长心理学实验方法的学者，也有主攻大数据统计分析的学者，还有采用质化社会学和人文的文史哲批判方法的学者。其他很多学校也有这样取向多元的研究团队组合，但不一定有类似充分的资源来保障全面配备，并集中在一个学院；有些学校，如俄亥俄州立大学、加州大学圣塔芭芭拉分校等，则选择了去多元化的策略，以实证的社会科学为院系的共同取向，以建设整合的研究团队。

这个方式的概述定会挂一漏万，也不足以从内容入手来展示学科走向，但是，它提供了一个由研究领域和地域分布这两个维度共同构成的简略示意图。由此出发，

① 这里涵盖的对象，与李金铨反思“传播研究”时的对象一致，也因此，读者可以他所论述的学科史维度，与我这里涉及的横切面概括相交织。见李金铨：《传播研究的典范与认同：一些个人的初步思考》，《传播研究实践》2014 年第 1 期。

再看近期各主要学术期刊发表论文的作者在各地和各校的分布，我们就会发现，越来越多的论文作者来自这些美国新闻与传播研究的重镇之外，更重要的是，他们都不一定在美国。这些学者的研究，为传播学带来了新的视角、议题和理论关注，超越了李金铨所追述的美国的范式与传统；同时他们也不局限于在上述主要期刊发表他们的研究成果，而是推出了一系列地域或专题性的英语学术期刊。特别值得一提的是如下一些刊物：

• 英国学者创办于1979年、突出英国政治经济学批判和文化研究的期刊，《媒介、文化与社会》（*Media, Culture & Society*）；

• 由英国里兹大学（University of Leeds）教授杰·布鲁穆勒（Jay Blumler）、瑞典隆德大学（University of Lund）教授卡尔·艾瑞克·罗森格伦（Karl Erik Rosengren）和丹麦阿姆斯特丹大学（University of Amsterdam）教授丹尼斯·麦奎尔（Denis McQuail）于1986年共同创办的《欧洲传播学》（*European Journal of Communication*）；

• 现在由德国传播学者弗里德里希·克罗兹（Friedrich Krotz）主编的以凸显欧洲视角为号召的期刊，《传播：欧洲传播研究》（*Communications: The European Journal of Communication Research*）；

• 大约最早以国际传播为重点但现在为欧洲学者所编辑的英文期刊是创办于1955年的《学报》（*Gazette*），现在更名为《国际传播学报》（*International Communication Gazette*）；

• 由北欧五国——丹麦、芬兰、冰岛、挪威、瑞典——所组成的媒介与传播研究北欧信息中心（The Nordic Information Centre for Media and Communication Research, NORDICOM）出版的《北欧传播评论》（*NORDICOM Review*），由瑞典哥滕堡大学教授欧拉·卡尔森（Ulla Carlsson）教授主编，一年出两期；

• 由新加坡南洋理工大学教授郭振羽于1990年创办的《亚洲传播学报》（*Asian Journal of Communication*）和由香港中文大学的学者于2008年创办的《华人传播学》（*Chinese Journal of Communication*）。

这些刊物都由欧美的国际出版商出版发行，都采用了英美学术界通行的匿名评审制，都以国际视野或关注为号召；即便期刊题目中明确指出了所关心现象或议题的地域限定，其视野也是国际的。譬如《华人传播学》明确宣称，它的核心关注是华人社会的传播现象，但同时期望有助于理解世界各地的媒介、信息和传播现象。有些期刊以类似明确地域覆盖的策略区别于其他期刊，还有些期刊则在题目中表明自己独特的取向或领域侧重，如前面提到的《媒介、社会与文化》和《新闻：理论、实践与批评》，以及由斯洛文尼亚学者斯拉甫科·斯皮里乔尔（Slavko Splichal）主编的、卢布尔雅那大学欧洲传播与文化研究所主办的《公共性》（*Javnost*），和计划在2016年问世的由浙江大学传媒与国际文化学院和美国Sage出版社合办的《传播与公共》（*Communication and the Public*）。

从这个简介中可以看到，至少从期刊的地域覆盖来说，传播研究已经远远超越了美国；经常阅览这些期刊，就会感受到，在这些期刊上刊发的论文，其独特之处要么来自研究的地点和语境在美国之外，反映了作者所在的国家、地区和文化所面临的独特问题和现象，要么来自作者们采用不同的理论取向；它们往往不同程度地超越了我们通常所说的“美国主流范式”，或者与这所谓的“主流范式”展开了批判和反思的对话。

同时，背后支撑这些刊物的，是研究者的共同体，而这个共同体，也已经大大超越了美国，虽然，其成员中有很多在美国接受了学术训练，并以各种方式与美国的学校和学者展开多方位的学术交流。也因此，我们可以看到对某些核心议题的共同关注，并提出可能互补的理论思考。这里仅提及三个大的话题或领域作为例证。

二、三大研究领域

（一）新媒体和信息技术

前面提到，新媒体和信息技术是整个学科的一个重要关注。就这个议题，南加州大学安能博格学院教授曼维尔·卡斯特（Manuel Castells）关于“网络社会”的一系列论述已为我们所了解。他的核心思想是网络作为社会结构的新形态，具有扁平化和全球化的特点，它也使得掌控信息技术及其更新、组合与使用成为权力运作的重要形态和策略。他的同事亨利·詹金斯（Henry Jenkins）以“媒介与文化研究”的学术背景展开对新媒体的考察，侧重运用各种新信息技术、新媒体平台所展开的文化实践和生产。采用这个视角，他针对“整合文化”（convergence culture）、参与式文化（participatory culture）等多有论述，认为新信息技术开放了文化生产、意义表达的过程，不仅导致文化产业的运作模式发生变化，而且使得流行文化可以更加多元并富有抗争的可能。他们的另一位同事桑德拉·波尔-罗基齐（Sandra Ball-Rokeach）采用稍微中观一些的视角，以社会学的背景，延续“媒介系统依赖理论”的脉络，考察并论述了各种传播技术如何共同构成一个社区的传播基础设施，并因此作用于社区建构。她认为，传播基础设施的整合使得一个社区有可能建构共同的意义体系，并因此形成共同体的认同。

同样关注新媒体和信息技术，欧洲的学者们则更加宏观。有两个重要概念在一定程度上代表了他们的思考，一个是数字化（digitization），一个是媒介化（mediatization）。前者是在数字技术开始进入人们日常使用的媒体之时，反映了学者们对于数字符码（digital code）形成的跨平台、可复制、多元参与等表意实践的理论征询。譬如，挪威奥斯陆大学教授纳特·伦德比（Knut Lundby）多年主持的项目，数字化故事讲述（digital storytelling）就反映了这条思路。目前，反映这条思路的学术努力在美国的人文和社科领域在“数字人文”（digital humanities）的名称下正多方位展开，直接涉及到新闻传播学的学科开拓，以及与其他学科的关联和交织方式。

“媒介化”的概念覆盖更加广阔一些，如德国学者弗里德里希·克罗兹（Friedrich Krotz）所说，它是与全球化、商业化和个人化并举的当代世界潮流，可被看作是一个“元过程”（meta-process），笼罩着其他心理、社会和文化的过程。同样采用并发展“媒介化”理论的还有克罗兹的同事，安德莱斯·赫普（Andreas Hepp）和丹麦哥本哈根大学的学者斯蒂格·雅瓦德（Stig Hjarvard）。在这些学者看来，媒介渗入现代和当代生活的方方面面，相应地改变了人类生活各个方面的组织和运作形态；媒介化理论因此是个因果叙事，它进一步阐述了现代化及其演变的人类历史，并可能整合采用不同取向的各种对媒介效果的探讨。

在美国很多新闻与传播学者看来，可能“媒介化”欧洲色彩太浓，虽然它重新唤起了人们对“媒介理论”的关注，连接了某些后现代的批评家——如美国学者马克·波斯特（Mark Poster）——以信息生产方式演变为基础的历史叙事。在学术期刊上，更多的还是比较微观的考察，侧重探究人们如何在不同条件下使用新传媒技术，在使用过程中，新传媒技术通过何种中介、需要什么必要条件而发挥作用。其中包括：人们如何在自己的社会关系网络中使用新传媒技术？它们如何选择与自己的社交关系相匹配的社交媒体平台？人们如何通过网络媒体而形成关注特定议题的社会网络圈子，而这是否意味着“议程设置”在网络社会的新维度？大众媒体传播的信息如何通过人们采用互动媒体（包括社交媒体）而展开的信息发布和交流行动而被接收并发挥作用，并由此影响公民的政治参与？大型多人在线游戏（massively multiplayer online game）如何在参与者的游玩行动中而成为一个平台，形成不同形态的社会资本？这几个案例足以说明，跟新媒介和信息技术有关的研究议题，已渗透到了传播研究的不同领域，与宏观的“媒介化”理论相互补充。

（二）政治传播

“民主商议”是另一个值得一提的热点话题。这首先是政治传播的话题，但是在宾夕法尼亚州立大学的传播学者约翰·嘎斯特尔（John Gastil）看来，它更应当是整合政治传播领域的一个视角。它的兴起，首先反映了哈贝马斯的理论影响。民主商议这个话题，直接关涉市民社会、公共领域、社会资本等社会理论概念，也直接关涉在这些理论概念影响下形成的对媒介系统的分析，还直接关涉规范理论和经验研究之间的互动关系。对于这些背景，哈贝马斯在2006年国际传播学会年会的主题演讲中展开了讨论，并提出了在现代传播体系下，民主的认识论价值是否实现并如何实现的问题。

在美国、英国和澳大利亚，探讨作为民主的一种形态的商议民主的学者多为政治学家，但在美国，他们直接影响了新闻与传播学课，其方式是自己“移居”传播学，如斯坦福大学传播学系教授詹姆斯·菲仕金（James Fishkin），通过自己的著作、授课等，影响其他传播学者，其中包括前面提到的嘎斯特尔，以及宾夕法尼亚大学的黛安娜·玛茨（Diana Mutz）和文森特·普拉斯（Vincent Price）等。宾夕法尼亚大学还因为有商议民主的重要理论家艾米·古特曼（Amy Guttmann）而成为跟斯坦福大学比肩的商议民主的研究重镇，近年来毕业了多位在这个领域卓有成效的学者。

在“民主商议”的视角下，三个重要的现象跟新媒体的兴起和运用直接相关，一个是新媒体平台上的论坛之构成是否可能满足民主商议的规范标准？在建构这样的论坛时如何将这些规范标准转换为有效的结构和规则设计？第二个是新信息技术的使用、新媒体在日常生活（包括公共生活）中的渗透如何造成公众的碎片化（fragmentation）和两极化（polarization）？如何影响公共话语的文明性（civility）和逻辑性？如何可能混淆公共话语所必需的基本事实？如何由此而降低人与人之间必要的信任？第三个是新媒体的应用，是否为市民参与公共生活开拓了新的平台、提供了新的手段、生成了新的形态？是否可以触动传统上拒绝或无力参与公共生活的公民，并因而扩大了公共生活参与面？而这些参与程度和范围的开拓，更集中在表达和连接等方面，那么，新媒体如何通过这些机制而提升了民主商议的可能、扩大了民主商议的范畴、丰富了民主商议的形态和场所？

前面提到在政治传播领域力量较强的院校都有不少学者展开这些领域的研究。美国之外，在这些方面比较强的有荷兰阿姆斯特丹大学，它号称有欧洲最大的传播学院；以色列也有很多学者从事相关领域的研究，他们大多在特拉维夫大学和耶路撒冷的希伯莱大学。荷兰学者们的研究更多地展开于欧盟面临的共同话题、围绕这些话题的媒体报道和公众讨论这样的语境；以色列学者的研究多聚焦巴以冲突，以及在这个语境下的媒体报道和人们对议题的感知与谈论的情绪化、两极化、两族人之间因缺乏信任而各自夸大对方立场的极端化等。显然，这些都是与美国不同的语境。在英国传播学界，也有学者对商议民主视野下的政治传播和新媒体作出了独特的论述，譬如伦敦经济学院的尼克·库德瑞（Nick Couldry）和他的同事们关于“公共关注”在日常生活中公民的基本要素的论述，布鲁穆勒与他的同事斯特芬·科尔曼（Stephen Coleman）关于根据公共媒介的基本原则建构“电子公共议园”（electronic commons）的论述，都体现了跟美国传播学者不同的视角和取向。

（三）新闻学

第三个大的热点领域是新闻学。当然，这个领域的兴起，也跟新信息技术的发展和应用有着密切的关系，还跟在这个过程中被强化、复杂化了的传媒行业的变化有着密切的关系。似乎不约而同地，在本世纪开始之际，两份新闻学期刊几乎同时面世，一份前面已经提到，另外一份是最初由欧洲新闻训练协会（European Journalism Training Association）独家主办的《新闻学研究》（*Journalism Studies*，现在国际传播学会下的新闻学分支也加入成为合办方），两家都以“国际视野”为号召。

纵观这个领域的论述，可以看到，前面提到的两个影响了新闻及其生产、流通和接收模式的元素，在研究中体现为一个突出的认识，即作为社会和文化现象以及研究对象的新闻正在全面地发生变化，亟需各个方位的考察。英国卡迪夫大学教授赛蒙·科特尔（Simon Cottle）早在2000年就撰文指出这一点，提议展开对新闻生产的第二轮民族志考察。无论人们听到了他的这个提议与否，这样的研究确实成为现今新闻与传播研究知识谱系中的一个重要构成。这些研究涉及到多个领域，包括新闻从业者的职业身份（professional identity），专业主义的现实可能和实践形态，新闻生产者当中职业和非职业（如“公民记者”、博客写手等）两个群体之间的张力关系，在新媒体时代新闻生产中的“边界工作”（boundary work），在文化融合（cultural convergence）条件下新闻和娱乐之间的相互渗透，新闻生产规范的全球化，等等。

从这些论述中，我们可以清晰地看到不同理论取向跨地域的相互影响。早在1978年，主要建立在美国经验基础上的新闻社会学（sociology of news），通过霍尔和他的同事们合著的《管制危机》（*Policing the Crisis*），就与伯明翰学派的批判的文化研究传统发生了某种整合，又在英国格拉斯哥大学的学者们手中与英国政治经济学批判的分析发生了连接。今天，新闻学研究中新的理论视野包括了布尔迪厄的场域理论，由他的学生罗德尼·本森带入了美国，从最初主要应用在跨国的比较研究当中，发展为今天更加中观的对实践（包括组织形态）创新的研究；运用福柯“话语分析”的路径，英美的学者都对新闻和/或新闻生产过程展开了批判的话语分析。而与此同时，由美国社会学家约翰·约翰斯通（John Johnstone）开始，美国新闻传播学者大卫·维佛（David Weaver）坚持了40年的美国新闻从业者调查，在德国慕尼黑大学教授托马斯·哈尼切（Thomas Hanitzsch）那里得以以跨国比较的方式在多个国家展开。哈尼切认为，新闻职业有其“普世性”的内容，即新闻的理念、新闻价值判断的标准、新闻生产中的规范性原则等，它们构成所谓“新闻文化”（journalism culture）。在这统一的概念框架下，我们才可比较不同国家和传媒体制下新闻从业者的理念和实践，也才可以描绘并解读各自的变化轨迹。

综上，这是对英语文献所呈现的新闻与传播学研究学科的一个粗略扫描，呈现的只是一个横切面，即没有历史的轨迹，而只用了三个不同的结构维度：主要的期刊、学者及其研究领域的地域分布、三大话题或研究领域。它们相互交织，多少能反映出新闻与传播学研究的万花筒般丰富现状，以及这个学科内不同语境和不同取向相互间的激发和交织。希望这能帮助我们走出一提到“国际新闻传播研究”就满眼是美国的思维定式。

撰稿：潘忠党（美国威斯康星大学－麦迪逊校区传播艺术系教授，浙江大学传媒与国际文化学院思源讲座教授）

新闻传播学SSCI期刊目录

SSCI即社会科学引文索引（Social Sciences Citation Index）。2014年SSCI收录传播学期刊77种目录，其中同时被《科学引文索引》（Science Citation Index，简称SCI）或《艺术与人文科学引文索引》（Arts & Humanities Citation Index，简称A&HCI）收录期刊，在类别栏加以注明。

序号	刊名	中文译名	刊期	国际刊号（ISSN）	地址	类别
1	*ARGUMENTATION*	《论证》	季刊	0920－427X	SPRINGER,VAN GODEWIJCKSTRAAT 30,DORDRECHT,NETHERLANDS,3311 GZ	SSCI A&HCI
2	*ASIAN JOURNAL OF COMMUNICATION*	《亚洲传播学刊》	双月刊	0129－2986	ROUTLEDGE JOURNALS, TAYLOR & FRANCIS LTD,4 PARK SQUARE, MILTON PARK,ABINGDON,ENGLAND, OXFORDSHIRE, OX14 4RN	SSCI
3	*CHINESE JOURNAL OF COMMUNICATION*	《中华传播学刊》	季刊	1754－4750	ROUTLEDGE JOURNALS, TAYLOR & FRANCIS LTD,4 PARK SQUARE, MILTON PARK,ABINGDON,ENGLAND, OXFORDSHIRE, OX14 4RN	SSCI

续表

序号	刊名	中文译名	刊期	国际刊号（ISSN）	地址	类别
4	*COMMUNICATION AND CRITICAL-CULTURAL STUDIES*	《传播与批判/文化研究》	季刊	1479－1420	ROUTLEDGE JOURNALS, TAYLOR & FRANCIS LTD, 4 PARK SQUARE, MILTON PARK, ABINGDON, ENGLAND, OXFORDSHIRE, OX14 4RN	SSCI; A&HCI
5	*COMMUNICATION MONOGRAPHS*	《传播论丛》	季刊	0363－7751	ROUTLEDGE JOURNALS, TAYLOR & FRANCIS LTD, 4 PARK SQUARE, MILTON PARK, ABINGDON, ENGLAND, OXFORDSHIRE, OX14 4RN	SSCI
6	*COMMUNICATION RESEARCH*	《传播学研究》	双月刊	0093－6502	SAGE PUBLICATIONS INC, 2455 TELLER RD, THOUSAND OAKS, USA, CA, 91320	SSCI
7	*COMMUNICATION THEORY*	《传播理论》	季刊	1050－3293	WILEY-BLACKWELL, 111 RIVER ST, HOBOKEN, USA, NJ, 07030－5774	SSCI
8	*COMMUNICATIONS-EUROPEAN JOURNAL OF COMMUNICATION RESEARCH*	《传播：欧洲传播研究》	季刊	0341－2059	DE GRUYTER MOUTON, GENTHINER STRASSE 13, BERLIN, GERMANY, 10785	SSCI
9	*COMUNICAR*	《传播》	半年刊	1134－3478	GRUPO COMUNICAR, APDO CORREOS 527, HUELVA, SPAIN, 21080	SSCI
10	*CONTINUUM-JOURNAL OF MEDIA & CULTURAL STUDIES*	《媒体与文化研究学刊》	双月刊	1030－4312	ROUTLEDGE JOUR NALS, TAYLOR & FRANCIS LTD, 4 PARK SQUARE, MILTON PARK, ABINGDON, ENGLAND, OXFORDSHIRE, OX14 4RN	SSCI; A&HCI

续表

序号	刊名	中文译名	刊期	国际刊号（ISSN）	地址	类别
11	*CONVERGENCE-THE INTERNATIONAL JOURNAL OF RESEARCH INTO NEW MEDIA TECHNOLOGIES*	《收敛性：国际新媒体技术研究杂志》	季刊	1354－8565	SAGE PUBLICATIONS INC, 2455 TELLER RD, THOUSAND OAKS, USA, CA, 91320	SSCI
12	*CRITICAL DISCOURSE STUDIES*	《批判话语研究》	季刊	1740－5904	ROUTLEDGE JOURNALS, TAYLOR & FRANCIS LTD, 4 PARK SQUARE, MILTON PARK, ABINGDON, ENGLAND, OXFORDSHIRE, OX14 4RN	SSCI
13	*CRITICAL STUDIES IN MEDIA COMMUNICATION*	《媒体传播批评研究》	双月刊	1529－5036	ROUTLEDGE JOURNALS, TAYLOR & FRANCIS LTD, 4 PARK SQUARE, MILTON PARK, ABINGDON, ENGLAND, OXFORDSHIRE, OX14 4RN	SSCI
14	*DISCOURSE & COMMUNICATION*	《话语传播》	季刊	1750－4813	SAGE PUBLICATIONS INC, 2455 TELLER RD, THOUSAND OAKS, USA, CA, 91320	SSCI
15	*DISCOURSE & SOCIETY*	《话语与社会》	双月刊	0957－9265	SAGE PUBLICATIONS LTD, 1 OLIVERS YARD, 55 CITY ROAD, LONDON, ENGLAND, EC1Y 1SP	SSCI
16	*DISCOURSE STUDIES*	《话语研究》	双月刊	1461－4456	SAGE PUBLICATIONS LTD, 1 OLIVERS YARD, 55 CITY ROAD, LONDON, ENGLAND, EC1Y 1SP	SSCI
17	*ECQUID NOVI-AFRICAN JOURNALISM STUDIES*	《非洲新闻学研究》	一年三刊	0256－0054	ROUTLEDGE JOURNALS, TAYLOR & FRANCIS LTD, 4 PARK SQUARE, MILTON PARK, ABINGDON, ENGLAND, OXFORDSHIRE, OX14 4RN	SSCI

续表

序号	刊名	中文译名	刊期	国际刊号(ISSN)	地址	类别
18	*ENVIRONMENTAL COMMUNICATION-A JOURNAL OF NATURE AND CULTURE*	《环境传播》	季刊	1752-4032	ROUTLEDGE JOURNALS, TAYLOR & FRANCIS LTD,4 PARK SQUARE, MILTON PARK,ABINGDON,ENGLAND, OXFORDSHIRE, OX14 4RN	SSCI
19	*EUROPEAN JOURNAL OF COMMUNICATION*	《欧洲传播学刊》	双月刊	0267-3231	SAGE PUBLICATIONS LTD,1 OLIVERS YARD, 55 CITY ROAD,LONDON,ENGLAND, EC1Y 1SP	SSCI
20	*GAMES AND CULTURE*	《游戏与文化》	双月刊	1555-4120	SAGE PUBLICATIONS INC, 2455 TELLER RD,THOUSAND OAKS,USA,CA,91320	SSCI; A&HCI
21	*HEALTH COMMUNICATION*	《健康传播》	月刊	1041-0236	ROUTLEDGE JOURNALS, TAYLOR & FRANCIS LTD,4 PARK SQUARE, MILTON PARK,ABINGDON,ENGLAND, OXFORDSHIRE,OX14 4RN	SSCI
22	*HUMAN COMMUNICATION RESEARCH*	《人类传播研究》	季刊	0360-3989	WILEY-BLACKWELL, 111 RIVER ST,HOBOKEN,USA, NJ,07030-5774	SSCI
23	*IEEE TRANSACTIONS ON PROFESSIONAL COMMUNICATION*	《IEEE 专业传播汇刊》	季刊	0361-1434	IEEE-INST ELECTRICAL ELECTRONICS ENGINEERS INC, 445 HOES LANE, PISCATAWAY, USA, NJ, 08855-4141	SSCI

续表

序号	刊名	中文译名	刊期	国际刊号(ISSN)	地址	类别
24	*INFORMATION COMMUNICATION & SOCIETY*	《信息传播与社会》	月刊	1369 - 118X	ROUTLEDGE JOURNALS, TAYLOR & FRANCIS LTD,4 PARK SQUARE, MILTON PARK,ABINGDON,ENGLAND, OXFORDSHIRE, OX14 4RN	SSCI
25	*INTERACTION STUDIES*	《交互作用研究》	一年三刊	1572 - 0373	JOHN BENJAMINS PUBLISHING COMPANY,PO BOX 36224, AMSTERDAM, NETHERLANDS,1020 ME	SSCI
26	*INTERNATIONAL JOURNAL OF ADVERTISING*	《国际广告学刊》	双月刊	0265 - 0487	WORLD ADVERTISING RESEARCH CENTER, FARM RD, HENLEY-ON-THAMES, OXON,ENGLAND,OXFORDSHIRE,RG9 1EJ	SSCI
27	*INTERNATIONAL JOURNAL OF COMMUNICATION*	《国际传播学刊》	不定期	1932 - 8036	USC ANNENBERG PRESS, UNIV SOUTHERN CALIFORNIA, KERCKHOFF HALL, 734 W ADAMS BLVD, MC7725, LOS ANGELES, USA,CA,90089	SSCI
28	*INTERNATIONAL JOURNAL OF CONFLICT MANAGEMENT*	《国际冲突管理学刊》	季刊	1044 - 4068	EMERALDG ROUP PUBLISHING LIMITED, HOWARD HOUSE,WAGON LANE,BINGLEY,ENGLAND, WYORKSHIRE,BD16 1WA	SSCI
29	*INTERNATIONAL JOURNAL OF MOBILE COMMUNICATIONS*	《国际移动通讯学刊》	双月刊	1470 - 949X	INDERSCIENCE ENTERPRISES LTD,WORLD TRADE CENTER BLDG, 29 ROUTE DE PRE-BOIS,CASE POSTALE-856,GENEVA,SWITZERLAND,CH - 1215	SSCI
30	*INTERNATIONAL JOURNAL OF PRESS-POLITICS*	《国际媒介政治学刊》	季刊	1940 - 1612	SAGE PUBLICATIONS INC, 2455 TELLER RD,THOUSAND OAKS,USA,CA,91320	SSCI

续表

序号	刊名	中文译名	刊期	国际刊号(ISSN)	地址	类别
31	*INTERNATIONAL JOURNAL OF PUBLIC OPINION RESEARCH*	《国际公共关系研究学刊》	季刊	0954 - 2892	OXFORD UNIV PRESS, GREAT CLARENDON ST, OXFORD,ENGLAND,OX26DP	SSCI
32	*JAVNOST-THE PUBLIC*	《传播》	季刊	1318 - 3222	EUROPEAN INST COMMUNICATION CULTURE, PO BOX 2511, LJUBLJANA, SLOVENIA,1001	SSCI
33	*JOURNAL OF ADVERTISING*	《广告学刊》	季刊	0091 - 3367	M ESHARPE INC, 80 BUSINESS PARK DR, ARMONK,USA,NY,10504	SSCI
34	*JOURNAL OF ADVERTISING RESEARCH*	《广告研究学刊》	季刊	0021 - 8499	ADVERTISING RESEARCH FOUNDATION, 432 PARK AVENUE SOUTH,6TH FLOOR, NEW YORK,USA,NY,10016	SSCI
35	*JOURNAL OF AFRICAN MEDIA STUDIES*	《非洲媒体研究学刊》	一年三刊	2040 - 199X	INTELLECT LTD,THE MILL, PARNALL RD, BRISTOL, ENGLAND,BS16 3JG	SSCI; A&HCI
36	*JOURNAL OF APPLIED COMMUNICATION RESEARCH*	《应用传播研究学刊》	季刊	0090 - 9882	ROUTLEDGE JOURNALS, TAYLOR & FRANCIS LTD,4 PARK SQUARE, MILTON PARK,ABINGDON,ENGLAND, OXFORDSHIRE, OX14 4RN	SSCI
37	*JOURNAL OF BROADCASTING & ELECTRONIC MEDIA*	《广播与电子媒介学刊》	季刊	0883 - 8151	ROUTLEDGE JOURNALS, TAYLOR & FRANCIS LTD,4 PARK SQUARE, MILTON PARK,ABINGDON,ENGLAND, OXFORDSHIRE, OX14 4RN	SSCI

续表

序号	刊名	中文译名	刊期	国际刊号（ISSN）	地址	类别
38	*JOURNAL OF BUSINESS AND TECHNICAL COMMUNICATION*	《商务与技术传播学刊》	季刊	1050－6519	SAGE PUBLICATIONS INC, 2455 TELLER RD, THOUSAND OAKS, USA, CA, 91320	SSCI
39	*JOURNAL OF COMMUNICATION*	《传播学刊》	双月刊	0021－9916	WILEY-BLACKWELL, 111 RIVER ST, HOBOKEN, USA, NJ, 07030－5774	SSCI
40	*JOURNAL OF COMPUTER-MEDIATED COMMUNICATION*	《计算机媒介传播学刊》	季刊	1083－6101	WILEY-BLACKWELL, 111 RIVER ST, HOBOKEN, USA, NJ, 07030－5774	SSCI
41	*JOURNAL OF HEALTH COMMUNICATION*	《健康传播学刊》	月刊	1081－0730	TAYLOR& FRANCIS INC, 530 CHESTNUT STREET, STE 850, PHILADELPHIA, USA, PA, 19106	SSCI
42	*JOURNAL OF LANGUAGE AND SOCIAL PSYCHOLOGY*	《语言与社会心理学学刊》	季刊	0261－927X	SAGE PUBLICATIONS INC, 2455 TELLER RD, THOUSAND OAKS, USA, CA, 91320	SSCI
43	*JOURNAL OF MASS MEDIA ETHICS*	《大众媒介伦理学学刊》	季刊	0890－0523	ROUTLEDGE JOURNALS, TAYLOR & FRANCIS LTD, 4 PARK SQUARE, MILTON PARK, ABINGDON, ENGLAND, OXFORDSHIRE, OX14 4RN	SSCI
44	*JOURNAL OF MEDIA ECONOMICS*	《媒体经济学学刊》	季刊	0899－7764	ROUTLEDGE JOURNALS, TAYLOR & FRANCIS LTD, 4 PARK SQUARE, MILTON PARK, ABINGDON, ENGLAND, OXFORDSHIRE, OX14 4RN	SSCI

续表

序号	刊名	中文译名	刊期	国际刊号（ISSN）	地址	类别
45	*JOURNAL OF MEDIA* PSYCHOLOGY-THEORIESME-THODS AND APPLICA-TIONS	《媒介心理学：理论方法与应用学刊》	季刊	1864－1105	HOGREFE & HUBER PUBL-ISHERS, ROHNSWEG 25, GOTTINGEN, GERMANY, D－37085	SSCI
46	*JOURNAL OF PUBLIC RELATIONS RESEARCH*	《公共关系研究学刊》	季刊	1062－726X	ROUTLEDGE JOURNALS, TAYLOR & FRANCIS LTD, 4 PARK SQUARE, MILTON PARK, ABINGDON, ENGLA-ND, OXFORDSHIRE, OX14 4RN	SSCI
47	*JOURNAL OF SOCIAL AND PERSONAL RELATION-SHIPS*	《社会与人际传播学刊》	双月刊	0265－4075	SAGE PUBLICATIONS LTD, 1 OLIVERS YARD, 55 CITY ROAD, LONDON, ENGLAND, EC1Y 1SP	SSCI
48	*JOURNAL OF THE SMPTE-SOCIETY OF MOTIONPICTU-RE AND TEL-EVISION ENGINEERS*	《电影与电视学会学刊》	月刊	0898－042X	SOCMOTION PICTURE TV ENG INC, 3 BARKER AVE, WHITE PLAINS, USA, NY, 10601－1509	SSCI
49	*JOURNALISM*	《新闻业》	双月刊	1464－8849	SAGE PUBLICATIONS INC, 2455 TELLER RD, THOUS-AND OAKS, USA, CA, 91320	SSCI
50	*JOURNALISM & MASS CO-MMUNICA-TION QUAR-TERLY*	《新闻学与大众传播季刊》	季刊	1077－6990	ASSOC EDUCATION JOUR-NALISM MASS COMMUNI-CATION, UNIV SOUTH CAROLINA COLLEGE OF JOURNALISM, COLUMBIA, USA, SC, 29208	SSCI

续表

序号	刊名	中文译名	刊期	国际刊号(ISSN)	地址	类别
51	*JOURNALISM STUDIES*	《新闻学研究》	双月刊	1461-670X	ROUTLEDGE JOURNALS, TAYLOR & FRANCIS LTD, 4 PARK SQUARE, MILTON PARK, ABINGDON, ENGLAND, OXFORDSHIRE, OX14 4RN	SSCI
52	*LANGUAGE & COMMUNICATION*	《语言与交流》	季刊	0271-5309	PERGAMON-ELSEVIER SCIENCE LTD, THE BOULEVARD, LANGFORD LANE, KIDLINGTON, OXFORD, ENGLAND, OX5 1GB	SSCI
53	*MANAGEMENT COMMUNICATION QUARTERLY*	《管理传播季刊》	季刊	0893-3189	SAGE PUBLICATIONS INC, 2455 TELLER RD, THOUSAND OAKS, USA, CA, 91320	SSCI
54	*MASS COMMUNICATION AND SOCIETY*	《大众传播与社会》	双月刊	1520-5436	ROUTLEDGE JOURNALS, TAYLOR & FRANCIS LTD, 4 PARK SQUARE, MILTON PARK, ABINGDON, ENGLAND, OXFORDSHIRE, OX14 4RN	SSCI
55	*MEDIA CULTURE & SOCIETY*	《媒介文化与社会》	双月刊	0163-4437	SAGE PUBLICATIONS LTD, 1 OLIVERS YARD, 55 CITY ROAD, LONDON, ENGLAND, EC1Y 1SP	SSCI
56	*MEDIA INTERNATIONAL AUSTRALIA*	《澳大利亚国际媒体研究》	季刊	1329-878X	UNIV QUEENSLAND PRESS, PO BOX 42, ST LUCIA, AUSTRALIA, QUEENSLAND, 4067	SSCI
57	*MEDIA PSYCHOLOGY*	《媒介心理学》	季刊	1521-3269	ROUTLEDGE JOURNALS, TAYLOR & FRANCIS LTD, 4 PARK SQUARE, MILTON PARK, ABINGDON, ENGLAND, OXFORDSHIRE, OX14 4RN	SSCI; A&HCI

续表

序号	刊名	中文译名	刊期	国际刊号（ISSN）	地址	类别
58	*NARRATIVEIN-QUIRY*	《记叙文探究》	半年刊	1387－6740	JOHN BENJAMINS PUBLISHING COMPANY,PO BOX 36224, AMSTERDAM, NETHERLANDS,1020 ME	SSCI; A&HCI
59	*NEW MEDIA & SOCIETY*	《新媒体与社会》	双月刊	1461－4448	SAGE PUBLICATIONS LTD,1 OLIVERS YARD, 55 CITY ROAD,LONDON,ENGLAND, EC1Y 1SP	SSCI
60	*PERSONAL RELATIONSH-IPS*	《人际关系》	季刊	1350－4126	WILEY-BLACKWELL, 111 RIVER ST,HOBOKEN,USA, NJ,07030－5774	SSCI
61	*POLITICAL COMMUNICA-TION*	《政治传播》	季刊	1058－4609	TAYLOR& FRANCIS INC, 530 CHESTNUT STREET, STE 850, PHILADELPHIA, USA,PA,19106	SSCI
62	*PUBLIC OPINION QUARTERLY*	《公共舆论季刊》	双月刊	0033－362X	OXFORD UNIV PRESS, GREAT CLARENDON ST, OXFORD,ENGLAND,OX26-DP	SSCI
63	*PUBLIC RELATIONS REVIEW*	《公共关系评论》	双月刊	0363－8111	ELSEVIER SCIENCE INC, 360 PARK AVE SOUTH,NEW YORK,USA,NY,10010－1710	SSCI
64	*PUBLIC UNDE-RSTANDING OF SCIENCE*	《科学的公众认识》，又译《公众理解科学》	双月刊	0963－6625	SAGE PUBLICATIONS LTD, 1 OLIVERS YARD,55 CITY ROAD,LONDON,ENGLAND, EC1Y 1SP	SSCI; A&HCI
65	*QUARTERLY JOURNAL OF SPEECH*	《演说季刊》	季刊	0033－5630	ROUTLEDGE JOURNALS, TAYLOR & FRANCIS LTD,4 PARK SQUARE, MILTON PARK,ABINGDON,ENGLA-ND, OXFORDSHIRE, OX14 4RN	SSCI

续表

序号	刊名	中文译名	刊期	国际刊号（ISSN）	地址	类别
66	*RESEARCH ON LANGUAGE AND SOCIALINTER-ACTION*	《语言与社会应对研究》	季刊	0835－1813	ROUTLEDGE JOURNALS, TAYLOR & FRANCIS LTD,4 PARK SQUARE, MILTON PARK,ABINGDON,ENGLA-ND, OXFORDSHIRE, OX14 4RN	SSCI
67	*RHETORICSO-CIETY QUARTERLY*	《修辞学会季刊》	双月刊	0277－3945	ROUTLEDGE JOURNALS, TAYLOR & FRANCIS LTD,4 PARK SQUARE, MILTON PARK,ABINGDON,ENGLA-ND, OXFORDSHIRE, OX14 4RN	SSCI; A&HCI
68	*SCIENCE COMMUNIC-ATION*	《科学传播》	双月刊	1075－5470	SAGE PUBLICATIONS INC, 2455 TELLER RD,THOUS-AND OAKS,USA,CA,91320	SSCI
69	*SOCIAL SEMIOTICS*	《社交征候学》	双月刊	1035－0330	ROUTLEDGE JOURNALS, TAYLOR & FRANCIS LTD,4 PARK SQUARE, MILTON PARK,ABINGDON,ENGLA-ND, OXFORDSHIRE, OX14 4RN	SSCI; A&HCI
70	*TECHNICAL COMMUNICATION*	《技术传播》	季刊	0049－3155	SOC TECHNICAL COMMUNICATION,9401 LEE HIGHWAY, STE 300, FAIRFAX,USA,VA,22031	SSCI
71	*TELECOMMU-NICA-TIONS POLICY*	《电信政策》	月刊	0308－5961	ELSEVIER SCI LTD, THE BOULEVARD, LANGFORD LANE,KIDLINGTON,OXF-ORD, ENGLAND, OXON, OX5 1GB	SCI; SSCI; SCIE
72	*TELEVISION & NEW MEDIA*	《电视与新媒体》	双月刊	1527－4764	SAGE PUBLICATIONS INC, 2455 TELLER RD,THOUSA-ND OAKS,USA,CA,91320	SCI; A&HCI
73	*TEXT & TALK*	《文字和语言》	双月刊	1860－7330	DE GRUYTER MOUTON, GENTHINER STRASSE 13, BERLIN,GERMANY,10785	SSCI; A&HCI

续表

序号	刊名	中文译名	刊期	国际刊号（ISSN）	地址	类别
74	*TIJDSCHRIFT VOOR COMMUNICATIEWETENSCHAP*	《传播研究学刊》	季刊	1384－6930	UITGEVERIJ BOOM BV，PRINSENGRACHT 747－751，AMSTERDAM，NETHERLANDS，1017 JX	SSCI
75	*TRANSLATOR*	《翻译者》	一年三刊	1355－6509	ROUTLEDGE JOURNALS，TAYLOR & FRANCIS LTD，4 PARK SQUARE，MILTON PARK，ABINGDON，ENGLAND，OXFORDSHIRE，OX14 4RN	SSCI；A&HCI
76	*VISUAL COMMUNICATION*	《视觉传播》	季刊	1470－3572	SAGE PUBLICATIONS INC，2455 TELLER RD，THOUSAND OAKS，USA，CA，91320	SSCI
77	*WRITTEN COMMUNICATION*	《书面传播》	季刊	0741－0883	SAGE PUBLICATIONS INC，2455 TELLER RD，THOUSAND OAKS，USA，CA，91320	SSCI

来源：科学网

国际主要传播学会议与组织

一、顶尖级会议

1. ICA Annual Convention（International Communication Association）

简称：ICA 年会（国际传播学协会）

国际传播学协会年会是目前传播学领域的顶尖国际会议，年会下设五个期刊，分别是：《传播学学报》（*Journal of Communication*）；《人类传播研究》（*Human Communication Research*）；《传播学理论》（*Communication Theory*）；《计算机媒介传播学报》（*Journal of Computer-Mediated Communication*）；《传播，文化与批判》（*Communication，Culture，& Critique*）。

官方网站：http：//www. icahdq. org/

2. IAMCR Annual Convention（International Association for Media and Communication Research）

简称：IAMCR 年会（国际媒介与传播研究协会）

国际媒介与传播研究协会是媒体与传播研究领域的著名国际性专业组织，旨在支持、发展全球媒体与传播学研究，特别鼓励新兴学科、妇女和经济不发达地区的人参与。

官方网站：http：//www. iamcr. org/

3. AEJMC Annual Convention（Association for Education of Journalism and Mass）

简称：AEJMC 年会（国际新闻与大众传播教育协会）

国际新闻与大众传播教育协会是一个由新闻学和大众传播学的教育专家、学生和媒体专家共同组成的非营利、教育性组织。旨在推广新闻与大众传播教育的最高可行标准，培育最广泛的传播学研究范畴，鼓励多元文化社会的形成。

官方网站：http：//www. aejmc. org/

二、A 类会议

1. IAICS Annual Conference（International Association for Intercultural Communication Studies）

简称：IAICS 年会（国际跨文化传播研究年会）

国际跨文化传播研究年会由来自众多学科的学者构成，他们大多致力于从跨文化角度研究传播学。该年会每年在全球不同地方举办，成员超过 32 个国家，其研究成果被发表在该组织的期刊《国际传播学研究》（*ICS：Intercultural Communication Studies*）上。

官方网站：http：//iaics. dvfu. ru

2. Salzburg Global Seminar-Global Journalism Workshop

简称：SGS（萨尔茨堡论坛“全球新闻”工作坊）

萨尔茨堡论坛成立于 1947 年，旨在让现今与未来的研究者聚焦于全球关心的重大问题，新闻是其中的一个重要研究领域。

官方网站：http：//www. salzburgseminar. org/

3. Tsinghua-Macquarie Global Graduate Forum for Journalism and Communication

简称：TMGGF（清华－麦考瑞全球新闻与传播博士研究生论坛）

清华－麦考瑞全球新闻与传播博士研究生论坛最早于 2004 年在中国清华大学教授李希光和澳大利亚国际传播系 Naren Chitty 倡导下成立。伴随着论坛影响力的日益增强，同时为适应博士研究生论坛日渐全球化的需要，该论坛已于 2008 年重新更名为国际博士研究生论坛（International Graduate Conference），并保留清华－麦考瑞博士研究生论坛的名称。

4. NCA Annual Convention（National Communication Association）

简称：NCA 年会（美国全国传播学协会年会）

美国全国传播学协会年会通过人文主义、社会科学和美学的诉求，致力于把传播学发展成为研究传播的各种形式、模式、媒介及其效果的学科。NCA 目前已出版 11 个国际学术期刊，如《国际和跨文化传播期刊》（*Journal of International and Intercultural Communication*）、《传播学教育》（*Communication Education*）、《应用传播学研究期刊》（*Journal of Applied Communication Research*）等，为学科提供最新的研究成果和多元视角。

官方网站：http：//www. natcom. org/

5. World Media Economic and Management Conference

简称：WMEC（世界传媒经济和管理学大会）

世界传媒经济和管理学大会成立于 1994 年，是全球传媒经济学学者两年一次的聚会。这个学术会议把全球学者汇聚一堂，共同思考当前在传媒产业和企业经济管理领域的问题，由《媒介经济学期刊》

发起，来帮助推进知识和学术领域的研究。该会议每两年在不同的地方举行，曾在中国北京、哥伦比亚波哥大、英国伦敦、葡萄牙里斯本等地举办。2014 年第 11 届在里约热内卢举行，计划 2016 年第 12 届在纽约举行。

官方网站：http：//www. worldmediaemc. com/

6. WCA Annual Convention（World Communication Association Convention）

简称：WCA 年会（世界传播学协会年会）

世界传播学协会年会致力于通过联结全世界拥有共同专业和兴趣爱好的人来提升传播学的研究价值。WCA 的成员是来自世界各地对传播学研究、教学和实践感兴趣的教授。他们每两年相聚一次，自 1985 年起，该会议已经在菲律宾马尼拉、新加坡、澳大利亚布里斯班等地举行，2013 年在韩国首尔举行，计划 2015 年 7 月在葡萄牙里斯本举行。该协会旗下的期刊是《跨文化传播学研究》（*Journal of Intercultural Communication Research*）。

官方网站：http：//wcaweb. org/

7. BEA Annunl Convention（Broadcasting Education Association Convention）

简称：BEA 年会（国际广播电视教育协会年会）

国际广播电视教育协会年会是首个国际学术性媒体组织，在教育工作者、学生和专业人士的媒体生产和职业发展领域非常出色，其涉及的领域包括媒介受众学、经济学、法律和政策等。协会下设三个期刊，分别是《广播和电子媒介期刊》（*Journal of Broadcasting & Electronic Media*）、《广播和音频媒介期刊》（*Journal of Radio & Audio Media*）、《媒介教育期刊》（*Journal of Media Education*）。

官方网站：http：//www. beaweb. org/

8. WAPOR Annual Convention（World Association for Public Opinion Research）

简称：WAPOR 年会（国际舆论学研究年会）

国际舆论学研究年会是一个由在传播学和调查研究领域的学者组成的国际性专业协会，也是国际社会科学理事会的成员组织，到 2012 年，该协会已拥有来自 60 个国家、6 个洲的研究机构和大学的超过 600 位成员。协会每年在北美开一次年会，与美国舆论学研究协会（AAPOR）和欧洲舆论学和营销研究协会（ESOMAR）合作。该协会还拥有一个社会科学期刊《国际舆论学期刊》（*Journal of Public Opinion Research*）。

9. MeCCSA Annual Convention（Media, Communication and Cultural Studies Association）

简称：MeCCSA 年会（媒介、传播和文化研究协会年会）

媒介、传播和文化研究协会年会是在英国高等教育领域针对媒介、传播和文化研究的主题协会。成员资格采取开放式选拔制度，学科领域包括电影和电视研究、媒介产品、新闻、广播、摄影、创意文案、互动媒体和网站。每年，协会都会举办一个专业性论坛以便成员交换信息、分享经验。

官方网站：http：//www. meccsa. org. uk/

10. The International Public Relation Research Conference

简称：IPRC（国际公共关系研究年会）

国际公共关系研究年会已经成为世界顶级的新型公共关系研究展示和公关学者专家交流互动的场所，它是目前唯一专门研究公共关系的会议。该年会为非赢利属性，致力于支持对社会有益的公共关系研究，从而促进理解、构建关系，逐渐提升全球民主社会的发展。2015 年 3 月的迈阿密会议主题是“新兴理论、方法和应用：对研究和实践的专业标准”（Emerging Theory, Methods, and Applications: Toward Professional Standards for Research and Practice）。

官方网站：http://www.instituteforpr.org/

11. IAA Annual Convention（International Advertising Association World Congress）

简称：IAA 年会（国际广告协会年会）

国际广告协会成立于 1938 年，该协会支持跨学科全方位的营销传播研究，其研究范畴包括广告主、媒介组织、代理公司、直销企业以及个体传播者等等。协会同时拥有超过 76 个国家的国际网络资源，以及 4000多名来自公司企业和学术机构的成员。

官方网站：http://www.iaaglobal.org/

12. SCMS Annual Convention（Society for Cinema and Media Studies）

简称：SCMS 年会（国际影视和媒介研究协会年会）

国际影视和媒介研究协会是美国领先的学术组织，致力于通过基于当代人文传统的研究和教育来提升对电影、电视和相关媒体的广泛理解。SCMS 每年都在不同的地点举行一次年会，为集合相关学者、展示并讨论当前研究提供了一个机会。

官方网站：http://www.cmstudies.org/

13. IABC Annual Convention（International Association of Business Communicators）

简称：IABC 年会（国际商业传播协会年会）

国际商业传播协会年会是一个充满活力的全球性组织，共拥有来自 80 多个国家的 12 000 多名成员，这些成员许多来自世界财富 500 强企业。IABC 为商业传播领域的专业人员提供服务，并把相关专业学科集中在一起。

官方网站：http://www.iabc.com/

14. The Chinese Internet Research Conference

简称：CIRC（国际中文网络研究年会）

国际中文网络研究年会是每年一次的跨学科会议，集合了来自各类学术专业和学科背景的研究者，还有来自学术界之外的行业专家、记者、营销研究员、行业分析师、法律工作者、商界领导等人，共聚一堂讨论中国互联网的最新发展及相关问题。往届年会曾在牛津大学、南非大学等地举办。

官方网站：http://www.global.asc.upenn.edu/circ/description.html

15. CSA Annual Convention（Cultural Studies Association）

简称：CSA 年会（文化研究协会年会）

文化研究协会成立于 2003 年，是一个以学术为目的的非营利组织，其目标是创造一个文化研究参与者和学者们的高效互动团体。CSA 也为文化研究学者提供了一个交流的论坛，使他们能够跨越学科界限和机构束缚来最大程度地沟通思想。

官方网站：http://www.culturalstudiesassociation.org/

三、B 类会议

1. AAPOR Annual Convention（American Association for Public Opinion Research）

简称：AAPOR 年会（美国全国舆论学研究协会年会）

官方网站：http：//www. aapor. org/

2. NNA Annual Convention（National Newspaper Association）

简称：NNA 年会（美国全国报业协会年会）

官方网站：http：//www. nnaweb. org/

3. ICMC Annual Convention（International Conference on Media and Communication in Chinese Civilization）

简称：ICMC（世界华文传媒和华夏新闻传播国际学术研讨会）

来源：北京大学新媒体研究院社会化媒体研究中心网站

编 后 记

三年前酝酿，两年前筹划，一年前实施，半年时间征稿、编纂，《中国新闻传播学年鉴·2015》终于诞生了！

它诞生在中国哲学社会科学创新发展的新征程，它诞生在中国新闻传播学研究和教育事业空前活跃的新时期，它诞生在中国新闻传播学科发展渐趋成熟的新阶段，它诞生在“中国社会科学年鉴”品牌系列的新行列。总之，它生逢其时。

《中国新闻传播学年鉴》是由中国社会科学院新闻与传播研究所主办的我国第一部新闻传播学科学术年鉴。本卷是创刊版，在回溯百年中国新闻传播学术发展历程的基础上，全面记录、真实反映了2014年我国新闻传播学研究和新闻传播教育事业取得的成果与实绩。

一、关于栏目设置

《中国新闻传播学年鉴·2015》在空间和时间两个维度上展开卷轴。

（一）空间上，全书以16篇连缀成卷，内含四个板块：历史篇、成果篇、概况篇和综合篇

历史篇涵盖卷首“专题：图说中国新闻传播史”和“本刊特载”栏目，以图文并茂的形式回顾百年来中国新闻传播学的发展历程。三篇特稿为全书增添亮色。

成果篇涵盖“研究综述”“论文选萃”“论文辑览”“国际交流”“论著撷英”五个栏目，全方位集中反映了2014年我国新闻传播学研究的成果（包括论文和著作）。

“研究综述”分学科综述和专题综述两部分，对2014年我国新闻学、传播学、广播影视、新媒体、媒介经济、广告等领域的成果进行了梳理和述评。

“论文选粹”栏目摘编了52篇论文及其中的观点，这是中国社会科学院新闻与传播研究所第三届全国新闻传播学优秀论文遴选活动的成果，是从全国新闻传播专业期刊、综合性社科期刊、高校学报等153种期刊的1万多篇论文中筛选出来的。

“论文辑览”刊发了2014年《新华文摘》《中国社会科学文摘》《高等学校文科学术文摘》、人大复印报刊资料《新闻与传播》转载的新闻传播学论文篇目，特别整理了《新华文摘》创刊至今转载的新闻传播学论文篇目。

“国际交流”则展现了中国学者2014年国际期刊（SSCI期刊）发表论文的现状，同时对发表论文的篇目、期刊、内容提要等予以摘登；该栏目还回顾了20世纪80年代以来中国新闻传播学研究的国际期刊发表现状与格局。

“论著撷英”栏目较为全面地反映了2014年我国新闻传播学论著出版情况。特别选编了4篇优秀论著的书评和5本有代表性的论著的序跋或编纂说明，还整理了2014年我国出版的新闻传播学论著的书目。

概况篇涵盖“教育事业概况”“研究机构概况”“组织与社团概况”三个栏目。

“教育事业概况”栏目特别约请教育部高等学校新闻传播学类专业教学指导委员会提供《中国新闻教育事业2014年度发展报告》作为领衔，其后是26家新闻传播院系的概况介绍。

“研究机构概况”栏目组织了社科院系统7家研究所和中央级媒体（人民日报、新华社）两家研究机构的概况介绍文章。

“组织与社团概况”介绍了目前国内新闻传播学界最有影响力的八家群团组织，以二级学会为限。

综合篇涵盖“学术评奖”“科研项目”“学人自述”“学术动态”“研究生学苑”“港澳台专辑”“海外特辑”七个栏目。

“学术评奖”涉及论著、论文、教学成果、人物等评奖。不分级别，按奖项设置时间先后排列。其中，对“吴玉章人文社会科学奖”有关新闻学科的获奖情况进行了回溯。

“科研项目”栏目刊载了国家社科基金、教育部、国家新闻出版广电总局三个国家级项目的立项、结项情况，特别选摘了一篇对国家社科基金立项课题的解析文章，以期让这个栏目既有资料价值，也有学术意味。

“学人自述”栏目主要刊载在新闻传播学领域取得突出成就、做出重要贡献的学人的治学思考，以期从一个侧面反映“人”在中国新闻传播学发展历史进程中的作用。本卷收录了55位学人的治学自述，其中，内地51位，香港地区4位（放在香港地区专辑里）。除甘惜分、宁树藩、方汉奇三位前辈的自述系本刊编辑部根据现有资料整理外，其他均为学者本人亲撰。

“学术动态”栏目包括“会议综述”“学术纪事”“期刊动态”三个子栏目。“会议综述”特别选取了2014年度9个有重要影响的会议；同时，特意编发了本年鉴北京香山创刊研讨会的综述和参会人员名单，意在立此存照，为本年鉴的发展留下历史记录。“学术纪事”对2014年我国新闻传播学研究和新闻传播教育大事做了整理。“期刊动态”对2014年我国出版的新闻传播专业期刊进行了系统梳理。

“研究生学苑”栏目特别收录了一篇关于1988年至2011年我国新闻传播学500多篇博士学位论文的内容分析文章；收录了4篇全国优秀博士学位论文的内容提要和写作体会文章；收录了部分博士学位论文篇目（其他以后陆续刊登）；还收录了6所新闻传播学院（系）的博士生入学试卷，硕士生入学试卷拟放同期出版的《中国新闻年鉴》。

“港澳台专辑”栏目得到了香港浸会大学郭中实教授和厦门大学闫立峰教授等学者的帮助，几位撰稿人按照年鉴编辑部要求，最大程度地提供了稿件。

“海外特辑”栏目刊发了潘忠党教授专为本刊撰写的国外新闻传播学研究扫描以及SSCI期刊目录、国际主要传播学会议与组织的资料。

此外，本书卷首还选发了有关新闻教育和学术会议的新闻图片。

（二）时间上，全书借鉴编年体史书编撰方法，相关条目按事件、人物发生、发展的时间先后顺序编排

“论文选粹”栏目按论文发表时间先后顺序排列；“教育事业概况”“研究机构概况”等栏目按照机构成立时间先后顺序排列；“学人自述”栏目按人物出生时间先后顺序排列。

二、关于本卷特色

（一）本卷年鉴在编排上保持鉴书特色，努力体现鉴书的条目化

每个条目（文章）标题通栏编排；正文除“本刊特载”通栏编排外，其他一律双栏编排。为体现对著作人劳动的尊重，条目署名放在文末，用通栏呈现著作人、审稿人等个人信息。凡专为年鉴写作者，根据条目内容分别用“撰稿”“执笔”“整理”标示，凡本刊摘转稿件的著作人用“作者”标示。

（二）本卷年鉴在栏目设置上还富自己的个性特点，努力实现鉴书的学术性、可读性

具体体现在：

其一，在相关栏目篇首，以发展报告、综述为纲，统揽全篇，体现鉴书的学术性、宏观性。

其二，打破常规，不拘一格。

“学人自述”栏目本该以第三人称实录学人小传，但是，我们请学者以第一人称“我”写自己的学术思考和治学感悟，让资料性的人物传记化为个性鲜明的人生哲思。

“论著撷英”栏目粹选年度优秀书评、序文和跋文，集名著、名篇、名家、名文于一栏，让学人思想的光芒在鉴书中闪烁。

（三）本卷年鉴在内容上力求丰富、可用

“篇目辑览”栏目集纳了国内主要文摘 2014 年摘发的论文篇目，为研究者了解年度新成果提供窗口。

“国际交流”栏目把中国学人在国际期刊发表论文的现状勾勒清楚，可供有志于国际期刊发文的学人参考。

“研究生文苑”栏目列出了博士生论文篇目，为新闻学子了解我国博士学位论文选题的走向提供资料。

三、特别鸣谢

编一部年鉴犹如建一幢大厦，它是一项系统工程。如今，新闻传播学学科年鉴这座“大厦”得以屹立于中国社会科学年鉴阵列之中，完全得益于全国乃至海外新闻传播学人的热情相助，得益于出版者的大力支持。他们都以不同形式对本年鉴的创刊付出了诸多努力，做出了积极贡献，令我们感激不已。

犹记得 2014 年 7 月，全国部分新闻传播学院系、研究机构主要负责人于炎炎酷暑中聚首香山，为年鉴创刊出谋划策，无私奉献。

北京大学新闻与传播学院陆绍阳院长给本刊主编来信说，“几个老师开学后一直忙着做这个事，尽可能按照要求提供各项材料和数据”，“虽费了一些工夫整理，但盘点一下也有利于学院的学科建设”。

清华大学李彬教授在接到编辑部关于“20 世纪以来中国传播学发展历程回顾”的撰稿邀请函后表示，“躬逢盛事，义不容辞”，欣然接受邀请。他和中国人民大学刘海龙教授利用一个暑假时间联手打造了这篇沉甸甸的回眸稿。成稿后，他又把稿件发给数位同行征求意见，字斟句酌，精益求精。

中国人民大学新闻学院郑保卫教授给编辑部来信热情鼓励：“你们所要创办《中国新闻传播学年鉴》，这对于记载和总结我国新闻学传播学的发展历程、研究成果和学术成就很有意义，是为全国新闻界，特别是新闻学和传播学学术界做了一件大好事。作为一个从事新闻教学和学术研究 30 多年的老学者，闻此信息，感到由衷的高兴。”

还有许多专家学者拨冗赐稿，来电来信支持鼓励；有海外学子一边学习一边为本刊撰稿。因篇幅限制，恕不一一列举。

更让我们感动的是，年届九秩的中国新闻史学会创会会长、中国人民大学荣誉一级教授方汉奇先生致信祝贺本年鉴创刊。他在听完本刊编委会主任、主编唐绪军研究员关于全书 16 篇内容介绍后，竖起大拇指，啧啧赞叹：“你们代表中国新闻传播学术的最高水平！”方先生的话语与其说是对《中国新闻传播学年鉴》的褒奖，毋宁说是对中国新闻

传播学界同人的激励，因为唯有中国新闻传播学研究的精进，方有《中国新闻传播学年鉴》内容的精彩。

本年鉴能够成为“中国社会科学年鉴”家族中的新成员，要特别感谢中国社会科学出版社赵剑英社长及相关人员的鼎力相助。无论是在筹备阶段，还是在最后成书阶段，出版社都给予了大力支持。为确保年鉴按计划高质量出版发行，年鉴分社社长张昊鹏先生尽心竭力，同时安排彭莎莉女士等5位编辑对全书认真编校。

在各方共同努力下，《中国新闻传播学年鉴》与您见面了。作为编纂者，我们自认为尽心尽责了，但编辑之业永远存有遗憾。比如，许多院系提供了内容十分翔实的概况，但篇幅所限，最终许多资料不得不忍痛割爱；囿于我们个人的眼光和学识，可能还有诸多优秀成果未能入鉴；尽管我们花了较长时间筹备，但征稿时间短，在编辑出版的最后阶段，我们还是感到时间仓促，力不从心。

好在年鉴是连续出版物，我们会在下一卷年鉴的编纂中发扬优点，弥补不足。我们真诚期望全国新闻传播学术界、教育界人士继续关心、帮助、支持《中国新闻传播学年鉴》的编纂和出版。让我们一起努力，把它建设成为中国新闻传播学人自己的精神家园。

“路漫漫其修远兮，吾将上下而求索。”

《中国新闻传播学年鉴》编辑部

2015年11月22日